वर्ष 2022 के नवीन पाठ्यक्रम पर आधारित

यूपीपीसीएस मुख्य परीक्षा

सामान्य अध्ययन

(प्रश्न–पत्र I – IV)

चतुर्थ संस्करण

16 मॉडल प्रश्न पत्र

(हल सहित)

• शीलवंत सिंह • सारिका

G K Publications (P) Ltd

Title : UPPCS Mukhya Pareeksha :
Samanya Adhyayan Prashan Patra I – IV - 16 Model Prashan Patra (4e)

Language : Hindi

Authors : Sheelwant Singh and Sarika

Typeset & Published by :

Career Launcher Infrastructure (P) Ltd.

A-45, Mohan Cooperative Industrial Area, Near Mohan Estate Metro Station, New Delhi - 110044

Marketed by :

G.K. Publications (P) Ltd.

Plot No. 9A, Sector-27A, Mathura Road, Faridabad, Haryana-121003

ISBN : **978-93-95101-74-5**

Printer's Details: Printed in India, New Delhi.

For product information :

Visit ***www.gkpublications.com*** or email to ***gkp@gkpublications.com***

विषय सूची

भाग-1 (अ) : अद्यतन समसामयिकी

भाग-1 (ब)

भाग-2

सामान्य अध्ययन चतुर्थ प्रश्न-पत्र

भाग-3

सामान्य अध्ययन मुख्य परीक्षा-2018

सामान्य अध्ययन मुख्य परीक्षा-2019

सामान्य अध्ययन मुख्य परीक्षा-2020

सामान्य अध्ययन मुख्य परीक्षा-2021

आमुख

यू.पी.पी.सी.एस. की मुख्य परीक्षा में सफलता के लिए न केवल संबंधित विषयों का विस्तृत ज्ञान आवश्यक है अपितु आपकी उत्तर लेखन कला भी उच्च अंक लाने में महत्त्वपूर्ण योगदान रखती है। परीक्षा में पूछे गए प्रत्येक प्रश्न के हर एक पहलू को सावधानी पूर्वक समझना चाहिये जिससे कि आप निर्धारित समय में सभी प्रश्नों के विस्तारपूर्वक उत्तर दे सकें। अपनी तैयारी को दृढ़ता देने के लिए पाठ्यक्रम पूर्ण करने के उपरांत आपको मॉडल प्रश्न-पत्रों के द्वारा अवश्य अभ्यास करना चाहिये। हमारी यह पुस्तक आपकी परीक्षा तैयारी में सहायक सिद्ध होगी।

पुस्तक में वर्ष 2022 के नवीन पाठ्यक्रम के आधार पर मुख्य परीक्षा के लिए 16 मॉडल पेपर्स दिए गए हैं। इसके अतिरिक्त, विविध विषयों पर विस्तृत समसामयिकी एवं मुख्य परीक्षा 2018-2021 सामान्य अध्ययन के हल प्रश्न-पत्र दिए गए हैं। हम आशा करते हैं कि इस पुस्तक द्वारा आप मुख्य परीक्षा में अच्छे अंक प्राप्त कर पायेंगे।

मुख्य परीक्षा का नवीन पाठ्यक्रम

सामान्य अध्ययन-I

1. भारतीय संस्कृति के इतिहास में प्राचीन काल से आधुनिक काल तक के कला प्रारूप, साहित्य एवं वास्तुकला के महत्वपूर्ण पहलू शामिल होंगे।
2. आधुनिक भारतीय इतिहास (1757 ई० से 1947 ई० तक)- महत्वपूर्ण घटनाएं, व्यक्तित्व एवं समस्याएं इत्यादि।
3. स्वतंत्रता संग्राम-इसके विभिन्न चरण और देश के विभिन्न भागों से इसमें अपना योगदान देने वाले महत्वपूर्ण व्यक्ति/उनका योगदान।
4. स्वतंत्रता के पश्चात् देश के अंदर एकीकरण और पुनर्गठन (1965 ई0 तक)।
5. विश्व के इतिहास में 18 वीं सदी से बीसवीं सदी के मध्य तक की घटनाएं जैसे फ्रांसीसी क्रांति 1789, औद्योगिक क्रांति, विश्व युद्ध, राष्ट्रीय सीमाओं का पुन: सीमांकन, उपनिवेशवाद, उपनिवेशवाद की समाप्ति, राजनीतिक दर्शन शास्त्र जैसे साम्यवाद पूँजीवाद, समाजवाद, नाजीवाद, फासीवाद इत्यादि के रूप और समाज पर उनके प्रभाव इत्यादि शामिल होंगे।
6. भारतीय समाज और संस्कृति की मुख्य विशेषताएं।
7. महिलाओं की समाज और महिला-संगठनों में भूमिका, जनसंख्या तथा सम्बद्ध समस्याएं, गरीबी और विकासात्मक विषय, शहरीकरण, उनकी समस्याएं और उनके रक्षा उपाय।
8. उदारीकरण, निजीकरण और वैश्वीकरण का अभिप्राय और उनका भारतीय समाज की अर्थव्यवस्था, राज्य व्यवस्था और समाज संरचना पर प्रभाव।
9. सामाजिक सशक्तीकरण, साम्प्रदायिकता, क्षेत्रवाद और धर्मनिरपेक्षता।
10. विश्व के प्रमुख प्राकृतिक संसाधनों का वितरण-जल, मिट्टियाँ एवं वन, दक्षिण एवं दक्षिण पूर्व एशिया में (भारत के विशेष संदर्भ में)।
11. भौतिक भूगोल की प्रमुख विशिष्टताएं- भूकंप, सुनामी, ज्वालामुखी क्रियाएँ, चक्रवात, समुद्री जल धाराएं, पवन एवं हिम सरिताएं।
12. भारत के सामुद्रिक संसाधन एवं उनकी संभाव्यता।
13. मानव प्रवास विश्व की शरणार्थी समस्या-भारतीय-उपमहाद्वीप के संदर्भ में।
14. सीमान्त तथा सीमाएं-भारतीय उपमहाद्वीप के संदर्भ में।
15. जनसंख्या एवं अधिवास-प्रकार एवं प्रतिरूप, नगरीकरण, स्मार्ट नगर एवं स्मार्ट ग्राम।
16. उत्तर प्रदेश का विशेष ज्ञान-इतिहास, संस्कृति, कला, साहित्य, वास्तुकला, त्योहार, लोक-नृत्य साहित्य, प्रादेशिक भाषाएं, धरोहरें, सामाजिक रीति-रिवाज एवं पर्यटन।
17. उ0प्र0 का विशेष ज्ञान-भूगोल-मानव एवं प्राकृतिक संसाधन, जलवायु, मिट्टियाँ, वन, वन्य-जीव, खदान और खनिज, सिंचाई के स्रोत।

सामान्य अध्ययन-II

1. भारतीय संविधान-ऐतिहासिक आधार, विकास, विशेषताएं, संशोधन, महत्वपूर्ण प्रावधान तथा आधारभूत संरचना। संविधान के आधारभूत प्रावधानों के विकास में उच्चतम न्यायालय की भूमिका।
2. संघ एवं राज्यों के कार्य तथा उत्तरदायित्व, संघीय ढांचे से संबंधित विषय एवं चुनौतियां, स्थानीय स्तर पर शक्तियों और वित्त का हस्तांतरण और उसकी चुनौतियां।
3. केन्द्र-राज्य वित्तीय सम्बन्धों में वित्त आयोग की भूमिका।
4. शक्तियों का पृथक्करण, विवाद निवारण तंत्र तथा संस्थाएं। वैकल्पिक विवाद निवारण तंत्रों का उदय एवं उनका प्रयोग।
5. भारतीय संवैधानिक योजना की अन्य प्रमुख लोकतांत्रिक देशों के साथ तुलना।
6. संसद और राज्य विधायिका-संरचना, कार्य, कार्य-संचालन, शक्तियॉ एवं विशेषाधिकार तथा संबंधित विषय।
7. कार्यपालिका और न्यायपालिका की संरचना, संगठन और कार्य-सरकार के मंत्रालय एवं विभाग, प्रभाव समूह और औपचारिक/अनौपचारिक संघ तथा शासन प्रणाली में उनकी भूमिका। जनहित वाद (पी0आई0एल0)।
8. जन प्रतिनिधित्व अधिनियम की मुख्य विशेषताएं।
9. विभिन्न संवैधानिक पदों पर नियुक्ति, शक्तियॉ, कार्य तथा उनके उत्तरदायित्व।
10. सांविधिक, विनियामक और विभिन्न अर्ध-न्यायिक निकाय, नीति आयोग समेत-उनकी विशेषताएं एवं कार्यभाग।
11. सरकारी नीतियों और विभिन्न क्षेत्रों में विकास के लिए हस्तक्षेप, उनके अभिकल्पन तथा कार्यान्वयन के कारण उत्पन्न विषय एवं सूचना संचार प्रौद्योगिकी (आई0सी0टी0)।
12. विकास प्रक्रियाएं-गैर सरकारी संगठनों की भूमिका, स्वयं सहायता समूह, विभिन्न समूह एवं संघ, अभिदाता, सहायतार्थ संस्थाएं, संस्थागत एवं अन्य अंशधारक।
13. केन्द्र एवं राज्यों द्वारा जनसंख्या के अतिसंवेदनशील वर्गों के लिए कल्याणकारी योजनाएं और इन योजनाओं का कार्य-निष्पादन, इन अति संवेदनशील वर्गों की रक्षा एवं बेहतरी के लिए गठित तंत्र, विधि, संस्थान एवं निकाय।
14. स्वास्थ्य, शिक्षा, मानव संसाधनों से संबंधित सामाजिक क्षेत्र/ सेवाओं के विकास एवं प्रबंधन से संबंधित विषय।
15. गरीबी और भूख से संबंधित विषय एवं राजनैतिक व्यवस्था के लिए इनका निहितार्थ।
16. शासन व्यवस्था, पारदर्शिता और जवाबदेही के महत्वपूर्ण पक्ष, ई-गवर्नेस-अनुप्रयोग, मॉडल, सफलताएं, सीमाएं और संभावनाएं, नागरिक चार्टर, पारदर्शिता एवं जवाबदेही और संस्थागत व अन्य उपाय।
17. लोकतंत्र में उभरती हुई प्रवृत्तियों के संदर्भ में सिविल सेवाओं की भूमिका।
18. भारत एवं उसके पड़ोसी देशों से संबंध।
19. द्विपक्षीय, क्षेत्रीय और वैश्विक समूह और भारत से संबंधित और/अथवा भारत के हितों को प्रभावित करने वाले करार।
20. भारत के हितों एवं अप्रवासी भारतीयों पर विकसित तथा विकासशील देशों की नीतियों तथा राजनीतिक प्रभाव।
21. महत्वपूर्ण अंतर्राष्ट्रीय संस्थान, संस्थाएं और मंच-उनकी संरचना, अधिदेश तथा उनका कार्यभाग।
22. उ0प्र0 के राजनैतिक, प्रशासनिक, राजस्व एवं न्यायिक व्यवस्थाओं की विशिष्ट जानकारी।
23. क्षेत्रीय, प्रान्तीय, राष्ट्रीय एवं अन्तर्राष्ट्रीय महत्व के समसामयिक घटनाक्रम।

सामान्य अध्ययन-III

1. भारत में आर्थिक नियोजन, उद्देश्य एवं उपलब्धियाँ, नीति आयोग (एन0आई0टी0आई0) की भूमिका।
2. गरीबी के मुद्दे, बेरोजगारी, सामाजिक न्याय एवं समावेशी संवृद्धि।
3. सरकार के बजट के अवयव तथा वित्तीय प्रणाली।
4. प्रमुख फसलें, विभिन्न प्रकार की सिंचाई विधि एवं सिंचाई प्रणाली, कृषि उत्पाद का भंडारण, ढुलाई एवं विपणन, किसानों की सहायता हेतु ई-तकनीकी।
5. अप्रत्यक्ष एवं प्रत्यक्ष कृषि सहायकी तथा न्यूनतम समर्थन मूल्य से जुड़े मुद्दे, सार्वजनिक वितरण प्रणाली-उद्देश्य, क्रियान्वयन, परिसीमाएं, सुदृढ़ीकरण खाद्य सुरक्षा एवं बफर भण्डार, कृषि सम्बन्धित तकनीकी अभियान टेक्नालाजी मिशन।
6. भारत में खाद्य प्रसंस्करण व संबंधित उद्योग-कार्यक्षेत्र एवं महत्व, स्थान निर्धारण, उर्ध्व व अधोप्रवाह आवश्यकताएं, आपूर्ति श्रृंखला प्रबंधन।
7. भारत में स्वतंत्रता के पश्चात् भूमि सुधार।
8. भारत में वैश्वीकरण तथा उदारीकरण के प्रभाव, औद्योगिक नीति में परिवर्तन तथा इनके औद्योगिक संवृद्धि पर प्रभाव।
9. आधारभूत संरचना: ऊर्जा, बंदरगाह, सड़क, विमानपत्तन तथा रेलवे आदि।
10. विज्ञान एवं प्रौद्योगिकी-विकास एवं अनुप्रयोग (दैनिक जीवन एवं राष्ट्रीय सुरक्षा में, भारत की विज्ञान एवं प्रौद्योगिकी नीति)।
11. विज्ञान एवं प्रौद्योगिकी में भारतीयों की उपलब्धियां, प्रौद्योगिकी का देशजीकरण। नवीन प्रौद्योगिकियों का विकास, प्रौद्योगिकी का हस्तान्तरण, द्विअनुप्रयोगी एवं क्रांतिक अनुप्रयोग प्रौद्योगिकियां।
12. सूचना एवं संचार प्रौद्योगिकी, अंतरिक्ष प्रौद्योगिकी, कम्प्यूटर, ऊर्जा स्त्रोतों, नैनो प्रौद्योगिकी, सूक्ष्म जीव विज्ञान, जैव प्रौद्योगिकी क्षेत्र में जागरूकता। बौद्धिक सम्पदा अधिकारों एवं डिजिटल अधिकारों से सम्बन्धित मुद्दे।
13. पर्यावरणीय सुरक्षा एवं पारिस्थितिकी तंत्र, वन्य जीवन संरक्षण, जैव विविधता, पर्यावरणीय प्रदूषण एवं क्षरण, पर्यावरणीय संघात आंकलन।
14. आपदा गैर-पारम्परिक सुरक्षा एवं संरक्षा की चुनौती के रूप में, आपदा उपशमन एवं प्रबन्धन।
15. अन्तर्राष्ट्रीय सुरक्षा की चुनौतियाँ- आणुविक प्रसार के मुद्दे, अतिवाद के कारण तथा प्रसार, संचार तंत्र, मीडिया की भूमिका तथा सामाजिक तंत्रीयता, साइबर सुरक्षा के आधार, मनी लॉन्डरिंग तथा मानव तस्करी।
16. भारत की आन्तरिक सुरक्षा की चुनौतियां-आतंकवाद, भ्रष्टाचार, प्रतिविद्रोह तथा संगठित अपराध।
17. सुरक्षा बलों की भूमिका, प्रकार तथा शासनाधिकार, भारत का उच्च रक्षा संगठन।
18. उत्तर प्रदेश के आर्थिक परिदृश्य का विशिष्ट ज्ञान-उत्तर प्रदेश की अर्थव्यवस्था का सामान्य विवरण राज्य के बजट। कृषि, उद्योग, आधारभूत संरचना एवं भौतिक संसाधनों का महत्व। मानव संसाधन एवं कौशल विकास, सरकार के कार्यक्रम एवं कल्याणकारी योजनाएं।
19. कृषि, बागवानी, वानिकी एवं पशुपालन के मुद्दे।
20. उत्तर प्रदेश के विशेष संदर्भ में कानून एवं व्यवस्था और नागरिक सुरक्षा।

सामान्य अध्ययन-IV

- **नीतिशास्त्र तथा मानवीय अन्तःसम्बन्धः** मानवीय क्रियाकलापों में नीतिशास्त्र का सारतत्व, इसके निर्धारक और परिणाम, नीतिशास्त्र के आयाम, निजी और सार्वजनिक संबंधों में नीतिशास्त्र। मानवीय मूल्य-महान नेताओं, सुधारकों और प्रशासकों के जीवन तथा उनके उपदेशों से शिक्षा, मूल्य विकसित करने में परिवार, समाज और शैक्षणिक संस्थाओं की भूमिका।
- **अभिवृत्तिः** अंर्तवस्तु (कंटेन्ट), संरचना, कार्य, विचार तथा आचरण के परिप्रेक्ष्य में इसका प्रभाव एवं संबंध, नैतिक और राजनीतिक अभिरूचि, सामाजिक प्रभाव और सहमति पैदा करना।
- सिविल सेवा के लिए अभिरूचि तथा बुनियादी मूल्य, सत्यनिष्ठा, निष्पक्षता तथा गैर-तरफादारी, वस्तुनिष्ठता, सार्वजनिक सेवा के प्रति समर्पण भाव, कमजोर वर्गों के प्रति सहानुभूति, सहिष्णुता तथा करूणा।
- **संवेगात्मक बुद्धिः** अवधारणाएं तथा आयाम, प्रशासन और शासन व्यवस्था में उनकी उपयोगिता और प्रयोग।
- भारत तथा विश्व के नैतिक विचारकों तथा दार्शनिकों का योगदान।
- **लोक प्रशासनों में लोक/सिविल सेवा मूल्य तथा नीतिशास्त्रः** स्थिति तथा समस्याएं, सरकारी तथा निजी संस्थानों में नैतिक सरोकार तथा दुविधाएं, नैतिक मार्गदर्शन के स्त्रोतों के रूप में विधि, नियम, नियमन तथा अंतर्रात्मा, जवाबदेही तथा नैतिक शासन व्यवस्था में नैतिक मूल्यों का सुदृढ़ीकरण, अंतर्राष्ट्रीय संबंधों तथा निधि व्यवस्था (फंडिंग) में नैतिक मुद्दे, कारपोरेट शासन व्यवस्था।
- **शासन व्यवस्था में ईमानदारीः** लोक सेवा की अवधारणा, शासन व्यवस्था और ईमानदारी का दार्शनिक आधार, सरकार में सूचना का आदान-प्रदान और पारदर्शिता, सूचना का अधिकार, नीतिपरक आचार संहिता, आचरण संहिता, नागरिक घोषणा पत्र, कार्य संस्कृति, सेवा प्रदान करने की गुणवत्ता, लोक-निधि का उपयोग, भ्रष्टाचार की चुनौतियां।
- उपर्युक्त विषयों पर मामला संबंधी अध्ययन (केस स्टडी)।

उत्तर लेखन रणनीति एवं कार्य योजना

राज्य सिविल सेवा परीक्षा के दौरान प्रश्न पत्र में विभिन्न प्रकार की विषयवस्तु को ध्यान में रखते हुए प्रश्नपत्र का निर्माण किया जाता है। जिसके अंतर्गत निम्नलिखित विषयवस्तु के सटीक अर्थ को नीचे दिया जा रहा है ताकि अभ्यर्थी उसके अर्थ के अनुरूप अपने ज्ञान का सटीक प्रदर्शन कर सकें।

1. **सैद्धांतिक जानकारी :** किसी भी विषय की सैद्धांतिक जानकारी होना महत्वपूर्ण है। उत्तर लिखते समय सैद्धांतिक जानकारी के तत्वों को वर्तमान विषय वस्तु से जोड़ना एवं उदाहरण द्वारा लिखना आवश्यक।
2. **तथ्य :** सैद्धांतिक जानकारी के पश्चात् दूसरे चरण में तथ्यों की प्रस्तुति अनिवार्य है। उदाहरण स्वरूप केन्द्र एवं राज्यों के संबंधों को लिखने के पूर्व उनसे जुड़ी धारा को लिखने पर उत्तर प्रभावकारी एवं सटीक माना जाता है।
3. **तथ्यों का प्रयोग :** यहां तथ्यों के प्रयोग का अर्थ मूल तथ्यों को एक दूसरे के साथ आवश्यकता अनुरूप जोड़ना।
4. **कुछ नये तथ्यों का समावेशन:** जैसे नये सचित्र (Diagrams) विचारों को जोड़ना, नई घटनाओं को विषय-वस्तु से जोड़ना। यहां इस बात का भी ध्यान रखना होगा कि उत्तर संतुलित हो, विचारों में मतभेद नहीं हो। उत्तर, प्रश्न के अनुरूप हो।

लेखन शैली : उत्तर लिखने के लिए लेखन शैली को जानने की आवश्यकता है :

1. संक्षिप्त एवं सटीक लिखें।
2. लेखनी स्पष्ट एवं साफ होनी चाहिए।
3. व्याख्या में व्याकरण का प्रयोग एवं वाक्य संरचना ठीक हो।
4. भाषा, सरल एवं सहज हो।

निर्देश : लेखन शैली का अर्थ अलंकृत भाषा और विशेष शब्दावली का प्रयोग हो। उत्तर में किसी भी प्रकार की अस्पष्टता नहीं हो। लेखन शैली में परिपक्वता निरंतर प्रयास से आती है। प्रभावशाली उत्तर जानकारी से ही दिये जा सकते हैं। अत: विषय की जानकारी एवं अच्छी लेखन शैली एक दूसरे के पूरक हैं दोनों के संतुलित प्रयोग से आप प्रश्न का सटीक एवं स्पष्ट उत्तर लिख सकते हैं।

प्रश्न पत्र में प्रयोग किए जाने वाले विभिन्न प्रकार के पारिभाषिक शब्दों की सरल व्याख्या :

1. **Account for : कारण बताइए।** प्रश्न से संबंधित तथ्यों का संक्षिप्त विवरण देते हुए कारणों का विश्लेषण करें। प्रश्न में पूछे गऐ मूल तथ्यों का उदाहरण भी प्रस्तुत करें।
2. **Account of : संदर्भ में।** इसके अंतर्गत पूछे गए प्रश्न एवं मूल बिंदु को अन्य विषय वस्तु के परिप्रेक्ष्य में प्रस्तुत करें।
3. **Analyse : विश्लेषण कीजिए।** इसके अंतर्गत प्रश्न के हर विषय वस्तु का मूल्यांकन उदाहरण सहित उसके सकारात्मक एवं नकारात्मक तथ्यों को भी दर्शायें।
4. **Assess : आकलन/मूल्यांकन कीजिए।** प्रश्न में उल्लेखित अभिलक्षण या विशेषताओं के सबल एवं दुर्बल (Strength & Weakness) पक्षों का विश्लेषण करें।
5. **Bringout : स्पष्ट कीजिए।** इसके अंतर्गत मूल विषय वस्तु पर प्रकाश डालें।
6. **Comment : टिप्पणी कीजिए।** प्रश्न में उल्लेखित कथन में अपने दृष्टिकोण/पर्यवेक्षण को इंगित करते हुए नकारात्मक एवं सकारात्मक पहलुओं को स्पष्ट कीजिए।
7. **Define : परिभाषा।** इसके अंतर्गत प्रश्न में जुड़ी मौलिकताओं और उसके संदर्भ को समायोजित कर स्पष्ट कीजिए।
8. **Determine : सुनिश्चित कीजिए।** इसके अंतर्गत महत्वपूर्ण बिंदुओं को निर्धारित कीजिए।
9. **Describe : वर्णन कीजिए/विवरण दीजिए/समझाइये।** प्रश्न से सम्बंधित सभी पहलुओं का वर्णन करें।

10. **Discuss : विवेचन/चर्चा।** इसके अंतर्गत प्रश्न में उल्लेखित कथन से सम्बंधित सभी प्रचलित विचारों या दृष्टिकोण का मूल्यांकन करते हुए अंततः आलोचनात्मक व्याख्या प्रस्तुत करें।

11. **Distinguish : अंतर स्पष्ट कीजिए/विवेचन कीजिए।** इसके अंतर्गत मूल बिन्दुओं को निर्धारित कीजिए।

12. **Evaluate/Critical Evaluate/Review : मूल्यांकन/समीक्षा कीजिए।** प्रश्न में उल्लेखित कथन/अभिलक्षण/ विशेषताओं का मूल्यांकन करते हुए निष्पक्ष विश्लेषण करें।

13. **Elucidate : स्पष्ट व्याख्या कीजिए।** प्रश्न में उल्लेखित कथन या विचार का सरलीकरण या सरलीकृत विश्लेषण कीजिए जो कि संभवतः कठिन (Difficult) व अस्पष्ट (Obscure) होता है।

14. **Explain : व्याख्या/स्पष्ट कीजिए/कारण बताइये/समझाइये।** प्रश्न में उल्लेखित सभी कथनों/बिन्दुओं को स्पष्ट करें।

15. **Examine/Critically examine : विवेचना/आलोचनात्मक परीक्षण कीजिए।** इसके अंतर्गत उल्लेखित बिन्दु या मुद्दे के पक्ष व विपक्ष दोनों ही का स्पष्टीकरण करें। आपका अंतिम निष्कर्ष साक्ष्यों द्वारा समर्थित होना चाहिए, और आप जिस बिंदु के पक्ष में नहीं है उसका स्पष्टीकरण करें।

16. **Explain : कारण समझाइये।** इसके अंतर्गत प्रश्न में पूछे गए विषय वस्तु का मूल सार स्पष्ट करें।

17. **Form an Estimate : तथ्य को स्पष्ट करें/तथ्य का मूल्यांकन करें।** इसके अंतर्गत प्रश्न एवं प्रश्न से जुड़े संदर्भ को स्पष्ट करते हुए अपने विचार प्रस्तुत करें।

18. **Highlight : प्रकाश डालिए/प्रतिपादन कीजिए।** मुख्य-मुख्य बातें बताइये। इसके अंतर्गत प्रश्न में पूछे गये महत्वपूर्ण तथ्यों को व्यक्त करें।

19. **Illustrate : उदाहरण दीजिए।** उदाहरण/आंकड़े देते हुए कथन की पुष्टि करें।

20. **Interpret : तथ्यों का विवरण देते हुए उनके आधार पर विश्लेषण करें।** तथ्य मात्र आगत (Inputs) होते हैं उनका आप किस प्रकार प्रयोग/उपयोग करते हैं यह आपके अनुभव (Perception) पर निर्भर करता है, आपका अनुभव (Perception) आपके उत्तर को भिन्नता प्रदान करता है।

21. **Mention : उल्लेख कीजिए।**

22. **Outline : रूपरेखा।**

23. **Point out : निर्देश कीजिए।**

24. **Reasons : तर्क/कारण।** प्रश्न में दिये गये शब्दों का तार्किक विश्लेषण किया जाना चाहिए।

25. **Role : भूमिका।** अगर प्रश्न में किसी व्यक्ति विशेष का नाम होता है तो उसकी भूमिका पर टिप्पणी करते हुए संक्षिप्त रूप से उन तथ्यों और कारणों पर भी प्रकाश डालें जो कि उस व्यक्ति को भूमिका अदा करने के लिए अवसर प्रदान करते हैं।

26. **Significance/Importance : सार्थकता/महत्व।** प्रश्न के उत्तर में योगदान व परिणाम के महत्व पर प्रकाश डालें। जहां तक संभव हो सके, दृष्टिकोण सकारात्मक होना चाहिए। कई बार प्रतीकात्मक महत्व पर प्रकाश डालें।

27. **Significant : प्रमुख।** ऐसे प्रश्न में भी महत्वपूर्ण योगदान व परिणामों को महत्व दिया जाना चाहिए।

28. **Trace : रूपरेखा/विकास का निरूपण/अनुरेखण/उल्लेख/वर्णन।** यह शब्द अपने आप में स्पष्ट है लेकिन किस प्रकार से प्रश्न में उल्लेखित बात का विकास होता है इस पर अधिक बल दिया जाना चाहिए।

29. **To what extent : किस सीमा तक।** कोई भी कथन या कारण किस सीमा तक उचित/अनुचित या उपयुक्त/अनुपयुक्त हो सकते हैं या कथन में उल्लिखित बात का किस सीमा तक योगदान हो सकता है।

भाग-1 (अ) : अद्यतन समसामयिकी

अध्याय 1

राष्ट्रीय समसामयिकी

1. ओटीटी (ओवर द टॉप) प्लेटफार्म

प्रारम्भ : भारत में ओटीटी प्लेटफार्म की शुरूआत 2008 में रिलायंस एटरटेनमेंट के ब्रांड ''बिग फ्लिक्स'' से हुई थी।

ओटीटी प्लेटफार्म का अर्थ : फिल्म, टेलीविजन, सीरियल व वेब सीरीज को इंटरनेट हाइस्पीड के माध्यम से दिखाना ओटीटी प्लेटफार्म कहलाता है। इसमें टीवी के केबल व सैटलाइट से कहीं अधिक तेजी से दर्शकों को मनोरंजन के माध्यमों से जोड़ने की ताकत होती है।

वर्तमान में ओटीटी प्लेटफार्म का बढ़ता महत्व : कोरोना के दौर में जब सिनेमाघर बंद हुए तो ओटीटी प्लेटफार्म तेजी से मनोरंजन के विकल्प के रूप में उभरा।

ओटीटी प्लेटफार्म की कार्यनीति : ये प्लेटफार्म भारी कीमते चुका कर, फिल्म या वेबसीरीज के अधिकार खरीदते हैं। उन्हें अपने प्लेटफार्म पर रिलीज करते हैं। उनका मुनाफा ग्राहकों से मिलने वाला मासिक/वार्षिक शुल्क और विज्ञापन दिखाकर होता है। अर्थात् ग्राहक को ओटीटी प्लेटफार्म का सब्सक्रिप्शन लेना पड़ता है। तो कुछ प्लेटफार्म मुफ्त में भी कंटेंट प्रदान करते हैं।

प्रमुख ओटीटी प्लेटफार्म : ओटीटी प्लेटफार्म के प्रमुख मनोरंजन एप्स है- नेटफिलिक्स, अमेजन प्राइम वीडियो, वूट, जी-5, डिजनी+हॉटस्टा। इसीक्रम में **द वारय, द प्रिंट** और **स्क्रॉल** जैसी समाचार वाली वेबसाइट भी हैं।

ओटीटी का भविष्य :

- वर्ष 2019 में भारत में OTT वीडियो स्ट्रीमिंग इस्तेमाल करने वालों की संख्या लगभग 17 करोड़ थी। वर्ष 2025 तक इनकी संख्या 26.4% की दर से बढ़ने की संभावना है।
- लॉकडाउन के बाद से OTT प्लेटफार्म पर दर्शकों की संख्या बढ़ी है।
- भारत में औसतन 9.8 जीबी डेटा प्रतिमाह उपयोग किया जा रहा है, जिसके 2024 तक 18 जीबी डेटा प्रतिमाह तक पहुंचने की संभावना है।
- वर्तमान में भारत में लगातार 10 बड़े OTT प्लेटफार्म पर काम करने वाली कंपनियां हैं लेकिन OTT बाजार के 40% हिस्से पर नेटफ्लिक्स और अमेजन प्राइम का कब्जा है। 17 फीसद हिस्सेदारी के साथ तीसरे नंबर पर डिज्नी प्लस हॉटस्टार है।

ओटीटी प्लेटफार्म पर नियमन : की जरूरत क्यो?

भारत में OTT प्लेटफार्म के नियमन के लिए कोई कानून या निर्देश नही था। मनोरंजन का यह नया माध्यम बड़े स्वरूप में अब सामने आ चुका है। सुप्रीम कोर्ट ने डिजिटल मीडिया पर नियंत्रण टीवी से ज्यादा जरूरी होने की वकालत की थी। भारत में प्रिंट मीडिया के नियमन के लिए **प्रेस काउंसिल** है, न्यूज चैनलों के लिए **न्यूज ब्राडकास्टर्स एसोसिएशन** है, विज्ञापन के नियमन के लिए **एडवरटाइजिंग स्टैंडर्ड काउंसिल ऑफ इंडिया** है तथा फिल्मों के नियमन के लिए **सेंट्रल बोर्ड ऑफ फिल्म सर्टिफिकेशन** है। लेकिन डिजिटल माध्यम पर नियमन को लेकर कोई स्वायत्त एजेंसी नही है। अत: OTT प्लेटफार्म की बड़ती लोकप्रियता को देखते हुए आवश्यक हो जाता है कि ऑनलाइन मीडिया की निगरानी के लिए कानून बनाये जाये।

OTT प्लेटफार्म के नियमन हेतु वर्तमान व्यवस्था :

केन्द्र सरकार ने आनलाइन मीडिया की निगरानी हेतु 10 सदस्यीय समिति बनाई जिसकी सिफारिश पर केन्द्र सरकार ने इंटरनेट आधारित आनलाइन समाचार पोर्टल और आनलाइन आडियो-विजुअल सामग्री उपलब्ध करने वाले सभी माध्यमों को **सूचना एवं प्रसारण मंत्रालय की निगरानी** के दायरे में शामिल कर लिया है। 11 नवम्बर, 2020 को इस संबंध में गजट अधिसूचना जारी की जा चुकी है। अत: सरकार के इस ताजा कदम का असर यह होगा कि OTT प्लेटफार्म की सामग्रियों पर सरकार की निगरानी रहेगी। अब सभी OTT प्लेटफार्म को नई सामग्री को जारी करने से पहले मंत्रालय से प्रमाण पत्र लेना जरूरी होगा। अगर मंत्रालय को कोई आपत्ति होगी तो वह उसे प्रतिबंधित भी कर सकती है।

भारत में इंटरनेट उपभोक्ता :

- इंटरनेट के इस्तेमाल के मामले में भारत दुनिया में सबसे आगे हो चुका है और इंटरनेट भारत ही नहीं दुनिया में सभी के लिए जरूरी बन गया है। आज इंटरनेट के बिना जिदंगी की कल्पना ही नहीं की जा सकती।
- भारत में इंटरनेट के 25 वर्ष पूरे हो चुके हैं। देश में 75 करोड़ इंटरनेट उपभोक्ताओं का आंकड़ा पार हो चुका है।
- वर्तमान में भारत में प्रति व्यक्ति प्रति माह औसतन 12 जीबी डेटा का इस्तेमाल किया जा रहा है, जो दुनिया में सबसे ज्यादा है। एरिक्सन मोबिलिटी की रिपोर्ट के अनुसार भारत में 2025 तक हर उपभोक्ता का डाटा उपभोग बढ़कर 25 जीबी तक पहुंच जायेगा।
- भारत में सर्वाधिक इंटरनेट प्रयोग करने वाले राज्य:-
    1. महाराष्ट्र (6.4 करोड़)
    2. आंध्र प्रदेश (5.9 करोड़)
    3. तमिलनाडु (5.4 करोड़)
    4. गुजरात (4.6 करोड़)
    5. कर्नाटक (4.5 करोड़)
- इन पॉच राज्यों में देश का 35% इंटरनेट यूजर रहता है, जबकि उत्तर प्रदेश, बिहार, राजस्थान, पश्चिम बंगाल जैसे बड़ी आबादी वाले राज्यों समेत शेष 23 राज्य व नौ केन्द्रशासित प्रदेशों में 65% इंटरनेट उपभोक्ता है।

- इंटरनेट का इस्तेमाल करने वाले जिस रफ्तार से शहरों में बढ़े हैं, उतनी ही रफ्तार से गांवों में इंटरनेट यूजरर्स की संख्या नहीं बढ़ी है, गॉवों में जो उपभोक्ता बढ़े भी हैं वह मोबाइल इंटरनेट के बढ़े हैं। गांवों में नेटवर्क की कमी की समस्या रही है। इसी वजह से 61% इंटरनेट कनेक्शन शहरों में थे और सिर्फ 39% गॉवों में।
- देश में नेटवर्क बढ़ाने के साथ ही उसकी कीमतें और सेवा गुणवत्ता भी बढ़ाना जरूरी है।

2. श्रमिक कानून में सुधार (Reform in Labours Laws)

कानूनों में धारा की आवश्यकता: क्यों (Why we need reform in Labour Laws)

श्रम भारतीय संविधान की समवर्ती सूची में शामिल है, जिसके कारण राज्य विधानमण्डल द्वारा लगभग 100 श्रम कानून व संसद द्वारा 40 से अधिक श्रम कानून समय-समय पर बनाये गये हैं, जिसके चलते निम्न समस्याएं देखने को मिलती हैं:-

- कानून में जटिलता।
- कानून में एकरूपता की कमी।
- वर्तमान परिस्थितियों के अनुकूल नही।
- कानून के क्रियान्वयन में सुगमता का अभाव।
- श्रम कानूनों की अधिकता के चलते निवेश में कमी, रोजगार सृजन में कमी व प्रतिष्ठानों का छोटा आकार।
- ट्रेड यूनियन की नियंत्रण मुक्त कार्य पद्धति।
- महिला श्रमिकों की कार्यस्थिति व सामाजिक सुरक्षा के पहलुओं पर सीमित जवाबदेहता वाले कानून।
- वर्तमान में पैडमिक की चुनौतियों से बाहर निकलने के लिए व अर्थव्यवस्था को पुनः पटरी पर लाने के लिए श्रम कानूनों में सुधार अनिवार्य हो गया है।

नये श्रम संहिताएं : 1. **<u>औद्योगिक संबंध संहिता</u> (The Code Industrial Relation)**

नोट : यह संहिता पूर्व में प्रचलित 3 केन्द्रीय श्रम कानूनों का स्थान लेगा, जो निम्नवत् है:-

(i) व्यवसाय संघ अधिनियम 1926

(ii) औद्योगिक नियोजन (स्थायी आदेश) अधिनियम, 1946

(iii) औद्योगिक विवाद अधिनियम, 1947

प्रमुख प्रावधान:
- इस संहिता का सबसे महत्वपूर्ण प्रावधान कम्पनियों के लिए श्रमिकों को काम पर रखने या उनकी छॅटनी करने की प्रक्रिया को आसान बनाना है।
- कम्पनियों को काम बंदी (Lay-off), छटनी (Retirenhment), या प्रतिष्ठान के बंद (Close) करने के लिए सरकार से अनुमति तभी लेनी होगी, जब कम्पनी में 300 या उससे अधिक कर्मचारी होंगे।
- केन्द्र या राज्य सरकार अधिसूचना के माध्यम से संख्या में बदलाव करने के अधिकारी हैं।
- किसी कम्पनी में ट्रेड यूनियन द्वारा हड़ताल व तालाबंदी करने से 14 दिन पूर्व नोटिस देना अनिवार्य है। यह नोटिस 60 दिनों की अधिकतम अवधि तक वैध रहेगी।

- जिन प्रतिष्ठानों में एक से अधिक ट्रेड यूनियन हैं, ऐसे में प्रतिष्ठान के 51% या उससे अधिक कर्मचारी सदस्य के रूप में जिस ट्रेड यूनियन के सदस्य होंगे उसे ही **वार्ताकार ट्रेड यूनियन** की मान्यता मिलेगी।
- यदि 51% कर्मचारियों की सदस्यता वाली कोई यूनियन नही है तो नियोक्ता 20% से अधिक कर्मचारियों की सदस्यता वाली सभी यूनियनों के प्रतिनिधियों को मिलाकर **''वार्ताकार परिषद''** (Negotiating Council) गठित करेगा।
- औद्योगिक विवादों के निपटान के लिए संहिता में केन्द्र व राज्य सरकारों द्वारा ''सुलह अधिकारी'' नियुक्त किये जाने की व्यवस्था है।
- यदि औद्योगिक विवाद को सुलह अधिकारी निपटान करने में सफल नही रहता तो इस स्थिति में संहिता में ''औद्योगिक अधिकरण'' की व्यवस्था की गयी है।
- यदि किसी विवाद में राष्ट्रीय महत्व का कोई प्रश्न निहित है या कोई विवाद एक से अधिक राज्यों में स्थित औद्योगिक प्रतिष्ठिानों को प्रभावित कर सकता है ऐसी स्थिति में, संहिता में, केन्द्र सरकार को ''राष्ट्रीय औद्योगिक अधिकरण'' (National Industrial Tribunal) गठित करने का अधिकार है।

विरोध के कारण: • औद्योगिक संबंध संहिता नियोक्ताओं को अधिक सशक्त बनायेगा, जबकि श्रमिक वर्ग, विशेष कर 300 से कम श्रमिकों वाली कम्पनियों के श्रमिक के हित प्रभावित होंगे।

- छँटनी व कामबंदी संबंधित नियमों को सरल बनाने से भारत में भी पश्चिम देशों की भाँति **हायर एंड फायर** (Hire & Fire) की परंपरा बढ़ेगी।

: **2. <u>उपजीविका जन्य सुरक्षा स्वास्थ्य और कार्य दशा संहिता</u> (The Occupational Safety, Health & Working Conditions code)**

नोट : यह संहित पूर्व में प्रचलित कुल 13 श्रम कानूनों का स्थान लेगा जिसमें प्रमुख हैं:-

- कारखारा अधिनियम, 1948
- खान अधिनियम, 1952
- ठेका श्रम (विनियमन और उत्पादन) अधिनियम, 1970

प्रमुख प्रावधान: • यह संहिता 10 व उससे अधिक कर्मचारी संख्या वाले सभी प्रतिष्ठानों पर लागू होगा।

- इस संहिता के अन्तर्गत वे सभी प्रतिष्ठान शामिल होंगे जहाँ जीवन को जोखिम में डालने वाले कार्य किये जाते हैं जैसे-खाने, विस्फोटक सामग्री निर्माण वाले कारखाने, रासायनिक गैस व अन्य।
- संहिता के अंतर्गत नियोक्ता के कर्तव्य निर्धारित किये गये हैं, जैसे- श्रमिकों को जोखिम मुक्त कार्यस्थल उपलब्ध कराना, निशुल्क वार्षिक स्वास्थ्य की जॉच की व्यवस्था करना तथा कार्यस्थल में दुर्घटना में किसी की मृत्यु व गंभीर शारीरिक चोट लगने के मामले को संबंधित प्राधिकारियों (Authorities) को सूचित करना आदि।
- कार्य के घंटों के संबंध में प्रावधान निम्नवत् है- किसी भी प्रतिष्ठान में किसी कर्मचारी से एक दिन में 8 घंटे व सप्ताह में 6 दिन से अधिक कार्य नहीं लिया जा सकता। किसी कर्मचारी की सहमति से ही उससे ओवरटाइम कार्य कराया जा सकेगा। ओवरटाइम की स्थिति में उसे दैनिक मजदूरी का दुगुना भुगतान करना होगा।

- महिलाओं को भी शाम 7 बजे से अगली सुबह 6 बजे के बीच कार्य करने की अनुमति दी गयी है।
- इस संहिता में अंतर्राज्यीय प्रवासी श्रमिकों (एक राज्य से दूसरे राज्य कार्य करने वाले श्रमिक) के लिए भी व्यवस्था की गयी है कि केन्द्र सरकार द्वारा प्रवासी श्रमिकों का एक डेटाबेस तैयार किया जाएगा। साथ ही प्रवासी श्रमिकों को उनके निवास के राज्य अथवा रोजगार के राज्य में से कही भी पीडीएस की व्यवस्था का लाभ उठाने की सुविधा प्रदान की गई है।

नोटः • केन्द्र व राज्य सरकार किसी प्रतिष्ठान को राष्ट्रीय आपातकाल, आपदा व महामारी की स्थिति में इस संहिता के कुछ या सभी प्रावधानों से एक बार में अधिकतम एक वर्ष तक छू दे सकती है।

- राज्य सरकारें अपने-अपने राज्य में आर्थिक गतिविधियों व रोजगार बढ़ाने के उद्देश्य से नए कारखानों को इस संहिता के कुछ या सभी प्रावधानों से एक निर्धारित अवधि तक छूट दे सकती है।

विरोध के कारणः • राज्य सरकारों को अपने राज्य में आर्थिक गतिविधियों विशेषकर निवेश को बढ़ावा देने के लिए संहिता के प्रावधानों को लागू करने से छूट दी गयी है, यह स्थिति श्रमिकों पर नकारात्मक प्रभाव डाल सकती है।

3. <u>सामाजिक सुरक्षा संहिता</u> (The Code on Social Security)

नोट : यह संहिता पूर्व में प्रचलित कुल 9 कानूनों का स्थान लेगा जिसमें प्रमुख हैं:

- कर्मचारी राज्य बीमा अधिनियम 1948
- प्रसूति सुविधा अधिनियम 1961

प्रमुख प्रावधानः • इस संहिता के आधार पर केन्द्र सरकार कर्मचारी भविष्य निधि योजना (EPFS), कर्मचारी पेंशन योजना, कर्मचारी बीमा योजना जैसी योजनाओं को कर्मचारियों की सामाजिक सुरक्षा के उद्देश्य से लागू कर सकेगी।

- यह संहिता सरकार को यह अधिकार देती है कि वह गिग श्रमिकों व असंगठित क्षेत्र के श्रमिकों को विशिष्ट सामाजिक सुरक्षा योजनाएं उपलब्ध करा सके।
- सामाजिक सुरक्षा से संबंधित योजनाएं संहिता में ही निर्धारित अलग-अलग कर्मचारी संख्या सीमा के आधार पर लागू होगी।

3. खादी प्राकृतिक पेण्ट

घोषणा : • केंद्रीय MSMEs मंत्री नितिन गडकरी द्वारा 13 जनवरी 2021 को घोषित

उद्देश्य : • गाय के गोबर से पेण्ट बनाकर ग्रामीण अर्थव्यवस्था में सुधार की कोशिश करना है।

विशेषता : • यह पेण्ट पर्यावरण हितैषी और जीवाणुरोधी है।

- बाजार में बिकने वाले अन्य पेण्ट के दाम औसतन 550 रूपये प्रति लीटर है जबकि खादी प्राकृतिक पेण्ट की प्रति लीटर कीमत मात्र 225 रूपये होगी अर्थात 50% सस्ता।
- इस खादी प्राकृतिक पेण्ट को भारतीय प्रमाणन संस्थान (Board of Indian Standard) से प्रमाणित भी कराया गया है।

4. तीन कृषि कानून 2020 : एक दृष्टि में

अध्यादेश के रूप में पारित : 5 जून 2020 को राष्ट्रपति द्वारा अध्यादेश के रूप में लागू।

लोकसभा में पारित : 17 सितम्बर 2020 को।

राज्यसभा में पारित : 20 सितम्बर 2020 को।

राष्ट्रपति द्वारा हस्ताक्षर : 24 सितम्बर, 2020 को।

तीनों कृषि कानूनों के नाम : (i) किसान उत्पादन व्यापार और वाणिज्य (संवर्धन और सुविधा) कानून, 2020
[Farmer's Produce Trade & Commerce (Promotion and Facilitation) Act 2020]

(ii) आवश्यक वस्तु (संशोधन) अधिनियम, 2020
[The Essential Commodities (Amendment) Act 2020]

(iii) मूल्य आश्वासन पर किसान (संरक्षण एवं सशक्तिकरण) समझौता और कृषि सेवा अधिनियम, 2020

[The Farmers Empowerment & Protection Agreement of Price Assurance & Farm Services Act 2020]

(i) कृषि उत्पादन व्यापार और वाणिज्य (संवर्धन और सुविधा) कानून, 2020

उद्देश्य : किसानों और व्यापारियों को क्रमशः उपज की बिक्री और खरीद से सम्बन्धित स्वतंत्रता देना ताकि कृषि उत्पादों के व्यापार को विस्तार दिया जा सके तथा किसानों को उनके उपज के दाम भी बेहतर मिल सके।

महत्वपूर्ण तथ्य:
- यह कानून किसानों को अपनी उपज देश में कहीं भी, किसी भी व्यक्ति या संस्था को बेचने की स्वतंत्रता प्रदान करता है। अर्थात किसान कृषि उपज विपणन समितियों (APMC मंडियों) के बाहर भी कृषि उपज बेचने के लिए स्वतंत्र होंगे।
- यह कानून किसानों के अधिकारों में इज़ाफा करने और बाजार में प्रतियोगिता बढ़ाने में सहायक होगा।
- इस कानून के लागू होने से राज्य सरकारें मंडियों के बाहर की गयी कृषि उपज की बिक्री और खरीद पर टैक्स लागू नहीं कर सकेंगी।
- इस कानून के जरिये ''एक देश, एक बाजार'' की संकल्पना को अपनाया जा सकेगा।

विरोध के : कारण
- APMS मंडियों पर नकारात्मक प्रभाव।
- राज्य सरकारों को मंडी शुल्क न प्राप्त होने से उनके राजस्व में कमी।
- भारत के सिमान्त किसान एक देश एक बाजार वाली डिजिटल व्यवस्था से लाभान्वित नही हो पायेंगे।

(ii) आवश्यक वस्तु (संशोधन) अधिनियम, 2020

उद्देश्य : कुछ विशेष परिस्थितियों को छोड़ कर सामान्य स्थितियों में आवश्यक वस्तुओं की सूची में शामिल अनाज, दाल, तिलहन, खाद्य तेल, प्याज और आलू जैसी वस्तुओं को स्टाक मुक्त करना।

महत्वपूर्ण तथ्य:
- पूर्व में व्यापारी फसलों को किसानों से औने-पौने दामों में खरीदकर उसका भण्डारण कर लेते थे और कालाबाजारी करते थे। इस स्थिति में खाद्यान्न मुद्रास्फीति की स्थिति उत्पन्न होती थी वहीं दूसरी और किसानों का भी शोषण होता था, इस स्थिति को रोकने के लिए वर्ष 1955 में आवश्यक वस्तु अधिनियम, 1955 लागू किया गया जिसके द्वारा व्यापारी एक सीमा से अधिक अनिवार्य कृषि उत्पादों का भण्डारण नहीं कर सकेंगे। 65 वर्ष पुराने इस कानून में वर्तमान परिस्थितियों के अनुरूप परिवर्तन/संशोधन करना अनिवार्य हो गया था।
- इस नये कानून में आवश्यक वस्तुओं पर राष्ट्रीय आपदा, युद्ध व कीमतों में तीव्र वृद्धि की स्थिति में ही स्टॉक सीमा को लागू किया जायेगा जबकि सामान्य स्थिति में व्यापारियों पर स्टॉक की सीमा नहीं लगेगी।

- इस कानून के दो प्रमुख लाभ होंगे **पहला,** देश में रिकॉर्ड तोड़ उत्पादन के भण्डारण की समस्या समाप्त होगी क्योंकि सीमा विहीन स्टॉक की सुविधा स्वत: ही निजी निवेशकों को कोल्ड स्टोरेज, गोदाम, जैसी आधारभूत संरचना में निवेश हेतु आकर्षित करेगा। **दूसरा** कृषकों को अपने उपज बेचने के विकल्प बढ़ेंगे।
- अन्य लाभ के अन्तर्गत–कृषि उपज का अपव्यय समाप्त होगा, कृषि निर्यात के विकल्प बढ़ेंगे तथा देश में खाद्य प्रसंस्करण उद्योग के क्षेत्र में क्रान्तिकारी परिवर्तन देखने का मिलेंगे।

विरोध के कारण :
- बड़े निजी निवेशकों का कृषि उत्पादों पर एकाधिकार।
- खाद्य मुद्रास्फीति में वृद्धि।
- बड़े व्यापारी, किसानों से कम मूल्य पर उत्पाद खरीदेंगे व ऊँचे मूल्य पर खाद्य प्रसंस्करण कम्पनी को बेचेंगे और खाद्य प्रसंस्करण कम्पनियाँ अंतिम वस्तु निर्मित कर और अधिक मूल्य पर उपभोक्ताओं को बेचेगी अर्थात् सारा लाभ निजी निवेशकों को जायेगा।

(iii) मूल्य आश्वासन पर किसान (संरक्षण एवं सशक्तिकरण) समझौता और कृषि सेवा अधिनियम, 2020

उद्देश्य : कृषि का व्यवसायीकरण कर कृषकों को लाभ की स्थिति में लाना।

महत्वपूर्ण तथ्य:
- यह कानून किसानों को फसल की बुवाई से पहले ही अपनी फसल को तय मानकों और तय कीमत के अनुसार बेचने का अनुबन्ध करने की सुविधा प्रदान करता है। अर्थात् यह कानून **कॉन्ट्रैक्ट फॉर्मिंग** पर आधारित है जिसके चलते किसान के जोखिक का न्यूनीकरण सम्भव है।
- यह कानून किसानों को खरीददार ढूँढ़ने, उपज बेचने हेतु परिवहन लागत, भण्डारण पर व्यय आदि कार्यों से मुक्त कर देगा अर्थात किसान अपना सारा ध्यान अच्छी उपज तैयार करने, उत्पादन व उत्पादकता बढ़ाने पर लगा सकेंगे।
- यह कानून किसानों को शोषण के भय के बिना, समानता के आधार पर बड़े खुदरा कारोबारियों, निर्यातकों आदि के साथ जुड़ने में सक्षम बनाएगा।
- इस कानून से होने वाले अप्रत्यक्ष लाभों की चर्चा की जाए तो यह कानून–सीमान्त किसान, छिपी बेरोजगारी, ऋण ग्रस्तता व गैर संस्थागत स्त्रोत पर वित्तीय रूप से निर्भरता जैसे मुद्दों पर भी कारगर प्रभाव डालेगा व कृषि क्षेत्र की इन परम्परागत समस्याओं के निवारण में महत्वपूर्ण भूमिका अदा करेगा।

विरोध के कारण :
- अनुबन्ध कृषि में विवाद की स्थिति में व्यापारी वर्ग के आर्थिक व राजनैतिक प्रभाव के चलते किसानों के अधिकारों का शोषण होने की सम्भावना प्रबल है।
- अनुबन्ध कृषि के विवादों की सुनवाई का आधार न्यायप्रिय नही है।

कृषि सुधार कानून को सफल बनाने हेतु सुझाव:

- कृषि सुधार कानून को सफल बनाने हेतु।
- केन्द्र सरकार नए सिरे से यह स्पष्ट करें कि नए कृषि कानूनों का उद्देश्य किसानों को अनाज बेचने के कुछ अन्य विकल्प उपलब्ध कराना है।
- कृषि राज्य के अधिकार क्षेत्र वाला विषय है और यदि किसी राज्य सरकार विशेषकर पंजाब व हरियाणा सरकार को किसानों के हितों की रक्षा करने हेतु अपने स्तर पर कार्ययोजना तैयार करने और उसे लागू करने का विकल्प खुला रखने की आवश्यकता है।

5. APMC Act विशेष

उद्भव : बाजार की अनिश्चितताओं से किसानों को बचाना।

स्थापना : 1970 के दशक में एग्रीकल्चर प्रोड्यूस मार्केटिंग (रेग्यूलेशन) एक्ट (APMC Act) के तहत कृषि विपणन समितियों (APMC) की स्थापना हुई।

APMC की कार्य पद्धति: किसान → आढ़तिया FCI

नोट: पंजाब की मंडियों में 4800 से भी अधिक आढतिया रजिस्टर्ड हैं।

APMC में राज्यों द्वारा आरोपित शुल्कों की स्थिति : कई राज्यों ने APMC मंडियों में वसूले जाने वाले शुल्कों में तीव्रता से वृद्धि की है, जैसे-

- कृषि कल्याण उपकर, विकास उपकर, ग्रामीण विकास निधि की दरों में वृद्धि की गयी।
- कुछ मंडियों में फलों एवं सब्जियों के कमीशन एजेंटों पर 4 से 8% शुल्क लगाया गया है।
- वर्तमान में पंजाब में मंडी टैक्स 6.5% और 2.5% आढतिया चार्ज है। इसके अतिरिक्त कई तरह के सेस अलग से। कुल मिलाकर 14.5% का चार्ज है। वही हरियाणा में यह 11.5% है।

नोट: APMC कानून के तहत राज्य सरकार जो भी चार्ज या सेस तय करती है अंततः उसका वहन किसान ही करते हैं।

महत्वपूर्ण तथ्य : APMC कानून के तहत बनी मंडियों में आढ़तियों का जो मकड़जाल फैला है इसके पीछे उन्हें मिला राजनैतिक संरक्षण है। इसी संरक्षण के चलते मंडियों पर थोक व्यापारियों का एकाधिकार बन जाता है। इस वजह से न तो किसानों को उनके उत्पादों का उचित मूल्य मिल पाता है और न ही उपभोक्ताओं को कोई लाभ।

फार्म टू फोर्क कीमत : किसानों को अपने उत्पाद की जो कीमत मिलती है और ग्राहकों को थाली में खाने के लिए जो कीमत देनी पड़ती है, उन कीमतों में अंतर को फार्म-टू-फोर्क (खेती से थाली के बीच) कीमत वृद्धि कहा जाता है। टाइम्स ऑफ इण्डिया की एक रिपोर्ट के अनुसार भारत में Farm to Fork वृद्धि 65% तक है जबकि यूरोप में 10% और इंडोनेशिया जैसे विकासशील देशों में 25% की होती है।

6. राष्ट्रीय मधुमक्खी पालन और शहद मिशन

National Beekeeing-Honey Mission (NBHM)

प्रारम्भ : 11 फरवरी 2021

नोट: देश में एकीकृत कृषि प्रणाली के तहत मधुमक्खी पालन के महत्व को ध्यान में रखते हुए इस मिशन का प्रारम्भ किया गया।

मिशन का उद्देश्य :

- कृषि और गैर-कृषि से जुड़े परिवारों के लिए आय व रोजगार के अवसरों का सृजन करना।
- मधुमक्खी पालन उद्योग के विकास को प्रोत्साहन देना।
- कृषि तथा बागवानी उत्पादन को बढ़ावा देना।
- मधुमक्खी पालन के माध्यम से महिलाओं का सशक्तिकरण करना।
- मधुमक्खी पालन के लिए आवश्यक बुनियादी ढांचे की सुविधाओं का विकास करन है जैसे-एकीकृत मधुमक्खी विकास केन्द्र, शहद परीक्षण प्रयोगशाला, मधुमक्खी रोग निदान प्रयोगशाला, एपीथेरपी केन्द्र (Api-Therapy Centres)

मिशन का लक्ष्य	:	मीठी क्रांति (Sweet Revolution) का लक्ष्य हासिल करने के लिए देश में वैज्ञानिक आधार पर मधुमक्खी पालन का व्यापक संवर्द्धन और विकास करना।
समयावधि	:	यह मिशन 3 वर्ष के लिए (2020–21 सो 2022–23) है।
राशि का आवंटन	:	500 करोड़ रूपये
महत्वपूर्ण तथ्य	:	• यह मिशन, **राष्ट्रीय मधुमक्खी बोर्ड** के माध्यम से लागू किया जायेगा। • भारत में स्थिापित विश्व स्तरीय अत्याधुनिक शहद परीक्षण प्रयोगशालाएं है– 1. National Dairy Development Board, Anand, Gujarat **नोटः** 24 जुलाई, 2020 को शुभारम्भ कर दिया गया है। 2. Indian Institute of Horticultural Research Bengaluru, Karnataka

अध्याय **2**

अंतर्राष्ट्रीय समसामयिकी

1. अमेरिका - ईरान संबंध व भारत पर प्रभाव

(USA-Iran Relation & its Impact on India)

अमेरिका-ईरान संबंध : अमेरिका और ईरान के मध्य सम्बन्ध तनाव पूर्ण है। ऐसा होने के दो प्रमुख कारण है:- (i) परम्परागत कारण (ii) तात्कालिक कारण

परंपरागत कारण (Traditional Reason)

- पश्चिम एशिया में अमेरिकी प्रभाव की वृद्धि से ईरान की साख में कमी आना।
- ईरान व सऊदी अरब की प्रतिद्वंद्विता में अमेरिका द्वारा सऊदी अरब का समर्थन करना।
- ईरान पर आतंकी संगठनों का समर्थन करने व उन्हें वित्त पोषण करने का आरोप लगता रहता है।
- ईरान को गैर कानूनी ढंग से परमाणु हथियार परीक्षण कार्यक्रम का अमेरिका द्वारा विरोध।
- अमेरिका द्वारा यहूदी देश इजराइल का समर्थन करना, जबकि ईरान जैसे खाड़ी देशों की इजराइल से प्रतिद्वंद्विता है।

तात्कालिक कारण (Current Reason)

- वर्ष 2015 में P5+1 के साथ ईरान के परमाणु समझौते से अमेरिका का अलग होना।
- अमेरिका द्वारा ईरान पर आर्थिक प्रतिबंध आरोपित करना।
- ईराक की राजधानी बगदाद में अमेरिका ने ड्रोन हमले से ईरान की कुर्द फोर्स के प्रमुख जनरल कासिम सुलेमानी की हत्या की।
- ईरान ने बदले की कार्यवाही करते हुए बगदाद में अमेरिकी दूतावास-एयरबेस पर मिसाइल से हमला किया।

वर्तमान में दोनों देशों के बीच तनाव चरम पर है। इस परिदृश्य में भारत पर पड़ने वाले प्रभावों का स्वरूप बहुआयामी है-

- भारत की बढ़ती ऊर्जा आवश्यकताओं की पूर्ति में ईरान एक प्रमुख सहयोगी है। यदि अमेरिका द्वारा ईरान पर आर्थिक प्रतिबंधों को सख्ती से लागू किया जाता है तो भारत में पेट्रोलियम और गैस की कीमतों में वृद्धि देखी जा सकती है।
- भारत, ईरान में अनेक परियोजनाओं पर निवेश कर रहा है ऐसे में अमेरिका द्वारा ईरान पर प्रतिबन्ध लगाये जाने की कार्यवाही करने से भारतीय कंपनियां प्रभावित होगी और उन्हें आर्थिक क्षति उठानी पड़ेगी।
- सामरिक दृष्टि (Strategic Vision) से भारत, ईरान को केन्द्र बनाकर मध्य एशिया में अपनी स्थिति को मजबूत करना चाहता है। चाबहार में, भारतीय निवेश इसी दिशा में उठाया गया एक कदम है। अमेरिकी प्रतिबंधों की वजह से भारत-ईरान संबंध प्रभावित हो सकते हैं, जिससे भारत का मध्य एशियाई देशों के साथ संबंध स्थापित करने में समस्याएं आ सकती हैं।
- इसके अतिरिक्त ईरान, भारतीय उत्पादों का एक प्रमुख गंतव्य स्थल भी है। यदि ईरान को किया जाने वाला निर्यात दुष्प्रभावित हुआ तो भारत के भुगतान संतुलन पर नकारात्मक प्रभाव पड़ेगा।

भारत एक संप्रभु राष्ट्र है तथा अपनी विदेश नीति हेतु स्वतंत्र है अतः भारत को बिना किसी दबाव में आए अपने राष्ट्रीय हितों के अनुरूप ईरान व अमेरिका दोनों से संबंध बनाए रखना चाहिए साथ ही भारत, अमेरिका व ईरान का स्वभाविक मित्र है, ऐसे में भारत दोनों देशों के मध्य शांति स्थापित करने में महत्वपूर्ण भूमिका अदा कर सकता है। सफल मध्यस्थता से भारत की साख में वृद्धि होगी साथ ही मध्य एशिया में शांति होने से संभावित युद्ध के आसार समाप्त हो जायेंगे।

2. बांग्लादेश द्वारा रोहिंग्याओ का पृथक द्वीप पर स्थानान्तरण

रोहिंग्या की समस्या :

- म्यामार के रखाइन प्रांत में रोहिंग्या का इतिहास 8वीं शताब्दी से पाया जाता है फिर भी म्यांमार का कानून उनको राष्ट्रीय स्वदेशी अल्पसंख्यको की श्रेणियों के अंतर्गत मान्यता नहीं देता।
- वर्ष 2017 में म्यामार द्वारा किये गये सैन्य कार्यवाही के बाद लगभग 1 मिलियन रोहिंग्या, म्यामार के रखाइन प्रात से भाग कर बांग्लादेश में शरण ली जिनमें ज्यादातर बच्चे, महिलाएं और बुजुर्ग थे।
- म्यानमार से रोहिंग्या लोगों के बहिर्गमन के कारण बांग्लादेश का तटीय शहर **काक्स बाजार** (Cox's Bazar) शरणार्थी बस्ती के रूप में बदल गया। जिसके कारण काक्स बाजार के जनसंख्या घनतत्व में भारी वृद्धि हो गयी। इस स्थिति में बांग्लादेश सरकार **आश्रम परियोजना** के तहत रोहिंग्या शरणार्थियों को एक निर्जन द्वीप जिसका नाम भासन चार द्वीप (Bhasan Char Island) में स्थानान्तरित करने का फैसला किया।

भासन चार द्वीप एक :

- बंगाल की खाड़ी में मेघना नदी के मुहाने पर गाद के जमा होने से लगभग 20 वर्ष पूर्व भासन चार द्वीप का निर्माण हुआ **दृष्टि में** था।
- यह द्वीप बाढ़, कटाव और चक्रवात से प्रभावित क्षेत्र है इसलिये बांग्लादेश सरकार ने इन द्वीप के तट पर लगभग तीन मीटर ऊँचे तटबंध का निर्माण किया है।

भासन चार द्वीप पर चिंता :

- यह द्वीप मानव बस्तियों के लिये सुरक्षित नहीं माना जाता इसलिए मानवाधिकार संगठन इस पुनर्वास के विरूद्ध है। साथ ही उनका मानना है कि रोहिंग्या लोगों को विस्थापन के लिए विवश किया गया है।

  UN ने कहा है कि इस द्वीप पर किसी भी शरणार्थी को भेजे जाने से पहले एक व्यापक तकनीकी सुरक्षा आकलन किया जाना बहुत जरूरी है।

भारत की स्थिति :

- भारत में लगभग 40 हजार से अधिक रोहिंग्या निवास करते है। चूंकि भारत शरणार्थियों पर **''संयुक्त राष्ट्र अभिसमय''** पर हस्ताक्षरकर्ता देश नहीं है, इसलिए शरणार्थियों के लिए संयुक्त राष्ट्र के उच्चायुक्त द्वारा रोहिंग्यायो को प्रदान की गई शरणार्थी की स्थिति भारत के लिए अनिवार्य नहीं है।
- भारत ASEAN देशों के साथ मिलकर इस संकट को हल करने के लिए तैयार है परन्तु प्रत्यक्ष रूप से भारत न तो बांग्लादेश से और न ही म्यांमार से इस विषय पर प्रत्यक्ष कार्यावाही करने का दबाव डाल सकता है।

3. चीन की सलामी-स्लाइसिंग रणनीति (China's Salami-Slicing Tactics)

Salami Slicing Tactics : का अर्थ

चीन क्षेत्रीय विस्तार हेतु कई रणनीतियों का प्रयोग करता है जैसे –

⇒ One Belt One Road

⇒ String of Pearls (Indian Ocean)

⇒ Debt Trap

इन रणनीतियों के अतिरिक्त, चीन की क्षेत्रीय विस्तार की एक प्रमुख नीति Salami-Slicing Tactics भी है जिसके अन्तर्गत चीन अपने पड़ोसी देशों में अपनी भौगोलिक सीमा (स्थल व समुद्र) का विस्तार करने की कोशिश करता है।

Salami-Slicing Tactics के उद्देश्य : पड़ोसी देशों की भौगोलिक सीमा के आस-पास **रणनीतिक असंतुलन** (Strategic Distrubence) पैदा करना और असंतुलन की आड़ में उस क्षेत्र पर अपना दावा प्रस्तुत कर, बल पूर्वक अतिक्रमण (Forcefully Encrochment) कर क्षेत्र को अपने में मिलाना

Salami-Slicing Tactics के भाग : चीन की सलामी-स्लाइसिंग रणनीति के तीन भाग है-

(i) यथास्थिति को सूक्ष्मता से बदलना

(ii) जमीन पर तथ्य को बदलना

(iii) परिवर्तित वास्तविकता पर अपना दावा करना

चीन, परिवर्तित वास्तविकता पर अपना दावा तीन तरीको से करता है जिसे थ्री वारफेयर संकल्पना (Three Warfare Concept) कहा जाता है।

Three Warefare Concept : चीन के Three Warfare Concept के 3 प्रमुख घटक निम्नवत् है -

(i) मनोवैज्ञानिक अभियान (Psychological Compaign)

(ii) मीडिया वारफेयर (Media Warfare)

(iii) मनगढ़ंत कानूनी तर्क (Fabricated Legal Argument)

(i) मनोवैज्ञानिक अभियान : प्रारम्भ में चीन अपने क्षेत्रीय विस्तार को चुपचाप अंजाम देता था, जिसकी वजह से वैश्विक जगत का ध्यान इसकी ओर आकर्षित नहीं हो पाता था। वर्तमान में चीन सैन्य शक्ति की दृष्टि से काफी मजबूत स्थिति में है इसलिये वह अपने विरोधियों पर मनोवैज्ञानिक दबाव बनाकर उन्हें डराने व हतोत्साहित करता है।

उदाहरण : चीन ने भारत के पूर्वी लद्दाख क्षेत्र में अपने विस्तार वादी मंसूबों को अंजाम देने की कोशिश की इसके अतिरिक्त हांगकांग की स्वायत्ता पर प्रहार किया तथा दक्षिण चीन सागर में भी अपने विस्तारवादी कदमों को आगे बढ़ाया

वर्तमान स्थिति : चीन के इन प्रयासो को लेकर अमेरिका, आस्ट्रेलिया, जापान, भारत, हागकांग तथा ASEAN देश एक जुट हो गये।

(ii) मीडिया वारफेयर : इसके जरिए चीन स्वयं को एक घायल व पीड़ित देश के रूप में प्रस्तुत कर, वैश्विक जनमत को अपने पक्ष में करने तथा अपने विरोधियों की कमजोरी को प्रदर्शित करने की कोशिश करता है। इस प्रकार इस रणनीति के जरिए वह दुनिया को यह दिखाने की कोशिश करता है कि साम्राज्यवादी व उपनिदेशवादी शक्तियों द्वारा उसके भू-भाग पर कब्जा किया गया था अत: उसे अपने खोए हुए भू-भाग व अतीत की महानता को पुन: प्राप्त करने का पूरा अधिकार होना चाहिए। वर्ष 2014 में चीन ने अपनी इस अवधारणा को **चाइनीज ड्रीम** (Chinese Dream) की संज्ञा दी। इस रणनीति का प्रयोग चीन अपने देश की जनता को अपने पक्ष में करती है।

उदाहरण : तिब्बत, अरूणाचल प्रदेश, मकाऊ, दक्षिण चीन सागर में स्थिति द्वीप

(iii) मनगढ़ंत कानूनी तर्क : इस रणनीति के जरिए वह अपने मनगढ़त कानूनी तर्को को न्याय संगत सिद्ध? करने की कोशिश करता है। सीमावर्ती क्षेत्रों में सीमा का उल्लघंन करना इस रणनीति का एक अहम हिस्सा है।

उदाहरण : डोकलम, 9 डैश लाइन

चीन द्वारा **Three Warefare Concept का प्रयोग** : चीन थ्री वारफेयर की रणनीति का प्रयोग अपने आधिकारिक मीडिया और सोशल मीडिया प्लेटफार्म के माध्यम से करता है।

4. क्वाड विशेष

उद्भव : क्वाड की अवधारण पर विचार-विमर्श लगभग डेढ़ दशक पहले शुरू हुआ परन्तु क्वाड की जरूरत वर्ष 2004 की सुनामी ने महसूस करवायी तथा एशिया प्रशांत क्षेत्र में आपसी सहयोग के लिए अमेरिका, भारत, जापान और अस्ट्रेलिया ने नए सहयोग संगठन पर विचार विमर्श शुरू किया। उस समय इसके गठन में अहम भूमिका जापान के पूर्व प्रधानमंत्री शिंजो आबे ने की थी।

सदस्य देश: : 4 (अमेरिका, जापान, भारत व आस्ट्रलिया)

सदस्य देशों: की सक्रियता क्वाड सदस्यों की सक्रियता के तात्कालिक कारण निम्नवत है:-

- **अमेरिका की सक्रियता के कारण :**
  - चीन और अमेरिका के मध्य व्यापार युद्ध की स्थिति का होना।
  - अमेरिका द्वारा चीन को कोरोना महामारी का जिम्मेदार मानना।
- **जापान की सक्रियता के कारण :**
  - जापान और चीन का पुराना विवाद है।
  - दक्षिण चीन सागर में चीन की बढ़ती सैन्य गतिविधियाँ जापान के लिए मुश्किलें पैदा कर रही है।
- **भारत की सक्रियता के कारण :**
  - चीन ने भारत के पूर्वी लद्दाख में वास्तविक नियंत्रण रेखा पर हिंसक घटनाओं को अंजाम दिया है तथा भारत के भू क्षेत्र में घुसपैठ की घटनाएँ तेज की हैं।
  - : हिन्द महासागर में चीन के विस्तारवादी कदम।
  - नेपाल, बाँग्लादेश, श्रीलंका और पाकिस्तान में चीन के बढ़ते आर्थिक विस्तार से भारत की सम्प्रभुत्ता को खतरा है।
- **आस्ट्रेलिया की सक्रियता के कारण:**
  - चीन व आस्ट्रेलिया के मध्य व्यापार व सुरक्षा के क्षेत्र में विवाद है।

क्वाड के संदर्भ में एशिया और प्रशान्त क्षेत्र के अन्य देशों की भूमिका : क्वाड के सदस्य देशों के हित चीन से टकराने के कारण प्रमुख एशियाई देशों ने इस स्थिति का लाभ उठाने के लिए रणनीति बनानी शुरू कर दी है। कई एशियाई देश क्वाड की सक्रियता से इसलिए खुश है क्योंकि वे स्वयं इस स्थिति में नहीं हैं कि चीन का खुलकर विरोध कर सकें। परन्तु क्वाड के माध्यम से इस स्थिति में अवश्य आ जायेंगे जिससे वे चीन से भू-राजनैतिक लाभ उठा सकते हैं जैसे-

- चीन के बेल्ट एण्ड रोड पहल में शामिल एशियाई देश चीन को क्वाड का भय दिखाकर लाभ उठाने की कोशिश करेंगे।
- आसियान समूह के कुछ देश जैसे थाईलैण्ड,लाओस और वियतनाम का मेकांग नदी के जल को लेकर विवाद है।
- दक्षिण चीन सागर में चीन लगातार वियतनाम को धमका रहा है।

इन देशों को अब लग रहा है कि क्वाड की सक्रियता के कारण उनका महत्व बढ़ेगा और चीन से वे बेहतर तरीके से बराबरी के स्तर पर बातचीत करने की स्थिति में आ सकेंगे।

क्वाड की उपयोगिता : एशिया में अमेरिका के अपने हित हैं इन्हें साधने के लिए जापान और भारत के साथ मजबूत गठजोड़ अमेरिका की प्राथमिकता है। चूँकि दोनों देशो के चीन से पुराने विवाद हैं इसलिए अमेरिका को यह गठजोड़ करने में कोई दिक्कत नहीं है। हालाँकि चीन के विस्तारवादी अभियान को रोकने के लिए कुछ और एशियाई लोकतांत्रिक देशों को क्वाड में जोड़ना जरूरी है। अर्थात् अमेरिका को ताइवान और दक्षिण कोरिया को साथ लेना होगा। ताइवान और दक्षिण कोरिया का भी चीन के साथ विवाद है लेकिन यहाँ समस्या यह है कि क्वाड देशों का ताइवान के साथ कूटनीतिक सम्बन्ध नहीं है वहीं दक्षिण कोरिया और जापान के बीच पुराने मतभेद हैं।

क्वाड बनाम भारत: क्वाड में सक्रिय और अग्रणी भूमिका के चलते भारत पर अमेरिका के गुट में शामिल होने के आरोप लग रहे हैं। क्वाड को लेकर रूस और ईरान जैसे देश संवेदनशील हैं। ईरान और अमेरिका के बीच सम्बन्ध अपने सबसे खराब स्थिति में हैं। तो वहीं रूस एशियाई भू-राजनीति में अमेरिका का घोर विरोधी है। रूस को यह भी चिन्ता है कि क्वाड और मालाबार सैन्य अभ्यास भविष्य में उसे भारत के हथियार बाजार में नुकसान पहुँचा सकता है हालाँकि भारत ने अमेरिका के विरोध के बावजूद रूस से S-400 और फ्रांस से राफेल की खरीद की है। चूँकि अमेरिका को पता है कि आने वाले समय में भारतीय सेना को सैन्य उपकरणों और हथियारों की जरूरत में बढ़ोत्तरी होगी इसलिए अमेरिका की नजर भारत की रक्षा सम्बन्धी खरीद पर है। ऐसे में भारत के लिए सबसे बड़ी चुनौती क्वाड में रहते हुए रूस के साथ संतुलन बनाये रखने की है।

अन्य: क्वाड सदस्य देश अरब सागर में सैन्य अभ्यास में भाग लेने की तैयारी में है। अत: क्वाड को एक सैन्य संधि के रूप में देखने की दिशा में महत्वपूर्ण कदम माना जा सकता है। टोक्यो में क्वाड के विदेश मंत्रियों की बैठक और उसके बाद मालाबार सैन्य अभ्यास में आस्ट्रेलिया के शामिल होने की खबर से चीन की घेराबंदी करना आसान हो जायेगा।

5. संयुक्त राष्ट्र SDGs का लक्ष्य : जीरो हंगर

सूचकांक	जारी कर्ता	रैंक	
भोजन बर्बादी सूचकांक 2020	संयुक्त राष्ट्र पर्यावरण कार्यक्रम	देश	भोजन बार्बाद (औसतन/व्यक्ति/वर्ष)
		अफगानिस्तार	82 कि.ग्रा.
		पाकिस्तान	74 कि.ग्रा.
		श्रीलंका	76 कि.ग्रा.
		मालदीव	71 कि.ग्रा.
		बाग्लादेश	65 कि.ग्रा.
		भारत	**50 कि.ग्रा.**
		नेपाल व भूटान	19 कि.ग्रा.
		वैश्विक औसत	12 कि.ग्रा.

महत्वपूर्ण तथ्य

वैश्विक : भोजन की बर्बादी

- वर्ष 2019 में दुनियाभर में कुल 93 करोड़ 10 लाख टन खाना बर्बाद हुआ।

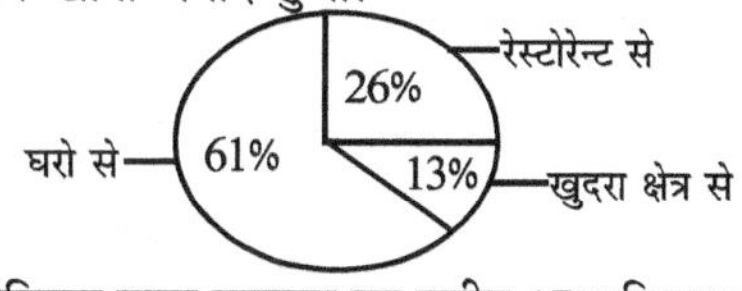

- वैश्विक खाद्य उत्पादन का करीब 17% हिस्सा उपभोग के बजाय बर्बाद होता है।

भारत में भोजन बर्बादी की स्थिति:

- कृषि मंत्रालय के अनुसार **भारत में करीबन 50 हजार करोड़ रूपये का अन्न प्रति वर्ष बर्बाद** होता है। इतने में अनाज बिहार जैसे राज्य की आबादी 1 वर्ष तक भोजन कर सकती है और जितना भोजन हम प्रति वर्ष बर्बाद करते हैं, उतना भोजन इग्लैण्ड में प्रतिवर्ष खपत होता है।
- भारत दूसरा सबसे बड़ा अनाज उत्पादक देश होने के बावजूद वैश्विक भुखमरी सूचकांक 2020 में 94वें स्थान पर था।
- देश में भोजन की बर्बादी रोकने के संबंध में कोई कानून नहीं है और न ही इसे रोकने को लेकर नागरिकों में पर्याप्त सजगता है।
- भोजन बार्बाद करने की प्रवृत्ति सामाजिक अपसंस्कृति का रूप ले चुकी है। भोजन की बर्बादी सामाजिक और नैतिक अपराध है।

भोजन की बर्बादी से उत्पन्न चुनौतियाँ:

- वर्ष 2030 तक Zero Hunger के SDGs लक्ष्य को प्राप्त करने में कठिनाई होगी।
- संयुक्त राष्ट्र के अनुसार दुनिया में प्रति 9 व्यक्ति में एक व्यक्ति पर्याप्त मात्रा में भोजन और जरूरी पोषक तत्वों से वंचित है। इस स्थिति में अनाज की बर्बादी करना एक दुःखद स्थिति है।
- आंकड़ों के अनुसार-**पूरी दुनिया में एड्स, मलेरिया और टीबी जैसी बीमारियों से जितने लोग नहीं मरते, उससे कहीं अधिक लोग भूख से मर जाते हैं।**
- बढ़ती जनसंख्या, घटती कृषि उत्पादकता व उत्पादन और अन्न की बर्बादी, दुनियाभर में ''भूखजनित समस्याओं'' का प्रमुख कारण है।
- अनाज की बर्बादी केवल अनाज की बर्बादी नहीं बल्कि उसे उत्पादित करने में प्रयुक्त हुई ऊर्जा, कार्बन, जल और पोषक तत्वों की भी बर्बादी होती है। अनाज उत्पादन में बड़ी मात्रा में पानी की आवश्यकता होती है, सूखाग्रस्त इलाकों में जहॉ वर्षा जल दुर्लभ होता है, वहॉ कृषि के लिए कितने मुश्किलों से पानी जुटाया जाता है ऐसे में अन्न की बर्बादी भूमि जल स्त्रोतों पर दबाव को बढ़ाने का कार्य कर रही हैं।

अन्न की बर्बादी को रोकने हेतु वैश्विक प्रयासः

- आस्ट्रेलिया सरकार ने भोजन की बर्बादी रोकने वाली संस्थाओं को प्रोत्साहन देने के लिए निवेश को बढ़ाया है।
- नार्वे की सरकार ने वर्ष 2030 तक भोजन की बर्बादी को आधा घटाने का निर्णय लिया है।
- चीन ने भोजन की बर्बादी पर अंकुश लगाने के लिए **''ऑपरेशन इम्पटी प्लेट नीति''** लागू की है। जिसके अन्तर्गत थाली में खाना छोड़ने वाले लोगों और रेस्टोरेण्ट पर जुर्माना लगाये जाने की प्रावधान किया गया है।
- वर्ष 2016 में फ्रांस दुनिया का पहला देश बना जिसने सुपर मार्केट को, ''बिना बिके भोजन'' को दान करने पर जोर दिया।

अन्य की बर्बादी को रोकने में भारत की पहलेः

- कोपनहेगन, लंदन, स्टाकहोम, आकलैण्ड और मिलान जैसे बड़े शहरों में अतिरिक्त भोज्य पदार्थों को अलग से संकलन कर उन्हें जरूरतमंदों के बीच वितरित कराने की व्यवस्था की गयी है।
- भारत में भी कई संस्थाओं ने आगे आकर ''रोटी बैंक'' की शुरूआत की है। यह बैंक जरूरतमंदों के बीच भोजन बांटने का काम करता है।
- भारत में अलीगढ़ होटल एंड रेस्टोरेंट एसोसिएशन ने अनोखी पहल की है, जिसमें होटल व रेस्तराओं में खाने की प्लेट में बिल्कुल भी खाना न छोड़ने वालों के बिल पर 5% की छूट दी जा रही है। वहीं तेलंगाना के एक होटल ने प्लेट में खाना छोड़ने वालों से 50 रूपये जुर्माना लगाने की शुरूआत की है।

निष्कर्ष : भोजन की बर्बादी को रोकने के लिए वैश्विक व राष्ट्रीय स्तर पर जो प्रयास किये जा रहे हैं वह सराहनीय है, परन्तु पर्याप्त नहीं। अतः नागरिकों में सामाजिक चेतना जागृत करने व भोजन की बर्बादी की आदत में बदलाव लाकर इस बुराई से मुक्ति अवश्य पायी जा सकती है।

6. म्यांमार में तख्ता पलट

विश्व मानचित्र में म्यांमार की स्थिति :

- यह दक्षिण–पूर्व एशिया में अवस्थित है।
- यह थाईलैण्ड, लाओस, बांग्लादेश, चीन और भारत से अपनी सीमा साझा करता है।
- इसके पश्चिम में बंगाल की खाड़ी तथा दक्षिण में अण्डमान सागर है।

म्यांमार का भूगोल :

- चीन व भारत के साथ सर्वाधिक लम्बी सीमा को साझा करता है।
- भारत के North East के राज्य–अरूणाचल प्रदेश, नागालैण्ड, मणिपुर व मिजोरम, म्यांमार के साथ सीमा साझा करते हैं।
- Land Area : 676578 वर्ग किमी.
- Coastline : 1,930 किमी.
- Highest Point : Hkakabo Razi (North पर स्थित)
- एशिया के सर्वाधिक क्षेत्रफल वाले देश : 1. रूस, 2. चीन, 3. भारत, 4. कजाकिस्तान, 5. सऊदी अरब, 6. इरान, 7. मंगोलिया, 8. इण्डोनेशिया, 9. पाकिस्तान, 10. टर्की, 11. म्यांमार
- राजधानी : Nay Pyi Taw यह राजधानी एक Green field Progect के रूप में वर्ष 2002 में बनानी शुरू की गयी और वर्ष 2012 में पूरी की गयी।

  नोट: 4 जनवरी, 1948 से 6 नवम्बर, 2005 तक यंगून, म्यांमार की राजधानी रही उसके बाद वर्ष 2005 में Nay Pyi Taw को म्यांमार की राजधानी घोषित कर दिया गया है।
- आर्थिक निर्भरता : कृषि पर निर्भरता
- मुख्य फसलें : चावल, फलियाँ, तिल, मूंगफली, गन्ना, हार्डवुड, मछली, मछली उत्पाद।
- उद्योग : तांबा, टिन, टंगस्टन, लोहा, सीमेंट, निर्माण सामग्री, दवाइयाँ, उर्वरक, तेल और प्राकृतिक गैस, गारमेन्ट्स, जेड और रत्न कृषि प्रसंस्करण, लकड़ी और लकड़ी के उत्पाद।
- नदी : इरावदी नदी, चिनविन्द नदी
- मुद्रा : Myanmar Kyat
- जनसंख्या : 54 मिलियन (5.4 करोड़)
- भाषा : यहाँ की अधिकांश जनसंख्या बर्मी भाषा बोलती है।
- धर्म : बहु संख्यक आबादी बौद्ध धर्म की अनुयायी है।
- जातिय समूह : देश में कई जातीय समूह भी हैं, जिनमें रोहिग्या मुसलमान भी शामिल हैं, लेकिन म्यांमार के संविधान में उन्हें अल्पसंख्यक का दर्जा प्राप्त नहीं है।

म्यांमार की राजनैतिक घटनाक्रम	**वर्ष**		**स्थिति**
	1824 से 1948		ब्रिटिश कालोनी
	4 जनवरी, 1948		ब्रिटिश शासन से स्वतंत्रता प्राप्त की **नोट:** कभी भी Commonwealth Nations का हिस्सा नही रहा।
	1962		सेना द्वारा तख्तापलट
	1962-2011		म्यांमार को सशस्त्र बलो द्वारा शासित किया गया।
	2008		सेना द्वारा म्यांमार का संविधान तैयार किया गया। **नोट:** इस संविधान के अनुसार म्यांमार की संसद में सेना के पास कुल सीटों का 25% हिस्सा है।
	2011		नई सरकार के साथ लोकतांत्रिक शासन की वापसी हुई परन्तु दूसरी बार सेना ने तख्ता पलट किया।
	2015		देश का पहला स्वतंत्र और निष्पक्ष चुनाव हुआ, जिसमें **आंग सान सू** की के National Leagur for Democrecy की जीत हुई और इसमें कई दलों ने हिस्सा लिया था। उम्मीद की गयी कि म्यांमार लोकतांत्रिक व्यवस्था की ओर बढ़ रहा है।
	2021		जब नव निर्वाचित संसद का पहला सत्र आयोजित किया जाना था तभी सेना द्वारा संसदीय चुनावों में भारी धोखाधड़ी का हवाला देते हुए 1 फरवरी, 2021 को म्यांमार की लोकतांत्रिक सरकार का तख्तापलट कर दिया गया और सेना ने सत्ता प्राप्त कर ली साथ ही देश में एक वर्ष की अवधि के लिए आपातकाल लागू करने की घोषणा कर दी गयी तथा स्टेट काउन्सलर (राष्ट्र प्रमुख) आंग सान सू की को हिरासत में लेकर उन्हें उनके घर पर नजरबंद कर दिया गया।
तख्तापलट के कारण	प्रमुख कारण	:	आंग सान सू की पार्टी नेशनल लीग फॉर डेमोक्रेसी द्वारा संवैधानिक सुधार की योजना को राजनीति और शासन में सैन्य भूमिका को कम करने के रूप में देखा जा रहा था, इसमें सेना को यह आभास हो गया कि सीमित लोकतांत्रिक प्रयोग से भी आंग सान सू की लोकप्रियता में वृद्धि के साथ सैन्य हितों पर भारी खतरा मण्डरा रहा है।
	अन्य कारण	:	वर्ष 2020 में हुए चुनाव में NLD को 80% वोट मिले। ये वोट सरकार पर रोहिंग्यां मुसलमानों के नरसंहार के लगने वाले आरोपी के बावजूद मिले। अत: सेना समर्थित विपक्षी पार्टियों ने आंन सान सू पर चुनावी धोखाधड़ी का आरोप लगाया।

तख्तापलट का भारत पर प्रभाव

म्यांमार में तख्ता पलट का भारत पर प्रभाव निम्न रूप से देखा जा सकता है:-

सामाजिक प्रभाव :

- भारत, म्यांमार के साथ 1640 किमी. की सीमा साझा करता है। इस सीमा पर कई ऐसे कबाइली समूह हैं, जो अलगाववादी है। ये म्यांमार की सरकार और भारत सरकार के खिलाफ रहते हैं। उत्तर-पूर्व के कई अलगाववादी और उग्रवादी संगठन म्यांमार की जमीन से ही भारत विरोधी गतिविधियों को संचालित करते है। म्यामार में तख्तापलट के कारण वहां की सेना अपने आंतरिक कार्यों में व्यस्त रहेगी। इस स्थिति का लाभ उठाकर अलगाववादी और उग्रवादी संगठन सक्रिय हो कर भारत की शांति व सुरक्षा के लिए बड़ा खतरा बन सकते हैं। अत: भारत को उत्तर-पूर्व सीमा क्षेत्र में सुरक्षा व स्थिरता बनाए रखने के लिए म्यांमार के समर्थन और उसके साथ समन्वय करने की आवश्यकता है।

आर्थिक प्रभाव :

- भारत ने म्यांमार के साथ कई अवसंरचना और विकास सम्बन्धी परियोजनाओं की शुरूआत की है जैसे-
- भारत द्वारा त्रिपक्षीय राजमार्ग (भारत-म्यांमार-थाईलैण्ड) को विकसित करने में आर्थिक सहायता दी गयी है।
- भारत, म्यांमार में विकसित की जा रही **कलादान मल्टी-मॉडल ट्रांजिट ट्रांसपोर्ट** नामक परियोजना के विकास में सहायता कर रहा है यह कलादान परियोजना कोलकाता को म्यांमार के सित्वे बन्दरगाह से जोड़ेगी और फिर म्यांमार की कलादान नदी के जलमार्ग से होते हुए हाईवे का निर्माण होगा, जो भारत के उत्तर पूर्वी राज्य त्रिपुरा तक जायेगा।
- भारत सितवे बंदरगाह पर एक SEZ निर्माण की योजना पर कार्य कर रहा है।
- भारत ने म्यांमार में 1.2 बिलियन डालर का निवेश किया है, जो स्पष्ट करता है कि दक्षिण-पूर्व एशिया में म्यांमार भारत के लिए कितना महत्व रखता है।

म्यांमार में तख्ता पलट पर वैश्विक प्रतिक्रिया	जी–7 की प्रतिक्रिया : **नोटः** कनाडा, फ्रांस, जर्मनी यूएसए, यूके, इटली, जापान	• जी–7 देशों ने एक संयुक्त बयान जारी कर म्यांमार की सेना को तुरन्त आपातकाल खत्म करने को कहा है तथा लोकतंत्र की बहाली की अपील की है।
	ASEAN की प्रक्रिया : **नोटः** म्यांमार, थाईलैण्ड, कम्बोडिया, लाओस, वियतनाम मलेशिया, सिंगापुर, ब्रुनेई, इण्डोनेशिया और फिलीपीन्स	• ASEAN देशों की अध्यक्षता कर रहे ब्रुनेई ने म्यांमार के सभी पक्षों के बीच संवाद और सामंजस्य का आवृहन किया है तथा पुनः सामान्य स्थिति बहाल करने का आग्रह किया है।
	अमेरिका की प्रतिक्रिया :	• नव–निर्वाचित राष्ट्रपति जो–बाइडेन ने म्यांमार में सैन्य तख्तापलट के बाद म्यांमार पर प्रतिबन्धों को फिर से लागू करने की धमकी दी है और अन्तर्राष्ट्रीय समुदाय से इस मामले पर एकजुटता की मांग की है।
	चीन की प्रतिक्रिया :	• म्यांमार मामले पर संयुक्त राष्ट्र सुरक्षा परिषद की अहम बैठक हुई लेकिन इस आपातकालीन बैठक में 15 सदस्यों वाली काउन्सिल को चीन की सहमति हासिल नही हो पाई चीन सुरक्षा परिषद के 5 स्थायी सदस्य देशों में से एक है, जिसके पास वीटो का अधिकार है। चीन का कहना है कि तख्तापलट के बाद यदि म्यांमार पर पाबन्दिया लगायी गई या अन्तर्राष्ट्रीय दबाव बनाया गया तो हालात बिगड़ सकते हैं। म्यांमार को अन्तर्राष्ट्रीय स्तर के दबाव से बचाने के लिए चीन ने वीटो का प्रयोग किया। **नोटः** चीन पहले भी म्यांमार को बचाने की कोशिश करता रहा है। करता रहा है क्योंकि चीन म्यामार को अपना मित्र देश मानता है और साथ ही म्यामार में भारी भरकम निवेशकर्ता देश भी है।
	भारत की प्रतिक्रिया :	भारत ने 30 वर्ष पूर्व हुए म्यामार में तख्ता पलट की सार्वजनिक रूप से आलोचना की थी, परन्तु वर्तमान में भारत की प्रतिक्रिया निम्न कारणों से अतीत से भिन्न होने वाली हैः- • म्यांमार के साथ सैन्य संबंध • समान महत्व • रणनीतिक महत्व • विकासात्मक परियोजनाएं • एक्ट ईस्ट नीति • भौगोलिक स्थिति • रोहिग्या मुद्रा

- म्यांमार के साथ सैन्य संबंध: भारत का म्यामार की सेना के साथ बहुत करीबी सुरक्षा संबंध है। म्यांमार की सेना, अलगाववादी व उग्रवादी संगठनों से भारत की उत्तर-पूर्वी सीमा को सुरक्षित रखने में सहायता करती है।
- समान महत्व : म्यांमार की वर्तमान यात्रा में भारतीय समकक्षों ने स्टेट काउंसलर आंग सान सू की के साथ मुलाकात की साथ ही सेना के जनरल मिन ऑन्ग हालाइंग के साथ भी मुलाकात की जिससे स्पष्ट है कि भारत के लिए दोनों महत्व रखते हैं।
- रणनीतिक महत्व : भारत की म्यांमार के विरोध में की गयी प्रतिक्रिया से केवल चीन को लाभ होगा क्योंकि म्यांमार को अंतर्राष्ट्रीय दबाव व प्रतिबंधों से बचाने के लिए चीन ने सुरक्षा परिषद में वीटो का प्रयोग किया है।
- विकासात्मक परियोजनाएं : त्रिपक्षीय राजमार्ग, कलादान मल्टी माडल ट्रांजिट ट्रासपोर्ट, सित्वे बन्दरगाह पर सेज का निर्माण कुछ ऐसी परियोजनाएं है, जिसमें भारत ने भारी भरकम निवेश किया है।
- एक्ट ईस्ट नीति : भारत के लिए म्यांमार, एक्ट ईस्ट नीति का महत्वपूर्ण स्तम्भ है तथा भारत, म्यामार को पूर्व का द्वारा (Gateway to the East) और आसियान देश के रूप में देखता है।
- भौगोलिक स्थिति : 1600 किमी. से अधिक लम्बी थल सीमा का साझा करना, बंगाल की खाड़ी में समुद्री सीमा साझा करना व बिम्सटेक और केमांग गंगा सहयोग जैसे भौगोलिक पहले सम्मिलित है।
- रोहिंग्या मुद्रा : भारत रोहिंग्या शरणार्थियों के मुद्दे को हल करना चाहता है, जो बांग्लादेश आ गये हैं और उनमें से कुछ भारत में भी रह रहे हैं। रोहिंग्या शरणार्थियों के मुद्दे का समाधान म्यांमार सरकार के सहयोग के बिना संभव नही होगा।
- व्यापार : म्यांमार के फार्मा क्षेत्र, ऊर्जा क्षेत्र व सेवा क्षेत्र में भारतीय कम्पनियां सहयोग कर रही है।

उपरोक्त स्थितियां भारत को म्यांमार के तख्तापलट के असंवैधानिक कृत्य पर तीखी प्रतिक्रिया देने से रोक रही है। अत: भारत हमेशा से म्यांमार में लोकतांत्रित प्रक्रियाओं का समर्थन करता रहा है। वर्तमान परिप्रेक्ष्य में भारत ने सन्तुलन कायम करने का प्रयास किया है। यद्यपि भारत ने म्यामार के हालिया घटनाक्रम पर गहरी चिन्ता व्यक्त की है, बावजूद इसके भारत, म्यामार की सेना से भी अपने संबंध सकारात्मक रखने का प्रयास कर रहा है। इसका कारण है कि भारत के कई महत्वपूर्ण आर्थिक और सामरिक हित म्यांमार से जुड़े हैं।

अध्याय 3

आर्थिक समसामयिकी

1. लाइट हाउस प्रोजेक्ट

प्रारम्भ : 1 जनवरी 2021 को प्रधानमंत्री मोदी द्वारा वीडियो कॉन्फ्रेन्सिंग के माध्यम से।

मकानों के निर्माण में आधुनिक तकनीक का प्रयोग करना ताकि निर्माण के समय को कम कर गरीबों के लिए अधिक लचीलें, किफायती और अरामदायक घर बनाए जा सके। संक्षेप में, लाइट हाउस प्रोजेक्ट निर्माण प्रौद्योगिकी में नवा चार का श्रेष्ठ उदाहरण है। यह परियोजना शहरी क्षेत्रों में भूमि की सीमित उपलब्धता के दौर में कम भूमि पर आधुनिक तकनीक से बहुमंजिले आवासों के निर्माण से सम्बन्धित है। इस परियोजना की विशेषता यह है कि इन आवासों का सम्पूर्ण ढ़ांचा न केवल हल्का वरन भूकम्परोधी भी है।

महत्वपूर्ण तथ्य :

- प्रधानमंत्री द्वारा बड़े पैमाने पर नई और वैकल्पिक तकनीकों को बढ़ावा देने के लिए मार्च 2019 में Global Housing Technology Challange - India [GHTC-I] का उद्घाटन करते हुए वर्ष 2019-20 को निर्माण प्रौद्योगिकी वर्ष (Construction Technology Year) घोषित किया। इस आयोजन के एक हिस्से के रूप में "Light House Project" की आधारशिला 1 जनवरी 2021 को रखी गयी।
- हल्के मकानों से जुड़े इस Light House Project के तहत केन्द्र सरकार ने देश के 6 राज्यों के 6 शहरों को चयनित कर प्रत्येक शहर में 1000 घर का निर्माण किया जाएगा

	राज्य	शहर	निर्माण प्रौद्योगिकी की तकनीकी
1.	मध्यप्रदेश	इन्दौर	ईट और मोर्टार दीवारों के स्थान पर पूर्व निर्मित सैण्डविच पैनल प्रणाली का उपयोग किया जाएगा। **नोट :** चीन की तकनीक का प्रयोग
2.	गुजरात	राजकोट	घर को आपदाओं को झेलने में अधिक समर्थ बनाना। **नोट :** फ्रांस की तकनीक का प्रयोग
3.	तमिलनाडु	चेन्नई	पहले से ढ़ले हुए (प्रोकास्ट) कंक्रीट प्रणाली का उपयोग किया जायेगा, जिससे घर का निर्माण तेजी से और सस्ता होगा। **नोट :** USA और फिनलैण्ड की तकनीक का प्रयोग

4. झारखण्ड	राँची	प्रत्येक कमरे को अलग से बनाकर फिर पूरी संरचना को उसी तरह से जोड़ा जायेगा। जैसे- लोग ब्लॉक के खिलौने को जोड़े है। **नोट :** जर्मनी की 3D निर्माण प्रणाली का प्रयोग
5. त्रिपुरा	अगरताल	स्टील के फ्रेमो के साथ घरों का निर्माण जो भूकम्प के बड़े जोखिमों को झेल सकेगी। **नोट :** न्यूज़ीलैण्ड की तकनीक का प्रयोग
6. उत्तर प्रदेश	लखनऊ	ऐसे मकान जिसमें प्लास्टर और पेण्ट करने की आवश्यकता नहीं होगी और तेजी से मकान बनाने के लिए पहले से तैयार की गयी पूरी दीवारों का उपयोग किया जायेगा। **नोट :** कनाडा की तकनीक का प्रयोग

- Light House Project के अन्तर्गत निर्मित प्रत्येक घर की लागत 12.59 लाख रूप में है जिसके दो हिस्सेदार होंगे

केन्द्र सरकार	लाभार्थी
₹ 7.83 लाख	₹ 4.76 लाख

2. कृषि अवसंरचना निधि

लॉन्च करने की तिथि : 9 अगस्त 2020 को प्रधानमंत्री मोदी द्वारा प्रारम्भ

नोट : मई 2020 में घोषित 20 लाख करोड़ रूपये के आर्थिक पैकेज में कृषि अवसंरचना निधि के निर्माण की घोषणा की गयी थी जिसका विस्तृत रूप रेखा 15 मई 2020 को निर्मला सीतारमण ने प्रस्तुत की और कैबिनट ने 8 जुलाई 2020 को इस योजना का अनुमोदन कर दिया।

उद्देश्य : कृषि से सम्बन्धित सामुदायिक परिसम्पत्तियों के निर्माण तथा फसल की कटाई के उपरान्त फसल प्रबन्धन के लिए इन्फ्रास्ट्रक्टचर विकसित करने जैसे-कोल्ड स्टोरेज, गोदाम व खाद्य प्रसंस्करण इकाईयों आदि के लिए वित्त पोषण, बैकों के माध्यम से किया जाएगा।

परियोजना हेतु धनराशि : 1 लाख करोड़ रूपये

परियोजना की समयावधि : 2020-21 से 2029-30 (10 वर्षो के लिए)

धनराशि का प्रयोग :

वर्ष	**धनराशि (हजार करोड़ में)**
2020-21	10
2021-22	30
2022-23	30
2023-24	30
कुल	**1 लाख करोड़ रूपये**

महत्वपूर्ण प्रावधान : इस योजना के अंतर्गत बैकों और वित्तीय संस्थाओं के द्वारा 1 लाख करोड़ रूपये के ऋण उपलब्ध कराए जाएंगे।

इन ऋणों को प्राप्त करने वाली संस्थाएं है-

⇒ प्राथमिक कृषि साख समितिया [Primary Agriculture Credit Socities]

⇒ विपणन सहकारी समितिया [Marketing Co-operative Socities]

⇒ किसान उत्पादक कृषि संगठन [Farmers Producers Agriculture Organization (FPAO)]

⇒ स्वयं सहायता समूह [Self Help Group]

⇒ किसान संयुक्त देयता समूह [Farmer Joint Liability Group]

⇒ बहुउद्देशीय सहकारी समितिया [Multipurpose Co-operative Socities]

⇒ कृषि उद्यमी [Agrapreheure]

⇒ स्टार्ट अप (Start-up)

⇒ केन्द्र/राज्य/लोकल बॉडीज द्वारा प्रायोजित पब्लिक-प्राइवेट पार्टनरशिप प्रोजेक्टस

- इस योजना के तहत लिये गये ऋणों पर 3% की छूट दी जाएगी जो अधिकतम 7 वर्षो के लिए उपलब्ध होगी

परियोजना से लाभः

- किसानों की आय को दोगुना करने के लक्ष्य को पूरा करने में सहायक
- किसानो को लाभ पहुचाने वाले इन्फ्रास्ट्रक्चर का विकास
- कृषि उत्पादो को स्टोर करने की क्षमता में वृद्धि
- कृषि अपव्यय को समाप्त करने में सहायक
- खाद्य आपूर्ति श्रृंखला को बनाये रखने में सहायक
- फूड प्रोसेसिंग उद्योग के विकास से रोजगार सृजन व ग्रामीण अवसंरचना के विकास को बल मिलेगा
- भारत के कुल निर्यात में कृषि उत्पादों के योगदान को बढ़ावा देने में सहायक

परियोजना का प्रंबधनः कृषि अवसंरचना निधि का प्रबंधन और निगरानी **''आनलाइन प्रबंधन सूचना प्रणाली प्लेटफार्म''** के माध्यम से किया जाएगा।

3. क्रिप्टोकरेंसी (Crypto Currency)

क्रिप्टो करेंसी का अर्थ : क्रिप्टो करेंसी कम्प्यूटरीकृत अद्वितीय कूटबद्ध डिजिटल करेंसी है (Crypto Currency is a Computerized Unique Encrypted Digital Currency) यह धारक के डिजिटल वालेट में प्रदर्शित होती है। धारक इसका उपयोग उन सभी स्थानों पर जहॉं ये स्वीकार्य है, पर लेन-देन हेतु इलेक्ट्रानिक विधि में कर सकता है।

क्रिप्टो करेंसी वैध मुद्रा से किन आधारों पर भिन्न है? : क्रिप्टो करेंसी का सामान्य वैध मुद्राओं (Legal Tender Money) से भिन्नता निम्न आधार पर की जा सकती है:-

आधार	व्याख्या
विकेन्द्रीकृत मुद्रा (Decentrilized Currency) खुला स्त्रोत मुद्रा (Open Source Currency)	इस करेंसी पर किसी देश की सरकार या वहॉं के केन्द्रीय बैंक का नियंत्रण नहीं होता। इस करेंसी की आपूर्ति को किसी भी तरह से नियंत्रित नहीं किया जा सकता।

पीयर टू-पीयर भुगतार पर आधारित (Based on Peer to Peer Payment)	यह करेंसी एक व्यक्ति/संस्था से दूसरे व्यक्ति/संस्था तक डिजिटल माध्यम से भुगतान किया जाता है। अर्थात् लेन-देन गोपनीय रहता है।
स्थायी सम्पत्ति का अभाव (Lackness of backup Asset)	केन्द्रीय बैंक को मुद्रा छापने के लिए उसके मूल्य के बराबर सोना रिजर्व में रखना होता है। डिजिटल करेंसी में ऐसा नहीं है।

क्रिप्टो करेंसी में जोखिम :

- क्रिप्टो करेंसी या आभासी मुद्राओं में **कीमत जोखिम** (Price Risk) काफी अधिक पाया जाता है अर्थात् सटोरियों द्वारा इसकी कीमत को प्रभावित किया जा सकता है, जिसके कारण इस प्रकार की करेंसियों में **विश्वसनीयता का जोखिम** बना रहता है।
- नियामकीय संस्था न होने के कारण इसमें जवाब देहता का अभाव होता है।
- यह करेंसी गोपनीय होती है अत: इसका दुरूपयोग किया जा सकता है, जैसे-आतंकी वित्तपोषण, मादक पदार्थों एवं हथियारों के व्यापार, रिश्वत, काले धन के संचयन आदि में किया जा सकता है।
- यह करेंसी डिजिटल रूप में रखी जाती है अत: इन पर साइबर हमले की आशंका बनी रहती है।
- यदि डिजिटल करेंसी पर साइबर हमला होता है तो इस स्थिति में उत्तरदायी संस्था के अभाव में इसकी क्षतिपूर्ति भी संभव नहीं हो पाती।

क्रिप्टो करेंसी एक दृष्टि में :

Crypto Currency

↓

[Computerized Unique encrypted Digital Currency]

↓ ↓

(Different from Legal Tender Money)
- Decentralised
- Open Sources
- Peer to Peer Payment
- Lackness of Backup Asset

(Risk in Crypto Currency)
- Price Risk
- Lackness of Accountability
- Not in Govt. Record
- Misuses is possible
- Possibility of Cyber Attack / Fear of Cyber Attack

प्रमुख क्रिप्टो करेंसी के नाम :

- Bitcoin
- Ethereum
- XRP
- Litecoin
- Libra [वर्ष 2020 में सोशल प्लेटफार्म कम्पनी Facebook द्वारा जारी की गयी।]

अन्त में कहा जा सकता है कि क्रिप्टो करेंसी सामान्य वैध मुद्रा की तुलना में अत्यन्त जोखिम वाली है, बावजूद इसके तीव्र भुगतान क्षमता, इसका वैश्विक विस्तार व न्यून भुगतान लागत आदि इसके सकारात्मक पक्ष है अत: प्रमुख वैश्विक वित्तीय संस्थाओं को ऐसी मुद्रा की संकल्पना को साकार करने की दिशा में कदम अवश्य उठाना चाहिए जो भुगतान में तो आभासी हो, परंतु सुरक्षा एवं नियंत्रण की दृष्टि से वैध मुद्रा की तरह हो।

4. स्टार्ट-अप इंडिया

भारत में स्टार्ट-अप की विधिवत शुरूआत वर्ष 2008 से मानी जाती है, जब वैश्विक, आर्थिक मंदी के दौर में आईटी आधारित स्टार्ट-अप्स एक नई संभावना के रूप में सामने आए थे, परन्तु देश में स्टार्ट-अप्स में तेजी 16 जनवरी, 2016 के बाद से आई जब भारत सरकार ने **स्टार्ट-अप इंडिया अभियान** की शुरूआत की।

स्टार्ट-अप से लाभः

तकनीकी
वित्तीय प्रोत्साहन
प्रशिक्षण
प्रबंधकीय व व्यवसायिक कौशल

के द्वारा-

- युवा शक्ति को राष्ट्र शक्ति बनाने में सहायक।
- युवा नेतृत्व की भूमिका को बढ़ाने में सहायक।
- उद्यमशीलता कौशल में सुधार होगा।
- रिस्क टेकिंग कैपेसिटी में वृद्धि होगी।
- देश नौकरी करने वालों के बजाए नौकरी पैदा करने वाले राष्ट्र के रूप में पहचाना जायेगा।
- इन्नोवेशन, रिसर्च व डेवलेपमेन्ट को बढ़ावा मिलेगा।
- जनांकिकीय लाभांश उठाने में सहायक होगा।

सफल स्टार्ट-अप्स के उदाहरणः

➤ सरकार द्वारा कृषि स्टार्ट-अप्स को तकनीकी और वित्तीय प्रोत्साहन देने से रोजगार और किसानों की आय में वृद्धि की संभावनाएं प्रबल हुई है, जिसका प्रत्यक्ष उदाहरण झारखण्ड की स्वयं सहायता समूह की महिलाएं हैं, जिन्होंने **''आजीविका फार्म फ्रेश''** नाम से ऐप बनाया ताकि लोगों को घरों में फलों और सब्जियों की डिलीवरी की जा सके, जिससे एक ओर किसानों को अपने उत्पाद का अच्छा दाम मिला वहीं लोगों को भी फ्रेश फल और सब्जियां मिली।

➤ स्टार्ट-अप्स द्वारा किसानों को कारगर उत्पादन तकनीक जिसमें मृदा की जानकारी, बीज व कीट नाशकों के प्रयोग की जानकारी व कृषि मित्र सूक्ष्म जीवों की जानकारी उपलब्ध करायी जा रही है।

महत्वपूर्ण तथ्यः

- भारत में विश्व का तीसरा सबसे विशाल स्टार्ट-अप नेटवर्क मौजूद है।
- देश में स्टार्ट-अप्स की संख्या की वार्षिक वृद्धि दर 12% से 15% आंकी गयी है मुख्य रूप से युवाओं द्वारा स्टार्ट-अप्स को बड़े पैमाने पर अपनाया जा रहा है।
- देश के कुल स्टार्ट-अप्स में 12% से 14% महिलाएं शामिल हैं।

अन्त में यह कहा जा सकता है कि स्टार्ट-अप्स देश में इज ऑफ डूइंग बिजनेस और ईज ऑफ लिविंग दोनों को ही समान रूप से प्रोत्साहित करेगा।

5. भारतीय अर्थव्यवस्था का डिजिटलीकरण

डिजिटल अर्थव्यवस्थाः का अर्थ — अर्थव्यवस्था का वह स्वरूप जिसमें धन का अधिकांशत लेन-देन निम्न स्वरूपों में होता है जैसे-

• प्लास्टिक मनी	डेबिट व क्रेडिट कार्ड
• नेट बैंकिंग	RTGS व NEFT
• मोबाइल ऐप द्वारा पेमेण्ट	गूगलपे, पेटियम, भीमऐप
• अन्य डिजिटल माध्यम	ई-वॉलेट

भारत में डिजिटल भुगतान की आवश्यकता क्यों

डिजिटल अर्थव्यवस्था 21वीं सदी की जरूरत हो गयी है। ऐसा कहने के निम्न कारण हैं।

- सुविधाजनक नकद रहित लेन-देन आर्थिक क्रियाकलापों में लगने वाले समय, धन व श्रम कीं बचत करने में सहायता है।
- बढ़ते डिजिटल भुगतान के कारण सरकार को नकदी के प्रवाह पर निगरानी करने में आसानी होती है। साथ ही मुद्रा की उत्पादन लागत व वितरण लागत में कमी आती है।
- डिजिटल भुगतान की प्रवृत्ति बढ़ने से सरकार को आर्थिक आकड़ों की गणना करने, रिसर्च करने व नीतियों के बेहतर निर्माण के लिए विश्वसनीय ऑकड़े प्राप्त होते हैं।
- डिजिटल भुगतान सभी लेन-देन में जवाबदेही सुनिश्चित करता है।
- यदि अर्थव्यवस्था में डिजिटल भुगतान होता है तो टैक्स चोरी की घटनाओं में कमी देखने को मिलती है और सरकार के कर राजस्व में वृद्धि होती है।
- डिजिटल भुगतान से ब्लैक मनी के चलन को समाप्त किया जा सकता है।
- डिजिटल भुगतान आम जनता को बैंक से स्वत: जोड़ देती है जिससे वित्तीय समावेशन के लक्ष्य को प्राप्त किया जा सकता है। साथ ही सरकार द्वारा चलायी जाने वाली कल्याणकारी योजनाओं का लाभ DBTS के तहत वंचित वर्गों तक पहुँचाने में आसानी होती है।
- डिजिटल अर्थव्यवस्था महामारी के दौर में सोशल डिस्टेंसिंग के नियमों को बनाये रखने में सहायक है।

भारत में डिजिटल भुगतान हेतु सरकारी प्रयास:

- भारत सरकार ने अर्थव्यवस्था के डिजिटलीकरण के लिए **1 जुलाई 2015 को डिजिटल योजना लॉंच** की थी

  जिसका उद्देश्य भारत के हर नागरिक को डिजिटल ढाँचा एवं इण्टरनेट की सुविधा को उपलब्ध करवाना था।
- सरकार द्वारा उपभोक्ताओं को डिजिटल भुगतान के प्रति आकर्षित करने के लिए तरह-तरह के प्रलोभन दिये जा रहे हैं। जैसे- ईंधन खरीद (पेट्रोल व डीजल) पर छूट, बीमा प्रीमियम पर छूट व कैश बैक की सुविधा दी जा रही है।
- वर्तमान समय में 100 से अधिक शहरों में डिजी धन मेलों का आयोजन किया जा रहा है।
- डिजिटल भुगतान पर लगने वाले MDR को भी सरकार ने युक्तिसंगत बनाने का प्रयास किया है ताकि इसका बोझ डिजिटल ग्राहकों पर न पड़े।
- जनवरी 2019 में RBI द्वारा नीलकणि की अध्यक्षता में डिजिटलीकरण के लाभों का पता करने के उद्देश्य से **नीलकणि समिति** का गठन किया गया जिसने जून 2019 में अपनी सिफारिशें प्रस्तुत कीं। इस समिति ने डिजिटल भुगतान पर लगने वाले शुल्कों को हटाने तथा डिजिटल भुगतान व्यवस्था पर पूर्ण निगरानी रखने हेतु उचित व्यवस्था करने की सिफारिश की है।

भारत में डिजिटल अर्थव्यवस्था की स्थिति:

- RBI के ऑकड़ों के अनुसार UPI (Unified Payment Interface) के जरिए हर महीने किये जा रहे लेन-देन की

  स्थिति सकारात्मक रही है अर्थात् निम्नवत् वर्ष 2019 में प्रतिमाह 1.8 लाख से 2 लाख करोड़ रूपये का लेन-देन किया गया जो वर्ष 2020 में बढ़कर प्रतिमाह 2.9 से 3 लाख करोड़ रूपये का लेन-दन हो गया।

  नोट : UPI को विकसित करने का कार्य NCP of India ने किया है।

वैश्विक अर्थव्यवस्था और डिजिटलीकरण

- वर्ष 2020 में **अमेरिका** विश्व की पहले नम्बर की डिजिटल अर्थव्यवस्था है जबकि दूसरा स्थान **चीन** का है।

  ऑनलाइन खरीद के द्वारा फिल्मों को देखने के मामले में वर्ष 2019 की तुलना में वर्ष 2020 में 60% की बढ़ोत्तरी हुई है।
- स्वास्थ्य सम्बन्धी डिजिटल समाधान में 2019 की तुलना में 2020 में 22% की वृद्धि हुई है।

अन्य महत्वपूर्ण ऑकड़े:

- एक सर्वे के अनुसार विश्व के 5.16 बिलियन लोगों के पास सेलफोन हैं जिसमें से 4.57 बिलियन लोग इण्टरनेट से जुड़ चुके हैं।
- 14 वर्ष से अधिक आयु की वैश्विक आबादी के 80 से 90 प्रतिशत के पास इस समय इण्टरनेट की सुविधा है।

अध्याय **4**

उत्तर प्रदेश समसामयिकी

1. मिशन शक्ति अभियान

प्रारम्भः 17 अक्टूबर 2020 को मुख्यमंत्री आदित्यनाथ द्वारा

स्थानः देवीपाटन शक्ति पीठ, बलरामपुर जनपद (उ.प्र.)

उद्देश्यः महिलाओं एवं बालिकाओं की सुरक्षा, सम्मान, गरिमा एवं स्वावलम्बन हेतु प्रदेशव्यापी अभियान का प्रारम्भ किया गया।

महत्वपूर्ण तथ्यः यह अभियान 17 अक्टूबर 2020 (शारदीय नवरात्रि) से अप्रैल 2021 (वासंतिक नवरात्रि) तक की अवधि के लिए है, अर्थात् यह अभियान 180 दिनों तक राज्य के 75 जिलों, 822 ब्लाकों, 59000 पंचायतों, 630 शहरी निकायों व 1,538 थानों के माध्यम से महिलाओं एवं बालिकाओं को आत्मनिर्भर बनाने का प्रशिक्षण प्रदान करने तथा उनकी सुरक्षा एवं सम्मान के प्रति जागरूकता पैदा किये जाने की योजना है।

मिशन शक्ति अभियान का संचालन तीन चरणों में किया जाएगा

मिशन शक्ति अभियान के संचालन के चरण	चरण	अभियान	कार्य
	प्रथम	महिला सुरक्षा पर जागरूकता कार्यक्रम (Women safty & Awareness Programme)	इसके अन्तर्गत पाक्सो एक्ट तथा महिला अपराध से सम्बन्धित कानूनों का व्यापक प्रचार प्रसार किया जाएगा। साथ ही प्रत्येक जिले से 100 महिलाओं का रोल मॉडल के रूप में चयन किया जाएगा जो महिला सशक्तीकरण के लिए कार्य करेगी।
	द्वितीय	कानूनी कार्यवाही (Legal Action) की जाएगी	महिलाओं से सम्बन्धित समस्याओं पर त्वरित कार्रवाई हेतु प्रदेश के 350 तहसीलों के 1535 थानों में एक महिला हेल्प डेस्क का गठन किया जाएगा जिसमें एक अतिरिक्त महिला कान्स्टेबल व कक्ष (डेस्क) की व्यवस्था की जाएगी।
	तृतीय	आपरेशन दुराचारी	इस चरण के तहत पूरे समुदाय के सहयोग से दुराचारियों के विरूद्ध दण्डात्मक कानूनी कार्यवाही की जाएगी।

अभियान के संचालन की जिम्मेदारी: अभियान के संचालन की जिम्मेदारी दो विभागों को दी गयी है। 1. महिला एवं बाल विकास विभाग, 2. बाल विकास सेवा एवं पुष्टाहार विभाग

2. उत्तर प्रदेश सरकार की इलेक्ट्रॉनिक्स मैन्यूफैक्चरिंग नीति

घोषणा :
- वर्ष 2017

लक्ष्य :
- 5 वर्षो में (2017-18 से 2022-23) आईटी व इलेक्ट्रॉनिक्स विनिर्माण क्षेत्र में 40 हजार करोड़ रूपये के निवेश को आकर्षित करना तथा 4 लाख रोजगार सृजन का लक्ष्य है।

  नोट : तीन वर्षो में 20 हजार करोड़ रूपये का निवेश इस क्षेत्र में प्राप्त किया जा चुका है तथा तीन लाख से अधिक रोजगार सृजित हुए है।

महत्वपूर्ण तथ्य :
- प्रदेश में इलेक्ट्रानिक्स सेक्टर में निवेश आकर्षित करने के लिए राष्ट्रीय राजधानी क्षेत्र में स्थित नोएडा, ग्रेटर नोएडा तथा यमुना एक्सप्रेस वे क्षेत्र को ''इलेक्ट्रानिक्स मैन्यूफैक्चरिंग जोन'' घोषित किया गया है ताकि यह क्षेत्र भारत के इलेक्ट्रानिक्स मैन्यूफैक्चरिंग हब के रूप में प्रतिष्ठित हो सके।
- राज्य सरकार ने वर्ष 2020 में नई **उत्तर प्रदेश इलेक्ट्रॉनिक मैन्यूफैक्चरिंग नीति 2020** घोषित की है जिसके अन्तर्गत इलेक्ट्रानिक्स उद्योग को प्रदेश के सभी क्षेत्रों में एक समान विकास किया जायेगा। इस नयी नीति के तहत प्रदेश में 3 इलेक्ट्रानिक्स मैन्यूफैक्चरिंग क्लस्टर्स की स्थापना की जायेगी जो निम्नवत् है –

  (i) यमुना एक्सप्रेसवे में जेवर एयरपोर्ट के समीप एक इलेक्ट्रनिक सिटी की स्थापना

  (ii) बुंदेलखण्ड में डिंफेस इलेक्ट्रानिक्स मैन्यूफैक्चरिंग क्लस्टर की स्थापना

  (iii) लखनऊ, कानपुर, उन्नाव जोन में मेडिकल इलेक्ट्रानिक्स मैन्यूफैक्चरिंग क्लस्टर की स्थापना
- उत्तर प्रदेश राज्य के विभिन्न जनपदों में लगभग 200 करोड़ रूपए के निवेश तथा लगभग 15 हजार रोजगार की संभावनाओं से युक्त आइटी पार्कस की स्थापना भारत सरकार की संस्था Software Technology Parks of India के सहयोग से की जा रही है। मेरठ, आगरा, गोरखपुर और वाराणसी में आगामी वर्षो में इन आईटी पार्को के संचालन की सम्भावना है।
- उत्तर प्रदेश ने स्टार्टअप इकाइयों के वित्तपोषण के लिए सिडबी के साथ 1 हजार करोड रूपए के स्टार्ट अप फंड और यूपी एन्जेल नेटवर्क की स्थापना की है।
- लखनऊ में 40 एकड़ भूमि पर पीपीपी मॉडल पर अत्याधुनिक सूचना प्रौद्योगिकी काम्प्लेक्स के अन्तर्गत एक IT पार्क और साफ्टवेयर टेक्नोलॉजी पार्कस ऑफ इंडिया के सहयोग से देश का सबसे बड़ा इक्यूबेशन सेन्टर बनाए जाने की योजना है।
- उत्तर प्रदेश राज्य के प्रमुख जिलों जैसे कानपुर, बरेली, अलीगढ़, सहारनपुर, आजमगढ़ तथा झाँसी में आइटी पार्को के विकास हेतु कार्यवाही की जा रही है।

3. उत्तर प्रदेश सरकार द्वारा श्रमिकों के लिए 3 योजनाओं की घोषणा

योजना का नाम : **स्वामी विवेकानन्द ऐतिहासिक पर्यटन यात्रा**

प्रावधान : इस योजना के तहत उत्तर प्रदेश राज्य के श्रमिकों को देश व प्रदेश के एतिहासिक, धार्मिक व दर्शनीय स्थलों की यात्रा के लिए एकमुश्त 12 हजार रूपये की राशि दिये जाने का प्रावधान किया गया है।

योजना का नाम	:	**महादेवी वर्मा पुस्तक क्रय आर्थिक सहायता योजना**
प्रावधान	:	इस योजना के तहत श्रमिकों की उन पुत्रियों को जो स्नातकोत्तर, बी.एड, एम.एड, एलएलबी, एलएलएम व बीटीसी आदि की छात्राए है, किताब-कापियां खरीदने के लिए एक मुश्त 7,500 रूपये की राशि देने का प्रावधान किया गया है।
योजना का नाम	:	**चेतन-चौहान क्रीड़ा प्रोत्साहन योजना**
प्रावधान	:	इस योजना के अन्तर्गत जिला, राज्य, राष्ट्रीय व अन्तर्राष्ट्रीय खेलों में चयनित श्रमिकों के पुत्र व पुत्रियों को एकमुश्त क्रमशः 10 हजार, 25 हजार, 50 हजार और 1 लाख रूपये की आर्थिक सहायता देने का प्रावधान किया गया है।
महत्वपूर्ण तथ्य	:	इन तीनो योजनाओं की घोषणा **भारतीय मजदूर संघ** के संस्थापक **दत्तोपंत ठेंगड़ी** के जन्म शतब्दी वर्ष के उपलक्ष्य में **10 नवम्बर 2020** को **उ.प्र. श्रम कल्याण परिषद** की ओर से प्रारम्भ की गयी। भारतीय मजदूर संघ, भारत का सबसे बड़ा केन्द्रीय श्रमिक संगठन है, जो किसी राजनैतिक दल की श्रमिक इकाई नहीं, बल्कि मजदूरों का, मजदूरों के लिए, मजदूरों द्वारा संचालित अपने में स्वतंत्र मजदूर संगठन है। यह देश का सर्वाधिक सदस्य संख्या वाला मजदूर संगठन है। इस संगठन की स्थापना 23 जुलाई, 1955 को की गयी थी।

4. उत्तर प्रदेश राज्य में महिला सुरक्षा

- उ.प्र. सरकार द्वारा **मिशन शक्ति अभियान** 180 दिनों का (6 माह) ऐसा अभियान है, जिसका उद्देश्य महिला सुरक्षा के प्रति लोगों को जागरूक करना है। इस अभियान के तहत प्रत्येक थाने में एक सीक्रेट रूम की स्थापना की जायेगी। यह सीक्रेट रूम सभी बुनियादी सुविधाओं से लैस होगा, जिसमें पीड़ित महिलाएं पुलिसकर्मी से बिना संकोच अपनी बात कह सकेंगी।
- महिलाओं हेतु हेल्पलाइन नम्बर

  ⇒ 1090

  ⇒ 181

  ⇒ 112

  ⇒ 1076

  ⇒ 1098

  ⇒ 102

नोटः ये हेल्पलाइन नम्बर प्रत्येक थाने में बनाये गये सीक्रेट रूम में चस्पा कराना अनिवार्य होगा।

5. उत्तर प्रदेश राज्य का पहला डाटा सेन्टर

क्या है डाटा सेंटर	:	डाटा सेंटर नेटवर्क से जुड़े हुए कंप्यूटर सर्वर का एक बड़ा समूह है। इस डाटा सेन्टर में बड़ी मात्रा में डाटा का भण्डारण किया जाता है, जिसका उपयोग कम्पनियों द्वारा प्रोसेसिंग व डिस्ट्रीब्यूशन हेतु किया जाता है।
डाटा सेंटर नीति	:	प्रदेश सरकार द्वारा डाटा सेंटर क्षेत्र में व्यापक संभावनाओं को देखते हुए डाटा सेंटर नीति बनायी जा रही है जिसके तहत निवेशकों को कई तरह की छूट देने का प्रावधान किया जायेगा।
उत्तर प्रदेश राज्य का पहला डाटा सेंटर	:	ग्रेटर नोएड़ा, उत्तर प्रदेश में मुंबई की हीरानंदानी समूह (रीयल इस्टेट डेवलपर्स) द्वारा 20 एकड़ जमीन पर इस पार्क को बनाया जायेगा।
अनुमानित राशि	:	550 - 600 करोड़ रूपये की लागत में तैयार किया जायेगा।

भाग-1 (ब)

अध्याय **1**

राष्ट्रीय समसामयिकी

1. अनुच्छेद 370 की समाप्ति और दो नये केन्द्र शासित प्रदेशों का उदय

राष्ट्रपति ने अधिसूचना जारी कर जम्मू कश्मीर को विशेष राज्य का दर्जा देने वाले अनुच्छेद 370 को खत्म कर दिया। इसके लिए गृहमंत्री ने 5 अगस्त-2019 को राज्यसभा में संकल्प पेश किया और इसे बहुमत से पारित कर दिया गया। तत्पश्चात् 6 अगस्त-2019 को लोक सभा में भी यह संकल्प भारी बहुत से पारित हो गया। नये सरकारी आदेश के मुताबिक अब जम्मू-कश्मीर में 370 के सभी खण्ड लागू नहीं होंगे। सिर्फ एक खण्ड प्रभावी रहेगा। दूसरा सबसे अहम फैसला यह है कि जम्मू कश्मीर अब राज्य नहीं होगा। इसे दो केन्द्र शासित प्रदेशों जम्मू-कश्मीर और लेह लद्दाख में बांटा गया।

राज्य में अब तक 22 जिले थे। दो केन्द्र शासित प्रदेश बनने के बाद जम्मू-कश्मीर में 20 और लद्दाख में 2 जिले होंगे। क्षेत्र के हिसाब से लेह भारत का सबसे बड़ा जिला है। यह 45,110 वर्ग किलोमीटर में फैला है।

जम्मू कश्मीर की ऐतिहासिक पृष्ठभूमि

वर्ष		महत्वपूर्ण
1930	:	1930 के दशक में गोलमेज सम्मेलन में राजा हरि सिंह ने साफ शब्दों में कहा था कि "**भारत जब एक स्वतंत्र राष्ट्र बनेगा तो वह उसका हिस्सा बनेंगे।**"

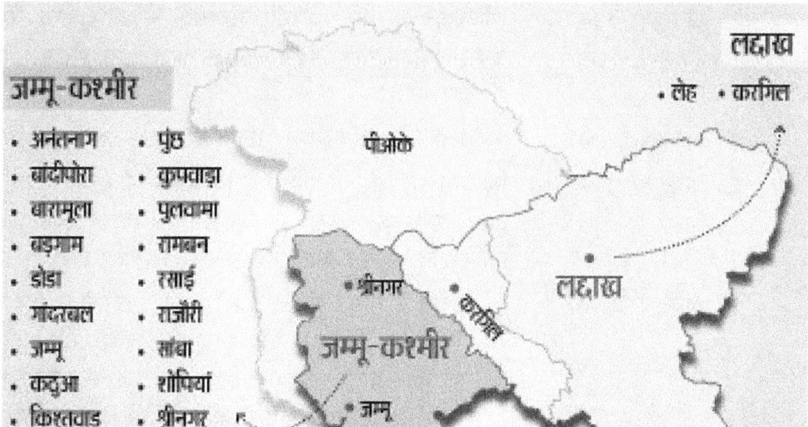

1931 :
- लाहौर और पश्चिमी पंजाब (वर्तमान में पाकिस्तान) से कई मुस्लिम लोगों का कश्मीर में आगमन हुआ और अचानक महाराजा के विरोध में आवाज तेज हो गयी और 1931 में दंगों की जमीन तैयार हुई।
- मुस्लिम कांफ्रेंस जम्मू कश्मीर रियासत विशेषकर कश्मीर घाटी में तेजी से उभरी। मुस्लिम कांफ्रेंस के प्रमुख नेता शेख अब्दुल्ला थे।

  नोट : गैर मुस्लिमों को जोड़ने के लिए शेख अब्दुल्ला ने मुस्लिम कांफ्रेंस का नाम बदल कर National Conference कर दिया।

1947 :
- भारत और पाकिस्तान के बंटवारे के लिए भारतीय स्वतंत्रता कानून 1947 लागू हुआ। इस कानून में 600 रियासतों की संप्रभुता को बरकरार रखते हुए उन्हें विकल्प दिये गये।
  1. स्वतंत्र देश के रूप में अपना अस्तित्व बरकरार रख सकते है।
  2. भारत में शामिल हो सकते है।
  3. पाकिस्तान में शामिल हो सकते है।

  नोट : जो रियासते भारत या पाकिस्तान में शामिल होना चाहती थी उनका विलय इस्ट्रूमेण्ट ऑफ एक्सेसन (IOA) के तहत किया गया।
- IOA का कोई तय मसौदा नहीं था लेकिन हर रियासत शामिल होने/विलय की शर्तों का उल्लेख करने हेतु स्वतंत्र भी और रियासतों की शर्तों का सम्मान जरूरी था, विपरीत स्थिति में रियासत अपने मूल स्थिति में जाने को स्वतंत्र थी।
- भारत व पाकिस्तान में से किसी एक देश का चुनना महाराजा हरि सिंह के लिए मुश्किल था, इसकी दो वजह थी–
  1. जम्मू-कश्मीर मुस्लिम बहुल राज्य था।
  2. महाराजा हिन्दू थे।

  अत: हरि सिंह ने यथास्थिति (रियासत को स्वतंत्र) रखने का समझौता किया।

23 सितम्बर 1947 : सरदार पटेल ने नेहरू को जम्मू कश्मीर को भारत में मिलाने के लिए उचित कदम उठाने की सलाह दी।

22 अक्टूबर 1947 : पाकिस्तान ने जम्मू कश्मीर रियासत के साथ यथा स्थिति का अपना समझौता तोड़कर कबाइलियों के साथ मिलकर हमला बोल दिया और पुंछ का एक इलाका पाकिस्तान के कब्जे में चला गया।

24 अक्टूबर 1947 : कबाइली और पाकिस्तानी सैनिक बारामुला तक पहुंच गये।

26 अक्टूबर 1947 : महाराजा हरि सिंह के पास अपनी रियासत को बचाने का एक मात्र विकल्प था– भारत से मदद। अत: उन्होंने अपनी रियासत का भारत में विलय स्वीकार कर लिया तथा 26 अक्टूबर 1947 को उन्होंने इंस्ट्रूमेंट ऑफ एक्सेसन (IOA) पर हस्ताक्षर किया।

27 अक्टूबर 1947 :
- भारत के गवर्नर जनरल ने IOA को 27 अक्टूबर 1947 को स्वीकार किया। जिसमें प्रावधान किया गया कि रक्षा, निवेश मामले और संचार को छोड़कर भारत की संसद जम्मू कश्मीर के लिए कानून नहीं बनायेगी। दस्तावेज के क्लॉज-5 में जम्मू कश्मीर के शासक राजा हरि सिंह ने विशेष रूप से कहा कि मेरे विलय के दस्तावेज में किसी भी कानून द्वारा कोई संशोधन नहीं किया जा सकता है, जब तक वह संशोधन मुझे स्वीकार्य न हो।

- भारत की इस विलय को लेकर स्पष्ट नीति थी कि विलय के समय विवाद होने की स्थिति में उसके समाधान में रियासत के शासक के मनमाने निर्णय की जगह रियासत की जनभावना को ध्यान में रखा जायेगा।

1948 : भारत सरकार ने जम्मू कश्मीर के विलय के सम्बन्ध में जारी श्वेत पत्र में इस विलय को विशुद्ध रूप से **अस्थायी** और **तत्कालिक** बताया।

जम्मू कश्मीर व अनुच्छेद 370

नवम्बर 1956 मे जम्मू कश्मीर राज्य के संविधान का काम पूरा हुआ और 26 जनवरी 1957 को राज्य में विशेष संविधान लागू कर दिया गया।

अनुच्छेद 370 : यह अनुच्छेद केन्द्र से जम्मू कश्मीर के रिश्तों की रूपरेखा है।

अनुच्छेद 370 में प्रावधान :
- रक्षा, विदेश नीति और संचार मामलों को छोड़कर किसी अन्य मामले में जुड़ा कानून बनाने और लागू करवाने के लिए केन्द्र को राज्य सरकार की अनुमति लेनी होगी।
- राज्य का अलग झण्डा, विधान सभा का कार्यकाल 6 वर्ष आदि प्रावधान शामिल है।

अनुच्छेद 370 की वास्तविकता :
- इस अनुच्छेद के कारण जम्मू कश्मीर को विशेष राज्य का दर्जा मिला।
- संविधान का अनुच्छेद 356 यहाँ लागू नहीं होता।
- भारत के राष्ट्रपति के पास राज्य के संविधान को बर्खास्त करने का अधिकार नहीं है।
- भारत के राष्ट्रपति अनुच्छेद 370 की वजह से जम्मू कश्मीर में आर्थिक आपातकाल नहीं लगा सकते है।

जम्मू कश्मीर व अनुच्छेद 35ए

पारित : कश्मीर के महाराजा हरि सिंह ने सबसे पहले इस कानून को 1927 में पारित किया।

उद्देश्य : पंजाब राज्य से आने वाली जनसंख्या और भीड़ को रियासत में आने से रोकना।

भारत में अनुच्छेद 35ए का वर्तमान रूप :
- भारत में इस कानून का परिवर्त्तित रूप 1954 में लागू हुआ था।
- भारत के भीतर जम्मू-कश्मीर को विशेष राज्य का दर्जा देने वाले कानूनी उपबंध अनुच्छेद 370 का इसे हिस्सा बनाया गया था।
- 14 मई 1954 को लागू इस कानून के समय राज्य में जो लोग रह रहे थे उसके 10 साल बाद कभी भी जो लोग यहाँ रहने आये, उन्हें राज्य का स्थायी निवासी माना गया। राज्य के स्थायी निवासी ही यहाँ रोजगार, छात्रवृद्धि और अन्य सुविधाओं के हकदार बने।
- स्थायी निवासियों के पास ही वहाँ, जमीन, संपत्ति आदि का स्वामित्व रहेगा।

अनुच्छेद 370 समाप्त करने के लिए अनुच्छेद 370(3) का प्रयोग

- अनुच्छेद 370(3) राष्ट्रपति को जम्मू कश्मीर को दिया विशेष दर्जा किसी भी वक्त निष्क्रिय करने का अधिकार देता हैं।
- अनुच्छेद 368 के तहत एक संवैधानिक संशोधन के द्वारा अनुच्छेद 370 को हटाने का प्रावधान था परन्तु सरकार ने बड़ी चतुराई से अनुच्छेद 370 के खण्ड 3 द्वारा राष्ट्रपति को दी गयी शक्ति का उपयोग करके इस अनुच्छेद 370 को निष्क्रिय कर दिया।

अनुच्छेद 370 : लागू व हटाने की स्थिति का मूल्यांकन

आधार	अनुच्छेद 370 लागू होने की स्थिति	अनुच्छेद 370 हटाने की स्थिति
नागरिकता	दोहरी नागरिकता का चलन था, पहली नागरिकता जम्मू-कश्मीर की व दूसरी नागरिकता भारतीय होने की।	अब केवल भारतीय नागरिक कहलायेंगे।
संविधान	अलग संविधान लागू था।	भारत का संविधान लागू होगा।
ध्वज	जम्मू-कश्मीर का अलग ध्वज था।	अब तिरंगा ही जम्मू कश्मीर का ध्वज होगा तथा तिरंगे और राष्ट्रीय प्रतीकों का अपमान अब अपराध की श्रेणी में आयेगा।
प्रदेश के बाहर के लोगों के लिए प्रावधान	• न जमीन खरीद सकते थे। • न सरकारी नौकरी के लिए आवेदन कर सकते थे। • न संस्थानों में दाखिला लेने का अधिकार था।	देश का कोई भी नागरिक यहाँ सम्पत्ति खरीद सकेगा, व्यापार कर सकेगा और नौकरी पा सकेगा।
विधानसभा का कार्यकाल	06 वर्ष	05 वर्ष
व्यवस्था	• जम्मू कश्मीर भारत का अभिन्न अंग व विशेष राज्य का दर्जा प्राप्त। • यहाँ राज्यपाल की नियुक्ति होती थी। **विशेष :** भारत के 29 राज्य व 7 केन्द्र शासित प्रदेश (36)	जम्मू कश्मीर भारत का केन्द्र शासित प्रदेश होगा जहाँ दिल्ली व पुडुचेरी की भांति विधान सभा होगी। अर्थात् अनुच्छेद 39ए के प्रावधानों के तहत कामकाज होगा। **नोट :** लद्दाख पूर्ण केन्द्र शासित प्रदेश होगा। **विशेष :** भारत के 28 राज्य व 9 केन्द्र शासित प्रदेश (37)
नियुक्ति	राज्यपाल	उप-राज्यपाल **नोट :** विधान सभा में पारित सभी विधेयक उप राज्यपाल की सहमति के लिए भेजे जायेंगे वे इसे अपने पास रख सकते है या राष्ट्रपति के पास विचारणार्थ भेज सकते है।
अधिकार क्षेत्र	रक्षा, विदेश मामले और संचार के अलावा किसी कानून को लागू करवाने के लिए केन्द्र सरकार को राज्य सरकार की मंजूरी की आवश्यकता होती है।	राज्य की पुलिस केन्द्र सरकार के अधिकार क्षेत्र में रहेगी तथा जम्मू कश्मीर कैडर के आईपीएस व आईएएस "UTs" कैडर के अधिकारी होंगे तथा किसी भी अनियमितता की स्थिति में देश की संसद द्वारा पारित कानून को नई विधानसभा पर वरीयता होगी।
महिलाओं की स्थिति	जम्मू कश्मीर की कोई महिला यदि भारत के किसी अन्य राज्य के व्यक्ति से शादी करती थी तो उस महिला की जम्मू कश्मीर की नागरिकता खत्म हो जाती थी।	जम्मू कश्मीर की महिला यदि भारत के किसी अन्य राज्य के व्यक्ति से शादी करती है तो उसके अधिकारों व नागरिकता पर कोई प्रभाव नहीं पड़ेगा।

जम्मू कश्मीर की महिलाएं व पाकिस्तान	यदि जम्मू कश्मीर की महिला किसी पाकिस्तानी पुरूष से विवाह करती है तो उसके पति (पाकिस्तानी पुरूष) को भी जम्मू कश्मीर की नागरिकता मिल जाती थी	जम्मू कश्मीर की महिला के पाकिस्तानी पति को कश्मीर की नागरिकता नहीं दी जायेगी।
आपात स्थिति में व्यवस्था	केवल राज्यपाल शासन लगाये जाने का प्रावधान।	राष्ट्रपति शासन लगाया जा सकेगा, अर्थात् अनुच्छेद 356 का प्रयोग किया जा सकता है।
अल्पसंख्यकों की स्थिति	कश्मीर में हिन्दू, सिख आदि अल्पसंख्यकों 16 प्रतिशत आरक्षण का लाभ नहीं दिया जाता है। **नोट :** लक्षदीप के बाद जम्मू कश्मीर दूसरा ऐसा राज्य है जहाँ की कुल आबादी में सर्वाधिक मुस्लिम आबादी का प्रतिशत हैं।	अब अल्प संख्यकों को आरक्षण का लाभ मिल सकेगा।
प्रमुख कानूनों को लागू करने की स्थिति	सूचना का अधिकार, शिक्षा का अधिकार और सीएजी लागू नहीं था।	सूचना का अधिकार, शिक्षा का अधिकार और सीएजी सभी लागू होंगे। **नोट :** नये कानून व कानूनों में होने वाले संशोधन स्वतः लागू हो जायेंगे।
दंड संहिता का प्रावधान	जम्मू कश्मीर में रणबीर दंड सहिता लागू थी।	भारतीय दंड संहिता (आईपीसी) लागू होगी।
चुनाव व मतदान का अधिकार	बाहरी राज्यों का व्यक्ति न मतदान कर सकता था और न ही चुनावों में उम्मीदवार बन सकता था।	भारत का कोई भी नागरिक जम्मू कश्मीर का मतदाता और चुनावों में उम्मीदवार बन सकेगा।
सुप्रीम कोट के फैसले	मान्य नहीं थे।	जम्मू कश्मीर और लद्दाख दोनों में मान्य होंगे।
विधान सभा की क्षमता	विधानसभा सदस्य : 111 चुनाव : 87 मनोनीत : 2 गुलाम कश्मीर की सीटे खाली : 24	विधानसभा सदस्य : 107 गुलाम कश्मीर की सीटे खाली : 24 **नोट :** उप राज्यपाल को अगर लगता है कि विधान सभा में महिलाओं का प्रतिनिधित्व पर्याप्त नहीं है तो वे दो महिला सदस्यों को मनोनीत कर सकेंगे।
लोक सभा में सीटे	6 सीटे	केन्द्र शासित प्रदेश जम्मू कश्मीर से 5 और लद्दाख से 1 सीट।
राज्य सभा में सीटे	4 सदस्य	4 सदस्य

नोट : राष्टपति ने **'संविधान (जम्मू कश्मीर में लागू) आदेश, 2019'** जारी किया। यह जम्मू कश्मीर में लागू **आदेश 1954 का स्थान** लेगा।

अनुच्छेद 370 हटाने के बाद जम्मू कश्मीर व लद्दाख की स्थिति

	पूर्व (जम्मू कश्मीर + लद्दाख)	**केन्द्र शासित प्रदेश जम्मू कश्मीर की स्थिति**	**केन्द्र शासित प्रदेश लद्दाख की स्थिति**
• जनसंख्या	1,25,41,302	1,22,67,130	2,74,172
• क्षेत्रफल	2,22,236 वर्ग किमी	1,63,040 वर्ग किमी	59,196 वर्ग किमी

लद्दाख एक दृष्टि में : भौगोलिक स्थिति

- लद्दाख उत्तर में काराकोरम पर्वत और दक्षिण में हिमालय पर्वत के बीच स्थित है।
- लद्दाख के उत्तर में चीन तथा पूर्व में तिब्बत की सीमाएं है।
- सीमावर्ती स्थिति के कारण सामरिक दृष्टि से यह बेहद महत्वपूर्ण इलाका है।
- लद्दाख की राजधानी एवं प्रमुख नगर लेह है जिसके उत्तर में काराकोरम पर्वत तथा दर्रा है।
- वर्ष 1979 में लद्दाख को दो जिलों में बांटा गया- (i) कारगिल (ii) लेह

कुल जनसंख्या	**(i) कारगिल** (1,40,802)		**(ii) लेह** (1,33,487)	
	मुस्लिम आबादी 76.87 प्रतिशत	अन्य आबादी 23.13 प्रतिशत	बौद्ध आबादी 66.40 प्रशित	अन्य आबादी 33.60 प्रतिशत
महत्वपूर्ण तथ्य	कारगिल के आस पास जनसंख्या मुख्यतः मुस्लिम है और इस्लाम की शिया शाखा की है।		लेह के आस पास के निवासी मुख्यतः तिब्बती और लद्दाखी भाषा बोलने वाले बौद्ध है। **नोट :** सिन्धु नदी लद्दाख की जीवन रेखा है।	

इतिहास में अनुच्छेद 370 का विरोध करने वाले व्यक्ति

व्यक्ति	**परिचय**	**विचार**
बाबा साहेब भीमराव अम्बेडकर	संविधान निर्माता भारत के पहले कानून मंत्री	शेख अब्दुल्ला को अनुच्छेद 370 पर लिखे पत्र में अम्बेडकर ने कहा था कि आप चाहते है भारत जम्मू कश्मीर की सीमा की रक्षा करे, यहाँ सड़के बनवाये, अनाज की आपूर्ति करे। साथ ही कश्मीर को भारत के समान अधिकार मिले, लेकिन भारत को कश्मीर में सीमित शक्ति (रक्षा, विदेश मामले और संचार) मिले, ऐसा प्रस्ताव भारत के साथ विश्वास घात होगा और कानून मंत्री होने के नाते मैं इसे कतई स्वीकार नहीं करूंगा।
डॉ. श्यामा प्रसाद मुखर्जी	बैरिस्टर, शिक्षाविद्	मुखर्जी अनुच्छेद 370 के खिलाफ थे जिसके चलते उन्होंने नेहरू की कैबिनेट से इस्तीफा दे दिया। वे जम्मू कश्मीर के लिए एक देश, एक विधान, एक प्रधान का विचार रखते थे।
मौलाना आजाद	भारत के पहले शिक्षा मंत्री	अनुच्छेद 370 को भारत की संप्रभुता के लिए खतरा बनाया।
राम मनोहर लोहिया	समाजवादी नेता	अनुच्छेद 370 का विरोध करते हुए कहा था कि यह भारत के एकीकरण में बहुत बड़ी बाधा है।
दीन दयाल उपाध्याय	जन संघ के संस्थापक सदस्य	अनुच्छेद 370 के घोर विरोध किया।
अटल बिहारी बाजपेयी	पूर्व प्रधानमंत्री	अनुच्छेद 370 को समाप्त करने का स्वप्न था।

2. केरलः भीषण बाढ़ एवं निर्माण की चुनौती

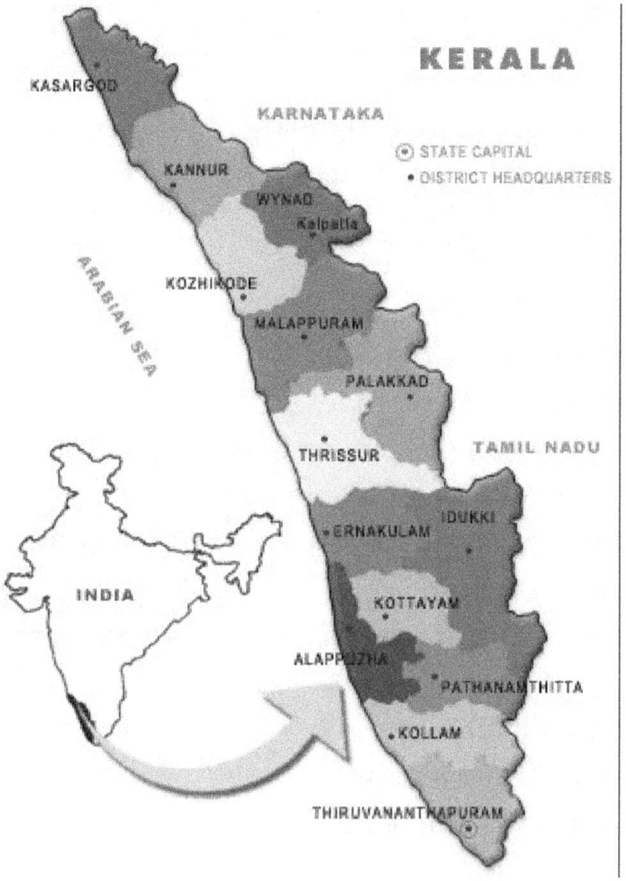

केरल का सामान्य परिचय

- **स्थापना** : 1 नवम्बर, 1956
- **राजधानी** : तिरूअनन्तपुरग्
- **क्षेत्रफल** : 38,863 वर्ग किमी. (क्षेत्रफल की दृष्टि से देश का 22वॉं राज्य)
- **जनसंख्या (2011)** : 3 करोड़ 34 लाख
- **जनसंख्या घनत्व** : 860 प्रति किलोमीटर
- **कुल जिले** : 14
- **कुल बांधों की संख्या** : 80 (मुल्लापेरियार, इडुक्की, मंगलम प्रमुख बांध हैं)
- **प्रमुख नदियां** : पेरियार, पेम्बा नदी, भरतपूजा, चलियार, चालाकुडी, कबानी, कलादा।
- **हवाई अड्डे** :
  - कोच्चि अंतर्राष्ट्रीय हवाई अड्डा।
  - तिरूअनन्तपुरम् अंतर्राष्ट्रीय हवाई अड्डा।
  - कालीकट् अंतर्राष्ट्रीय हवाई अड्डा।

केरल में वर्षा की स्थिति

- **भारी वर्षा की समयावधि** : 8 से 16 अगस्त-2018 के बीच
- **औसत वर्षा** : 771 मिमी बारिश (1 से 20 अगस्त की अवधि में हुई, जो सामान्य से 179 फीसदी ज्यादा है)

नोट: मूसलाधार वर्षा से राज्य के 80 में से 78 बांध, जिनमें पश्चिमी घाट के मुल्लापेरियार और इडुक्की बांध भी थे, लबालब भर गए अत: इनके गेट खोलने पड़े। इस तरह अचानक भारी तादाद में बांधों से पानी छोड़ दिया गया। इस छोड़े गये पानी के सैलाब से केरल के 14 में से 9 जिलों यथा-कन्नूर, कोझिकोड, वायनाड, मलप्पुरम, पलक्कड़, त्रिचुर, एर्नाकुलम, अलपुझा, पट्नामथिट्टा जिलों को डुबोता गया।

केरल में बाढ़ से अनुमानित क्षति

- 400 से ज्यादा लोग मारे गए।
- 7,20,000 से ज्यादा लोग बेघर हुए।

  नोट: बेघर होने वालों की कुल संख्या लगभग केन्द्र शासित प्रदेश पुडुच्चेरी की जनसंख्या के बराबर है।
- 40,000 हेक्टेयर से ज्यादा कृषि योग्य भूमि बाढ़ के पानी में डूब गयी।

  नोट: 40 हजार हेक्टेयर भूमि राज्य की कुल कृषि योग्य भूमि का 3 प्रतिशत है।
- 26,000 घर बुरी तरह नष्ट हो गए।
- केरल में स्थित तीन अंतर्राष्ट्रीय हवाई अड्डों में से कोच्चि अन्तर्राष्ट्रीय हवाई अड्डा बाढ़ के पानी में डूब गया।
- 46,016 दुधारू पशुओं की मौत।
- 2,00,116 मुर्गियों आदि की मौत।
- 15,970 किमी. पीडब्ल्यूडी की सड़के क्षतिग्रस्त।
- 81,944 किमी. स्थानीय निकायों की सड़कें क्षतिग्रस्त।
- 10,076 क्षतिग्रस्त ट्रांसफार्मरों की संख्या।
- राहत शिविरों में लोगों की संख्या 7,24,649 है।

  स्त्रोत : केरल सरकार

क्षति पूर्ति हेतु धनराशि की आवश्यकता

- पूरी तरह तहस-नहस हुए घरों की मरम्मत हेतु 135 करोड़ रूपये की आवश्यकता।
- शिविर चलाने के लिए 1,765 करोड़ रूपये की आवश्यकता।
- क्षतिग्रस्त पीडब्ल्यूडी सड़कों के निर्माण के लिए 4,791 करोड़ रूपये की आवश्यकता।
- क्षतिग्रस्त स्थानीय निकायों की सड़कों के निर्माण हेतु 8,194 करोड़ रूपये की आवश्यकता।
- क्षतिग्रस्त पुलों के निर्माण हेतु 1,207 करोड़ रूपये की आवश्यकता।

नोट: केरल के मुख्यमंत्री पिनाराई विजयन का अंदाजा है कि केरल को फिर पहले की तरह बनाने में 20,000 करोड़ रूपये से ज्यादा की धनराशि की आवश्यकता है। यह धनराशि वित्तीय वर्ष 2018-19 में बनाये गये केरल के बजट (37,248 करोड़) का आधे से अधिक है तथा सड़कों और पुलों पर प्रतिवर्ष होने वाले व्यय का दो गुना है। सरकारी अफसर राज्य की इस बर्बादी से उबर पाने में दो साल के वक्त का अनुमान लगाते हैं।

3. भारत की नवीन उपलब्धियाँ

1. दुनिया का सबसे ऊँचा पुल

प्रोजेक्ट	:	रेल मंत्रालय व डीआरडीओ द्वारा संयुक्त रूप से।
स्थित	:	जम्मू कश्मीर, भारत
नदी	:	चिनाब नदी
लागत	:	12000 करोड़ रूपये
ऊँचाई	:	359 मीटर
कनेक्टिविटी	:	उधमपुर, श्रीनगर व बारामुला को आपस में कनेक्ट करेगा।
कार्य पूर्ण होने का लक्ष्य	:	दिसम्बर-2020 (लक्ष्य 2021 निर्धारित किया गया था)
महत्वपूर्ण तथ्य	:	• पुल निर्माण में प्रयोग हो रही स्टील किसी भी भूकम्प या धमाके को सहने की क्षमता रखती है। भूकम्प की दृष्टि से यह क्षेत्र जोन V के नजदीक है। पुल के निर्माण में भूकम्परोधी तकनीक लगी है। • इस पुल पर 100 किमी/घंटा की रफ्तार से ट्रेन चलाई जा सकेगी। • इस रेल कॉरिडोर का सबसे अधिक लाभ कश्मीर व श्रीनगर को होगा। • कश्मीर क्षेत्र में पर्यटन को बढ़ावा मिलेगा अर्थात् दुनिया व देश के लोगों को सीधे कश्मीर के दूर दराज के इलाकों से जुड़ने का मौका मिलेगा। • इस पुल में यात्रियों व रेल की सुरक्षा के लिए विशेष तौर पर एक ऑनलाइन निगरानी तंत्र विकसित किया गया है। • रेल मंत्रालय इस पुल के साथ करीब 22 किमी लम्बा एक सड़क मार्ग भी तैयार करेगा। इस मार्ग का प्रयोग पुल के रख रखाव व मरम्मत कार्य के लिए किया गया है।

2. 5वाँ धाम

1400 साल पहले शंकराचार्य ने 4 धाम बताएं जो निम्नवत् है-

धाम	**स्थान**
1. द्वारिका	गुजरात
2. बद्रीनाथ	उत्तराखण्ड
3. जगन्नाथपुरी	उड़ीसा
4. रामेश्वरम्	तमिलनाडु

पांचवा धाम : कंबोडिया में स्थापित

उद्देश्य : पूर्वी एशिया में सनातन हिन्दू संस्कृति और धर्म के प्रचार-प्रसार के लिए।

लागत : 550 करोड़ रूपये से अधिक

महत्वपूर्ण तथ्य : इस 5वें धाम की निम्न विशेषताएँ होगी–

- भगवान शिव की 180 फुट ऊँची मूर्ति स्थापित की जायेगी।
- गणेश व बुद्ध की भी मूर्तियाँ लगेगी।
- यह पांचवा धाम अंकोरवाट स्थित विश्व के सबसे बड़े विष्णु मंदिर से लगभग 30 किलोमीटर दूर है।
- यह धाम अंकोरवाट मंदिर आने वाले पर्यटकों को आकर्षित करेगा।

नोट : कंबोडिया की 97% आबादी बौद्धों की है।

3. फास्ट टैग (Fast Tag)

उद्देश्य : कैशलेस टोल वसूली

पहल : भारतीय राष्ट्रीय राजमार्ग प्राधिकरण

देश में लागू : 1 दिसम्बर-2019

फास्ट टैग : ये बारकोड युक्त एक टोकन होता है। कार के सामने वाली विंड शीट (शीशा) पर इसको चस्पा किया जाता है जिसमें रेडियो फ्रिक्वेंसी आइडेंटिफिकेशन लगा होता है ताकि गाड़ी टोल प्लाजा के जाते ही प्लाजा पर लगा सेंसर बारकोड को स्कैन कर सके और टोल भुगतान स्वत: हो जाये।

उपलब्धता

(i) किसी भी टोल प्लाजा पर पहचान पत्र, फोटो और वाहन की आरसी देकर लिया जा सकता है।

(ii) अमेजन और अन्य ऑनलाइन साइट पर भी ये उपलब्ध है, जिसमें वेलेडिटी (5 साल की वैधता) और वैल्यू (न्यूनतम 100 रूपये अधिकतम 1 लाख का रिचार्ज) दोनों होती है।

नोट: फास्ट टैग के खाते में पर्याप्त बैलेंस बनाए रखे।

फास्ट टैग के लाभ :

- टोल वसूली में पारदर्शिता
- किसी भी प्रकार की ठगी से मुक्ति
- समय व डीजल दोनों की बचत
- डिजिटल मिशन की ओर अग्रसर

महत्वपूर्ण तथ्य :

- फास्ट टैग लगे वाहन से किसी टोल प्लाजा को पार करने पर उस टोल प्लाजा पर लगने वाले शुल्क का ऑनलाइन भुगतान हो जाता है और अकाउण्ट से शुल्क कटते ही उसकी जानकारी एसएमएस के माध्यम से आ जायेगी।
- वाहन में लगा यह टैग प्रीपेड खाते के सक्रिय होते ही काम करता है।
- फास्ट टैग अकाउण्ट की राशि खत्म होने पर उसे फिर से रिचार्ज कराना होता है। रिचार्ज करने हेतु क्रेडिट व डेबिट कार्य आरटीजीएस और नेट बैंकिंग से फास्ट टैग अकाउण्ट को रिचार्ज कराने की सुविधा है।

- फास्ट टैग को बैंक खाते में लिंक करवाने पर रिचार्ज कराने की झंझट से मुक्ति मिल जाएगी।
- टोल प्लाजा पर सिस्टम खराब है तो गाड़ियों को फ्री पास दिया जायेगा।

वर्तमान में प्रावधान :
- सिर्फ एक लेन से नकद टोल देकर वाहन गुजर सकेंगे, बाकी सभी लेन फास्टैग से लैस वाहनों के लिए होंगी। अगर उनसे मैनुअल भुगतान करने वाले वाहन गुजरेंगे तो उन्हें दो गुना टोल देगा होगा।
- ई-पेमेंट को टोल प्लाजा पर बढ़ावा दिया जा रहा है।

4. सिंगल यूज प्लास्टिक

प्लास्टिक का अर्थः बहुत सारे असंतृप्त हाइड्रोकार्बन जैसे-एथिलीन व प्रोपेलीन के उच्च बहुलक को ही प्लास्टिक कहा जाता है, निर्माण के आधार पर प्लास्टिक 2 प्रकार की होती है:-

प्राकृतिक प्लास्टिक

ऐसी प्लास्टिक जो गर्म करने पर मुलायम और ठण्डा करने पर कठोर हो जाती है। प्राकृतिक प्लास्टिक कहलाती है, लाख प्राकृतिक प्लास्टिक का अच्छा उदाहरण है।

कृत्रिम प्लास्टिक

रासायनिक विधि से तैयार किए गए प्लास्टिक को कृत्रिम प्लास्टिक कहते हैं। यह दो प्रकार की होती है:-

- **थर्मो प्लास्टिक :** गर्म करने पर कई रूपों में बदल जाता है- पॉलीथीन, पॉली प्रोपीलीन, पॉली विनायल क्लोराइड
- **थर्मो सेटिंग प्लास्टिक :** गर्म करने पर कठोर हो जाती है, लेकिन इसे फिर से गर्म करने पर मुलायम नहीं बनाया जा सकता है। उदाहरण यूरिया, फार्मेल्डि हाइड, पॉली यूरेथेन

सिंगल यूज प्लास्टिकः प्लास्टिक के वे उत्पाद जिनका एक बार उपयोग किए जाने के बाद या तो उन्हें फैंक दिया जाता है या रिसायकल कर दिया जाता है, सिंगल यूज प्लास्टिक कहलाते हैं।

5. ईआरएसएस-डायल 112 (Emergency Reaction Support System-Dial-112)

यह निर्भया फण्ड के तहत केन्द्रीय गृह मंत्रालय की प्रमुख योजना है।

उद्देश्यः महिलाओं और बच्चों के खिलाफ अपराध को कम करना।

कार्यक्षेत्र :
- एकल आपातकालीन नम्बर 112 पर नागरिक काल कर सकते हैं।
- SMS व ई-मेल के साथ 112 **भारत मोबाइल ऐप** के तहत अपनी आपातकालीन जानकारी भेज सकते हैं।

6. ई-साथी ऐप

उद्देश्यः यह ऐप वरिष्ठ नागरिकों सहित आम जनता को पुलिस के सम्पर्क में रहने और सहभागी सामुदायिक पुलिसिंग को बढ़ावा देगा।

कार्य : बीट अधिकारी इस ऐप के माध्यम से एक बटन क्लिक करने पर नौकर सत्यापन, चरित्र प्रमाण-पत्र, पासपोर्ट सत्यापन, किराएदार सत्यापन जैसी सेवाएँ प्रदान करने में सक्षम होंगे। इन कार्यो के लिए पुलिस स्टेशन जाने की आवश्यकता नहीं पड़ेगी।

7. ई-सिगरेट, ई-हुक्का प्रतिबन्ध अध्यादेश

तिथि : 18 सितम्बर, 2019 को केन्द्र सरकार ने ई-सिगरेट व ई-हुक्के के उत्पादन, आयात-निर्यात, ढुलाई, बिक्री और विज्ञापन पर अध्यादेश लाकर रोक लगा दी है।

प्रावधान : इस अध्यादेश में प्रतिबंधों का उल्लंघन करने पर सजा और जुर्माने का प्रावधान है-

उल्लंघन	सजा	जुर्माना
पहली बार कानून का उल्लंघन करने पर	1 वर्ष	1 लाख
दूसरी बार कानून का उल्लंघन करने पर	3 वर्ष	5 लाख
तीसरी बार कानून का उल्लंघन करने पर	5 वर्ष	3 लाख

महत्वपूर्ण तथ्य :
- ई-सिगरेट के करीब 400 ब्रैण्ड और 150 से ज्यादा फ्लेवर है। भारत किसी भी ब्रैण्ड की ई-सिगरेट का उत्पादन नहीं करता।
- ई-सिगरेट निकोटिन, प्रोपाइलिन, ग्लाइकोल जैसे हानिकारक उत्पादों से निर्मित की जाती है।

8. भारतीय कौशल संस्थान (IIS)

उद्देश्य : 10वीं व 12वीं के बाद छात्रों को तकनीकी शिक्षा प्रदान करना ताकि वे आवश्यक कौशल सीखने के बाद उन्हें आसानी से रोजगार प्राप्त हो सके।

महत्वपूर्ण तथ्य :
- IIS का लक्ष्य प्रति वर्ष 70% प्लेसमेण्ट के साथ 3000 छात्रों को प्रशिक्षण देना।
- इस संस्थान में अधिक मांग वाले क्षेत्रों जैसे डीप टेक्नोलॉजी, एयरोस्पेस इत्यादि क्षेत्रों में छात्रों को प्रशिक्षण दिया जाएगा।
- केन्द्रीय कैबिनेट ने 3 शहरों मुम्बई, अहमदाबाद व कानपुर में IIS की स्थापना की मंजूरी दी है।
- इन 3 संस्थानों का निर्माण PPP मॉडल के तहत Non for Profit के आधार पर किया जाएगा।
- IIS का निर्माण IIM व IIT की तर्ज पर किया जा रहा है।
- मुम्बई IIS की स्थापना के लिए टाटा एजुकेशन डेवलपमेण्ट ट्रस्ट को प्राइवेट पार्टनर चुना गया।
- टाटा एजुकेशन डेवलपमेंट ट्रस्ट इस कैम्पस में 300 करोड़ का निवेश करेगा।

9. 20 वीं पशुधन गणना रिपोर्ट, 2019

तिथि : 16 अक्टूबर, 2019

विभाग : पशुपालन एवं डेयरी विभाग

मंत्रालय : मत्स्य पालन, पशुपालन और डेयरी मंत्रालय

महत्वपूर्ण तथ्य :
- देश में कुल पशुधन की आबादी 535.78 मिलियन है, जो पशुधन गणना 2012 की तुलना में 4.6% अधिक है।
- 19वीं पशुधन गणना जो वर्ष 2012 में हुई थी, से 20वीं पशुधन गणना की तुलना करने पर जिन जानवरों की संख्या में वृद्धि देखी गयी है, वे निम्नवत् हैं:-
  - ➢ गोजातीय आबादी (Bovine) (मवेशी भैस, मिथुन एवं याक) = 1% वृद्धि
  - ➢ मवेशियों (Cattle) की कुल संख्या = 0.8% वृद्धि
  - ➢ मादा मवेशी (Female Cattle) (गायों की कुल संख्या) = 18% वृद्धि

- ➢ भैंसो (Buffalo) की कुल संख्या = 1% वृद्धि
- ➢ भेड़ों (Sheep) की कुल संख्या = 14.1% वृद्धि
- ➢ बकरियों (Goat) की कुल संख्या = 10.1% वृद्धि
- ➢ पोल्ट्री (Poultry) की कुल संख्या = 16.8% वृद्धि

नोट: देश में सुअरों (Pigs) की कुल संख्या में 12.03% की कमी आयी है।

- जिन राज्यों में 19वीं पशुधन गणना 2012 की तुलना में 20वीं पशुधन गणना 2019 में पशुधन में कमी देखी गयी है, वे राज्य निम्नवत् हैं:- 1. उत्तर प्रदेश, 2. मध्य प्रदेश, 3. राजस्थान, 4. महाराष्ट्र
- सर्वाधिक पशुधन जनसंख्या वाले राज्य हैं- 1. उत्तर प्रदेश, 2. राजस्थान, 3. मध्य प्रदेश, 4. पं. बंगाल, 5. बिहार।
- कुल गायों की संख्या में प्रथम स्थान प्राप्त करने वाला उत्तर प्रदेश राज्य इस नवीनतम रिपोर्ट में दूसरे स्थान पर आ गया है, जबकि प्रथम स्थान पश्चिम बंगाल का प्राप्त हुआ है।

उत्तर प्रदेश विशेष:

प्रथम स्थान : भैसों की संख्या व घोड़ों की संख्या में

द्वितीय स्थान : गोवंश की संख्या में

तृतीय स्थान : बकरी व गधों की संख्या में

चतुर्थ स्थान : खच्चर व ऊँट की संख्या में

छठा स्थान : सुअर की संख्या में

दसवा स्थान : भेड़ों की संख्या में

नोट :
- 20वीं पशुधन गणना सभी राज्यों और केन्द्र शासित प्रदेशों की भागीदारी से आयोजित की गयी है। यह गणना ग्रामीण और शहरी दोनों ही क्षेत्रों में की गयी है।
- वर्ष 2012 की पशुधन गणना में वर्ष 2011 के आकड़े थे। इसी प्रकार वर्ष 2019 की पशुधन गणना में वर्ष 2018 के आकड़े हैं। ये आकड़े 2 वर्ष के विलंब से प्रस्तुत किये गये हैं।
- सर्वाधिक भेड़ों की संख्या तेलंगाना में है तथा सर्वाधिक बकरियों की संख्या वाला राज्य राजस्थान है।

पशुओं से संबंधित महत्वपूर्ण योजना : राष्ट्रीय पशु रोग नियंत्रण कार्यक्रम

प्रारम्भ : 11 सितम्बर 2019

स्थान : मथुरा, उत्तर प्रदेश से प्रधानमंत्री मोदी द्वारा

उद्देश्य : 500 मिलियन से अधिक पशुधन का टीकाकरण करना।

लक्ष्य : 36 मिलियन गोजातीय बधियों का प्रतिवर्ष टीकाकरण।

2025 तक पशुओं को होने वाले रोगों को नियंत्रित करना।

2030 तक पशु रोगों का उन्मूलन करना।

व्यय : 12,652 करोड़ रूपये (5 वर्ष की अवधि हेतु)

राष्ट्रीय गोकुल मिशन : प्रारम्भ : वर्ष 2014

उद्देश्य : मवेशियों की देसी नस्लों को बढ़ाना।

10. भौगोलिक संकेतांक (GI)

उत्पाद (Product)	राज्य (State)	उत्पाद की विशेषता
डोकरा क्राफ्ट (Dokra Craft)	आदिलाबाद, तेलंगाना	'आदिलाबाद डोकरा क्राफ्ट' धातु पर की गयी काश्तकारी है। इसमें अधिकतर स्थानीय देवताओं, घंटियों, नृत्य करते हुए लोग, आभूषण, छोटी मूर्तियां तथा अन्य साजों सामान की वस्तुए शामिल हैं। इन कलाकृतियों की विदेशों में काफी मांग है। **नोट:** आदिलाबाद जिले के 5 गांवों के 100 से अधिक परिवार इस काम में लगे हैं।
वारंगल की दरिया (Warangal Carpet)	वारंगल, तेलंगाना	वारंगल भारत में दरियों की बुनाई के लिए एक विशेष केन्द्र के रूप जाना जाता है। वारंगल की दरियों को इसकी महीन बुनाई के कारण विश्व में विशेष पहचान हासिल है। इस क्षेत्र में बुनी गई दरियां इंग्लैण्ड, जर्मनी, जैसे कई यूरोपीय व अफ्रीकी देशों में निर्यात की जाती हैं। **नोट:** वारंगल के लगभग 2000 लोग बुनकर समुदाय से हैं, जिनका पेशा दरियों की बुनाई करना है।
नीलाम्बुर सागौन (Nilambur Teak)	केरल	नीलाम्बुर सागौन एक अनूठी किस्म की लकड़ी है, जिससे फर्नीचर व अन्य सजावटी सामान बनाये जाते हैं।

नोट:
- उपरोक्त तीनों उत्पादों को GI का प्रमाण पत्र चेन्नै (तमिलनाडु) स्थित भौगोलिक संकेतक रजिस्ट्री कार्यालय से प्राप्त हुआ।
- भौगोलिक संकेतक, बौद्धिक सम्पदा अधिकारों और सम्पदा अधिकारों के व्यापार (Trade Related Aspects of Intellectual Property Rights) सम्बन्धी पहलुओं में शामिल है।
- जब किसी उत्पाद को GI प्राप्त हो जाता है तो उस उत्पाद के निर्माताओं को संरक्षण प्रदान किया जाता है, जिससे घरेलू व अन्तर्राष्ट्रीय बाजारों में उनके मूल्य निर्धारित करने में सहायता मिलती है। इस संकेत को प्राप्त करने से उत्पाद की गुणवत्ता तथा विशिष्टता को सुनिश्चित किया जाता है।

11. अटल भू-जल योजना

- **प्रारम्भ** : अप्रैल, 2018
- **उद्देश्य** : भूजल संरक्षण तथा भू-जल स्तर बढ़ाना।
- **मंत्रालय** : केंद्रीय जल संसाधन एवं नदी विकास मंत्रालय के अन्तर्गत यह योजना चलाई जा रही है।
- **वर्तमान स्थिति** :
  - इस योजना के लिए विश्व बैंक ने 6000 करोड़ रूपये की राशि अनुदान में दी है।
  - यह योजना भारत के उन 7 राज्यों के 78 जिलों की 8350 ग्राम पंचायतों में प्रारम्भ की गई है, जहाँ भूजल के स्तर में बेहद गिरावट दर्ज की गयी है।
  - इस योजना का क्रियान्वयन 5 वर्षों (2018-19 से 2022-23) तक किया जायेगा।
  - वे 7 राज्य जिन्हें इस योजना में शामिल किया गया है- 1. उत्तर प्रदेश, 2. मध्य प्रदेश, 3. कर्नाटक, 4. गुजरात, 5. हरियाणा, 6. राजस्थान एवं 7. महाराष्ट्र।
  - इस योजना में केन्द्र सरकार व विश्व बैंक की हिस्सेदारी 50:50 की है।

12. 3R फोरम

- **आयोजन :** 9-12 अप्रैल 2018 को इंदौर, मध्य प्रदेश में किया गया।
- **आयोजनकर्ता :** आवास एवं शहरी मामलों के मंत्रालय के साथ जापान का पर्यावरण मंत्रालय एवं यूएनसीआरडी।
- **केन्द्रीय विषय :** Achieving Clean water, Clean Land, Clean Air through 3R & Resource Efficiency : A 21st Century Vision for Asia-Pacific Communities.
- **महत्वपूर्ण तथ्य :** दुनियाभर के देश आज ''नगरपालिका ठोस कचरा प्रबंधन'' (Metropolitan Solid Waste Management) के मुद्दे से जूझ रहे हैं। वर्तमान वैश्विक नगरपालिका ठोस कचरा का स्तर लगभग 1.3 बिलियन टन प्रति वर्ष है और 2025 तक इसके 2.2 बिलियन टन पहुंचने की उम्मीद है। इस कचरे के निपटाने का उचित प्रबंधन नहीं होने से स्वास्थ्य और पर्यावरण पर गंभीर असर पड़ता है। इस समस्या का निदान "3R" है अर्थात् **Reduce, Reuse, Recycle** है।

नोट:
- 3R Forum की अगली बैठक 2019 में बैंकाक (थाईलैण्ड) में आयोजित होगी।
- 3R Forum में एशिया व प्रशान्त महासागर क्षेत्र के देश शामिल होते हैं।

13. बच्चों के निशुल्क और अनिवार्य शिक्षा का अधिकार (द्वितीय संशोधन) विधेयक 2017

लोक सभा में पारित होने की तिथि : 18 जुलाई 2018

संशोधन करने के पीछे उद्देश्य : 8वीं कक्षा तक फेल नहीं करने की नीति से बच्चों और शिक्षकों द्वारा इस स्तर तक पढ़ाई को अधिक गम्भीरता से नहीं लेने के कारण शिक्षा के स्तर में आ रही गिरावट को रोकना है।

विधेयक में संशोधन : नए संशोधन विधेयक के आधार पर पढ़ाई के दौरान खराब प्रदर्शन करने वाले बच्चों को 5वी व 8वीं कक्षा में ''असफल'' घोषित करने की शक्ति राज्य सरकारों को दी गयी।

14. जल प्रबन्धन सूचकांक

तिथि : 8 जून 2018

जारीकर्ता : नीति आयोग

उद्देश्य : भारत में जल संसाधनों के समावेशी उपयोग हेतु नीति निर्माण के लिए आवश्यक डेटा का संकलन करना एवं देश भर में वाटर गवरनेंस हेतु प्रतियोगी एवं सहयोगात्मक संघीय व्यवस्था (Competitive & Cooperative Federalism) का विकास करना है।

महत्वपूर्ण तथ्य :
- भारत में जल प्रबन्धन में सहायक ''समग्र जल प्रबंधन सूचकांक'' की पहली बार व्यवस्था की गयी है।
- इस सूचकांक में प्रयोग किये जाने वाले आंकड़ो के स्त्रोत केन्द्र व राज्य सरकारों द्वारा कराए गए विभिन्न शोध होगें।
- ''समग्र जल प्रबंधन सूचकांक'' [CWMI] को भौगोलिक परिस्थिति के अनुसार हिमालयी राज्य एवं गैर हिमालयी राज्य की श्रेणी में बांटा गया है।
- जल प्रबंधन वाले शीर्ष गैर-हिमालयी राज्य है:-

  (i) गुजरात (ii) मध्य प्रदेश (iii) आन्ध्र प्रदेश (iv) कर्नाटक (v) महाराष्ट्र (vi) पंजाब (vii) तमिलनाडु
- जल प्रबंधन वाले शीर्ष हिमालयी राज्य है:-

  (i) त्रिपुरा (ii) हिमाचल प्रदेश (iii) सिक्किम (iv) असम (v) नागालैण्ड (vi) उत्तराखंड (vii) मेघालय

15. सशस्त्र सेना विशेषाधिकार अधिनियम (AFSPA) 1958 : मेघालय में समाप्त

गृह मंत्रालय द्वारा दी गयी जानकारी के अनुसार, वर्ष 2017 में मेघालय में उग्रवाद की सबसे कम घटनाएं हुई हैं। पिछले 4 वर्षों से हिंसा में लगातार गिरावट जारी है। दो दशकों में ऐसा पहली बार देखने को मिला है कि वर्ष 2000 की तुलना में 2018 में 85% कम हमले हुए जिसके कारण अफस्पा की आवश्यकता नहीं रह गई थी। सितम्बर, 2017 तक मेघालय के 40 फीसदी क्षेत्र में अफस्पा लागू था, जिसे धीरे-धीरे कम करते हुए केन्द्रीय गृह मंत्रालय ने 23 अप्रैल, 2018 को मेघालय से अफस्पा पूरी तरह से हटाये जाने की अधिसूचना जारी है।

नोट:
- गृहमंत्रालय ने पूर्वोत्तर में उग्रवादियों के लिए आत्मसमर्पण और पुनर्वास नीति के तहत मद्द राशि को 1 लाख रूपए से बढ़ाकर 4 लाख रूपए कर दिया है। यह नीति 1 अप्रैल, 2018 से लागू की गयी।
- संविधान लागू किए जाने के बाद से ही भारत के पूर्वोत्तर राज्यों में बढ़ रहे अलगाववाद, हिंसा और विदेशी आक्रमणों से सुरक्षा के लिए मणिपुर व असम में वर्ष 1958 में अफस्पा लागू किया गया था।
- विभिन्न धार्मिक, नस्लीय, भाषा, क्षेत्रीय समूहों, जातियों, समुदायों के बीच मतभेद या विवादों के कारण राज्य या केन्द्र सरकार एक क्षेत्र को अशांत घोषित कर सकती है। राज्य या केन्द्र सरकार के पास किसी भी भारतीय क्षेत्र को ''अशांत'' घोषित करने का अधिकार है।

16. ई-ट्राईबल इण्डिया

- **e-Tribes India क्या है? :** यह ट्राइफेड को डिजिटल बनाने के उद्देश्य से 27 मार्च, 2018 को प्रारम्भ की गयी है।
- **ट्राइफेड क्या है? :** Tribal Co-operation Marketing Development Federation of India-TRIFED जनजातीय मंत्रालय (Ministry of Tribes) के अन्तर्गत ''बहु राज्य सहकारी सोसायटी'' (Multi-State Co-operative Society) है। इसकी स्थापना वर्ष 1987 में बहु राज्य सहकारी समिति अधिनियम, 1984 के तहत राष्ट्रीय स्तर के शीर्ष निकाय के रूप में की गई।
- **ट्राइफेड का कार्य :**
  - जनजातीय उत्पादों, कला और दस्तकारी के विपणन को प्रोत्साहित करना।
  - जनजातीय उत्पादों को संरक्षण देना और उन्हें बिचौलियों से बचाना।
- **e-Tribes India बनाने का उद्देश्य :** ट्राइफेड ने अपने सभी उत्पादों को बेचने तथा एम-कामर्स क्षेत्र पर पकड़ के लिए अपनी ई-कामर्स वेबसाइट **tribesindia.com** विकसित किया है।
- **e-Tribes India के लाभ :**
  - ट्राइफेड के डिजिटल होने से जनजातीय उत्पादों का विस्तार होगा।
  - बड़े-शहरों तक भी जनजातीय उत्पादों की पहुंच बढ़ेगी और उनकी मांग भी।
  - जनजातियों की आय में सुधार होगा।
  - जनजातीय उत्पाद न केवल देश में बल्कि विदेशों में भी अपनी पहुंच बना सकेंगे।
  - ट्राइफेड ने स्नैपडील और अमेजन जैसे ई-कामर्स प्लेटफार्मों से समझौता किया है, जो जनजातीय उत्पादों को अपने ग्राहकों को प्रस्तुत करेंगे।

17. कन्या शिशु मृत्यु दर अनुपात

- **शिशु मृत्यु दर का अर्थ :** शिशु मृत्यु दर से तात्पर्य ऐसे बच्चों की मृत्यु से है, जिनकी मृत्यु एक वर्ष से कम आयु में हो जाए।
- **शिशु मृत्यु दर की गणना :** प्रति हजार के रूप में दर्शाया जाता है।

- **कन्या शिशु मृत्यु दर वाले शीर्ष राज्य** : 1. उत्तर प्रदेश (30.5%), 2. बिहार (28.5%), 3. राजस्थान (25.4%), 4. मध्य प्रदेश (22.1%)
  नोटः यह प्रतिशत संपूर्ण शिशु मृत्यु दर में कन्या शिशु मृत्यु दर पर आधारित है।
- **महत्वपूर्ण तथ्य :**
  - कन्या शिशु मृत्यु दर की अधिकता की मुख्य वजह ''लैंगिक भेदभाव'' है।
  - लैंगिक भेदभाव (Gender Inequality) से तात्पर्य सिर्फ राजनीतिक, आर्थिक, सामाजिक स्तर पर भेदभाव से नहीं है। यह भेदभाव कन्या शिशु की देखभाल, उनके टीकाकरण, पोषण एवं उत्तरजीविका से भी संबंधित है।

18. पुनर्गठित राष्ट्रीय बांस मिशन

- **तिथि** : 25 अप्रैल, 2018
- **स्वीकृति** : केन्द्रीय मंत्रिमंडल की आर्थिक मामलों की समिति (CCEA) द्वारा।
- **समयावधि** : वर्ष 2018-19 से 2019-20 के लिए (14वें वित्त आयोग की शेष अवधि हेतु)

राष्ट्रीय बांस मिशन व पुनर्गठित राष्ट्रीय बांस मिशन के मध्य अंतर

राष्ट्रीय बांस मिशन (National Bamboo Mission)	पुनर्गठित राष्ट्रीय बांस मिशन (Restructured National Bamboo Mission)
• सतत् कृषि के लिए राष्ट्रीय मिशन (NMSA) के अन्तर्गत केन्द्र प्रायोजित योजना के रूप में ''राष्ट्रीय बांस मिशन'' को वर्ष 2006-07 में प्रारम्भ किया गया था।	• 14वें वित्त आयोग की शेष अवधि (2018-19 तथा 2019-20) के दौरान मिशन लागू करने के लिए 1290 करोड़ रूपये का प्रावधान किया गया है।
• इस मिशन का फोकस मुख्य रूप से बांस के प्रसार और उत्पादन पर था तथा प्रसंस्करण, उत्पाद विकास तथा मूल्य वर्धन पर सीमित प्रयास किए गए थे।	• यह मिशन गुणवत्ता सम्पन्न पौधारोपण के प्रचार, उत्पाद विकास तथा मूल्यवर्धन पर एक साथ बल देता है।

पुनर्गठित राष्ट्रीय बांस मिशन के लाभ

- इस योजना से प्रत्यक्ष और अप्रत्यक्ष रूप से किसानों, स्थानीय दस्तकारों और बांस क्षेत्र में काम कर रहे अन्य लोगों को लाभ होगा।
- बांस पौधारोपण के अंतर्गत लगभग एक लाख हेक्टेयर क्षेत्र को लाने का प्रस्ताव किया गया है।
- यह योजना उन राज्यों पर विशेष फोकस देगी, जहाँ बॉस का सामाजिक, वाणिज्यिक और आर्थिक लाभ है जैसे- मध्य प्रदेश, महाराष्ट्र, छत्तीसगढ़, ओडिशा, कर्नाटक, उत्तराखण्ड, बिहार, झारखंड, आंध्रप्रदेश, तेलंगाना, गुजरात, तमिलनाडु और केरल जैसे राज्य शामिल हैं।
- बांस पौधारोपण से **कृषि उत्पादकता** और **आय** में वृद्धि होगी और परिणामस्वरूप भूमिहीनों सहित छोटे और मझोले किसानों तथा महिलाओं की आजीविका के अवसर में वृद्धि होगी।
- उद्योगों को गुणवत्तापूर्ण सम्पन्न कच्चा माल मिलेगा।
- यह मिशन न केवल किसानों की आय बढ़ाने के लिए संभावित उपाय के रूप में काम करेगा। बल्कि यह मिशन जलवायु को सुदृढ़ बनाने और पर्यावरण लाभों में भी योगदान करेगा।

19. वन स्टॉप सेन्टर

स्थापना : महिला एवं बाल विकास मंत्रालय के अधीन।

उद्देश्य : इन केन्द्रों की स्थापना का उद्देश्य हिंसा पीड़ित महिलाओं को पुलिस की मदद, चिकित्सा सहायता, मनोवैज्ञानिक और सामाजिक परामर्श तथा कानूनी सहायता जैसी सेवाओं को एकीकृत रूप से एक ही स्थान पर उपलब्ध कराना है।

महत्वपूर्ण तथ्य :
- इन केन्द्रों की स्थापना हरियाणा, हिमाचल प्रदेश, मध्य प्रदेश, महाराष्ट्र, मिजोरम, नागालैण्ड, ओडिशा, तमिलनाडु और उत्तर प्रदेश जैसे राज्यों में की जायेगी।
- महिला एवं बाल विकास मंत्रालय ने अप्रैल, 2015 से अब तक 182 वन स्टॉप सेंटरों का निर्माण किया है।
- 21 अप्रैल, 2018 को हुई कैबिनेट बैठक में यह निर्णय लिया गया कि आने वाले वर्षों में देश के प्रत्येक जिले में एक वन स्टॉप सेंटर का निर्माण किया जाएगा।
- मंत्रालय ने महिला हेल्पलाइन नम्बर 181 को सार्वभौमिक बनाने का कार्य अप्रैल, 2015 से शुरू किया और अब प्रत्येक वन स्टॉप सेन्टर को महिला हेल्प लाइन से जोड़ा गया।

20. राष्ट्रीय नागरिक रजिस्टर (NRC)

NRC क्या है? : राष्ट्रीय नागरिक रजिस्टर यानी NRC, भारतीय नागरिकों के नाम वाला रजिस्टर है, जो वर्ष 1951 में तैयार किया गया और इसे असम में अवैध प्रवासियेां को ढूंढ निकालने के लिए अपडेट किया जा रहा है। क्योंकि असम में अवैध रूप से रहने वाले बांग्लादेशियों का मामला बहुत बड़ा मुद्दा रहा है।

उद्देश्य : भारत के मूल नागरिकों की पहचान करना और अवैध तौर पर रह रहे लोगों को देश से बाहर करना।

NRC का सफर :

वर्ष	**महत्वपूर्ण तथ्य**
1985 :	80 के दशक में अवैध बांग्लादेशियों को लेकर एक बड़ा स्टूडेंट मूवमेंट हुआ था, जिसके बाद 1985 में आल असम स्टूडेंट यूनियन (AASU) और तत्कालीन राजीव गांधी सरकार के बीच एक समझौता हुआ था, जिसके तीन पक्षकार थे- केन्द्र सरकार, राज्य सरकार और AASU। इस समझौते के तहत वर्ष 1971 तक जो भी बांग्लादेशी असम आ कर बसे हैं, उन्हें नागरिकता देना और बाकी को निर्वासित किया जाना था। मध्यरात्रि 24 मार्च, 1971 के बाद बांग्लादेश से असम आने वालों को अवैध घुसपैठिया माना जायेगा यह Cut-off तिथि है, किन्तु यह समझौता लागू नहीं हो सका।
2005 :	जब वर्ष 2005 में घुसपैठिये बांग्लादेशियों के मामले ने जोर पकड़ा तब कांग्रेस की असम सरकार ने एनआरसी पर काम करना पुनः शुरू किया।
2009 :	असम के NGO "Assam Public Works" ने बांग्लादेशियों को चिन्हित करने के लिए सर्वोच्च न्यायालय में याचिका दायर की।
2013 :	याचिका पर फैसला लेते हुए सर्वोच्च न्यायालय ने एनआरसी को अपडेट करने के निर्देश दिये।
2017 :	31 दिसम्बर, 2017 की मध्यरात्रि को भारत के रजिस्ट्रार जनरल शैलेश कुमार ने असम में ''NRC'' का पहला मसौदा (Draft) जारी किया। इसमें असम के कुल 3.29 करोड़ आवेदनों में से 1.9 करोड़ लोगों को कानूनी रूप से भारत का नागरिक माना गया। बांकी आवेदनों का सत्यापन विभिन्न चरणों में होगा।
2018 :	यह मसौदा वर्ष 2018 में पूर्ण रूप से बनकर तैयार हो जायेगा।

21. सेवा भोज योजना

अवधि : 2 वर्ष हेतु (2018-19 व 2019-20)

मंत्रालय : संस्कृति मंत्रालय, भारत सरकार

व्यय राशि : 325 करोड़ रूपये

महत्वपूर्ण प्रावधान :
- निःशुल्क भोजन/प्रसाद/लंगर/भण्डारा प्रदान करने वाले परोपकारी धार्मिक संस्थानों द्वारा खरीदे जाने वाले कच्चे उत्पाद-जैसे घी/तेल/आटा/मैदा/रवा/ चावल/दाल/चीनी/गुड़ पर केन्द्रीय वस्तु एवं सेवा कर (CGST) और एकीकृत वस्तु और सेवाकर (IGST) जो केंद्र सरकार को प्राप्त होता है, लौटा दिया जायेगा।
- ऐसा करने का प्रमुख कारण ऐसी परोपकारी धार्मिक संस्थानों का वित्तीय बोझ कम करना है ताकि वे बिना भेदभाव के यह परोपकारी कार्य कर सकें।

पात्रता :
- कम से कम 5 वर्षों तक कार्यरत मंदिर, गुरूद्वारा, मस्जिद, गिरिजाघर, धार्मिक आश्रम, दरगाह तथा मठ जैसे परोपकारी संस्थाएं इस योजना के पात्र होंगे।।
- एक माह में कम से कम 5000 लोगों को निःशुल्क भोजन प्रदान करने वाले परोपकारी धार्मिक संस्थान इस योजना के पात्र होंगे।
- आयकर की धारा 10 (22BBA) के अन्तर्गत आने वाले संस्थान भी इस योजना के पात्र होंगे।
- सोसायटी पंजीकरण अधिनियम (1860 की XXI) के अंतर्गत सोसायटी के रूप में पंजीकृत संस्थान इस योजना के पात्र होंगे।
- आयकर अधिनियम की धारा-12AA के तहत पंजीकृत संस्थान भी इस योजना के पात्र होंगे।

नोटः

- संस्कृति मंत्रालय प्राप्त होने वाले सभी आवेदनों की जांच चार सप्ताह के भीतर करवायेगा यह कार्य इस उद्देश्य के लिये गठित की गयी समिति द्वारा किया जाएगा।
- सभी पात्र संस्थानों का दर्पण पोर्टल में पंजीकरण आवश्यक है।

22. 66वें राष्ट्रीय फिल्म पुरस्कार, 2019

पुरस्कार घोषणा की तिथि : 9 अगस्त 2019

श्रेणी	प्राप्तकर्ता	पुरस्कार राशि
सर्वश्रेष्ठ फीचर फिल्म	हेलारो (गुजराती भाषा)	स्वर्ण कमल 2.50 लाख रूपये
सर्वश्रेष्ठ अभिनेता	आयुष्मान खुराना (अंधाधुंध) विक्की कौशल (उरी-द सर्जिकल स्ट्राइक)	रजत कमल 50 हजार रूपये
सर्वश्रेष्ठ अभिनेत्री	कीर्ति सुरेश (महानती)	रजत कमल 50 हजार रूपये
50वां दादा साहेब फालके पुरस्कार	अमिताभ बच्चन	स्वर्ण कमल + 10 लाख रूपये

विशेषः उत्तराखंड राज्य को फिल्मों के लिए सर्वाधिक अनुकूल राज्य घोषित किया गया है। दादा साहेब फाल्के अवार्ड पहली बार 1970 में देविका रानी को मिला था जबकि 1954 से राष्ट्रीय फिल्म पुरस्कार देने की परंपरा चली आ रही है।

23. आधार कार्ड व भारत

आधार कार्ड एक परिचय पत्र है, जिसे भारतीय विशिष्ट पहचान प्राधिकरण के नाम से जाना जाता है।

आवश्यकता क्यों? हमारे देश में भिन्न-भिन्न पहचान पत्र का उपयोग किया जाता है, जिसके कारण कई तरह की समस्या उत्पन्न होती हैं, जैसे ड्राइविंग लाईसेन्स को हर जगह पहचान पत्र की जगह मान्यता नही दी गई है, उसी तरह पैन कार्ड में भी एड्रेस न होने के कारण उसके साथ एड्रेस प्रूफ लगाना आवश्यक होता है। पासपोर्ट भी एड्रेस प्रूफ का अच्छा विकल्प है, परन्तु यह एक वर्ग विशेष तक ही सीमित है। मतदाता प्रमाण पत्र एक उचित पहचान पत्र माना गया है, जो सभी जगह मान्य है, लेकिन यह 18 वर्ष की आयु के बाद बनता है। यही कारण है कि आधार कार्ड, सभी समस्याओं का एक समाधान है।

आधार कार्ड क्या है? आधार कार्ड एक अत्यंत महत्वपूर्ण परिचय पत्र है, जो कि आपके भारत का नागरिक होने का सबूत देता है, जिसे भारतीय विशिष्ट पहचान प्राधिकरण (UIDAI) एजेंसी के जरिये भारत में लाया गया। वर्ष 2009 में भारत सरकार ने आधार कार्ड को विशेष एवं जरूरी आइडेंटिटी के तौर पर देश में लागू किया है।

आधार कार्ड में शामिल जानकारी :
- 12 अंकीय आधार नम्बर
- नाम
- जन्म वर्ष
- लिंग
- फोटो
- बायोमेट्रिक विवरण जैसे फिंगर प्रिंट्स एवं आँखों की प्रिंट

नोट: यह कार्ड सबूत होता है कि वह भारत का नागरिक है और उसकी पूरी जानकारी भारत के विशेष डेटाबेस में सुरक्षित होती है, जोकि देश की सुरक्षा के लिए महत्वपूर्ण है। यह डेटाबेस UIDAI एजेंसी के पास सुरक्षित है।

आधार कार्ड की विशेषताएं :
- आधार कार्ड भारत का पहला ऐसा प्रमाण पत्र है जिसमें एक व्यक्ति की पहचान, पता, जन्म और अन्य प्रमाण पत्र की व्यवस्था एक ही कार्ड में की गयी है।
- यह बच्चों के लिए भी उपलब्ध है।
- आधार कार्ड भारत के किसी भी स्थान पर वैध और स्वीकार किया जाता है।
- आधार कार्ड से बैंक खाता, मोबाइल, एलपीजी कनेक्शन, टिकट बुकिंग, नया पासपोर्ट बनवाने, पैन कार्ड, सब्सिडी जैसे अन्य किसी भी सेवा का लाभ उठा सकते हैं।
- आधार कार्ड कभी भी, कहीं भी, किसी भी तरह के प्रमाणीकरण को सक्षम कर सकता है।
- आधार कार्ड प्रवासियों की गतिशीलता को पहचान प्रदान करेगा।

अन्य तथ्य :
- आधार कार्ड 12 अंकों का नंबर है इस नंबर में 12 अंक होने का कारण 100 अरब लोगों की जनसंख्या है ताकि सभी को अलग-अलग आधार नम्बर मिल सके।
- आधार कार्ड नहीं अपितु आधार पर लिखा 12 अंक का नम्बर महत्वपूर्ण है। यदि आपके पास आधार कार्ड नहीं है और आपको अपना आधार नंबर याद है तो आपको कार्ड की कोई आवश्यकता नहीं है केवल आधार नम्बर ही पर्याप्त है।

आधार के चर्चा में आने का कारण :
- गृह मंत्रालय द्वारा 4 अगस्त, 2017 को जारी अधिसूचना के अन्तर्गत मृत्यु प्रमाण पत्र प्राप्त करने के लिए आधार को अनिवार्य बना दिया गया है। अर्थात् मरने वाले व्यक्ति की पहचान सुनिश्चित करने के लिए उसका आधार कार्ड होना जरूरी होगा, जिसके आधार पर ही मृत्यु प्रमाण पत्र जारी हो सकेगा। 1 अक्टूबर, 2017 से यह नियम, जम्मू कश्मीर, असम व मेघालय को छोड़कर पूरे देश में प्रभावी होगा।

निर्णय का महत्वः
- गृह मंत्रालय ने अपने इस निर्णय के पीछे के उद्देश्य की मुख्य वजह पहचान सम्बन्धी धोखाधड़ी पर लगाम लगाने और मृतक की पहचान के लिए विभिन्न अन्य दस्तावेजों को प्रस्तुत करने में होने वाली कठिनाईयों से छुटकारा दिलाना है।

नोट: सर्वोच्च न्यायालय के आदेश के अनुसार देश में सरकारी योजनाओं का लाभ उठाने के लिए आधार यद्यपि आवश्यक दस्तावेज नहीं है, परन्तु बैंक खाता खोलने, पैन कार्ड बनवाने व आय कर की रिटर्न भरने जैसे जरूरी कार्य ''आधार'' के बिना नहीं हो सकते।

24. हाल के वर्षों की भारत की अंतर्राष्ट्रीय उपलब्धियाँ

उपलब्धि	महत्व
भारत **आस्ट्रेलिया समूह** का 43वां सदस्य बना	• 1958 में स्थापित आस्ट्रेलिया समूह एक स्वैच्छिक तथा अनौपचारिक संगठन है। • यह समूह रासायनिक और जैविक हथियारों के विकास को बढ़ावा देने वाली सामग्रियों, उपकरणों और प्रौद्योगिकियों के प्रसार को रोकने के लिए कार्य करता है। • वर्तमान में इस समूह के 43 सदस्य (42 देश भारत सहित व यूरोपीय संघ) है।
भारत **वासेनार व्यवस्था** का 42वॉं सदस्य	• 1996 में वासेनार व्यवस्था की स्थापना की गयी थी। • इसका मुख्यालय वियना (आस्ट्रिया)में है। • यह एक बहुपक्षीय हथियार निर्यात नियंत्रण समूह है।
भारत जापान के मध्य सिविल परमाणु समझौता	• 11 नवम्बर 2016 को प्रधामंत्री मोदी की जापान यात्रा के दौरान टोक्यों में इस समझौते पर हस्ताक्षर हुए। • 7 जून 2017 को जापान की संसद डायट ने इस समझौते पर अपनी मुहर लगायी। • 20 जुलाई 2017 को परमाणु ऊर्जा के शांतिपूर्ण उपयोग में सहयोग करने वाला यह समझौता प्रभावी हुआ। • भारत अबतक कुल 15 देशों से सिविल परमाणु समझौता कर चुका है सबसे पहले भारत ने फ्रांस के साथ परमाणु समझौता किया।
भारत एमटीसीआर का 34वां सदस्य बना	• वर्ष 1987 में दुनिया के 5 सुपर पॉवर देशों द्वारा स्थापित मिसाइल टेक्नॉलोजी कण्ट्रोल रिजाइम की स्थापना की गयी थी, जिसका उद्देश्य सदस्य राज्यों के बीच प्रक्षेपास्त्र, परमाणु और अंतरिक्ष से सम्बन्धित प्रौद्योगिकी के हस्तांतरण के संदर्भ में एक संधि है और वर्तमान समय में भारत सहित 34 देश इसके सदस्य है।
भारत **सर्न** का 22वां एसोसिएट सदस्य बना	• फ्रांस और स्विटजरलैण्ड के सीमा के बीच जेनेवा में स्थित दुनिया के सबसे बड़े नाभिकीय पार्टिकल प्रयोगशाला का भारत 22वां एसोसिएट सदस्य बना। वर्तमान समय में इसके कुल 22 सदस्य है, जिसमें से 4 सहयोगी सदस्य देश है और 4 पर्यवेक्षक सदस्य और 3 अंतर्राष्ट्रीय सदस्य है।
भारत **एससीओ** का 8वां सदस्य बना	• भारत, **शंघाई कारपोरेशन ऑर्गनाइजेशन (SCO)** का 8वां सदस्य बन गया है। • अभी हाल में ही एससीओ का 18वां शिखर सम्मेलन चीन प्रांत के शानडोन प्रांत के किंगदाओं में आयोजित हुआ।

25. समसामयिक शब्द विस्तार

शब्द	विस्तारित रूप	महत्वपूर्ण तथ्य
1-TEC	Transform, Energies & Clean India	यह बजट 2017-18 का एजेण्डा है। अर्थात् बजट 2017-18 में भारत में आमूलचूल परिवर्तन लाने, स्वच्छ अर्थव्यवस्था की स्थापना तथा देश के युवाओं एवं वंचित तबको को मानव संसाधन (Human Resource) बनाकर उनमें ऊर्जा का संचार करने का लक्ष्य रखा गया है।
2-SANKALP	Skill Aquisition & Knowledge Awerness for Livelihood Promotion Programme	बजट 2017-18 में 4000 करोड की लागत से आजीविका संवर्धन हेतु कौशल अर्जन और जागरूकता कार्यक्रम **संकल्प** शुरू करने का प्रस्ताव है जो 3.5 करोड युवाओं को बाजार संगत प्रशिक्षण प्रदान करेगा।
3-SAATH	Sustainable Action for Transforming Human Captial	10 जून 2017 को नीति आयोग ने ''सहकारी संघवाद'' [Co-operative Federalism] को अमल में लाते हुए **''साथ''** कार्यक्रम का शुभारंभ किया इस कार्यक्रम का उद्देश्य **शिक्षा** और **स्वास्थ्य** क्षेत्रों का कायाकल्प करना है। **नोटः** स्वास्थ्य सेवाओं में सुधार हेतु उ0प्र0, असम, एवं कर्नाटक का चयन किया गया है, जबकि शिक्षा क्षेत्र में बेहतर परिणाम प्राप्त करने के लिए मध्य प्रदेश, उड़ीसा एवं झारखण्ड को चुना गया।
4-SAMPADA	Scheme For Agro Marine Processing & Development of Agro Processing Clusters	26 मई, 2017 को प्रधानमंत्री मोदी ने असम राज्य के धेमाजी जिले से कृषि-समुद्रीय प्रसंस्करण योजना **''संपदा''** की शुरूआत की इस योजना का मुख्य उद्देश्य खाद्य प्रसंस्करण को बढ़ावा देना और युवाओं के लिए रोजगार के नये अवसर सृजित करना है।
5-SWAYAM	-	**स्वयं** एक ओपन और ऑनलाइन पाठ्यक्रम है, जिसके जरिए कोई भी कक्षा 9 से पोस्ट ग्रेजुऐशन तक की पढ़ाई किसी भी समय कर सकता है। ''स्वयं'' के तहत उपलब्ध कराए गए पाठ्यक्रमों को आई आई टी, जएनयू, दिल्ली विश्वविद्यालय तथा अन्ना विश्वविद्यालय जैसे प्रतिष्ठित शिक्षण संस्थाओं के 1000 से अधिक शिक्षाविदों ने तैयार किया है। सभी पाठ्यक्रम निशुल्क उपलब्ध है। पाठ्यक्रम को पूरा होने पर छात्रों को राष्ट्रीय अकादमिक डिपाजिटरी सर्टिफिकेट प्रदान किया जायेगा।
6-COMMIT	Comprehensive Online Modified Modules on Induction Tranning	केन्द्रीय कार्मिक, पेंशन एवं शिकायत मंत्रालय ने 29 जून, 2017 को **COMMIT** प्रोग्राम प्रारम्भ किया। यह राज्य सरकार के कर्मचारियों के लिए प्रशिक्षण कार्यक्रम है इस प्रशिक्षण कार्यक्रम का उद्देश्य अधिकारियों की क्षमता निर्माण के द्वारा सार्वजनिक सेवा सुपुर्दगी तंत्र में सुधार तथा नागरिक केन्द्रित प्रशासन उपलब्ध कराना है।
7. AMRUT	Atal Mission for Rejuvenations & Urban Transformation	प्रधानमंत्री नरेन्द्र मोदी द्वारा 25 जून 2015 को शहरी भारत की तस्वीर बदलने के लिए इस योजना का प्रारम्भ किया।
8. BHIM	Bharat Interface for Money	वित्तीय लेन-देन हेतु भारत सरकार के उपक्रम भारतीय राष्ट्रीय भुगतान निगम (NPCI) के द्वारा आरंभ किया गया एक मोबाइल ऐप है।

9. HRIDAY	Haritage City Development & Augmentation Yojana	इस योजना के पहले चरण में देश के 12 शहरों को विकास के लिए चुना गया था- 1. अजमेर, 2. अमरावती, 3. अमृतसर, 4. बादामी, 5. कांचीपुरम, 6. मथुरा, 7. पुरी, 8. वाराणसी, 9. वारंगल, 10. वेलान्कन्नी, 11. गया, 12. द्वारिका ये सभी शहर धार्मिक है जो काफी प्रचलित है लेकिन विकास के मामले में पीछे रह गये है। इस योजना के द्वारा इन शहरों के इंफ्रास्ट्रक्चर को बदला जायेगा। **नोट :** 21 जनवरी 2015 को प्रधानमंत्री मोदी द्वारा इस योजना को प्रारम्भ किया गया था। यह योजना शहरी विकास मंत्रालय की है।
10. UJALA	Unnat Jyoti by Affordable LEDs for All	1 मई 2015 को प्रधानमंत्री मोदी द्वारा इस योजना का प्रारम्भ किया गया जिसके अंतर्गत कम मूल्य पर एलईडी बल्ब दिये जाते है ताकि बिजली की बचत हो सके। **नोट :** 1 वर्ष के भीतर 1 करोड़ एलईडी बल्बों की बिक्री हो गयी है जिससे लगभग 550 करोड़ रूपये की बिजली बिल की बचत हुई है।

26. नवीन पहलें एवं नवाचार

- **स्मार्ट सिटी हेतु चयनित 100वाँ शहर :** शिलांग, 20 जून 2018 को चयनित किया गया है।

  नोट : जून-2015 में स्मार्ट सिटी योजना आवास एवं शहरी विकास मंत्रालय द्वारा प्रारम्भ की गयी है।
- **अफस्पा कानून 1958 से पूर्णतः मुक्त राज्य :** त्रिपुरा (मई-2015 में मुक्त), मेघालय (28 अप्रैल-2018 से मुक्त)
- **अधिकतम व न्यूनतम मातृत्व मृत्यु अनुपात वाले राज्य :**

  अधिकतम मातृत्व मृत्यु अनुपात : 1. असम, 2. उत्तरप्रदेश/उत्तराखण्ड, 3. राजस्थान, 4. उड़ीसा, 5. मध्य प्रदेश
  न्यूनतम मातृत्व मृत्यु अनुपात : 1. केरल, 2. महाराष्ट्र, 3. तमिलनाडु, 4. आंध्रप्रदेश, 5. तेलंगाना
- **देश का पहला अंतर्राष्ट्रीय प्राणी उद्यान :** उत्तराखण्ड राज्य के हल्द्वानी के गौलापार में 412 हेक्टेयर भूमि पर 500 करोड़ की लागत से देश का पहला अंतर्राष्ट्रीय प्राणी उद्यान तैयार किया जा रहा है। इस प्राणी उद्यान में दुनिया के अन्य देशों के विदेशी जीव जन्तु आकर्षण का केन्द्र होंगे तथा उद्यान में आधुनिक अस्पताल होंगे, जहाँ जानवरों के इलाज के साथ-साथ उनके सर्जरी की भी व्यवस्था होगी। साथ ही 5 एकड़ की भूमि पर कृत्रिम झील का निर्माण किया जायेगा। जैवविविधता पार्क, चिल्ड्रेन पार्क, जुरासिक पार्क, जॉगिंग पार्क, मोनोरेल व टॉय ट्रेन यहाँ का मुख्य आकर्षण होंगे।
- **देश का पहला शी-कॉरिडोर :** केरल की राजधानी तिरूअंनतपुरम के नगर निगम द्वारा गवर्नमेण्ट वीमन्स कॉलेज जंक्शन से सरकारी कोटनहिल गर्ल्स हायर सेकेण्डरी स्कूल के मध्य देश के पहले शी कॉरिडोर को तैयार किया जा रहा है।
- **देश का पहला आपदा चेतावनी प्रणाली तंत्र :** देश में अपने तरह की पहली सार्वजनिक चेतावनी प्रणाली है जिसमें सुनामी, चक्रवात आपदाओं की स्थिति में राज्य के मुख्यालय से 122 स्थानों पर स्थापित टावरों के माध्यम से तटीय क्षेत्रों को सूचना प्रदान की जायेगी। विश्व बैंक की सहायता से यह चेतावनी प्रणाली सबसे पहले उड़ीसा में स्थापित की जा रही है।
- **भारत की पहली आधुनिक फॉरेन्सिक लैब :**

  उद्देश्य : देश में यौन उत्पीड़न के लम्बित मामलों की फॉरेन्सिक डीएनए जांच में कमी से निपटने के उद्देश्य से इस प्रयोगशाला की स्थापना की जा रही है।

  स्थापना तिथि : 1 जून 2018 केन्द्रीय महिला एवं बाल विकास मंत्री द्वारा।

  स्थान : केन्द्रीय फॉरेन्सिक विज्ञान प्रयोगशाला चण्डीगढ़ के परिसर में स्थापित।

  नाम : सखी सुरक्षा आधुनिक डीएनए फॉरेन्सिक लैबोरेट्री।

  नोट : मुम्बई, चेन्नैई, गुवाहाटी, पुणे और भोपाल में आधुनिक फॉरेन्सिक लैब खोला जाना प्रस्तावित है।

- **देश का सबसे बड़ा तेल शोधक संयंत्र :**

  स्थापना : महाराष्ट्र के रत्नागिरी जिले के राजापुर तालुके के बाबुलवाड़ी में स्थापित।

  सहयोगी कम्पनियाँ : **IOC :** Indian Oil Corporation (50% हिस्सेदारी)

  BPCL : Bharat Petroleum Corporation Ltd. (25% हिस्सेदारी)

  HPCL : Hindustan Petrolium Corporation Ltd. (25% हिस्सेदारी)

  निवेश राशि : 40 बिलियन अमेरिकी डालर (3 लाख करोड़ रूपये)

  तेलशोधन क्षमता : 60 मिलियन मीट्रिक टन वार्षिक (6 करोड़ टन)

  कार्य प्रारम्भ : वर्ष 2022 तक तेलशोधन शाला के प्रारम्भ होने का अनुमान है।

  अन्य महत्वपूर्ण तथ्य

  - यह भारत के साथ-साथ विश्व की सबसे बड़ी रिफाइनरी होगी।
  - यह शोधन शाला, हरित परिष्करणशाला होगी।
  - इस परिष्करणशाला में पेट्रोल, डीजल, एलपीजी, हवार्ड ईंधन (AFT) और पेट्रोकेमिकल्स के ''फीड स्टाक'' का उपयोग प्लास्टिक, रसायन और कपड़ा उद्योग में कच्चे माल के रूप में किया जाएगा।

  नोटः वर्तमान में रिलायंस इंडस्ट्रीज लिमिटेड के स्वामित्व वाली गुजरात में स्थापित जामनगर रिफाइनरी भारत की सबसे बड़ी तेल परिष्करणशाला है।

- **देश की पहली पॉड टैक्सी 'मेट्रिनो' :** पॉड टैक्सी में छोटे-छोटे केबिन होते हैं, जिसमें चार से पांच सवारी बैठ सकती है। यह पॉड टैक्सी स्वचालित वाहन होती है जो एक अंतराल पर हवा में लटके हुए निर्देशित मार्ग पर डॉकिंग स्टेशन से गुजरते हैं। यह टैक्सी बिना पैट्रोल-डीजल के चलती है। इसकी सबसे बड़ी खासियत है कि इसे चलाने के लिए किसी ड्राइवर की जरूरत नहीं पड़ती है और टैक्सी में बैठे मुसाफिर इसमें लगे टच स्क्रीन पर केवल उस जगह का नाम टाइप करते हैं जहाँ उन्हें जाना है क्योंकि यह कम्प्यूटर प्रोग्राम के जरिये चलती है। तय स्टेशन आते ही टैक्सी रुक जाती है और दरवाजा अपने आप खुल जाता है।

  नोट : भारतीय राष्ट्रीय राजमार्ग प्राधिकरण ने देश की पहली पॉड टैक्सी जिसका **नाम 'मेट्रिनो'** है। दिल्ली-गुडगांव सीमा से बादशाहपुर मोड़ के बीच सोहना रोड तक जो 13 किलोमीटर लम्बा, पर चलाने का पायलट प्रोजेक्ट प्रारम्भ किया है।

- **वाहन ट्रैकिंग प्रणाली :** उ.प्र. राज्य सड़क परिवहन निगम, देश का पहला ऐसा परिवहन निगम है, जो अंतर-शहरी बस परिवहन के लिए **वाहन ट्रैकिंग प्रणाली** से युक्त है। इस प्रणाली के लागू होने से वाहन चालक, वाहन की गति सीमा के प्रति सावधानी रखता है, जिससे दुर्घटनाओं को कम करने में सहायता मिलती है।
- **देश का पहला रक्षा औद्योगिक पार्क :** ओट्टाप्पलम, केरल में स्थापित।
- **डाल्फिन सूचना केंद्र :** देश का सबसे बड़ा घड़ियाल अभ्यारण व चंबल घड़ियाल अभ्यारण में ही देश का पहला ''डाल्फिन सूचना केंद्र'' **भिंड के बरही घाट** पर बनाया जाएगा।
- **वाई-फाई मेट्रो शहर : कोलकाता** देश का पहला वाई-फाई सक्षम शहर बन गया। यह सेवा रिलायंस जियो उपलब्ध करा रहा है।
- **वाई-फाई सुविधा वाला पहला रेलवे स्टेशन : बंगलुरु सिटी रेलवे स्टेशन** को भारतीय रेलवे ने यह सुविधा **रेल टेल कार्पोरेशन ऑफ इंडिया की ब्रॉडबैण्ड डिस्ट्रीब्यूशन ईकाई ''रेलवायर''** के जरिये उपलब्ध करायी है।
- **देश का पहला पर्यटन विश्वविद्यालय :** नोएडा, उ.प्र. में।
- **राष्ट्रीय खेल विश्वविद्यालय की स्थापना :** थाउबल जिला, मणिपुर।

- **देश का पहला कोरल गार्डन :** कोरल प्रजातियों को संरक्षित करने और राज्य मे पर्यटन को बढ़ावा देने के उद्देश्य से **गुजरात में देवभूमि द्वारिका जिले के मीठापुर तटीय क्षेत्र** में देश का पहला **कोरल गार्डन बनाया** जायेगा।
- **सर्वाधिक SEZ वाले राज्य :** 1. तमिलनाडु (36), 2. महाराष्ट्र (25), 3. कर्नाटक (25), 4. तेलंगाना (24), 5. आंध्र प्रदेश (18)
- **विश्व का सबसे ऊँचा स्थलीय अनुसंधान केन्द्र :** डीआरडीओ ने **लद्दाख में पैगांग झील के पास चांगला** नामक स्थान पर 17,600 फीट की ऊँचाई में दुनिया का सबसे ऊँचा स्थलीय अनुसंधान केन्द्र स्थापित किया।
- **डायमंड पार्क :** इंगवासा गॉव, इंदौर, मध्य प्रदेश में PPP मॉडल के तहत स्थापित किया जा रहा है।
- **देश का पहला रेल एवं ट्रांसपोर्ट विश्वविद्यालय :** वडोदरा, गुजरात।
- **देश का ऐसा राज्य जो राज्यध्वज की मांग कर रहा है :** कर्नाटक
- **देश का पहला टाइगर रिजर्व जिसे सरकारी शुभंकर प्राप्त हुआ :** कान्हा टाइगर रिजर्व (म.प्र.), **शुभंकर का नाम :** भूरसिंह (यह एक बारहसिंगा है जो विलुप्त होने की कगार पर है, के संरक्षण के प्रति जागरूकता फैलाना के लिए इसे शुभंकर के रूप में लिया गया है)

  नोटः बारहसिंगा म.प्र. का राज्य पशु है। कान्हा टाइगर रिजर्व दुनिया का एक मात्र ऐसा स्थानहै जहाँ हिरणों की यह प्रजाति पायी जाती है। यह रिजर्व म.प्र. का सबसे बड़ा राष्ट्रीय उद्यान है जो 01 जून 1955 को बनाया गया था जबकि यह टाइगर रिजर्व 1973 में बना था। यहाँ बंगाल टाइगर, भारतीय तेंदुआ, आलसी भालू, बारहसिंगा और भारतीय जंगली कुत्तों की पर्याप्त आबादी है।
- **हैप्पिनेस डिपार्टमेण्ट गठन करने वाला देश का पहला राज्य :** आम लोगों के जीवन में खुशी लाने पर ध्यान केन्द्रित करने के लिए एक नये **आनंद विभाग** का गठन **म.प्र.** सरकार द्वारा जुलाई 2016 में किया गया, जिसका प्रभार मुख्यमंत्री शिवराज सिंह चौहान ने अपने पास रखा था।
- **देश का सबसे लम्बा पुल :** ढोला सदिया पुल (भूपेन हजारिका का पुल) **नदी :** ब्रह्मपुत्र की सहायक नदी लोहित नदी पर, असम से अरूणाचल प्रदेश को जोड़ने वाला, **कुल लम्बाई :** 9.15 किमी।
- **देश में इलेक्ट्रिक बस चलाने वाला पहला राज्य :** हिमाचल प्रदेश
- **देश की पहली ग्रीन फील्ड स्मार्ट सिटी :** राँची
- **ISO-9001 प्रमाण पत्र प्राप्त करने वाला देश का प्रथम पुलिस नियंत्रक कक्ष :** यूपी 100 का नियंत्रक कक्ष।
- **देश का पहला शौचमुक्त गांव :** नगला अकोली, एटा (उ.प्र.)
- **यूनेस्को की अमूर्त सांस्कृतिक धरोहर सूची :** 1. योग, 2. नौरोज, 3. कुम्भ मेला।

  नोटः महाकुम्भ का आयोजन 12 साल में होता है जबकि प्रयाग और हरिद्वार में प्रत्येक 6 साल बाद अर्द्धकुम्भ का आयोजन होता है। कुम्भ मेले का आयोजन- **इलाहाबाद (प्रयाग), उज्जैन, हरिद्वार** तथा **नासिक** में होता है।
- **जीरो हंगर प्रोग्राम शुरू करने वाले देश के तीन शहर :** 16 अक्टूबर को विश्व खाद्य दिवस (World Food Day) के अवसर पर कृषि क्षेत्र को बढ़ावा देने हेतु शून्य भुखमरी कार्यक्रम देश के तीन शहरों में शुरू किया गया। इस कार्यक्रम की शुरूआत गोरखपुर (उ.प्र.), कोरापुट (ओडिशा), थाणे (महाराष्ट्र) में हुई है।
- **सौर ऊर्जा से चालित देश की पहली ट्रेन :** देश की पहली सौर ऊर्जा से चालित ट्रेन दिल्ली के सफदरजंग स्टेशन से हरियाणा के फारूख नगर तक चलेगी।

  नोटः 1600 हॉर्स पॉवर की डीजल इलेक्ट्रिक मल्टिपल यूनिट (DEMU) ट्रेन बैटरी बैंक की विशिष्ट सुविधा से युक्त है। इस ट्रेन के डिब्बों में प्रकाश, पंखे और सूचना डिस्पले प्रणाली उनकी छतों पर लगे सौर पैनलों से संचालित होगी।

- **देश के सबसे पिछड़े जिले :** नीति आयोग द्वारा एक ऐसी सूची जारी की गयी जिसमें विकास के नजरिए से देश के सबसे पिछड़े जिलों का उल्लेख किया गया है:-

जिला	**राज्य**
नूहं (मेवात)	हरियाणा
आसिफाबाद	तेलंगाना
सिंगरौली	मध्यप्रदेश
किफिरे	नागालैण्ड

नोट: आयोग द्वारा ऐसी रैंकिंग का उद्देश्य इन जिलों में आपसी प्रतिस्पर्धा का माहौल बनाकर विकास के लिए प्रोत्साहित करना है। इसके लिए आयोग द्वारा शिक्षा, स्वास्थ्य एवं पोषण, कृषि, जल संसाधन, आधारभूत बुनियादी ढांचे, वित्तीय समावेशन तथा कौशल विकास क्षेत्रों के 49 विकास मानकों के आधार पर देश के 101 पिछड़े जिलों की रैंकिंग की गयी। सरकार ने इन जिलों को **आकांक्षापूर्ण जिले** (Aspirational Districts) का नाम दिया गया।

- **देश का पहला आल वुमेन स्टेशन :** जयपुर का गांधीनगर रेलवे स्टेशन। उत्तर पश्चिम रेलवे ने अनोखा प्रयोग करते हुए इस स्टेशन में स्टेशन मास्टर, इंजीनियर, मुख्य आरक्षण पर्यवेक्षेक, प्वांइट्स मैन और गेट मैन तक के सभी पदों पर महिलाओं को नियुक्त किया है।

- **देश का पहला ऊर्जा युक्त रेलवे स्टेशन :** दक्षिण मध्य रेलवे के तहत कार्यरत काचीगुडा रेलवे स्टेशन भारतीय रेलवे का पहला ऊर्जा-दक्ष ए-1 श्रेणी रेलवे स्टेशन होने का गौरव अर्जित किया है।

- **ग्रीन प्रमाण पत्र प्राप्त करने वाली पहली मेट्रो :** दिल्ली मेट्रो दुनिया की पहली ऐसी हरित मेट्रो है जिसने ग्रीन मेट्रो का प्रमाण पत्र प्राप्त किया। इसके लिए इसने कठिनतम प्लेटिनम रेटिंग प्राप्त की है।

  नोट: दिल्ली मेट्रो, एक वातानुकूलित और पर्यावरण अनुकूल मास रैपिड ट्रांसपोर्ट (MRT) प्रणाली से युक्त मेट्रो है।

- **भारत के खुले में शौच से मुक्त होने वाले राज्य :** भारत के अब तक 9 राज्य और 2 केन्द्र शासित प्रदेशों ने खुले में शौच से मुक्त होने की उपलब्धि हासिल की है-

  राज्य : 1. सिक्किम, 2. हिमाचल प्रदेश, 3. केरल, 4. हरियाणा, 5. उत्तराखण्ड, 6. छत्तीसगढ़, 7. अरूणाचल प्रदेश, 8. गुजरात, 9. मेघालय।

  केन्द्र शासित प्रदेश : 1. दमन और दीव, 2. चंडीगढ़

  नोट: खुले में शौच जाने वाले व्यक्तियों की आबादी 55 करोड़ थी जो जनवरी 2018 में घटकर 25 करोड़ हो गयी।

- **भारत का सबसे बड़ा तैरता हुआ सोलर प्लांट :** केरल के विद्युत मंत्री एम.एम. मणि द्वारा केरल के वायनाड जिले के बाणासुर सागर बांध में 500 किलोवाट की क्षमता वाले तैरते हुए सोलर पैनल का शुभारंभ किया गया। यह वर्ष भर में 7 लाख यूनिट बिजली पैदा करेगा।

  नोट: यह सौर संयत्र तिरूवनंतपुरम स्थित ऐड टेक सिस्टम्स द्वारा निर्मित किया गया है।

- **भारत का पहला विमानन विश्वविद्यालय :** रायबरेली जिल के फुर्सतगंज (रायबरेली और अमेठी के मध्य स्थित) में स्थापित किया गया है। राजीव गांधी राष्ट्रीय विमानन विश्वविद्यालय (Rajiv Gandhi National Aviation University) देश का पहला विमानन विश्वविद्यालय है।

- **यूनेस्कों की विश्व विरासत सूची में शामिल भारत का दूसरा शहर :** मुम्बई (4 जुलाई 2018)

  नोट : गुजरात का अहमदाबाद शहर विश्व विरासत सूची में शामिल होने वाला भारत का पहला शहर है।

- **यूनेस्कों की विश्व विरासत सूची में शामिल भारत का 37वॉ धरोहर स्थल : विक्टोरियल गोथिक** एवं आर्ट डेको मुम्बई (4 जुलाई 2018)

27. गोबर धन योजना (Galvanizing Organic Bio-Agro Resources - GOBAR)

प्रारम्भ : 1 मई, 2018 राष्ट्रीय डेयरी अनुसंधान संस्थान करनाल हरियाणा से।

उद्घाटन : उमा भारती (केन्द्रीय पेय जल एवं स्वच्छता मंत्री) व मनोहर लाल खट्टर (मुख्यमंत्री हरियाणा) द्वारा।

उद्देश्य : इस योजना के दो प्रमुख उद्देश्य हैं:-

(i) पशुओं और कृषि के ठोस अपशिष्ट पदार्थो का प्रयोग कर अतिरिक्त आय व ऊर्जा उत्पन्न करना।

(ii) गॉवों को स्वच्छ बनाना।

भारत में गोबरधन योजना का महत्व :

- वर्ष 2012 में की गई 19वीं पशुधन जनगणना के अनुसार भारत में मवेशियों की जनसंख्या 30 करोड़ है, जिससे देश में प्रतिदिन लगभग 30 लाख टन गोबर प्राप्त होता है।
- कुछ यूरोपीय देश (डेनमार्क, स्वीडन), चीन व आस्ट्रेलिया में पशुओं के गोबर और अन्य जैविक अपशिष्ट का उपयोग ऊर्जा के उत्पादन के लिये किया जाता हैं लेकिन भारत में इसकी पूर्ण क्षमता का उपयोग नहीं हो रहा है।
- यदि भारत में इस प्रकार का तंत्र स्थापित किया जाए तो भारत के ग्रामीण क्षेत्रों में गोबर की बड़ी मात्रा को धन और ऊर्जा में बदलकर कई लाभ उठाये जा सकते हैं, जैसे- किसानों की आय में वृद्धि, ग्रामीण स्वच्छता, ऊर्जा के लिये परम्परागत ईधन पर निर्भरता में कमी, आयात में कमी, विदेशी मुद्रा भण्डार सुरक्षित, ग्रामीण आधारभूत संरचना का विकास, उत्पादन लागत में कमी आने से लाभ में वृद्धि होगी।
- अंतर्राष्ट्रीय श्रम संगठन के अध्ययन के अनुसार, गोबर का सही तरीके से उपयोग राष्ट्रीय स्तर पर 15 लाख रोजगारों का सृजन कर सकता है।
- पशुपालकों की आय बढ़ाने से डेयरी उद्योग को संगठित उद्योग का दर्जा मिल सकता है।
- जीडीपी में कृषि व संबंधित क्षेत्र के योगदान में वृद्धि होगी।
- स्वच्छ भारत मिशन के लक्ष्य की प्राप्ति में सहायक।

महत्वपूर्ण तथ्य :

- गोबरधन योजना की सुचारू व्यवस्था के लिए एक ऑनलाइन ट्रेडिंग प्लेटफार्म भी बनाया जाएगा, जो किसानों को खरीददारों से कनेक्ट करेगा ताकि किसानों को गोबर और फसल अवशेषों के उचित दाम मिल सके।
- इस योजना के तहत कम्पोस्ट खाद्य, बायोगैस व बायो सीएनजी में गोबर व कृषि अपशिष्ट को परिवर्तित किया जायेगा।
- इस योजना की घोषणा बजट 2018-19 में की गयी थी।

चुनौतियाँ :

- गोबर व कृषि अवशिष्टों को एकत्रित करना।
- संयत्र आपरेटरों को गोबर व कृषि अपशिष्टों की नियमित आपूर्ति।

28. प्रधानमंत्री जन आरोग्य अभियान

- बजट 2018-19 में पहली बार घोषणा की गयी।
- 15 अगस्त, 2018 को लाल किले के प्राचीर से प्रधानमंत्री द्वारा घोषित।
- 25 सितम्बर, 2018 को पं. दीनदयाल उपाध्याय की 102वीं वर्ष गांठ में विश्व की सबसे बड़ी हेल्थ स्कीम की शुरूआत होगी।
- इस योजना को आयुष्मान भारत के स्थान पर नया नाम **''प्रधानमंत्री जन आरोग्य अभियान''** दिया गया है, जो एक पायलट प्रोजेक्ट के रूप में पहले चरण में 14 राज्यों के 106 जिलों में प्रारम्भ की जायेगी।

महत्वपूर्ण तथ्य :

- यह योजना देश के 10.74 करोड़ परिवार के लगभग 50 करोड़ लोगों को प्रति परिवार वार्षिक 5 लाख रूपये का स्वास्थ्य बीमा कवर देगी।
- अब किसी गरीब को पैसे के अभाव में इलाज से महरूम नहीं रहना पड़ेगा।
- इस योजना के कार्यान्वयन के लिए **1.5 लाख हेल्थकेयर सेंटर** और **अस्पताओं का चयन किया** जायेगा। इस तरह के केन्द्रों को विकसित और सक्रिय करने के लिए 1,200 करोड़ रूपये वर्ष 2018-19 के बजट में आवंटित किये गये हैं।
- यह योजना **राष्ट्रीय स्वास्थ्य बीमा योजना** और **वरिष्ठ नागरिक स्वास्थ्य बीमा योजना** जैसे केन्द्र प्रायोजित योजनाओं का स्थान लेगी।

लाभार्थी का चयनः

- **सामाजिक-आर्थिक जातिगत जनगणना** 2011 में पंजीकृत लोग ही इस योजना हेतु पात्र होंगे। साथ ही वही व्यक्ति इस योजना का लाभ उठा सकेंगे, जिनके पास वैद्य आधार कार्ड होगा।
- इस योजना में समाज के आर्थिक रूप से कमजोर और वंचित लोग ही इसके लाभार्थी होंगे। अधिकतम 5 सदस्यों वाले परिवारों को ही यह बीमा कवर प्रदान किया जाएगा।
- लाभार्थियों को अपने पंजीकृत मोबाइल नंबर को ही पहचान संख्या के रूप में प्रयोग करना होगा।

29. राष्ट्रीय खेल विश्वविद्यालय विधेयक, 2018

लोक सभा द्वारा मंजूरी : 3 अगस्त, 2018

राज्य सभा द्वारा मंजूरी : 9 अगस्त, 2018

महत्वपूर्ण तथ्य :

- मणिपुर में बनने वाले अपनी तरह के देश के इस पहले संस्थान में **खेल विज्ञान, खेल तकनीक, खेल प्रबंधन और खेल प्रशिक्षण** जैसे विषयों पर अध्ययन, अध्यापन और शोध किया जायेगा।
- यह संस्थान भारत को खेलकूद शक्ति बनाने में मील का पत्थर साबित होगा।
- इस राष्ट्रीय खेलकूद विश्वविद्यालय की स्थापना पर 524 करोड़ रूपए का व्यय किया जायेगा।
- इस विश्वविद्यालय का कुलपति किसी खिलाड़ी को ही बनाया जायेगा साथ ही इसमें पढ़ाने और प्रशिक्षण देने वाले अध्यापक/प्रशिक्षक भी खेल के क्षेत्र से ही होंगे।

नोटः

- अभी तक भारत में खेलों के प्रशिक्षण के संबंध में सिर्फ दो संस्थान कार्यरत हैं:-
  1. मध्य प्रदेश के ग्वालियर जिले में स्थित लक्ष्मीबाई राष्ट्रीय शारीरिक प्रशिक्षण संस्थान। यह संस्थान शारीरिक प्रशिक्षण में स्नातक और परस्नातक की डिग्री देता है।
  2. पटियाला स्थित नेताजी सुभाष राष्ट्रीय खेल संस्थान केवल एथलीटों और कोचों को प्रशिक्षण देने का कार्य करता है।
- भारत ने राष्ट्रीय खेलकूद विश्वविद्यालय के लिए विश्व स्तरीय पाठ्यक्रम, अनुसंधान सुविधाएं तथा प्रयोगशालाए तैयार करने के लिए आस्ट्रेलिया के कैनबरा विश्वविद्यालय और विक्टोरिया विश्वविद्यालय के साथ MOU पर हस्ताक्षर किया है।

अध्याय **2**

अंतर्राष्ट्रीय समसामयिकी

1. क्षेत्रीय व्यापार आर्थिक भागीदारी Regional Comprehensive Economic Partnership (RCEP)

RCEP क्या है? : यह 10 आसियान व 6 अन्य देशों के मध्य एक मुक्त व्यापार समझौता है। वर्ष 2012 में आसियान सम्मेलन (कम्बोडिया) में इसकी घोषणा की गयी थी तथा वर्ष 2018 में इस समझौते पर सहमति का लक्ष्य रखा गया था। इस समझौते का सर्वाधिक समर्थन चीन कर रहा है।

RCEP में शामिल कुल देश : आसियान 10 (ब्रुनेई, कंबोडिया, इंडोनेशिया, लाओस, मलेशिया, म्यांमार, फिलीपींस, सिंगापुर, विएतनाम, थाइलैंड) + 6 (चीन, आस्ट्रेलिया, न्यूजीलैंड, जापान, द. कोरिया, भारत)

RCEP एक दृष्टि में :

RCEP का वैश्विक जनसंख्या में हिस्सा	45%
RCEP का विश्व जीडीपी में हिस्सा	40%
RCEP का वैश्विक व्यापार में हिस्सा	30%
RCEP का वैश्विक निर्यात में हिस्सा	25%
RCEP का वैश्विक FDI में हिस्सा	15%

2. अन्तर्राष्ट्रीय प्रवासी स्टॉक रिपोर्ट 2019 (International Migrant Stock Report 2019)

तिथि : 17 सितम्बर, 2019

जारी कर्ता : संयुक्त राष्ट्र के आर्थिक और सामाजिक मामलों के विभाग के जनसंख्या प्रभाग (Population Division) द्वारा।

विषय : द इण्टरनैशनल माइग्रेण्ट स्टॉक 2019

महत्वपूर्ण तथ्य : **वे देश जहाँ सर्वाधिक अन्तर्राष्ट्रीय प्रवासी रहते हैं:**

देश	संख्या
अमेरिका	51 मिलियन
जर्मनी	13 मिलियन
सऊदी अरब	13 मिलियन

रूसी संघ	12 मिलियन
यूके	10 मिलियन
यूएई	9 मिलियन
फ्रांस	8 मिलियन
कनाडा	8 मिलियन
आस्ट्रेलिया	8 मिलियन
इटली	6 मिलियन
कुल	**138 मिलियन (13.08 करोड़)**

- वर्ष 2019 में 272 (27.2 करोड़) मिलियन प्रवासी विश्व के विभिन्न देशों में निवास करते है जिनका 50% इन 10 देशों में रहते हैं।
- 27.2 करोड़ प्रवासी कुल वैश्विक जनसंख्या का 3.5% है।

सर्वाधिक प्रवासी उत्पन्न करने वाले देश:

देश	**संख्या**
भारत	18 मिलियन
मैक्सिको	12 मिलियन
चीन	11 मिलियन
रूसीसंघ	10 मिलियन
सीरिया	8 मिलियन

क्षेत्रवार प्रवासियों के रहने वाले शीर्ष स्थान

क्षेत्र		**प्रवासियों का %**
ओशेनिया (आस्ट्रेलिया व न्यूजीलैण्ड)	:	21.2
उत्तरी अमेरिका	:	16.0
		37.2

क्षेत्रवार प्रवासियों के रहने वाले न्यून स्थान

क्षेत्र	**प्रवासियों का %**
लैटिन अमेरिका और कैरेबियन देश	1.8
मध्य और दक्षिणी एशिया	1.0
पूर्वी व दक्षिण-पूर्वी एशिया	0.8

भारत व प्रवासी :
- सम्पूर्ण विश्व के विभिन्न देशों में 27.2 करोड़ प्रवासी रहते हैं, जिसमें से 1.75 करोड़ प्रवासी भारतीय है, जो विश्व के विभिन्न देशों में रहते हैं। यह कुल प्रवासी आबादी का 6.43% है।
- भारत में कुल 51 लाख अन्तर्राष्ट्रीय प्रवासी रहते हैं, जिसमें से 2.07 लाख शरणार्थी है। जो कुल अन्तर्राष्ट्रीय प्रवासियों का 4% है।
- भारत में सर्वाधिक शरणार्थी बांग्लादेश, पाकिस्तान और नेपाल से आये हैं।

3. डिफर्ड एक्शन फॉर चाइल्ड एराइवल (DACA)

1. DACA का अर्थ

यह एक माफी स्कीम है, जिसे अमेरिका के पूर्व राष्ट्रपति बराक ओबामा द्वारा वर्ष 2012 में शुरू किया गया था। यह स्कीम बचपन में अमेरिका आए दस्तावेज के बिना रहने वाले युवाओं को देश में रहने की इजाजत देता है तथा उन प्रवासी लोगों को वर्क परमिट दिया जाता है। DACA के तहत आने वाले युवा प्रवासियों को 'ड्रीमर्स' कहा जाता है।

चर्चा में आने का कारण : 07 सितम्बर 2017 को अमेरिका के राष्ट्रपति डोनाल्ड ट्रंप द्वारा DACA योजना को समाप्त कर दिया गया।

DACA के लिए नये प्रावधान :

- जो युवा प्रवासी DACA स्कीम में रजिस्टर्ड है वो परमिट की समयावधि खत्म होने तक अमेरिका में रह सकते हैं।
- यदि उनका परमिट 5 मार्च, 2018 से पहले समाप्त होता है, तो वे 2 साल के लिये रिन्यू करवा सकते हैं और उन्हें ये रिन्यू 5 अक्टूबर, 2018 से पहले करवाना होगा।
- यदि किसी का परमिट 5 मार्च, 2018 के बाद खत्म होता है, तो उन्हें रिन्यू नहीं किया जाएगा। ऐसे में उन्हें वापस भेजा जा सकता है।
- जिन लोगों ने 5 अक्टूबर, 2018 तक अपना परमिट रिन्यू करने के लिए एप्लाई नहीं किया उन्हें रिन्यूअल का फायदा नहीं मिलेगा, उन्हें भी वापस भेजा जा सकता है।

अमेरिका का ऐसा करने के पीछे कारण : एटार्नी जनरल जेफ सेशन ने इस स्कीम को समाप्त करने के समय जो कारण बताये वो निम्नवत् हैं:-

- देश हित की रक्षा के नाम पर ये स्कीम समाप्त करने की आवश्यकता है। हम हर किसी को अमेरिका में जगह नही दे सकते।
- पुरानी स्कीम एक ओपन बॉर्डर पालिसी थी, अमेरिकी लोगों ने उसे रिजेक्ट कर बिल्कुल अच्छा किया।
- DACA एक अवैध स्कीम है।

वैश्विक प्रभाव :

- DACA के रद्द हो जाने पर अमेरिका में रह रहे करीब 8 लाख कर्मचारी प्रभावित होंगे।
- ट्रंप सरकार के इस विवादित फैसले से 7 हजार से ज्यादा भारतीय-अमेरिकी प्रभावित होंगे।
- एक अनुमान के मुताबिक ऐसे भारतीयों की तादाद 20 हजार से भी अधिक हो सकती है।
- DACA के रद्द होने से अमेरिका प्रथम की नीति को बल मिलेगा।
- यह निर्णय विश्व के अन्य देशों को प्रवासियों के सन्दर्भ में नये नियम बनाने के लिये प्रेरित करेगा।
- अमेरिका की कम्पनियों में कार्य कर रहे ऐसे लोगों, जो मूलतः अमेरिका के नहीं है, उनसे रोजगार तो छिनेगा ही, कंपनियों के आय-व्यय भी प्रभावित होंगे।
- अमेरिका की दिग्गज आईटी कंपनियों जैसे-गूगल, एपल और माइक्रोसाफ्ट कंपनियों ने ट्रम्प सरकार के फैसले के विरूद्ध अपने कर्मचारियों के साथ खड़े नजर आ रहे हैं। यह निर्णय राजनैतिक बनाम आर्थिक हो सकता है।

2. यूरेनियम बैंक

तिथि : 29 अगस्त, 2017 को वैश्विक परमाणु निगरानी संस्था IAEA द्वारा स्थापित।

स्थान : कजाखस्तान

उद्देश्य : यह बैंक निम्न संवर्धित यूरेनियम (Low Enriched Uranium) की आपूर्ति को सुचारू रखने के उद्देश्य से शुरू किया गया है। अर्थात् इस यूरेनियम बैंक का उद्देश्य विश्व के विभिन्न देशों को किसी भी कारण उत्पन्न हुई बाधा के बावजूद परमाणु ईंधन की आपूर्ति सुनिश्चित कराना है।

निम्न संवर्धित यूरेनियम (LEU) : निम्न संवर्धित यूरेनियम, लाइट वाटर न्यूक्लियर रिएक्टरों में प्रयुक्त की जाने वाली ईंधन सामग्री है, जिससे बिजली उत्पन्न की जाती है। यह आमतौर पर खुले बाजार या देशों के मध्य द्विपक्षीय समझौते के तहत खरीदा जाता है।

बैंक की स्थापना में सहयोगी देश : इस परियोजना हेतु अमेरिका, यूरोपीय संघ के दो दर्जन से अधिक देश, कुवैत, संयुक्त अरब अमीरात एवं नार्वे द्वारा वित्तीय सहायता प्रदान की गई है।

यूरेनियम बैंक का महत्व :

- IAEA के अनुसार यह बैंक उन स्थितियों के लिए है, जिसमें संयुक्त राष्ट्र संघ का कोई सदस्य देश किसी कारण से परमाणु ईंधन प्राप्त न कर पाने की स्थिति में बिजली उत्पादन संयंत्रों को "LEU" की अनुपलब्धता के चलते नकारात्मक रूप से प्रभावित होना पड़े।
- इस बैंक में 90 टन LEU का भण्डारण किया जाएगा। हॉलाकि वैश्विक उपयोग के लिहाज से 90 टन का रिजर्व कम है, परन्तु इतने रिजर्व से किसी बड़े शहर के लिए 3 साल तक बिजली पैदा की जा सकती है।

IAEA पर एक नजर : अंतर्राष्ट्रीय परमाणु ऊर्जा एजेंसी (IAEA) एक स्वायत्त वैश्विक संस्था है, जिसका उद्देश्य विश्व में परमाणु ऊर्जा का शांतिपूर्ण उपयोग सुनिश्चित करना है। परमाणु ऊर्जा के सैन्य उपयोग को किसी भी प्रकार से रोकना, इस संगठन का मुख्य कार्य है। इस संस्था का गठन 29 जुलाई, 1957 को हुआ था। इसका मुख्यालय वियना, आस्ट्रिया में है। संस्था ने वर्ष 1986 में रूस के चेर्नोबिल में हुई नाभिकीय दुर्घटना के बाद अपने नाभिकीय सुरक्षा कार्यक्रम को विस्तार प्रदान किया।

नोट : IAEA प्रत्यक्ष रूप से संयुक्त राष्ट्र संघ के अधीन नही है, लेकिन यह संयुक्त राष्ट्र महासभा और सुरक्षा परिषद को अपनी रिपोर्ट देता है।

3. वेनेजुएला संकट

- वेनेजुएलाः एक परिचय
- संकट की पृष्ठभूमि
- स्थिति को नियंत्रित करने के उपाय
- निष्कर्ष

वेनेजुएला एक परिचयः

महाद्वीप : दक्षिण अमेरिका महाद्वीप के उत्तर में स्थित

सीमा स्पर्श करने वाले देश : इसके पूर्व में गुयाना, पश्चिम में कोलम्बिया तथा दक्षिण में ब्राजील है। इसके उत्तर में कैरेबियन द्वीप समूह एवम् उत्तर पूर्व में अट्लांटिक महासागर है।

भाषा : स्पेनिश

सरकार : फेडरल प्रेसिडेन्शियल कान्सीट्यूशनल रिपब्लिक

मुद्रा	:	बोलिवर
केन्द्रीय बैंक	:	सेन्ट्रल बैंक ऑफ वेनेजुएला
संकट की पृष्ठभूमि	:	कच्चे तेल से संपन्न दक्षिण अमेरिकी देश वेनेजुएला वर्तमान में भयावह आर्थिक संकट का सामना कर रहा है। इस आर्थिक संकट की पृष्ठभूमि तैयार करने में दो कारक महत्वपूर्ण है- 1. राजनैतिक कारक व 2. आर्थिक कारक

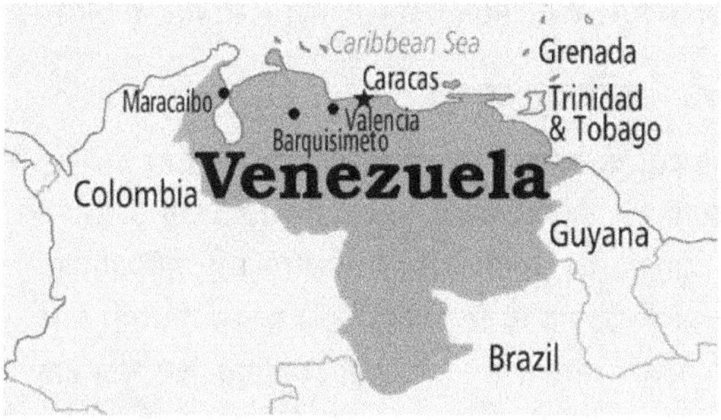

वेनेजुएला संकट के राजनैतिक कारक

मार्च 2013 में राष्ट्रपति ह्यूगो चावेज की मृत्यु के बाद उनके उत्तराधिकारी निकोलस मादुरो मोरोस राष्ट्रपति बने और उनकी खराब नीतियों के चलते धीरे-धीरे वेनेजुएला राजनीतिक संकट में फंसता चला गया।

राष्ट्रपति मदूरो की दोषपूर्ण नीतियाँ:

- फरवरी-मार्च, 2014 में वेनेजुएला के पश्चिमी राज्यों **ताचिरा** और **मेरिडा** में खराब सुरक्षा व्यवस्था को लेकर आम जनता ने सरकार विरोधी प्रदर्शन प्रारम्भ किया। यह प्रदर्शन राजधानी कराकास तक पहुँच गया।
- नवम्बर, 2014 में तेल की कीमतें 4 साल के सबसे कम स्तर तक पहुंचने के कारण सरकार ने सार्वजनिक खर्च में कटौती की घोषणा कर दी। यह घोषणा आम जनता के आर्थिक हितों के अतिक्रमण का फैसला साबित हुई।
- जनवरी, 2016 में मादुरो सरकार ने 60 दिनों के आर्थिक आपातकाल की घोषणा की।
- निकोलस मदूरो द्वारा मादुरो का अवमूल्यन किया गया परिणामत: दशकों बाद पहली बार वेनेजुएला में पेट्रोल के दामों में बढ़ोत्तरी हो गयी।
- वर्ष 2016 के अंत में सरकार ने दो बड़े फैसले लिये **पहला** वेनेजुएला की सबसे बड़े मूल्य की मुद्रा का विमुद्रीकरण किया ताकि खाद्य व दूसरी बुनियादी चीजों की कमी और तस्करी की समस्या से निपटा जा सके और **दूसरा** 500 से लेकर 20 हजार मूल्य के नये नोट छापकर आम जनता को मुद्रास्फीति से बचाने का प्रयास किया, जबकि इस फैसले से अर्थव्यवस्था में नकदी आने से मांग और पूर्ति के मध्य का अंतर और गहरा गया। एक अनुमान के अनुसार वेनेजुएला में मुद्रास्फीति की दर तीन अंकीय है।
- 29 मार्च, 2017 को सरकार नियंत्रित सुप्रीम कोर्ट द्वारा नेशनल असेम्बली की शक्तियों में कटौती से संबंधित निर्णय लिया गया ताकि विपक्ष के प्रभाव वाली नेशनल असेम्बली के अधिकारों में कटौती की जा सके और मदूरो सरकार को शासन चलाने के लिये कोई चुनौती उत्पन्न न हो सके।
- 1 अप्रैल, 2017 में विश्व भर के कड़े विरोध एवं आन्तरिक हिंसक प्रदर्शन के चलते सुप्रीम कोर्ट ने नेशनल असेम्बली से संबंधित निर्णय वापस ले लिया।
- संविधान संशोधन हेतु पीठ के गठन का अधिकार प्राप्त करने के लिए निकोलस मादुरो द्वारा 30 जुलाई, 2017 को नेशनल असेम्बली के चुनाव आयोजित कराए जिसमें राष्ट्रपति मदूरो की जीत हुई परन्तु चुनाव परिणामों की घोषणा के बाद यह दावा किया गया कि मतगणना मदूरों के पक्ष में करवाई गयी है। परिणामत: वेनेजुएला में विपक्ष ने इस चुनाव को मानने से इंकार कर दिया और अपना विरोध जारी रखा।

- मतदान के दिन व्यापक हिंसा और विरोध प्रदर्शन हुए जिसमें दर्जन भर लोगों की मृत्यु हो गई।
- जब नवनिर्वाचित नेशनल असेम्बली द्वारा 4 अगस्त, 2017 को शपथ ली गई उस वक्त 44 देशों ने इसे मान्यता प्रदान करने से मना कर दिया, जिसमें प्रमुख थे, अमेरीका, मेक्सिको, ब्राजील, यूरोपीय संघ, चिली। अमेरिकी राष्ट्रपति डोनाल्ड ट्रंप ने तो राष्ट्रपति निकोलस मदूरो को तानाशाह बताते हुए उन पर प्रतिबन्ध लगाने की घोषणा कर दी। इसके बाद 11 अगस्त, 2017 को अमेरिकी राष्ट्रपति ने वेनेजुएला पर हमले की चेतावनी दे डाली।

  नोटः 6 देशों मुख्य रूप से रूस, इरान, चीन ने मादुरो सरकार का समर्थन किया है।

वेनेजुएला संकट के आर्थिक कारक

IMF के हाल ही के आकड़ों के अनुसार वेनेजुएला की मुद्रास्फीति दर 482%, बेरोजगारी की दर 17% तथा विकास दर दुनिया की सबसे खराब-8% है। यह स्थिति तब से प्रारम्भ हुई जब अन्तर्राष्ट्रीय बाजारों में कच्चे तेल के मूल्य औंधे मुंह गिर पड़े, चूंकि वेनेजुएला, तेल पर आधारित अर्थव्यवस्था है, परिणामस्वरूप तेल के निर्यात से प्राप्त होने वाली आय, मूलभूत खाद्य पदार्थों के आयात के लिये कम पड़नी प्रारम्भ हो गयी। इसके बाद लगातार महंगाई बढ़ती गई तथा अर्थव्यवस्था की रीढ़ माने जाने वाले तेल का उत्पादन दिन-प्रति-दिन कम होता गया। मदूरों ने आर्थिक आपातकाल, मुद्रा का अवमूल्यन तथा नोटबन्दी जैसे कई आर्थिक एक्सपैरीमेन्ट किये परन्तु अर्थव्यवस्था पटरी पर नहीं लौट पायी।

- पूर्व में वेनेजुएला की अर्थव्यवस्था में भारी मात्रा में सामाजिक क्षेत्र में खर्च किया जाता था, ताकि गरीबी, शिक्षा और बुनियादी जरूरतों को पूरा किया जा सके, इसके लिये सरकार लाभ में चल रही तेल कंपनियों से भारी मात्रा में राजस्व प्राप्त करती थी और कई तेल कंपनियों का राष्ट्रीयकरण कर, सम्पूर्ण राजस्व प्राप्त करती थी। तेल की कीमतें जब तक बढ़ती रही तब तक तो सब ठीक रहा लेकिन अंतर्राष्ट्रीय बाजार में तेल की गिरती कीमतों ने, वेनेजुएला की अर्थव्यवस्था को अर्श से फर्श पर ला दिया।
- यहाँ एक और बात स्पष्ट किया जाना आवश्यक है कि वेनेजुएला की अर्थव्यवस्था की आय का 90 प्रतिशत तेल के निर्यात से प्राप्त होता है, उसके पास कोई अन्य क्षेत्र इतना विकसित नहीं, जो उसके विदेशी मुद्रा भण्डार को बढ़ाने में सहयोग दे। वर्ष 2011 में वेनेजुएला का विदेशी मुद्रा भण्डार 30 अरब डालर था, 2015 में 20 अरब डालर और जुलाई, 2017 में विदेशी मुद्रा भण्डार अब तक के निम्नतम स्तर पर 9.9 अरब डालर का हो गया। विदेशी मुद्रा भण्डार में आयी कमी के चलते, वेनेजुएला की अर्थव्यवस्था में चालू खाते के घाटे और व्यापार शेष नकारात्मक हाते गये और वेनेजुएला का संकट राजनीतिक-आर्थिक संकट के चलते भीषण जन-विरोध हिंसा और सरकार की खराब नीतियों का पर्याय बन गया।

4. कैटालोनिया संघर्ष

- कैटालोनिया की पृष्ठभूमि
- कैटालोनिया का इतिहास
- कैटालोनिया का चर्चा में आने का प्रमुख कारण
- स्पेन की सरकार का पक्ष
- स्वतंत्रता की मांग के प्रमुख कारण
- स्वतंत्रता के पश्चात कैटालोनिया का भविष्य
- निष्कर्ष

कैटालोनिया की पृष्ठभूमि

भौगोलिक स्थिति : स्पेन के उत्तर पूर्व में स्थित दूसरा सबसे बड़ा तटवर्ती राज्य जिसके उत्तर में फ्रांस, पश्चिम में ऐरागाँन प्रांत एवं पूर्व में भूमध्यसागर अवस्थिति है।

क्षेत्रफल : 32,114 वर्ग किलोमीटर (स्पेन के क्षेत्र का 6.3%)

प्रान्त : 4 (1. बार्सिलोना, 2. गिरोना, 3. लेरेदा, 4. तर्रगोना)

जनसंख्या : 74 लाख (स्पेन की जनसंख्या का 16% है)

धर्म : कैथोलिक इसाइयों का केन्द्र

भाषा : कैटसन, स्पेनी, आरानेस

राष्ट्रीय दिवस : 11 सितम्बर

मुख्य त्यौहार : सेण्ट जार्ज डे (23 अप्रैल)

अन्य महत्वपूर्ण तथ्य :
- कैटालोनिया स्पेन का सर्वाधिक सम्पन्न और दूसरा सबसे बड़ा प्रदेश है।
- स्पेन के सकल घरेलू उत्पाद में कैटालोनिया का योगदान 20% के बराबर है।
- यहाँ बेरोजगारी भी स्पेन के अन्य प्रदेशों की तुलना में कम है, जबकि प्रतिव्यक्ति आय के मामले में कैटालोनिया स्पेन के दूसरे राज्यों से अधिक संपन्न है।

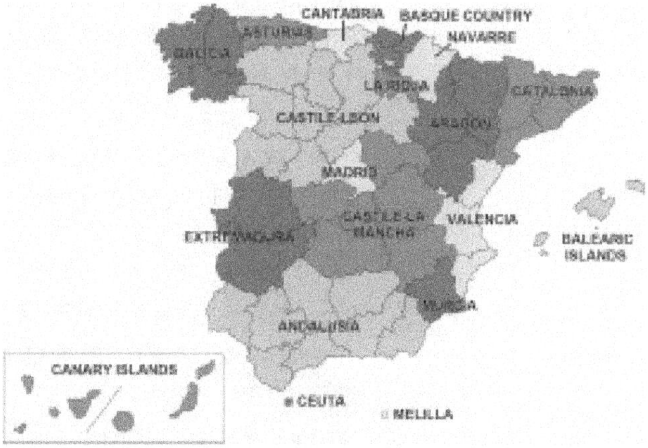

कैटालोनिया का इतिहास : कैटालोनिया का एक विशिष्ट क्षेत्र के रूप में इतिहास एक हजार साल का है। स्पेनिश गृह युद्ध से पहले वह पूरी तरह से स्वतंत्र क्षेत्र था, लेकिन यह स्वायत्ता अर्थात् स्थानीय स्वशासन का अधिकार 1939 से 1975 तक जनरल फ्रांसिस्कों फ्रेंको की तानाशाही के चलते समाप्त हो गया था। उसके बाद जब फ्रांसिस्को का निधन हो गया तो कैटालोनिया का अपने क्षेत्र पर स्थानीय स्वशासन का अधिकार फिर से कायम हो गया परन्तु 1978 में स्पेन में संविधान लागू हो जाने के बाद, उत्तर-पूर्वी क्षेत्र ने फिर से पूर्ण स्वायत्ता प्राप्त करने की मांग प्रबल कर दी।

कैटालोनिया का चर्चा में आने का प्रमुख कारण : कैटालोनिया की क्षेत्रीय सकार ने स्पेन से आजादी पर सवाल के जवाब के लिए 1 अक्टूबर, 2017 को जनमत संग्रह कराया। इस जनमत संग्रह में वहाँ के 5.3 मिलियन पंजीकृत मतदाताओं की संख्या में 90% मतदाताओं ने कैटालोनिया की आजादी के पक्ष में अपना मत डाला, 8% मतदाताओं ने आजादी को खारिज कर दिया। बहुमत ''हाँ'' में होने के कारण कैटालोनिया की स्थानीय सरकार ने स्वयं को स्पेन से स्वतंत्र घोषित कर दिया। परन्तु स्पेन की सरकार ने कैटालोनिया की इस घोषणा को एक तरफा बताकर नकार दिया। इस जनमत संग्रह के दौरान स्पेनिश पुलिस की कार्यवाही से लगभग 800 से ज्यादा लोग घायल हो गये।

स्पेन की सरकार का पक्ष : कैटालोनिया की प्रादेशिक सरकार ने 6 सितम्बर को एक शासकीय आदेश जारी किया। आदेश में कहा गया था कि 1 अक्टूबर, 2017 को प्रदेश भर में लोगों की राय को जानने के लिए जनमत संग्रह करवाया जाएगा कि- ''क्या कैटालोनिया को स्पेन से अलग व स्वतंत्र राज्य होना चाहिए या नहीं?'' आदेश में यह भी कहा गया कि जनमत संग्रह का परिणाम चाहे जो भी आए कैटालोनिया सरकार उस से बंधी होगी। अगर जनमत संग्रह में जनता

की राय स्पेन से अलग होने के पक्ष में आती है तो कैटोलोनिया सरकार 48 घंटे के भीतर ही यानी 3 अक्टूबर तक कैटालोनिया को स्वतंत्र राज्य घोषित कर देगी। मैड्रेड (स्पेन की राधानी) स्थित स्पेन के सर्वोच्च न्यायालय ने कैटालोनिया सरकार के शासकीय आदेश को इस आधार पर अवैध घोषित कर दिया कि वर्ष 1978 में लागू स्पेन का संविधान देश की अखंडता को अक्षुण्ण बनाए रखने के लिए प्रतिबद्ध है अर्थात् स्पेन की शासन व्यवस्था और वहाॅ का संविधान इकाइयों को संघ से अलग होने की इजाजत नहीं देता। इस आधार पर कैटोलोनिया का शासकीय अध्यादेश व जनमत संग्रह दोनों ही निराधार हो जाते हैं।

कैटालोनिया की स्वतंत्र राज्य बनने की मांग के प्रमुख कारक : कैटालोनिया के लोग स्पेन से अलग क्यों होना चाहते हैं। इसके कुछ कारण स्पेन व कैटालोनिया के इतिहास में छिपे हैं, तो कुछ कारण मौजूदा प्रशासनिक व राजव्यवस्था में दिखाई देते हैं, जो निम्नवत् हैं:-

- इतिहास में एक समय ऐसा था जब कैटालोनिया के लोग एक स्वतंत्र देश के नागरिक के रूप में रहते थे, स्वतंत्र देश के नागरिक के रूप में जिन सुखसुविधाओं का उपभोग उनके पुरखों ने किया, आज के कैटोलोनियन नागरिक भी उन सुविधाओं का उपभोग करना चाहते हैं।
- यहाॅ के लोग अपनी भाषा, परम्परा, त्यौहार व अपनी संस्कृति से बेहद प्रेम करते हैं, ऐसे में जब-जब उनकी स्वतंत्रता को छीना गया तब-तब उनकी भाषा और संस्कृति का गलाघोंटा गया। अपनी भाषा और संस्कृति से छेड़-छाड़ अब कैटोलोनिया के नागरिकों को बर्दाश्त नहीं है। उनका मानना है कि सांस्कृतिक रूप से कैटालोनिया के लोग, स्पेन से अलग अपनी पहचान रखते है, उनका एक प्रचलित नारा है-**कैटालोनिया, स्पेन नही है।**
- 1939 से 1975 के जनरल फ्रांसिस्को फ्रेंको के तानाशाही शासन काल में स्पेन के कोने-कोने से 20 लाख से अधिक लोगों को कैटोलोनिया की भूमि में बसाया गया था। आज वही लोग उनकी स्वतंत्रता का विरोध कर रहे हैं।
- वर्ष 2006 में स्पेन में सोशलिस्ट पार्टी की सरकार के समय एक नया स्वायत्त समझौता हुआ। इस समझौते के तहत कैटालोनियों को एक स्वायत्तशासी प्रदेश घोषित किया जाना था। सब कुछ तय होने के बाद इस समझौते को स्पेन की वर्तमान अनुदारवादी पार्टी पॉपुलर जनता पार्टी ने समझौते को अदालत में चुनौती दी परिणामतः स्पेन के सर्वोच्च न्यायालय ने स्पेन के संविधान की व्याख्या करते हुए स्पष्ट किया कि स्पेन का संविधान प्रान्तों को संघ से अलग होने की इजाजत नहीं देता। इस आधार पर कैटालोनिया को स्वतंत्र राज्य बनाने की मांग असंवैधानिक है। इस फैसले से कैटालोनिया की जनता की भावनाएं आहत हुई वह स्वयं का ठगा हुआ मानती है।
- यह कारण कैटोलोनिया के नागरिकों की रोजी-रोटी से जुड़ा है। यूरो मुद्रा वाले देशों में यूनान के बाद अब स्पेन एक ऐसा देश है, जो आर्थिक दीवालियापन के नजदीक है आर्थिक मंदी से उबरने के लिए स्पेन सरकार ने सार्वजनिक खर्चों में कटौती कर दी है। इस निर्णय से कैटालोनिया जैसे उच्च्व आर्थिक स्थिति व खुशहाल प्रदेश प्रभावित हुए हैं क्योंकि उनका मानना है कि वे करों की हिस्सेदारी में बहुत बड़े हिस्से का योगदान करते है, जबकि उनको मिलने वाली वित्तीय सहायता बहुत कम है अर्थात् वे अपनी वित्तीय हिस्सेदारी को स्पेन के अन्य प्रदेशों के साथ बांटने के लिए तैयार नहीं है।
- कैटालोनिया के लोगों का मानना है कि स्पेन की सरकार कैटेलोनिया के संसाधनों का उपयोग तो कराती हैं पर उसकी तुलना में कैटालोनिया क्षेत्र में निवेश तथा विकास नहीं करती हैं। इसके कारण यहाॅ के लोगों में **मैड्रेड हमें लूट रहा है,** की भावना जोर पकड़ रही है।

स्वतंत्रता के पश्चात कैटालोनिया का भविष्य : कैटालोनिया सरकार द्वारा स्वतंत्रता के लिए कराए गए जनमत संग्रह के पश्चात् सबसे बड़ा प्रश्न यह उभरकर आता है कि अगर कैटालोनिया, स्पेन से स्वतंत्र हो जाता है तो उसका भविष्य क्या होगा? विश्व समुदाय में वह अपने आप को कैसे स्थापित करेगा? कैटालोनिया के पास अपना राष्ट्रीय झण्डा, संसद, पुलिस, शिक्षा प्रणाली के साथ-साथ प्रसारण का अधिकार है, परन्तु कई अन्य तत्व जो किसी भी राष्ट्र की स्वतंत्रता के लिए आवश्यक होते हैं, जैसे-राष्ट्रीय बैंक, सेना, विमानन, बिजली, टेलीफोन एवं गैस वितरण की अपनी व्यवस्था नहीं है, इसके लिए वह स्पेन पर निर्भर है।

निष्कर्ष : जनमत को ध्यान में रख कर कैटालोनिया और स्पेन की सरकार को शांतिपूर्ण वार्ता करके इस विवाद का हल निकालना होगा। जनमत को दबाने की कोशिश हिंसा का रूप ग्रहण कर सकती है। इसलिए सुप्रीम कोर्ट को भी इस विवाद को सुलझाने में महत्वपूर्ण भूमिका निभानी होगी।

5. प्रमुख अन्तर्राष्ट्रीय संगठनः एक दृष्टि में

(i) ब्रिक्स : एक परिचय

संकल्पना : सर्वप्रथम वर्ष 2001 में गोल्डमैन सैश समूह के मुख्य अर्थशास्त्री जिम-ओ-नील ने पश्चिमी देशों को चुनौती देने की क्षमता रखने वाले देशों ब्राजील, रूस, भारत और चीन की उभरती हुई अर्थव्यवस्था के लिए "BRIC" शब्द का प्रयोग किया था।

स्थापना : 21वीं शताब्दी के पहले दशक के अन्त में परम्परागत विकसित देश वैश्विक वित्तीय संकट से ग्रसित हो गए वहीं दूसरी ओर विश्व के विकासशील देशों ने इस दशक में उल्लेखनीय आर्थिक प्रगति दर्ज की। वर्ष 2009 में ऐसे ही चार देशों– ब्राजील, रूस, भारत व चीन ने एक नए आर्थिक संगठन "BRIC" की स्थापना की थी। ब्रिक की स्थापना इन चार देशों के प्रथम शिखर सम्मलेन 16 जून 2009 को रूस के शहर में येकाटेरिनबर्ग में सम्पन्न हुआ था।

उद्देश्य : अमेरिका व उसके यूरोपीय सहयोगियों के प्रभुत्व वाली वर्तमान वैश्विक व्यवस्था के स्थान पर बहु ध्रुवीय वैश्विक व्यवस्था की स्थापना।

नये सदस्य :
- वर्ष 2009 व वर्ष 2010 तक यह समूह 4 देशों का संगठन था।
- वर्ष 2011 में दक्षिण अफ्रीका ने सदस्य के रूप में इस समूह के सम्मेलन में भाग लिया। इस प्रकार ब्रिक, "BRICS" में परिवर्तित हो गया।

ब्रिक्स समूह की संज्ञा : यह समूह विश्व की सबसे तेजी से उभरती अर्थव्यवस्था का समूह है।

वैश्विक भागीदारी :

आधार		वैश्विक भागीदारी (प्रतिशत में)
जनसंख्या	:	53
विश्व व्यापार	:	17
वैश्विक जीडीपी	:	30

सम्मेलन :

प्रथम	:	येकाटेरिनबर्ग, रूस (2009)
आठवाँ	:	गोवा, भारत (2016)
नवा	:	शियामेन, चीन (2017)
दसवा	:	जोहान्सबर्ग, दक्षिण अफ्रीका (2018)

(ii) जी-20 : एक परिचय

गठन : सितम्बर 1999 में अंतर्राष्ट्रीय मुद्रा कोष व विश्व बैंक की वार्षिक बैठक के दौरान की गयी।

नोटः 15-16 दिसम्बर, 1999 में जर्मनी की राजधानी बर्लिन में ।

समूह की विशेषता : यह संगठन विश्व की कुछ सबसे चुनिंदा अर्थव्यवस्था वाले देशों का संगठन है जो हर आधार पर विश्व की वित्तीय एवं मुद्रा व्यवस्था तथा व्यापार में सबसे महत्वपूर्ण भूमिका अदा करते है।

सदस्य संख्या : 20 (19 देश एवं यूरोपीय संघ)

नोटः G-7 + ब्रिक्स +ऑस्ट्रेलिया, इण्डोनेशिया, मैक्सिको, अर्जेन्टीना, दक्षिण कोरिया, टर्की, सऊदी अरब + यूरोपीय संघ।

उद्देश्य : अन्तर्राष्ट्रीय वित्तीय व्यवस्था को अधिक सुगम बनाना, बिगड़ी हुई अर्थव्यवस्थाओं में संरचनात्मक सुधार लाना, विश्व बैंक व आईएमएफ द्वारा दिये जाने वाले ऋणों का कुशल प्रबन्धन करना शामिल है।

सम्मेलन : जी-20 के वार्षिक सम्मेलन में सदस्य देशों के वित्त मंत्री, देशों के केन्द्रीय बैंक के गर्वनर, अंतर्राष्ट्रीय मुद्रा कोष व विश्व बैंक के अधिकारी शामिल होते हैं।

प्रथम	:	1999 बर्लिन, जर्मनी
ग्यारहवॉं	:	2016 हॉग्झू, चीन
बारहवा	:	2017 हैमबर्ग, जर्मनी
तेरहवा	:	2018 ब्यूनस आयर्स अर्जेंटीना
चौदहवा	:	2019 जापान
पन्द्रहवा	:	2020 साऊदी अरब

(iii) जी-7 : एक परिचय

स्थापना : 22 सितम्बर 1985 न्यूयार्क में

नोटः

- 22 सितम्बर, 1985 में यह जी-5 था अर्थात् पॉंच देशों -फ्रांस, जर्मनी, जापान, ब्रिटेन एवं संयुक्त राज्य अमेरिका शामिल थे।
- 1996 में कनाडा और इटली इसके सदस्य बन गये।
- 1997 में रूस ने भी इसकी सदस्यता ग्रहण कर ली।
- 1997 से 2013 तक रूस इस समूह का सदस्य रहा। परन्तु 2014 के यूक्रेन संकट (क्रीमिया विवाद) के बाद रूस को इस समूह से निलंबित कर दिया गया तथा वर्तमान में यह समूह जी-7 के रूप में अपनी बैठक आयोजित कर रहा है।

समूह की विशेषता : यह ऐसे देशों का समूह है जिसका गठन बाजार अर्थव्यवस्था वाले अमीर औद्योगिक देशों की सदस्यता से हुआ है। ये राष्ट्र नियमित रूप से शिखर सम्मेलनों के माध्यम से मिलते है और आर्थिक नीतियों एवं अन्य मुद्दों पर सामंजस्यपूर्ण दृष्टिकोण अपनाते है।

समूह :

पहला	:	न्यूयार्क अमेरिका (1985)
42वां	:	काशिको द्वीप जापान (2016)
43वां	:	टाओर्मिना शहर सिसिली द्वीप इटली (2017)
44वां	:	क्यूबेक, कनाडा (2018)
45वां	:	बियारिट्ज, फांस (2019)

(iv) एससीओः एक परिचय

गठन	:	वर्ष 1996 में		
नोट	:	• 1996 में यह संगठन शंघाई–5 के नाम से जाना जाता था इसके सदस्यों में शामिल देश थे। 1. चीन 2. कजाख्स्तान 3. रूस 4. ताजिकिस्तान 5. किर्गिस्तान। • 2001 में उज्बेकिस्तान के शामिल होने से यह समूह शंघाई–5 के स्थान पर शंघाई सहयोग संगठन (SCO) बन गया। • 9 जून 2017 को अस्ताना शिखर सम्मेलन में भारत और पाकिस्तान SCO के पूर्ण सदस्य के रूप में शामिल हुए। पिछले 12 वर्षों से (2005 से) भारत और पाकिस्तान इस संगठन के पर्यवेक्षक सदस्य थे।		
उद्देश्य	:	आपसी साझा सीमा पर सदस्य देशों द्वारा सैन्य बलों को कम करना, एक दूसरे के विरूद्ध सैन्य बलों के प्रयोग को रोकना, क्षेत्रीय स्थायित्व भंग करने वालों के खिलाफ साझा लड़ाई तथा आपसी सीमा विवादों का स्थायी समाधान शामिल है।		
वैश्विक जगत में भागीदारी	:	**आधार**	:	**भागीदारी प्रतिशत में**
		जनसंख्या	:	42
		वैश्विक जीडीपी	:	20
		वैश्विक भू–भाग	:	22
सम्मेलन	:	प्रथम	:	शंघाई, चीन (2001 में)
		16वां	:	ताशकंद, उज्बेकिस्तान (2016 में)
		17वां	:	अस्ताना, कजाख्स्तान (2017 में)
		18वां	:	चीन (2018 में)
अन्य	:	• SCO में 19वां : बिश्केक, किर्गिस्तान (2019 में) वर्तमान में 8 पूर्ण सदस्यों के अतिरिक्त अफगानिस्तान, बेलारूस, ईरान एवं मंगोलिया को पर्यवेक्षक (Observer) सदस्य का दर्जा प्राप्त है। • वार्ता भागीदार के रूप में आर्मेनिया, अजरबैजान, कंबोडिया, नेपाल, श्रीलंका और तुर्की शामिल है।		

(v) ओपेक : एक परिचय

उद्देश्य	:	अपने सदस्य देशों की पेट्रोलियम नीतियों को समन्वित करना तथा उन्हें एकरूप बनाना और उपभोक्ताओं को पेट्रोलियम पदार्थो की कुशल एवं नियमित आपूर्ति करना, उत्पादकों को एक स्थिर आय एवं पेट्रोलियम उद्योग में निवेश करने वालों को उनकी पूंजी पर उचित प्रतिफल की प्राप्ति सुनिश्चित करने के लिए तेल बाजारों के स्थिरीकरण पर जोर देना है।
स्थापना	:	10–14 सितम्बर, 1960 में।
संस्थापक देश	:	5 देश (1. ईरान, 2. ईराक, 3. कुवैत, 4. सऊदी अरब एवं वेनेजुएला) ।

अन्य देश : 1. कतर (1961), 2. इंडोनेशिया (1962), 3. लीबिया (1962), 4. यूएई (1967), 5. अल्जीरिया (1969), 6. नाइजीरिया (1971), 7. इक्वाडोर (1973), 8. गैबन (1975), 9. अंगोला (2007)।

नोट: वर्ष 2009 में इंडोनेशिया को ओपेक से निलम्बित किया गया, 2016 में इंडोनेशिया पुन: ओपेक का सदस्य बना तथा नवम्बर, 2016 में इंडोनेशिया ने ओपेक की सदस्यता त्याग दी।

नवीनतम सदस्य : 25 मई, 2017 को वियना में आयोजित ओपेक देशों की 172 वीं बैठक में अफ्रीकी देश **इक्वेटोरियल गिनी** को ओपेक के 14वें पूर्ण सदस्य के रूप में शामिल करने की अनुमति दी गयी।

महत्वपूर्ण तथ्य :
- इक्वाडोर व गैबन दो देश ऐसे भी हैं, जिन्होंने क्रमश: 1992 व 1995 में ओपेक की सदस्यता त्याग दी थी परन्तु बाद में क्रमश: 2007 व 2016 में पुन: सदस्यता अपना ली।
- वर्तमान में इक्वेटोरियल गिनी में 2,20,000 बैरल/दिन की दर से तेल उत्पादन किया जाता है। बाजार में तेल के मूल्य को स्थिर करने के लिए 12,000 बैरल/दिन की दर से कटौती की प्रतिबद्धता की गयी है ताकि अन्तर्राष्ट्रीय बाजार में कच्चे तेल की कीमतों को गिरने से रोका जा सके।
- कोई भी देश, जिसका कच्चे तेल का शुद्ध निर्यात संतोषजनक स्थिति में हो, वह ओपेक का पूर्ण सदस्य बन सकता है। बशर्ते सभी सदस्यों की सहमति सहित तीन-चौथाई पूर्णकालिक सदस्यों का बहुमत प्राप्त हो।

(vi) नाटो : एक परिचय

- कोलंबिया के राष्ट्रपति जुआन मैनुअल सैंटोस ने 25 मई, 2018 को घोषणा की कि कोलम्बिया जल्द ही औपचारिक रूप से उत्तरी अटलांटिक संधि संगठन (नाटो) में शामिल हो जाएगा। इस पहल के साथ, कोलंबिया गठबंधन का हिस्सा बनने वाला पहला लैटिन अमेरिकी राष्ट्र बन जाएगा। संगठन में कोलंबिया एक 'वैश्विक भागीदार' के रूप में शामिल होगा, जिसका अर्थ है कि इसे सैन्य कार्रवाई में भाग लेने की आवश्यकता नहीं होगी।
- कोलंबिया ने अफगानिस्तान, ऑस्ट्रेलिया, इराक, जापान, कोरिया गणराज्य, मंगोलिया, न्यूजीलैंड और पाकिस्तान की भांति ही नाटो के 'वैश्विक भागीदार' के रूप में जगह बनाई है। कोलंबिया के साथ साझेदारी में साइबर और समुद्री सुरक्षा, आतंकवाद और संगठित अपराध के लिंक जैसे वैश्विक सुरक्षा क्षेत्रों पर सहयोग शामिल होगा। हालांकि घोषणा उसी दिन की गई थी जब आर्थिक सहयोग और विकास संगठन (आईसीडी) ने कहा कि कोलंबिया को आधिकारिक तौर पर समूह में शामिल होने के लिए आमंत्रित किया जाएगा।

क्या है नाटो?

- उत्तरी एटलांटिक संधि संगठन (नाटो) एक सैन्य गठबंधन है। इसकी स्थापना 4 अप्रैल, 1949 को हुई थी। इसका मुख्यालय ब्रुसेल्स, बेल्जियम में है।
- नाटो के सभी सदस्यों का संयुक्त सैन्य खर्च दुनिया के रक्षा व्यय का 70 प्रतिशत से अधिक है, जिसका संयुक्त राज्य अमेरिका अकेले कुल सैन्य खर्च का आधा हिस्सा खर्च करता है। ब्रिटेन, फ्रांस, जर्मनी और इटली 15 प्रतिशत खर्च करते हैं।
- इस समूह में उत्तर अमेरिका और यूरोप के प्रमुख देशों के साथ कुल 29 सदस्य देश हैं।
- बर्लिन प्लस समझौता नाटो और यूरोपीय संघ के बीच 16 दिसम्बर, 2002 को बनाया गया एक व्यापक पैकेज है, जिसमें यूरोपीय संघ को किसी अंतर्राष्ट्रीय विवाद की स्थिति में कार्रवाई के लिए नाटो परिसंपत्तियों का उपयोग करने की छूट दी गई है, बशर्ते नाटो इस दिशा में कोई कार्रवाई नहीं करना चाहता हो।

6. 15 वीं ईज ऑफ डूइंग बिजनेस इण्डेक्स-2018

प्रस्तुतकर्ता : विश्व बैंक

जारी करने का उद्देश्य : विश्व के विभिन्न देश व्यापार की सुविधा उपलब्ध कराने हेतु अपनी अर्थव्यवस्था में समय-समय पर बुनियादी बदलाव करते रहते हैं। इन्ही बुनियादी बदलावों के आधार पर इज ऑफ डूइंग बिजनेस रिपोर्ट इन देशों को रैंक प्रदान करती है।

वर्तमान में चर्चा का कारण : 190 देशों के इस सूचकांक में भारत का स्थान पूर्व में 130 था, जो इस वर्ष अभूतपूर्व सुधार के साथ 100वें स्थान पर है अर्थात् 30 रैंक की उछाल वर्तमान में चर्चा का विषय बना हुआ है।

रैंक मापने के आधार व भारत का स्थान : डूइंग बिजनेस रिपोर्ट व्यावसायिक विनियमन (Business Regulations) के पहलुओं को मापने के लिए 11 संकेतकों का उपयोग करती हैं, जो उद्यमिता के लिए महत्वपूर्ण है। भारत का इन संकेतकों में प्रदर्शन कैसा रहा? और अच्छे प्रदर्शन के पीछे क्या कारण रहे? इसे निम्न प्रकार से समझा जा सकता है:-

आधार	रैंक 2018	रैंक 2017	परिवर्तन के कारण
टैक्सों का भुगतान (Paying Taxes)	119	172	भारत की रैंक में सबसे प्रभावी सुधार "कर अदा करने की सुगमता" में हुआ है। अर्थात् भारत ने 53 अंक की लंबी छलांग लगाई है। करों के भुगतान में यह सुधार 2 कारणों से हुआ है:- 1. कर्मचारी भविष्य निधि का भुगतान डिजिटल माध्यम से करने की सुविधा। 2. कंपनियों द्वारा अदा किये जाने वाले कर (निगम कर) नियमों को सरल बनाने से।
दिवालिया का समाधान (Resolving Insolveney)	103	136	भारत की रैंक में दूसरा सबसे प्रभावी सुधार दिवालिया के समाधान मामले में आया है। इस क्षेत्र में भारत ने 23 अंक की छलांग लगायी है। इस प्रदर्शन का मुख्य कारण भारत में दिवालिया कानून का लागू होना है इस कानून के तहत दिवालिया प्रक्रिया के दौरान उद्यम बंद नहीं किया जाता बल्कि चलता रहता है और उस उद्यम के दिवालिया घोषित होने पर ही उद्यम बंद होता है, जबकि पूर्व के नियमों उद्यम के कठिनाई में आते ही पहले उद्यम बंद किया जाता था बाद में दिवालिया घोषित किया जाता था। नए प्रावधान में इस प्रक्रिया को समाप्त कर निश्चित रूप से दिवालिया ग्रस्ति उद्यमों की संख्या में कमी आयी है।
ऋण प्राप्त करना (Getting Credit)	29	44	भारत की रैंक में तीसरा सबसे बड़ा सुधार ऋण प्राप्ति करने के क्षेत्र में आया है। भारत ने इस क्षेत्र में 15 अंक से रैंक में सुधार किया है। इस सुधार का प्रमुख कारण बैंकों को दी गयी अतिरिक्त शक्ति है, जिसके तहत दिवालिया घोषित उद्यमों से, बैंकों को ऋण वसूली करना आसान बनाया गया है। इसके अतिरिक्त दिवालियापन कानून में बदलाव के कारण उद्यम के पुर्नगठन का रास्ता खुला रहता है।

अल्पांश निवेशकों की रक्षा (Protecting Miniority Investors)	4	13	भारत की रैंक में 9 अंकों के सुधार के साथ इस क्षेत्र में भी बेहतर प्रदर्शन हुआ है। इसका कारण है, सेबी द्वारा छोटे निवेशकों के हितों की रक्षा हानिकारक लेन-देन की स्थिति में उनका बचाव किया जाना है।
अनुबंध लागू करना (Enforcing Contracts)	164	172	भारत ने इस क्षेत्र में 8 अंक का सुधार किया है। इसका प्रमुख कारण दिल्ली व मुम्बई जैसे व्यापारिक शहरों में ''राष्ट्रीय न्यायिक डाटा ग्रिड'' का प्रारम्भ होना है। जिसके चलते स्थानीय अदालतों में मामलों के प्रबन्ध में आसानी होगी और अनुबंध कार्यान्वयन में सहुलियत होगी।
व्यवसाय शुरू करना (Starting a Business)	181	185	भारत ने इस क्षेत्र में 4 अंक का सुधार किया है, का प्रमुख कारण PAN तथा कर खाता संख्या (TAN) हेतु आवेदनों की अलग-अलग प्रक्रिया का विलय करने से हुआ तथा आवेदन की प्रक्रिया ऑनलाइन करने से कारोबार शुरू करने के क्षेत्र में गति तेज हुई है।

शेष 4 क्षेत्रों में भारत का प्रदर्शन : 1. व्यवसाय शुरू करना (1 पायदान पीछे), 2. विद्युत सुविधा पाना (3 पायदान पीछे), 3. संपत्ति पंजीकरण (16 पायदान पीछे)एवं 4. अन्तर्राष्ट्रीय व्यापार (3 पायदान पीछे) में भारत का प्रदर्शन पूर्व की तुलना में और निम्न स्तरीय हुआ है।

नोटः ''श्रम बाजार नियमन'' नामक संकेतक जो इज ऑफ डूइंग बिजनेस रिपोर्ट में रैंक देने का ग्यारहवा आधार है, परन्तु 2017 की भाँति वर्ष 2018 की रैकिंग में इस आधार को शामिल नहीं किया गया।

अन्य महत्वपूर्ण तथ्य : इज ऑफ डूइंग बिजनेस रिपोर्ट में शीर्ष व निम्न स्थान पाने वाले 5 देश :

शीर्ष स्थान प्राप्त करने वाले 5 देश

1. न्यूजीलैण्ड
2. सिंगापुर
3. डेनमार्क
4. द. कोरिया
5. हांगकांग

नोटः वर्ष 2017 में द. कोरिया 5वें स्थान पर था, जबकि 2018 में उसकी रैंक में एक स्थान का सुधार आया है। शेष तीनों देशों ने अपनी यथास्थिति बनाये रखी है।

अंतिम पायदान में स्थान प्राप्त करने वाले देश

1. सोमालिया
2. इरीट्रिया
3. वेनेजुएला
4. दक्षिणी सुडान
5. यमन

नोटः वर्ष 2017 में वेनेजुएला की 187वीं रैंक थी, जो वर्ष 2018 में और खराब प्रदर्शन के चलते 188वीं रैंक हो गयी, सोमालिया व इरीट्रिया ने अपनी यथास्थिति बनाये रखी है।

- वर्ष 2017 की तुलना में वर्ष 2018 की रिपोर्ट में 10 अर्थव्यवस्थाएं ऐसी है, जिनके प्रदर्शन में सर्वाधिक सुधार देखने को मिला है, वे निम्नवत् हैं:-

देश	**महाद्वीप**
ब्रुनेई, थाईलैण्ड, भारत, उज्बेकिस्तान	एशिया
जाम्बिया, नाइजीरिया, जिबूती, मलावी	अफ्रीका
कोसोवो	यूरोप
अल सल्वाडोर	उत्तरी अमेरिका

- ब्रुनेई लगातार दूसरे वर्ष सर्वाधिक सुधार करने वाला देश रहा है।
- अल सल्वाडोर, भारत, मलावी, नाइजीरिया तथा थाइलैण्ड सर्वाधिक सुधार वाली शीर्ष 10 अर्थव्यवस्थाओं में पहली बार शामिल हुए है।
- इस रिपोर्ट में रैंकिंग तैयार करने के लिए जो समयावधि ली गयी है वह 2 जून, 2016 से 1 जून, 2017 तक की अवधि को शामिल किया गया है। जबकि भारत में जीएसटी 1 जुलाई, 2017 को लागू किया गया है। अर्थात् इस सुधार में जीएसटी की कोई भूमिका नहीं है। परन्तु अगले वर्ष की रिपोर्ट में जीएसटी को शामिल होने से भारतीय रैंक में और बेहतर प्रदर्शन की उम्मीद है।
- भारत का लक्ष्य इज ऑफ डूइंग बिजनेस रिपोर्ट में शीर्ष 50 देशों में शामिल होना है।

7. आस्ट्रेलिया में नया नागरिकता कानून

पुराने नियम

- 1 वर्ष तक आस्ट्रेलिया में रहने के बाद आवेदन कर सकते हैं।
- आवेदन कौन करे इस बारे में कोई सख्त नियम नहीं थे।
- नागरिकता परीक्षा में फेल होने के बावजूद जितनी बार चाहें यह परीक्षा दे सकते थे।
- परीक्षा में अंग्रेजी भाषा की दक्षता से संबंधित सवालों पर जोर दिया जाता था।

नए नियम

- आवेदन से पहले आस्ट्रेलिया में 4 वर्ष रहना जरूरी होगा।
- आवेदनकर्ता की गतिविधियों, आपराधिक मामलों की पुलिस द्वारा गहन छानबीन होगी।
- नागरिकता परीक्षा में 3 बार विफल रहने पर 02 वर्ष तक परीक्षा नहीं दे सकेंगे।
- परीक्षा में आस्ट्रेलियाई मूल्यों से जुड़े सवाल प्रमुख होंगे।

नोट : 20 अप्रैल, 2017 को आस्ट्रेलिया के प्रधानमंत्री मैल्कम टर्नबुल एवं अप्रवासन तथा सीमा सुरक्षा मंत्री पीटर डट्टन द्वारा संयुक्त वक्तव्य जारी करके नागरिकता कानून में बदलाव किया गया। आस्ट्रेलिया में विदेशी कामगारों के लिए वीजा 457 रद्द करने के बाद आस्ट्रेलिया ने नागरिकता कानून भी सख्त कर दिया है। अब विदेशी लोगों को आसानी से नागरिकता नहीं मिलेगी। इसका सबसे ज्यादा असर भारतीयों पर पड़ेगा।

8. स्वाजीलैण्ड नामक देश के नाम में परिवर्तन

महाद्वीप : अफ्रीका

पड़ोसी देश : पूर्व की ओर मोजाम्बिक तथा उत्तर, पश्चिम तथा दक्षिण की ओर साउथ अफ्रीका।
नोट: स्थल अवरूद्ध देश एवं अफ्रीका महाद्वीप के सबसे छोटे देशों में से एक।

राजधानी :
- लोबाम्बा (शाही और संवैधानिक)
- बाबाने (प्रशासनिक)

स्वतंत्रता : 6 सितम्बर, 1968 में (यह यूनाइटेड किंगडम का उपनिवेश था)

जनसंख्या : 1 करोड़ से अधिक

क्षेत्रफल : 17,364 वर्ग किमी.

मातृभाषा : स्वाजी

प्रशासनिक स्थिति : स्वाजीलैण्ड एक पूर्ण राजतंत्र है, जिसके वर्तमान शासक राजा मस्वाती तृतीय (King Mswati-III) हैं। वे राष्ट्राध्यक्ष भी हैं तथा देश के प्रधानमंत्री सहित संसद के दोनों सदनों के कई प्रतिनिधियों की नियुक्ति भी करते हैं। संसद के निचले सदन में बहुमत निर्धारित करने के लिए प्रत्येक 5 वर्षों में चुनाव आयोजित होते हैं। देश का वर्तमान संविधान 2005 में अपनाया गया है।

महत्वपूर्ण तथ्य :
- देश के रोजगार का अधिकांश भाग कृषि एवं विनिर्माण के क्षेत्रों से आता है।
- यह देश दक्षिण अफ्रीका विकास समुदाय, अफ्रीकी संघ, राष्ट्रमण्डल देश का सदस्य है।
- यह देश एड्स और तपेदिक जैसी बीमारियों से पीड़ित है।

वर्तमान में चर्चा का कारण : स्वाजीलैण्ड के शासक मस्वाती तृतीय का 50वाँ जन्मदिन तथा स्वाजीलैण्ड की आजादी की 50वीं वर्षगाठ के उपलक्ष्य में इस देश का नवीनतम् नाम **''किंगडम ऑफ इस्वातिनी''** किया गया। अब राष्ट्रमण्डल के सदस्य देशों में शामिल इस देश को नये नाम से सूचीबद्ध किया जायेगा।

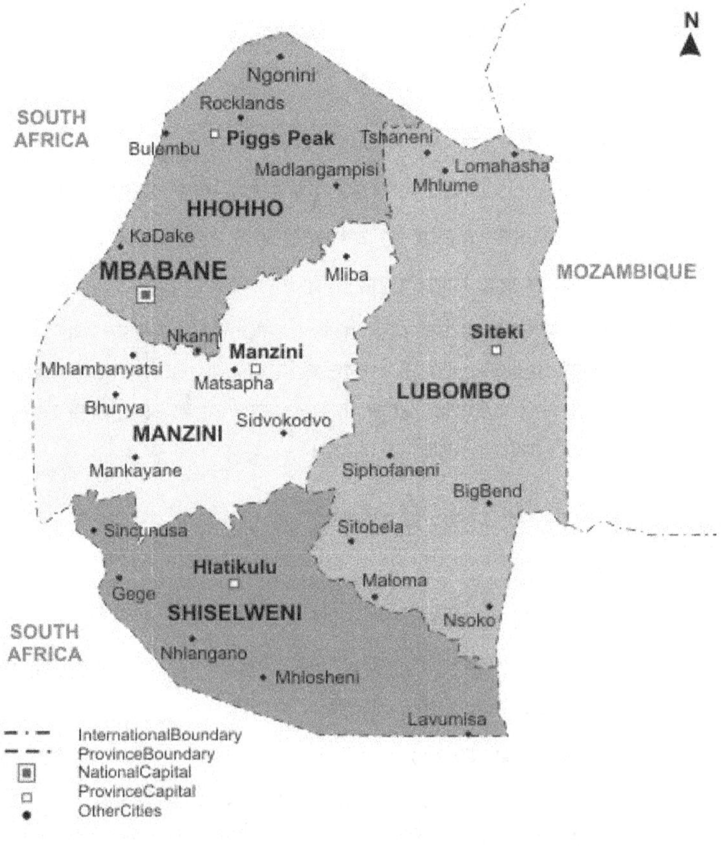

9. ब्रिटेन के सॉफ्ट ड्रिंक्स इण्डस्ट्री पर सिन टैक्स लागू

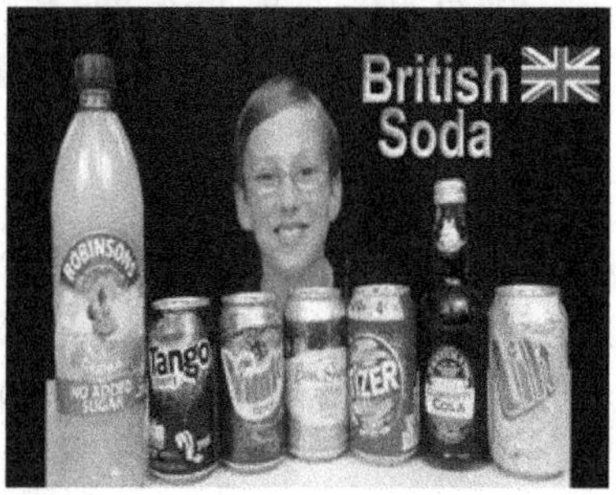

लागू करने की तिथि : 6 अप्रैल, 2017

सिन टैक्स आरोपित करने का उद्देश्य : सॉफ्ट ड्रिंग्स के मूल्य में वृद्धि कर इसके सेवन की प्रवृत्ति को घटाना। क्योंकि बच्चों में बढ़ते मोटापे का कारण सॉफ्ट ड्रिंक्स के सेवन का परिणाम माना जा रहा है।

महत्वपूर्ण तथ्य :
- इस टैक्स से एकत्रित राशि का प्रयोग बच्चों के पोषण तथा खेल-कूद कार्यक्रमों को बढ़ावा देने पर व्यय किया जायेगा।
- इस टैक्स से ब्रिटेन सरकार को 336 मिलियन डालर का राजस्व प्राप्त होने का अनुमान है।
- कोका कोला क्लासिक ब्रिटेन का सबसे बड़ा सॉफ्ट ड्रिंक्स ब्रैण्ड है।

10. भारत के पड़ोसी देश

(i) फाइनैन्शल एक्शन टॉस्क फोर्स (FATF) : पाकिस्तान

तिथि : 23 फरवरी, 2018 पेरिस में फाइनैन्शल एक्शन टॉस्क फोर्स की बैठक हुई।

निर्णय : फाइनैन्शल एक्शन टॉस्क फोर्स ने पाकिस्तान को आतंकवादी समूहों के वित्तपोषण को रोकने के लिए कार्यवाही न करने के लिये जून, 2018 में अधिकारिक रूप से **ग्रे-लिस्ट** में शामिल करने का निर्णय लिया।

नोट :
- इससे पूर्व भी पाकिस्तान को वर्ष 2012-2015 के मध्य ग्रे-लिस्ट में डाला जा चुका है।
- पेरिस में हुई बैठक में अमेरिका के इस प्रस्ताव का, कि पाकिस्तान को ग्रे-लिस्ट में डाला जाये, इसका समर्थन-ब्रिटेन, जर्मनी, फ्रांस ने किया था जबकि बैठक में हुई चर्चा से पूर्व चीन, तुर्की और अरब देशों ने पाकिस्तान को ग्रे-लिस्ट में डाले जाने का विरोध किया, परन्तु इस प्रस्ताव पर हुई वोटिंग के समय इन देशों ने अपना विरोध वापस ले लिया और पाकिस्तान को ग्रे-लिस्ट में डालने के निर्णय का समर्थन किया।

पाकिस्तान पर प्रभाव :
- ग्रे-सूची में डाले जाने के कारण पाकिस्तान की अंतर्राष्ट्रीय छवि को भारी नुकसान पहुंचा है।
- विश्व को यह संदेश गया है कि पाकिस्तान न सिर्फ आतंकवादी समूहों की सुरक्षित पनाहगार है, बल्कि उन्हें वित्तीय संसाधन जुटाने में भी मद्द उपलब्ध कराता है।

- इस सूची में शामिल होने से पाकिस्तान की आर्थिक स्थिति कमजोर होगी क्योंकि विदेशी सहायता पर निर्भर पाकिस्तान की अर्थव्यवस्था पर भारी दबाव पड़ेगा। अर्थात् पाकिस्तान के लिए अपनी वित्तीय आवश्यकताओं के लिए अन्तर्राष्ट्रीय मुद्रा कोष व अन्तर्राष्ट्रीय बैकिंग संस्थानों से भविष्य में ऋण प्राप्त करना लगभग असंभव हो जाएगा।
- इस सूची में शामिल होने के बाद अंतर्राष्ट्रीय बैकिंग और क्रेडिट रेटिंग एजेंसियों द्वारा पाकिस्तान की ऋण रेटिंग को घटाने की भी संभावना है, जिससे पाकिस्तान के लिए अन्तर्राष्ट्रीय बाजारों से भी वित्त जुटा पाना मुश्किल हो जाएगा।
- आतंकवादी समूहों के खात्मे, विशेष रूप से अफगानिस्तान में तालिबानी आतंकवादियों द्वारा की जा रही हिंसा को खत्म करने के लिए अमेरिका के नेतृत्व में चलाए जा रहे सैन्य अभियान के तहत पाकिस्तान को मिलने वाली गठबंधन सहायता निधि पर रोक लगा दी जाएगी।
- चीन ने पाकिस्तान में बन रहे चीन-पाकिस्तान आर्थिक कारिडोर के निर्माण पर भारी निवेश किया है यदि पाकिस्तान इस सूची में शामिल होने के कारण चीन से लिये गये ऋण को नहीं चुका पाया तो उस स्थिति में चीन अपने Debt Trap Deplomacy की सहायता से आर्थिक कारिडोर से जुड़ी परियोजनाओं पर अपना स्वामित्व प्राप्त कर लेगा। यदि भविष्य में पाकिस्तान पर चीन का इस प्रकार का प्रभाव बढ़ता है तो यह सामरिक दृष्टिकोण से भारत के लिए चिंता का विषय हो सकता है।

फाइनैन्शल एक्शन टॉस्क फोर्स

- यह एक अंतर सरकारी नीति निर्माण संस्थान है।
- इसका उद्देश्य विश्व में मनी-लॉड्रिंग और आतंकवादी वित्त पोषण पर रोक लगाने के लिये विस्तृत विधिक, विनियामक व परिचालनात्मक दिशा-निर्देश को तैयार करना है।
- इसकी स्थापना वर्ष 1989 में पेरिस में आयोजित हुई जी-7 सम्मेलन के दौरान की गई थी।
- इसका सचिवालय "Organisation For Economic Co-operation & Development" के पेरिस मुख्यालय में स्थित है।
- वर्तमान में भारत सहित 35 देश व 2 क्षेत्रीय संगठन (यूरोपियन कमीशन और गल्फ को-ऑपरेशन काउंसिल) इसके सदस्य हैं। इजराइल और सऊदी अरब इसके दो पर्यवेक्षक राष्ट्र हैं।
- इसके अतिरिक्त World Bank, IMF, Economic Cooperation & Development Organization, Interpole, European Central Bank, Asian Development Bank, Basel Committee on Banking Supervision सहित संयुक्त राष्ट्र की आंतकवाद और मनी लॉड्रिंग से जुड़ी विशिष्ट संस्थाएं पर्यवेक्षक (Observes) का दर्जा रखती है।

(ii) सिन्धु जल संधि : भारत व पाकिस्तान

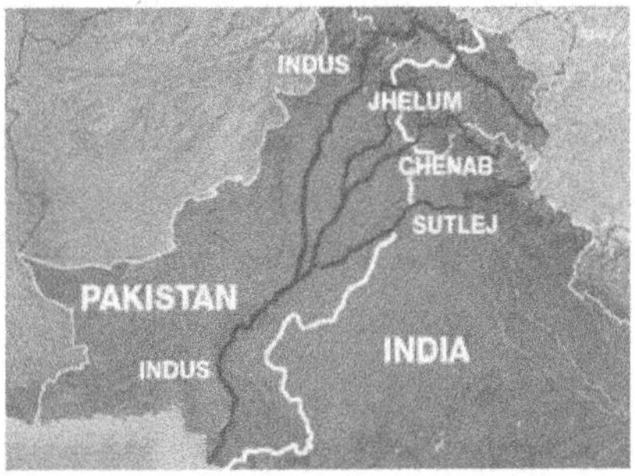

- सिंधु जल समझौते पर 19 सितम्बर, 1960 को कराची में भारत और पाकिस्तान के मध्य हस्ताक्षर किये गये। इस संधि के तहत सिन्धु नदी प्रणाली के अन्तर्गत आने वाली 6 नदियाँ-व्यास, **रावी, सतलज, सिन्धु, चेनाब तथा झेलम** के जल वितरण तथा साझेदारी अधिकारों को तय किया गया।
- इस संधि के तहत-सिन्धु, झेलम तथा चेनाब को पाकिस्तान के लिए आरक्षित किया गया, जबकि रावी, सतलज, और व्यास नदियों के जल का पूर्ण दोहन का अधिकार भारत को दिया गया।
- सिंधु जल समझौते को लागू करने तथा उसके क्रियान्वयन की देख-भाल के लिए **स्थायी सिंधु आयोग** का गठन किया गया।
- 11 अप्रैल, 2018 को नई दिल्ली में स्थायी सिंधु आयोग (PIC) की 114वीं बैठक आयोजित की गई।
- इस बैठक में पाकिस्तान ने भारत के पाकाल दुल (1000 मेगावाट) राटल (850 मेगावाट) तथा लोवर कलानाई (48 मेगावाट) परियोजनाओं पर आपत्ति दर्ज की। यह परियोजनाएं चेनाब बेसिन में निर्माणाधीन है। पाकिस्तान का मानना है कि इन परियोजनाओं के कारण भारत "**सिंधु जल समझौते**" का उल्लंघन कर रहा है, जबकि भारत ने इस परियोजनाओं का निर्माण, **''सिन्धु जल सन्धि''** के अनुरूप माना है।

  नोट: PIC की 113वीं मीटिंग 20-21 मार्च को पाकिस्तान में हुई थी।

(iii) भारत व श्रीलंका

श्रीलंका में आपातकाल की घोषणा का कारण : म्यांमार के रोहिंग्या मुस्लिमों को श्रीलंका में शरण देने के बाद से बहुसंख्यक बौद्ध सिंहली समुदाय गुस्से में है तथा वहां मुस्लिम विरोधी मार्च निकालने की प्रक्रिया चलाई जा रही है, जिसके चलते 27 फरवरी, 2018 को पूर्वी प्रान्त के अम्पारा कस्बे में हिंसक झड़प हुई तथा 5 मार्च, 2018 को कैण्डी में रेडलाइट पर हुए झगड़े के बाद तनाव की स्थिति है।

वर्तमान स्थिति :

- श्रीलंका में 6 मार्च, 2018 को 10 दिनों के लिए आपातकाल की घोषणा की गयी।
- पिछले 7 वर्षों में पहली बार श्रीलंका में आपातकाल की घोषणा हुई।
- श्रीलंका की कुल जनसंख्या 2.10 करोड़ है, जिसमें से 70% बौद्ध, 13% हिन्दु तथा 9.7% मुस्लिम है।
- श्रीलंका में कैण्डी नामक स्थान बौद्ध मठो और चाय के बगानों के लिए प्रसिद्ध है।

(iv) फ्री मूवमेंट रिजीम समझौते : भारत व म्यांमार

तिथि : जनवरी, 2018 प्रधानमंत्री मोदी की अध्यक्षता में कैबिनेट द्वारा सहमति।

निर्णय : भारत और म्यांमार के बीच 16 कि.मी. के दायरे में लोगों की मुक्त आवाजाही को सरल बनाने के लिए फ्री मूवमेंट रिजीम (FreeMovement Regime) समझौते पर हस्ताक्षर करने की मंजूरी।

कारण :
- भारत और म्यांमार सीमा पर रहने वाले आदिवासियों की असुरक्षा की भावना को दूर करना क्योंकि इन जनजातीय समुदाय के लोग भारत-म्यांमार सीमा के दोनों तरफ निवास करते हैं। इस प्रकार यह व्यवस्था सीमावर्ती लोगों के बीच पारंपरिक सामाजिक संबंधों की रक्षा कर सकेगा।
- इस सीमा के अधिकांश भाग की कोई बाड़बंदी नहीं हुई है और सीमा के समीप निवास करने वाले दोनों देशों के नागरिक अपनी रोजमर्रा की जरूरतों की पूर्ति के लिये आते-जाते रहते हैं। कुछ वर्षों में यह देखा गया है कि आतंकवादियों और अपराधियों द्वारा इसका दुरूपयोग किया जा रहा है, जो हथियार, नशीले पदार्थों ड्रग्स सहित प्रतिबंधित वस्तुओं और नकली भारतीय मुद्रा को भारत लाने आदि के लिए इस्तेमाल कर रहे हैं। ऐसी स्थिति में इस आवाजाही को विनियमित करने की आवश्यकता है, जिससे वास्तविक लाभार्थी (सीमा के पास रहने वाली जनजातियां) इस सुविधा का बिना किसी रूकावट के लाभ उठा सके तथा आतंकवादियों और अपराधियों की गतिविधियों को रोका जा सके।

निर्णय के महत्वपूर्ण तथ्य :
- चारों सीमावर्ती राज्यों को सीमा से 16 कि.मी. के भीतर रहने वाले सभी नागरिकों को "बार्डर पास" जारी किया जायेगा।

निर्णय से लाभ
- यह बार्डर पास 72 घंटे की अवधि के लिये मान्य होगा।
- वैध पासपोर्ट और वीजा के आधार पर लोगों की आवाजाही होगी, जिससे दोनों देशों के बीच आर्थिक एवं सामाजिक जुड़ाव बढ़ेगा।
- इस समझौते से पूर्वोत्तर भारत की अर्थव्यवस्था के विकास को नई गति मिलेगी।
- व्यापार में वृद्धि होगी।
- सीमावर्ती क्षेत्रों रहने वाले उन जनजातीय समुदायों के पारंपरिक अधिकारों की रक्षा होगी, जो भूमि सीमा के पार मुक्त आवाजाही के अभ्यस्त है।
- भारत को आसियान देशों से सम्पर्क साधने में सहयोग मिलेगा।

नोटः म्यांमार ने घरेलू राजनीतिक दबाव के कारण फ्री मूवमेंट रिजाइम एग्रीमेंट को अनिश्चितकाल के लिए स्थगित कर दिया था।

11. ग्लोबल बैंकिंग सूचकांक रिपोर्ट-2017

जारीकर्ता : विश्व बैंक

तिथि : 19 अप्रैल, 2018

रिपोर्ट का केन्द्र बिन्दु : वित्तीय समावेशन की स्थिति को दर्शाना ।

रिपोर्ट के महत्वपूर्ण बिन्दु :
- वित्तीय समावेशन के वैश्विक स्तर पर अपनाये जाने के बावजूद विषमताएं मौजूद हैं अर्थात् पुरूषों की तुलना में महिलाओं के बैंक खाते कम हैं।
- वैश्विक स्तर पर 69% वयस्कों के पास बैंक खाते हैं।

भारत की स्थिति :

- चीन के बाद भारत विश्व का दूसरा देश है, जिसकी मौजूदा जनसंख्या के पास बैंक खाते नहीं हैं।
- भारत में 19 करोड़ लोग अब भी बैंकों से दूर है।
- भारत में महिलाओं की स्थिति खराब है। देश की 60% महिलाओं की पहुंच बैंकों तक नहीं है।
- भारत में 15 से 24 आयु वर्ग के प्रत्येक 10 व्यस्कों में से 4 वयस्कों के बैंक खाते नहीं हैं।

नोट :

- 28 अगस्त, 2014 को वित्त मंत्रालय द्वारा प्रधानमंत्री जनधन योजना का प्रारम्भ किया गया था। इस योजना का लक्ष्य वित्तीय समावेशन था। यह एक राष्ट्रीय मिशन है, जिसका उद्देश्य आर्थिक भागीदारी और देश के प्रत्येक परिवार को बैकिंग सेवाएं उपलब्ध कराना था।
- 26 अप्रैल, 2017 तक कुल 28.44 करोड़ जनधन खाते खाले गये। इनमें 60% खाते ग्रामीण इलाके में खोले गये।
- जनधन खाते में 64.567 करोड़ रूपये की कुल राशि जमा की जा चुकी है।
- 22 करोड़ से ज्यादा रूपे कार्ड जारी किये जा चुके हैं।
- बैंकों द्वारा 1.25 लाख से अधिक बैंक मित्र नियुक्त किये गये हैं।

बैंक मित्र/बैंक कारसपॉडेंट : (Bank Corospondent/ Bank Mitra) प्रधानमंत्री जलधन योजना से जुड़कर यानी बैंक मित्र बनकर प्रतिमाह 5000 रूपये का वेतन प्राप्त किया जा सकता है साथ ही खाता खोलने और उसमें होने वाले लेन-देन के लिए कमीशन अलग से तय किया गया है। इसके अलावा कम्प्यूटर, वाहन आदि खरीदने के लिए 1.25 लाख रूपए का कर्ज भी उपलब्ध कराया जायेगा।

नोट:

- कोई भी 18-60 आयु वर्ग का व्यक्ति बैंक मित्र बन सकता है। इसके अलावा सेवानिवृत्त हो चुके बैंक कर्मचारी, शिक्षक, सेना के व्यक्ति भी इसके लिए पात्र होंगे। साथ ही केमिस्ट शॉप, किराना शॉप, पेट्रोल पंप, स्वयं सहायता समूह, पीसीओ, कॉमन सर्विस सेन्टर आदि भी बैंक मित्र बन सकते हैं।

कार्य:

- प्रधानमंत्री जनधन योजना के तहत बचत और दूसरी सुविधाओं के बारे में लोगों को शिक्षित करना और जागरूकता फैलाना।
- सेविंग्स और लोन सम्बन्धित बातों की सलाह देगा।
- ग्राहकों की पहचान करना।
- प्राथमिक जानकारी, आंकड़े इकट्ठा करना, फॉर्म को संभाल के रखना, लोगों द्वारा दी गयी राशि को संभाल कर जमा करवाना।
- आवेदन और खातों से सम्बन्धित फार्म भरना।
- राशि का समय पर भुगतान और जमा करने का कार्य।
- किसी भी तरह से आया हुआ पैसा सही हाथों तक पहुंचना और उसकी रसीद बनाने का काम।

महत्वपूर्ण तथ्य : बैंक मित्र में उन लोगों को शामिल किया गया है, जिन्हें प्रधानमंत्री जन धन योजना के अंतर्गत बैंकिंग सुविधाएं उपलब्ध करवाने का जिम्मा दिया गया है। खासतौर पर यह लोग उन जगहों पर कार्य कर रहे हैं, जिन जगहों पर न तो किसी बैंक की शाखा है और न ही कोई एटीएम। ऐसे में बैंक मित्र आपकी राशि को जमा करने से लेकर आप तक पहुंचाने का कार्य करते हैं।

12. अमेरिका-ईरान परमाणु समझौता रद्द

अमेरिकी राजकोषीय विभाग ने 10 मई, 2018 को ईरान के छह लोगों को कथित रूप से इस्लामिक रिवोल्यूशनरी गार्ड कॉर्प्स (आईआरजीसी) के साथ जुड़े होने के कारण प्रतिबंधित कर दिया। इसके साथ ही तीन व्यावसायिक कंपनियों पर भी आर्थिक प्रतिबंध लगाने की घोषणा की गई है। इससे एक दिन पूर्व ही अमेरिका ने स्वयं को 2015 में हुई परमाणु संधि से अलग कर लिया था। डोनाल्ड ट्रम्प ने यह भी घोषणा की कि अमेरिका फिर से ईरान पर प्रतिबंध लगाएगा। ट्रंप की इस घोषणा के बाद फ्रांस, जर्मनी एवं इंग्लैंड ने उनकी घोषणा पर खेद व्यक्त किया।

ईरान-अमेरिका परमाणु एमझौता

- वर्ष 2015 में अमेरिका के पूर्व राष्ट्रपति बराक ओबामा ने ईरान के साथ परमाणु समझौता किया था। इस समझौते का उद्देश्य ईरान को परमाणु हथियार बनाने से रोकना था। इस समझौते में अमेरिका के अलावा पांच अन्य देश जिनमें फ्रांस, रूस, चीन, जर्मनी और ब्रिटेन शामिल थे।
- इस समझौते के तहत ईरान के परमाणु हथियारों के निर्माण पर पूरी तरह से रोक लगा दी गई थी। परमाणु समझौता कार्यक्रम के तहत अमेरिकी राष्ट्रपति को हर 90 दिनों पर यह प्रमाणित करना होता है कि ईरान समझौते का पालन कर रहा है।

समझौता रद्द होने कारणः

- अमेरिकी राष्ट्रपति डोनाल्ड ट्रंप का कहना था कि ईरान के साथ किया गया परमाणु समझौता अमेरिका के लिए सबसे खराब समझौता है, जो उनके देश के हित में नहीं है।
- उन्होंने ईरान को 'धर्म आधारित शासक देश' बताते हुए वैश्विक स्तर पर आतंक और हिंसा फैलाने का दोषी करार दिया।
- ट्रंप ने पूर्व राष्ट्रपति बराक ओबामा पर आरोप लगाया कि यह समझौता बहुत उदार था और इससे ईरान को नियत सीमा से अधिक हैवी वॉटर (परमाणु बम बनाने के लिए उपयुक्त प्लूटोनियम का स्रोत) प्राप्त करने और अंतर्राष्ट्रीय जांचकर्ताओं को धमकाने की छूट दे दी गई थी।
- डोनाल्ड ट्रंप ने घोषणा करते हुए जानकारी दी कि अमेरिका के पास इस समझौते को कभी भी छोड़ने का अधिकार है।

क्या होगा प्रभाव ?

अमेरिका द्वारा ईरान पर दोबारा प्रतिबंध लगाए जाने से वैश्विक तेल कंपनियों पर ईरान से तेल नहीं खरीदने का दबाव बढ़ने की संभावना है। भारत जैसे अमेरिका के करीबी देशों ने ईरान के साथ तेल का समझौता किया है, जो ट्रंप के फैसले से विवाद में आ सकते हैं। ईरान में अमेरिका के खिलाफ गतिविधियां बढ़ सकती हैं। आशंका जताई जा रही है कि इसके बाद ईरान मिसाइल परीक्षण शुरू कर देगा।

13. भारत ने चीन में अपना दूसरा आईटी कॉरिडोर आरंभ किया

भारत ने देश की बढ़ते सॉफ्टवेयर मार्केट का लाभ लेने हेतु 27 मई, 2018 को चीन में दूसरा आईटी कॉरिडोर आरंभ किया। इस आईटी कॉरिडोर का नाम, **डिजिटल संयुक्त अवसर प्लाजा प्लेटफार्म (SIDCOP)** है। इसकी स्थापना चीन के गुइयांग शहर में नेशनल एसोसिएशन ऑफ सॉफ्टवेयर एंड सर्विसेज कम्पनीज (NASSCOM) द्वारा की गई है। इसका मुख्य उद्देश्य भारतीय आईटी कंपनियों को वृहद चीनी बाजार में सहज पहुंच दिलवाना है। इस पहल से भारतीय सॉफ्टवेयर कंपनियां तथा चीनी हार्डवेयर कंपनियां साथ मिलकर काम कर सकेंगी। इससे चीनी कंपनियों की आवश्यकताओं की भारतीय आईटी सर्विस प्रदाताओं द्वारा पूर्ति हो सकेगी। इस कॉरिडोर के प्रमुख तत्व इस प्रकार हैं:-

- इस कॉरिडोर के उद्घाटन समारोह के दौरान छह मिलियन अमेरिकी डॉलर के सहमति पत्रों पर भी हस्ताक्षर हुए। इस समझौते पर भारतीय सेवा प्रदाताओं एवं चीनी उपभोक्ताओं की ओर से चीन के गुइयांग के नगर निगम द्वारा हस्ताक्षर किए गए।

- SIDCOP का जुलाई, 2019 में आरम्भ किया जाएगा। अभी इसे बतौर पायलट प्रोजैक्ट आरंभ किया गया है।
- नॉसकाम ने पहला SIDCOP प्लेटफार्म चीन की पोर्ट सिटी डालिआन में दिसंबर 2017 में आरंभ किया था यह चीन में भारत का पहला आईटी हब है।
- डालिआन आईटी कॉरिडोर का शुभारंभ औपचारिक रूप से कुछ समय पूर्व ही किया गया है।
- डालिआन कॉरिडोर का फोकस आईओटी (इन्टरनेट ऑफ थिंग्स) था, जबकि गुइयांग में कॉरिडोर का फोकस विशाल मात्रा में आने वाले डाटा पर होगा।
- इस लॉन्च कार्यक्रम में भारत और चीन की ओर से 350 से अधिक भागीदारों ने भाग लिया।
- इस पहल को चीन के अन्य शहरों में भी ले जाया जाएगा।

ऐतिहासिक पृष्ठभूमि

चीन में भारत की आईटी कंपनियों की बड़ी मात्रा में मौजूदगी है। इसमें डालियन में बनाए गए आईटी कॉरिडोर से छोटी एवं मध्यम भारतीय आईटी कंपनियों को बढ़ावा मिल सकेगा। भारत के लिए, चीन के आईटी बाजार में पहुंच बनाना बेहद महत्वपूर्ण है क्योंकि चीन का आईटी बाजार लगभग 493 बिलियन अमेरिकी डॉलर का है। इसमें विकास के अभी और आसार हैं। भारत कई वर्षों से चीन में भारतीय फार्मा कंपनियों एवं आईटी कंपनियों की पहुंच बनाने के लिए आग्रह करता रहा है ताकि दोनों देशों के बीच का व्यापार घाटा कम किया जा सके। चीन के 10 शहरों में भारत की विभिन्न आईटी कंपनियां कार्यरत हैं, जिनमें लगभग 25,000 लोग कार्यरत हैं।

14. विश्व का पहला तैरता हुआ परमाणु ऊर्जा संयंत्र लॉन्च

रूस ने 19 मई, 2018 को विश्व का पहला तैरता हुआ परमाणु ऊर्जा संयंत्र लॉन्च किया। अब तक किसी भी देश के पास इस प्रकार की तकनीक नहीं थी। रूस ने इसे मुरमंस्क शहर के एक बंदरगाह से समुद्र में उतारा। इसका नाम **'एकेडेमिक लोमोनोसोव' (Akademik Lomonosov)** है। यह रूसी जहाज एक परमाणु रिएक्टर है। जो अगले एक साल तक समुद्र के सफर पर रहेगा। अपने सफर के दौरान सबसे पहले यह पूर्वी रूस के शहर पेवेक जाएगा। इसको पूर्वी साइबेरिया ले जाने से पहले बंदरगाह पर संयंत्र में परमाणु ईंधन भरा जाएगा। एकेडेमिक लोमोनोसोव का उद्देश्य पूर्वी और उत्तरी साइबेरिया के दूरदराज के इलाकों में बिजली आपूर्ति करना और ऑयल रिफाइनिंग करना है। इसका निर्माण सरकारी परमाणु ऊर्जा कंपनी रोस्तम ने सेंट्स पीटर्सबर्ग में किया है। यह परमाणु संयंत्र दो लाख की आबादी की बिजली की जरूरतों को पूरा कर सकता है। इसका निर्माण वर्ष 2007 में शुरू हुआ था, लेकिन वित्तीय कमी से यह परियोजना लंबे समय तक लंबित रही।

प्रमुख विशेषताएं

- इसका नाम रूस के वैज्ञानिक मिखाइल लोमोनोसोव के नाम पर रखा गया है।
- रूस के इस परमाणु ऊर्जा संयंत्र की लंबाई 144 मीटर, चौड़ाई 30 मीटर और वजन 21,000 टन है।
- इसमें 35 मेगावाट के दो न्यूक्लियर रिएक्टर हैं, जो रिएक्टर बर्फ के पहाड़ों को काटने वाले आइसब्रेकर शिप के रिएक्टर की तरह हैं।
- संयंत्र अपनी क्षमता से दो लाख की आबादी वाले शहर के लिए बिजली पैदा कर सकता है।
- इस तैरते हुए संयंत्र से दूरदाज के इलाकों में गैस और तेल उत्खनन प्लेटफार्मों को बिजली मिल सकेगी।
- रूस का दावा है कि इससे प्रतिवर्ष होने वाले 50 हजार टन कार्बन-डाई-ऑक्साइड का उत्सर्जन रोका जा सकता है।
- इस रिएक्टर में काम करने के लिए 69 सदस्य हैं, जो इसे चलाते है। इस परमाणु संयंत्र की आयु लगभग 40 वर्ष बताई गई है।

- इसके अतिरिक्त यह प्रतिदिन 2.4 लाख क्यूबिक मीटर पेयजल भी उत्पन्न करेगा।

 यह परियोजना रूस की सबसे महत्वाकांक्षी परियोजनाओं में से एक है। इसे वह आर्कटिक क्षेत्र और उत्तरी गोलार्द्ध में मौजूद गैस व तेल के भंडार का संरक्षण कर सकेगा। इसका एक अन्य लाभ यह भी है कि रूस के उत्तर से होकर गुजरने वाले समुद्री रास्ते पर रूस का सुरक्षा कवच पहले की अपेक्षा अधिक मजबूत हो सकेगा। हालांकि कई पर्यावरण कार्यकर्ता इसे न्यूक्लियर टाइटैनिक बता चुके हैं जबकि ग्रीनपीस ने एकेडेमिक लोमोनोसोव को 'तैरता हुआ चेर्नोबिल' बताया है।

15. भारत पनामा के मध्य हुए दो समझौतों पर हस्ताक्षर

भारत और पनामा ने 09 मई, 2018 को राजनयिक और आधिकारिक पासपोर्ट धारकों को वीजा में छूट दिए जाने संबंधी समझौते पर हस्ताक्षर किए। इसके अतिरिक्त दोनों देशों ने कृषि क्षेत्र में सहयोग के लिए भी समझौते पर हस्ताक्षर किए हैं। इन समझौतों पर पनामा शहर में उपराष्ट्रपति एम वेंकैया नायडू और पनामा के राष्ट्रपति जुआन कालोंस वेरेला रॉड्रिग्स की उपस्थिति में हस्ताक्षर किए गए। उपराष्ट्रपति एम वेंकैया नायडू को ग्वाटेमाला, पनामा और पेरू जैसे तीन देशों के साथ भारत के संबंधों को मजबूत करने हेतु उनकी पहली आधिकारिक विदेश यात्रा का यह दूसरा चरण था। उपराष्ट्रपति वेंकैया नायडू द्वारा तीन लैटिन अमेरिकी देशों-ग्वाटेमाला, पनामा एवं पेरू की यात्रा का उद्देश्य इन देशों के साथ भारत के संबंधों को प्रगाढ़ करना है। इसके अतिरिक्त विभिन्न मुद्दों पर सहयोग बढ़ाने के लिए द्विपक्षीय संबंधों में मधुरता लाना भी इस यात्रा का उद्देश्य था।

दोनों देशों के बीच हुए समझौते दोनों देशों के साझा मूल्यों एवं वचनबद्धता पर आधारित हैं। ये संबंध हमारे सामान्य मूल्यों जैसे लोकतंत्र, बहुलवाद, बहु-संस्कृति तथा कानून के शासन के प्रति आदर को दर्शाते हैं। इस समझौते के मुख्य बिन्दु इस प्रकार हैं:-

- वेंकैया नायडू ने पनामा द्वारा फाल्कन नीतियों में भारत को शामिल करने के लिए पनामा की सराहना की।
- उन्होंने कहा कि भारत और पनामा में दो जैव-विविधता केन्द्र स्थापित किए जाएंगे जिनकी लागत 10 मिलियन डॉलर से 15 मिलियन डॉलर तक होगी।
- दोनों देश कर जानकारी, आर्थिक सहयोग, वायु सेवाओं, पारंपरिक दवाओं, संस्कृति और अंतरिक्ष में सहयोग को मजबूत करने जैसे प्रमुख क्षेत्रों में सहयोग को बढ़ावा देने पर सहमत हुए हैं।
- पनामा मानवाधिकार परिषद (एचआरसी) के लिए भारत को 2019-2021 तक बतौर सदस्य चुने जाने के लिए समर्थन देने पर भी सहमत हुआ।
- संयुक्त वक्तव्य के रूप में दोनों ही देश आतंकवाद का मुकाबला करने हेतु संकल्पित रहे।

16. अन्तर्राष्ट्रीय स्तर पर भारतीयों की नियुक्तियाँ

नाम	पद	महत्वपूर्ण तथ्य
दलबीर सिंह भण्डारी	अन्तर्राष्ट्रीय न्यायालय के जज	अन्तर्राष्ट्रीय न्यायालय के लिए न्यायाधीश पद का चुनाव यूएन मुख्यालय न्यूयार्क में सम्पन्न कराया गया। जहाँ दलबीर सिंह भण्डारी का मुकाबला ब्रिटेन के क्रिस्टोफर ग्रीनवुड से थे। भण्डारी को 193 मतों में 183 मत व यूएन की सुरक्षा परिषद के सभी 15 वोट मिले। इस प्रकार वे लगातार 2 बार अपने कार्यकाल के लिए चुने गये। उनका कार्यकाल 2018-2027 तक होगा।

नीरू चड्ढा	इण्टरनेशनल ट्रिब्यूनल फॉर द लॉ ऑफ द सी में न्यायाधीश निर्वाचित	भारत की अन्तर्राष्ट्रीय विधि विशेषज्ञ नीरू चड्ढा को 14 जून 2017 को संयुक्त राष्ट्र की न्यायिक संस्था **''इंटरनेशनल ट्रिब्यूनल फॉर द ला ऑफ द सी''** में न्यायाधीश निर्वाचित किया गया है। इसके लिए हुए चुनाव में नीरू चड्ढा को एशिया प्रशान्त समूह में सर्वाधिक मत मिले और उन्होंने पहले चरण में ही चुनाव जीत लिया। नीरू चड्ढा इस 21 सदस्यीय ट्रिब्यूनल में स्थान पाने वाली **पहली भारतीय महिला न्यायाधीश** है।
उर्जित पटेल	बैंक ऑफ इंटरनेशनल सेट्लमेण्ट (BIS) के 'वित्तीय स्थिरता संस्थान' के सलाहकारी परिषद में नियुक्त	बीआईएस एक वैश्विक वित्तीय संगठन है जो अन्तर्राष्ट्रीय स्तर पर विभिन्न देशों के केन्द्रीय बैंकों का एक संगठन है। इस संगठन का **वित्तीय स्थिरता संस्थान (Financial Stability Institute Ad visory Board)** नामक सलाहकारी परिषद, देशों की वित्तीय प्रणाली के नियंत्रण हेतु सुझाव देता है।
शक्तिकांत दास	जी-20 में भारत का नया शेरपा नियुक्त	शेरपा वार्षिक जी-20 शिखर सम्मेलन में किसी राष्ट्र या सरकार का प्रतिनिधि होता है।
डॉ. सौम्या स्वामीनाथन	विश्व स्वास्थ्य संगठन (WHO) की उप महानिदेशक	संयुक्त राष्ट्र की स्वास्थ्य एजेंसी WHO का यह दूसरा सबसे बड़ा पद है। डॉ. सौम्या एक बाल रोग विशेषज्ञ है, जो भारतीय चिकित्सा अनुसंधान परिषद की महानिदेशक हैं। भारत में हरित क्रांति के जनक डॉ. एम.एस. स्वामीनाथन की पुत्री है।

17. प्रमुख अंतर्राष्ट्रीय व राष्ट्रीय सम्मेलन

सम्मेलन	**तिथि/स्थान**	**महत्वपूर्ण तथ्य**
9वाँ BRICS सम्मेलन 2017 **नोट:** 10 वॉ ब्रिक्स सम्मेलन 2018 में दक्षिण अफ्रीका में होना प्रस्तावित है।	03-07 सितम्बर-2017 शियामेन शहर (चीन)	• **थीम:** 'स्ट्रांग पार्टनरशिप फॉर ब्राइटर फ्यूचर' • **घोषणा पत्र:** 43 पृष्ठ का शियामेन घोषणा पत्र। • ब्रिक्स शिखर सम्मेलन के समानान्तर चीन द्वारा आयोजित कार्यक्रम, **''ब्रिक्स: उभरते बाजार और विकासशील देश संवाद''** को प्रधानमंत्री मोदी ने संबोधित किया और दुनिया में बदलाव का 10 सूत्रीय संकल्प पेश किया जिसमें शामिल 10 सूत्र थे:- 1. सुरक्षित विश्व 2. हरित विश्व का निर्माण 3. सक्षम विश्व का निर्माण 4. डिजिटल दुनिया बनाना 5. कौशल निर्माण के लिए युवा प्रशिक्षण 6. न्याय संगत विश्व 7. स्वस्थ्य विश्व का निर्माण 8. बराबरी की दुनिया 9. दुनिया को आपस में जोड़े रखने के लिए संचार सम्पर्क 10. सामंजस्यपूर्ण दुनिया के निर्माण से सबका विकास।

17वाँ NAM (Non-Aligned Movement) सम्मेलन 2016 **नोटः** इस सम्मेलन का आयोजन प्रत्येक 4 वर्ष बाद होता है।	17-18 सितम्बर, 2016 मार्गारिता द्वीप, वेनेजुएला	• **सम्मेलन की थीमः विकास के लिए शांति, संप्रभुता और एकता।** **महत्वपूर्ण तथ्यः** • इस सम्मेलन में भारत का नेतृत्व तत्कालीन उपराष्ट्रपति हामिद अंसारी ने किया। • वर्ष 2018-19 की अवधि हेतु गुटनिरपेक्ष आंदोलन की अध्यक्षता **वेनेजुएला** को मिली है। **नोटः** • **भारत,** गुटनिरपेक्ष आंदोलन का संस्थापक सदस्य है। • NAM के कुल सदस्य हैं:- अफ्रीका महाद्वीप से - 53 देश एशिया महाद्वीप से - 39 देश यूरोप महाद्वीप से - 2 देश लैटिन अमेरिका व कैरबियन देशों से - 26 देश **कुल देश - 140**
7वाँ हार्ट ऑफ एशिया कांफ्रेंस 2017	1 दिसम्बर, 2017 अजरबैजान	इसमें शामिल कुल 14 देश है- अफगानिस्तान, अजरबैजान, चीन, भारत, ईरान, कजाख्स्तान, किर्गिस्तान, पाकिस्तान, रूस, सऊदी अरब, तजाकिस्तान, तुर्की, तुर्कमेनिस्तान और यूएई।
12वां ईस्ट एशिया समिट 2017	13-14 नवम्बर, 2017 मनीला, फिलीपीन्स	• इस सम्मेलन में ASEAN के 10 देशों के साथ 8 वार्ता भागीदार देश भारत, अमेरिका, रूस, चीन, जापान, आस्ट्रेलिया, न्यूजीलैण्ड एवं दक्षिण कोरिया भाग लेते हैं। • वर्ष 2005 में कुआलालंपुर (मलेशिया) में आयोजित ASEAN सम्मेलन में "East Asia Summit" की स्थापना की गयी थी और तब से आसियान सम्मेलन के साथ ही East Asia Summit का भी आयोजन किया जाता है।
12 वाँ G-20 शिखर सम्मेलन 2017 **नोटः** 13वाँ शिखर सम्मेलन अर्जेन्टीना में होना प्रस्तावित है।	01-08 जुलाई, 2017 हैम्बर्ग जर्मनी	G-20 (19 देश एवं यूरोपीय संघ) इस सम्मेलन में रूसी राष्ट्रपति पुतिन व अमेरिकी राष्ट्रपति डोनाल्ड ट्रम्प की मुलाकात हुई। भारत की ओर से प्रधानमंत्री नरेन्द्र मोदी ने इसमें भाग लिया।
14वाँ UNCTAD सम्मेलन 2016 (United Nations Conference on Trade & Development-UNCTAD) **नोटः** इस सम्मेलन का आयोजन प्रत्येक 4 वर्ष बाद होता है।	17-22 जुलाई, 2016 नैरोबी, केन्या	• **सम्मेलन का विषयः** एजेण्डा 2030 निर्णयों को कार्यवाही में परिवर्तित करना। • UNCTAD की स्थापना 1964 में विकासशील देशों के आर्थिक विकास से सम्बन्धित चुनौतियों एवं अवसरों पर चर्चा हेतु मंच के रूप में की गयी थी। यह व्यापार, निवास एवं विकास के मुद्दों से संबंधित संयुक्त राष्ट्र का मुख्य अभिकरण है, जिसमें वर्तमान में 194 राष्ट्र सदस्य हैं।

17वाँ शंघाई सहयोग संगठन 2017 (Shanghai Cooperation Organisation)	08–09 जून, 2017 अस्ताना, कजास्तिान	इस सम्मेलन के अंत में अस्ताना घोषणापत्र जारी किया गया।
43वाँ G-7 शिखर सम्मेलन 2017	26–27 मई, 2017 सिसली द्वीप (इटली)	• इस शिखर सम्मेलन के अंत में जी-7 समूह के सभी नेताओं द्वारा हस्ताक्षरित **''टाओर्मिना घोषणा पत्र''** जारी किया गया। • जी-7 शीर्ष औद्योगिक एवं विकसित देशों का समूह है।
14वाँ प्रवासी भारतीय समागम-2017	7–9 जनवरी, 2017 बैंगलुरू, कर्नाटक	• **मुख्य अतिथि:** डॉ0 एण्टोनियो कोस्टा (पुर्तगाल के प्रधानमंत्री) • वर्ष 2015 के 13वें प्रवासी भारतीय दिवस समागम में यह निर्णय लिया गया कि यह दिवस वृहद स्तर पर प्रत्येक दो वर्ष पर किया जायेगा। इसलिए जनवरी, 2016 में मात्र विदेश मंत्रालय स्तर पर नई दिल्ली में प्रवासी भारतीय दिवस का आयोजन किया गया। अगला सम्मेलन 2019 में होगा। • **वर्ष 2015 में प्रवासी भारतीय मामलों के मंत्रालय को विदेश मंत्रालय में विलय कर दिया गया।**
युवा प्रवासी भारतीय दिवस 2017	7 जनवरी, 2017	**मुख्य अतिथि:** माइकल अश्विन सत्येन्द्र आधिन (उपराष्ट्रपति, सूरीनाम)
पहला राष्ट्रीय महिला सांसद सम्मेलन 2017	10–12 फरवरी, 2017 अमरावती, आन्ध्र प्रदेश	महिला सशस्त्रीकरण के उद्देश्य से सम्मेलन का आयोजन किया गया। सम्मेलन में नेपाल की पहली गहिला राष्ट्रपति विद्यादेवी भण्डारी सहित अन्य महत्वपूर्ण लोगों ने भाग लिया।
6वाँ IBSA सम्मेलन 2017	नई दिल्ली भारत में	तीन देशों के संगठन (भारत, ब्राजील तथा दक्षिण अफ्रीका) की स्थापना जून 2003 में हुई थी। इसका प्रथम सम्मेलन ब्राजीलिया (ब्राजील) में वर्ष 2006 में आयोजित हुआ था। इसका 5वॉ सम्मेलन वर्ष 2011 में श्वाने प्रीटोरिया, दक्षिण अफ्रीका में आयोजित हुआ था।
17वाँ अंतर्राष्ट्रीय आतंकवाद रोधी सम्मेलन 2017	8–9 फरवरी, 2017 मानेसर, हरियाणा	राष्ट्रीय सुरक्षा गार्ड (एनएसजी) द्वारा आयोजित।
20वाँ राष्ट्रीय ई-गवर्नेंस सम्मेलन 2017	9–10 जनवरी विशाखापत्तनम, आंध्र प्रदेश	प्रशासनिक सुधार और लोक शिकायत विभाग द्वारा इलेक्ट्रिानिक्स एवं सूचना प्रौद्योगिकी विभाग और आंध्र प्रदेश सरकार के सहयोग से आयोजित।
आसियान-भारत प्रवासी भारतीय	6-7 जनवरी-2018	**थीम :** एंशियंट रूट, न्यू जर्नी : डायस्पोरा इन द डायनामिक इंडिया-आसियान पार्टनरशिप

दिवस सम्मेलन-2018	सिंगापुर	• **थीम :** शेयर्ड वैल्यु, कॉमन डेस्टिनी
आसियान-इंडियन डायलॉग रिलेशन 2018	25 जनवरी 2018 नई दिल्ली	• आसियान के साथ भारत की **वार्ता साझेदारी** 1992 को स्थापित हुई थी और इस साझेदारी के 25 वर्ष पूर्ण होने के उपलक्ष्य में एक **''स्मारक सम्मेलन''** का आयोजन 25 जनवरी 2018 में प्रधानमंत्री मोदी की अध्यक्षता में सम्पन्न हुए। **नोट :** • वर्ष 2018 में आसियान-भारत के **वार्ता साझेदारी** के 25 वर्ष, **शिखर सम्मेलन** के 15 वर्ष तथा **सामरिक साझेदारी** के 5 वर्ष पूरे हुए है। • आसियान के साथ वार्ता साझेदारी के 20 वर्ष पूर्ण होने पर भी एक स्मारक सम्मेलन का आयोजन 20 दिसम्बर 2012 को नई दिल्ली में आयोजित किया गया था।
48वी विश्व अर्थिक मंच वार्षिक बैठक 2018	23-26 जनवरी 2018 दावोस, स्विट्जरलैण्ड	विश्व के प्रमुख राजनेताओं, अग्रणी उद्यमियों एवं बुद्धिजीवियों के इस सम्मेलन में भारतीय शिष्टमण्डल का नेतृत्व प्रधानमंत्री मोदी ने किया। **नोट:** 21 वर्ष पूर्व 1997 में तत्कालीन प्रधानमंत्री एच.डी. देवगौडा ने इस मंच के वार्षिक सम्मेलन में भाग लिया था।
अंतर्राष्ट्रीय सौर गठबन्धन शिखर सम्मेलन-2018	11 मार्च 2018	• 11 मार्च 2018 को राष्ट्रपति भवन में सम्पन्न। • मेजबानी प्रधानमंत्री **मोदी** व फ्रांस के राष्ट्रपति **इमैन्युएल मैक्रान** ने की। • आईएसए में फ्रांस, श्रीलंका, बांग्लादेश समेत 23 देशों के प्रतिनिधि, 10 देशों के मंत्री समेत, 121 देशों के प्रतिनिधि शामिल हुए तथा **यूएनओ के महासचिव एनटोनियो गुटरेस** ने भी भाग लिया। • दो वर्ष के भीतर इस संगठन में 61 देश जुड़ चुके हैं। • फ्रांस 2022 को ISA को 5,600 करोड़ का फण्ड देगा, जिसके जरिये 2030 तक 1,000 गीगावॉट बिजली उत्पादन का लक्ष्य है। इस बिजली की कुल कीमत 65 लाख करोड़ होगी। **नोट: इमैन्युएल मैक्रान** ने इस शिखर सम्मेलन में कहा कि वर्ष 2015 में अमेरिका ने पेरिस समझौते पर हस्ताक्षर करने से इन्कार कर दिया, जिसके बाद यह गठबन्धन हमारी आगामी पीढ़ी के लिए महत्वपूर्ण कदम होगा।

टिकाऊ जैव ईंधन पर अंतर्राष्ट्रीय सम्मेलन-2018	26 से 27 फरवरी 2018 नई दिल्ली	• **आयोजनः** जैव प्रोद्योगिकी विभाग भारत सरकार द्वारा मिशन इनोवेशन और बायोफ्यूचर प्लेटफार्म द्वारा। • **मिशन इनोवेशनः** दुनियाभर के 22 देशों और यूरोपीय देशों द्वारा वैश्विक स्तर पर स्वच्छ ऊर्जा नवाचार को गति देने के लिए इस मिशन को शुरू किया गया। • **महत्वपूर्ण तथ्यः** भागीदार देशों ने इस पहल के तहत 5 वर्षों में स्वच्छ ऊर्जा अनुसंधान एवं विकास पर निवेश को दोगुना करने के लिए अपनी प्रतिबद्धता को इस सम्मेलन में जाहिर किया।
विश्व सूचना प्रौद्योगिकी सम्मेलन 2018	19-21 फरवरी 2018 हैदराबाद, भारत	• **उद्घाटनः** केन्द्रीय सूचना एवं प्रौद्योगिकी मंत्री रवि शंकर द्वारा। • **मुख्य आकर्षकः** विश्व की पहली मानव सदृश नागरिक सोफिया। • **थीमः** फ्यूचर एंटरप्राइजेस
प्रथम अंतर्राष्ट्रीय बांध सुरक्षा सम्मेलन 2018	23-24 जनवरी 2018 तिरूवनंतपुरम (केरल)	-
प्रथम प्रवासी सांसद सम्मेलन 2018	9 जनवरी 2018 नई दिल्ली	• प्रवासी भारतीय दिवस के अवसर पर प्रधानमंत्री द्वारा **प्रथम प्रवासी सांसद सम्मेलन** का उद्घाटन मोदी किया। • इस सम्मेलन का आयोजन केन्द्रीय विदेशी मंत्रालय द्वारा प्रवासी भारतीयों के साथ मजबूत संबंध बनाने के लिए किया गया। • इस सम्मेलन में 24 देशों के 134 सांसद और 17 मेयरो ने शिरकत की। इस सम्मेलन में सबसे बड़ा 20 सांसदो व 3 मेयरो का शिष्टमंडल गुयाना का था, उसके बाद त्रिनिदाद एवं टोबैगो का था। • सम्मेलन का सत्र दो विषयवस्तुओं पर आधारित था- (i) PIO Parliamentarians : A Journey from Struggle to Parliament. (ii) Resurgent India : Role of PIO Parliamentarians

18. प्रमुख सांस्कृतिक सम्मेलन/मेले/महोत्सव

सम्मेलन/मेले/महोत्सव/पर्व	आयोजन स्थल	सम्बन्धित तथ्य
32वां सूरजकुंड हस्तशिल्प मेला 2018/अन्तर्राष्ट्रीय हस्तशिल्प मेला 2018	2-18 फरवरी, 2018 फरीदाबाद हरियाणा में आयोजित	इस वर्ष मेले में **किर्गिस्तान** भागीदार देश और **उ.प्र.** थीम राज्य था। **नोट :** वर्ष 2013 से इसे अंतर्राष्ट्रीय मेले का रूप दिया गया था।
20वां अंतर्राष्ट्रीय बाल फिल्म समारोह 2017	18-14 नवम्बर, 2017 हैदराबाद में आयोजित	गोल्डेन एलीफेन्ट के नाम से जाना जाने वाला यह समारोह तेलंगाना सरकार के सहयोग से भारतीय बाल फिल्म सोसाइटी द्वारा किया गया।
8वॉ थियेटर ऑलम्पिक्स 2018	17 फरवरी से 8 अप्रैल 2018 नई दिल्ली में आयोजित	• थियेटर ऑलम्पिक्स विश्व के उत्कृष्ट थियेटर ग्रुप्स का एक महोत्सव है। • **उद्घाटन :** उपराष्ट्रपति वेंकैया नायडू द्वारा। • **आयोजन :** केन्द्र सरकार के संस्कृति मंत्रालय के तत्वाधान में इसका आयोजन नेशनल स्कूल ऑफ ड्रामा द्वारा किया गया था।
26वाँ विश्व पुस्तक मेला 2018	6-14 जनवरी-2018 नई दिल्ली प्रगति मैदान में आयोजित	• **थीम :** Enviornment & Climate Change • भारत के अतिरिक्त 26 अन्य देशों के प्रकाशकों ने अपनी पुस्तकों का प्रदर्शन किया, जिसमें पाकिस्तान भी शामिल था। **नोट :** नई दिल्ली विश्व पुस्तक मेला भारत का सबसे प्राचीन पुस्तक मेला (1972 में पहली बार प्रारम्भ) है। वर्ष 2012 के बाद से यह मेला प्रतिवर्ष आयोजित किया जाता है।
48वॉ अंतर्राष्ट्रीय फिल्म महोत्सव 2017	20-28 नवम्बर 2017 गोवा में आयोजित	**सर्वश्रेष्ठ फिल्म :** 120 बीट्स पर मिनट (स्वर्ण मयूर व 40 लाख राशि का पुरस्कार)

अध्याय **3**

आर्थिक समसामयिकी

1. नीति आयोग द्वारा जारी प्रमुख सूचकांक

(i) स्कूल शिक्षा गुणवत्ता इंडेक्स

जारी करने की तिथि : 30 सितम्बर, 2019

उद्देश्य : राज्यों में स्कूली शिक्षा की स्थिति के आंकलन के साथ-साथ सम्बन्धित राज्य सरकारों की शिक्षा नीतियों का मूल्यांकन

नोट : इस सूचकांक में प. बंगाल शामिल नहीं है, चूंकि स्कूली शिक्षा राज्यों का विषय है, इसलिए राज्य सरकारों की अनुमति के बिना किसी राज्य को इस अध्ययन में शामिल नहीं किया जा सकता।

राज्यों की रैकिंग :

राज्य	संख्या	सबसे आगे	सबसे पिछड़े
बड़े राज्य	20	1. केरल, 2. राजस्थान 3. कर्नाटक	18. पंजाब, 19. जम्मू-कश्मीर 20. उत्तर प्रदेश
छोटे राज्य	08	1 मणिपुर, 2. त्रिपुरा, 3. गोवा	6. सिक्किम, 7. मेघालय 8. अरूणाचल प्रदेश
केन्द्रशासित प्रदेश	07	1. चण्डीगढ़, 2. दादर नागर हवेली, 3. दिल्ली	5. दमन एवं दियु 6. अंडमान निकोबर 7. लक्षद्वीप

नीति आयोग के अनुसार 20 बड़े राज्य : 1. केरल, 2. राजस्थान, 3. कर्नाटक, 4. आन्ध्र प्रदेश, 5. गुजरात, 6. असम, 7. महाराष्ट्र, 8. तमिलनाडु, 9. हिमाचल प्रदेश, 10. उत्तराखण्ड, 11. हरियाणा, 12. ओडिशा, 13. छत्तीसगढ़, 14. तेलंगाना, 15. मध्य प्रदेश, 16. झारखण्ड, 17. बिहार, 18. पंजाब, 19. जम्मू-कश्मीर, 20. उत्तर प्रदेश।

नीति आयोग के अनुसार 8 छोटे राज्य : 1. मणिपुर, 2. त्रिपुरा, 3. गोवा, 4. सिक्किम, 5. मेघालय, 6. अरूणाचल प्रदेश, 7. नागालैण्ड, 8. मिजोरम।

(ii) इंडिया इनोवेशन इंडेक्स 2019

तिथि : 17 अक्टूबर, 2019

रिपोर्ट तैयार करने में सहयोगकर्ता : इंस्टीट्यूट फॉर कॉम्पिटिटिवनेस द्वारा

रैंक देने हेतु प्रयोग किये गये मापदण्ड : (i) नवाचार को प्रोत्साहन देने में राज्यों के परिवेश की अनुकूलता।
(ii) राज्यों द्वारा अपनाये गये नवाचारी कार्यों के परिणाम

महत्वपूर्ण तथ्य : इस सूचकांक में 29 राज्यों एवं 7 केन्द्र शासित प्रदेशों को तीन श्रेणी में बांटा गया है–

श्रेणी	शीर्ष प्रदर्शनकर्ता
(i) बड़े राज्य (Major State)	1. कनार्टक, 2. तमिलनाडु, 3. महाराष्ट्र, 4. तेलंगाना, 5. हरियाणा
(ii) उत्तर-पूर्वी एवं पहाड़ी राज्य (North-Eastern & Hill States)	1. सिक्किम, 2. हिमाचल प्रदेश, 3. उत्तराखण्ड, 4. मणिपुर, 5. जम्मू-कश्मीर
(iii) केन्द्र शासित प्रदेश/छोटे राज्य (UTs/Small States)	1. दिल्ली, 2. चंडीगढ़, 3. गोवा, 4. पुडुचेरी, 5. अंडमान एवं निकोबार

अन्य तथ्य :

- वर्ष 2022 तक **एक नये समावेशी भारत** (A New Inclusive India) के लक्ष्य को प्राप्त करना है।
- भारत सरकार ने अपने प्राथमिकता प्राप्त कार्यों की सूची में नवाचार (Innovation) को स्थान दिया है।
- अटल नवाचार मिशन, लक्ष्य प्राप्ति में सबसे बड़ा सहयोगी है।
- ओवरऑल सबसे अच्छा प्रदर्शन करने वाला राज्य दिल्ली है।

(iii) कंपोजिट वाटर मैनेजमेंट इंडेक्स 2.0

तिथि : 23 अगस्त, 2019

उद्देश्य : भारतीय राज्यों में प्रभावी जल प्रबन्धन को सक्षम बनाना।

रैंक देने हेतु प्रयोग किये गये मापदण्ड : 9 विषय जैसे- भू-जल पुनर्भरण, सिंचाई प्रबन्धन, खेतों में जल प्रयोग, ग्रामीण व शहरी क्षेत्र में जलापूर्ति। इन 9 विषयों को पुन: 28 संकेतकों में विभाजित किया गया है।

महत्वपूर्ण तथ्य : इन सूचकांक में 25 राज्यों एवं 2 केन्द्र शासित प्रदेशों को तीन श्रेणी में बांटा गया है–

श्रेणी	**राज्य**
बड़े राज्य	1. गुजरात, 2. आंध्रप्रदेश, 3. मध्यप्रदेश
पूर्वोत्तर व हिमालयी राज्य	1. हिमाचल प्रदेश
केन्द्रशासित प्रदेश	1. पुडुचेरी, 2. दिल्ली

(iv) हेल्दी स्टेट्स प्रोग्रेसिव इंडिया 2019

तिथि : 25 जून, 2019

रैंक देने हेतु प्रयोग किये गये मापदण्ड : विश्व बैंक की तकनीकी सहायता तथा स्वास्थ्य एवं परिवार कल्याण मंत्रालय के परामर्श से विकसित।

महत्वपूर्ण तथ्य : तीन श्रेणियों में रैंकिंग दी गयी है–

श्रेणी	**राज्य**
बड़े राज्य	1. केरल, 2. आंध्रप्रदेश, 3. महाराष्ट्र
छोटे राज्य	1. मिजोरम, 2. मणिपुर
केन्द्रशासित प्रदेश	1. चण्डीगढ़, 2. दादर नागर हवेली

2. भारत में बेरोजगारी की स्थिति

तिथि : मई, 2019 को जारी

मंत्रालय : केन्द्रीय सांख्यिकी एवं कार्यक्रम क्रियान्वयन मंत्रालय

सर्वेकर्ता : NSSO

सर्वे का विषय : रोजगार एवं बेरोजगारी पर आवधिक श्रम बल सर्वे (Periodic Labour Force Survey-(PLFS)

भारत में बेरोजगारी की दर (2018) : 6.1% (बीते 45 वर्षों में सबसे अधिक)

आधार	**महिला**	**पुरूष**
ग्रामीण	3.8%	5.8%
शहरी	10.8%	7.1%

विश्व के विकसित देशों में बेरोजगारी की स्थितिः

देश	**बेरोजगारी % में**
फ्रांस	8.8
इटली	10.7
स्पेन	18.6
अमेरिका	4.4
चीन	3.6
जापान	2.6

नोट : चीन व जापान में बेरोजगारी का प्रतिशत कम होने का कारण वहाँ युवाओं का प्रतिशत भारत की तुलना में कम है।

भारत में बेरोजगारी के आंकड़ों की सच्चाई

- भारत में आज भी सख्ती से न्यूनतम मजदूरी दरें लागू नहीं होती हैं।
- काम करने के घंटों का वास्तविक निर्धारण अभी भी नही हो पाया है।
- भारत की आबादी का एक बड़ा हिस्सा वह भी है, जो बहुत कम मजदूरी या फिर अनुबंध पर काम करता है।
- एक तबका यह भी है, जो उचित रोजगार के अभाव में कम समय के लिए किसी न किसी व्यावसायिक इकाइयों से जुड़ जाते है।

  उपरोक्त आंशिक बेरोजगारी के आकड़े औपचारिक बेरोजगारी के आकड़ों में नही दिखते।

भारत में बेरोजगारी के कारण

- **दोषपूर्ण शिक्षा प्रणाली:** एक रिपोर्ट के अनुसार, भारत हर साल सबसे अधिक जनसंख्या में इंजीनियर तैयार करने के लिए जाना जाता है, लेकिन सच्चाई यह है कि 82% भारतीय इंजीनियरों के पास वह मूलभूत कौशल नहीं है, जिसकी आज के तकनीकी युग में आवश्यकता है।
- **दोषपूर्ण आर्थिक ढाँचा:** हमारा आर्थिक मॉडल कुछ महानगरों पर केन्द्रित है। देश के चुनिंदा 8-10 महानगरों के अलावा अन्य शहरों में नौकरियों के बहुत कम अवसर पैदा हो रहे है।
- **दोषपूर्ण कृषि व्यवस्था:** भारतीय कृषि क्षेत्र मंदी के लंबे दौर से गुजर रहा है। वर्ष 1993 से 2016 तक किसानों की आय में मात्र 2% से भी कम की सालाना बढ़ोत्तरी हुई है। हालांकि कृषि रोजगार का एक बड़ा ज़रिया है, लेकिन कृषि क्षेत्र में चल रही निरंतर मंदी के कारण शायद ही कोई युवा उसे करियर के रूप में चुनना चाहेगा।
- **तकनीकी बदलाव:** पिछले तीन-चार दशकों में तकनीक के क्षेत्र में काफी तेज विकास हुआ है। आज अधिकतर कंपनियां अपने कॉल सेंटरों पर इंसान नहीं, कम्प्यूटर का प्रयोग कर रही है। टैक्सी बुक करने से लेकर खाना और सामान मंगाने का कार्य एप से हो रहा है। औद्योगिक क्षेत्र में ऑटोमेशन (एक रोबोट 6 इंसानों का काम अकेले कर सकता है) के बढ़ते चलन से ऐसा माना जा रहा है कि 2030 तक विश्व भर में 80 करोड़ लोगों की नौकरियाँ रोबोट द्वारा ले ली जाएगी। जर्मनी और अमेरिका में एक तिहाई कर्मचारियों की नौकरी रोबोट के हाथों में चले जाने का अनुमान है। यही प्रवृत्ति भारत और अन्य विकासशील देशों में भी दिखेगी।

भारत में भविष्य की चुनौतियाँ

- भारत में इलेक्ट्रिक कारों का आगमन हो चुका है अनुमान है कि 2030 तक भारत में पेट्रोल या डीजल की कारें नहीं बिकेंगी।
- आने वाले वक्त में स्वचालित कारें आएगी, जिसमें स्टीयरिंग भी नहीं होगा। इसका असर यह होगा कि टैक्सी ड्राइवर का कार्य करने वाले लोगों की नौकरियाँ समाप्त हो जाएंगी साथ ही कम शिक्षा स्तर वाले लाखों मोटर मैकेनिकों के रोजगार पर भी संकट आ सकता है।

आवश्यक कदम

- बदलती तकनीक के साथ कदम से कदम मिलकर चलने की आवश्यकता है। अर्थात् सरकार व युवाओं को कौशल पर ध्यान देना होगा और रोजगार के नए अवसर भी तलाशने होंगे।
- शिक्षा प्रणाली को कौशल विकास पर केन्द्रित करना होगा।
- नये प्रयोग करने को प्राथमिकता देनी होगी।
- कौशल विकास का विकेन्द्रीकरण आवश्यक है अर्थात् केवल IITs पर ही ध्यान न केन्द्रित किया जाये बल्कि छोटे शहरों में स्थित लाखों लोगों को प्रशिक्षण देने वाले IITs को भी विश्वस्तरीय बनाया जाये।
- माइक्रोसॉफ्ट के संस्थापक बिल गेट्स ने रोबोट टैक्स लगाने की बात की है। उनके अनुसार जिस भी उद्योग में एक रोबोट से लोगों की नौकरियां जाए वहाँ सरकार एक विशेष कर (रोबोट टैक्स) लगा सकती है। इस कर से प्राप्त राजस्व का प्रयोग बेरोजगार हुए व्यक्तियों के कौशल विकास और जीवन-यापन के लिए किया जा सकता है।

- बेशक नए आविष्कार तमाम दरवाजे खोल सकते हैं, परन्तु रचनात्मकता और मानवीय संवेदना का कोई विकल्प नहीं है। अगर हम आने वाले युग में अपना अस्तित्व बचाना चाहते हैं, तो हमें रचनात्मकता और संवेदना पर ध्यान देना होगा। इसकी शुरूआत स्कूलों और घरों से करनी होगी और बच्चों में रचनात्मक प्रतिभा का विकास करना होगा।

3. भारत में निगम कर की स्थिति (Corporate Tax in India)

निगम कर की दरों में परिवर्तन की घोषणा : 20 सितम्बर, 2019 (वित्तमंत्री निर्मला सीतारमण द्वारा)

परिवर्तन दरें लागू : 1 अप्रैल, 2019

प्रावधान	पूर्व	वर्तमान
किसी तरह की कोई अन्य छूट/राहत न लेने वाली कम्पनियों के लिए निगम कर की दर	30%	22% [Cess + Surcharge जोड़कर प्रभावी दर 25.17%]
1 अक्टूबर, 2019 के बाद पंजीकृत होने वाली विनिर्माण क्षेत्र की नई घरेलू कम्पनियों के लिए कर की दर	–	15% [Cess + Surcharge जोड़कर प्रभावी दर 17.01%]
ऐसी कम्पनियाँ जो छूट/राहत का लाभ लेंगी उनके लिए निगम कर की दर	30%	30% परन्तु ऐसी कंपनियों को MAT (न्यूनतम एकांतर कर) की दर 18.5% से घटाकर 15% किया गया।

निगम कर की नवीनतम् दरें लागू हो जाने से भारत सरकार के कर राजस्व पर 1.45 लाख करोड़ का भार पड़ेगा।

BRICS देशों में निगम कर की स्थिति		**ASEAN देशों में निगम कर की स्थिति**	
देश	**निगम कर**	**देश**	**निगम कर**
1. ब्राजील	34%	इंडोनेशिया	25%
2. रूस	20%	मलेशिया	24%
3. भारत	25.17%	थाईलैण्ड	20%
4. चीन	25%	सिंगापुर	17%
5. द. अफ्रीका	28%	वियतनाम	20%
G-7 देशों में निगम कर की स्थिति		**SAARC देशों में निगम कर की स्थिति**	
देश	**निगम कर**	**देश**	**निगम कर**
1. अमेरिका	27%	पाकिस्तान	30%
2. ब्रिटेन	19%	बांग्लादेश	25%
3. फ्रांस	31%	**टैक्स हैवन अर्थव्यवस्था में निगम कर की स्थिति**	
4. जर्मनी	30%	मॉरीशस	15%
		स्विटजरलैण्ड	18%

4. FAO द्वारा जारी कृषि उत्पादन की वैश्विक रैंकिंग-2017 (Global Ranking for Agriculture Crops)

(i) खाद्यान्न फसल

गेहूँ (Wheat)

उत्पादन (Producer)	निर्यातक (Exporter)	आयातक (Importer)
1. चीन	1. यूएसए	1. इंडोनेशिया
2. भारत	2. रूस संघ	2. मिस्त्र
3. रूसी संघ	3. कनाडा	3. अल्जीरिया
4. यूएसए	4. आस्ट्रेलिया	4. इटली
5. फ्रांस	5. फ्रांस	5. जापान
6. आस्ट्रेलिया	6. यूक्रेन	6. बाग्लादेश
7. कनाडा	7. अर्जेंटीना	7. नाइजीरिया
8. पाकिस्तान	8. जर्मनी	8. फिलीपींस
9. यूक्रेन	9. रोमानिया	9. भारत
10. जर्मनी	10. बुल्गारिया	10. स्पेन

स्थिति का विश्लेषण

उत्पादक देशों का मूल्यांकनः

- 10 में से 7 देश (चीन, रूसीसंघ, यूएसए, फ्रांस, कनाडा, यूक्रेन, जर्मनी) 30^0 उत्तरी अक्षांश से 60^0 उत्तरी अक्षांश में स्थित है। यहाँ गेहूँ के अधिक उत्पादन का कारण इनकी ठण्डी जलवायु है क्योकि रबी की फसल जिसमें गेहूँ प्रमुख है, बुआई का सबसे उपयुक्त समय अक्टूबर माह है। 30^0 से 60^0 उत्तरी अक्षांश में स्थित ये देश गेहूँ के लिए अनिवार्य जलवायु योग्यता को पूरा करते है।
- उत्तर भारतीय राज्य विशेषकर पंजाब, हरियाणा भी ठण्डी जलवायु प्रदेश की योग्यता के कारण भारत शीर्ष गेहूँ उत्पादक देश की सूची में शामिल है। पाकिस्तान का उत्तरी क्षेत्र भी इसी अक्षांशीय विस्तार में स्थित है।

निर्यातक देशों का मूल्यांकनः

- निर्यातक देशों की सूची में 7 देश वही हैं, जो शीर्ष उत्पादक देशों में हैं, जैसे-1. यूएसए, 2. रूसी संघ, 3. कनाडा, 4. आस्ट्रेलिया, 5. फ्रांस, 6. यूक्रेन व जर्मनी।
- निर्यातक देशों की सूची में अर्जेंटीना एक मात्र ऐसा देश है जो दक्षिण अमेरिका से आता है। यद्यपि निर्यातक देशों की सूची में बहुतायत देश यूरोप (फ्रांस, यूक्रेन, जर्मनी, रोमानिया, बुल्गारिया) व उत्तरी अमेरिका (यूएसए व कनाडा) से संबंधित है।

आयातक देशों का मूल्यांकनः

- आयातक देशों की सूची में मिस्त्र, अल्जीरिया व नाइजीरिया जैसे अफ्रीकी देश हैं, यहाँ की जलवायु गेहूँ की फसल के लिये उपयोगी नहीं है, क्योंकि ये गर्म प्रदेश (उष्ण कटिबंध) में स्थित देश है। इंडोनेशिया, जापान व फिलीपींस जैसे देश गेहूँ के आयातक अपनी धरातलीय संरचना के कारण है, अर्थात् इन देशों का धरातल पठारी, पथरीला व चट्टानी हैं, जो कृषि योग्य नहीं है।

- इटली व स्पेन भूमध्यसागरीय जलवायु प्रदेश में स्थित है यह जलवायु रसदार फलों के लिए सबसे उपयुक्त है न कि खाद्यान फसलों के लिए।
- भारत गेहूँ का दूसरा सबसे बड़ा उत्पादक होने के बावजूद भी गेहूँ का आयात करता है। ऐसा करने के तीन प्रमुख कारण हैं- 1. मानसून की अनिश्चितता, 2. प्राकृतिक आपदाए, 3. जनसंख्या की अधिकता।

चावल (Rice)

उत्पादन (Producer)	निर्यातक (Exporter)	आयातक (Importer)
1. चीन	1. भारत	1. चीन
2. भारत	2. थाईलैण्ड	2. ईरान
3. इंडोनेशिया	3. वियतनाम	3. सउदी अरब
4. बांग्लादेश	4. यूएसए	4. बेनिन
5. वियतनाम	5. पाकिस्तान	5. यूएई
6. थाईलैण्ड	6. इटली	6. बांग्लादेश
7. म्यांमार	7. चीन	7. यूएसए
8. फिलीपींस	8. उरूग्वे	8. इराक
9. ब्राजील	9. म्यांमार	9. आईवरी कोस्ट
10. पाकिस्तान	10. कम्बोडिया	10. इंगलैण्ड

स्थिति का विश्लेषण

चीन, चावल का सबसे बड़ा उत्पादक होने के बावजूद भी सबसे बड़ा चावल का आयातक है अर्थात् चीन अपने वर्चुअल वाटर को सुरक्षित रखता है। वहीं दूसरी तरफ भारत चावल का दूसरा सबसे बड़ा उत्पादक है, परन्तु विश्व का सबसे बड़ा निर्यातक है इसका अर्थ हुआ कि भारत न केवल चावल बल्कि अपने पानी का भी निर्यात कर रहा है, जिससे देश के जल संसाधन पर दबाव बढ़ रहा है।

(ii) वाणिज्यिक फसल

काफी (Coffee)

उत्पादन (Producer)	निर्यातक (Exporter)	आयातक (Importer)
1. ब्राजील	1. ब्राजील	1. यूएसए
2. वियतनाम	2. वियतनाम	2. जर्मनी
3. कोलंबिया	3. कोलंबिया	3. इटली
4. इंडोनेशिया	4. होंडुरॉस	4. जापान
5. होंडुरॉस	5. इंडोनेशिया	5. बेल्जियम
6. इथोपिया	6. जर्मनी	6. स्पेन
7. पेरू	7. इथोपिया	7. कनाडा
8. भारत	8. ग्वाटेमाला	8. स्विटजरलैण्ड
9. ग्वाटेमाला	9. पेरू	9. फ्रांस
10. युगांडा	10. बेल्जियम	10. नीदरलैण्ड

स्थिति का विश्लेषण

काफी के आयातक देश मुख्य रूप से ठण्डे प्रदेश है, जो उच्च अक्षांश में स्थित है, ये मुख्य रूप से यूरोप महाद्वीप से संबंधित हैं, जैसे-जर्मनी, इटली, बेल्जियम, स्पेन, स्विट्जरलैण्ड, फ्रांस, नीदरलैण्ड।

मूंगफली (Groundnut)

उत्पादन (Producer)	निर्यातक (Exporter)	आयातक (Importer)
1. चीन	1. भारत	1. नीदरलैण्ड
2. भारत	2. यूएसए	2. इंडोनेशिया
3. यूएसए	3. नीदरलैण्ड	3. रूसी संघ
4. नाइजेरिया	4. अर्जेटीना	4. मैक्सिको
5. सूडान	5. ब्राजील	5. जर्मनी
6. म्यानमार	6. चीन	6. इग्लैण्ड
7. अर्जेंटीना	7. निकारागुआ	7. चीन
8. तंजानिया	8. सेनेगल	8. कनाडा
9. सेनेगल	9. म्यानमार	9. पोलैण्ड
10. चाड	10. बेल्ज्यिम	10. जापान

गन्ना (Sugarcane)

उत्पादन (Producer)	निर्यातक (Exporter)
1. ब्राजील	1. चीन
2. भारत	2. नीदरलैण्ड
3. चीन	3. यूएसए
4. थाईलैण्ड	4. बेल्जियम
5. पाकिस्तान	5. फ्रांस
6. मैक्सिको	6. मलेशिया
7. आस्ट्रेलिया	7. जर्मनी
8. कोलंबिया	8. कोरिया गणराज्य
9. ग्वाटेमाला	9. इंडोनेशिया
10. यूएसए	10. इटली

स्थिति का विश्लेषण

भारत दूसरा सबसे बड़ा गन्ना उत्पादक होने के बावजूद भी शीर्ष 10 निर्यातक देशों में स्थान नहीं बना पाया। दूसरी ओर चीन उत्पादन के मामले में तीसरा स्थान रखने के बावजूद भी प्रथम निर्यातक देश है।

प्राकृतिक रबड़ (Natural Rubber)

उत्पादन (Producer)	निर्यातक (Exporter)
1. थाईलैण्ड	1. थाईलैण्ड
2. इंडोनेशिया	2. वियतनाम
3. वियतनाम	3. मलेशिया
4. भारत	4. ग्वाटेमाला
5. चीन	5. नीदरलैण्ड
6. मलेशिया	6. घाना
7. आइवरी कोस्ट	7. बेल्जियम
8. फिलीपिंस	8. भारत
9. ग्वाटेमाला	9. जर्मनी
10. म्यामार	10. यूएसए

तिलहन (Coil Seeds)

उत्पादन (Producer)	निर्यातक (Exporter)
1. चीन	1. चीन
2. पाकिस्तान	2. कनाडा
3. इथोपिया	3. आस्ट्रिया
4. नेपाल	4. नीदरलैण्ड
5. मलेशिया	5. पराग्वे
6. इटली	6. जर्मनी
7. यूक्रेन	7. बोलिविया
8. भारत	8. इथोपिया
9. रूसी संघ	9. अर्जेटीना
10. पोलैंड	10. यूक्रेन

सरसों (Musted)

उत्पादन (Producer)	निर्यातक (Exporter)
1. नेपाल	1. कनाडा
2. कनाडा	2. जर्मनी
3. रूसी संघ	3. रूसी संघ
4. म्यानमार	4. यूक्रेन
5. यूक्रेन	5. भारत
6. यूएसए	6. चेक गणराज्य
7. चीन	7. नीदरलैण्ड
8. कजाखस्तान	8. बेल्जियम
9. फ्रांस	9. यूएसए
10. चेक गणराज्य	10. कजाखस्तान

(ii) प्रमुख सब्जियाँ

टमाटर (Tomato)

उत्पादन (Producer)	निर्यातक (Exporter)
1. चीन	1. नीदरलैण्ड
2. भारत	2. मैक्सिको
3. टर्की	3. स्पेन
4. यूएसए	4. मोरक्को
5. इजिप्ट (मिस्त्र)	5. कनाडा
6. ईरान	6. फ्रांस
7. इटली	7. यूएसए
8. स्पेन	8. बेल्जियम
9. मैक्सिको	9. तुर्की
10. ब्राजील	10. जार्डन

आलू (Potato)

उत्पादन (Producer)	निर्यातक (Exporter)
1. चीन	1. नीदरलैण्ड
2. भारत	2. फ्रांस
3. रूसीसंघ	3. जर्मनी
4. यूक्रेन	4. चीन
5. यूएसए	5. मिस्त्र
6. जर्मनी	6. यूएसए
7. बाग्लादेश	7. कनाटा
8. पोलैण्ड	8. बेल्जियम
9. नीदरलैण्ड	9. ईरान
10. फ्रांस	10. इग्लैण्ड

प्याज (Onion)

उत्पादन (Producer)	निर्यातक (Exporter)
1. चीन	1. नीदरलैण्ड
2. भारत	2. चीन
3. यूएसए	3. भारत
4. ईरान	4. मैक्सिको
5. इजिप्ट (मिस्त्र)	5. यूएसए
6. रूसीसंघ	6. मिस्त्र
7. तुर्की	7. स्पेन
8. बांग्लादेश	8. पेरू
9. पाकिस्तान	9. पोलैण्ड
10. नीदरलैण्ड	10. इटली

5. 20 वीं पशुधन गणना रिपोर्ट 2019

तिथि : 16 अक्टूबर, 2019

विभाग : पशुपालन एवं डेयरी विभाग

मंत्रालय : मत्स्य पालन, पशुपालन और डेयरी मंत्रालय

महत्वपूर्ण तथ्य :

- देश में कुल पशुधन की आबादी 535.78 मिलियन है, जो पशुधन गणना 2012 की तुलना में 4.6% अधिक है।
- 19वीं पशुधन गणना जो वर्ष 2012 में हुई थी, से 20वीं पशुधन गणना की तुलना करने पर जिन जानवरों की संख्या में वृद्धि देखी गयी है, वे निम्नवत् हैं:–
  * गोजातीय आबादी (Bovine) (मवेशी भैंस, मिथुन एवं याक) = 1% वृद्धि
  * मवेशियों (Cattle) की कुल संख्या = 0.8% वृद्धि
  * मादा मवेशी (Female Cattle) (गायों की कुल संख्या) = 18% वृद्धि
  * भैंसो (Buffalo) की कुल संख्या = 1% वृद्धि
  * भेड़ों (Sheep) की कुल संख्या = 14.1% वृद्धि
  * बकरियों (Goat) की कुल संख्या = 10.1% वृद्धि
  * पोल्ट्री (Poultry) की कुल संख्या = 16.8% वृद्धि

नोटः देश में सुअरों (Pigs) की कुल संख्या में 12.03% की कमी आयी है।

- जिन राज्यों में 19वीं पशुधन गणना 2012 की तुलना में 20वीं पशुधन गणना 2019 में पशुधन में कमी देखी गयी है, वे राज्य निम्नवत् हैं:– 1. उत्तर प्रदेश, 2. मध्य प्रदेश, 3. राजस्थान, 4. महाराष्ट्र
- सर्वाधिक पशुधन जनसंख्या वाले राज्य हैं– 1. उत्तर प्रदेश, 2. राजस्थान, 3. मध्य प्रदेश, 4. पं. बंगाल, 5. बिहार।
- कुल गायों की संख्या में प्रथम स्थान प्राप्त करने वाला उत्तर प्रदेश राज्य इस नवीनतम रिपोर्ट में दूसरे स्थान पर आ गया है, जबकि प्रथम स्थान पश्चिम बंगाल का प्राप्त हुआ है।

उत्तर प्रदेश विशेषः

प्रथम स्थान	:	भैसों की संख्या व घोड़ों की संख्या में
द्वितीय स्थान	:	गोवंश की संख्या में
तृतीय स्थान	:	बकरी व गधों की संख्या में
चतुर्थ स्थान	:	खच्चर व ऊँट की संख्या में
छठा स्थान	:	सुअर की संख्या में
दसवा स्थान	:	भेड़ों की संख्या में

नोटः

- 20वीं पशुधन गणना सभी राज्यों और केन्द्र शासित प्रदेशों की भागीदारी से आयोजित की गयी है। यह गणना ग्रामीण और शहरी दोनों ही क्षेत्रों में की गयी है।
- वर्ष 2012 की पशुधन गणना में वर्ष 2011 के आकड़े थे। इसी प्रकार वर्ष 2019 की पशुध न गणना में वर्ष 2018 के आकड़े हैं। ये आकड़े 2 वर्ष के विलंब से प्रस्तुत किये गये हैं।
- सर्वाधिक भेड़ों की संख्या तेलंगाना में है तथा सर्वाधिक बकरियों की संख्या वाला राज्य राजस्थान है।

पशुओं से संबंधित	: राष्ट्रीय पशु रोग नियंत्रण कार्यक्रम		
महत्वपूर्ण योजना	प्रारम्भ	:	11 सितम्बर 2019
	स्थान	:	मथुरा उत्तर प्रदेश से प्रधानमंत्री मोदी द्वारा
	उद्देश्य	:	500 मिलियन से अधिक पशुधन का टीकाकरण करना।
	लक्ष्य	:	36 मिलियन महिला गोजातीय बछड़ों का प्रतिवर्ष टीकाकरण।
			2025 तक पशुओं को होने वाले रोगों को नियंत्रित करना।
			2030 तक पशु रोगों का उन्मूलन करना।
	व्यय	:	12,652 करोड़ रूपये (5 वर्ष की अवधि हेतु)
राष्ट्रीय गोकुल मिशन :	प्रारम्भ	:	वर्ष 2014
	उद्देश्य	:	मवेशियों की देसी नस्लों को बढ़ाना।

6. कैशलेस अर्थव्यवस्था को बढ़ावा देने के लिये सरकार द्वारा उठाये गये कदम

21 जुलाई 2018 को जीएसटी काउंसिल द्वारा विचारणीय मुद्दे

भीम एप व रूपे कार्ड के जरिये भुगतान करने वाले ग्राहकों को GST में 20% छूट मिलेगी हालांकि यह छूट अधिकतम 100 रूपये होगी। यह छूट कैश बैक के रूप में मिलेगी और यह राशि सीधे बैंक खाते में जाएगी।

नोट:
- वर्तमान में भारत में रूपे कार्ड धारक की संख्या लगभग 28 करोड़ है जिसमें 24 करोड़ जनधन खाताधारक है। साथ ही बड़ी संख्या में उन किसानों के पास भी रूपे कार्ड है जिन्होंने किसान क्रेडिट कार्ड बनवाया है।
- यह सुविधा वीजा कार्ड और मास्टर कार्ड के जरिये भुगतान करने वालों को नहीं दी जायेगी।
- इस योजना को क्रियान्वित करने से सरकार पर सलाना 1000 करोड़ का वित्तीय भार पड़ेगा। इसके बावजूद सरकार यह योजना लागू करना चाहती है, सरकार के लिये यह भविष्य में लाभ का सौदा रहेगा। क्योंकि डिजिटल लेन-देन से संगठित क्षेत्र का दायरा बढ़ेगा। परिणाम स्वरूप वित्तीय समावेशन को बढ़ावा मिलेगा। वित्तीय पारदर्शिता में वृद्धि होगी, काले धन पर रोक लगेगी और अंततः सरकार के राजस्व में वृद्धि होगी।
- भीम एप का विकास नेशनल पेमेंट कार्पोरेशन ऑफ इंडिया द्वारा किया गया है। जिसका उद्घाटन 30 दिसम्बर 2016 में किया गया था।

दिसम्बर 2017 में किये गये प्रयास

- डेबिट कार्ड के जरिये 2000 रूपये तक के भुगतान पर लगने वाले MDR शुल्क को सरकार 2 वर्ष तक स्वयं वहन करेगी। अर्थात् बैंक यह राशि डेबिट कार्ड धारकों से नहीं वसूलेंगी। यह राशि सरकार स्वतः वहन करेगी।
- बीमा पालिसी, रेल टिकट और हाईवे के टोल के ऑनलाइन भुगतान पर भी ऐसी ही छूट दी गयी है।

13 दिसम्बर 2016 में किये गये प्रयास

पेट्रोल पंप पर पेट्रोल-डीजल के मूल्य का भुगतान डेबिट या क्रेडिट कार्ड से करने पर 0.25 प्रतिशत का कैशबैक 3 दिन के भीतर कार्ड धारक के खाते में जमा कर दिया जाता है। पहले 0.75 प्रतिशत कैशबैक की सुविधा थी।

कैशलेस अर्थव्यवस्था के लाभ

- भ्रष्टाचार पर नियंत्रण करने में सहायक।
- काला धान, समानान्तर अर्थव्यवस्था, आंतकवाद को नियंत्रित करने में सहायक।

- वित्तीय समावेश को गति मिलेगी।
- बैंको में नकदी बढ़ने से ब्याज दरों में कमी आयेगी और निम्न ब्याज दर के चलते "उद्यमिता" को बढ़ावा मिलेगा अर्थात् नये निवेश से रोजगार सृजन और प्रतिव्यक्ति आय में वृद्धि होगी।
- पेपर मनी (कागजी मुद्रा) कम छापे जाने से सरकारी व्यय कम होगा साथ ही कम से कम पेपर का उपयोग पर्यावरण हितैषी होगा।

कैशलेस अर्थव्यवस्था की राह में चुनौतियां

- इंटरनेट की गुणवत्तापूर्ण पहुँच अभी भी सीमित है।
- डिजिटल साक्षरता में कमी। (भारत की साक्षरता दर ही 74.4% है।)
- साइबर सुरक्षा।

7. भारतीय अर्थव्यवस्था : वैश्विक मूल्यांकन

1. जीडीपी के आधार पर शीर्ष अर्थव्यवस्थाए (GDP in Trillion $) :

1. यू.एस.ए. (21)	2. चीन (9.2)	3. जापान (5.2)	4. जर्मनी (4.2)	5. ब्रिटेन (3.2)
6. भारत (2.9)	7. फ्रांस (2.9)	8. ब्राजील (2.0)	9. इटली (1.93)	10. कनाडा (1.8)

महत्वपूर्ण तथ्य:

- अप्रैल 2018 में IMF ने विश्व आर्थिक परिदृश्य नामक रिपोर्ट जारी की जिसके अनुसार वर्ष 2011 से वर्ष 2014 तक अर्थात चार वर्षो तक भारत लगातार शीर्ष जीडीपी वाली अर्थव्यवस्था की रैंकिंग में 10वें स्थान पर रहा।
- वर्ष 2014-15 से 2017-18 के मध्य अर्थात् इन चार वर्षों में भारत ने 4 देशों यथा-कनाडा, इटली, ब्राजील व फ्रांस को पीछे छोड़ते हुए 6ठा स्थान प्राप्त किया। ऐसा अनुमान है कि वर्ष 2018 के अंत तक भारत, ब्रिटेन को पीछे छोड़ते हुए 5वां स्थान प्राप्त कर लेगा।
- जीडीपी के आधार पर शीर्ष 10 अर्थव्यवस्थाओं में यूरोप महाद्वीप से 4 देश, एशिया महाद्वीप से 3 देश, उत्तरी अमेरिका महाद्वीप से 2 देश, दक्षिण अमेरिका महाद्वीप से 1 देश शामिल है।।

2. PCI के आधार पर शीर्ष अर्थव्यवस्थाएं:

1. कतर	2. मकाऊ	3. लक्जमबर्ग	4. सिंगापुर	5. ब्रुनेई
6. आयरलैण्ड	7. नार्वे	8. कुवैत	9. यूएई	10. स्विट्जरलैण्ड

महत्वपूर्ण तथ्य:

- IMF के अनुसार प्रति व्यक्ति आय के आधार पर वर्ष 2017 में भारत का विश्व में 126 वां स्थान है जबकि 2016 में 127 वाँ स्थान था।
- भारत की प्रति व्यक्ति आय (PCI) 2016 में 6690 अमेरिकी डॉलर थी जो वर्ष 2017 में बढ़कर 7170 डॉलर हो गयी।
- भारत की प्रति व्यक्ति आय के कम होने का प्रमुख कारण तीव्र जनसंख्या वृद्धि है।
- PCI के आधार पर शीर्ष 10 अर्थव्यवस्थाओं में एशिया महाद्वीप से 6 देश व यूरोप महाद्वीप के 4 देश शामिल है।

3. जनसंख्या के आधार पर शीर्ष देश:

1. चीन	2. भारत	3. अमेरिका	4. इण्डोनेशिया	5. ब्राजील
6. पाकिस्तान	7. नाइजीरिया	8. बांग्लादेश	9. रूस	10. मैक्सिको

महत्वपूर्ण तथ्य:

- UNO के आर्थिक एवं सामाजिक मामलों के विभाग (UN Department of Economic and Social Affairs) ने वैश्विक जनसंख्या के संबंध में अपनी रिपोर्ट "World Population Prospects: The 2017 Revision" नामक शीर्षक से जारी की। इस रिपोर्ट में बताया गया है कि भारत वर्ष 2024 तक चीन को पीछे छोड़कर सर्वाधिक जनसंख्या वाला देश बन जाएगा।
- जनसंख्या के आधार पर शीर्ष 10 देशों में एशिया महाद्वीप से 5 देश, उत्तरी अमेरिका महाद्वीप से 2 देश, यूरोप, अफ्रीका और दक्षिण अमेरिका महाद्वीप से 1-1 देश शामिल है।

8. जीएसटी : वैश्विक तुलना

- वर्तमान में GST लगभग 115 देशों ने अपनाया है।
- विश्व बैंक के अनुसार एशिया में सर्वाधिक GST की दर निर्धारित करने वाला देश भारत है।
- विश्व में सर्वाधिक GST दर दक्षिण अमेरिका महाद्वीप में स्थित देश चिली में है।
- प्रमुख देशों में GST की दरें है:-

देश जीएसटी की दरें (%) में

मलेशिया	6%
सिंगापुर, थाइलैण्ड	7%
आस्ट्रेलिया, इण्ड़ोनेशिया	10%
दक्षिण अफ्रीका	14%
न्यूजीलैण्ड, मारीशॅस	15%
जर्मनी	19%
ब्रिटेन	20%
डेनमार्क	25%

- विश्व के 49 देशों में जीएसटी की एक ही स्लैब है, 28 देशों में दो प्रकार की जीएसटी स्लैब मौजूद है।
- विश्व में केवल 5 ऐसे देश है जहां जीएसटी की स्लैब 4 या उससे अधिक है, वे देश हैं:- 1. भारत, 2. इटली, 3. पाकिस्तान, 4. लक्जमबर्ग, 5. घाना।
- भारत में खाद्यान्न जैसे गेहूँ, चावल इत्यादि आवश्यक वस्तुओं पर 0% जीएसटी दरो को आरोपित किया गया है।
- आम उपभोक्ता वस्तुओं पर जीएसटी की दर 5% आरोपित की गई है।
- भारत में 81 प्रतिशत वस्तुए 5%, 12%, 18% जीएसटी की दर में शामिल है। केवल विलासिता व अवगुणों वाली वस्तुओं पर 28% जीएसटी दर आरोपित की गयी है।
- भारत में 17 करो (केन्द्र व राज्य सरकार के अप्रत्यक्ष करो को मिलाकर) तथा 23 उपकरो को समाप्त कर उसके स्थान पर एक देश एक कर व्यवस्था वाले जीएसटी को अपनाया गया है।

9. प्रथम, द्वितीय, तृतीय एवं चतुर्थ द्विमासिक मौद्रिक नीति

	5 अप्रैल, 2018	6 जून, 2018	1 अगस्त, 2018	6 अक्टूबर 2018
बैंक रेट	6.25%	6.50%	6.75%	6.75%
रेपो रेट	6.00%	6.25%	6.50%	6.50%
रिवर्स रेपो रेट	5.75%	6.00%	6.25%	6.25%
सीआरआर	4.00%	4.00%	4.00%	4.00%
एसएलआर	19.50%	19.50%	19.50%	19.50%
एमएसएफ	6.25%	6.50%	6.75%	6.75%

नोट : वर्तमान में मौद्रिक नीति का निर्धारण MPC (Monetory Policy Committee) द्वारा किया जाता है। केन्द्र सरकार द्वारा RCI Act 1934 की धारा 45ZB के तहत MPC का गठन किया गया है। मौद्रिक नीति का लक्ष्य है 1. वित्तीय स्थिरता, 2. समावेशी विकास हासिल करना।

- रेपो रेट व रिवर्स रेपो रेट को संयुक्त रूप से "LAF" कहते हैं।

10. त्वरित सुधारात्मक कार्यवाही

RBI ने बड़ी मात्रा में कर्ज में डूबे सार्वजनिक क्षेत्र के बैंक **देना बैंक** पर नया ऋण और नई नौकरियां देने पर 12 मई 2018 को रोक लगाने का निर्देश दिया। यह निर्णय ''त्वरित सुधारात्मक कार्यवाही'' (Prompt Correction Action-PCA) के तहत लिया गया।

नोटः

- इससे पहले रिजर्व बैंक इलाहाबाद बैंक, आईडीबीआई बैंक, इंडियन ओवरसीज बैंक एवं यूको बैंक के खिलाफ यह कार्यवाही कर चुका है।
- PCA का अर्थ है कि अब देना बैंक के उधार देने पर प्रतिबंध है अर्थात बैंक पहले से स्वीकृत क्रेडिट सुविधाओं के लिए ऋण तो बांट सकता है लेकिन कोई नये ऋण स्वीकृत नहीं कर सकता। देना **बैंक कर्मचारियों की भर्ती** नहीं कर सकता। यदि बैंक एनपीए में सुधार करता है और खराब ऋण के अनुपात को कम करता है, तो RBI इन प्रतिबंधों को हटा सकता है। RBI द्वारा जिस प्रकार से इन बैंक पर त्वरित सुधारात्मक कार्यवाही कर रहा हैं, उससे देश में नैरो बैंकिंग की शुरूआत हो सकती है। नैरो बैंकिंग का अर्थ है- बैंक के कार्यो को संकुचित करना और ऋण वितरण पर रोक लगाने से है।

11. डायरेक्टोरेट जनरल ऑफ ट्रेड रैमडीज

- वाणिज्य एवं उद्योग मंत्रालय ने 17 मई 2018 को **भारत सरकार (व्यवसाय का आवंटन) नियमन 1961** में संशोधन कर वाणिज्य विभाग में 'Diractorate General of Anti Dumping & Allied Duties' के स्थान पर Directorate General of Trade Remedies-DGTR नामक राष्ट्रीय प्राधिकरण का सृजन किये जाने की औपचारिक अधिसूचना जारी की।
- 'DGTR' वाणिज्य विभाग से जुड़ा हुआ एक कार्यालय के रूप में कार्य करेगा।
- 'DGTR' मुख्य रूप से Anti Dumping Duty, Counter Veiling Duty और व्यापक एवं त्वरित सुरक्षा व्यवस्था को सुनिश्चित करेगा।

12. प्रत्यक्ष विदेशी निवेश (एफडीआई) : अद्यतन

वर्ष	FDI (बिलियन डालर में)
2016-17	60
2017-18	61.96

- **भारत में सर्वाधिक FDI आकर्षित करने वाले क्षेत्र :** 1. सेवा, 2. कम्प्यूटर सॉफ्टवेयर तथा हार्डवेयर, 3. दूरसंचार, 4. निर्माण, 5. ट्रेडिंग, 6. वाहन।
- **भारत में सर्वाधिक FDI करने वाले शीर्ष देश :** 1. मारीशस, 2. सिंगापुर, 3. जापान, 4. नीदरलैण्ड, 5. अमेरिका, 6. जर्मनी, 7. फ्रांस, 8. यूएई।
- **भारत में FDI में वृद्धि के कारण :** रक्षा, चिकित्सा उपकरण, निर्माण क्षेत्र, खुदरा क्षेत्र व नागर विमानन जैसे क्षेत्रों में भारत सरकार ने FDI नियमों को उदार बनाया है तथा FIPB को वर्ष 2017-18 में समाप्त करने के कारण देश में FDI को गति मिली है।
- **FDI से लाभ** :
  - * आधारभूत संरचना का विकास।
  - * विदेशी मुद्रा भण्डार में वृद्धि।
  - * आयात भुगतान की स्थिति बेहतर।
  - * डॉलर के मुकाबले भारतीय रूपये में मजबूती।
  - * तकनीक व रोजगार सृजन की स्थिति में सुधार।
- **प्रत्यक्ष विदेशी निवेश विश्वास सूचकांक 2018 (FDI-Confidence Index-2018) :**
  - * **जारीकर्ता** : वैश्विक परामर्श फर्म ए.टी. केर्नी
  - * **तिथि** : 23 जुलाई, 2018
  - * **शीर्ष FDI प्राप्तकर्ता देश** : 1. अमेरिका (लगातार 6ठी बार), 2. कनाडा, 3. जर्मनी, 4. ब्रिटेन, 5. चीन, 6. जापान, 7. फ्रांस, 8. आस्ट्रेलिया, 9. स्विटजरलैण्ड, 10. इटली, 11. भारत आदि।

महत्वपूर्ण तथ्य:

- वर्ष 2018 के लिए जारी रिपोर्ट में भारत शीर्ष 10 देशों की सूची से बाहर हो गया है। वर्ष 2017 में भारत का इस इण्डेक्स में 8वाँ स्थान तथा वर्ष 2016 में भारत का 9वाँ स्थान था।
- भारत की रैंकिंग नीचे आने का कारण है-GST को लागू करने के बाद की परिस्थितियां और 2016 में किया गया विमुद्रीकरण है जिसके कारण व्यवसायिक गतिविधियों में अवरोध उत्पन्न हुआ।
- इटली और स्विटजरलैण्ड ने पहली बार इस सूचकांक में शीर्ष 10 में जगह बनायी है और भारत शीर्ष 10 से बाहर हुआ है।

13. भारत द्वारा अमेरिका के निर्यात पर भारी शुल्क लागू करने की नीति

- अमेरिका ने चीन द्वारा निर्यात की जाने वाली निर्यातित स्टील पर 25% तथा एल्यूमीनियम पर 10% का 'आयात शुल्क' लगाया, जिससे दुनिया की दो सबसे बड़ी शीर्ष अर्थव्यवस्थाओं के बीच टकराव की स्थिति पैदा हो गयी, जिसे ट्रेड वार की संज्ञा दी जाती है।
- भारत ने 15 जून, 2018 को अमेरिका के 30 उत्पादों पर 20 से 50 प्रतिशत तक उच्च आयात शुल्क (Havey Import Duty) लगाने की अधिसूचना WTO को दे दी।

- भारत जिन अमेरिकी उत्पादों पर आयात शुल्क बढ़ाने जा रहा है, उनमें शामिल हैं-भारी मशीनरियाँ, लोहे व इस्पात के सामान, 800 सीसी से अधिक इंजन क्षमता वाली मोटरसाइकिलें तथा झींगा मछली, चाकलेट व बादाम जैसे कृषि उत्पाद आदि।

प्रमुख तथ्यः

- ऐसा पहली बार हो रहा है कि भारत, अमेरिका की **''संरक्षण वादी नीतियों''** (Protection Policy) के खिलाफ कदम उठाते हुए अमेरिका के उत्पादों पर **''उच्च आयात शुल्क''** (High Tariff Duty) लागू कर रहा है।
- भारत द्वारा ऐसा करने का प्रमुख कारण यह था कि जब अमेरिका ने इस्पात और एल्युमीनियम के उत्पादों पर शुल्क वृद्धि की उस स्थिति में भारत ने अपने निर्यातों पर उच्च आयात शुल्क न लगाने की गुजारिश अमेरिका से की जिसे अमेरिका ने ठुकरा दिया, यही कारण है कि भारत ने ''प्रतिशोधात्मक आयात करो'' को लागू किया।

14. प्रोजेक्ट सशक्त

घोषणा : 4 जुलाई 2018

उद्देश्य : देश के सार्वजनिक बैंको की गैर-निष्पादित परिसम्पत्तियों (NPA) से निपटने हेतु।

मंत्रालय : वित्त मंत्रालय द्वारा प्रारम्भ

प्रोजेक्ट सशक्त से सम्बन्धित महत्वपूर्ण तथ्य :

- जून 2018 में कार्यवाहक वित्तमंत्री पीयूष गोयल ने पंजाब नेशनल बैंक के एम.डी. **सुनील मेहता** की अध्यक्षता में एक समिति का गठन किया। इस समिति की सिफारिश के आधार पर ''प्रोजेक्ट सशक्त'' तैयार किया गया है।
- प्रोजेक्ट सशक्त के तहत 5 सूत्रीय फार्मूले लागू किये गये हैं जो निम्नवत है:

श्रेणी	फॉर्मूला
50 करोड़ से कम राशि के NPA के मामले	ऐसे मामलों के निपटान हेतु प्रत्येक बैंक में एक 'संचालन समिति' का गठन किया जायेगा। यह संचालन समिति 90 दिनों के भीतर ऐसे सभी खातों के बारे में फैसला लेगी जैसे-ऐसे लोगों को और ऋण दिया जाये या उनके कारोबार को बंद किया जाये।
50 करोड़ से 500 करोड़ रूपये के NPA के मामले	लीड बैंक के नेतृत्व में ऐसे मामलों के निपटान की प्रक्रिया तैयार की जायेगी।
500 करोड़ रूपये से अधिक NPA के मामले	• AMC (Asset Management Company) की स्थापना द्वारा निपटान । • विशेषज्ञों की समिति बनाकर 180 दिनों के भीतर निपटान। • दिवालिया कानून (Insolvency & Bankruptcy code 2016) के द्वारा निपटान।

AMC (Asset Management Company) : 500 करोड़ रूपए से अधिक के फंसे ऋण के लिए एसेट मैनेजमेंट कंपनी की स्थापना की जाएगी। AMC बैंक द्वारा NPA घोषित किये हुए ऋण खरीदेगी जिससे इस कर्ज का भार बैंको पर नहीं पड़ेगा। यह कंपनी पूरी तरह से स्वतंत्र होगी। इसमें सरकार का कोई दखल नही होगा। AMC सरकारी और प्राइवेट क्षेत्रों के निवेशकों से धन जुटाएगी।

अग्रणी बैंक : बैंकिग व्यवस्था सुधारने के लिए 1969 में गाडगिल समिति की सिफारिश पर हर जिले में एक अग्रणी बैंक की स्थापना की गयी। यह बैंक जिला स्तर पर ऋणों की योजना बनाने, विशिष्ट कार्यक्रमों में दूसरे बैंको से सहयोग लेने तथा निश्चित कार्यक्रमों के लिए ऋण जुटाने में सभी वित्तीय संस्थानों के मध्य समन्वय कायम करने के प्रयास करते है।

नोटः अग्रणी बैंक जिले का सार्वजनिक या निजी क्षेत्र का कोई बैंक हो सकता है। उन बैंको को लीड बैंक का दर्जा दिया जाता है जिनकी ग्रामीण क्षेत्रों में शाखाओं के अपेक्षाकृत बड़े नेटवर्क है तथा पर्याप्त वित्तीय एवं मानव संसाधन है।

15. पब्लिक क्रेडिट रजिस्ट्री

पब्लिक क्रेडिट रजिस्ट्री की संकल्पना	:	वाई. एम. देवस्थली समिति द्वारा की गयी सिफारिश के आधार पर पब्लिक क्रेडिट रजिस्ट्री की संकल्पना को अपनाया गया।
उद्देश्य	:	किसी व्यक्ति या संस्था के वित्तीय दायित्व (Financial Responsibility) के विषय में रियल टाइम सूचना तैयार करना ताकि ऋण लेने वालों की बिखरी हुई और अव्यवस्थित जानकारियों को एक जगह इकट्ठा किया जा सके और एक ही दृष्टि में भारत में जिन लोगों ने ऋण लिया है की जानकारी प्राप्त करना।
प्रावधान	:	• RBI सभी बैंकों और ऋणदाता संस्थानों के लिये यह अनिवार्य कर देगा कि ऋण के जितने भी मामले है चाहे छोटे हो या बड़े सभी मामलों की रिपोर्टिंग RBI में की जाये। • RBI को ऋण से जुड़ी रिर्पोटिंग करने वाली संस्थाएं निम्नवत है- पब्लिक बैंक, वाणिज्यिक बैंक, को-आपरेटिव बैंक, एनबीएफसी, माइक्रो फाइनेंस यूनिट

16. अटल टिंकरिंग लैब

- नीति आयोग ने अटल इनोवेशन मिशन के तहत चुने गये स्कूलो में अटल टिंकरिंग लैब स्थापित किये जाएंगे।
- अटल टिंकरिंग लैब वे प्रयोगशालाएं हैं जिनमें 3 डी प्रिंटर, रोबोटिक्स, सेसंर टेक्नोलॉजी उपकरण, इंटरनेट प्रणाली और सूक्ष्म इलेक्ट्रानिक उपकरणों की व्यवस्था होती है।
- अटल टिंकरिंग लैब की स्थापना का उद्देश्य यह है कि बच्चे पाठ्यक्रम व पाठ्यपुस्तकों के ज्ञान की परिधि से बाहर निकलकर रचनात्मक गतिविधियां संपन्न करे।
- Atal Tinkering Labs के लिए चुने गये स्कूलों को 5 वर्षों में बतौर अनुदान 20 लाख रूपये दिये जाएगे वर्तमान में वे स्कूल जहाँ अटल टिंकरिंग लैब है कि संख्या 5441 हो गयी है।
- वर्ष 2020 तक 10 लाख से ज्यादा आधुनिक बाल अन्वेषकों को तैयार करना अटल इनोवेशन मिशन का लक्ष्य है जिससे आगामी वर्षों में भारत अपनी चुनौतियों के समाधान हेतु तार्किक व वैज्ञानिक हल ढूंढ सके।

17. एशियन इन्फ्रास्ट्रक्चर इन्वेस्टमेण्ट बैंक

स्थापना	:	दिसम्बर 2015 में चीन की पहल पर स्थापित।
उद्देश्य	:	विकासशील देशों को आधारभूत संरचना के विकास के लिए IMF व WB जैसी अन्तर्राष्ट्रीय आर्थिक संगठनों पर निर्भरता को कम करना।
बैंक द्वारा कार्य प्रारम्भ	:	जनवरी 2016।
कुल सदस्य देश	:	57 संस्थापक सदस्य।
मुख्यालय	:	बीजिंग।
बोर्ड आर्फ गवर्नर्स की वार्षिक बैठक	:	**वर्ष** — **देश** 2016 : बीजिंग (चीन) 2017 : जोजू (दक्षिण कोरिया) 2018 : 25-26 जून मुम्बई (भारत) 2019 : लक्जमबर्ग सिटी (लक्जमबर्ग) में प्रस्तावित
कुल पूंजी	:	100 अरब डॉलर
कुल पूंजी में सर्वाधिक हिस्सेदारी वाले देश	:	1. चीन, 2. भारत, 3. रूस, 4. जर्मनी, 5. दक्षिण कोरिया

18. उमंग ऐप (Unified Mobile Application for New Age Government-UMANG)

जारीकर्ता : कर्मचारी भविष्य निधि संगठन (EPFO) द्वारा

ऐप द्वारा उपलब्ध सेवाएं :

- पेंशनर अपनी पासबुक इस ऐप में देख सकते है। इसके लिए पेंशनर पासबुक नम्बर और जन्म तिथि दर्ज करनी होगी। इस जानकारी के बाद संबंधित पेंशनभोगी के पंजीकृत मोबाइल नम्बर पर एक OTP नम्बर आयेगा इसे इस ऐप में डालने पर पेंशन भोगी अपनी पासबुक में पेंशन की रकम संबंधित जानकारी देख सकेगा। साथ ही वार्षिक विवरण भी प्राप्त कर सकेगा।
- मरीजों के ऑनलाइन रजिस्ट्रेशन की सुविधा।
- जन्म प्रमाण पत्र प्राप्त करने की सुविधा।
- गैस बुकिंग की सुविधा।
- पासपोर्ट के लिए अप्लाई।
- पैनकार्ड की सुविधा।
- प्रधानमंत्री कौशल विकास योजना की सुविधा।

इस ऐप के जरिये डिजिटल इंडिया की सभी सेवाएं मुहैया करायी जा सकती है।

महत्वपूर्ण तथ्य :

- यह ऐप पूरी तरह सुरक्षित है।
- इस ऐप की मदद से सीबीएसई के सभी छात्र परीक्षा सेन्टर और परीक्षा परिणाम की जानकारी ले सकते है।
- इस ऐप के जरिये एनसीईआरटी की विषयवार सामाग्री देखी जा सकती है।

19. डिजिटल इंडिया इन्टर्नशिप स्कीम

प्रारम्भ : 9 मई 2018 को सूचना एवं प्रौद्योगिकी मंत्री रविशंकर प्रसाद द्वारा पोर्टल का प्रारम्भ।

उद्देश्य : तकनीकी पढ़ाई कर रहे युवाओं को डिजिटल इंडिया के माध्यम से हो रहे बदलावों एवं सरकारी कामकाज की प्रक्रिया का अनुभव प्राप्त करने का अवसर देना है, ताकि वे जागरूक हो सकें भारत सरकार के निर्णयों के प्रति और उसके काम करने के तरीकों के प्रति।

पात्र : दूसरे या तीसरे वर्ष के इंजीनियरिंग के छात्र।

परास्नातक इंजीनियरिंग के छात्र।

कोर्स की अवधि : 2 माह

चयनित पात्रों की संख्या : 25

नोट : चुने हुए इंटर्न को 10 हजार रूपये मासिक मानदेय मिलेगा।

20. रूपये का कमजोर होना

₹ के कमजोर होने का अर्थ

जब विभिन्न राष्ट्रीय व अंतर्राष्ट्रीय कारणों से डॉलर की मांग के सापेक्ष डॉलर की आपूर्ति कम हो जाये तो उस स्थिति में डॉलर को क्रय करने के लिए पहले की तुलना में अधिक भारतीय रूपया व्यय करना होता है, जैसा कि वर्तमान स्थिति में 1 डॉलर को प्राप्त करने के लिए भारत को 71.22 रूपये (1 जनवरी, 2020) रूपये मूल्य चुकाने पड़ रहे है। इस वर्ष रूपये का मूल्य डॉलर के मुकाबले लगभग 7 प्रतिशत नीचे आ चुका है जो इस वर्ष का न्यूनतम स्तर है।

नोट : अमेरिकी डॉलर को वैश्विक करेंसी का दर्जा प्राप्त है और ज्यादातर देश अपने आयात का भुगतान डॉलर में ही करते है।

₹ के कमजोर होने के कारण

रूपये के डॉलर के सापेक्ष कमजोर होने के कारणों को दो भागों में वर्गीकृत किया जा सकता है।

राष्ट्रीय कारण	अन्तर्राष्ट्रीय कारण
भारत में पेट्रोलियम, स्वर्ण, रत्न व हीरे के उच्च आयात की मांग के चलते डॉलर की मांग अधिक है जबकि डॉलर की आपूर्ति के सीमित साधन ही है।	• कच्चे तेल की कीमतों में वृद्धि। • अमेरिका व चीन के मध्य बढ़ते ट्रेडवार के कारण संरक्षणवादी नीति के कारण डॉलर की आपूर्ति सीमित।

अन्य कारण

भारतीय तेल कम्पनियां जैसे HPCL, IOC और BPCL की ओर से कच्चे तेल का आयात करने के लिए डॉलर की मांग बढ़ने से भारतीय रूपया कमजोर हुआ है।

रूपये के कमजोर होने से अर्थव्यवस्था पर पड़ने वाले प्रभाव

सकारात्मक प्रभाव

भारतीय रूपए की इस ऐतिहासिक गिरावट के बावजूद विशेषज्ञों का मानना है कि भारतीय अर्थव्यवस्था पर इस स्थिति का बहुत अधिक असर देखने को नहीं मिलेगा, ऐसा होने के निम्नलिखित कारण है।

- भारत का विदेशी मुद्रा भण्डार अब तक के सर्वश्रेष्ठ स्तर पर है अर्थात् 400 बिलियन डॉलर के स्तर को पार कर चुका है।
- भारत में जीएसटी को 1 वर्ष पूरे हो गये हैं, जिसके चलते न केवल भारतीय कर राजस्व में वृद्धि हुई है, बल्कि वैश्विक जगत में भारत निवेशकों के आकर्षण का प्रमुख केन्द्र बन कर उभर रहा है क्योंकि भारत एक देश एक कर की नीति का अनुसरण कर रहा है।
- ईज ऑफ डूइंग बिजनस 2017 में भारत का शीर्ष 100 अर्थव्यवस्थाओं में शामिल होना, वैश्विक जगत में भारत में व्यापार करने की स्थिति को बेहतर बनाता है।
- निर्यातको के लाभ में वृद्धि होगी।
- भारत में एफडीआई नीति में सुधार के कारण लगभग 90% विदेशी निवेश स्वचालित मार्ग से आमंत्रित करना भारत में निवेश को बढ़ावा देगा।
- निजी प्रेषक, भारत में विदेशी मुद्रा की आमद को बढ़ायेंगे।
- चालू खाते का घाटे कीजीडीपी के प्रतिशत के रूप में न्यून स्थिति है।
- भारत में विदेशी पर्यटकों की आमद बढ़ेगी।

नकारात्मक प्रभाव

- रूपये में कमजोरी से आयात विशेष रूप से तेल आयात महंगा हो जाता है। इस वजह से देश में पेट्रोल–डीजल महंगा होने का खतरा बढ़ जाता है। ईंधन महंगा होगा तो आर्थिक गतिविधियों की लागत बढ़ेगी, जो मुद्रास्फीति में वृद्धि का प्रमुख कारक है।
- मुद्रास्फीति में वृद्धि आरबीआई को सख्त मौद्रिक नीति बनाने के लिये प्रेरित करेगा (जैसे कि वर्तमान में दूसरी और तीसरी मैट्रिक नीति में देखा गया है कि रेपो दर व रिवर्स रेपो दर में 0.50 अंक की वृद्धि की गयी है) जिससे ब्याज दरों में वृद्धि होगी जिससे भारतीय अर्थव्यवस्था में मांग प्रभावित होगी।
- रत्न व आभूषण क्षेत्र को यह स्थिति नकारात्मक रूप से प्रभावित करेगी क्योंकि इन वस्तुओं का निर्यात, आयात पर टिका हुआ है और आयत महंगे होने से अंतिम वस्तुओं के मूल्यों में वृद्धि स्वभाविक है।
- भारत मूलभूत आवश्यकता की वस्तुओं के आयात पर निर्भर है परिणामस्वरूप चालू खाते के घाटे में वृद्धि और व्यापार शेष नकारात्मक स्थिति में होगा।
- भारतीय पर्यटकों को विदेशी यात्रा करना महंगा पेड़गा।

रूपये को कमजोर होने से रोकन के प्रयास

- भारत तेल आयात के वैकल्पिक स्त्रोतों पर तीव्रता से विचार करें।
- भारत खाद्य तेल, उर्वरकों व दालों का आयात करता है, इन्हें सीमित किया जाये।
- एफडीआई के नियमों में सिंगल विन्डो सिस्टम की व्यवस्था की जाये।
- विदेशों में मसाला बौंड जैसे उत्पादों की बिक्री को बढ़ाया जाये।
- मेक इन इंडिया की योजना से भारतीय आयात को कम करने का प्रयास किया जाये।
- अंतर्राष्ट्रीय मंचों में संरक्षणवादी नीति का विरोध किया जाये।
- निर्यात की बढ़ावा देने के लिये नये बाजारों के विकल्प तैयार किये जाये।

21. ईज ऑफ डूडिंग बिजनेस इण्डेक्स-2018 (Ease of Doing Business Index-2018)

तिथि : 10 जुलाई, 2018

जारीकर्ता : औद्योगिक नीति एवं संवर्धन विभाग (Department of Industrial Policy & Promotion - DIPP)

नोट :

- DIPP, वाणिज्य एवं उद्योग मंत्रालय (Ministry of Commorce & Industry) के तहत कार्य करता है।
- DIPP का गठन वर्ष 1995 में किया गया था।
- वर्ष 2000 में औद्योगिक विकास विभाग को DIPP में विलय कर दिया गया था।
- DIPP देश में बौद्धिक संपदा अधिकार जैसे पेटेन्ट, ट्रेडमार्क, डिजाइन और भौगोलिक सूचकांक की भी देख-रेख करता है।

कारोबार सुगमता (Ease of Doing Business) का अर्थ : कारोबार सुगमता वाले राज्य से आशय ऐसे राज्यों से जहाँ अन्य राज्यों की अपेक्षा कारोबार करना आसान है।

कारोबार सुगमता वाले शीर्ष राज्य : 1. आन्ध्र प्रदेश, 2. तेलंगाना, 3. हरियाणा, 4. झारखण्ड, 5. गुजरात, 6. छत्तीसगढ़, 7. मध्य प्रदेश, 8. कर्नाटक, 9. राजस्थान, 10. पश्चिम बंगाल।

नोटः उत्तर प्रदेश का 12वां स्थान है।

अन्य महत्वपूर्ण तथ्य :

- कारोबार सुगमता की रैंकिंग प्रारम्भ करने के पीछे सरकार का उद्देश्य राज्यों के मध्य प्रतिस्पर्धा का माहौल विकसित करना था।
- यह रैकिंग विश्व बैंक और डीआईपीपी द्वारा मिलकर तैयार की जाती है।
- इस रैकिंग के लिये 5 आधार तैयार किये गये हैं:- 1. जमीन की उपलब्धता, 2. सिंग्ल विन्डो सिस्टम, 3. पर्यावरण रजिस्ट्रेशन, 4. कंस्ट्रक्शन परमिट, 5. श्रम कानून।
- इस सूचकांक में असम, बिहार व हिमाचल प्रदेश सबसे तेज आगे बढ़ने वाले राज्य के रूप में सामने आए हैं।

22. शून्य बजट प्राकृतिक खेती (Zero Budget Natural Farming-ZBNF)

ZBNF का अर्थ: यह कृषि करने का ऐसा तरीका है, जिसमें किसानों की कृषि उत्पादन लागत में कमी आती है अर्थात् किसानों को अपनी फसलों को स्वस्थ रखने के लिये कीटनाशक दवाओं का प्रयोग करना होता है और कृषि उत्पादन बढ़ाने के लिये रासायनिक उर्वरकों (भारत में रासायनिक खाद्य आयात की जाती है) का। जबकि ZBNF एक ऐसी प्राकृतिक खेती तकनीक है, जिसमें न तो कीटनाशक दवाओं और न ही रासायनिक उर्वरकों का प्रयोग किया जाता है, बल्कि इनके स्थान पर केंचुए, गाय का गोबर व मूत्र, पौधे, मानव मलमूत्र को जैविक उर्वरकों के रूप में उपयोग किया जाता है।

ZBNF को अपनाने के कारण: भारतीय अर्थव्यवस्था द्वारा अपनायी जा रही नव उदारीकरण की नीति ने देश में गहरे कृषि संकट को जन्म दिया, जिसके चलते सर्वाधिक ''सीमान्त किसान'' प्रभावित हुए है। देश के किसानों को नकारात्मक रूप से प्रभावित करने वाले कारक निम्नवत् है:-

- उच्च उत्पादन लागत।
- क्रेडिट के लिए उच्च ब्याज दरें।
- फसलों की अस्थिर बाजार कीमतें।
- डीजल मूल्य वृद्धि के चलते कृषि लागत में वृद्धि।

उक्त स्थितियों के चलते भारतीय किसान भारी मात्रा में ऋण लेने के लिए प्रेरित होते हैं और भविष्य में कर्ज के दुष्चक्र में फंस जाते हैं। पिछले दो दशकों में भारत में 10 लाख से अधिक किसानों ने आत्महत्या की है। विभिन्न अध्ययनों ने किसानों की आत्महत्या को ऋण से जोड़ा है। ऋण भारत में छोटे किसानों के लिए एक प्रमुख समस्या है। ऐसी परिस्थितियों में "Zero Budget Natural Farming" ऋण पर निर्भरता समाप्त करने की दिशा में एक महत्वपूर्ण पहल है और उत्पादन लागत में भारी कटौती करता है, जो कि हताश किसानों के लिए ऋण चक्र से मुक्ति दिला सकता है।

ZBNF को अपनाने के लाभ:

कृषि लागत में कमी (Minimize the Cost of Production): ZBNF में किसानों को किसी भी प्रकार के रासायनिक खाद्य और कीटनाशक को खरीदने की जरूरत नहीं पड़ती है, बल्कि किसानों के द्वारा स्वयं से तैयार की गयी खाद्य व कीटनाशक के प्रयोग से कृषि लागत में काफी कमी हो जाती है।

किसानों को अधिक मुनाफा (Maximize the Profit): ZBNF के तहत किसानों की उत्पादन लागत कम होने से स्वत: ही लाभ में वृद्धि हो जाती है।

मृदा के लिए फायदेमंद (Benefit for Soil): रासायनिक तत्वों और कीटनाशकों का कृषि में इस्तेमाल करने से फसले कीटो (Pets) के प्रकोप से तो बच जाती है, परन्तु मृदा की उर्वरता को नकारात्मक रूप से प्रभावित करती है, परन्तु जीरो बजट नेचुरल फार्मिंग से मृदा की उर्वरता बरकरार रहती है।

फसलों की पैदावार में वृद्धि (Increase in Production): जीरो बजट नेचुरल फार्मिंग के तहत की गयी खेती से फसलों के पैदावार में भी वृद्धि होती है।

ग्रामीण स्वच्छता को बढ़ावा (Support for Rural Sanitation): जीरो बजट नेचुरल फार्मिंग में प्रयोग किये जाने वाले तत्व स्वत: की ग्रामीण स्वच्छता को बढ़ावा देने में सहायक होंगे।

कृषि उत्पादों के निर्यात में वृद्धि (Increases Agricultural Export): रासायनिक उर्वरकों और कीटनाशक दवाओं का प्रयोग की सीमित करने के कारण अन्तर्राष्ट्रीय बाजारों में भारतीय कृषि उत्पादों में मांग में वृद्धि होना स्वभाविक है।

ZBNF से संबंधित अनुसंधान : भारतीय कृषि अनुसंधान परिषद (Indian Council of Agricultural Research-ICAR) ने बासमती चावल तथा गेहूँ में शून्य बजट कृषि पद्धतियों का प्रयोग प्रारम्भ किया है। यह प्रयोग मोदीपुरम (उ0प्र0), लुधियाना (पंजाब), पंतनगर (उत्तराखण्ड) और कुरूक्षेत्र (हरियाणा) में रबी फसल तथा मिट्टी के स्वास्थ्य व मिट्टी की उर्वर क्षमता पर जीरो बजट नेचुरल फार्मिंग का अध्ययन किया जा रहा है।

ZBNF में सरकारी प्रयास: वर्ष 2015-2016 में **'परंपरागत कृषि विकास योजना'** और **'राष्ट्रीय कृषि विकास योजना'** के माध्यम से भारत सरकार ने देश में जैविक खेती का बढ़ावा देने का प्रयास किया था। वर्ष 2018 में परंपरागत कृषि विकास योजना में संशोधन कर उसमें प्राकृतिक खेती, ऋषि खेती, वैदिक खेती, काऊ फार्मिंग, जीरो बजट नेचुरल फार्मिंग आदि जैसे विभिन्न कृषि मॉडलों को शामिल किया गया है।

ZBNF अपनाने वाले राज्य: जीरो बजट नैचुरल फार्मिंग ने दक्षिण भारत से विशेष रूप से कर्नाटक में व्यापक सफलता प्राप्त की है, जहाँ इसे सर्वप्रथम विकसित किया गया था। कर्नाटक के हजारों किसान ZBNF का अनुपालन कर लाभ उठा रहे हैं। इसी कड़ी को आगे बढ़ाते हुए हाल ही में आंध्र प्रदेश के मुख्यमंत्री एन. चन्द्रबाबू नायडू ने वर्ष 2024 तक आंध प्रदेश को पूरी तरह से ZBNF वाले राज्य के रूप में परिवर्तित करने का लक्ष्य रखा है।

उपरोक्त विश्लेषण के आधार पर इतना तो कहा जा सकता है कि वर्तमान में भारत कृषि की दयनीय स्थिति को सुधारने के लिए ZBNF मील का पत्थर साबित हो सकता है।

23. भारत में आवक धन प्रेषण (Inward Remittance in India)

वर्ष 2016-17 के लिए आरबीआई ने भारत में आवक धन प्रेषण से जुड़े सर्वेक्षण के आंकड़े प्रस्तुत किये:-

भारत में सर्वाधिक आवक धन प्रेषण करने वाले देश:

देश	**कुल आवक धन प्रेषण (% में)**
संयुक्त अरब अमीरात	26.9%
संयुक्त राज्य अमेरिका	22.9%
सऊदी अरब	11.6%
कतर	6.5%
कुवैत	5.5%

भारत में सर्वाधिक आवक धन प्रेषण प्राप्त करने वाले राज्य:

राज्य	**कुल आवक धन प्रेषण (% में)**
केरल	19%
महाराष्ट्र	16.7%
कर्नाटक	15.0%
तमिलनाडु	8.0%
दिल्ली	5.9%

प्रेषित धन (Private Remittance) से आशय: प्रेषित धन से आशय विदेशी अर्थव्यवस्थाओं से प्राप्त वह धन जो विदेशों में स्थाई या अस्थाई रूप से बसे श्रमिकों व कामगारों द्वारा अपने देश में भेजा जाता है।

महत्वपूर्ण तथ्य: आरबीआई के अनुसार, कुल प्रेषित धन का 70% 500 डॉलर से अधिक का था, जबकि मात्र 2% 200 डॉलर से कम का लेन-देन था।

24. इण्डिया पोस्ट पेमेंट बैंक (IPPB)

प्रारम्भ : 1 सितम्बर, 2018 को प्रधानमंत्री मोदी द्वारा नई दिल्ली के ताल कटोरा स्टेडियम से इंडिया पोस्ट पेमेंट बैंक का शुभारम्भ किया गया।

महत्वपूर्ण तथ्य :

- देश के हर कोने में फैले डाक विभाग के 3 लाख से अधिक डाकियों और ग्रामीण डाक सेवकों के विशाल नेटवर्क के माध्यम से IPPB को आम आदमी के लिए एक सुगम, किफायती और भरोसेमंद बैंक के रूप में स्थापित किया जा रहा है।
- IPPB एक ओर केन्द्र सरकार के वित्तीय समावेशन के लक्ष्य को पूरा करने में सहयोग करेगा तथा दूसरी ओर तेजी से विकास की ओर बढ़ते भारत का लाभ देश के दूरस्थ कोनों में भी सुलभ कराया जा सकेगा।
- देश भर में सभी 1.55 लाख डाकघर 31 दिसम्बर, 2018 तक IPPB प्रणाली से जुड़ जायेंगे।
- IPPB द्वारा दी जाने वाली सुविधाओं में प्रमुख हैं:-

  बचत खाता, चालू खाता, धन स्थानातरण, डीबीटी सिस्टम।

25. वर्ल्ड इकॉनमिक आउटलुक रिपोर्ट-2019

जारी करने की तिथि : अक्टूबर 2019

जारीकर्ता : अंतर्राष्ट्रीय मुद्रा कोष (IMF)

विश्व की शीर्ष GDP वाली अर्थव्यवस्थाएं : 1. अमेरिका, 2. चीन, 3. जापान, 4. जर्मनी, 5. भारत, 6. ब्रिटेन
नोट : भारत ने ब्रिटेन को पीछे छोड़ते हुए 5वां स्थान प्राप्त किया है।

26. सुविधा सैनेटरी पैड

पैड का नाम : सुविधा पैड

महत्वपूर्ण तथ्य :

- यह सुविधा पैड मात्र 2.50 रूपये/पैट के मूल्य पर देश के सभी **"जन-औषधि केन्द्रों"** पर बिक्री के लिए उपलब्ध रहेंगे।
- इस पैड को रसायन और उर्वरक मंत्रालय के तहत आने वाले औषधि विभाग द्वारा लांच किया जा रहा है।
- सैनेटरी नैपकिन के एक पैड में 4 पैड होंगे जिनकी कीमत 10 रूपये होगी, जबकि बाजार में मौजूद 4 सैनिटरी नैपकिंग की औसत कीमत 32 रूपये है।
- इन नैपकिनों की प्रमुख विशेषता यह है कि यह पैड पूरी तरह से जैवनिम्नीकरणीय (Biodegradable) तथा पर्यावरण हितैषी पैड है, जबकि बाजार में उपलब्ध अन्य सेनिटरी पैड गैर जैवनिम्नीकरणीय (Non-Biodegradable) है।
- यह भारत की वंचित महिलाओं के लिए स्वच्छता, स्वास्थ्य और सुविधा सुनिश्चित करेगा।
- 29 मई, 2018 **"अन्तर्राष्ट्रीय मासिक धर्म स्वच्छता दिवस"** के रूप में मनाया जाता है।

27. ग्लोबल फिनडैक्स रिपोर्ट-2018

जारीकर्ता : विश्व बैंक

तिथि : 19 अप्रैल, 2018

रिपोर्ट का केन्द्र बिन्दु : वित्तीय समावेशन की स्थिति को दर्शाना ।

रिपोर्ट के महत्वपूर्ण बिन्दु :
- वित्तीय समावेशन के वैश्विक स्तर पर अपनाये जाने के बावजूद विषमताएं मौजूद हैं अर्थात् पुरूषों की तुलना में महिलाओं के बैंक खाते कम हैं।
- वैश्विक स्तर पर 69% वयस्कों के पास बैंक खाते हैं।

भारत की स्थिति :
- चीन के बाद भारत विश्व का दूसरा देश है, जिसकी मौजूदा जनसंख्या के पास बैंक खाते नहीं हैं।
- भारत में 19 करोड़ लोग अब भी बैंकों से दूर है।
- भारत में महिलाओं की स्थिति खराब है। देश की 60% महिलाओं की पहुंच बैंकों तक नहीं है।
- भारत में 15 से 24 आयु वर्ग के प्रत्येक 10 व्यस्क में से 4 वयस्कों के बैंक खाते नहीं हैं।

नोट :
- 28 अगस्त, 2014 को वित्त मंत्रालय द्वारा प्रधानमंत्री जनधन योजना का प्रारम्भ किया गया था। इस योजना का लक्ष्य वित्तीय समावेशन था। यह एक राष्ट्रीय मिशन है, जिसका उद्देश्य आर्थिक भागीदारी और देश के प्रत्येक परिवार को बैकिंग सेवाएं उपलब्ध कराना था।
- 26 अप्रैल, 2017 तक कुल 28.44 करोड़ जनधन खाते खाले गये। इनमें 60% खाते ग्रामीण इलाके में खोले गये।
- जनधन खाते में 64.567 करोड़ रूपये की कुल राशि जमा की जा चुकी है।
- 22 करोड़ से ज्यादा रूपे कार्ड जारी किये जा चुके हैं।
- बैंकों द्वारा 1.25 लाख से अधिक बैंक मित्र नियुक्त किये गये हैं।

बैंक मित्र/बैंक करेसपान्डेन्ट (Bank Corospondent/Bank Mitra) : प्रधानमंत्री जनधन योजना से जुड़कर यानी बैंक मित्र बनकर प्रतिमाह 5000 रूपये का वेतन प्राप्त किया जा सकता है साथ ही खाता खोलने और उसमें होने वाले लेन-देन के लिए कमीशन अलग से तय किया गया है। इसके अलावा कम्प्यूटर, वाहन आदि खरीदने के लिए 1.25 लाख रूपए का कर्ज भी उपलब्ध कराया जायेगा।

नोट : कोई भी 18-60 आयु वर्ग का व्यक्ति बैंक मित्र बन सकता है। इसके अलावा सेवानिवृत्त हो चुके बैंक कर्मचारी, शिक्षक, सेना के व्यक्ति भी इसके लिए पात्र होंगे। साथ ही केमिस्ट शॉप, किराना शॉप, पेट्रोल पंप, स्वयं सहायता समूह, पीसीओ, कॉमन सर्विस सेन्टर आदि भी बैंक मित्र बन सकते हैं।

कार्य :
- प्रधानमंत्री जनधन योजना के तहत बचत और दूसरी सुविधाओं के बारे में लोगों को शिक्षित करना और जागरूकता फैलाना।
- सेविंग्स और लोन सम्बन्धित बातों की सलाह देना।
- ग्राहकों की पहचान करना।
- प्राथमिक जानकारी, आंकड़े इकट्ठा करना, फॉर्म को संभाल के रखना, लोगों द्वारा दी गयी राशि को संभाल कर जमा करवाना।
- आवेदन और खातों से सम्बन्धित फार्म भरना।
- राशि का समय पर भुगतान और जमा करने का कार्य।
- किसी भी तरह से आया हुआ पैसा सही हाथों तक पहुंचना और उसकी रसीद बनाने का काम।

महत्वपूर्ण तथ्य : बैंक मित्र में उन लोगों को शामिल किया गया है, जिन्हें प्रधानमंत्री जन धन योजना के अंतर्गत बैंकिंग सुविधाएं उपलब्ध करवाने का जिम्मा दिया गया है। खासतौर पर यह लोग उन जगहों पर कार्य कर रहे हैं, जिन जगहों पर न तो किसी बैंक की शाखा है और न ही कोई एटीएम। ऐसे में बैंक मित्र आपकी राशि को जमा करने से लेकर आप तक पहुंचाने का कार्य करते हैं।

28. भुगतान बैंक (Payment Bank)

- RBI द्वारा बैंकिंग रेगुलेशन ऐक्ट, 1949 के अनुच्छेद 22(1) के अन्तर्गत निजी क्षेत्र की 11 कम्पनियों को पेमेंट बैंक खोलने की अनुमति दी गई है।
- **भारत में कार्यरत भुगतान बैंक:**
  1. एयरटेल पेमेन्ट बैंक
  2. पेटीएम पेमेन्ट बैंक
  3. फिनो पेमेन्ट बैंक
  4. इण्डिया पोस्ट पेमेन्ट बैंक
  5. आदित्य बिड़ला आइडिया पेमेन्ट बैंक
  6. जियो पेमेन्ट बैंक

  नोट: RBI ने 9 मार्च, 2018 को एअरटेल पेमेंट बैंक पर 5 करोड़ का जुर्माना लगाया। कारण था, KYC नियमों का उल्लंघन अर्थात RBI की जॉच रिपोर्ट के अनुसार 23 लाख से अधिक ग्राहकों के एअरटेल पेमेंट बैंक खातों में 47 करोड़ रूपये जमा हुए जबकि उन्हें जानकारी ही नही थी कि उनका बैंक खाता खोल दिया गया है।

  1 अप्रैल, 2018 से पोस्ट ऑफिस पेमेंट बैंक ने अपनी सेवायें आरम्भ की। इसे इंडिया पोस्ट पेमेंट बैंक के नाम से जाना जाता है। यह देश का सबसे बड़ा भुगतान बैंक नेटवर्क है। यह पेमेंट बैंक देश के सभी डाकघरों में खोला गया है तथा इसके द्वारा नागरिकों को विभिन्न सुविधायें निःशुल्क दी जायेंगी।

29. महत्वपूर्ण रिपोर्ट

- वित्तीय वर्ष 2017-18 में सार्वजनिक क्षेत्र के बैंकों का सामूहिक शुद्ध घाटा 85,770 करोड़ रूपये है।

  स्त्रोत: 10 जून 2018 को सरकारी बैंकों द्वारा जारी रिपोर्ट के अनुसार।
- वित्तीय वर्ष 2017-18 की अवधि में विभिन्न प्रकार की हिंसा के कारण भारतीय अर्थव्यवस्था को 80 लाख करोड़ रूपये का नुकसान हुआ।

  स्त्रोत: 10 जून 2018 को आस्ट्रेलिया के अन्तर्राष्ट्रीय शोध संस्थान **"Institute for Economics & Peace"** द्वारा जारी रिपोर्ट के अनुसार।
- भारत में GST और बैंकिंग सुधार के कारण भारत की आर्थिक विकास दर अर्थात् GDP वित्तीय वर्ष 2018-19 में 7.3% की वृद्धि दर प्राप्त करेगी और जो 2019-20 में बढ़कर 7.6% होने का अनुमान है। इस प्रकार भारत पूरे एशिया की सबसे तेज विकास दर वाली अर्थव्यवस्था बनी रहेगी।

  स्त्रोत: 11 अप्रैल, 2018 को एशियन डेवलपमेंट बैंक द्वारा एशिया क्षेत्र में अर्थव्यवस्था के विकास से सम्बन्धित रिपोर्ट **''एशियाई विकास परिदृश्य (ADO) 2018''** के अनुसार।
- निजी प्रेषण (Private Remitance) प्राप्तकर्ता देशों में भारत प्रथम स्थान पर जबकि चीन और फिलिपीन्स क्रमशः दूसरे व तीसरे स्थान पर है।

  स्त्रोत: 13 मई, 2018 को UN की विशेषीकृत एजेंसी इंटरनैशनल फंड फॉर एग्रीकल्चर डेवलपमेंट द्वारा जारी रिपोर्ट **''रेमिटस्कोप-रेमिटेन्स मार्केट्स एण्ड अपार्च्यूनिटीज एशिया एण्ड द पैसिफिक''** के अनुसार।
- वर्तमान में विश्व में कुल 2694 अरबपति हैं, जिसमें सर्वाधिक अरबपतियों की संख्या वाले देश हैं:- 1. चीन (819 अरबपति), 2. अमेरिका (571 अरबपति), 3. भारत (131 अरबपति), 4. ब्रिटेन (118 अरबपति), 5. जर्मनी (114 अरबपति)।

  स्त्रोत: 1 मार्च, 2018 को प्रमुख अनुसंधान, मीडिया और निवेश व्यापार संस्था हुसैन रिपोर्ट द्वारा **''हरून ग्लोबल रिच लिस्ट 2018''** के अनुसार।

30. GDP v/s GVA

सकल घरेलू उत्पाद (GDP)	सकल मूल्य वर्धित (GVA)
• यह उपभोक्ता पक्ष या मांग पक्ष की तरफ से आर्थिक गतिविधियों की तस्वीर पेश करता है।	• यह उत्पादक या आपूर्ति पक्ष की तरफ से आर्थिक गतिविधियों की तस्वीर पेश करता है।
• यह मांग आधारित अर्थव्यवस्था को मापने का तरीका है।	• यह पूर्ति आधारित अर्थव्यवस्था को मापने का तरीका है।
• CSO ने 15 जनवरी, 2018 के बाद से आर्थिक गतिविधियों को मापने के लिए जीडीपी आंकड़ों का प्रयोग करना शुरू कर दिया है।	• सरकार ने जनवरी, 2015 से जीवीए पद्धति का उपयोग करते हुए आर्थिक वृद्धि के अनुमान का विश्लेषण करना शुरू किया था।

नोट:
- RBI ने अर्थव्यवस्था में वृद्धि अनुमानों को प्रस्तुत करने के लिए GVA के स्थान पर GDP आधारित पैमाने को अपना लिया है।
- GDP पद्धति की तरफ लौटने का मुख्य कारण अंतर्राष्ट्रीय मानकों के अनुरूप काम करना है।
- वैश्विक तौर पर ज्यादातर अर्थव्यवस्था को मापने का तरीका जीडीपी आधारित ही है।
- अन्तर्राष्ट्रीय संस्थाएं भी इसी पद्धति का प्रयोग विश्लेषण हेतु करती हैं।

31. नैतिक जोखिम

नैतिक जोखिम का अर्थ:आर्थिक भाषा में नैतिक जोखिम या मोरल हैजर्ड वह स्थिति है, जिसमें एक पक्ष यह सोचकर जोखिम भरा कार्य करता है कि उसे अपने जोखिम के खिलाफ सुरक्षा प्राप्त है और कोई व्यक्ति इसका मूल्य चुकाएगा।

नैतिक जोखिम का उदाहरण : कई आर्थिक विशेषज्ञ दिवालिया कंपनियों के अतिरिक्त किसानों की कर्ज माफी को भी मोरल हैजर्ड मानते है।

दिवालिया कंपनियों के संदर्भ में नैतिक जोखिम

इंसॉल्वेंसी एवं बैंकरप्सी विधेयक (IBC) के तहत समाधान में नैतिक जोखिम मुख्य मुद्दा था इस विधेयक के तहत दिवालियापन का सामना कर रहे कंपनी के प्रोमोटर्स का उनकी संपदा की निलामी में भाग लेने से रोका गया। यदि ऐसी कंपनियों के प्रोमोटर्स को अपने खातों को नियमित करने तथा नीलामी में हिस्सा लेने का अवसर दिया जाता तो वे विलफुल डिफाल्टर बन जाते। यदि वे निलामी के लिए धन ला सकते है, जो यह दर्शाता है कि उनके पास धन है, तो फिर वे इसधन को पहले क्यो नहीं लाये। ये वहीं लोग हैं, जो किन्ही कारणों से कंपनी को नहीं चला सके, निलामी के दौरान कम मूल्य देकर फिर से उसी कंपनी के मालिक बन बैठेंगे। इसमें जोखिम यही है कि अन्य व्यक्ति जिन्हें कोई समस्या नहीं है, वे जानबूझकर ऐसी चीजें करेंगे और इस तरह अपने कर्ज के बोझ से मुक्त भी हो जाएंगे और फिर वापस आकर उसी कंपनी के मालिक बन बैठेंगे।

उक्त स्थिति को रोकने के लिए इंसॉल्वेंसी एवं बैंकरप्सी कोड (अमेंडमेंट) बिल 2017, में संशोधन किया गया। इसके लिये पहले अध्यादेश लाया गया और फिर इसे संसद में पेश किया गया। 28 दिसम्बर, 2017 को यह संशोधन विधेयक लोक सभा में पेश किया गया। जिसका उद्देश्य जानबूझकर कर्ज नहीं चुकाने वाले बकाएदार खुद की परिसंपत्तियों की बोली नहीं ला सकेंगे। इस संशोधन विधेयक से पूर्व यह निर्धारित नहीं किया गया था कि दिवालियापन प्रक्रिया के तहत तनावग्रस्त परिसंपत्तियों के लिए कौन बोली लगा सकता है और कौन नहीं।

महत्वपूर्ण तथ्य : इंसॉल्वेंसी एवं बैंकरप्सी कोड (अमेंडमेंट) बिल 2017, जब लोक सभा में पेश किया गया और यह तय किया गया कि यह संशोधन संकटग्रस्त कंपनियों के प्रोमोटर्स को निलामी में भाग लेने से रोकेगा, इस स्थिति में आर्थिक मामलों के विशेषज्ञ विचारों के आधार पर दो पक्षों में बंट गये:-

प्रथम पक्ष	द्वितीय पक्ष
प्रथम पक्ष के विशेषज्ञों का मानना है कि जिन कर्जदारों ने बैंकों के कर्ज वापस नहीं किये ऐसे कर्जदारों को फिर से कंपनी पर स्वामित्व प्राप्त करने का विकल्प देना नैतिक जोखिम का मामला है। इससे बाजार में कड़ा संदेश नहीं जायेगा और कंपनियों को उनकी गलती की सजा नहीं मिल पायेगी।	दूसरे पक्ष के विशेषता का मानना है कि जो कंपनी संकटग्रस्त है, उनमें अधिकांश धातु से जुडी कंपनियां हैं उदाहरणार्थ, भूषण स्टील ऐसी कंपनियों के कर्ज नहीं चुकाने की वजह उनकी प्रबंध न व्यवस्था नहीं होकर कुछ वर्षों तक धातु क्षेत्र का मंदी में रहना है, अब चूंकि धातु सेक्टर में फिर से रौनक आ रही है, और मांग बढ़ रही है तो उन्हें संकट से उबरने का एक मौका मिलना चाहिए और उन्हें नीलामी में भाग लेने दिया जाये ताकि वे अपनी कंपनी को पुनः प्राप्त करे और अपनी आर्थिक स्थिति को ठीक करें।

नोट : पूरे विश्व में प्रमोटर्स को ऐसी कंपनियों की नीलामी प्रक्रिया में हिस्सा लेने का अधिकार होता है यदि वे विलफुल डिफाल्टर नहीं है, जहाँ तक भारत का सवाल है तो मामला अलग लगता है। कोई व्यक्ति बैंक से उधार लेता है और अपनी गलती से आर्थिक परिस्थितियों के कारण वह कर्ज नहीं चुका पाता। ऐसी व्यक्ति आधे मूल्य पर अपनी संपत्ति फिर से वापस प्राप्त करते हैं, तो यह सही परम्परा नहीं होगी। दरअसल जब अर्थव्यवस्था में पैसा होता है, तो कई प्रमोटर्स जानबूझकर कई कंपनियाँ बना लेते हैं और बैंक से बड़े-बड़े कर्ज ले लेते हैं और उसका निजी उपयोग करते हैं जैसा कि विजय माल्या का मामला है। यह भी सही है कि विगत कई वर्षों से बैंकिंग और न्यायिक प्रणाली में सख्ती का अभाव था, जिसके चलते ऐसे प्रमोटर अपनी कंपनियों की खस्ता माली हालत के बाद पूंजीपति बने हुए थे और बैंक के कर्ज नहीं चुका रहे थे। इसके लिए जरूरी था कि ऐसी व्यवस्था की जाये, जिससे इस तरह की सोच पर रोक लगे। विलफुल डिफाल्टर की परंपरा पर लगाम लगाने के लिए इस तरह की व्यवस्था होना जरूरी था और अब ऐसा हो रहा है। जो सही कदम है, परन्तु कई प्रमोटर ऐसे भी हैं, जिनकी हालत वास्तव में खराब है। इसके चलते जरूरी है कि जानबूझकर डिफाल्टर करने वालों की पहचान की जाए और ऐसे प्रमोटर जिनकी वास्तव में आर्थिक हालत खराब है, उन्हें रियायत की भी जरूरत है।

किसानों की ऋण माफी के संदर्भ में नैतिक जोखिम

कुछ माह पूर्व उत्तर प्रदेश एवं महाराष्ट्र में किसानों की कर्ज माफी की गई। इससे दो प्रकार का नैतिक जोखिम सामने आता है:-

प्रथम	दूसरा
एक तो यह कि लोग यह समझ बैठेंगे कि उन्हें बैंकों से लिये गये कर्ज नहीं चुकाना है, तो वे बार-बार कर्ज लेने के लिए प्रयासरत रहेंगे।	दूसरा यह कि एक क्षेत्र के लोगों की कर्ज माफी दूसरे क्षेत्र के लोगों को कर्ज नहीं चुकाने के लिए प्रेरित करेगी जैसे उत्तर प्रदेश एवं महाराष्ट्र के किसानों की कर्ज माफी के पश्चात् राज्य विधान सभा चुनाव से पूर्व कई राज्य के किसान कर्ज माफी की मांग करने लगेंगे और उनमें कर्ज चुकाने की क्षमता होने के बावजूद नहीं चुकायेंगे।

32. विमुद्रीकरण पर रिजर्व बैंक की रिपोर्ट 2017-18

तिथि	: 29 अगस्त 2018 को जारी।
रिपोर्ट का केन्द्र बिन्दु	: नवम्बर 2016 में विमुद्रीकरण (500 और 1000 की नोट) करने का उद्देश्य भ्रष्टाचार एवं काले धन पर अंकुश लगाना था और इस रिपोर्ट का उद्देश्य मिली सफलता का आंकलन करना था।
रिपोर्ट के महत्वपूर्ण तथ्य	: 500 व 1000 रूपये मूल्य के कुल 15417.93 अरब रूपये के स्पेसीफाइड बैंक नोट (SBN) विमुद्रीकरण से पूर्व चलन में थे।

जिसमें से 15,310.73 अरब रूपये के नोट बैंकों के पास वापस आ चुके हैं। इस प्रकार मात्र रू. 10,720 करोड़ रूपये के नोट ही बैंक के पास वापस नहीं आये। जबकि अनुमान व्यक्त किया गया था कि 3 से 4 लाख करोड़ का कालाधन विमुद्रीकरण के परिणामस्वरूप चलन से बाहर हो जायेगा।

- विमुद्रीकरण के समय केवल 50 दिन का समय ही लोगों को विमुद्रीकृत नोटों को बैंक में जमा करने को दिया गया था।
- जमा किये गये नोटों की गिनती में 1 वर्ष 9 माह का समय रिजर्व बैंक को लगा जिससे स्पष्ट हो गया कि कुल राशि का 99.3 प्रतिशत भाग बैंकों में वापस आ गया।

नोट : 10,720 करोड़ मूल्य के नोट जो आरबीआई के पास विमुद्रीकरण के दौरान आये थे, उन्हें करंसी वेरिफिकेशन एंड प्रोसेसिंग सिस्टम (CVPS) के जरिये सत्यापित कर नष्ट कर दिया गया।

33. भारतीय अर्थव्यवस्था के विशेष समसामयिक संदर्भ

- **एंजेल निवेशक (Angel Investor) :** एंजेल इन्वेस्टर वे लोग होते हैं, जिनके पास एक निश्चित धनराशि होती है, जिसे वे किसी नए स्टार्ट-अप में निवेश करना चाहते हैं। वह कई तरह से समूहों में काम करते हैं, जिसमें निवेश करने से पहले वह अलग-अलग आवेदनों पर विचार करते हैं। पूंजी लगाने के अलावा वह स्टार्ट-अप में सलाह देने और मार्गदर्शन का कार्य भी करते हैं। एंजेल निवेशकों ने कई नामी कम्पनियों की शुरूआत में मद्द की है। इनमें गूगल, याहू, अलीबाबा जैसे नाम शामिल हैं। निवेश की यह वैकल्पिक व्यवस्था आमतौर पर कम्पनी की शुरूआती स्थिति में मद्द करती है। इसमें निवेशक 30% तक इक्विटी की उम्मीद करते हैं। वह अच्छे और ज्यादा से ज्यादा जोखिम लेने को तरजीह देते हैं। ये निवेशक तब साथ आते हैं जब आपके पास बस एक अच्छा बिजनेस प्लान होता है। ये शुरूआती पूंजी देते हैं और दिशा दिखाते हैं। ये किसी प्रकार के व्यापार में नहीं, बल्कि बिजनेस प्लान में निवेश करते हैं एंजेल निवेशकों ने अनेक व्यापार में सहयोग किया है, चाहे मैन्युफैक्चरिंग हो, ई-कामर्स, खानपान या मार्केटिंग का काम हो। पिछले दो सालों में इनका काफी निवेश मूलभूत सुविधाओं जैसे-सौर ऊर्जा, खेती व खाद्य पदार्थों में बढ़ा है। इनके निवेश का दायरा 10 से 50 लाख तक होता है।
- **गैर निष्पादित परिसम्पत्तियाँ (Non Performing Assets) :** एनपीए से आशय बैंकों द्वारा वृहद परियोजनाओं के लिए प्रदत्त उन ऋणों से है, जिन पर ब्याज और मूलधन की किश्त एक निश्चित समयावधि के पूर्ण होने के उपरान्त भी बैंकों को प्राप्त नहीं हो पा रही है। इन परिसम्पत्तियों को अनर्जक अस्तियाँ या तनावग्रस्त सम्पत्तियां (Stressed Assets) की संज्ञा दी जाती है।

  एनपीए को 3 प्रकार की सम्पत्तियों में वर्गीकृत किया जाता है:-

  1. घटिया परिसम्पत्तियाँ (Sub-Standard Assets)
  2. संदेहात्मक परिसम्पत्तियाँ (Doubtfull Assets)
  3. हानि या क्षति परिसम्पत्तियाँ (Loss Assets)

1. **घटिया परिसम्पत्तियाँ :** जब बैंकों द्वारा वितरित ऋणों के मूलधन तथा उस पर देय ब्याज का पुनर्भुगतान 90 दिनों से अधिक किन्तु 12 माह से कम अवधि से बकाया पड़ा है, तो ऐसे ऋणों को घटिया परिसम्पत्तियों की श्रेणी में शामिल किया जाता है।
2. **संदेहात्मक परिसम्पत्तियाँ :** जब कोई ऋण हालांकि एक वर्ष तक घटिया परिसम्पत्तियों के रूप में सूचीबद्ध रहा हो, किन्तु उसके वसूले जाने की संभावना है और उसे अभी तक हानि या क्षति परिसम्पत्तियों के रूप में सम्मिलित नहीं किया है, सन्देहात्मक परिसम्पत्तियों की श्रेणी में सम्मिलित किया जाता है। सन्देहात्मक परिसम्पत्तियों के अन्तर्गत अधिकांशतः उन बीमार या रूग्ण औद्योगिक इकाईयों द्वारा लिए गए ऋणों में सम्मिलित किया जाता है, जिनको बोर्ड फॉर इंड्रस्ट्रियल फाइनैंस एंड रिकंस्ट्रक्शन (BIFR) को सन्दर्भित कर दिया गया है और इस बोर्ड की ओर से इन इकाइयों को वित्तीय पैकेज प्राप्ति की पूर्ण सम्भावना है।
3. **हानि या क्षति परिसम्पत्तियाँ :** सन्देहात्मक परिसम्पत्तियाँ जिनके मिलने अर्थात् पुनर्भुगतान की सभी सम्भावनाएं समाप्त हो जाती है, हानि शामिल या क्षति परिसम्पत्तियाँ कहलाती हैं।

- **काला धन (Black Money) :** अवैध गतिविधियों से अर्जित धन जिस पर कर का भुगतान नहीं किया जाता है, काला धन कहलाता है। कालेधन का कोई लेखा-जोखा नहीं होता।
- **समानांतर अर्थव्यवस्था (Parallel Economy) :** काली अर्थव्यवस्था को समानांतर अर्थव्यवस्था भी कहा जाता है। यह नाम इसके वृहद आकार के दृष्टिगत दिया गया है।
- **कर स्वर्ग देश (Tax Haven Economy) :** कर स्वर्ग देश वे देश हैं, जहॉ कर के संदर्भ में अति उदार कानून होते हैं। यहां धन के स्वामित्व तथा धन के स्त्रोत की गोपनीयता बनी रहती है तथा कर दर या तो शून्य या काफी कम होती है।
- **शेल कम्पनी/लेटर बाक्स कंपनी :** शेल कंपनी एक ऐसी कंपनी होती है, जो कानूनी तौर पर तो सामान्य व्यापार कर रही होती है, परन्तु वास्तव में वह एक खाली खोल की तरह होती है। यह केवल धन प्रबंधन करती है। इन कंपनियों का प्रयोग स्वामित्व और धन स्त्रोत को छिपाने हेतु किया जाता है। इस कंपनी को लेटर बाक्स कम्पनी भी कहते है, क्योंकि यह कंपनी एक पते के अलावा कुछ भी नहीं होती है।
- **आफ शोर फाइनेंशियल सेंटर :** ऐसे वित्तीय केन्द्र जो देश की सीमा से बाहर हो, आफशोर फाइनेंशियल सेंटर कहलाते हैं। इन्हें कर चोरों की पनाहगार कहा जाता है। आमतौर पर ये छोटे द्वीपीय देशों में होते हैं। इनकी बैंकिंग गोपनीयता अच्छी होती है और लेन-देन पर लगने वाला कर बहुत कम होता है। यहॉ की वित्तीय सेवाओं को कानूनी मान्यता प्राप्त होती है।
- **बियरर शेयर/बांड :** ऐसे शेयर/बांड जिन पर मालिकाना हक उसे धारित करने वालो का होता है, बियरर शेयर/बांड कहलाते हैं। चूंकि इनके माध्यम से बड़ी राशि का हस्तांतरण गोपनीय रूप से किया जा सकता है। इस कारण कालेध न के स्थानांतरण में इनका बहुत प्रयोग होता है।
- **मनी लांड्रिंग :** मनी लांड्रिंग कालेधन को सफेद (वैध) बनाने की एक कला है। इसके तहत अवैध स्त्रोतों से कमाए कालेधन को वैधता प्रदान की जाती है।
- **राउंड ट्रिपिंग :** स्त्रोत देश का धन जब किसी विदेशी क्षेत्र से घूमकर एफडीआई के रूप में पुनः स्त्रोत देश में वापस आए तो उसे राउंड ट्रिपिंग कहते हैं।
- **फिशिंग (Phishing):** कई बार हमें बैंकों के नाम से फर्जी ई-मेल संदेश मिलते हैं, जिनमें असली जैसी दिखने वाली वेबसाइट पर लॉग इन करने और अपने क्रेडिट कार्ड की सूचनाएं देने के लिए कहा जाता है। इस तरह से ये धोखेबाज हमारी सूचनाए चुरा लेते हैं। इस स्थिति से बचने का तरीका है जागरूकता अर्थात् साइबर नालेज जब भी ऐसे फर्जी संदेश आये सबसे पहले बैंकों की वेबसाइट के पते (Address) को ठीक से जॉचें अर्थात वेबसाइट के URL की शुरूआत https:// से होती है और तालेनुमा चित्र बना होता है। यदि ऐसा नहीं तो समझ लीजिए यह बैंकों का फर्जी पता है।

- **स्किमिंग (Skimming):** जब हम अपने कार्ड को स्वैप मशीन पर स्वाइप करते हैं तो धोखेबाज कर्मचारी छोटी इलेक्ट्रानिक मशीनों के जरिये हमारे क्रेडिट कार्ड की मैग्नेटिक पट्टी के भीतर मौजूद जानकारियाँ चुरा लेते हैं और कार्ड की कॉपी बना लेते हैं। इस स्थिति से बचाव है कि कार्ड स्वाइप करते समय सावधानी बरतें/सतर्क रहें।
- **आइडेन्टिटी थेफ्ट (Identify Theft) :** किसी भी तरह से जब धोखेबाजों को हमारे कार्ड की जानकारी मिल जाती है, तो वे बैंक से आग्रह करते है कि हमारा डाक का पता बदल दें। पता बदलने के बाद वे कार्ड खो जाने की शिकायत करते हैं और नया कार्ड इश्यू करवा लेते हैं। इस स्थिति से बचाव है कि सरकारी स्तर पर इस समस्या से निपटने के लिए साइबर क्राइम सेल बनाए गए हैं।
- **ब्लैक हैट हैकर (Black Hat Hacker) :** डेटा चुराने या सिस्टम को नुकसान पहुँचाने वाले हैकर ब्लैक हैट हैकर कहलाते है। सबसे खतरनाक ब्लैक हैकर वे होते है जो अपने उद्देश्य की प्राप्ति के लिए वर्षों तक किसी कम्प्यूटर की निगरानी करते रहते है।
- **व्हाइट हैट हैकर (White Hat Hacker) :** किसी अपराधिक उद्देश्य के बिना केवल जिज्ञासावश किसी कम्प्यूटर की छानबीन करने वाले को व्हाइट हैट हैकर कहा जाता है।
- **बायो प्लास्टिक:** यह प्राकृतिक रूप से आसानी से नष्ट हो जाने वाली प्लास्टिक है जिन्हें **पाली लैक्टिक एसिड पॉलीमार** से तैयार किया जाता है। ये बिल्कुल पॉलिथीन के ही जैसे होते है। इनका निर्माण सब्जियों में मौजूद वसा, तेल, कार्न, और मटर में मौजूद स्टार्च से किया जा सकता है। इसके अलावा **सूक्ष्म शैवाल (Micro Algal)** और केले के छिलके की मदद से भी इन्हें तैयार किया जा सकता हैं। इस कारण से आसानी से नष्ट हो जाते है। इनसे निकलने वाली कार्बन डाई ऑक्साइड की मात्रा काफी कम होती है जिससे ये पर्यावरण के लिए नुकसान देय नहीं है।
- **हरित जीडीपी:** सार्वजनिक व निजी निवेश करने समय इस बात को ध्यान में रखा जाये कि कार्बन उत्सर्जन और प्रदूषण कम से कम हो तथा ऊर्जा और संसाधनों का प्रभावपूर्ण ढंग से ऐसे प्रयोग करना जिससे जैव-विविधता और पर्यावरण को कम क्षति पहुंचे। संयुक्त राष्ट्र पर्यावरण कार्यक्रम (UNEP) के अनुसार किसी देश की हरित जीडीपी का अर्थ है कि वह देश सतत् विकास (Sustainable Development) की दिशा में आगे बढ़ने के लिए कितना तैयार है।

  नोट : दुनिया में चीन पहला देश है, जिसने वर्ष 2004 में देश के जीडीपी में हरित जीडीपी का फार्मूला तैयार किया था। भारत ने वर्ष 2009 में हरित जीडीपी के क्षेत्र में कार्य प्रारम्भ किया।
- **जोखिम पूंजी (Venture Capital):** लघु एवं मध्यम आकार की फर्मों/उद्योगों, नई स्टार्टअप एवं कम्पनियों को अपना व्यवसाय प्रारम्भ करने और व्यवसाय को विस्तार देने के लिये जो पूंजी प्रयुक्त की जाती है, जिसमें सामान्यता जोखिम विद्यमान रहता है, क्योंकि इस प्रकार के नए स्टार्टअप एवं कम्पनियों शुरूआत में ही लाभ की अनिश्चितता बनी रहती है ''जोखिम पूंजी'' कहते हैं।

  संक्षेप में – ''उद्योगों को प्रारंभ करने एवं विस्तार देने के लिए दीर्घकालिक प्रारंभिक पूंजी, ''जोखिम पूंजी'' कहलाती है।
- **विदेशी पोर्टफोलियो निवेश (Foreign Portfolio Investment):** जब कोई विदेशी निवेशक एक वित्तीय वर्ष में अधिकतम लाभ के उद्देश्य से किसी कम्पनी की वित्तीय संपत्तियों जैसे-शेयर, बॉण्ड, ऋणपत्र (Debenture) में 10% से कम निवेश करता है, तो उसे ''विदेशी पोर्टफोलियों निवेश'' कहते हैं।
- **प्रत्यक्ष विदेशी निवेश (Foreign Direct Investment):** प्रत्यक्ष विदेशी निवेश का अर्थ है विदेशी निवेशकों की ओर से किसी अन्य अर्थव्यवस्था में लगायी गयी पूंजी। इस निवेश का सीधा उद्देय लगायी गयी पूंजी पर लाभ प्राप्त करना होता है। आर्गिनाइजेशन फॉर इकोनॉमिक को-आपरेशन एण्ड डेवलपमेन्ट के मानकों के मुताबिक 10% से ज्याद इक्विटी के निवेश को ''प्रत्यक्ष विदेशी निवेश'' कहा जाता है।
- **विदेशी संस्थागत निवेश (Foreign Institutional Investors):** विदेशी संस्थागत निवेशकों को भारत के वित्तीय बाजार में भाग लेने के लिए भारतीय प्रतिभूति और विनिमय बोर्ड (SEBI) में पंजीकृत होना आवश्यक है।

- **राज्य वित्त निगम (State finance Corporations-SFGs):** लघु एवं मध्यम आकार की इकाइयों के लिए वित्त उपलब्ध कराने के उद्देश्य से भारत सरकार ने 28 सितम्बर, 1951 को राज्य वित्त निगम अधिनियम, 1951 (SFC Act 1951) पास किया। जिसके अंतर्गत राज्य सरकारें अपने-अपने राज्यों में राज्य वित्त निगमों की स्थापना कर सकती है। वर्तमान में दिल्ली सहित 19 राज्यों में राज्य वित्त निगम स्थापित हो चुके हैं।
- **कार्पोरेट सोशल रिस्पांसिबिलिटी (CSR) :** भारत में कार्पोरेट सामाजिक उत्तरदायित्व की अवधारण को कंपनी अधिनियम 2013 की धारा 135 के अधीन नियंत्रित किया जाता है। कार्पोरेट सामाजिक उत्तरदायित्व का प्रावधान उन कंपनियों पर लागू होगा, जो निम्न में से कोई एक अर्हता पूरी करती है-
    * जिन कम्पनियों का नेट वर्थ 500 करोड़ रूपये से अधिक है।
    * जिन कम्पनियों का कुल कारोबार (Turnover) 1000 करोड़ रूपये से अधिक हो।
    * जिन कंपनियों का शुद्ध लाभ (Net Profit) 5 करोड़ रूपये से अधिक हो।

  कंपनी अधिनियम 2013 के अनुसार जो कंपनियां निम्न में से कोई एक अर्हता पूरा करती है, उन कंपनियों को अपने पिछले 3 वर्षो के शुद्ध लाभ के औसत का 2% कार्पोरेट सामाजिक उत्तरदायित्व (CSR) गतिविधियों जैसे-शिक्षा का प्रसार, कुपोषण एवं गरीबी दूर करना, पर्यावरण संरक्षण पर व्यय करना अनिवार्य है।
- **मेगा फूड पार्क :** मेगा फूड पार्क योजना मुख्यत: ''खाद्य प्रसंस्करण उद्योग'' (Food Processing Industry) को बढ़ावा देने के उद्देश्य से वर्ष 2008 में शुरू की गई। मेगा फूड पार्क किसानों से खाद्य एवं कृषि उत्पादों का खरीदता है और उसे खाद्य प्रसंस्करण उद्योगों को उपलब्ध करवाते हैं। खाद्य प्रसंस्करण उद्योग खाद्य पदार्थो का उत्पादन करके उपभोक्ताओं को उपलब्ध करवाते है। इस प्रकार मेगा फूड पार्क बेहतर आपूर्ति श्रृंखला का प्रबंधन करते हैं। भारत में मेगा फूड पार्क का महत्व इसलिये अधिक है क्योंकि भारत दुनिया के फलों और सब्जियों का सबसे बड़ा उत्पादक है लेकिन हम मात्र 2% उत्पादन का ही प्रसंस्करण कर पाते है। हमारे देश में हर वर्ष लगभग 50 हजार करोड़ की फल-सब्जियां नष्ट हो जाती हैं, क्योंकि उपयुक्त भंडारण सुविधाओं के अभाव में हम उन्हें संरक्षित नहीं कर पाते हैं। इसलिये भारत में मेगा फूड पार्क को बढ़ावा दिया जाना अति आवश्यक है।

  नोट: भारत के प्रमुख मेगा फूड पार्क: खाद्य प्रसंस्करण उद्योग मंत्रालय के अनुसार भारत में मेगा फूड पार्क स्कीम के तहत 42 मेगा फूड पार्क स्थापित करने की सरकार की योजना है। जून, 2017 के अनुसार भारत में 41 मेगा फूड पार्क कार्य कर रहे हैं।

भारत की प्रमुख खाद्य प्रसंस्करण कंपनियाँ:

- नेस्ले इंडिया (1866 कारपोरेट आफिस : गुरुग्राम, हरियाणा)
- पारले एग्रो (1984, कारपोरेट आफिस : मुम्बई, महाराष्ट्र)
- ब्रिटेनिया इन्डस्ट्री लिमिटेड (1892, कारपोरेट आफिस : कोलकाता, पं. बंगाल)
- कैडबरी इंडिया लिमिटेड (1824, कारपोरेट आफिस : मुम्बई, महाराष्ट्र)
- रसना इंटरनेशनल प्र.लि. (1993, कारपोरेट आफिस : अहमदाबाद, गुजरात)

केंद्रीय खाद्य प्रसंस्करण उद्योग मंत्री : हरसिमरत कौर बादल

- **प्रधान उधार दर (Prime Lending Rate):** वाणिज्यिक बैंक अपने सबसे विश्वसनीय ग्राहकों को जिस रेट पर उधार देने को तैयार होते हैं ''प्रधान उधार दर'' कहलाते है। इस प्रकार के ऋणों में जोखिम बहुत ही कम होता है।

  नोट: बैंक की लागत + कुछ प्रतिफल = प्रधान उधार दर

- **आधार दर (Base Rate):** रिजर्व बैंक आफ इंडिया ने प्रधान उधार दर आधार देय प्रणाली के स्थान पर जुलाई, 2010 से "आधार दर" (Base Rate) प्रणाली को लागू किया है। आधार दर वह ब्याज दर है, जिसके नीचे कोई भी अनुसूचित वाणिज्यिक बैंक अपने ग्राहकों को कोई भी ऋण नहीं प्रदान करेगा।

  नोट : बैंक अपनी आधार दर का चुनाव करने में स्वतंत्र है, अर्थात् अलग-अलग बैंकों की आधार दर उनकी आपरेशन लागत के अनुसार अलग-अलग होती है। बैंक अपनी आधार दर से कम दर पर लोन नहीं दे सकते।

- **वैधानिक मुद्रा (Legal Tender Money):** वैधानिक मुद्रा वह है, जो विधान या सरकारी आज्ञा पर चलन में आती है तथा जिसे स्वीकार करना देश के प्रत्येक व्यक्ति के लिए बाध्य होता है। इसको लेने से इनकार करने पर सरकार द्वारा दंड दिया जाता है। सरकार एवं केन्द्रीय बैंक द्वारा जारी किये गये सभी नोट एवं सिक्के वैधानिक मुद्रा है, क्योंकि इन्हें भुगतान में स्वीकार करने की कानूनी बाध्यता होती है।

  नोट : वर्तमान में लगभग सभी देशों की मुद्रा वैधानिक मुद्रा ही होती हैं।

- **दोहरे तुलन पत्र की समस्या (Twin Balance Sheet Problem):** इस शब्द का प्रयोग पहली बार आर्थिक समीक्षा 2016-17 में प्रयोग किया गया था, जिसका अर्थ है- ऐसी कंपनियां जिन्होंने बैकों से भारी-भरकम ऋण लिया हो, ऐसी कम्पनियों को यदि आर्थिक क्षति होती है, तो वे बैंकों को ऋण भुगतान करने की स्थिति में नहीं होते, जिससे बैंकों के Non Performing Assets-NPA में वृद्धि होने लगती है, जिसके परिणामस्वरूप ये बैंक इन कंपनियों को क्षतिपूर्ण आर्थिक स्थिति से उबारने के लिए ऋण की व्यवस्था नहीं कर पाते। इस प्रकार जब एक व्यवसाय में हानि का नकारात्मक प्रभाव दूसरे व्यवसाय पर पड़ता है, जिससे दोनों के तुलना पत्र (Balance Sheet) पर नकारात्मक प्रभाव पड़ता है।

- **पूंजी पर्याप्तता अनुपात (Capital Adequacy Ratio):** भारतीय रिजर्व बैंक द्वारा वित्तीय क्षेत्र सुधार के तहत वर्ष 1992 में "पूंजी पर्याप्तता अनुपात" को अपनाया है, जिसका अर्थ है बैंकों को अपने कुल ऋण का एक निश्चित भाग तरलता के रूप में अपने पास बनाये रखना अनिवार्य है। वर्तमान में CAR की दर 9% है।

  उदाहरण : बैंक 100 रूपये का ऋण तभी दे पायेगा जब वह 9 रूपये की पूंजी अपने पास बनाये रखेगा।

  नोट : CAB की अनिवार्यता के कारण जमाकर्ताओं के हितों की रक्षा और वित्तीय क्षेत्र में स्थिरता सुनिश्चित की जा सकती है।

- **Universal Banking (सर्वव्यापी बैंकिंग):** सभी वित्तीय उत्पाद (बैंकिंग, बीमा, म्यूचुअल फण्ड, ऋण) और सेवाएं संबंधी राय, (Trading, Underwriting, Financial advisory) एक साथ, एक जगह पर उपलब्ध कराने वाली संस्थाए "Universal Banking" कहलाते हैं।

- **Core Banking (कोर बैंकिंग):** CORE का अर्थ है- Centralized Online Real Time Exchange है। कोर बैंकिंग की सुविधा वाले बैंक में यदि आप किसी भी शाखा में रूपये जमा करवाते हैं तो आप की जमा की रकम का लेखा-जोखा बैंक के केन्द्रीय सर्वर पर अंकित हो जाता है, उसी समय देश में उसी बैंक की किसी भी शाखा से आप वही रकम निकाल सकते हैं।

- **ब्लू चिप कंपनी :** ऐसी कंपनियां जो निरंतर लाभ अर्जित करती हैं और उनमें आगे भी लाभ अर्जित करने की संभावना होती हैं। इन कंपनियों का बाजार पूंजीकरण (M-Cap) बहुत अधिक एवं स्थिर होती है। इन कंपनियों द्वारा जारी किये गये शेयर Blue Chip Share कहलाते हैं। इन शेयरों की बहुत अधिक मांग होती है। भारत में सर्वोच्च शिखर पर विराजमान प्रारंभिक 30 कंपनियों को ब्लू चिप कंपनी कहा जाता है।

- **राउंड ट्रिपिंग :** राउंड ट्रिपिंग का साधारण शब्दों में अर्थ है, जाना और पुन: लौटना। जब किसी देश से अनाधिकारिक माध्यमों से राशि बाहर जाती है और पुन: उसी देश में कर समझौतों का लाभ उठाते हुए वापस आ जाती है तो इसे Round Tripping कहा जाता है।

अध्याय 4

विज्ञान एवं प्रौद्योगिकी

1. भारत में रक्षा एवं प्रतिरक्षा की पहलें

नाम	संबंधित क्षेत्र	विशेषतायें/महत्व
फास्ट इण्टरसेप्टर क्राफ्ट (तीव्र गश्ती पोत)	भारतीय नौसेना	• 26/11 मुंबई आतंकवादी हमलों के पश्चात् नौसेना द्वारा "सागर प्रहरी बल" गठित किया गया था, जिसे तटीय सुरक्षा की जिम्मेदारी सौंपी गयी है। इस प्रहरी बल को दो इण्टरसेप्टर क्राफ्ट नौकाए जो भारी मशीनगन तथा विभिन्न प्रकार के अस्त्र-शस्त्र को ढोने में सक्षम होने के साथ-साथ उथले पानी में काम करने में सक्षम है, शामिल की गयी। अब तक कुल 4 तीव्र गश्ती पोतों को शामिल किया गया है (i) ICGS प्रियदर्शिनी (ii) ICGS एनीबेसेंट (iii) ICGS अमृत कौर (iv) ICGS कमला।
अग्नि- 4 मिसाइल का सातवां परीक्षण	बैलेस्टिक मिसाइल	• 23 दिसम्बर, 2018 को रक्षा अनुसंधान व विकास संगठन द्वारा निर्मित अग्नि-4 मिसाइल जिसकी मारक क्षमता 4000 किमी. है, का सफल परीक्षण उड़ीसा के एपीजे अब्दुल कलाम द्वीप से किया गया।
LRSAM मिसाइल/ बराक-8 का सफल परीक्षण	लंबी दूरी की सतह से हवा में मार करने वाली मिसाइल	• 24 जनवरी, 2019 को ओडिशा तट के निकट स्थित INS चेन्नई नामक युद्धपोत से उड़ान भरकर हवाई लक्ष्य को ध्वस्त किया। इस मिसाइल का विकास DRDO तथा इजराइल एयरोस्पेस इंडस्ट्रीज द्वारा संयुक्त रूप से किया गया। इस मिसाइल को विमानों, हेलिकॉप्टरों, पोत-रोधी मिसाइलों, मानव रहित विमानों जैसे हवाई खतरों से सुरक्षा प्रदान करने के लिए विकसित किया गया।
हेलीना	एण्टी-टैंक मिसाइल	• यह अत्याधुनिक एण्टी टैंक हथियार सेना के लिए DRDO द्वारा पूर्णता स्वदेशी तकनीक से निर्मित किया गया है।

तेजस	नौसेना संस्करण के लिए हल्के लड़ाकू विमान	• भारतीय वायु सेना में यह विमान पहले से शामिल है। अब स्वदेशी हल्के लड़ाकू विमान तेजस का नौसेना संस्करण का सफल परीक्षण भारत द्वारा किया गया। इन परीक्षणों का उद्देश्य किसी विमानवाहक पोत पर इन विमानों की लैडिंग करना था। अब तक अमेरिका, रूस, यूरोप व चीन के पास ही ऐसी क्षमता है कि वे विमानवाहक पोत से विमानों का संचालन कर सके।
अग्नि-5 मिसाइल का सातवां सफल परीक्षण	सतह-से-सतह मार करने वाली लंबी दूरी की मिसाइल	• 5000 किमी. से भी अधिक रेंज की यह मिसाइल अग्नि श्रृंखला की अन्य सभी मिसाइलों की तुलना में अधिक उन्नत है, इसका 7वां सफल परीक्षण उड़ीसा के तट के निकट अब्दुल कलाम द्वीप पर 10 दिसम्बर, 2018 को हुआ।
आई एन एस अरिहन्त	परमाणु पनडुब्बी	• आईएनएस अरिहन्त नामक पनडुब्बी के नौसेना में शामिल होते ही भारत जल, थल और नभ तीनों जगहों से परमाणु हमला करने में सक्षम हो गया है। पाकिस्तान और चीन इसकी प्रहार-सीमा के भीतर आते हैं।
अस्त्र मिसाइल	वायु सेना	• दृश्यता सीमा से बाहर तक हवा से हवा में मार करने वाली यह मिसाइल DRDO द्वारा विकसित की गयी है, जिसे सुखोई-30 विमानों में लगाने के लिए बनाया गया है।
ICGS वाराह	भारतीय नौसेना में शामिल	• अपतटीय गश्ती पोत के निर्माण हेतु लार्सन एण्ड टूब्रो तथा केन्द्रीय रक्षा मंत्रालय के मध्य 7 अपतटीय गश्ती पोतों के लिये समझौता हुआ। • समझौते के तहत निर्मित अपतटीय गश्ती पोत है- ICGS विक्रम, ICGS विजया और 2 नवम्बर को जलावतरित हुआ ICGS वाराह है।
M777 होवित्जर तोप	थल सेना में शामिल	• अत्यधिक हल्की तोप जिसे हेलिकॉप्टरों की मदद से एक स्थान से दूसरे स्थान तक ले जाया जा सकता है, कि मारक क्षमता 24-30 किमी. है। • भारत ने नवम्बर 2016 में ''विदेशी सैन्य बिक्री कार्यक्रम'' के तहत 145 तोपों की खरीद हेतु अमेरिका से समझौता किया था, जिसके तहत 25 तोपे अमेरिका से आयात की जायेंगी शेष तोपे भारत में महिन्द्रा समूह की साझेदारी से तैयार की जाएंगी।
K9 वज्र-टी तोप	थल सेना में शामिल	• 28-38 किमी. तक की मारक क्षमता वाली ये तोपे स्व-प्रणोदित (Self Propelled) है। • इन तोपों के निर्माण के लिए दक्षिण कोरिया की कम्पनी 'हनव्हा टेकविन' व भारत की कम्पनी लार्सन एण्ड टुब्रो के मध्य अप्रैल, 2017 में 100 तोपों की आपूर्ति का समझौता हुआ, जिसमें से 10 तोपें दक्षिण कोरिया से आयात की जायेगी, जबकि शेष तोप भारत में निर्मित की जायेगी।

प्रहार मिसाइल का दूसरा सफल परीक्षण	सतह से सतह मार करने वाली सामरिक मिसाइल	• 200 किग्रा. तक का पारंपरिक एवं नाभिकीय युद्धशीर्ष ले जाने में सक्षम यह मिसाइल 150 किमी. दूरी तक के लक्ष्य को ध्वस्त कर सकती है। DRDO द्वारा विकसित इस मिसाइल का परीक्षण बालासोर उड़ीसा के चांदीपुर में 20 सितम्बर 2018 को किया गया। इस मिसाइल को बिना किसी पूर्व तैयारी के 2-3 मिनटों के नोटिस पर दागा जा सकता है। अर्थात् यह त्वरित जवाबी कार्यवाही के लिए निर्मित की गई है।
ब्रह्मोस मिसाइल	सतह, वायु तथा समुद्र तीनों क्षेत्रों से लांच की जा सकती है	• यह मिसाइल भारत और रूस का संयुक्त उपक्रम है। • शुरूआती चरण में इस मिसाइल की मारक क्षमता 300 किमी. थी, परन्तु भारत के MTCR का सदस्य बन जाने के पश्चात् इसकी मारक क्षमता को बढ़ाकर 450 किमी. तक कर दिया गया है। 22 अक्टूबर, 2019 को वायु सेना द्वारा गतिशील प्लेटफॉर्म से इसका पहला सफल परीक्षण किया गया।
एंटी न्यूक्लियर मेडिकल किट	परमाणु युद्ध या रेडियोधर्मी विकिरण से प्रभावित लोगों के उपचार हेतु मेडिकल किट है	• भारत इस किट को अमेरिका व रूस जैसे देशों से आयात करता था परन्तु देश की सुरक्षा में लगे अर्धसैनिक बल और पुलिस बलों की के लिए ''परमाणु चिकित्सा और सहयोगी विज्ञान संस्थान'' ने 20 वर्षों की कड़ी मेहनत के बाद 13 सितम्बर, 2018 को पहली स्वदेश एंटी न्यूक्लियर मेडिकल किट तैयार करने में सफलता प्राप्त की है। इस किट में 25 सामग्री है, जिसमें हल्के नीले रंग की गोली प्रमुख है। यह गोली **रेडियो सेसियस** और **रेडियो थैलियम** जो परमाणु बम का हिस्सा होते है और मानव शरीर की कोशिकाओं को नष्ट कर देते हैं, के प्रभाव को लगभग समाप्त कर देती है। यह गोली मानव शरीर में प्रवेश करने वाले विकिरणों को पूरी तरह से अवशोषित करने में सक्षम है। इस किट में एक ऐसा इंजेक्शन भी है, जो यूरेनियम को शरीर में फैलने से रोकता है।
मैन पोर्टेबल एण्टी-टैंक गाइडेड मिसाइल का सफल परीक्षण	नाग मिसाइल श्रृंखला का हिस्सा	• DRDO द्वारा विकसित इस मिसाइल को कंधे पर रखकर चलाया जा सकता है। इसकी मारक क्षमता 4 किमी. है तथा यह मिसाइल किसी टैंक को ध्वस्त करने में सक्षम है।
पिनाका मार्क-II का सफल परीक्षण	गाइडेड प्रणाली से लैस राकेट	• पूर्व में पिनाका में दिशा-निर्देश प्रणाली (गाइडेड) नहीं थी और उसकी मारक क्षमता 40 किलोमीटर थी, परन्तु पिनाका मार्क-II एक उन्नत संस्करण है और इसकी मारक क्षमता 70 किमी. है।

QR SAM का सफल परीक्षण	त्वरित प्रतिक्रिया वाली सतह से वायु में मार करने वाली मिसाइल है।	• QRSAM लघु दूरी की मिसाइल है, जो एक साथ कई लक्ष्यों को भेद सकती है, इसकी मारक क्षमता 25–30 किमी. है। यह नाभिकीय एवं जैव हथियार ले जाने में सक्षम है। इसे प्रतिकूल परिस्थितियों में भी तैनात किया जा सकता है।
निर्भय मिसाइल का परीक्षण	सब–सोनिक क्रूज मिसाइल	• DRDO द्वारा विकसित, इसका पहला परीक्षण वर्ष 2013, 2014, 2017 व 2019 में किया गया। यह 200 से 300 किग्रा. वजन को ले जाने वाली मिसाइल की मारक क्षमता 1000 किमी. है।
धनुष तोप	स्वदेशी बोफोर्स के नाम से जानी जाती है	• 20 फरवरी 2019 को रक्षा मंत्रालय ने आयुध निर्माणी कानपुर और फील्ड गन फैक्टरी को 144 धनुष तोप के निर्माण की मंजूरी दी है। वर्ष 2022–23 तक 144 धनुष तोप सेना को सौंपने का लक्ष्य है। यह वर्ष 1980 में स्वीडन से आयातित बोफोर्स तोप का उन्नत संस्करण है। धनुष तोप में दिन व रात दोनों समय में फायरिंग की सुविधा है, इलेक्ट्रानिक प्रणाली से चलने के कारण निशान सटीक लगाने में सक्षम है तथा स्वचालन प्रणाली होने के कारण इसे पहाड़ों पर आसानी से तैनात किया जा सकता है। यह दो फायर प्रति मिनट करने के साथ–साथ लगातार दो घण्टे तक फायर करने में सक्षम है।
CH-47F	उन्नत मल्टी मिशन हेलिकॉप्टर	• सितम्बर 2015 में एयरोस्पेस कम्पनी बोइंग और भारत सरकार के बीच 15 मल्टी मिशन हेलिकॉप्टर खरीदने का समझौता हुआ था, जिसके चलते प्रथम 4 हेलिकॉप्टर भारत की वायु सेना को 10 फरवरी 2019 को सौंपे गए। 9.6 टन वजनी CH-47F हेलिकॉप्टर्स भारी मशीनरी, तोप, बख्तरबंद गाड़ी लाने ले जाने में सक्षम है।
असॉल्ट राइफल्स	भारतीय थल सेना के आधुनिकी–करण को केन्द्र में रख कर अमेरिका से असाल्ट राइफल्स का आयात किया जाना है	• रक्षा मंत्रालय द्वारा 1 फरवरी, 2019 को अमेरिका से 73 हजार असाल्ट राइफल्स की खरीद को मंजूरी दी गयी। यह राइफल्स भारतीय सेना द्वारा प्रयोग में लायी जाने वाली इंसास राइफलों का स्थान लेगी। इन आयातित राइफलों का प्रयोग भारत और चीन की लगभग 3600 किमी. सीमा पर तैनात सैनिकों द्वारा किया जायेगा।
चीनूक हेलीकॉप्टर	भारतीय वायु सेना	• 26 मार्च 2019 को अमेरिका में निर्मित भारी वजन को उठाने में सक्षम 4 चीनूक हेलीकॉप्टर को भारतीय वायु सेना में सम्मिलित किया गया। रात और दिन दोनों में सैनिकों के साथ–साथ विस्फोटक सामग्री, हथियार ले जाने में सक्षम चीनूक हेलीकॉप्टर में दो पंखे लगे हुए है। यह आपात राहत अभियान में भी महत्वपूर्ण भूमिका अदा करेंगा।

ए-सैट (शक्ति) मिसाइल	अंतरिक्ष तक मार करने वाली मिसाइल	• 27 मार्च 2019 को अमेरिका, रूस और चीन के बाद भारत का दुनिया का चौथा देश बना गया जिसने अंतरिक्ष तक मार करने वाली स्पेस अंतरित मारक मिसाइल का विकास किया। पृथ्वी से 300 किमी दूर एलइओ निम्न भू कक्षा में स्थित ए-सैट उपग्रह को 3 मिनट के अन्दरमार गिराया।
टी-90	युद्धक टैंक	• 18 अप्रैल-2019 को भारत रूस से 464 टी-90 युद्धक टैंक खरीदने पर सहमति बनी। इस टैंक की एसेम्बिलिंग अवाणि चेन्नई स्थित आयुध निर्माण फैक्टी ने किया।
आकाश मार्क-एस.आई.	सतह से हवा	• मध्यम दूरी, सतह से हवा में मार करने वाली विमान भेदी प्रक्षेपास्त्र आकाश का 25 एवं 27 मई 2019 को सफलता पूर्वक परीक्षण किया गया। इस मिसाइल का विकास वर्ष 1990 से किया जा रहा है।

2. विश्व में रक्षा एवं प्रतिरक्षा की पहलें

नाम	**संबंधित देश**	**महत्वपूर्ण विशेषता**
टाइप-15 टैंक	चीन की सेना पीपुल्स लिबरेशन आर्मी में शामिल	• नई पीढ़ी के ये टैंक, चीन में बना स्वदेशी टैंक है, जो हल्के युद्धक टैंक है तथा पर्वतीय क्षेत्रों में बेहतर कार्यकुशल है। इस टैंक में 105 MM की गन लगी है, जिससे गाइडेड मिसाइलें भी दागी जा सकती है।
अवानगार्द	रूस की हाइपरसोनिक मिसाइल का सफल परीक्षण	• 26 दिसम्बर, 2018 को ध्वनि की गति से 27 गुना तेज गति वाली इस हाइपरसोनिक मिसाइल जो किसी भी रडार की पकड़ में नहीं आ सकेगी एवं इस मिसाइल के सामने हर मिसाइल डिफेंस सिस्टम नाकाम सिद्ध होगा, का सफल परीक्षण किया गया। इस हाइपरसोनिक मिसाइल के परीक्षण के बाद रूस नए तरह के रणनीतिक हथियारों को बनाने वाला दुनिया का पहला देश बन गया है।
S-400 मिसाइल का सफल परीक्षण	चीन द्वारा S-400 मिसाइल का परीक्षण	• 27 दिसम्बर, 2018 को चीन ने रूस से आयातित S-400 मिसाइल एयर डिफेन्स सिस्टम (वायु रक्षा प्रणाली) का सफल परीक्षण किया। यह मिसाइल 400 किमी. दूरी तक दुश्मन के विमान, मिसाइल और ड्रोन को मार गिराने में सक्षम हैं। **नोटः** चीन ने रूस के साथ 2014 गें इस रक्षा प्रणाली को 3 बिलियन अमेरिकी डालर के समझौते से प्राप्त किया था, जबकि भारत ने 2018 में यह रक्षा प्रणाली 5 अरब डालर के समझौते से प्राप्त की है।

स्टैरी स्काई-2	चीन का हाइपरसोनिक एयर क्राफ्ट है	• हाइपरसोनिक एयर क्राफ्ट स्टैरी स्काई-2 एण्टी मिसाइल डिफेन्स सिस्टम है, जिसमें नाभिकीय हथियारों के माध्यम से इसे घातक बनाया गया है। इस हाइपरसोनिक एयर क्राफ्ट की गति, ध्वनि की गति से 5 गुना अधिक है। चीन के द्वारा किसी हाइपरसोनिक एयर क्राफ्ट का यह पहला सफल परीक्षण है, जो अमेरिका की सैन्य संरचना पर दबाव डालने की चीन की रणनीति को दर्शाता है।
मदर ऑफ आल बाम्ब्स	चीन द्वारा सबसे शक्तिशाली गैर-परमाणु हथियार का परीक्षण	• चीन का दावा है कि अमेरिका के मदर ऑफ आल बाम्ब्स तथा रूस के फादर ऑफ आल बाम्ब्स की तुलना में चीन का यह संस्करण सबसे खतरनाक है। इसका अंदाजा इस बात से लगाया जा सकता है कि परमाणु हथियार के बाद यह बम दूसरा सबसे घातक हथियार है।
एरो-3 मिसाइल का सफलता पूर्ण परीक्षण	अमेरिका व इजराइल द्वारा संयुक्त रूप से विकसित और वित्तपोषित मिसाइल है	• 22 जनवरी, 2019 को इजराइल के एयरबेस पर तैनात एरो-3 नामक यह मिसाइल, अन्तर्महाद्वीपीय बैलिस्टिक मिसाइल सहित बैलिस्टिक मिसाइल को बाहरी वायुमण्डल में नष्ट करने में सक्षम है। यह परमाणु, रासायनिक, जैविक या पारम्परिक हथियार ले जाने में सक्षम है।

3. प्रमुख युद्धाभ्यास

युद्धाभ्यास का नाम	भाग लेने वाले देश	तिथि	महत्वपूर्ण तथ्य
हैण्ड-इन-हैण्ड 2018 (Hand-in-Hand 2018)	भारत-चीन 2018	10-23 दिसम्बर	**स्थान :** चीन के चेंगदू में आयोजित शहरी आतंकवाद **विशेष :** तथा शहरी वातावरण में आतंकवादियों द्वारा बंधक बनाए गए लोगों को बचाने के लिए ड्राइविंग कौशल तथा लाइव फायरिंग पर बल दिया गया।
धर्म गार्जियन 2018 (Dhram Gargian 2018)	भारत-जापान	1-14 नवम्बर, 2018	**स्थान :** भारत के काउंटर इनसर्जेंसी वारफेयर **विशेष :** स्कूल में आयोजित। प्रथम संयुक्त सैन्य अभ्यास धर्म गार्जियन दोनों देशों के बीच रक्षा, सहयोग सहित सामरिक संबन्धों को सुदृढ़ करने की दिशा में एक और महत्वपूर्ण कदम है। इससे आतंकवाद से जुड़े वैश्विक घटनाक्रम पर करीबी नजर रखने में आसानी होगी।
वरूण 2019	भारत-फ्रांस	1-10 मई 2019	भारत और फ्रांस के बीच पहली बार नौ सैनिक युद्ध अभ्यास की शुरूआत 1993 में की गयी थी। दूसरा युद्ध अभ्यास 2003 में एवं यह तीसरा युद्ध अभ्यास था।
नौमैडिक एलीफेंट 2018 (Nomadic Elephant 2018)	भारत-मंगोलिया	10-21 सितम्बर 2018	**स्थान :** उलान बटोर मंगोलिया में आयोजित। **विशेष :** 13वां वार्षिक थल सेना सैन्य अभयास है।

युद्ध अभ्यास 2018 (Udha Abhyas 2018)	भारत–अमेरिका	16–19 सितम्बर 2018	**स्थान :** चौबटिया उत्तराखण्ड भारत में आयोजित। **विशेष :** 14वें वार्षिक सैन्य अभ्यास में दोनों देशों के लगभग चार-चार सौ सैन्य कर्मी शामिल हुए।
काजिंद 2018 (KAZIND 2018)	भारत–कजाखस्तान	10–23 सितम्बर 2018	**स्थान :** ओटार कजाखस्तान में आयोजित। **विशेष :** दोनों देशों के बीच बढ़ते रक्षा सहयोग के चलते यह तीसरा द्विपक्षीय सैन्य अभ्यास है।
एक्सरसाइज मैत्री 2018 (Exercise Maitree 2018)	भारत–थाईलैंड	6–19 अगस्त 2018	**स्थान :** थाईलैंड में आयोजित। **विषेष :** आपसी साझेदारी एवं सहयोग संवर्द्धन के उद्देश्य से संयुक्त अभ्यास।
पीस मिशन 2018 (Peace Mission 2018)	भारत–पाकिस्तान	24–29 अगस्त 2018	**स्थान :** रूस में आयोजित। **विशेष :** शंघाई सहयोग संगठन के 8 सदस्य जिसमें भारत व पाकिस्तान भी शामिल है, ने संयुक्त रूप से सैन्य अभ्यास में शामिल हुए।
इन्द्र 2018 (Indra 2018)	भारत–रूस	18–28 नवम्बर 2018	**स्थान :** बबीना सैन्य क्षेत्र, झाँसी, उत्तर प्रदेश (भारत)। **विशेष :** भारत एवं रूस के मध्य आपसी संबंधों को मजबूत बनाने हेतु प्रत्येक वर्ष इंद्र सैन्य अभ्यास का आयोजन किया जाता है।
सी विजिल 2019 (Sea Vigil 2019)	भारतीय नौसेना द्वारा	22–23 जनवरी 2019	**स्थान :** देश के तटीय और विशेष आर्थिक क्षेत्र को कवर किया गया। **विशेष :** समुद्र के रास्ते होने वाले हमले के खिलाफ देश की रक्षा तैयारियों की समीक्षा के लिए भारतीय नौसेना ने इतने बड़े स्तर पर रक्षा अभ्यास का आयोजन किया।
वायु शक्ति 2019	भारतीय वायु सेना द्वारा	8–18 फरवरी 2019	**स्थान :** पोखरण रेंज राजस्थान में आयोजित। **विशेष :** इस अभ्यास में वायुसेना के कुल 138 विमान शामिल हुए तथा अभ्यास के दौरान सतह से हवा में मार करने वाली मिसाइल आकाश ने निशाना भेदा साथ ही हवा से हवा में मार करने वाली अस्त्र मिसाइल का परीक्षण किया।
वज्र प्रहार 2019	भारत अमेरिका	13–29 अक्टूबर 2019	**स्थान :** अमेरिका के सिएटल के संयुक्त बेस लुईस–मैककार्ड में। **विशेष :** संयुक्त अभ्यास का दसवां संस्करण, गत वर्ष जयपुर में अयोजित हुआ था। हाल ही में भारतीय सेना में शामिल हॉवित्जर तोप एवं चीनूक हेलिकॉप्टर का भी प्रयोग हुआ।
टाइगर ट्राइम्फ त्रिसेवा 2019	भारत–अमेरिका	13–21 नवम्बर 2019	**स्थान :** पूर्वी तट पर विशाखापट्टनम एवं काकीनाडा में आयोजित। **विशेष :** भारत अमेरिका के बीच प्रथम त्रिसेवा अभ्यास। इससे पहले भारत ने 2017 में रूस के व्लाडिवोस्टोक में त्रिसेवा युद्ध अभ्यास 'इंद्र' में भाग लिया था।

हाल के वर्षों में भारत के रक्षा खरीद सौदे

रक्षा सामग्री	देश
• एडमिरल गोर्शकोव, परमाणु पनडुब्बी नेरपा, सुखोई-30, T-90 टैंक, केए-226 टी बहुउद्देश्यीय हेलीकॉप्टर, एस-400 वायु रक्षा प्रणाली	रूस
• मिराज 2000, स्कॉर्पियन पनडुब्बी, 36 राफेल लड़ाकू विमान	फ्रांस
• फॉल्कन रडार, अवाक्स प्रणाली, बराक मिसाइल प्रणाली, हिरान टीपी ड्रोन	इजराइल
• IL-76, उज्बेकिस्तान का विमान, रूसी इंजन	रूस, उज्बेकिस्तान
• एडवांस्ड जेट ट्रेनर विमान	इंग्लैण्ड
• बोफोर्स तोप	स्वीडन
• SDW पनडुब्बी	जर्मनी
• डेनेल राइफलें	द. अफ्रीका
• C-130 J सुपर हरक्यूलिस विमान, C-17 ग्लोब मास्टर-III विमान, 4 चिनूक हेलीकॉप्टर एवं 22 अपाचे हेलिकाप्टर, पी-81 नौसैनिक निगरानी विमान, 89 पोत भेदी हारपून मिसाइलें	अमेरिका
• 777 अल्ट्र-लाइट हाविट्जर (Howitzer) तोप	दक्षिण कोरिया

4. अन्तरिक्ष के क्षेत्र में भारत के बढ़ते कदम

भारतीय अंतरिक्ष अनुसंधान संगठन (ISRO) ने अपनी नई-नई उपलब्धियों से पूरे विश्व समुदाय को आश्चर्य में डाल दिया है। हाल ही में इसरो ने 29 नवम्बर 2018 को अपने उपग्रह प्रक्षेपणयान PSLV-C43 से 1 स्वदेशी व 30 विदेशी उपग्रह प्रक्षेपित कर कीर्तिमान रचा। इससे पूर्व इसरो ने 15 फरवरी, 2017 को PSLV-C37 से 104 उपग्रहों जिसमें दो उपग्रह स्वदेशी व शेष सभी विदेशी उपग्रह को प्रक्षेपित कर विश्व कीर्तिमान रचा। इसरो अब चांद, मंगल और अंतरिक्ष में मानव भेजने की तैयारी में लगा हुआ है, देश का यह लक्ष्य 2022 तक गगन यान के प्रक्षेपण से पूरा हो जायेगा। इसरो का यह सफर सम्पूर्ण विश्व को यह पैगाम देगा कि भारत जितना अध्यात्म में आगे है, उतना ही वैज्ञानिक प्रगति में भी।

	तिथि	प्रक्षेपणयान	प्रक्षेपित उपग्रहों के नाम	विशेषताए/महत्व
1.	11 दिसम्बर 2019	पीएसएलवी-सी48	रि-सैट 2बीआर1	• रडार इमेजिंग सेटेलाईट के द्वितीय पीढी का यह उपग्रह अंतरिक्ष से पृथ्वी पर निगरानी रखेगा। इससे सीमा क्षेत्रों की निगरानी के साथ-साथ जासूसी में भी इसका प्रयोग किया जा सकेगा। इसके साथ 8 व्यावसायिक उपग्रहों को भी प्रक्षेपित किया गया है।
2.	27 नवम्बर, 2019	पीएसएलवी-सी47	कार्टोसैट 3	• इसरो द्वारा 27 नवम्बर, 2019 को PSLV-C47 के माध्यम से प्रक्षेपण किया है। कार्टोसैट मानचित्रण से सम्बन्धित एक ऐसा उपग्रह है, जिसका भारत के सीमा क्षेत्रों की निगरानी में भी प्रयोग किया जायेगा।
3.	22 मई, 2019	पीएसएलवी-सी46	री-सैट 2बी	• इसरो ने 614 किग्रा वजनी सुदूर संवेदी उपग्रह भेजा, जोकि सिंथेटिक एपर्चर राडार का प्रयोग कर सभी मौसमों की तस्वीरें पृथ्वी को भेजेगा। मौसम, कृषि, वानिकीय, आपदा प्रबन्धन के साथ-साथ रणनीतिक निगरानी, सैन्य निगरानी तथा टोही निगरानी में इसका प्रयोग किया जायेगा।

4.	1 अप्रैल, 2019	पीएसएलवी–सी45	एमिसैट	• यह पहला अवसर था, जब अलग–अलग तीन कक्षाओं में 29 उपग्रहों का प्रक्षेपण किया गया। • एमिसैट के साथ 28 विदेशी और नेनो उपग्रह प्रक्षेपित किये गए। • एमिसैट विद्युत चुम्बकीय स्पैक्ट्रम को मापने में सक्षम है और आसमान में रहते हुए संचार प्रणालियां, रडार और अन्य इलेक्ट्रॉनिक उपकरणों से निकलने वाले सिगनल को पकड़ेगा। • यह पीएसएलवी का 47वां अभियान था, जिसमें 748 किमी. की ऊँचाई पर 436 किग्रा. वजनी सैन्य उपग्रह एमिसैट को प्रक्षेपित किया गया है। कुल 28 विदेशी उपग्रहों में सबसे ज्यादा 24 अमेरिका के उपग्रह हैं।
5.	6 फरवरी, 2019	एरियन–5	GSAT-31	• यूरोप की एरियन स्पेस कम्पनी के द्वारा एरियन–5 प्रक्षेपणयान से 2535 किग्रा. वजनी GSAT-31 को पृथ्वी की भूस्थैतिक कक्षा में स्थापित किया गया। इस उपग्रह का इस्तेमाल भारत की मुख्य भूमि और द्वीपों को संचार सेवाए उपलब्ध कराने के साथ एटीएम, स्टॉक एक्सचेंज, डिजिटल सेटेलाइट, न्यूज गैदरिंग और ई–गवर्नेस एप्स के लिए वीएसएटी कनेक्टिविटी और डीटीएच टेलीविजन सेवाएं उपलब्ध कराना है।
6.	24 जनवरी, 2019	PSLV C-44	कलामसैट व माइक्रोसैट–आर	• कलामसैट व माइक्रोसेट–आर को श्री हरिकोटा स्थित सतीश धवन स्पेस सेन्टर से लांच किया गया। • **कलाम सैट की विशेषताए:** 1.2 किलोग्राम वजनी यह उपग्रह दुनिया का सबसे छोटा उपग्रह है, जिसे हाईस्कूल के छात्रों की टीम ने तैयार किया है। यह दुनिया का सबसे हल्का और पहला 3डी प्रिंटेड सैटेलाइट है। • **माइक्रोसैट–आर की विशेषताए:** यह अंतरिक्ष से पृथ्वी की तस्वीरें लेने में सक्षम है।
7.	19 दिसम्बर 2018	GSLV-F11	जीसैट–7ए	• 2250 किग्रा. वजनी यह उपग्रह भारतीय क्षेत्र में ''केयू–बैंड'' (KU-Band) आधारित संचार सेवा उपलब्ध कराने हेतु पृथ्वी के ''भू–तुल्य–कालिक अंतरण कक्षा'' (GTO) में स्थापित किया गया है। यह उपग्रह भारतीय वायुसेना को बेहतर संचार सेवा देने के खास इरादे से लांच किया गया है।

8.	5 दिसम्बर 2018	एरियाने-5	जीसैट-11	• यह उपग्रह कौरू प्रक्षेपण स्थल फ्रेंचगुयाना से प्रक्षेपित भारत का सबसे भारी (5834 किग्रा.) उपग्रह है। इस उपग्रह के माध्यम से ग्राम पंचायत स्तर तक भारत नेट प्रोजेक्ट के तहत ब्राडबैंड सर्विस उपलब्ध कराई जाएगी।
9.	29 नवम्बर, 2018	PSLV-C-43	हाइसिस (Hys IS) स्वदेश निर्मित उपग्रह व 30 विदेशी उपग्रह (1 माइक्रो और 29 नैनो उपग्रह)	• Hyper Spectral Imaging Satellite-Hys IS पृथ्वी से लगभग 980 किमी. ऊंचाई पर ध्रुवीय सन सिंक्रोनस ऑर्बिट में रहते हुए कृषि, वानिकी मृदा व तटीय क्षेत्रों आदि के सम्बन्ध में, आंकड़े प्रक्षेपित उपलब्ध कराएगा तथा सेना की जरूरतों को भी यह पूरा कर सकेगा। इसका जीवन काल 5 वर्ष अनुमानित है। • 30 विदेशी उपग्रहों में 23 उपग्रह अमेरिका के हैं। शेष 7 उपग्रह क्रमशः आस्ट्रेलिया, कनाडा, कोलम्बिया, फिनलैण्ड, मलेशिया, नीदरलैण्ड्स व स्पेन के हैं।
10.	14 नवम्बर, 2018	GSLV-MK-III D2	जीसैट-29	• 3,423 किग्रा. वजन का जीसैट-29 भारत की धरती से प्रक्षेपित अब तक का सबसे भारी उपग्रह है। • यह उपग्रह जम्मू-कश्मीर तथा पूर्वोत्तर राज्यों में हाई स्पीड इंटरनेट सेवा उपलब्ध कराने में मददगार होगा। इसका जीवनकाल 10 वर्ष अनुमानित है। • GSLV-MK-III D2 स्वदेशी उपग्रह प्रक्षेपण यान है, जिसमें स्वदेशी तकनीक से तैयार क्रायोजेनिक इंजन लगा है और इसका प्रयोग उपग्रहों को ''भू-तुल्कालिक अंतरिक्ष कक्षा में प्रक्षेपित करने के लिए विकसित किया गया है।
11.	16 सितम्बर, 2018	PSLV-C42	Nova SAR व S1-4 (दोनों ब्रिटेन के उपग्रह)	• इसरो ने पूर्णतः व्यावसायिक उड़ान के तहत 450-450 किग्रा. वजन के ब्रिटेन के दोनों उपग्रहों को अंतरिक्ष में निर्धारित कक्षा में स्थापित किया।
12.	12 अप्रैल 2018	PSLV-C41	IRNSS-1 आई	• IRNSS भारत की क्षेत्रीय नौवहन उपग्रह प्रणाली है, जो दक्षिण एशिया पर लक्षित होगी। यह उपग्रह देश के भीतर और इसकी सीमा से लगभग 1500 किमी. तक के क्षेत्र में प्रयोगकर्ताओं की स्थिति, नेविगेशन तथा समय की सटीक जानकारी के लिए संकेत प्रेषित करता है। **नोटः** अब तक IRNSS के कुल 8 उपग्रह प्रक्षेपित किये जा चुके हैं, जो निम्नवत् हैः 1. IRNSS 1A, 2. IRNSS 1B, 3. IRNSS 1C, 4. IRNSS 1D 5. IRNSS 1E, 6. IRNSS 1F, 7. IRNSS 1G, 8. IRRNSS 1I **नोट** : वर्ष 2017 में IRNSS1H उपग्रह का प्रक्षेपण विफल हो गया था।

13.	29 मार्च 2018	GSLV-FO8	जी सैट-6A	• यह उपग्रह एक हाई पॉवर एस. बैंड संचार उपग्रह है, जिसका मुख्य कार्य मोबाइल संचार में मदद करना है।
14.	12 जनवरी, 2018	PSLV-C40	कार्टोसेट-2 व 30 छोटे उपग्रह जिसमें 28 विदेशी थे	• कार्टोसैट-2 श्रृंखला के इस उपग्रह का प्रमुख कार्य पृथ्वी की इमेजिंग करना तथा भारत के पश्चिम एवं पूर्वी सीमा पर गतिविधियों को प्रतिबिम्बित करना है।

5. अन्तरिक्ष में भारत के प्रस्तावित उपग्रह-कार्यक्रम (2020-2028)

1. गगनयान मिशन :

केन्द्रीय मंत्रिमंडल ने 28 दिसम्बर, 2018 को भारत के पहले स्वदेशी मानव अंतरिक्षयान कार्यक्रम को मंजूरी दे दी। गौरतलब है कि इस परियोजना को गगनयान परियोजना नाम दिया गया है। इस मिशन के तहत 3 भारतीय अंतरिक्षयात्री 7 दिन अंतरिक्ष में गुजारेंगे। इस मिशन के 2022 तक पूरा होने की उम्मीद है। इसरो द्वारा जल्द ही अंतरिक्ष में मानव भेजने के लिए बंगलौर में ह्यूमन स्पेस फ्लाइट सेन्टर स्थापित किया जायेगा जिसके निदेशक उन्नीकृष्णन नायर होंगे।

परियोजना की मुख्य बातें

- इसरो, अंतरिक्ष में जाने वाले क्रू के प्रशिक्षण के लिए बेंगलुरू स्थिति इंस्टीट्यूट ऑफ एयरोस्पेस मेडिसीन के साथ कार्य करेगा तथा भारतीय वायुसेना क्रू का चयन करेगी।
- इसरो का लक्ष्य अंतरिक्ष यात्रियों को धरती से 350-400 किलोमीटर की ऊंचाई तथा धरती की कक्षा तक भेजना है।
- भारत मानव को अंतरिक्ष में भेजने वाला विश्व का चौथा देश होगा।
- रूस ने 12 अप्रैल, 1961 में यूरी गागरिन को अंतरिक्ष में भेजकर इतिहास रच दिया था। फिर अमेरिका ने 5 मई, 1961 को एलन शेफर्ड को अंतरिक्ष में पहुंचा कर यह कारनामा दोहराया और तीसरी उपलिब्ध चीन के खाते में आयी है। चीन ने 15 अक्टूबर, 2003 में यांग लिवेर्ड को अंतरिक्ष में पहुंचाया।
- अंतरिक्ष का मानव मिशन कितना दुरूह होता है, इसका अंदाजा इससे भी लगाया जा सकता है कि चीन 2003 में इसमें सफल हुआ था और पिछले डेढ़ दशक में अन्य कोई स्पेस एजेन्सी ऐसा नहीं कर सकी है, जबकि दुनिया में तकनीक लगातार अत्याधुनिक होती जा रही है। जाहिर है भारतीय अंतरिक्ष अनुसंधान संगठन (इसरो) यदि इस अभियान में कामयाब होता है, तो यह भारत की बहुत बड़ी उपलब्धि होगी।
- गगनयान को **स्वदेशी जीएसएलवी मार्क-3** राकेट से अंतरिक्ष में भेजा जायेगा। यह भारत का सबसे भारी भरकम और सफल राकेट है। इसे **बाहुबली** उपनाम से भी जाना जाता है।
- इसरो की चिंता यह है कि अभी उसके पास **बायोलॉजिकल साइंटिस्ट और ह्यूमन मेडिकल सिस्टम** के अच्छे विशेषज्ञ नहीं है। अंतरिक्ष यात्रियों के लिए जो जीवन रक्षक तंत्र बनाया जायेगा, उसमें इन विशेषज्ञों की खासी जरूरत होती है। हो सकता है कि इसके लिए भारतीय वायुसेना और इंस्टीट्यूट ऑफ इसरो स्पेस मेडिसिन से मदद मांगी जाये।
- वर्तमान में स्पेस के क्षेत्र में भारत काफी बेहतर स्थिति में है। हम अपना रॉकेट खुद बना रहे है। सैटेलाइट भी तैयार कर रहे है। एप्लीकेशन में तो हम अव्वल हैं ही। फिर कम खर्च में सैटेलाइट बनाने और उसे लॉच करने में भी हमें महारत हासिल हो चुकी है। ऐसे में, इस मिशन के साथ हमारी निगाहे भविष्य की उस स्थिति पर भी बनी हुई है, जब चंद्रमा और मंगल पर लोग बसेंगे। इसरो उसी ओर अपनी उड़ान भर रहा है। यदि जरूरत महसूस हुई, तो हम भी वहाँ कालोनी बसा सकेंगे। गनन यान हमें इस सपने के करीब लाने वाला मिशन साबित होगा।
- **रीएंट्री एवं रिकवरी तकनीकः** इसरो द्वारा आम तौर पर लांच किये गये उपग्रह अंतरिक्ष में ही बने रहने के लिए होते हैं। यहाँ तक कि चंद्रयान और मंगलयान भी पृथ्वी पर लौटने के लिए नहीं बने थे, जबकि गगनयान रिकवरी तकनीक से लैस है जो तकनीकी खामी की स्थिति में पृथ्वी पर लौट आयेगा।
- **लाइफ सपोर्ट सिस्टमः** यह यान लाइफ सिस्टम से युक्त है। इस तकनीक में केबिन का दबाव, हवा के घटकों, कार्बन डाईऑक्साइड को निकालने तथा आपातकालीन मदद मुहैया कराने की सुविधा उपलब्ध है।

- गौरतलब है कि इसरो ने अंतरिक्ष यात्रियों को भेजने की योजना पर 2004 में काम करना शुरू कर दिया था। विदित हो कि क्रू माड्यूल की उड़ान का सफल प्रायोगिक परीक्षण 2014 में पूरा हो चुका हैं इसरो की माने तो गगनयान मिशन से 15000 लोगों को रोजगार प्राप्त हो सकेगा।

अंतरिक्ष में अब तक के मानव मिशन

1. **वोस्टोक मिशन (USSR-1961) :** इस मिशन को सोवियत रूस द्वारा 1961 में अंजाम दिया गया। लांच-12 अप्रैल 1961। इसमें यूरी गागरिन को जो कि सोवियत रूस के कॉस्मोनाट थे, को अंतरिक्ष में पहुंचाया था। अंतरिक्ष में वह पहले मनुष्य थे।
2. **मरकरी मिशन (USA-1961) :** एलन शेफर्ड प्रथम अमेरिकी थे, जिन्हें फ्रीडम-7 स्पेस क्राफ्ट ने 5 मई, 1961 को अंतरिक्ष में पहुंचाया।
3. **शेनझाऊ-5 प्रोग्राम (China-2003) :** यह एक चाइनीज मिशन था जो कि 2003 में लांच किया गया। यांग लिवेई प्रथम चाइनीज अंतरिक्ष यात्री थे जिन्हें इस मिशन द्वारा 15 अक्टूबर, 2003 में अंतरिक्ष में पहुंचाया गया।
4. **राकेश शर्मा :** प्रथम भारतीय जो 2 अप्रैल 1984 को रूसी सोयूज T-11 द्वारा अंतरिक्ष में पहुंचाए गये। इसके बाद से कोई भारतीय अंतरिक्ष में नहीं गया।

2. चन्द्रयान-2 परियोजना :

वर्ष 2008 में भारत का पहला शोधयान सफलतापूर्वक चन्द्रमा की कक्षा में भेजा गया था। इसी ने चंद्रमा पर पानी होने के प्रमाण दिए थे। तकनीकी खराबी की वजह से इसरो ने एक साल बाद ही इस मिशन को खत्म घोषित किया। वर्तमान में इसरो चन्द्रयान-2 को 22 जुलाई 2019 को प्रक्षेपित कर चुका है। चन्द्रयान-2 को जीएसएलवी F-10 से प्रक्षेपित किया गया। इसके कुल 3 चरण थे- कक्षीय, लैण्डर व रोवर चरण। 3290 किग्रा वजनी चन्द्रयान-2 का उद्देश्य चन्द्रमा पर धात्विक खनिज के साथ-साथ उसके वायुमण्डल और स्थलीय संरचना का अध्ययन करना है।

चन्द्रयान-2 विश्व का एकमात्र ऐसा अभियान था, जिसे चंद्रमा के दक्षिणी ध्रुव पर उतरना था। चन्द्रयान-2 का वजन 3.4 टन निर्धारित किया गया था, जिसमें कुल 13 उपकरण लगे थे। तीन हिस्सों में **पहला,** आर्बिटर जिसे चंद्रयान के चारों तरफ चक्कर काटना था। **दूसरा,** लूनर लैंडर विक्रम जिसे चंद्रमा की सतह पर उतरना था और **तीसरा,** रोवर प्रज्ञान, जिसे चंद्रमा की सतह का विश्लेषण करना था। चन्द्रयान-2 में ऐसे उपकरण लगे थे, जो चन्द्रमा पर नमूने एकत्र कर सकते थे।

22 जुलाई, 2019 को श्रीहरिकोटा स्थित सतीश धवन अंतरिक्ष केन्द्र के द्वितीय लांच पैड से जीएसएलवी मार्क-3 एमआई रॉकेट द्वारा भारत के चंद्रयान-2 मिशन का प्रक्षेपण सफलतापूर्वक किया गया। लेकिन 7 सितम्बर, 2019 को चंद्रमा के दक्षिणी ध्रुव क्षेत्र में लैण्ड करने की प्रक्रिया के दौरान लैंडर का सम्पर्क इसरो के नियंत्रण केन्द्र से टूट गया। लैंडर की चंद्रमा पर सॉफ्ट लैंडिंग होनी थी, लेकिन यह हार्ड लैंडिंग के माध्यम से चंद्रमा पर उतरा। 31 अक्टूबर, 2019 इसरो ने बताया है कि चंद्रमा के बर्हिमण्डल में चंद्रयान-2 ने आर्गन-14 की उपस्थिति का पता लगाया है। इसरो चंद्रयान-3 का प्रक्षेपण करने की योजना बना रहा है, जिसका प्रक्षेपण वर्ष 2022 में किया जाना प्रस्तावित है। चंद्रयान-2 के लिए दिसंबर, 2010 में इस बात की सहमति बनी थी कि रूसी अंतरिक्ष एजेंसी **'रॉसकॉसमॉस'** चन्द्रयान-2 के लूनर लैंडर के लिए जिम्मेदार होगा, जबकि भारतीय अंतरिक्ष अनुसंधान संगठन (इसरो) ऑर्बिटर और रोवर के लिए जिम्मेदार होगा। इसरो की जिम्मेदारी चंद्रयान-2 को जीएसएलवी के माध्यम से प्रक्षेपित करने की भी थी। अब चंद्रयान-2 मिशन के उद्देश्यों और लक्ष्यों में संशोधन के बाद यह फैसला किया गया कि लूनर लैंडर के विकास का काम भी इसरो ही करेगा। आर्बिटर में आठ पेलोड यानि उपकरण होंगे जबकि लैंडर में तीन तथा रोवर में दो उपकरण लगे होंगे।

चन्द्रयान हेतु 'लैण्डर' विक्रम का सफल परीक्षण :

भारतीय अन्तरिक्ष अनुसंधान संस्थान ने भारत के चन्द्रयान-2 मिशन के **लैण्डर विक्रम** के न्यून संस्करण का सफल लैण्डिंग परीक्षण किया। यह परीक्षण तमिलनाडु राज्य के महेन्द्रगिरि स्थित इसरो प्रणोदन परिसर में किया गया। इस लैण्डर का नाम इसरो के संस्थापक विक्रम साराभाई के नाम पर रखा गया है। इस लैण्डर को क्रियान्वित करने के लिए लैण्डर

एक्चुएट परफॉरमेन्स परीक्षण किया गया, जो पूर्णतः सफल रहा। परीक्षण के दौरान लैण्डर की नेविगेशन, निर्देशन एवं नियंत्रण प्रणाली को परखा गया, जो कि पूरी तरह सफल रहा। इस परीक्षण हेतु चन्द्रमा की गुरूत्वाकर्षण शक्ति को ध्यान में रखकर लैण्डर विक्रम को तैयार किया गया, जो धरती के गुरूत्वाकर्षण प्रभाव की भरपाई कर सके।

3. आदित्य एल-1: सूर्य पर प्रथम भारतीय मिशन :

भारतीय अंतरिक्ष अनुसंधान संगठन वर्ष 2019 में सूर्य की सतह का अध्ययन करने हेतु आदित्य एल-1 नामक अंतरिक्ष यान, जो कि लगभग 50 किग्रा. भारी होगा, को पृथ्वी के लैग्रैनगियन बिन्दु एल-1 के प्रभामण्डल कक्ष में स्थापित करेगा। प्रभामण्डल कक्ष एक त्रि-आयामी अथवा 3-डी कक्षा होगी, जिसे एल-1, एल-2 या एल-3 के पास होंगे। इसका उद्देश्य सूर्य की बाहरी परत की गतिशीलता, प्रकृति, कोरोना एवं क्रोमोस्फीयर का अध्ययन करना है। साथ ही यह भी पता लगाना है कि सूर्य की सतह इतनी गर्म क्यों है।

भारतीय एस्ट्रोफीजिक्स संस्थान (बंगलूरू), टाटा इंस्टीट्यूट ऑफ फण्डामेंटल रिसर्च (मुंबई), इंटर यूनिवर्सिटी सेंटर फॉर एस्ट्रोनामी एंड एस्ट्रोफीजिक्स (पूणे) एवं इसरो के विभिन्न संस्थान के भौतिक विदों का एक संयुक्त उपक्रम है। इसका प्रक्षेपण पीएसएलवी एक्सएल द्वारा किया जायेगा, जिसके अन्तर्गत कुल 7 पे-लोड होंगे-1. दृश्य उत्सर्जन रेखा कोरोनाग्राफी, 2. सोलर लो एनर्जी एक्स-रे स्पेक्ट्रोमीटर, 3. उच्च एनर्जी एल-1 ऑर्बिटिंग स्पेक्ट्रोमीटर, 4. सौर पराबैगनी प्रतिबिम्ब दूरबीन, 5. प्लाज्मा एनालाइजर पैकेज, 6. आदित्य सौर पवन कण परीक्षण एवं 7. मैग्नेटोमीटर।

4. इसरो के मेगा-7 मिशन :

- मई, 2019 में भारतीय अंतरिक्ष अनुसंधान संगठन (इसरो) ने आगामी 10 वर्षों हेतु 7 बड़े अंतरिक्ष कार्यक्रमों की घोषणा की है।
- इसरो ने अभी केवल चंद्रयान-2, आदित्य-L1 मिशन तथा XpoSat मिशन का ही विवरण उपलब्ध कराया है।
- इसरो ने इस घोषणा के साथ अगले 30 वर्षों का एक रोडमैप भी तैयार किया हे, जिसमें इसरो के सभी प्रमुख प्रक्षेपण मिशनों का उल्लेख है।

5. चन्द्रयान-3 परियोजना :

इसरो ने 14 नवम्बर-2019 को चन्द्रयान-3 को प्रक्षेपित करने के लिए डॉ. एस. सोमनाथ की अध्यक्षता में एक समिति का गठन किया गया है। यह समिति चन्द्रयान-3 को नवम्बर-2020 को प्रक्षेपित करने की योजना को निर्धारित करेगी और चन्द्रयान-2 की कमियों को दूर करके यह कार्य को पूरा किया जायेगा।

इसरो के सात प्रमुख मिशन

मिशन प्रक्षेपण	वर्ष	विशेषताएं
1. चंद्रयान-3	नवम्बर, 2020	यह एक ऑरबिटल, लैंडर और रोवर यान है।
2. एक्सपोसैट	वर्ष 2020	यह ब्रह्माडीय विकिरण अध्ययन हेतु 500 से 700 किमी. तक की ऊँचाई पर स्थापित किया जायेगा।
3. आदित्य-L1	वर्ष 2020	सूर्य के कोरोना के अध्ययन हेतु अंतरिक्ष यान लिबरेशन ऑरबिट में स्थापित किया जायेगा।
4. मंगलयान-2	वर्ष 2022	यह एक ऑरबिटल, लैंडर और रोवर यान है।
5. शुक्र	वर्ष 2023	शुक्र ग्रह के अध्ययन हेतु प्रक्षेपित किया जायेगा।
6. गगनयान	वर्ष 2022	यह भारत का अंतरिक्ष के लिए पहला मानव मिशन होगा।
7. सौरमंडल से बाहर ग्रहों की खोज हेतु मिशन	वर्ष 2028	यह सौरमण्डल के बाहर अध्ययन करने वाला भारत का पहला अंतरिक्ष यान होगा।

6. मानव के दैनिक जीवन व राष्ट्रीय सुरक्षा के क्षेत्र में विज्ञान व तकनीक का प्रयोग

नाम	क्षेत्र	प्रयोग
ROADEO रोबोट	ट्रैफिक प्रबन्धन हेतु	14 जनवरी 2019 को सड़क सुरक्षा के लिए चेन्नई ट्रैफिक पुलिस ने "ROADEO" नामक रोबोट की सहायता ली है। यह रोबोट ट्रैफिक सिग्नलों के साथ एकीकृत होकर ब्लूटूथ एप्स के माध्यम से कार्य करेगा। रोबोट यातायात प्रबन्धन में पुलिस की मदद करेगा और चेन्नई की सड़कों पर पैदल चलने वालों की सहायता भी करेगा।
USTAD	रेल की सुरक्षा हेतु	भारतीय रेलवे के नागपुर डिवीजन द्वारा "USTAD" (अण्डरगेयर सर्विलान्स थ्रू आर्टिफिशियल इण्टेलीजेन्स असिस्टेंट ड्रायड) नामक एक ऐसा रोबोट का विकास किया है, जो पटरी पर खड़ी ट्रेनों के निचले हिस्से की कमियों को उजागर कर ट्रेन की बेहतर तरीके से जांच करने में सक्षम है क्योंकि इस रोबोट में ऐसे हाइडेफिनेशन इण्टेलीजेन्स कैमरे लगे हैं, जो अंधेरे में भी कार्य करने में सक्षम है तथा ये कैमरे वीडियोग्राफी के साथ-साथ फोटोग्राफी कर रियल टाइम बेसिस पर वाई-फाई के माध्यम से जानकारी उपलब्ध कराते हैं।
ओ नीर	सौर ऊर्जा से चलने वाला वाटर प्यूरीफायर मशीन	**इंडियन इस्टीट्यूट ऑफ टॉक्सिकोलॉजी रिसर्च** (IITR लखनऊ) द्वारा एक ऐसा वाटर प्यूरीफायर बनाया गया है, जो सौर ऊर्जा से चलता है और 1 लीटर पानी को प्यूरीफायर करने की लागत मात्र 1 पैसा है। इस मशीन को ग्रामीण इलाकों, स्ट्रीट फूड, कम आय वर्ग के परिवारों को ध्यान में रखकर बनाया गया है। यह मशीन आक्सीडेशन प्रासेस पर काम करती है, जिससे पानी में व्याप्त अशुद्धियों जैसे-बैक्टीरिया, फंगस, वायरस, आर्सेनिक व फ्लोराइड को दूर किया जा सकता है। धूप खत्म होने के बाद भी शुद्ध पानी मिले इसके लिए इसमें एक बैटरी भी लगायी गई है।
RADA रोबोट	हवाई अड्डों पर कार्यरत	इंदिरागांधी हवाई अड्डे के टर्मिनल संख्या-3 पर **विस्तारा एयरलांइस** द्वारा ''राडा नामक'' रोबोट को तैनात किया गया है, जो 360 डिग्री घूमने वाले तीन कैमरों से लैस है। यह रोबोट आर्टिफिशियल इंटेलीजेंस के माध्यम से यात्रियों की सहायता करता है। उनकी समस्याओं को सुनकर उपाय बताता है। साथ ही यात्रियों का मनोरंजन करता है।
बायोफ्यूल	स्वच्छ ईंधन	• बायोफ्यूल पारंपरिक या जीवाश्म ईंधन के मुकाबले एक वैकल्पिक ईंधन है, जो सीधे तौर पर वनस्पति तेल, पशुओं की वसा, तेल और खाना पकाने के अपशिष्ट तेल से निर्मित किया जाता है। • वर्तमान में CSIR-IIP (Council of Science and Industrial Research-Indian Institute of Petrolium) द्वारा निर्मित बायोफ्यूल जैट्रोफा (रतनजोत) से निर्मित किया गया है। उल्लेखनीय है कि 2 लीटर जैट्रोफा तेल से 1 लीटर बायोफ्यूल पैदा होता है। जैट्रोफा छत्तीसगढ़ एवं राजस्थान में पाया जाता है।

		• विमानों में एविएशन टर्बाइन फ्यूल का प्रयोग ईंधन के रूप में किया जाता है, जो पर्यावरण प्रदूषण को बढ़ाने में मददगार है। अत: पहली बार निजी एयरलाइंस के 72 सीटों वाले यात्री विमान के देहरादून एयरपोर्ट से दिल्ली तक की उड़ान बायोफ्यूल का इस्तेमाल कर पूरी की। • इसी क्रम में N-32 सैनिक विमान ने पहली बार मिश्रित बायो-जेट ईंधन (Blended-Bio Get Fuel) का प्रयोग कर उड़ान भरी। • बायोफ्यूल परम्परागत ईंधनों की तुलना में कम प्रदूषणकारी है, इसके धुएं में सल्फर तथा कार्बन की मात्रा पारंपरिक ईंधन से 15% कम होती है, यह बायोडिग्रेडबल (Biodegradable) व नवीकरणीय ऊर्जा का विकल्प है। • वर्तमान में अमेरिका, न्यूजीलैण्ड, कनाडा तथा आस्ट्रेलिया आदि देशों में विमान कंपनियां 50 फीसदी बायोफ्यूल का इस्तेमाल अपने विमानों में करती है। इस दिशा में वर्ष 2008 में सर्वप्रथम अमेरिका ने पहल की थी।
5 जी तकनीक	इंटरनेट की स्पीड को गति देने हेतु	• 4जी तकनीक प्रति सेकंड 1 जीबी की गति से परिभाषित की जाती है, जबकि 5 जी तकनीक प्रति सेकंड 20 जीबी की गति अर्थात् 20 गुना अधिक तेज गति से कार्य करेगा। • 5 जी तकनीक – इंटरनेट स्पीड को 20 गुना बढ़ाने, इंटरनेट से देखे जाने वाले वीडियों की गुणवत्ता में सुधार, आटोमेशन, मेडिकल सुविधा व इंटरनेट ऑफ थिंग्स के चलन में वृद्धि करेगा।
सोलर थर्मल फ्यूल (Solar Thermal Fuel)	सौर ऊर्जा का तरल रूप	• सौर ऊर्जा का उपयोग तेजी से बढ़ रहा है क्योंकि यह प्राकृतिक रूप से निर्मित व पर्यावरण अनुकूल होती है, परन्तु सूर्य की रौशनी न होने पर इसका वजूद समाप्त हो जाता है। वैज्ञानिकों ने सौर ऊर्जा को एकत्र कर एक तरह का तरल पदार्थ (Fluid) तैयार किया है, जिसका प्रयोग सूर्य की रोशनी न होने पर किया जा सकता है। वैज्ञानिकों के अनुसार ग्लोबल वार्मिंग की समस्या को हल करने में यह कारगर होगा।
आई रोव ट्यूना (Eye Rov Tuna)	अंतर्जलीय ड्रोन	• यह ड्रोन जल में 100 मीटर की गहराई तक जाकर जलमग्न वस्तुओं को ढूढ़ने, किसी पोत के निचले हिस्से का निरीक्षण करने, बांध का निरीक्षण करने और मछली पालन वाले तालाबों का निरीक्षण ड्रोन में लगे कैमरे से वीडियो प्रसारण कर उपलब्ध करा सकता है। इस ड्रोन का प्रयोग गोताखोरों द्वारा जलमग्न वस्तुओ के जोखिम पूर्ण मानवीय निरीक्षण की आवश्यकता को समाप्त कर देगा। • आईरोव टेक्नोलॉजीज नामक प्रौद्योगिकी कम्पनी ने इसका निर्माण कर डीआरडीओ की प्रयोगशाला नेवल फिजिकल एंड ओसिएनोग्राफिक लैब को सौंप दिया।

लिडार तकनीक (Lidar Technique)	दुर्गम पहाड़ी इलाकों में सड़क निर्माण सर्वेक्षण में सहायक	• लाइट डिटेक्शन एण्ड रेजिंग तकनीक दुर्गम पहाड़ी इलाकों में सड़क निर्माण से पूर्व सर्वेक्षण के कार्य जैसे जमीन की बनावट, सतह की ऊंचाई, पेड़-पौंधों का फैलाव आदि का सर्वेक्षण डिजिटल चित्रों के माध्यम से कर एकदम सही अंदाजा लगाया जा सकता है। • यह तकनीक सड़कों को भविष्य में होने वाले भूस्खलन और बाढ़ आदि से बचाने में सहायक है। • यह तकनीक वायु प्रदूषण को कम करने में मद्‌दगार है।
फोर्टिफाइड चावल	पोषक तत्वों की उपस्थिति वाले चावल	• फोर्टिफिकेशन एक ऐसी प्रक्रिया है, जिसके माध्यम से खाद्य पदार्थों में शरीर के लिए आवश्यक सूक्ष्म पोषक तत्वों जैसे-विटामिन और खनिजों आदि के स्तर के बढ़ा कर भोज्य पदार्थो की गुणवत्ता में सुधार कर स्वास्थ्य संबंधी समस्याओं से निजात पाने और सार्वजनिक स्वास्थ्य लाभ प्रदान करने के उद्‌देश्य से किया जाता है। • भारत में चावल के फोर्टिफिकेशन के लिए खाद्य सुरक्षा और मानक प्राधिकरण (FSSAI) ने व्यापक विनियमन तैयार किया है।
कृत्रिम पत्ती (Artificial Leaf)	कार्बन फुटप्रिंट को कम करने में सहायक	• सामान्यत: प्राकृतिक पत्तियां प्रकाश संश्लेषण के माध्यम से वातावरण से CO_2 का अवशोषण करती है और ऑक्सीजन का निष्कासन कर ग्लूकोज का संग्रहण करती है, जबकि कृत्रिम पत्ती में प्राकृतिक पत्तियों की तुलना में 20% अधिक मात्रा में प्रकाश को ऊर्जा में परिवर्तित करने क्षमता होती है। इससे कार्बन उत्सर्जन में कमी आयेगी, ग्लोबल वार्मिंग की समस्या से निजात मिल सकेगा व नवीकरणीय ईंधन की प्राप्ति हो सकेगी।
C-60 कमांडो	नक्सली प्रभावित क्षेत्र की सुरक्षा हेतु	• महाराष्ट्र पुलिस ने सबसे ज्यादा नक्सली प्रभावित क्षेत्र गढ़चिरौली में नक्सलियों से लड़ने के लिए स्थानीय लोगों को चुनकर एक जिला स्तरीय बल 'C-60 कमांडो' का गठन 1989-90 में किया। शुरू में इसमें जिले के कई गांवों से 60 आदिवासी लोगों को भर्ती दी गयी। वर्तमान में इस युनिट में 800 लोग शामिल हैं। C-60 के कमांडो अति प्रशिक्षित होते हैं। वे स्थानीय भूभाग, स्थानीय भाषा जैसे गोंडी तथा मराठी बोलते हैं। नक्सली इन इलाकों में इन्ही भाषाओं में बात करते हैं। ये कमांडो जीवन रक्षा के लिए बेहतर तरीके से प्रशिक्षित होते हैं। जंगल में युद्ध की स्थिति में उन्हें नक्सलियों पर बढ़त रहती है। ये कमांडो नए-नए हथियारों और गैजेट्स चलाने में दक्ष होते हैं। उनकी खुफिया क्षमता जबरदस्त होती है, क्योंकि उन्हें अपने गांवों की संस्कृति, लोग और भाषा के बारे में जानकारी होती है। स्थानीय लोग उन्हें जानते है और उनसे बात करने में उन्हें असुविधा नहीं होती है। C-60 के कमांडो खुद से ही इस बल में शामिल होते है। इसमें शामिल कई लोग ऐसे होते हैं, जिनके नाते रिश्तेदार नक्सली हमले में अपनी जान गंवा चुके होते हैं।

कोबरा बटालियन	नक्सलवाद विरोधी अभियान हेतु CRPF द्वारा गठित	छत्तीसगढ़, झारखण्ड, बिहार, ओडिशा और अन्य राज्यों में नक्सल विरोधी अभियान हेतु सीआरपीएफ द्वारा **कोबरा बटालियन** का गठन किया गया है।
बस्तरिया बटालियन	नक्सलवाद विरोधी अभियान हेतु CRPF द्वारा गठित	छत्तीसगढ के बस्तर जिले में सीआरपीएफ द्वारा एक **बस्तरिया बटालियन** का गठन किया है, जिसमें बस्तर जिले के स्थानीय आदिवासी लोग शामिल हैं, जिसमें महिलाए भी हैं। इन्हें गुरिल्ला युद्ध की ट्रेनिंग दी जा रही है।
आर्सेनिक सेंसर और रिमूवल मीडिया	पानी को आर्सेनिक मुक्त बनाने वाला उपकरण	• जल के सम्पर्क में आते ही इस उपकरण में लगे आर्सेनिक सेंसर रंग में परिवर्तन कर दूषित पानी में आर्सेनिक की मात्रा को पार्ट्स पर बिलियन (PPb) के स्तर तक पहचान सकते हैं। इसके बाद यह उपकरण आर्सेनिक मुक्त पीने योग्य पानी का उत्पादन करता है। • जल में घुले आर्सेनिक वाले, पानी का उपभोग मधुमेह, हृदय रोग और कैंसर का कारण बन सकते हैं।
यूट्रेक	स्वदेशी जीपीएस माड्यूल	रामकृष्ण इलेक्ट्रो कम्पोनेंट ने भारतीय उपग्रह पर आधारित स्वदेशी माड्यूल ''यूट्रेक'' विकसित किया, जिससे देश की सीमाओं सहित आंतरिक सुरक्षा व्यवस्था को मजबूती मिलेगी। यूट्रेक से भारतीय सीमाओं पर दुश्मन की किसी भी हलचल को आसानी से ट्रैक किया जा सकेगा। अब यूट्रेक से सुदूर क्षेत्रों, पर्वतों, जंगलों आदि में छोटी से छोटी गतिविधियों पर पैनी नजर रखी जा सकेगी।
अनरिजर्व्ड टिकटिंग सिस्टम मोबाइल ऐप	रेलयात्रियों की सुविधा हेतु	केन्द्रीय रेल मंत्रालय ने अनारक्षित टिकट व प्लेट फार्म टिकट लेने के लिए रेल यात्रियों की सुविधा हेतु 5 नवम्बर, 2018 को इस ऐप को लांच किया।

7. आर्टिफिशियल इण्टेलीजेन्स के क्षेत्र में बढ़ते कदम

आर्टिफिशियल इण्टेलीजेन्स का अर्थ : कृत्रिम तरीके से बौद्धिक क्षमता का विकास अर्थात् ऐसी मशीने या रोबोट जो इन्सानों जैसी तर्क क्षमता के द्वारा जीवन के विविध क्षेत्रों जैसे कृषि, प्रशासन, चिकित्सा, मौसम से जुड़े पहलुओं एवं अन्य सभी क्षेत्रों के लिए रणनीति बनायेंगे ताकि समस्याओं का निदान किया जा सके।

आर्टिफिशियल इण्टेलीजेन्स एवं विश्व : वर्ष 2010 से कृत्रिम बुद्धिमता के क्षेत्र में 60% की दर से विकास हो रहा है, जिसमें 5 देश विश्व में अग्रिम पंक्ति पर है:

- **अमेरिका:** आईबीएम, माइक्रोसॉफ्ट, गूगल, फेसबुक और ऐमजॉन जैसे कंपनियों ने 10 अरब डालर से ज्यादा की पूंजी आर्टिफिशियल इण्टेलीजेन्स में निवेश कर दुनिया में इस क्षेत्र में निवेश के मामले पर शीर्ष पर है।
- **ब्रिटेन:** आर्टिफिशियल इण्टेलीजेन्स के क्षेत्र को बढ़ावा देने के लिए डीमपाइंड टेक्नौलजी लिमिटेड की स्थापना की गई है।
- **जापान:** आर्टिफिशियल इण्टेलीजेन्स पर 11 हजार से अधिक शोध पत्र प्रकाशित कर चुका है।
- **जर्मनी:** आर्टिफिशियल इण्टेलीजेन्स का हब बनने की योजना है।
- **चीन:** वर्ष 2030 तक विश्व स्तर पर आर्टिफिशियल इण्टेलीजेन्स नवोन्मेष केन्द्र बनाने की योजना है।

नोट: भारत आने वाले 20 सालों में इस क्षेत्र में बड़ी छलांग लगाने के लिए तैयारी कर रहा है।

आर्टिफिशियल इण्टेलीजेन्स पाठ्यक्रम की शुरूआत : IIT हैदराबाद देश का पहला व विश्व का तीसरा संस्थान है, जहाँ आर्टिफिशियल इंटेलीजेंस में बी.टेक कोर्स लांच किया है। अब तक विश्व में केवल दो संस्थाओं– 1. कार्नेगी मेलन युनिवर्सिटी (अमेरिका) 2. मैसाचुसेट्स इंस्टि्यूट ऑफ टेक्नोलॉजी (अमेरिका) में यह कोर्स प्रारम्भ किया गया है।

8. चिकित्सा के क्षेत्र में नई तकनीक

नई तकनीक	प्रयोग/महत्व
• ऊतको तक सीधे दवा पहुंचाने वाले नैनो रोबोट का विकास	स्विट्जरलैण्ड के शोधकर्ताओं ने रक्त वाहिकाओं में तैरने वाले नन्हे रोबोट का विकास किया है, जो भविष्य में रोगग्रस्त ऊतकों (Tissue) तक सीधे दवाओं को पहुंचाने में मदद करेंगे।
• बायो इलेक्ट्रिक मेडिसिन	बायो इलेक्ट्रानिक दवा एक किस्म की वायरलेस डिवाइस होती है। इसे शरीर में इम्प्लांट किया जाता है और शरीर के बाहर एक ट्रांसमीटर द्वारा नियंत्रित किया जाता है। एक बार शरीर में इम्प्लांट करने के बाद यह अगले दो सप्ताह तक शरीर में कार्य कर तंत्रिकाओं के रीजनरेशन तथा क्षतिग्रस्त तंत्रिकाओं के उपचार में सहायक है। तत्पश्चात् यह दवा स्वत: ही शरीर में अवशोषित हो जाती है, जिसे बायोडिग्रेडेबल प्रक्रिया कहा जाता है। इस प्रकार की दवा से सीधे ही शरीर के क्षतिग्रसत भाग अथवा उपचार की आवश्यकता वाले भाग पर कार्य किया जा सकता है और इसमें साइड इफेक्ट का खतरा समाप्त हो जाता है।
• टेलीरोबोटिक	तेजस पटेल (विख्यात हृदय रोग विशेषज्ञ) ने टेली रोबोटिक के जरिये 32 किमी. दूर बैठकर दिल का आपरेशन कर विश्व का पहला टेलीरोबोटिक आपरेशन किया। इस तरह के जटिल आपरेशन टेलीरोबोटिक के द्वारा संपन्न कर भारत ने चिकित्सा के क्षेत्र में नई क्रांति लाने की संभावना प्रबल कर दी। यह तकनीक गॉवों और दूरदराज के क्षेत्रों में उच्च तकनीक वाली चिकित्सा सुविधा उपलब्ध कराने का मार्ग प्रशस्त करेगी।
• फ्लूरोसेंट कार्बन नैनो डाट्स	IIT रूड़की के शोधकर्ताओं ने कैंसर कोशिकाओं की पहचान कर उन्हें तुरंत नष्ट करने के लिए **'फ्लूरोसेंट कार्बन नैनोडाट्स'** विकसित किया है।

9. वायरस संक्रमित बीमारियाँ

बीमारी का नाम	जिम्मेदार वायरस	वायरस का स्रोत/वाहक	विशेष तथ्य
1. चमकी बुखार या इंसेफेलाइटिस	एक्यूट इंसेफेलाइटिस हर्प्स वायरस, इंट्रेवायरस, वेस्ट नील वायरस	खाली पेट लीची खाने से	यह बीमारी प्राय: बच्चों और बूढ़ों को होती है। दिमाग में सूजन आजाती है। मतिष्क का ज्वर संक्रामक नहीं होता, लेकिन ज्वर पैदा करने वाला वायरस संक्रामक हो सकता है।
2. जापानी इंसेफेलाइटिस	रैबीज वायरस, हरपीज सिंप्लेक्स, पोलिया वायरस	सूअर और जंगली पक्षी	यह एक उष्णकटिबंधीय बीमारी है, जिसका पता 1871 में जापान में चला। भारत में वर्ष 1955 में इसका पता चला था।
3. निपाह वायरस	NiV-M, NiV-B नामक वायरस से फैलता है।	फल खाने वाले चमगादड़ (फ्रूट बैट) जिसे फ्लाइंग फॉक्स के नाम से भी जाना जाता है।	1998 में यह मलेशिया के कांपुंग सुंगई निपाह में पहली बार पता चला था। भारत में यह मामला 2001 में पश्चिम बंगाल के सिलीगुड़ी में आया था। इस वायरस का संक्रमण फल खाने वाले चमगादड़ों द्वारा खाये गये फलों की वजहसे मनुष्यों तथा पशुओं में फैलता है।

4. जीका वायरस	फ्लैविवायरस	एडीज एजिप्टी नामक मच्छर से फैलता है। ये मच्छर चिकनगुनिया और डेंगू भी इसी से फैलता है।	जीका वायरस सबसे पहले मकाओ नामक लंगूर में देखा गया था। 1947 में युगाण्डा स्थित जीका के जंगलों में ये बंदर होते हैं। 1954 में इंसानों के शरीर में पहली बार इसके लक्षण देखे गये।
5. स्वाइन फ्लू	H_1N_1, H_3N_1, H_3N_2 वायरस	यह सूअर से फैलता है।	कम उम्र के व्यक्तियों, छोटे बच्चों तथा गर्भवती महिलाओं को तेजी से प्रभावित करता है। इसका पहला रोगी मैक्सिको में पाया गया। यह मानव की श्वसन प्रणाली को प्रभावित करता है।

10. सुपर कम्प्यूटर : विश्व व भारत की स्थिति

ऐसे कम्प्यूटर जो प्रति सेकेंड क्वाड्रिलियन (10 लाख अरब) तक गणनाए करने में सक्षम हो और उनकी इस क्षमता को पेटाफ्लॉप्स में मापा जाता हो, सुपर कम्प्यूटर कहलाते हैं। यहाँ पेटाप्लॉप्स के बारे में जानना भी अनिवार्य है। सुपर कम्प्यूटर की कार्यक्षमता का **फ्लोटिंग प्वाइंट ऑपरेशन पर सेकेंड** में मापा जाता है, जिसे पेटाप्लॉप्स कहते हैं। सुपर कम्प्यूटर के निर्माण की दो पद्धतियां हैं- वेक्टर पद्धति और समानान्तर पद्धति। भारत में सुपर कम्प्यूटर के अनुसंधान और विकास के लिए 1988 में पुणे में सी-डेक की स्थापना हुई, जिसने सुपर कम्प्यूटर निर्माण की एक श्रृंखला शुरू की जिसे परम श्रृंखला के नाम से जानते हैं। परम्-8000, परम्-8600, परम्-9000, परम्-10000, परमपदम, परमआनंद जैसे सुपर कम्प्यूटर का विकास किया गया। वर्ष 2010 में इसरो ने सागा-2020, डीआरडीओ की अनुसंधान इकाई ने पेस नामक सुपर कम्प्यूटर और भाभा एटॉमिक रिसर्च सेंटर ने अनुपम नामक सुपर कम्प्यूटर का विकास कार्य किया।

विश्व के शीर्ष 10 सुपरकम्प्यूटर (18 नवम्बर, 2019 को जारी विश्व के द्रुततम सुपर कम्प्यूटरों की स्थिति)

कम्प्यूटर का नाम	देश	अधिकतम संसाधन गति पेटाफ्लॉप्स में
1. समिट (Summit)	अमेरिका	148.6
2. सिएरा (Sierra)	अमेरिका	94.6
3. सनवे ताइहुलाइट	चीन	93.01
4. तियान्हे-2A	चीन	61.4
5. पिज डैंट (Piz Daint)	स्विट्जरलैण्ड	21.2
6. ट्रिनिटी (Trinity)	अमेरिका	20.1
7. एबीसीआई (ABCI)	जापान	19.9
8. सुपर एमयूसी-एनजी	जर्मनी	19.5
9. टाइटन	अमेरिका	17.6
10. सिकोइया	अमेरिका	17.2

नोट : 18 नवम्बर, 2019 के मध्य अमेरिका के टेक्सास राज्य में ''सुपर कम्प्यूटिंग कान्फ्रेंस'' का आयोजन किया गया जहाँ विश्व के सुपर कम्प्यूटरोंकी टॉप-500 सूची जारी की गयी। इस सूची में भारत के 2 सुपर कम्प्यूटरों को स्थान दिया गया जो निम्नवत् हैं:

सुपर कम्प्यूटर का नाम	विश्व में रैंक	वर्तमान में स्थापित
• प्रत्युष	57वां रैंक	• भारतीय उष्णकटिबंधीय मौसम विज्ञान संस्थान, पुणे में कार्यरत मल्टी पेन्टाफ्लॉप्स के श्रेणी का विश्व का चौथा तीव्रतम गति का सुपर कम्प्यूटर है। • 'प्रत्युष', सुपर कम्प्यूटर द्वारा मानसून के पूर्वानुमान, चक्रवात एवं सुनामी की सही जानकारी और भूकम्प की चेतावनी बेहतर ढंग से दी जा सकेगी। इस सुपर कम्प्यूटर की सहायता से वायु गुणवत्ता, बाढ़ तथा सूखे की प्रभावकता को भी समझा जा सकेगा। • 'प्रत्युष' को विश्व का चौथा सबसे तीव्रतम सुपर कम्प्यूटर माना जा रहा है, जो जलवायु तथा मौसमी अनुसंधान से जुड़ा है।
• मिहिर	100वां	नेशनल सेंटर फॉर मीडियम रेंज वीदर फॉरकास्ट, नोएडा में कार्यरत।

11. संचार प्रौद्योगिकी

5 जी प्रौद्योगिकी

- 5 जी एक वायरलेस संचार तकनीक है जो डेटा को संचारित करने और प्राप्त करने के लिए रेडियो तरंगों या रेडियो फ्रीक्वेंसी ऊर्जा का उपयोग करती है।
- यह 4 जी एलटीई नेटवर्क के बाद अगली पीढ़ी की मोबाइल नेटवर्क नकनीक है।
- 5 जी प्रौद्योगिकियां धीरे-धीरे सेवाओं में प्रवेश करेंगी, 2019 में शुरू होगी और 2024 तक सेवाओं की पूरी श्रृंखला के लिए आगे बढ़ेंगी।
- 5 जी के लिए अंतिम मानक अंतर्राष्ट्रीय दूरसंचार संघ द्वारा स्थापित किया जायेगा।
- मोबाइल वायरलेस पीढ़ी आमतौर पर सिस्टम की प्रकृति, गति, प्रौद्योगिकी, आवृत्ति, डेटा क्षमता, विलंबता आदि में बदलाव को संदर्भित करती है।।
- 5 जी के लिए तकनीकी विनिर्देश में उच्च डेटा दर (हॉटस्पॉट के लिए 1 जीबीपीएस), बड़े पैमाने पर कनेक्टिविटी (प्रति वर्ग किलोमीटर में 1 मिलियन कनेक्शन), अल्ट्रा-लो लेटेंसी (1 मिली. सेकेंड) (एक उपकरण से दूसरे तक डेटा पैक भेजने के लिए लगे समय को संदर्भित करता है) और गतिशीलता के दौरान भी उच्च गति शामिल है।
- 5 जी प्रौद्योगिकियां प्रयोग करने पर जीडीपी को बढ़ाने, रोजगार निर्मित करने और अर्थव्यवस्था को डिजिटल बनाने में मदद करेंगी और हमारे जीवन में आर्टिफिशियल इंटेलिजेंस को शामिल करने में सहायक होगी।

12. हाइड्रोपोनिक्स तकनीक

हाइड्रोपोनिक्स तकनीक : यह फसल उत्पादन करने की एक ऐसी तकनीक है, जिसमें बिना मिट्टी के प्रयोग किये, केवल पानी में फसलों का उत्पादन किया जाता है। इस तकनीक में ग्रीनहाउस जैसे बंद सिस्टम में पौधों की जड़े एक पाइपनुमा संरचना जिसमें पोषक तत्वों से युक्त जल प्रवाहित होता है, के संपर्क में रहती है, जिससे पौधों को पोषण तथा आधार दोनों प्राप्त होता है और मिट्टी की आवश्यकता नहीं होती है।

हाईड्रोपोनिक्स तकनीक : भविष्य की कृषि का आधार : इस तकनीक को कृषि का भविष्य निम्न आधार पर कहा जा सकता है:-

- इस तकनीक में फसल उत्पादन के लिए खेत (मिट्टी) की आवश्यकता नहीं। अतः फसलों को उन क्षेत्रों में भी उगाया जा सकता है जहाँ जमीन बहुत कम या नहीं है। इस तकनीक से फसलों को घरों में भी उगाया जा सकता है, जिससे न केवल स्थान का अधिकतम उपयोग होता बल्कि खाद्य आपूर्ति श्रृंखला में वृद्धि व स्थान का सौंद्रयीकरण भी बढ़ेगा।
- इस तकनीक से फसल उत्पादन पर जलवायु का कोई प्रभाव नहीं पड़ेगा और फसल उत्पादन में मौसमी बाधाएं नहीं आयेंगी परिणामस्वरूप हर समय, हर जगह सभी प्रकार की फसलों का उत्पादन किया जा सकता है, जो किसानों की आय में वृद्धि का प्रमुख आधार बन सकती है।
- यह तकनीक फसल उत्पादन में पानी का लगभग 80 प्रतिशत तक बचत तथा पानी के पुनः उपयोग को संभव बनायेगी।
- यह तकनीक पौधों की पोषक तत्वों की मांग के अनुरूप ही पूर्ति करेगी जिसके परिणामस्वरूप खाद्यान्न उत्पादन में वृद्धि तथा पोषक तत्वों के सीमित प्रयोग हो सकेगा।
- इस तकनीक में खरपतवार नाशी व कीटनाशक रसायनों की कम जरूरत पड़ती है।

उपरोक्त आधार से स्पष्ट है कि हाइड्रोपोनिक्स तकनीक वर्तमान कृषि चुनौतियाँ जैसे-भूमि की घटती मात्रा, पर्यावरणीय परिवर्तन, जल अभाव, कीट आदि का सामना करने में सक्षम है यही कारण है कि इसे भविष्य की कृषि तकनीक कहा जा सकता है।

13. INS विक्रमादित्य

INS विक्रमादित्य के सम्बन्ध में महत्वपूर्ण तथ्य :

- भारतीय नौसेना का सबसे विशाल युद्ध पोत।
- 1987 से 1996 की अवधि में एडमिरल गोर्शकोव नाम से रूसी नौसेना में कार्यरत।
- 16 नवम्बर 2013 में INS विक्रमादित्य के नाम से भारतीय नौसेना में शामिल।
- 30 लड़ाकू विमान व हैलीकॉप्टरों के अतिरिक्त 1600 से अधिक जवान तैनात हैं।
- हिन्द महासागर में चौकसी तथा भारत के समुद्री हितों की रक्षा में महत्वपूर्ण भूमिका।
- 26 अप्रैल, 2019 को अग्निकांड का शिकार।

14. विविध

दुनियां के सबसे बड़े विमान की पहली उड़ान

- 117 मीटर के रॉक नामक विमान ने अपनी पहली उड़ान अप्रैल, 2019 में भरी 6 बोइंग 747 इंजन वाले इस विमान की गति 304 किमी./घंटा की है।
- इससे 2.27 लाख किग्रा. वजन तक के रॉकेट और सेटेलाइट को छोड़ जा सकता है। अमेरिकी कंपनी स्ट्रेटोलॉन्च सिस्टम्स कॉर्प द्वारा निर्मित दुनिया के सबसे बड़े विमान रॉक ने कैलीफोर्निया के मोजेव डेजर्ट से उड़ान भरी।
- माइक्रोसॉफ्ट के सह संस्थापक पॉल एलेन ने इस कंपनी की स्थापना की थी।

आर्टेमिस मिशन

- 13 मई 2019 को नासा में चन्द्रमा पर 2024 में मानव मिशन की घोषणा की है। इस मिशन में एक महिला अंतरिक्ष यात्री को शामिल किया जायेगा। यह अभियान चन्द्रमा के दक्षिणी ध्रुव में किया जाना वाला पहला मिशन है।

106वीं भारतीय विज्ञान कांग्रेस

- 106वीं भारतीय विज्ञान कांग्रेस का आयोजन 3 से 7 जनवरी, 2019 के मध्य लवली प्रोफेशनल यूनिवर्सिटी, फगवाड़ा (पंजाब) में किया गया। यह दूसरा अवसर था, जब इसका आयोजन किसी निजी संस्थान में किया गया।
- 107वीं विज्ञान कांग्रेस का आयोजन 3 से 7 जनवरी, 2020 के मध्य यूनिवर्सिटी ऑफ एग्रीकल्चरल साइंसेज, बंगलुरू में किया जाएगा, जिसकी अध्यक्षता मैसूर विश्वविद्यालय के प्रोफेसर के.एस. रंगप्पा द्वारा की जाएगी।

कैगा-1 ने रचा विश्व कीर्तिमान

- 10 दिसंबर, 2018 को कर्नाटक स्थित परमाणु रिएक्टर 'कैगा उत्पादन केन्द्र-1' ने 941 दिनों तक निर्बाध रूप से लगातार विद्युत उत्पादन करके विश्व कीर्तिमान स्थापित किया है।
- कैगा संयंत्र कर्नाटक के उत्तर कन्नड़ जिले में काली नदी पर स्थित है।

नेशनल हेल्थ प्रोफाइल, 2019

- 30 अक्टूबर, 2019 को केन्द्रीय स्वास्थ्य एवं परिवार कल्याण मंत्री डॉ. हर्षवर्धन ने 'नेशनल हेल्थ प्रोफाइल, 2019' नामक रिपोर्ट को जारी किया।
- यह रिपोर्ट स्वास्थ्य एवं परिवार कल्याण मंत्रालय, स्वास्थ्य सेवा महानिदेशालय के तत्वावधान में 'केन्द्रीय स्वास्थ्य आसूचना ब्यूरो' ने तैयार की है।

स्मरणीय तथ्य

- 16 जुलाई, 2019 को अपोलो-11 मिशन के प्रक्षेपण के 50 वर्ष पूरे हो गये। अपोलो-11 चन्द्रमा पर अमेरिका के फ्लोरिडा स्थित कैनेडी स्पेस सेंटर से सैटर्न-V रॉकेट द्वारा 16 जुलाई, 1969 को प्रक्षेपित किया गया था। नील आर्मस्ट्रांग, एल्ड्रिन तथा माइकल कॉलिंस चांद पर गये थे। नील आर्मस्ट्रांग चांद पर उतरने वाले पहले व्यक्ति थे।
- 5 जून, 2019 को चीन ने गतिशील प्लेटफॉर्म (समुद्री पोत) से रॉकेट को प्रक्षेपित करने वाला अमेकिरा व रूस के बाद तीसरा देश बन गया है।

  चीन ने इस मिशन के अन्तर्गत 7 उपग्रहों को प्रक्षेपित किया।
- 18 अप्रैल, 2019 को अमेरिका के वर्जीनिया स्थिति 'वॉलप्स उड़ान सुविधा' के मिड-अटलांटिक रीजनल एयरपोर्ट से नासा के व्यावसायिक साझीदार 'नॉर्थोप ग्रुम्मान' के एंटारेस रॉकेट से नेपाली सेट-1 नेपाल का पहला उपग्रह प्रक्षेपित किया गया।

अध्याय 5

कार्यक्रम, योजनाएं, परियोजनाएं और नीतियाँ

1. केन्द्रीय योजनाएं एवं कार्यक्रम

क्र.सं.	योजना का नाम	प्रारम्भ	केन्द्रीय विषय/ मंत्रालय	प्रमुख तथ्य
1.	स्वजल कार्यक्रम	20 फरवरी–2018	–	• केन्द्रीय पेयजल और स्वच्छता मंत्री उमा भारती द्वारा उत्तराखण्ड राज्य के उत्तर काशी जिले से स्वजल नामक एक राष्ट्रीय पेयजल कार्यक्रम की शुरूआत की गयी। **नोट :** यह कार्यक्रम उत्तराखण्ड सहित 6 राज्यों में लागू होगा, परन्तु पायलट आधार पर चुना जाने वाला पहला राज्य उत्तराखण्ड है।
2.	पूर्वोत्तर के लिए नीति फोरम	21 फरवरी 2018 को केन्द्र सरकार द्वारा स्थापना की स्वीकृति	– –	**उद्देश्य :** पूर्वोत्तर क्षेत्र के विकास कार्यो में आने वाली अड़चनों की पहचान करना तथा तीव्र एवं सतत् विकास के लिए आवश्यक कदमों की सिफारिश करना है। यह पूर्वोत्तर क्षेत्र में विकास की स्थिति का भी जायजा लेगा। **महत्वपूर्ण तथ्यः** • इस फोरम के सह–अध्यक्ष नीति आयोग के उपाध्यक्ष तथा पूर्वोत्तर क्षेत्र के विकास राज्य मंत्री (स्वतंत्र प्रभार) होंगे। • फोरम का सचिवालय ''पूर्वोत्तर क्षेत्र विकास मंत्रालय'' में होगा। • पूर्वोत्तर राज्यों (सिक्किम सहित 7 पूर्वोत्तर राज्य) के मुख्य सचिव फोरम के सदस्य होंगे। • विभिन्न क्षेत्रों के विशेषज्ञों को भी सदस्यता दी जायेगी।

3.	कृषि मशीनरी प्रोत्साहन योजना	7 मार्च 2018 को प्रधानमंत्री की अध्यक्षता वाली कैबिनेट ने मंजूरी दी।	–	• पंजाब, हरियाणा, उत्तरप्रदेश और राष्ट्रीय राजधानी क्षेत्र दिल्ली में फसलों के अवशेषों के प्रबंधन हेतु प्रारम्भ की गयी है। • केन्द्रीय स्तर पर यह योजना कृषि सहयोग और किसान कल्याण विभाग द्वारा संचालित होगी जबकि राज्य स्तर पर पंजाब, हरियाणा, उ.प्र. तथा एनसीआर के राज्य कृषि विभाग नोडल कार्यान्वयन एजेन्सी होंगे। • इस योजना के उद्देश्य उक्त राज्यों में वायु प्रदूषण की समस्या का समाधान करना है। • इस योजना का कुल व्यय 1151.80 करोड़ रूपये (2018-19 में 591.65 करोड़ रूपये व 2019-20 में 560.15 करोड़ रूपये) है।
4.	राष्ट्रीय पोषण मिशन	8 मार्च 2018 को झुंझुनू जिला राजस्थान से प्रधानमंत्री मोदी द्वारा प्रारम्भ	–	• राष्ट्रीय पोषण मिशन का उद्देश्य अल्प पोषित एवं जन्म के समय कम भार वाले बच्चों की संख्या को घटाने के साथ-साथ छोटे बच्चों, महिलाओं एवं किशोरवय लड़कियों में एनीमिया को कम करना है। **नोट:** अंतर्राष्ट्रीय महिला दिवस (8 मार्च) के अवसर पर प्रधानमंत्री मोदी ने राष्ट्रीय पोषण मिशन के साथ ही बेटी बचाओं बेटी पढ़ाओं योजना को विस्तार दिया अर्थात् 161 जिलों में संचालित इस योजना को 640 जिलों में कार्यान्वित किया जायेगा।
5.	समेकित सिल्क उद्योग विकास योजना	21 मार्च-2018 को प्रधानमंत्री मोदी की अध्यक्षता में आर्थिक मामलों की मंत्रिमण्डल समिति द्वारा मंजूरी दी गयी।	–	• **लागू :** वस्त्र मंत्रालय के केन्द्रीय रेशम बोर्ड द्वारा। • **समयावधि :** 3 वर्ष (2017-18 से 2019-20 तक) • **उद्देश्य :** 2022 तक भारत को रेशम उत्पादन में आत्मनिर्भर बनाना है और कच्चे रेशम का आयात शून्य करना।
6.	ग्राम स्वराज अभियान	14 अप्रैल 2018 से 5 मई 2018 तक	ग्रामीण विकास मंत्रालय द्वारा द्वारा प्रारम्भ	• इस अभियान की शुरूआत अम्बेडकर जयंती के अवसर पर 14 अप्रैल 2018 से की गयी है। • इस अभियान का उद्देश्य 21058 ग्रामों में 7 जन कल्याणकारी योजनाओं का शत-प्रतिशत लक्ष्य प्राप्ति का संकल्प पूरा करना है। • इस अभियान में शामिल 7 योजनायें है- 1. प्रधानमंत्री उज्जवला योजना। 2. सौभाग्य (प्रधानमंत्री सहज बिजली हर घर योजना)। 3. उजाला योजना। 4. मिशन इंद्रधनुष। 5. प्रधानमंत्री सुरक्षा बीमा योजना। 6. प्रधानमंत्री जीवन ज्योति बीमा योजना। 7. प्रधानमंत्री जन धन योजना। • इस अभियान का स्लोगन है- **ग्राम समृद्धि संकल्प, हर जन हो खुशहाल।**

7.	नई बेनामी लेन-देन सूचनार्थी पुरस्कार योजना	4 जून, 2018	– –	**उद्देश्य :** बेनामी लेन-देन तथा सम्पत्तियों पर अंकुश लगाने के उद्देश्य से आयकर विभाग द्वारा इस योजना का प्रारम्भ किया गया है। **महत्वपूर्ण तथ्य :** कर चोरी की सूचना देने वाले व्यक्ति को आकर्षक इनाम देने की तैयारी इस योजना में की गयी है।
8.	सेवा भोज योजना	3 जून, 2018	–	**महत्वपूर्ण तथ्य:** • केन्द्रीय संस्कृति मंत्रालय द्वारा वित्तीय वर्ष 2018-19 व 2019-20 के लिए इस योजना के तहत 325 करोड़ रूपये का उपबन्ध किया गया है। • इस योजना के तहत परोपकारी धार्मिक संस्थानों के विशेष भोज्य सामग्रियों पर GST की दरों से छूट दी जायेगी। • यह छूट प्राप्त करने के लिए इन संस्थानों का पंजीकरण सक्षम पदाधिकारी द्वारा किया जाना है। • सभी पात्र संस्थानों का ''दर्पण पोर्टल'' में पंजीकरण आवश्यक है। सभी आवेदनों की जॉच के लिए मंत्रालय द्वारा समिति का गठन किया जाएगा।
9.	समग्र शिक्षा योजना	24 मई, 2018	–	**महत्वपूर्ण तथ्य :** केन्द्रीय मानव संसाधन विकास मंत्री प्रकाश जावड़ेकर द्वारा प्रारम्भ इस योजना में पूर्व प्राइमरी, अपर प्राइमरी, माध्यमिक और उच्च माध्यमिक स्तरों तक एक समेकित योजना लॉन्च की गई है। इस योजना में टीचर्स और टेक्नोलॉजी के एकीकरण पर बल दिया जाएगा। जिससे शिक्षा की गुणवत्ता में सुधार लाने में सहायता मिलेगी तथा डिजिटल और समावेशी शिक्षा को बढ़ावा मिलेगा।
10.	राष्ट्रीय सुस्थिर पर्यावास मिशन	2017	जलवायु परिवर्तन संबंधी कार्य योजना शहरी विकास मंत्रालय द्वारा	• वनों में ऊर्जा क्षमता स्थापित करना। • शहरी आयोजन। • पुनः चक्रण और विद्युत उत्पादन सहित ठोस और तरल समुन्नत प्रबंधन। • सार्वजनिक परिवहन के मॉडल को विकसित करना। • भवनों की ऊर्जा क्षमता बढ़ाने हेतु प्रयास करना। • चरम मौसमी घटनाओं के लिए अग्रिम चेतावनी प्रणालियों का सुधार करना।
11.	प्रवासी कौशल विकास योजना	9 जनवरी, 2017	यह योजना राष्ट्रीय कौशल विकास निगम द्वारा अपने प्रशिक्षण भागीदारों विदेश मंत्रालय व कौशल विकास एवं उद्यमिता मंत्रालय के सहयोग से क्रियान्वित की जाएगी।	• प्रधानमंत्री मोदी द्वारा 14वें प्रवासी भारतीय दिवस (बंगलूरू, कर्नाटक) में इस योजना का शुभारम्भ किया। इस योजना का उद्देश्य अंतर्राष्ट्रीय मानकों के अंतर्गत विदेशों में रोजगार की चाह रखने वाले भारतीयों को प्रशिक्षण प्रदान करना है।

12.	प्रधानमंत्री ग्रामीण डिजिटल साक्षरता अभियान	8 फरवरी-2017	ग्रामीण डिजिटल साक्षरता हेतु	• 6 करोड़ लोगों को 2017 तक डिजिटल रूप से साक्षर बनाने का लक्ष्य। • मार्च-2019 तक ग्रामीण भारत को डिजिटल साक्षरता में प्रवेश कराने हेतु 2351 करोड़ रूपये के व्यय की घोषणा। • यह विश्व का सबसे बड़ा डिजिटल साक्षरता कार्यक्रम है। • एनएसएसओ के अनुसार, मात्र 6 प्रतिशत ग्रामीणों के पास कम्प्यूटर है।
13.	भारत क्यूआर कोड	21 फरवरी-2017	नगद रहित कारोबार हेतु	• विकास एनपीसीआई, मास्टर कार्ड एवं वीजा द्वारा। • विश्व का प्रथम इंटरॉपरेबल पेमेण्ट एक्सप्टेंस साल्यूशन है। • एक ही प्लेटफार्म पर भुगतान की सुविधा। • टास्क पर सूचनाओं को संजोए रखता है।
14.	राष्ट्रीय वयोश्री योजना	1 अप्रैल-2017	सामाजिक अधिकारिता एवं न्याय मंत्रालय द्वारा	• उम्र संबंधी बीमारियों का सामना कर रहे बीपीएल बुजुर्गों को जीवन यापन के लिए आवश्यक उपकरण उपलब्ध कराना। • इसमें प्रत्येक जिले में 30 प्रतिशत लाभार्थी महिलायें होंगी।
15.	वात्सल्य मातृ अमृत कोष मानव दुग्ध बैंक	7 जून-2017	स्वास्थ्य एवं परिवार कल्याण मंत्रालय द्वारा	• दिल्ली के लेडी हार्डिंग मेडिकल कॉलेज में इसकी स्थापना हुई। • यह एक राष्ट्रीय मानव (मातृ) दुग्ध बैंक और दुग्ध पान परामर्श केन्द्र है। • इसकी स्थापना नार्वे के ओस्लो विश्वविद्यालय और नीपी नार्वे इंडिया पार्टनर इनीशियेटिव के सहयोग से हुई है।
16.	साथ कार्यक्रम (Sustainable Action For Transforming Human Capital--SATH)	10 जून-2017	नीति आयोग द्वारा प्रारंभ मानव पूंजी के रूपांतरण हेतु	• शिक्षा एवं स्वास्थ्य क्षेत्रों का कायाकल्प तकनीकी सहायता से करना है। • इसमें राज्य तीन भावी रोल मॉडलों का चयन करेंगे। • इसमें राज्यों के चयन का आधार प्रसूति मृत्युदर, शिशु मृत्यु दर, मलेरिया के मामले आदि है।
17.	भारत का सांस्कृतिक मानचित्रण राष्ट्रीय मिशन	17 जून-2017	केन्द्रीय संस्कृति मंत्रालय द्वारा	• पंडित दीन दयाल उपाध्याय की जन्मभूमि मथुरा से प्रारम्भ। • सांस्कृति प्रमिभा को पोषित करना। सांस्कृतिक विरासत व इसका संरक्षण करना। • ब्लाक स्तर से राष्ट्रीय स्तर की प्रतिभा खोज प्रतिस्पर्धा का आयोजन किया जायेगा। • कलाकारों एवं लेखकों को विभिन्न आयोजनों में शामिल होने पर **ए, बी, सी,** श्रेणी प्रदान किया जायेगा।

18.	राष्ट्रीय बायोफार्मा मिशन	30 जून–2017	केन्द्रीय विज्ञान एवं प्रौद्योगिकी मंत्रालय द्वारा	• विश्व बैंक के सहयोग से प्रारम्भ फ्लैग शिप कार्यक्रम। • स्वदेशी विनिर्माण एवं उद्यमिता को बढ़ावा देने वाले आवश्यक परितंत्र के निर्माण में सहायक। • जीवन रक्षक दवा के उत्पादन, अनुसंधान को बढ़ावा। • वैश्विक फार्मास्यूटिकल बाजर में भारत का महज 2.8 प्रतिशत योगदान है इस नयी योजना से 5 प्रतिशत होने का अनुमान।
19.	विद्यांजली योजना	जून–2016	विद्यालय में स्वैच्छिक कार्यक्रम हेतु	• सर्व शिक्षा अभियान के तहत। • इसके तहत अप्रवासी भारतीय, सेवानिवृत्त शिक्षक, सेवा निवृत सरकारी अधिकारी इत्यादि स्कूलों में स्वैच्छिक योगदान दे सकते है।
20.	प्रधानमंत्री वय वंदना योजना	21 जुलाई, 2017 को वित्त मंत्री अरूण जेटली द्वारा औपचारिक शुभारंभ	-	• 60 वर्ष से अधिक आयु वर्ग के वरिष्ठ नागरिकों के लिए पेंशन योजना है। यह योजना 10 वर्ष के लिए 8 प्रतिशत रिटर्न सुनिश्चित करता है।
21.	स्वस्थ बच्चे स्वस्थ भारत	22 अगस्त–2017	केन्द्रीय मानव संसाधन मंत्री प्रकाश जावेड़कर ने किया।	• इस योजना के अन्तर्गत केन्द्रीय विद्यालय के 12 लाख से अधिक छात्रों के स्वास्थ्य और तन्दुरुस्ती कार्ड बनाया जाना निर्धारित किया गया है।
22.	मेंटर इंडिया अभियान योजना	23 अगस्त–2017	नीति आयोग द्वारा प्रारंभ	• अटल नवाचार मिशन के एक हिस्से के रूप में देशभर में स्थापित 900 से अधिक अटल टिंकरिंग लैबों में छात्रों के मार्गदर्शन के काम में अग्रणी भूमिका निभाने वाले लोगों को शामिल करके यह राष्ट्र निर्माण की रणनीतिक पहल है। • मेंटर इंडिया अभियान का लक्ष्य अटल टिंकरिंग लैब के प्रभाव को अधिकतम बनाना है। • यह सम्भवत: विश्वभर में औपचारिक शिक्षा के सबसे बड़े प्रसार के अभियान की पहल है।
23.	शादी–शगुन योजना	अगस्त–2017	केन्द्रीय अल्प संख्यक कार्य मंत्रालय के अधीनस्थ संस्था मौलाना आजाद एजुकेशन फाउण्डेशन के तहत शुरू की गयी है।	• मुस्लिम लड़कियों एवं अन्य अल्पसंख्यक समुदायों की लड़कियों की उच्च शिक्षा को प्रोत्साहित करने के लिए 51,000 रूपये की राशि बतौर शादी–शगुन देने का फैसला किया है। • योजना का मकसद मुस्लिम एवं अन्य अल्पसंख्यक समुदाय की लड़कियों को हायर एजुकेशन के लिए आगे बढ़ाना है। • 9वीं और 10वीं में पढ़ने वाली मुस्लिम छात्राओं को 10 हजार रूपये वजीफा दिया जायेगा। • इस राशि की हकदार वही लड़किया होगी जिन्होंने स्नातक की पढ़ाई पूरी की होगी। • इस योजना के अन्तर्गत मुस्लिम के अतिरिक्त सिख, ईसाई, पारसी और जैन धर्म से सम्बन्धित व्यक्ति भी लाभ प्राप्त कर सकते है।

24.	प्रधानमंत्री मातृ वंदना योजना	1 सितम्बर, 2017 को महिला एवं बाल विकास मंत्री मेनका गाँधी ने योजना के कार्यान्वयन के दिशानिर्देश जारी किये **नोटः** विकास मंत्री मेनका गाँधी ने योजना के कार्यान्वयन के दिशानिर्देश जारी किये **नोटः** प्रधानमंत्री द्वारा 1 जनवरी, 2018 से इस योजना के संपूर्ण भारत में कार्यान्वयन की घोषणा की थी।	महिला एवं बाल विकास मंत्रालय द्वारा	• 1 जनवरी, 2018 से प्रधानमंत्री मातृ वंदना योजना देश के सभी जिलों में राष्ट्रीय खाद्य सुरक्षा अधिनियम 2013 के प्रावधानों के तहत गर्भवती महिलाओं और स्तनपान कराने वाली माताओं को परिवार के पहले जीवित बच्चे के लिए 5000 रूपये की नकद प्रोत्साहन राशि सीधे उनके खाते में उपलब्ध करायी जायेगी।
25.	नाविक सागर परिक्रमा कार्यक्रम	10 सितम्बर, 2017	रक्षा मंत्रालय	• भारतीय नौसेना द्वारा देश में महिला सशक्तीकरण और महासागर नौकायन को बढ़ावा देना है। • विश्व मंच पर नारी शक्ति का प्रदर्शन करना है। • नौकायान के द्वारा पर्यावरण अनुकूल गैर-परम्परागत नवीकरणीय ऊर्जा स्त्रोतों के उपयोग को बढ़ावा देना है। • स्वदेश निर्मित आईएनएस तारिणी पर नौकायन करके "मेक इन इंडिया" की सफलता को दर्शाना है। • समुद्र में प्रदूषण की निगरानी कर रिपोर्ट तैयार करना। • महासागर नौकायन को बढ़ावा देने के लिए चालक दल विभिन्न बंदरगाह पड़ावों पर भारतीय मूल के स्थानीय व्यक्तियों से वार्ता करेंगे।
26.	सौभाग्य योजना (प्रधानमंत्री सहज बिजली हर घर योजना)	25 सितम्बर-2017	-	• 16,320 करोड़ रूपये की इस योजना के तहत देश के ग्रामीण एवं शहरी क्षेत्रों के सभी निर्धन परिवारों को नि:शुल्क तथा अन्य परिवारों को 500 रूपये के भुगतान पर बिजली कनेक्शन दिया जायेगा। इसका लक्ष्य दिसम्बर 2018 के अन्त तक देश के सभी घरों तक बिजली पहुंचाना है।

27.	एक धरोहर गोद लो योजना	27 सितम्बर 2017	संस्कृति मंत्रालय और भारतीय पुरातत्व सर्वेक्षण (ASI) के सहयोग से पर्यटन मंत्रालय द्वारा प्रारम्भ	• निजी, सार्वजनिक क्षेत्र की कम्पनियों और कर्पोरेट जगत के व्यक्तियों को स्मारक स्थलों को गोद लेने और संरक्षण तथा विकास के माध्यम से स्मारकों और पर्यटन स्थलों के स्थायी बनाने का दायित्व देने के उद्देश्य से प्रारम्भ की गयी है। • आतिथ्य यात्रा व बैंकिग क्षेत्र की 7 कम्पनियों को **''स्मारक मित्र''** के रूप में पर्यटन मंत्रालय द्वारा **चयनित** किया गया है। इन 7 **कम्पनियों** को 25 अक्टूबर 2017 को केन्द्र सरकार के पर्यटन पर्व के अन्तिम दिन आशय पत्र (Letters of Intent) प्रदान किये गये। **चयनित 7 कम्पनियों द्वारा गोद लिए गये पर्यटन स्थल:** **(i) एसबीआई फाउंडेशन द्वारा** 1. जंतर-मंतर (दिल्ली) **(ii) टीके इंटरनेशनल लिमिटेड द्वारा** 1. कोणार्क का सूर्य मंदिर (उड़ीसा), 2. राजा रानी मन्दिर (भुवनेश्वर), 3. रत्नागिरी स्मारक (जयपुर), 4. रत्नागिरी स्मारक (उड़ीसा) **(iii) यात्रा ऑनलाइन प्राइवेट लिमिटेड द्वारा** 1. हम्पी (कर्नाटक), 2. लेह-पैलेस (जम्मू-कश्मीर) 3. कुतुबमिनार (दिल्ली), 4. अंजता गुफा (महाराष्ट्र) **(Iv) ट्रैवेल कारपोरेशन ऑफ इंडिया लिमिटेड द्वारा** 1. मत्तानचेरी पैलेस संग्राहलय (कोच्चि), 2. सफदरजंग मकबरा (दिल्ली), **(v) एडवैंचर टूर ऑपरेटर एसोसिएसन ऑफ इंडिया द्वारा** 1. गंगोत्री मंदिर क्षेत्र व गोमुख तक के मार्ग (उत्तराखण्ड) 2. माउण्ट स्टोक कांगरी (लद्दाख, जम्मू कश्मीर) **(vi) स्पेशल हॉलीडे ट्रैवेल प्राइवेट लिमिटेड (साथ में दिल्ली रोटरी क्लब)** 1. अग्रसेन की बावड़ी (दिल्ली) **(vii) राष्ट्रीय भवन निर्माण निगम लिमिटेड (NBCC) द्वारा** 1. दिल्ली का पुराना किला। **नोट:** इस योजना के जरिये देशभर के स्मारकों, धरोहरों और पर्यटन स्थलों को विकसित कर पर्यटक अनुकूल बनाने के लिए योजनाबद्ध और चरणबद्ध तरीके से पर्यटन सम्भावना तथा सांस्कृतिक महत्व को बढावा दिया जायेगा।

28.	सघन मिशन इन्द्रधनुष योजना	8 अक्टूबर, 2017	प्रधानमंत्री मोदी द्वारा गुजरात से प्रारम्भ	• 2 वर्ष से कम आयु के शिशुओं और गर्भवती महिलाओं को टीकाकरण अभियान से जोड़ना है ताकि माता व शिशु के स्वास्थ्य का संरक्षण किया जा सके। यह योजना मुख्य रूप से उनके लिये है जो, सरकार के परम्परागत टीकाकरण अभियान से जुड़ नहीं सके। • इस अभियान के तहत देश के 16 राज्यों के 121 जिलों तथा 17 शहरों के साथ 8 पूर्वोत्तर राज्यों के 52 जिलों में प्रत्येक माह में 7 दिन (7 से 14 तारीख) के लिए चलाया जायेगा। • इस अभियान में वर्ष 2020 तक कम से कम 90% शिशुओं तथा माताओं को टीकरण प्रतिरक्षण से जोड़ने का लक्ष्य रखा गया है। • यह अभियान 4 चरणों अर्थात् (i) अक्टूबर, 2017, (ii) नवम्बर, 2017, (iii) दिसम्बर, 2017, (iv) जनवरी, 2018 में सम्पन्न किया जायेगा, जिसमें 2.53 करोड़ बच्चों तथा 68 लाख गर्भवती महिलाओं को जीवन रक्षक टीका प्रतिरक्षण प्रदान किया जाना है।
29.	रो-रो फेरी सर्विस (रोल आन-रोल ऑफ)	22 अक्टूबर, 2017 प्रधानमंत्री मोदी द्वारा गुजरात से	–	• सागरमाला परियोजना (14 अप्रैल, 2016 में प्रारम्भ) जिसके अन्तर्गत बंदरगाहो का विकास तथा बंदरगाहों तक सामानों को त्वरित, कम लागत व कुशलतापूर्वक पहुंच सुनिश्चित करने के लिए आधारभूत संरचना का विकास करना था, के उद्देश्यों को पूरा करने के लिए रो-रो फेरी सर्विस प्रारम्भ की गयी है। • रो-रो सेवा के माध्यम से बड़े ट्रको को सीधे एक बन्दरगाह से दूसरे बन्दरगाह तक पहुंचाने के लिये जहाजों का प्रयोग किया जायेगा, जो पहले सड़क मार्ग से पहुंचाये जाते थे। अर्थात् रो-रो फेरी सर्विस का संचालन घोघा बन्दरगाह से दहेज बन्दरगाह तक होगा। इन बंदरगाहों का विकास सागरमाला परियोजना के तहत किया गया है। • सड़क मार्ग से जो दूरी 360 किमी थी उसे बंदरगाह विकसित कर जलमार्ग द्वारा मात्र 31 किमी दूरी तय करनी पड़ेगी। • समय व परिवहन लागत दोनों में कमी आयेगी। • ट्रैफिक जाम की समस्या से निजात मिलेगा क्योंकि सामान से लदी ये ट्रक सड़क मार्ग के स्थान पर जलमार्ग से अपने गंतव्य स्थान पहुंचेगी।

				• सड़क दुर्घटनाओं में कमी देखने को मिलेगी • परिवहन लागत में कमी वस्तु के मूल्य को कम करने में सहायक होगी, जो मुद्रास्फीति को भी नियंत्रित करेगी। • परिवहन लागत में कमी उत्पादक वर्ग के लाभ को सकारात्मक रूप से प्रभावित करेगी। • इस सेवा के शुरू होने से तटीय शिपिंग और तटीय पर्यटन के क्षेत्र में नई शुरूआत होगी। • ट्रकों के संचालन में कमी आने से वायु प्रदूषण व ध्वनि प्रदूषण की स्थिति नियंत्रित करने में सहयोग मिलेगा। • कम समय अवधि में वस्तुओं के अपने गंतव्य स्थल में पहुंचने से खाद्य सामग्रियों का अपव्यय में कमी आयेगी। **नोटः** घोघा बन्दरगाह भावनगर जिले में स्थित है, जबकि दाहेज बंदरगाह भरूच जिले में स्थित है।
30.	सम्पूर्ण बीमा ग्राम योजना	13 अक्टूबर–2017	–	• ग्रामीण क्षेत्र में रहने वाले लोगों को किफायती जीवन बीमा सेवाएं प्रदान करने के लिए सम्पूर्ण बीमा ग्राम योजना का शुभारंभ किया। • योजना का प्राथमिक उद्देश्य सम्पूर्ण बीमा ग्राम के लिए चिन्हित गांव के सभी आवासों को कवर करना है। • योजना के तहत देश के प्रत्येक राजस्व जिले में कम से कम एक गांव (न्यूनतम 100 आवास के लिए) को चिन्हित किया जायेगा। • प्रत्येक पॉलिसी से कम से कम एक ग्रामीण डाक जीवन बीमा के साथ चिन्हित गांव के सभी घरों को कवर करने का प्रयास किया जायेगा। • सांसद आदर्श ग्राम योजना के अन्तर्गत आने वाले सभी गांव इसकी सीमा में लाये जायेंगे।
31.	दीन दयाल स्पर्श योजना (स्कालरशिप फॉर प्रमोशन ऑफ एप्टीट्यूड एंड रिसर्च इन स्टाम्प्स एज ए हॉबी)	03 नवम्बर–2017	–	• केन्द्रीय संचार मंत्री मनोज सिन्हा ने टिकटों के संग्रहण तक पहुंच बढ़ाने के लिए कक्षा-6 से 9 तक के छात्रों को प्रतिमाह 500 रूपये छात्रवृत्ति की एक विशेष योजना दीनदयाल स्पर्श योजना की घोषणा की।

32.	दर्पण योजना (डिजिटल एडवांसमेंट ऑफ रूरल पोस्ट ऑफिस फॉर ए न्यू इंडिया)	21 दिसम्बर-2017	–	• **शुभारंभ :** केन्द्रीय संचार मंत्री मनोज सिन्हा द्वारा। • **उद्देश्य :** ग्रामीण क्षेत्र के डाकघरों में कोर बैंकिंग सोल्यूशंस सुविधा उपलब्ध कराना।
33.	राष्ट्रीय जल विज्ञान परियोजना	केन्द्रीय मंत्रिमंडल ने अप्रैल, 2016 में मंजूरी दी।	–	• मार्च, 2017 में विश्व बैंक ने भारत की इस महत्वाकांक्षी परियोजना के लिए 175 मिलियन डॉलर के ऋण की मंजूरी दी। यह ऋण 23 वर्ष की परिपक्वता अवधि के लिए है। • यह परियोजना देश में बाढ़ की भविष्यवाणी और आवर्ती बाढ़ एवं सूखे की कमजोरी को कम करने की क्षमता में सुधार के लिए है। • इस परियोजना के तहत गंगा और ब्रह्मपुत्र-बराक घाटियों के साथ-साथ पूरे देश को कवर करके जल विज्ञान परियोजना-I और जल विज्ञान परियोजना-II को सफलतापूर्वक आगे बढ़ाना।
34.	प्रधानमंत्री किसान पेंशन योजना	केन्द्रीय मंत्रिमंडल द्वारा 31 मई-2019 को मंजूरीकृत	–	• यह एक स्वैच्छिक एवं अंशदान आधारित पेंशन योजना है, जिससे देश के सभी छोटे एवं सीमांत किसान लाभान्वित होंगे। • स्वतंत्रता के बाद से यह प्रथम अवसर है जब देश के किसानों के लिए इस प्रकार की पेंशन योजना की परिकल्पना की गयी है। • इस योजना के लागू होने के प्रथम तीन वर्षों में लगभग 5 करोड़ छोटे एवं सीमान्त किसान इससे लाभान्वित होंगे। • वैकल्पिक रूप से एक किसान इलेक्ट्रॉनिकी एवं सूचना प्रौद्योगिकी मंत्रालय के अंतर्गत कॉमन सर्विस सेन्टर के माध्यम से पंजीकरण कराकर भी अपने मासिक अंशदान का भुगतान कर सकता है।
35.	प्रधानमंत्री किसान सम्मान निधि	24 फरवरी-2019	–	• देश के लघु एवं सीमान्त कृषकों को प्रत्यक्ष रूप से आय सम्बन्धी सहायता प्रदान करने हेतु एक सुव्यवस्थित कार्य व्यवस्था शुरू करने हेतु। इसके अन्तर्गत किसानों को प्रतिवर्ष 6000 रूपये की आर्थिक सहायता आधार से जुड़े बैंक खातों में सीधे प्रदान की जायेगी।

36.	वन नेशन वन कार्ड	4 मार्च–2019	–	• स्वदेश निर्मित नेशनल कॉमन मोबिलिटी कार्ड का शुभारंभ किया गया। लोगों को देश भर में मेट्रो सेवाओं एवं टोलटैक्स समेत कई तरह के परिवहन शुल्क का भुगतान करने में सक्षम बनाने के लिए यह योजना शुरू की गयी।
37.	एक राष्ट्र एक राशन कार्ड योजना	29 जून–2019	–	• एक राष्ट्र एक राशन कार्ड योजना को पूरे देश में कार्यान्वित करने के लिए तीव्र गति से कार्य जारी है। इसके लिए सभी राशन कार्डों के आंकड़ों को एक सर्वर से जोड़ा जायेगा। • 30 जून–2020 के बाद लाभार्थी देश के किसी भी हिस्से में और किसी भी सार्वजनिक वितरण प्रणाली के अंतर्गत अनाज प्राप्त कर सकेगा। • पूरी सार्वजनिक वितरण प्रणाली को डिपो ऑनलाइन प्रणाली (डीओएस) के साथ जोड़ा जा रहा है, ताकि राष्ट्रीय खाद्य सुरक्षा अधिनियम के लाभों को लोगों तक पहुंचाने में कोई अवरोध न हो। • इसके लिए एफसीआई राज्य सरकारों को डीओएस के साथ जोड़ने के लिए इंटरनेट गेट–वे उपलब्ध करायेगा। तत्पश्चात राज्य सरकारें अपनी भंडारण प्रणाली को डीओएस के साथ जोड़ सकेंगी।
38.	वन धन योजना	27 जून–2019	–	• जनजाति कार्य मंत्रालय के भारतीय जनजाति सहकारी विपणन विकास परिषद (ट्राईफिड) द्वारा प्रारंभ किया जा रहा है। • इसका उद्देश्य जनजाति समूहों के कारीगरों को लघु वनोपज केन्द्रीय आजीविका को बढ़ावा देना है।
39.	राष्ट्रीय गोकुल मिशन	21 जून–2019	–	• वाराणसी, मथुरा, पटियाला और धतवाड़े (पुणे) के बाद शेष 17 स्थानों पर गोकुल ग्राम स्थापित करेगा। इसके अन्तर्गत देशी गायों, देशी भैसों के विकास और संरक्षण के लिए कार्य किया जायेगा। • वर्ष 2014 से प्रारम्भ की गयी इस योजना को नये कार्य रूप में इसे संचालित किया जा रहा है। • इसके लिए राष्ट्रीय पशु प्रजनन एवं डेरी विकास कार्यक्रम के साथ-साथ इसमें कई एनजीओ को समाहित किया गया है।

2. प्रमुख ऑपरेशन एवं मिशन

1. ऑपरेशन ग्रीन

- केन्द्र सरकार ने फल-सब्जियाँ उगाने वाले किसानों के लिए ऑपरेशन ग्रीन की शुरूआत करने की घोषणा की है, जिससे किसानों को उनकी उपज का सही मूल्य तथा उपभोक्ताओं को ये उत्पाद वाजिब दामों में उपलब्ध हो सकेंगे।
- इस कार्य के लिए 500 करोड़ रूपये का प्रावधान किया गया है।
- ऑपरेशन ग्रीन किसान उत्पादन संगठनों, कृषि सम्भारतन्त्र, प्रसंस्करण सुविधाओं तथा व्यवसायिक प्रबन्धन को अपनाने के लिए प्रोत्साहन प्रदान करेगा।
- ऑपरेशन फ्लड (दुग्ध उत्पादन से संबंधित) की तरह इस योजना से फल सब्जी उत्पादकों को लाभ होगा।

2. ग्रामीण हाटों को ग्रामीण कृषि बाजार के रूप में विकसित करना

- 86 प्रतिशत से ज्यादा लघु और सीमान्त किसानों को सीधे बाजार से जोड़ने के लिए मौजूदा 22 हजार ग्रामीण हाटों को ग्रामीण कृषि बाजारों के रूप में विकसित तथा उन्नत किया जायेगा।
- 22 हजार ग्रामीण कृषि बाजारों तथा 585 कृषि उत्पाद विपणन समितियों ($APMC_S$) के उन्नयन हेतु 2 हजार करोड़ रूपये की स्थायी निधि के साथ एक **कृषि बाजार अवसंरचना कोष** की स्थापना की घोषणा की गयी है।

3. टॉप योजना

यह योजना वर्तमान में मुख्य रूप से तीन कृषि उत्पादों **टमाटर, प्याज एवं आलू** के लिए है।

4. मत्स्य क्रांति अवसंरचना हेतु आधारभूत सुविधा कोष की स्थापना

इन दोनों कोषों की स्थापना के लिए बजट 2018-19 में 10 हजार करोड़ रूपये आवंटित किये गये है।

5. RISE (Revitalising Infrastructure & Systems in Education)

आगामी 4 वर्षों (वर्ष 2022 तक) में प्रमुख शैक्षणिक संस्थानों में अनुसंधान और संबंधित अवसंरचना में निवेश को बढ़ावा देने हेतु 1 लाख करोड़ रूपये के साथ RISE नामक पहल की घोषणा की गयी। इस पहल का वित्तीयन उच्च्तर शिक्षा वित्तपोषण एजेन्सी (HETA) द्वारा किया जायेगा।

6. पुनर्गठित राष्ट्रीय बांस मिशन

बांस को हरित सोने की संज्ञा दी गयी है। इस मिशन के तहत बांस को वन के स्थान पर घास का दर्जा दिया जायेगा ताकि किसानों विशेषकर उत्तर पूर्वी किसानों की आय बढ़ायी जा सकेगी। इस मिशन के लिए 1290 करोड़ रूपये का आवंटन किया गया है।

7. आयुष्मान भारत राष्ट्रीय स्वास्थ्य संरक्षण योजना

घोषण : बजट 2018-19 में केन्द्रीय वित्त मंत्री अरूण जेटली द्वारा

मंजूरी : 21 मार्च, 2018 में केन्द्रीय मंत्रिमण्डल द्वारा

महत्वपूर्ण तथ्य : इस योजना के अन्तर्गत 2 बड़ी स्वास्थ्य योजना का संकलन किया गया है-

(i) स्वास्थ्य एवं आरोग्य केन्द्र,

(ii) राष्ट्रीय स्वास्थ्य संरक्षण योजना।

(i) **स्वास्थ्य एवं आरोग्य केन्द्र :** राष्ट्रीय स्वास्थ्य नीति 2017 में भारत की स्वास्थ्य प्रणाली की नींव के रूप में **स्वास्थ्य एवं आरोग्य केन्द्रों** की परिकल्पना की गयी थी। आयुष्मान भारत योजना के तहत देशभर में 1.5 लाख ऐसे केन्द्रों की स्थापना की जायेगी, जिसके माध्यम से स्वास्थ्य देखभाल प्रणाली को आमजन के आवास के नज़दीक पहुंचाया जा सके। ये स्वास्थ्य केन्द्र गैर संचारी रोगों और मातृत्व तथा बाल स्वास्थ्य सेवाओं सहित व्यापक स्वास्थ्य देख-रेख सुविधा उपलब्ध करायेंगे। इन केन्द्रों में इलाज के साथ-साथ जीवन शैली से जुड़ी बीमारियों यथा-हाई ब्लड प्रेशर, डाइबिटीज और मानसिक तनाव पर नियंत्रण हेतु विशेष प्रशिक्षण भी दिया जायेगा। इन केन्द्रों पर आवश्यक औषधियाँ एवं नैदानिक सेवाएं मुफ्त उपलब्ध करायी जायेंगी तथा सरकार द्वारा प्राथमिक स्तर से लेकर तृतीय स्तर तक दवाओं की उपलब्धता सुनिश्चित की जायेगी।

(ii) **राष्ट्रीय स्वास्थ्य संरक्षण योजना (AB-NHPM) :** इसके अन्तर्गत गरीब और आर्थिक रूप से कमजोर 10 करोड़ से अधिक परिवारों (लगभग-50 करोड़ व्यक्तियों) को प्रतिवर्ष द्वितीयक और तृतीयक स्तरीय देखभाल हेतु अस्पतालों में भर्ती के लिए प्रति परिवार 5 लाख रूपये तक का स्वास्थ्य बीमा कवरेज दिया जायेगा।

नोटः यह योजना वर्ष 2008 में शुरू की गयी और ये **राष्ट्रीय स्वास्थ्य बीमा योजना** तथा **वरिष्ठ नागरिक स्वास्थ्य बीमा योजना** का स्थान लेगी।

लाभार्थियों का चयनः

- AB-NHPM के अंतर्गत वर्ष 2011 की सामाजिक, आर्थिक, जातिगत जनगणना (SECC) डाटा पर आधारित, ग्रामीण व शहरी क्षेत्रों में निवासरत 10.74 करोड़ गरीब, कमजोर आर्थिक स्थिति वाले तथा चिन्हित व्यावसायिक श्रेणियों वाले नगरीय श्रमिकों के परिवारों को कवर किया जाएगा।
- विशेषकर महिलाओं, बच्चों और बुजुर्गों को योजना का लाभ उपलब्ध करवाने के उद्देश्य से योजना में परिवार के आकार और उम्र की कोई सीमा नहीं रखी गई है, किन्तु बीमा कवर प्रति परिवार पॉच लाख रूपये तक ही सीमित रहेगा।

पात्रता हेतु शर्तेंः

AB-NHPM एक पात्रता आधारित योजना होगी, जिसमें पात्रता हेतु निम्नलिखित श्रेणियां होंगी:-

1. ग्रामीण क्षेत्रों में ऐसे परिवार-**(i)** जो कच्ची दीवारों तथा कच्चे छत वाले एक कमरे के घरों में रहते हों, **(ii)** जिसमें 16-59 वर्ष आयु के मध्य का कोई वयस्क सदस्य नहीं हो, **(iii)** जिसमें 16-59 वर्ष आयु का कोई वयस्क पुरूष सदस्य न हो तथा केवल महिलाएं हों, **(iv)** जिसमें सभी दिव्यांग सदस्य हों तथा कोई भी सक्षम शरीर वाला व्यस्क सदस्य न हो, **(v)** जो अनुसूचित जाति/जनजाति से सम्बन्धित हों, **(vi)** जो भूमिहीन हो एवं मुख्यतः आकस्मिक रूप से शारीरिक श्रम द्वारा अपनी आय अर्जित करते हों।
2. ग्रामीण क्षेत्रों में निम्नलिखित विशेषताओं वाले परिवार स्वतः ही इस योजना हेतु पात्र मानेजायेंगे-**(i)** छत विहीन घरों में निवासरत, **(ii)** निराश्रित, **(iii)** भिक्षा पर निर्वाह करने वाले, **(iv)** मैला ढोने वाले, **(v)** आदिम जनजाति समूह, **(vi)** कानूनी रूप से मुक्त किये गये बंधुआ मजदूर आदि।
3. शहरी क्षेत्रों में 11 परिभाषित व्यावसायिक श्रेणियां इस योजना हेतु पात्र होंगे।

इलाज हेतु अस्पतालः

- योजना में पात्र व्यक्ति सरकारी एवं निजी अस्तपालों (पैनल में सूचीबद्ध) दोनों में से किसी में भी इलाज करवा सकते है।
- AB-MHPM को लागू करने वाले राज्यों के सभी सार्वजनिक अस्पतालों को योजना हेतु सूचीबद्ध माना जायेगा।
- कर्मचारी राज्य बीमा निगम (ESIC) से संबंद्ध अस्पतालों को भी बिस्तर अधिभोग (Bed Occupancy) अनुपात पैरामीटर के आधार पर पैनल में शामिल किया जा सकता है।
- निजी अस्पताल परिभाषित मानदंडों के आधार पर ऑनलाइन सूचीबद्ध होंगे।

योजना हेतु धन का प्रबंधन :

- नीति आयोग के अनुमान के अनुसार, इस योजना पर वार्षिक लागत लगभग 12 हजार करोड़ रूपये आयेगी।
- शिक्षा और स्वास्थ्य पर 1 प्रतिशत अतिरिक्त सेस से प्राप्त होने वाली 11000 करोड़ रूपये की राशि को इस योजना में लगाया जायेगा।
- इस योजना में केन्द्र एवं राज्यों का योगदान अनुपात 60:40 होगा तथा तीन पहाड़ी राज्यों एवं पूर्वोत्तर के राज्यों हेतु योगदान अनुपात 90:10 का होगा।
- वर्ष 2018-19 के बजट में स्वास्थ्य एवं आयोग केन्द्र पहल हेतु 1200 करोड़ रूपये आबंटित किये गये है।

विशेषताएं :

- यह विश्व के सबसे बड़ी सरकारी वित्तपोषित स्वास्थ्य संरक्षण योजना होगी।
- AB-MHPM के अंतर्गत लगभग सभी द्वितीयक स्तरीय एवं अधिकांश तृतीयक स्तरीय देख-भाग प्रक्रियाओं को समाहित किया जायेगा।
- लाभ कवर में अस्पताल में भर्ती के पूर्व एवं पश्चात् के सभी खर्चे शामिल होंगे।
- सभी पूर्व-उपस्थित शर्तों को पॉलिसी के पहले दिन से कवर किया जायेगा।
- लाभार्थी को अस्पताल में भर्ती हेतु एक निश्चित परिवहन भत्ता भी दिया जायेगा।
- इस योजना के लाभ पूरे देश में स्थानांतरणीय है तथा लाभार्थी को पूरे देश में किसी भी सार्वजनिक/निजी पैनल वाले अस्पताल से नकद रहित लाभ लेने की अनुमति होगी।
- इस आरोग्य केन्द्रों में आम आदमी को निरोगी रहने के लिए देशी चिकित्सा पद्धति अपनाने पर जोर दिया जायेगा।
- इन केन्द्रों में योग के प्रशिक्षण के साथ-साथ यूनानी, आयुर्वेद और सिद्ध से जुड़ी दवाएं भी उपलब्ध होगी।
- स्वास्थ्य मंत्री जे.पी. नड्डा ने इस योजना को **नमो केयर** अथवा **मोदी केयर** का नाम दिया है।

3. प्रमुख मोबाइल ऐप व पोर्टल

1. **किसान सुविधा मोबाइल ऐप :** यह ऐप 19 मार्च, 2016 को जारी किया गया जो किसानों को मौसम, कीमत, बीज, उर्वरक, कीटनाशक आदि की जानकारी देता है साथ ही इस ऐप से कृषि वैज्ञानिकों से राय भी ली जा सकती है।
2. **एग्रीमार्केट मोबाइल ऐप :** 50 किमी. के दायरे में आने वाले बाजारों में फसलों की कीमत के बारे में जानकारी देने के लिए।
3. **फसल बीमा मोबाइल ऐप :** इस ऐप से किसान अपनी फसल बीमा से संबंधित जानकारी के साथ कवरेज एवं अधिसूचित फसल हेतु अपने प्रीमियम की गणना कर सकते हैं।
4. **पूसा कृषि मोबाइल ऐप :** यह ऐप भारतीय कृषि अनुसंधान संस्थान, पूसा द्वारा विकसित किया गया है। यह फसलों की उन्नत किस्मों तथा नई प्रौद्योगिकियों की जानकारी देता है।
5. **किसान पोर्टल :** किसान पोर्टल एक वेबसाइट है जिसे कृषि एवं किसान कल्याण मंत्रालय द्वारा विकसित किया गया देश का कोई भी किसान इस पोर्टल तक अपनी पहुंच स्थापित कर बीजों, उर्वरकों, कीटनाशकों, फार्म मशीनरी, मौसम, खेत उत्पादों के बाजार मूल्य, योजनाओं एवं कार्यक्रम के पैकेज, बीमा, भंडारण, ऋण एवं न्यूनतम समर्थन मूल्य की जानकारी स्थानीय भाषा में हासिल कर सकता है। यह सुविधा देश के सभी राज्य में ब्लॉक-स्तर तक उपलब्ध है। कृषि आदानों जैसे खाद, बीज, उर्वरक व कृषि यंत्रों के डीलर्स की जानकारी ब्लॉक-स्तर पर प्रदान की जाती है।
6. **एम किसान पोर्टल :** एम किसान पोर्टल से कृषि विज्ञान केन्द्रों द्वारा लाखों किसानों को परामर्श दिया जा रहा है।

7. **ई-पशुहाट पोर्टल :** देश में पहली बार राष्ट्रीय दुग्ध दिवस 26 नवम्बर 2016 के अवसर पर राष्ट्रीय बोवाइन उत्पादकता मिशन के अन्तर्गत ई-पशुधन हाट पोर्टल की शुरूआत की गई है। यह पोर्टल देशी नस्लों के लिए प्रजनकों और किसानों को जोड़ने में एक महत्वपूर्ण भूमिका निभायेगा। इस पोर्टल के द्वारा किसानों को देशी नस्लों की नस्लवार सूचना प्राप्त होगी। इससे किसान एवं प्रजनक देशी नस्ल की गाय एवं भैंसो को खरीद एवं बेच सकेंगे। देश में उपलब्ध जर्मप्लाज्मा की सारी सूचना पोर्टल पर देखी जा सकती हैं, जिससे किसान भाई तुरंत लाभ उठा सकें। इस पोर्टल के द्वारा उच्च देशी नस्लों के संरक्षण एवं संवर्धन को नई दिशा मिलेगी। निकट भविष्य में पशुओं की बेहतर नस्लों को बढ़ाने में मदद मिलेगी। यह बोवाईन प्रजनकों, विक्रेताओं और खरीदारों के लिए '' वन स्टॉप पोर्टल'' है। इससे ज्ञात आनुवांशिक लाभ के साथ रोगमुक्त जर्मप्लाज्मा की उपलब्धता को बढ़ावा मिलेगा। साथ ही बिचौलियों की भागीदारी को कम से कम किया जा सकेगा। इस वेबसाइट, www.epashuhaat.gov.in पर किसान और प्रजनकों को जोड़ा जाता है। किसानों को पता चलता है कि कौन-कौन सी नस्लें उपलब्ध हैं तथा उन्हें कहां से खरीदा जा सकता है। पशुओं के क्रय-विक्रय के साथ-साथ जर्मप्लाज्म की पूरी जानकारी दी जाती है। इससे देश में विविध देशी बोवाईन नस्लों के परीक्षण के साथ-साथ पशुपालकों की आय में वृद्धि की जा सकेगी।

8. **किसान SMS पोर्टल :** भारत सरकार ने किसानों के लिए एक SMS पोर्टल की शुरूआत की है। इस सुविधा के माध्यम से किसान निम्नलिखित विषयों पर वैज्ञानिकों / विशेषज्ञों और अधिकारियों की आवश्यक सलाह SMS के माध्यम से अपनी भाषा के अनुरूप प्राप्त कर सकते हैं-
   - मौसम अनुमान
   - मौसम चेतावनी
   - पौधों और पशुओं में बीमारी शरू होने या कीड़े लगने के संबंध में सलाह।
   - स्थानीय आवश्यकताओं आदि के अनुरूप फसलों के लिए उचित प्रौद्योगिकी संबंधी परामर्श
   - नई या अत्यधिक उपयुक्त फसल की किस्म
   - पशु की नस्ल के संबंध में परामर्श
   - बाजार सूचना
   - मृदा परीक्षण के परिणाम

   'किसान SMS पोर्टल' एक अखिल भारतीय सेवा प्रणाली है जो इसका उपयोग करने वाले विभाग / संगठन के लिए पूरी तरह निःशुल्क है तथा कृषि संबंधी सभी कार्यों के लिए है। अपना पंजीकरण कराते समय किसान जिस भाषा में SMS संदेश चाहते हैं उसका उल्लेख कर सकते हैं। यदि किसान के मोबाइल में उस भाषा का उत्तर प्राप्त करने की सुविधा नहीं है तो रोमन लिपि में उस भाषा में संदेश भेजे जा सकते हैं। ये SMS उन किसानों को भेजे जाते हैं जिनके आवास, संबद्ध अधिकारियों / वैज्ञानिकों / विशेषज्ञों के अधिकार क्षेत्र में पड़ते हैं।

9. **महिला-ई-हाट पोर्टल :** महिला एवं बाल विकास मन्त्रालय ने महिला किसानों को प्रोत्साहन प्रदान करने के लिए एक ऑनलाइन विपणन पोर्टल (Online Marketing Portal) स्थापित किया है, जिसका नाम ''महिला-ई-हाट'' है। यह पोर्टल (www.mahilaehaat_rmk.gov.in) एक ऐसा ऑनलाइन विपणन मंच है जहां देशभर से महिला आर्गेनिक किसान और उद्यमी उपने उत्पादों का प्रदर्शन कर सकेंगे।

10. यूटीएस एप

जारीकर्ता : रेल मंत्रालय

उद्देश्य : यात्रियों की सुविधा हेतु अनरिजर्व्ड मोबाइल टिकटिंग सुविधा उपलब्ध कराने हेतु इस ऐप की शुरूआत की गयी।

लाभ :
- इस ऐप के द्वारा यात्री अब ऑनलाइन अनरिजर्व्ड टिकट खरीद सकेंगे।
- कोई भी उपभोक्ता इस ऐप को गूगल प्लेस्टोर में जाकर डाउनलोड कर उसपर अपना पंजीकरण करके अनरिजर्व्ड टिकट प्राप्त कर सकता है।

- टिकट का भुगतान करने के लिए उपभोक्ता को इस ऐप पर कई ऑप्शन / विकल्प दिये गये हैं, जैसे- ई-वॉलेट, डेबिट कार्ड, क्रेडिट कार्ड, यूपीआई (Universal Payment Interface), नेट बैकिंग आदि।
- आनलाइन अनरिजर्व्ड टिकटिंग, रेलवे के आधुनिकीकरण और तकनीकी विकास में एक नया ओर बढ़ता हुआ कदम साबित होगा।

11. आयकर सेतु मोबाइल एप

उद्देश्य : कर सम्बन्धित मुद्दों के समाधान के साथ करदाताओं को सुविधा प्रदान करना।

प्रारम्भ : केन्द्रीय वित्त मंत्री अरूण जेटली द्वारा 10 जुलाई 2017 को जारी।

महत्व : यह एप्प एण्ड्रॉयड ऐप्लिकेशन तथा डेस्कटॉप वर्जन के रूप में जारी किया गया है। इसके तहत आयकर विभाग करदाताओं को कर भुगतान की तिथि, फार्म तथा सूचनाएं व्यक्ति के पंजीकृत मोबाईल फोन नम्बर पर भेज सकेगा। साथ ही उपयोगकर्ता को आय कर विभाग से शिकायत करने की सुविधा उपलब्ध कराता है। इसके अतिरिक्त यह केन्द्रीय प्रत्यक्ष कर बोर्ड (CBDT) कार्यालय से सम्पर्क स्थापित करने की सुविधा भी प्रदान करता है। इस एप की एक प्रमुख विशेषता यह है कि उपयोगकार्ता को पैन कार्ड के साथ 12 अंकों के बायोमैट्रिक पहचान (आधार कार्ड) से जोड़ने की सुविधा देता है।

12. शी-बाक्स पोर्टल (SHE-Box)

7 नवम्बर 2017 को केन्द्रीय महिला एवं बाल विकास मंत्री मेनका गाँधी ने सरकारी तथा निजी संगठनों, कार्यालयों में कार्यरत महिलाओं के लिए कार्यस्थल पर यौन उत्पीड़न की शिकायत दर्ज करवाने के लिए शी बॉक्स ऑनलाइन (shebox.nic.in) शिकायत प्रबन्धन प्रणाली की शुरूआत की है।

महत्वपूर्ण तथ्य : शी-बॉक्स की शुरूआत कार्यस्थल पर महिला यौन उत्पीड़न (रोकथाम निषेध और निवारण) अधिनियम 2013 (Sexual Harassment of Woman at Workplace (Prevention, Prohibition & Redressal) Act, 2013) को प्रभावी तरीके से लागू करने के उद्देश्य से प्रारम्भ किया गया है।

13. सुखद यात्रा एप (Sukhad Yatra)

जारी : 07 मार्च 2018

जारीकर्ता : केन्द्रीय सड़क परिवहन मंत्री नितिन गडकरी।

महत्वपूर्ण तथ्य : यह मोबाइल एप राष्ट्रीय राजमार्गों का इस्तेमाल करने वालो को सशक्त बनाने के लिए राष्ट्रीय राजमार्ग प्राधिकरण (NHA) द्वारा तैयार किया गया है।

14. उद्यम सखी पोर्टल (UDYAM SAKHI)

जारी : 08 मार्च 2018 (अंतर्राष्ट्रीय महिला दिवस के अवसर पर)

जारीकर्ता : सूक्ष्म, लघु और मध्यम उद्यम मंत्रालय द्वारा महिला उद्यमियों के लिए।

महत्वपूर्ण तथ्य :
- पोर्टल (udyamsakhi.org) के जरिए एक ऐसा नेटवर्क बनाने का प्रयास किया गया है जिसके जरिए उद्यमशीलता को बढ़ावा दिया जा सकें और साथ ही महिलाओं को स्वालंबी और सशक्त बनाने के लिए कम लागत वाली सेवाओं और उत्पादों के लिए कारोबार के नये मॉडल तैयार किये जा सकें।
- पोर्टल के जरिये महिला कारोबार शुरू करने के लिए आवश्यक प्रशिक्षण, निवेशकों से सीधे संपर्क, बाजार सर्वेक्षण सुविधा तथा तकनीकी सहयोग जैसी मदद उपलब्ध करायी जायेगी।

15. पेंसिल वेब पोर्टल

जारी : 26 सितम्बर, 2017 को नई दिल्ली में राष्ट्रीय बाल श्रम सम्मेलन के दौरान (http://pencil.gov.in) पोर्टल लांच किया गया।

जारीकर्ता : केन्द्रीय गृह मंत्री राजनाथ सिंह।

मंत्रालय : केन्द्रीय श्रम एवं रोजगार मंत्रालय के तहत संचालित होगा।

उद्देश्य : राष्ट्रीय बाल श्रम परियोजना को कारगर तरीके से लागू करने के उद्देश्य से "Platform for Effective Enforcement For No Child Labour-PENCIL" नाम का वेब पोर्टल शुरू किया गया।

16. सागर वाणी एप व इंडिया क्वेक एप

जारी : 27 जुलाई, 2017 को नई दिल्ली से।

जारीकर्ता : केन्द्रीय विज्ञान एवं प्रौद्योगिकी व पृथ्वी मंत्री हर्ष वर्धन द्वारा।

विकसित : यह दोनों Indian National Centre For Ocean Information Services-INCOIS द्वारा विकसित किये गये हैं।

विशेषता : सागर वाणी एप समुद्र तट पर रहने वाले लोगों व मछुआरों को समुद्री घटनाओं की सूचना उपलब्ध कराएगा जबकि इंडिया क्वेक नामक मोबाइल एप भुकंप आने के बाद स्वचालित रूप से भूकंप के स्थान, समय और उसकी तीव्रता को चिन्हित कर उसका प्रसार करेगा।

17. शबरी पोषण मोबाइल एप

जारी : 24 जनवरी, 2018 लखनऊ, उत्तर प्रदेश से।

जारीकर्ता : उप राष्ट्रपति वेंकैया नायडू द्वारा।

महत्त्वपूर्ण तथ्य : इस एप्लिकेशन को मोबाइल में इंस्टाल करने के बाद गर्भवती महिलाओं तथा 0-2 वर्ष तक के बच्चों हेतु सही आहार, पोषण एवं स्वच्छता संबंधी निर्देश चित्र सहित आसान हिन्दी भाषा में उपलब्ध है, जो माताओं को स्वास्थ्य एवं पोषण संबंधी व्यवहार अपनाने हेतु प्रेरित करेंगा।

18. भीम ऐप

जारी : 30 दिसम्बर, 2016

जारीकर्ता : प्रधानमंत्री नरेन्द्र मोदी

मंत्रालय : भारतीय राष्ट्रीय भुगतान निगम (NPCI) द्वारा विकसित और वित्त मंत्रालय द्वारा जारी।

उद्देश्य :
- यह ऐप उपयोगकर्ताओं को तेज, सुरक्षित और विश्वसनीय तरीके से कैशलेस लेन-देन की सुविधा देता है।
- भीम डिजिटल भुगतान ऐप है, जो कि यूनिफाइड पेमेंट इंटरफेस (UPI) पर आधारित है।
- यह ऐप बिना इंटरनेट कनेक्शन के भी काम करेगा। ऑफलाइन उपयोग के लिए उपयोगकर्ता को अपने मोबाल से *99# डायल करना होगा।
- भुगतान के लिए उपभोक्ता का बैंक खाता उसके आधार नंबर से जुड़ा होना आवश्यक है।

4. प्रमुख राष्ट्रीय नीतियाँ

1. राष्ट्रीय स्वास्थ्य नीति 2018 (National Health Policy 2018)

स्वीकृति : 15 मार्च 2018 को प्रधानमंत्री नरेन्द्र मोदी की अध्यक्षता में संपन्न केन्द्रीय मंत्रिमंडल की बैठक में ''राष्ट्रीय स्वास्थ्य नीति'' को स्वीकृति दी गयी।

नोट : यह नीति वर्ष 2002 की राष्ट्रीय स्वास्थ्य नीति का स्थान लेगी। इससे पूर्व वर्ष 1983 में राष्ट्रीय स्वास्थ्य नीति लागू की गयी थी।

उद्देश्य : सभी को वहनीय लागत पर गुणवत्तापूर्वक स्वास्थ्य देखभाल सेवाएं उपलब्ध कराते हुए सार्वभौमिक स्वास्थ्य कवरेज प्राप्त करना है।

राष्ट्रीय संबंद्ध व्यावसायिक : राष्ट्रीय स्वास्थ्य नीति 2018 में स्वास्थ्य क्षेत्र के सभी संबंद्ध पेशेवरों को विनियमित एवं सुव्यवस्थित करने तथा गुणवत्तायुक्त मानकों को सुनिश्चित करने हेतु ''राष्ट्रीय संबंद्ध व्यावसायिक परिषद'' [National Allied Professional Council] के गठन का प्रस्ताव किया गया है।

चिकित्सीय न्यायाधिकरण : इस नीति में चिकित्सा सेवा के स्तर, सेवाओं के मूल्य, उपेक्षा / लापरवाही तथा अनुचित कार्यप्रणाली संबंधी शिकायतों / विवादों के शीघ्र समाधान हेतु एक पृथक एवं सशक्त ''चिकित्सीय न्यायाधिकरण'' [Medical Tribural] की स्थापना की सिफारिश की गयी है।

राष्ट्रीय डिजिटल स्वास्थ्य प्राधिकरण : राष्ट्रीय स्वास्थ्य नीति 2018 के अन्तर्गत स्वास्थ्य देखभाल आपूर्ति क्षेत्र में प्रौद्योगिकी की महत्वपूर्ण भूमिका को पहचानते हुए एक ''राष्ट्रीय डिजिटल स्वास्थ्य प्राधिकरण'' [National Digital Authority]का गठन करने का निर्णय लिया गया है जिसके माध्यम से डिजिटल स्वास्थ्य प्रणालियों को विनियमित, विकसित एवं तैनात करने का कार्य किया जायेगा।

राष्ट्रीय स्वास्थ्य नीति 2018 के मात्रात्मक लक्ष्य :

- जन्म के समय जीवन प्रत्याशा को 67.5 से बढ़ाकर वर्ष 2025 तक 70 करना।
- वर्ष 2025 तक राष्ट्रीय एवं उप-राष्ट्रीय स्तर पर कुल प्रजनन दर को घटाकर 2.1 तक लाना।
- 5 वर्ष से कम आयु के बच्चों की मृत्यु दर को कम कर वर्ष 2025 तक 23 तक लाना तथा मातृ मृत्यु दर को वर्तमान स्तर से घटाकर वर्ष 2020 तक 100 के स्तर पर लाना।
- नवजात शिशु मृत्यु दर को वर्ष 2019 तक घटाकर 28 करना।
- मृत जन्म लेने वाले बच्चों की दर को वर्ष 2025 तक घटाकर 1 अंक में लाना।
- वर्ष 2020 तक HIV/AIDS के लिए 90: 90: 90 के वैश्विक लक्ष्य को प्राप्त करना अर्थात वर्ष 2020 तक 90 प्रतिशत HIV संक्रमित लोगों को अपनी HIV स्थिति के बारे में पता हो, HIV संक्रमित 90 प्रतिशत व्यक्तियों को स्थायी एंटी-रेट्रोवायरल चिकित्सा प्राप्त हो और एंटी-रेट्रोवायरल चिकित्सा प्राप्त करने 90 प्रतिशत लोगों में विषाणु की रोकथाम सुनिश्चित हो।
- वर्ष 2018 तक कुष्ठ रोग, वर्ष 2017 तक कालाजार तथा स्थानिकमारी वाले क्षेत्रों में वर्ष 2017 तक हाथीपॉव का उन्मूलन करना तथा इस स्थिति को बनाए रखना।
- सार्वजनिक स्वास्थ्य सुविधाओं के उपयोग में वर्तमान स्तर की तुलना में वर्ष 2025 तक 50 प्रतिशत की वृद्धि करना।
- वर्ष 2025 तक एक वर्ष तक के 90 प्रतिशत से अधिक नवजात शिशुओं को पूर्णत: प्रतिरक्षण सुनिश्चित करना।
- वर्ष 2020 तक सभी के लिए सुरक्षित जल एवं स्वच्छता तक पहुंच को सुनिश्चित करना।

- सरकार द्वारा स्वास्थ्य क्षेत्र पर खर्च को GDP के वर्तमान 1.15 प्रतिशत से बढ़ाकर वर्ष 2025 तक 2.5 प्रतिशत करना।
- राज्यों के स्वास्थ्य क्षेत्र पर व्यय को बढ़कार वर्ष 2020 तक उनके बजट को 8 प्रतिशत से अधिक करना।
- वर्ष 2020 तक उच्च प्राथमिकता वाले जिलों में भारतीय सार्वजनिक स्वास्थ्य मानक के मानदंडों के अनुरूप नर्सो एवं डाक्टरों की उपलब्धता सुनिश्चित करना।

2. राष्ट्रीय इस्पात नीति 2017 (National Steel Policy 2017)

स्वीकृति : 3 मई 2017 को केन्द्रीय मंत्रिमंडल द्वारा स्वीकृति।

विजन : एक ऐसे इस्पात उद्योग का निर्माण करना जो प्रौद्योगिकीय दृष्टि से विकसित हो और वैश्विक स्तर पर प्रतिस्पर्धी हो, ताकि आर्थिक विकास को प्रोत्साहन मिल सके।

मिशन :

- इस्पात निर्माताओं को नीतिगत सहायता और मार्गदर्शन प्रदान कर भारत को इस्पात उत्पादन में आत्मनिर्भर बनाना।
- भारतीय इस्पात उद्योग को वैश्विक स्तर पर प्रतिस्पर्धी बनाना।
- इस्पात उद्योग के आगतो (inputs) (लौह अयस्क, कोकिंग कोल और प्राकृतिक गैस) की घरेलू उपलब्धता को बढ़ाना।
- विदेशों में कच्ची सामग्री की परिसंपत्तियों के अधिग्रहण में निवेश को सुविधाजनक बनाना।
- घरेलू इस्पात मांग को बढ़ाना।

उद्देश्य :

- वर्ष 2030 तक 300 मीट्रिक टन इस्पात उत्पादन क्षमता हासिल करना।
- भारत में इस्पात की प्रति व्यक्ति खपत को मौजूदा 60 किलोग्राम से बढ़ाकर वर्ष 2030-31 तक 160 किलोग्राम तक करना।
- भारत को वर्ष 2030-31 तक उच्च श्रेणी के आटोमोटिव स्टील, इलेक्ट्रिक स्टील और रणनीतिक अनुप्रयोगों के लिए एलॉय के निर्माण में आत्मनिर्भर बनाना।
- नई इस्पात नीति में घरेलू इस्पात उत्पादकों के लिए गुणवत्ता मानको का विकास भी शामिल किया गया है जिससे उच्च श्रेणी के इस्पात का उत्पादन हो सके।

महत्वपूर्ण तथ्य :

- इस नीति के अनुसार भारतीय इस्पात में वर्ष 2030-31 तक 10 लाख करोड़ रूपये का अतिरिक्त निवेश किया जाएगा।
- इस्पात नीति 2017 में बुनियादी ढ़ाचा, वाहन एवं आवास जैसे प्रमुख क्षेत्रों में इस्पात की खपत बढ़ाने पर जोर दिया गया है।
- इस्पात के सूक्ष्म लघु एवं मध्यम उद्यमों (MSMEs)में मौजूद संभावनाओं को मान्यता दी गई है, साथ ही इस क्षेत्र में कुशल प्रौद्योगिकी के प्रयोग पर बल दिया गया है।
- इस्पात मंत्रालय नीतिगत उपायों के माध्यम से प्रतिस्पर्धी दरों पर लौह अयस्क, कोकिंग कोल एवं प्राकृतिक गैस की उपलब्धता सुनिश्चित करेगा, जिससे इस्पात उद्योग का तीव्र विकास संभव होगा।

- नई राष्ट्रीय इस्पात नीति, 2017 लागू होने से देश में स्टील के उत्पादन में वृद्धि होगी साथ ही स्टील की घरेलू मांग को पूरा किया जा सकेगा।

इस्पात का महत्व : इस्पात आधुनिक दुनिया के सबसे महत्वपूर्ण उत्पादों में से एक है और किसी भी औद्योगिक अर्थव्यवस्था के लिए इसका रणनीतिक महत्व है। भारत में निर्माण, बुनियादी ढांचा, अंतरिक्ष एवं औद्योगिक मशीनरी से लेकर उपभोक्ता उत्पादों तक इस्पात के उपयोग का दायरा काफी व्यापक है। इस्पात सामरिक दृष्टि से भी काफी महत्व रखता है। इतने महत्वपूर्ण उद्योग में क्षमताओं को पर्याप्त दोहन नहीं होने और नीतिगत समस्याओं का समाधान करने के लिए भारत में नई इस्पात नीति की आवश्यकता महसूस हुई और इसी आधार पर नई इस्पात नीति की घोषणा की गयी है।

भारत का इस्पात उद्योग में प्रदर्शन :

- अंतर्राष्ट्रीय स्टेनलेस स्टील फोरम (ISSF) द्वारा जारी आकड़ों के अनुसार, वर्ष 2016 में भारत, जापान को पीछे छोड़कर विश्व में स्टील का दूसरा सबसे बड़ा उत्पादक देश बन गया है। प्रथम स्थान पर चीन है।
- वर्ष 2016 में भारत का स्टील उत्पादन बढ़कर 3.32 मिलियन टन पहुँच गया।
- भारत के GDP में इस्पात उद्योग का योगदान 2% है। 20 लाख अप्रत्यक्ष रोजगार उपलब्ध करवा रहा है।
- भारत में स्टील की प्रति व्यक्ति खपत 60 किलोग्राम है जो विश्व में औसत प्रति व्यक्ति स्टील खपत 208 किलोग्राम से काफी कम है।

3. नई मेट्रो रेल नीति 2017 (New Metro Rail Policy 2017)

स्वीकृति : 16 अगस्त 2017 को केन्द्रीय मंत्रिमण्डल ने नई मेट्रो रेल नीति को स्वीकृति प्रदान की।

उद्देश्य : इस नीति का उद्देश्य उत्तरदायी तरीके से देश के अनेक शहरों लोगों की मेट्रो रेल की आकांक्षाओं को पूरा करना है।

महत्वपूर्ण तथ्य :

- निजी निवेश तथा मेट्रो परियोजनाओं के वित्तीय पोषण के लिए नए तरीके अनिवार्य होंगे, ताकि पूँजी लागत वाली परियोजनाओं के लिए संसाधन की बड़ी माँग पूरी की जा सके।
- केन्द्रीय वित्तीय सहायता की इच्छुक सभी मेट्रो रेल परियोजनाओं में सम्पूर्ण प्रावधान के लिए या कुछ अलग-अलग घटकों के लिए (जैसे स्वचालित किराया संग्रह, सेवा संचालन, रखरखाव आदि) निजी भागीदारी आवश्यक है।
- राज्यों को मेट्रो स्टेशनों के दोनों ओर 5 किमी का सुविधा क्षेत्र छोड़ने का कार्य सुनिश्चित करना होगा ताकि फीडर सेवाओं, पैदल, साइकिल के रास्ते तथा परिवहन सुविधाओं से अंतिम छोर तक सम्पर्क किया जा सके।
- नई मेट्रो परियोजनाओं का प्रस्ताव करने वाले राज्यों के लिए परियोजना रिपोर्ट में यह बताना आवश्यक होगा कि ऐसी सेवाओं के लिए निवेश का प्रबन्ध कहाँ से किया जायेगा।
- वैकल्पिक विश्लेषण के तहत बीआरटीएस (बस रैपिड रेल ट्रॉंजिट सिस्टम), लाइट रेल ट्रॉंजिट सिस्टम, ट्रैमवे, मेट्रो रेल तथाक्षेत्रीय रेल की माँग क्षमता, लागत और क्रियान्वयन सहजता की दृष्टि से मूल्यांकन करना आवश्यक होगा।
- 'शहरी महानगरीय परिवहन प्राधिकरण' का गठन अनिवार्य होगा। यह प्राधिकरण शहरों के लिए आवाजाही सम्बन्धी व्यापकयोजना तैयार करेगा ताकि क्षमता के अधिकतम उपयोग के लिए पूरी तरह बहुमॉडल एकीकरण सुनिश्चित हो सके।
- मेट्रो परियोजनाओं को मंजूर करने के लिए 14 प्रतिशत आर्थिक आंतरिक रिटर्न दर की व्यवस्था का प्रावधान है, जो वर्तमान में 8% है।

- ट्रॉंजिट प्रेरित विकास का प्रावधान है, ताकि मेट्रो गलियारों के साथ-साथ सटीक एवं घने शहरी विकास को प्रोत्साहित किया जा सके।
- राज्यों को मेट्रो परियोजना रिपोर्ट में यह स्पष्ट रूप से प्रदर्शित करना होगा कि मेट्रो स्टेशनों और उसकी अन्य शहरी भूमि पर वाणिज्यिक/सम्पत्ति के विकास के लिए क्या कदम उठाये जायेंगे।
- राज्यों को मेट्रो परियोजना रिपोर्ट में यह स्पष्ट रूप से प्रदर्शित करना होगा कि मेट्रो स्टेशनों और उसकी अन्य शहरी भूमि पर वाणिज्यिक/सम्पत्ति के विकास के लिए क्या कदम उठाये जायेंगे।
- राज्यों को नियम-कानून बनाने का अधिकार होगा और वे किराये में समय से संशोधन के लिए स्थायी किराया निर्धारण प्राधिकरण गठित कर सकेंगे।
- राज्य मेट्रो परियोजनाओं को शुरू करने के लिए 3 वित्तपोषण विकल्पों में से किसी भी विकल्प के माध्यम से केन्द्रीय सहायताप्राप्त कर सकेंगे। हालांकि इन तीनों ही वित्तपोषण विकल्पों में निजी भागीदारी अनिवार्य होगी। 3 वित्तपोषण विकल्प निम्नलिखित हैं-

  (i) वित्त मंत्रालय की व्यवहार्यता अंतराल वित्तपोषण योजना के तहत केन्द्रीय सहायता युक्त सार्वजनिक-निजी भागीदार मॉडल।

  (ii) केन्द्र सरकार से अनुदान, जिसके तहत परियोजना लागत का 10% एकमुश्त केन्द्रीय सहायता के रूप में दिया जायेगा।

  (iii) केन्द्र एवं राज्य सरकारों के बीच 50-50 प्रतिशत आधार पर इक्विटी साझेदारी मॉडल।

4. प्रत्यक्ष विदेशी निवेश नीति में संशोधन

मंजूरी : 10 जनवरी 2018 को प्रधानमंत्री नरेन्द्र मोदी की अध्यक्षता में केन्द्रीय मंत्रिमण्डल ने FDI के मानदण्डों में कई संशोधनों को मंजूरी प्रदान की।

उद्देश्य : संशोधन का उद्देश्य FDI नीति को और अधिक उदार एवं सरल बनाना ताकि देश में कारोबार करने में आसानी सुनिश्चित हो सके।

संशोधन से लाभ : FDI के प्रवाह में वृद्धि,नई प्रौद्योगिकी का आगमन, निवेश, आय और रोजगार में वृद्धि आदि।

प्रमुख संशोधन :

- एकल ब्राण्ड खुदरा व्यापार (Single Brand Retail Trading) में स्वत: मार्ग के जरिए 100% तक FDI की अनुमति तो थी पर सरकार की मंजूरी लेना अनिवार्य था।
- निर्माण क्षेत्र के विकास (Construction Development Segment) में स्वत: मार्ग के जरिए 100% तक FDI की अनुमति।
- विदेशी विमानन कम्पनियों की मंजूरी लेकर एयर इण्डिया में 49% तक विनिवेश (Disinvestment) की अनुमति।
- Foreign Institutional Investors-FIIs/Foreign Portfolio Investors-FPI को प्राथमिक बाजार के जरिए पॉवर एक्सचेंजों में निवेश करने की अनुमति।

FDI का अर्थ : किसी एक देश की कंपनी का दूसरे देश में किया गया निवेश प्रत्यक्ष विदेशी निवेश (FDI) कहलाता है। ऐसे निवेश से निवेशकोंको दूसरे देश की उस कम्पनी के प्रबन्धन में कुछ हिस्सा मिल जाता है, जिसमें उनका पैसा लगता है।

5. राष्ट्रीय खनन नीति 2019 (National Mining Policy 2019)

स्वीकृति : 28 फरवरी-2019, यह भारत की तीसरी खनन नीति है। यह नीति वर्ष 2008 की नैशनल माइनिंग पॉलिसी का स्थान लेगी।

नीति का उद्देश्य : खनन नीति के निर्माण के उद्देश्य हैं, जो निम्नवत हैं-

प्रभावशाली, अर्थपूर्ण एवं कार्यान्यवन योग्य नीति का निर्माण करना, जिससे पारदर्शिता, कानून का राज, समता, प्रभावशीलता, आम सहमति, उत्तरदायी, भागीदारी के साथ संतुलित सामाजिक, आर्थिक समृद्धि के साथ-साथ सतत् खनन प्रथाओं को उत्पन्न किया जा सके।

लक्ष्य :

- यह नीति अगले 7 वर्षों के दौरान खनिज क्षेत्र में व्यापार घाटे में 50 प्रतिशत की कटौती भी प्रस्तावित करती है।
- अन्वेषण कार्य हेतु नीति क्षेत्र को प्रोत्साहन देना।
- राजस्व साझा के आधार पर आरपी-सह-पीएल-सह-एमएल (Mini-ng Lease) हेतु नये क्षेत्रों में नीलामी करना।
- खनन संस्थाओं के विलय और अधिग्रहण को प्रोत्साहन देना।
- निजी क्षेत्र खनन क्षेत्रों को बढ़ावा देने हेतु खनन पट्टों के हस्तांतरण एवं समर्पित खनिज गलियारों का निर्माण करना।
- वर्ष 2019 की राष्ट्रीय खनिज नीति में निजी क्षेत्र के खनन कार्यों हेतु वित्त पोषण को प्रोत्साहित करने एवं अन्य देशों मेंनिजी क्षेत्र द्वारा खनिज परिसंपत्तियों का अधिग्रहण करने हेतु खनन गतिविधि को उद्योग का दर्जा प्रदान किया जाना प्रस्तावित है।

6. उत्तर प्रदेश खनन नीति 2017 (Mining Policy of Uttar Pradesh 2017)

स्वीकृति : 30 मई 2017 को मुख्यमंत्री योगी आदित्यनाथ की अध्यक्षता में मंत्रिमण्डल द्वारा।

नीति का आधार : खनन नीति के निर्माण के 7 आधार हैं, जो निम्नवत हैं-

1. पारदर्शिता, 2. कानून का राज, 3. समता, 4. प्रभावशीलता, 5. आम सहमति, 6. उत्तरदायी, 7. भागीदारी।

लक्ष्य : उत्तर प्रदेश खनन नीति के उक्त सातों आधारों को केन्द्र में रखते हुए निम्नलिखित लक्ष्यों को प्राप्त किया जाना है-

- खनिजों के विषय में जागरूकता को बढ़ाना।
- सर्व सामान्य के लिए खनिजों की उपलब्धता में वृद्धि करना।
- खनिजों के मूल्य को जन साधारण के सामर्थ्य के अनुरूप बनाए रखना।
- उपर्युक्त आधारों पर जनसाधारण में खनिजों की स्वीकार्यता को बढ़ाना।

खनन नीति के उद्देश्य : उत्तर प्रदेश खनन नीति, 2017 के प्रमुख उद्देश्य निम्नवत् हैं:

- सामाजिक एवं आर्थिक विकास की गति को तीव्र करना।
- खनिजों का संरक्षण करना।
- पर्यावरण एवं पारिस्थितिकी का संतुलन बनाए रखना।
- खनिजों से प्राप्त राजस्व को राज्य के कुल राजस्व प्राप्ति में अंश को 1.85% को बढ़ाकर आगामी 5 वर्षों में 3% करना।

- अवैध खनन/परिवहन पर नियंत्रण।
- खनिज क्षेत्र में रोजगार के अवसर बढ़ाना।
- खनिज उद्योग में स्वच्छ प्रतिस्पर्धा को प्रोत्साहन।
- खनिजों के वैज्ञानिक विकास हेतु तकनीकी ज्ञान सुविधायें तथा परामर्श उपलब्ध कराना।
- खनिज सम्बन्धी सूचना/आँकड़ों की उपलब्धता को बढ़ाना।
- इस क्षेत्र में पूँजी निवेश को प्रोत्साहन और उद्यमिता का विकास करना।
- तकनीक के माध्यम से नए खनिज भण्डारों के अन्वेषण को प्रोत्साहित करना।
- ई-टेंडरिंग/ई-नीलामी/ई बिडिंग प्रणाली के माध्यम से खनिज क्षेत्र में पारदर्शिता लाना तथा इसे भ्रष्टाचार मुक्त करना।

जिला खनिज फाउण्डेशन : राज्य सरकार की अधिसूचना के तहत प्रत्येक जिले में एक लाभरहित **'जिला खनिज फाउण्डेशन'** न्यास की स्थापाना की गयी है जो खनन सक्रियता से प्रभावित क्षेत्रों/व्यक्तियों के विकास सम्बन्धी कार्यवाही को अंजाम देगा।

मुख्य खनिज एवं उप-खनिज के पट्टाधारकों से खनिजों के निकासी या देय रॉयल्टी का एक निश्चित प्रतिशत जनपदों में बनाए गये न्यास में जमा किया जायेगा।

मुख्य खनिज के संदर्भ में रॉयल्टी का प्रतिशत जो जिला खनिज फाउण्डेशन में जमा किया जाएगा, का निर्धारण भारत सरकार द्वारा तथा उपखनिजों के संदर्भ में इसका निर्धारण राज्य सरकार द्वारा किया जायेगा।

जिला खनिज फाउण्डेशन न्यास में जमा राशि का उपयोग **'प्रधानमंत्री खनिज क्षेत्र का कल्याण योजना'** में भी किया जायेगा।

खनिजों के अवैध खनन//परिवहन की रोकथाम के लिए तकनीकी व्यय की पूर्ति हेतु खनन पट्टाधारकों से खनिजों की निकासी पर देय रॉयल्टी की 1% धनराशि सेस के रूप में वसूल किये जाने का भी प्राविधान है।

उत्तर प्रदेश में पाये जाने वाले प्रमुख खनिज व सम्बन्धित जिले

खनिज का नाम	**जिले का नाम**
कोयला	सोनभद्र (बीना, ककड़ी खड़िया, कृष्णशिला)
लाइमस्टोन	सोनभद्र (बिल्ली, मारकुंडी, फजरहत, भलूआ, गुरमा)

7. राष्ट्रीय शिक्षा नीति 2019 (मसौदा)

राष्ट्रीय शिक्षा नीति की आवश्यकता क्यो : वर्तमान वैश्वीकरण के युग में गुणवत्ता पूर्ण शिक्षा, नवाचार, अनुसंधान संबंधी बदलते हुए आवश्यकताओं को पूरा करने के लिए भारत सरकार ने एक राष्ट्रीय शिक्षा नीति को तैयार करने के लिए एक प्रक्रिया शुरू कर दी है। इस नीति का उद्देश्य छात्रों को जरूरी कौसलों एवं ज्ञान से लैस करना और विज्ञान प्रौद्योगिकी, अकादमिक क्षेत्र एवं इण्स्ट्री में लोगों की कमी को दूर करते हुए देश को नॉलेज सुपर पावर के रूप में स्थापित करना होगा। वर्तमान समय में राष्ट्रीय शिक्षा नीति 1986 के प्रारूप द्वारा शिक्षा दी जा रही है।

31 मई, 2019 को डॉ. के. कस्तूरी रंगन की अध्यक्षता वाली समिति ने नई दिल्ली में राष्ट्रीय शिक्षा नीति 2019 के मसौदे को केन्द्रीय मानव संसाधन विकास मंत्री रमेश पोखरियाल निशंक ने प्रस्तुत किया, जिसमें निम्नलिखित सिफारिशें की गयी:-

- वर्ष 2025 तक 3-6 वर्ष आयु के प्रत्येक बच्चे के लिए मुफ्त, सुरक्षित, उच्च गुणवत्तापूर्ण, विकासात्मक स्तर के अनुरूप देखभाल और शिक्षा की पहुंच को सुनिश्चित करना।
- वर्ष 2025 तक पांचवीं कक्षा एवं उससे ऊपर के सभी विद्यार्थी बुनियादी साक्षरता एवं संख्याज्ञान अर्जित कर सकें।
- वर्ष 2030 तक 3-18 वर्ष आयु वर्ग के सभी बच्चों के लिए नि:शुल्क एवं अनिवार्य गुणवत्तापूर्ण स्कूली शिक्षा की पहुंच एवं भागीदारी सुनिश्चित करना।
- वर्ष 2022 तक शिक्षाक्रम और शिक्षणशास्त्र में आमूल-चूल परिवर्तन करना, ताकि रटने के प्रचलन को खत्म किया जा सके।
- स्कूली शिक्षा के सभी स्तर के सभी विद्यार्थियों का शिक्षण उत्साहित, प्रेरित, उच्च योग्यता वाले, प्रशिक्षित और नियुक्त शिक्षकों द्वारा हो।
- बच्चों के एक ज्ञानात्मक और सामाजिक-भावनात्मक विकास के चरणों के आधार पर एक 5+3+3+4 रूपी पाठ्यक्रम और शैक्षणिक संरचना: मूलभूत चरण (आयु 3-8 वर्ष), 3 वर्ष का पूर्व-प्राथमिक + ग्रेड 1-2, प्रारंभिक चरण (8-11 वर्ष) ग्रेड-3-5, मध्य चरण (11-14 वर्ष) ग्रेड 6-8 और माध्यमिक चरण (14-18 वर्ष) ग्रेड 9-12 तक।
- शिक्षकों हेतु न्यूनतम डिग्री अर्हता 4 वर्षीय एकीकृत चरण वाले विशिष्ट बी.एड. कार्यक्रम के रूप में निर्धारित होगी।
- केन्द्र और राज्यों के बीच प्रयासों के समन्वय के लिए एक नए शीर्ष निकाय 'राष्ट्रीय शिक्षा आयोग' की स्थापना का प्रस्ताव दिया गया है।

लक्ष्य : महिलाओं के लिए एक ऐसा सकारात्मक सामाजिक, सांस्कृतिक, आर्थिक और राजनीतिक माहौल तैयार करना, जिसमें महिलाएं अपने मूल अधिकारों को प्राप्त कर सकें।

उद्देश्य : जारी मसौदे का उद्देश्य महिलाओं को सामजि और आर्थिक रूप से सशक्त बनाना है। इस मसौदे में महिलाओ का साइबर क्राइम से बचाव, सरोगेट माँ को सुरक्षा, परिवार नियोजन नीतियों में लैंगिक संवेदनशीलता लाने सहित तमाम नयी उभरती चुनौतियों से निपटने संबंधी तत्व नीहित है। सरकार इस नीति के माध्यम से महिला कल्याण से महिला अधिकार की ओर बढ़ रही है। इस नीति के प्रारूप में महिलाओं के पोषण, स्वास्थ्य तथा सुरक्षा के साथ-साथ शिक्षा, आर्थिक सक्षमता, प्रशासन और निर्णयन में भागीदारी आदि प्राथमिकताएं भी शामिल है।

परिचालन रणनीतियाँ :

- एक सहभागी रणनीति के माध्यम से कार्य योजना केन्द्र तथा राज्य स्तर पर अपनाई जायेगी।
- **अंतर्मंत्रालयी समिति :** राष्ट्रीय स्तर पर नीति का संचालन करने के लिए इस समिति को गठित किया जायेगा, जिसकी अध्यक्षता महिला एवं बाल विकास मंत्री द्वारा किया जायेगा। राज्य स्तर पर भी ऐसी ही समिति का गठन किया जायेगा जिसकी अध्यक्षता राज्य के मुख्यमंत्री द्वारा की जायेगी।
- **नोडल एजेन्सी :** महिला एवं बाल विकास मंत्रालय, नोडल एजेन्सी (शीर्ष संस्था) के रूप में कार्य करेगा।

राष्ट्रीय महिला नीति 2016 की प्राथमिकताएं :

- खाद्य सुरक्षा एवं पोषण सहित स्वास्थ्य।
- शिक्षा
- आर्थिक उपाय

- शासन एवं निर्णयन में महिलाओं की भूमिका
- महिलाओं के खिलाफ हिंसा
- महिला सुलभ पर्यावरण का निर्माण
- पर्यावरण एवं जलवायु परिवर्तन के कारण महिलाओं की सुभेद्यता

अन्य प्राथमिकताएं :

- सभी विवादों के पंजीकरण हेतु ठोस प्रयास किया जायेगा।
- संगठित और असंगठित क्षेत्रों में सभी महिला श्रमिकों के लिए मातृत्व लाभ अधिनियम के कार्यान्वयन को सार्वभौम और सुदृढ किया जायेगा।
- परिवार और समुदाय जैसे सामाजिक संस्थाओं को लिंग के प्रति संवेदनशील बनाकर पितृसप्तात्मक व्यवस्था से निजात दिलाये जाने संबंधी कार्य किये जायेंगे।
- महिलाओं तथा न्यास की आसान एवं सस्ती पहुंच प्रदान करने के लिए कानूनी जागरूकता और कानूनी सहायता प्रदान की जायेगी।

8. बौद्धिक संपदा अधिकार नीति 2016 (National Intellectual Property Right Policy 2016)

स्वीकृति : 12 मई, 2016 को भारत सरकार द्वारा इस नीति को मंजूरी दी गयी।

नीति का नारा : ''रचनात्मक भारत, अभिनव भारत''।

बौद्धिक संपदा का अर्थ : किसी व्यक्ति अथवा संस्था द्वारा सृजित कोई रचना, संगीत साहित्यिक कृति, कला, खोज, नाम अथवा डिजाइन आदि उस व्यक्ति अथवा संस्था की **बौद्धिक संपदा (Intellectual Property)** कहलाती है। व्यक्ति या संस्था द्वारा किये गये इन बौद्धिक संपदा कार्यों पर अधिकार की प्राप्ति को ही **बौद्धिक संपदा अधिकार (Intellectual Property Act)** कहा जाता है।

बौद्धिक संपदा अधिकारों का संरक्षण : व्यक्ति या किसी संस्था द्वारा किये गये बौद्धिक कार्य पर एक निश्चित समय तक प्राप्त विशेषाधिकार का संरक्षण द्वारा पेटेंट, कॉपीराइट अथवा ट्रेडमार्क के रूप में किया जाता है।

भारत में बौद्धिक संपदा अधिकार नीति की आवश्यकता क्यों : पश्चिम के विकास देशों में लोगों के बीच बौद्धिक संपदा अधिकार को लेकर जागरूकता है। वही भारत में आज भी बौद्धिक संपदा अधिकार से जुड़े लाभों के प्रति अधिकांश लोगों में अज्ञानता अथवा उदासीनता है। इस परिप्रेक्ष्य में यह नीति अपरिहार्य हो जाती है।

उद्देश्य : राष्ट्रीय बौद्धिक संपदा अधिकार नीति के तहत सात उद्देश्य निर्धारित किये गये है।

1. समाज के सभी वर्गों में बौद्धिक संपदा अधिकारों के आर्थिक-सामाजिक और सांस्कृतिक लाभों के प्रति जागरूकता बढ़ाना।
2. बौद्धिक संपदा अधिकारों के सृजन को बढ़ावा देना।
3. मजबूत और प्रभावशाली बौद्धिक संपदा अधिकार नियमों (वैधानिक एवं विधायी ढांचा) को अपनाना ताकि अधिकृत व्यक्तियों तथा बृहद लोकहित के बीच संतुलन कायम हो सके।
4. सेवा आधारित बौद्धिक संपदा अधिकार प्रशासन को आधुनिक और मजबूत बनाना।
5. बौद्धिक संपदा अधिकारों का व्यवसायीकारण करना। अन्य शब्दों में व्यवसायीकरण के जरिए बौद्धिक संपदा अधिकारों का मूल्य निर्धारण।

9. उत्तरप्रदेश पर्यटन नीति 2018 (U.P. Tourism Policy 2018)

शुभारंभ : फरवरी–2018 उत्तरप्रदेश सरकार द्वारा।

नोट: उ.प्र. पर्यटन नीति 2018 ने वर्ष 2016 को उ.प्र. पर्यटन नीति का स्थान ग्रहण किया है। यह नीति 5 वर्षों के लिए प्रभावी रहेगी।

विजन : इस नीति का विजन उत्तरप्रदेश को भारत में पसंदीदा पर्यटन स्थल के रूप में स्थापित करना है। साथ ही देश में सर्वाधिक पर्यटक आगमन एवं पर्यटन आय प्राप्त करना, रोजगारों का सृजन करना और सर्वोत्तम पर्यटक अनुभव सुनिश्चित करना।

लक्ष्य :

- वर्ष 2023 तक देश का सर्वाधिक पसंदीदा पर्यटन स्थल बनाना।
- प्रतिवर्ष 5 हजार करोड़ रूपये का लक्षित निवेश प्राप्त करना।
- आगामी 5 वर्षों में निरंतर 15 प्रतिशत घरेलू पर्यटक आगमन एवं 10 प्रतिशत विदेशी पर्यटक आगमन की वार्षिक वृद्धि प्राप्त करना।
- प्रतिवर्ष लगभग 5 लाख लागों को रोजगार उपलब्ध कराना।
- आगामी पांच वर्षों में दस हजार पर्यटन सेवा प्रदाताओं को प्रशिक्षण प्रदान करना।
- प्रतिवर्ष 10 विरासत भवनों को विरासत होटलों में परिवर्तित करना।
- प्रतिवर्ष उत्तर प्रदेश के राष्ट्रीय उद्यानों और वन्यजीव अभयारण्यों में 1 लाख पर्यटकों को आकर्षित करना।
- सड़क, रेल एवं वायु के माध्यम से प्रदेश के सभी धाार्मिक तथा सांस्कृतिक स्थलों के क्षेत्रीय संपर्क में सुधार करना।
- राज्य भर में सार्वजनिक सेवा सुविधाओं के मानक को उन्नत करना और उच्च गुणवत्ता को पर्यटक अनुभव उपलब्ध कराना।
- दीपोत्सव, अंतर्राष्ट्रीय साहित्य महोत्सव, गीता, महोत्सव, गंगा महोत्सव, लखनऊ महोत्सव आदि जैसे पर्यटन समारोह एवं उत्सवों के कार्यान्वयन के माध्यम से स्थानीय उद्यमिता में सुधार करना।

महत्वपूर्ण तथ्य :

- उत्तरप्रदेश पर्यटन महानिदेशालय की स्थापना वर्ष 1972 में की गयी थी।
- उत्तरप्रदेश राज्य पर्यटन विकास निगम की स्थाना वर्ष 1974 में कंपनी अधिनियम, 1956 के तहत हुई थी।
- ब्रज तीर्थ विकास परिषद का गठन उत्तरप्रदेश ब्रज नियोजन एवं विकास बोर्ड अधिनियम 2015 के तहत किया गया था।

10. जैव-ईंधन पर राष्ट्रीय नीति 2018 (National Policy on Biofuels 2018)

स्वीकृति : 16 मई, 2018 को प्रधानमंत्री मोदी की अध्यक्षता वाली केन्द्रीय मंत्रिमण्डल समिति द्वारा।

उद्देश्य : सरकार की नई पहलों–मेक इन इण्डिया, स्वच्छ भारत अभियान व कौशल विकास आदि के सन्दर्भ में इस नई नीति का निर्धारण किया गया है। सरकार का मानना है कि नई जैव ईंधन नीति आयातों पर निर्भरता कम करने, रोजगार के नए अवसर सृजित करने, निवेश को बढ़ावा देने, स्वच्छ पर्यावरण तथा कचरे से धन सृजन के महत्वपूर्ण उद्देश्य को प्राप्त करने में सहायक है।

महत्वपूर्ण तथ्य :

• जैव ईंधन की श्रेणी	श्रेणी में शामिल उत्पाद
पहली पीढ़ी/(1G)/आधारभूत जैव ईंधन (Basic Biofuels)	जैव इथनॉल और जैव डीजल (Bio Diesel)
दूसरी पीढ़ी/(2G)/विकसित जैव ईधन (Advanced Biofuels)	इथनॉल, निगम के ठोस कचरे (Muncipal Solid Waste) और ड्राप इन ईंधन।
तीसरी पीढ़ी/(3G)/	**जैव सीएनजी**

- इथेनाल उत्पादन के लिए कच्चे माल की दायरा बढ़ाया गया है, जिसमें निम्नलिखित उत्पादों के प्रयोग को अनुमति दी गयी है:-
  - गन्ने का रस
  - चीनी वाली वस्तुए जैसे-चुकन्दर, स्वीट, सौरगम।
  - मनुष्य के उपभोग के लिए अनुपयुक्त बेकार अनाज जैसे-गेहूँ, टूटा चावल, सड़े हुए आलू आदि।
- इस नीति में जैव डीजल (Bio Diesel) उत्पादन के लिए-गैर खाद्य तिलहनों, इस्तेमाल किए जा चुके खाना पकाने के तेल, लघु गैस्टेशन वाली फसलों को प्रोत्साहित किया गया है।
- अतिरिक्त उत्पादन की स्थिति में किसानों को उनके उत्पादन का उचित मूल्य न मिलने का खतरा बना रहता है। इस स्थिति को ध्यान में रखते हुए इस नीति में ''राष्ट्रीय जैव ईंधन समन्वय समिति'' की मंजूरी लेकर इथनॉल उत्पादन को बढ़ाने के लिए अनाजों की अतिरिक्त खरीद की जा सकेगी।

5. प्रमुख वर्षगांठ एवं वर्ष

दिवस	वर्षगांठ	महत्वपूर्ण तथ्य
भारत छोड़ो आंदोलन (Quit India Movement)	75वीं (2017 में)	• 9 अगस्त 1942 को अगस्त क्रांति के नाम से प्रसिद्ध यह आंदोलन इतना व्यापक था कि 5 वर्ष बाद (15 अगस्त 1947) अंग्रेजों को भारत छोड़ कर जाना पड़ा। • इस अवसर पर प्रधानमंत्री ने 15 अगस्त, 2017 को **संकल्प पर्व** (Day of Resolve) के रूप में मनाया जिसमें भारत को गंदगी, गरीबी, भ्रष्टाचार, आतंकवाद, जातिवाद, संप्रदायवाद से मुक्ति दिलाने का संकल्प कराया और वर्ष 2022 तक इस संकल्प को सिद्धि में रूपान्तरित करने का लक्ष्य रखा। • इस अवसर पर प्रधानमंत्री ने भारत छोड़ो आंदोलन की तर्ज पर "New India Movement" वर्ष 2017 से 2022 तक चलाने का आवाहन किया। • "New India Movement" का उद्देश्य वर्ष 2017-22 तक भारत को गरीबी, भ्रष्टाचार, आतंकवाद संप्रदायवाद, जातिवाद ओर अस्वच्छता से मुक्त करना है।
आजाद हिंद फौज	75वीं (2017 में)	• 1942 में आजाद हिंद फौज की स्थापना की गयी थी, 9 अगस्त, 2017 को नई दिल्ली में आजाद हिंद फौज की 75वीं वर्षगाठ के अवसर पर एक प्रदर्शनी लगायी गयी।

पाइका विद्रोह	200वीं (2017 में)	• 1817 में उड़ीसा में यह विद्रोह अंग्रेजों के विरूद्ध प्रारम्भ किया गया था। **नोटः** पाइका ओडिशा के गजपति शासकों के किसानों का असंगठित सैन्य दल था, जो युद्ध के समय राजा को सैन्य सेवाएं प्रदान करते थे और शांति काल में कृषि करते थे। • राष्ट्रपति ने 20 जुलाई, 2017 को नई दिल्ली में पाइका विद्रोह के 200वीं वर्षगाठ समारोह का शुभारम्भ किया। • 16 अप्रैल, 2017 को प्रधानमंत्री ने भुवनेश्वर में पाइका विद्रोह से संबंधित 16 परिवारों के वंशजों को सम्मानित किया।
साबरमती आश्रम	100वीं (2017 में)	• दक्षिण अफ्रीका से लौटने के पश्चात महात्मा गांधी ने भारत में अपना पहला आश्रम 25 मई 1915 को अहमदाबाद के कोचराव क्षेत्र में स्थापित किया। यह आश्रम 17 जून, 1917 को साबरमती नदी के किनारे स्थानांनतरित किया गया। इस आश्रम को **हरिजन आश्रम** और **सत्याग्रह आश्रम** के नाम से भी जाना जाता है। **नोटः** 17 जून, 2017 को साबरमती आश्रम के 100 वर्ष पूरे होने पर ''लेटर्स टू गाँधी'' और ''पायनियर्स और सत्याग्रह'' नामक पुस्तकों का विमोचन गाँधी जी के पौत्र, बंगाल के पूर्व राज्यपाल गोपाल कृष्ण गाँधी ने किया।
चंपारन सत्याग्रह	100वीं (2018 में)	• अप्रैल, 2018 में चंपारन सत्याग्रह के 100 वर्ष पूरे हुए हैं।
सर्वे ऑफ इण्डिया	250वीं (2018 में)	• भारतीय सर्वेक्षण विभाग, भारत की नक्शे बनाने और सर्वेक्षण करने वाली केन्द्रीय एजेंसी है, इसका गठन 1767 में ब्रिटिश इंडिया कम्पनी के क्षेत्रों को संगठित करने हेतु किया गया था। यह भारत सरकार के पुरातनतम अभियांत्रिक विभागों में से एक है। इसकी मातृ संस्था विज्ञान एवं प्रौद्योगिकी विभाग भारत सरकार है।

6. राज्यों की नवीन पहलें एवं नवाचार

नाम	**स्थान**	**राज्य**	**महत्वपूर्ण तथ्य**
पाक्योंग हवाई अड्डा	गंगटोक के निकट	सिक्किम	• यह एक ग्रीन फील्ड हवाई अड्डा है। • 18 जनवरी, 2019 को भारतीय वायु सेना का परिवहन विमान इस हवाई अड्डे पर उतरा।
बौद्ध पुरातत्व संग्रहालय	ललितगिरी	ओड़ीसा	• दिसम्बर, 2018 में प्रधानमंत्री मोदी द्वारा इस संग्रहालय का उद्घाटन किया गया। • ओड़ीसा में ललितगिरी, रत्नागिरी एवं उदयगिरी इन तीनों को मिलाकर ''डायमंड ट्रायगंल'' की संज्ञा दी जाती है क्योंकि ये स्थल बौद्ध धर्म के केन्द्र है।

रेल विश्वविद्यालय	बड़ोदरा	गुजरात	• भारत का पहला रेल विश्वविद्यालय जिसे 15 दिसम्बर, 2018 को रेल मंत्री पीयूष गोयल द्वारा देश को समर्पित किया गया। **नोट:** विश्व में चीन और रूस के बाद भारत विश्व का तीसरा देश है जहॉ रेल विश्व विद्यालय है।
आइस कैफे	लेह, लद्दाख	जम्मू–कश्मीर	• मई 2019 में भारत का प्रथम प्राकृतिक आइस कैफे ''मनाली लेह हाइवे'' पर निर्मित किया गया। इस कैफे के निर्माण का उद्देश्य सर्दियों में पानी की बचत करना और गर्मियों में पानी को सिंचाई हेतु उपयोग करना है। **नोट:** इस कैफे का निर्माण 'सीमा सड़क संगठन' (Border Road Organization) द्वारा किया गया है।
नेशनल म्यूजियम ऑफ इंडियन सिनेमा	मुम्बई	महाराष्ट्र	• 19 जनवरी, 2019 को प्रधानमंत्री मोदी द्वारा इस राष्ट्रीय संग्रहालय का उद्घाटन किया गया।
ट्यूलिप गार्डन	पिथौरागढ़ जिला	उत्तराखण्ड	• उत्तराखण्ड सरकार ने राज्य के पहले ट्यूलिप गार्डन जो 50 हेक्टेयर से अधिक वन भूमि पर 50 करोड़ रूपये की लागत पर विकसित किया जायेगा, के लिए केन्द्र सरकार से अनुमति प्राप्त कर ली। **नोट:** भारत का पहला ट्यूलिप गार्डन जम्मू कश्मीर के श्रीनगर में स्थित है और यह दूसरा ट्यूलिप गार्डन है।
ग्रीन फील्ड स्मार्ट सिटी (रॉची स्मार्ट सिटी)	रॉची	झारखण्ड	• 656 एकड़ क्षेत्र में विस्तारित यह देश की पहली ग्रीन फील्ड स्मार्ट सिटी है। • **विशेषता:** कार्बन रहित, आधुनिक यातायात नियंत्रण प्रणाली, वाई-फाई युक्त, वर्ल्ड क्लास एजुकेशन, 24 घण्टे बिजली व पानी की सुविधा, प्रति 200 मीटर पर सार्वजनिक टायलेट की व्यवस्था आदि। **कुल व्यय:** 10 हजार करोड़ रूपये । **आवासीय फ्लैट की संख्या:** 16 हजार, जिसमें 70 हजार लोग रह सकते हैं।
होम्योपैथी वायरोलॉजी प्रयोगशाला	कोलकाता	पं. बंगाल	• भारत की पहली उन्नत होम्योपैथी प्रयोगशाला में वायरल बीमारियों जैसे- इन्फ्लूएंजा, जापानी इंसेफेलाइटिस, डेंगू, चिकनगुनिया और स्वाइन फ्लू जैसे विषाणु (Virus) जनित रोगों से उत्पन्न बीमारियों के इलाज के लिए नई दवाओं और तकनीकों का विकास किया जायेगा।

योजनाओं की निष्पादन रिपोर्ट (Performance Report of Schemes)

प्रधानमंत्री उज्जवला योजना	प्रधानमंत्री मातृ वंदना योजना
प्रारम्भ : 1 मई, 2016 बलिया, उत्तर प्रदेश **उद्देश्य :** गरीब परिवारों को खाना पकाने के लिए स्वच्छ ईंधन उपलब्ध कराना तथा परम्परागत ईंधन (लकड़ी/उपला) के उपयोग को कम करना। **लक्ष्य :** 3 वर्ष (2016, 2017, 2018): 5 करोड़ कनेक्शन 2 वर्ष (2019, 2020) : 8 करोड़ कनेक्शन **नोटः** 7 सितम्बर, 2019 को औरंगाबाद (महाराष्ट्र) में 8 करोड़ की संख्या वाला कनेक्शन बाँटा गया अर्थात् वर्ष 2020 की समयावधि से पूर्व ही लक्ष्य की प्राप्ति हुई।	**प्रारम्भ :** 1 जनवरी, 2017 **उद्देश्य :** गर्भवती महिलाओं व स्तनपान कराने वाली महिलाओं को DBT योजना के तहत नकद लाभ सीधे उनके बैंक खाते में भेजना ताकि वह अपनी पौष्टिकता सम्बन्धी आवश्यकताओं को पूरा कर सके तथा गर्भावस्था में हो रहे मजदूरी नुकसान की आंशिक भरपाई हो सके। **आर्थिक सहायता :** ₹ 5000/- (ये राशि तीन किश्तों में उपलब्ध करायी जायेगी) **नोटः** पात्र लाभार्थियों को जननी सुरक्षा योजना के तहत 1000 रूपये नकद प्रोत्साहन भी दिया जाता है।
महत्वपूर्ण तथ्यः **सर्वाधिक लाभान्वित होने वाले राज्यः** 1. उत्तर प्रदेश 2. पश्चिम बंगाल, 3. बिहार 4. मध्य प्रदेश, 5. राजस्थान **सर्वाधिक लाभान्वित होने वाले केन्द्रशासित प्रदेशः** 1. दिल्ली, 2. दादरा नागर हवेली, 3. पुडुचेरी **सर्वाधिक लाभान्वित होने वाले उत्तर-पूर्वी राज्यः** 1. असम, 2. त्रिपुरा, 3. मणिपुर	**महत्वपूर्ण तथ्यः** **19 सितम्बर, 2019 तक सर्वाधिक लाभार्थियों की संख्या वाले राज्य-** 1. उत्तर प्रदेश, 2. मध्य प्रदेश, 3. महाराष्ट्र, 4. राजस्थान, 5. आन्ध्र प्रदेश **नोटः** इस योजना का लाभ 1 करोड़ से अधिक लाभार्थियों को दिया जा चुका है, जिसमें 4000 करोड़ रूपये का वितरण किया जा चुका है। **नोटः** ओडिशा व तेलंगाना राज्य में इस योजना का क्रियान्वयन अभी शुरू नहीं किया गया है।

अध्याय 6

उत्तर प्रदेश विशेष समसामयिकी

1. प्रमुख नीतियाँ एवं लक्ष्य

1. उत्तर प्रदेश खनन नीति, 2017

स्वीकृति : 30 मई 2017 को मुख्यमंत्री योगी आदित्यनाथ की अध्यक्षता में मंत्रिमण्डल द्वारा।

नीति का आधार : खनन नीति के निर्माण के 7 आधार हैं, जो निम्नवत हैं-

1. पारदर्शिता	2. कानून का राज	3. समता	4. प्रभावशीलता
5. आम सहमति	6. उत्तरदायित्व	7. भागीदारी	

लक्ष्य : उत्तर प्रदेश खनन नीति के उक्त सातों आधारों को केन्द्र में रखते हुए निम्नलिखित लक्ष्यों को प्राप्त किया जाना है।

- खनिजों के विषय में जागरूकता को बढ़ाना।
- सर्व सामान्य के लिए खनिजों की उपलब्धता में वृद्धि करना।
- खनिजों के मूल्य को जन साधारण के सामर्थ्य के अनुरूप बनाए रखना।
- उपर्युक्त आधारों पर जनसाधारण में खनिजों की स्वीकार्यता को बढ़ाना।

खनन नीति के उद्देश्य : उत्तर प्रदेश खनन नीति, 2017 के प्रमुख उद्देश्य निम्नवत हैं:

- सामाजिक एवं आर्थिक विकास की गति को तीव्र करना।
- खनिजों का संरक्षण करना।
- अवैध खनन/परिवहन पर नियंत्रण।
- खनिज क्षेत्र में रोजगार के अवसर बढ़ाना।
- खनिजों के वैज्ञानिक विकास हेतु तकनीकी ज्ञान सुविधायें तथा परामर्श उपलब्ध कराना।
- इस क्षेत्र में पूँजी निवेश को प्रोत्साहन और उद्यमिता का विकास करना।
- तकनीक के माध्यम से नए खनिज भण्डारों के अन्वेषण को प्रोत्साहित करना।
- ई-टेंडरिंग/ई-नीलामी/ई बिडिंग प्रणाली के माध्यम से खनिज क्षेत्र में पारदर्शिता लाना तथा इसे भ्रष्टाचार मुक्त करना।

जिला खनिज फाउण्डेशन : राज्य सरकार की अधिसूचना के तहत प्रत्येक जिले में एक लाभरहित 'जिला खनिज फाउण्डेशन' न्यास की स्थापना की गयी है जो खनन संक्रिया से प्रभावित क्षेत्रों/व्यक्तियों के विकास सम्बन्धी कार्यवाही को अंजाम देगा।

मुख्य खनिज एवं उप-खनिज के पट्टाधारकों से खनिजों के निकासी या देय रॉयल्टी का एक निश्चित प्रतिशत जनपदों में बनाए गये न्यास में जमा किया जायेगा।

मुख्य खनिज के संदर्भ में रॉयल्टी का प्रतिशत जो जिला खनिज फाउण्डेशन में जमा किया जाएगा, का निर्धारण भारत सरकार द्वारा तथा उपखनिजों के संदर्भ में इसका निर्धारण राज्य सरकार द्वारा किया जायेगा।

उत्तर प्रदेश में पाये जाने वाले प्रमुख खनिज व सम्बन्धित जिले

खनिज का नाम	जिले का नाम
कोयला	सोनभद्र (बीना, ककड़ी खड़िया, कृष्णशिला)
लाइमस्टोन	सोनभद्र (बिल्ली, मारकुंडी, फजरहत, भलूआ, गुरमा)
पाइरोफिलाइट	हमीरपुर, झांसी, ललितपुर
डोलोमाइट	मिर्जापुर, बांदा
डायस्पोर	हमीरपुर, झांसी, ललितपुर
ग्लास स्टोन	बांदा, जौनपुर
लोहा	ललितपुर
हीरा	बांदा, मिर्जापुर
सोना	शारदा, रामगंगा का क्षेत्र, सोनभद्र, ललितपुर
यूरेनियम	ललितपुर
बाक्साइट	बांदा, वाराणसी, ललितपुर

2. उत्तरप्रदेश पर्यटन नीति 2018 (U.P. Tourism Policy 2018)

शुभारंभ : फरवरी-2018 उत्तर प्रदेश सरकार द्वारा।

नोट : उ.प्र. पर्यटन नीति 2018 ने वर्ष 2016 को उ.प्र. पर्यटन नीति का स्थान ग्रहण किया है। यह नीति 5 वर्षों के लिए प्रभावी रहेगी।

विजन : इस नीति का विजन उत्तरप्रदेश को भारत में पसंदीदा पर्यटन स्थल के रूप में स्थापित करना है। साथ ही देश में सर्वाधिक पर्यटक आगमन एवं पर्यटन आय प्राप्त करना, रोजगारों का सृजन करना और सर्वोत्तम पर्यटक अनुभव सुनिश्चित करना।

लक्ष्य :

- वर्ष 2023 तक देश का सर्वाधिक पसंदीदा पर्यटन स्थल बनाना।
- प्रतिवर्ष 5 हजार करोड़ रूपये का लक्षित निवेश प्राप्त करना।
- आगामी 5 वर्षों में निरंतर 15 प्रतिशत घरेलू पर्यटक आगमन एवं 10 प्रतिशत विदेशी पर्यटक आगमन की वार्षिक वृद्धि प्राप्त करना।
- प्रतिवर्ष लगभग 5 लाख लागों को रोजगार उपलब्ध कराना।
- आगामी पांच वर्षों में दस हजार पर्यटन सेवा प्रदाताओं को प्रशिक्षण प्रदान करना।
- प्रतिवर्ष 10 विरासत भवनों को विरासत होटलों में परिवर्तित करना।
- प्रतिवर्ष उत्तर प्रदेश के राष्ट्रीय उद्यानों और वन्यजीव अभयारण्यों में 1 लाख पर्यटकों को आकर्षित करना।
- सड़क, रेल एवं वायु के माध्यम से प्रदेश के सभी धार्मिक तथा सांस्कृतिक स्थलों के क्षेत्रीय संपर्क में सुधार करना।
- राज्य भर में सार्वजनिक सेवा सुविधाओं के मानक को उन्नत करना और उच्च गुणवत्ता को पर्यटक अनुभव उपलब्ध कराना।

- दीपोत्सव, अंतर्राष्ट्रीय साहित्य महोत्सव, गीता, महोत्सव, गंगा महोत्सव, लखनऊ महोत्सव आदि जैसे पर्यटन समारोह एवं उत्सवों के कार्यान्वयन के माध्यम से स्थानीय उद्यमिता में सुधार करना।

महत्वपूर्ण तथ्य :

- उत्तरप्रदेश पर्यटन महानिदेशालय की स्थापना वर्ष 1972 में की गयी थी।
- उत्तरप्रदेश राज्य पर्यटन विकास निगम की स्थाना वर्ष 1974 में कंपनी अधिनियम, 1956 के तहत हुई थी।
- ब्रज तीर्थ विकास परिषद का गठन उत्तरप्रदेश ब्रज नियोजन एवं विकास बोर्ड अधिनियम 2015 के तहत किया गया था।

3. उत्तर प्रदेश प्रसंस्कृत तिल निर्यात नीति (2018-23) को स्वीकृति

- उत्तर प्रदेश राज्य कैबिनेट ने 21 अगस्त को प्रदेश की नई तिल निर्यात नीति को स्वीकृति दी है। इसे उत्तर प्रदेश प्रसंस्कृत तिल निर्यात नीति (2018-23) के रूप में मंजूरी मिली है। इससे पूर्व राज्य में तिल निर्यात नीति (2012-2017) अस्तित्व में थी।
- उत्तर प्रदेश प्रसंस्कृत तिल निर्यात नीति अगले 5 वर्षो तक लागू रहेगी। नीति में निर्यातकों को मण्डी शुल्क तथा विकास सेस की छूट दी जाएगी।
- प्रसंस्कृत तिल का निर्यात दायित्व सिद्ध करने हेतु प्रसंस्कृत तिल का आदर्श रिकवरी मानक 75 प्रतिशत रखा गया है। नीति के अन्तर्गत तिल निर्यात की स्थिति में जीएसटी अधिनियम प्रावधानों के अनुसार इनपुट टैक्स क्रेडिट (आईटीसी) का रिफण्ड निर्यातक को होगा।

4. उत्तर प्रदेश रक्षा, एयरोस्पेस इकाई एवं रोजगार प्रोत्साहन नीति-2018

शुभारंभ : 16 जुलाई, 2018

लक्ष्य : रक्षा, एयरोस्पेस वी निर्माण क्षेत्र में आगामी 5 वर्षो में पचास हजार करोड़ रूपये के निवेश को आकर्षित करना तथा इस क्षेत्र में 2.5 लाख रोजगार का सृजन करना।

उद्देश्य :

- उत्तर प्रदेश को रक्षा तथा एयरोस्पेस विनिर्माण क्षेत्र हेतु एक सर्वोत्तम गंतव्य के रूप में स्थापित करना।
- प्रदेश में रक्षा तथा एयरोस्पेस विनिर्माण हेतु निजी औद्योगिक पार्कों के विकास को प्रोत्साहित करना।
- रक्षा गलियारे के समानांतर रक्षा तथा एयरोस्पेस विनिर्माण क्लस्टर्स की स्थापना।
- रक्षा क्षेत्र में निर्यातोन्मुख विनिर्माण आधार का विकास करना।
- इस क्षेत्र में सहायक उद्योगों को प्रोत्साहित करते हुए सूक्ष्म, लघु तथा मध्यम उद्यमों का विकास करना।

नीति के प्रमुख प्रावधान :

- यह नीति रक्षा तथा एयरोस्पेस से सम्बन्धित उद्यमों (सार्वजनिक एवं अनेक प्रोत्साहनों का प्रावधान करती है।
- नीति के तहत रक्षा तथा एयरोस्पेस क्षेत्र की कंपनियों को निवेश की मात्रा तथा उनके स्वरूप के आधार पर विभिन्न वर्गों में बांटा गया है।
- 1000 करोड़ रूपये से अधिक का निवेश करने वाली इकाइयों को मेगा एंकर रक्षा तथा एयरोस्पेस इकाई की संज्ञा दी गई है।
- बुंदेलखंड एवं पूर्वांचल क्षेत्र में 200 करोड़ रूपये से अधिक (अथवा न्यूनतम 1000 प्रत्यक्ष रोजगार का सृजन), मध्यांचल एवं पश्चिमांचल में 300 करोड़ रूपये से अधिक (अथवा न्यूनतम 1500 प्रत्यक्ष रोजगार का सृजन)

तथा गौतमबुद्ध नगर एवं गाजियाबाद जिलों में 400 करोड़ रूपये से अधिक निवेश (अथवा न्यूनतम 200 प्रत्यक्ष रोजगार का सृजन) करने वाली कंपनियों को एंकर रक्षा एवं एयरोस्पेस इकाइयों की संज्ञा दी गई है।

- इसके अतिरिक्त ऐसी इकाइयां जो एंकर इकाइयों के क्लस्टर में ही स्थित हों तथा अपने अंतिम उत्पाद का न्यूनतम 40 प्रतिशत एंकर इकाई को आपूर्ति करती हों, को वेंडर (Vendor) रक्षा तथा एयरोस्पेस इकाइयों की संज्ञा दी गई है।

लाभ :

- भारत जो रक्षा उत्पादों की दृष्टि से काफी हद तक अन्य देशों से आयात पर निर्भर है, की निर्भरता में कमी आएगी तथा आगे चलकर रक्षा क्षेत्र में आत्मनिर्भर बनेगा।
- भारत स्वयं को रक्षा उत्पादों के निर्यातक के रूप में स्थापित करने को इच्छुक है। यह रक्षा गलियारा भारत को रक्षा उत्पादों का निर्यातक बनने की दिशा में मील का पत्थर सिद्ध होगा।
- इससे उत्तर प्रदेश जो भारत की कुल जनसंख्या के 16.5 प्रतिशत का प्रतिनिधित्व करता है, को अनेक लाभ होंगे।
- रक्षा गलियारे में बुंदेलखंड क्षेत्र को उच्च प्राथमिकता प्राप्त है। इससे बुंदेलखंड का आर्थिक विकास होगा तथा यह क्षेत्र देश की मुख्य धारा से जुड़ जाएगा।
- रक्षा गलियारे में बड़ी मात्रा में रोजगार का सृजन होगा। इससे प्रदेश के लोगों को रोजगार हेतु प्रवसन में कमी आएगी।

2. प्रमुख सम्मेलन एवं आयोजन

1. यूपी निवेशक सम्मेलन-2019

- लखनऊ में 28 जुलाई, 2019 को आयोजित यूपी औद्योगिक निवेश का दूसरा सम्मेलन-2019 का उद्घाटन गृह मंत्री अमित शाह ने किया।
- इस सम्मेलन में 2500 के करीब उद्यमी और औद्योगिक प्रतिष्ठान के प्रतिनिधि शामिल हुए।
- इस सम्मेलन में गौतम अडाणी समूह के चेयरमैन, पेप्सिको इण्डिया के मुख्य कार्यपालक अधिकारी अहमद अली शेख, आई.टी.सी.लिमिटेड के मुख्य कार्यपालक अधिकारी संजीव पुरी, एच.सी.एल. के चेयरमैन शिव नाडार, टाटा सन्स के चेयरमैन, एन. चन्द्रशेखर, सैमसंग इण्डिया के चेयरमैन एच.सी. हांग तथा टोरन्टो ग्रुप के चेयरमैन सुधीर मेहता, वेदान्ता के चेयरमैन डॉ. नरेश त्रेहन और फिक्की के चेयरमैन, संदीप सोमानी ने भाग लिया।
- इस सम्मेलन में 65,000 करोड़ रूपये से अधिक परियोजनाओं का शिलान्यास किया गया।
- इस सम्मेलन में बायोफ्यूल, इलेक्ट्रॉनिक्स, खाद्य प्रसंस्करण, गृहनिर्माण, ऊर्जा, वस्त्र, स्वास्थय, अवसंरचना, विनिर्माण इत्यादि क्षेत्र में निवेश के लिए पूंजी निर्धारित की गयी और इनकी इकाईयां स्थापित करने के लिए स्थानों के चयन की भी चर्चा हुई।
- गर्ग गर्व बिल्टेक, पिनटेल, शालीमार कॉप, शालीमार केएमबीएस, शालीमार लेक सिटी, अर्बन एक्स इंफोटेक, मेसर्स होटल प्रदीप ग्रुप इत्यादि कम्पनियों ने उ0प्र0 में भारी निवेश के अनुबन्ध पर हस्ताक्षर किये।

2. चौथा इंडिया इंटरनेशनल साइंस फेस्टिवल, 2018

तिथि : 5 से 18 अक्टूबर, 2018

स्थान : इंदिरा गांधी प्रतिष्ठान, लखनऊ

महत्वपूर्ण तथ्य :

- 12 हजार वैज्ञानिक इस फेस्टिवल में शामिल होंगे।
- नये शोधकार्य से लेकर भविष्य में विज्ञान के स्वरूप और इसके अनुप्रयोगों पर चर्चा होगी।
- विज्ञान के क्षेत्र में आ रहे बदलाव के लिए एक विशेष प्रदर्शनी का आयोजन होगा।

3. उत्तर प्रदेश : वन महोत्सव 2018

शुभारंभ : 1 से 31 जुलाई, 2018 के मध्य वन महोत्सव आयोजित।

प्रारम्भ : बाराबंकी जिले के महादेवा प्रेक्षा गृह में वन महोत्सव का प्रारम्भ मा0 मुख्यमंत्री ने किया।

उद्देश्य :

- इसका उद्देश्य प्रदेश में पौधों का व्यापक रूप से रोपण करना और सभी विभागों द्वारा समन्वित रूप से पर्यावरण संरक्षण के अभियान के लक्ष्य को पूरा करना है।
- महोत्सव के उद्देश्यों में प्रत्येक व्यक्ति द्वारा एक वृक्ष लगाने का संकल्प लेना शामिल था।

महत्वपूर्ण तथ्य :

- महोत्सव के दौरान यूकेलिप्टस के अतिरिक्त औषधीय गुण और धार्मिक महत्ता वाले वृक्ष यथा–पीपल, पाकड़, नीम और बरगद आदि लगाने की आवश्यकता पर बल दिया गया।
- ज्ञातव्य है कि पीपल का वृक्ष पर्यावरण के लिए सर्वाधिक उपयोगी है।
- 9 करोड़ पौधों को लगाने के लक्ष्य के तहत स्कूल, कॉलेजों और कार्यालयों के आस–पास की भूमि पर वृक्षारोपण किया गया।
- वन महोत्सव के अवसर पर 3 लाख 66 हजार मृदा स्वास्थ्य कार्ड वितरित किए गए।

4. चतुर्थ इंडिया इंटरनेशनल साइंस फेस्टिवल, 2018

- चतुर्थ इंडिया इंटरनेशनल साइंस फेस्टिवल-2018 का आयोजन 5-8 अक्टूबर, 2018 के मध्य इंदिरा गांधी प्रतिष्ठान, लखनऊ में किया गया।
- इस संस्करण की थीम साइंस फॉर ट्रांसफॉर्मेशन है।
- यह साइंस फेस्टिवल प्रदेश के विद्यार्थियों, नवोदित वैज्ञानिकों आदि के लिए देश–दुनिया में होने वाले आविष्कारों एवं नवाचारों के विषय में जानने का एक बड़ा अवसर है।
- इन दोनों ही आयोजनों ने विश्व कीर्तिमान स्थापित किया है।
- ज्ञातव्य है कि पहले सांइस फेस्टिवल का आयोजन दिल्ली में किया गया था।
- अब तक आयोजित हुए चार विज्ञान महोत्सवों (Science Festivals) में से तीन विज्ञान महोत्सवों में विद्यार्थियों द्वारा किये गये प्रयोग को गिनीज बुक ऑफ वर्ल्ड रिकॉर्ड्स में दर्ज कराया गया है।
- इंडिया इंटरनेशनल साइंस फेस्टिवल, 2018 पूर्व प्रधानमंत्री अटल बिहारी बाजपेयी को समर्पित है।

5. कृषि कुम्भ का आयोजन

तिथि : 26–28 अक्टूबर, 2018

आयोजन स्थल : भारतीय गन्ना अनुसंधान संस्थान, लखनऊ (उ.प्र.)

आयोजन कर्ता : यह सम्मेलन एक अंतर्राष्ट्रीय सम्मेलन एवं प्रदर्शनी है जिसका आयोजन उत्तर प्रदेश कृषि विभाग और उत्तर प्रदेश राज्य कृषि उत्पाद विपणन बोर्ड द्वारा संयुक्त रूप से जबकि केन्द्रीय कृषि एवं किसान कल्याण मंत्रालय ने इस सम्मेलन का सहयोग किया।

प्रतिभागी देश : इजराइल एवं जापान

पार्टनर राज्य : हरियाणा एवं झारखण्ड

महत्वपूर्ण तथ्य :

- इस मेले में कृषि से जुड़ी नई मशीनों का प्रदर्शन किया गया।
- लगभग 200 स्टॉल लगाये गए जिनमें किसानों को नई तकनीक से संबंधित जानकारी देने की सुविधा दी गयी ताकि किसानों को उत्पादकता बढ़ाने के साथ-साथ फसलों की गुणवत्ता भी सुनिश्चित करने में मदद मिले।

कृषि एवं भारत सरकार :

- वर्ष 2022 तक किसानों की आय दोगुनी करना, भारत सरकार का लक्ष्य है। इस लक्ष्य को प्राप्त करने के लिए सरकार कम लागत, अधिक लाभ की नीति पर चलते हुए कृषि में वैज्ञानिक तरीकों का समावेश करने के लिये कार्य कर रही है।
- बीज से लेकर बाजार तक की एक मजबूत व्यवस्था तैयार करने का कार्य कर रही है।
- मिट्टी की सेहत से लेकर मंडियों में सुधार तक अनेक कदम उठाये जा रहे हैं।
- कृषि से संबद्ध क्षेत्र जैसे - डेयरी उत्पाद, शहद उत्पाद, नीली क्रांति को प्राथमिकता देना।

कृषि एवं भारतीय महिलाएं :

- 15 अक्टूबर संयुक्त राष्ट्र द्वारा International Day of Rural Women के रूप में और भारत में National Women's Former's Day के रूप में मनाया जाता है।
- ऑक्सफैम इंडिया के अनुसार भारत में महिलाओं का खाद्यान्न उत्पादन में 60-80%, डेयरी उत्पाद में 90% हिस्से दारी है।
- कृषि जनगणना (2010-11) के अनुसार भारत में लगभग 118.7 मिलयन किसान हैं जिसमें से 30.3% महिलाओं की हिस्सेदारी है।
- 144.3 मिलियन कृषि मजदूरों में 42.6% महिलायें हैं।
- कृषि जनगणना (2015-16) के अनुसार देश में कुल 146 मिलियन प्रचालनात्म जोतधारक है, जिसमें से 13.87% महिलायें प्रचालनात्मक जोतधारक हैं।

3. प्रमुख अभियान एवं नवीन पहलें/नवाचार

1. गंगा हरीतिमा अभियान, 2018

प्रारम्भ : 7 अप्रैल, 2018 को इलाहाबाद के परेड मैदान से मुख्यमंत्री योगी आदित्यनाथ द्वारा प्रारम्भ।

उद्देश्य : गंगा को अविरल और निर्मल बनाना तथा प्राचीन काल की जो वनस्पतियां गंगा यमुना के किनारे पायी जाती रही है, उन्हें सुरक्षित करना और दोबारा उन्हें, उन्हीं स्वरूप में लाने का प्रयास करना।

चयनित जिले : यह योजना राज्य के 27 जिलों में शुरू की गई है, जो गंगा नदी के तट पर स्थित है।

महत्वपूर्ण तथ्य :

- गंगा नदी बिजनौर से लेकर बलिया तक 1140 किलोमीटर यूपी राज्य में बहती है।
- गंगा हरीतिमा योजना के तहत गंगा नदी के दोनों किनारों को वन विभाग और मनरेगा की मदद से पेड़-पौधे लगाकर हर भरा किया जायेगा।

2. दस्तक अभियान

दस्तक अभियान: पूर्वी उत्तर प्रदेश में फैले जापानी इन्सेफलाइटिस अथवा दिमागी बुखार की रोकथाम और उपचार के प्रति लोगों को जागरूक करने के लिए 12 फरवरी, 2018 को उत्तर प्रदेश सरकार ने इस्तक अभियान की शुरूआत की। अभियान में प्रदेश के पांच वर्ष से कम आयु के सभी बच्चों में खून की कमी की जांच, छः माह से पांच वर्ष तक के गंभीर कुपोषित बच्चों की पहचान और नौ माह से पांच वर्ष तक के बच्चों को विटामिन 'ए' का घोल दिया जाएगा। साथ ही दस्त रोग, निमोनियां और जन्मजात बीमारियों से पीड़ित बच्चों की पहचान कर उन्हें निःशुल्क जांच उपचार और परिवहन सेवा दीजाएगी।

प्रारम्भ : 12 फरवरी, 2018

समयावधि : मार्च से जून, 2018 और जून से नवम्बर 2018 तक।

उद्देश्य : पूर्वी उत्तर प्रदेश में फैले जापानी इन्सेफलाइटिस अथवा दिमागी बुखार की रोकथाम और उपचार के प्रति लोगों को जागरूक करना ताकि लोग किसी भी तरह के होने वाले बुखार में लापरवाही ना करें।

3. उत्तर प्रदेश में पांचवीं विधि विज्ञान प्रयोगशाला का शुभारंभ

गाजियाबाद जिले में मोदीनगर के निवाड़ी में उत्तर प्रदेश की पांचवीं विधि विज्ञान प्रयोगशाला का 2 नवम्बर, 2018 को उद्घाटन हुआ। लगभग 60 करोड़ रूपये की लागत से निर्मित यह प्रयोगशाला संभवतः एशिया की सबसे बड़ी फोरेंसिक लैब है। यहां फिलहाल निम्नलिखित सात प्रकार के परीक्षण शुरू किए गए हैं:-

1. क्राइम सीन मैनेजमेंट, 2. डाक्यूमेंट्स से जुड़े परीक्षण, 3. केमेस्ट्री, 4. बॉयोलॉजी, 5. फिजिक्स, 6. पॉइजन, 7. ब्लड से जुड़े परीक्षण। वर्ष 2019 के अंत तक यहां डीएनए टेस्ट कराने की स्वीकृति भी मिल जाएगी। उत्तर प्रदेश में इससे पहले से लखनऊ, आगरा, मुरादाबाद और वाराणसी में विधि विज्ञान प्रयोगशालाएं संचालित हैं। प्रयागराज और गोरखपुर में भी ऐसी प्रयोगशाला स्थापित करने की योजना है।

4. योजनाएं, परियोजनाएं तथा कार्यक्रम

1. बाणसागर नहर परियोजना

उद्घाटन : 14 जुलाई, 2018, प्रधानमंत्री मोदी द्वारा।

स्थापना : चनईपुर गॉव, मिर्जापुर, उ0प्र0।

लम्बाई : 171 किमी.

लागत : 3420.24 करोड़ रूपये, जिसमें केन्द्रीय अनुदान 995.56 करोड़ रूपये का है।

महत्वपूर्ण तथ्य :

- बाण सागर परियोजना मूल रूप से मध्य प्रदेश, उ0प्र0 व बिहार की संयुक्त परियोजना है।
- इस परियोजना का मुख्य बांध ''देवलोंद शहर (शहडोल जिला), मध्य प्रदेश में है।
- इस परियोजना के निर्माण में मध्य प्रदेश 50 प्रतिशत, उ0प्र0 25 प्रतिशत तथा बिहार 25 प्रतिशत वित्तीय सहायता करेगा।
- इस परियोजना की शुरूआत वर्ष 1997 में तत्कालीन प्रधानमंत्री अटल बिहारी वाजपेयी ने की थी। वर्ष 2006 में मध्य प्रदेश के हिस्से वाली परियोजना कार्य पूरा हो गया, जबकि उ0प्र0 के हिस्से वाली बाण सागर परियोजना का कार्य वर्ष 2018 में पूरा हुआ है।
- इस परियोजना के माध्यम से मिर्जापुर (उ0प्र0) में 75309 हेक्टेयर भूमि तथा प्रयागराज (उ0प्र0) में 74,803 हेक्टेयर भूमि पर सिंचाई की जायेगी।

2. स्वदेश दर्शन योजना

योजना का प्रारम्भ : 2018

उद्देश्य : भारत सरकार द्वारा रामायण सर्किट के विकास के लिए 15 स्थलों की पहचान कर पर्यटन हेतु बढ़ावा देना। वर्तमान समय में रामायण सर्किट के अन्तर्गत कुल 15 स्थलों की पहचान की गई है। उत्तर प्रदेश में अयोध्या, श्रृंगवेरपुर, चित्रकूट, मध्य प्रदेश में चित्रकूट, बिहार में सीतामढ़ी, बक्सर और दरभंगा, छत्तीसगढ़ में जगदलपुर, उड़ीसा में महेन्द्रगिरी, महाराष्ट्र में नासिक और नागपुर, तेलंगाना में महेन्द्रांचल, कर्नाटका में हम्पी, तमिलनाडु में रामेश्वरम ओर पश्चिम बंगाल में नन्दीग्राम।

महत्वपूर्ण तथ्य : स्वदेश दर्शन योजना के अन्तर्गत भारत सरकार कृष्ण सर्किट के विकास के लिए भी 12 स्थलों का चुनाव किया है। इसमें उत्तर प्रदेश में मथुरा, वृन्दावन, गोकुल, बरसाना, नन्दगांव और गोवर्धन जबकि राजस्थान में नाथ द्वार, जयपुर और सीकरी, हरियाणा में कुरूक्षेत्र, उड़ीसा में पुरी और गुजरात में द्वारिका शामिल है।

3. मुख्यमंत्री समग्र ग्राम विकास योजना

उद्घाटन : 24 जनवरी, 2018

महत्वपूर्ण तथ्य :

- वर्तमान में जिन ग्रामों का सर्वांगीण विकास नहीं हुआ था, उन्हें वर्तमान सरकार ने राजस्व ग्राम का दर्जा प्रदान कर शासन की योजनाओं से जोड़ने का कार्य किया है। अब इन राजस्व ग्रामों को बुनियादी अवस्थापना सुविधाएं मिल सकेंगी। इसके अन्तर्गत बिजली, सड़क, पानी, पक्का आवास, राशन कार्ड, स्कूल, आंगनबाड़ी केंद्र की सुविधााएं उपलब्ध कराई जाएंगी।
- इन ग्रामों में रोजगार उपलब्ध कराने के उद्देश्य से राज्य सरकार महिलाओं के लिए स्वयं सहायता समूह बनाने का कार्य कर रही है।
- देश की रक्षा में शहीद हुए सेना एवं अर्द्धसैनिक बलों के सैनिकों के ग्रामों को शहीद ग्राम घोषित किया जाएगा और गांव में बनने वाले सम्पर्क मार्ग को गौरव पथ कहा जाएगा।

4. 'वाणिज्य कर आपके द्वारा' योजना

- उत्तर प्रदेश सरकार द्वारा जी.एस.टी. दिवस के अवसर पर राज्य में जनसंपर्क की एक महत्वाकांक्षी योजना 'वाणिज्य कर आपके द्वारा' योजना की शुरूआत। (1 जुलाई, 2018)
- इस योजना की प्रभावी अवधि 1 जुलाई से 31 अगस्त, 2018 तक है।
- इस अवधि में विभागीय अधिकारी सभी छोटे व्यापारियों से व्यक्तिगत संपर्क कर उनकी समस्याओं का निराकरण करेंगे।

5. मुख्यमंत्री व्यापारी दुर्घटना बीमा योजना

- उत्तर प्रदेश मंत्रिमंडल की संपन्न बैठक में वाणिज्य कर विभाग में पंजीकृत व्यापारियों के लिए लागू मुख्यमंत्री व्यापारी दुर्घटना बीमा योजना के तहत प्रदत्त राशि को 5 लाख रूपये से बढ़ाकर 10 लाख रूपये किये जाने की कार्योत्तर स्वीकृति (29 मई, 2018)
- बढ़ी हुई बीमा की राशि 27 अक्टूबर, 2017 से प्रभावी है।

6. हॉट कुक्ड फूड योजना

- उत्तर प्रदेश मंत्रिमंडल की संपन्न बैठक में विगत काफी समय से बंद हॉट कुक्ड फूड (गर्म खाना) योजना को पुनः शुरू किए जाने का निर्णय (29 मई, 2018)

- इस योजना को अब बेसिक स्कूलों में संचालित मिड-डे मील के साथ जोड़ा जाएगा और बेसिक स्कूलों में ही आंगनबाड़ी केन्द्रों का भी मिड-डे मील (भोजन) पकाया जाएगा।
- हॉट कुक्ड फूड पर मासिक व्यय 43.99 करोड़ रूपये तथा वार्षिक व्यय 527.98 करोड़ रूपये आकलित है।

7. मुख्यमंत्री कृषक धन योजना

- उत्तर प्रदेश सरकार द्वारा महात्मा गंधाी राष्ट्रीय ग्रामीण रोजगार गारंटी योजना के तहत निजी खेत की मेड़ (बाउण्ड्री) पर 'मुख्यमंत्री कृषक वृक्ष धन' योजना के अन्तर्गत वृक्षारोपण कराये जाने का निर्णय (अप्रैल, 2018)
- इस निर्णय के तहत अच्छी गुणवत्ता के बांस तथा छायादार, फलदार व औषधीय वृक्ष प्रजाति के बहुवर्षीय पौधों, जो मनरेगा योजना में स्वीकृत हैं, का वृक्षारोपण किया जायेगा।
- रोपण हेतु प्रजातियों का चयन लाभार्थी द्वारा किया जाएगा।
- इस परियोजनांतर्गत पौधों की सुरक्षा एवं रख रखाव की जिम्तेदारी लाभार्थी परिवार की होगी।

8. डॉयल-एफआईआर योजना

- उत्तर प्रदेश राज्य में पुलिस द्वारा डॉयल एफआईआर योजना (Dial FIR Scheme) की शुरूआत की जाएगी। इस योजना का मुख्य उद्देश्य है कि आम आदमी पुलिस थाने में आए बिना ही होने वाले अपराध की प्राथमिकी दर्ज करा सके।
- इस सुविधा के लिए उत्तर प्रदेश पुलिस द्वारा अपराधियों की तस्वीरों का ऑनलाइन डॉजियर (Online Photographic Dossior) तैयार किया जा रहा है।

9. उत्तर प्रदेश की अद्यतन योजनाएं एवं कार्यक्रम

योजना का नाम	प्रारम्भ	उद्देश्य	विशेष तथ्य
1. उत्तर प्रदेश सारथी योजना	जनवरी-2018	ड्राइविंग लाइसेंस प्रक्रिया को सरल एवं पारदर्शी बनाना	• इस योजना के तहत आवेदक को विभाग के कार्यालय का सहारा लेने की कोई आवश्यकता नहीं होगी। घर से आवेदन कर प्राप्त करना सम्भव होगा।
2. शबरी संकल्प योजना	9 जनवरी-2018	राज्य को कुपोषण से मुक्त बनाना	• इस योजना के अन्तर्गत 6 माह के सभी बच्चे कुपोषण से मुक्त होंगे।
3. मुख्यमंत्री बुनकर सम्मान योजना	13 जनवरी-2018	60 वर्ष या अधिक आयु के बुनकरों को वित्तीय सहायता प्रदान करने के लिए	• प्रतिवर्ष 500 रूपये वित्तीय सहायता प्रदान की जाती है। बुनकरों को यह पेंशन वर्ष में किश्त में दी जाती है।
4. मुख्यमंत्री समग्र ग्राम योजना	24 जनवरी-2018	ग्रामीण क्षेत्रें के स्थानीय लोगों का समग्र विकास करना	• इस योजना के अन्तर्गत उन गांव में शुरू किया जायेगा जो किसी अन्तर्राष्ट्रीय या अन्तर्राज्यीय सीमा से लगे हुए हैं। इस योजना के तहत सरकार शहीदों के गांवों को शहीद ग्राम के नाम से पुकारेगी। उस गांव में बिजली, सड़क, स्कूल, अस्पताल जैसी बुनियादी सेवायें प्रदान की जायेंगी।

5. दस्तक अभियान योजना	12 फरवरी-2018	संचार माध्यमों से बीमारी बचाव के प्रति जागरूकता	• इस अभियान का उद्देश्य राज्य से जापानी इन्सेफ्लाइसेस व इन्सेफ्लेलाइटिस का सफाया करना हैं।
6. मुक्त शिक्षा योजना	02 मार्च-2018	12वीं कक्षा तक छात्रों के मुफ्त शिक्षा	• समाज के पिछड़े एससी/एसटी के छात्रों के लाभ के लिए शिक्षा के महत्व की जानकारी दी जायेगी।
7. पतंजलि मेगा फूड पार्क योजना	29 जून-2018	फूड प्रसंस्करण को बढ़ावा देना	• ग्रामीण किसानों को फूड प्रसंस्करण के प्रति प्रोत्साहित करना।
8. स्कूल चलो अभियान	02 अप्रैल-2018	स्कूली शिक्षा को बढ़ावा देना	• स्कूली शिक्षा में 4 से 14 वर्ष के बच्चों को विद्यालय में नामांकन के लिए प्रेरित करना।
9. पूर्वांचल एक्सप्रेस वे	14 जुलाई-2018	पूर्वांचल के जिलों को राजधानी से जोड़ना	• पूर्वांचल के 12 जिलों को राजधानी लखनऊ से जोड़ना है। 6 लेन चौड़े वाले इस एक्सप्रेस वे की लम्बाई 341 किमी होगी और इसमें 4.70 किलोमीटर की हवाई पट्टी का भी निर्माण किया जायेगा।

10. किसान कल्याण कार्यक्रम

- 1 सितम्बर, 2018 को उत्तर प्रदेश राज्य के बनारस स्थित दीनदयाल हस्तकला संकुल में 'बदलता बनारस' नाम से किसान कल्याण कार्यशला का आयोजन किया गया।
- इस कार्यशाला का आयोजन कृषि विभाग, उत्तर प्रदेश और भारतीय सब्जी बी अनुसंधान केन्द्र, वाराणसी ने संयुक्त रूप से किया। उल्लेखनीय है कि दीनदयाल हस्तकला संकुल हस्तशिल्प एक व्यापार सुविधा केन्द्र है, जिसकी आधारशिला नवम्बर, 2014 में रखी गयी थी।

11. वाराणसी में विकास परियोजनाओं का लोकार्पण एवं शिलान्यास

प्रधानमंत्री नरेन्द्र मोदी ने अपने संसदीय क्षेत्र वाराणसी में 12 नवम्बर, 2018 को कुल 2,413 करोड़ रूपये की विकास परियोजनाओं का लोकार्पण एवं शिलान्यास किया।

लोकार्पण वाली परियोजनाएं

- राष्ट्रीय राजमार्ग-56 के बाबतपुर से वाराणसी तक फोर लेन चौड़ीकरण का कार्य।
- वाराणसी रिंग रोड फेज-1
- आई डब्ल्यू टी, मल्टी मोडल टर्मिनल का निर्माण
- सीवरेज ट्रीटमेंट प्लांट, दीनापुर
- इंटरसेप्शन सीवर और पंपिंग मेन कार्य
- सीवरेज पंपिंग स्टेशन निर्माण कार्य (चौकाघाट, फुलवरिया एवं सरैया)
- शहरी विद्युत सुधार कार्य पुरानी काशी के अतिरिक्त
- तेवर ग्राम पेयजल योजना
- कस्तूरबा गांधी बालिका विद्यालय देईपुर, विकास खंड सेवापुरी में बालिका छात्रावास का निर्माण
- आश्रय योजना, परमानन्दपुर (शिवपुर)

शिलान्यास वाली परियोजनाएं

- इंटरसेप्शन डाइवर्जन ऑफ ड्रेन एंड ट्रीटमेंट वर्क एट रामनगर-वाराणसी
- किला कटरिया मार्ग पर आई आर क्यू पी कार्य
- पूर्व राष्ट्रीय मार्ग संख्या-7 पड़ाव रामनगर (टेंगरा मोड़) मार्ग पर आई आर क्यू पी का कार्य
- रामनगर (डोमरी) वाराणसी में हेलीपोर्ट का निर्माण
- वाराणसी में ड्राइवर प्रशिक्षण केन्द्र की स्थापना का कार्य
- वाराणसी में सर्किट हाउस में प्रथम तल पर प्रस्तावित मीटिंग हाल के निर्माण सुंदरीकरण कार्य

12. वर्ष 2019-20 में प्रारम्भ की गयी नवीन योजनाएं

1. मुख्यमंत्री कन्या सुमंगला योजना (CM Kanya Sumangala Yojana)

योजना का प्रारम्भ : 25 अक्टूबर, 2019

प्रारम्भकर्ता : उत्तर प्रदेश सरकार

उद्देश्य : समान लिंगानुपात स्थापित करने, कन्या भ्रूण हत्या रोकने, परिवार को आर्थिक सहायता प्रदान करना।

योजना के लिए पात्रता :

- 3 लाख वार्षिक आय वाले परिवारों की अधिकतम दो बेटियों को लाभ दिया जायेगा।
- लाभार्थी उत्तर प्रदेश का निवासी होना जरूरी है।
- योजना का लाभ लेने के लिए पंजीकरण प्रमाण पत्र जरूरी है। पंजीकरण प्रमाण पत्र दो संस्थानों का ही मान्य होगा।1. मदर एंड चाइल्ड ट्रेकिंग सिस्टम में पंजीकृत, 2. एनएनएम और आशा बहनों द्वारा दिया जोने वाला प्रमाण पत्र।

  नोटः वह प्रमाण-पत्र ही वैध माना जायेगा, जिसमें एएनएम और आशा बहनों की देखरेख में प्रसव से लेकर बच्चे का टीकाकरण कार्यक्रम हुआ है।

लाभ का वितरण :

बालिकाओं की चरणबद्ध प्रगति	आर्थिक लाभ
1. जन्म के समय	₹2000
2. 1 वर्ष का टीकाकरण पूर्ण करने पर	₹1000
3. कक्षा-1 में प्रवेश के समय	₹2000
4. कक्षा-6 में प्रवेश के समय	₹2000
5. कक्षा-9 में प्रवेश के समय	₹3000
6. 10वीं और 12वीं परीक्षा उत्तीर्ण कर डिग्री या दो वर्षीय या अधिक के डिप्लोमा कोर्स में प्रवेश पर	₹5000
कुल आर्थिक लाभ	**₹ 15000**

योजना हेतु बजट आवंटन : 1200 करोड़ रूपये

महिलाओं व बालिकाओं के विकास से संबंधित योजनाएं : बेटी बचाओ बेटी पढ़ाओ, मातृ वंदन योजना, सुकन्या समृद्धि योजना

2. हेरिटेज आर्क (Heritage Arc)

उद्देश्य : उत्तर प्रदेश के सांस्कृतिक, ऐतिहासिक और प्राकृतिक आयामों को नजदीक से देखने का मौका दिया जायेगा, हेरिटेज आर्क पर्यटकों को आगरा, लखनऊ और वाराणसी तथा इन जिलों के चारों ओर स्थित पर्यटन स्थलों की सैर कराती है।

आगरा क्षेत्र : आगरा, बरसाना, बटेश्वर, इटावा की लायन सफारी, गोकुल, नंदगाँव, मथुरा, वृंदावन।

लखनऊ : लखनऊ, अयोध्या, बिठूर, देवाशरीफ, दुधवा नेशनल पार्क, कतर्नियाघाट वन्यजीव अभयारण्य, नैमिषारण्य, नवाबगंज पक्षी बिहार।

वाराणसी क्षेत्र : वाराणसी, सारनाथ, विध्यांचल, सोनभद्र, चुनार, कुशीनगर, कपिलवस्तु व श्रावस्ती।

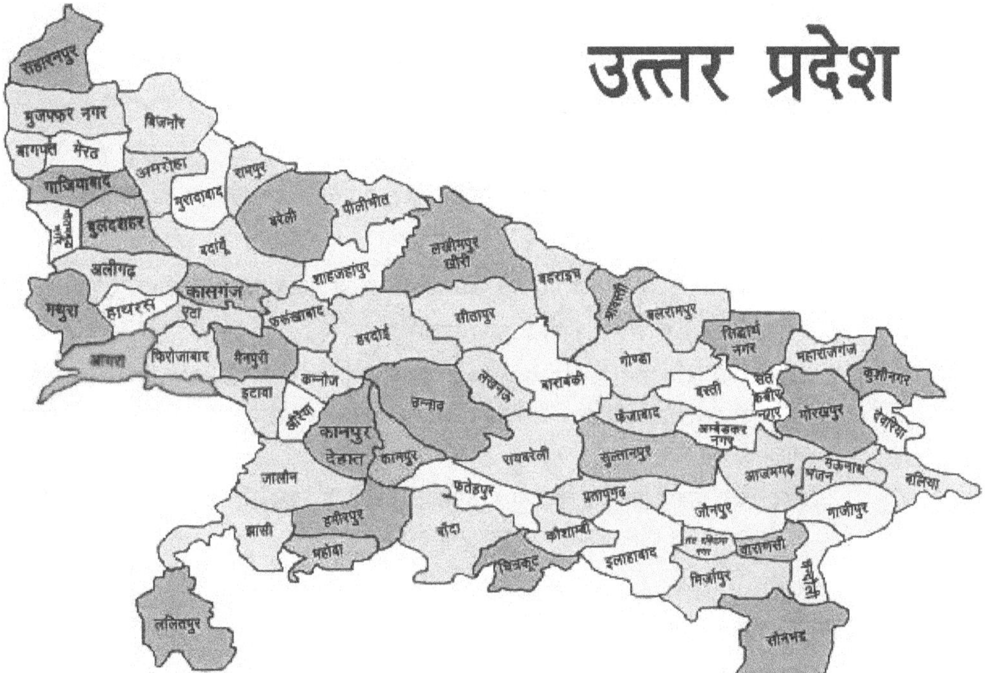

हेरिटेज वॉक (Heritage Walk)

उद्देश्य : पर्यटक उत्तर प्रदेश के अधिकाधिक स्थलों की सैर कर सके इस उद्देश्य हेतु पर्यटन विभाग, द्वारा सैर-ए-विरासत (हेरिटेज वॉक) नामक पहल की है। पर्यटकों को शहर के हर उस स्थल को दिखाने, घुमाने और संबंधित स्थल की जानकारी उपलब्ध कराने हेतु अनुभवी गाइड की व्यवस्था की गयी है।

5. उत्तर प्रदेश प्रादेशिक सामाजिक, आर्थिक एवं राजनैतिक घटनाक्रम

1. प्लास्टिक पर प्रतिबंध

तिथि : 15 जुलाई, 2018

कारण : पर्यावरण संरक्षण और प्रदेश में अंधाधुंध हो रहे प्लास्टिक के इस्तेमाल को रोकने के लिए 50 माईक्रॉन से पतली प्लास्टिक (कप, ग्लास, पॉलिथीन) बिक्री पर रोक लगायी गयी है।

जुर्माना : प्रतिबन्ध के बावजूद भी दोषी पाये जाने वाले लोगों पर 50 हजार रूपये तक का जुर्माना लगाये जाने का प्रावधान है।

महत्वपूर्ण तथ्य : महाराष्ट्र में प्लास्टिक बैन के बाद यूपी प्लास्टिक बैन करने वाला देश का 19वां राज्य बन गया है।

2. मदरसों के पाठ्यक्रम में परिवर्तन

तिथि : 22 मई, 2018 को मुख्यमंत्री योगी आदित्यनाथ की अध्यक्षता में कैबिनेट द्वारा मंजूरी।

पाठ्यक्रम में शामिल किये गये विषय : एनसीईआरटी पाठ्यक्रम, हिन्दी, विज्ञान, अंग्रेजी, गणित, कम्प्यूटर और सामाजिक विज्ञान जैसे विषयों को शामिल किया गया है।

उद्देश्य : दीनी-तालीम के साथ-साथ गुणवत्तापूर्ण शिक्षा ताकि छात्रों का शिक्षा का स्तर बेहतर हो और वह मुख्यधारा में आ सकें।

3. पूर्वांचल एक्सप्रेस वे : एक दृष्टि में

स्थान : लखनऊ के चांद सराय से शुरू होकर गाजीपुर जिले के हैदरिया तक।

कुल लम्बाई : 341 किमी.

शामिल जिले : 9 (लखनऊ, सुल्तानपुर, फैजाबाद, अंबेडकर नगर, आजमगढ़, बाराबंकी, अमेठी, मऊ और गाजीपुर)

निर्माण लागत : 233 अरब रूपये

महत्वपूर्ण तथ्य :

- यह देश का सबसे लंबा एक्सप्रेस वे होगा।
- यह 6 लेन का एक्सप्रेस वे होगा।
- वर्तमान में लखनऊ-आगरा एक्सप्रेस वे देश का सबसे लम्बा एक्सप्रेस वे है, जिसकी लम्बाई 302 किमी. है।

4. भू-सम्पदा विनियामक प्राधिकरण (रेरा) का गठन

प्रारम्भ : 04 अगस्त, 2018

अध्यक्ष : राजीव कुमार

उद्देश्य : इस प्राधिकरण के गठन का मुख्य उद्देश्य फ्लैट, भवन-भूखण्ड खरीदने वालों को प्रमोटर की मनमानी से राहत देना।

नोटः भू-सम्पदा विनियम विकास अधिनियम की स्थापना मई, 2016 में की गयी।

5. उत्तरप्रदेश राज्य महिला आयोग

अध्यक्ष : बिमला बाथम

उद्देश्य : महिलाओं के विकास, उत्थान एवं उनके संरक्षण के लिए उत्तरप्रदेश राज्य महिला आयोग बनाया गया। इसमें कुल 21 सदस्य होते है। इससे पहले इस आयोग की अध्यक्ष जरीना उस्मानी थी जिनका कार्यकाल फरवरी 2018 में समाप्त हो गया।

6. एक जिला एक उत्पादन योजना

प्रारम्भ : 01 मई, 2018

उद्देश्य : उत्तरप्रदेश राज्य सरकार द्वारा संचालित इस योजना के तहत 20 लाख युवाओं को रोजगार मुहैया कराया जायेगा। बजट में इस योजना हेतु 250 करोड़ रूपये स्वीकृत किये गये है। प्रत्येक जिले में कोई न कोई विशेष उत्पाद (प्रोडक्ट) है। अपने जिले के उन उत्पादों को बनाने वाले युवाओं को प्रदेश सराकर इस योजना के तहत सहयोग देगी।

7. भारत भारती सम्मान, 2018

प्रदान करने वाली संस्था : उत्तर प्रदेश हिन्दी संस्थान

घोषित तिथि : 31 अगस्त, 2018

भारत भारती सम्मान : डॉ. रमेश शाह (भोपाल)

लोहिया साहित्य सम्मान : जयप्रकाश कर्दम (दिल्ली)

हिन्दी गौरव सम्मान : डॉ. रामदेव शुक्ल (गोरखपुर)

महात्मा गांधी साहित्य सम्मान : डॉ. राम गोपाल शर्मा : दिनेश (नोएडा)

पं. दीनदयाल उपाध्याय साहित्य सम्मान : धर्मपाल मैनी (गुरू ग्राम)

अवन्ती बाई साहित्य सम्मान : शत्रुघन प्रसाद (पटना)

राजर्षि पुरूषोत्तम दास टंडन सम्मान : कुमार सभा पुस्तकालय (बड़ा बाजार कोलकाता)

नोट : उत्तर प्रदेश सहित देश के विभिन्न 20 साहित्यकारों को साहित्य भूषण पुरस्कार देने की घोषणा की गयी। पहले यह पुरस्कार 10 साहित्यकारों को दिया जाता था।

8. उत्तर प्रदेश का पहला स्थापना दिवस समारोह

उपराष्ट्रपति एम. वेंकैया नायडू ने 24 जनवरी, 2018 को लखनऊ में उत्तर प्रदेश के पहले स्थापना दिवस समारोह का उद्‌घाटन किया। इस अवसर की प्रमुख बातें निम्नलिखित हैं:-

- 25 हजार करोड़ रूपये की योजनाओं का लोकार्पण व शिलान्यास।
- उपराष्ट्रपति ने वन डिस्ट्रिक्ट-वन प्रोडक्ट का लोगो और पुस्तिका लांच की।
- मुद्रा योजना तथा स्टैण्ड अप इंडिया योजना के तहत 1200 लोगों को प्रमाण-पत्र तथा चेक भी वितरित किए गए।
- उपराष्ट्रपति ने लखनऊ की 941.96 करोड़ रूपये लागत वाली 109 परियोजनाओं का लोकार्पण एवं शिलान्यास किया।
- नायडू ने सौर ऊर्जा नीति लांच करने के साथ ही संस्कृति विभाग की पुस्तिका का भी विमोचन किया।
- 'शबरी पोषण' मोबाइल एप भी लांच किया गया।
- यूपी दिवस समारोह में मुख्यमंत्री योगी आदित्यनाथ ने घोषणा की कि लखनऊ से गाजीपुर तक बनने वाला पूर्वांचल एक्सप्रेस-वे का शिलान्यास मार्च, 2018 में प्रधानमंत्री नरेन्द्र मोदी करेंगे। यह एक्सप्रेस वे वर्ष 2020 तक बनकर तैयार हो जायेगा। 340 किमी. लम्बे इस एक्सप्रेस-वे की अनुमानित लागत 23 हजार करोड़ रूपये है।

9. अर्द्ध कुंभ और कुंभ को मिला नया नाम

उत्तर प्रदेश प्रयागराज मेला प्राधिकरण, इलाहाबाद की स्थापना करते हुए संगम क्षेत्र के मेलों के नामों को बदलने की अधिसूचना 19 जनवरी, 2018 को जारी की गयी। इलाहाबाद में गंगा, यमुना और अदृश्य सरस्वती नदी के संगम पर माघ और फल्गुन (जनवरी-फरवरी) माह में छह वर्ष के अंतराल पर लगने वाले अर्द्धकुंभ मेले को अब **'कुंभ'** तथा बारह वर्ष के अंतराल पर आयोजित होने वाले मेले को कुंभ के स्थान पर **'महाकुंभ'** कहा जाएगा। जबकि प्रत्येक वर्ष माघ की पूर्णिमा और फाल्गुन माह में पड़ने वाले महा शिवरात्रि दिवस के मध्य आयोजित होने वाले मेले को **'माघ मेला'** कहा जाएगा।

10. उत्तर प्रदेश के आठ सबसे पिछड़े जिलों को संवारेंगे राजनाथ सिंह

नीति आयोग ने देश के सबसे पिछड़े 115 जिलों में उत्तर प्रदेश के आठ जिलों को शामिल किया है। देश के इन 115 जिलों को वर्ष 2022 तक विकसित करने का लक्ष्य है। इन जिलों में विकास कार्यक्रमों की वास्तविक समय निगरानी हेतु एक-एक केन्द्रीय मंत्री को जिम्मेदारी दी गई है। उत्तर प्रदेश के 8 सबसे अधिक पिछड़े जिलों की जिम्मेदारी केन्द्रीय गृह मंत्री राजनाथ सिंह की होगी। उत्तर प्रदेश के ये 8 जिले हैं-बहराइच, बलरामपुर, चंदौली, चित्रकूट, फतेहपुर, सोनभद्र, सिद्धार्थनगर और श्रावस्ती।

11. उत्तर प्रदेश नगरीय निकाय चुनाव

उत्तर प्रदेश में नवम्बर, 2017 में तीन चरणों में हुए नगरीय निकाय चुनाव के परिणाम 1 दिसम्बर, 2017 को जारी हुए। राज्य के 16 नगर निगमों में से 14 में महापौर (मेयर) का पद भारतीय जनता पार्टी ने जीते, जबकि 2 नगर निगमों (अलीगढ़ और मेरठ) में महापौर (मेयर) का पद बहुजन समाज पार्टी ने जीते। प्रदेश में 16 नगर निगमों केलिए हुए चुनाव में से 4 नगर निगमों में पहली बार मतदाताओं ने महापौर (मेयर) पद के लिए मतदान किया। इसमें सहारनपुर, मथुरा, फिरोजाबाद और अयोध्या शामिल हैं। इन सभी निगमों में महापौर पद भाजपा ने ही जीता। चुनाव के अन्य परिणाम निम्नवत् हैं:-

पार्टी	नगर पालिक परिषद (198)	नगर पंचायत (438)	नगर निगम पार्षद (1300)	महापौर (16)
भाजपा	70	100	596	14
बसपा	29	45	147	02
सपा	45	83	202	-
कांग्रेस	09	17	110	-
निर्दलीय व अन्य	47	193		

12. उत्तर प्रदेश संगठित अपराध नियंत्रण विधेयक, 2017

22 दिसम्बर, 2017 को उत्तर प्रदेश सरकार द्वारा राज्य में गैंगस्टर, माफियाओं और संगठित अपराध पर नकेल कसने के मकसद से बनाए गए 'उत्तर प्रदेश संगठित अपराध नियंत्रण विधेयक' (यूपीकोका) को विधानसभा ने मंजूरी प्रदान की लेकिन विधान परिषद ने इसे प्रवर समिति को भेज दिया। महाराष्ट्र कंट्रोल ऑफ आर्गनाइज्ड क्राइम (मकोका) का अध्ययन कर इस विधेयक को तैयार किया गया है। यूपीकोका विधेयक के अनुसार संगठित अपराधों के जरिए अर्जित की गई संपत्ति को राज्य-सरकार विवेचना के दौरान संबंधित न्यायालय की अनुमति लेकर अपने अधीन कर सकती है, ताकि आपराधिक तत्व उस संपत्ति का लाभ न उठा सकें। मुकदमे में सजा मिलने के बाद संगठित अपराधियों की सम्पत्ति को राज्य सरकार जब्त कर सकती है। कानून के तहत दर्ज मुकदमों की सुनवाई के लिए विशेष अदालत बनेंगी। पूरे प्रदेश में संगठित अपराध करने वाले गिरोह पर नियंत्रण एवं उनकी गतिविधियों की निगरानी के लिए गृह विभाग के प्रमुख सचिव की अध्यक्षता में राज्य स्तरीय संगठित अपराध नियंत्रण प्राधिकरण के गठन का प्रावधान भी किया गया है। यह प्राधिकरण स्वतः संज्ञान लेकर अथवा शिकायत होने पर संगठित अपराधियों की गतिविधियों की छानबीन करेगा तथा इसके लिए प्राधिकरण शासन की कोई भी फाइल देखने के लिये अधिकृत होगा।

13. काशी वन्य क्षेत्र को कार्बन क्रेडिट

- संयुक्त राष्ट्र संघ की संयुक्त राष्ट्र जलवायु परिवर्तन संस्था (UNFCCC) ने 22 नवम्बर, 2017 को काशी वन्य जीव प्रभाग की हरियाली को कार्बन क्रेडिट देने की घोषणा की। काशी स्थित जयमोहनी रेंज के सात एवं नौगढ़ रेंज के तीन इलाकों में कार्बन क्रेडिट के तहत काशी वन्य जीव प्रभाग को बड़ धनराशि प्राप्त होगी। काशी वन्य जीव प्रभाग ने वर्ष 2009 में जायका योजना शुरू की थी, जिसे वर्ष 2017 तक चलाया जाना था। किसानों को समृद्धि प्रदान करने वाली इस योजना के तहत 95 समितियां गठित की गई थीं। योजना के अंतर्गत जंगल के किनारे बसे गांवों में रहने वाले ग्रामीणों को रोजगार देने के लिहाज से सुअर पालन, टमाटर की खेती, मछली पालन, पौधा रोपण आदि कार्य कराए गए थे।

- कार्बन क्रेडिट का अर्थ कार्बन उत्सर्जन को नियंत्रित करने का प्रयास है, जिसे प्रोत्साहित करने के लिए धन से जोड़ दिया गया है। यूएनएफसीसीसी मापदंडों के अनुरूप कार्बन उत्सर्जन की रेटिंग निर्धारित करती है। इसके सापेक्ष संबंधित संस्था द्वारा कार्बन का उत्सर्जन कम दिया गया तो दोनों के बीच के अंतर को कार्बन क्रेडिट कहते हैं। जब कोई भी देश अपने पर्यावरण परिवेश में हानिकारक गैसों की उत्सर्जन क्षमता को कम करता है, तो उसे यूएनएफसीसीसी द्वारा कार्बन क्रेडिट दिया जाता है।

14. ब्लैकबक कंजर्वेशन रिजर्व को मंजूरी

राज्य मंत्रिमंडल ने प्रयागराज के नजदीक ट्रांस-यमुना क्षेत्र के मेजा के जंगलों में लगभग 126 हेक्टेयर क्षेत्र में ब्लैकबक (काला हिरण) कंजर्वेशन रिजर्व को मंजूरी प्रदान की। केवल ब्लैकबक के लिए समर्पित यह भारत का पहला कंजर्वेशन क्षेत्र होगा। उल्लेखनीय है कि इंडियन ब्लैकबक (एनिथोपोल सर्विप्रा) एक मृग है और जीनस एनिलिओप की एकमात्र जीवित प्रजाति है। यह चीता के बाद दुनिया में सबसे तेज जानवर माना जाता है।

15. उत्तरप्रदेश के सबसे बड़े सौर ऊर्जा संयत्र का उद्घाटन

तिथि : 12 मार्च 2018

स्थापना : विजयपुर ग्राम, मिर्जापुर (उत्तरप्रदेश)

उद्घाटन : प्रधानमंत्री मोदी तथा फ्रांस के राष्ट्रपति इमैनुएल मैक्रोन द्वारा।

महत्पवूपर्ण तथ्य :

सौर ऊर्जा संयंत्र की क्षमता	-	75 मेगावाट
अनुमानित लागत	-	528 करोड़ रूपये
विद्युत उत्पादन (प्रतिवर्ष)	-	13 करोड़ यूनिट
संयंत्र की स्थापना	-	फ्रांस की कम्पनी ENGIE ने नवीन एवं नवीकरणीय ऊर्जा मंत्रालय के सौर पार्क योजना के अन्तर्गत स्थापित किया गया।

नोटः नवीन एवं नवीकरणीय ऊर्जा मंत्रालय ने दिसम्बर 2017 में उत्तरप्रदेश में 440 मेगवाट की क्षमता के 4 सौर ऊर्जा पार्कों की स्थापना को स्वीकृति प्रदान की थी। प्रयागराज में 50 मेगावाट तथा जालौन में 40 मेगावाट के सौर ऊर्जा पार्क पहले ही स्थापित किये जा चुके है।

16. रक्षा औद्योगिक गलियारा

तिथि : 12 अगस्त 2018

स्थापना : अलीगढ़ (उत्तरप्रदेश)

उद्घाटन : मुख्यमंत्री आदित्यनाथ योगी तथा केन्द्रीय रक्षामंत्री निर्मला सीता रमन द्वारा।

महत्पवूपर्ण तथ्य : देश में 2 रक्षा औद्योगिक गलियारे बनाये जायेंगे जिसमें देश का पहला रक्षा औद्योगिक गलियारा उत्तर प्रदेश के अलीगढ़ में होगा जो कि अलीगढ़ से आगरा, झांसी, कानपुर और लखनऊ तक इसका विस्तार होगा। दूसरा रक्षा गलियारा तमिलनाडु में निर्मित होगा। इसका उद्देश्य रक्षा क्षेत्र में नवाचार और तकनीक विकास को बढ़ावा देना है।

17. विश्व का सबसे बड़ा मोबाइल मैन्युफैक्चरिंग प्लांट

भारत तथा दक्षिण कोरिया के बीच नोएडा में सैमसंग का नया मोबाइल मैन्युफैक्चरिंग प्लांट स्थापित किया जा रहा है। यह दुनिया का सबसे बड़ा मोबाइल मैन्युफैक्चरिंग प्लांट होंगा जिससे कई सौ लोगों को रोजगार के साथ-साथ मोबाइल इंजीनियरिंग को बढ़ावा मिलेगा तथा भारत वर्ष में मोबाइल की कीमत भी प्रभावित होगी।

18. जीएसटी संग्रहण में उत्तरप्रदेश का दूसरा स्थान

जीएसटी लागू होने के एक वर्ष बाद 7 जुलाई 2018 को जीएसटी संग्रहण की राज्यवार रिपोर्ट प्रस्तु की गयी जिसमें सर्वाधिक कर संग्रहण जीएसटी के माध्यम से महाराष्ट्र ने किया दूसरे स्थान पर उत्तरप्रदेश रहा।

जीएसटी संग्रहण में शीर्ष राज्य :- 1. महराष्ट्र, 2. उत्तरप्रदेश, 3. कर्नाटक, 4. तमिलनाडु, 5. गुजरात

19. योजना/परियोजना

- **सामूहिक विवाह योजना :** उत्तर प्रदेश सरकार ने 4 फरवरी, 2018 को सामूहिक विवाह योजना शुरू की। इस योजना के द्वारा निर्धन परिवारों की लड़कियों के विवाह की व्यवस्था की जाएगी ताकि दहेज प्रथा को रोका जा सके। दहेज प्रथा को हतोत्साहित करने के उद्देश्य से शुरू की गई इस योजना में प्रत्येक शादी के लिए राज्य सरकार द्वारा 35,000 रूपये की सहायता राशि और 3000 रूपये मूल्य का मोबाइल फोन दिया जाएगा।
- **मुख्यमंत्री समग्र ग्राम आवास योजना :** उत्तर प्रदेश सरकार ने आजादी के 70 वर्ष बाद भी विकास से वंचित गावों को विकसित करने के लिए 9 जनवरी, 2018 को मुख्यमंत्री समग्र ग्राम आवास योजना को लागू करने की मंजूरी दी। इसके तहत शहीदों के गांवों तक सड़कें बनाई जाएंगी और उनका नाम गौरव पथ रखा जाएगा। सैनिकों के गांवों को भीइस योजना के तहत विकसित किया जाएगा। इस योजना के तहत संतृप्तीकरण केन्द्र व राज्य की योजनाओं से नहीं हो सकने की स्थितिमें विधायक निधि व अन्य निधियों से भी इसे जोड़ा जाएगा।
- **सौभाग्य योजना :** 17 दिसम्बर, 2017 को उत्तर प्रदेश में उन्नाव के बीघापुर स्थित निराला डिग्री कॉलेज ओसिया से सौभाग्य योजना की शुरूआत मुख्यमंत्री द्वारा की गई। इस योजना के तहत हर घर तक बिजली का कनेक्शन उपलब्ध कराया जाएगा। योजना के तहत 24 घंटे बिजली प्रदान की जाएगी। 25 दिसम्बर, 2017 को पूर्व प्रधानमंत्री अटल बिहारी वाजपेयी के जन्मदिवस पर प्रदेश सरकार द्वारा प्रधानमंत्री सौभग्य योजना के अंतर्गत राज्य के निर्धन परिवारों को नि:शुल्क बिजली कनेक्शन दने के लिए 'प्रकाश है तो विकास है' स्लोगन के साथ योजना का शुभारंभ मथुरा के दो गांवों लोहाबान और गौसाणा से किया गया।
- **द मिलियन फॉरमर्स स्कूल परियोजना :** उत्तर प्रदेश के मुख्यमंत्री योगी आदित्यनाथ ने 5 दिसम्बर, 2017 को 'द मिलियन फॉरमर्स स्कूल' अर्थात् 'किसान पाठशाला' परियोजना का उद्घाटन किया। इस योजना के तहत किसानों को उनकी आय बढ़ाने के लिए शिक्षित एवं जागरूक किया जाएगा। इस पाठशाला के जरिए पहले चरण में मिट्टी के गिरते स्वास्थ्य को सुधारने के साथ सरकार द्वारा शुरू की गई योजनाओं व सुविधाओं के बारे में 10 लाख किसानों को जागरूक किया जाएगा। इस परियोजना के तहत किसानों को हाईटेक खेती करना सिखाया जाएगा। इस योजना की प्राथमिकता किसानों को आईटी सेक्टर से जोड़ना है।
- **एक जिला एक उत्पाद :** उत्तर प्रदेश सरकार विभिन्न जिलों के पारंपरिक उद्योगों को बढ़ावा देने के लिए 'वन डिस्ट्रिक्ट वन प्रोडक्ट' योजना लागू करेगी। इसके तहत विशेष उत्पाद के लिए विशिष्टि स्थान रखने वाले जिलों में संबंधित उद्योगों को बढ़ावा देने के साथ ही उत्पादों के लिए बाजार भी उपलब्ध कराया जाएगा। फिरोजाबाद का कांच, अलीगढ़ के ताले, बनारस की साड़ी, लखनऊ का चिकन उद्योग, भदोही का कालीन और सहारनपुर का लकड़ी उद्योग पूरी दुनिया में मशहूर है।
- **गौरव पथ योजना :** उत्तर प्रदेश के मुख्यमंत्री योगी आदित्यनाथ ने 11 अक्टूबर, 2017 को गौरव पथ नामक सरकारी योजना की शुरूआत की। इस योजना के तहत उत्तर प्रदेश के शहीदों के गांवों को मुख्य मार्ग तक जोड़ा जाएगा।
- **शबरी संकल्प पोषण योजना :** उत्तर प्रदेश सरकार ने राज्य को अगले तीन सालों में कुपोषण से आजादी दिलाने के लिए 23 अक्टूबर, 2017 को शबरी संकल्प योजना की शुरूआत की। इसके तहत प्रथम चरण में राज्य के सर्वाधिक कुपोषित 29 जिलों में बच्चों और महिलाओं को पौष्टिक आहार उपलब्ध कराया जाएगा।
- **प. दीनदयाल उपाध्याय किसान समृद्धि योजना :** मुख्यमंत्री योगी आदित्यनाथ की अध्यक्षता में 8 अगस्त 2017 को प॰ दीनदयाल उपाध्याय किसान समृद्धि योजना वर्ष 2017-18 से 2021-22 तक संचालित करने का निर्णय लिया गया। प्रदेश के बुन्देलखण्ड क्षेत्र के 7 जनपदों को छोड़कर शेष 40 जनपद इस योजना में शामिल है।

- **उत्तरप्रदेश फसल ऋण मोचन योजना :** उत्तरप्रदेश के मुख्यमंत्री योगी आदित्यनाथ ने 17 अगस्त 2017 को उत्तरप्रदेश फसल ऋण मोचन योजना लागू की। इस योजना के तहत राज्य सरकार ने लघु एवं सीमान्त किसानों द्वारा 31 मार्च 2016 तक लिये गये फसली ऋण में 2016-17 में जमा की गयी धनराशि को घटाते हुए 31 मार्च 2017 तक बकाया धनराशि का एक लाख रूपये की सीमा तक ऋण मोचन करने का फैसला लिया गया। इस निर्णय में 86 लाख लघु एवं सीमान्त किसान लाभान्वित होंगे।
- **एक जिला एक उत्पाद योजना :** 24 जनवरी 2018 को उत्तरप्रदेश दिवस के अवसर पर उत्तरप्रदेश सरकार द्वारा इस योजना आ शुभारंभ किया गया। इस योजना का उद्देश्य उत्तरप्रदेश में लघु और मध्यम उद्योगों को बढ़ावा देना और स्वरोजगार को प्रोत्साहित करना है। साथ ही इस योजना के माध्यम से राज्य में स्थानी कौशन विकास को बढ़ावा मिलेगा और स्थानीय वस्तुओं के निर्यात भी अधिक मात्रा में संभव होंगे। इस योजना का क्रियान्वयन **सूक्ष्म लघु और मध्यम उद्यम** तथा **निर्यात प्रोत्साहन विभाग** द्वारा किया जायेगा तथा इस हेतु निर्यात भवन लखनऊ में अलग से एक ODOP प्रकोष्ठ की स्थापना की जायेगी। **महत्वः** इस योजना के सुचारू रूप से लागू हो जाने के बाद राज्य में विगत 5 वर्षों में लगभग 25 लाख बेरोजगारों को रोजगार प्राप्त हो सकेगा। स्थानीय, कारीगरों, उद्यमियों को बढ़ावा देने हेतु अगले 5 वर्षों में 25000 करोड़ रूपये की वित्तीय सहायता दिलाने का प्रस्ताव है, जिससे राज्य में उद्योगों का विकास तथा रोजगार में वृद्धि होगी। 25 लाख लोगों को रोजगार प्राप्त होने के साथ ही प्रदेश की सकल घरेलू उत्पाद में 2 प्रतिशत के वृद्धि की उम्मीद है। इस योजना के माध्यम से सरकार जिलों में फैले छोटे, मझोले और परंपरागत उद्योगों की लुप्त होती पहचान को पूरी दुनिया तक फैला सकेगी। सरकारी सहायता से प्राप्त नई तकनीक की सुविधा होने से उत्पाद की गुणवत्ता बाजार में प्रतिस्पर्धा करने लायक होगी। इससे न सिर्फ जिले व क्षेत्र विशेष तक सीमित उत्पाद एक ब्रांड के रूप में अंतर्राष्ट्रीय स्तर तक पहचान बना पायेंगे, बल्कि यू.पी. की पहचान भी बनेगी। **जिलेवार उत्पादों की सूचीः गोरखपुर**-टेराकोटा, **चिनहट**-चीनी मिट्टी के बर्तन, **मथुरा**-पीतल की मूर्ति, **खुर्जा**-मिट्टी के बर्तन, **मुरादाबाद**-धातु शिल्प, **एटा-घुंघरू एवं घंटी**, **बलिया**-बिंदी, **बरेली, बदायुं, शाहजहाँपुर और कासगंज**-जरी का काम, **पीलीभीत**-बांसुरी, **इटावा**-खाद्य प्रसंस्करण (आलू उत्पाद), **फर्रूखाबाद**-ब्लॉक प्रिन्टिंग, **कन्नौज**-इत्र और चिकन, **रायबरेली**-लकड़ी के शिल्प, **लखीमपुर खीरी**-जनजातीय शिल्प, **अमरोहा**-संगीत वाद्य यंत्र, **मिर्जापुर सोनभद्र और भदोही**-दरी और कालीन **चंदौली मुजफ्फरनगर**-गुड़ उत्पाद, **जौनपुर**-प्रेशर कूकर, **वाराणसी**-रेशम उत्पाद।

20. कुम्भ यूनेस्को की अमूर्त सांस्कृतिक धरोहर सूची में शामिल

1. योग, 2. नौरोज (1 दिसम्बर 2016 में सूची में शामिल किये गये), 3. कुम्भ मेला (7 दिसम्बर 2017 को सूची **में शामिल)**

नोट : महाकुम्भ का आयोजन 12 साल में होता है जबकि प्रयाग और हरिद्वार में प्रत्येक 6 साल बाद अर्द्धकुम्भ का आयोजन होता है। कुम्भ मेले का आयोजन **नासिक के गोदावरी नदी** के किनारे तथा **इलाहाबाद (प्रयाग) गंगा-यमुना तथा सरस्वती नदी के संगम पर** व **हरिद्वार के गंगा नदी के किनारे** तथा **उज्जैन में क्षिप्रा नदी के किनारे** महाकुम्भ का आयोजन होता है।

21. कुंडली-गाजियाबाद-पलवल एक्सप्रेस-वे

- प्रधानमंत्री नरेन्द्र मोदी द्वारा सड़क मार्ग परियोजना कुंडली-गाजियाबाद-पलवन एक्सप्रेस-वे (ईस्टर्न पेरिफेल एक्सप्रेस-वे - लंबाई 135 किमी.) राष्ट्र को समर्पित। (27 मई, 2018)
- वह एक्सप्रेस-वे राष्ट्रीय राजमार्ग 1 और राष्ट्रीय राजमार्ग 2 को जोड़ता है।
- यह भारत का पहला स्मार्ट तथा हरित राजमार्ग है।

- यह देश का पहला एक्सप्रेस-वे है, जिस पर पूर्णतः (135 किमी. तक) सौर बिजली का उपयोग किया गया है।
- इस एक्सप्रेस-वे पर प्रत्येक 500 मीटर की दूरी पर वर्षा जल संचयन की व्यवस्था की गई है, साथ ही वाहनों के गति की जांच हेतु कैमरे लगाए गए हैं, जिससे कि ओवर-स्पीड वाहनों का चालान किया जा सके।
- यह देश का पहला एक्सेस कंट्रोल हाईवे (वाहन जितना सफर करेंगे उतना ही टोल देना होगा) भी है।

22. कैंसर संस्थान एवं अस्पताल, लखनऊ एवं टाटा मेमोरियल सेंटर, मुंबई के मध्य समझौता

- टाटा मेमोरियल सेंटर, मुंबई और सुपर स्पेशियलिटी कैंसर संस्थान एवं अस्पताल, लखनऊ के मध्य समझौता-ज्ञापन पर हस्ताक्षर। (21 मई, 2018)
- समझौता-ज्ञापन के तहत टाटा कैंसर संस्थान मुंबई द्वारा लखनऊ स्थित संस्थान के लिए विश्वस्तरीय एवं आधुनिक चिकित्सा प्रणाली उपलब्ध कराई जाएगी।
- यह संस्थान यहां के विशेषज्ञ डॉक्टरों, नर्सों व अन्य कर्मचारियों को प्रशिक्षित करने के साथ ही तकनीकी एवं प्रक्रियाजन्य अनुभव को भी आदान-प्रदान करेगा।

23. ग्राम चौकीदार का पदनाम परिवर्तित

- उत्तर प्रदेश मंत्रिमंडल की सम्पन्न बैठक में 'ग्राम चौकीदार' का पदनाम परिवर्तित कर 'ग्राम प्रहरी' किये जान का निर्णय। (29 मई, 2018)
- ज्ञातव्य है कि उ.प्र. पुलिस रेगुलेशन के प्रस्तर 89 से 96(क) तक का प्रस्तर 129, 322, 396(3) एवं 476 में 'ग्राम चौकीदार' शब्द का प्रयोग हुआ है।
- मंत्रिमडल के निर्णय के तहत उक्त प्रस्तरों में अब ग्राम चौकीदार के स्थान पर 'ग्राम प्रहरी' लिखा जाएगा।

24. वाराणसी में ग्रीन कॉरीडोर का निर्माण

- भारतीय राष्ट्रीय राजमार्ग प्राधिकरण और भारतीय विमानपत्तन प्राधिकरण के बीच वाराणसी में बाईपास पर हरित गलियारा (Green Corridor) के निर्माण हेतु समझौता-ज्ञापन पर हस्ताक्षर (28 मार्च, 2018)।
- इस समझौते के तहत भारतीय राष्ट्रीय राजमार्ग प्राधिकरण, भारतीय विमानपत्तन प्राधिकरण के सहयोग से वाराणसी पर बाईपास पर (एनएच 56 ओर एनएच 29) 16.55 किमी. तक हरित गलियारे को विकसित करेगा।
- भारतीय विमानपत्तन प्राधिकरण अपनी कॉरपोरेट सामाजिक उत्तरदायित्व (CSR) निधि के तहत 5 वर्षों की अवधि तक इस कॉरीडोर पर वृक्षारोपण तथा उनके रख-रखाव हेतु भारतीय राजमार्ग प्राधिकरण को 5 करोड़ की वित्तीय सहायता प्रदान करेगा।
- दोनों प्राधिकरणों ने 'एडाप्ट ए ग्रीन हाइवे प्रोग्राम' (एक हरित राजमार्ग अपनाओ) के तहत यह साझेदारी की है।

25. उत्तर प्रदेश स्व-वित्तपोषित विद्यालय (शुल्क निर्धारण) अध्यादेश

- उत्तर प्रदेश के राज्यपाल राम नाईक द्वारा राज्य सरकार द्वारा प्रेषित उत्तर प्रदेश स्व-वित्तपोषित विद्यालय (शुल्क निर्धारण) अध्यादेश, 2018 को मंजूरी। (9 अप्रैल, 2018)
- इसका उद्देश्य किसी विद्यालय में शुल्क संग्रह की प्रक्रिया खुली, पारदर्शी और उत्तरदायी बनाना है।
- इसके तहत किसी छात्र को पुस्तकें, जूते, मोजे व यूनीफार्म आदि किसी विशिष्ट दुकान से क्रय करने के लिए बाध्य नहीं किया जाएगा।

26. लखनऊ के सैनिक स्कूल में प्रथम बार छात्राओं को प्रवेश

भारत के सैनिक स्कूलों में अभी तक लड़कों को प्रवेश दिया जाता था, परन्तु उत्तर प्रदेश की राजधानी लखनऊ स्थित सैनिक स्कूल ने शैक्षणिक वर्ष 2018-19 में लड़कियों को प्रवेश देकर एक नई पहल की। इस सत्र में प्रवेश के लिए 15 छात्राओं का चयन किया गया, इसके लिए लगभग 2500 लड़कियों ने आवेदन किया था, इन छात्राओं को नौवीं कक्षा में प्रवेश दिया गया तथा 19 अप्रैल, 2018 से कक्षा में जाना प्रारम्भ किया।

- उत्तर प्रदेश की राजधानी लखनऊ स्थित सैनिक स्कूल सन 1960 ई. में स्थापित हुआ था, यह देश में अपनी तरह का पहला स्कूल था।
- वर्तमान में देश में उक्त के अतिरिक्त अन्य 27 सैनिक स्कूल हैं।
- देश के 27 सैनिक स्कूल केन्द्र सरकार के अधीन संचालित होते हैं, जबकि लखनऊ स्थित सैनिक स्कूल राज्य सरकार के अधीन है।
- लखनऊ सैनिक स्कूल देश का पहला सैनिक स्कूल है, जहाँ के छात्र कैप्टन मनोज कुमार पाण्डेय को परमवीर चक्र से सम्मानित किया गया है।

27. विश्व स्तरीय क्रुज सेवा

- उत्तर प्रदेश के मुख्यमंत्री योगी आदित्यनाथ ने 2 सितम्बर, 2018 को वाराणसी में 'प्रधानमंत्री स्टार्ट अप इंडिया' के तहत विश्वस्तरीय अलकनंदा-काशी क्रुज का लोकापर्ण किया।
- अलकनंदा-काशी क्रुज की सेवा शुरू होने से देश-विदेश के पर्यटक गंगा स्थित दशाश्वमेध घाट की प्रसिद्ध 'गंगा आरती' एवं अस्सी घाट पर आयोजित होने वाले 'सुबह-ए-बनारस' जैसे कार्यक्रमों का आनंद ले सकते हैं।
- दो मंजिला क्रूज 2000 स्क्वायर फीट में बना हुआ है, यह पंचगंगा घाट से अस्सी घाट तक यानी करीब 12 किमी. की यात्रा कराएगा साथ ही इसमें 125 लोग एक साथ सवार हो सकते हैं। क्रुज में दो घंटे के लिए प्रतिव्यक्ति 750 रूपये का किराया तय किया गया है।

28. दंड प्रक्रिया संहिता विधेयक-2018

- 30 अगस्त, 2018 को उत्तर प्रदेश विधान सभा के अग्रिम जमानत के प्रावधान (Anticipatroy Bail Provision) लागू करने के लिए संशोधित विधेयक पारित कर दिया है।
- उल्लेखनीय है कि प्रदेश में वर्ष 1976 के आपातकाल के दौरान अग्रिम जमानत के प्रावधान को समाप्त कर दिया गया था। दंड प्रक्रिया संहिता (उत्तर प्रदेश संशोधन) विधेयक 2018 राज्य में अग्रिम जमानत को मंजूरी देगा। उत्तर प्रदेश में पिछले 4 दशकों से अग्रिम जमानत का प्रावधान नहीं था।
- विधेयक को अंतिम मंजूरी के लिए केन्द्र सरकार के पास भेजा जाएगा क्योंकि यह विधेयक दंड प्रक्रिया संहिता की धारा 438 (अग्रिम जमानत) में उत्तर प्रदेश में संशोधन का प्रस्ताव करता है।
- प्रस्तुत विधेयक में संशोधन यह है कि आरोपी को अग्रिम जमानत के लिए सुनवाई के दौरान उपस्थित रहना अनिवार्य नहीं होगा। उत्तर प्रदेश एवं उत्तराखण्ड राज्यों के अतिरिक्त अन्य सभी राज्यों में अग्रिम जमानत का प्रावधान किया गया है।

29. पांच नए वायुमार्ग

- 12 सितम्बर को उत्तर प्रदेश के मुख्यमंत्री योगी आदित्यनाथ ने राज्य में पांच नए वायुमार्गों पर हवाई सेवाओं की शुरूआत की।
- राज्य के इन पांच वायुमार्गों में शामिल होंगे-1. वाराणसी से कोलकाता, 2. वाराणसी से बेंगलूरू, 3. कानपुर से मुंबई, 4. कानपुर से बेंगलुरू, 5. गोरखपुर से बेंगलुरू।
- उल्लेखनीय है कि इन सभी वायुमार्गों पर यह सेवा जेट एयरलाइंस द्वारा संचालित की जाएगी।

30. सहारनपुर : उत्तर प्रदेश का पहला खुले में शौच से मुक्त मण्डल

- 30 सितम्बर, 2018 को मुख्यमंत्री योगी आदित्यनाथ ने सहारनपुर मण्डल को पूर्ण रूप से खुले में शौच से मुक्त (ODP : Open Defecation Free) मण्डल घोषित किया।
- सहारनपुर मण्डल राज्य का पहला मण्डल है जिसके सभी जिले खुले में शौच से मुक्त ओडीएफ घोषित हो चुके है।
- ओडीएफ के अंतर्गत सहारनपुर में 2.73 लाख से अधिक इज्जत घरों का निर्माण किया गया है, जो राज्य के अन्य जनपदों की तुलना में एक बड़ी उपलब्धि है।

31. पुलिस को सुदृढ़ बनाने के लिए आयोग का गठन

- 21 अक्टूबर, 2018 को उत्तर प्रदेश के मुख्यमंत्री योगी आदित्यनाथ ने राज्य पुलिस बल को सुदृढ़ और आधुनिकीकरण करने के लिए सुझाव देने वाली तीन सदस्यीय आयोग के गठन की घोषणा की।
- स्मृति दिवस के अवसर पर पुलिस को संबोधित करते हुए योगी आदित्यनाथ ने कहा कि 2019 के अंत तक 1.25 लाख कांस्टेबल की नियुक्ति से बेहतर पुलिसिंग की उम्मीद है।
- मुख्यमंत्री ने कहा की राज्य सरकार उन पुलिसकर्मियों के परिवारों के लिए आवश्यक पहल कर रही है, जिन्होंने अपने कर्त्तव्यों का पाल करते हुए अपनी जान गवाई है।

32. ठोस अपशिष्ट प्रबंधन

- 14 अक्टूबर, 2018 को नगर निगम ठोस अपशिष्ट प्रबंधन नियमों के अनुपालन पर पारित पिछले आदेशों को संशोधित करते हुए, राष्ट्रीय ग्रीन ट्रिब्यूनल (एनजीटी) ने उत्तर प्रदेश में नियमों को लागू करने के लिए एक अलग समिति गठित की है। एनजीटी ने उत्तर प्रदेश के लिए एक अलग अपशिष्ट प्रबंधन निकाय का गठन किया है। एनजीटी के अध्यक्ष न्यायमूर्ति आदर्श कुमार गोयल की अध्यक्षता में एक बेंच ने कहा कि पिछले आदेश दिल्ली में नियमों के कार्यान्वयन को शामिल करता है।
- पूर्व इलाहाबाद उच्च न्यायालय के न्यायाधीश न्यायमूर्ति देवी प्रसार सिंह की अध्यक्षता में एक समिति का गठन करते हुए बेंच ने कहा, 'इस तथ्य को ध्यान में रखते हुए कि उत्तर प्रदेश में बड़ी संख्या में स्थानीय निकाय है' यह उचित होगा कि राज्य के लिए एक अलग समिति गठित की जाए।
- एनजीटी की समितियां प्लास्टिक अपशिष्ट प्रबंधन, निर्माण और विध्वंस अपशिष्ट और जैव चिकित्सा अपशिष्ट नियमों के कार्यान्वयन को सुनिश्चित करती है।

33. इलाहाबाद का नाम प्रयागराज

- उत्तर प्रदेश के पवित्र तीर्थ शहर इलाहाबाद का नाम अब प्रयागराज किया गया है। नाम में इस परिवर्तन की मांग पिछले कुछ समय से उठ रही थी। 13 अक्टूबर, 2017 को इलाहाबाद में कुम्भ मेले के आयोजन से जुड़ी मार्गदर्शकमंडल की बैठक में संतों व अन्य गणमान्य लोगों ने मुख्यमंत्री व राज्यपाल के समक्ष पुनः इस मुद्दे को उठाया, जिसे मुख्यमंत्री ने स्वीकार किया तथा राज्यपाल राम नाइक ने भी इसके लिए वहीं सहमति प्रदान की इलाहाबाद के नाम में इस परिवर्तन को समर्थन प्रदान करते हुए मुख्यमंत्री योगी आदित्यनाथ ने कहा कि जहाँ दो नदियों का संगम होता है, उसे प्रयाग कहा जाता है, इसी के चलते उत्तराखण्ड में भी कर्णप्रयाग व रूद्रप्रयाग स्थित हैं, उन्होंने कहा कि हिमालय से निकलने वाली देवतुल्य दो नदियों का संगम इलाहाबाद में होता है और यह तीर्थों का राजा है, ऐसे में इलाहाबाद का नाम प्रयागराज करने को उचित उन्होंने बताया। नाम परिवर्तन के इस प्रस्ताव को प्रदेश मंत्रिमण्डल की 16 अक्टूबर, 2018 की बैठक में मंजूरी प्रदान कर दी गई। राज्यपाल का औपचारिक अनुमोदन उसे 18 अक्टूबर, 2018 को प्रातः हो गय, जिसके साथ ही यह नया नाम प्रभावी हो गया। नाम में परिवर्तन की अधिसूचना सभी विभागों को प्रदेश सरकार ने जारी कर दी है।

- इलाहाबाद का यह पुराना नामकरण मुगल सम्राट अकबर ने 16वीं शताब्दी में किया था इसके नाम में परिवर्तन के पश्चात् प्रदेश के कुछ अन्य शहरों के नामों में परिवर्तन की माँग भी पुनः उठ खड़ी हुई है। इनमें आजमगढ़ का नाम आयमगढ़ करने, फैजाबाद का नाम साकेत करने, अलीगढ़ का नाम हरीगढ़ करने तथा मुजफ्फर नगर का नाम लक्ष्मीनगर करने की माँग शामिल है।

34. उत्तर प्रदेश में 'नन्द बाबा पुरस्कार' प्रदान करने की घोषणा

- उत्तर प्रदेश सरकार ने गाय के दूध उत्पादन को प्रोत्साहित करने के लिए 16 अक्टूबर, 2018 को 'नन्द बाबा पुरस्कार' आरम्भ करने का फैसला लिया। राज्य की कैबिनेट ने इस सन्दर्भ में प्रस्ताव को पारित किया।
- वर्ष 2018-19 में 'नन्द बाबा पुरस्कार' के लिए ₹ 52.01 लाख का बजटीय प्रावधान किया गया हे। इसका उद्देश्य गाय-पालन तथा गाय के दूध की बिक्री को प्रोत्साहित करना है। प्रस्ताव के अनुसार गाय के दूध की अधिक सप्लाई करने वाले किसानों तथा डेयरी फार्म संचालकों 'नन्द बाबा पुरस्कार' देकर सम्मानित किया जाएगा। यह पुरस्कार राज्य, जनपद तथा प्रखण्ड स्तर पर दिया जाएगा।
- राज्य स्तर पर पुरस्कार के लिए ₹ 51 हजार, जनपद स्तर पर ₹ 21 हजार तथा ब्लॉक स्तर पर ₹ 5100 की राशि दी जाएगी। पुरस्कार प्राप्तकर्ता को एक शील्ड तथा प्रमाण-पत्र भी दिया जाएगा। पुरस्कार उन किसानों को दिया जाएगा, जिन्होंने दुग्ध संघ को कम-से-कम 1500 ली. गाय के दूध की बिक्री की हो।

35. अयोध्या में दीपोत्सव कार्यक्रम

अयोध्या में 6 नवम्बर, 2018 को सरयू नदी के तट पर रामकथा पार्क में दीपोत्सव कार्यक्रम संपन्न हुआ। इस अवसर पर दक्षिण कोरिया के राष्ट्रपति मूलन जेई-इन की पत्नी और प्रथम महिला किम जुंग सुक मुख्य अतिथि के रूप में उपस्थित थीं। दीपोत्सव कार्यक्रम में उत्तर प्रदेश के राज्यपाल राम नाईक और मुख्यमंत्री योगी आदित्यनाथ शामिल थे। सरयू नदी के किनारे राम की पैड़ी पर इस बार 3 लाख 1 हजार 52 दिए जलाए गए और एक साथा इतने दीये जलाने के लिए इसे गिनीज बुक ऑफ वर्ल्ड रिकॉर्ड में दर्ज किया गया। इस अवसर पर मुख्यमंत्री योगी आदित्यनाथ ने फैजाबाद जिले का नाम अयोध्या करने की घोषणा की। साथ ही अयोध्या क्षेत्र में बन रहे मेडिकल कॉलेज का नाम राजा दशरथ के नाम पर और अयोध्या में बनने वाले एयरपोर्ट का नाम भगवान श्रीराम के नाम पर करने की घोषणा की। दीपोत्सव कार्यक्रम में रामकथा पर आधारित नृत्य नाटिका का भी प्रदर्शन हुआ। मुख्यमंत्री योगी आदित्यनाथ ने हरिद्वार की तर्ज पर अयोध्या में सरयू नदी को विकसित करने की भी घोषण की।

दीपोत्सव कार्यक्रम से पहले दक्षिण कोरिया की प्रथम महिला किम जुंग सुक ने अयोध्या की राजकुमारी सुरिरत्ना के स्मारक की आधारशिला रखी। इतिहासकारों के अनुसार, 48वीं ईस्वी में अयोध्या की राजकुमारी सुरिरत्ना कोरिया गई थीं, जहां राजकुमार किम सुरो से विवाह के उपरांत उनका नाम हवांग ओके हो गया था।

फैजाबाद के संबंध में: इतिहासकारों के अनुसार फैजाबाद की स्थापना अवध के पहले नवाब सादत अली खां ने 1730 ई. में की थी। उनके उत्तराधिकारी शुजा-उद-दौला ने लगभग 260 वर्ष पहले फैजाबाद को अवध की राजधानी बनाया था। उन्होंने ही सरयू नदी के तट पर 1764 ई. में एक दुर्ग का निर्माण करवाया था। 1775 ई. में अवध की राजधानी को लखनऊ ले जाया गया था। फैजाबाद जिला मुख्यालय से अयोध्या की दूरी मात्र 10 किमी. है।

36. हाशिमपुरा कांड में पीएसी के 16 पूर्व जवानों को उम्रकैद

दिल्ली उच्च न्यायालय ने उत्तर प्रदेश में मेरठ के हाशिमपुरा इलाके में वर्ष 1987 में हुए जनसंहार मामले में एक अल्पसंख्यक समुदाय के 42 लोगों की हत्या के जुर्म में पीएसी के 16 पूर्व जवानों को 31 अक्टूबर, 2018 को उम्रकैद की सजा सुनाई। उच्च न्यायालय ने निचली अदालत द्वारा 21 मार्च, 2015 को दिए गए उस आदेश को निरस्त कर दिया जिसमें आरोपियों को बरी कर दिया गया था। उच्च न्यायालय ने प्रादेशिक आर्म्ड कॉन्स्टेबुलरी (PAC) के 16 पूर्व जवानों को हत्या, अपहरण, आपराधिक साजिश व सबूतों को नष्ट करने का दोषी करार दिया था।

37. बहराइच और खलीलाबाद के बीच नई रेललाइन

केन्द्र सरकार ने उत्तर प्रदेश में बहराइच और खलीलाबाद के बीच नई रेललाइन बनाने को 24 अक्टूबर, 2018 को मंजूरी दे दी। यह रेललाइन भींगा, श्रावस्ती, बलरामपुर, उतरौला, डुमरियागंज, मेहदावल और बंसी से होकर गुजरेगी। इस बड़ी रेललाइन की कुल लंबाई 240.26 किमी. होगी। इस रेल परियोजना की अनुमानित निर्माण लागत 4939.98 करोड़ रूपये है। उत्तर-पूर्वी रेलवे का हिस्सा बनने वाली यह रेल लाइन 2024-25 तक बनकर तैयार होगी। परियोजना से जुड़ी निर्माण गतिविधियों से लगभग 57.67 लाख मानव दिवस के रूप में प्रत्यक्ष रोजगार के अवसर सृजित होंगे। इस ब्राडगेज रेल लाइन के निर्माण से राज्य के पांच जिलों बहराइच, बलरामपुर, श्रावस्ती, सिद्धार्थनगर और संत कबीर नगर को लाभ होगा। जैन धर्म के महत्वपूर्ण पर्यटन स्थल और गौतम बुद्ध के जीवन से जुड़े श्रावस्ती से गुजरने वाली यह रेल लाइन मां दुर्गा के प्रसिद्ध 51 शक्तिपीठों में से एक देवीपाटन मंदिर (तुलसीपुर, बलरामपुर) के लिए भी बेहतर संपर्क सेवा उपलब्ध कराएगी।

38. रायबरेली रेल कारखाने में मेट्रो कोच बनेंगे

केन्द्र सरकार ने 'मेक इन इंडिया' के तहत मेट्रो के कोचों का उत्पादन रेल कोच फैक्टरी, रायबरेली (उत्तर प्रदेश) में करने का 18 अक्टूबर, 2018 को फैसला किया। यहां मॉडर्न कोच फैक्टरी (MCF) के कायाकल्प का काम शुरू किया गया है, जो दिसंबर, 2018 तक पूरा हो जाएगा। एमसीएफ विश्वस्तरीय कारखाना हो जाएगा। यहां मेट्रो टेस्टिंग ट्रैक (एक किमी.), बुलेट टेस्टिंग ट्रैक (5 किमी.), रोबोटिंग मैन्युफैक्चरिंग, टेस्टिंग शेड आदि होंगे। एससीएफ में राज्यों में प्रस्तावित मेट्रो रेल परियोजना को आवश्यकता के अनुसार एल्युमीनियम कोच, स्टीनलेस स्टील कोच आदि का निर्माण करेंगे। यहां निर्मित मेट्रो कोच चीन से आयात होने वाले मेट्रो कोच से न सिर्फ 40 प्रतिशत सस्ते होंगे, बल्कि वाई-फाई सुविधा से लैस होंगे।

39. उत्तर प्रदेश पर्यटन नीति-2018 में संशोधन

उत्तर प्रदेश सरकार ने 10 अक्टूबर, 2018 को 'उत्तर प्रदेश पर्यटन नीति-2018' में संशोधन करने के प्रस्ताव को मंजूरी दी। संशोधित नीति में 10 सर्किटों में नये स्थलों को जोड़ गया है। इन स्थलों में रामायण सर्किट में विजेथुआ महावीरन सुल्तानपुर, बिठुर कानपुर, कृष्ण-ब्रज सर्किट में बलदेव मंदिर मथुरा व महावन मथुरा, बुद्धिस्ट सर्किट में अतरंजी खेड़ा, देवदर महाराजगंज, वाइल्ड लाइफ व इको टूरिज्म सर्किट में सेखा झील अलीगढ़, सूर सरोवर पक्षी विहार आगरा, आमानगढ़ टाइगर रिजर्व बिजनौर, ब्लैक बल कंजर्वेशन मेजा इलाहाबाद, लायन सफारी पार्क इटावा, महाभारत सर्किट में लाक्षागृह हण्डिया, कीचन बध स्थल हमीरपुर, बिदुर कुटी बिजनौर, शक्तिपीठ सर्किट में शीतला चौकियाधाम जौनपुर, मां तरकुलहादेवी धाम गोरखपुर, भृगु आश्रम फतेहपुर, गोल गोकर्ण नाथ मंदिर, खीरी, पवहारी बाबा आश्रम गाजीपुर, कीनाराम आश्रम चंदौली शामिल हैं। इसके साथ ही स्वतंत्रता संग्राम सर्किट बनाकर इसमें मेरठ, शाहजहांपुर व काकोरी लखनऊ को शामिल किया गया है। जैन सर्किट व क्राफ्ट सर्किट को भी पर्यटन से जोड़ा गया है। उत्तर प्रदेश सरकार ने सभी सर्किट की 20 किमी. की परिधि में आने वाले स्थलों को जोड़ने व उनमें विकास के लिए वित्तीय सहायता देने पर भी सहमति जताई है।

40. द उत्तर प्रदेश रियल एस्टेट 2018 विधेयक

उत्तर प्रदेश सरकार ने 10 अक्टूबर, 2018 को 'द उत्तर प्रदेश रियल एस्टेट (रेगुलेशन एंड डेवलपमेंट)-एग्रीमेंट फॉर सेल रूल्स 2018' विधेयकको मंजूरी दे दी। इसके अनुसार फ्लैट की बुकिंग करते समय बिल्डर को खरीददार के साथ एक एग्रीमेंट करना होगा जिसमें स्पष्ट लिखा होगा कि बिल्डर अलग-अलग चार्ज नहीं वसूल सकेंगे। एग्रीमेंट फॉर सेल की प्रमुख बातें निम्नलिखित हैं:-

- बिल्डर बुकिंग राशि 10 प्रतिशत से अधिक नहीं ले सकेंगे।
- आवंटन पत्र में निर्मित क्षेत्र, फ्लोर, ब्लाक, गैराज का विवरण देना होगा।

- प्लाट लेने वालों को इसका नंबर, क्षेत्रफल बताना जरूरी होगा।
- परियोजना में कॉमन एरिया में खुले में पार्किंग का क्षेत्रफल बताना होगा।
- फ्लैट व मकान में कारपेट एरिया के आधार पर कीमत तय की जाएगी।
- आवंटी से गैराज, पार्किंग का पैसा अलग से लिया जाएगा।
- बिल्डर को टैक्स या रख-रखाव चार्ज का पूरा विवरण देना अनिवार्य होगा।
- बुकिंग व पूरी कीमत में जीएसटी व अन्य टैक्स को जोड़ा जाएगा।
- एग्रीमेंट के बाद निर्माण लागत बढ़ने पर बॉयर्स से इसे नहीं वसूला जाएगा।
- बिल्डर अतिरिक्त काम के नाम पर कोई पैसा बॉयर्स से नहीं ले सकेगा।
- एग्रीमेंट में फ्लैट व प्लाट की कीमत किसी भी मूल्य वृद्धि से बाहर होगा।
- प्राधिकरणों द्वारा विकास शुल्क बढ़ाने पर बॉयर्स से नहीं लिया जाएगा।
- बिल्डर ले-आउट या अन्य किसी प्लान में छेड़छाड़ नहीं कर सकेगा।
- निर्माण के बाद बिल्डर को दो माह में कब्जा, तीन माह में रजिस्ट्री करनी होगी।
- सामुदायिक सुविधा पर तय समय में वेलफेयर एसोसिएशन को देना होगा।

41. छह फार्मा पार्क खोलने की योजना

उत्तर प्रदेश सरकार राज्य में छह फार्मा पार्क स्थापित करने की योजना बना रही है। सरकार नोएडा, बुंदेलखंड, गाजियाबाद, गोरखपुर और लखनऊ में छह फार्मा पार्क स्थापित करेगी। सरकार को घरेलू और बहुराष्ट्रीय दवा कंपनियों से लगभग 6000 करोड़ रूपये के निवेश की प्रतिबद्धता अक्टूबर, 2018 तक मिली है। उत्तर प्रदेश पहले से ही औषधि क्षेत्र का बड़ा केन्द्र है। देश में औषधि निर्यात और विनिर्माण में उत्तर प्रदेश की 30 प्रतिशत हिस्सेदारी है।

42. गन्ना किसानों हेतु बजट आवंटित

उत्तर प्रदेश ने राज्य के गन्ना किसानों के बकाये भुगतान के लिए कुल 5535 करोड़ रूपये का बजट 25 सितम्बर, 2018 को आवंटित किया। पेराई सत्र 2017-18 के गन्ना किसानों के बकाया भुगतान के लिए चीनी मिलों को खरीद के सापेक्ष साढ़े सात रूपये प्रति क्विंटल की दर से सरकार 500 करोड़ रूपये की वित्तीय सहायता भी देगी। जबकि 30 प्रतिशत से अधिक बकाये का भुगतान करने वाली चीनी मिलों को पेराई सत्र में देय गन्ना मूल्य एवं अन्य देयकों के संपूर्ण भुगतान के लिए 30 नवम्बर, 2018 की अंतिम तिथि तय की गई है। सरकार के अनुसार पेराई सत्र 2017-18 में राज्य की चीनी मिलों द्वारा क्रय किए गए गन्ना मूल्य का 35454 करोड़ रूपये के सापेक्ष अब तक 24649 करोड़ रूपये गन्ना मूल्य का भुगतान कराया जा चुका है। कुल 10,804 करोड़ रूपये गन्ना मूल्य का भुगतान अभी शेष है।

43. बिजनौर की सल्तनत ने तीन तलाक के खिलाफ देश का पहला केस दर्ज कराया

बिजनौर की मुस्लिम महिला सल्तनत ने अपने पति गुलफाम के खिलाफ मुस्लिम महिला अधिकार संरक्षण कानून के तहत 25 सितम्बर, 2018 को देश का पहला केस दर्ज कराया। बिजनौर के बरूकी निवासी गुलफाम ने 23 सितम्बर, 2018 को थाना कोतवाली देहात के परिसर में ही अपनी पत्नी सल्तनत को 'तीन तलाक' दे दिया था और थाने में ही प्रेमिका तरन्नुम से निकाह कर लिया था। इसके खिलाफ सल्तनत द्वारा दायर मुकदमा संख्या 317/18 मुस्लिम महिलाओं को एक साथ तीन तलाक (तलाक-ए-बिद्दत) देने की प्रथा के खिलाफ 19 सितम्बर, 2018 को अध्यादेश के जरिए आए कानून के तहत तीन तलाक पर कार्रवाई का पहला मामला है।

44. उत्तरप्रदेश : कृषि विशेष (UP : Agriculture Special)

कुल जनसंख्या : 19 करोड़ से अधिक (Census 2011)

कृषि पर निर्भर : कुल जनसंख्या का 2/3 कृषि पर निर्भर

सीमांत किसान : 92.5% किसान जनसंख्या छोटे किसान

उत्तर प्रदेश सरकार के कृषि सम्बन्धित महत्वपूर्ण कदम

	महत्वपूर्ण कदम	राशि	महत्वपूर्ण तथ्य
1.	**ऋण माफी**	36 हजार करोड़	• 86 लाख किसानों के ऋण माफ किये गये है।
2.	**सिंचाई**	198.75 करोड़ रूपये (वर्ष 2018-19 हेतु)	• बागवानी कृषि व गन्ना फसलों में ड्रिप एवं स्प्रिंकलर सिंचाई के लिए अनुदान की व्यवस्था की गई है। लघु एवं सीमान्त किसान को इकाई लागत का 90% तक अन्य किसानों को इकाई लगात का का 80% दिया जायेगा। • सिंचाई की सुविधा के लिए पूरे राज्य में सोलर पम्प स्थापित किए जा रहे हैं, जिसमें अनुदान का प्रावधान किया गया है। 2-3 हॉर्स पावर के सोलर पम्प की स्थापना हेतु 70% अनुदान की व्यवस्था है जबकि 5 हॉर्स पावर के सोलर पम्प की स्थापना हेतु 40% अनुदान की व्यवस्था की गयी है। • उत्तर प्रदेश राज्य की प्रमुख सिंचाई परियोजनाएँ है- मध्य गंगा नहर परियोजना, सरयू नहर परियोजना, बाण नहर परियोजना।
3.	**बीज**	–	• प्रमाणित बीजों पर अनुदान की व्यवस्था
4.	**कृषि विज्ञान केन्द्र**	–	• प्रदेश में अभी तक 69 कृषि विज्ञान केन्द्र स्थापित हैं और 20 नये कृषि विज्ञान केन्द्र स्थापित किये जा रहे हैं।
5.	**गोदामों की स्थापना**	–	• फर्म प्रोड्यूसर्स आर्गेनाइजेशन (FPO) को उत्तर प्रदेश राज्य में गोदामों की स्थापना के लिए प्रोत्साहित किया गया है। जिसके अन्तर्गत एक वर्ष पूर्व रजिस्ट्रेशन कराकर काम करने वाले 100 FPO को राज्य सरकार की ओर से बीजों के 1 प्रोसेसिंग प्लांट और 500 मीट्रिक टन क्षमता के गोदाम की स्थापना करने हेतु प्रति FPO को 60 लाख रूपये के अनुदान की व्यवस्था की है।
6.	**मृदा स्वास्थ्य**	–	• तहसील स्तर पर किसानो को उनकी जमीन की उपज क्षमता की जानकारी देने के लिए सरकार ने मृदा स्वास्थ्य कार्ड योजना प्रारंभ की है। खेत में किन तत्वों की कमी है, उसकी पूर्ति के लिए किसान कितना रासायनिक या जैविक खाद डाले, की जानकारी मृदा स्वास्थ्य कार्ड से प्राप्त की जा सकती है। **नोट:** प्रदेश में अब तक किसानों को 4 करोड़ से अधिक मृदा स्वास्थ्य कार्ड वितरित किए जा चुके हैं।

7.	**किसान पाठशाला**	–	**उद्देश्य :** कृषि की आधुनिक तकनीक व सरकारी योजनाओं की जानकारी किसानों को सुगमता से प्राप्त कराना। **महत्वपूर्ण तथ्य :** किसान पाठशाला अपनी तरह की खास योजना है। इस पाठशाला में किसानों को खेतों में कम से कम रासायनिक खादों का इस्तेमाल करने व खेत की सेहत का ख्याल रखने जैसे महत्वपूर्ण विषयों पर प्रशिक्षण दिया जायेगा। **नोट :** प्रदेश के 53 लाख से अधिक किसानों को कृषि की नवीनतम तकनीक इन किसान पाठशालाओं में सिखायी जा चुकी है।
8.	**बीहड़ बंजर व जल भराव वाली जमीन**	–	प. दीनदयाल उपाध्याय किसान समृद्धि योजना के तहत ग्रामीण क्षेत्रों की बीहड़, बंजर और जलभराव वाली जमीन को सुधारकर खेती योग्य बनाने और उसे किसानों को आवंटित करने का फैसला लिया गया है। **नोट:** यह योजना बुंदेलखण्ड के 7 जिलों को छोड़कर राज्य के अन्य सभी जिलों में लागू है।
9.	**ई-ट्रेडिंग**	–	राष्ट्रीय कृषि बाजार कार्यक्रम के जरिए देश भर की मंडियों को एक दूसरे से इंटरनेट के माध्यम से जोड़ने का अनूठा प्रयोग किया गया है। ई-ट्रेडिंग प्लेटफार्म के जरिए किसानों को बिचौलियों द्वारा काला बाजारी करने वालों से छुटकारा मिल रहा है। राष्ट्रीय कृषि बाजार में फलों, सब्जियों, मसालों, अनाजो, दलहन और तिलहन का व्यापार प्रमुखता से किया जा रहा है तथा अन्य कृषि उत्पादों को भी इस व्यवसाय से जोड़ा जाएगा। इस योजना का उद्देश्य किसानों को उनके उत्पादों का बेहतर मूल्य दिलाना तथा पारदर्शी विपणन की सुविधा दिलाना है।

उत्तरप्रदेश सरकार की महत्वपूर्ण पहले

उत्तरप्रदेश सरकार की महत्वपूर्ण पहले

- 71 लाख किसान क्रेडिट कार्ड का वितरण।
- पहली बार अंतर्राष्ट्रीय स्तर के कृषि कुम्भ का आयोजन।
- गन्ना किसानों को 76 हजार करोड़ रूपये से अधिक गन्ना मूल्य भुगतान।
- 26 वर्षों से लंबित बाण सागर परियोजना का लोकार्पण। इस योजना से 1.50 लाख हेक्टेयर अतिरिक्त सिंचित क्षमता का सृजन होगा और 1 लाख 70 हजार किसान लाभान्वित होंगे।
- अन्य बांध परियोजनाएं- पहाड़ी बांध परियोजना, पथरई बांध परियोजना, जमरार बांध परियोजना, मौदहा बांध परियोजना, पहुंज बांध परियोजना, लहचुरा बांध परियोजना। उक्त योजनाओं के पूर्ण होने से-

  सिंचाई क्षमता : 2 लाख 66 हजार 666 हेक्टेयर

  किसानो को लाभ : 2.35 लाख किसान लाभान्वित
- गांवों एवं खेती किसानी के लिए 18 घंटे बिजली की आपूर्ति।

भाग-2

सामान्य अध्ययन
प्रथम प्रश्न-पत्र

सामान्य अध्ययन मुख्य परीक्षा
मॉडल अभ्यास प्रथम प्रश्न-पत्र 1

कुल अंक : 200 **समयावधि : 3 घण्टे**

खण्ड-1

निर्देश: *निम्नलिखित प्रत्येक प्रश्न का उत्तर 125 शब्दों से अधिक नहीं होना चाहिए। शब्द-विस्तार की अपेक्षा प्रश्नोत्तर की अन्तर्वस्तु अधिक महत्वपूर्ण है। सभी प्रश्नों के अंक समान हैं।*

Instruction: *Answer the following questions in not more than 125 words each. Content of the answers are more important than their length. All questions carry equal marks.* $10 \times 8 = 80$

प्रश्न-1 सागरीय क्षेत्र के जीवीय संसाधनों का किस प्रकार दक्षतापूर्वक प्रबंधन किया जा सकता है? चर्चा करें।

उत्तर : सागरीय जीवीय संसाधनों के दक्ष प्रबन्धन के लिए निम्न बातों को ध्यान में रखना होगा।

संसाधनों का नियंत्रित विदोहन किया जाना चाहिए। इसके लिए यह जानना आवश्यक है कि अजैविक संसाधनों का संचित भण्डार कितना है तथा जीवीय संसाधनों के पुनर्जनन की प्रक्रिया एवं दर क्या है, संसाधनों का दक्ष विदोहन किया जाना चाहिए। इसके लिए यह आवश्यक है कि किसी खास प्रजाति की मछलियों के सकल भण्डार की शुद्ध संख्या ज्ञात होनी चाहिए। इसके लिए कई विधियाँ उपयोग में लायी जा रही हैं—मछली के क्षेत्रों के सर्वेक्षण के लिए 'इको साउण्डर विधि, मछलियों की 'पकड़ सांख्यिकी' मछलियों के शल्क में रिंग वृद्धि के आधार पर उनकी आयु का निध रिण, मछलियों के अण्डा देने के स्थानों (प्रजनन स्थानों) का मानचित्रण एवं उनकी संख्या निर्धारण आदि, भविष्य में मानव एवं पशु आहार के लिए मछलियों की मांग का सही आकलन तथा पूर्वकथन, मछलियों के भण्डारण के लिए कैनिंग, रेफ्रीजरेशन आदि की समुचित व्यवस्था, मत्स्यन की विधियों को दक्ष बनाना आदि।

जैविक संसाधनों के समुचित विदोहन एवं उपयोग के लिए यह आवश्यक है कि वर्तमान क्षेत्रों को अधिकाधिक दक्ष बनाया जाए तथा साथ ही साथ नये सम्भावित क्षेत्रों की खोज की जाए। ऐसे नये क्षेत्रों में खनिजों एवं मछलियों के विषय में समुचित जानकारी (संचित भण्डार, प्राप्यत: तथा नवीकरण की सम्भावना) भी सुलभ होनी चाहिए। सागरीय जीवित संसाधनों के टिकाऊ उपज प्राप्त करने के लिए सागर कृषि, सागर पशुपालन, कतिपय सागरीय जन्तुओं को पालतू बनाना, यथा—डालफिन, सूंस तथा सागर चरागाह के संवर्धन के लिए ठोस एवं कारगर कदम उठाया जाना चाहिए।

प्रश्न-2 भारत में आगामी 25 वर्ष की आवश्यकता पूर्ति के लिए शिला तेल और गैस के पर्याप्त भण्डार हैं। परन्तु इनकी निकासी बहुत सीमित होने के कारण बताइये।

उत्तर : भारत में कई शिला श्रृंखलाएं ऐसी हैं जिनमें शिला-तेल और गैस का संकेत मिलता है। प्रारम्भिक अनुमानों के अनुसार कैम्बे, गोंडवाना, कृष्णा-गोदावरी एवं कावेरी घाटियों में शिला गैस भारी मात्रा में उपस्थित है। वर्तमान अनुमान के अनुसार भारत में 63 खरब घन फुट गैस है, जो आज के उपभोग स्तर की दर से अगले 63 साल तक गैस से चलने वाले वर्तमान बिजली घरों की आवश्यकता की पूर्ति करने के लिए पर्याप्त है। शिला-तेल एवं गैस निकालने के लिए भारत के पास न तो आवश्यक प्रौद्योगिकी है और न ही जल संसाधन। इसके अतिरिक्त यदि जल की उपयुक्त सफाई न की जाए, तो इस प्रक्रिया में प्रयुक्त रसायनयुक्त जल, आसपास के क्षेत्र पर बुरा प्रभाव डाल सकता है।

सीमित मात्रा में शिला तेल एवं गैस निकालने के कारण

1. शिला तेल एवं गैस को निकालने के लिए विशेष प्रकार के कुँओं की आवश्यकता होती है, तथा तेल व गैस उत्पाद की आवश्यकता होती है।
2. इस प्रक्रिया में प्रति कुआं लगभग 30-40 लाख गैलन जल की आवश्यकता होती है।

3. जल का प्रयोग करने के बाद जल को वापस सतह पर बहा दिया जाता है। जिसमें कुल घुले कण एवं अन्य प्रदूषकों की उच्च मात्रा होती है। इसलिए सतह पर वापस बहाने के पहले जल को केन्द्रीय/राज्य भूजल प्राधिकरण के नियमों के अनुसार स्वच्छ बनाना आवश्यक होता है।
4. प्रदूषित जल एवं द्रव्य बहाने से भूमिगत जल के प्रदूषित होने की सम्भावना होती है। इसलिए भूमिगत जल की सुरक्षा आवश्यक होती है।

उक्त कारणों के चलते भारत में शिला तेल एवं गैस निकालने की मात्रा सीमित बनी हुई है।

प्रश्न-3 सिन्धु घाटी सभ्यता की नगरीय आयोजना और संस्कृति ने किस सीमा तक वर्तमान युगीन नगरीकरण को निवेश (इनपुट) प्रदान किए हैं? चर्चा कीजिए।

उत्तर : भारत की सिन्धु घाटी सभ्यता (2350-1750 ई.पू.) अपने नगर नियोजन के लिए प्रसिद्ध रही है। यहां मौजूद आवासीय एवं नगरीय योजना में लगभग एक ही प्रकार के निर्माण सामग्री से बने यहां के भवन वैसे ही प्रतीत होते हैं जैसा कि आज के नियोजित नगरों में निर्माण पाया जाता है, फर्क सिर्फ उनके क्षेत्रफल में है जो आर्थिक भिन्नता के प्रतीक हैं। मोहनजोदड़ो, हड़प्पा कालीबंगा, धौलावीरा, रोपड़, लोथल आदि नगरों से प्राप्त अवशेषों से अनुमान लगाया जाता है कि वहां आज की तरह ही कोई नगर नियोजन विभाग रहा होगा। सभी मकानों के आंगन, कमरे, रसोई, स्नान घर एक ही प्रकार के तथा एक ही ओर बने हैं। स्नान गृह सड़क के किनारे होता था। ताकि उससे गंदा पानी सड़क की नाली में सरलता से चला जाए और घर में सीलन पैदा न करे। इस नीति का आज भी गृह निर्माण में प्रयोग किया जाता है।

उल्लेखनीय है कि सिंधु घाटी सभ्यता भारत की प्रथम सभ्यता है जहां भवन निर्माण में पक्के और समान आकार-प्रकार के ईंटों का प्रयोग किया गया। मकान एक और दो मंजिल के होते थे। नगर के बीच में सार्वजनिक स्नानागार मिले हैं। सड़कें एकदम सीधी और एक दूसरे को समकोण पर काटती हैं। भारत के तमाम बड़े शहर आज भी इसी नक्शे पर दिखाई देते हैं, जिनमें सर्वाधिक महत्वपूर्ण हैं- चण्डीगढ़। यह भी दृष्टव्य है कि सिंधु घाटी सभ्यता के अतिरिक्त भारत की अन्य सभ्यताओं में ईंटों का इतनी संख्या में प्रयोग नहीं मिलता, जैसा कि आज होता है। वैदिक काल के भवन कच्ची मिट्टी एवं फूस के बने होते थे, जबकि मौर्यकालीन वास्तुकला में ईंट की जगह लकड़ियों का प्रचुर मात्रा में प्रयोग मिलता है। स्पष्ट है वर्तमानयुगीन नगरीकरण में सर्वाधिक निवेश (इनपुट) सिंधु घाटी सभ्यता से ही प्राप्त हुआ प्रतीत होता है।

प्रश्न-4 गांधार मूर्तिकला रोमनवासियों की उतनी ही ऋणी थी जितनी कि वह यूनानियों की थी। स्पष्ट कीजिए।

उत्तर : गांधार क्षेत्र सिंध, काबुल और स्वात नदियों की घाटियों से घिरा प्रदेश था। सिकन्दर के आक्रमण और उसके पश्चात भारत के इस सीमांत क्षेत्र में भारतीय और यूनानी राज्यों के मध्य राजनीतिक, सांस्कृतिक व व्यापारिक संबंध कायम हुए। आगे चलकर डेमेट्रियस, मिनाण्डर आदि यूनानी शासक यहां लगभग दो सौ वर्षों तक रहे। इस दौरान सीमांत क्षेत्र में मूर्तिकला की एक नई विधा सामने आई, जिसे गांधार शैली कहते हैं। गांधार क्षेत्र पर लगभग दो सौ वर्षों तक फारसी सम्राटों का आधिपत्य रहा।

गांधार कला पर विदेशी प्रभावों को लेकर विद्वानों में मतभेद हैं। कुछ विद्वान यहां की पारसी कृतियों में रोमन प्रभाव देखते हैं जबकि कुछ अन्य को यूनानी प्रभाव दिखाई देता है। पर्सी ब्राउन जैसे कुछ विद्वान जहां इसे यूनानी प्रभाव की उत्पत्ति मानते हैं, वहीं बेन्जामिन रोलैण्ड आदि अनेक विद्वानों का मत है कि यह रोमन कला के अधिक निकट है। इनके अनुसार प्रथम बुद्ध प्रतिमा रोमन सम्राट आगस्टस की मूर्ति की नकल करते हुए निर्मित हुई। बावजूद इस पर अधिसंख्य विद्वानों का यही विचार है कि गांधार शैली यूनानी, रोमन और भारतीय कला की मिश्रित शैली है। इस कला का समय ईसा पूर्व से पांच सौ ईसवी तक मौजूद रहा। इसमें भगवान बुद्ध की मूर्ति को अपोलो के समान बनाया गया। मूर्तियों के कपड़े यूनानी ढंग के हैं। कपड़ों की सिलवटें, पारदर्शक वस्त्र, स्त्रियों के बाल बांधने के ढंग आदि बौद्ध धार्मिक भावनाओं और विश्वासों की अभिव्यक्ति, भावभंगिमाएं यूनानी शैली में हैं। गांधार के आसपास से मिली बौद्ध मूर्तियों, रोमन भित्ति स्तम्भों तथा भारतीय स्तूप के स्तम्भों के बीच की जान पड़ती है। पेशावर के आसपास बौद्ध स्तूपों, मूर्तियों के निर्माण में यूनानी एवं रोमन दोनों शैलियों का प्रभाव दिखता है।

यूनानी प्रभाव के कारण गांधार शैली की प्रवृत्ति मानव शरीर के यथार्थ चित्रण की ओर थी, जिसमें अंग-प्रत्यंग, मांसपेशियों की एक ही हड्डी-पसली, मूछों आदि के सूक्ष्म प्रदर्शन पर विशेष ध्यान दिया गया था। नासिकाएं यूनानी तर्ज पर सीधी और उन्नत हैं। इस शैली में बनी बुद्ध की कुछ प्रतिमाएं यूनानी देवता अपोलो की भांति लगती हैं।

इस शैली के विषय में अनेक विद्वानों का मानना है कि इस तरह की मूर्तियों के निर्माण में यूनानी एवं रोमन सोच ने काम किया। इन उपलब्धियों में अनेक यूरोपीय विद्वानों का मत है कि यूनानी व रोमन संस्कृति ने भारतीय संस्कृति को अत्यधिक प्रभावित किया है। गांधार क्षेत्र चूँकि यूनान, रोम और भारत के मध्य संगम पर स्थित था, इसलिए यहां उत्पन्न मूर्तिकला पर तीनों संस्कृतियों का प्रभाव दिखाई देता है।

प्रश्न-5 प्रवास के परिणामों की चर्चा करें।

उत्तर : प्रवास, क्षेत्र पर अवसरों के असमान वितरण के कारण होता है। लोगों में कम अवसरों और कम सुरक्षा वाले स्थान से अधिक अवसरों और बेहतर सुरक्षा वाले स्थान की ओर जाने की प्रवृत्ति होती है। बदले में यह प्रवास के उद्गम और गतव्य क्षेत्रों के लिए लाभ और हानि दोनों उत्पन्न करता है। परिणामों को आर्थिक, सामाजिक, सांस्कृतिक, राजनीतिक और जनांकिकीय संदर्भो में देखा जा सकता है।

उद्गम प्रदेश के लिए मुख्य लाभ प्रवासियों द्वारा भेजी गई हुंडी हैं। अंतर्राष्ट्रीय प्रवासियों द्वारा भेजी गई हुडियॉ विदेशी विनिमय के प्रमुख स्रोत में से एक है। सन् 2002 में भारत ने अंतर्राष्ट्रीय प्रवासियों से हुंडियों के रूप में 110 अरब अमेरिकी डॉलर प्राप्त किए। पंजाब, केरल और तमिलनाडु अपने अंतर्राष्ट्रीय प्रवासियों से महत्त्वपूर्ण द्वारा भेजी गई हुंडियों की राशि बहुत थोड़ी है, किंतु यह उद्गम क्षेत्र की आर्थिक वृद्धि में महत्त्वपूर्ण भूमिका निभाती है। हुंडियों का प्रयोग मुख्यत: भोजन, ऋणों की अदायगी, उपचार, विवाहों, बच्चों की शिक्षा, कृषीय निवेश, गृह-निर्माण इत्यादि के लिए किया जाता है। बिहार, उत्तर प्रदेश, उड़ीसा, आंध्र प्रदेश, हिमाचल प्रदेश, इत्यादि के हजारों निर्धन गॉवों की अर्थव्यवस्था के लिए ये हुंडियॉ जीवनदायक रक्त का काम करती हैं। पूर्वी उत्तर प्रदेश, बिहार, मध्य प्रदेश और उड़ीसा के ग्रामीण क्षेत्रों में पंजाब, हरियाणा, पश्चिमी उत्तर प्रदेश के ग्रामीण क्षेत्रों में प्रवास कृषि विकास के लिए उनकी हरित-प्रक्रिया कार्ययोजना की सफलता के लिए उत्तरदायी है। इसके अतिरिक्त अनियंत्रित प्रवास ने भारत के महानगरों को अति संकुचित कर दिया है। महाराष्ट्र, गुजरात, कर्नाटक, तमिलनाडु और दिल्ली जैसे औद्योगिक दृष्टि से विकसित राज्यों में गंदी बस्तियों (स्लम) का विकास देश में अनियत्रित प्रवास का नकारात्मक परिणाम है।

प्रश्न-6 प्रादेशिकता क्या है? इसने भारतीय राजनीति को किस प्रकार प्रभावित किया है?

उत्तर : यह भूमि पुत्र का सिद्धांत है, जिसके अनुसार प्रतिनिधित्व के लिए स्थानीयता, जन्म, निवास, सेवा को महत्व दिया जाता है।

- भारतीय संविधान में एकल नागरिकता का प्रावधान स्थानीयता के सिद्धांत का विरोधी है।
- प्रतिनिधित्व के संबंध में इस विवाद को राज्यसभा के चुनाव से जोड़कर देखा जाता है, जहां आयातित प्रत्याशियों का दलीय प्रभाव के कारण चुनाव हो जाता है।
- प्रादेशिकता की नीति को निर्वाचन में शामिल करने पर क्षेत्रवादी भावना का विकास संभव है। दूसरी ओर इस सिद्धांत को मान्यता न देने पर स्थानीय समस्याओं के जानकार नीति निर्माण के केंद्र तक नहीं पहुंच पाते हैं।

प्रश्न-7 कैबिनेट मिशन प्लान भारत विभाजन के लिए उत्तरदायी है। समीक्षा।

उत्तर : विभिन्न ऐतिहासिक परिस्थितियों के साथ कैबिनेट मिशन प्लान भारत विभाजन के लिए उत्तरदायी है।

कैबिनेट मिशन प्लान में समूहीकरण की योजना को 2 तरीकों से समझाया गया-

1. कई रियासत या ब्रिटिश भारत के प्रांत मिलकर संघ में शक्ति हो सकते हैं। (यह व्याख्या भारत विभाजन हेतु उत्तरदायी नहीं है।)
2. समूहीकरण का दूसरा यह अर्थ लगाया गया कि देशी रियासत और ब्रिटिश भारत के प्रांत मिलकर भारतीय संघ से अलग एक संघ बना सकते हैं। (यह व्याख्या भारत विभाजन हेतु उत्तरदायी है।)
3. ब्रिटिश सरकार ने राष्ट्रीय आत्म निर्णय एवं लोकतंत्र को आधार मानते हुए ऐसी व्यवस्था की, जबकि उनका निहित स्वार्थ भारतीय उप-महाद्वीप को विभाजित स्वरूप में देखना था।

दूसरी व्याख्या को मुस्लिम लीग ने स्वीकार किया और इससे विभाजन को बढ़ावा मिला, जबकि ऐतिहासिक, सामाजिक, भौगोलिक एवं साम्प्रदायिक कारकों ने भी इसमें योगदान दिया।

प्रश्न-8. महात्मा गाँधी भारतीय राजनीति के मध्यम-मार्गी दृष्टिकोण का प्रतिनिधित्व करते हैं। तर्क पूर्ण व्याख्या कीजिए।

उत्तर : गांधी जी साध्य एवं साधना में विश्वास करते हुए किसी भी अति की वर्जना करते थे। साथ ही वह उसकी न्यूनता को भी गलत मानते थे। अर्थात् अति एवं न्यूनता के बीच की स्थिति ही गांधी जी का मध्यम मार्ग था, जो निम्न में परिलक्षित है:-

1. सामाजिक - निम्नवर्ग का उत्थान, छुआछूत, भेद-भाव विरोध
2. आर्थिक - पूँजीवाद को पूर्णतः न अपनाना + कुटीर उद्योगों को भी बढ़ावा
3. राजनैतिक - उदारवाद एवं उग्रवाद में समन्वय
4. धार्मिक - सभी धर्मों को महत्व (सर्व धर्म सम्भाव की भावना)

प्रश्न-9. सरदार वल्लभभाई पटेल की भारतीय रियासतों के विलयीकरण में भूमिका को स्पष्ट कीजिए।

उत्तर : स्वतंत्रता के समय भारत में लगभग 560 देशी रियासते थीं। सरदार बल्लभ भाई पटेल ने अपनी व्यापक सूझबूझ एवं दूरदर्शी नेतृत्व से इन रियासतों का विलय एक भी बूंद खून बहाये बिना भारत में कराया। इसमें इनकी निम्न भूमिका परिलक्षित होती है-

हैदराबाद के विलयीकरण में: हैदराबाद रियासत भौगोलिक समीपता के आधार पर भारत में पूर्णतः स्थित थी, लेकिन उसका शासक पाकिस्तान में मिलने के पक्ष में था।

- पटेल ने 'आपरेशन पोलो' के द्वारा सैन्य कार्यवाही से हैदराबाद को भारत में विलय कराने में सफल रहे।

जूनागढ़ का विलयीकरण: जूनागढ़ भौगोलिक समीपता के आधार पर भारत-पाकिस्तान दोनों के समीप था। यहाँ का शासक पाकिस्तान में मिलने का पक्षधर था। लेकिन जनता भारत में ही रहना चाहती थी।

- इसको भाँपते हुए पटेल जी ने यहाँ जनमत संग्रह का निश्चय किया तथा जनमत संग्रह के आधार पर भारत में इसका विलय कराया।

जम्मू-कश्मीर का विलयीकरण: जम्मू एवं कश्मीर की भौगोलिक समीपता भी भारत-पाकिस्तान दोनों के करीब थी। यहाँ के राजा स्वतंत्र सत्ता चाहते थे, लेकिन 1948 में पाकिस्तान के कबिलाई हमले में उन्होंने भारत द्वारा रखे गए विलय पत्र पर हस्ताक्षर कर भारत में पूर्ण विलय का सुनिश्चयन किया, जिसमें पटेल की भूमिका महत्वपूर्ण थी।

प्रश्न-10. विश्व शांति स्थापना में बौद्ध साहित्य की भूमिका का वर्णन कीजिए।

उत्तर : विश्व शांति स्थापना में बौद्ध साहित्य-जातक, पिटक एवं निकाय इत्यादि की महत्वपूर्ण भूमिका निम्न रूप में परिलक्षित होती है।

- जातक बुद्ध के पूर्व जन्मों का कथानक है। इससे धार्मिक के साथ-साथ सामाजिक, आर्थिक एवं राजनैतिक तथा सांस्कृतिक जीवन से सम्बंधित सामान्य जानकारी मिलती है।
- पिटकों में सुत्तपिटक, विनय पिटक एवं अभिधम्म पिटक, जिन्हें त्रिपिटक कहा जाता है, में बुद्ध दर्शन नियम एवं आचरण से सम्बन्धित जानकारियों का संकलन है। जिसमें व्यक्ति के आचरण से लेकर उसके दृष्टिकोण तक को बताया गया जैसे- आचरण के सम्बन्ध में- अहिंसा, अस्तेय, अपरिग्रह, ब्रह्मचर्य। इसको धारण कर वैश्विक शांति स्थापित की जा सकती है।

वर्तमान में बढ़ते स्वार्थवाद, उपभोक्तावाद, असहिष्णुता, विद्वेष एवं धनलोलुपता को बौद्ध साहित्य में वर्णित नियमों एवं विनियमों से निपटा जा सकता है। इससे सामाजिक समन्वय, प्रेम, दया एवं करूणा का भाव समाज में भरा जा सकता है, जो वैश्विक शांति स्थापना में महत्वपूर्ण है।

खण्ड-2

निर्देश: *निम्नलिखित प्रत्येक प्रश्न का उत्तर 200 शब्दों से अधिक नहीं होना चाहिए। शब्द-विस्तार की अपेक्षा प्रश्नोत्तर की अन्तर्वस्तु अधिक महत्वपूर्ण है। सभी प्रश्नों के अंक समान हैं।*

Instruction: *Answer the following questions in not more than 200 words each. Content of the answers are more important than their length. All questions carry equal marks. 12×10 = 120*

प्रश्न-1. 200 वर्षों के ब्रिटिश शासन ने भारतीय अर्थव्यवस्था के मेरूदण्ड को क्षतिग्रस्त कर दिया था। व्याख्या कीजिए।

उत्तर: सन् 1857 के पहले ही यूरोप में औद्योगिक क्रांति हो चुकी थी। इस क्रांति में इंग्लैंड सबका अगुआ था, क्योंकि उसको बहुत-सी ऐसी सुविधाएं थीं जो अन्य देशों को प्राप्त नहीं थी। इंग्लैंड ने ही वाष्प यंत्र का अविष्कार किया। भारत के व्यापार से इंग्लैंड की पूंजी बहुत बढ़ गई थी। उसके पास लोहे और कोयले की इफरात थी। कुशल कारीगरों की भी कमी न थी। इन नानाविधि कारणों से इंग्लैंड इस क्रांति में अग्रणी बना। इंग्लैंड के उत्तरी हिस्से में जहां लोहा तथा कोयला निकलता था वहाँ कल कारखाने स्थापित होने लगे। कारखानों के पास शहर बसने लगे। इंग्लैंड के घरेलू उद्योग-धंधे नष्ट हो गए। मशीनों से बड़े पैमाने पर माल तैयार होने लगा। इस माल की खपत यूरोप के अन्य देशों में होने लगी। देखा-देखी यूरोप के अन्य देशों में भी मशीन के युग का आरंभ हुआ। ज्यों-ज्यों यूरोप के अन्य देशों में नई प्रथा के अनुसार उद्योग व्यवसाय की वृद्धि होने लगी, त्यों-त्यों इंग्लैंड को अपने माल के लिए यूरोप के बाहर बाजार तलाश करने की आवश्यकता प्रतीत होने लगी। भारतवर्ष इंग्लैंड के अधीन था, इसलिए राजनीतिक शक्ति के सहारे भारत वर्ष को सुगमता के साथ अंग्रेजी माल का एक अच्छा-खासा बाजार बना दिया गया। अंग्रेजी शिक्षा के कारण धीरे-धीरे लोगों की अभिरूचि बदल रही थी। यूरोपीय वेशभूषा और यूरोपीय रहन-सहन अंग्रेजी शिक्षित वर्ग को प्रलोभित करने लगा। भारत एक सभ्य देश था, इसलिए यहाँ अंग्रेजी माल की खपत में वह कठिनाई नहीं प्रतीत हुई जो अफ्रीका के असभ्य या अर्द्धसभ्य प्रदेशों में अनुभूत हुई थी। सबसे पहले इस नवीन नीति का प्रभाव भारत के वस्त्र व्यापार पर पड़ा। मशीन से तैयार किए हुए माल का मुकाबला करना करघों पर तैयार किए हुए माल के लिए असंभव था। धीरे-धीरे भारत की विविध कलाएं और उद्योग नष्ट होने लगे। भारत के भीतरी प्रदेशों में दूर-दूर माल पहुंचाने के लिए जगह-जगह रेल की सड़कें निकाली गई। भारत के प्रधान बंदरगाह कलकत्ता, बंबई और मद्रास भारत के बड़े-बड़े नगरों से संबद्ध कर दिए गए। व्यापार की सुविधा की दृष्टि से डलहौजी के समय में पहली रेललाइन बनी थीं। इंग्लैंड को भारत के कच्चे माल की आवश्यकता थी। जो कच्चा माल इन बंदरगाहों को रवाना किया जाता था, उस पर रेल का महसूल रियायती था। आंतरिक व्यापार की वृद्धि की सर्वथा उपेक्षा की जाती थी।

इस नीति के अनुसार इंग्लैंड को यह अभीष्ट न था कि नए-नए आविष्कारों से लाभ उठाकर भारतवर्ष के उद्योग व्यवसाय का नवीन पद्धति से पुन: संगठन किया जाए। वह भारत को कृषि प्रधान देश ही बनाए रखना चाहता था, जिसमें भारत से उसे हर तरह का कच्चा माल मिले और उसका तैयार किया माल भारत खरीदे। जब कभी भारतीय सरकार ने देशी व्यवसाय को प्रोत्साहन देने का निश्चय किया, तब तब इंग्लैंड की सरकार ने उसके इस निश्चय का विरोध किया और उसको हर प्रकार से निरूत्साहित किया। जब भारत में कपड़े की मिलें खुलने लगीं और भारतीय सरकार को इंग्लैंड से आनेवाले कपड़े पर चुंगी लगाने की आवश्यकता हुई, तब इस चुंगी का लंकाशयर ने घोर विरोध किया और जब उन्होंने यह देखा कि हमारी वह बात मानी न जाएगी तो उन्होंने भारत सरकार को इस बात पर विवश किया कि भारतीय मिल में तैयार हुए कपड़े पर भी चुंगी लगाई जाए, जिसमें देशी मिलों के लिए प्रतिस्पर्द्धा करना संभव न हो। इससे भारतीय अर्थव्यवस्था के मेरूदंड कुटीर उद्योग एवं कृषक बुरी तरह से प्रभावित हुए।

प्रश्न-2. द्वितीय विश्व युद्ध को अवश्यम्भावी बनाने में हिटलर की भूमिका की विवेचना कीजिए।

उत्तर: 1981 ई. में उन्होंने नाजी दल की स्थापना की। इसका उद्देश्य साम्यवादियों और यहूदियों से सब अधिकार छीनना था। इसके सदस्यों में देशप्रेम कूट-कूटकर भरा था। इस दल ने यहूदियों को प्रथम विश्व युद्ध की हार के लिए दोषी ठहराया। आर्थिक स्थिति खराब होने के कारण जब नाजी दल के नेता हिटलर ने अपने ओजस्वी भाषणों में उसे ठीक करने का आवश्वासन दिया तो अनेक जर्मन इस दल के सदस्य हो गए। हिटलर ने भूमि सुधार करने, वर्साई संधि को समाप्त

करने और एक विशाल जर्मन साम्राज्य की स्थापना का लक्ष्य जनता के सामने रखा जिससे जर्मन लोग सुख से रह सकें। इस प्रकार 1922 ई. में हिटलर एक प्रभावशाली व्यक्ति हो गए। उन्होंने स्वस्तिक को अपने दल का चिह्न बनाया जो कि हिन्दुओं का शुभ चिह्न है। समाचार पत्रों के द्वारा हिटलर ने अपने दल के सिद्धांतों का प्रचार जनता में किया। भूरे रंग की पोशाक पहने सैनिकों की टुकड़ी तैयार की गई। 1923 ई. में हिटलर ने जर्मन सरकार को उखाड़ फेंकने का प्रयत्न किया। इसमें वे असफल रहे और जेलखाने में डाल दिए गए। वहीं उन्होंनं मीन कैम्फ **(मेरा संघर्ष)** नामक अपनी आत्मकथा लिखी। इसमें नाजी दल के सिद्धांतों का विवेचन किया। उन्होंने लिखा कि आर्य जाति सभी जातियों से श्रेष्ठ है और जर्मन आर्य हैं। उन्हें विश्व का नेतृत्व करना चाहिए। यहूदी सदा से संस्कृति में रोड़ा अटकाते आए हैं। जर्मन लोगों को साम्राज्यविस्तार का पूर्ण अधिकार है। फ्रांस और रूस से लड़कर उन्हें जीवित रहने के लिए भूमि प्राप्ति करनी चाहिए।

1930-32 में जर्मनी में बेरोजगारी बहुत बढ़ गई। संसद में नाजी दल के सदस्यों की संख्या 230 हो गई। 1932 के चुनाव में हिटलर को राष्ट्रपति के चुनाव में सफलता नहीं मिली। जर्मनी की आर्थिक दशा बिगड़ती गई। 1933 में चांसलर बनते ही हिटलर ने जर्मन संसद को भंग कर दिया, साम्यवादी दल को गैरकानूनी घोषित कर दिया और राष्ट्र को स्वावलंबी बनने के लिए ललकारा। हिटलर ने डॉ. जोज़ेफ गोयबल्स को अपना प्रचारमंत्री नियुक्त किया। नाजी दल के विरोधी व्यक्तियों को जेलखानों में डाल दिया गया। कार्यकारिणी और कानून बनाने की सारी शक्तियाँ हिटलर ने अपने हाथों में ले ली। 1934 में उन्होंने अपने को सर्वोच्च न्यायाधीश घोषित कर दिया। उसी वर्ष हिंडनबर्ग की मृत्यु के पश्चात् वे राष्ट्रपति भी बन बैठे। नाजी दल का आतंक जनजीवन के प्रत्येक क्षेत्र में छा गया। 1933 से 1938 तक लाखों यहुदियों की हत्या कर दी गई। नवयुवकों में राष्ट्रपति के आदेशों का पूर्ण रूप से पालन करने की भावना भर दी गई और जर्मन जाति का भाग्य सुधारने के लिए सारी शक्ति हिटलर ने अपने हाथ में ले ली। हिटलर ने 1933 में राष्ट्रसंघ को छोड़ दिया और भावी युद्ध को ध्यान में रखकर जर्मनी की सैन्य शक्ति बढ़ाना प्रारंभ कर दिया। प्रायः सारी जर्मन जाति को सैनिक प्रशिक्षण दिया गया।

1934 में जर्मनी और पोलैंड के बीच एक-दूसरे पर आक्रमण न करने की संधि हुई। उसी वर्ष आस्ट्रिया के नाजी दल ने वहाँ के चांसलर डॉलफस का वध कर दिया। जर्मनी की इस आक्रामक नीति से डरकर रूस, फ्रांस, चेकोस्लोवाकिया, इटली आदि देशों ने अपनी सुरक्षा के लिए पारस्परिक संधियाँ कीं।

हिटलर ने वर्साई की संधि को भंग करके अपनी सेनाएँ फ्रांस से पूर्व में राइन नदी के प्रदेश पर अधिकार करने के लिए भेज दीं। 1937 में जर्मनी ने इटली से संधि की और उसी वर्ष आस्ट्रिया पर अधिकार कर लिया। हिटलर ने फिर चेकोस्लोवाकिया के उन प्रदेशों को लेने की इच्छा की जिनके अधिकतर निवासी जर्मन थे। ब्रिटेन, फ्रांस और इटली ने हिटलर को संतुष्ट करने के लिए म्यूनिक के समझौते से चेकोस्लोवाकिया को इन प्रदेशों को हिटलर को देने के लिए विवश किया। 1939 में हिटलर ने चेकोस्लोवाकिया के शेष भाग पर भी अधिकार कर लिया। फिर हिटलर ने रूस से संधि करके पोलैंड का पूर्वी भाग उसे दे दिया और पोलैंड के पश्चिमी भाग पर उसकी सेनाओं ने अधिकार कर लिया। ब्रिटेन ने पोलैंड की रक्षा के लिए अपनी सेनाएँ भेजीं। इस प्रकार द्वितीव विश्व युद्ध प्रारंभ हुआ। फ्रांस की पराजय के पश्चात् हिटलर ने मुसोलिनी से संधि करके रूम सागर पर अपना अधिपत्य स्थापित करने का विचार किया। इसके पश्चात् जर्मनी ने रूस पर आक्रमण किया।

प्रश्न-3. 1857 का विद्रोह भारतीय इतिहास में एक निर्णायक मोड़ था। विश्लेषण कीजिए।

उत्तर: 1857 का विद्रोह भारतीय इतिहास में एक निर्णायक मोड़ था क्योंकि अंग्रेजी शासन के स्थापना वर्ष 1757 के ठीक सौ वर्ष बाद 1857 में उत्तरी भारत की जनता ने विदेशी शासन के विरूद्ध एक महान विद्रोह किया। इस विद्रोह का प्रारम्भ ब्रिटिश ईस्ट इण्डिया कम्पनी के भारतीय सैनिकों के गदर से हुआ। 1857 में प्लासी के युद्ध के 100 वर्ष पूर्ण होने थे। इस अवसर पर ब्रिटिश राज को समाप्त कर देने की छिटपुट योजनायें बनने लगी थीं। परन्तु कोई संगठित योजना अभी तक नहीं बन सकी थी। पिछले कुछ वर्षों से यह आम धारणा बनने लगी थी कि कम्पनी सरकार हिन्दू और मुसलमान दोनों को ईसाई बनाना चाहती थी। इसके कारण सैनिकों में एक आक्रोश व्याप्त था। इसी मध्य अंग्रेजों ने नये-नये

अविष्कृत, एनफिल्ड राईफलों के लिए एक नये प्रकार का कारतूस प्रयोग करना आरम्भ किया। चूँकि प्रयोग करते समय इसे मुँह से खोलना पड़ता था, इसने हिन्दू और मुस्लिम दोनों धर्मों के सैनिकों के आक्रोश को विस्फोट में बदल दिया। 26 फरवरी, 1857 को कलकत्ता से 120 मील दूर स्थित बरहामपुर की 19 वीं देशी सैनिक टुकड़ी ने दगाऊ टोपी पहनकर परेड में जाने से मना कर दिया। उनके विरूद्ध कड़ी कार्रवाई की गयी। इसके तत्काल बाद कलकत्ता के निकट स्थित बैरकपुर के 34वीं देशी सैनिक छावनी के मंगल पाण्डे ने 21 मार्च को खुला विद्रोह कर दिया। उत्तर प्रदेश के निवासी मंगल पाण्डे ने उस दिन अपने एडजुडेण्ट लेफ्टिनेण्ट हेनरी बाग पर गोली चला दी तथा उस पर तलवार से भी वार किया। 7 अप्रैल को ही उन्हें बैरकपुर में फांसी दे दी गयी। मंगल पाण्डे की शहादत ने उत्तर भारत के समस्त सैनिक छावनियों में विद्रोह की आग भड़का दी। इससे पहले से भारतीय जनता में ब्रिटिश शासकों की लूट, अत्याचार, हत्या, देशी उद्योगों को नेस्तनाबूद करने के कारनामों, अकाल, भूख, किसानों-मजदूरों पर बेइंतहा जुल्म आदि को लेकर विरोध व प्रतिरोध का लावा उबल रहा था। मंगल पाण्डे की फांसी ने इसमें घी का काम किया और व्यापक जनविद्रोह उमड़ पड़ा। सैनिकों के विद्रोह के साथ जन-विद्रोह भी शामिल हो गया जिसने देश की स्वाधीनता के पहले विद्रोह, मुक्ति की लड़ाई का स्वरूप लिया।

उत्तरी भारत के दोआब क्षेत्र ने भी इस विद्रोह में सक्रिय योगदान दिया। इन्होंने अलीगढ़, बरेली, लखनऊ, कानपुर तथा इलाहाबाद को स्वतंत्र कराने के बाद वहाँ अपनी सरकारें स्थापित कर ली थीं। बरेली का प्रशासन 'खान बहादुर खान' नामक रोहिल्ला सैनिक अधिकारी ने अपने हाथ में ले किया था। कानपुर के प्रशासन पर पेशवा बाजीराव द्वितीय के दत्तक पुत्र 'वहाबी' विद्रोही का अधिकार था। पटना में विद्रोह का नेतृत्व पीर अली नामक एक पुस्तक विक्रेता कर रहे थे। इन नगरों के साथ इटावा, मैनपुरी, रूड़की, एटा, मथुरा, शाहजहाँपुर, बदायूँ, आजमगढ़, सीतापुर, बाराबंकी, वाराणसी, झाँसी, फतेहपुर तथा हाथरस जैसे अपेक्षाकृत छोटे-छोटे शहरों में भी विद्रोह का विस्तार हो चुका था।

इस बीच दिल्ली में कानून और व्यवस्था की समस्या खड़ी हो चुकी थी। विद्रोही सैनिकों में इस समय जिस अनुशासनिक भावना की आवश्यकता थी उसको उत्पन्न करने में तत्कालीन विद्रोही नेता असफल रहे। बिना किसी पूर्व तैयारी, सैद्धान्तिक पृष्ठभूमि तथा निश्चित नेतृत्व के बिना ही विद्रोह प्रारम्भ हो जाने के कारण दिल्ली में एक ऐसी अराजक स्थिति उत्पन्न हो गयी जिसमें किसी को भी यह नहीं पता था कि आगे क्या करना है। अनुशासन की यही समस्या कानपुर में भी खड़ी हुई। यहाँ नाना साहब ने विद्रोह का नेतृत्व सम्भाल रखा था। इस समय नगर में लगभग 10,000 सैनिक तथा कृषक अंग्रेजों के विरूद्ध संघर्षरत थे। कानपुर के निकट लखनऊ में भी विद्रोह प्रारम्भ हो चुका था। लगभग 50,000 नागरिक इसमें हिस्सा ले रहे थे। इनका नेतृत्व बेगम हज़रत महल कर रही थीं। यहाँ पर विद्रोहियों ने रेजीडेन्सी का घेरा डाल रखा था, जिसमे अंग्रेज सैनिकों, अधिकारियों तथा उनके परिवारों ने शरण ले रखी थी। कानपुर तथा लखनऊ में ब्रिटिश सेना अधिकारी कैम्पबेल, जनरल हैवलाक तथा विन्ढम ने अपनी समस्त सैनिक योग्यता तथा नेतृत्व के बल पर विद्रोह को कुचलने का प्रयास एक लम्बे समय तक जारी रखा। इन सभी के विरूद्ध विद्रोहियों के पक्ष में केवल एक तात्या टोपे ही योग्य सेनापति थे। 6 माह के लगातार प्रयासों तथा एक माह के लम्बे युद्ध के बाद अंग्रेज अन्त में लखनऊ पर पुनः अधिकार करने में सफल हो गये। कानपुर तथा लखनऊ के बाद अंग्रेजों ने मई में बरेली पर भी अधिकार कर लिया। इसके बाद वे जनरल ह्यूरोज़ के नेतृत्व में झाँसी की ओर बढ़े। यहाँ पर उन्हें झाँसी की युवा रानी लक्ष्मीबाई का सामना करना पड़ा जो अब वीरतापूर्वक विद्रोह का नेतृत्व कर रही थीं। झाँसी की पराजय के बाद लक्ष्मीबाई ने तात्या टोपे की सहायता से ग्वालियर पर अधिकार कर लिया। ग्वालियर के युद्ध में रानी लक्ष्मीबाई अपने समस्त पराक्रम के बाद भी पराजित हुई और इस युद्ध में उन्होंने वीरगति पायी। इसके पश्चात अप्रैल 1859 में तात्या टोपे भी पकड़ लिये गये और उन्हें फांसी दे दी गयी।

इसी दौरान ब्रिटेन की रानी विक्टोरिया ने 1 नवम्बर, 1858 को अपने घोषणा पत्र में ब्रिटिश ईस्ट इण्डिया कम्पनी के हाथों से समस्त अधिकार ले लिये। इस घोषणा में साम्राज्ञी ने विद्रोह से हाथ खींच लेने वाले रजवाड़ों, सामन्तों तथा जमींदारों को आम माफीनामा देने का आश्वासन भी दे दिया। परिणामस्वरूप, जो थोड़े बहुत जमींदार और सामन्त अभी भी विद्रोह से जुड़े हुए थे, उन्होंने तत्काल विद्रोहियों का साथ छोड़ दिया। अपने अन्तिम दौर में विद्रोह पूरी तरह से नेतृत्व विहीन हो चुका था। अतः इसको दबा देना अंग्रेजों के लिए कोई बहुत बड़ा काम नहीं था।

प्रश्न-4. ''धर्मनिरपेक्षवाद अभिमुखन व व्यवहार के एक समुच्चय के रूप में उदारवादी लोकतांत्रिक भारत के भविष्य के लिए अपरिहार्य है।'' विवेचन कीजिए।

उत्तर: यह ऐसी स्थिति है जिसका संबंध लोक से है, परलोक से नहीं। यह नैसर्गिक नैतिकता पर आधारित आचार व्यवस्था की द्योतक है इसलिए इसे लौकिकवाद भी कहा जाता है। यह विचारधारा घटनाओं या समस्याओं या तथ्यों का निर्धारण धर्म, परम्परा, प्रथाओं के स्थान पर बुद्धि संगतता (तर्कसंगतता) या विवेक के आधार पर करती है। पंथनिरपेक्षता को लेकर सैद्धान्तिक एवं व्यावहारिक दृष्टि से अनेक भ्रम एवं मतभेद व्याप्त हैं। सेक्युलर शब्दावली पश्चिमी अवधारणा है जिसका वास्तविक अर्थ धर्म (चर्च) और राज्य की पृथकता है। इस प्रकार धर्म या पंथ एवं उसकी संस्थाओं का राज्य या सरकार से अलगाव (पृथक्करण) को सेक्युलर कहा जाता है।

इस प्रकार सेक्युलरवाद से तात्पर्य नास्तिकवाद कदापि नहीं है। भारतीय समाज में यह अवधारणा लागू नहीं होती क्योंकि यहाँ धर्म कण कण में समाया हुआ है, और यह हमारे जीवन का अहम अंग है, जिसे जनजीवन से पृथक नहीं किया जा सकता। पंथनिरपेक्षता आधुनिक युग की केन्द्रीय अवधारणा है, यह सामाजिक जीवन के विभिन्न पक्षों को तर्क एवं वैज्ञानिक दृष्टिकोण पर आधारित करते हुए धर्म के अवैज्ञानिक प्रभावों के उन्मूलन पर बल देती है। आधुनिक परिप्रेक्ष्य में पंथ निरपेक्षता का अर्थ प्रतिदिन के जीवन में धार्मिक कर्मकाण्डों की प्रक्रिया की तर्कों द्वारा स्थापना है। परन्तु यह पंथ निरपेक्षता का संकुचित अर्थ होगा वास्तव में पंथ निरपेक्षता सर्वधर्म सम्भाव पर आधारित है।

पंथनिरपेक्षतावाद सिद्धान्त के अनुसार राजनीति, कानून, अर्थव्यवस्था, शिक्षा, नैतिकता, प्रशासन आदि में धार्मिक दृष्टिकोण से नहीं, अपितु मानव कल्याण की दृष्टि से विचार किया जाना चाहिये। यह यूरोपियन संकल्पना के अधिक निकट है।

पंथनिरपेक्षता वाद का सकारात्मक पक्ष 'सर्वधर्म समन्वय' पर आधारित है। भारतीय संकल्पना के अनुसार पंथनिरपेक्षता केवल शासन का सिद्धान्त ही नहीं अपितु राष्ट्रीय एकता का मूल मंत्र भी है। इस अवधारणा के अनुसार सरकार सभी धर्म या पंथ एवं धार्मिक संगठनों के साथ एक जैसा समान व्यवहार करती है। अतः सकारात्मक पक्ष में निम्न तत्वों का समावेश देखा जा सकता है। जैसे-मैक्स बेवर के अनुसार-

1. पथंनिरपेक्षतावाद धर्म के प्रति पूरी तरह तटस्थता के भाव के रूप में अभिव्यक्त नहीं होता अपितु यह धर्म के प्रकार्यत्मक पहलुओं को अपनाने की स्वीकृति देता है।
2. यह मनुष्य के जीवन में केवल धर्म का निषेध ही नहीं करता अपितु बौद्धिक तथा वैज्ञानिक उपायों द्वारा व्यापक अर्थ में मानव कल्याण के लिए मार्ग भी प्रशस्त करता है।
3. इसमें मनुष्य के जीवन का आधार स्वतन्त्र बौद्धिक चिन्तन तथा विस्तृत वैज्ञानिक अनुसंधान को माना है।
4. मानव का सम्पूर्ण ज्ञान मूलतः उसके अनुभव और उसकी तर्क बुद्धि पर ही आधारित होता है।
5. धर्म की व्यक्ति का व्यक्तिगत मान्यता के रूप में स्वीकार करता है।

प्रश्न-5 धर्मनिरपेक्षता/पंथनिरपेक्षता से क्या समझते हैं? इसके सकारात्मक पक्षों की चर्चा कीजिये:

उत्तर: यह ऐसी स्थिति है जिसका संबंध लोक से है, परलोक से नहीं। यह नैसर्गिक नैतिकता पर आधारित आचार व्यवस्था की द्योतक है इसलिए इसे लौकिकवाद भी कहा जाता है। यह विचारधारा घटनाओं या समस्याओं या तथ्यों का निर्धारण धर्म, परम्परा, प्रथाओं के स्थान पर बुद्धि संगतता (तर्कसंगतता) या विवेक के आधार पर करती है। पंथनिरपेक्षता को लेकर सैद्धान्तिक एवं व्यावहारिक दृष्टि से अनेक भ्रम एवं मतभेद व्याप्त हैं। सेक्युलर शब्दावली पश्चिमी अवधारणा है जिसका वास्तविक अर्थ धर्म (चर्च) और राज्य की पृथकता है। इस प्रकार धर्म या पंथ एवं उसकी संस्थाओं का राज्य या सरकार से अलगाव (पृथक्करण) को सेक्युलर कहा जाता है।

इस प्रकार सेक्युलरवाद से तात्पर्य नास्तिकवाद कदापि नहीं है। भारतीय समाज में यह अवधारणा लागू नहीं होती क्योंकि यहाँ धर्म कण कण में समाया हुआ है, और यह हमारे जीवन का अहम अंग है, जिसे जनजीवन से पृथक नहीं किया जा सकता। पंथनिरपेक्षता आधुनिक युग की केन्द्रीय अवधारणा है यह सामाजिक जीवन के विभिन्न पक्षों को तर्क एवं

वैज्ञानिक दृष्टिकोण पर आधारित करते हुए धर्म के अवैज्ञानिक प्रभावों के उन्मूलन पर बल देती है। आधुनिक परिप्रेक्ष्य में पंथ निरपेक्षता का अर्थ प्रतिदिन के जीवन में धार्मिक कर्मकाण्डों की प्रक्रिया की तर्कों द्वारा स्थापना है। परन्तु यह पंथ निरपेक्षता का संकुचित अर्थ होगा वास्तव में पंथ निरपेक्षता सर्वधर्म सम्भाव पर आधारित है।

पंथनिरपेक्षतावाद सिद्धान्त के अनुसार राजनीति, कानून, अर्थव्यवस्था, शिक्षा, नैतिकता, प्रशासन आदि में धार्मिक दृष्टिकोण से नहीं, अपितु मानव कल्याण की दृष्टि से विचार किया जाना चाहिये। यह यूरोपियन संकल्पना के अधि क निकट है।

पंथनिरपेक्षता वाद का सकारात्मक पक्ष 'सर्वधर्म समन्वय' पर आधारित है। भारतीय संकल्पना के अनुसार पंथनिरपेक्षता केवल शासन का सिद्धान्त ही नहीं अपितु राष्ट्रीय एकता का मूल मंत्र भी है। इस अवधारणा के अनुसार सरकार सभी धर्म या पंथ एवं धार्मिक संगठनों के साथ एक जैसा समान व्यवहार करती है। अतः सकारात्मक पक्ष में निम्न तत्वों का समावेश देखा जा सकता है। जैसे-मैक्स बेवर के अनुसार-

1. पर्थनिरपेक्षतावाद धर्म के प्रति पूरी तरह तटस्थता के भाव के रूप में अभिव्यक्त नहीं होता अपितु यह धर्म के प्रकार्यत्मक पहलुओं को अपनाने की स्वीकृति देता है।
2. यह मनुष्य के जीवन में केवल धर्म का निषेध ही नहीं करता अपितु बौद्धिक तथा वैज्ञानिक उपायों द्वारा व्यापक अर्थ में मानव कल्याण के लिए मार्ग भी प्रशस्त करता है।
3. इसमें मनुष्य के जीवन का आधार स्वतन्त्र बौद्धिक चिन्तन तथा विस्तृत वैज्ञानिक अनुसंधान को माना है।
4. मानव का सम्पूर्ण ज्ञान मूलतः उसके अनुभव और उसकी तर्क बुद्धि पर ही आधारित होता है।
5. धर्म की व्यक्ति का व्यक्तिगत मान्यता के रूप में स्वीकार करता है।

प्रश्न-6 साम्प्रदायिकता क्या है? इसके कारणों की चर्चा करें:

उत्तर: साम्प्रदायिकता का अंग्रेजी रूपान्तरण कम्यूनलिज्म है जिसके मूल रूप से दो अर्थ हैं।

1. सामुदायिकता की भावना एवं
2. कम्यून (इकाई) प्रणाली।

कम्यूनलिज्म मूलतः कम्यून से बना है जिसका अर्थ है सहयोगात्मक भावना के साथ रहने वाला समूह। लेकिन समाज विज्ञान में बीसवीं शताब्दी में अंग्रेजी भाषा के इस शब्द को नकारात्मक विचारधारा के रूप में प्रयुक्त किया जाने लगा। इस प्रकार कम्यूनलिज्म एक ही राज्य क्षेत्र में निवास करने वाली विभिन्न जातियों, सम्प्रदायों के बीच संघर्ष या तनाव की स्थिति का द्योतक हो गया। भारत में कम्यूनलिज्म का प्रयोग मुख्य रूप से सामाजिक, धार्मिक समूहों के बीच वैमनस्यता एवं शत्रुता की भावना को व्यक्त करने के लिए किया जा रहा है।

इस प्रकार साम्प्रदायिकता या सम्प्रदायवाद दो समुदायों में विद्यमा विद्वेष तनाव, संदेह या संघर्ष के भाव को व्यक्त करता है। यह तनाव सामान्यतः धर्म या पंथ, सम्प्रदाय, भाषा, प्रजाति या नृजाति के तत्वों पर आधारित होता है। अतः सम्प्रदायवाद का आशय किसी धर्म या सम्प्रदाय विशेष के हितों पर बल देने वाली विचारधारा से है। यह संकीर्ण मनोवृत्ति नस्लवाद, विरोधवाद एवं फॉसीवाद से मेल खाती है।

विसेंट स्मिथ के अनुसार साम्प्रदायिकता की विचारधारा में व्यक्ति या समूह प्रत्येक धार्मिक समूह को एक पृथक सामाजिक-राजनीतिक ईकाई मानता है। जिसके हित अन्य समूहों के हितों से अलग एवं विरोधी होते है। इस प्रकार सम्प्रदायवाद के लिए मनोवृत्ति उत्तरदायी है। देश में सम्प्रदायवाद के लिए उत्तरदायी अनेक कारण है, जैसे-

1. **ऐतिहासिक कारक**-भारतीय इतिहास के प्राचीन काल से लेकर आधुनिक काल तक की साम्प्रदायिक घटनाएं वर्तमान में 'सम्प्रदायवाद' को प्रोत्साहित करने का कार्य करती हैं जैसे-मध्यकाल में कुछ सल्तनत कालीन आक्रमणकारी तथा मुगलकाल में कुछ शासकों द्वारा दूसरे अन्य धर्मों के प्रति द्वेष की भावना जो आज के लोग किसी न किसी तर्क के माध्यम से जाग्रत करते हैं। ब्रिटिश शासन काल के दौरान फूट डालो शासन करो की नीति, 1905 का बंगाल विभाजन, 1909 का माले-मिंटो सुधार, 1916 का लखनऊ पेक्ट साम्प्रदायिकता के प्रमुख कारक रहे हैं।

2. **सांस्कृतिक भिन्नता**-भारत विविधता वाला देश है यहां प्रत्येक मील बदलती हुई संस्कृति तथा सभ्यता पाई जाती है। एवं इस संस्कृति के प्रति लगाव की भावना तथा अपनी संस्कृति को अन्य की संस्कृति से श्रेष्ठ समझने की भावना प्रबल होती है। भारत में विश्व के लगभग सभी धर्मों का उदय एवं विकास हुआ है। आपसी द्वेष भावना ने भी सम्प्रदायवाद को बढ़ावा दिया है।

3. **धार्मिक असहिष्णुता**-भारत में हिन्दू, मुस्लिम, सिख, ईसाई, जैन, बौद्ध, एवं पारसी समुदाय के विभिन्न संस्कृतियों वाले लोग रहते हैं। धर्म गुरूओं तथा मठाधीशों द्वारा अपने धर्म की रक्षा के संदर्भ में दिए गए बयान भी धार्मिक असहिष्णुता पैदा करते हैं, जो भारतीय जनता को धर्म, जाति और भाषा इत्यादी के आधार पर बांटने का कार्य करते हैं। भारत में धर्म का उपयोग इस प्रकार से किया गया की आज धर्म के कारण भारत दो भागों में बंटा हुआ है। भारत और पाकिस्तान।

4. **भौगोलिक कारक**-भारत की भौगोलिक एवं प्राकृतिक संरचना में व्याप्त विविधता यहाँ रह रहे लोगों की धर्म, संस्कृति तथा रंग रूप एवं प्रजाति को प्रभावित करती है। यही विविधता कभी-कभी संघर्ष का रूप धारण कर लेती है। जैसे भारत में इण्डो आर्यन द्रविड़ियन, सीयो द्रविड़ियन, तुर्की, ईरानियों की प्रजाति पाई जाती है। एक प्रजाति के लोग दूसरे प्रजाति के लोगों को तुच्छ एवं कमजोर समझते हैं, जो सम्प्रदायवाद को बढ़ावा देती है।

5. **मनोवैज्ञानिक कारक**- ऐतिहासिक रूप से पनपी अलगाववाद की भावना हिन्दु-मुस्लिम दंगे, भारत विभाजन के दौरान हुए दंगे तथा स्वतन्त्रता पश्चात् भारत में हुए दंगों के आधार पर व्यक्तियों में यह मनोवृत्ति घर कर गई है कि मुस्लिम या हिन्दू दोनों आपस में एक दूसरे का अहित देखते है तथा जिस कारण व्यक्ति छोटे से छोटे घटना क्रम को धर्म या सम्प्रदाय विशेष से जोड़ने का प्रयास करता है। यही मनोवृत्ति भारत में साम्प्रदायिक दंगों का मूल कारण मानी जाती है।

6. **साम्प्रदायिक संगठन**-भारत में संघ बनाने की स्वतन्त्रता का सबसे नकारात्मक परिणाम यही रहा कि धर्म के आधार पर पूरे देश में लगभग 11000 से अधिक संगठनों का निर्माण हो चुका है। जो धर्म के स्थान पर धर्मान्धता, धर्म निरपेक्षता के स्थान पर रूढ़िवादिता तथा शिक्षा के स्थान पर तुष्टी करण को बढ़ावा देते है। मुस्लिम, हिन्दू तथा सिक्ख धर्म के संगठन सर्वाधिक मात्रा में है। ये संगठन राजनैतिक दलों के साथ प्रत्यक्ष एवं अप्रत्यक्ष रूप से मिलकर साम्प्रदायिकता को बढ़ावा देते हैं।

7. **राजनीतिक स्वार्थ**-सम्प्रदायवाद राजनीतिक स्वार्थ सिद्धि का मूल बन चुका हैं। इसने राजनीति में इस सीमा तक प्रभाव डाला है कि सम्पूर्ण समाज अल्पसंख्यक और बहुसंख्यक समुदायों में विभाजित ही नहीं हैं अपितु अल्प संख्यकों के साथ बहुसंख्यक भी स्वयं को असुरक्षित महसूस करने लगे हैं। पंजाब की समस्या, अयोध्या विवाद, गुजरात दंगे, मुस्लिम कट्टरवाद, मज़हबी आतंकवाद और हिन्दुत्व का पुनः जागरण साम्प्रदायिक राजनीति की ही उपज है।

8. **सामाजिक कारण**-साम्प्रदायिकता को बढ़ावा देने में समाज विरोधी तत्वों एवं निहित स्वार्थ साधकों का भी हाथ होता है समाज के कुछ ऐसे लोग जो तनाव एवं संघर्ष की स्थिति पैदा करते हैं, जिसमें उन्हें लूटपाट करने एवं यौन-व्याभिचार करने का अवसर प्राप्त हो तथा वे अपने व्यक्तिगत झगड़ों का बदला ले सकें।

प्रश्न-7 महिला सशक्तिकरण की समस्याएं और चुनौतियां क्या हैं?

उत्तर: सशक्तिकरण एक व्यापक शब्द है, जिसमें अधिकारों और शक्तियों का स्वाभाविक रूप से समावेश है। यह एक ऐसी मानसिक अवस्था है जो कुछ विशेष आंतरिक कुशलताओं और शैक्षिक, सामाजिक, आर्थिक, राजनैतिक आदि परिस्थितियों पर निर्भर करती है। जिसके लिए समाज में आवश्यक कानूनों सुरक्षात्मक प्रावधानों और उनके भली-भाँति कियान्वयन हेतु सक्षम प्रशासनिक व्यवस्था का होना आवश्यक है।

महिला सशक्तिकरण की माप- महिला सशक्तिकरण की माप करने हेतु इसके अन्तर्गत सामान्य तौर पर निम्नांकित चार तत्वों को सम्मिलित किया जाता है।

- संसद एवं विधान मण्डलों में महिलाओं की भागीदारी का अंश।
- प्रशासन एवं प्रबन्धन में उनकी भागीदारी का प्रतिशत।

- प्रोफेशनल एवं तकनीकी सेवाओं में उनका अनुपात।
- महिलाओं की प्रति व्यक्ति आय और उनकी तुलनात्मक स्थिति।

महिला सशक्तिकरण की माप के लिए उपरोक्त के अलावा शैक्षिक स्थिति, स्वास्थ्य सम्बन्ध स्थिति, देशाटन की सुविधा, निर्णय का अधिकार, सत्ता के साथ-साथ पुरूषों के बराबर हक इत्यादि।

इस प्रकार महिला सशक्तिकरण से तात्पर्य ऐसी सामाजिक प्रक्रिया से है जिसमें महिलाओं के लिए सर्वसम्पन्न और विकसित होने हेतु सम्भावनाओं के द्वार खुलें हों। भोजन, पानी, घर, शिक्षा, स्वास्थ्य सुविधाएं, शिशुपालन, प्राकृतिक संसाधन, बैंकिंग सुविधाएँ, कानूनी हक और प्रतिभाओं के विकास हेतु पर्याप्त रचनात्मक अवसर प्राप्त हों। महिलाओं के विकास में बाधक तत्व, भारतीय समाज में महिलाओं की स्थिति को कमजोर बनाए रखने में तथा उनके विकास में निम्न तत्व बाधक रहे हैं:-

- **लिंग आधारित विभेद**- स्त्री-पुरूष के बीच विभेद किया जाना तथा भारतीय समाज का पितृ सत्तात्मक समाज होना, जिसमें महिलाओं को केवल परम्परागत भूमिकाएं सौंपी गईं, माता, पत्नी, गृहणी, रसोईया और बच्चों व पति की सेवक।
- **भारतीय समाज-पदसोपानिक समाज**- महिलाओं को पुरूषों के नीचे स्थान दिया जाता है तथा अपने पति की सेवा करना ही उसका प्रथम कर्तव्य समझा गया है। भारत में इस पदसोपानिक समाज को धार्मिक आधार प्राप्त है।
- **कुप्रथायें व रूढ़ियाँ**- बाल विवाह, सतीप्रथा, पर्दाप्रथा, दहेज प्रथा, लैंगिक असमानता, नारी को उपभोग की वस्तु समझना तथा कमजोर एवं अबला समझना आदि कुप्रथाएँ नारी विकास में प्रमुख बाधाएं हैं।
- **महिलाओं के प्रति अपराध**- यौन अपराध, घरेलू हिंसा, बलात्कार, छेड़छाड़, उत्पीडन, भ्रूण हत्या, शारीरिक एवं मानसिक हिंसा जैसे अपराधों ने महिला को मनोवैज्ञानिक रूप से कमजोर तथा उसके मन में भय उत्पन्न किया है जिससे उसका सर्वांगीण विकास नहीं हो सका।
- **रूढ़िवादी सोच**- महिलाओं की विवाह में राय न लेना, शिक्षा से वंचित रखना तथा आदेशों एवं निर्देशों का पालन चुपचाप सहना इत्यादि समाज का रूढ़िवादी चित्र प्रदर्शित करता है।
- **अशिक्षा व जागरूकता का अभाव**- अधिकतर बालिकाएं अपनी माध्यमिक शिक्षा भी पूरी नहीं कर पातीं, वे अपने अधिकारों तथा शासन की योजनाओं के बारे में अनभिज्ञ होती हैं। परिणामस्वरूप वे अत्याचारों को चुपचाप सहती रहती हैं।
- **आर्थिक असुरक्षा**- भारतीय समाज में महिलाओं को केवल घर की चार दीवारी तक सीमित रखा गया है तथा परिवार में आय का स्रोत केवल पुरूषों को ही सृजित करना होता है। इससे महिलाएं पूरी तरह पुरूषों पर निर्भर रहती हैं। वे अपनी प्रत्येक आवश्यकता की पूर्ति के लिए आग्रह करती हैं।
- **सामाजिक शोषण**-पुरूषवादी समाज में प्रत्येक निर्णय में पुरूषों को ही महत्व दिया जाता है, पारिवारिक विवाद या हिंसा तथा अन्य प्रकार के सामाजिक विवादों के लिए नारी को ही दोषी मानकर कई प्रकार की यातनाएं दी जाती हैं।
- **घरेलू हिंसा**- परिवार की चार दीवारी में कैद महिला के प्रति हो रहे अपराध को घरेलू हिंसा की श्रेणी में रखा जाता है। भारत में घरेलू हिंसा इसलिए हो पाती है, क्योंकि महिलाएं सशक्त नहीं हैं।
- **कन्या भ्रूण हत्या या शिशु हत्या**- जन्म के पूर्व या बाद कन्या को इसलिए मार दिया जाता है कि इनकी शिक्षा, सुरक्षा तथा दहेज का खर्च परिवार सहन नहीं कर पाएगा। इससे लिंगानुपात में असन्तुलन पैदा होता है।
- **देवदासी प्रथा**- दक्षिण भारत में मंदिरों में सेवा करने के लिए अपनी पुत्री को सौंप देना जहाँ उनका लैंगिक, मानसिक एवं शारीरिक शोषण होता है।
- **कुशल नेतृत्व का विकास न हो पाना**- महिलाओं के अधिकारों की मांग तथा उनके संरक्षण व संवर्धन के लिए कुशल नेतृत्व कर्ता का न होना है, उपरोक्त कारणों के चलते महिलाओं में नेतृत्व क्षमता का विकास नहीं हो पाता और वे आर्थिक, सामाजिक, राजनैतिक, मानसिक व सांस्कृतिक आधार पर बहुत पिछड़ जाती हैं।

प्रश्न-8 सरोगेसी से क्या समझते हैं और यह कितने प्रकार की होती है? साथ में इसके सकारात्मक एवं नकारात्मक पक्ष की चर्चा करें।

उत्तर: सरोगेसी चिकित्सा शास्त्र की ऐसी तकनीक है जिसमें कोई महिला अपनी कोख से किसी दूसरे दम्पत्ति या व्यक्ति के लिए बच्चा पैदा करती है। आम भाषा में इसे किराये की कोख कहकर पुकारा जाता है। सरोगेसी (Surrogacy) का शाब्दिक अर्थ है किसी और को अपने काम के लिए नियुक्त करना यह सरोगेट माता बच्चे की जैविक माता भी हो सकती हैं। या जैविक रूप से पृथक माता भी हो सकती है। परम्परागत रूप से सरोगेसी में सामान्यतया किसी क्लीनिक में कृत्रिम गर्भाधान कराया जाता है।

सरोगेट मदर द्वारा अपनी कोख किराये पर देने का आधार पर दो प्रकार से देखा जा सकता है।

1. **व्यवसायिक सरोगेसी:-** जब सरोगेट महिला कोई रिश्तेदार या परिवार की सदस्य नहीं होती और किसी प्रतिफल के एवज में वह अपनी कोख किराए पर देती है तब उसे कॉमर्शियल या व्यवसायिक सरोगसी कहते हैं। कॉमर्शियल सरोगेसी में चिकित्सा खर्च से लेकर अन्य खर्चे भी सम्मिलित होते हैं।
2. **परमार्थवादी सरोगेसी:-** परोपकारी भावना से जुड़े सरोगेसी को परार्थवादी सरोगेसी कहते हैं। इसमें परमार्थ का भाव प्रबल होता है और गर्भधारण के एवज में महिला कोई आर्थिक अनुदान नहीं लेती है। ऐसी स्थिति में सरोगेट माँ प्राय: पारिवारिक सदस्य या रिश्तेदार होती है।

भारत में सरोगेसी का चलन तेजी से बढ़ा है तथा इससे आर्थिक लाभ भी जुड़ गया है अतएव अब इसने उद्योग की शक्ल इख्तियार कर ली है। भारत में तो यह उद्योग इस कदर फल फूल रहा है कि इसे सरोगेसी कैपिटल कहा जाने लगा हैं। भारत के गुजरात का आंनद जिला सबसे बड़ा सरोगेसी का हब बनकर उभरा हैं। दूसरे देशों की तुलना में, भारत में सरोगेसी पर कम खर्च आने की वजह से कई अन्य देशों के लोग यहां इसका लाभ उठाने आ रहे हैं। प्रतिवर्ष लगभग एक हजार जोड़े इस निमित्त भारत आ रहे हैं। इस कारण भारत में इस तकनीक से पैदा होने वाले बच्चों की संख्या बढ़ रही है। इस लिहाज से भारत फर्टिलिटी ट्यूरिज्म के एक बड़े केन्द्र के रूप में उभर रहा है इतना ही नहीं भारत में कॉमर्शियल सरोगेसी को नैतिक रूप से स्वीकार्यता एवं मान्यता मिल जाने के कारण देश में प्रजननीय पर्यटन को प्रोत्साहन मिला है। सरोगेट व्यवसाय के बल पर चिकित्सा पर्यटन की एक पूरी शाखा विकसित हो चुकी है। उक्त स्थितियों के चलते सरोगेसी के प्रत्येक पहलू पर विमर्श करना अनिवार्य हो जाता है:

सकारात्मक पक्ष

- इससे नि:सन्तान दम्पत्तियों को संतान की प्राप्ति होती है, जिससे उनकी वंशबेल पुष्पित पल्लवित होती है।
- व्यावसायिक सरोगेसी से माँ को आर्थिक लाभ प्राप्त होता है। वह आर्थिक रूप से सशक्त होती है, जिससे उसके जीवन स्तर में सुधार होता है।
- गरीब महिलाओं के लिए तो यह विशेष रूप से लाभप्रद है।
- परमार्थ सरोगेसी की दशा में तो यह कार्य परमार्थ से जुड़ा एक ऐसा कार्य है जिससे असीम भावनात्मक सुख की प्राप्ति होती है। क्योंकि सरोगेसी का यह कार्य नि:स्वार्थ भाव से करने वाली महिला किसी परिवार को एक अनमोल तोहफा देती है।
- सरोगेसी से बांझ दम्पत्ति की मदद कर आत्मसुख की अनुभूति करती है।

नकारात्मक पक्ष

- यह व्यवस्था बच्चे के अधिकार के संबंध में विवाद उत्पन्न करती है। अर्थात कभी-कभी यह भी देखा गया है कि संतान उत्पन्न करने वाली माँ तथा सामाजिक माँ के मध्य बच्चे के अधिकार को लेकर विवाद उत्पन्न होता है। चूंकि जन्म देने वाली माता 9 माह तक अपने गर्भ में शिशु को पालती है इस दौरान उसका शिशु में भावनात्मक संबंध/लगाव उत्पन्न हो जाते हैं। जिससे वह अपने अधिकार की मांग करती है।

- सरोगेसी का आलोच्य पहलू यह भी है कि इसमें बच्चा, संतान नहीं, बल्कि कमोडिटी बन जाता है।
- माँ और बच्चे को जन्म देने की प्रक्रिया प्राकृतिक प्रक्रिया में हस्तक्षेप भी करती है। अल्पविकसित देशों में सरोगेसी के कारण महिलाओं का दैहिक शोषण होता है। क्योंकि वे धन के लिए अपना शरीर अपनी कोख बेचती है।
- इसी वजह से लोग सरोगेसी के प्रौद्योगिकी के माध्यम से महिलाओं का शोषण मानते है।
- मानवाधिकारों के समर्थन इसे विक्षोमकारी और अमानवीय मानते हैं।
- अधिकतर विरोध कॉमर्शियल सरोगेसी को लेकर होता है क्योंकि इसके तहत महिलाओं को गर्भ धारण करने का साधन माना जाता है। और उनकी कोख को विकास की वस्तु माना जाता है।
- समाजशास्त्रीयों का यह भी मत है कि इस तकनीक के अतिशय प्रयोग से सामाजिक समरसता के लिए खतरा बढ़ा है। इसने कारोबारी प्रवृत्तियों को बढ़ाया है।
- सरोगेसी के बढ़ते प्रभाव के कारण बच्चों को गोद लेने का प्रचलन भी कम होने लगा है।

  उक्त नकारात्मक प्रभाव को ध्यान में रखते हुए सरोगेसी संशोधन अधिनियम, 2018 में कामर्शियल सरोगेसी को लेकर पूर्णतः प्रतिबंध कर महिलाओं को सुरक्षा प्रदान की गयी है। देश में केवल परोपकारी सरोगेसी को ही अनुमति देने का निर्देश हुआ है।

प्रश्न-9 सहजीवन क्या है? इसके प्रासांगिकता के कारणों की चर्चा करें।

उत्तरः सहजीवन की अवधारणा एक युग्म है (डिकेक्टो अलांइस) जिममें एक स्त्री-पुरूष (दम्पत्ति) बिना विवाह सम्पन्न किये पति-पत्नी के रूप में एक साथ रहते हैं।

जीवन का यह नवीन स्वरूप आधुनिकीकरण, वैश्वीकरण, निजीकरण, उदारीकरण और सूचना क्रांति की देन है। इसे पश्चिमी समाजों में कॉमन लॉ मैरिज या डीम्ड मैरिज कहा जाता है। कई आधुनिक समाजों में ऐसे जोड़े को वैधानिकता प्रदान कर दी गई है लेकिन भारतीय समाज के लिए अभी तक यह एक विवादास्पद विषय है।

आज की युवा पीढ़ी शहरों या विशेष महानगरीय संस्कृति में विवाह के स्थान पर सहजीवन युक्त साहचर्य को प्राथमिकता दे रही है, जिसका संभावित कारण निम्नवत् हो सकते हैं-

- सहजीवन में चूंकी वयस्क स्त्री एवं पुरूष पारस्परिक सहमति से दुनिया की नजरों में पति-पत्नी की भांति साथ-साथ रहते हैं। यद्पि वे वैध विवाह को योग्यताएं रखते हैं। तथापि औपचारिक रूप से विवाह के बंधन में बंधने से बचते हैं।
- औपचारिक विवाह से बचने का कारण हमारी वैवाहिक संस्था में कई दोषों का निहित होना है। जिसके कारण वे इस जाल में फंसने से अपने आप को बचाते हैं।
- हमारे परम्परागत वैवाहिक एवं पारिवारिक संख्यागत ढाचे में पत्नी को ढेर सारे उत्तरदायित्वों से लाद दिया जाता है इसलिए स्वछन्द विचारों वाले युवा आज सहजीवन की ओर आकर्षित हो रहे हैं।
- जब युवा अपनी पढ़ाई या पेशे के लिए परिवार से दूर रहते हैं तो महानगरीय संस्कृति भावात्मक एवं वित्तीयक रूप से उन्हें सहजीवन की ओर उन्मुख करती है।
- कॉरपोरेट जगत, विज्ञान जगत, प्रेस, एयरलाईंस, फैशन, पर्यटन, होटल-उद्योग, कला, संगीत, सिनेमा के क्षेत्र में यह प्रवृत्ति देखी जा रही है, जिससे सहजीवन की स्वीकार्यता बढ़ती जा रही है।
- एक-दूसरे से प्रेम करने वाले, चाहने वाले अपना अधिकांश समय साथ रहकर गुजारना चाहते हैं लेकिन वे हमेशा-हमेशा के लिए विवाह के मकड़जाल में नहीं फंसना चाहते।
- कुछ जोड़े विवाह में होने वाली वैधानिक रूकावटों के कारण विवाह किये बिना साथ रहते हैं।
- कुछ लोग अन्तरजातीय एवं अन्तरधार्मिक विवाहों की सामाजिक-सांस्कृतिक स्वीकृति नहीं होने के कारण सहजीवन का विकल्प अपना लेते हैं।

- सामाजिक बंधनों से मुक्त रहने के लिए सहजीवन एक अच्छा विकल्प है।
- स्वच्छंद, स्वतंत्र एवं निजता को प्राथमिकता देने वाले युवा विवाह के बजाय सहजीवन को वरीयता देते हैं।
- वर्तमान पीढ़ी सहजीवन को अपने जीवन और स्वतन्त्रता के उस अधिकार से भी जोड़कर देख रही है जो उसका मूल अधिकार है।

उपरोक्त कारणों के चलते सहजीवन की संकल्पना को बल मिलता है।

प्रश्न-10 राष्ट्रीय नदी जल-ग्रिड क्या है?

उत्तर: राष्ट्रीय जल-ग्रिड की संकल्पना सबसे पहले प्रसिद्ध समाजवादी, चिंतक राम मनोहर लोहिया ने दिया था। 1972 में के. एल. राव ने इस दिशा में गंगा-कावेरी लिंक नहर की संकल्पना प्रस्तुत की जिसमें 17 हिमालयी व 19 प्रायद्वीपीय नदियों को जोड़ने की योजना थी, परन्तु हिमालयी नदियों में ढाल की प्रवणता व अत्यधिक व्यय को इसके विकास में बाधा माना गया। वर्ष 2002 में तत्कालिक राष्ट्रपति डा. ए.पी.जे. अब्दुल कलाम ने इस बात पर बल दिया कि बाढ़ व सूखे से निजात पाने के लिये भारत की प्रमुख नदियों को जोड़ा जाना जरूरी है। इसके बाद सर्वोच्च न्यायालय ने भी विभिन्न राज्यों के बीच नदी जल बटंवारे को लेकर बढ़ते विवादों के मद्देनजर सरकारों को यह निर्देश दिया कि देश भर की नदियों को आपस में जोड़ने के हर सम्भव प्रयास किए जाएं तथा 10 वर्षों के अंदर इस लक्ष्य को पूरा किया जाए। सुप्रीम कोर्ट ने फरवरी, 2012 में इस महत्वाकांक्षी परियोजना के त्वरित कार्यवाही कर समयबद्ध तरीके से लागू करने का निर्देश केन्द्र सरकार को दिया।

राष्ट्रीय विकास परिषद ने इस परिप्रेक्ष्य में उत्तर के नदी बेसिन को दक्षिण के नदी बेसिनों से जोड़ने तथा पूर्व के नदी बेसिनों को पश्चिम के नदी बेसिनों से जोड़ने के व्यवहारिक रणनीति बनाने के प्रयास किए ताकि ''राष्ट्रीय जल-ग्रिड'' का निर्माण किया जा सके। इसके अन्तर्गत 14 हिमालयी तथा 16 प्रायद्वीपीय अर्थात् कुल 30 ऐसी नदियों की पहचान की गयी है जो एक से अधिक राज्यों से होकर गुजरती है। इन नदियों को लिंक-नहरों के माध्यम से जोड़ा जाना है, जिससे राष्ट्रीय जल ग्रिड निर्मित होगा। निर्माणाधीन परियोजनाओं सतलज व्यास लिंक, ब्रह्मपुत्र-गंगा लिंक, घाघरा-यमुना लिंक, गंगा-सुवर्ण लिंक, यमुना राजस्थान लिंक आदि प्रमुख हैं। लघु स्तर पर कुछ छोटी परियोजनाएँ पूरी भी हो चुकी हैं, जिनसे पेरियार डायवर्जन, परम्वीकुलम-अलियार लिंक, कर्नल-कडप्पा लिंक, केन-बेतवा लिंक परियोजना व इंदिरा गांधी नहर परियोजना शामिल है। इन लिंक परियोजनाओं से बेहतर जलापूर्ति संभव होगी, जिनसे बाढ़ व सूखे की समस्या का समाधान सम्भव होगा। खाद्यान्न व कृषि उत्पादन बढ़ेंगे, जल विद्युत का उत्पादन होगा तथा देश के आर्थिक विकास में गति आएगी। सस्ते व पर्यावरण मित्र जल परिवहन का विकास होगा।

राष्ट्रीय जल-ग्रिड का निर्माण भू-राजनीतिक उद्देश्य से भी महत्वपूर्ण है। परन्तु इसके निर्माण हेतु लगभग 5 लाख करोड रूपये के भारी निवेश की आवश्यकता है। इसके अलावा जल संसाधनों के ठीक से सर्वेक्षण नहीं होने पर जल-विवादों के उभरने की आशंका भी है। बड़े पैमाने पर विस्थापन व पर्यावरणीय मुद्दे भी इसके निर्माण में बाधा है। अतः उपरोक्त समस्याओं का निराकरण करते हुए राष्ट्रीय जल ग्रिड का विकास किया जाना जरूरी है।

सामान्य अध्ययन मुख्य परीक्षा
मॉडल अभ्यास प्रथम प्रश्न-पत्र 2

कुल अंक : 200 **समयावधि : 3 घण्टे**

खण्ड-1

निर्देशः *निम्नलिखित प्रत्येक प्रश्न का उत्तर 125 शब्दों से अधिक नहीं होना चाहिए। शब्द-विस्तार की अपेक्षा प्रश्नोत्तर की अन्तर्वस्तु अधिक महत्वपूर्ण है। सभी प्रश्नों के अंक समान हैं।*

Instruction: *Answer the following questions in not more than 125 words each. Content of the answers are more important than their length. All questions carry equal marks.* 10 × 8 = 80

प्रश्न-1 भारतीय राज्य ने पर्यावरण एवं विकास के बीच किस प्रकार समझौता स्थापित किया है?

उत्तर : भाग 4 में अनुच्छेद 48(i) के अंतर्गत राज्य को पर्यावरण संरक्षण हेतु एवं वन्य जीवों की रक्षा हेतु निर्देश दिए गए हैं। इन निर्देशों का पालन करने हेतु भारत सरकार ने 9वें दशक के बाद संपोष्य विकास की नीति को अपनाया।

इस संदर्भ में कृषि के आधुनिकीकरण एवं औद्योगिक व्यवस्थाओं को पर्यावरण मैत्री बनाने हेतु विशेष प्रावधान किए गए। इसी के अंतर्गत स्थानांतरित कृषि पर रोक तथा ''झूमिंग प्रथा'' को निषिद्ध घोषित किया गया है। पर्यावरण संरक्षण तथा वन्य जीव संरक्षण इसी के विस्तार हैं। सामाजिक वानिकी भी पर्यावरण एवं विकास के मध्य संयोजन स्थापित करने का एक प्रयास है।

प्रश्न-2 भारत में नागरिक समाज (सिविल सोसाइटी) के प्रयास से विधायन के क्षेत्र में उत्पन्न नए समीकरण को समझाइए।

उत्तर : नागरिक समाज एवं विधायन के मध्य सहयोगात्मक संबंध संसदीय शासन व्यवस्था की विशेषता है। इसी आधार पर संसद के विभिन्न समितियों में गैर निर्वाचित व्यक्तियों को आमंत्रित किया जाता है।

- विधायन एवं नागरिक समाज के मध्य सहयोग एवं गतिरोध पर विवाद लोकपाल विधेयक के संदर्भ में देखने को मिलता है।
- जन लोकपाल के मसौदे को यथावत स्वीकार कर लेने पर विधायन के क्षेत्र में संसदीय सम्प्रभुता का ह्रास होता है। और न स्वीकार करने पर सरकार की स्वच्छन्दता प्रकट होती है।
- भारतीय संसदीय व्यवस्था में ''आंरगक'' (सरकार को किसी विधेयक का प्रारूप सिविल सोसाइटी द्वारा दिया जाना) जैसी किसी प्रथा की नहीं अपनाया गया है।

अतः वैधानिक रूप से नागरिक समाज को विशेष प्रकार के विधायन हेतु सरकार पर दबाव डालने का अधिकार नहीं है।

प्रश्न-3 दामोदर घाटी परियोजना की चर्चा करें।

उत्तर: यह देश की प्रथम नदी घाटी परियोजना है, जो मध्य भारत के छोटा नागपुर क्षेत्र की दामोदर नदी पर निर्मित है। इस परियोजना की नींव केन्द्र सरकार, बिहार व पश्चिम बंगाल सरकारों के संयुक्त प्रयास से वर्ष 1946 में रखी गई है। बाढ़ की विभीषिका के कारण दामोदर नदी को बंगाल का शोक कहा जाता था। इस परियोजना का मूल उद्देश्य बाढ़ नियंत्रण था। इस परियोजना के अन्य महत्वपूर्ण तथ्य हैं-

- तिलैया बांध दामोदर की सहायक बराक नदी पर हजारीबाग जिले में अवस्थित है।
- मैथन बांध बराक नदी व दामोदर नदी के संगम पर बना है।

- कोनार बांध, दामोदर नदी की सहायक नदी कोनार नदी पर अवस्थित है। यह बांध बोकारो विद्युत संयंत्र को जल उपलब्ध करने में सहायक है।
- पंचेत बांध, दामोदर नदी पर मानमून जिले में निर्मित किया गया है।
- देश के कुल कोयला निक्षेप का 60 प्रतिशत भाग दामोदर घाटी में ही निहित है। अर्थात् रामगढ़ कर्णपुरा, बोकारो, झरिया, रानीगंज, नामक कोयला क्षेत्र इस नदी घाटी में स्थित है।
- इसमें रानीगंज देश का सबसे बड़ा कोयला क्षेत्र है, जबकि झरिया कोयला उत्पादन क्षेत्र है।
- दामोदर नदी झरिया कोयला क्षेत्र के मध्य से होकर गुजरती है।

प्रश्न-4 भारतीय संस्कृति क्या है? इसके अभिलक्षणों को समझाइये।

उत्तर: संस्कृति शब्द संस्कृत भाषा से लिया गया है। संस्कृत और संस्कृति दोनों ही शब्द संस्कार से बने हैं। संस्कार का अर्थ है कुछ कृत्यों या अनुष्ठानों को सम्पन्न करना। एक हिंदू जन्म से ही अनेक प्रकार के संस्कार करता है जिसमें उसे विभिन्न प्रकार की भूमिकाएं निभानी पड़ती हैं। संस्कृति का अर्थ होता है-विभिन्न संस्कारों के द्वारा सामूहिक जीवन के उद्देश्यों की प्राप्ति। यह परिमार्जन की एक प्रक्रिया है। संस्कारों को सम्पन्न करके ही व्यक्ति सामाजिक प्राणी बनता है। किसी भी देश के अंदर निवास करने वाले नागरिक, समुदाय के सदस्य अपने अनुसार रहन-सहन, धर्म, ज्ञान विज्ञान, कला, साहित्य रीति-रिवाज और खान-पान के तौर तरीके और उनके आदर्श सत्कार इत्यादि के बेहतर सामंजस्य और सहयोग को संस्कृति कहा जाता है। प्रायः लोगों द्वारा यह कहते हुए सुना जाता है कि हमारी संस्कृति का इतिहास गौरवशाली है और हमारी संस्कृति समृद्ध है। देश के विकास क्रम में लगातार इस संस्कृति पर विभिन्न प्रकार के प्रभाव परिलक्षित होते हैं। यह प्रभाव सकारात्मक और नकारात्मक दोनों प्रकार से दिखाई देते हैं। उदारीकरण और वैश्वीकरण के बावजदू भारतीय संस्कृति की जड़ें इतनी मजबूत है कि उसका प्रभाव संस्कृति पर धीरे-धीरे पड़ रहा है। अर्थात कह सकते हैं कि वैश्वीकरण के इस युग में भारतीय संस्कृति पर इसके प्रभाव छन-छन कर आ रहे हैं।

प्रश्न-5 प्रादेशिकता/क्षेत्रवाद की बढ़ती हुई भावना, पृथक राज्य की मांग का प्रमुख कारण है। विवेचना कीजिए।

उत्तर: प्रादेशिकता की जड़ भारत की भाषाओं, संस्कृतियों, कबीलों, समुदायों, धर्मों आदि कई कारकों पर आधारित विविधता है। जब इन अस्मिताओं की क्षेत्र विशेष में बहुलता होती है तो प्रादेशिकता को प्रोत्साहन मिलता है। इसके अतिरिक्त क्षेत्रीय स्तर पर वंचित होने का अहसास भी प्रादेशिकता की भावना को भड़काता रहता है।

प्रादेशिकता की भावना के कारण राज्य प्रायः केन्द्र से अधिक से अधिक स्वायत्तता की मांग करते रहे हैं। इसके अतिरिक्त केन्द्र द्वारा राज्यों के मामलों में बढ़ते हस्तक्षेप के कारण भी प्रादेशिकता की भावना बढ़ी है। देश की स्वतंत्रता के उपरान्त राज्य का दर्जा देकर क्षेत्रीय अस्मिता को स्थान देने के विभिन्न चरण रहे हैं। इन चरणों में तीन स्पष्ट तरीके दिखते हैं-

पहला, 1950 तथा 1960 के दशकों में तीव्र सजातीय आन्दोलन, जो प्रायः हिंसात्मक हो उठते थे। केन्द्र सरकार द्वारा किसी क्षेत्र को राज्य का दर्जा देने का कारण बने, भारत के दक्षिण में आन्ध्र प्रदेश को राज्य का दर्जा मिलने के साथ इस प्रकार की प्रक्रिया का आरम्भ हुआ।

दूसरा, 1970 तथा 1980 के दशकों में पुनर्गठन का मुख्य केन्द्रबिन्दु था भारत का पूर्वोत्तर भाग। इन क्षेत्रों के पुनर्गठन का आधार अलगाववाद और राज्य का दर्जा पाने के लिए किया गया कबीलाई विद्रोह था।

तीसरा, तीन नये राज्यों (जो वर्ष 2000 में बने) मध्य प्रदेश से छत्तीसगढ़, बिहार से झारखण्ड तथा उत्तर प्रदेश से उत्तराखण्ड के अलग होने का मुख्य कारण क्षेत्रीय असमानताओं को कम कर विकास को गति देना था।

वर्तमान में नए राज्यों को बनाने की मांग उनके क्षेत्रों को उन्नति एवं विकास की प्रक्रिया के दौरान नजरअंदाज कर दिए जाने के कारण उभरी है, जैसे-आन्ध्र प्रदेश में तेलंगाना (वर्तमान में तेलंगाना अलग राज्य बन चुका है।), महाराष्ट्र में विदर्भ, उत्तर प्रदेश में बुन्देलखण्ड, हरित प्रदेश और पूर्वांचल, पश्चिम बंगाल में गोरखालैण्ड तथा असम में बोडोलैण्ड की मांग हो रही है।

सामान्य अध्ययन मुख्य परीक्षा

मॉडल अभ्यास प्रथम प्रश्न-पत्र 2

कुल अंक : 200 **समयावधि : 3 घण्टे**

खण्ड-1

निर्देश: *निम्नलिखित प्रत्येक प्रश्न का उत्तर 125 शब्दों से अधिक नहीं होना चाहिए। शब्द-विस्तार की अपेक्षा प्रश्नोत्तर की अन्तर्वस्तु अधिक महत्वपूर्ण है। सभी प्रश्नों के अंक समान हैं।*

Instruction: *Answer the following questions in not more than 125 words each. Content of the answers are more important than their length. All questions carry equal marks.* 10 × 8 = 80

प्रश्न-1 भारतीय राज्य ने पर्यावरण एवं विकास के बीच किस प्रकार समझौता स्थापित किया है?

उत्तर : भाग 4 में अनुच्छेद 48(i) के अंतर्गत राज्य को पर्यावरण संरक्षण हेतु एवं वन्य जीवों की रक्षा हेतु निर्देश दिए गए हैं। इन निर्देशों का पालन करने हेतु भारत सरकार ने 9वें दशक के बाद संपोष्य विकास की नीति को अपनाया।

इस संदर्भ में कृषि के आधुनिकीकरण एवं औद्योगिक व्यवस्थाओं को पर्यावरण मैत्री बनाने हेतु विशेष प्रावधान किए गए। इसी के अंतर्गत स्थानांतरित कृषि पर रोक तथा ''झूमिंग प्रथा'' को निषिद्ध घोषित किया गया है। पर्यावरण संरक्षण तथा वन्य जीव संरक्षण इसी के विस्तार हैं। सामाजिक वानिकी भी पर्यावरण एवं विकास के मध्य संयोजन स्थापित करने का एक प्रयास है।

प्रश्न-2 भारत में नागरिक समाज (सिविल सोसाइटी) के प्रयास से विधायन के क्षेत्र में उत्पन्न नए समीकरण को समझाइए।

उत्तर : नागरिक समाज एवं विधायन के मध्य सहयोगात्मक संबंध संसदीय शासन व्यवस्था की विशेषता है। इसी आधार पर संसद के विभिन्न समितियों में गैर निर्वाचित व्यक्तियों को आमंत्रित किया जाता है।

- विधायन एवं नागरिक समाज के मध्य सहयोग एवं गतिरोध पर विवाद लोकपाल विधेयक के संदर्भ में देखने को मिलता है।
- जन लोकपाल के मसौदे को यथावत स्वीकार कर लेने पर विधायन के क्षेत्र में संसदीय सम्प्रभुता का ह्रास होता है। और न स्वीकार करने पर सरकार की स्वच्छन्दता प्रकट होती है।
- भारतीय संसदीय व्यवस्था में ''आंरगक'' (सरकार को किसी विधेयक का प्रारूप सिविल सोसाइटी द्वारा दिया जाना) जैसी किसी प्रथा की नहीं अपनाया गया है।

अतः वैधानिक रूप से नागरिक समाज को विशेष प्रकार के विधायन हेतु सरकार पर दबाव डालने का अधिकार नहीं है।

प्रश्न-3 दामोदर घाटी परियोजना की चर्चा करें।

उत्तर: यह देश की प्रथम नदी घाटी परियोजना है, जो मध्य भारत के छोटा नागपुर क्षेत्र की दामोदर नदी पर निर्मित है। इस परियोजना की नींव केन्द्र सरकार, बिहार व पश्चिम बंगाल सरकारों के संयुक्त प्रयास से वर्ष 1946 में रखी गई है। बाढ़ की विभीषिका के कारण दामोदर नदी को बंगाल का शोक कहा जाता था। इस परियोजना का मूल उद्देश्य बाढ़ नियंत्रण था। इस परियोजना के अन्य महत्वपूर्ण तथ्य हैं-

- तिलैया बांध दामोदर की सहायक बराक नदी पर हजारीबाग जिले में अवस्थित है।
- मैथन बांध बराक नदी व दामोदर नदी के संगम पर बना है।

- कोनार बांध, दामोदर नदी की सहायक नदी कोनार नदी पर अवस्थित है। यह बांध बोकारो विद्युत संयंत्र को जल उपलब्ध करने में सहायक है।
- पंचेत बांध, दामोदर नदी पर मानमून जिले में निर्मित किया गया है।
- देश के कुल कोयला निक्षेप का 60 प्रतिशत भाग दामोदर घाटी में ही निहित है। अर्थात् रामगढ़ कर्णपुरा, बोकारो, झरिया, रानीगंज, नामक कोयला क्षेत्र इस नदी घाटी में स्थित है।
- इसमें रानीगंज देश का सबसे बड़ा कोयला क्षेत्र है, जबकि झरिया कोयला उत्पादन क्षेत्र है।
- दामोदर नदी झरिया कोयला क्षेत्र के मध्य से होकर गुजरती है।

प्रश्न-4 भारतीय संस्कृति क्या है? इसके अभिलक्षणों को समझाइये।

उत्तर: संस्कृति शब्द संस्कृत भाषा से लिया गया है। संस्कृत और संस्कृति दोनों ही शब्द संस्कार से बने हैं। संस्कार का अर्थ है कुछ कृत्यों या अनुष्ठानों को सम्पन्न करना। एक हिंदू जन्म से ही अनेक प्रकार के संस्कार करता है जिसमें उसे विभिन्न प्रकार की भूमिकाएं निभानी पड़ती हैं। संस्कृति का अर्थ होता है-विभिन्न संस्कारों के द्वारा सामूहिक जीवन के उद्देश्यों की प्राप्ति। यह परिमार्जन की एक प्रक्रिया है। संस्कारों को सम्पन्न करके ही व्यक्ति सामाजिक प्राणी बनता है। किसी भी देश के अंदर निवास करने वाले नागरिक, समुदाय के सदस्य अपने अनुसार रहन-सहन, धर्म, ज्ञान विज्ञान, कला, साहित्य रीति-रिवाज और खान-पान के तौर तरीके और उनके आदर्श सत्कार इत्यादि के बेहतर सामंजस्य और सहयोग को संस्कृति कहा जाता है। प्राय: लोगों द्वारा यह कहते हुए सुना जाता है कि हमारी संस्कृति का इतिहास गौरवशाली है और हमारी संस्कृति समृद्ध है। देश के विकास क्रम में लगातार इस संस्कृति पर विभिन्न प्रकार के प्रभाव परिलक्षित होते हैं। यह प्रभाव सकारात्मक और नकारात्मक दोनों प्रकार से दिखाई देते हैं। उदारीकरण और वैश्वीकरण के बावजदू भारतीय संस्कृति की जड़ें इतनी मजबूत है कि उसका प्रभाव संस्कृति पर धीरे-धीरे पड़ रहा है। अर्थात कह सकते हैं कि वैश्वीकरण के इस युग में भारतीय संस्कृति पर इसके प्रभाव छन-छन कर आ रहे हैं।

प्रश्न-5 प्रादेशिकता/क्षेत्रवाद की बढ़ती हुई भावना, पृथक राज्य की मांग का प्रमुख कारण है। विवेचना कीजिए।

उत्तर: प्रादेशिकता की जड़ भारत की भाषाओं, संस्कृतियों, कबीलों, समुदायों, धर्मों आदि कई कारकों पर आधारित विविधता है। जब इन अस्मिताओं की क्षेत्र विशेष में बहुलता होती है तो प्रादेशिकता को प्रोत्साहन मिलता है। इसके अतिरिक्त क्षेत्रीय स्तर पर वंचित होने का अहसास भी प्रादेशिकता की भावना को भड़काता रहता है।

प्रादेशिकता की भावना के कारण राज्य प्राय: केन्द्र से अधिक से अधिक स्वायत्तता की मांग करते रहे हैं। इसके अतिरिक्त केन्द्र द्वारा राज्यों के मामलों में बढ़ते हस्तक्षेप के कारण भी प्रादेशिकता की भावना बढ़ी है। देश की स्वतंत्रता के उपरान्त राज्य का दर्जा देकर क्षेत्रीय अस्मिता को स्थान देने के विभिन्न चरण रहे हैं। इन चरणों में तीन स्पष्ट तरीके दिखते हैं-

पहला, 1950 तथा 1960 के दशकों में तीव्र सजातीय आन्दोलन, जो प्राय: हिंसात्मक हो उठते थे। केन्द्र सरकार द्वारा किसी क्षेत्र को राज्य का दर्जा देने का कारण बने, भारत के दक्षिण में आन्ध्र प्रदेश को राज्य का दर्जा मिलने के साथ इस प्रकार की प्रक्रिया का आरम्भ हुआ।

दूसरा, 1970 तथा 1980 के दशकों में पुनर्गठन का मुख्य केन्द्रबिन्दु था भारत का पूर्वोत्तर भाग। इन क्षेत्रों के पुनर्गठन का आधार अलगाववाद और राज्य का दर्जा पाने के लिए किया गया कबीलाई विद्रोह था।

तीसरा, तीन नये राज्यों (जो वर्ष 2000 में बने) मध्य प्रदेश से छत्तीसगढ़, बिहार से झारखण्ड तथा उत्तर प्रदेश से उत्तराखण्ड के अलग होने का मुख्य कारण क्षेत्रीय असमानताओं को कम कर विकास को गति देना था।

वर्तमान में नए राज्यों को बनाने की मांग उनके क्षेत्रों को उन्नति एवं विकास की प्रक्रिया के दौरान नजरअंदाज कर दिए जाने के कारण उभरी है, जैसे-आन्ध्र प्रदेश में तेलंगाना (वर्तमान में तेलंगाना अलग राज्य बन चुका है।), महाराष्ट्र में विदर्भ, उत्तर प्रदेश में बुन्देलखण्ड, हरित प्रदेश और पूर्वांचल, पश्चिम बंगाल में गोरखालैण्ड तथा असम में बोडोलैण्ड की मांग हो रही है।

प्रश्न-6 उत्तरप्रदेश की मिट्टी की संरचना का वर्गीकरण करें।

उत्तर: उत्तर प्रदेश राज्य भारत का चौथा सबसे बड़ा राज्य है, जिसके कारण यहां मृदा में व्यापक अंतर देखने को मिलता है। जैसे-प्रदेश के **पश्चिमी क्षेत्र में** सहारनपुर, मेरठ, मुजफ्फनगर, बिजनौर, मुरादाबाद, पीलीभीत, बरेली जिले में एक तरह की मिट्टी है। यहां की मिट्टी अधिकांश गहरी भूरी और कहीं पर चिकनी है और कहीं-कहीं उसमें बालू भी मिली है। यह मिट्टी छिछली है, इसमें कंकड़ पत्थर काफी पाये जाते हैं। सामान्यत: यह मिट्टी अम्लीय है। प्रदेश के **केन्द्रीय क्षेत्र** में खीरी, हरदोई, लखनऊ, बाराबंकी, सीतापुर, आजमगढ़, कानपुर के आसपास चिकनी और बलुई चिकनी मिट्टी है, जिसमें थोड़ा अम्ल भी है। प्रदेश के पूर्वी क्षेत्र में गोरखपुर, बस्ती, महाराजगंज, सिद्धार्थनगर तथा गोण्डा क्षेत्र में दो प्रकार की मिट्टियाँ पायी जाती हैं, मिट्टी चिकनी और बलुई चिकनी। इसमें चूना अपेक्षाकृत कम होता है। शुष्कतर भागों में जैसे-अलीगढ़, मैनपुरी, कानपुर, सीतापुर, उन्नाव, एटा, इटावा, रायबरेली और लखनऊ की मिट्टी ऊसर तथा रेत से प्रभावित है। प्रदेश के झांसी तथा चित्रकूट धाम मण्डल, मिर्जापुर जिले एवं इलाहाबाद की करछना व मेजा तहसील, वाराणसी की चकिया तहसील में मिश्रित लाल और काली मिट्टी पायी जाती है। काली मिट्टी चिपचिपी तथा कैल्केरिया युक्त और उर्वरा युक्त होती है। भीगने पर फैलती है और सूखने पर सिकुड़ती है। इन जिलों के ऊपरी पठारी भागों में लाल मिट्टी पायी जाती है। इस प्रकार गंगा, यमुना दोआब क्षेत्र में स्थित प्रदेश उत्तर प्रदेश में मृदा की विविधता होने के बावजूद यह प्रदेश कृषि पर आधारित है।

प्रश्न-7 वैश्वीकरण के पश्चात केन्द्र-राज्य वित्तीय संबंधों में आए बदलाव पर प्रकाश डालिए।

उत्तर : वैश्वीकरण दूरी एवं सीमा का ऐसा संकुचन है, जो पूंजी उत्पाद एवं सेवा के अबाध प्रवाह पर बल देता है।

- विदेशी पूंजी निवेश को आकर्षित करने का द्वार राज्यों के लिए वैश्वीकरण को खोल दिया है-
  1. निर्यात के माध्यम से
  2. बाह्य अवसंरचना के विकास के माध्यम से
- वैश्वीकरण से आयात-निर्यात शुल्क को कम या समाप्त किया है।
- वैश्वीकरण ने सरकारी प्रभुत्व की समाप्ति के माध्यम से राज्यों को विशेष अवसर प्रदान किया है।
- वैश्वीकरण ने राज्यों को केन्द्र के साथ सुदृढ़ प्रतिस्पर्द्धा की स्थिति में ला दिया है।

प्रश्न-8 वैश्वीकरण के युग में वर्णित समाजवाद की प्रासंगिकता पर प्रकाश डालिए?

उत्तर : वैश्वीकरण ने भारतीय राजनीतिक व्यवस्था को प्रत्यक्षत: मिश्रित अर्थव्यवस्था के स्थान पर पूंजीवादी अर्थव्यवस्था की ओर अग्रसर कर दिया गया है। सरकारी उद्योगों का विनिवेश या विभिन्न उद्योगों में सरकारी अंशदान का कम किया जाना इसी का प्रतीक है।

अत: वैश्वीकरण के परिणामस्वरूप सरकारी उपक्रमों, उद्योगों एवं सेवाओं के क्षेत्र में कमी आयी है। इसके परिणामस्वरूप लोक कल्याण के लिए राज्य को प्राप्त अवसरों की सीमा सुनिश्चित होगी।

वैश्वीकरण ने उदारीकरण एवं निजीकरण के माध्यम से जिस प्रतिस्पर्द्धातमक उद्योग व संस्कृति को जन्म दिया है, उसमें लोक कल्याणकारी कार्यों की उपेक्षा हो रही है। तथापि विधिक रूप से आज भी भारतीय संघ लोक कल्याणकारी कार्यों को संचालित करने के लिए उसी प्रकार संप्रभु है, जिस प्रकार 1991 से पहले थी। व्यावहारिक स्तर पर निश्चय ही वैश्वीकरण ने प्रस्तावना में निहित समाजवादी लक्ष्य को विस्थापित नहीं तो शिथिल अवश्य कर देता है।

प्रश्न-9 जाति आधारित जनगणना समता एवं बंधुता के उत्थान हेतु सहायक है?

उत्तर : भारतीय संविधान में विधि के समक्ष समानता के अधिकार के कारण जाति, धर्म, लिंग, निवास स्थान इत्यादि के आधार पर होने वाले भेदभाव का निषेध किया गया है। किंतु, पिछड़े तबकों के उत्थान के लिए जातिगत कारकों को आधार बनाया गया है। अत: जाति आधारित सांख्यिकी सरकार के पास उपलब्ध होना आवश्यक है। इस प्रेरणा के आधार पर ही 2011 की जनगणना को अन्य विभिन्न कारकों के साथ जातिगत आधार पर सम्पन्न किया जाता है।

भारतीय राजनीति में व्याप्त जातिगत तत्वों की सक्रियता को देखते हुए यह आशंका व्यक्त की जा रही है कि अब तक जातियों ने अपने संख्या बल से प्रमाणित रूप से नहीं जान पाये हैं। किंतु, यह जनगणना उनके अपनी संख्या बल के आधार पर राजनीतिक सौदेबाजी के लिए प्रेरणा प्रदान करेगी।

अत: जातिगत रूझान की मतदान व्यवहार एवं प्रशासनिक सुविधाओं को प्रदान करने में तथा राजनीतिक लाभों के आवंटन में और भी प्रबल हो जाने की संभावना है। यह हमारे संविधान की प्रस्तावना में वर्णित समानता, बंधुत्व, व्यक्ति की गरिमा एवं राष्ट्र की एकता तथा अखंडता को नकारात्मक रूप से प्रभावित कर सकती है।

प्रश्न-10 शहरीकरण क्या है?

उत्तर: शहरी क्षेत्रों का भौतिक विस्तार (क्षेत्रफल, जनसंख्या आदि का विस्तार) शहरीकरण (URBANISATION) कहलाता है। यह एक वैश्विक परिवर्तन है। संयुक्त राष्ट्र संघ की परिभाषा के अनुसार, ग्रामीण क्षेत्रों के लोगों का शहरों में जाकर रहना और काम करना भी शहरीकरण है। पूरे संसार की बात करें तों शहरीकरण की प्रक्रिया भिन्न-भिन्न रही है। कई देश जो प्राचीन काल में नगरीकरण की दौड़ में आगे थे, अब औद्योगिक एवं उदारीकरण के काल में पीछे हैं जबकि कुछ देश जहाँ नगरीकरण की प्रक्रिया बाद में शुरू हुई वो इस दौड़ में आगे हो गये। वास्तव में यह बदलाव न केवल सामाजिक, आर्थिक और राजनैतिक तथ्यों से जुड़ा है बल्कि विकास व नवाचार को अपनाने व विकसित करने से भी जुड़ा है। विकसित देशों में जहाँ शहरीकरण चरम पर है वहीं विकासशील देश अभी इस प्रक्रिया में तेजी लाने में जुटे हुए हैं, जबकि अल्प विकसित देशों में नगरीकरण का घोर अभाव है।

वास्तव में, शहरीकरण को मानव जमघट के रूप में नहीं देखा जाना चाहिए क्योंकि संविधाओं के अभाव में शहरीकरण एक कोरी कल्पना मात्र है। इन शहरी सुविधाओं का अर्थ काल और स्थान के विकास के परिप्रेक्ष्य में बदलता रहता है। आज विकसित देशों में जहाँ पार्किंग, मॉल, पार्क व मनोरंजन स्थल आदि को शहरी सुविधाओं में शामिल किया जा चुका है वहीं भारत जैसे विकासशील देश में बिजली, पानी, शौचालय, परिवहन जैसी बुनियादी सुविधाओं का घोर अभाव है।

खण्ड-2

निर्देश: *निम्नलिखित प्रत्येक प्रश्न का उत्तर 200 शब्दों से अधिक नहीं होना चाहिए। शब्द-विस्तार की अपेक्षा प्रश्नोत्तर की अन्तर्वस्तु अधिक महत्वपूर्ण है। सभी प्रश्नों के अंक समान हैं।*

Instruction: *Answer the following questions in not more than 200 words each. Content of the answers are more important than their length. All questions carry equal marks.* 12 × 10 = 120

प्रश्न-1 कैबिनेट मिशन योजना के मुख्य प्रावधानों पर चर्चा कीजिए। समूह खंड पर कांग्रेस और मुस्लिम लीग के बीच मुख्य अर्न्तविरोधों को स्पष्ट कीजिए?

उत्तर: मुस्लिम लीग और कांग्रेस के बीच परस्पर बढ़ते विरोध और युद्धोपरांत परिस्थितियों की जटिलता के समाधान के लिए एक कैबिनेट मिशन भेजा गया। जिसके मुख्य प्रावधान थे।

1. कैबिनेट मिशन योजना में त्रिस्तरीय सरकार बनाने का प्रावधान था। जिसमें सबसे नीचे प्रांत, बीच में प्रांतों का समूह और उच्चतम स्तर पर एक केन्द्र सरकार थी।
2. भारत को डोमिनियन स्टेट का दर्जा मिला। संघीय स्तर पर प्रांतीय विधानसभाओं से अप्रत्यक्ष तौर पर चुने हुए सदस्यों द्वारा एक संविधान सभा के निर्माण का प्रावधान था। जो भारत के लिए संविधान की रूप रेखा बनाये।
3. प्रांतों के समूह को तीन वर्गों में विभाजित किया गया। पहले समूह 'ए' में हिन्दू बहुल प्रांतों को रखा गया और समूह 'बी' व समूह 'सी' में क्रमश: मुस्लिम बहुल व हिन्दू व मुस्लिम दोनों को शामिल किया गया।
4. प्रांतों के समूहन द्वारा एक अखंडित केन्द्रीय सरकार की पेशकश की गई जिसमें केन्द्र के पास कुछ सीमित विषयों जैसे विदेश विभाग, संचार और रक्षा विभाग दिए गये। शेष विषयों पर प्रांत स्वायत्त थे।

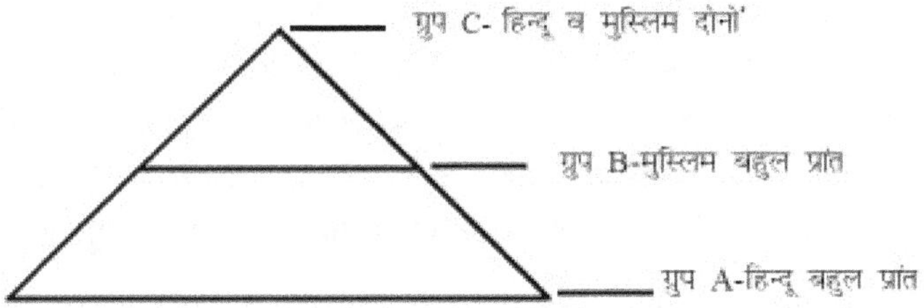

5. अगर कोई प्रांत चाहे तो संविधान सभा द्वारा निर्मित संविधान स्वीकार ना करे या अन्य प्रांतों के साथ समूह बनाकर अलग संविधान का निर्माण कर सकता है।
6. इसमें पाकिस्तान की मांग अस्वीकार कर दी गयी।
7. देशी रियासतों पर से ब्रिटिश परमसत्ता का समापन कर दिया गया। वह चाहे तो भारतीय संघ में शामिल हो सकती है अथवा अपना पृथक अस्तित्व रख सकती है।
8. एक अंतरिम सरकार की स्थापना का प्रावधान था जिसमें वायसराय के पद को छोड़कर सम्पूर्ण केन्द्रीय सरकार को भारतीयों को सौंप दिया जाना था।

जहां तक समूह खंड का प्रश्न है प्रारम्भ में कांग्रेस और मुस्लिम लीग दोनों ने इस प्रस्ताव को स्वीकार कर लिया। परन्तु जवाहर लाल नेहरू द्वारा कैबिनेट मिशन के समूहीकरण के प्रावधान को वैकल्पिक घोषित कर दिया गया। क्योंकि इस प्रावधान में विभाजन के बीज उपस्थित थे। जिसमें प्रांत अपना-अलग संविधान बना कर संघ से पृथक अस्तित्व स्थापित कर सकते थे। इस पर मुस्लिम लीग द्वारा कैबिनेट मिशन से पृथक होने की घोषणा कर दी गयी। क्योंकि लीग का मानना था कि अनिवार्य समूहकरण के अभाव में संघ शक्तिशाली हो जाएगा, जिस पर बहुसंख्यक हिन्दुओं का प्रभुत्व होगा। साथ ही कांग्रेस को आपत्ति थी कि इसमें धर्म को आधार बनाया गया था, जो भविष्य में साम्प्रदायिकता की समस्या को और गंभीर बना सकता था।

इस प्रकार कैबिनेट मिशन का सबसे महत्वपूर्ण प्रावधान समूह आधारित संघीय शासन की रूपरेखा प्रस्तुत करना था जिस पर कांग्रेस और मुस्लिम लीग की अलग-अलग धारणा ने मिशन को असफल कर दिया।

प्रश्न-2 1857 की क्रान्ति में उत्तर प्रदेश के योगदान की चर्चा करें।

उत्तर: 24 अप्रैल, 1857 ई. को मेरठ की देशी सेना ने नये कारतूसों को छूने से इन्कार कर दिया। इससे क्रुद्ध होकर छावनी के सैनिकों ने विद्रोह कर दिया; विद्रोही सैनिकों ने अंग्रेज अधिकारियों की हत्या कर दी। 11 मई, 1857 ई. को मेरठ के विद्रोही सैनिकों ने दिल्ली पर अधिकार कर भारत के पेंशनयाफ्ता वृद्ध सम्राट बहादुरशाह द्वितीय, जो अंग्रेजों द्वारा दयनीय स्थिति में रख दिये गये थे, को अपना शासक घोषित करते हुए उनके नेतृत्व में लामबंदी कर ली। विद्रोही सैनिकों ने दिल्ली में 6 सैनिकों तथा चार नागरिकों की एक मिली-जुली समिति 'जलसा' के नाम से गठित की, जिसने दिल्ली का प्रशासन अपने हाथ में ले लिया था। 1857 ई. के इस विद्रोह से सर्वाधिक प्रभावित क्षेत्र अवध और बुन्देलखण्ड था।

1857 ई. के इस विद्रोह में दोआब क्षेत्र ने भी सक्रिय योगदान किया था। 1857 ई. के इस विद्रोह में शीघ्र ही अलीगढ़, बरेली, लखनऊ, कानपुर, इलाहाबाद (अब 'प्रयागराज') को स्वतन्त्र कराने के बाद विद्रोही सैनिकों व जमीदारों ने वहां अपनी सरकारें स्थापित कर ली थी। 1857 ई. के इस महान् विप्लव में बरेली का प्रशासन 'खान बहादुर खान' नामक रोहिल्ला सैन्य अधिकारी ने ग्रहण कर लिया था। इसी क्रम में, जबकि कानपुर के प्रशासन 'नाना साहब' ने, इलाहाबाद ('प्रयागराज') का प्रशासन 'मौलवी लियाकत अली' अपने अधिकार में कर लिया था। 1857 ई. के इस महान् विप्लव का विस्तार इटावा, मैनपुरी, एटा, मथुरा, शाहजहांपुर, बदायूं, आजमगढ़, सीतापुर, लखीमपुर खीरी, बाराबंकी, वाराणसी, फैजाबाद, फतेहपुर, हाथरस, आदि छोटे-छोटे नगरों व कस्बों में हो गया था।

कानपुर (बिठूर) में नाना साहब विद्रोह का नेतृत्व कर रहे थे, उनके अधीन दस हजार सैनिक तथा कृषक अंग्रेजों के विरूद्ध संघर्षरत थे। लखनऊ में विद्रोह का नेतृत्व बेगम हजरतमहल कर रही थी, इसमें 50 हजार नागरिक बेगम हजरतमहल के नेतृत्व में संघर्षरत थे। कानपुर तथा लखनऊ में ब्रिटिश सैन्य अधिकारी कैम्पबेल, जनरल हैवलाक विन्डम ने विद्रोह को कुचलने का प्रयास किया था। 1857 के विद्रोह में तात्या टोपे विद्रोहियों के प्रमुख योद्धा थे। लगभग छः माह के कठिन संघर्ष के उपरान्त ही अंग्रेजों ने लखनऊ, कानपुर पर अधिकार करने में सफलता प्राप्त की थी।

मई 1857 ई. में अंग्रेजों ने बरेली पर पुनः अधिकार कर लिया था। झांसी में विद्रोह का नेतृत्व कर रही महारानी लक्ष्मीबाई के विद्रोह का दमन जनरल ह्यूरोज द्वारा किया गया। रानी लक्ष्मीबाई ने वीरता से संघर्ष करते हुए वीरगति प्राप्त की थी। 1 नवम्बर, 1858 ई. को ब्रिटेन की रानी विक्टोरिया ने अपने घोषणा पत्र में ब्रिटिश ईस्ट इण्डिया कम्पनी के हाथों से सत्ता अधिकृत कर ली तथा भारत में शान्ति की स्थापना की। 1857 का महान् विद्रोह अन्ततः असफल हो गया। 1857 के विद्रोह की असफलताओं से भावी राष्ट्रवाद के बीज अंकुरित हुए थे। उन्नीसवीं सदी के उत्तरार्द्ध में बनारस (अब वाराणसी) के भारतेन्दु हरिश्चन्द्र ने अपनी पत्रिका 'कवि वचन सुधा' में स्वदेशी आन्दोलन का समर्थन किया।

प्रश्न-3 भारत छोड़ो आन्दोलन (1942) से लेकर भारत स्वंत्रता अधिनियम (1947) तक के ऐतिहासिक विकास पर संक्षिप्त चर्चा कीजिए?

उत्तर: द्वितीय विश्वयुद्ध में भारतीयों को बिना उनकी सहमति के शामिल करने से ब्रिटिश विरोधी भावना तेजी से फैली। इसी समय आर्थिक व प्रशासनिक समस्याओं के क्रम में गांधीजी ने भारत छोड़ो आन्दोलन का सूत्रपात किया। इसके साथ ही भारत छोड़ने के लिए ब्रिटिशों पर अन्तर्राष्ट्रीय दबाव भी था। उग्र राष्ट्रीयता के रूप में आंतरिक दबाव भी थे। इसी क्रम में 1947 में भारत स्वतंत्रता अधिनियम आया। भारत छोड़ो आन्दोलन की घोषणा के साथ ही शीघ्रता से शीर्ष कांग्रेसी नेतृत्व के गिरफ्तार होने से यह स्वतः स्फूर्त आन्दोलन के रूप में विकसित हुआ। इस समय ब्रिटिश नौकरशाही का इस्पाती ढांचा भी टूटता नजर आ रहा था और स्थानीय नौकरशाही ने आन्दोलनकारियों का भरपूर समर्थन किया। द्वितीय विश्वयुद्ध में जापान का पूर्व की ओर विस्तार सैनिकों के साथ दुर्व्यवहार और खाद्यान्न संकट ने सम्पूर्ण भारत को ब्रिटिश विरोधी बना दिया। लेकिन फरवरी 1946 के नौसेना विद्रोह ने अंग्रजों को और कमजोर कर दिया।

वेवेल के अंतिम प्रयास द्वारा ब्रिटिश साम्राज्य को बचाने का प्रयास किया गया लेकिन 1945 के शिमला सम्मेलन में मुस्लिम लीग की जिद थी कि मुस्लिम सदस्य का मनोनयन वही कर सकती है। इसने सम्मेलन को असफल बना दिया। इस घटना ने एक ओर साम्प्रदायिकता व द्विराष्ट्र सिद्धान्त को मजबूत किया तो दूसरी ओर मुस्लिम लीग को निषेधाधिकार की शक्ति भी प्रदान कर दी। इस घटना क्रम से सी.आर. फार्मूला और देसाई-लियाकत समझौते भी असफल रहे।

मार्च 1946 में कैबिनेट मिशन आया, लेकिन इसने जिस तरीके से प्रांतों को समूहीकरण किया उसने एक ओर कांग्रेस को नाखुश किया तो दूसरी ओर स्पष्ट रूप से पाकिस्तान की मांग न मानने से मुस्लिम लीग भी इससे संतुष्ट नहीं हुई। इसी के प्रावधानों के तहत अंतरिम सरकार का गठन तो किया गया लेकिन मुस्लिम लीग के व्यवधान की नीति ने सरकार चलाना असंभव बना दिया।

अंततः भारतीय विभाजन पर आंतरिक व विदेशी जनमत बनने लगा। जून योजना के रूप में माउंटबेटन योजना आयी जिसमें भारत-पाक को अलग-अलग डोमिनियन स्टेट देने, दोनों की सीमा निर्धारण के लिए रेडक्लिफ आयोग गठित करने एवं उत्तर पश्चिम सीमाप्रांत एवं सिलहट में जनमत संग्रह कराने पर सहमति हुई। इसी आधार पर भारत स्वतंत्रता अधिनियम 1947 पारित हुआ जिसमें भारत और पाकिस्तान को स्वतंत्र राष्ट्र मान लिया गया, और वहां की संविधान सभाओं को अंतरिम सरकार के रूप में स्वीकार कर लिया गया।

प्रश्न-4 असहयोग आन्दोलन ने भारतीय आन्दोलन को किस प्रकार प्रभावित किया? यह आन्दोलन क्यों स्थगित किया गया?

उत्तर: अहसयोग आन्दोलन प्रथम अहसयोग आन्दोलन था जिसने राष्ट्रीय स्वतंत्रता संघर्ष को वास्तविक जनसंघर्ष बनाया। अहसयोग कार्यक्रम में सरकारी स्कूलों, कचहरियों का बहिष्कार करना, सरकारी उपाधियों को वापस करना तथा विदेशी वस्त्रों का बहिष्कार शामिल था। विभिन्न क्षेत्रीय मांगों व रचनात्मक कार्यक्रमों जैसे झगड़ों को निपटाने के लिए पंचायतों की स्थापना करना, गांवों में कांग्रेस कमेटियों की स्थापना करना, राष्ट्रीय स्कूलों और कालेजों की स्थापना, चरखे द्वारा निर्मित स्वदेशी वस्त्रों का प्रचार करना, कर अदायगी कानून, भाषायी आधार पर राज्यों का निर्माण, शराबबंदी और अंत में अस्पृश्यता का उन्मूलन जैसे मुद्दों को जोड़कर क्षेत्रीय आधार को विस्तृत किया गया।

असहयोग आन्दोलन में पहली बार ग्रामीण किसान, मजदूर, छात्र व महिलाएं आन्दोलन का हिस्सा बनी और इस प्रकार राष्ट्रीय आन्दोलन में वर्गीय भागीदारी को विस्तृत बनाया। इस आन्दोलन की अभिव्यक्ति लगभग पूरे देश में दिखलाई पड़ती है। यह अलग बात है कि विभिन्न क्षेत्रों में अलग-अलग स्थानीय मुद्दे प्रभावी रहे। स्वदेशी, बहिष्कार जेल भरो जैसे अभियानों के माध्यम से गांधीजी ने जनता के मन से ब्रिटिश सत्ता के भय को समाप्त किया। इसके साथ ही राष्ट्रीय शिक्षा, देशी उद्यमों के विकास से आत्मसम्मान, आत्मगौरव की भावना पुष्ट हुई। गरमपंथी-नरमपंथी रणनीति के समन्वय के साथ सत्याग्रह व अहिंसा जैसी गांधीवादी नीति में एक तरफ जनता का मनोबल बढ़ाया वहीं दूसरी ओर ब्रिटिश सरकार को विचित्र मन:स्थिति में डाल दिया कि वह कैसे अहिंसक आंदोलनकारियों पर बल प्रयोग करे। पहली बार इसी समय कांग्रेस ने प्रांत, जिला व ग्राम स्तर की समितियों का गठन किया गया और इस प्रकार अखिल भारतीय आन्दोलन को सुनियोजित और नियंत्रित तरीकों से चलाने की शक्ति प्रदान हुई। चूंकि यह आन्दोलन खिलाफत के प्रश्न को जोड़कर चला था इसलिए कुछ अपवादों जैसे मोपला विद्रोह को छोड़कर सामान्यत: हिन्दू मुस्लिम एकता की मिसाल कायम रही। इसको हम गांधीवादी रणनीति के रूप में भी देख सकते हैं। क्योंकि धर्म के आधार पर खिलाफत का समर्थन कर गांधीजी ने राजनीति में धर्म के प्रयोग का रास्ता निकाल लिया था।

तार्किक दृष्टि से विश्लेषण करें तो स्पष्ट है कि गांधीजी के पास आन्दोलन वापस लेने के सैद्धान्तिक और व्यावहारिक दोनों कारण थे। गांधीजी अहिंसक विचारधारा के थे। उनके लिए साधना की पवित्रता भी उतनी ही आवश्यक थी जितने कि साहस की। चूंकी चौरा-चौरी घटना के बाद आन्दोलन हिंसक हो गया इसलिए गांधीजी ने माना की जनसामान्य अभी अहिंसक आन्दोलन के लिए तैयार नहीं है। फलत: बारदोली प्रस्ताव से आन्दोलन वापस ले लिया गया। आन्दोलन स्थगित करने का एक अन्य कारण यह भी था कि गांधीजी इस बात को समझते थे कि कोई जन आन्दोलन लम्बे समय तक नहीं चलाया जा सकता है। जनसामान्य की कुछ मजबूरियां होती हैं। उसे विश्राम की आवश्यकता होती है। हिंसक होने से ब्रिटिश सरकार दमनकारी रणनीति का सहारा लेती जिससे जनता का मनोबल टूट सकता था। साथ ही अब भारतीयों के मध्य के अर्न्तविरोध पूंजीपति-श्रमिक, किसान-जमींदार के साथ हिन्दु-मुस्लिम तनाव उभर रहे थे। देश 1920 की मुद्रास्फीति से निकल चुका था और आर्थिक स्थिति ठीक हो रही थी जिससे जन असंतोष कम हो रहा था। इन परिस्थितियों को देखते हुए गांधीजी ने आंदोलन को टूटने से पहले चरम अवस्था पर देखते हुए वापस लेकर जनता का मनोबल कायम रखा। जिससे यह भविष्य में जन आंदोलन के लिए तैयार रहे। यह गांधीवादी दीर्घकालीन रणनीति का हिस्सा था।

प्रश्न-5 धर्म सुधार आन्दोलन ने किस प्रकार साम्प्रदायिकता के उदय में महत्वपूर्ण भूमिका निभायी? चर्चा कीजिए।

उत्तर: धर्म सुधार आन्दोलन में हिन्दू पुर्नरुत्थानवादी व मुस्लिम पुर्नरुत्थानवादियों ने जिन प्रतीकों का सहारा लिया व अपने-अपने अतीत का महिमामण्डन किया उसने कालान्तर में 'साम्प्रदायिकता' को गम्भीर समस्या का रूप खड़ा कर दिया। बाद में ब्रिटिश की ''फूट डालो और राज करो'' की नीति ने भी इस समस्या को गम्भीर बनाया।

हिन्दू धर्म सुधारवादियों ने अपनी सभी रुढ़ियों, कुरीतियों व पिछड़ेपन का कारण मध्ययुग को बताया। जब मुसलमानों का आगमन हुआ और समस्त समस्याओं का समाधान प्राचीन वेदकालीन जीवन शैली में ढूंढ़ा। इसके अलावा शक्ति के उपासना के प्रतीक के रूप में कालीपूजा, दुर्गापूजा, गणेश पूजा को अपनाया गया, शिवाजी को मुस्लिम आक्रांताओं पर विजय प्राप्त करने वाले जननायक के रूप में प्रस्तुत किया गया, इसी तरह अकबर के विरुद्ध महाराणा प्रताप को राष्ट्रीय नायक मानने से राष्ट्रीय साहित्य में भी साम्प्रदायिकता का विकास होता गया। उसके बाद आर्य समाज द्वारा प्रारम्भ की गयी ''शुद्धि'' व ''संगठन'' जैसी संस्थाओं ने तो वैज्ञानिक चिन्तन की जड़ खोद दी और अनजाने ही सम्प्रदायवाद से जुड़ता गया।

स्वाभाविक रूप से मुस्लिम सम्प्रदायिकतावादियों में इसकी प्रतिक्रिया हुई। उन्होंने भारत के साथ-साथ पश्चिम एशिया में इस्लामी उपलब्धियों के स्वर्ण युग की बात उठायी और उसके नायकों, मिथकों तथा सांस्कृतिक परम्पराओं की प्रशंसा शुरू की। बहावी आन्दोलन व देवबन्द से मुस्लिम कट्टर सम्प्रदायी तत्वों को बढ़ावा मिला और शुद्धि और संगठन की प्रतिक्रिया में मुस्लिम लीग और तंजीम जैसे संगठन बने।

यहां उल्लेखनीय है कि सांम्प्रदायिकता के विकास में धर्म सुधार आन्दोलनों की ही एकमात्र भूमिका नहीं थी। इसकी जड़ें उपनिवेशवाद के साथ-साथ सामाजिक-आर्थिक और राजनीतिक स्थितियों से भी जुड़ी थी, जैसे-मुसलमानों में एक जागरूक मध्यवर्ग का अभाव था, शिक्षा का अभाव, सरकारी नौकरियों एवं अन्य पेशों में मुसलमानों की न्यून भूमिका थी। देश की राजनीतिक, सामाजिक स्थिति ऐसी थी कि गरीब शोषितों पर जमींदारों-साहूकारों के अत्याचारों को मुसलमानों पर हिन्दुओं का अत्याचार बताया जाता।

इस प्रकार हम देखते हैं कि धर्म सुधार आन्दोलनकारियों द्वारा जाने-अनजाने में ही साम्प्रदायिकता के जिन बीजों का रोपण किया गया उसे पल्लवित-पुष्पित होने में ब्रिटिश सरकार ने अपना पूरा सहयोग दिया। 1872 में हंटर की पुस्तक ''द मुसलमान'' से शुरू की गयी ''बांटो और राज करो'' की नीति पृथक निर्वाचन मंडल से होती हुई द्विराष्ट्र सिद्धान्त के रूप में सामने आयी। जिसका परिणाम देश के विभाजन के रूप में सामने आया।

प्रश्न-5 तक्षशिला विश्वविद्यालय विश्व के प्राचीनतम विश्वविद्यालयों में से एक था जिसके साथ विभिन्न शिक्षण-विषयों (डिसिप्लिन्स) के अनेक विख्यात विद्वानी व्यक्तित्व सम्बन्धित थे। उसकी रणनीतिक अवस्थिति के कारण उसकी कीर्ति फैली, लेकिन नालंदा के विपरीत, उसे आधुनिक अभिप्राय में विश्वविद्यालय नहीं समझा जाता। चर्चा कीजिए।

उत्तर: तक्षशिला वर्तमान पाकिस्तान के पंजाब में रावलपिंडी से उत्तर पश्चिम की ओर बीस मील की दूरी पर सिंध तथा झेलम नदियों के बीच वर्तमान सरायकलां नामक रेलवे स्टेशन के निकट स्थित है। प्राचीन काल में अपने विश्वविद्यालय के लिए इसकी ख्याति दुनिया भर में फैली थी। व्याकरण के प्रसिद्ध विद्वान पाणिनि, राजनीति तथा अर्थशास्त्र के विद्वान चाणक्य (कौटिल्य) तथा आयुर्वेद चिकित्सा के प्रसिद्ध विद्वान आचार्य जीवक ने तक्षशिला विश्वविद्यालय में ही शिक्षा पाई थी। कुमारजीव जैसे प्रख्यात शल्य चिकित्सक इसी विश्वविद्यालय के छात्र थे। यहां उच्च शिक्षा के लिए काशी, कौशाम्बी, राजगृह, कोसल, मिथिला तथा उज्जैनी से छात्र अध्ययन के लिए आते थे। कोसल के राजकुमार प्रसेनजीत तथा मगध सम्राट बिम्बिसार के राजवैद्य व प्रख्यात चिकित्सक जीवक ने यहीं शिक्षा प्राप्त की थी। बावजूद इसके तक्षशिला विश्वविद्यालय को शिक्षा के क्षेत्र में वह ख्याति नहीं प्राप्त हो सकी जो आगे चलकर नालन्दा विश्वविद्यालय को सुलभ हुई। इसका मुख्य कारण कदाचित नालंदा विश्वविद्यालय के बौद्ध धर्म एवं संस्कृति के मुख्य स्तम्भ के रूप में स्थापित होना था, साथ ही अनेक प्रमुख शासकों द्वारा इसे प्रश्रय दिया जाना था।

नालन्दा विश्वविद्यालय वर्तमान बिहार प्रदेश की राजधानी पटना से 55 मील दक्षिण तथा राजगृह से सात मील उत्तर की ओर प्राचीन बड़ागांव में स्थित था। यह पांचवीं सदी से 11वीं सदी तक बौद्ध शिक्षा एवं धर्म का मुख्य केन्द्र बना

रहा। कुमारगुप्त (शक्रादित्य) ने पांचवीं सदी में इसकी नींव डाली थी तथा अन्य गुप्त सम्राटों तथा पुष्यभूति वंशीय सम्राट हर्ष तथा पाल शासकों ने इसकी उन्नति में बड़ा योगदान दिया। चीनी यात्री ह्वेनसांग के समय यह शिक्षा के उच्च शिखर पर पहुंच चुका था। ह्वेनसांग के अनुसार उस समय यहां शिक्षकों की संख्या एक हजार तथा छात्रों की संख्या दस हजार थी। यह पूरी तरह आवासीय विश्वविद्यालय था, जहां विद्यार्थियों के लिए आवास एवं भोजन की व्यवस्था निःशुल्क थी। प्राप्त साक्ष्यों के अनुसार ईसा की नवीं सदी में इसकी अंतर्राष्ट्रीय ख्याति थी। यहां एक विशाल पुस्तकालय था जो विशाल भवनों में बंटा था जिन्हें रत्न सागर, रत्नोदधि तथा रत्नरंजक कहते थे। अपनी इन्हीं विशिष्टिताओं के चलते नालंदा विश्वविद्यालय आज भी दुनिया के मस्तिष्क में मौजूद है। कदाचित इसी कारण भारत सरकार इसे एक बार फिर अन्तर्राष्ट्रीय विश्वविद्यालय के रूप में स्थापित करने का प्रयास कर रही है।

प्रश्न-7 बाल श्रम क्या है?

उत्तर : अन्तर्राष्ट्रीय श्रम संगठन के अनुसार वह काम जो बच्चों को उनके बचपन, उनकी क्षमता व उनकी गरिमा से वंचित करता है, बाल श्रम है। यह काम का द्योतक है जो बच्चों के लिए शारीरिक या नैतिक स्तर पर खतरनाक व हानिकारक है। यूनिसेफ के अनुसार 5 से 11 वर्ष के बच्चों द्वारा सप्ताह में कम से कम 1 घंटा आर्थिक गतिविधियां या 28 घण्टे का घरेलू कार्य तथा 12 से 14 वर्ष के आयु के बच्चों का सप्ताह में कम से कम 14 घण्टे आर्थिक गतिविधियां या न्यूनतम 42 घण्टे का घरेलू कार्य बाल श्रम है।

- पूँजी वादी वर्ग द्वारा अधिक लाभ की आशा द्वारा
- दास प्रथा के परिणाम स्वरूप
- सामंत वादी व्यवस्था के दौरान
- श्रम विभाजन श्रमिक वर्ग का विभाजन
- न्यूनतम लागत का सिद्धान्त
- अकुशल मजदूरों की मॉग

तथ्यों को नव समाज शास्त्रियों द्वारा 4 सिद्धान्तों में बांटा गया है।

1. **नवपुरातनवादी सिद्धान्त-** इसके अनुसार बच्चों को उपयोग व निवेश की सामग्री मानकर उनके श्रम का उपयोग आय बढ़ाने हेतु किया जाता है। यहाँ बच्चों को पढ़ाने का खर्च बचाकर श्रम कराने पर जोर दिया जाता है।
2. **सामान्यीकरण का सिद्धान्त-** इसमें उस पारिवारिक प्रक्रिया को शामिल किया जाता है जहाँ बच्चों को कृषि घरेलू उपयोग आदि में श्रम कराया जाता है।
3. **श्रम बाजार के विखण्डन का सिद्धान्त-** अविकसित देशों में पूँजीवादी उत्पादन व्यवस्था ने श्रम बाजार को दो हिस्सों में बाँटा है। बड़ा किसान एवं छोटा किसान, अथवा दस्तकार बाजार की यह टुटन मालिक-श्रमिक सम्बन्धों का आधार है।
4. **मार्क्सवादी सिद्धान्त-** मार्क्स ने कहा था कि बाल श्रम पूँजीवादी व्यवस्था का अंतिम अंग है। नयी तकनीक सस्ते व अकुशल मजदूरों की मांग करती है, और बेरोजगारी के कारण बच्चे भी औद्योगिक श्रमिकों के संचित दल का हिस्सा बन जाते हैं।

वर्ष 2011 की जनगणना के अनुसार भारत में बाल श्रमिकों की संख्या 43-5 मिलियन (5-14वर्ष की आयु वर्ग) थी हालांकि सरकार द्वारा किये जा रहे प्रयासों से यह संख्या कम होती जा रही है। भारत में बाल श्रम को बढ़ावा देने वाले कई सामाजिक-आर्थिक कारक हैं जिसकी वजह से भारत में बाल श्रमिक हैं।

प्रश्न-8 क्षेत्रवाद के क्या प्रभाव हैं?

उत्तर : क्षेत्रवाद के कारण देश का प्रत्येक क्षेत्र स्वयं को एक पृथक इकाई मान लेता है। ऐसे में यह सोच पाना कठिन हो जाता है कि कावेरी जल मुद्दे को लेकर कर्नाटक और तमिलनाडु के बीच का चरम विवाद किस प्रकार हल हो सकता है। तमिलों द्वारा हिन्दी भाषा का अकारण विरोध राष्ट्र एकता की भावना को किस प्रकार जन्म दे सकता है, यह सोच पाना कठिन कार्य है। वर्तमान में तो स्थिति यही है कि प्रत्येक क्षेत्र के निवासी अधिक अधिकारों तथा सुविधाओं की मांग को लेकर परस्पर शत्रुवत आचरण कर रहे हैं। प्रत्येक क्षेत्र दूसरे की तुलना में अपनी संस्कृति, अपनी भाषा तथा उपलब्धियों को सर्वोच्च सिद्ध करने का प्रयास के कारण केन्द्रीय सत्ता दुर्बल होती है और व्यवस्था एवं प्रशासन एक समस्या का रूप ले लेता है। यहीं समस्या आंतरिक सुरक्षा के लिए जिम्मेदार हो जाती है।

सामाजिक न्याय प्रजातांत्रिक भावना की आधारभूत शर्त है। यह तभी संभव है जब हर स्तर पर संकीर्ण हितों को छोड़ा जा सके, परंतु क्षेत्रीयता की भावना, प्रतिभा और कुशलता का मूल्यांकन नहीं होने देती। सम्बद्ध क्षेत्र में महत्वपूर्ण पदों पर कुशल व्यक्ति आसीन नहीं हो पाते। क्षेत्रीय आधार पर नियुक्त व्यक्ति अपने पद के अनुरूप भूमिका का निर्वाह करने में असफल रहता है। और इस प्रकार वह क्षेत्र बौद्धिक, आर्थिक तथा सांस्कृतिक क्षेत्रों में आगे बढ़ने से वंचित रह जाता है। विभिन्न क्षेत्रों में विद्वेषपूर्ण मनोवृत्तियों का विकास करने में क्षेत्रवाद एक प्रमुख समस्या सिद्व हुई है। किसी क्षेत्र के निवासी, जब क्षेत्रवाद के आधार पर कुछ विशेष सुविधाओं को प्रदर्शनों तथा आंदोलनों के द्वारा प्राप्त करने का प्रयत्न करते हैं तब दूसरे क्षेत्र में उनके विरूद्ध प्रतिक्रिया की जाती है। क्षेत्रीय आधार पर कारखानों का निर्माण, विश्वविद्यालयों की स्थापना, सीमा-रेखा विवाद, प्राकृतिक साधनों का बंटवारा तथा सरकारी अनुदान के संबंध में वर्तमान समय में जिस प्रकार विवाद बढ़ते जा रहे हैं, उससे क्षेत्रीय तनावों की स्थिति गंभीर बनती जा रही है। क्षेत्रवाद के कारण भारतीय समाज प्रगति की मात्रात्मक एवं गुणात्मक दौड़ में पिछड़ता जा रहा है। इसके आधार पर क्षेत्रीय असंतुलन की समस्या उत्पन्न हुई है। रचनात्मक प्रवृत्तियाँ बाधित हुई हैं, कार्य संस्कृति अवरूद्ध हुई है, हिंसक आंदोलनों ने गंभीर आर्थिक क्षति (सार्वजनिक संपत्ति को क्षति) पहुंचायी है। भाषावाद की समस्या एक क्षेत्र के प्रत्येक निवासी के जीवन से इस प्रकार जुड़ जाती है कि राष्ट्रीयता का वहाँ उतना महत्व नहीं रह जाता जितना क्षेत्र के प्रति अंध भक्ति का। इससे विभिन्न क्षेत्रों के बीच सांस्कृतिक सामाजिक संपर्क टूटने लगता है।

प्रश्न-9 वरिष्ठ नागरिक व उनकी समस्याओं के बारे में बताइए।

उत्तर : राष्ट्रीय वृद्धजन नीति 2007 के अनुसार 60 वर्ष या उससे ऊपर के नागरिकों को वरिष्ठ नागरिक माना जाता है। 80 वर्ष से ऊपर के नागरिक अतिवरिष्ठ नागरिक की श्रेणी में आते हैं। जनगणना 2011 के अनुसार इनकी संख्या 10.38 करोड़ थी जो कुल जनसंख्या का 8.5 प्रतिशत थी। जबकि 2001 में 7.5 प्रतिशत थी।

वरिष्ठ नागरिकों की संख्या का बढ़ता जीवन प्रत्याशी में सतत वृद्धि को दर्शाता हैं। जिसका कारण स्वास्थ सुविधाओं का बेहतर विस्तार है। मानव जीवन का सबसे अनुभवी पड़ाव वृद्धावस्था है। आश्रय प्रणाली में वानप्रस्थ एवं सन्यास आश्रम इस अवस्था का प्रतिनिधित्व करते हैं।

वृद्धजनों के अनुभवजन्य ज्ञान का हमें लाभ लेना चाहिए। इसलिए उनको समाज में उचित सम्मान दिया जाना आवश्यक है। क्योंकि ये हमारे परिवार समाज एवं राष्ट्र की धरोहर हैं। आधुनिक वैश्वीकरण एवं उपभोक्तावादी युग में वृद्धों या वरिष्ठ नागरिकों की समस्याएं बढ़ती जा रही हैं।

वरिष्ठ नागरिकों की समस्याएं- वरिष्ठ नागरिकों की समस्याओं को तीन भागों में वर्गीकृत किया जा सकता है।

1. आर्थिक समस्या-

- सेवानिवृत्ति के पश्चात आय का कम होना व रोजगार खोना।
- उनका सामाजिक दर्जा कम होना।
- आय की असुरक्षा।
- दवा आदि खरीदने में असक्षम।
- अपने छोटे-छोटे खर्चों के लिए दूसरों पर निर्भर रहना।

2. शारीरिक समस्याएं-

- पोषण की कमी।
- आवास की समस्या।
- आवागमन की समस्या।
- स्वयं की वस्तु आदि लाने में अक्षमता।

3. सामाजिक-मानसिक समस्याएं- बढ़ती उम्र के अनुसार शारीरिक एवं मानसिक परिवर्तन भी होते हैं। ये परिवर्तन कई प्रकार की समस्याएं लेकर आती हैं।

- अल्झाइमर रोग इसी अवस्था में आता हैं तब माता-पिता बच्चों को बोझ लगने लगते हैं।
- वृद्धजनों के साथ परिवार में किया जाने वाला दुर्व्यवहार।
- मौलिक आवश्यकताओं की पूर्ति न होना।
- अकेलेपन की समस्या।
- मानसिक एवं सामाजिक स्तर खोने से स्वयं को असफल महसूस करना।
- समय पर भोजन आदि प्राप्त न होना।
- देर से चिकित्सीय सहायता।

वृद्धावस्था का प्रभाव- इसका समाज एवं अर्थव्यवस्था दोनों पर प्रभाव पड़ता है। जैसे-

1. परिवारिक ढ़ांचों में बदलावों के कारण सकल परिवार की अवधारणा बढ़ रही है जहां वृद्धों को साथ में नहीं रखा जा रहा है।
2. वृद्धजनों की देख रेख के लिए परिवार में लोगों की कमी होती जा रही है इसका कारण सीमित परिवार हैं।
3. विधवा एवं असहाय महिलाओं को अधिक समस्या वृद्धावस्था में होती है।
4. स्वास्थ संबंधी कुछ ऐसी समस्याएं जिनसे शरीर के काम करने की क्षमता घटने लगती है।
5. गरीबी में वृद्धावस्था में अधिक समस्याएं होती हैं।

प्रश्न-10 भारत में साम्प्रदायिकता की स्थिति का विश्लेषण करें।

उत्तर : विसेंट स्मिथ (1948-1920) के अनुसार साम्प्रदायिकता की विचारधारा में व्यक्ति या समूह प्रत्येक धार्मिक समूह को एक पृथक सामाजिक राजनीतिक ईकाई मानता है। जिसके हित अन्य समूहों के हितों से अलग एवं विरोधी होते हैं। इस प्रकार सम्प्रदायवाद के लिए मनोवृत्ति उत्तरदायी है। देश में सम्प्रदायवाद के लिए उत्तरदायी अनेक कारण हैं जैसे-

1. **ऐतिहासिक कारक**-भारतीय इतिहास के प्राचीन काल से लेकर आधुनिक काल तक की साम्प्रदायिक घटनाएं भी वर्तमान में सम्प्रदायवाद को प्रोत्साहित करने का कार्य करती हैं जैसे-मध्यकाल में कुछ सल्तनत कालीन आक्रमणकारी तथा मुगलकाल में कुछ शासकों द्वारा दूसरे अन्य धर्मों के प्रति द्वेष की भावना जो आज के लोग किसी न किसी तर्क के माध्यम से जाग्रत करते हैं। ब्रिटिश शासन काल के दौरान फूट डालो शासन करो की नीति, 1905 का बंगाल विभाजन-1909 का मार्ले-मिंटो सुधार, 1916 का लखनऊ पैक्ट साम्प्रदायिकता के प्रमुख कारक रहे हैं।
2. **सांस्कृतिक भिन्नता**-भारत विविधता वाला देश है, यहां प्रत्येक मील बदलती हुई संस्कृति तथा सभ्यता पाई जाती है। एवं इस संस्कृति के प्रति लगाव की भावना तथा अपनी संस्कृति को अन्य की संस्कृति से श्रेष्ठ समझने की भावना प्रबल होती है। भारत में विश्व के लगभग सभी धर्मों का उदय एवं विकास हुआ है। जिनकी अपनी संस्कृति विकसित हुई है। आपसी द्वेष भावना ने भी सम्प्रदायवाद को बढ़ावा दिया है।

3. **धार्मिक असहिष्णुता**-भारत में हिन्दू, मुस्लिम, सिखाई, ईसाई, जैन, बौद्ध, एवं पारसी समुदाय के विभिन्न संस्कृतियों वाले लोग रहते है। धर्म गुरूओं तथा मठाधीशों द्वारा अपने धर्म की रक्षा के संदर्भ में दिए गए बयान भी धार्मिक असहिष्णुता पैदा करते है। जो भारतीय जनता को धर्म, जाति और भाषा इत्यादि के आधार पर बांटने का कार्य करते हैं।

4. **भौगोलिक कारक**-भारत की भौगोलिक एवं प्राकृतिक संरचना की विविधता जो यहां रह रहे लोगों की धर्म संस्कृति तथा रंग रूप एवं प्रजाति को प्रभावित करती है। यही विविधता कभी-कभी संघर्ष का रूप धारण कर लेती है। जैसे भारत में इण्डो आर्यन द्रविड़ियन, सीयो द्रविड़ियन, तुर्को ईरानियों की प्रजाति पाई जाती है। एक प्रजाति के लोग दूसरे प्रजाति के लोगों को तुच्छ एवं कमजोर समझते हैं जो सम्प्रदायवाद को बढ़ावा देती है।

5. **मनोवैज्ञानिक कारक**- ऐतिहासिक रूप से पनपी अलगाववाद की भावना हिन्दु-मुस्लिम दंगे, भारत विभाजन के दौरान हुए दंगे तथा स्वतन्त्रता पश्चात् भारत में हुए दगों के आधार पर व्यक्तियों में यह मनोवृत्ति घर कर गई है कि मुस्लिम या हिन्दु दोनों आपस में एक दूसरे का अहित देखते हैं; तथा जिस कारण व्यक्ति छोटे से छोटे घटना क्रम को धर्म या सम्प्रदाय विशेष से जोड़ने का प्रयास करता है। यही मनोवृत्ति भारत में साम्प्रदायिक दंगों का मूल कारण मानी जाती है।

6. **साम्प्रदायिक संगठन**-भारत में संघ बनाने की स्वतन्त्रता का सबसे नकारात्मक परिणाम यहीं रहा कि धर्म के आध ार पर पूरे देश में लगभग 11000 से अधिक संगठनों का निर्माण हो चुका है। जो धर्म के स्थान पर धर्मान्धिता, धर्म निरपेक्षता के स्थान पर रूढ़िवादिता तथा शिक्षा के स्थान पर तुष्टीकरण को बढ़ावा देते हैं। मुस्लिम-हिन्दु तथा सिक्ख धर्म के संगठन सर्वाधिक मात्रा में हैं। ये संगठन राजनैतिक दलों के साथ प्रत्यक्ष एवं अप्रत्यक्ष रूप से मिलकर साम्प्रदायिकता को बढ़ावा देते हैं।

7. **राजनीतिक स्वार्थ**-सम्प्रदाय वाद राजनीतिक स्वार्थ सिद्धी का मूल बन चुका है। इसने राजनीति में इस सीमा तक प्रभाव डाला है कि सम्पूर्ण समाज अल्पसंख्यक और बहुसंख्यक समुदायों में विभाजित ही नहीं हैं अपितु अल्प संख्यकों के साथ बहुसंख्यक भी स्वयं को असुरक्षित महसूस करने लगे हैं। पंजाब की समस्या, अयोध्या विवाद, गुजरात दंगे, मुस्लिम कट्टरवाद मज़हबी आतंकवाद और हिन्दुत्व का पुनः जागरण साम्प्रदायिक राजनीति की ही उपज है।

सामान्य अध्ययन मुख्य परीक्षा
मॉडल अभ्यास प्रथम प्रश्न-पत्र 3

कुल अंक : 200 **समयावधि : 3 घण्टे**

खण्ड-1

निर्देश: *निम्नलिखित प्रत्येक प्रश्न का उत्तर 125 शब्दों से अधिक नहीं होना चाहिए। शब्द-विस्तार की अपेक्षा प्रश्नोत्तर की अन्तर्वस्तु अधिक महत्वपूर्ण है। सभी प्रश्नों के अंक समान हैं।*

Instruction: *Answer the following questions in not more than 125 words each. Content of the answers are more important than their length. All questions carry equal marks.* $10 \times 8 = 80$

प्रश्न-1 वैश्वीकरण के क्या उद्देश्य हैं?

उत्तर : वैश्वीकरण की संकल्पना विश्व को परस्पर-निर्भर और एकीकृत बनाने के उद्देश्यों से परिचालित है। इसका पर्याय समग्र विश्व को एकीकृत करने और सीमायुक्त विश्व की रचना का है। इसके लिए यह वस्तुओं और सेवाओं के साथ-साथ संसाधनों और तकनीकी गतिशीलता पर जोर देता है। इसका उद्देश्य वस्तुओं और सेवाओं के संदर्भ में उत्पादन विशिष्टीकरण को प्रोत्साहन देना है, ताकि न्यूनतम लागत पर बेहतर गुणवत्ता वाली वस्तुओं को ग्राहकों के लिए सुनिश्चित किया जा सके और संसाधनों का इष्टतम और कुशलतम दोहन हो सके। साथ ही उत्पादकों के लिए विशाल और व्यापक वैश्विक बाजार का निर्माण और उन तक उनकी आसान पहुँच को सुनिश्चित किया जा सके। ऐसी स्थिति में उत्पादकों को वैश्विक स्तर पर प्रतिस्पर्धा का सामना करना पड़ेगा। इस प्रतिस्पर्धा में टिके रहने के लिए उन्हें तकनीकी उन्नयन, उन्नत प्रबंधन कौशल और विशिष्टता का विकारा करना हेगा। लेकिन विकसित देशों के परिप्रेक्ष्य में देखा जाये तो वैश्वीकरण का उद्देश्य विकासशील देशों के संसाधन के साथ-साथ उनके सस्ते श्रम और सस्ती उत्पाद-प्रणाली के साथ-साथ प्रबंधन व्यय का लाभ उठाकर न केवल लागत कम करना, वरन् अपनी लाभदायकता को बढ़ावा भी इनका उद्देश्य है।

प्रश्न-2 पंथनिरपेक्षतावाद के सकारात्मक और नकारात्मक पक्ष को समझाइए।

उत्तर : पंथनिरपेक्षतावाद के सकारात्मक और नकारात्मक पक्ष निम्नानुसार है-

नकारात्मक पक्ष-पंथनिरपेक्षतावाद धर्म के प्रचलित सामान्य अर्थ में इसका निषेध करता है। इसका तात्पर्य यह है कि सिद्धान्त के अनुसार राजनीति, कानून अर्थव्यवस्था शिक्षा, नैतिकता, प्रशासन आदि में धार्मिक दृष्टिकोण से नहीं, अपितु मानव कल्याण की दृष्टि से विचार किया जाना चाहिये। यह यूरोपियन संकल्पना के अधिक निकट है।

सकारात्मक पक्ष-पंथनिरपेक्षता वाद का सकारात्मक पक्ष 'सर्वधर्म समन्वय' पर आधारित है। भारतीय संकल्पना के अनुसार पंथनिरपेक्षता केवल शासन का सिद्धान्त ही नहीं अपितु राष्ट्रीय एकता का मूल मंत्र भी है। इस अवधारणा के अनुसार सरकार सभी धर्म या पंथ एवं धार्मिक संगठनों के साथ एक जैसा समान व्यवहार करती है। अत: सकारात्मक पक्ष में निम्न तत्वों का समावेश देखा जा सकता है। जैसे-मैक्स वेबर के अनुसार,

1. पथंनिरपेक्षता वाद धर्म के प्रति पूरी तरह तटस्थता के भाव के रूप में अभिव्यक्त नहीं होता अपितु यह धर्म के प्रकार्यात्मक पहलुओं को अपनाने की स्वीकृति देता है।

2. यह मनुष्य के जीवन में केवल धर्म का निषेध ही नहीं करता अपितु बौद्धिक तथा वैज्ञानिक उपायों द्वारा व्यापक अर्थ में मानव कल्याण के लिए मार्ग भी प्रशस्त करता हैं।
3. इसमें स्वतन्त्र बौद्धिक चिन्तन तथा विस्तृत वैज्ञानिक अनुसंधान को विशेष माना है।
4. मानव का सम्पूर्ण ज्ञान मूलतः उसके अनुभव और उसकी तर्क बुद्धि पर ही आधारित होता है।
5. धर्म को व्यक्ति की व्यक्तिगत मान्यता के रूप में स्वीकार करता है।

प्रश्न-3 आचार्य विनोबा भावे के भूदान व ग्रामदान आन्दोलनों के उद्‌देश्यों की समालोचनात्मक विवेचना कीजिए।

उत्तरः विनोबा भावे ने गांधीजी के आर्थिक विचारों को व्यवहारिक रूप में विकसित किया जिसका अर्थ था भूमि केवल कुछ ही लोगों के हाथ में न रहे। विनोबा भावे चाहते थे कि ग्रामीण धनाद्‌य अपनी जमीन का कुछ हिस्सा भूमिहीनों को स्वेच्छा से दे दें। भूदान आन्दोलन वर्ष 1951 में तत्कालीन आन्ध्र प्रदेश के तेलंगाना क्षेत्र में किसान विद्रोह के तुरन्त बाद प्रारम्भ किया गया था कुछ वर्ष बाद 1957 में 'ग्रामदान' के नाम से यह आन्दोलन प्रारम्भ हुआ। इसका उद्‌देश्य था प्रत्येक गांव में भूस्वामी तथा पट्‌टेदार अपनी भूमि के अधिकार को त्याग दें, तदुपरान्त सम्पूर्ण भूमि एक गांव सभा की सम्पत्ति हो जाती जिससे उसके सबके बीच तथा संयुक्त रूप से खेती करने का उद्‌देश्य प्राप्त किया जा सके। विनोबा भावे को आशा थी कि भूदान तथा ग्रामदान द्वारा भूमि का निजी स्वामित्व समाप्त किया जा सकेगा तथा उनका आन्दोलन भूमि के न्यायपूर्ण बंटवारे, खेतों को संयुक्त करने तथा उन पर संयुक्त खेती करने की प्रक्रिया को सुनिश्चित करेगा। विनोबा भावे ने यह आन्दोलन जमींदारों के विरूद्ध किसानों के क्रोध को शांत करने के लिए प्रारम्भ किया था। यह क्रोध तो तेलंगाना आन्दोलन में मुखर हुआ था।

विनोबा भावे तथा जयप्रकाश नारायण (जेपी) के मतभेद होने के कारण 1970 के दशक के शुरू में यह आन्दोलन बिखर गया। यह आन्दोलन गांवों में लोकतांत्रिक मूल्य नहीं उत्पन्न कर सका, बल्कि उससे पुराने सामंतवादी मूल्यों को ही बल मिला। परन्तु यह कहा जा सकता है कि इस आन्दोलन ने गांधीवादी सोच के तहत सामाजिक परिवर्तन लाने के प्रति लोगों को जाग्रत किया।

प्रश्न-4 स्मार्ट सिटी से क्या समझते हैं?

उत्तरः स्मार्ट शहर की अवधारणा 2008 में आईबीएम के ''स्मार्ट प्लैनेट इनिशिएटिव'' के साथ हुई थी। इस अवधारणा ने मुद्रा प्राप्त की और यूरोप, चीन और दक्षिण कोरिया के कई देशों ने भविष्य में उन्हें तैयार करने के लिए शहरों में भारी निवेश की योजना बनाई। एक स्मार्ट शहर की विशेषता शहरी क्षेत्र में आधुनिक तकनीकी आधारभूत संरचना, स्मार्ट ऊर्जा तक पहुंच, स्माट गतिशीलता, स्मार्ट सार्वजनिक उपयोगिता सेवाओं और अल्ट्रा फास्ट संचार नेटवर्क की विशेषता है। स्मार्ट शहर को दुनिया की पहले से ही चिंताजनक कार्बन समस्या में जोड़ना नहीं चाहिए। स्मार्ट शहर हर किसी को लाभ देता है – इसके निवासियों, व्यापारियों और सरकार सभी को।

स्मार्ट सिटी मिशन स्थानीय विकास को सक्षम करने और प्रौद्योगिकी की मदद से नागरिकों के लिए बेहतर परिणामों के माध्यम से जीवन की गुणवत्ता में सुधार करने तथा आर्थिक विकास को गति देने हेतु भारत सरकार द्वारा एक अभिनव और नई पहल है। इसका उद्देश्य ऐसे शहरों को बढ़ावा देने का है जो मूल बुनियादी सुविधाएं उपलब्ध कराएँ और अपने नागरिकों को एक सभ्य गुणवत्तापूर्ण जीवन प्रदान करे, एक स्वच्छ और टिकाऊ पर्यावरण एवं स्मार्ट समाधानों के प्रयोग का मौका दें। विशेष ध्यान टिकाऊ और समावेशी विकास पर है और एक रेप्लिकेबल मॉडल बनाने के लिए है जो ऐसे अन्य इच्छुक शहरों के लिए प्रकाश पुंज का काम करेगा। स्मार्ट सिटी मिशन ऐसा उदाहरण प्रस्तुत करने के लिए है जिसे स्मार्ट सिटी के भीतर और बाहर दोहराया जा सके।

प्रश्न-5 फांसीवाद सिद्धांत क्या है? इसके विरोध के क्या कारण थे?

उत्तर : फासीवाद 'फैसियो' शब्द से बना है जिसका अर्थ 'लकड़ी का गट्ठर' होता है, इस शब्द का चुनाव अनुशासन एवं एकता के प्रतीक के रूप में किया गया। मुसोलिनी एवं फासीवाद का मानना था कि किसी राज्य का मुख्य उद्देश्य राष्ट्र को शक्तिशाली बनाना था न कि किसी व्यक्ति का कल्याण करना। व्यक्ति का कर्त्तव्य है कि वह राज्य में रहकर अपने कर्त्तव्यों का पालन करें। राज्य के बाहर व्यक्ति का कल्याण संभव नहीं हैं, अत: व्यक्ति को उतनी ही स्वतंत्रता मिलनी चाहिए, जो राज्य के विकास में बाधक न हो। वस्तुत: इसका आधार था फासीवाद को राष्ट्र के आदर्श के रूप में स्थापित करना और उसके तहत शक्ति हितों को संचालित करना। जनतंत्र पश्चिमी यूरोप के कुछ धनी देशों के आमोद-प्रमोद का साधन है, जनमत का कुछ महत्व नहीं होता बल्कि नेता का आदेश ही सर्वोपरि होता है। फासीवादी सरकार ने इसी विचारधारा के तहत निर्वाचन प्रक्रिया का अन्त कर दिया। समाचार पत्रों पर प्रतिबंध लगाकर विचार एवं अभिव्यक्ति की स्वतंत्रता को प्रतिबंधित कर दिया गया।

विरोध के कारण

साम्यवाद:

(1) इतिहास निर्माण का आधार अर्थ की सत्ता के कारण होने वाला द्वंद्व है।

(2) वर्ग संघर्ष सिद्धांत का समर्थक।

फासीवाद:

(1) इतिहास निर्माण का आधार राजनीतिक घटनाएं हैं।

(2) वर्ग सहयोग पर बल।

स्वतंत्र व्यापार का विरोध

सरकारी हस्तक्षेप में व्यापार, जिससे मजदूर-पूँजीपति वर्गों के हितों के मध्य समन्वय संभव होगा।

प्रश्न-6 धर्मनिरपेक्षता के बारे में बताइए।

उत्तर : विभिन्न धर्मों व सम्प्रदायों का जन्म भारत में हुआ तथा यहां विदेशी शासकों के आवागमन के कारण उनके साथ विभिन्न धर्मों का आवागमन हुआ। इन धार्मिक समुदायों में परस्पर प्रतिस्पर्धा व वैमनस्यता को समाप्त करके सहिष्णुता व सामंजस्य स्थापित करने के लिए भारतीय संविधान में धार्मिक स्वतंत्रता को स्थान दिया और भारत में पंथनिरपेक्ष राज्य की स्थापना की गई। यह ऐसी स्थिति है जिसका संबंध लोक से हो, परलोक से नहीं। यह नैसर्गिक नैतिकता पर आधारित आचार व्यवस्था की द्योतक है इसलिए इसे लौकिकवाद भी कहा जाता है। यह विचारधारा घटनाओं या समस्याओं या तथ्यों का निर्धारण धर्म, परम्परा, प्रथाओं के स्थान पर बुद्धि संगतता (तर्कसंगतता) या विवेक के आधार पर करती है। पंथनिरपेक्षता को लेकर सैद्धान्तिक एवं व्यावहारिक दृष्टि से अनेक भ्रम एवं मतभेद व्याप्त है। सेक्युलर शब्दावली पश्चिमी अवधारणा है जिसका वास्तविक अर्थ धर्म (चर्च) और राज्य की पृथकता है। इस प्रकार धर्म या पंथ एवं उसकी संस्थाओं का राज्य या सरकार से अलगाव (पृथक्करण) को सेक्युलर कहा जाता है। इस प्रकार सेक्युलरवाद से तात्पर्य नास्तिकवाद कदापि नहीं है। भारतीय समाज में यह अवधारणा लागू नहीं होती क्योंकि यहां धर्म कण कण में समाया हुआ है और हमारे जीवन का अहम अंग है तथा धर्म को जनजीवन से पृथक नहीं किया जा सकता।

पंथनिरपेक्षता आधुनिक युग की केन्द्रीय अवधारणा है यह सामाजिक जीवन के विभिन्न पक्षों को तर्क एवं वैज्ञानिक दृष्टिकोण पर आधारित करते हुए धर्म के अवैज्ञानिक प्रभावों के उन्मूलन पर बल देती है। आधुनिक परिप्रेक्ष्य में पंथ निरपेक्षता का अर्थ प्रतिदिन के जीवन, धार्मिक कर्मकाण्डों के प्रति विरोधात्मक स्थितियों का विकास और कर्मकाण्डीय प्रक्रिया की तर्कों द्वारा स्थापना है। परन्तु यह पंथ निरपेक्षता का संकुचित अर्थ है, वास्तव में पंथ निरपेक्षता सर्वधर्म सम्भाव पर आधारित है।

प्रश्न-7 'महाद्वीपीय विस्थापन' के सिद्धान्त से आप क्या समझते हैं? इसके पक्ष में प्रमुख साक्ष्यों की विवेचना कीजिए।

उत्तर : महाद्वीपीय विस्थापन का अर्थ है महाद्वीपों का व्यापक स्तर पर क्षैतिज गमन। महाद्वीपीय विस्थापन के सिद्धान्त पर पक्ष रखने वाला वेगनर (Wegener) पहला विद्वान था। इस तथ्य का साक्ष्य है कि पुरातन भूगर्भीय काल में वर्तमान में विषवत्, ऊष्ण तथा आर्कटिक प्रकार के जलवायु आज की तुलना में बहुत दूर के अक्षांशों पर स्थित थे।

वेगनर ने पुरातन भूगर्भीय काल में थलीय भाग के एकीकृत स्थिति में समर्थन में अनेक साक्ष्य प्रस्तुत किए हैं।

- दक्षिणी गोलार्द्ध के महाद्वीप शिलाओं तथा जीवाश्मों की एक ही प्रकार की संरचना प्रदर्शित करते हैं जिसे गोंडवाना क्रम (Gondwana Sequence) कहते हैं। सबसे तार्किक व्याख्या यह थी कि सभी महाद्वीप स्वयं एक अति विशाल महाद्वीप के भाग थे।
- महाद्वीप के खिसकने से सम्बन्धित दूसरा विचार था दक्षिणी गोलार्द्ध में हिम जमाव।
- साक्ष्य का एक स्रोत था पूर्व-चुम्बकीयता (Paleo Magnetism)। जब गर्म मैग्मा (Magma) पृथ्वी की सतह पर आकर ठण्डा होता है, तो खनिज (विशेषतः मैगनेटाइट) स्वयं पृथ्वी के चुम्बकीय क्षेत्र की रेखा में चुम्बकीय हो जाता है।

प्रश्न-8 यह कहा जाता है कि भारत में देश की 25 वर्ष की आवश्यकता-पूर्ति के लिए शिला-तेल और गैस का पर्याप्त भण्डार है। तथापि, कार्यसूची में सम्पत्ति की निकासी उच्च स्थान पर नजर नहीं आती। इसकी प्राप्यता तथा अवेष्टि समस्याओं की समालोचनात्मक विवेचना कीजिए।

उत्तर : भारत में कई शिला श्रृंखलाएं ऐसी हैं जिनमें शिला-तेल और गैस का संकेत मिलता है। प्रारम्भिक अनुमानों के अनुसार कैम्बे, गोंडवाना, कृष्णा-गोदावरी एवं कावेरी घाटियों में शिला गैस भारी मात्रा में उपस्थित है। वर्तमान अनुमान के अनुसार भारत म्रें 63 खरब घन फुट गैस है, जो आज के उपभोग स्तर की दर से अगले 63 साल तक गैस से चलने वाले वर्तमान बिजली घरों की आवश्यकता की पूर्ति करने के लिए पर्याप्त है। शिला-तेल एवं गैस निकालने के लिए भारत के पास न तो आवश्यक प्रौद्योगिकी है और न ही जल संसाधन। इसके अतिरिक्त जल की उपयुक्त सफाई न की जाए, तो इस प्रक्रिया की रसायनयुक्त जल आसपास के क्षेत्र पर बुरा प्रभाव डालेगा।।

शिला-तेल एवं गैस निकालने से सम्बन्धित मुद्दे-

1. शिला तेल एवं गैस को निकालने के लिए विशेष प्रकार के कुओं की आवश्यकता होती है तथा तेल व गैस उत्पाद की आवश्यकता होती है।
2. इस प्रक्रिया में प्रति कुआं लगभग 30-40 लाख गैलन जल की आवश्यकता होती है।
3. इस प्रक्रिया (Fracturing) के बाद जल को वापस सतह पर बहा दिया जाता है। जिसमें कुल घुले कण (Total Dissolved Soilds TDS) एवं अन्य प्रदूषकों (सामान्यतः रेत, रासायनिक पदार्थ एवं शिला में पाए जाने वाले अनेक प्रकार की भूगर्भीय संरचनाएं) की उच्च मात्रा होती है। इसलिए सतह पर वापस बहाने के पहले जल को केन्द्रीय/राज्य भूजल प्राधिकारण के नियमों के अनुसार स्वच्छ बनाना आवश्यक होता है।
4. प्रदूषित जल एवं द्रव्य बहाने से भूमिगत जल (Aquifer) के प्रदूषित होने की सम्भावना होती है। इसलिए भूमिगत जल की सुरक्षा आवश्यक होती है। । बहुभित्तीय (कम से कम दो भित्तियां) योजना सभी सतह के नीचे के शुद्ध भूमिगत जल के लिए अनिवार्य आवश्यकता होती है।

प्रश्न-9 सिन्धु घाटी सभ्यता की नगरीय आयोजना और संस्कृति ने किस सीमा तक वर्तमान युगीन नगरीकरण को निवेश (इनपुट) प्रदान किए हैं? चर्चा कीजिए।

उत्तर: भारत की सिन्धु घाटी सभ्यता (2350-1750 ई.पू.) अपने नगर नियोजन के लिए प्रसिद्ध रही है। यहां मौजूद आवासीय एवं नगरीय योजना लगभग एक ही प्रकार के निर्माण सामग्री से बने यहां के भवन वैसे ही प्रतीत होती है जैसा कि आज के नियोजित नगरों में पाया जाता है, फर्क सिर्फ उनके क्षेत्रफल में है जो आर्थिक भिन्नता का प्रतीक है। मोहनजोदड़ो हड़प्पा कालीबंगा, धौलावीरा, रोपड़ लोथल आदि नगरों में प्राप्त अवशेषों से अनुमान लगाया जाता है कि वहां आज की तरह ही कोई नगर नियोजन विभाग रहा होगा। सभी मकानों के आंगन, कमरे, रसोई, स्नान घर एक ही प्रकार के तथा एक ही ओर बने हैं। स्नान गृह सड़क के किनारे होता था, ताकि उससे गंदा पानी सड़क की नाली में सरलता से चला जाए और घर में सीलन पैदा न करें। इस नीति का आज भी गृह निर्माण में प्रयोग किया जाता है।

उल्लेखनीय है कि सिंधु घाटी सभ्यता भारत की प्रथम सभ्यता है जहां भवन निर्माण में पके और समान आकार-प्रकार के ईंटों का प्रयोग किया गया। मकान एक और दो मंजिल के होते थे। नगर के बीच में सार्वजनिक स्नानागार मिले हैं। सड़कें एकदम सीधी और एक दूसरे को समकोण पर काटती हैं। भारत के तमाम बड़े शहर आज भी इसी नक्शे पर दिखाई देते हैं, जिनमें सर्वाधिक महत्वपूर्ण हैं- चण्डीगढ़। यह भी दृष्टव्य है कि सिंधु घाटी सभ्यता के अतिरिक्त भारत के अन्य सभ्यताओं में ईंटों का इतनी संख्या में प्रयोग नहीं मिलता, जैसा कि आज होता है। वैदिक काल के भवन कच्ची मिट्टी एवं फूस के बने होते थे, जबकि मौर्यकालीन वास्तुकला में ईंट की जगह लकड़ियों का प्रचूर मात्रा में प्रयोग मिलता है। स्पष्ट है वर्तमानयुगीन नगरीकरण में सर्वाधिक निवेश (इनपुट) सिंधु घाटी सभ्यता से ही प्राप्त हुआ प्रतीत होता है।

प्रश्न-10 उन परिस्थितियों का समालोचनात्मक परीक्षण कीजिए जिनके कारण भारत का बांग्लादेश के उदय में निर्णायक भूमिका का निर्वहन करना पड़ा।

उत्तर: बांग्लादेश, तत्कालीन पूर्वी पाकिस्तान, भौगोलिक, सांस्कृतिक एवं भाषाई दृष्टि से बिल्कुल भिन्न पाकिस्तान के साथ जोड़ दिया गया। पाकिस्तान के शासकों ने पूर्वी पाकिस्तान के लोगों को कभी बराबरी का दर्जा नहीं दिया। इस प्रकार पश्चिम द्वारा पूर्वी भाग पर नस्ली दमन और शोषण धीरे-धीरे उजागर हुआ। अस्मित और सांस्कृतिक स्वतंत्रता के प्रति जागरूकता सम्बन्धी संघर्ष जो 1960 के दशक के छात्र आन्दोलन के साथ शुरू हुआ था वह 1969 के असहयोग आन्दोलन के जन आन्दोलन के समय तेज हुआ। वर्ष 1970 के चुनावों में जन नेता शेख मुजीबुर्रहमान को सम्पूर्ण जीत हासिल हुई। मुजीब के नेतृत्व वाली आवामी लीग पार्टी ने पाकिस्तान की 160 सीटों में से पूरी 160 सीटें जीतीं। शेख मुजीबुर्रहमान पाकिस्तानी संसद (pakistan National Assembly) के बहुमत वाले दल के नेता चुने गए, लेकिन सैनिक शासकों ने अवामी लीग को सरकार नहीं बनाने दी तथा जुल्फिकार अली भुट्टो के साथ मिलकर एक षडयंत्र रचाा। मेजर जनरल जियाउर्रहमान ने बांग्लादेश की स्वतंत्रता की घोषणा कर दी। शेख मुजीबुर्रहमान की तरफ से 26 मार्च, 1971 को बांग्लादेश नामक एक नए राष्ट्र का निर्माण हेतु वहां के लोगों ने अपने को एक खूनी जंग में झोंक दिया।

पाकिस्तानी सेना ने मासूम बांग्लादेशियों पर आक्रमण कर कत्लेआम शुरू कर दिया तथा पूर्वी पाकिस्तान स्वतंत्रता क्षेत्र के लोगों के विरूद्ध युद्ध छेड़ दिया। बांग्लादेश की एक निर्वासित सरकार स्थापित की गई। बांग्लादेशी नौजवानों ने 'मुक्तवाहिनी', के बैनर तले एक साहसिक गुरिल्ला युद्ध प्रारम्भ किया। भारत सरकार ने 'मुक्तवाहिनी' के गुरिल्लाओं को ही नहीं, बल्कि हजारों बांग्लादेशी शरणार्थियों को भी हर तरह का नैनिक, वित्तीय एवं अन्य आवश्यक सहायता प्रदान की।

उसी समय पाकिस्तान ने भारत की पश्चिमी सीमा पर आक्रमण कर दिया। भारत के सामने पाकिस्तान की सेना पर जवाबी हमला बोलने के सिवा कोई और विकल्प नहीं बचा था। अन्ततः 16 दिसम्बर 1971 को 90,000 से अधिक पाकिस्तानी सैनिकों ने हथियार डाल दिए और बांग्लादेश एक स्वतन्त्र राष्ट्र बन गया।

खण्ड-2

निर्देश: *निम्नलिखित प्रत्येक प्रश्न का उत्तर 200 शब्दों से अधिक नहीं होना चाहिए। शब्द-विस्तार की अपेक्षा प्रश्नोत्तर की अन्तर्वस्तु अधिक महत्वपूर्ण है। सभी प्रश्नों के अंक समान हैं।*

Instruction: *Answer the following questions in not more than 200 words each. Content of the answers are more important than their length. All questions carry equal marks.* 12 × 10 = 120

प्रश्न-1 राष्ट्रीय नदी जल-ग्रिड क्या है?

उत्तर: राष्ट्रीय जल-ग्रिड की संकल्पना सबसे पहले प्रसिद्ध समाजवादी, चिंतक राम मनोहर लोहिया ने दिया था। 1972 में के.एल. राव ने इस दिशा में गंगा-कावेरी लिंक नहर की संकल्पना प्रस्तुत की जिसमें 17 हिमालयी व 19 प्रायद्वीपीय नदियों को जोड़ने की योजना थी, परन्तु हिमालयी नदियों में ढाल की प्रवणता व अत्यधिक व्यय को इसके विकास में बाधा माना गया। वर्ष 2002 में तत्कालिक राष्ट्रपति डा. ए.पी.जे. अब्दुल कलाम ने इस बात पर बल दिया कि बाढ़ व सूखे से निजात पाने के लिये भारत की प्रमुख नदियों को जोड़ा जाना जरूरी है। इसके बाद सर्वोच्च न्यायालय ने भी विभिन्न राज्यों के बीच नदी जल बटंवारे को लेकर बढते विवादों के मद्देनजर सरकारों को यह निर्देश दिया कि देश भर की नदियों को आपस में जोड़ने के हर सम्भव प्रयास किए जाएं तथा 10 वर्षों के अंदर इस लक्ष्य को पूरा किया जाए। सुप्रीम कोर्ट ने फरवरी, 2012 में इस महत्वकांक्षी परियोजना के त्वरित कार्यवाही कर समयबद्ध तरीके से लागू करने का निर्देश केन्द्र सरकार को दिया है। वर्ष 2016 तक इसे पूरा किया जाना है।

राष्ट्रीय विकास परिषद ने इस परिप्रेक्ष्य में उत्तर के नदी बेसिन को दक्षिण के नदी बेसिनों से जोड़ने तथा पूर्व के नदी बेसिनों को पश्चिम के नदी बेसिनों से जोड़ने के व्यवहारिक रणनीति बनाने के प्रयास किए ताकि ''राष्ट्रीय जल-ग्रिड'' का निर्माण किया जा सके। इसके अन्तर्गत 14 हिमालयी तथा 16 प्रायद्वीपीय अर्थात् कुल 30 ऐसी नदियों की पहँचना की गयी है जो एक से अधिक राज्यों से होकर गुजरती है इन नदियों को लिंक-नहरों के माध्य से जोड़ा जाना है, जिससे राष्ट्रीय जल ग्रिड निर्मित होगा। निर्माणाधीन परियोजनाओं सतलज व्यास लिंक, ब्रह्मपुत्र-गंगा लिंक, घाघरा-यमुना लिंक, गंगा-सुवर्ण लिंक, यमुना राजस्थान लिंक आदि प्रमुख है। लघु स्तर पर कुछ छोटी परियोजनाएँ पूरी भी हो चुकी है, जिनसे पेरियार डायवर्जन, परम्वीकुलम-अलियार लिंक, कर्नल-कडप्पा लिंक, केन-बेतवा लिंक परियोजना व इंदिरा गांधी नहर परियोजना शामिल है। इन लिंक परियोजनाओं से बेहतर जलापूर्ति संभव होगी, जिनसे बाढ़ व सूखे की समस्या का समाधान सम्भव होगा। खाद्यान्न व कृषि उत्पादन बढ़ेंगे, जल विद्युत का उत्पादन होगा तथा देश के आर्थिक विकास में गति आएगी। सस्ते व पर्यावरण मित्र जल परिवहन का विकास होगा।

राष्ट्रीय जल-ग्रिड का निर्माण भू-राजनीतिक उद्देश्य से भी महत्वपूर्ण है। परन्तु इसके निर्माण हेतु लगभग 5 लाख करोड रूपये के भारी निवेश की आवश्यकता है। इसके अलावा जल संसाधनों के ठीक से सर्वेक्षण नहीं होने पर जल-विवादों के उभरने की आशंका भी है। बड़े पैमाने पर विस्थापन व पर्यावरणीय मुद्दे भी इसके निर्माण में बाधा है। अतः उपरोक्त समस्याओं को ध्यान में रखते हुए ही राष्ट्रीय जल ग्रिड का विकास किया जाना जरूरी है।

प्रश्न-2 क्षेत्रवाद के दुष्परिणाम बताइए।

उत्तर : क्षेत्रीय अहम अर्थात अपने ही क्षेत्र की प्रधानता देने की प्रवृत्ति के कारण प्रान्तों ने अधिक स्वायत्ता और अधिकारों की मांग की हैं जिसके परिणाम स्वरूप पृथकतावादी विचारों ने जोर पकड़ा है। इन सभी ने प्रजातन्त्र और राष्ट्रीय एकीकरण के लिए खतरा उत्पन्न किया है। क्षेत्रवाद के विभिन्न दुष्परिणाम इस प्रकार से हैं:

1. क्षेत्रवाद ने विभिन्न क्षेत्रों के बीच तनाव एवं संघर्ष पैदा किया है। प्रत्येक क्षेत्र अपने यहां उद्योग, विश्वविद्यालय तथा केन्द्र द्वारा अधिकाधिक सहायता चाहता है।
2. क्षेत्रवाद को लेकर राज्यों एवं केन्द्र के बीच भी तनाव पैदा हुआ तथा केन्द्रीय नीतियों के लागू होने में बाधा उत्पन्न की है।

3. यह राष्ट्रीय एकीकरण एवं प्रजातंत्र के लिए खतरा है। क्षेत्रवाद परस्पर सहयोग तथा भाईचारो की भावना के विपरीत भावना है।

4. क्षेत्रवाद की भावना स्वार्थी राजनेताओं की उपज होती है जो क्षेत्रीय हितों की दुहाई देकर लोगों की भावनाओं को भड़काते हैं।

5. जब कभी क्षेत्रवाद का नारा बुलन्द किया जाता है तो भाषा की समस्या उठ खड़ी होती है। भाषा को लेकर लोगों में तनाव पैदा हो जाता है। क्योंकि प्रत्येक व्यक्ति का अपनी मातृभाषा के प्रति मानसिक एवं भावात्मक लगाव पाया जाता है।

6. पृथकता की मांग उठती है जैसे की पृथक राज्य, पृथक जिला, पृथक इकाई।

7. अधिक से अधिक स्वायत्तता की मांग उत्पन्न होती है।

8. क्षेत्रवाद के परिणाम स्वरूप विभिन्न प्रकार के आन्दोलन, तनाव व संघर्ष उत्पन्न होते हैं।

9. केन्द्र व राज्य तथा राज्य एवं राज्यों के बीच (अन्तराज्यीय) विवादों में वृद्धि होती हैं।

10. क्षेत्रवाद संकुचित मानसिकता को जन्म देता हैं, भूमि पुत्र की अवधारणा उत्पन्न होती है। जैसी मराठी मानुष आदि।

प्रश्न-3 साम्प्रदायिक से निपटने के सुझाव व उपायों को बताइए।

उत्तर : साम्प्रदायिक से निपटने के सुझाव व उपाय निम्नलिखित हैं-

1. प्रशासनिक शिथिलता को समाप्त किया जाए एवं साम्प्रदायिक तत्व पैदा करने वालों के विरूद्ध कठोर कदम उठाया जाए। अधिकारियों के प्रशासकीय कार्य एवं दायित्वों को पूर्ण गंभीरता के साथ निभाना चाहिए।

2. साम्प्रदायिक सहिष्णुता का प्रचार किया जाए। विभिन्न त्योहारों और उत्सवों को सामूहिक रूप से राष्ट्रीय स्तर पर मनाया जाए और परस्पर सम्पर्क में आने का अधिकाधिक अवसर प्रदान किया जाए जिससे वे एक दूसरे को समझ सकेंगे इससे पारस्परिक सद्भाव पैदा होगा और शांति रह सकेगी।

3. सम्पूर्ण देशवासियों के लिए समान सामाजिक विधान बनाए जाएं। इसके लिए देश में समान नागरिक संहिता का निर्माण किया जाए जिससे पारस्परिक भेदभाव समाप्त होंगे एवं एकता को बल मिलेगा।

4. साम्प्रदायिकता की समस्या के निवारण के लिए मीडिया के माध्यम से साम्प्रदायिक एकता एवं सद्भाव का प्रचार किया जाना चाहिए।

5. आज ऐसे सद् साहित्य की बहुत आवश्यकता है जो विभिन्न धर्मावलम्बियों के बीच व्याप्त घृणा, विरोध एवं विद्वेष को समाप्त कर सर्वधर्म सम्मान का पाठ पढ़ाए।

6. ग्राम स्तर से लेकर राष्ट्रीय स्तर तक के राजनीतिज्ञ समाज और देश के हितों को प्रधानता देते हुए प्रगतिशील दृष्टिकोण अपनाएं।

7. नेताओं को जाति धर्म, भाषा, प्रान्तीयता और संकीर्ण स्वार्थों के दृष्टिकोण से सोचने और कार्य की प्रवृत्ति पर अंकुश लगाना होगा।

8. प्रजातांत्रिक मूल्यों के आधार पर प्रत्येक व्यक्ति के महत्व को मान्यता दी जाए। पंथनिरपेक्षता के लक्ष्य की प्राप्ति के लिए आवश्यक है कि विज्ञान और प्रौद्योगिकियों के मूल्यों को स्वीकार कर तर्कवादी दृष्टिकोण को विकसित किया जाए।

9. किसी भी राजनीतिक दल या संगठन को धार्मिक आधार पर घृणा या वैमनस्यता फैलाने की स्वतन्त्रता नहीं दी जानी। ऐसे संगठनों पर प्रतिबंध लगाया जाना चाहिए।

10. साम्प्रदायिक सद्भाव पैदा करने में स्त्रियों द्वारा विशेष योगदान किया जा सकता है। अतः उन्हें शिक्षित कर राष्ट्रीय हितों एवं सामाजिक सुधारों के प्रति जागरूक बनाया जाए वे अपने संगठन बनाकर हिन्दू-मुस्लिम व्यक्तियों में सद्भाव एवं सहयोग पैदा करने का कार्य कर सकती हैं।
11. अनिवार्य शिक्षा द्वारा लोगों में चेतना का विकास किया जाए। शिक्षा का पाठ्यक्रम इस प्रकार का हो जो पारस्परिक सद्भाव राष्ट्रीय चरित्र एवं एकीकरण को बढ़ावा दे। इसके लिए राष्ट्रीय एकता पर आधारित शिक्षा की नीति तैयार की जानी चाहिए।
12. गांधी जी एवं विनोबा जी ने साम्प्रदायिकता को समाप्त करने के लिए शांति क्षेत्र बनाने का सुझाव दिया था। जो विभिन्न स्थानों पर शांति कायम करने दंगों का दमन करने पारस्परिक एकता विश्वास एवं मैत्री पैदा करने का कार्य करें।
13. डॉ. राजेन्द्र प्रसाद ने साम्प्रदायिकता को समाप्त करने के लिए विभिन्न सम्प्रदाय के लोगों द्वारा सहजीवन व्यतीत करने का सुझाव दिया। इससे प्रेम सद्भाव, मैत्री एवं विश्वास पैदा होगा।
14. अल्पसंख्यकों को दी जाने वाली विशेष सुविधाएं समाप्त की जाएं इससे पृथकता का भाव पैदा होता है। केवल वंचित पिछड़े लोगों को संरक्षक मूलक सुविधाएं दी जा सकती हैं। गुजरात बिहार एवं उत्तर प्रदेश में हुए दंगों का एक कारण अल्पसंख्यकों को दी जाने वाली सुविधाएं हैं।
15. देश की सम्पूर्ण जनसंख्या के लिए सामाजिक सुरक्षा को पूर्ण व्यवस्था करना अत्यन्त आवश्यक है। भारत का साधारण व्यक्ति अनेक असुरक्षाओं के मध्य रहता है राष्ट्रीय आय के साधनों को इस प्रकार से काम में लिया जाना चाहिए कि अधिकतम लोगों की अधिक से अधिक आवश्यकताओं की पूर्ति हो सके।
16. साम्प्रदायिक की समस्या के निराकरण के लिए अल्पसंख्यकों की दशा सुधारने का प्रयत्न किया जाए। उन्हें अजीविका देने बेरोजगारी तथा गरीबी को दूर (किया जाए) करने के प्रयास किए जाएं।

अतः साम्प्रदायिकता से छुटकारा पाने के लिए व्यक्ति के जीवन को इस प्रकार से संस्कारित किया जाए कि उनमें प्रखर राष्ट्रीयता जागृत हो, राष्ट्रभक्ति के भाव जागे और वे संकीर्ण स्वार्थों से ऊपर उठ सकें। बच्चों के सामाजीकरण की प्रक्रिया के दौरान उनमें सेक्युलर मूल्यों को समावेश किया जाए तथा प्रारंभिक शिक्षा के माध्यम से राष्ट्रीयता एवं सद्भावना की मनोवृत्ति विकसित की जानी चाहिए।

प्रश्न 4 क्षेत्रीयता की भावना भारतीय एकता व अखण्डता की भावना के लिए एक चुनौती है। अपने विचार प्रस्तुत करें।

उत्तर : सांस्कृतिक, भौगोलिक तथा नृजातीय विभिन्नता के साथ जब किसी स्थान विशेष की जनता यह महसूस करने लगती है कि विकास की रणनीति का पूर्ण लाभ उसे प्राप्त नहीं हो सका तो उसमें क्षेत्रीयता की भावना का उदय होता है। इस असंतोष के कारण ही क्रमशः इन लोगों में अलगाववाद उत्पन्न होता है जिसका सीधा प्रभाव राष्ट्रीय एकता व अखण्डता पर पड़ता है।

इसी असंतोष की भावना के चलते संसाधनों के स्वामित्व हेतु ये लोग केन्द्र पर दबाव डालने का प्रयास करते हैं जिससे राष्ट्रीय व क्षेत्रीय हितों के मधय अंतर्विरोध उत्पन्न होता है। क्षेत्रीय समस्याओं के चलते सरकार आतंकवाद, एड्स जैसी वर्तमान चुनौतियों पर पूर्ण ध्यान नहीं दे पाती। क्षेत्रीयता की भावना के कारण ही कई बार अंतर्राष्ट्रीय परियोजनाओं को लागू करने का भी विरोध होता है जिसका परिणाम तकनीकी पिछड़ेपन व कम निवेश के रूप में होता है तथा पुनः आर्थिक विकास बाधित होता है।

परन्तु उपरोक्त प्रभाव एकपक्षीय हैं। क्षेत्रीयता की भावना के कुछ सकारात्मक परिणाम दिखते हैं। क्षेत्रीयता के कारण जनता में राजनैतिक जागरुता बढ़ती है और सरकार पर सामाजिक न्याय हेतु विकेंद्रीकृत आयोजन अपनाने के लिए दबाव बनता है और इस प्रकार राष्ट्रीय व क्षेत्रीय हितों में समन्वय स्थापित होता है।

राजनैतिक सहभागिता में वृद्धि होने से नागरिकों में आत्मसम्मान व नागरिकता की भावना में वृद्धि होती है और वे शोषण का विरोध भी करते हैं साथ ही क्षेत्रीयता के कारण एक राज्य में तीव्र विकास होने पर अन्य राज्यों में भी प्रतिस्पर्धा उत्पन्न होती है तथा वहां भी विकास की गति तीव्र होती है।

अत: स्पष्ट है कि क्षेत्रीयता की भावना प्रत्यक्ष रूप से राष्ट्रीय एकता व अखण्डता हेतु खतरा नहीं है अगर इस भावना को सकारात्मक दृष्टिकोण दिया जा सकें इसके लिए आवश्यक है कि क्षेत्र विशेष के लोगों से संवाद स्थापित किया जाए तथा उनकी भावनात्मक ऊर्जा का प्रयोग राष्ट्रहित में किया जाए।

प्रश्न 5 वरिष्ठ नागरिकों की समस्याओं को बताइए।

उत्तर : वरिष्ठ नागरिकों की समस्याओं को तीन भागों में वर्गीकृत किया जा सकता है।

1. **आर्थिक समस्या-**
   - इसमें सेवानिवृत्ति के पश्चात आय का कम होना व रोजगार खोना।
   - इसमें उनका सामाजिक दर्जा कम होना
   - आय की असुरक्षा
   - दवा आदि खरीदने में असक्षम
   - अपने छोटे-छोटे खर्चों के लिए दूसरों पर निर्भर रहना।
2. **शारीरिक समस्याएं-** इसमें स्वास्थ एवं चिकित्सा संबंधी
   - पोषण की कमी
   - आवास की समस्या
   - आवागमन की समस्या
   - स्वयं की वस्तु आदि लाने में अक्षमता।
3. **सामाजिक-मानसिक समस्याएं-** इसके तहत निम्न समस्याएं हैं। बढ़ती उम्र के अनुसार शारीरिक एवं मानसिक परिवर्तन भी होते हैं। ये परिवर्तन कई प्रकार की समस्याएं लेकर आती हैं।
   - अल्झाइमर रोग इसी अवस्था में आता हैं तब माता-पिता बच्चों को बोझ लगने लगते हैं।
   - वृद्धजनों के साथ परिवार में किया जाने वाला दुर्व्यवहार।
   - मौलिक आवश्यकताओं की पूर्ति न होना
   - अकेलेपन की समस्या,
   - मानसिक एवं सामाजिक स्तर खोने से स्वयं को असफल महसूस करना।
   - समय पर भोजन आदी प्राप्त न होना।
   - देर से चिकित्सीय सहायता

वृद्धावस्था का प्रभाव- इसका समाज एवं अर्थव्यवस्था दोनों पर प्रभाव पड़ता है। जैसे-

1. परिवारिक ढ़ाचों में बदलावों के कारण सकल परिवार की अवधारणा बढ़ रही है जहां वृद्धों को साथ में नहीं रखा जा रहा है।
2. वृद्धजनों की देख रेख के लिए परिवार में लोगों की कमी होती जा रही है इसका कारण सीमित परिवार हैं।
3. विधवा एवं असहाय महिलाओं को अधिक समस्या वृद्धावस्था में होती है।
4. स्वास्थ संबंधी कुछ समस्याओं से जिनके दौरान शरीर के काम करने की क्षमता घटने लगती है।
5. गरीबी में वृद्धावस्था में अधिक समस्याएं होती हैं।

प्रश्न 6 धर्म निरपेक्षतावाद के सकारात्मक और नकरारात्मक पक्ष को बताइए

उत्तर : पंथनिरपेक्षतावाद धर्म के प्रचलित सामान्य अर्थ में इसका निषेध करता है। इसका तात्पर्य यह है कि सिद्धान्त के अनुसार राजनीति, कानून अर्थव्यवस्था शिक्षा, नैतिकता, प्रशासन आदि में धार्मिक दृष्टिकोण से नहीं, अपितु मानव कल्याण की दृष्टि से विचार किया जाना चाहिये। यह यूरोपियन संकल्पना के अधिक निकट है।

पंथनिरपेक्षता वाद का सकारात्मक पक्ष 'सर्वधर्म समन्वय' पर आधारित है। भारतीय संकल्पना के अनुसार पंथनिरपेक्षता केवल शासन का सिद्धान्त ही नहीं अपितु राष्ट्रीय एकता का मूल मंत्र भी है। इस अवधारणा के अनुसार सरकार सभी धर्म या पंथ एवं धार्मिक संगठनों के साथ एक जैसा समान व्यवहार करती है। अतः सकारात्मक पक्ष में निम्न तत्वों का समावेश देखा जा सकता है। जैसे-मैक्स वेबर के अनुसार,

1. पथंनिरपेक्षता वाद धर्म के प्रति पूरी तरह तटस्थता के भाव के रूप में अभिव्यक्त नहीं होता अपितु यह धर्म के प्रकार्यात्मक पहलुओं को अपनाने की स्वीकृति देता है।
2. यह मनुष्य के जीवन में केवल धर्म का निषेध ही नहीं करता अपितु बौद्धिक तथा वैज्ञानिक उपायों द्वारा व्यापक अर्थ में मानव कल्याण के लिए मार्ग भी प्रशस्त करता हैं।
3. इसमें स्वतन्त्र बौद्धिक चिन्तन तथा विस्तृत वैज्ञानिक अनुसंधान को विशेष माना है।
4. मानव का सम्पूर्ण ज्ञान मूलतः उसके अनुभव और उसकी तर्क बुद्धि पर ही आधारित होता है।
5. धर्म को व्यक्ति की व्यक्तिगत मान्यता के रूप में स्वीकार करता है।

प्रश्न-7 बाल श्रम निरोधक अधिनियम को समझाइए।

उत्तर : बाल श्रम निरोधक अधिनियम निम्नप्रकार है-

1. **कारखाना अधिनियम 1948**- किसी भी कारखाने में 14 वर्ष से कम आयु के बच्चे के बारे में रोजगार के लिए निषिद्ध किया गया है।
2. **खनन ऐक्ट 1952**- खानों में काम करने के लिए न्यूनतम आयु 15 वर्ष निर्धारित की गयी है।
3. **बागान श्रम ऐक्ट 1951**- 12वर्ष से कम आयु के बच्चों को चाय, कॉफी और खर के बागानों में रोजगार निषेधित करता है। 2012 में इसमें संशोधन कर 14 वर्ष किया गया है।
4. **अनुबन्धित श्रमिक**- (विनियमितीकरण और अन्मूलन) अधिनियम 1975 में अनुबन्धित श्रमिकों, जिसमें बच्चे भी शामिल हैं, की कार्य दशाएं, मजदूरी, भुगतान तथा कल्याण सुविधाओं को निर्धारित करता है।
5. **बाल श्रम (निवारण एवं नियमितीकरण) अधिनियम**-1986-यथा 2012 में संशोधन)-14 वर्ष से कम आयु के बच्चों को किसी भी खतरनाक व गैर खतरनाक व्यवसाय में नियोजित नहीं किया जा सकता। तथा 18 वर्ष से कम उम्र के बालकों को खतरनाक व्यवसाय एवं प्रक्रियाओं में कार्य करने पर प्रतिबन्ध लगाया गया है।
6. **सर्वोच्च न्यायालय का निर्णय- वर्ष** 1996-में सर्वोच्च न्यायालय ने ऐसे प्रत्येक नियोक्ता को जिसमें बाल श्रमिकों को नियुक्त किया उन्हें बाल श्रम कल्याण फण्ड में मुक्त किये गये उस बाल श्रमिक के नाम पर 20000/- रूपये जमा कराना अनिवार्य कर दिया गया है।
7. **राष्ट्रीय बाल श्रम नीति**-(1987) इसके तहत बाल श्रमिकों को शोषण से बचाने, उनकी शिक्षा, चिकित्सा, मनोरंजन तथा सामान्य विकास पर जोर देने की व्यवस्था की गई। इस नीति के तीन पक्ष हैं-
   - विधायन एक्शन प्लान
   - मुक्त कराये गये बाल श्रमिकों के विकास व पुनर्वास पर बल
   - बाल श्रम संकेन्द्रण वाले क्षेत्रों में परियोजना आधारित प्लान।

8. **निःशुल्क एवं अनिवार्य शिक्षा अधिनियम**-2000 के माध्यम से बच्चों को 6 वर्ष से 14 वर्ष के बच्चों को निम्न सुविधायें उपलब्ध करायी जा रही हैं-
   - निःशुल्क शिक्षण सामग्री व गणवेश,
   - प्राथमिक चिकित्सा जाँच,
   - मध्याह्न भोजन आदि।
9. **राष्ट्रीय अधिकार संरक्षण आयोग**-2007 बच्चों के संविधिक व मूल अधिकारों के संरक्षण तथा बालकों के समुचित सर्वांगीण विकास हेतु सरकार को सुझाव देने के लिए इसकी स्थापना की गई।

   बाल श्रम उन्मूलन के लिए गैर-सरकारी संग्रठन एवं स्वैच्छिक संगठन भी इस दिशा में सराहनीय कार्य कर रहे हैं। कैलाश सत्यार्थी का 'बचपन बचाओ' आन्दोलन एक गैर सरकारी संगठन है जो बच्चों को मजदूरी से मुक्त कराकर उनका व्यवस्थित पुनर्वास भी कर रहा है। वर्ष 2014 में कैलाश सत्यार्थी को संयुक्त रूप से शान्ति का नोबेल पुरस्कार भी प्रदान किया गया।

प्रश्न-8 वरिष्ठ नागरिकों की समस्या के समाधान के लिए सरकार के कल्याणकारी उपाय क्या हैं?

उत्तर : वरिष्ठ नागरिकों की समस्या के समाधान के लिए सरकार के कल्याणकारी उपाय निम्नवत् हैं-

1. **राष्ट्रीय वरिष्ठ नागरिक नीति-1999**-जनवरी 1999 में वरिष्ठ नागरिकों को वित्तीय एवं खाद्य सुरक्षा-स्वास्थ देखभाल, आश्रय और अन्य जरूरतों, विकास में उचित भागीदारी दुरूपयोग और शोषण के विरूध संरक्षण तथा उनके जीवन की गुणवत्ता में सुधार लाने के उद्देश्य से की गई। इसमें परिवार, स्वयंसेवी संस्थाओं और गैर सरकारी संगठनों को प्रोत्साहित करने तथा जागरूकता फैलाना मुख्य उद्देश्य है।
2. **माता-पिता एवं वरिष्ठ नागरिक भरण-पोषण एवं कल्याण अधिनियम**-2007-इसके तहत वरिष्ठ नागरिकों का उनके बच्चों (पुत्रों या पुत्री) रिश्तेदारों द्वारा जीवन-निर्वाह अनिवार्य बनाया गया है। तथा वरिष्ठ नागरिकों के परित्याग हेतु दण्डात्मक प्रावधान की व्यवस्था की गई है। इस कानून में निराश्रित वरिष्ठ नागरिकों के लिए वृद्धाश्रमों की स्थापना की व्यवस्था तथा उपर्युक्त मेडिकल सुविधाएं और सुरक्षा भी प्रदान करने का प्रवाधान किया गया है।
3. **वरिष्ठ-नागरिकों के लिए राष्ट्रीय पुरस्कार योजना**- वृद्धजनों विशेष रूप से निर्धन वरिष्ठ नागरिकों की सहायता के लिए उत्कृष्ट सेवा प्रदान करने में लगे प्रख्यात वरिष्ठ नागरिकों और संस्थाओं के प्रयासों की सराहना के लिए सामाजिक न्याय और अधिकारिता विभाग ने यह पुरस्कार योजना शुरू की।
4. **राष्ट्रीय वृद्धावस्था पेंशन योजना**-15 अगस्त 1995 को इसकी शुरूवात, 60 वर्ष से अधिक आयु के वरिष्ठ नागरिक को 300 रू. प्रतिमाह पेंशन प्रदान की जाती है।
5. **अन्नपूर्णा योजना**-गरीबी रेखा के नीचे जीवन यापन करने वाले वरिष्ठ नागरिक को 10 कि.ग्रा. अनाज (गेंहू या चावल) निःशुल्क प्रदान किया जाता है।
6. **इंदिरा गांधी राष्ट्रीय विधवा पेंशन योजना**-इसके तहत 40 से 59 वर्ष की विधवाओं को 300/- प्रतिमाह तथा 60 से 80 और इससे ऊपर की आयु की विधवा महिलाओं को 500/- प्रतिमाह पेंशन देने का प्रावधान किया गया है।
7. **इंदिरागांधी राष्ट्रीय विकलांग पेशन योजना**-इस योजना के तहत 18 से 59 वर्ष की आयु में गरीबी रेखा से नीचे के विकलांग नागरिक को प्रतिमाह 300/- और 60 वर्ष से अधिक आयु पर 500/- प्रतिमाह पेंशन का प्रावधान है।
8. **बैंक जमाओं पर अधिक ब्याज दर**-बैंकों में सावधी जमा, फिक्स्ड डिपोजिट पर 60 वर्ष से अधिक आयु के नागरिक को अधिक ब्याज दर प्रदान की जाती है।

9. **वरिष्ठ नागरिक बचत योजना**-इसमें 9% ब्याज दर, 60 वर्ष की आयु के वरिष्ठ नागरिक को इस योजना में निवेश की छूट दी जाती हैं।

10. **कर लाभ या टैक्स में छूट**-60 वर्ष से अधिक की आयु के वरिष्ठ नागरिकों को 3 लाख रूपये तथा 80 वर्ष से अधिक आयु के नागरिक को 5 लाख तक टैक्स से छूट प्रदान की गई है।
    - वरिष्ठ नागरिक के चिकित्सीय उपचार में 60000/- (कुल राशि) जो भी कम हो कटौती के लिए पात्र है।
    - साथ ही 80C धारा के तहत 20000/- की कटौती माता-पिता के चिकित्सा बीमा प्रीमियम का भुगतान करता हैं।

11. **जीवन और सम्पत्ति की सुरक्षा**-माता-पिता और वरिष्ठ नागरिक देखरेख और कल्याण अधिनियम 2007 के तहत वरिष्ठ नागरिकों की जान और माल की सुरक्षा प्रदान की गई है।

12. **अन्तर्राष्ट्रीय वृद्धजन दिवस**-1 अक्टूबर को प्रतिवर्ष वरिष्ठ नागरिकों के अधिकारी तथा लोगों को इनकी देखभाल के लिए जागरूक करने के उद्देश्य से पूरे विश्व में मनाया जाता है।

    इसके अलावा भारत में वरिष्ठ नागरिकों के लिए निम्न अधिकार भी प्राप्त है।

    जैसे-सी.आर.पी.सी. की धारा-125 के तहत मजिस्ट्रेट, मेनटेनेंस ऑफ पैटेंट एक्ट के तहत बच्चों को उनके माता-पिता की देखभाल की आज्ञा दे सकता है।
    - हिन्दू उत्तराधिकार और देखभाल अधिनियम के अनुसार वरिष्ठ नागरिक अपने बच्चों से वैसा ही रख रखाव की मांग कर सकता है जैसा पत्नी अपने पति से रखती है।
    - घरेलू हिंसा अधिनियम-2005 भी किसी दुरूपयोग के विरूध माता-पिता को राहत प्राप्त करने का अधिकार प्रदान करता है।

    सरकारी एवं गैर सरकारी स्तर पर वृद्धजनों के कल्याण के लिए राष्ट्रव्यापी प्रयास किये जा रहे हैं। लेकिन आज की युवा पीड़ी में अन्तर पीढीय तनाव एवं अन्तरपीडीय संघर्ष में वृद्धि हुई है इसका प्रमुख कारण युवा एवं वृद्धों के बीच पीढी अन्तराल है। अत: वृद्धों की समस्याओं को दूर करने के लिए हमें हमारे परिवारिक संस्थाओं के मूल्यों तथा सामाजिक नैतिक मूल्यों को पुन: स्थापित करना होगा। तथा परिवारिक संस्थाओं को मजबूत बनाकर वृद्धजनों के स्वास्थ, सुरक्षा एवं कल्याण हेतु समग्र एवं एकीकृत प्रयासों की आवश्यकता है।

प्रश्न-9 साम्प्रदायिकता क्या है?

उत्तर : साम्प्रदायिकता ऐसी विचारधारा है, (कम्यूनलिज्यम) जिसमें किसी धर्म, समप्रदाय या पंथ के आधार पर समूह विशेष के हितों पर बल दिया जाता है तथा उन हितों को राष्ट्रीय हितों से भी अधिक प्राथमिकता दी जाती है।

साम्प्रदायिकता का अर्थ-साम्प्रदायिकता का अंग्रेजी रूपान्तरण कम्यूनलिज्म है जिसके मूल रूप से दो अर्थ हैं।

1. सामुदायिकता की भावना एवं
2. कम्यून प्रणाली।

यह कानून प्रणाली यूरोपीय राजनीति में ऐसी व्यवस्था थी जिसमें छोटी-छोटी राजनीतिक इकाईयों (कम्यूनों) को विद्यार्थी शक्तियां प्राप्त रहती थी। क्योंकि कम्यूनलिज्म मूलत: कम्यून से बना हैं जिसका अर्थ है सहयोगात्मक भावना के साथ रहने वाला समूह।

लेकिन समाज विज्ञानों में बीसवीं शताब्दी में अंग्रेजी भाषा के इस शब्द को नकारात्मक विचारधारा के रूप में प्रयुक्त किया जाने लगा। इस प्रकार कम्यूनलिज्म एक ही राज्य क्षेत्र में निवास करने वाली विभिन्न जातियों, सम्प्रदायों के बीच संघर्ष या तनाव की स्थिति का द्योतक हो गया।

भारत में कम्यूनलिज्म का प्रयोग मुख्य रूप से सामाजिक धार्मिक समूहों के बीच वैमनस्यता एवं शत्रुता की भावना को व्यक्त करने के लिए किया जा रहा है।

इस प्रकार साम्प्रदायिकता या सम्प्रदायवाद दो समूदायों में विद्यमान विद्वेश, तनाव, संदेह या संघर्ष के भाव को व्यक्त करता है। यह तनाव सामान्यतः धर्म या पंथ, सम्प्रदाय, भाषा, प्रजाति या नृजाति के तत्वों पर आधारित होता है। अतः सम्प्रदायवाद का आशय किसी धर्म या सम्प्रदाय विशेष के हितों पर बल देने वाली विचारधारा से हैं यह संकीर्ण मनोवृत्ति नस्लवाद, विरोधवाद एवं फासीवाद से मेल खाती है।

साम्प्रदायिकता की विशेषताएं-अपने स्वयं के धर्म सम्प्रदाय या पंथ के प्रति निष्ठा, भक्ति एवं समर्पण और अन्य धर्मों, सम्प्रदायो या पंथों के प्रति निष्ठा, भक्ति एवं समर्पण और अन्य धर्मों, सम्प्रदायों या पंथों के प्रति कटूतापूर्ण मनोवृत्ति साम्प्रदायिकता को जन्म देती हैं। इसकी निम्नलिखित विशेषताएं हैं-

1. साम्प्रदायिकता में यह भाव विद्यमान होते हैं कि अपना ही धर्म श्रेष्ठ है, अपनी ही भाषा एवं संस्कृति श्रेष्ठ है। यह भावना स्वहित केन्द्रित कहलाती है।
2. साम्प्रदायिकता में अन्य धर्मों, भाषाओं एवं संस्कृतियों के प्रति घृणा, तिरस्कार एवं उपेक्षा के भाव पाये जाते हैं। ये विरोधी भाव ही साम्प्रदायिक तनाव एवं संघर्ष पैदा करते हैं।
3. साम्प्रदायिकता का आधार लोगों में उत्पन्न यह वास्तविकता या काल्पनिक भय है कि अन्य धार्मिक समूह उनके सम्प्रदाय और संस्कृति को नष्ट कर देंगे और जानमाल को क्षति पहुचाएंगे।
4. साम्प्रदायिकता पारस्परिक स्नेह एवं सहयोग के स्थान पर सामाजिक एवं राजनीतिक अलगाव पैदा करती है।
5. साम्प्रदायिकता का संबंध धार्मिक समूहों से है। एक धर्म के व्यक्ति अपने को एक संप्रदाय से संबंधित मानते है, किन्तु एक धर्म में ही छोटे-छोटे सम्प्रदाय भी होते हैं। इस्लाम में ही शिया और सुन्नी तथा हिन्दुओं में शैव, वैष्णव, कबीरपंथी, आदि अलग-अलग धार्मिक सम्प्रदाय हैं।
6. साम्प्रदायिकता की धारणा में सहनशीलता की कमी पायी जाती है तथा असहिष्णुता का जन्म होता है।

अतः साम्प्रदायिकता एक संकीर्ण मनोवृत्ति है जो एक धर्म अथवा सम्प्रदाय के लोगों में अपने आर्थिक एवं राजनीतिक स्वार्थों की पूर्ति के लिए पाई जाती है और इसके परिणाम स्वरूप विभिन्न धार्मिक समूहों में तनाव व संघर्ष पैदा होता है।

प्रश्न-10 वास्तुकला के अवयवों की चर्चा करें।

उत्तर : भारतीय वास्तुकला के निम्नलिखित अवयव हैं-

1. **स्तंभ :** भारत में प्राचीन काल से ही स्तंभों की स्थापना की जा रही थी। अशोक ने अनेक धर्म स्तंभों को स्थापित किया। याज्ञिक अनुष्ठान के स्मारक रूप में स्तम्भों का प्रयोग वैदिक काल में भी होता रहा होगा। प्रत्येक राजा विजयी होने पर विजय की यादगार में इन स्तंभों की प्रतिष्ठा करता था। भारत यज्ञप्रधान देश है। यज्ञों में पशुबलि के अवसर पर स्तंभ या यूप का प्रयोग वैदिक कालीन है। यूप यज्ञ स्तंभ विशेष के नाम हैं। भारत में जिस अनुपात में यज्ञ होते थे, उसी अनुपात में यूपों की स्थापना भी होती थी। गंगा-यमुना के संगम पर वैदिक संस्कृति में यज्ञों की अधिकता से उस स्थल का नाम भी प्रयुक्त हुआ है। कालिदास ने भी रघुवंश में गांवों के यज्ञ यूपों का उल्लेख किया है। ये यज्ञ यूप लकड़ी के बनते थे, इसी कारण ये आज उपलब्ध नहीं हैं।
2. **स्तूप अथवा चैत्य :** स्तूप (पालि थूप) वस्तुतः चिता पर निर्मित टीला होता था। यह किसी महान व्यक्ति की स्मृति को यथावत रखने के उद्देश्य से उसके अवशेषों को ढककर बनाया जाता था, जो प्रारंभ में मिट्टी का बनाया जाता था इसलिए स्तूप की दूसरी संज्ञा चैत्य हुई। स्तूपों को दीर्घकाल तक बनाए रखने के उद्देश्य से मिट्टी के टीलों को ईटों और पत्थरों से ढका जाने लगा। परिणामस्वरूप स्तूप के वास्तु का और अधिक विकास हुआ। 'महापरिनिर्वाण सूत्र' में महात्मा बुद्ध अपने प्रिय शिष्य आनंद से कहते हैं कि ''मेरी मृत्यु के पश्चात मेरे अवशेषों पर उसी प्रकार का स्तूप बनाया जाए।

3. **गुफाएँ :** भारत में शैल गुफाओं की प्राचीन परंपरा रही है। मध्य प्रदेश आदि राज्यों में अनेक प्रागैतिहासिक एवं ऐतिहासिक काल की गुफाएं मिली हैं, जिसमें आदिवासी निवास करते थे। अशोक और उनके पौत्र दशरथ ने अन्य धर्मों के प्रति सहिष्णुता प्रदर्शित करते हुए आजीवक संप्रदाय के भिक्षुओं के निवास के लिए, गया से उत्तर 19 मील की दूरी पर स्थित बाराबर तथा नागार्जुनी पहाड़ियों पर शैल गुफाओं का निर्माण कराया था। इन शैल गुफाओं का निर्माण, इन पर खुदे लेखों के अनुसार आजीवक संप्रदाय के भिक्षुओं के निवास और साधना के लिए स्थान की व्यवस्था करने के अभिप्राय से किया गया था। इसी प्रकार उड़ीसा में खंडगिरि तथा उदयगिरि की पहाड़ियों पर जैन साधुओं के निवास हेतु गुफाओं का निर्माण किया गया तथा पश्चिम में भी अनेक शैल गुफाओं का निर्माण किया गया।

4. **चैत्यगृह :** चैत्य शब्द 'ची' धातु से बना है, जिसका अर्थ है-चयन करना (एक के ऊपर एक आरोपित करना) इसका एक अन्य अर्थ भी लगाया जाता है, यथा-'ची' धातु से चित्य बना, जिसका अर्थ है-वेदी। कलान्तर में इसका संबंध महान व्यक्तियों के स्मारकों के साथ हो गया। चैत्य शब्द का प्रयोग स्तूपों के लिये भी होता है। वास्तव में चैत्य और स्तूप दोनों ही शब्दों का प्रयोग पवित्र स्थलों के अर्थ में होता है। प्रारंभ में चैत्य का संबंध शव-समाधि से रहा है, किंतु बाद में इस शब्द से संघ के पूजागृहों का संकेत मिलने लगता है-वे पूजागृह जहां महायानी बौद्धों के प्रतीक **'बुद्ध'** की प्रतिमा आदि संरक्षित रखे जाते थे। इसके लिए विशिष्ट वास्तुकला का उदय हुआ जिसके आधार पर गर्भगृह, उसके वाम दक्षिण भाग में स्तंभ एवं उसके मध्य में एक ठोस स्तूप होता था। यह संपूर्ण चैत्य, पर्वत की चट्टानों, लकड़ी या ईंटों से बनाया जाता था।

5. **विहार :** विहार उस स्थल को कहा जाता था, जहां बौद्ध संघ निवास करता था। यह एक प्रकार का मठ था। बुद्ध चैत्यों के साथ सदा ही एक विहार संबद्ध रहता था। अजन्ता, बेडसा आदि में विहार बने हुए थे। विहार भी एक विशेष प्रकार के आवास थे, जो अन्य सार्वजनिक गृहस्थ आवासों से भिन्न थे। ई.पू. प्रथम तथा द्वितीय सदी के भरहुत के एक चित्र में श्रावास्ती के जेतवन विहार का, उसके भिक्षुओं का चित्र अंकित है। इसी जेतवन विहार को फाह्यान ने आठ सौ वर्ष बाद देखा था। फाह्यान के काल में विहारों ने भव्य भवनों का रूप ले लिया था। इसके भवन सात आठ मंजिल वाले थे। उस काल के विहार सिक्किम में आज भी दिखाई पड़ते हैं। प्राचीन काल का विहार चैत्यगृह के चारों ओर बने हुए छोटे कमरों का घर था।

6. **मंदिर :** भारत को प्रायः मंदिरों का देश कहा जाता रहा है। यहाँ इन मंदिरों का विकास चरणबद्ध रूप से हुआ है। अपने प्रारंभिक काल में यहां प्रतीक रूप में एक चबूतरे का निर्माण कर दिया जाता था, जिन पर पृथ्वी माता, यक्ष अथवा नाग मंदिर का प्रतीक बना दिया जाता था। ऋग्वेद में ऐसे ही एक यक्ष-सदन का उल्लेख मिलता है। मंदिर विकास के दूसरे चरण में पूर्व निर्मित चबूतरों के चारों ओर वेदिका बना दी गई। वर्तमान में प्रारंभिक काल में निर्मित मंदिरों के नमूने बहुत कम उपलब्ध हैं।

सामान्य अध्ययन मुख्य परीक्षा

मॉडल अभ्यास प्रथम प्रश्न-पत्र 4

कुल अंक : 200 **समयावधि : 3 घण्टे**

खण्ड-1

निर्देश: *निम्नलिखित प्रत्येक प्रश्न का उत्तर 125 शब्दों से अधिक नहीं होना चाहिए। शब्द-विस्तार की अपेक्षा प्रश्नोत्तर की अन्तर्वस्तु अधिक महत्वपूर्ण है। सभी प्रश्नों के अंक समान हैं।*

Instruction: *Answer the following questions in not more than 125 words each. Content of the answers are more important than their length. All questions carry equal marks.* 10 × 8 = 80

प्रश्न-1 भारत की राष्ट्रीय एकता अखण्डता को बनाये रखने में विविधता आवश्यक है। कैसे? तर्क सहित समझाइए।

उत्तरः भारत एक वृहद क्षेत्रफल वाला देश है। क्षेत्रफल की विशालता के कारण ही अनेक विद्वानों ने इसे उपमहाद्वीप की संज्ञा दी है। यह उपमहाद्वीप वर्तमान में भारत, पाकिस्तान तथा बांग्लादेश में बंटा हुआ है। क्षेत्रफल की दृष्टि से भारत, इंग्लैड के क्षेत्रफल से बीस गुना अधिक है। विश्व की लगभग 16% जनता यहीं निवास करती है। यहां विभिन्न जातियों और धर्म के मानने वाले रहते हैं। यहां के निवासियों द्वारा लगभग 179 भाषाएं बोली जाती हैं, जबकि स्थानीय भाषाओं की संख्या तो 500 से भी अधिक है। इसी संदर्भ में एक कहावत है कि ''कोस-कोस पर बदले पानी चार कोस पर बानी'' जो भारत में अनेकता की बात की पुष्टि करती है। वस्तुतः विशालता के कारण यहां की वनस्पति, जलवायु, जातीयता, भाषा, धर्म, राजनीति, समाज एवं आर्थिक क्षेत्रों में भी विविधता दर्शित होती है, किंतु इस विविधता में भी एकता के तत्व विद्यमान हैं। वास्तव में सभी बड़े देशों में भेद तथा अभेद पाए जाते हैं। इस संबंध में डॉ. गुलाब राय ने उचित ही कहा है कि-''पहले तो प्रायः सभी देशों में जाति, भाषा और धर्मगत भेद हैं। संयुक्त राज्य अमरीका में ही कई जातियां हैं वहां भाषाएं भी कई बोली जाती हैं, किंतु एक केंद्रीय भाषा सबको मिलाए हुए हैं।'' भारत की मौलिक एकता तथा विविधता के संबंध में डॉ बी.ए. स्मिथ ने लिखा है - ''भारत की विभिन्नता में एकता निहित हैं परंतु मौलिक एकता उतनी स्पष्ट नहीं है जितनी बाह्य भिन्नता।''

प्रश्न-2 भारतीय स्थापत्य एवं वास्तुकला क्या है?

उत्तरः भवन निर्माण एवं शिल्प विज्ञान ही स्थापत्य एवं वास्तुकला कहलाता है। वास्तुकला एवं मानव सभ्यता के विकास का अटूट संबंध है। प्रत्येक युग में भवनों का निर्माण किया जाता है और उनके स्थायित्व के लिए प्रयत्न किया जाता है। इस प्रक्रिया ने ही कालांतर में एक व्यवस्थित कला का रूप ले लिया, जिसे स्थापत्य एवं वास्तुकला के नाम से जाना जाता है।

वास्तुकला का उद्भव एवं विकास मानव सभ्यता के विकास की कहानी के साथ सम्बद्ध है। प्राणीमात्र में आत्मरक्षा तथा सुख प्राप्ति की भावना प्राकृतिक रूप से होती है। इसलिए पशु-पक्षियों सहित सभी प्राणी अपनी सुरक्षा एवं सुख हेतु घोंसले, बिल तथा मांद आदि का निर्माण करते हैं और उसे अपने मनोकूल सहेजते भी हैं। मानव अपनी विभिन्न प्रवृत्तियों के अनुकूल अपनी आवास की व्यवस्था करता रहा है। जब उसका जीवन विचरणशील था, तो वह झुण्डों के रूप में विभिन्न स्थानों पर डेरे डालकर रहता था। फिर उसने गुफाओं में रहना प्रारंभ किया और मानवीय सभ्यता के विकास के साथ आज छोटे-बड़े भवनों में रहता है, और उसे विभिन्न कलात्मक ढंग से सजाता-संवारता भी है। इसी मानवीय प्रवृत्ति से 'वास्तुकला' का उद्भव हुआ है।

भारतीय स्थापत्य एवं वास्तुकला के इतिहास में सैन्धवकाल तथा मौर्य, शुंग, कुषाण, सातवाहन, गुप्त, वर्धन, राष्ट्रकूट, पल्लव, चोल और चालुक्य आदि शासकों का शासन काल अत्यंत महत्वपूर्ण है। वास्तुकलाविदों की मान्यता है कि मौर्यकाल से गुप्तकाल तक के शासकों ने स्थापत्य एवं वास्तुकला का अधिकाधिक विकास किया। स्थापत्य एवं वास्तुकला के विकास क्रम को अन्य शासकों ने भी जारी रखा और वह आज भी जारी है। शासकों द्वारा परम्परा के निर्वाह तथा कलात्मक प्रवृत्ति का फिर भी प्राचीन भवनों तथा अन्य निर्माण कार्यों में जिस भव्य स्थापत्य एवं वास्तुकला के दर्शन होते हैं, उनसे एक हर्षमिश्रित गर्वानुभूति ही होती है। प्राचीन कालीन स्थापत्य में जहां पत्थरों एवं लकड़ी का अधिकाधिक प्रयोग एक निश्चित लंबाई, चौड़ाई तथा मोटाई के अनुरूप किया गया, वहां वास्तुकलाविदों ने निर्माण-कार्य में बारीकी साज-सज्जा तथा स्पष्ट प्रस्तुति को महत्व दिया। यही कारण है कि प्राचीनतम भवन, स्तूप, स्तम्भ, गुफा, द्वार आज भी एक अद्‌भुत आकर्षण तथा प्रेरणास्रोत बने हुए हैं।

प्रश्न-3 राज्य पुनर्गठन आयोग और अनुशंसाएं क्या है?

उत्तर: भारत द्वारा स्वतंत्रता प्राप्त करने के पहले से ही भारत में भाषा के आधार पर राज्यों के पुनर्गठन की मांग की जाती रही थी, लेकिन स्वतंत्रता प्राप्ति के बाद इस मांग में और अधिक वृद्धि हो गयी। भाषा के आधार पर राज्यों के पुनर्गठन के मुद्दे पर अध्ययन के लिए संविधान सभा ने नवम्बर 1947 में 'एस.के. दर आयोग' का गठन किया। 'दर आयोग' की सिफारिशों पर विचार करने के लिए 1948 के अपने जयपुर अधिवेशन में कांग्रेस ने तीन सदस्यों वाली समिति गठित की। इसके तीन सदस्यों, जवाहर लाल नेहरू, वल्लभभाई पटेल तथा पट्टाभि सीतारमैया के नाम पर यह समिति जे.वी.पी. समिति के नाम से प्रसिद्ध हुई। इस समिति ने राज्यों के पुनर्गठन के लिए भाषा के आधार को स्वीकार नहीं किया। इस समिति ने सुझाव दिया कि सुरक्षा, एकता तथा राष्ट्र की आर्थिक सम्पन्नता को राज्यों के पुनर्गठन का आधार होना चाहिएं इसकी सिफारिशों को 1949 में 'कांग्रेस वर्किंग कमिटी' ने स्वीकार कर लिया, परंतु दक्षिण के राज्यों विशेषतः तेलुगूभाषी क्षेत्रों में भाषा के आधार पर राज्यों के पुनर्गठन की माँग जोर पकड़ने लगी। चूंकि तेलुगूभाषी क्षेत्रों में आंदोलन हिंसक रूप लेने लगा, इसलिए कांग्रेस ने 1953 में तेलुगूभाषी क्षेत्रों का आन्ध्र प्रदेश राज्य के रूप में पुनर्गठन स्वीकार कर लिया (भाषायी आधार पर पहला राज्य आन्ध्र प्रदेश)। इस समस्या के व्यापक अध्ययन के लिए भारत सरकार ने 1953 में फज़ल अली की अध्यक्षता में एक 'राज्य पुनर्गठन आयोग' बनाया। आयोग के अन्य सदस्य थे- हृदयनाथ कुँजरू तथा के.एम. पाणिक्कर। 1955 में सौंपी गयी अपनी रिपोर्ट में राज्य पुनर्गठन आयोग ने भाषा के साथ अन्य पहलू को भी राज्यों के पुनर्गठन का आधार स्वीकार किया। इसने विभिन्न श्रेणियों के 27 राज्यों का पुनर्गठन, की बात की और 16 राज्यों व 3 केन्द्रशासित प्रदेशों में करने का सुझाव दिया। आयोग की अनुशंसाओं को प्रभावकारी बनाने के लिए संसद ने 'राज्य पुनर्गठन अधिनियम, 1956' पारित कर दिया। जिससे 14 राज्य तथा 6 केन्द्र शासित प्रदेश का निर्माण हुआ।

प्रश्न-4 भारतीय इतिहास में प्लासी के युद्ध की चर्चा करें।

उत्तर : प्लासी के युद्ध की गणना भारत के निर्णायक युद्धों में की जाती है। क्योंकि इसके बाद ही भारत में अंग्रेजों ने अपने शासन की नींव रखी थी और भारत को गुलाम बनाकर उस पर दो सौ वर्षों तक शासन किया। प्लासी के युद्ध में अंग्रेजी सेना ने क्लाइव के नेतृत्व में हिस्सा लिया। इसकी सेना में 900 अंग्रेज और 2000 हिन्दुस्तानी सिपाही थे। दूसरी ओर 4500 सैनिकों वाली नवाब सिराजुद्दौला की सेना का नेतृत्व तीन राजद्रोही मीरजाफर, यारलतीफ खां और राजा दुर्लभ राय ने किया। 23 जून, 1757 को मुर्शिदाबाद के दक्षिण में 22 मील की दूरी पर स्थित प्लासी नामक गाँव में दोनों सेनाओं के बीच संघर्ष हुआ। नवाब की सेना के वफादार सिपाही मीरमदान और मोहन लाल मैदान में लड़ते हुए वीरगति को प्राप्त हुए। सिराज की सेना के तीनों धोखेबाज सेनापति मीरजाफर, यारलतीफ खाँ और दुर्लभ युद्ध क्षेत्र से भागने में सफल रहे। सेना को छिन्न-भिन्न देख नवाब घबराकर अपने महल की ओर भागा। अन्ततः मुर्शिदाबाद में मीरजाफर के पुत्र मीरन की आज्ञा पर मोहम्मद बेग द्वारा सिराजुद्दौला की हत्या कर दी गई। 28 जून, 1757 को अंग्रेजों ने मीरजाफर को बंगाल का नवाब बना दिया। प्लासी के युद्ध के परिणाम के बारे में इतिहासकार यदुनाथ सरकार ने कहा कि "23 जून, 1757 को भारत के मध्यकालीन युग का अंत हो गया और आधुनिक युग का शुभारंभ हुआ"। इस युद्ध

में विजय ने बंगाल में अंग्रेजी साम्राज्य की नींव डाल दी''। अंग्रेजों ने अपनी 'फूट डालो और राज करो' नीति का पहली बार भारत में प्रयोग यहीं पर किया। प्लासी के युद्ध के बाद आर्थिक रूप से भारत के सबसे समृद्ध प्रान्त को अंग्रेजों ने जी भरकर लूटा। 1757 से 1760 के बीच मीरजाफर ने अंग्रेजों को तीन करोड़ रूपये की घूस दी। प्लासी युद्ध ने अंग्रेजों को तात्कालिक सैनिक एवं वाणिज्यिक लाभ प्रदान किया, कंपनी का बंगाल, बिहार और उड़ीसा पर राजनीतिक प्रभुत्व स्थापित हुआ।

प्रश्न-5 गांधी इरविन समझौता क्या था?

उत्तर: तेजबहादुर सप्रू व एम.आर. जयकर के प्रयासों से गांधीजी एवं वायसराय लॉर्ड इरविन के मध्य 17 फरवरी, 1931 से दिल्ली में वार्ता प्रारंभ हुई और अंततः 5 मार्च, 1931 में एक समझौते पर हस्ताक्षर हुआ जिसे, 'गांधी-इरविन समझौता' के नाम से जाना जाता है। इसे 'दिल्ली पैक्ट' भी कहा जाता है।

- गांधी-इरविन समझौते के मुख्य बिन्दु निम्नलिखित हैं-
  1. हिंसात्मक अपराधियों से भिन्न सभी राजनीतिक कैदी रिहा कर दिए जायेंगे।
  2. आंदोलन के दौरान जब्त की गई सम्पत्ति वापस दी जायेगी एवं सरकारी नौकरी से त्यागपत्र देने वालों को सरकार पुनः वापस लेने में उदारता दिखाएगी।
  3. समुद्र के किनारे रहने वाले भारतीय व्यक्तिगत उपयोग के लिए नमक बना सकते हैं।
  4. भारतीय, शराब व विदेशी वस्तुओं की दुकान पर शांतिपूर्ण धरना दे सकते हैं।
- कांग्रेस की ओर से गांधीजी ने निम्नलिखित बातें स्वीकार कीं-
  1. सविनय अवज्ञा आंदोलन स्थगित कर दिया जाएगा।
  2. कांग्रेस द्वितीय गोलमेज सम्मेलन में भाग लेगी।
  3. विदेशी वस्तुओं के बहिष्कार की घोषणा वापस ले ली जाएगी।
  4. गांधीजी पुलिस द्वारा की गई ज्यादातियों के बारे में जांच की मांग नहीं करेंगे।

कांग्रेस के कई नेताओं ने इस समझौते का स्वागत किया। श्री के.एम. मुंशी ने इस समझौते को ''भारत के संवैधानिक इतिहास में एक युग प्रवर्तक घटना कहा''। सरोजनी नायडू ने गांधी तथा इर्विन को दो महात्मा कहा। लेकिन कांग्रेस के युवा वामपंथियों में इस समझौते के प्रति असंतोष था, क्योंकि नेहरू एवं सुभाषचन्द्र बोस ने पूर्ण स्वतंत्रता के लक्ष्य को अपना उद्देश्य बना रखा था, जबकि युवा कांग्रेसी समझौते से इसलिए असंतुष्ट थे क्योंकि गांधीजी तीन क्रांतिकारियों भगत सिंह, सुखदेव एवं राजगुरू को फांसी (23 मार्च, 1931 ई.) से नहीं बचा सके।

प्रश्न-6 उदारीकरण, निजीकरण एवं वैश्वीकरण क्या है?

उत्तर : 1991 में स्वतंत्र भारत की आर्थिक नीति में एक महत्वपूर्ण बदलाव आया। इस वर्ष घोषित नई आर्थिक नीति में LPG मॉडल अपनाया गया, जिसमें LPG क्रमशः उदारीकरण, निजीकरण और वैश्वीकरण का प्रतिनिधित्व करता है।

आर्थिक उदारीकरण से आशय आर्थिक नीतियों की कठोरता को कम करते हुए उसे उदार बनाना। इसका उद्देश्य आर्थिक गतिविधियों में सरकार और राज्य की भूमिका को सीमित करते हुए निजी क्षेत्र और बाजार कारकों की भूमिका को विस्तार दिया जाना है। इसके लिए आर्थिक नियमों और विनियमों में ढ़ील देते हुए उसे निजी क्षेत्र और बाजार के अनुरूप बनाया गया। **निजीकरण का आशय:** सभी प्रकार की वाणिज्यिक गतिविधियों को सार्वजनिक उपक्रमों से वापस लेते हुए इसके प्रबंधन एवं स्वामित्व को निजी क्षेत्र को सौंपना। विनिवेश के जरिए निवेशित राशि को वापस लेते हुए निजीकरण की दिशा में की गई पहल के मूल में सरकार की यह सोच मौजूद थी कि इन सार्वजनिक उपक्रमों का मुख्य उद्देश्य भौतिक, सामाजिक और सेवाओं की आपूर्ति को सुनिश्चित करना था। सरकार की नजर में सार्वजनिक उपक्रमों की वाणिज्यिक गतिविधियों में भागीदारी के कारण सार्वजनिक उपक्रमों का फोकस बदल गया था और इनको सौंपी गई जिम्मेदारियों

की उपेक्षा हो रही थी। **वैश्वीकरण से आशय है:** भारतीय अर्थव्यवस्था को वस्तु, सेवा, पूँजी और निवेश के संदर्भ में शेष विश्व की अर्थव्यवस्था के लिए खोलना, ताकि वैश्विक अर्थव्यवस्थाओं के समेकन के जरिए एक भूमण्डलीकृत अर्थव्यवस्था आकार ग्रहण कर सके और भारत के आर्थिक हितों को सुनिश्चित किया जा सके। इसके तहत विनियम-दर को चरणबद्ध तरीके से बाजार आधारित बनाने की कोशिश की गई और चरणबद्ध तरीके से रूपए की परिवर्तनीयता की ओर कदम बढ़ाया गया। पूँजी के अंतर्प्रवाह एवं बहिर्प्रवाह के संदर्भ में धीरे-धीरे छूटें प्रदान की गई। विदेशी व्यापार पर आरोपित मात्रात्मक प्रतिबंधों को समाप्त कर गुणात्मक प्रतिबंधों में ढील दिया गया।

प्रश्न-7 क्षेत्रवाद की समस्या का समाधान बताइए।

उत्तर : क्षेत्रवाद की भावना को दूर करना किसी भी राष्ट्र के लिए अत्यंत महत्वपूर्ण उद्देश्य के रूप में होना चाहिए। भारत में क्षेत्रीयता की भावना को दूर करने के लिए राष्ट्रीय भावना का प्रचार प्रसार करना चाहिए। इस दिशा में राष्ट्रीय एकता परिषद् महत्वपूर्ण भूमिका निभा सकती है। भारत में गौरवशाली इतिहास के आधार पर जनमत का निर्माण किया जाना चाहिए। क्षेत्रीय भावनाओं को भड़काने वाले क्षेत्रीय राजनीतिक दलों की पहचान कर उन पर प्रतिबंध लगाना आवश्यक है।

शिक्षण संस्थाओं में क्षेत्रीय आधार पर चयन पर रोक लगाना आवश्यक है। इसके साथ ही राष्ट्रभाषा के प्रचार प्रसार के माध्यम से राष्ट्रवादी मनोवृत्ति विकसित करने का प्रयास किया जाना भी आवश्यक है। सांस्कृतिक एकीकरण को प्रोत्साहन देने के लिए विभिन्न स्थानीय संस्कृतियों में अंर्तसपंर्क कराये जाने के लिए संवाद् तंत्र विकसित किया जाय। देश की संघीय सरंचना को मजबूती देते हुए केन्द्र-राज्य संबंधों में सुधार व सुदृढ़ता लाया जाना क्षेत्रीयता की भावना के उपशमन के लिए आवश्यक है। विभिन्न क्षेत्रों के मध्य आर्थिक असंतुलन को समाप्त करना और दबाव की राजनीति से शक्ति पूर्वक निपटना भी इस दिशा में आवश्यक रणनीति का भाग बनना चाहिए। प्रत्येक स्तर पर क्षेत्रीय प्रतिनिधित्व का सिद्धांत त्रुटिपूर्ण है। यह आवश्यक है कि सरकार द्वारा नीतियों का निर्धारण राष्ट्रीय हित में हो, यदि मंत्री और सरकारी अधिकारी अपने-अपने क्षेत्र को अधिक लाभ देने के लिए योजनाओं को कार्यान्वित करेंगे तो क्षेत्रवाद की समस्या अधिक गंभीर हो जायेगी।

प्रश्न-8 प्रादेशिकता की बढ़ती हुई भावना, पृथक राज्य की मांग का प्रमुख कारण है। विवेचना कीजिए।

उत्तर: प्रादेशिकता की जड़ भारत की भाषाओं, संस्कृतियों, कबीलों, समुदायों, धर्मों आदि कई कारकों पर आधारित विविधता है। जब इन अस्मिताओं की क्षेत्र विशेष में बहुलता होती है तो प्रादेशिकता को प्रोत्साहन मिलता है। इसके अतिरिक्त क्षेत्रीय स्तर पर वंचित होने का अहसास भी प्रादेशिकता की भावना को भड़काता रहता है। प्रादेशिकता की भावना के कारण राज्य प्रायः केन्द्र से अधिक से अधिक स्वायत्तता की मांग करते रहे हैं। इसके अतिरिक्त केन्द्र द्वारा राज्यों के मामलों में बढ़ते हस्तक्षेप के कारण भी प्रादेशिकता की भावना बढ़ी है। देश की स्वतंत्रता के उपरान्त राज्य का दर्जा देकर क्षेत्रीय अस्मिता को स्थान देने के विभिन्न चरण रहे हैं। इन चरणों में तीन स्पष्ट तरीके दिखते हैं-

पहला, 1950 तथा 1960 के दशकों में तीव्र सजातीय आन्दोलन, जो प्रायः हिंसात्मक हो उठते थे। केन्द्र सरकार द्वारा किसी क्षेत्र को राज्य का दर्जा देने का कारण बने, भारत के दक्षिण में आन्ध्र प्रदेश को राज्य का दर्जा मिलने के साथ इस प्रकार की प्रक्रिया का आरम्भ हुआ।

दूसरा, 1970 तथा 1980 के दशकों में पुनर्गठन का मुख्य केन्द्रबिन्दु था भारत का पूर्वोत्तर भाग। उस पुनर्गठन का आधार अलगाव और राज्य का दर्जा पाने के लिए किया गया कबीलाई विद्रोह था।

तीसरा, तीन नये राज्यों (जो वर्ष 2000 में बने) मध्य प्रदेश से छत्तीसगढ़, बिहार से झारखण्ड तथा उत्तर प्रदेश से उत्तराखण्ड के लिए आन्दोलन लम्बे समय तक चले थे तथा 1990 में प्रबल हुए।

कई नए राज्यों को बनाने की मांग उनके क्षेत्रों को उन्नति एवं विकास की प्रक्रिया के दौरान नजरअंदाज कर दिए जाने के कारण उभरी, आन्ध्र प्रदेश में तेलंगाना (वर्तमान में तेलंगाना अलग राज्य बन चुका है।), महाराष्ट्र में विदर्भ, उत्तर प्रदेश में बुन्देलखण्ड, हरित प्रदेश और पूर्वांचल, पश्चिम बंगाल में गोरखालैण्ड तथा असम में बोडोलैंड देश में नए राज्य बनाने के लिए कुछ नई मांगें हैं।

प्रश्न-9 नेहरू रिपोर्ट की प्रमुख सिफारिशें कौन-कौन थी?

उत्तर : नेहरू रिपोर्ट की निम्नलिखित सिफारिशें थी-

1. साम्प्रदायिक निर्वाचन की प्रणाली (पृथक निर्वाचन प्रणाली) को त्याग कर सभी जगह संयुक्त निर्वाचन प्रणाली को अपनाया जाए।
2. भारत को डोमिनियन स्टेटस प्रदान किया जाए।
3. केन्द्र में मुसलमानों के लिए आरक्षण।
4. पंजाब व बंगाल (मुस्लिम बहुल प्रांत) को छोड़कर शेष प्रांतों में मुसलमानों के लिए आरक्षण।
5. भाषायी आधार पर राज्यों का पुनर्गठन।
6. डोमिनियन स्टेटस की प्राप्ति के बाद बम्बई से अलग कर सिंध प्रांत का गठन, जहाँ हिन्दुओं के लिए आरक्षण की व्यवस्था हो, साथ ही उत्तर पश्चिमी सीमांत प्रांत का गठन किया जाए।
7. विषयों का केन्द्र तथा प्रांतों में विभाजन एवं राज्य की एकात्मक प्रकृति को प्रोत्साहन, अवशिष्ट शक्तियां केन्द्र के हाथ में हों।
8. सार्वभौमिक वयस्क मताधिकार पर आधारित निर्वाचन प्रणाली की स्थापना हो।
9. राज्य के सभी नागरिकों को धार्मिक तथा राजनीतिक अधिकारों का आश्वासन।
10. स्वतंत्र न्यायपालिका की स्थापना तथा सर्वोच्च न्यायालय को इसका प्रमुख बनाया जाए।

लखनऊ में 1928 ई. में डॉ. एम.ए. अंसारी की अध्यक्षता में पुनः सर्वदलीय सम्मेलन हुआ, जिसमें नेहरू रिपोर्ट को स्वीकार किया गया, लेकिन 22 दिसंबर, 1928 ई. को कलकत्ता के सर्वदलीय सम्मेलन में हिन्दू महासभा, सिक्खों एवं जिन्ना ने नेहरू रिपोर्ट से असहमति व्यक्त की। सुभाषचन्द्र बोस, जवाहरलाल नेहरू, सत्यमूर्ति जैसे युवा राष्ट्रवादी नेहरू रिपोर्ट से सहमति नहीं थे, ये लोग औपनिवेशिक शासन के विपरीत पूर्ण स्वाधिनता के पक्ष में थे। इन लोगों ने भारतीय स्वाधीनता के लिए नवंबर, 1928 ई. में 'ऑल इंडिया इंडिपेंडेंस लीग' की स्थापना की।

प्रश्न-10 भारतीय महिलाओं पर भूमण्डलीयकरण के प्रभावों की विवेचना उपयुक्त उदाहरणों की सहायता से कीजिए।

उत्तर: भारतीय महिलाओं पर भूमण्डलीकरण के प्रभाव की विवेचना उपयुक्त उदाहरण की सहायता से ''वैश्वीकरण'' यूँ तो विश्व के देशों की आर्थिक स्थिति को सुधारने हेतु किए सर्वोत्तम प्रयासों में से एक है तथापि इसका प्रभाव मात्र आर्थिक ही नहीं सामाजिक व राजनैतिक रूप से भी दृष्टिपात होता है। भारतीय अर्थव्यवस्था में वैश्वीकरण का स्वागत सन् 1991 में किया गया, जिसके द्वारा भारत ने निश्चित ही आर्थिक विकास का पथ अपनाया किन्तु इस आर्थिक विकास के क्रम में समाज पर भी इसका प्रभाव जो कि एक महत्वपूर्ण योगदान के रूप में सामने आया वह था ''महिलाओं की स्थिति'', भारत सहित सम्पूर्ण विश्व में महिलाओं को पुरूषों की अपेक्षा कम ही स्वतंत्रता, अधिकार एवं सम्मान प्राप्त है, किन्तु भारत की स्थिति इससे भी विकट समझी जा सकती है। इसका आधार है कि यहाँ कुछ मान्यताएं जो कि शादी को धार्मिक विश्वासों जैसे- ''यत्र नार्यस्तु पूज्यन्ते रमन्ते तत्र देवताः'' एवं नवदुर्गा के रूप में देवी- 'पूजन किया जाता है, किन्तु इन्हीं धार्मिक ग्रन्थों के आधार पर ही शादी को पितृसत्तात्मक व्यवस्था के अधीन रहने को निर्देशित भी किया जाता है, जैसे- ''पिता रक्षति कौमारे,

पतिः रक्षति यौवने,
पुत्रौ रक्षति वार्धक्ये,
न स्त्री स्वातंत्र्यम् अर्हति''

इस विपरीत सामाजिक परिस्थितियों में वैश्वीकरण ने महिलाओं को निश्चित रूप से ही उनके स्वाभिमान को जागृत कर समाज में नवीन पहचान दी है, वर्तमान भारत 21वीं सदी की महिलाओं को उनकी बौद्धिक प्रतिभा के आधार पर स्वीकार करता है। इस क्रम में हम युवा उद्यमशील संस्थापिका महिलाओं में जैसे- शुची मुखर्जी ''लाइमरोड की'', मीना विंद्रा ''बीबी ऐथनिक वियर'' की संस्थापिका एकता कपूर ''बाला जी टेलीफिल्म्स'' की संस्थापिका नम्रता शर्मा, थ्री डी ऐनिमेशन की संस्थापिका आदि इस प्रकार ये युवा महिलाएं समाज को एक नवीन विचारधारा के प्रतिबिम्ब प्रेरणा देती हैं। इसी प्रकार विज्ञान, फिल्म जगत एवं अन्य चुनौतीपूर्ण तथा जोखिम भरे कार्यों में भी महिलाओं की भूमिका को देखा जा सकता है। इस प्रकार हम यह कह सकते हैं कि समाज में वैश्वीकरण का बहुत ही सकारात्मक प्रभाव पड़ा, जिसमें खास तौर से महिलाओं ने अपनी भूमिका ''बेटी, बीवी और बहू के साथ-साथ बौद्धिक स्तर पर बहुमुखी प्रतिभा के आधार पर बहुतेरे'' उदाहरणों में स्थापित की है।

खण्ड-2

निर्देश: *निम्नलिखित प्रत्येक प्रश्न का उत्तर 200 शब्दों से अधिक नहीं होना चाहिए। शब्द-विस्तार की अपेक्षा प्रश्नोत्तर की अन्तर्वस्तु अधिक महत्वपूर्ण है। सभी प्रश्नों के अंक समान हैं।*

Instruction: *Answer the following questions in not more than 200 words each. Content of the answers are more important than their length. All questions carry equal marks.* 12 × 10 = 120

प्रश्न-1 भारत की विविधता को अभिव्यक्त करने वाली विषयवस्तु को बताइए।

उत्तर: भौगोलिक दृष्टि से भारत में विविधता प्रदर्शित होती है। भारत की इस भौगोलिक विविधता के संबंध में डा. राजेन्द्र प्रसाद ने अपने भाषण में स्पष्ट कहा था कि ''यदि कोई विदेशी, जिसे भारतीय परिस्थितियों का ज्ञान नहीं है, सारे देश की यात्रा करे तो वह यहां की विभिन्नताओं को देखकर यही समझेगा कि यह एक देश नहीं, बल्कि छोटे-छोटे देशों का समूह है और ये देश एक-दूसरे से अत्यधिक भिन्न हैं, जितनी अधिक प्राकृतिक भिन्नताएं यहां है उतनी अन्यत्र नहीं। इस तरह अगर वह पश्चिम से पूरब की ओर जाएगा तो उसे वैसी ही विविधता और भिन्नता मिलेगी, उसे विभिन्न प्रकार की जलवायु मिलेगी, हिमालय की अत्यधिक ठंड, मैदानों की ग्रीष्मकाल की अत्यधिक गर्मी मिलेगी, एक तरफ असम का समवर्षा वाला प्रदेश है, तो दूसरी ओर जैसलमेर का सूखा क्षेत्र जहां बहुत कम वर्षा होती है। इस प्रकार भौगोलिक दृष्टि से भारत में सर्वत्र विविधता दिखाई पड़ती है।''

ऐतिहासिक अध्ययन से ज्ञात होता है कि मौर्य, गुप्त तथा अंग्रेजों के शासनकाल को यदि छोड़ दिया जाए, तो राजनीतिक दृष्टि से भारत कभी संगठित नहीं रहा। बल्कि भारत के विभिन्न भागों पर एक ही समय में कई नरेशों ने शासन किया। उदाहरणार्थ अगर उत्तर भारत पर हर्षवर्धन का शासन था, तो उसी समय बंगाल में पालवंशीय शासकों का तथा दक्षिण में चालुक्यों का शासन था। अतः कहा जा सकता है कि यहां राजनीतिक एकता का अभाव रहा है।

भारत के अनेक क्षेत्रों मे सांस्कृतिक विविधता दिखाई पड़ती है। यहां विभिन्न क्षेत्रों के व्यक्तियों में सांस्कृतिक भिन्नता मिलती है। लोगों का शारीरिक गठन, खानपान, रहन-सहन, वेशभूषा यहां तक कि मानसिकता भी अलग-अलग प्रकार की है।

भारत के विभिन्न भागों में अलग-अलग धर्म के यथा-हिन्दू, मुस्लिम, सिख, ईसाई, पारसी, बौद्ध तथा जैन धर्म के अनुयायी रहते हैं। प्रत्येक धर्म भी कई मतों में बंटा हुआ है। उदाहरणार्थ हिंदू धर्म जिसे भारत का सर्वाधिक प्राचीन धर्म माना जाता है। वैष्णव, शैव, सनातन आर्य समाज, राम भक्त, कृष्ण भक्त, कबीर पंथी, नाथ पंथी आदि अनेक मतों में विभाजित है। अतः विभिन्न धर्म तथा मतों के अनुयायियों में भी धार्मिक विविधता दिखाई पड़ती है।

भारत के विभिन्न प्रांतों में अनेक भाषाएं अस्तित्व में हैं जो भिन्न-भिन्न प्रांतों को परस्पर अलग-सा कर देती है। साइमन कमीशन की रिपोर्ट के अनुसार, यहां व्यवहार में लायी जाने वाली भाषाओं की संख्या लगभग 222 है। इसके अतिरिक्त भारत के विभिन्न भागों में लगभग 545 भाषाएं व्यवहार में लायी जाती हैं। इन विभिन्न भाषाओं के कारण भारत में

विविधता प्रदर्शित होती है। वर्तमान में भारत के संविधान द्वारा 22 भाषाओं को मान्यता प्रदान की गई है। यह भाषाएं हैं-हिंदी, बंगाली, पंजाबी, गुजराती, मराठी, उड़िया, उर्दू, सिन्धी, असमिया, कश्मीरी, तमिल, तेलुगू, कन्नड़, मलयालम, कोंकणी, मणिपुरी, नेपाली तथा संस्कृत कुछ अन्य भाषाओं को भी इस सूची में सम्मिलित करने की मांग की जा रही है।

भारत में आर्थिक दृष्टि से भी विविधता व्याप्त है। यहां धन का असमान वितरण है। एक तरफ देश में ऐसा वर्ग है, जो अथक परिश्रम के पश्चात दो वक्त की रोटी लायक पैसा नहीं कमा पाता है। वहीं दूसरी तरफ ऐसा भी वर्ग है जिसकी आर्थिक स्थिति इतनी सुदृढ़ तथा आय इतनी अधिक है कि इस वर्ग के व्यक्तियों की गणना विश्व के धनाढ्य व्यक्तियों में की जाती है।

अत: उपर्युक्त वर्णन के आधार पर कहा जा सकता है कि भारत में विविधता प्रादेशिक, आर्थिक, सामाजिक, भाषायी व सांस्कृतिक प्रत्येक स्तर पर व्याप्त है। इसके पीछे अनेक विद्वान तर्क देते हैं कि ऐसा इसलिए है क्योंकि भारत एक राष्ट्र न होकर अफ्रीका की तरह भौगोलिक इकाई है। जहां अनेक छोटे-बड़े राज्य हैं, जिनमें कई क्षेत्रों में परस्पर भिन्नता है। भारत में विविधता के संबंध में डॉ. राधाकुमुद मुखर्जी का कहना है कि भारत को मतों तथा पंथों, प्रथाओं तथा संस्कृतियों, धर्मों तथा भाषाओं, विभिन्न जातियों तथा सामाजिक संस्थाओं का अजायबघर कहा जा सकता है, परंतु यह मृतक वस्तुओं तथा भौतिक पदार्थों का नहीं, अपितु जीवित सम्प्रदायों तथा आध्यात्मिक व्यवस्थाओं का अजायबघर है।

प्रश्न-2 भारत के प्रमुख लोक गीतों की चर्चा करें।

उत्तर : **भारत के प्रमुख लोकगीत निम्न है-**

पंडवानी (छत्तीसगढ़)-छत्तीसगढ़ की लोकप्रिय और महत्वपूर्ण लोककला। इसके माध्यम से पांडवों (महाभारत) की कथा को एक ही पात्र ध्वनि, नाट्यमुद्राओं आंगिक तथा संगीत के माध्यम से मंच पर प्रस्तुत करता है।

आल्हा-जगनिक कृत आल्हा में दिल्ली के पृथ्वीराज के विरूद्ध आल्हा और ऊदल वीरों द्वारा लड़ी गयी बावन (52) लड़ाइयों का वर्णन है। आल्हा गाने वाले को अल्हैत कहा जाता है। उन्हें आल्हा की विषय सामग्री और उसके गाने के ढंग का विशेषज्ञ माना जाता है। आल्हा की गायन शैली विषय के नितांत अनुकूल है। आवाज के उतार-चढ़ाव के बावजूद आल्हा-गायन पाठात्मक ढंग से चलता है। मगर उसमें भी जोश होता है और प्रत्येक खंड की समाप्ति तक आते-आते लय बढ़ जाती है।

लावणी-मराठों के साथ 18वीं शताब्दी के प्रारंभ में लावणी ने मालवा में प्रवेश किया। इसके दो प्रकार हैं-(1) निर्गुणी लावणी (दार्शनिक) और (2) श्रृंगारी लावणी (प्रणय प्रसंग विषयक)। ये दोनों ही रूप दक्षिण निमाड़ (म.प्र.) में विशेष रूप से प्रचलित हैं।

पंवाड़ा-पंवाड़ा नामक अवदान शैली से भी निमाड़ अपरिचित नहीं है। इस तरह के कथागीतों को बहुत गति से गाया जाता है। अनुष्ठानों और उत्सवों से संबंधित स्त्री गीतों की धुनों में वस्तुत: हमें लोकपरक संगीत की कुछ मूल धुनों का विशुद्ध रूप मिल जाता है।

माच-मालवा (म.प्र.) के माच नामक लोक नाट्य के संगीत का अपना निजी रूप है। माच के तीन अखाड़े हैं, जो बालमुकुन्द गुरू, कालूराम उस्ताद और राधाकृष्ण गुरू के अखाड़ों के नाम से जाने जाते हैं। मगर इन तीनों में गाये जाने वाले गीतों की शैली में कोई अंतर नहीं है। माच का सौदर्य उसके संवाद-गायन में है। जो ढोलक की ताल पर विशेष ओज और अंदाज से प्रस्तुत किये जाते हैं।

संकीर्तन-मणिपुर का यह नृत्य स्वांग, गायन और ढाल झांझ की लय से परिपूर्ण कला है। धार्मिक पर्वों, विवाह एवं शिशु जन्मोत्सव पर इसका आयोजन होता है। इस कला के संगीत और नृत्य के दो पहलू हैं। पुरूष एवं स्त्रियाँ इसे कतारबद्ध होकर प्रस्तुत करते हैं।

खोंगजोम पारवा (गाथा)-मणिपुर में गायन की यह लोकप्रिय शैली है। इसका प्रचलन अप्रैल 1891 में ब्रिटिश सरकार से मणिपुर के लोगों की लड़ाई के बाद से हुआ है। इस युद्ध के शहीदों की गाथा ही इसका कथानक होता है। ढोलक की संगत से इस गाथा को प्रस्तुत किया जाता है।

फाग गीत-ये गीत फगुआ या होली गीत भी कहलाते हैं। बेतियाराज के जमींदार महाराज नवलकिशोर सिंह ने फाग राग के गीतों की रचना की थी। बिहार व पूर्वी उत्तर प्रदेश में होली के विशेष अवसर पर फाग गीत गाने का विशेष प्रचलन है।

चैता-चैत्र महीने में बिहार के लोग फसल के पकने पर रात-रात भर ये गीत गाते हैं और इन गीतों के माध्यम से फसल की रखवाली करते हैं।

प्रश्न-3 भारतीय चित्रकला क्या है?

उत्तर : भारत में चित्रकला की परंपरा बहुत पुरानी है। प्रागैतिहासिक काल से ही भारत में चित्रकला के अस्तित्व के साक्ष्य पाए गए हैं। मनुष्य जब आदिम अवस्था में था और गुहाजीवन अथवा वन्य जीवन व्यतीत कर रहा था, तभी से उसमें चित्रकला के प्रति रूझान था। उत्तर प्रदेश तथा मध्य प्रदेश की कई प्रागैतिहासिक गुफाओं से तत्कालीन मनुष्यों के बनाए चित्रांकन पाए गए हैं। उत्तर प्रदेश में मिर्जापुर जिले के अंतर्गत तथा मध्य प्रदेश में पंचमढ़ी, सिंहपुर, रायसेन, होशंगाबाद आदि अनेक स्थानों से गुफाओं अथवा शिलाओं पर अंकित चित्र पाए गए हैं। होशंगाबाद के निकट भीमबेटका नामक स्थान पर लगभग छः सौ चित्रित गुफाएँ मिली हैं।

ये चित्र विषय, शैली तथा सामग्री की दृष्टि से तत्कालीन मानव-जीवन के प्रतीक हैं। इनके मुख्य विषय वन्य पशुओं का आखेट, आपस में युद्ध करते हुए मनुष्य अथवा उनके धार्मिक अनुष्ठान या पुजा की आकृतियाँ हैं। ये चित्र प्रायः धातुरंगों (गेरू, रामरज आदि) से तीन प्रकार से अंकित किए गए थे-

1. केवल दो-तीन रेखाओं द्वारा बनाई गई आकृतियाँ जिनमें चौड़ाई या मोटाई नहीं है।
2. चौड़ी आकृतियाँ जिन्हें रेखाओं से भरा गया है तथा
3. चौड़ी आकृतियाँ जिनका संपूर्ण अथवा कुछ भाग पूरी तरह रंग से भरा है और शेष भाग में रेखाएँ हैं। लाल रंग से बनाई जाने के कारण स्थानीय लोग इन्हें 'रक्त की पुतरियाँ' (रक्त पुत्तलिका) कहते हैं।

भारतीय चित्रकला की परम्परा का अगला चरण आद्यैतिहासिक काल है। इस काल में सिन्धु नदी घाटी में एक अति विकसित सभ्यता विद्यमान थी। इस सभ्यता के विविध अवशेष प्रारंभ में हड़प्पा तथा मोहनजोदड़ो से मिले थे। अब तक इस सभ्यता के अवशेष रंगपुर, लोथल, अतरंजीखेड़ा तथा आलमगीरपुर आदि अनेक स्थानों से प्राप्त हो चुके हैं। इस सभ्यता में अन्य सामग्री के साथ मिट्टी के बर्तनों के असंख्य टुकड़े भी मिले हैं जिन पर काले या सफेद रंगों के चित्रांकन पाए गए हैं। ये बर्तन पूजा-अनुष्ठान में दफनाए भी जाते थे। इससे स्पष्ट होता है कि उस काल के मनुष्य कितने कलाप्रेमी थे।

भारतीय ऐतिहासिक काल की चित्रकला आज संसार भर में प्रसिद्ध है। इस प्रसिद्धि का कारण अजन्ता की चित्रकला है जिस पर यहाँ विस्तार से प्रकाश डाला जायगा। द्वितीय शताब्दी ई.पू. से भारतीय चित्रकला के अवशेष हमें अजन्ता की गुफाओं में मिलने लगते हैं जहाँ पर परम्परा का क्रमिक विकास सातवीं शताब्दी ई. तक होता रहा। अजन्ता के अतिरिक्त बाघ, बादामी, औरंगाबाद, सित्तन्नवासल आदि स्थानों से भी चित्रकला के साक्ष्य पाए जा चुके हैं।

मध्यकाल से भारत में चित्रकला लघुचित्रों में सिमट गई। पुस्तकों के पृष्ठों पर भाँति-भाँति के विषयों तथा कथानकों का चित्रण किया जाने लगा। आगे चलकर लघु चित्रांकन (मिनिएचर पेटिंग) के रूप में चित्रकला की अनेक शैलियाँ लोकप्रिय हो गई जिनमें पहाड़ी शैली, राजस्थान शैली तथा मुगल शैली विशेष रूप से उल्लेखनीय है। पिछले सौ-सवा सौ सालों से जब से हमें अजन्ता की चित्रकला की जानकारी मिली है। भारतीय चित्रकला का पुनर्विकास हुआ है। बंगाल के कई चित्रकारों ने अपनी पुरानी परम्परा को पुनर्जीवित करने का प्रयास किया है। इनमें अवनीन्द्रनाथ टैगोर, असितकुमार हलदार, यामिनीराय, राजा रविवर्मा, फिदाहुसेन आदि के नाम उल्लेखनीय हैं। इस प्रकार भारतीय चित्रकला की परम्परा अत्यंत प्राचीन काल से आज तक अक्षुण्ण रही है।

प्रश्न-4 नाजीवाद के उदय के क्या कारण थे?

उत्तर : 1914 में प्रारम्भ हुए प्रथम विश्व युद्ध में जर्मनी साम्राज्य विस्तार की इच्छा से शामिल हुआ था, वह अपनी इस इच्छा में असफल हुआ ही, साथ ही साथ उसे युद्ध के दौरान जान-माल की व्यापक हानि उठानी पड़ी। युद्ध की समाप्ति पर पेरिस शांति सम्मेलन के दौरान जर्मनी के साथ वर्साय की अपमानजनक संधि हुई। इस अपमानजनक प्रतिशोधात्मक कठोर संधि के कारण जर्मन जनता में काफी आक्रोश था। आक्रोश के कारण जर्मनवासियों के मन में अपने आत्म सम्मान को पुनः प्राप्त करने की प्रबल इच्छा भी जग गई थी और वे एक ऐसे नेता की तलाश कर रहे थे जो इस अपमान को धोकर जर्मनी के राष्ट्रीय गौरव को पुनः प्राप्त करें। 1920 के दशक में हिटलर के रूप में उन्हें ऐसा व्यक्तित्व मिला है, जिसने अपने हर भाषण में वर्साय की संधि की आलोचना करते हुए शस्त्र उठाने की बात की।

उपर्युक्त विवेचन का तात्पर्य है कि वर्साय की संधि से उपजे जनाक्रोश ने हिटलर के उदय की पृष्ठभूमि तैयार कर दी। हालांकि यह तथ्य गौर करने योग्य है कि संधि तो 1919 में हुई जबकि हिटलर को सत्ता प्राप्ति 1933 में हुई। अतः यहाँ प्रश्न उठता है कि वर्साय की संधि कहाँ तक हिटलर के उदय के लिए उत्तरदायी थी। इस संदर्भ में सार्थक विश्लेषण के लिए सर्वप्रथम उन सभी तत्वों की समीक्षा की आवश्यकता है जिसके प्रभावस्वरूप 1933 में हिटलर को सत्ता प्राप्त हुई। वास्तव में, वर्साय की संधि के पश्चात् के पश्चात् कई ऐसी परिस्थितियों उपजी जिन्होंने जैसे आर्थिक मंदी, वाइमर गणतंत्र की असफलता, साम्यवाद के उभार के कारण उसके विरोधियों का एकजुट होना, यहूदी विरोधी भावना का व्यापक रूप से प्रसारित होना आदि जिन्होंने संयोजित होकर नाजीवाद की स्थापना में योगदान दिया।

राजनीतिक संकट

प्रथम विश्व युद्ध के पश्चात् जर्मनी से राजतंत्र की समाप्ति हो गई और इसके स्थान पर गणतंत्र की स्थापना हुई। राजतंत्र विरोधी विद्रोह के परिणामस्वरूप तत्कालीन जर्मन सम्राट कैसर को सिंहासन त्यागना पड़ा और 'एवर्ट' के नेतृत्व में जर्मन गणराज्य की घोषणा की गई। जर्मनी में इस समय दो प्रतिनिधि सभाएं थीं, रिष्टाग और रिष्टार्ट। रिष्टाग का अधिवेशन एवर्ट ने वाइमर में बुलाया और इसके साथ ही एवर्ट द्वारा स्थापित गणतंत्र वाइमर गणतंत्र के नाम से जाना जाने लगा। पर वाइमर गणतंत्र को आरम्भ से ही कई निराशाजनक परिस्थितियों का सामना करना पड़ा। इसे ही वर्साय की अपमानजनक संधि को हस्ताक्षरित करना पड़ा इस सन्धि पर हस्ताक्षर करने के कारण वाइमर गणतंत्र का नाम इस राष्ट्रीय अपमान से जुड़ गया। आगे चलकर 1919 से लेकर 1933 के प्रारम्भ तक इस गंणतंत्र को समय-समय पर राजनीतिक एवं आर्थिक समस्याओं का सामना करना पड़ा। इसमें प्रमुख समस्या आर्थिक थी। जर्मनी को प्रारम्भ में हर्जाने की एक बड़ी राशि मित्र राष्ट्रों को देनी पड़ी। तत्पश्चात् 1929 की आर्थिक मंदी के कारण जर्मनी में अव्यवस्था फैल गई और कई प्रकार के आर्थिक-सामाजिक, राजनीतिक, सैन्य, वैदेशिक संकट एक साथ आ गए। वास्तव में हिटलर का उदय इसी आर्थिक संकट के परिप्रेक्ष्य में हुआ। जब भी आर्थिक संकट गहराता गया, नाजी दल का जनाधार बढ़ता गया। इन सबसे अतिरिक्त विभिन्न राजनीतिक दलों के बीच वैचारिक मत भेदों के कारण भी वाइमर गणतंत्र जर्मनी में असफल रहा।

प्रश्न-5 वैश्वीकरण का आर्थिक, सामाजिक एवं राजनीतिक प्रभाव क्या है?

उत्तर : मोटे तौर पर कहें तो वैश्वीकरण पूंजी, श्रम, प्रौद्योगिकी वस्तुओं और ज्ञान का राष्ट्रीय सीमाओं के आर-पार निर्बाध संचरन है। यह आर्थिक संवृद्धि के उद्देश्य से दुनिया के देशों और व्यक्तियों के मध्य एकीकरण और अन्तर्क्रिया की प्रक्रिया है। वैश्वीकरण की प्रक्रिया को उच्च क्षमता वाली संचार प्रौद्योगिकी; जैसे -टेलीफोन, कम्प्यूटर तथा इंटरनेट ने सुगम बनाया है। एक तरह से देखा जाए तो यह अंतर्राष्ट्रीय सम्बन्धों की एक प्रक्रिया है जिसमें सीमा सम्बन्धी बहुत सारी औपचारिकताएं और आपत्तियां नहीं होती हैं।

विश्व के आर्थिक रंगमंच पर वैश्वीकरण और उदारीकरण की प्रक्रियाओं ने विश्व के आर्थिक विकास की कायापलट ही कर दी है। भारत में वैश्वीकरण का प्रारम्भ वर्ष 1991 में हुआ था। यह नए आर्थिक युग का सूत्रपात था। इस नई अर्थव्यवस्था में संघीय बाजार अर्थव्यवस्था का उदय हुआ। इसमें राज्यों को भी यह अधिकार मिल गया कि केन्द्रीय योजना

अर्थव्यवस्था के अन्तर्गत वे अपनी वित्तीय स्थिति में परिवर्तन कर सकें। इस व्यवस्था में सुधार आता है या खराबी इसके लिए राज्य स्वयं उत्तरदायी है।

भारत में वैश्वीकरण के परिणामस्वरूप उत्पन्न इस नई अर्थव्यवस्था के निम्न प्रभाव हैं:

1. **आय में वृद्धि** - वैश्वीकरण और उदारीकरण ने भारत की राष्ट्रीय और प्रति व्यक्ति आय में वृद्धि की है। 1999-2000 तक देश की राष्ट्रीय आय 15,90,301 करोड़ तक पहुंच गई थी। इसी प्रकार देश में प्रति व्यक्ति आय का सूचकांक आधार वर्ष 1993-94 में 100 था जो वर्ष 1999-2000 में बढ़कर 2,082 हो गया था।
2. **उद्योगों का विकास** - आर्थिक विकास के लिए विदेशी पूंजी निवेश से घरेलू पूजी निवेश को बढ़ाने में काफी मदद मिलती है। इससे घरेलू उद्योग को उन्नत व तकनीकी, प्रबन्ध कुशलता, मानव व प्राकृतिक संसाधनों का पूरा उपयोग, भारतीय उद्योगों को अन्तर्राष्ट्रीय बाजार में प्रतिस्पर्धात्मक बनने, निर्यात बाजारों को खोलने, अन्तर्राष्ट्रीय स्तर का सामना और सेवाएं जुटाने का भी लाभ प्राप्त हुआ है।
3. **कृषि उत्पादन में वृद्धि** - वैश्वीकरण और उदारीकरण का लाभ कृषि क्षेत्र में भी पहुंच रहा है, कृषि के क्षेत्र में नवीन तकनीकों के द्वारा खाद्यान्नों का रिकॉर्ड उत्पादन हो रहा है और देश इस मामले में आत्मनिर्भर हो गया है। प्रतिकूल मौसम की स्थिति में भी कृषि उत्पादन निरन्तर बढ़ रहा है और कृषि में हरित क्रान्ति आ गई है।
4. **जीवन की गुणवत्ता** - अब इस बात के काफी प्रमाण उपलब्ध हैं कि आर्थिक क्षेत्र में वैश्वीकरण और उदारीकरण के कारण तीव्र विकास हो रहा है और इसका प्रभाव गरीबी उन्मूलन पर भी पड़ा है। परन्तु विकास के कुछ ऐसे पहलू भी सामने आ रहे हैं जो क्षेत्र विस्थापन कर सकते हैं और श्रम की स्थिति को कमजोर बना सकते हैं। इसका मुख्य कारण भौतिक संसाधनों, मानवीय पूंजी और सूचना के रूप में असमानता का मौजूद होना है, जिसमें समाज के सबसे निचले स्तर के लोग विशेष तौर पर श्रमिक, स्त्रियां और अन्य सामाजिक व आर्थिक दृष्टि से उपेक्षित वर्गों; जैसे- अनुसूचित जातियों, अल्पसंख्यकों, अन्य पिछड़े वर्गों, विकलांगों आदि को उपलब्ध आर्थिक अवसरों को लाभ उठाने से वंचित रहना पड़ता है। इसलिए जीवन की गुणवत्ता को उन्नत स्तर पर लाने में सफलता नहीं मिल रही है।
5. **परिवहन एवं संचार क्षेत्र में प्रगति** - यह वैश्वीकरण और उदारीरकण का ही परिणाम है कि आज देश में परिवहन एवं संचार का क्षेत्र लगातार बढ़ता जा रहा है।
6. **निर्धनता अनुपात में गिरावट** - वैश्वीकरण और उदारीकरण के फलस्वरूप राष्ट्रीय एवं प्रति व्यक्ति आय में सुधार हुआ है। उद्योग-धन्धों के साथ-साथ कृषि उत्पादन में भी वृद्धि हुई है। फलस्वरूप देश में निर्धनता के अनुपात में गिरावट आ रही है।
7. **निजीकरण** - वैश्वीकरण और उदारीकरण का सबसे प्रमुख प्रभाव निजीकरण के रूप में देखने को मिल रहा है। विकसित देशों के विभिन्न उपक्रम निजी संस्थाओं द्वारा चलाए जाते हैं तथा अच्छा मुनाफा भी कमाते हैं। इससे प्रेरित होकर विभिन्न विकासशील देशों में भी निजीकरण की लहर दौड़ रही है, और धीरे-धीरे विभिन्न उपक्रमों का निजीकरण हो रहा है।
8. **शिक्षा में गुणात्मक व तकनीकी सुधार** - तकनीकी शिक्षा में वैश्वीकरण का महत्वपूर्ण प्रभाव पड़ा है। परिवहन एवं संचार के माध्यम से विभिन्न देशों की दूरियों को बहुत कम कर दिया गया है। आज किसी भी देश में शिक्षा एवं तकनीकी शिक्षा में जो सुधार हो रहे हैं वह बहुत कम समय में दुनिया के अधिकांश देशों तक पहुंचाए जा रहे हैं। जैसे कम्प्यूटर का प्रयोग अब अधिकांश लोगों द्वारा होने लगा है।
9. **महिला सशक्तिकरण** - वैश्वीकरण के इस दौर में आज महिलाएं अपने अधिकारों के प्रति सचेत हो गई हैं। परिवहन एवं संचार माध्यमों के तीव्र विकास से भी महिलाओं में ज्यादा जागरूकता आई है। आज महिलाएं हर क्षेत्र में पुरूषों के साथ-साथ काम कर रही हैं। भारतीय महिलाओं ने भी विश्व में अपनी अलग पहचान बनाई है।

10. **वर्गों के रूप में परिवर्तन** – वैश्वीकरण ने वर्गों के रूप में भी परिवर्तन कर दिया है। 20वीं सदी तक जहां प्रमुख तीन वर्ग थे, उच्च वर्ग, मध्यम वर्ग और निम्न वर्ग, लेकिन आज वर्गों की संख्या बहुत अधिक हो गई है। हर वर्ग के अनेक उपवर्ग हो गए हैं; जैसे – कृषक वर्ग, मजदूर वर्ग, शिक्षक वर्ग आदि। आय के आधार पर अन्य नए भिन्न वर्गों का उदय हो रहा है।

11. **वैश्वीकरण-स्थानीय सम्बन्ध** – वैश्वीय संस्कृति सामान्तया पश्चिमी संस्कृति है। आधुनिकीकरण ने विश्व भर की संस्कृतियों को मिश्रित करने का प्रयास किया है। फिर भी इस मिश्रण में पश्चिमी और अमेरिकी संस्कृतियों की प्रधानता होती है। ऐसी अवस्था में वैश्वीय संस्कृति की वैधता को पाने के लिए स्थानीय संस्कृति के साथ अनुकूलन अवश्य करना पड़ता है। **सांस्कृतिक वैश्वीकरण** के सन्दर्भ में मुख्य मुद्दा वैश्वीय-स्थानीय संस्कृति का है। वैश्वीकरण अपनी बुनियाद में बहुलवादी है। अब स्थानीय स्तर की समस्याओं को वैश्विक स्तर पर देखा जाने लगा है। लोग स्थानीय अर्थव्यवस्था और स्थानीय आर्थिक रणनीति को बनाने लगे हैं। वैश्वीकरण लचीली अर्थव्यवस्था का प्रतीक है और इसका परिणाम हमें स्थानीय अर्थव्यवस्था में देखने को मिलता है।

12. **उपभोक्ता की प्रधानता** – वैश्वीकरण की प्रकृति सजातीयता या एकरूपता करने की है। विश्व भर के लोग विभिन्नता के होते हुए भी एक जैसे सांचे में ढल जाते हैं, और इस वैश्वीयता की एक और बड़ी तारीफ यह है कि यह विभिन्नता का भी समावेश कर लेती है। यह प्रक्रिया जिस संस्कृति को विश्व भर में समान रूप देती है वह एक जैसी जीवन पद्धति है। वैश्वीकरण ने विश्व भर में उपभोग करने की बनावटी आवश्यकता को पैदा किया है और इस कारण आज जिस नए समाज का उदगम हो रहा है वह वस्तुतः उपभोग समाज है। इस समाज में धीरे-धीरे एक लोकप्रिय या पोपुलर संस्कृति पनप रही है। यह संस्कृति नई जनसंस्कृति के रूप में सम्पूर्ण समाज में सजातीयता ला रही है। इसी संस्कृति ने अंतर्राष्ट्रीय और घरेलू पर्यटन को बढ़ावा दिया है। घरेलू पर्यटन भी हाल में उपभोग का एक अंग बन गया है। कुल मिलाकर वस्तुओं एवं सेवाओं का वास्तविक उपयोग कम एवं प्रतीकात्मक उपयोग अधिक होने लगा है।

प्रश्न-6 भारतीय संस्कृति के प्रमुख अभिलक्षणों की चर्चा करें।

उत्तरः भारत की भौगोलिक, राजनीतिक, आर्थिक तथा सामाजिक परिस्थितियां अन्य देशों से भिन्न है। यही कारण है कि **भारतीय संस्कृति** अन्य देशों की संस्कृति से भिन्न है। यहां की संस्कृति में धर्म, आध्यात्मिक, साहित्य एवं ललित कलाओं के विद्यमान तत्व इसे विशिष्ट बना देते हैं। संक्षेप में भारतीय संस्कृति में जो विशेषताएं दर्शित होती हैं वे निम्नवत हैं-

- विश्व में न जाने कितनी संस्कृतियां यथा यूनान, सुमेर और रोम में उदित हुई, किंतु एक समय ऐसा भी आया जब ये संस्कृतियां न जाने कहां विलीन हो गई। आज इन संस्कृतियों के अवशेष मात्र ही यत्र-तत्र प्राप्त होते हैं, जबकि भारतीय संस्कृति जिसका उद्‌भव चार-पांच हजार वर्ष पहले माना जाता है। आज भी अपने अस्तित्व में है। इस प्रकार भारतीय संस्कृति विश्व की समस्त संस्कृतियों में प्राचीनतम संस्कृति है।
- सहिष्णुता एवं उदारता भारतीय संस्कृति की अन्य विशेषता है। प्राचीनकाल से ही भारत में अनेक धर्म अस्तित्व में रहे हैं। इन विभिन्न धर्म के मानने वालों के मध्य परस्पर सहिष्णुता एवं उदारता बनी रही, जबकि अन्य देशों में धर्म के नाम पर अनेकानेक संग्राम हुए। यहां के अनेक राजाओं यथा अशोक व अकबर ने सहिष्णुता की भावना को बढ़ावा दिया। इस प्रकार भारतीय संस्कृति में धार्मिक विद्वेष को कोई स्थान नहीं दिया गया है।
- भारत के संपूर्ण भूक्षेत्र में जलवायु की भिन्नता पायी जाती है यहां के कई प्रदेश अत्यधिक ठंडे हैं, तो कई अत्यधिक गर्म, कहीं अत्यधिक वर्षा होती है तो कहीं बिलकुल भी नहीं, यहां कुछ भागों में वनों की अधिकता है, तो कुछ में रेगिस्तान की। यहां की इस प्राकृतिक अनेकता ने भारतवासियों के रंगरूप में अनेकता उत्पन्न कर दी है।

- भारतीय संस्कृति में नैतिकता एवं सदाचार का स्थान हमेशा से सर्वोपरि रहा है। भारतीय संस्कृति में निर्धारित नैतिकता के मानदंड संसार के सभी मनीषियों की विचार कसौटी पर खरे उतरते हैं। वस्तुतः त्याग, तप, संयम, अहिंसा, सहनशीलता, बड़ों के प्रति आदर का भाव एवं शिष्टाचार नैतिकता का ही मार्ग है।
- अहिंसा भारतीय संस्कृति का सनातन गुण है। सभी जीवों के प्रति प्रेम की भावना अहिंसा को ही व्यक्त करती है। अहिंसा का अर्थ भय एवं निष्क्रियता नहीं, बल्कि साहसी एवं कर्मनिष्ठ व्यक्ति का दर्शन है। करूणा, मैत्री, विनय आदि अहिंसा के पालन में सहायक होते हैं।
- भारतीय संस्कृति में नारी को महत्वपूर्ण स्थान प्रदान किया गया है तथा उसके जीवन की सार्थकता उसके मातृत्व में स्वीकार की गई है। वैदिक एवं संस्कृत साहित्य में मां एवं पत्नी के महत्व का विशद वर्णन किया गया है। वशिष्ठ सूत्र में माता को परिवार में वरिष्ठ स्थान प्रदान किया गया है। महाभारत एवं तैत्तरीय उपनिषद् में माता को ही सबसे बड़ा शिक्षक स्वीकार किया गया है। उनका ईश्वर की आद्यशक्ति के रूप में कल्पना कर स्मरण किया गया है। मैत्रेयी, गार्गी, अपाला, कुन्ती आदि अनेक नारियाँ इस बात की द्योतक हैं कि भारतीय संस्कृति में सदा से ही नारी को सम्मान प्रदान किया जाता रहा है।
- अनेकता में एकता भारतीय संस्कृति की प्रमुख विशेषता है। भारतीय संस्कृति में भौगोलिक, आर्थिक, सामाजिक, धार्मिक एवं राजनीतिक क्षेत्रों में विभिन्नता के साथ ही अखंड मौलिक एकता भी विद्यमान है। यद्यपि यहां विभिन्न धर्म एवं जातियों के लोग रहते हैं। किन्तु उनमें मनोवृत्तियों और भावनाओं की एकता विद्यमान है।

प्रश्न-7 फ्रांसीसी क्रांति के कारणों की चर्चा करें और यह स्पष्ट करें कि यह अपने उद्देश्यों में कहां तक सफल रही?

उत्तर : स्वतंत्रता, समानता और बंधुत्व का आदर्श रखने वाली क्रांति फ्रांस की जटिल सामाजिक व्यवस्था और राजनीतिक परिस्थितियों से उपजी थी। अतः इसका कारण समझने के लिए फ्रांस के सभी वर्गों के हित और उसकी गतिविधियों का परीक्षण करना आवश्यक है। यह वो वर्ग था, जो फ्रांसीसी राज्य व्यवस्था में न सिर्फ प्रशासनिक और विधिक स्तर पर विशेषाधिकार का उपभोग करता था, बल्कि इन्हीं के बीच 1/2 मिलियन आबादी के पास कुल फ्रांसीसी भूमि का 40 प्रतिशत भाग था। फ्रांस के राजा लुई 16वां ने चर्च और कुलीन वर्ग की सलाह से स्टेट्स जनरल की सभा बुलाई, जिसमें उपजी अव्यवस्था के साथ ही क्रांति की शुरूआत हो गई। इसके तहत् स्टेट्स जनरल, जो कि फ्रांस की पारंपरिक प्रतिनिधि संस्था थी, के तीसरे स्टेट्स ने अपने आप को जनरल असेम्बली घोषित कर दिया। स्टेट्स जनरल एक ऐसी संस्था थी, जो पारंपरिक रूप से विधायी और वित्तीय गतिविधियों का संचालन करती रही थी, लेकिन फ्रांस में निरंकुश राजतंत्र के विकास के साथ ही इसे एक निष्क्रिय संस्था के रूप में तब्दील कर दिया गया था। यह इतिहास की एक बिडंबना ही है कि सामंतवाद के दमन के बाद उपजा हुआ निरंकुश फ्रांसीसी राजतंत्र 18वीं सदी के मध्य तक आते-आते एक बार फिर से कुलीन और चर्च के प्रभाव में आ गया था। उपरोक्त दोनों ही वर्ग राजनैतिक, प्रशासनिक, विधिक और वित्तीय स्तर पर कई तरह के विशेषाधिकारों का उपभोग कर रहे थे, किंतु 14-15वीं सदी से आरंभ होने वाली वाणिज्यिक धारा चूँकि 18वीं सदी तक काफी दृढ़ हो चुकी थी, इसलिए इससे उपजा हुआ मध्यवर्ग अब सभी स्तर पर अपने अधिकारों के प्रति ज्यादा प्रतिबद्ध हो गया था। चूँकि राजा अपव्ययी तो था ही, नित-नवीन युद्धों में उलझे रहने के कारण उसका व्यय और भी ज्यादा बढ़ गया था और इसके लिए आवश्यक वित्त का एकमात्र साधन राजस्व ही था। चूँकि मध्य वर्ग अतिरिक्त राजस्व देने के बजाय राजस्व की व्यवस्था में सुधार लाने का दबाव राजा पर डाल रहा था और किसान भी राजस्व में सुधार को आवश्यक मानते थे, इसलिए चर्च और कुलीन वर्ग को ऐसा लगा कि इसके पहले कि राजा व्यवस्था में कोई मौलिक सुधार कर दे, स्टेट्स जनरल के माध्यम से यथास्थिति को बनाये रखने का इंतजाम कर लिया जाए। इन दोनों वर्गों के लोग स्टेट्स जनरल की सभा को अपने लिए लाभदायक इसलिए मानते थे, क्योंकि इस सभा की कार्यपद्धति में एक बुनियादी दोष था। इसका गठन इस प्रकार किया गया था कि तीनों सभाओं में तीन वर्ग के प्रतिनिधि होते थे और इन सभाओं में मतदान अलग-अलग सभा में कराकर कुल तीन मत निकाले जाते थे, जिसके बीच से बहुमत का निर्धारण होता था। यानि कि यदि प्रथम स्टेट और द्वितीय स्टेट ने अपने-अपने सदन के बहुमत

से व्यवस्था में किसी भी प्रकार की सुधार को नकार दिया तो तीसरे स्टेट्स (जिसमें की आम लोगों का प्रतिनिधित्व था) का कोई भी प्रयत्न निरर्थक हो जायेगा। चूँकि प्रथम स्टेट चर्च और द्वितीय कुलीन का प्रतिनिधित्व करता था, इसीलिए इन दोनों वर्गों के लोग प्रायः आश्वस्त थे कि अपने-अपने सदन से सुधार के प्रस्ताव को खारिज कराकर ये लोग अंततः दो-एक के बहुमत से जीत जायेंगे, लेकिन समस्या तब उपजी, जब सभा के आह्वान के बाद तीसरे स्टेट के लोगों ने मांग की कि मतदान की पद्धति में सुधार होना चाहिए। इस मुद्दे पर उपजे विवाद का जब राजा के द्वारा कोई समाधान नहीं निकला तो मौके को अपने हाथ से निकलते देख तीसरे स्टेट ने आक्रामक तेवर अपनाते हुए अपने-आप को ही फ्रांस की वास्तविक प्रतिनिधि संस्था घोषित कर दिया और इस तरह से क्रांति की शुरूआत हो गई। तात्पर्य यह है कि क्रांति की वास्तविक शुरूआत फ्रांसीसी समाज के प्रति क्रांतिकारी वर्ग के ही माध्यम से हुई।

क्रांति का अगला चरण बैस्टिल के किला के ध्वंस के माध्यम से उभरा। बैस्टिल शस्त्रगार और कैदियों का सुरक्षित स्थल होने के कारण राजकीय शक्ति का प्रतीक माना जाता था, जिसे 14 जुलाई 1789 को पेरिस की सड़कों पर सोने वाली भीड़ ने तोड़ दिया। सवाल उठता है कि इस भीड़ में कौन लोग शामिल थे? ये वो लोग थे, जिनके पास रहने के लिए घर नहीं था और न ही खाने के लिए भोजन! यानि कि फ्रांस का वास्तविक समाज उस समय एक बहुरंगी चित्र प्रस्तुत करता था, जिसका एक रंग राजा की विलासिता में उद्घाटित होता था तो दूसरा रंग विशेषाधिकारी वर्ग के सुविधाभोगी जीवन पद्धति में। इसके समानांतर फ्रांस का निरंतर समृद्ध होता हुआ मध्यवर्ग आर्थिक समृद्धि के बावजूद सामाजिक रूप से पिछड़ा था और किसान कि स्थिति यह थी कि यद्यपि वह अपनी भूमि का मालिक था, लेकिन सामंती, चर्च और राजकीय सभी प्रकार के करों के दबाव में वह दबा हुआ था। एक वर्ग शहरी मजदूरों का था, उसकी स्थिति भी तंगहाल ही थी। 1789 के ठीक तीन-चार साल पहले से जिस तरह का मौसम फ्रांसीसी कृषि को झेलना पड़ रहा था, उसके परिणामस्वरूप भी शहरों की ओर पलायन के कारण पेरिस में फ्रांस की वंचित जनता का जमाव बढ़ गया था और इसी भीड़ ने बैस्टिल का किला तोड़ दिया। तात्पर्य यह है कि फ्रांस की क्रांति न तो सिर्फ गरीबी की उपज थी और न ही किसी प्राकृतिक दुर्घटना मात्र की परिणति। सही अर्थों में यह गरीबी और विशेषाधिकार के बीच के अंतर्विरोध से उपजी थी, जिसे अन्य परिस्थितियों ने उत्प्रेरित मात्र किया।

प्रश्न-8 पूंजीवाद क्या है? उसके कारण समझाइए।

उत्तर : पूंजीवाद मूलतः एक आर्थिक अवधारणा है, जिसमें पूंजी को एकत्रित करने और उसका निवेश करने की स्वतंत्रता होती है। इसमें निजी सम्पत्ति पर बल दिया जाता है। साथ ही उत्पादन का उद्देश्य अधिक से अधिक लाभ की प्राप्ति होती है। यूरोपीय संदर्भ में 5वीं सदी में रोमन साम्राज्य के पतन के बाद सामन्तवाद का दौर प्रारम्भ होता है जो आगे निरन्तर विकसित होता है। विशेषकर 12वीं सदी तक इसका विकास जारी रहता है, पर 13वीं-14वीं सदी में कई कारणों से सामन्तवाद का पतन प्रारम्भ होता है तथा पूंजीवाद का उद्भव होता है। पूंजीवाद के उद्भव के कारणों को चार भागों में बांटा जा सकता है: (i) राजनीति कारण, (ii) सामाजिक कारण, (iii) धार्मिक कारण तथा (iv) सामाजिक कारण।

राजनीतिक कारण: 13वीं-14वीं सदी में जब सामन्तवाद का पतन प्रारम्भ हुआ, तत्पश्चात् ब्रिटेन में लोकतंत्र की स्थापना 1688 की गौरवपूर्ण क्रांति से होती है पर इसकी पृष्ठभूमि में भी कई ऐसी घटनाएँ हुई जो स्वतंत्रता, लोकतांत्रिक मूल्यों एवं सामन्तवाद के पतन में सहायक सिद्ध हुई। 11वीं-12वीं सदी में यूरोप के ईसाई जगत् तथा अरब क्षेत्र के इस्लाम जगत् में जो धर्मयुद्ध हुआ इसमें ब्रिटेन के सामन्त भी शामिल थे। इस युद्ध से सामन्तवाद कमजोर पड़ा, क्योंकि अनेकों सामंत मारे गए तथा जो लौट कर आए उनका पहले जैसा प्रभाव स्थापित नहीं हो सका। आगे चलकर ब्रिटेन, फ्रांस के साथ 14वीं-15वीं शताब्दी में सौ वर्षीय युद्ध लड़ा जिससे यहाँ की सामन्ती संरचना कमजोर पड़ती गई। उसके बाद 15वीं सदी के मध्य से अगले कई वर्षों तक ब्रिटेन में वहीं के सामन्तों के बीच संघर्ष चला जिसे 'गुलाबों के युद्ध' के नाम से भी जाना जाता है। इन तीनों युद्धों से सामन्ती संरचना कमजोर पड़ी और 1485 ई. में ट्यूडर वंश के रूप में राष्ट्र-राज्य की स्थापना हुई। वास्तव में, ब्रिटेन में स्थापित हुआ राष्ट्र-राज्य सामंतवाद को तोड़कर स्थापित हुआ था। परिणामतः इस राष्ट्र-राज्य में सामंती तत्व के स्थान पर पूँजीवादी तत्वों को प्रोत्साहन मिला, क्योंकि इसके माध्यम से

ये राज्य स्वयं को मजबूत कर सकते थे। आगे चलकर 1688 में ब्रिटेन में जो संसदीय व्यवस्था बनी, उस पर भी मध्यमवर्गीय प्रभाव था, क्योंकि मताधिकार का मानक संपत्ति था। ब्रिटेन का यह मध्यवर्ग सरकार से अपने लिए समय-समय पर सकारात्मक नीतियाँ निर्माण करवाने में सफल रहा। परिणामत: पूंजीवादी तत्वों को प्रोत्साहन मिला साथ ही पूंजीवाद के विकसित रूप (औद्योगिक क्रांति) को सफलता मिली।

सामाजिक कारण: ब्रिटेन में सामन्तकाल के दौर में ही मध्यवर्ग का विकास होने लगा था। साथ ही स्वतंत्रता एवं लोकतांत्रिक विचारों के प्रति भी ब्रिटेन के सामाजिक वर्गों में जागरूकता थी। परिणामत: इनके द्वारा आर्थिक स्वतंत्रता आधारित पूँजीवाद को प्रोत्साहन मिला।

धार्मिक कारण: 16वीं सदी के धर्म सुधार आंदोलन के परिणामस्वरूप ब्रिटेन में प्रोटेस्टैंट धर्म का प्रचार हुआ, इसके तहत आर्थिक स्वतंत्रता, पूँजी निवेश की स्वतंत्रता, ब्याज पर धन लगाने की स्वतंत्रता आदि को महत्व दिया गया। परिणामत: ब्रिटेन में पूँजीवाद को विकसित होने का अवसर मिला।

आर्थिक कारण: ब्रिटेन अपनी भौगोलिक स्थिति तथा राजनीतिक, सामाजिक कारणों से अपने व्यापार-वाणिज्य को प्रोत्साहित करने में ज्यादा सफल रहा। यहाँ के लोगों में बचत की भी प्रवृत्ति थी, जिसके आधार पर संयुक्त पूँजी कम्पनियों जैसे-ईस्ट इंडिया कम्पनी, वर्जीनिया कम्पनी आदि का विकास हुआ। इनके माध्यम से ब्रिटेन में पूँजीवाद को बढ़ावा मिला। पूँजीवाद के विकास में बैंकिंग व्यवस्था की भी महत्वपूर्ण भूमिका होती है। ब्रिटेन इस संदर्भ में भी अग्रणी रहा। बैंकिंग के संदर्भ में यहाँ लोम्बार्डी (लंदन के निकट) में बैंकिंग पद्धतियाँ विकसित हुई, जहाँ पर बहुत ही सहजता एवं खुलेपन के साथ बैंकिंग सम्बन्धित कार्य होते थे। ब्रिटेन में पूँजीवाद के विकास में इसके उपनिवेशों की भी भूमिका रही। उदाहरण के लिए भारत जैसे उपनिवेश से धन के निष्कासन की प्रक्रिया द्वारा बड़ी मात्रा में धन एवं सम्पदा आई, इससे भी पूँजीवाद को विकसित होने का अवसर मिला। कुल मिलाकर ब्रिटेन के आर्थिक, सामाजिक, राजनीतिक एवं धार्मिक परिवेश ने इसे पूँजीवाद के विकास का प्रमुख केन्द्र बनाया। यह आगे आने वाली 18वीं सदी के मध्य की औद्योगिक क्रांति का भी प्रमुख आधार बना।

प्रश्न-9 प्राचीन स्थापत्य एवं वास्तुकला कैसी थी?

उत्तर : सैंधवकालीन स्थापत्य एवं वास्तुकला का ज्ञान प्रसिद्ध सिन्धुकालीन स्थल हड़प्पा एवं मोहनजोदड़ो के उत्खननन में प्राप्त अवशेषों से होता है। सैंधवकालीन स्थापत्य एवं वास्तुकला का प्रतिनिधित्व उत्खनन से प्राप्त गृह भवन, सार्वजनिक सभा भवन, अन्नागार तथा स्नानागार आदि करते हैं। भवन निर्माण में कच्ची, पक्की ईट, गारा एवं चूने का प्रयोग किया जाता था, पत्थर का प्रयोग नहीं किया जाता था। ईटें सुडौल, हल्के लाल रंग की तथा एक निश्चित अनुपात में प्रयुक्त की जाती थीं। इनकी लंबाई, चौड़ाई से दोगुनी और मोटाई आधी होती थी। बड़ी ईटों का प्रयोग नाली को ढंकने के लिए किया जाता था। मकान के फर्श निर्माण में ईटों को छोटे-छोटे टुकड़ों में काटकर प्रयुक्त किया जाता था। कहीं-कहीं कोनों पर तिकोने आकार की ईटों का प्रयोग किया जाता था। भवनों की छत सपाट होती थी। पानी की निकासी के लिए बड़े-बड़े परनाले बनाए जाते थे। भवनों में अधिकांशत: आयताकार स्तंभों का प्रयोग किया जाता था। प्रत्येक घर में स्नानागार एवं शौचालय का निर्माण किया जाता था। संभवत: सैंधवकालीन घरों में खिड़कियां नहीं बनायी जाती थीं। स्थापत्य कला की अनुपम कृति, सार्वजनिक सभा-भवन तथा स्नानागार हैं। जो कि उस काल की स्थापत्य कला का प्रतिनिधित्व करते हैं।

मेगस्थनीज के वृतांत से पता चलता है कि अशोक से चंद्रगुप्त के समय में अधिकांश भवन लकड़ी के बने होते थे और कुछ ईटों तथा मिट्टी के, परंतु अशोक के समय में इस क्षेत्र में विशेष उन्नति हुई। भवन निर्माण हेतु पत्थरों का निर्माण होने लगा। अशोक के स्तूप, विहार और स्तंभ उस समय के शिल्प तथा वास्तु के सर्वश्रेष्ठ प्रतीक हैं। मौर्ययुगीन नगर पाटलिपुत्र गंगा और सोन नदी के संगम पर बसा था। नगर का आकार समानान्तर चतुर्भुज के समान था। नगर चारों ओर से काष्ठ की बनी दीवारों से घिरा था, जिसमें 570 बुर्ज और 64 द्वार थे। इन दीवारों पर तीर चलाने के लिए छिद्र बने थे। सामने की ओर रक्षा हेतु एक परिखा खुदी थी, जो 600 फुट चौड़ी और 30 फुट गहरी थी। प्राचीन शैली

पर आधारित नगर, महापथों द्वारा चार ब्लॉकों में विभक्त था। बीच में उद्यानों के मध्य अनेक भवनों सहित विशाल राजप्रसाद निर्मित था। राजप्रसाद का सबसे प्रमुख भाग उनका स्तंभयुक्त भव्य विशाल कक्ष था। यह ऐतिहासिक काल की प्रथम रचनामूलक इमारत है जो भारतीय कला की अभूतपूर्व देन है। चंद्रगुप्त मौर्य की भांति अशोक ने भी एक राजप्रसाद का निर्माण कराया था, जिसमें पत्थर का प्रयोग, दीवारों और तोरणों की व्यवस्था चित्ताकर्षक नक्काशी तथा सुंदर मूर्तियां उत्कीर्ण थीं। महल के निर्माण में काष्ठ का प्रयोग बहुलता से किया गया था। आधुनिक पटना नगर के उत्तर में स्थित कुम्हरार नामक स्थान पर इस राजप्रसाद के ध्वंशावशेष प्राप्त किए गए हैं। किंतु काष्ठ निर्मित होने के कारण ये पूर्णतः नष्ट हो चुके हैं। मेगस्थनीज और फाह्यान जैसे विदेशी यात्रियों ने चंद्रगुप्त और अशोक के राजभवनों की शोभा और सुन्दरता की बहुत प्रशंसा की है। अशोक के विशाल राजभवन को देखकर फाह्यान इतना आश्चर्यचकित हुआ कि उसने उस भवन को प्रेतात्माओं द्वारा बनाया हुआ समझा, क्योंकि उसके विचार में मानवीय शक्ति इतने विशाल भवन का निर्माण नहीं कर सकती थी।

मौर्यकालीन कला के उत्कृष्ट आदर्श के रूप में अशोक के शिला स्तंभ, उसके शिरोभाग और पाषाण मूर्तियाँ विशेष महत्वपूर्ण हैं। इन स्तंभों की विशेषता यह है कि ये गोलाकार हैं तथा 20 फीट से भी अधिक लंबे एक ही पत्थर से निर्मित हैं। ये स्तंभ नीचे मोटे तथा शीर्ष की ओर क्रमशः पतले होते गए हैं। स्तंभों के शिरोभाग में उल्टे कमल के फूल का चित्र है और उसके ऊपर रस्सीनुमा सज्जा के साथ दो मालाएं बनी हैं। उसके ऊपर वर्गाकार या चतुर्भुजाकार चबूतरा है, जिसके नीचे का कोर भिन्न-भिन्न रूपों से अलंकृत है। इस चबूतरे पर पशु की मूर्ति तृतीय आयाम में खड़ी या बैठी है। उलटे कमल के चित्र से लेकर पशु की मूर्ति तक सभी एक ही पत्थर के बने हैं। यह विशाल पशु संयुक्त सिर, स्तंभ की चोटी पर तांबे की सिकरी से जोड़ा गया है। शिरायुक्त ये स्तंभ ऊपर से नीचे तक मौर्यकालीन पॉलिश से दीप्तिमान हैं। स्तंभ का भूमिगत भाग मोर की आकृति का है। इतिहासकारों का मानना है कि मौर्य वंशज मोर को पालते थे, अतः उन्होंने स्तंभों पर मोर की आकृतियां बनवाई। स्तंभों पर चमकदार पॉलिश उस भाग पर भी है, जो भूमिगत है। स्तंभों के मध्यभाग पर भी यही चमकदार पॉलिश है। इतने वर्षों के पश्चात भी यह पॉलिश ज्यों-की-त्यों है। स्तंभ का शीर्ष सर्वाधिक कलात्मक है। शीर्ष भाग पर हंस, बैल, सिंह, हाथी आदि पशुओं की आकृतियां मिलती हैं।

प्रश्न-10. आर्थिक उदारीकरण की उपलब्धियों का मूल्यांकन करें।

उत्तर: प्रथम चरण के दौरान होने वाले आर्थिक सुधारों के कारण आर्थिक संवृद्धि-दर में तेजी आई। आर्थिक सुधारों के पहले दशक के दौरान यह औसतन 6.5 प्रतिशत के स्तर पर रहा। उसके बाद यह 8 प्रतिशत के उच्च स्तर पर पहुंच गया। इस तेजी का श्रेय मुख्य रूप से सेवा क्षेत्र (औसत विकास दर 8.9 प्रतिशत) को जाता है और कुछ हद तक औद्योगिक संवृद्धि दर को। औद्योगिक संवृद्धि दर की तेजी विशेष रूप से उपभोक्ता वस्तुओं पर आधारित थी। इसके अतिरिक्त भारतीय अर्थव्यवस्था की वैश्विक अर्थव्यवस्था के साथ समेकन की प्रक्रिया भी त्वरित हुई। परिणामस्वरूप न केवल विदेशी पूंजी के अंतर्प्रवाह में तेजी आई, वरन् निर्यात संवृद्धि दर भी 25 प्रतिशत के आस-पास बनी रही। विशेष रूप से सेवा-क्षेत्र (विशेषकर सूचना प्रौद्योगिकी और संबद्ध सेवाएं) की तेजी ने सेवा-निर्यात को तेजी से बढ़ाने का काम किया। इन सबका समेकित परिणाम यह हुआ कि भारतीय फॉरेक्स रिजर्व आज उच्च स्तर पर पहुंच चुका है, और भारत की अर्थव्यवस्था विश्व की जीडीपी के आधार पर छठी सबसे बड़ी अर्थव्यवस्था के रूप में उभर कर सामने आई।

जहाँ तक मैक्रो (Macro) इकोनॉमी के अन्य मानकों का संदर्भ है, तो इस दौरान राजकोषीय घाटे में भी कमी आई और मुद्रास्फीति की दर भी औसतन 4-5% के बीच बनी हुई है। आर्थिक सुधारों ने भारतीय अर्थव्यवस्था उत्पादकता, कार्यकुशलता और प्रतिस्पर्धात्मकता की दृष्टि से बेहतर हुई। भारतीय फॉरेन (विदेशी) रिजर्व 400 बिलियन डॉलर का स्तर को पार कर चुका है। जिसका कारण है वैश्विक व्यापार में भारत की भागीदारी का तेजी से बढ़ना है।

इन सुधारों ने भारतीय अर्थव्यवस्था में तकनीकी उन्नयन और प्रबंधन कौशल के विकास के जरिए आधुनिकीकरण को संभव बनाया। इससे भारतीय उद्यमता को वैश्विक पहचान मिली। इस दौर में भारत सूचना प्रौद्योगिकी और दूरसंचार के क्षेत्र में वैश्विक महाशक्ति के रूप में उभरकर सामने आया। साथ ही, भारतीय बहुराष्ट्रीय कम्पनियों को भी अंतर्राष्ट्रीय पहचान बनाने का मौका मिला।

आर्थिक सुधारों के परिणामों को अगर पूँजीगत और मौद्रिक बाजार नीति के परिप्रेक्ष्य में देखा जाय, तो इन सुधारों ने पूंजीगत और मौद्रिक बाजारों के विभेद को कम करते हुए बचत और निवेश के साथ-साथ आर्थिक विकास के लिए अनुकूल वातावरण का निर्माण किया। इससे भारत के वित्तीय ढ़ाँचे का आधुनिकीकरण संभव हुआ। यह अपेक्षाकृत अधिक समृद्ध और सक्षम हुआ। इसी प्रकार कीमत नीति के विवेकीकरण और इस सन्दर्भ में बाजार कारकों की अधिक महत्वपूर्ण भूमिका ने भी आर्थिक विकास के लिए अनुकूल वातावरण को निर्मित किया।

आर्थिक सुधारों के राजकोषीय परिणाम आरंभ में बहुत उत्साहवर्धक नहीं रहे, पर आगे चलकर इसके भी सकारात्मक परिणाम सामने आए। आरंभ में कर-जी.डी.पी. अनुपात 1990-91 के 10.1% से घटकर 2000-01 में 8.8% के स्तर पर आ गया, लेकिन उसके बाद से इसमें वृद्धि जारी है। सरकार द्वारा कीमत नीति के विवेकीकरण, व्यय-प्रबंधन और सब्सिडी में कटौती के प्रयासों के परिणामस्वरूप जी.डी.पी. के संदर्भ में सब्सिडी की मात्रा में गिरावट आई। जहाँ तक राजकोषीय घाटे का प्रश्न है, तो इसमें मिश्रित रूझान दिखता है। 2007-08 में यह 3% से भी नीचे के स्तर पर आ गया था, पर 2008-09 में किसानों की ऋण-माफी, छठे वेतन आयोग की सिफारिशों के क्रियान्वयन और आर्थिक मंदी के प्रभावों के कारण कर-राजस्व में गिरावट व विभिन्न राजक1616ोषीय पैकेजों के परिणामस्वरूप इसमें वृद्धि का रूझान मिलता है।

आर्थिक सुधारों ने आर्थिक विकास को भी सकारात्मक रूप में प्रभावित किया। इस दौरान लोगों की प्रति व्यक्ति आय में निरंतर सुधार हुआ, लोगों के जीवन-स्तर में भी सुधार आया। इसके परिणामस्वरूप मानव विकास सूचकांक के विभिन्न संकेतकों के संदर्भ में भारत का प्रदर्शन बेहतर हुआ। साथ ही, गरीबी-उन्मूलन में भी सहायता मिली।

स्पष्ट है कि आर्थिक सुधारों ने संसाधनों की बेहतर उपलब्धता को सुनिश्चित किया। भारत अगर आर्थिक मंदी (2008-09) के प्रभावों से बहुत हद तक बच पाया और इसका सकारात्मक नजरिए से सामना कर पाया, तो इसका श्रेय आर्थिक उदारीकरण को जाता है।

सामान्य अध्ययन
द्वितीय प्रश्न-पत्र

सामान्य अध्ययन मुख्य परीक्षा
मॉडल अभ्यास द्वितीय प्रश्न-पत्र 1

कुल अंक : 200 **समयावधि : 3 घण्टे**

खण्ड-1

निर्देश: *निम्नलिखित प्रत्येक प्रश्न का उत्तर 125 शब्दों से अधिक नहीं होना चाहिए। शब्द-विस्तार की अपेक्षा प्रश्नोत्तर की अन्तर्वस्तु अधिक महत्वपूर्ण है। सभी प्रश्नों के अंक समान हैं।*

Instruction: *Answer the following questions in not more than 125 words each. Content of the answers are more important than their length. All questions carry equal marks.* 10 × 8 = 80

प्रश्न-1 एनडीए सरकार की 5 वर्षों की उपलब्धियों को बताइए।

उत्तर: एनडीए सरकार की 5 वर्षों की उपलब्धियाँ निम्नवत हैं:- 5 वर्षो मे विदेश में फंसे 90 हजार भारतीयों को बचाया गया है, देश के हर बड़े डाक घर के जरिये पासपोर्ट बनाने की प्रक्रिया शुरू हो चुकी है। वर्तमान में पासपोर्ट बनाने वाले केन्द्रों की संख्या लगभग 310 हो चुकी है जो पूर्व में 77 केन्द्र से कहीं अधिक है। किसी व्यक्ति के पास वोटर कार्ड, आधार कार्ड और पैन कार्ड है तो उसे महज तीन दिन में पासपोर्ट देने की शुरूआत हो चुकी है, पासपोर्ट बनवाने के लिए बिचौलियों को पैसा देने का धंधा लगभग समाप्त हो चुका है, मोबाइल फोन के जरिये पासपोर्ट बनाने की प्रक्रिया शुरू की जा चुकी है।

उक्त प्रक्रिया प्रारम्भ करने का उद्देश्य देश के प्रत्येक नागरिक के पास पासपोर्ट हो, के लक्ष्य को पूरा करना है। एनडीए सरकार की विदेश नीति का प्रारम्भ 15वें प्रधानमंत्री के रूप में नरेन्द्र मोदी की शपथ ग्रहण समारोह जो 26 मई 2014 को आयोजित किया गया था, यहीं से माना जाता है क्योंकि इस शपथ ग्रहण समारोह में दक्षिण एशिया के सभी राष्ट्राध्यक्षों को बुलाया गया था, इसे भारत की विदेश नीति की दूरदर्शिता का उदाहरण माना जाता है। वर्ष 2015 के गणतन्त्र दिवस पर अमेरिकी राष्ट्रपति बराक ओबामा को देश का राजकीय मेहमान बनाना, भारत के आर्थिक व सामरिक रणनीति के लिए महत्वपूर्ण कदम था। वर्ष 2016 में फ्रांस के राष्ट्रपति फ्रांसिस ओलान्दे गणतंत्र दिवस के मुख्य अतिथि रहे। यह यूरोप में ब्रेक्जिट के माहौल में भारत की यूरोपीय देश के साथ सम्बन्ध मजूबत करने की कोशिश के रूप में देखा जा सकता है। वर्ष 2017 के गणतंत्र दिवस में यूएई के क्राउन प्रिन्स मोहम्मद बिन जायेद को बुलाकर भारत ने खाडी देश से सम्बन्ध मजबूत किये। इसे पाकिस्तान पर दबाव डालने की रणनीति में एक महत्वपूर्ण कदम के रूप में देखा गया। वर्ष 2018 के गणतंत्र दिवस के मौके पर आसियान देशों के राष्ट्राध्यक्षों को बुलाकर भारत ने चीन के पड़ोसी देशों के साथ अपने सम्बन्धों को और बेहतर करने की दिशा में एक मजबूत कदम उठाया।

प्रश्न-2 न्यायिक सक्रियता का अर्थ समझाते हुए इसके अहम कारकों पर प्रकाश डालिए।

उत्तर: अमेरिका में विकसित हुई न्यायिक सक्रियता की अवधारणा की शुरूआत भारत में 1970 के दशक के मध्य में हुई। न्यायिक संयम जहां न्यायपालिका द्वारा आत्म-नियंत्रण बनाए रखना है वहीं न्यायिक सक्रियता से तात्पर्य न्यायिक गतिशीलता से है। न्यायिक सक्रियता को निम्नलिखित रूपों में परिभाषित किया जा सकता है-

- न्यायपालिका के द्वारा प्रचलित न्यायिक सक्रियता वह प्रक्रिया है, जिसमें व्यक्तिगत अधिकारों को ऐसे निर्णयों द्वारा संरक्षित या विस्तारित किया जाता है, जो पहले के निर्णयों से अलग एवं हटकर होते हैं।
- यह न्यायिक शक्ति के उपयोग करने का एक तरीका है, जिसमें न्यायाधीश प्रेरित करता है कि वह पहले के नियमों को प्रगतिशील रूप में एवं नई सामाजिक नीतियों के पक्ष में त्याग दे।
- न्यायिक सक्रियता की अवधारणा जनहित याचिका की अवधारणा से जुड़ी होने के कारण न्यायालय में जनहित याचिकाओं की संख्या बढ़ी है। न्यायिक सक्रियता के अहम कारक इस प्रकार है-

- बदलते समय में न्यायाधीश भी समाज सुधार में भागीदार बनना चाहते हैं।
- संविधान के प्रावधानों कैसे न्यायपालिका को भी कानून बनाने के लिए सक्रिय भूमिका निभाने का अवसर मिला है।
- नागरिकों द्वारा अपने अधिकारों के लिए न्यायपालिका की ओर देखने से उस पर जनता को न्याय दिलाने का भरी दबाव पड़ता है।
- विधायिका एवं कार्यपालिका द्वारा अपने-अपने कार्यों को सही रूप से न कर पाने के कारण संविधान एवं लोकतंत्र से व्यक्तियों का विश्वास टूट जाता है।

प्रश्न-3 लोक प्रतिनिधित्व अधिनियम, 1951 क्या है? इस अधिनियम में वर्णित प्रमुख निरर्हताओं का उल्लेख कीजिए।

उत्तर: लोक प्रतिनिधित्व अधिनियम, 1951 को संविधान के अनुच्छेद 327 के तहत संसद द्वारा पारित किया गया था। यह संसद और राज्य विधान सभाओं के लिए चुनाव का संचालन प्रदान करता है। इस अधिनियम के अधीन यदि निरर्हता संबंधी कोई प्रश्न उठता है तो राष्ट्रपति यह निर्णय चुनाव आयोग की राय के अनुसार लेगा। इस अधिनियम में वर्णित प्रमुख निरर्हताएं इस प्रकार हैं-

- उसे चुनाव में अपराध या भ्रष्ट आचरण का दोषी ठहराया गया हो।
- विधि के तहत किसी अपराध में दो वर्ष या उससे अधिक की सजा मिली हो।
- सरकार के 25 फीसदी हिस्से वाले किसी निगम में लाभ का पद या निदेशक का पद स्वीकार किया हो।
- निर्धारित समय सीमा में चुनाव खर्च का ब्यौरा नहीं दिया हो।
- विभिन्न समूहों में शत्रुता बढ़ाने या रिश्वतखोरी के अपराध में दंडित किया गया हो।
- भ्रष्टाचार या निष्ठाहीन होने के कारण सरकारी सेवाओं से बर्खास्त कर दिया गया हो।
- सामाजिक अपराधों के प्रसार व उसमें संलिप्तता का दोषी पाया गया हो।

प्रश्न-4 भारत में लोकपाल एवं लोकायुक्त की पृष्ठभूमि पर प्रकाश डालिए। भारत में इसकी सिफारिश किन देशों से प्रेरित थी?

उत्तर: नागरिकों की समस्याओं के समाधान हेतु दो विशेष प्राधिकारियों लोकपाल एवं लोकायुक्त की नियुक्ति की सिफारिश भारतीय प्रशासनिक सुधार आयोग (1966-69) द्वारा की गई थी। यह सिफारिश स्कैंडिनेवियन देशों के इंस्टीट्यूट ऑफ ओम्बुड्समैन और न्यूजीलैंड के पार्लियामेंट्री कमीशन ऑफ इंडिया इंवेस्टिगेशन से प्रेरित थी। इनमें लोकपाल मंत्रियों, केन्द्र तथा राज्य स्तर के सचिवों से संबंधित शिकायतों और लोकायुक्त प्रत्येक राज्य में विशेष उच्च अधिकारियों के विरूद्ध होने वाली शिकायतों को देखता है। इस आयोग ने न्यूजीलैंड की भांति न्यायालयों को इनके दायरे से बाहर रखने का सुझाव दिया। विदित है कि स्वीडन में न्यायालय भी ओम्बुड्समैन के अंतर्गत आता है।

इस आयोग की सिफरिश के पश्चात 1968 से लेकर 2011 तक इस संदर्भ में विभिन्न विधेयक लाए गए परंतु वे किसी न किसी कारण से अंतिम रूप ग्रहण नहीं कर पाए। इसके पश्चात एक संयुक्त प्रारूप समिति गठित हुई। इसके सदस्यों में भारत सरकार द्वारा नामांकित पांच मंत्री, प्रसिद्ध समाजसेवी अन्ना हजारे एवं उनके द्वारा नामांकित चार अन्य सदस्य थे। इनके प्रयासों से लोकपाल बिल बना जो 16 जनवरी, 2014 से देश में लागू हुआ। राष्ट्रपति रामनाथ कोविंद द्वारा 19 मार्च, 2019 को न्यायमूर्ति पिनाकी चंद्र घोष के नाम को मिली मंजूरी के साथ ही वे देश के प्रथम लोकपाल बन गए हैं। सर्वप्रथम भारत के राज्यों में लोकायुक्त का गठन 1971 में महाराष्ट्र में हुआ था।

प्रश्न-5 केन्द्रीय प्रशासनिक न्यायाधिकरण (CAT) को समझाते हुए इसकी कार्यप्रणाली पर प्रकाश डालिए।

उत्तर: यह एक सांविधिक निकाय है, जिसका गठन 'प्रशासनिक न्यायाधिकरण अधिनियम, 1985' के तहत किया गया। इस अधिनियम के तहत प्रशासनिक अधिकरणों और उनकी न्यायपीठों की स्थापना का प्रावधान किया गया है। इसकी प्रमुख पीठ दिल्ली में स्थित है। इसके अतिरिक्त विभिन्न राज्यों में इसकी अतिरिक्त पीठें भी हैं। कैट में एक अध्यक्ष, उपाध्यक्ष और अन्य सदस्य शामिल हैं, जिनकी नियुक्ति राष्ट्रपति द्वारा की जाती है। इसके सदस्यों की नियुक्ति न्यायिक और प्रशासनिक क्षेत्रों से होती है।

सिविल प्रक्रिया संहिता, 1908 की संहिता में निर्धारित प्रक्रिया के लिए कैट बाध्य नहीं है, लेकिन प्राकृतिक न्याय के सिद्धांतों द्वारा निर्देशित है। एक अधिकरण के पास उसी प्रकार की शक्तियाँ होती हैं, जो सिविल कोर्ट के पास होती है। एक व्यक्ति अधिकरण में आवेदन कानूनी सहायता के माध्यम से या फिर स्वयं हाजिर होकर कर सकता है।

प्रश्न-6 पुंछी आयोग की पृष्ठभूमि पर प्रकाश डालते हुए इसकी प्रमुख सिफारिशों का उल्लेख कीजिए।

उत्तरः भारत सरकार ने केन्द्र-राज्य संबंधों पर सरकारिया आयोग द्वारा प्रस्तुत अपनी रिपोर्ट के लगभग दो दशक पश्चात भारतीय राजनीति और अर्थव्यवस्था में आए परिवर्तनों को दृष्टिगत रखते हुए पुंछी आयोग का गठन किया था। केन्द्र-राज्य संबंधों से संबंधित नए मुद्दो पर विचार करने के लिए 27 अप्रैल, 2007 को भारत के पूर्व मुख्य न्यायाधीश मदन मोहन पुंछी की अध्यक्षता में पांच सदस्यीय आयोग का गठन किया गया। इस आयोग ने 30 मार्च, 2010 को अपनी रिपोर्ट 7 भागों में प्रस्तुत की, जिसकी कुछ प्रमुख सिफारिशें इस प्रकार हैं-

(i) राज्यपालों की नियुक्ति केवल केन्द्र सरकार की इच्छा पर ही निर्भर नहीं होनी चाहिए, वरन् इनका कार्यकाल भी निश्चित (5 साल का) होना चाहिए।

(ii) अंतरराज्यीय परिषद को मजबूत कर केन्द्र-राज्य के मतभेदों को दूर करने के लिए निष्पक्ष प्रणाली का प्रावधान किया जाना चाहिए।

(iii) वित्त आयोग के प्रभाग को पूर्ण विभाग के रूप में तब्दील कर देना चाहिए।

(iv) योजना आयोग तथा वित्त आयोग में बेहतर तालमेल होना चाहिए।

(v) राज्यपाल की नियुक्ति प्रधानमंत्री, लोकसभा में विपक्ष के नेता एवं संबंधित राज्य के मुख्यमंत्री से गठित समिति को सौंप दी जाए।

(vi) केन्द्र सरकार के वर्तमान उपकरों तथा अधिभारों की समीक्षा होनी चाहिए।

प्रश्न-7 राज्य वित्त आयोग के गठन की पृष्ठभूमि एवं इससे जुड़े प्रावधानों पर प्रकाश डालिए।

उत्तरः संविधान के अनुच्छेद 243(I) में पंचायतों की वित्तीय स्थिति का पुनरावलोकन करने के लिए एक वित्त आयोग के गठन का प्रावधान किया गया है। इसके तहत केन्द्र के वित्त आयोग की तर्ज पर 1993 से भारत के सभी राज्यों में वित्त आयोग की स्थापना की गई थी। प्रत्येक राज्य के लिए वित्त आयोग का गठन करना अनिवार्य है किंतु आयोग की संरचना आदि के संबंध में राज्य विधानमंडलों को पर्याप्त स्वायत्तता दी गई है। राज्य वित्त आयोग से जुड़े अधिकांश प्रावधान अपनी प्रकृति में वैसे ही हैं, जैसे अनुच्छेद 280 तथा 281 में भारत के लिए वित्त आयोग से जुड़े उपबंध हैं। राज्य वित्त आयोग से जुड़े प्रमुख प्रावधान इस प्रकार हैं-

- आयोग के पास अपनी कार्य-प्रकृति स्वयं निर्धारित करने का अधिकार होगा।
- प्रत्येक राज्य का राज्यपाल 73वें संविधान संशोधन, 1992 के आरंभ के एक वर्ष के भीतर यथाशीघ्र और उसके पश्चात पांचवे वर्ष की समाप्ति पर वित्त आयोग का गठन करेगा।
- इस आयोग का मूल कार्य पंचायतों की वित्तीय स्थिति की समीक्षा करना और वित्तीय मामलों में राज्यपाल को सिफारिश करना है।
- राज्य का विधानमंडल विधि द्वारा वित्त आयोग की संरचना सदस्यों की अयोग्यताएं और उनके चयन की रीति विहित करेगा।

प्रश्न-8 लोक नीति निर्माण में विभिन्न अभिकरणों की भूमिका पर प्रकाश डालिए।

उत्तरः लोक नीति निर्माण में सरकारी संस्थाओं की भूमिका तो मुख्य रहती ही है, लेकिन गैर-सरकारी संस्थाएं भी इस प्रक्रिया को प्रभावित करती हैं। सरकारी संस्थाओं में कार्यपालिका, विधायिका, न्यायपालिका, प्रशासन तंत्र आदि तो गैर-सरकारी संस्थाओं में दबाव समूहों, एनजीओ, अंतरराष्ट्रीय एजेंसियों एवं जनसंचार आदि माध्यमों को सम्मिलित किया जाता है। लोक नीति निर्माण में ये संस्थाएं महत्वपूर्ण भूमिका निभाती हैं-

कार्यपालिका की भूमिकाः भारत में लोक नीति निर्माण में मंत्रिमंडल प्रत्येक क्षेत्र से संबंधित होता है, चूंकि मंत्रिमंडल में प्रधानमंत्री मुख्य भूमिका में होता है।

विधायिका की भूमिकाः विधानमंडल की भूमिका अत्यंत महत्व रखती है। यह विधेयकों को पारित करती है और जनता के प्रति जवाबदेह भी होती है। उन प्रस्तावों जिनका संबंध लोक नीति निर्माण से होता है, पर बहस एवं विश्लेषण का कार्य विधायिका द्वारा किया जाता है।

न्यायपालिका की भूमिका: न्यायपालिका संविधान के संरक्षक के रूप में यह सुनिश्चित करती है कि लोक नीति निर्माण के दौरान कार्यपालिका एवं प्रशासन द्वारा किन्हीं संवैधानिक प्रावधानों का उल्लंघन न हो।

प्रशासनिक तंत्र की भूमिका: लोक नीति निर्माण के क्रियान्वयन की मुख्य जिम्मेदारी प्रशासनिक तंत्र पर होती है।

प्रश्न-9 एच-4 वीजा विवाद क्या है? एच-4 वीजा की वर्तमान स्थिति को स्पष्ट करें।

उत्तर: अमेरिका में H-1B वीजा धारकों के जीवनसाथी और 21 साल से कम आयु के उनके बच्चों को H-4 वीजा दिया जाता है। पूर्व राष्ट्रपति बराक ओबामा ने अपने कार्यकाल के दौरान H-4 वीजा धारकों को भी अमेरिका में नौकरी करने की इजाजत दी थी। इसकी सबसे बड़ी लाभार्थी भारतीय महिलाएं हैं। मई, 2015 से मई, 2017 के बीच अमेरिका के आव्रजन विभाग (Immigration Department) ने 1,26,853 H-4 वीजा धारकों को ''वर्क परमिट'' जारी किया था। इनमें 93% भारतवंशी थे। ट्रंप सरकार H-4 वीजा धारकों के वर्क परमिट को समाप्त करना चाहती है। ऐसा करने के पीछे ट्रम्प सरकार के 2 प्रमुख उद्देश्य हैं:-

(i) अमेरिका से सृजित होने वाली नौकरियों में अमेरिका का प्रतिनिधित्व बढ़े न कि विदेशों से आये लोगों का।

(ii) अमेरिका में अप्रवासियों की संख्या को कम करना।

ट्रम्प सरकार के H-1B वीजा धारकों के जीवन साथियों को जारी किये जाने वाले H-4 वीजा के वर्क परमिट को समाप्त करने से रोकने के लिए अमेरिकी कांग्रेस ने 16 नवंबर, 2018 को **"H-4 Employment Protection Act"** पेश किया। जिसमें यह स्पष्ट किया गया है कि यदि H-1B वीजा धारकों के जीवन साथियों के वर्क परमिट को समाप्त किया गया तो विदेशी कर्मचारी अपने देश लौट जाएंगे और अपने प्रतिभा का उपयोग अमेरिकी कंपनियों से प्रतिस्पर्धा में करेंगे।

प्रश्न-10 भारतीय संघीय व्यवस्था में सामयिक दिगों (Recent trends) की व्याख्या करें। क्या राज्यों को अधिक क्षमता (Autonomy) की आवश्यकता है?

उत्तर: भारत राज्यों का संघ है। यहाँ अधिकतम शक्तियाँ केन्द्र को प्राप्त है, परन्तु राज्यों को भी उनकी आवश्यकता के अनुरूप उनके क्षेत्रों में व्यापक अधिकार प्राप्त हैं। स्वतंत्रता के शुरूआती दशकों में अलग-अलग पार्टियों की सरकार बनी जिससे केन्द्र एवं राज्यों के मध्य विभिन्न मुद्दों को लेकर टकराव की स्थिति रही। वर्तमान में भारतीय संघीय व्यवस्था में कुछ नई प्रवृत्तियाँ उभरी हैं-

- कुछ राज्यों की मांग रही है कि राज्यों को ज्यादा तथा महत्वपूर्ण अधिकार दिए जाएं। समय-समय पर अनेक राज्यों जैसे तमिलनाडु, पंजाब, प. बंगाल आदि ने तथा द्रमुक, अकालीदल तथा माकपा जैसे राजनीतिक दलों ने राज्यों को अधिक अधिकार दिए जाने की वकालत की है।
- विभिन्न राज्यों ने राज्यों को अधिक वित्तीय स्वायत्तता की मांग की है तथा केन्द्रीय करों में राज्यों के हिस्से को बढ़ाने की मांग की है।
- राज्यों की मांग रही है कि प्रशासनिक-तंत्र पर केन्द्र का नियंत्रण कम हो साथ ही राज्यपाल की नियुक्ति के वक्त सम्बन्धित राज्य के मुख्यमंत्री की सलाह ली जाए।
- भारतीय संघीय व्यवस्था में अनेक सकारात्मक प्रवृत्तियाँ भी देखने को मिलती हैं। आजादी के बाद से आज तक एक शासक व्यवस्था के कारण विभिन्न विविधताओं के बावजूद भारतीय राज्यों का स्वरूप समान होता जा रहा है एवं वो धीरे-धीरे एक दूसरे से मजबूती से जुड़ते जा रहे हैं।
- भारतीय राज्यों तथा पूर्वोत्तर के राज्य तथा कश्मीर में विखंडनकारी अथवा अलगाववादी तत्वों के कारण नकारात्मक प्रवृत्तियां भी उभरी हैं। लेकिन लोक कल्याणकारी राज्य एवं मजबूत केन्द्रीय सत्ता के कारण इन तत्वों का उद्देश्य पूरा होना असम्भव है।

खण्ड-2

निर्देश: *निम्नलिखित प्रत्येक प्रश्न का उत्तर 200 शब्दों से अधिक नहीं होना चाहिए। शब्द-विस्तार की अपेक्षा प्रश्नोत्तर की अन्तर्वस्तु अधिक महत्वपूर्ण है। सभी प्रश्नों के अंक समान हैं।*

Instruction: *Answer the following questions in not more than 200 words each. Content of the answers are more important than their length. All questions carry equal marks.* 12 × 10 = 120

प्रश्न-1 हाल ही के वर्षों में भारत के पड़ोसी देशों नेपाल, भूटान और बांग्लादेश से विदेशी सम्बन्धों की चर्चा करें।

उत्तर: हाल ही के इन चार वर्षों में भारत की विदेश नीति कैसी रही इसका अंदाजा भारत के पड़ोसी देशों से उसके बिछड़ते संबंधों से लगाया जा सकता है। इसके कुछ उदाहरण निम्नवत् है:-

भारत-नेपाल संबंध: नेपाल, भारत से धार्मिक, सांस्कृतिक एवं भाषायी रूप से अत्यधिक नजदीक है। अप्रैल 2015 में जब नेपाल में भूकंप आया था तो "नेबर्स फर्स्ट" की नीति के तहत भारत सर्वप्रथम नेपाल में सहायता पहुंचाने वाला देश था। लेकिन वर्ष 2016 में नेपाल में संविधान को लेकर चले मधेसी आन्दोलन और बार्डर पर हुई नाकेबन्दी से भारत द्वारा नेपाल को भेजी जाने वाली वस्तुओं की आवाजाही बाधित हुई तो नेपाल में भारत के विरोध के स्वर तेज होने लगे। इस स्थिति में भारत ने नेपाल के साथ अपने संबंध घनिष्ठ एवं सहयोगात्मक बनाये रखने हेतु प्रयास तीव्र कर दिए हैं, क्योंकि, चीन, भारत व नेपाल के इस तल्ख रिश्ते का फायदा उठाकर नेपाल पर अपना प्रभाव बढ़ा रहा था, जिसके चलते नेपाल, चीन की बेल्ट एण्ड रोड इनीशिएटिव परियोजना का हिस्सा बन गया है। चीन, नेपाल में कनेक्टिविटी को बढ़ावा देने के क्रम में ल्हासा (तिब्बत) से काठमांडू तक रेल लाइन का विस्तार कर रहा है, जिसे 2020 तक पूर्ण किया जायेगा। नेपाल के वर्तमान प्रधानमंत्री के.पी. शर्मा ओली द्वारा चाईना फर्स्ट और प्रोइण्डिया नीति को अपनाया जा रहा है। नेपाल की इस बदली हुई विदेश नीति के पश्चात के.पी. शर्मा ओली की भारत यात्रा हुई।

भारत के विदेश मंत्री व प्रधानमंत्री की भी नेपाल यात्रा हुई। भारतीय प्रधानमंत्री की हालिया जनकपुर यात्रा (वर्ष 2018) में उन्होंने कहा कि "नेपाल के बिना भारत के धाम व आस्था अधूरे हैं" इसी क्रम में भारत ने जनकपुर-अयोध्या तक बस सेवा की शुरूआत की और रक्सौल-काठमांडू तक रेल सम्पर्क स्थापित करने की घोषणा की। जलविद्युत उत्पादन के क्षेत्र में साझा सहयोग के लिए अरूण-III परियोजना पर समझौता हुआ जिससे नेपाल के आर्थिक विकास को गति मिलेगी साथ ही दोनो देश के मध्य कनेक्टिविटी बढ़ने से आर्थिक, धार्मिक व सांस्कृतिक परिप्रेक्ष्य में सहयोग बढ़ेगा।

भारत-भूटान संबंध: भारत-भूटान संबंध सहयोग के मॉडल पर आधारित है। 8 अगस्त 1949 को दार्जिलिंग में भारत-भूटान के मध्य "शांति और मित्रता समझौता" हुआ जिसके अनुसार निम्न समझौते किये गये- दोनों देशों के बीच शांति और दोस्ती रहेगी, भूटान के अंदरूनी मामलों में भारत हस्तक्षेप नहीं करेगा, दोनो देशों के बीच मुक्त व्यापार होगा, भूटान को भारत में हर तरह का रास्ता दिया जाएगा, भूटान हथियार खरीद व बिक्री भारत की सहमति के बगैर नहीं करेगा, दोनो देश एक दूसरे के नागरिकों से अपने नागरिकों की तरह बर्ताव करेंगे, दोनो देश एक दूसरे के देश के अपराधियों का न्याय के लिए प्रत्यर्पण करेंगे।

उक्त समझौते का ही परिणाम है कि डोकलाम विवाद में भूटान ने भारत का साथ दिया। वर्ष 2008 में भूटान में लोकतंत्र की स्थापना हुई और यह परिवर्तन शांतिपूर्ण रूप से हुआ जिसमें भारत की निर्णायक भूमिका रही। भारत, भूटान में जल विद्युत ऊर्जा उत्पादन के क्षेत्र में महत्वपूर्ण सहयोग कर रहा है। भूटान में भारत के सहयोग से चुक्खा ताला जलविद्युत परियोजना का निर्माण किया गया है। इस परियोजना से निर्मित विद्युत को भारत द्वारा खरीदा जाता है, जो भूटान की आय का महत्वपूर्ण स्रोत है। भारत ने भूटान में सड़क परियोजना व हवाई अड्डे के निर्माण में महत्वपूर्ण भूमिका अदा कर भूटान को शेष विश्व के साथ जोड़ने का प्रयास किया है। भूटान में आधारभूत संरचना के विकास में भारत के बजट से अनुदान राशि का बड़ा हिस्सा दिया जाता है। भूटान भारत के लिए न केवल निवेश बल्कि सामरिक व सुरक्षा की दृष्टि से भी महत्वपूर्ण देश है क्योंकि भौगोलिक दृष्टि से भूटान एशिया के दो बड़े देशों चीन व भारत के बीच स्थित है। भूटान के इस भौगोलिक अहमियत को समझते हुए भारत के प्रथम प्रधानमंत्री जवाहरलाल नेहरू ने 1958 में 7 दिवसीय भूटान यात्रा की थी। इसी परम्परा को आगे बढ़ाते हुए वर्ष 2014 में आई सरकार के प्रधानमंत्री ने अपनी प्रथम विदेश यात्रा हेतु भूटान को चुना जिसका परिणाम यह हुआ कि वर्ष 2018 में हुए भूटान के चुनाव में पीपुल्स डेमोक्रेटिक

पार्टी के प्रधानमंत्री ने भी अपनी पहली विदेश यात्रा के लिए भारत का ही चुनाव किया। भारत की सीमा से लगे अन्य पड़ोसी देशों की तुलना में, भूटान भारत का सबसे हितैषी व परम्परागत मित्र बना हुआ है। जिसका प्रत्यक्ष उदाहरण वर्ष 2018 को भारत-भूटान राजनयिक संबंध के स्वर्ण जयंती समारोह के रूप में मनाया गया है।

भारत-बांग्लादेश संबंध: भारत अपने पड़ोसी देशों में सर्वाधिक बांग्लादेश के साथ सीमा साझा करता आया है। इसलिए बांग्लादेश भारत के लिये अत्यधिक महत्पूर्ण पड़ोसी देश है। वर्ष 1971 में भारत के सहयोग से पूर्वी पाकिस्तान, बांग्लादेश के रूप में दक्षिण एशिया के मानचित्र में स्थापित होने वाला सबसे नवीनतम देश बना। बांग्लादेश प्रत्यक्ष रूप से भारत की सुरक्षा के लिए कोई खतरा नही है, किन्तु अवैध घुसपैठियों के कारण भारत के पूर्वोत्तर राज्यों में जातीय (Ethnic Groups), धार्मिक, सांस्कृतिक संघर्ष शुरू हो जाते है। बांग्लादेश से होने वाली अवैध घुसपैठ की समस्या रोहिंग्या समुदाय के लोगों के कारण और अधिक विकट हुई है, जिससे भारत-बांग्लादेश संबंध बाधित हुए हैं। भारत, बांग्लादेश संबंध वर्तमान में अच्छे दौर से गुजरने के कुछ उदाहरण निम्नवत् हैं:- भारत-बांग्लादेश के बीच वर्ष 2015 में ''लैण्ड बार्डर एग्रीमेंट'' हुआ है, जिसके तहत दोनों देशों के मध्य सीमा विवाद तो सुलझा ही साथ ही इस सीमा में आने वाली बस्तियों के लोगों को अपनी पहचान मिली और इमीग्रेशन का खतरा भी कम हुआ है। वर्तमान में भारत-बांग्लादेश के मध्य कनेक्टिविटी को बढ़ाने के लिए अगरतला-अखोड़ा रेल संपर्क का समझौता हो चुका है, जिससे कोलकाता एवं त्रिपुरा के बीच ढाका होकर आवागमन होगा, जो भारत के सिलिगुड़ी गलियारे का विकल्प होगा। 18 सितम्बर, 2018 को प्रधानमंत्री मोदी व शेखहसीना ने विडियो कान्फ्रेंसिंग के जरिये 130 किमी लम्बी पाइपलाइन जिसे **''भारत-बांग्लादेश मैत्री पाइपलाइन''** की संज्ञा दी गयी का शिलान्यास किया। इस पाइपलाइन के द्वारा भारत पूर्व में जो पेट्रोलियम प्रोडेक्ट रेल मार्ग से पहुंचाता था अब सीधा पाइपलाइन से बांग्लादेश पहुंचायेगा, जिससे बांग्लादेश की ऊर्जा दक्षता में वृद्धि होगी। बांग्लादेश, भारत के उत्तर पूर्वी राज्यों में इण्टरनेट की सुविधा को मजबूत करने के लिए अपने गेट वे कॉक्स बाजार से सुविधा देता है। भारत, बांग्लादेश के न्युक्लियर पावर प्रोजेक्ट **''रूपपुर न्यूक्लियर पावर प्लांट''** जो 2400 मेगावाट क्षमता वाला है, के निर्माण में भागीदार के रूप में सहयोग दे रहा है। भारत, बांग्लादेश को विकासात्मक कार्यों के लिए लाइन ऑफ क्रेडिट (LOCs) और ग्रांट उपलब्ध करता है। भारत-बांग्लादेश के मध्य पीपुल-टू-पीपुल कनेक्टिविटी को बढ़ाने के लिए दो बस सेवाएं प्रारम्भ की गयी है- (i) कोलकाता-ढाका-अगरतला (ii) ढाका-शिलांग-गोहाटी, भारत-बांग्लादेश के मध्य **बंधन एक्सप्रेस** नामक रेल सेवा का प्रारम्भ कोलकाता से खुलना के मध्य व **मैत्री एक्सप्रेस** रेल सेवा कोलकाता से ढाका के मध्य अपनी सेवाएं प्रदान करती है। बांग्लादेश ने भारत को उत्तर पूर्वी राज्यों तक वस्तुओं वस्तुओं को पहुंचाने के लिए चिटगांव और मंगोला पोर्ट का प्रयोग करने के लिए 5 वर्षों के लिए मार्ग खोला है। बांग्लादेश न केवल सार्क बल्कि बिम्सटेक व बीबीआईएन (भूटान-बांग्लादेश-इंडिया व नेपाल) जैसे क्षेत्रीय मंचों के माध्यम से भारत से जुड़ा हुआ है।

प्रश्न-2 WTO में भारत की वर्तमान स्थिति की चर्चा करें तथा भारत और WTO के बीच विवाद को समझाइए।

उत्तर: मार्च 2018 में निर्यात सब्सिडी रोकने में विफल होने के बाद अमेरिका, भारत को WTO में ले गया। आरोप था कि भारत अपने निर्यातकों को अनुचित तरीके से लाभ दे रहा है। इस स्थिति के चलते विदेशी बाजारों में भारतीय वस्तुओं की कीमतें सापेक्षत: कम हो जाती है जिससे इनके उत्पाद की मांग बढ़ जाती है और निर्यात में वृद्धि हो जाती है जबकि अमेरिकी कंपनियों के उत्पाद कीमतों में अधिक होने के कारण, कम मांगे जाते हैं। वर्तमान में भारत विशेष आर्थिक क्षेत्र (SEZ) और मरर्केडाइज एक्सपोर्ट्स फ्राम इण्डिया स्कीम (MEIS) जैसी योजनाओं के जरिये निर्यात को प्रोत्साहित करता है जिसके द्वारा भारतीय निर्यातकों को ''कर राहत'' प्रदान किया जाता है। साथ ही निर्यातकों को वित्तीय प्रोत्साहन अर्थात सब्सिडी मिलने से कंपनियों के उत्पाद के मूल्य कम हो जाते हैं परिणामस्वरूप देश का निर्यात बढ़ता है।

WTO ने यह प्रावधान किया था- ऐसे देश जिनकी प्रति व्यक्ति आय 1000 डालर या उससे कम है अर्थात कम आय वाले देश ''निर्यात सब्सिडी दे सकते हैं। भारत वर्ष 2013 में आय के इस बेंचमार्क को पार कर चुका है। देशों की घरेलू कम्पनियां सामान्य तौर पर लॉबिंग करके अपनी सरकारों को निर्यात हेतु उपयुक्त व्यापार माहौल (सब्सिडी प्राप्त करना, वित्तीय सहायता प्राप्त करना, कर छूट) तैयार करा ही लेती हैं। उपरोक्त स्थितियों ने WTO के अस्तित्व पर ही प्रश्न चिन्ह खड़े कर दिये हैं क्योंकि WTO की स्थापना का उद्देश्य विश्व स्तर पर बिना भेदभाव किये एक ही मंच पर व्यावसायिक गतिविधियों को कार्यान्वित कराना था जबकि वर्तमान स्थिति में विश्व की सबसे बड़ी अर्थव्यवस्थाओं वाले देश जैसे

अमेरिका, चीन यूरोपीय संघ, कनाडा व अन्य देशों के बीच व्यापारिक तनाव जारी है। संरक्षणवाद की नीति का विस्तार होता जा रहा है और देश अपनी घरेलू कम्पनियों के पक्ष में खड़े नजर आ रहे हैं।

निर्यात संवर्धन हेतु सब्सिडी वाले नुस्खे पर सख्ती से रोक लगाई जाये। केवल विशेष परिस्थितियों में ही निर्यात सब्सिडी को अपनाया जाये। WTO को संरक्षणवादी नीति अपनाने वाले देशों का टैरिफ बैरियर के प्रयोग के द्वारा सीमा में बांधने की आवश्यकता है। WTO को वैश्विक बाजार में स्वस्थ्य प्रतिस्पर्धा को बनाये रखने के लिए विकसित, विकासशील व अल्पविकसित देशों के मध्य आधारभूत विषमताओं को न्यून करने का प्रयास करने की आवश्यकता है। बड़ी अर्थव्यवस्थाओं का अर्थ है जो शेष विश्व की अर्थव्यवस्थाओं के साथ आयात-निर्यात दोनों ही सबसे ज्यादा मात्रा में करती हैं। यदि ये अर्थव्यवस्थायें अपने उद्योगों को संरक्षण देने के उद्देश्य से टैरिफ लगाकर/बढ़ाकर अपने आयात कम करती हैं तो इस स्थिति में निर्यात करने वाले देशों के पास विदेशी मुद्रा भण्डार में कमी आयेगी इसका प्रभाव पुन: बड़ी अर्थव्यवस्थाओं के निर्यात में कमी के रूप में दृष्टिगत होगा, घूम-फिर कर टैरिफ बढ़ाकर आयात को रोकने की विधि सम्पूर्ण विश्व के लिए नकारात्मक प्रभाव डालने वाली होगी क्योंकि निर्यात में गिरावट उत्पादन, रोजगार, प्रति व्यक्ति आय और जीडीपी वृद्धि दर को नकारात्मक रूप से प्रभावित तो करेगी ही, साथ ही विश्व को गंभीर मंदी की ओर धकेल देगी। अत: WTO जैसी अंतर्राष्ट्रीय संस्था को इस बारे में बड़ी अर्थव्यवस्थाओं को अवगत कराने की आवश्यकता है। ट्रेड वार को शीघ्र समाप्त करने की कार्यवाही करने की आवश्यकता है।

प्रश्न-3 भारतीय संविधान सभा लोकतांत्रिक एवं संवैधानिक नहीं है।

उत्तर: भारतीय संविधान सभा का गठन जिस कैबिनेट मिशन के तहत हुआ, उसके अंतर्गत संविधान सभा के सदस्य आम जनता के निर्वाचित सदस्य नहीं थे। बल्कि इन सबका निर्वाचन प्रांतीय विधान सभाओं में अंतरिम सरकारों द्वारा हुआ था। इसके कुछ सदस्य (डा. बी. आर. अंबेडकर) मनोनीत किये गये थे। इस संविधान सभा में रियासतों की जनता का उचित प्रतिनिधित्व नहीं था। भारत के साम्यवादी दल ने इसमें भाग नहीं लिया। इन सब कारणों से भारत की संविधान सभा को लोकतांत्रिक नहीं कहा जा सकता है। यह स्वतंत्र राष्ट्र के संविधान निर्माण हेतु गठित नहीं की गयी थी और ब्रिटिश सरकार के अवसान के पश्चात् इसने अपना प्राधिकार खो दिया। अत: विधिक दृष्टि से यह संवैधानिक निकाय नहीं है।

तथापि संविधान सभा के सदस्यों की लोकप्रियता को देखते हुए यह सुनिश्चित है कि निर्वाचन होने पर भी संविधान सभा का स्वरूप प्राय: 1945 की तरह ही हो सकता था। बी. आर. अंबेडकर के योगदान ने (पिछड़े तबकों के उत्थान) साम्यवादियों के भाग न लेने के औचित्य समाप्त कर दिया।

ब्रिटिश साम्राज्य के अवसान के कारण भारतीय संविधान सभा के स्वरूप पर प्रभाव नहीं पड़ता है, क्योंकि इसमें ब्रिटिश सरकार के निर्वाचित या मनोनीत प्रतिनिधि नहीं थे।

भारतीय संविधान निर्माण को प्रभावित करने वाले कारक-

1. देश का विभाजन- राष्ट्र की एकता एवं अखंडता।
2. केन्द्रोन्मुखी शक्तियों की अभिक्रिया- केंद्र की शक्ति में अभिक्रिया।
3. सामाजिक-आर्थिक विकास की स्थितियां- ''सामाजिक आर्थिक परिवर्तन एवं विकास लाने के लिए बनाए गए उपबंध'' पश्चिम में जितने भी सामाजिक-आर्थिक विकास के सिद्धांत हैं, उनकी झलक भारतीय संविधान की प्रस्तावना में मिलती है-''अर्नेस्ट लर्कर''

प्रश्न-4 क्या भारत में न्यायिक पुनरावलोकन और न्यायिक सक्रियता में विभेदन करना संभव है? क्या भारत की न्यायपालिका का हाल का व्यवहार न्यायिक सक्रियता का अधिक परिचायक है? उपयुक्त उदाहरण प्रस्तुत करते हुए इस पर तर्क कीजिए?

उत्तर: न्यायिक पुनरावलोकन का आशय विधानमंडलों द्वारा निर्मित विधि का संवैधानिक आधारों पर परीक्षण कर गलत पाये जाने पर न्यायपालिका द्वारा निरस्त किये जाने की शक्ति से है। जिसका संविधान में स्पष्ट रूप से वर्णन किया गया है। जबकि न्यायिक सक्रियता एक व्यापक प्रक्रिया के लिए व्यक्त शब्द है जिसका तात्पर्य प्राय: न्यायपालिका द्वारा विध ायिक व कार्यपालिका संबंधी कृत्यों में बढ़-चढ़ कर हिस्सा लेने से हैं। यह विधायिका या कार्यपालिका द्वारा अपने

उत्तरदायित्वों की पूर्णत: निर्वहन न करने के कारण उत्पन्न हुई स्थिति है। न्यायिक सक्रियता में बहुधा न्यायिक पुनरावलोकन जैसे मामले भी हम जानते हैं।

फिर भी इनमें विभेदन करना संभव है। न्यायिक पुनरावलन के लिए उपयुक्त सांविधानिक आधार का होना जरूरी है। अन्यथा न्यायिक पुनरावलोकन नहीं हो सकता जैसे आई.एम.डी.टी. एक्ट को संविधान के अनु. 255 (संघ का राज्यों की सुरक्षा का कर्तव्य) के तहत निरस्त किया गया। इसमें संसद कानूनी त्रुटि कर दे व सांविधानिक आधार प्रदान कर दे (संविधान संशोधन द्वारा अन्य प्रकार से) तो न्यायिक अनुरावलोकन नहीं होगा जैसे निजी क्षेत्र की शिक्षण संस्थाओं में पिछड़े वर्गों के लिए आरक्षण उच्चतम न्यायालय ने अवैध घोषित किया परंतु संबंधित विधान बन जाने के बाद वह अवैध नहीं होगा।

न्यायिक सक्रियता इससे व्यापक प्रक्रिया है इसकी कोई निश्चित सीमा नहीं है पर हाल तक के निर्णयों के अनुसार न्यायाधीशों ने संविधान के शब्दों के साथ-साथ संविधान के शब्दों के साथ-साथ संविधान की भावनाओं व उद्देश्यों ही इसका प्रयोग किया है। इसका उपकरण न्यायिक पुनरावलोकन भी हो सकता है।

न्यायपालिका हाल का व्यवहार भी न्यायिक सक्रियता की पुष्टि करता है। झारखण्ड विधानसभा मामले पर विश्वास परीक्षण व उसकी विडियो शूटिंग करने का निर्णय, बिहार में अनु. 356 के प्रयोग को अवैध घोषित करने, दिल्ली में सी.एन.जी. बसे, दिल्ली की औद्योगिक इकाइयों को हटाने का निर्णय, विभिन्न राज्यों में उच्च न्यायालयों द्वारा प्रशासन, नगर निकायों आदि को दिये गये निर्देश आदि इसके उदाहरण हैं।

न्यायिक सक्रियता की स्थिति बढ़ती ही जा रही है। पर सक्रियता के भी सकारात्म्क व नकारात्मक संदर्भ हैं। जब यह संविधान की भावनाओं की रक्षा व जनहित के लिए सक्रिय होकर कार्य करती है, तो ठीक है परंतु जब मामले की विशिष्ट परिस्थितियों को जाने बिना या कार्यपालिका की क्षमता का आकलन किये बिना निर्णय सुना देती है, तब यह स्थिति स्वस्थ लोकतंत्र के विकास की परिचायक नहीं है।

कुल मिलाकर यह कहा जा सकता है कि न्यायपालिका का हाल का व्यवहार सकारात्मक संदर्भों में ही न्यायिक सक्रियता का परिचायक है नकारात्मक संदर्भों में न्यायपालिका ने बचने की कोशिश की है। इस संबंध में न्यायिक सक्रियता पर उठाई जाने वाली आपत्तियों को भी स्वीकार कर तात्विक मामलों या गंभीर अन्याय के उन्मूलन की स्थिति तक ही स्वयं को सीमित रखा है।

प्रश्न-5 राष्ट्रपति की निर्वाचन प्रणाली व्यावहारिक रूप में उससे अधिक शक्तियों की मांग करती है, जो वर्तमान में उसके पास है अथवा भारत में संसदीय बनाम अध्यक्षात्मक शासन प्रणाली के विवाद को स्पष्ट कीजिए।

उत्तर: संविधान सभा में प्रो. के. टी. शाह ने राष्ट्रपति के वास्तविक अधिकारों का प्रश्न उठाया था।

- 60 के दशक में बसंत साठे ने संसदीय बनाम अध्यक्षात्मक शासन प्रणाली के विवाद को पुन: मंच पर ला दिया।
- इससे पूर्व डॉ. राजेन्द्र प्रसाद ने विधि स्नातकों को संबोधित करते हुए राष्ट्रपति की वास्तविक स्थिति की व्याख्या का प्रश्न उठाया था।
- संविद सरकारों के दौर में यह प्रश्न पुन: प्रासंगिक हो गया है।

राष्ट्रपति के वास्तविक अधिकारों की स्थिति संविधान में पूर्णत: स्पष्ट नहीं है। संविधान सभा में इस विषय पर गंभीर विवाद थे। राष्ट्रपति की निर्वाचन प्रक्रिया ऐसी है, जिसमें वह संपूर्ण देश की जनता का प्रतिनिधित्व करता है जबकि वह मंत्रि परिषद के निर्णयों के अनुसार कार्य करने हेतु अनुबंधित है। व्यवहार में इसका अर्थ सामूहिक उत्तरदायित्व के कारण प्रधानमंत्री की सलाह होती है जो किसी एक निर्वाचन क्षेत्र की जनता का प्रतिनिधित्व करता है।

बहुमत दल के नेता होने का औचित्य इस प्रसंग में उपयुक्त नहीं है क्योंकि इस आधार पर भी राष्ट्रपति अनुपात में अधिक जनता का प्रतिनिधित्व करता है।

तथापि राष्ट्रपति के संदर्भ में वास्तविक शक्तियों का उपभोग वहीं तर्कसंगत है, जहाँ वह विवेकाधीन शक्तियों का प्रयोग करता है। क्योंकि दूसरी स्थिति में शक्ति के दो केन्द्रों के निर्मित हो जाने की संभावना है, जो सरकार के परिचालन में समन्वय की समस्या को उत्पन्न करेगा।

राष्ट्रपति की वास्तविक शक्तियों इस स्थान पर अवश्य प्रासंगिक हैं, जहां वह राज्यों के संदर्भ में (संघीय अध्यक्ष के रूप में) कार्य करता है। क्योंकि न तो प्रधानमंत्री और न ही मंत्रिपरिषद को उस अर्थ में विभिन्न राज्यों का प्रतिनिधि कहा जा सकता है जिस अर्थ में राष्ट्रपति है।

प्रश्न-6 क्या वर्तमान समय की पंचायती राजव्यवस्था गांधीवादी मूल्यों को साकार करने में सहायक है?

उत्तर : पंचायती राजव्यवस्था के निम्नलिखित महत्वपूर्ण प्रतिमान हैं-

1. गांधीवादी दलविहीन लोकतंत्र
2. बलवंत राय मेहता का मॉडल/प्रतिमान
3. अशोक मेहता का प्रतिमान
4. बेसिक डेमोक्रेसी - अयूब खान (पाकिस्तान)

भारतवर्ष में बलवंत राय मेहता कमिटी के प्रस्ताव पर त्रिस्तरीय पंचायतीराज प्रणाली को अपनाया गया।

1. अनौपचारिक रूप से इसे 2 अक्टुबर 1959 ई. को राजस्थान के नागौर जिले में लागू किया गया।
2. पंचायती राज व्यवस्था को 73वें संविधान संशोधन, 1993 के द्वारा संवैधानिक आधार प्रदान किया गया।

पंचायतों की संरचना

1. संविधान के द्वारा राज्य सरकारों को यह अधिकार दिया गया है कि वे पंचायतों के लिए विधि बना सकें जिसमें उनकी सदस्य संख्या, अधिकार क्षेत्र आदि का उल्लेख हो।
2. पंचायतों में सदस्यों के निर्वाचन हेतु अलग-अलग निर्वाचन क्षेत्र की व्यवस्था की जानी है, जिसमें व्यय यह रखा जाता है कि चुने जाने वाले उम्मीदवारों एवं मतदाताओं के मध्य सभी क्षेत्रों में स्थान अनुपात होगा।
3. अनुच्छेद 243(घ) के अंतर्गत पंचायतों के निर्वाचन में अनुसूचित जातियों एवं जनजातियों को उनकी संख्या के अनुपात में आरक्षण दिया जायेगा।
4. प्रत्येक पंचायतों में 1/3 स्थान महिलाओं के लिए आरक्षित किया जायेगा।
5. 243(च) के अनुसार मतदाताओं की आयु 21 वर्ष निर्धारित की गयी है।
6. प्रत्याशियों के संदर्भ में भी 21 वर्ष की आयु सीमा तय की गयी है। शेष वही योग्यताएं हैं जो विधान सभा का सदस्य चुने जाने हेतु आवश्यक है।
7. पंचायत अध्यक्ष ही मुखिया/ग्राम प्रधान इत्यादि के नाम से जाना जाता है, जिसका या तो ग्राम पंचायत के द्वारा प्रत्यक्ष निर्वाचन होगा या पंचायत सदस्य आपस में किसी एक को चुन सकते हैं। (विधान मंडल की व्यवस्थानुसार)

कार्यकाल

1. संवैधानिक आधार प्राप्त हो जाने के बाद पंचायतों का कार्यकाल 05 वर्ष सुनिश्चित किया गया है।
2. कार्यकाल की समाप्ति के छः माह के भीतर नए पंचायतों का गठन आवश्यक कर दिया गया है।
3. राज्य सरकार पंचायतों का बीच में ही विघटन कर सकती है। ऐसी अवस्था में छः माह के भीतर पुनः चुनाव होंगे।

पंचायतों को दी गयी शक्तियां

73वें संविधान संशोधन के पश्चात संविधान में 11वीं अनुसूची जोड़ी गयी जिसमें पंचायतों के लिए 29 विषय निर्धारित किए गए हैं।

पंचायतों के वित्तीय स्रोत का अर्जन

73वें संविधान संशोधन में ही यह व्यवस्था की गयी थी कि इस संशोधन के प्रभावी होने के 01 वर्ष के भीतर राज्यपाल वित्त आयोग का गठन करेंगे जो पंचायतों को वित्तीय अनुदान या वित्तीय सशक्तिकरण (दोनों) हेतु सुझाव देगा। उसका गठन प्रत्येक 05 वर्ष पर किया जायेगा।

राज्य स्तरीय निर्वाचन आयोग

73वें संविधान संशोधन के द्वारा पंचायतों मे निर्वाचन हेतु निर्वाचन आयोग की व्यवस्था की गयी है जिसका कार्य पंचायतों/नगरीय/ निकायों के लिए निर्वाचन की व्यवस्था करना, निर्वाचन नामावली एवं निर्वाचन पहचान पत्र (केंद्र की योजना के अनुसार) हेतु उत्तरदायी है।

पंचायती राज व्यवस्था के दोष

1. वित्तीय व्यवस्था सुदृढ़ नहीं होने के कारण पंचायती योजनाओं का क्रियान्वयन कठिन।
2. इस व्यवस्था के अंतर्गत राष्ट्रीय राजनीतिक दलों को और क्षेत्रीय राजनीतिक दलों को स्थानीय एवं घरेलू राजनीति में प्रवेश का अवसर प्राप्त हो गया है। 73वें संविधान संशोधन ने जिस दलविहीन पंचायती राज व्यवस्था की परिकल्पना की थी, उसमें अप्रत्यक्ष रूप से दलीय हस्तक्षेप बढ़ता जा रहा है।
3. पंचायती राजव्यवस्था में अल्पसंख्यकों के संरक्षण हेतु विशेष उपबंध नहीं किए गए हैं।
4. पंचायती राजव्यवस्था ने स्थानीय सामंजस्य को जातीय विद्वेष में बदल दिया है।

पंचायती राज व्यवस्था में सुधार हेतु सुझाव

1. वित्तीय सुदृढ़ता अर्जित करना।
2. अर्थव्यवस्था के स्थानीय आवश्यकताओं के अनुकूल उत्पादन की इकाइयों को स्थापित करना।
3. कृषि आय को चिन्हित करना एवं उस पर कर लगाना।
4. साप्ताहिक/मासिक हाट एवं मेले का समुचित प्रबंध करने के पश्चात उपयोग में आने वाली भूमि का कर।
5. फुटकर विक्रेताओं पर कर लगाने का अधिकार पंचायतों को दिया जाना चाहिए जो आयकर से अलग हो और जिसकी सीमा अत्यंत कम हो।

प्रतिनिधित्व में सुधार

1. जातिवादी भावना से उपर उठकर मतदान।
2. महिलाओं को राजनीतिक भागीदारी को बढ़ाना।
3. पंचायतों के सदस्यों को उचित वेतन की व्यवस्था किया जाना।

प्रश्न-7 मोस्ट फेवर्ड नेशन क्या है? भारत द्वारा पाकिस्तान से इसका दर्जा वापस लेने से, इसका क्या प्रभाव पड़ेगा? इसके महत्व को समझाइए।

उत्तर: किसी देश द्वारा अपने व्यापारिक भागीदारों, चाहे वह अमीर हो या गरीब, कमजोर हो या सबल, सभी के लिए व्यापार अवरोध को कम करना या अपने बाजार तक पहुंच प्रदान करना मोस्ट फेवर्ड नेशन योजना कहलाती है। मोस्ट फेवर्ड नेशन का दर्जा वापस लेने के कारण भारत पाकिस्तान के प्रति भेदभाव-रहित व्यापार के लिये बाध्य नहीं होगा जैसा कि अन्य MFN देशों के प्रति है। पाकिस्तान भारत द्वारा MFN देश के तहत दी जाने वाली उन व्यापार सुविधाओं से भी वंचित हो जाएगा जो कि उसे पूर्व में प्राप्त होती रही थीं। इसी के परिणामस्वरूप भारत ने पाकिस्तान से आयातित वस्तुओं पर 200 प्रतिशत सीमा शुल्क बढ़ा दिया। उल्लेखनीय है कि वर्ष 1996 में भारत ने पाकिस्तान को MFN का दर्जा दिया था, जबकि पाकिस्तान ने भारत को MFN का दर्जा नहीं दिया था।

यद्यपि विश्व व्यापार संगठन के दिशा-निर्देशों के तहत सभी सदस्यों को पारस्परिक रूप से मोस्ट फेवर्ड नेशन का दर्जा दिया जाना चाहिये। चूंकि दोनों देशों के बची द्विपक्षीय व्यापार का स्तर बहुत कम (2017-18 में $ 2.4 बिलियन) है, इसलिये यह कदम कोई महत्वपूर्ण प्रभाव नहीं उत्पन्न करेगा। ध्यातव्य है कि दोनों देशों के बीच व्यापार भारत के कुल व्यापार की तुलना में एक प्रतिशत से भी कम है।

मोस्ट फेवर्ड नेशन का दर्जा विकासशील देशों को लाभदायक स्थिति प्रदान करता है। क्योंकि MFN के तहत अत्यंत कम टैरिफ, व्यापार बाधाओं में कमी, वस्तुओं के व्यापार के लिये व्यापक बाजार पहुंच प्राप्त होती है। कम टैरिफ और

व्यापार बाधाओं में कमी के कारण MFN अनिवार्य रूप से अधिक प्रतिस्पर्द्धी व्यापार को निर्देशित करता है। मोस्ट फेवर्ड नेशन के मामले में नौकरशाही बाधाओं को भी कम किया गया है और विभिन्न प्रकार के आयातों के लिये अलग-अलग शुल्क का निर्धारण किया गया है। इसके परिणामस्वरूप वस्तुओं की मांग में वृद्धि होती है, जो अर्थव्यवस्था व निर्यात क्षेत्र को प्रोत्साहित करती है। यह व्यापार संरक्षणवाद के कारण अर्थव्यवस्था पर पड़ने वाले नकारात्मक प्रभाव को दूर करने में सहायक होता है। यद्यपि MFN घरेलू उद्योग को प्रभावित करता है, किंतु दीर्घावधि में यह उन्हें और अधिक प्रतिस्पर्धा तथा मजबूत बनाता है।

प्रश्न-8 हाल ही में भारत और म्यांमार के बीच फ्री मूवमेंट रिजीम समझौते के क्या कारण थे?

उत्तर: भारत और म्यॉमार के बीच 16 किमी. के दायरे में लोगों की मुक्त आवाजाही को सरल बनाने के लिए फ्री मूवमेंट रिजीम (FreeMovement Regime) समझौते पर हस्ताक्षर करने को मंजूरी।

भारत और म्यॉमार सीमा पर रहने वाले आदिवासियों में व्याप्त असुरक्षा की भावना को दूर करना क्योंकि इन जनजातीय समुदाय के लोग भारत-म्यॉमार सीमा के दोनों तरफ निवास करते हैं। इस प्रकार यह व्यवस्था सीमावर्ती लोगों के बीच पारंपरिक सामाजिक संबंधों की रक्षा कर सकेगा। इस सीमा के अधिकांश भाग की कोई बाड़बंदी नहीं हुई है और सीमा के समीप निवास करने वाले दोनों देशों के नागरिक अपनी रोजमर्रा की जरूरतों की पूर्ति के लिये आते-जाते रहते हैं। कुछ वर्षों में यह देखा गया है कि आतंकवादियों और अपराधियों द्वारा इसका दुरूपयोग किया जा रहा है, जो हथियार, नशीले पदार्थो, ड्रग्स सहित प्रतिबंधित वस्तुओं और नकली भारतीय मुद्रा को भारत लाने आदि के लिए इस्तेमाल कर रहे हैं। ऐसी स्थिति में इस आवाजाही को विनियमित करने की आवश्यकता है, जिससे वास्तविक लाभार्थी (सीमा के पास रहने वाली जनजातियां) इस सुविधा का बिना किसी रूकावट के लाभ उठा सके तथा आतंकवादियों और अपराधियों की गतिविधियों को रोका जा सके। चारों सीमावर्ती राज्यों (अरूणाचल प्रदेश, नागालैण्ड, मणिपुर व मिजोरम) की सीमा से 16 किमी. के भीतर रहने वाले सभी नागरिकों को ''बार्डर पास'' जारी किया जायेगा। यह बार्डर पास 72 घंटे की अवधि के लिये मान्य होगा। इस निर्णय से यह लाभ होगा कि वैध पासपोर्ट और वीजा के आधार पर लोगों की आवाजाही होगी, जिससे दोनों देशों के बीच आर्थिक एवं सामाजिक जुड़ाव बढ़ेगा। इस समझौते से पूर्वोत्तर भारत की अर्थव्यवस्था के विकास को नई गति मिलेगी तथा व्यापार में वृद्धि होगी। सीमावर्ती क्षेत्रों में रहने वाले उन जनजातीय समुदायों के पारंपरिक अधिकारों की रक्षा होगी, जो भूमि सीमा के पार मुक्त आवाजाही के अभ्यस्त है। भारत को आसियान देशों से सम्पर्क साधने में सहयोग मिलेगा।

प्रश्न-9 विदेश मंत्रालय क्या है? इसका गठन कब किया गया तथा इसके कार्यो को समझाते हुए एनडीए सरकार के विदेश नीति के लक्ष्य को स्पष्ट करें।

उत्तर: विदेश मंत्रालय की स्थापना 2 सितम्बर 1946 को किया गया। वर्ष 1948 में इसका नाम मिनिस्ट्री ऑफ एक्सटर्नल अफेयर्स एंड कॉमनवेल्थ रिलेशन से बदल कर मिनिस्ट्री ऑफ एक्सटर्नल अफेयर्स कर दिया गया तथा 17 वर्षों तक (1947 से 1962) जवाहरलाल नेहरू ने देश के प्रधानमंत्री होने के साथ विदेश मंत्री का भी कार्यभार संभाला था। लाल बहादुर शास्त्री और इंदिरा गांधी ने भी प्रधानमंत्री रहते समय विदेश मंत्रालय को अपने अधीन रखा।

विदेश मंत्रालय के कार्य दूसरे देशों के साथ रिश्तों को लेकर उपयुक्त और कारगर नीति बनाना, विदेशों में रहने वाले भारतीयों के हितों को संरक्षित और सुरक्षित करना, अंतर्राष्ट्रीय मंचों पर विभिन्न मिशन या दूतावासों के जरिए प्रभावी तरीके से देश का प्रतिनिधित्व करना, विदेशों में भारत की सकारात्मक छवि बनाने की कोशिश करना, विदेशी जमीन पर भारतीय संस्कृति को सही परिप्रेक्ष्य में प्रस्तुत करना, भारतीयों को पासपोर्ट जारी करना, देश में अपराध करके विदेश भागे अपराधियों को स्वदेश लाने की कोशिश करना, विदेशी निवेशकों व देश की जनता को भारत की नीतियों के बारे में जानकारी देना आदि है।

एनडीए सरकार ने वर्ष 2014 में सत्ता में आते ही विदेश मंत्रालय के लिए निम्नलिखित लक्ष्य निर्धारित किये- कूटनीतिक संबंधों को मजबूत बनाने के साथ-साथ अंतर्राष्ट्रीय बाजारों में भारत की स्थिति मजबूत करना, सरकार ने सभी विदेशी दूतावासों में कार्यरत भारतीय राजदूतों व उच्चायुक्तों को उन देशों में भारतीय वस्तुओं/उत्पादों की संभावनाएं तलाशने

के निर्देश दिये। यहाँ तक कि द्विपक्षीय संबंधों के लिए होने वाली बातचीन में भी आपसी कारोबार को बढाने के उपयों को शामिल करने पर जोर दिया गया, इन चार वर्षों में विदेश मंत्रालय को विदेशों में स्थित भारतीय दूतावासों की मदद से सम्बन्धित देशों में किन भारतीय उत्पादों की मांग की संभावना है, की काफी जानकारियाँ जुटाई है, जिनमें से कुछ उत्पादों जैसे- इजीनियरिंग व इलेक्ट्रानिक उत्पादों के मामले में वाणिज्य मंत्रालय ने तत्काल कदम उठाए है जिनके सकारात्मक असर निर्यात पर देखे जा सकते है। उक्त प्रक्रिया से सरकार को भविष्य के लिए अपनी निर्यात रणनीति (Export Strategy) तैयार करने में काफी मदद मिलेगी।

प्रश्न-10 भारतीय लोकतंत्र में उभरती प्रवृत्तियों का विश्लेषण कीजिए।

उत्तर: भारतीय लोकतंत्र की स्थापना 26 जनवरी, 1950 को संविधान लागू होने के साथ ही हो गयी। स्वतंत्रता के अनेक दशक के बाद अब भारतीय लोकतंत्र में परिपक्वता के गुण देखे जा सकते हैं। इसके साथ ही कई सकारात्मक प्रवृत्तियाँ उभरी लेकिन साथ ही कई नकारात्मक प्रवृत्तियां भी हावी हुई हैं जो हमारे लोकतंत्र के भविष्य के लिए खतरनाक हैं। भारतीय लोकतंत्र क्रमिक रूप से लोगों के प्रति जवाबदेह एवं कल्याणकारी राज्य की संकल्पना स्वरूप को स्वीकार करते हुए 42वें संविधान संशोधन के तहत 'समाजवादी शब्द' जोड़ा गया। जबकि 44वें संविधान संशोधन के तहत संपत्ति के मूल अधिकार को मौलिक अधिकारों की सूची से निकालकर कानूनी अधिकारों की श्रेणी में रखा गया। भारतीय लोकतंत्र की एक महत्वपूर्ण प्रवृत्ति गठबंधन सरकार के रूप में उभरी है। 1977 में केन्द्र में सर्वप्रथम गठबंधन सरकार का गठन हुआ। इसके बाद विभिन्न राज्यों एवं केन्द्र में लगातार गठबंधन सरकार की बहुलता रही है। गठबंधन की सरकार का मूल कारण छोटे-छोटे एवं क्षेत्रीय दलों का तीव्रता से गठन है। क्षेत्रीय दलों का गठन लोगों की राजनीति तथा लोकतंत्र के प्रति जागरूकता को प्रदर्शित करता है जिसके कई सकारात्मक चिन्ह दिखे हैं। गठबंधन की राजनीति यद्यपि ज्यादा स्थायी नहीं रही है लेकिन विगत कुछ वर्षों से भारतीय लोकतंत्र की परिपक्वता के अनुरूप ठीक काम कर रही है। केन्द्र में एनडीए ने अपना कार्यकाल पूरा किया था। उसके बाद यूपीए-1 के भी सफलतापूर्वक कार्यकाल पूरा करने के बाद 'यूपीए-2 का गठन हुआ। कुछ वर्ष तक बिहार में भी एनडीए की सरकार ने सफलतापूर्वक काम किया था।

भारत की जनता अब ज्यादा जागरूक होकर योजनाओं पर ज्यादा ध्यान दे रही है। 2005 ई. में केन्द्र की यूपीए सरकार ने MNREGA तथा RTI कानून बनाए जो लोकतंत्र की मजबूती के लिए मिल का पत्थर साबित हो रहे हैं। जनता की जागरूकता का ही परिणाम है कि आज भ्रष्टाचार, काले-धन पर देशभर में व्यापक विचार-विमर्श चल रहा है। सरकार भी इस पर गंभीर दिख रही है। भ्रष्टाचार रोकने के लिए सरकार 'लोकपाल' विधेयक लाने की सोच रही है। जनता की जागरूकता के कारण ही जाति एवं धर्म की राजनीति करने वाले दलों का अस्तित्व संकट में आ गया है। इसका ज्वलंत उदाहरण बिहार है। बिहार में विकास के आधार पर नीतीश कुमार के नेतृत्व वाली एनडीए सरकार को पुनः सत्ता सौंपी गई।

भारतीय लोकतंत्र में विगत कुछ वर्षों से युवाओं का रूझान बड़ा है। राज्य तथा केन्द्र में कई युवा विधायक, सांसद तथा मंत्री हैं। चुनाव लोकतंत्र की आत्मा है। चुनाव आयोग की सक्रियता के कारण चुनाव अब आपराधिक गतिविधियों से दूर निष्पक्ष एवं स्वच्छ होने लगे हैं। ईवीएम (EVM) मशीनों के प्रयोग से चुनाव और भी स्वच्छ होने लगे हैं।

अतः भारतीय लोकतंत्र में अनेक सकारात्मक प्रवृत्तियां उभरी हैं जो इसकी परिपक्वता को दर्शाती है। लेकिन साथ ही हमारे लोकतंत्र में अनेक नकारात्क चीजों का भी प्रभाव बढ़ा है। जैसे- अब राजनीति का स्तर पहले की अपेक्षा काफी गिर गया है। आज राजनेताओं का उद्देश्य मात्र चुनाव जीतना ही रह गया है। इसके कारण ऐसी चीजों को उभारा जाता है जो राष्ट्रीय एकता-अखंडता एवं सद्भाव के लिए घातक हैं। कुछ पार्टियाँ जाति आधारित राजनीति के कारण चुनाव जीतने की रणनीति बना रही हैं तो कुछ पार्टियाँ अल्पसंयक तुष्टीकरण की नीति अपनाकर अपना वोट बैंक बढ़ा रही हैं। भारतीय लोकतंत्र में भ्रष्टाचार एक गंभीर मुद्दा बनता जा रहा है। जनता इसके लिए अब सड़कों पर उतरने लगी है।

सामान्य अध्ययन मुख्य परीक्षा
मॉडल अभ्यास द्वितीय प्रश्न-पत्र 2

कुल अंक : 200 **समयावधि : 3 घण्टे**

खण्ड-1

निर्देश: *निम्नलिखित प्रत्येक प्रश्न का उत्तर 125 शब्दों से अधिक नहीं होना चाहिए। शब्द-विस्तार की अपेक्षा प्रश्नोत्तर की अन्तर्वस्तु अधिक महत्वपूर्ण है। सभी प्रश्नों के अंक समान हैं।*

Instruction: *Answer the following questions in not more than 125 words each. Content of the answers are more important than their length. All questions carry equal marks.* 10 × 5 = 50

प्रश्न-1 एच-1'बी' वीजा क्या है? वर्तमान स्थिति को स्पष्ट करें।

उत्तर: यह वीजा किसी दूसरे देश के नागरिकों को USA में काम करने के लिए दिया जाता है, जो कि अस्थाई वीजा होता है अर्थात् इसकी अवधि 3 साल या 6 साल होती है। इस वीजा के लिए केवल वही लोग अप्लाई कर सकते हैं, जिसे USA के किसी व्यक्ति या कम्पनी ने जॉब का ऑफर दिया है। जॉब का ऑफर देने वाली कम्पनी ही US Immigration Department से H-1B वीजा के लिए अप्लाई करती है। वर्ष 1998 में H-1B वीजा के नियमों में संशोधन किया गया था। परिणामस्वरूप H-1B वीजा धारक को काम के एवज में न्यूनतम 60 हजार अमरीकी डालर (40 लाख 20 हजार रूपये) का वार्षिक वेतन दिया गया हो। ट्रम्प सरकार ने H-1B वीजा के नियमों में पुन: संशोधन किया जिसके अनुसार 1 लाख डालर (67 लाख रूपये) के वार्षिक पैकेज वालों को ही H-1B वीजा देय होगा। इससे कम राशि के वेतनमान वाली जाब्स पर केवल अमेरिका के नागरिकों की नियुक्ति की जायेगी। हाल ही में यूएस सिटिजनशिप एंड इमीग्रेशन सर्विसेज द्वारा जारी रिपोर्ट के अनुसार अमेरिका में H-1B वीजा रखने वाले प्रत्येक 4 में से 3 व्यक्ति भारतीय नागरिक है। कुल H-1B वीजा का करीब 73.9% भारतीयों के पास है। इसके बाद चीन के लोगों की बारी आती है, उनके पास करीब 11.2% H-1B वीजा है।

प्रश्न-2 भारत में अधिक राज्यों के निर्माण के औचित्य को समझाइए।

उत्तर:
- अमेरिका में 50 राज्य हैं। भारत में अमेरिका की अपेक्षा चौगुणी आबादी है, इसलिए अधिक राज्यों का निर्माण किया जाना चाहिए।
- छोटे राज्य आंतरिक उपनिवेशवाद को समाप्त कर सकते हैं।
- संसाधनों के उपलब्ध होने पर एवं राजनीतिक स्थिरता उपलब्ध होने पर छोटे राज्य तीव्र गति से विकास कर सकते हैं।
- छोटे राज्यों में विकेन्द्रीकरण एवं जन सहभागिता के लक्ष्य को तुलनात्मक रूप से आसानी से प्राप्त किया जा सकता है।
- छोटे राज्य आर्थिक रूप से 'जीवन क्षम' (Economic viable) नहीं होते हैं। छोटे राज्य भाषावाद एवं क्षेत्रवाद को बढ़ावा देते हैं।

प्रश्न-3 भारतीय संविधान में राज्य गठन के प्रावधान पृथक राज्यों के गठन की माँग को बढ़ावा देते हैं। टिप्पणी करें।

उत्तर: संविधान के अनुच्छेद 03 और 04 राज्य गठन की अत्यंत सरल प्रक्रिया को स्थापित करते हैं, जिससे पृथक राज्यों के गठन की मांग को बढ़ावा मिलता है।

- साधारण विधि निर्माण की प्रक्रिया से नये राज्यों का गठन इस प्रावधान को निहित स्वार्थों के हाथों का खिलौना बना देती है।
- यद्यपि राज्य पुनर्गठन विधेयक की शुरूआत राज्य विधानमंडल से नहीं होती है, किंतु संबंधित क्षेत्र इस हेतु केंद्र सरकार पर राजनीतिक दबाव उत्पन्न करते हैं।
- राज्य पुनर्गठन की प्रक्रिया को सामान्य विधि निर्माण की प्रक्रिया के अंतर्गत रखना औचित्यपूर्ण नहीं है। यद्यपि संविधान निर्माण की परिस्थितियों में यह आवश्यक थी।

प्रश्न-4 लोक नियोजन के विषय में अवसर की समानता के अपवादों की चर्चा कीजिए।

उत्तर: भारतीय संविधान के अनुच्छेद 16 में लोक नियोजन के संदर्भ में निम्नलिखित निर्बंधनों के अधीन रहते हुए समानता का अधिकार प्रदान किया गया है-

1. स्त्रियों एवं बच्चों के संरक्षण तथा उत्थान हेतु बनाए गए कानून।
2. समाज के कमजोर वर्गों के उत्थान हेतु सुनिश्चित किए गए विशेष उपबंध।
3. अल्पसंख्यक समुदायों के शिक्षा एवं संस्कृति के संबंध में बनाए गए संरक्षणकारी प्रावधान।
4. सेवा हेतु जिन क्षेत्रों में विशेष तकनीकी योग्यता होती है, वहाँ भी लोक नियोजन में अवसर की समानता बाध्यकारी नहीं है।

लोक नियोजन के संदर्भ में अवसर की समानता को सीमित करने के लिए, यदि वह राष्ट्रीय हित में है, संसद कानून बना सकती है। उस कानून को इस आधार पर निषिद्ध नहीं किया जायेगा कि इससे अनुच्छेद 16 के प्रावधानों का उल्लघंन होता है।

प्रश्न-5 अनुच्छेद 20 एवं 21 से जुड़े विवादों का स्पष्टीकरण-

उत्तर:

- संविधान के अनुच्छेद 359 में आपातकाल के समय भाग 03 द्वारा प्रदत्त मौलिक अधिकारों के निलंबन की व्यवस्था है जिसे 44वें संविधान संशोधन द्वारा संशोधित करते हुए यह जोड़ा गया कि-'अनुच्छेद 20 और 21 को छोड़कर' संविधान के अनुच्छेद 33 में संसद को यह अधिकार दिया गया है कि उसे युक्तियुक्त विधि के अनुसार इस भाग के अधिकारों का, बलों आदि को लागू होने में, उपांतरण करने की शक्ति है। इस अनुच्छेद की बात प्राय: राष्ट्रीय सुरक्षा या सैन्य सुरक्षा में लगे हुए व्यक्तियों पर लागू होती है। (इसमें सुरक्षा बलों को अधिकारों से वंचित रखा गया है ताकि वे युद्ध के समय स्वयं के प्राण बचाने हेतु भागे नहीं)।
- संविधान का अनुच्छेद 34 युक्तियुक्त विधि द्वारा इस भाग के अधिकारों को इस काल या क्षेत्र के लिए निलंबित या न्यून कर सकती है, जब सेना विधि प्रवर्तन में है। (ऐसा आपातकाल में होता है कि सेना निधि प्रवर्तित हो)।

प्रश्न-6 जनहित याचिका एवं न्यायिक सक्रियता ने न्यायिक पुनर्विलोकन के अधिकार को विस्तृत किया है। व्याख्या कीजिए।

उत्तर: जनहित याचिका एवं न्यायिक सक्रियता के माध्यम से न्यायालयों ने कुछ ऐसे अधिकारों को प्राप्त कर लिया है जो उन्हें प्राथमिक एवं अपीलीय क्षेत्राधिकार के अंतर्गत प्राप्त नहीं था। इन अर्जित अधिकारों ने न्यायालयों को लोक कल्याणकारी मुद्दों, विकास की नीतियों, पर्यावरण संरक्षण के उपक्रमों, भ्रष्टाचार आदि के संदर्भ में विधिक व्याख्या का अवसर प्रदान किया है, जिसके आधार पर प्रदत्त न्यायिक पुनर्विलोकन की सीमा में वृद्धि हुयी है।

प्रश्न-7 जीवन व वैयक्तिक स्वतंत्रता का अधिकार क्या होता है? हाल के वर्षों में न्यायालयों ने इसके अर्थ का किस प्रकार विस्तार किया है?

उत्तर: मूल संविधान में जीवन के अधिकार को नकारात्मक रूप से परिभाषित किया गया था। इसी प्रकार स्वतंत्रता के अधिकार में गरिमामयपूर्ण तरीके से जीने का अधिकार, बुढ़ापे एवं दिव्यांगता की स्थिति में सहायता का अधिकार, उचित चिकित्सा प्राप्त करने का अधिकार एवं विधिक सहायता तथा सूचना का अधिकार सम्मिलित नहीं था। यद्यपि इनमें से कुछ भाग 4 में दिए गए हैं।

विगत वर्षों में उच्च/उच्चतम न्यायालय ने उक्त दोनों अनुच्छेदों की व्याख्या करते हुए उपरोक्त समस्त सकारात्मक तत्वों को जीवन एवं स्वतंत्रता के अधिकार के अंतर्गत सम्मिलित किया है।

स्वच्छ वायु, स्वच्छ जल एवं पर्यावरण संरक्षण तथा संपोष्य विकास (Sustainable Development) को भी अब नागरिक सुविधाओं के अंतर्गत सम्मिलित कराये जाने हेतु सरकार को न्यायालयें ने निर्देश दिया है।

प्रश्न-8 ''भारत एक उदारवादी लोकतांत्रिक राज्य है।''

उत्तर: देश की विशालता एवं जाति धर्म, क्षेत्र आदि के आधार पर विविधताओं के कारण हमारे द्वारा 26 जनवरी, 1950 को स्थापित लोकतांत्रिक राज्य अनेक उदारवादी तत्वों से युक्त है। यह भारतीय लोकतंत्र की एक मौलिक विशिष्टता है जो इसकी स्थिरता एवं विकास का आधार है। भारत में लोकतंत्र का अर्थ सिर्फ शासन में जनता की भागीदारी मात्र नहीं है बल्कि जनता को शासन में भागीदारी योग्य बनाना भी है। 74वें संविधान संशोधन के द्वारा सरकार ने ऐसा किया है। इन संशोधनों के माध्यम से सत्ता का विकेन्द्रीकरण किया गया है। इससे शासन कार्य में नौकरशाही पर दबाव कम हुआ है एवं जन कल्याण को भी बढ़ावा मिला है।

सरकार के तीनों अंग- कार्यपालिका, विधायिका एवं न्यायपालिका एक दूसरे से स्वतंत्र हैं। न्यायपालिका संविधान संरक्षण के रूप में सक्रिय है। नागरिकों के मौलिक अधिकार एवं संविधान की मूल भावना सरकार के कार्यों से प्रभावित न हो इसका ध्यान न्यायपालिका रखती है। भारतीय मीडिया ने भी लोकतंत्र को मजबूत बनाने में अपना योगदान दिया है। कुछ विषयों पर सरकार गैर-राजनीतिक संगठनों एवं नेताओं से भी विमर्श करती है। इधर लोकपाल विधेयक पर सरकार द्वारा गैर-राजनीतिक व्यक्तियों से विचार-विमर्श भारतीय लोकतंत्र के उज्जवल भविष्य की ओर संकेत है। इसके अलावा संविधान की प्रस्तावना में वर्णित 'समाजवादी', धर्म निरपेक्ष, लोकतांत्रिक गणराज्य' शब्द, राज्य की नीति-निर्देशक तत्त्व, नागरिकों के मौलिक अधिकार, संविधान के कुछ अन्य प्रावधान तथा इन प्रावधानों एवं लोकतंत्र में जनता की शक्ति के वशीभूत सरकार द्वारा चलाए जा रहे विभिन्न जन कल्याणकारी योजनाएं यथा- MNREGA, NRHM, IAY आदि के आधार पर भारत को एक उदारवाद लोकतांत्रिक राज्य कहा जा सकता है।

प्रश्न-9 भारतीय संविधान को अर्द्धसंघीय (Quasifederal) क्यों कहा जाता है? परीक्षण करें।

उत्तर: भारत की विशालता एवं विविधता को ध्यान में रखते हुए संविधान निर्माताओं ने भारत में संघीय राजव्यवस्था स्थापित की। यद्यपि भारतीय संघवाद अमेरिका के संघीय व्यवस्था से अलग है। इसके लिए हमारे संविधान में 'फेडरेशन' शब्द की जगह 'यूनियन' शब्द का प्रयोग हुआ है। हालांकि हिन्दी में फेडरेशन एवं यूनियन दोनों के लिए 'संघ' शब्द का प्रयोग होता है लेकिन तकनीकी दृष्टिकोण से इनमें अंतर है। हमारे सविधान में केन्द्रीकरण का बाहुल्य है। सिद्धांततः केन्द्र एवं राज्यों के बीच संबंध सहयोग पर आधारित है परंतु संविधान ने अधिकतर आर्थिक शक्तियां केन्द्र सरकार के हाथ में सौंपी है। राज्यों के उत्तरदायित्व बहुत अधिक हैं पर आय के साधन कम, जिससे राज्यों की केन्द्र पर निर्भरता ज्यादा है। अनुच्छेद-3 के अनुसार संसद 'किसी राज्य में से उसका राज्य क्षेत्र अलग करके अथवा दो या अधिक राज्यों को मिलाकर नए राज्य का निर्माण कर सकती हैं।' केन्द्र की आपातकालीन शक्तियां केन्द्र को अत्यधिक शक्तिशाली बनाती है। ऐसी स्थिति में राज्य के आर्थिक साधनों पर नियंत्रण अधिक है। योजना आयोग राज्यों के संसाधन-प्रबंध की निगरानी करता है। शासन-प्रशासन में भी केन्द्र का राज्यों में हस्तक्षेप होता है। राज्यपाल एक तरह से केन्द्र का एजेंट होता हैं तथा अखिल भारतीय सेवाओं के अधिकारी राज्य में नियंत्रण में होते हैं। राज्य न तो उनके विरूद्ध कोई अनुशासनात्मक कारवाई कर सकता है न ही उन्हें सेवा से हटा सकता है।

अतः सैद्धातिक रूप से संघीय व्यवस्था व्यवहारतः केन्द्र के ज्यादा शक्ति-सम्पन्न होने को प्रदर्शित करता है। अतः कुछ आलोचक इसे 'अर्द्धसंघीय' कहते हैं।

प्रश्न-10 भारतीय राजनीति में जाति की भूमिका की विवेचना करें।

उत्तर: प्राचीन काल से ही भारतीय समाज अनेक जातियों में बंटा था। कालांतर में अनेक आक्रमणों एवं विदेशियों के भारत आगमन से इन जातियों की संख्या अत्यधिक बढ़ गई। यद्यपि भारतीय राजनीति में जातीय प्रभाव आजादी के पहले भी स्पष्ट रूप से दिखते थे, परन्तु स्वतंत्रता प्राप्ति एवं 'लोकतंत्र' स्थापना के बाद भारत में जातीय प्रभाव काफी बढ़ गया विशेषत: राजनीति में। सामान्यत: एक जाति के लोग एक-दूसरे से कई अर्थों में समानता रखते हैं। उनमें से ज्यादातर लोग परंपरागत पारिवारिक व्यवसाय को अपनाते हैं जिससे उनका सामाजिक एवं आर्थिक स्तर एक होता है और वे भावनात्मक स्तर पर भी एक दूसरे के करीब होते हैं। इन बातों का प्रभाव चुनावों में दिखता है। राजनीतिक पार्टियां इन बातों को भुनाने का प्रयास करती हैं। वे अपने उम्मीदवार चुनाव क्षेत्र के जाति बहुलता के आधार पर खड़े करती है। पार्टियों द्वारा क्षेत्र की जाति आधारित जनसंख्या के आधार पर उम्मीदवारों को खड़ा करने का काम केवल क्षेत्रीय पार्टियां ही नहीं बल्कि लगभग सभी राष्ट्रीय पार्टियां भी करती हैं। बिहार एवं यू.पी. में तो प्रमुख क्षेत्रीय पार्टियां जाति के आधार पर ही जीत की योजनाएं बनाती हैं और उनकी योजनाएं सफल भी होती है। यू.पी. में बसपा तथा सपा तथा बिहार में राजद, लोजपा आदि ऐसी ही पार्टियां हैं। ऐसी प्रवृत्ति लोकतंत्र के लिए खतरनाक है। चुनाव के अपराधीकरण के लिए ऐसी प्रवृत्तियां ही जिम्मेदार है। राजनीतिक पार्टियां जाति के आधार पर अपराधियों को संरक्षण देती है और चुनाव के दौरान उनका उपयोग अपने हित में करती हैं।

आज आरक्षण राजनीतिक दलों के लिए केवल वोट बैंक का साधन मात्र बनकर रह गया है। वी.पी. सिंह की सरकार ने 'मंडल आयोग' की सिफारिशों को लागू करते हुए केन्द्रीय सेवाओं में पिछड़े वर्ग के जातियों को आरक्षण दिया था। यह एक सार्थक प्रयास था परंतु यह आज राजनीतिक दलों के हथकंडे के रूप में सामने आ गया है। कुछ दूसरी जातियों के लोग भी आरक्षण की मांग बुलंद कर रहे हैं। जाटों ने पिछड़े श्रेणी में आरक्षण की मांग को लेकर कई दिनों तक रेल मार्ग जाम रखा लेकिन राजनीतिक स्वार्थों के कारण किसी दल ने विरोध में एक शब्द नहीं कहे।

इस प्रकार भारतीय राजनीति में जाति की भूमिका प्रभावी है तथा कुछ राज्यों में तो यह निर्णायक रूप में मौजूद है। यद्यपि इसके कुछ सकारात्मक बिन्दु हैं परन्तु इसके अनेक नकारात्मक प्रभाव और लक्षण हैं जो हमारे राजनीतिक जीवन को प्रदूषित कर रहे हैं। फलत: राजनीति अपने मूल उद्देश्यों से भटक गई है।

खण्ड-2

निर्देश: *निम्नलिखित प्रत्येक प्रश्न का उत्तर 200 शब्दों से अधिक नहीं होना चाहिए। शब्द-विस्तार की अपेक्षा प्रश्नोत्तर की अन्तर्वस्तु अधिक महत्वपूर्ण है। सभी प्रश्नों के अंक समान हैं।*

Instruction: *Answer the following questions in not more than 200 words each. Content of the answers are more important than their length. All questions carry equal marks.* 15 × 10 = 150

प्रश्न-1 हाल ही के वर्षों में भारत के पड़ोसी देशों पाकिस्तान, अफगानिस्तान और चीन से विदेशी सम्बन्धों की चर्चा करें।

उत्तर: हाल ही के इन चार वर्षों में भारत की विदेश नीति कैसी रही इसका अंदाजा भारत के पड़ोसी देशों से उसके बिगड़ते संबंधों से लगाया जा सकता है। इसके कुछ उदाहरण निम्नवत् है:-

भारत-पाकिस्तान संबंध : प्रधानमंत्री मोदी 25 दिसम्बर 2015 को तत्कालिक प्रधानमंत्री नवाज शरीफ से पाकिस्तान में अनौपचारिक मुलाकात करते है। 18 सितम्बर 2016 को पाकिस्तान जम्मू कश्मीर के बारामुला जिले के उरी नामक तहसील पर आतंकवादी हमला कराता है जिसके जबाव में भारत महज 11 दिन बाद पाकिस्तान पर कड़ी कार्यवाही करते हुए सर्जिकल स्ट्राइक करता है। भारत ने पाकिस्तान को वैश्विक पटल पर अलग-थलग करने की रणनीति अपनायी जबकि नवनिर्वाचित प्रधानमंत्री इमरान खान ने चीन को अपना महत्वपूर्ण रणनीतिक भागीदार घोषित किया तो वहीं 8 अगस्त 2018 को रूस और पाकिस्तान के मध्य सहमति बनी कि पाकिस्तान की सेना रशियन मिलिट्री ट्रेनिंग इंस्टीट्यूट में प्रशिक्षण प्राप्त करेगी और दोनों देशों के बीच नौसैन्य सहयोग समझौता भी हुआ।

नोट : रूस और पाकिस्तान के संबंध शीत युद्ध के दौर से अत्यन्त कटू थे क्योंकि पाकिस्तान पूर्णतः अमेरिकी समर्थक था। परन्तु वर्तमान परिदृश्य में पाकिस्तान, चीन और रूस के निकट आ रहा है जिससे भारत की पाकिस्तान को अलग-थलग करने की कूटनीति पूर्णतः विफल होती नजर आ रही है। इसका कारण भारत की अमेरिका से बढ़ती निकटता को माना जा रहा है। अतः भारत ने पाकिस्तान को चीन और रूस की मजूबत बैसाखी उपलब्ध कराने का काम किया है।

भारत अफगानिस्तान संबंधः भारत, अफगानिस्तान में शांति, स्थायित्व, आधारभूत संरचना का निर्माण एवं क्षमता निर्माण कार्यक्रम में सहयोग कर रहा है उदाहरणार्थः- भारत अफगानिस्तान में डेलाराम - जरांज राष्ट्रीय राजमार्ग का निर्माण कर रहा है, भारत द्वारा मजार-ए-शरीफ से हेरात के मध्य सड़क सम्पर्क का निर्माण किया जा रहा है, भारत ने अफगानिस्तान में सलमा बांध का निर्माण कर, काबुल मे बिजली आपूर्ति उपलब्ध कराने का कार्य किया है, भारत ने अफगानिस्तान के साथ व्यापारिक संबंधो को बढ़ावा देने के लिए हवाई कॉरिडोर की शुरूआत की है। भारत ने ईरान में चाबहार पत्तन का निर्माण कर अफगानिस्तान में आवश्यक वस्तुओं की आपूर्ति का मार्ग प्रशस्त कर लिया है। इस क्रम में भारत के चाबहार पत्तन के द्वारा अफगानिस्तान में 11लाख गेहूँ की पहली खेप पहुंचाने का कार्य किया है, भारत सरकार ने अफगानिस्तान में पार्लियामेंट भवन के निर्माण में न केवल वित्तीय सहायता दी है, बल्कि निर्माण भी भारत सरकार द्वारा किया गया है। भारत द्वारा अपने पड़ोसी देश अफगानिस्तान के लिए किये जा रहे कार्यो को देखते हुए अमेरिका की ट्रंप सरकार ने इस बात को स्वीकार किया है कि अफगानिस्तान के स्थायित्व में भारत की भूमिका निर्णायक होगी।

भारत-चीन संबंधः चीन, बांग्लदेश के बाद भारत के साथ भौगोलिक सीमा साझा करने वाला दूसरा सबसे बड़ा देश है। चीन भारत के 5 राज्यों यथा जम्मू कश्मीर, हिमाचल प्रदेश, उत्तराखण्ड, सिक्किम व अरूणाचल प्रदेश आदि राज्यों से सीमा स्पर्श करता है। चीन का 21वीं सदी में आर्थिक, सामरिक शक्ति के रूप में उभार हुआ है और संभवतः 21वीं सदी ''चीन की सदी'' है। भारत के द्वारा चीन के साथ 'डिलिंकिंग नीति (Delinking Policy) को अपनाया गया है जिसके तहत आर्थिक संबंधो और सीमा विवाद को अलग-अलग देखने का प्रयास किया गया है। वर्तमान में भारत चीन द्विपक्षीय व्यापार लगभग 76 बिलियन डॉलर का हो गया है। भारत का सबसे बड़ा द्विपक्षीय भागीदार चीन है। चीन ने स्ट्रिंग ऑफ पर्ल्स (String of Perls) और 'वन बेल्ट वन रोड' जैसी परियोजनाओं के माध्यम से दक्षिण एशियाई देशों में अपनी सॉफ्ट पावर को बढ़ाया है। इस परियोजना के माध्यम से चीन हिंद महासागर के महत्वपूर्ण संचार मार्ग पर पत्तनों का निर्माण कर रही है। जिसके तहत सूडान में सूडान पत्तन का निर्माण 10 बिलियन डॉलर के निवेश के साथ, पाकिस्तान का ग्वादर बन्दरगाह का निर्माण 1 बिलियन डालर के निवेश के साथ, श्रीलंका के कोलम्बिया पोर्ट व हम्बनटोटा पोर्ट का 85% स्टेक चीन के पास है, बांग्लादेश के चटगांव पोर्ट पर 8 बिलियन डॉलर का निवेश, म्यांमार के कायाकप्यू (Kayakpvu) पोर्ट का निर्माण, थाईलैण्ड में लीग चबांग पोर्ट व कम्बोडिया में सिहानौकविल्ले पोर्ट (Sihanoukvile Port) व सेज के निर्माण में 3 बिलियन डॉलर का निवेश कर चीन दक्षिण एशिया में भारत को घेरने का प्रयास कर रहा है। चीन भारत के पड़ोसी देशों को आर्थिक सहायता उपलब्ध कराकर उन देशों पर अपना प्रभाव बढ़ा रहा है। हिंद महासागर में चीन के बढ़ते प्रभाव को संतुलित करने के उद्देश्य से भारत ने भी महत्वपूर्ण निर्णायक कदम उठाये है। जैसे- एससीओ व ब्रिक्स समूहों की बैठकों में भारत, चीन के साथ संबंधों को सुधारने का प्रयास कर रहा है। भारत ने सामरिक नीति के तहत मालाबार सैन्य अभ्यास जो भारत व अमेरिका के मध्य होता था वर्ष 2015 में जापान को भी इस सैन्य अभ्यास का नियमित सदस्य नियुक्त किया है। भारत क्वैड (अमेरिका, जापान, आस्ट्रेलिया, भारत) समूह में शामिल हुआ है। इस प्रकार यह कहा जा सकता है कि भारत ने चीन के साथ वार्ताओं के द्वार भी खुले रखे है तो साथ ही साथ सामरिक दृष्टि से स्वयं को मजबूत भी किया है। भारत की इसी नीति का परिणाम है कि पाकिस्तान के समर्थन में यूएनओ की सुरक्षा परिषद् में वीटो का प्रयोग करने वाला चीन को सुरक्षा परिषद के अन्य स्थायी सदस्य विशेषकर अमेरिका व सम्पूर्ण विश्व की चीन को आलोचना झेलनी पड़ रही है।

प्रश्न-2 कैबिनेट मिशन प्लान भारत विभाजन के लिए उत्तरदायी है, समीक्षा कीजिए।

उत्तरः विभिन्न ऐतिहासिक परिस्थितियों के साथ कैबिनेट मिशन प्लान भारत विभाजन के लिए उत्तरदायी है।

कैबिनेट मिशन प्लान में समूहीकरण की योजना को 2 तरीकों से समझाया गया-

1. कई रियासत या ब्रिटिश भारत के प्रांत मिलकर संघ में शामिल हो सकते हैं। [यह व्याख्या भारत विभाजन हेतु उत्तरदायी नहीं है]
2. समूहीकरण का दूसरा यह अर्थ लगाया गया कि देशी रियासत और ब्रिटिश भारत के प्रांत मिलकर भारतीय संघ से अलग एक संघ बना सकते हैं। [यह व्याख्या भारत विभाजन हेतु उत्तरदायी है।]
3. ब्रिटिश सरकार ने राष्ट्रीय आत्म निर्णय एवं लोकतंत्र को आधार मानते हुए ऐसी व्यवस्था की, जबकि उनका निहित स्वार्थ भारतीय उप-महाद्वीप को विभाजित स्वरूप में देखना था।

दूसरी व्याख्या को मुस्लिम लीग ने स्वीकार किया और इससे विभाजन को बढ़ावा मिला, जबकि ऐतिहासिक, सामाजिक, भौगोलिक एवं साम्प्रदायिक कारकों ने भी इसमें योगदान दिया।

प्रश्न-3 किस प्रकार प्रस्तावना संविधान के विभिन्न अनुच्छेदों की व्याख्या में सहायक है?

उत्तरः प्रस्तावना भारतीय संविधान के मूल्यों व लक्ष्यों की घोषणा करती है। अतः यह सभी उपबंधों की व्याख्या में सहायक है। [केशवानंद भारती वाद]

- 'हम भारत के लोग'-संविधान के प्रत्येक उपबंध इस तरह से व्याख्यायित होंगे, जिससे जनता की संप्रभुता अक्षुण्ण रहे।
- 'संपूर्ण प्रभुत्व संपन्न' (Article-51) -कोई भी ऐसी संधि नहीं हो सकती, जो हमारी संप्रभुता को प्रभावित करे।
- 'समाजवादी'-भाग IV के अनुच्छेदों को लागू करने के संदर्भ में।
- 'धर्म निरपेक्षता'-अनुच्छेद 19 से अनुच्छेद 28 तक की व्याख्या के संदर्भ में।
- 'लोकतांत्रिक गणराज्य'-लोकतांत्रिक गणराज्य को उच्चतम न्यायालय ने आधारभूत ढांचे में शामिल कर इसे अपरिवर्तनशील माना है।
- 'न्याय'-सामाजिक, आर्थिक व राजनीतिक।
- 'राष्ट्रीय एकता तथा अखंडता'-सरकार को दिए गए विषयों के विभाजन के संदर्भ में। (विषयों के विभाजन के समय राष्ट्रीय एकता व अखंडता को ध्यान में रखा जाएगा। (उदा.-केंद्र-राज्य संबंध, राज्यपाल.........)
- 'बन्धुता'-अनुच्छेद 14 से 18

प्रश्न-4 अनुच्छेद 19 में उल्लिखित वाक् एवं अभिव्यक्ति की स्वतंत्रता का किस प्रकार का संरक्षण प्राप्त है।

उत्तरः भारत के सभी नागरिकों को-

(क) वाक् स्वातंत्रय एवं अभिव्यक्ति स्वातंत्रय का।

(ख) शांतिपूर्वक व निरायुध सम्मेलन का।

(ग) संगम या समूह बनाने का।

(घ) भारत के राज्य क्षेत्र में सर्वत्र अबाध संचरण का।

(ड.) भारत के राज्य क्षेत्र के किसी भाग में निवास करने का।

(च) कोई वृत्ति या उप जीविका, व्यापार या कारोबार करने का अधिकार होगा।

(**नोट :** 42वें संविधान संशोधन 1976 द्वारा संपत्ति के अधिकार को समाप्त किया गया।)

19 A(क)–भारतीय संविधान में ''प्रेस की स्वतंत्रता'' वाक् एवं अभिव्यक्ति की स्वतंत्रता के अंतर्गत है। यह कोई पृथक अधिकार नहीं है।

- वाक् व अभिव्यक्ति की स्वतंत्रता के अंतर्गत अपने विचारों को प्रचारित एवं प्रसारित करने की स्वतंत्रता है।
- व्यावसायिक विज्ञापन की स्वतंत्रता।
- राजनीतिक दलों या संस्थानों द्वारा आयोजित किए जाने वाले धरना, प्रदर्शन एवं बंद के विरूद्ध अधिकार।
- जब तक सार्वजनिक हित की दृष्टि से अन्यथा न सिद्ध किया गया हो, ''स्टिंग ऑपरेशन'' एवं ''फोन टैपिंग'' किया जाना सार्वजनिक हित के अनुकूल न हो।

19 (ख)–सिक्खों को कृपाण ले जाने से नहीं रोका जा सकता। यद्यपि इसका आकार छः इंच से ज्यादा न हो।

19 (घ)–कश्मीर, अरूणाचल प्रदेश व कुछ जनजातीय इलाके जिन्हें सरकार ने संरक्षित किया है; संसद भवन, राष्ट्रपति भवन, सैन्य महत्व के संस्थानों में अबाध संचरण की अनुमति नहीं है।

19 (ड.)–कश्मीर, अरूणाचल प्रदेश, कैंटोनमेंट (Army area) वाले क्षेत्र तथा वे सभी क्षेत्र जहां सरकार समय-समय पर कानून/विधि बनाकर प्रतिबंधित करती है। (उदा.-राष्ट्रीय अभ्यारण्य)

19 (च)–सामाजिक सुरक्षा, राष्ट्रीय सुरक्षा, सार्वजनिक स्वास्थ्य, व्यक्तिगत हितों को ध्यान में रखा जाता है।

प्रश्न-5 राज्यों को बाध्यकारी न्यायालय में विचार के अयोग्य निदेशों संबंधी संवैधानिक प्रावधानों का विवेचन कीजिए।

उत्तर: नीति निदेशक तत्व राज्यों पर 39(b) एवं 39(c) को छोड़कर बाध्यकारी नही हैं। किन्तु यह मात्र विधिक एवं संवैधानिक स्थिति है। भारतीय राज व्यवस्था के क्रियान्वयन को देखने से यह स्पष्ट होता है कि इसमें सामाजिक-आर्थिक लोकतंत्र की स्थापना, गांधीवादी मूल्यों को प्रश्रय, प्रबंध में मजदूरों की भागीदारी, पर्यावरण संरक्षण तथा संपोष्य विकास, समाज के कमजोर तबकों का विकास इत्यादि के संदर्भ में राज्य ने नीति निदेशक तत्वों को वरीयता से स्वीकार किया है।

निदेशक तत्व न्यायालय के द्वारा प्रवर्तनीय नहीं है। यह भी मात्र एक निश्चित सीमा तक ही सत्य है। क्योंकि, सातवें दशक के बाद से न्यायालय ने इन तत्वों को लागू कराने हेतु अनेक निर्णय दिये हैं।

अत: नीति निदेशक तत्व भारतीय राज्य व्यवस्था पर न्यायिक रूप से बाध्यकारी न होते हुए भी राजनीतिक इच्छाशक्ति व जन अपेक्षाओं के कारण बाध्यकारी हो गये हैं। न्यायिक निर्णयों ने भी निदेशक तत्वों को अप्रवर्तनीय होते हुए भी प्रवर्तन में लाने का प्रयास किया है।

प्रश्न-6 भारत में नागरिक समाज (सिविल सोसाइटी) के प्रयास से विधायन के क्षेत्र में उत्पन्न नए समीकरण को समझाइए।

उत्तर: नागरिक समाज एवं विधायन के मध्य सहयोगात्मक संबंध संसदीय शासन व्यवस्था की विशेषता है। इसी आधार पर संसद के विभिन्न समितियों में गैर निर्वाचित व्यक्तियों को आमंत्रित किया जाता है।

- विधायन एवं नागरिक समाज के मध्य सहयोग एवं गतिरोध पर विवाद लोकपाल विधेयक के संदर्भ में देखने को मिलता है।

- जन लोकपाल के मसौदे को यथावत स्वीकार कर लेने पर विधायन के क्षेत्र में संसदीय सम्प्रभुता का ह्रास होता है। और न स्वीकार करने पर सरकार की स्वच्छन्दता प्रकट होती है।
- भारतीय संसदीय व्यवस्था में ''आंरगक'' (सरकार को किसी विधेयक का प्रारूप सिविल सोसाइटी द्वारा दिया जाना) जैसी किसी प्रथा को नहीं अपनाया गया है।

अत: वैधानिक रूप से नागरिक समाज को विशेष प्रकार के विधायन हेतु सरकार पर दबाव डालने का अधिकार नहीं है।

प्रश्न-7 'संसदीय बनाम न्यायिक सर्वोच्चता' पर विचार दीजिए।

उत्तर: भारत में संसदीय एवं न्यायिक सर्वोच्चता का सम्मिश्रण स्थापित किया गया है।

- गोलकनाथ विवाद में संसद के ऊपर न्यायालय की सर्वोच्चता को स्थापित किया गया।
- 24वें संविधान संशोधन द्वारा संसद में नौवीं अनुसूची में रखे गए विषय को न्यायिक निर्णय से परे घोषित किया गया। इससे न्यायालय पर संसद की सर्वोच्चता घोषित हुई।
- केशवानंद भारती विवाद में उच्चतम न्यायालय ने संसद की सर्वोच्चता को स्वीकार करते हुए मूल संरचना का सिद्धांत दिया और कहा कि मूल संरचना को छोड़कर संसद संविधान के अन्य भागों में परिवर्तन कर सकती है। इस निर्णय से मूल संरचना के क्षेत्र में न्यायपालिका की सर्वोच्चता एवं संविधान के अन्य क्षेत्रों में संसद की सर्वोच्चता स्थापित हुई।
- 2007 में मुख्य न्यायाधीश (सब्बरवाल) ने नौ सदस्यीय खंडपीठ में यह निर्णय दिया कि 24.4.1973 के बाद से जो भी विषय 9वीं अनुसूची मे रखे गए हैं या रखे जायेंगे, वे न्यायिक निर्णय के अंग होंगे। यह निर्णय कर्नाटक राज्य बनाम अन्य के मामले में दिया गया।
- वर्तमान समय में भारतीय संसद ने उपरोक्त निर्णय के विरूद्ध कोई वैसी पहल नहीं की है, जैसी 24वें संविधान संशोधन (1971) में की थी।

प्रश्न-8 न्यायिक सक्रियता का औचित्य एवं उद्‌देश्य बताइए।

उत्तर: न्यायिक सक्रियता पश्चिमी देशों में भी देखी जाती है।

- न्यायिक सक्रियता हेतु तब अवकाश उत्पन्न होता है, जब व्यवस्थापिका एवं कार्यपालिका के द्वारा अपने कर्तव्यों का समुचित निर्वाह न किया गया हो। न्यायिक सक्रियता एक विकासशील समाज में सामाजिक-आर्थिक लोकतंत्र की स्थापना एवं जन सुविधाओं के विस्तार हेतु व्यवस्थापिका तथा कार्यपालिका पर दबाव डालने का माध्यम है।
- विकासशील समाज में (भारत में) सामाजिक-आर्थिक सुविधाओं का वितरण एवं सृजन एक आर्थिक राजनैतिक प्रक्रिया है। इस स्थिति में प्राथमिकताओं एवं सीमाओं का निर्धारण जब न्यायपालिका के द्वारा किया जायेगा, तब उपयुक्त संसाधन/समुचित संसाधन न होने के कारण निर्णयों की उपेक्षा होगी। यह न्यायालय की गरिमा के लिए उपयुक्त नहीं है।
- न्यायिक सक्रियता उस समय राजनीतिक विवाद का स्वरूप ग्रहण कर लेगी, जब संबंधित निर्णय को लेकर समाज में मत विभाजन की स्थिति हो। (समान विधि संहिता, मुस्लिम पर्सनल ला आदि)

  (समान विधि संहिता बीजेपी का एजेंडा है यद्यपि यह एक अच्छा विचार है, परंतु ऐसा होने पर न्यायालय बीजेपी समर्थित समझी जायगी। अनु.-370 भी बीजेपी का एजेंडा है)

  न्यायपालिका को स्वयं न्यायिक सक्रियता की सीमाओं का निर्धारण कर लेना चाहिए।

प्रश्न-9 भारतीय चुनाव आयोग के निर्देशन के अन्तर्गत अबाध एवं निष्पक्ष चुनाव के संचालन में नौकरशाही की भूमिका की चर्चा करें।

उत्तर: अनुच्छेद 324 के अनुसार संसद एवं प्रत्येक राज्य के विधान मण्डल के लिए कराये जाने वाले सभी निर्वाचनों के संचालन का अधीक्षण, निर्देशन और नियंत्रण निर्वाचन आयोग के अधीन होता है। आयोग के पास सीमित कर्मचारी एवं अधिकारी होते हैं। अतः चुनाव प्रक्रिया के दौरान चुनाव सम्बन्धी कार्यों के सम्बन्ध में आयोग का पूरी प्रशासनिक मशीनरी पर नियंत्रण हो जाता है। केन्द्र तथा राज्य के प्रशासनिक अधिकारियों को चुनाव सम्बन्धी कार्य आयोग के नियंत्रण में करना होता है। निर्वाचन आयोग इन अधिकारियों का अपने सुविधानुसार तबादला कर सकता है तथा आवश्यकता पड़ने पर अनुशासनात्मक कार्यवाही भी कर सकता है।

अबाध एवं निष्पक्ष चुनाव के संचालन में नौकरशाही की भूमिका महत्वपूर्ण हो जाती है। इन पर चूँकि निर्वाचन आयोग का कड़ा नियंत्रण होता है, अतः ये निष्पक्ष तरीके से अपने कार्यों को करते हैं। सर्वप्रथम चुनाव की विभिन्न तैयारियों, जैसे- क्षेत्र में अपराध-नियंत्रण, सुरक्षा की मजबूत व्यवस्था, मतदाता सूची तैयार करवाना, पोलिंग बूथ को चिन्हित करना आदि कार्य करने होते हैं। चुनाव प्रचार के दौरान निर्वाचन आयोग के निर्देशों के अनुसार राजनीतिक पार्टियों पर नजर रखना तथा आचार संहिता का उल्लंघन न हो इसकी जिम्मेदारी प्रशासनिक अधिकारियों पर ही होती है। शान्तिपूर्ण एवं निष्पक्ष चुनाव के लिए यह आवश्यक है कि भयमुक्त वातावरण बने तथा बूथ कैप्चरिंग आदि की घटना न हो। इसके लिए प्रशासन को सतर्क रहना पड़ता है। इन कार्यों के लिए स्थानीय प्रशासन को पुलिस के अलावा केन्द्रीय पुलिस बल भी उपलब्ध कराई जाती है ताकि प्रशासन किसी भी परिस्थिति से निपटने में सक्षम हो सके। चुनाव के बाद EVM मशीनों को गणना स्थल तक सुरक्षित पहुंचाना तथा वोटों की गिनती करवाना भी प्रशासन की महत्वपूर्ण जिम्मेदारी होती है। यद्यपि नौकरशाही अपने शक्तियों का कभी-कभी गलत इस्तेमाल भी चुनाव के दौरान करती है, परन्तु विगत कुछ वर्षों से निर्वाचन आयोग के ज्यादा स्वतंत्र एवं मजबूत होने से ऐसी स्थितियों पर नियंत्रण किया जा सका है।

इस प्रकार स्पष्ट है कि स्वच्छ एवं निष्पक्ष चुनाव के संचालन में नौकरशाही की सबसे महत्वपूर्ण भूमिका होती है। एक सशक्त एवं मजबूत नौकरशाही तंत्र विषम परिस्थितियों में भी सफलतापूर्वक चुनाव करवा सकती है। चूँकि चुनाव लोकतंत्र की आत्मा है। अतः इसके लिए एक शक्ति सम्पन्न एवं स्वच्छ नौकरशाही आवश्यक है।

प्रश्न-10 भारतीय राजनीति में भाषा की भूमिका का विवेचन करें। बिहार में भाषाई संख्यालघुओं (Linguistic Minorities) के लिए प्रावधानों का वर्णन कीजिए।

उत्तर: भारत एक बहुभाषी देश है जहाँ कुछ भाषा करोड़ो लोगों द्वारा बोली जाती है जबकि कुछ भाषा कम लोगों का प्रतिनिधित्व करती है। संविधान में अनुच्छेद 344 के अन्तर्गत प्रारम्भ में 14 भाषाओं को राजभाषा के रूप में मान्यता प्रदान की गई थी जिसे बाद में बढ़ाकर 22 कर तिया गया। भारतीय राजनीति में भाषा की महत्वपूर्ण भूमिका है। दक्षिण भारत की कुछ राजनीतिक पार्टियों ने तो अपनी राजनीति चमकाने के लिए हिन्दी विरोधी रवैया अपनाया। 1956 में भाषा के आधार पर तेलगू भाषी क्षेत्र को आन्ध्र प्रदेश नामक एक अलग राज्य बनाया गया। बाद में भाषा के आधार पर अनेक राज्यों का जन्म हुआ। इन विभाजनों एवं नए राज्यों के जन्म के पीछे जनता की भाषागत भावना की आड़ में राजनीतिक स्वार्थ था। ऐसे राज्यों के गठन से लोगों में भाषाई स्वाभिमान बढ़ा एवं क्षेत्रीय राजनीतिक पार्टियों को इसका प्रत्यक्ष फायदा मिला।

दक्षिण भारत की तरह ही महाराष्ट्र की कुछ पार्टियाँ भाषा के आधार पर अपना वोट बैंक बढ़ाने के प्रयास में हैं। मनसे (MNS) भाषा के आधार पर बिहार तथा यू.पी. के लोगों के साथ दुर्व्यवहार कर महाराष्ट्र में अपनी राजनीति चमकाने में सफल रही है। केन्द्रीय सरकार भी ऐसे गैर-संवैधानिक कृत्यों से निपटने के बजाय राजनीतिक लाभ के लिए अन्दर ही अन्दर इनका समर्थन करती है।

अतः भाषा भारतीय राजनीति में महत्वपूर्ण स्थान रखती है। यह यद्यपि हमारे विविधतापूर्ण संस्कृति का वाहक है परन्तु हमारे राष्ट्रीय एकता में सबसे बड़ा बाधक भी है। अतः हमें स्कूली स्तर पर विभिन्न क्षेत्रों की भाषा के अध्ययन अध्यापन की व्यवस्था करनी चाहिए ताकि हमारे मध्य भाषागत समस्या का समाधान हो एवं भारतीय राजनीति भी इसके सकारात्मक प्रभावों से लाभान्वित हो सके।

बिहार में हिन्दी, ऊर्दू के अलावा मैथिली, मगही, भोजपुरी, अंगिका आदि भाषा बोली जाती है। बिहार सरकार ने उर्दू को द्वितीय राजकीय भाषा घोषित किया है। मुस्लिम समुदाय के बच्चों की प्राथमिक शिक्षा का प्रबन्ध सरकार ने उर्दू में कराया है। मदरसों की शिक्षा को बिहार सरकार ने मान्यता दे रखी है तथा उर्दू माध्यमिक शिक्षा बोर्ड के द्वारा जारी प्रमाण पत्रों को मान्यता दी गई है। उसी प्रकार संस्कृत बोर्ड के प्रमाण पत्रों को भी मान्यता प्राप्त है। बिहार सरकार के प्रयास से 2005 में मैथिली को राजभाषा की सूची में शामिल किया गया है।

सामान्य अध्ययन मुख्य परीक्षा
मॉडल अभ्यास द्वितीय प्रश्न-पत्र 3

कुल अंक : 200 **समयावधि : 3 घण्टे**

खण्ड-1

निर्देश: *निम्नलिखित प्रत्येक प्रश्न का उत्तर 125 शब्दों से अधिक नहीं होना चाहिए। शब्द-विस्तार की अपेक्षा प्रश्नोत्तर की अन्तर्वस्तु अधिक महत्वपूर्ण है। सभी प्रश्नों के अंक समान हैं।*

Instruction: *Answer the following questions in not more than 125 words each. Content of the answers are more important than their length. All questions carry equal marks.* $10 \times 8 = 80$

प्रश्न-1 रचनात्मक विपक्ष की अनुपस्थिति संसदीय परंपरा को अप्रासंगिक बनाती है। टिप्पणी करें।

उत्तर : संसदीय शासन प्रणाली में लोकतांत्रिक मूल्यों की स्थापना व जनसहभागिता के संदर्भ में विपक्ष की महत्वपूर्ण भूमिका होती है। रचनात्मक आलोचना द्वारा विपक्ष कार्यपालिका तथा नौकरशाही पर नियंत्रण तो रखता ही है साथ ही सरकार को नीतिगत विकल्प भी उपलब्ध कराता है। उदाहरण : विपक्ष द्वारा सरकार के 'नवरत्न कंपनियों' का विनिवेश न करने की सलाह। विपक्ष संविधान संशोधन, विधि निर्माण आदि में रचनात्मक सहयोग तो करता ही है, साथ ही युद्ध के समय विश्व मत के निर्माण तथा प्राकृतिक आपदा के समय नैतिक सहयोग भी करता है। संसदीय समितियों के माध्यम से वह सरकारी उत्तरदायित्वों का भी निर्धारण करता है।

परन्तु हाल के वर्षों में भारत में विपक्ष सहयोग के स्थान पर सदन में गतिरोध उत्पन्न करने में लगा है तथा बजट जैसे महत्वपूर्ण दस्तावेज बिना बहस के पारित हो रहे हैं। अत: आवश्यक है कि संसदीय अनुशासन कड़े हों ताकि भारतीय लोकतंत्र संविधान की भावना के अनुरूप कार्य कर सके।

प्रश्न-2 कैबिनेट मिशन प्लान भारत विभाजन के लिए उत्तरदायी है। समीक्षा करें।

उत्तर : विभिन्न ऐतिहासिक परिस्थितियों के साथ कैबिनेट मिशन प्लान भारत विभाजन के लिए उत्तरदायी है।

कैबिनेट मिशन प्लान में समूहीकरण की योजना को 2 तरीकों से समझाया गया-

1. कई रियासत या ब्रिटिश भारत के प्रांत मिलकर संघ में सम्मिलित हो सकते हैं। [यह व्याख्या भारत विभाजन हेतु उत्तरदायी नहीं है]
2. समूहीकरण का दूसरा यह अर्थ लगाया गया कि देशी रियासत और ब्रिटिश भारत के प्रांत मिलकर भारतीय संघ से अलग एक संघ बना सकते हैं। [यह व्याख्या भारत विभाजन हेतु उत्तरदायी है।]
3. ब्रिटिश सरकार ने राष्ट्रीय आत्म निर्णय एवं लोकतंत्र को आधार मानते हुए ऐसी व्यवस्था की, जबकि उनका निहित स्वार्थ भारतीय उप-महाद्वीप को विभाजित स्वरूप में देखना था।

दूसरी व्याख्या को मुस्लिम लीग ने स्वीकार किया और इससे विभाजन को बढ़ावा मिला, साथ ही ऐतिहासिक, सामाजिक, भौगोलिक एवं साम्प्रदायिक कारकों ने भी इसमें योगदान दिया।

प्रश्न-3 भारतीय संवैधानिक विकासक्रम में लोकतांत्रिक प्रतिनिधित्व पर एक संक्षिप्त टिप्पणी लिखिए।

उत्तर : लोकतांत्रिक प्रतिनिधित्व का अप्रत्यक्ष प्रारंभ 1861 में होता है, जब वायसराय के परिषद् में गैर सरकारी सदस्यों को नामित किया गया। 1892 के अधिनियम में उन सदस्यों को प्रश्न पूछने का व बहस में भाग लेने का अधिकार मिला। प्रत्यक्ष निर्वाचन प्रणाली की व्यवस्था 1909 ई. में की गयी, जिसका विस्तार 1919 के अधिनियम में हुआ। 1935 के

अधिनियम में वयस्क मताधिकार को सार्वजनिक करने की योजना थी, किंतु इसका स्वरूप सार्वजनिक वयस्क मताधिकार जैसा नहीं था। इसी कारण स्वतंत्रता से पूर्व तक भारतीयों के पूर्ण रूप से मताधिकार उपलब्ध नहीं था। तत्कालीन प्रतिनिधित्व के सिद्धांत में (1909, 1919) सांप्रदायिक निर्वाचन प्रणाली का दोष भी विद्यमान था। स्वतंत्रता से पूर्व भारतीय निर्वाचन प्रणाली सीमित, विशेष अर्थों में सांप्रदायिक व अभिजनतंत्रीय थी।

प्रश्न-4 वैधानिक प्रत्यक्षवाद एवं वैधानिक आत्मवाद से आप क्या समझते हैं? इनमें अंतर स्पष्ट कीजिए।

उत्तर : वैधानिक प्रत्यक्षवाद संविधान के शब्दों को प्रमुख मानता है और वैधानिक आत्मवाद संविधान की मूल भावनाओं को प्रमुख मानता है।

- गोलकनाथ वाद तक उच्चतम न्यायालय ने वैधानिक प्रत्यक्षवाद का सहारा लिया था। केशवानंद भारती मामले से उच्चतम न्यायालय ने वैधानिक आत्मवाद को अपनाया है।
- वैधानिक प्रत्यक्षवाद, संवैधानिक उपबंधों के अभिजनवादी एवं राजनीतिक लोकतंत्र की स्थापना के दृष्टिकोण से व्याख्या करता है, जबकि वैधानिक आत्मवाद सामाजिक-आर्थिक लोकतंत्र की स्थापना एवं लोक कल्याण के दृष्टिकोण से संविधान की व्याख्या करता है। वैधानिक प्रत्यक्षवाद एक निश्चित सीमा के बाद सकारात्मक संकल्पना है, जबकि वैधानिक आत्मवाद प्रगतिशील एवं जीवन्त अवधारणा है।
- वैधानिक प्रत्यक्षवाद नये तत्वों के समावेश पर कम बल देता है, जबकि वैधानिक आत्मवाद नये तत्वों के समावेश को प्रोत्साहित करता है।
- वैधानिक प्रत्यक्षवाद यथास्थिति का समर्थक है, जबकि वैधानिक आत्मवाद अनुकूलन एवं परिवर्तन सापेक्ष है।

प्रश्न-5 मौलिक अधिकारों से जुड़े सिद्धांत क्या हैं?

उत्तर :

- **भावी प्रवर्तन का सिद्धांत**-संविधान की व्याख्या करते हुए या संविधान संशोधन से किसी ऐसे मौलिक अधिकार का सृजन होता है जो पहले से प्रवर्तन में नहीं था, तब वह भूतकालीन प्रभाव से लागू नहीं किया जा सकता है, बल्कि ऐसे अधिकार भविष्य में निर्धारित तिथि से क्रियान्वित किये जायेंगे।
- **पृथक्करण का सिद्धांत**-पृथक्करण का सिद्धांत यह निर्धारित करता है कि किसी कानून के उस भाग को समाप्त घोषित किया जायेगा जो मौलिक अधिकारों का उल्लंघन करता है। ऐसे संदर्भ में संपूर्ण कानून को समाप्त घोषित नहीं किया जायेगा। किंतु ऐसा तब संभव है जब संबंधित कानून में मौलिक अधिकारों के हनन एवं अन्य उपबंधों के बीच विभेद करना संभव हो।
- **आच्छादन का सिद्धांत**-इसका तात्पर्य मौलिक अधिकारों के व्यापक परिप्रेक्ष्य से है, जहां यह कहा गया है कि संविधान के लागू होने के पूर्व प्रचलित विधियां इस सीमा तक शून्य मानी जायेगी जिस सीमा तक वे मौलिक अधिकारों का हनन करती है।
- **न्यायिक पुनरावलोकन का सिद्धांत**-न्यायिक पुनर्विलोकन उच्च न्यायालयों व सर्वोच्च न्यायालय को प्राप्त वह शक्ति है, जिसका प्रयोग करके वे किसी भी कानून को असंवैधानिक घोषित कर सकते हैं, यदि वह कानून संविधान के भाग III के किसी भी प्रावधान का हनन करती है।

प्रश्न-6 दक्षिण-दक्षिण सहयोग की उपयोगिता पर टिप्पणी लिखें।

उत्तर: दक्षिण-दक्षिण सहयोग का अर्थ विकासशील देशों के बीच आपसी सहयोग को बढ़ावा देना है। चूंकि अधिकांश विकासशील देश दक्षिणी गोलार्द्ध में स्थित हैं अतः इन्हें सामूहिक रूप से दक्षिण की संज्ञा दी जाती है। इसी प्रकार सभी विकसित देश उत्तरी गोलार्द्ध में स्थित हैं, अतः उन्हें उत्तर की संज्ञा दी जाती है। इस प्रकार दक्षिणी गोलार्द्ध में स्थित विकासशील देशों के मध्य आपसी सहयोग की प्रक्रिया चलती है, उसे **''दक्षिण-दक्षिण सहयोग कहते हैं''** इस सहयोग की आवश्यकता इसलिए है क्योंकि इन देशों के ऐतिहासिक अनुभव तथा विकास की चुनौतियां एक जैसी हैं

तथा उनके आपसी सहयोग की अधिक सम्भावनाएं हैं। दक्षिण–दक्षिण सहयोग का विचार 1970 के दशक में इसलिए लाकप्रिय हुआ क्योंकि विकसित देश, विकास सहायता देते समय अनेक प्रकार की शर्तें लगाते हैं, जो विकासशील देशों की आर्थिक सम्प्रभुता के विपरीत हैं, जिसके चलते विकसित बनाम विकासशील देशों के मध्य सहयोग की प्रक्रिया धीमी हो गयी। यही कारण है कि 1970 के दशक में दक्षिण–दक्षिण सहयोग की भावना को बल मिला। इस सहयोग का सर्वश्रेष्ठ उदाहरण जी–77 जिसमें वर्तमान में 134 सदस्य देश हैं। इस समूह का प्रमुख उद्देश्य संयुक्त राष्ट्र संघ में विकासशील देशों के हितों व गतिविधियों में समन्वय स्थापित करना है। दक्षिण–दक्षिण सहयोग को बढ़ावा देना भारत की विदेश नीति का भी एक महत्वपूर्ण उद्देश्य है। इस नीति को केंद्र में रखते हुए भारत विकासशील देशों के साथ विकास साझेदारी को बढ़ावा दे रहा है, जिसका प्रमुख उदाहरण वर्ष 2003 में स्थापित **इब्सा** (भारत, ब्राजील और दक्षिण अफ्रीका) है।

प्रश्न-7 कैबिनेट मिशन प्लान भारत विभाजन के लिए उत्तरदायी है। समीक्षा करें?

उत्तर : विभिन्न ऐतिहासिक परिस्थितियों के साथ कैबिनेट मिशन प्लान भारत विभाजन के लिए उत्तरदायी है।

कैबिनेट मिशन प्लान में समूहीकरण की योजना को 2 तरीकों से समझाया गया–

1. कई रियासत या ब्रिटिश भारत के प्रांत मिलकर संघ में सम्मिलित हो सकते हैं। [यह व्याख्या भारत विभाजन हेतु उत्तरदायी नहीं है]
2. समूहीकरण का दूसरा यह अर्थ लगाया गया कि देशी रियासत और ब्रिटिश भारत के प्रांत मिलकर भारतीय संघ से अलग एक संघ बना सकते हैं। [यह व्याख्या भारत विभाजन हेतु उत्तरदायी है।]
3. ब्रिटिश सरकार ने राष्ट्रीय आत्म निर्णय एवं लोकतंत्र को आधार मानते हुए ऐसी व्यवस्था की, जबकि उनका निहित स्वार्थ भारतीय उप-महाद्वीप को विभाजित स्वरूप में देखना था।

दूसरी व्याख्या को मुस्लिम लीग ने स्वीकार किया और इससे विभाजन को बढ़ावा मिला, साथ ही ऐतिहासिक, सामाजिक, भौगोलिक एवं साम्प्रदायिक कारकों ने भी इसमें योगदान दिया।

प्रश्न-8 चुनाव आयोग की वर्तमान प्रवृत्तियां केन्द्रीकरण को बढ़ाने वाली हैं। टिप्पणी करें।

उत्तर: भारत विश्व का सबसे विशाल लोकतंत्र है। लोकतंत्र में निर्वाचन के लिए उत्तरदायी होने के कारण चुनाव आयोग एक अत्यंत महत्वपूर्ण संस्था हैं अनु. 324 द्वारा गठित चुनाव आयोग ही भारत में स्वच्छ व शांतिपूर्ण चुनावों को सुनिश्चित करता हैं।

वर्तमान में भारतीय लोकतंत्र में अपराधीकरण, धन व शक्ति का प्रयोग, विचारधारा के स्थान पर संकीर्ण मुद्दों पर राजनीति आदि असंगतियां उत्पन्न हुई हैं। इन्हीं प्रवृत्तियों पर अंकुश लगाने के लिए हाल में चुनाव आयोग ने कुछ सक्रियता दिखाई जिसके चलते चुनाव आयोग पर केन्द्रीकरण की प्रवृत्ति को बढ़ावा देने का आरोप लगाया गया है।

परन्तु आरोप लगाने से पहले यह ध्यान रखना आवश्यक है कि संविधान द्वारा स्वच्छ तथा शांतिपूर्ण चुनावों को सुनिश्चित करने के लिए ही चुनाव आयोग की व्यवस्था की गई है। अत: इस दिशा में यदि चुनाव आायोग द्वारा प्रयास किये जाते हैं तो वे तर्कसंगत हैं।

इसके अतिरिक्त यह भी महत्वपूर्ण है कि अपराधीकरण व धनबल के प्रयोग को रोकने के लिए, संपत्ति की घोषणा, प्रत्याशियों की अयोग्यता आदि के संबंध में चुनाव आयोग ने जो प्रावधान जारी किये वे उच्चतम न्यायालय के निर्देश पर किये।

साथ ही यह भी जान लेना चाहिए कि भारतीय संसद पूर्णत: सक्षम है और यदि वह चाहे तो चुनाव आयोग द्वारा दिये गये प्रावधानों का अल्पीकरण अथवा पूर्ण समापन कर सकती है और ऐसा किया भी गया है।

अत: चुनाव आयोग के कार्यो को, भारत में स्वच्छ व निष्पक्ष चुनाव कराने के उनके दायित्यों तथा अधिकारों के परिप्रेक्ष्य में देखना चाहिए न कि केन्द्रीकरण बढ़ाने की प्रवृत्ति के रूप में।

प्रश्न-9 हाल ही में भारत और पनामा के मध्य हुए समझौतों पर चर्चा करें।

उत्तर : भारत और पनामा ने 09 मई, 2018 को राजनयिक और आधिकारिक पासपोर्ट धारकों को वीजा में छूट दिए जाने संबंध ी समझौते पर हस्ताक्षर किए। इसके अतिरिक्त दोनों देशों ने कृषि क्षेत्र में सहयोग के लिए भी समझौते पर हस्ताक्षर किए हैं। इन समझौतों पर पनामा शहर में उपराष्ट्रपति एम वेंकैया नायडू और पनामा के राष्ट्रपति जुआन कालोंस वेरेला रॉड्रिग्स की उपस्थिति में हस्ताक्षर किए गए। उपराष्ट्रपति एम वेंकैया नायडू को ग्वाटेमाला, पनामा और पेरू जैसे तीन देशों के साथ भारत के संबंधों को मजबूत करने हेतु उनकी पहली आधिकारिक विदेश यात्रा का यह दूसरा चरण था। उपराष्ट्रपति वेंकैया नायडू द्वारा तीन लैटिन अमेरिकी देशों-ग्वाटेमाला, पनामा एवं पेरू की यात्रा का उद्देश्य इन देशों के साथ भारत के संबंधों को प्रगाढ़ करना है। इसके अतिरिक्त विभिन्न मुद्दों पर सहयोग बढ़ाने के लिए द्विपक्षीय संबंधों में मधुरता लाना भी इस यात्रा का उद्देश्य था।

दोनों देशों के बीच हुए समझौते दोनों देशों के साझा मूल्यों एवं वचनबद्धता पर आधारित हैं। ये संबंध हमारे सामान्य मूल्यों जैसे लोकतंत्र, बहुलवाद, बहु-संस्कृति तथा कानून के शासन के प्रति आदर को दर्शाते हैं। इस समझौते के मुख्य बिन्दु इस प्रकार हैं:-

- वेंकैया नायडू ने पनामा द्वारा फाल्कन नीतियों में भारत को शामिल करने के लिए पनामा की सराहना की।
- उन्होंने कहा कि भारत और पनामा में दो जैव-विविधता केन्द्र स्थापित किए जाएंगे जिनकी लागत 10 मिलियन डॉलर से 15 मिलियन डॉलर तक होगी।
- दोनों देश कर जानकारी, आर्थिक सहयोग, वायु सेवाओं, पारंपरिक दवाओं, संस्कृति और अंतरिक्ष में सहयोग को मजबूत करने जैसे प्रमुख क्षेत्रों में सहयोग को बढ़ावा देने पर सहमत हुए हैं।
- पनामा मानवाधिकार परिषद (एचआरसी) के लिए भारत को 2019-2021 तक बतौर सदस्य चुने जाने के लिए समर्थन देने पर भी सहमत हुआ।
- संयुक्त वक्तव्य के रूप में दोनों ही देश आतंकवाद का मुकाबला करने हेतु संकल्पित रहे।

प्रश्न-10 राष्ट्रपति की निर्वाचन प्रणाली व्यावहारिक रूप में उससे अधिक शक्तियों की मांग करती है, जो वर्तमान में उसके पास है अथवा, भारत में संसदीय बनाम अध्यक्षात्मक शासन प्रणाली के विवाद को स्पष्ट कीजिए।

उत्तर : संविधान सभा में प्रो0 के0 टी0 शाह ने राष्ट्रपति के वास्तविक अधिकारों का प्रश्न उठाया था।

- 60 के दशक में बसंत साठे ने संसदीय बनाम अध्यक्षात्मक शासन प्रणाली के विवाद को पुनः मंच पर ला दिया।
- इससे पूर्व डा0 राजेन्द्र प्रसाद ने विधि स्नातकों को संबोधित करते हुए राष्ट्रपति की वास्तविक स्थिति की व्याख्या का प्रश्न उठाया था।
- संविदा सरकारों के दौर में यह प्रश्न पुनः प्रासंगिक हो गया है।

राष्ट्रपति के वास्तविक अधिकारों की स्थिति संविधान में पूर्णतः स्पष्ट नहीं है। संविधान सभा में इस विषय पर गंभीर विवाद थे। राष्ट्रपति की निर्वाचन प्रक्रिया ऐसी है, जिसमें वह संपूर्ण देश की जनता का प्रतिनिधित्व करता है जबकि वह मंत्रिपरिषद के निर्णयों के अनुसार कार्य करने हेतु अनुबंधित है। व्यवहार में इसका अर्थ सामूहिक उत्तरदायित्व के कारण प्रधानमंत्री की सलाह होता है जो किसी एक निर्वाचन क्षेत्र की जनता का प्रतिनिधित्व करता है। बहुमत दल के नेता होने का औचित्य इस प्रसंग में उपयुक्त नहीं है क्योंकि इस आधार पर भी राष्ट्रपति अनुपात में अधिक जनता का प्रतिनिधित्व करता है।

तथापि राष्ट्रपति के संदर्भ में वास्तविक शक्तियों का उपभोग वहीं तर्कसंगत है, जहां वह विवेकाधीन शक्तियों का प्रयोग करता है। क्योंकि दूसरी स्थिति में शक्ति के दो केन्द्रों के निर्मित हो जाने की संभावना है, जो सरकार के परिचालन में समन्वय की समस्या को उत्पन्न करेगा। राष्ट्रपति की वास्तविक शक्तियां इस स्थान पर अवश्य प्रासंगिक हैं, जहां वह राज्यों के संदर्भ में (संघीय अध्यक्ष के रूप में) कार्य करता है। क्योंकि न तो प्रधानमंत्री और न ही मंत्रिपरिषद को उस अर्थ में विभिन्न राज्यों का प्रतिनिधि कहा जा सकता है जिस अर्थ में राष्ट्रपति है।

खण्ड-2

निर्देश: *निम्नलिखित प्रत्येक प्रश्न का उत्तर 200 शब्दों से अधिक नहीं होना चाहिए। शब्द-विस्तार की अपेक्षा प्रश्नोत्तर की अन्तर्वस्तु अधिक महत्वपूर्ण है। सभी प्रश्नों के अंक समान हैं।*

Instruction: *Answer the following questions in not more than 200 words each. Content of the answers are more important than their length. All questions carry equal marks.* $12 \times 10 = 120$

प्रश्न-1 खाद्य सुरक्षा से क्या समझते हैं? भारत जैसे देश के लिए क्यों आवश्यक है?

उत्तर : सभी लोगों को सभी परिस्थितियों एवं काल में पर्याप्त माता में खाद्यान्न (भोजन) उपलब्ध कराना ताकि वे सक्रिय व स्वस्थ जीवन व्यतीत कर सकें। इसके लिए निम्न तत्वों का होना आवश्यक है।

- खाद्यान्नों की उत्पादकता को बढ़ाना
- खाद्यान्नों के भण्डार को सुरक्षित रखना
- खाद्यान्नों तक उचित मूल्य पर बिक्री हो
- खाद्यान्नों तक सभी वर्गों की सुलभ युक्त हो।
- खाद्यान्नों की गुणवत्ता पर्याप्त पोषण युक्त हो।
- खाद्य सुरक्षा का अधिकार सभी वर्गों को, लोगों को प्राप्त हो।

पहले खाद्य सुरक्षा से आशय भरपेट रोटी के संदर्भ में ही समझा जाता था, किन्तु आज खाद्य सुरक्षा में भौतिक-आर्थिक-सामाजिक स्थितियों की पहुँच के अलावा संतुलित आहार स्वच्छ पेयजल, स्वच्छ वातावरण एवं प्राथमिक स्वास्थ्य सुरक्षा इत्यादि को शामिल किया जाता है।

खाद्य एवं कृषि संगठन के अनुसार- प्रति व्यक्ति प्रतिदिन अनाज की आवश्यकता 440 ग्राम है। जबकि हमारे देश में उपलब्धता कहीं कम है, जो चिन्ता का विषय है। देश के करीब 30 करोड़ लोग एक वक्त भूखे पेट सोते हैं। विश्व की 27% कुपोषित आबादी भारत में रहती है।

विश्व विकास रिपोर्ट- इसके अनुसार खाद्य सुरक्षा सभी व्यक्तियों के लिए सभी समय सुखी एवं स्वास्थ्य जीवन की पर्याप्त उपलब्धता है। जबकि वर्तमान समय में केवल खाद्यान्न सुरक्षा ही नहीं बल्कि मानव जीवन के अस्तित्व के लिए मूलभूत आवश्यकताओं की (रोटी कपड़ा मकान, स्वच्छ पर्यावरण) की उपलब्धता भी आवश्यक है। इस रिपोर्ट के अनुसार खाद्य सुरक्षा को सुनिश्चित करने के लिए निम्नलिखित नियमों का पालन करना आवश्यक है-

- पौधों एवं पशुओं की सुरक्षा
- खाद्यान्नों का बफर स्टॉक बनाना।
- लोगों को सन्तुलित आहार के प्रति शिक्षित करना
- तकनीकी सुरक्षा, भोजन में प्रोटीन की पर्याप्त मात्रा
- जनसंख्या नीति तथा आर्थिक एवं सामाजिक नीतियों में संतुलन बनाये रखना
- सामाजिक सुरक्षा एवं पर्यावरण की सुरक्षा सुनिश्चित करना।

खाद्य सुरक्षा की आवश्यकता- भारत की वर्तमान स्थिति में खाद्य-सुरक्षा का महत्व बहुत अधिक बढ़ गया है। एक ओर तो हमारी अर्थव्यवस्था विकासशील है, दूसरी ओर जनसंख्या भी तेजी से बढ़ रही है अत: खाद्यानों की बढ़ती हुई मांगों की पूर्ति के लिए खाद्यान्न सुरक्षा आवश्यक हो गया है। खाद्य सुरक्षा की आवश्यकता को निम्न बिन्दुओं के माध्यम से समझा जा सकता है-

1. **कुपोषण मुक्त भारत बनाने के लिए**- भारत में खाद्यान्नों की कमी तथा सुलभ पहुंच न होने से जनसंख्या का बहुत बड़ा भाग प्रत्यक्ष एवं अप्रत्यक्ष कुपोषित है। साथ ही भारत की विशाल जनसंख्या तथा इसकी जन्मदर भी ऊंची है। अत: लोगों के भरण-पोषण के लिए एवं शारीरिक एवं मानसिक रूप से विकसित करने के लिए कुपोषण आवश्यक है।

2. **कृषि की मानसून पर निर्भरता**- चूँकि भारतीय कृषि मानसून पर निर्भर है जिससे इसकी उत्पादकता में उतार चढ़ाव आता रहता है। मानसून की अनिश्चितता और अनियमितता के कारण भारत में सूखे और अकाल आते रहे हैं। इसलिए इन परिस्थितियों से निपटने के लिए खाद्य सुरक्षा आवश्यक है।
3. **कम उत्पादकता**- भारत में खाद्यान्न उत्पादकता, प्रति श्रमिक प्रति हेक्टेयर दोनों ही दृष्टि से कम है। इस दृष्किोण से भी खाद्य सुरक्षा आवश्यक है।
4. **प्राकृतिक बाधाएं**- अतिवृष्टि, बाढ़, कीड़ों-मकोड़ों का प्रकोप, मृदा अपरदन आदि किसी देश के किसी न किसी भाग में अनाज की फसलों को नष्ट कर देते हैं। अत: खाद्यान्न की समस्या विकराल हो जाती है। सन् 1943 में पड़े बंगाल के अकाल में लाखों लोग भूख से मारे गए तथा 60 के दशक में भी कई छोटे-बड़े अकाल पड़े। अत: ऐसी परिस्थितियों का सामना करने के लिए खाद्यान्न अत्यन्त आवश्यक है।
5. **निरन्तर बढ़ती हुई महंगाई**- खाद्यान्नों की कीमतों में वृद्धि से वंचित वर्ग खाद्यान्न समस्या से जूझने लगते हैं फलत: भुखमरी की स्थिति उत्पन्न हो जाती है।
6. **खाद्यान्न के लिए अन्न देशों पर निर्भरता कम करना**-खाद्यान्न आवश्यकता किसी भी देश की मूलभूत आवश्यकता है। अत: इसकी पूर्ति न होने पर देश की सरकार विदेशों पर निर्भर हो जाती है। फिर खाद्यान्न महंगे हों या सस्ते हमें आयात करना पड़ता है।
7. **विदेशी मुद्रा कोष में वृद्धि**- जब हम विदेशों से खाद्यान्न जैसे वस्तुएं मंगाते हैं तो हमारी विदेशी मुद्रा अनावश्यक रूप से खर्च होती है। जबकि खाद्यान्न की पूर्ति तो हम स्वयं भी कर सकते हैं। इसलिए हमारे विदेशी मुद्रा में कमी आती है।
8. **खाद्यान्न प्रसंस्करण उद्योग को बढ़ावा**- खाद्य सुरक्षा के परिणाम स्वरूप खाद्यान्य के कुशलतम तथा दीर्घकालीन सुरक्षित उपभोग को सुनिश्चित करने के लिए विभिन्न प्रकार के खाद्य प्रसंस्करण उद्योग की स्थापना को बढ़ावा मिलता है।
9. **रोजगार के अवसरों में वृद्धि**- खाद्य प्रसंस्करण उद्योगों की स्थापना के बाद कई लोगों को प्रत्यक्ष तथा अप्रत्यक्ष रूप से रोजगार प्राप्त होता है।
10. **कुशल मानव संसाधन के स्वास्थ्य में सुधार**- पर्याप्त खाद्य उपलब्धता तथा उसकी गुणवत्ता के परिणामस्वरूप प्रत्येक व्यक्ति को उपर्युक्त पोषण युक्त भोजन प्राप्त होता है जिसमें कुशल एवं स्वास्थ्य मानव संसाधन की प्राप्ति होती है। इसके अलावा युद्ध बाह्य आक्रमण तथा सशस्त्र विद्रोह एवं भूकम्प या मानवीय आपदाओं के दौरान कुशलतापूर्वक भोजन की उपलब्धता हेतु खाद्य सुरक्षा की आवश्यकता होती है।

प्रश्न-2 भारत की परिसंघीय राजव्यवस्था पर हाल के वर्षों में केंद्र राज्य संबंधों में बढ़ते विवाद और स्वायत्ता की मांग का मूल्यांकन कीजिए।

उत्तर : संवैधानिक रूप से भारत राज्यों का संघ है जिसमें कुछ विशेष प्रावधानों को छोड़ कर केंद्र और राज्य विधायी और कार्यकारी अधिकारों के सदर्भ में दोनों समानाधिकारी हैं। दोनों के अपने-अपने कार्य क्षेत्रों के लिए सूचीबद्ध व्यवस्थाएं और अपने राजनीतिक व प्रशासनिक अधिकार क्षेत्र हैं एवं परिसंघीय विवादों को सुलझाने के लिए विभिन्न संवैधानिक संस्थाएं भी स्थापित हैं। लेकिन इसके बावजूद हाल के वर्षों में केंद्र स्वयं को शक्तिशाली बनाने के प्रयास में राज्यों पर अनेक प्रकार की ज्यादतियां थोपने लगा है। उसने न केवल राष्ट्र निर्माण व विकास प्रक्रिया में अगुआ की भूमिका हथिया ली है बल्कि राज्यों के मामलों में अनावश्यक हस्तक्षेप भी करने लगा है। संसाधनों के आवंटन, योजनागत सहायता, वित्तीय अनुदान आदि पर केंद्र का राज्यों के साथ भेदभाव सरेआम हो गया है। यहां तक कि राज्यों के अधिकारों के हनन में संवैधानिक व्यवस्था का दुरूपयोग भी करने लगा है। इससे न केवल केंद्र पर राज्यों की निर्भरता बढ़ी है बल्कि राज्यों की विकास परियोजनाओं को मंजूरी देना तक भी केंद्र की कृपा पर निर्भर हो गया है। ऐसे में राज्यों द्वारा स्वायत्ता

की मांग करना लाज़मी है। फिर हाल के वर्षों में अनेक ऐसे प्रश्न पैदा हुए हैं जैसे राज्यपाल की भूमिका केंद्र के एजेंट के रूप में, सीबीआई के दुरूपयोग से विपक्षी राज्य सरकारों को परेशान करने, पर्यावरणीय मुद्दों पर राज्यों की विकास परियोजनाओं को रोकने या रद्द करने, राष्ट्रपति शासन लागू करने एवं शासन व्यवस्था के सदंर्भ में अनावश्यक सलाह देने आदि ऐसे अनेक कारक हैं जिन्होंने वर्तमान परिप्रेक्ष्य में राज्यों की और अधिक स्वायत्ता की मांग को प्रासंगिक बना दिया है। लेकिन देश के मौजूदा हालातों को देखते हुए यह नहीं कहा जा सकता है कि राज्यों को और स्वायत्ता देना उपयुक्त ही है क्योंकि जिस कदर जम्मू-कश्मीर में अलगाववाद और पूर्वोत्तर में उग्रवादी संगठन सक्रिय हैं एवं मध्यवर्ती राज्यों में नक्सलवाद एक जटिल समस्या के रूप में उभरा है इसमें कही न कहीं राज्यों की निष्क्रियता और राजनीतिक स्वार्थ की प्रवृत्ति हावी है। जैसे महाराष्ट्र में मनसे का मराठी मानुष, दार्जिलिंग में गोरखालैंड, असम में बोडोलैंड, बिहार में मिथिलांचल, आंध्र में तेलंगाना एवं दक्षिण व पूर्वोत्तर में उग्र होता हिंदी विरोधी आंदोलन आदि ऐसी ज्वलंत चुनौतियाँ हैं जिनके उग्र रहते यदि राज्यों को और अधिक स्वायत्ता दी जाती है तो ये शक्तियां राज्य सरकारों पर दबाव समूहों के रूप में हावी हो जायेंगी जिससे न सिर्फ देश की एकता और अखंडता बाधित होगी बल्कि देश बिखराव की राजनीति, अलगाव और गृहयुद्ध की आग में झुलस सकता है। अत: मौजूदा परिस्थितियों में राज्यों को और अधिक स्वायत्ता देना उपयुक्त नहीं है। हाँ, संवैधानिक सीमाओं में उनकी अधिकारिता का विस्तार अवश्य किया जा सकता है।

प्रश्न-3 गरीबी क्या है? भारत में गरीबी के कारणों की चर्चा करें।

उत्तर : गरीबी से आशय जीवन की कुछ निर्दिष्ट आवश्यकताओं की पूर्ति से वंचित रहने या न्यूनतम जीवन स्तर प्राप्त न होने तथा पर्याप्त उपभोग व्यय हेतु निर्धारित आय से कम आय होने से है। जब कोई व्यक्ति आधारभूत आवश्यकताओं की पूर्ति नहीं कर पाता तो उसे गरीब माना जाता है। UNDP ने इसे आय गरीबी कहा। इस दृष्टिकोण से मात्रात्मक पहलुओं पर ज्यादा बल दिया जाता है। परम्परागत अर्थशास्त्री खाद्यान की आवश्यकता को ही केन्द्र में रखते थे, कई वर्षों तक इसी दृष्टिकोण के आधार पर आंकड़े जारी किये जाते रहे। (दांडेकर फार्मूला, अलघ समिति, लकड़वाला समिति) किन्तु रोनाल्ड जोसेफ इस आधार पर अनुमानित गरीबी रेखा की भुखमरी की रेखा कहते हैं उनके अनुसार यह भूख है, जिसे कैलोरी के रूप में मापा जा सकता है, जबकि गरीबी सामान्य समृद्धि के वर्तमान स्तर के संदर्भ में सापेक्ष स्थिति है।

गरीबी के निम्नलिखित कारण हैं:-

1. **गरीबी दुच्चक्र-** इसका सम्बन्ध आय, बचत तथा निवेश से है। जब निम्न आय निम्न बचत को जन्म देती है तो निवेश में भी कमी होती है। इससे रोजगार कम तथा आय कम होती है इस प्रकार यह क्रम चलता रहता है।
2. **आय विषमता या परिसम्पत्ति वितरण में असमानता-** 10% धनी लोगों के पास भारत के घरेलू उत्पाद का आय 35% हिस्सा है, जबकि नीचे के 20% लोगों के पास मात्र 9% हिस्सा है। यह व्यापक असमानता को दर्शाता है।
3. **सामाजिक सेवाओं तक पहुँच का अभाव-** गरीबी निवारण तथा रोजगार सृजन के कार्यक्रम तथा योजनाओं तक सुलभ पहुंच का अभाव एवं जागरूकता की कमी गरीबी निवारण में बाधा है।
4. **संस्थागत साख तक पहुँच का अभाव-** स्वरोजगार स्थापना एवं पूंजी संसाधनों की पूर्ति के लिए लोगों की निर्बाध रूप से संस्थागत साख तक पहुंच नहीं है।
5. **कृषि की निम्न उत्पादकता-** कृषि का पिछड़ापन आज भी ग्रामीण गरीबी का मुख्य कारण है।
6. **अशिक्षा-** आज भी भारत में साक्षरता दर निम्न बनी हुई है। 2011 की जनगणना के अनुसार 73% जनसंख्या साक्षर है जिससे रोजगार प्राप्ति में रूकावटें आती हैं। फलत: गरीबी का जन्म होता है।
7. **सामाजिक कारण-** जाति प्रथा के कारण भारत में सीमित आर्थिक कार्य विभाजन पाया जाता है। साथ ही सामाजिक प्रथाएं जैसे विवाह भोज, मृत्यु पर अनावश्यक ऋण लेकर व्यय को बढ़ावा दिया जाता है।

प्रश्न-4 आपके विचार में देश में क्षेत्रवाद उभरने के क्या कारण हो सकते हैं? हाल के वर्षों में इसकी उभरती हुई प्रवृत्ति को स्पष्ट करते हुए क्षेत्रवाद को रोकने के उपाय सुझाइए।

उत्तर : भारत में क्षेत्रवाद उभरने का मुख्य कारण हमारे नेताओं के नेतृत्व में राजनीतिक स्वार्थ का निहित होना और देश के लोगों में परिपक्व राष्ट्रीय भावना का न होना रहा है। इसके अलावा सांस्कृतिक विभिन्नता और भाषाई अंतर जिसके कारण समय-समय पर हिंदी, अहिंदी, मराठी, तमिल, तेलुगु और असमिया आदि को लेकर विरोध एवं अलगाव के स्वर उठते रहे हैं। देश की भौगोलिक विविधता ने भी क्षेत्रीय असंतुलन और विकास की बाधाओं को पोषित किया है जिसके कारण विकसित और अविकसित क्षेत्रों में कहीं रोजगार की बहुलता तो कहीं बेरोजगारी ने लोगों में धरती पुत्र की धारणा को तेजी से पोषित किया है। जिसमें किसी न किसी रूप में क्षेत्रीयता को ही बढ़ाया है। एक तरफ जहां आर्थिक विषमता से पोषित जन असंतोष ने क्षेत्रीय स्वायत्ता की मांग को उग्र किया है, वहीं धार्मिक बहुलता और स्थानीय स्तर पर क्षेत्र विशेष के इतिहास और उसके सांस्कृतिक चरित्र की उपेक्षा ने भी लोगों में स्थानीय लगाव और क्षेत्रीयता को बढ़ाया है और जहां क्षेत्रवाद की हालिया प्रवृत्तियों के उभरने का प्रश्न है तो निश्चित रूप से ये स्थानीय विकास की अनदेखी और राजनीतिक स्वार्थ व तुष्टिकरण की नीति से उपजा है। जैसे महाराष्ट्र में मराठी मानुष के मुद्दे पर, विदर्भ, तेलंगाना और बुंदेलखंड में विकास के मुद्दे पर, उड़ीसा में पुराना रजवाड़ा बंचना के, बिहार में मिथिलांचल और असम में बोडोलैंड भाषा के मुद्दे पर तो उत्तर प्रदेश में हरित और पूर्वांचल प्रदेश राजनीतिक स्वार्थ के मुद्दे पर क्षेत्रवाद उग्र हुआ है। अत: क्षेत्रवाद के वर्तमान स्वरूप की दृष्टि से इसे रोकने के निम्न उपाय किए जाने चाहिए।

1. भारत के बड़े राज्यों को छोटे-छोटे राज्यों के रूप में पुनर्गठित किया जाए ताकि प्रशासनिक पहुंच और विकास के लाभ आम आदमी को आसानी से सुलभ हो सकें।
2. आर्थिक विकास का विकेंद्रीकरण करके स्थानीय स्तर तक पहुंचाया जाए और क्षेत्रीय असंतुलनों को कम किया जाए।
3. सामाजिक रूप से पिछड़े क्षेत्रों में अशिक्षा, गरीबी और बेकारी मिटाने हेतु अतिरिक्त कार्यक्रम और योजनाएं संचालित की जाएं।
4. केंद्र और राज्यों के सहयोग से उग्रवादी प्रवृत्तियों को सुनियोजित ढंग से नियंत्रित और भाषा, जाति व क्षेत्रीयता पर आधारित संगठनों को प्रतिबंधित किया जाए।

प्रश्न-5 उत्तर प्रदेश राजनैतिक एवं प्रशासनिक व्यवस्था की चर्चा करें।

उत्तर : भारतीय संविधाान के अन्तर्गत उत्तर प्रदेश में एक राज्यपाल तथा दो सदनों का विधान मण्डल है। एक सदन विधानसभा तथा दूसरा सदन विधान परिषद कहलाता है। । राज्य की कार्यपालिका शक्ति राज्यपाल में निहित है और उसका प्रयोग वह संविधान के अनुसार या तो स्वयं अथवा अपने अधीनस्थ अधिकारियों के माध्यम से करता है।

राज्यपाल, राष्ट्रपति की संतुष्टि तक अपना पद धारण करता है। उसकी कार्यावधि पद ग्रहण की तिथि से पांच वर्ष की होती है, किन्तु वह इस अवधि के समाप्त होने पर भी अपने उत्तराधिकारी के पद ग्रहण करने तक पदासीन रह सकता है। राज्यपाल न तो संसद के किसी सदन का और न ही राज्य विधान मण्डल के किसी सदन का सदस्य होता है। वह अन्य लाभ के पद धारण नहीं कर सकता है और बिना किराया दिये सरकारी आवास का प्रयोग कर सकता है। साथ ही वह संविधान की द्वितीय अनुसूची में उल्लिखित वेतन, भत्तों व विशेषाधिकारों का उपयोग कर सकता है। राज्यपाल अपना पद ग्रहण करने से पहले राज्य के उच्च न्यायालय के मुख्य न्यायाधीश के समक्ष संविधान और विधि के परीक्षण और संरक्षण के लिए तथा जन-कल्याण के लिए अपनी सेवायें अर्पित करने की शपथ लेता है। राज्यपाल को, राज्य कार्यपालिका शक्ति के अन्तर्गत, किसी अपराध में अथवा किसी विधि के विरूद्ध सिद्ध-दोष व्यक्ति के दण्ड को क्षमा, प्रतिलम्बन, विराम या परिहार करने का अथवा दण्डादेश के निलम्बन या लघुकरण (कम करने) का अधिकार है।

राज्यपाल को उसके कार्य संचालन में सहायता अथवा मंत्रणा देने के लिए मुख्यमंत्री की अध्यक्षता में गठित एक मंत्रिमण्डल होती है। यह परिषद, ऐसे मामलों को छोड़कर जिनमें विधान के अन्तर्गत राज्यपाल को स्वविवेक से निर्णय लेना हो, शेष सभी कार्यों में उसकी सहायता करती है। यदि कभी यह प्रश्न उठता है कि कोई मामला ऐसा है अथवा नहीं जिसमें राज्यपाल को संविधान के अन्तर्गत स्वविवेक से निर्णय लेना चाहिए, तो इस विषय पर राज्यपाल द्वारा स्वविवेक से लिया गया निर्णय ही अन्तिम निर्णय माना जाता है। इस सम्बन्ध में उसके कार्य के औचित्य पर आपत्ति नहीं उठायी जा सकती। राज्य का मुख्यमंत्री राज्यपाल द्वारा तथा अन्य मंत्रिगण मुख्यमंत्री के परामर्श पर राज्यपाल द्वारा नियुक्त किये जाते हैं। सभी मंत्री राज्यपाल के प्रसाद पर्यन्त अपना पद धारण करते हैं। मंत्रिपरिषद राज्य की विधानसभा के प्रति सामूहिक रूप से उत्तरदायी होती है।

राज्यपाल किसी मंत्री को पद ग्रहण करने से पहले संविधान की तीसरी अनुसूची में दिये हुए परिपत्रों के अनुसार पद और गोपनीयता की शपथ दिलाता है। यदि कोई मंत्री निरन्तर छः माह की अवधि तक राज्य के विधानमण्डल का सदस्य न रहे तो उस अवधि की समाप्ति पर वह मंत्री पद पर नहीं रह सकता। मंत्रियों को समय-समय पर राज्य के विधान मंण्डल द्वारा विधि के अन्तर्गत निर्धारित वेतन तथा भत्ते देय होते हैं। वे अन्य लाभों के भी अधिकारी होते हैं।

प्रश्न-6 भारतीय लोकतंत्र के लिए अध्यक्षात्मक शासन प्रणाली अधिक उपयुक्त होगी। विचार करें।

उत्तर : भारतीय लोकतंत्र में शासन के लिए संसदीय शासन प्रणाली को स्वीकार किया गया है। परन्तु वर्तमान में सामूहिक उत्तरदायित्व के सिद्धांत पर आधारित होने के कारण इस प्रणाली में अस्थिरता दिखायी देती है, जो बार-बार चुनावों का कारण बनती है। बार-बार चुनाव होने के सार्वजनिक धन का अपव्यय तो होता ही है। साथ ही दीर्घकालीन विकास के मुद्दे भी हाशिये पर चले जाते हैं। इनके स्थान पर संकीर्ण, क्षेत्रीय व भाषा पर आधारित जाति, धर्म संप्रदाय आदि के मुद्दे प्रमुख हो जाते हैं साथ ही बार-बार चुनाव जीतने के लिए राजनीतिक दलों को अधिक धन चाहिए होता है, जो राजनीति के अपराधीकरण का कारण बनता है।

उपरोक्त कारणों के चलते भारत में अध्यक्षात्मक शासन प्रणाली (उदा. अमेरिका) लागू करने की मांग की जा रही है, जो व्यक्तिगत उत्तरदायित्व के सिद्धांत का पालन करती है। इसे लागू करने से स्थायित्व स्थापित होगा तथा अस्थिरता से उत्पन्न समस्याओं जैसे-अपराधीकरण, जातिवाद, संप्रदायवाद, क्षेत्रीयता, धन का अपव्यय, कम निवेश की समस्याओं पर अंकुश लगाया जा सकेगा।

परन्तु यदि सूक्ष्मता से, भारतीय परिस्थितियों के अनुरूप इस प्रणाली का अध्ययन करें तो कुछ समस्याएं दिखती हैं। अध्यक्षात्मक शासन प्रणाली लागू करने से भारत जैसे बहुसांस्कृतिक राष्ट्र के सभी वर्गों का संसद में प्रतिनिधित्व सुरक्षित नहीं हो सकेगा जो लोकतंत्र की मूल धारणा के विपरीत है। इसके अतिरिक्त अध्यक्षात्मक शासन प्रणाली के अनुकूल भारत में शिक्षा का उच्च स्तर तथा राजनैतिक जागरुकता भी नहीं है। साथ ही इसे लागू करने पर कार्यपालिका तथा विधायिका के बीच विद्यमान समन्वय के भी टूटने का भय है।

अतः उचित यही होगा कि संसदीय शासन प्रणाली, जिससे हम भली भांति परिचित हैं, की कमियों को ही दूर किया जाए। वर्तमान अस्थिरता का कारण केवल सामूहिक उत्तरदायित्व का सिद्धांत नहीं बल्कि मतदाताओं की घटती संख्या भी है। अतः नागरिक सशक्तीकरण द्वारा इन कमियों को दूर किया जा सकता है। साथ ही संविधान समीक्षा आयोग द्वारा इस संदर्भ में की गयी सिफारिशें भी महत्वपूर्ण हैं।

प्रश्न-7 राज्य नीति निदेशक सिद्धांत नैतिक आदर्श मात्र हैं। टिप्पणी कीजिये।

उत्तर : भारतीय संविधान में वर्णित इन सिद्धांतों (भाग IV, अनु. 36-51) को चूंकि न्यायालय के संरक्षण के दायरे से बाहर रखा गया है, मूल अधिकारों और नीति निदेशक सिद्धांतों में टकराव की स्थिति में वरीयता मौलिक अधिकारों के प्रवर्तन को दी जाती है एवं यह आवश्यक नहीं है कि राज्य इन निर्देशों का पालन नीति निर्माण के संबंध में आवश्यक रूप से करे, इसलिए इन सिद्धांतों को अक्सर नैतिक आदर्श मात्र कह दिया जाता है, परंतु वस्तुस्थिति इससे भिन्न है।

हालांकि इन सिद्धांतों को वैधानिक शक्ति या न्यायपालिका का संरक्षण नहीं मिला है, फिर भी अनु. 37 में यह राज्य का कर्तव्य निर्धारित किया गया कि भावी नीतियों के निर्माण के लिये आदर्श (मॉडल) इन्हें माने, साथ ही यह सिद्धांत यह प्रकट करते हैं कि राज्य को क्या प्राप्त करना है और इस आधार पर यह सरकार की गतिविधियों का मूल्यांकन करने का अवसर प्रदान करते हैं और अप्रत्यक्ष रूप से ही सही लेकिन यह शक्ति जनता को प्रदान करते हैं। इसके साथ ही अक्सर समय-समय पर विधायिका ने इनके आदर्शों का सम्मान करते हुए अनु. 39 । (निःशुल्क विधिक सहायता), अनु. 43 (श्रमिकों की प्रबंधन में भागेदारी), अनु. 48। (पर्यावरण एवं वन संरक्षण) को संविधान में जोड़ा है, साथ ही कुछ अनुच्छेदों जैसे अनु. 40. अनु. 45 को वैधानिक दर्जा प्रदान किया है और इस दिशा में और भी प्रयास जारी है जिसका उदा. अनु. 44 (समान नागरिक संहिता) के संबंध में एकमत प्राप्त करने के प्रयास में देखा जा सकता हैं। इसी प्रकार से न्यायपालिका ने भी अपने विभिन्न निर्णयों में राज्य के नीति निर्देशक तत्वों को महत्व दिया है और जिसे अनु. 21 व अनु 19 के तहत विभिन्न स्वतंत्रताओं व सुविधाओं की उपलब्धता के संदर्भ में देखा जा सकता है। एक प्रकार से डी.पी.एस.पी. संविधान की प्रस्तावना का विस्तृत व विवेचित रूप है जो सरकार व राज्य को सामाजिक व आर्थिक लोकतंत्र को स्थापित करने के लिए निरंतर प्रेरित करते हैं। अतः इन्हें नैतिक आदर्श मात्र नहीं कहा जा सकता है।

निष्कर्षतः कहा जा सकता है कि डीपी.एस.पी. का स्वरूप भले ही नैतिक आदर्श लगे लेकिन वास्तव में ये शासन के ऐसे आदर्श मूल आधार पर हैं जिनकी अवहेलना नहीं की जा सकती।

प्रश्न-8 क्या भारत का संविधान शद्रियों के सख्त पृथक्करण के बजाय 'जांच और संतुलन' के सिद्धांत पर आधारित है? विस्तार से बताएं?

उत्तर: संघ के लिए आर्टिकल 73 और 74 और राज्यों के लिए अनुच्छेद 163 और 164 लोकतंत्र के संसदीय स्वरूप की संरचना को रेखांकित करते हैं। कार्यपालिका संसद के लिए जिम्मेदार है और सरकार को संसद द्वारा हटाया जा सकता है। यहाँ तक कि, कार्यपालिका की भी अधीनस्थ कानून के माधयम से नियमों को विकसित करने में एक बड़ी भूमिका होती है जिसे संसद द्वारा प्रस्तुत किया जाता है।

विधानमंडल वित्त को नियंत्रित करता है, वित्त कार्यपालिका की जीवन रेखा है और सीएजी और अन्य संसदीय समितियों के माधयम से कार्यपालिका पर नियंत्रण रखता है। विधायिका की अवहेलना में कार्यपालिका द्वारा अधिकता की जाँच विधायिका द्वारा भी की जा सकती है। यहां तक कि अवमानना मुद्दों की भी जांच की जाती है।

न्यायपालिका विधायिका के साथ-साथ कार्यपालिका की भी जाँच करती है। गोगोलकनाथ और केशवानंद भारती के मामलों में, पहले मामले में न्यायिक आउटरीच का संबंध था, और दूसरे में अधिक पहुंच का। कुल मिलाकर, यह न तो निर्भरता की व्यवस्था है, न ही स्वतंत्रता की, बल्कि अन्योन्याश्रितता है जिसे समझा जा सकता है।

प्रश्न-9 कुपोषण क्या है? भारत में कुपोषण के मुख्य कारणों की चर्चा कीजिए।

उत्तर : भारत में कुपोषण एक राष्ट्रीय समस्या बन चुका है जिसका प्रभाव मानव पूंजी की कार्य कुशलता पर पड़ रहा है। कुपोषण का अर्थ एवं परिभाषा- आयु और शरीर के अनुरूप पर्याप्त शारीरिक विकास न होने एवं एक स्तर के बाद यह मानसिक विकास की प्रक्रिया का भी अवरूद्ध होना, अर्थात- शरीर के लिए आवश्यक संतुलित आहार लम्बे समय तक न मिलना ही कुपोषण है। कुपोषण प्रायः संतुलित आहार के अभाव में होता है। आहार में महत्वपूर्ण पोषक तत्वों जैसे विटामिन, खनिज लवण, प्रोटीन या कार्बोहाइड्रेट की कमी का परिणाम कुपोषण कहलाता है। सामान्य शब्दों में असंतुलित भोजन एवं अल्पपोषण कुपोषण कहलाता है। कुपोषण वह अवस्था है जिसमें पौष्टिक पदार्थ और भोजन अव्यवस्थित रूप से लेने के कारण शरीर को सम्पूर्ण पोषण नहीं मिल पाता।

कुपोषण के कारण- कुपोषण एक व्यापक समस्या है जो मुख्यतः भूख से जुड़ी है। इस समस्या के निम्न प्रमुख कारण हैं।

1. **अपर्याप्त भोजन**- हर आयु वर्ग के व्यक्ति में कार्यशैली के अनुसार पोषण की अलग-अलग मात्रा की जरूरत होती है। यदि भोजन में काफी समय तक पोषण की मात्रा आवश्यकता से कम होती है तो कुपोषण होने की सम्भावना बढ़ जाती है।
2. **निर्धनता**- गरीबी में जीने वाले लोग अपने और परिवार के लिए पौष्टिक भोजन की व्यवस्था नहीं कर पाते। परिणामस्वरूप अपर्याप्त भोजन तथा कुपोषित हो जाते हैं। बाल विवाह के कारण भी बच्चे कुपोषित पैदा होते हैं।
3. **असंतुलित आहार**- वर्तमान में बहुतायत में सेवन किये जाने वाले जहंक-फूड, फास्ट फूड और इसी तरह के अन्य पदार्थ खाने पर सिर्फ पेट को ही भरते हैं, किन्तु पोषण की दृष्टि से शून्य होते है।, इनमें पर्याप्त मात्रा में प्रोटीन, वसा, कार्बोहाइट्रेटस व खनिज पोषक तत्व नहीं मिलते हैं। इससे कुपोषण की सम्भावना बढ़ जाती है।
4. **अनुपयुक्त भोजन**- एक सामान्य स्त्री की तुलना में गर्भवती स्त्री को ज्यादा पोषण की आवश्यकता होती है। ऐसे ही 6 माह तक के बच्चों को दिया जाने वाला भोजन जरूरी पोषण प्रदान नहीं करता, जिसमें कुपोषण की समस्या जन्म लेती है।
5. **महंगाई**- मुद्रा स्फीति का सर्वाधिक प्रभाव निम्न एवं मध्यम वर्ग पर पड़ता है जिससे वे पर्याप्त सन्तुलित भोजन प्राप्त नहीं कर पाते।
6. **जागरूकता की कमी**- भारतीय समाज में महिलाएं ही मुख्य रूप से भोजन तैयार कती हैं, अज्ञानता की वजह से संतुलित भोजन नहीं बना पातीं, कई पौष्टिक तत्व खाना खाते समय ही नष्ट हो जाते हैं। साथ ही क्या खाना चाहिए व क्या नहीं खाना चाहिए इसकी जानकारी भी नहीं होती।
7. **अस्वच्छ वातावरण**- अप्रत्यक्ष रूप से वातावरण कुपोषण के लिए उत्तरदायी होता है, प्रदूषण, दूषित भोजन, कीट एवं सूक्ष्म जीव भोजन को दूषित कर देते हैं।
8. **खाद्य असुरक्षा**- खाद्यान्न के व्यवस्थित भण्डारण एवं देख रेख के अभाव में जीवों द्वारा नुकसान पहुंचाया जाता है। (जैसे चूहों द्वारा नष्ट करना) इराके अलावा कई बार भंडार ग्रहों में खाद्यान्न सड़ता भी नजर आता है इस खाद्यान्न असुरक्षा की वजह से जरूरतमंदों को पर्याप्त भोजन प्राप्त नहीं हो पाता।
9. **उत्पादन पक्ष किसान**- आवश्यकता के अनुसार फसलों के उत्पादन की रीति के अभाव में कई बार आवश्यक खाद्यान्न की कमी की वजह से भोजन में असंतुलन (मंहगाई के कारण) होता है।
10. **नींद पूरी न होना**- सामान्य 7 से 8 घण्टे की नींद पर्याप्त मानी जाती है इससे कम नींद लेने पर शरीर में वायुदोष की वृद्धि होती है और शरीर का उपापचय गड़बड़ होकर कुपोषण पैदा करता है।
11. **प्राकृतिक आपदाएं**- बाढ, सूखा, अतिवृष्टि, महामारी तथा फसलों का नष्ट होना इत्यादि के कारण खाद्यान्न अनुपलब्धता के कारण पर्याप्त पोषण प्राप्त नहीं हो पाता।
12. **नीतिगत समस्यायें**- राष्ट्रीय ग्रामीण स्वास्थ्य मिशन, पूरक पोषण आहार कार्यकम समेकित बालविकास कार्यकम न हो पाना, पर्याप्त रूप से सार्वभौमिक टीकाकरण न होना इत्यादि कुपोषण के प्रमुख कारण हैं।

प्रश्न-10 भारत में क्षेत्रवाद क्या है? इसके कारणों की चर्चा करें।

उत्तरः भौगोलिक तथा सांस्कृतिक दृष्टि से भारत एक बहुलीकृत समाज है। जिसमें अनेक प्रकार के रीति-रिवाज, संस्कृति, मूल्य मान्यताएँ और अनेक प्रकार के उच्चावच शामिल हैं। ये स्वाभाविक है कि किसी क्षेत्र विशेष में रहने वाले लोगों के अंदर अपने क्षेत्र और संस्कृति से अत्यंत लगाव होता है और वह उसके विकास एवं सरंक्षण के प्रति प्रयास निरंतर करता है। जब किसी क्षेत्र विकास के संदर्भ में सापेक्षिक वंचितता देखी जाती है तो अंदर वंचित क्षेत्र के विकास हेतु

अनेक माँगे उठती हैं, जिसमें राज्य और केन्द्र संबंधों में तनाव उत्पन्न होता है जिसके कारण आंतरिक सुरक्षा खतरे में पड़ती है। आंतरिक सुरक्षा किसी भी देश के प्रभुत्व और विकास का द्योतक होती है लेकिन क्षेत्रवाद रूपी समस्या अनेक आंतरिक समस्याओं को उत्पन्न करती है जैसे- आंतकवाद, नक्सलवाद, अलगाववाद आदि।

क्षेत्रवाद एक विशेष क्षेत्र में रहने वाले लोगों की वह भावना है जिसमें वे अपनी एक भाषा, सामान्य संस्कृति, इतिहास, व्यवहार, प्रतिमानों के आधार पर स्वयं को एक समूह के रूप में देखते हैं। क्षेत्रवाद ने भारत की राजनैतिक, आर्थिक, सामाजिक संबंधों के ताने-बाने और प्रगति को प्रभावित किया है। इस प्रकार समाज विभिन्न वर्गों में विभक्त हो एकीकरण की प्रक्रिया में बाधा उत्पन्न करता है। क्षेत्रवाद ऐसा नहीं है कि हमेशा ही आंतरिक सुरक्षा को खतरा उत्पन्न करता है क्योंकि यह किसी भी क्षेत्र के विकास हेतु आवश्यक है परंतु जब ये अपने अतिवादी रूप को धारण करता है और विघटनकारी प्रवृत्तियों को जन्म देता है, देश की कानून व्यवस्था को चुनौती देता है, मानवाधिकारों का हनन करता है, अनेक आंदोलनों और विद्रोह पर उतारू होता है तो आंतरिक सुरक्षा के लिए खतरा बन सकता है। जैसे- बुंदेलखंड के एक नये क्षेत्र के रूप में निर्माण माँग क्षेत्रवाद है, परंतु आंतरिक सुरक्षा को खतरा नहीं परंतु पूर्वोत्तर राज्यों की गतिविधियाँ आंतरिक सुरक्षा को खतरा उत्पन्न करती है।

भारत में क्षेत्रवाद के उदय के तीन प्रमुख कारक राजनैतिक, आर्थिक और सामाजिक हैं। क्षेत्रवाद को जन्म देने में प्रमुख कारण केन्द्र व राज्यों के तथा एक राज्य या राज्यों से तनावपूर्ण संबंध है। इन तनावों के विविध पहलू है जैसे विभिन्न सरकारी योजनाएँ किस प्रांत में लागू की जाय, केन्द्र से राज्यों को दी जाने वाली आर्थिक सहायता, प्रांतों द्वारा केन्द्र से संसाधनों की अधिक मांग, प्रांतों का सीमा निर्धारण, नदी-जल बँटवारे का विवाद, अपनी बातों को मनवाने के लिए स्थानीय एंव प्रांतीय राजनीतिक दबाव समूहों का उदय हुआ जिन्होंने स्थानीय राजनीति को जन्म दिया। भारत में क्षेत्रवाद की भावना को जन्म देने में आर्थिक कारकों ने योग दिया है। आर्थिक रूप से पिछड़े हुए क्षेत्रों ने अपने यहाँ उद्योग खोलने की मांग की। जब इस संदर्भ में प्रांतीय दबाव गहन हो जाता है, तो क्षेत्रीय आर्थिक विकास को वरीयता दी जाने लगती है। सामाजिक कारकों में भाषा और संस्कृति से जुड़े विविध मुद्दों ने क्षेत्रीय भावनाओं को भड़काया है जिसके चलते विविध सामाजिक आंदोलनों को बढ़ावा मिला है। जिससे देश की कानून व्यवस्था को चुनौती मिलती है और आंतरिक सुरक्षा खतरे में पड़ती है। जिसके कारण संपूर्ण मानव विकास प्रभावित होता है।

सामान्य अध्ययन मुख्य परीक्षा
मॉडल अभ्यास द्वितीय प्रश्न-पत्र 4

कुल अंक : 200 **समयावधि : 3 घण्टे**

खण्ड-1

निर्देश: *निम्नलिखित प्रत्येक प्रश्न का उत्तर 125 शब्दों से अधिक नहीं होना चाहिए। शब्द-विस्तार की अपेक्षा प्रश्नोत्तर की अन्तर्वस्तु अधिक महत्वपूर्ण है। सभी प्रश्नों के अंक समान हैं।*

Instruction: *Answer the following questions in not more than 125 words each. Content of the answers are more important than their length. All questions carry equal marks.* $10 \times 8 = 80$

प्रश्न-1 उदारीकरण एवं वैश्वीकरण की प्रवृत्ति ने भारतीय संघीय चरित्र को नकारात्मक रूप में प्रभावित किया है। इस कथन के संबंध में भारतीय संघवाद के स्वरूप पर चर्चा करें।

उत्तर : 90 के दशक के बाद आरम्भ हुई वैश्वीकरण एवं उदारीकरण ने भारतीय संघवाद को विभिन्न तरीकों से प्रभावित किया है। वैश्वीकरण एवं उदारीकरण ने राज्य के समक्ष आर्थिक रूप से सुदृढ़ होने की चुनौती उत्पन्न कर दी है। जहाँ एक तरफ राज्य पहले से ही कमजोर थे उनके समक्ष केन्द्र की सहायता के अलावा दूसरा कोई उपाय नहीं था। इसी के साथ राज्यों के नागरिकों की बढ़ती आकांक्षाओं को इस सूचना और प्रौद्योगिकी युग ने बढ़ा दिया है। इसी के साथ समाज में सामाजिक न्याय की सुनिश्चिता उपलब्ध कराने हेतु भी राज्यों के पास संसाधनों का अभाव देखने को मिल रहा है। इसके कारण वे पुनः केन्द्र की सहायता पर निर्भर हो रहे हैं।

इनसे साथ वैश्वीकरण ने राज्यों के समक्ष पर्यावरण आतंकवाद, मानवाधिकार तथा लैंगिक समानता जैसे मुद्दों को भी सामाजिक रूप देने का दबाव बढ़ रहा है। और इस दबाव का निराकरण वे स्वयं अपनी सामर्थ्य से नहीं कर सकते। लेकिन इन सबके बावजूद उदारीकरण व वैश्वीकरण ने केन्द्र व राज्य दोनों पर यह दबाव डाला है कि सहयोगी की भूमिका का निर्वहन नहीं करेंगे और सत्ता का लाभ तृणमूल स्तर तक नहीं पहुंचायेंगे तब तक देश का आर्थिक विकास सम्भव नहीं होगा।

अतः हम कह सकते हैं कि उदारीकरण व वैश्वीकरण ने जहाँ भारतीय संघवाद पर नकारात्मक प्रभाव डाला है उसके कुछ सकारात्मक लाभ भी हैं जो वस्तुतः सहकारी संघवाद की दिशा में एक पहल के रूप में भविष्य में उदित होगा।

प्रश्न-2 सामाजिक-आर्थिक परिवर्तन के कारक के रूप में नौकरशाही की भूमिका स्पष्ट करें।

उत्तर : भारतीय प्रशासनिक व्यवस्था में नौकरशाही स्थायी कार्यपालक होते हैं। निर्वेयक्तिक व निष्पक्ष भाव से कार्य करते हैं। वे न केवल सामाजिक आर्थिक कल्याण की नई नीतियों के लिये राजनीतिक कार्यपालिका को सलाह देते हैं बल्कि क्षेत्रीय स्तर पर इनके बेहतर संचालन से भी प्रत्यक्ष रूप से जुड़े रहते हैं।

अखिल भारतीय सेवाओं के पदाधिकारी अपने प्रारम्भिक पदों पर जिला स्तर पर कार्य करते हैं इसलिए उन्हें जिले की वस्तुस्थितियों व समस्याओं का बेहतर ज्ञान होता है इसलिए विभिन्न कल्याणात्मक नीतियों के लिये वे बेहतर परामर्शदाता सिद्ध होते हैं।

इसी प्रकार वे विभिन्न कार्यक्रमों को सफलता पूर्वक जिलों में संचालन का उत्तरदायित्व भी वहन करते हैं, साथ ही किसी क्षेत्र की विशिष्ट समस्या के समाधान के लिये उनके पास पर्याप्त शक्ति होती है। सामाजिक कुप्रथाओं व रुढ़िवादियों को वे समाप्त करने के लिये प्रयास करते हैं।

इसी प्रकार विभिन्न कल्याणात्मक नीतियों में निरन्तरता प्रदान करने का कार्य भी नौकरशाह करते हैं जिससे कि नीतियों का वास्तविक लाभ प्राप्त हो सकें।

इस प्रकार कहा जा सकता है कि नौकरशाह सामाजिक, आर्थिक परिवर्तन के मुख्य कर्णधार होते हैं।

प्रश्न-3 रो-रो फेरी परियोजना क्या है? इसके परिलक्षणों की चर्चा करें।

उत्तर : 22 अक्टूबर, 2017 को प्रधानमंत्री मोदी द्वारा दाहेज (गुजरात) से सागरमाला परियोजना (14 अप्रैल, 2016 में प्रारम्भ) जिसके अन्तर्गत बंदरगाहों का विकास तथा बंदरगाहों तक सामानों को त्वरित, कम लागत व कुशलतापूर्वक पहुंच सुनिश्चित करने के लिए आधारभूत संरचना का विकास करना था, के उद्देश्यों को पूरा करने के लिए रो-रो फेरी सर्विस प्रारम्भ की गयी है।

रो-रो सेवा के माध्यम से बड़े ट्रकों को सीधे एक बन्दरगाह से दूसरे बन्दरगाह तक पहुंचाने के लिये जहाजों का प्रयोग किया जायेगा, जो पहले सड़क मार्ग से पहुंचाये जाते थे। अर्थात् रो-रो फेरी सर्विस का संचालन घोघा बन्दरगाह से दाहेज बन्दरगाह तक होगा। इन बंदरगाहों का विकास सागरमाला परियोजना के तहत किया गया है। सड़क मार्ग से जो दूरी 360 किमी थी अब बंदरगाह विकसित कर जलमार्ग द्वारा मात्र 31 किमी दूरी तय करनी पड़ेगी।

प्रमुख अभिलक्षण

- समय व परिवहन लागत दोनों में कमी आयेगी।
- ट्रैफिक जाम की समस्या से निजात मिलेगा क्योंकि सामान से लदे ये ट्रक सड़क मार्ग के स्थान पर जलमार्ग से अपने गनत्व्य स्थान पहुंचेंगे।
- सड़क दुर्घटनाओं में कमी देखने को मिलेगी।
- परिवहन लागत में कमी वस्तु के मूल्य को कम करने में सहायक होगी, जो मुद्रास्फीति को भी नियंत्रित करेगी।
- परिवहन लागत में कमी उत्पादक वर्ग के लाभ को सकारात्मक रूप से प्रभावित करेगी।
- ट्रकों के संचालन में कमी आने से वायु प्रदूषण व ध्वनि प्रदूषण की स्थिति नियंत्रित करने में सहयोग मिलेगा।
- कम समय अवधि में वस्तुओं के अपने गंतव्य स्थल में पहुंचने से खाद्य सामग्रियों के अपव्यय में कमी आयेगी।

नोटः घोघा बन्दरगाह भावनगर जिले में स्थित है, जबकि दाहेज बंदरगाह भरूच जिले में स्थित है।

प्रश्न-4 उत्तर प्रदेश के प्राकृतिक संसाधनों की रूपरेखा बताइए।

उत्तरः उत्तर प्रदेश भारत का सीमान्त प्रदेश है। इसकी उत्तरी सीमा नेपाल को छूती है। उत्तराखण्ड के गठन से पूर्व इसकी सीमाएं चीन के तिब्बती क्षेत्र को भी छूती थीं लेकिन अब यह क्षेत्र उत्तराखण्ड में चला गया है।

प्रदेश के उत्तर में अब नेपाल सीमा के साथ उत्तरांचल की शिवालिक पर्वत श्रेणियां हैं। पश्चिमी और दक्षिण पश्चिमी सीमा पर हरियाणा, दिल्ली और राजस्थान हैं तथा दक्षिण में मध्य प्रदेश और पूर्वी सीमा बिहार से लगी हुई है। इन सीमाओं को प्राकृतिक तौर पर देखा जाय तो उत्तर में हिमालय की शिवालिक श्रेणियां, पश्चिम, दक्षिण पश्चिम एवं दक्षिण में यमुना नदी तथा विन्ध्याचल और पूर्व में गंडक नदी है।

उत्तराखंड के गठन से पूर्व राज्य के तीन भूभाग थे- पर्वतीय क्षेत्र, मैदानी क्षेत्र और दक्षिण का पठारी क्षेत्र। लेकिन उत्तराखण्ड गठन के बाद अब पूरा पर्वतीय क्षेत्र, उत्तर प्रदेश से अलग हो गया है अब इस पर्वतीय क्षेत्र से लगा हुआ तराई-भाभर क्षेत्र ही बचा हुआ है।

प्रश्न-5 भारतीय संघीय व्यवस्था के विभिन्न प्रतिमानों का उल्लेख करें।

उत्तर भारत में सहकारी संघवाद, सौदेबाजी वाला क्षेत्रवाद तथा प्रतिस्पर्द्धी संघवाद देखने को मिलता है-

- **सहकारी संघवाद (1950 से 1967 तक का काल)**- इस काल में केंद्र व राज्यों में एक ही दल की सरकार थी और दोनों परस्पर एक-दूसरे के सहयोगी थे।
- **सौदेबाजी वाला संघवाद (1967 से 1990)**- इस काल में केंद्र एवं राज्यों में अलग-अलग दल की सरकारों ने अपनी-अपनी मांगों को लेकर एक-दूसरे से सौदेबाजी का प्रयास किया।

- **प्रतिस्पर्द्धी संघवाद (1990 से अब तक)**-वैश्वीकरण के परिणामस्वरूप आयात एवं निर्यात में राज्यों को मिलने वाला छूट तथा सीधे विदेशी निवेश को प्राप्त करने के अवसर ने केंद्र तथा राज्यों को परस्पर प्रतियोगिता की स्थिति में ला दिया।
- भारतीय संघवाद के उपरोक्त प्रतिमान संघ के गतिशील स्वरूप को प्रकट करते हैं, किंतु संवैधानिक प्रावधानों की पुष्टि से अभी भी एक सशक्त केंद्र के अधीन संघीय राष्ट्र है।

प्रश्न-6 किस प्रकार प्रस्तावना संविधान के विभिन्न अनुच्छेदों की व्याख्या में सहायक है?

उत्तर : प्रस्तावना भारतीय संविधान के मूल्यों व लक्ष्यों की घोषणा करती है। अतः यह सभी उपबंधों की व्याख्या में सहायक है। [केशवानंद भारती वाद]

- 'हम भारत के लोग'-संविधान के प्रत्येक उपबंध इस तरह से व्याख्यायित होंगे, जिससे जनता की संप्रभुता अक्षुण्ण रहे।
- 'संपूर्ण प्रभुत्व संपन्न' (Article-51) -कोई भी ऐसी संधि नहीं हो सकती, जो हमारी संप्रभुता को प्रभावित करे।
- 'समाजवादी'-भाग IV के अनुच्छेदों को लागू करने के संदर्भ में।
- 'धर्म निरपेक्षता'-अनुच्छेद 19 से अनुच्छेद 28 तक की व्याख्या के संदर्भ में।
- 'लोकतांत्रिक गणराज्य'-लोकतांत्रिक गणराज्य को उच्चतम न्यायालय ने आधारभूत ढांचे में शामिल कर इसे अपरिवर्तनशील माना है।
- 'न्याय'-सामाजिक, आर्थिक व राजनीतिक
- 'राष्ट्रीय एकता तथा अखंडता'-सरकार को दिए गए विषयों के विभाजन के संदर्भ में। (विषयों के विभाजन के समय राष्ट्रीय एकता व अखंडता को ध्यान में रखा जाएगा। उदा.-केंद्र-राज्य संबंध, राज्यपाल.........)
- 'बन्धुता'-अनुच्छेद 14 से 18

प्रश्न-7 भारतीय धर्मनिरपेक्षता की अवधारणा किस प्रकार सामाजिक- आर्थिक लोकतंत्र की स्थापना एवं सामाजिक न्याय को प्रेरित करती है?

उत्तर : मूल संविधान धर्मनिरपेक्ष की घोषणा नहीं करने पर भी धार्मिक स्वतंत्रता के अधिकार के कारण धर्मनिरपेक्ष भारत की घोषणा करता है।

- भारतीय राज्य पश्चिमी संदर्भों में धर्मनिरपेक्ष नहीं है।
- यह सर्वधर्म समन्वय एवं आवश्यक होने पर धार्मिक नैतिकता के निर्धारण का कार्य करता है।
- धर्मनिरपेक्ष नीति के द्वारा जब राज्य एक समूह द्वारा अपने ही समूह के सदस्यों का शोषण रोकती है, तब यह सामाजिक-आर्थिक लोकतंत्र या सामाजिक न्याय को बढ़ावा देती है। क्योंकि अंतः सामुदायिक शोषण मूलतः उच्च वर्ग के द्वारा निम्न वर्ग का शोषण है।
- धर्मनिरपेक्ष के आधार पर अंतरसामुदायिक शोषण को रोकने के लिए राज्य के द्वारा बनायी गयी नीतियां भी सामाजिक-आर्थिक लोकतंत्र एवं सामाजिक न्याय को सुनिश्चित करती हैं।
- अतः धर्मनिरपेक्षता एवं सामाजिक न्याय एक-दूसरे के पूरक हैं।

प्रश्न-8 भाषायी आधार पर राज्यों का गठन एक ऐतिहासिक भूल थी। चर्चा करें।

उत्तर :
1. भाषायी आधार पर राज्यों के पुनर्गठन ने भाषावाद को बढ़ावा दिया है।
2. इस सिद्धांत को मौलिक रूप से स्वीकार किए जाने पर ऐसे राज्यों का निर्माण संभव हो जाएगा जहां किसी विशेष भाषा को बोलने वाले 1000 से भी कम नागरिक हों।
3. भाषायी राज्यों के गठन में राष्ट्रीय सामंजस्य के स्थान पर भाषायी अलगाव को बढ़ावा दिया है। उदा.-मनसे, असमियों द्वारा संथालियों की हत्या।

4. भारत में प्रांतों की पहचान भाषा से होती है। अतः भाषायी आधार पर राज्यों का गठन एक तार्किक कदम है।
5. 1956 के बाद से होने वाले राज्यों का गठन/पुनर्गठन/प्रतिगठन भाषायी राज्यों के पक्ष में ही रहा है।
6. विभिन्न भाषा-भाषी समूहों को एक राजनीतिक इकाई के अधीन रखने पर राजभाषा की समस्या उठ खड़ी होती है और यदि किसी अन्य भाषा को राजभाषा बनाया जाय तब देशीय भाषाओं के पहचान की संकट उत्पन्न हो जाएगी।

प्रश्न-9 उत्तरप्रदेश की पर्यटन नीति को बताइए।

उत्तर : फरवरी-2018 उत्तरप्रदेश सरकार द्वारा घोषित किया गया। इस नीति का विजन उत्तरप्रदेश को भारत में पसंदीदा पर्यटन स्थल के रूप में स्थापित करना है। साथ ही देश में सर्वाधिक पर्यटक आगमन एवं पर्यटन आय प्राप्त करना, रोजगारों का सृजन करना और सर्वोत्तम पर्यटक अनुभव सुनिश्चित करना भी इसके लक्ष्य हैं।

उत्तरप्रदेश पर्यटन नीति के अनुसार

- वर्ष 2023 तक देश का सर्वाधिक पसंदीदा पर्यटन स्थल बनाना।
- प्रतिवर्ष 5 हजार करोड़ रूपये का लक्षित निवेश प्राप्त करना।
- आगामी 5 वर्षों में निरंतर 15 प्रतिशत घरेलू पर्यटक आगमन एवं 10 प्रतिशत विदेशी पर्यटक आगमन की वार्षिक वृद्धि प्राप्त करना।
- प्रतिवर्ष लगभग 5 लाख लागों को रोजगार उपलब्ध कराना।
- आगामी पांच वर्षों में दस हजार पर्यटन सेवा प्रदाताओं को प्रशिक्षण प्रदान करना।
- प्रतिवर्ष 10 विरासत भवनों को विरासत होटलों में परिवर्तित करना।
- प्रतिवर्ष उत्तर प्रदेश के राष्ट्रीय उद्यानों और वन्यजीव अभयारण्यों में 1 लाख पर्यटकों को आकर्षित करना।
- सड़क, रेल एवं वायु के माध्यम से प्रदेश के सभी धार्मिक तथा सांस्कृतिक स्थलों के क्षेत्रीय संपर्क में सुधार करना।
- राज्य भर में सार्वजनिक सेवा सुविधाओं के मानक को उन्नत करना और उच्च गुणवत्ता को पर्यटक अनुभव उपलब्ध कराना।
- दीपोत्सव, अंतर्राष्ट्रीय साहित्य महोत्सव, गीता, महोत्सव, गंगा महोत्सव, लखनऊ महोत्सव आदि जैसे पर्यटन समारोह एवं उत्सवों के कार्यान्वयन के माध्यम से स्थानीय उद्यमिता में सुधार करना।
- उत्तरप्रदेश पर्यटन महानिदेशालय की स्थापना वर्ष 1972 में की गयी थी।
- उत्तरप्रदेश राज्य पर्यटन विकास निगम की स्थापना वर्ष 1974 में कंपनी अधिनियम, 1956 के तहत हुई थी।
- ब्रज तीर्थ विकास परिषद का गठन उत्तरप्रदेश ब्रज नियोजन एवं विकास बोर्ड अधिनियम 2015 के तहत किया गया था।

प्रश्न-10 सार्क का संक्षिप्त परिचय देते हुए उसकी असफलता के कारणों की चर्चा करें।

उत्तर : दक्षिण एशिया के क्षेत्रों के मध्य आर्थिक, सामाजिक, सांस्कृतिक, तकनीकी तथा वैज्ञानिक क्षेत्रों में सक्रिय सहयोग करने के उद्देश्य से **''दक्षिण एशियाई क्षेत्रीय सहयोग संगठन'' (सार्क)** की स्थापना 8 दिसम्बर, 1985 को की गई। वर्तमान में 8 दक्षिण एशियाई देश यथा-भारत, पाकिस्तान, नेपाल, भूटान, बांग्लादेश, श्रीलंका, मालद्वीव व अफगानिस्तान इसके सदस्य हैं। विश्व की कुल जनसंख्या का 1/6 भाग तथा विश्व की कुल जीडीपी में 2 प्रतिशत हिस्सा सार्क देशों का ही है।

विश्व बैंक की एक रिपोर्ट में दक्षिण एशिया को आर्थिक रूप से विश्व का सबसे कम एकीकृत क्षेत्र माना गया है। जिसके प्रमुख कारण निम्नवत् हैं:

- इसके प्रमुख देशों विशेषकर भारत व पाकिस्तान के बीच निरंतर विवाद, सार्क की असफलता का प्रमुख कारण है।
- सदस्य देशों के मध्य क्षेत्रीय विकास तथा सुरक्षा के लिए एकरूप रणनीति का नितांत अभाव है।
- सदस्य देशों के आपसी विवाद जैसे-भारत-पाकिस्तान, भारत-बांग्लादेश, भारत-श्रीलंका, पाकिस्तान-अफगानिस्तान, पाकिस्तान-बांग्लादेश आदि विवाद इसकी असफलता के लिए उत्तरदायी है।

- सार्क सदस्यों में क्षेत्रफल, जनसंख्या व आर्थिक संपन्नता के मामले में भारत की स्थिति सबसे बेहतर है, परिणामस्वरूप सार्क के छोटे सदस्य देश इस बात से आंतकित रहते हैं कि दक्षिण एशिया में भारत का कद बढ़ जायेगा।
- सार्क की असफलता का एक प्रमुख कारण यह भी है कि इस क्षेत्र में बाह्य शक्तियों जैसे-अमेरिका, चीन का हस्तक्षेप बना रहा है।
- दक्षिण एशियाई क्षेत्र में शक्ति का संतुलन बनाये रखने के लिए सार्क के छोटे सदस्य देश चीन के साथ घनिष्ठ सामरिक व आर्थिक सम्बन्ध बनाने का प्रयास करते हैं।
- दक्षिण एशियाई देशों के मध्य सम्पर्क बढ़ाने के लिए मजबूत आधारभूत ढांचा अल्पविकसित अवस्था में है, जिससे व्यापार, पर्यटन व परिवहन सीमित होता है।

उपरोक्त कारक सार्क की असफलता के प्रमुख कारण हैं।

खण्ड-2

निर्देश: *निम्नलिखित प्रत्येक प्रश्न का उत्तर 200 शब्दों से अधिक नहीं होना चाहिए। शब्द-विस्तार की अपेक्षा प्रश्नोत्तर की अन्तर्वस्तु अधिक महत्वपूर्ण है। सभी प्रश्नों के अंक समान हैं।*
Instruction: *Answer the following questions in not more than 200 words each. Content of the answers are more important than their length. All questions carry equal marks.* $10 \times 12 = 120$

प्रश्न-1: भारत में वैकल्पिक विवाद निवारण तंत्रो के उदय एवं प्रयोग पर एक संक्षिप्त टिप्पणी लिखिये।

उत्तर: कानून और कानूनी मामलों की बढ़ती संख्या को देखते हुए अदालतों पर अतिरिक्त दबाव पड़ रहा है। अदालती समय की बढ़ती मांग को देखते हुए यह प्रयास किया जाना चाहिए कि अदालत में पहुंचने से पहले ही कुछ मामलों को वैकल्पिक तरीकों से सुलझा लिया जाए।

पंचाट, मध्यस्थता और समाधान ऐसे उपाय हैं जो वैकल्पिक क्षतिपूर्ति प्रणाली के मुख्य स्तंभ हैं।

पंचाट

पंचाट वह प्रक्रिया है जहां निष्पक्ष तीसरा पक्ष मामले की विशेषता देखकर निर्णय दे। भारतीय संदर्भ में पंचाट प्रक्रिया के नियमों के दायरे को पंचाट और समाधान अधिनियम 1998 के प्रावधानों द्वारा व्यापक स्तर पर बनाया गया था और इस संविधि में जो मामले नहीं शामिल किए गए हैं, उनमें सभी पक्षों को इस बात की स्वतंत्रता है के वे उपयुक्त और विवादों के संदर्भ में प्रासंगिक पंचाट प्रक्रिया को निर्धारित करें।

मध्यस्थता

मध्यस्थता प्रक्रिया का उद्देश्य विवादित पक्षों द्वारा सहमतिजन्य समाधान को सुसाधय बनाना है। इस मध्यस्थ प्रक्रिया को गैर समर्थक- तीसरा पक्ष- मध्यस्थ देखता है। वादी-प्रतिवादी पक्षों द्वारा मध्यस्थ को यह अधिकार दिया जाता है कि वह उनके बीच समझौता कराए।

समाधान

यह वह प्रक्रिया है जिसमें विवादों को किसी सुलह या स्वैच्छिक समझौते के माधयम से सुलझाया जाता है। पंचाट के विपरीत, समाधान कराने वाले व्यक्ति के साथ कोई बाध्यकारी परिणाम प्रदान करने की आवश्यकता नहीं होती। वादी-प्रतिवादी समाधानकर्ता की सिफारिश को मंजूर या नामंजूर करने के लिए स्वतंत्र होते हैं। भारतीय संदर्भ में, समाधानकर्ता अक्सर सरकारी अधिकारी होता है जिसकी रिपोर्ट में सिफारिशें दर्ज होती हैं। जहां तक कानूनी मामलों के विभाग का प्रश्न है, यह विभाग राष्ट्रीय कानूनी सेवा प्राधिकरण (नालसा) को वार्षिक आवर्ती अनुदान प्रदान करता

है। नालसा एक सांविधिक निकाय है। वित्तीय वर्ष 2008-09 के दौरान, विभाग ने 188269495 रुपए का अनुदान जारी किया है। इसमें से तीन करोड़ रुपए नालसा को मध्यस्थता और समाधान परियोजना समिति की गतिविधियों के लिए जारी किए गए हैं।

विवादों को सुलझाने के वैकल्पिक तरीकों के संदर्भ में, कानूनी मामलों के विभाग द्वारा अंतर्राष्ट्रीय वैकल्पिक विवाद प्रस्ताव केंद्र (आईसीएडीआर) का गठन किया गया। यह सोसायटी रजिस्ट्रेशन एक्ट, 1860 के तहत पंजीकृत एक स्वायत्त निकाय है। आईसीएडीआर का मुख्य उद्देश्य विवादों को जल्द सुलझाने के लिए वैकल्पिक विवाद समाधानों को लोकप्रिय बनाना है जिससे अदालतों पर दबाव को कम किया जा सके।

प्रश्न-2 आपके विचार में देश में क्षेत्रवाद उभरने के क्या कारण हो सकते हैं? हाल के वर्षों में इसकी उभरती हुई प्रवृत्ति को स्पष्ट करते हुए क्षेत्रवाद को रोकने के उपाय सुझाइए।

उत्तर : भारत में क्षेत्रवाद उभरने का मुख्य कारण हमारे नेताओं के नेतृत्व में राजनीतिक स्वार्थ का निहित होना और देश के लोगों में परिपक्व राष्ट्रीय भावना का न होना रहा है। इसके अलावा सांस्कृतिक विभिन्नता और भाषाई अंतर जिसके कारण समय-समय पर हिंदी, अहिंदी, मराठी, तमिल, तेलुगु और असमिया आदि को लेकर विरोध, अलगाव और लगाव के स्वर उठते रहे हैं। देश की भौगोलिक विविधता ने भी क्षेत्रीय असंतुलन और विकास की बाधाओं को पोषित किया है, जिसके कारण विकसित और अविकसित क्षेत्रों में कहीं रोजगार की बहुलता तो कहीं बेरोजगारी ने लोगों में धरती पुत्र की धारणा को तेजी से पोषित किया है। जिसमें किसी न किसी रूप में क्षेत्रीयता को ही बढ़ाया है। एक तरफ जहां आर्थिक विषमता से पोषित जन असंतोष ने क्षेत्रीय स्वायत्ता की मांग को उग्र किया है, वहीं धार्मिक बहुलता और स्थानीय स्तर पर क्षेत्र विशेष के इतिहास और उसके सांस्कृतिक चरित्र की उपेक्षा ने भी लोगों में स्थानीय लगाव और क्षेत्रीयता को बढ़ाया है और जहां क्षेत्रवाद की हालिया प्रवृत्तियों के उभरने का प्रश्न है तो निश्चित रूप से ये स्थानीय विकास की अनदेखी और राजनीतिक स्वार्थ व तुष्टिकरण की नीति से उपजा है। जैसे महाराष्ट्र में मराठी मानुष के मुद्दे पर, विदर्भ, तेलंगाना और बुंदेलखंड में विकास के मुद्दे पर, उड़ीसा में पुराना रजवाड़ा बंचना के, बिहार में मिथिलांचल और असम में बोडोलैंड भाषा के मुद्दे पर तो उत्तर प्रदेश में हरित और पूर्वांचल प्रदेश राजनीतिक स्वार्थ के मुद्दे पर क्षेत्रवाद उग्र हुआ है। अत: क्षेत्रवाद के वर्तमान स्वरूप की दृष्टि से इसे रोकने के निम्न उपाय किए जाने चाहिए।

1. भारत के बड़े राज्यों को छोटे-छोटे राज्यों के रूप में पुनर्गठित किया जाए ताकि प्रशासनिक पहुंच और विकास के लाभ आम आदमी को आसानी से सुलभ हो सके।
2. आर्थिक विकास का विकेंद्रीकरण करके स्थानीय स्तर तक पहुंचाया जाए और क्षेत्रीय असंतुलनों को कम किया जाए।
3. सामाजिक रूप से पिछड़े क्षेत्रों में अशिक्षा, गरीबी और बेकारी मिटाने हेतु अतिरिक्त कार्यक्रम और योजनाएं संचालित की जाएं।
4. केंद्र और राज्यों के सहयोग से उग्रवादी प्रवृत्तियों को सुनियोजित ढंग से नियंत्रित और भाषा, जाति व क्षेत्रीयता पर आधारित संगठनों को प्रतिबंधित किया जाए।
5. अविकसित और वंचित क्षेत्रों में बिजली, पानी, परिवहन और संचार जैसे बुनियादी साधनों का विकास करके बेरोजगारी की समस्या को हल किया जाए ताकि असंतुष्ट लोगों में धरती पुत्र की धारणा न पनपे।

प्रश्न-3 भारत की परिसंघीय राजव्यवस्था पर हाल के वर्षों में केंद्र राज्य संबंधों में बढ़ते विवाद और स्वायत्ता की मांग का मूल्यांकन कीजिए।

उत्तर : संवैधानिक रूप से भारत राज्यों का संघ है जिसमें कुछ विशेष प्रावधानों को छोड़ कर केंद्र और राज्य विधायी और कार्यकारी अधिकारों के सदर्भ में दोनों समानाधिकारी हैं। दोनों के अपने-अपने कार्य क्षेत्रों के लिए सूचीबद्ध व्यवस्थाएं और अपने राजनीतिक व प्रशासनिक अधिकार क्षेत्र हैं एवं परिसंघीय विवादों को सुलझाने के लिए विभिन्न संवैधानिक संस्थाएं भी स्थापित हैं लेकिन इसके बावजूद हाल के वर्षों में केंद्र ने स्वंय को शक्तिशाली बनाने के प्रयास में राज्यों पर अनेक प्रकार की ज्यादतियां थोपने लगा है। उसने न केवल राष्ट्र निर्माण व विकास प्रक्रिया में अगुआ की भूमिका

हथिया ली है बल्कि राज्यों के मामलों में अनावश्यक हस्तक्षेप भी करने लगा है। संसाधनों के आवंटन, योजनागत सहायाता, वित्तीय अनुदान आदि पर केंद्र का राज्यों के साथ भेदभाव सरेआम हो गया है। यहां तक कि राज्यों के अधिकारों के हनन में संवैधानिक व्यवस्था का दुरूपयोग भी करने लगा है। इससे न केवल केंद्र पर राज्यों की निर्भरता बढ़ी है बल्कि राज्यों की विकास परियोजनाओं को मंजूरी देना तक भी केंद्र की कृपा पर निर्भर हो गया है। ऐसे में राज्यों द्वारा स्वायत्ता की मांग करना लाज़मी है। फिर हाल के वर्षों में अनेक ऐसे प्रश्न पैदा हुए हैं जैसे राज्यपाल की भूमिका केंद्र के एजेंट के रूप में, सीबीआई के दुरूपयोग से विपक्षी राज्य सरकारों को परेशान करने, पर्यावरणीय मुद्दों पर राज्यों की विकास परियोजनाओं को रोकने या रद्द करने, राष्ट्रपति शासन लागू करने एवं शासन व्यवस्था के सदर्भ में अनावश्यक सलाह देने आदि ऐसे अनेक कारक हैं जिन्होंने वर्तमान परिप्रेक्ष्य में राज्यों की और अधिक स्वायत्ता की मांग को प्रासंगिक बना दिया है लेकिन देश के मौजूदा हालातों को देखते हुए यह नहीं कहा जा सकता है कि राज्यों को और स्वायत्ता देना उपुयक्त ही है क्योंकि जिस कदर जम्मू-कश्मीर में अलगाववाद और पूर्वोत्तर में उग्रवादी संगठन सक्रिय हैं एवं मध्यवर्ती राज्यों में नक्सलवाद एक जटिल समस्या के रूप में उभरा है इसमें कही न कहीं राज्यों की निष्क्रियता और राजनीतिक स्वार्थ की प्रवृत्ति हावी है जैसे महाराष्ट्र में मनसे का मराठी मानुष, दार्जिलिंग में गोरखालैंड, असम में बोडोलैंड, बिहार में मिथिलांचल, आंध्र में तेलंगाना एवं दक्षिण व पूर्वोत्तर में उग्र होता हिंदी विरोधी आंदोलन आदि ऐसी ज्वलंत चुनौतियां हैं जिनके उग्र रहते यदि राज्यों को और अधिक स्वायत्ता दी जाती है तो ये शक्तियां राज्य सरकारों पर दबाव समूहों के रूप में हावी हो जाएगी जिससे न सिर्फ देश की एकता और अखंडता बाधित होगी बल्कि देश बिखराव की राजनीति, अलगवा और गृहयुद्ध की आग में झुलस सकता है। अत: मौजूदा परिस्थितियों में राज्यों को और अधिक स्वायत्ता देना उपयुक्त नहीं है। हाँ संवैधानिक सीमाओं में उनकी अधिकारिता का विस्तार अवश्य किया जा सकता है।

प्रश्न-4 क्षेत्रीयता की भावना भारतीय एकता व अखण्डता की भावना के लिए एक चुनौती है। अपने विचार प्रस्तुत करें।

उत्तर : सांस्कृतिक, भौगोलिक तथा नृजातीय विभिन्नता के साथ जब किसी स्थान विशेष की जनता यह महसूस करने लगती है कि विकास की रणनीति का पूर्ण लाभ उसे प्राप्त नहीं हो सका तो उसमें क्षेत्रीयता की भावना का उदय होता है। इस असंतोष के कारण ही क्रमश: इन लोगों में अलगाववाद उत्पन्न होता है जिसका सीधा प्रभाव राष्ट्रीय एकता व अखण्डता पर पड़ता है।

इसी असंतोष की भावना के चलते संसाधानों के स्वामित्व हेतु ये लोग केन्द्र पर दबाव डालने का प्रयास करते हैं जिससे राष्ट्रीय व क्षेत्रीय हितों के मध्य अंतर्विरोध उत्पन्न होता है। क्षेत्रीय समस्याओं के चलते सरकार आतंकवाद, जैसी वर्तमान चुनौतियों पर पूर्ण ध्यान नहीं दे पाती। क्षेत्रीयता की भावना के कारण ही कई बार अंतर्राष्ट्रीय परियोजनाओं को लागू करने का भी विरोध होता है जिसका परिणाम तकनीकी पिछड़ेपन व कम निवेश के रूप में होता है तथा पुन: आर्थिक विकास बाधित होता है।

परन्तु उपरोक्त प्रभाव एकपक्षीय हैं। क्षेत्रीयता की भावना के कुछ सकारात्मक परिणाम दिखते हैं। क्षेत्रीयता के कारण जनता में राजनैतिक जागरुता बढ़ती है और सरकार पर सामाजिक न्याय हेतु विकेंद्रीकृत आयोजन अपनाने के लिए दबाव बनता है और इस प्रकार राष्ट्रीय व क्षेत्रीय हितों में समन्वय स्थापित होता है।

राजनैतिक सहभागिता में वृद्धि होने से नागरिकों में आत्मसम्मान व नागरिकता की भावना में वृद्धि होती है और वे शोषण का विरोध भी करते हैं साथ ही क्षेत्रीयता के कारण एक राज्य में तीव्र विकास होने पर अन्य राज्यों में भी प्रतिस्पर्धा उत्पन्न होती है तथा वहां भी विकास की गति तीव्र होती है।

अत: स्पष्ट है कि क्षेत्रीयता की भावना प्रत्यक्ष रूप से राष्ट्रीय एकता व अखण्डता हेतु खतरा नहीं है अगर इस भावना को सकारात्मक दृष्टिकोण दिया जा सके इसके लिए आवश्यक है कि क्षेत्रविशेष के लोगों से संवाद स्थापित किया जाए तथा उनकी भावनात्मक ऊर्जा का प्रयोग राष्ट्रहित में किया जाए।

प्रश्न-5 चुनाव सुधार के प्रथम बिंदु राजनैतिक दल होने चाहिए। टिप्पणी कीजिए।

उत्तर : भारतीय संविधान के द्वारा संसदीय शासन प्रणाली को अपनाया गया है, जो दलीय व्यवस्था पर आधारित है इन्हीं राजनैतिक दलों के माध्यम से जनता अपने प्रतिनिधियों को चुन कर विधायिका में भेजती है, तथा कार्यपालिका का संगठन होता है। अतः स्पष्ट है कि राजनैतिक दल भारतीय लोकतांत्रिक व्यवस्था के आधार स्तंभ है।

परन्तु वर्तमान में राजैतिक दलों में कुछ असंगतियां दिखने लगी हैं। जो राजनैतिक दल लोकतंत्र के आधार हैं उनमें स्वयं संगठन के तौर पर लोकतांत्रिक व्यवस्था नहीं है। इन दलों में व्यावहारिक तौर पर चुनाव नहीं होते जिससे पार्टी हाइकमान की ही तानाशाही होती है। इसके चलते जहां एक ओर दलों में वंशवाद की प्रवृत्ति बढ़ती है तो दूसरी ओर दल के नेता विचारधारा, दलीय निष्ठा और जन सामान्य के कार्यों के स्थान पर हाइकमान की चापलूसी पर बल देने लगते हैं।

इसके अतिरिक्त दलों में दूसरी पंक्ति के नेता नहीं उत्पन्न होते क्योंकि हाइकमान अपने वंश के लोगों को ही बढ़ावा देते हैं। इसके परिणाम स्वरूप क्षेत्रीय समस्याएं जस की तस बनी रहती हैं। इसके अतिरिक्त कभी-कभी नेता अपनी पहचान बनाने के लिए संकीर्ण व क्षुद्र मुद्दों को आधाार बनाते हैं।

अतः भारतीय लोकतंत्र को मजबूत करने के लिए उपरोक्त पर अंकुश लगाना आवश्यक है तथा इसके लिए राजनैतिक दलों में सुधार करना आवश्यक है। इसके लिए आवश्यक है कि प्रत्येक राजनैतिक दल में प्रतिवर्ष संगठनिक चुनाव अनिवार्य किये जाएं। ऐसा न करने पर चुनाव आयोग द्वारा उनकी मान्यता समाप्त की जा सकती है। साथ ही नागरिक सशक्तीकरण द्वारा स्वयं जनता में जागरुकता उत्पन्न करना आवश्यक है ताकि प्रत्येक दल स्वयं विचारधारा, ठोस मुद्दों व वास्तविक कार्यकर्ताओं को प्राथमिकता दे।

इस प्रकार से राजनीतिक दलों में सुधार चुनाव सुधारों का एक महत्वपूर्ण बिंदु है तथा उनमें सुधार करके भारतीय लोकतंत्र को अधिक सक्षम, सुचारु तथा सामाजोन्मुख किया जा सकता है। परंतु साथ ही अपराधीकरण, धन-बल का प्रयोग मतदाताओं का गिरता हुआ प्रतिशत आदि भी सुधार के बिंदु हैं।

प्रश्न-6 भारत में बहुल मत प्रणाली के स्थान पर सूची प्रणाली अपनायी जानी चाहिए। विचार कीजिए।

उत्तर : भारतीय लोकतंत्र में जनता द्वारा अपने प्रतिनिधि को चुनने के लिए बहुमत प्रणाली अपनायी गयी है। इस प्रणाली में अपने प्रतिद्वंदी से एक मत भी अधिक प्राप्त करने वाला प्रत्याशी विजयी घोषित कर दिया जाता है।

उपरोक्त विशेषता के कारण ही बहुल मत प्रणाली को अक्षम माना जा रहा है, क्योंकि जनता चुनाव में विभिन्न प्रत्याशियों को मत देती है। अतः सूक्ष्म अन्तर से जीतने वाला प्रत्याशी वास्तव में संपूर्ण जनता का प्रतिनिधि नहीं होता। यह समस्या तब और भी गहरी हो गई है जब मतदाताओं का प्रतिशत गिरकर लगभग 50 से 60 के मध्य रह गया है।

इन कारणों से प्रत्याशी को जीतने हेतु एक छोटे वर्ग के ही पूर्ण समर्थन की आवश्यकता होती है, जिसके लिए वह संकीर्ण व क्षेत्रीय मुद्दों जैसे धर्म, भाषा आदि को आधार बनाते हैं। इस प्रकार से जातिगत चौधरी, क्षेत्रीय अपराधी जैसे लोग चुनाव जीतने मे संक्षम हो जाते हैं तथा अवसरवादी राजनीति को बल मिलता है।

अतः इसके स्थान पर सूची प्रणाली को विकल्प के रूप में देखा जा रहा है जिसमें मतदाता एक व्यक्ति को नहीं बल्कि एक दल के सभी प्रत्याशियों को वोट देते हैं। अतः इसे अपनाने पर संकीर्ण क्षेत्रीय मुद्दों के स्थान पर राष्ट्रीय मुद्दों को प्राथमिकता मिलेगी, अपराधीकरण, जाति तथा धर्म पर आधारित राजनीति पर अंकुश लग सकेगा तथा निर्दलीय उम्मीदवार हतोत्साहित होंगे जिससे दल बदल व अवसरवादी राजनीति पर भी रोक लगायी जा सकेगी। परन्तु यदि सुक्ष्मता से देखें तो सूची प्रणाली की भी कुछ समस्याएं हैं। इसको अपनाने पर राजनीति में दल ही सर्वाधिक महत्वपूर्ण होगा व्यक्ति नहीं, जिससे दलीय तानाशाही, वंशवाद, चापलूसी, भाई-भतीजावाद जैसी समस्याएं उत्पन्न हो जाएंगी। साथ ही यह भी ध्यातव्य रहे कि यह प्रणाली हमारे लिए नहीं होगी जबकि बहुलमत प्रणाली से हम पूर्णतः परिचित हैं व इसकी कमियों को पहचानते हैं।

अतः उचित यही होगा कि जनता को शिक्षित व जागरुक करके मतदान प्रतिशत बढ़ाया जाए। तटस्थ मतदान प्रत्याशियों के लिये अयोग्यताओं का निर्धारण, राजनीतिक दलों में सुधार आदि के माध्यम से बहुल मत प्रणाली के दोषों को दूर किया जाए और यदि आवश्यक हो इसी में कुछ सुधार कर द्वितीयक बहुमत प्रणाली अपनायी जाए जो इससे मिलती जुलती है, और विजेता को 50 प्रतिशत मत प्राप्त करना अनिवार्य कर दिया गया है।

प्रश्न-7 रूपया कमजोर होने का अर्थ क्या है? इसके सकारात्मक एवं नकारात्मक कारणों की चर्चा करते हुए रूपये को मजबूत करने के लिए उठाये जाने वाले कदमों की चर्चा करें।

उत्तर : जब विभिन्न राष्ट्रीय व अंतर्राष्ट्रीय कारणों से डॉलर की मांग के सापेक्ष डॉलर की आपूर्ति कम हो जाये तो उस स्थिति में डॉलर को क्रय करने के लिए पहले की तुलना में अधिक भारतीय रूपया व्यय करना होता है, जैसा कि वर्तमान स्थिति में 1 डॉलर को प्राप्त करने के लिए भारत को 74.23 रूपये रूपये मूल्य चुकाने पड़ रहे हैं। रूपये का मूल्य डॉलर के मुकाबले लगभग 7 प्रतिशत नीचे आ चुका है।

₹ के कमजोर होने के कारण : रूपये के डॉलर के सापेक्ष कमजोर होने के कारणों को दो भागों में वर्गीकृत किया जा सकता है।

राष्ट्रीय कारण

- भारत में पेट्रोलियम, स्वर्ण, रत्न व हीरे के उच्च आयात की मांग के चलते डॉलर की मांग अधिक है जबकि डॉलर की आपूर्ति के सीमित साधन ही हैं।

अन्तर्राष्ट्रीय कारण

- कच्चे तेल की कीमतों में वृद्धि।
- अमेरिका व चीन के मध्य बढ़ते ट्रेडवार के कारण संरक्षणवादी नीति के कारण डॉलर की आपूर्ति सीमित।

सकारात्मक प्रभाव

भारतीय रूपए की इस ऐतिहासिक गिरावट के बावजूद विशेषज्ञों का मानना है कि भारतीय अर्थव्यवस्था पर इस स्थिति का बहुत अधिक असर देखने को नहीं मिलेगा, ऐसा होने के निम्नलिखित कारण है:-

- भारत का विदेशी मुद्रा भण्डार अब तक के सर्वश्रेष्ठ स्तर पर है अर्थात् 400 बिलियन डालर के स्तर को पार कर चुका है।
- भारत में जीएसटी को 1 वर्ष पूरे हो गये हैं, जिसके चलते न केवल भारतीय कर राजस्व में वृद्धि हुई है, बल्कि वैश्विक जगत में भारत निवेशकों के आकर्षण का प्रमुख केन्द्र बन कर उभर रहा है क्योंकि भारत एक देश एक कर की नीति का अनुसरण कर रहा है।
- Ease Doing Business Index 2017 में भारत का शीर्ष 100 अर्थव्यवस्थाओं में शामिल होना, वैश्विक जगत में भारत में व्यापार करने की स्थिति को बेहतर बनाता है।
- निर्यातको के लाभ में वृद्धि होगी।
- भारत में एफडीआई नीति में सुधार के कारण लगभग 90% विदेशी निवेश स्वचालित मार्ग से आमंत्रित करना भारत में निवेश को बढ़ावा देगा।
- निजी प्रेषक, भारत में विदेशी मुद्रा का आमद को बढ़ायेंगे।
- चालू खाते के घाटे की जीडीपी के प्रतिशत के रूप में न्यून स्थिति है।
- भारत में विदेशी पर्यटकों की आमद बढ़ेगी।

नकारात्मक प्रभाव

- रूपये में कमजोरी से आयात विशेष रूप से तेल आयात महंगा हो जाता है। इस वजह से देश में पेट्रोल-डीजल महंगा होने का खतरा बढ़ जाता है। ईंधन महंगा होगा तो आर्थिक गतिविधियों की लागत बढ़ेगी, जो मुद्रास्फीति में वृद्धि का प्रमुख कारक है।

- मुद्रास्फीति में वृद्धि आरबीआई को सख्त मौद्रिक नीति बनाने के लिये प्रेरित करेगा (जैसे कि वर्तमान में दूसरी और तीसरी मौद्रिक नीति में देखा गया है कि रेपो दर व रिवर्स रेपो दर में 0.50 अंक की वृद्धि की गयी है) जिससे ब्याज दरों में वृद्धि होगी जिससे भारतीय अर्थव्यवस्था में मांग प्रभावित होगी।
- रत्न व आभूषण क्षेत्र को यह स्थिति नकारात्मक रूप से प्रभावित करेगी क्योंकि इन वस्तुओं का निर्यात, आयात पर टिका हुआ है और आयात महंगे होने से अंतिम वस्तुओं के मूल्यों में वृद्धि स्वाभाविक है।
- भारत मूलभूत आवश्यकता की वस्तुओं के आयात पर निर्भर है परिणामस्वरूप चालू खाते के घाटे में वृद्धि और व्यापार शेष नकारात्मक स्थिति में होगा।
- भारतीय पर्यटकों को विदेशी यात्रा करना महंगा पेड़गा।

₹ को कमजोर होने से रोकने के प्रयास

- भारत तेल आयात के वैकल्पिक स्त्रोतों पर तीव्रता से विचार करें।
- भारत खाद्य तेल, उवरक व दालों का आयात करता है, को सीमित किया जाये।
- एफडीआई के नियमों में सिंगल विन्डो सिस्टम की व्यवस्था की जाये।
- विदेशों में मसाला बॉन्ड जैसे उत्पादों की बिक्री को बढ़ाया जाये।
- Make in India की योजना से भारतीय आयात को कम करने का प्रयास किया जाये।
- अंतर्राष्ट्रीय मंचों में संरक्षणवादी नीति का विरोध किया जाये।
- निर्यात की बढ़ावा देने के लिये नये बाजारों के विकल्प तैयार किये जाये।

प्रश्न-8 राष्ट्रीय बांस मिशन व पुनर्गठित राष्ट्रीय बांस मिशन के मध्य अंतर को स्पष्ट करते हुए इसके लाभ बताइए।

उत्तर : राष्ट्रीय बांस मिशन और पुनर्गठित राष्ट्रीय बांस मिशन में निम्नलिखित अंतर है:

राष्ट्रीय बांस मिशन

- सतत् कृषि के लिए राष्ट्रीय मिशन (NMSA) के अन्तर्गत केन्द्र प्रायोजित योजना के रूप में ''राष्ट्रीय बांस मिशन'' को वर्ष 2006-07 में प्रारम्भ किया गया था।
- इस मिशन का फोकस मुख्य रूप से बांस के प्रसार और उत्पादन पर था तथा प्रसंस्करण, उत्पाद विकास तथा मूल्य वर्धन पर सीमित प्रयास किए गए थे।

पुनर्गठित राष्ट्रीय बांस मिशन

- 14वें वित्त आयोग की शेष अवधि (2018-19 तथा 2019-20) के दौरान मिशन लागू करने के लिए 1290 करोड़ रूपये का प्रावधान किया गया है।
- यह मिशन गुणवत्ता सम्पन्न पौधारोपण के प्रचार, उत्पाद विकास तथा मूल्यवर्धन पर एक साथ बल देता है।

पुनर्गठित राष्ट्रीय बांस मिशन के लाभः

- इस योजना से प्रत्यक्ष और अप्रत्यक्ष रूप से किसानों, स्थानीय दस्तकारों और बांस क्षेत्र में काम कर रहे अन्य लोगों को लाभ होगा।
- बांस पौधारोपण के अंतर्गत लगभग एक लाख हेक्टेयर क्षेत्र को लाने का प्रस्ताव किया गया है।
- यह योजना उन राज्यों पर विशेष फोकस देगी, जहां बांस का सामाजिक, वाणिज्यिक और आर्थिक लाभ है जैसे-मध्य प्रदेश, महाराष्ट्र, छत्तीसगढ़, ओडिशा, कर्नाटक, उत्तराखण्ड, बिहार, झारखंड, आंध्रप्रदेश, तेलंगाना, गुजरात, तमिलनाडु और केरल जैसे राज्य शामिल हैं।

- बांस पौधारोपण से **कृषि उत्पादकता** और **आय** में वृद्धि होगी और परिणामस्वरूप भूमिहीनों सहित छोटे और मझोले किसानों तथा महिलाओं की आजीविका के अवसर में वृद्धि होगी।
- उद्योगों को गुणवत्ता सम्पन्न कच्चा माल मिलेगा।
- यह मिशन न केवल किसानों की आय बढ़ाने के लिए संभावित उपाय के रूप में काम करेगा। बल्कि यह मिशन जलवायु को सुदृढ़ बनाने और पर्यावरण लाभों में भी योगदान करेगा।

प्रश्न-9 आधार कार्ड क्या है? इसकी आवश्यकता क्यों है? आधार कार्ड की विशेषताओं की चर्चा करें।

उत्तर : आधार कार्ड एक अद्वितीय कार्ड है, यह एक महत्वपूर्ण परिचय पत्र है, जो कि आपके भारत का नागरिक होने का सबूत देता है, जिसे भारतीय विशिष्ट पहचान प्राधिकरण (UIDAI) एजेंसी के जरिये भारत में लाया गया। वर्ष 2009 में भारत सरकार ने आधार कार्ड को विशेष एवं जरूरी आइडेंटिटी के तौर पर देश में लागू किया है। आधार कार्ड एक परिचय पत्र है, जिसे भारतीय विशिष्ट पहचान प्राधिकरण के नाम से जाना जाता है।

आधार कार्ड में शामिल जानकारी:
- 12 अंकीय आधार नम्बर
- नाम
- जन्म वर्ष
- लिंग
- फोटो
- बायोमेट्रिक विवरण जैसे फिंगर प्रिंट्स एवं आँखों की प्रिंट

हमारे देश में भिन्न-भिन्न पहचान पत्रों का उपयोग किया जाता है, जिसके कारण कई तरह की समस्याएं उत्पन्न होती हैं, जैसे ड्राइविंग लाईसेन्स को हर जगह पहचान पत्र की जगह मान्यता नहीं दी गई है। उसी तरह पैन कार्ड में भी एड्रेस न होने के कारण उसके साथ एड्रेस प्रूफ लगाना आवश्यक होता है। पासपोर्ट भी एड्रेस प्रूफ का अच्छा विकल्प है, परन्तु यह एक वर्ग विशेष तक ही सीमित है। मतदाता प्रमाण पत्र एक उचित पहचान पत्र माना गया है, जो सभी जगह मान्य है, लेकिन यह 18 वर्ष की आयु के बाद बनता है। यही कारण है कि आधार कार्ड, सभी समस्याओं का एक समाधान है।

आधार कार्ड की विशेषताएं :

- आधार कार्ड भारत का पहला ऐसा प्रमाण पत्र है जिसमें एक व्यक्ति की पहचान, पता, जन्म और अन्य प्रमाण पत्र की व्यवस्था एक ही कार्ड में की गयी है।
- यह बच्चों के लिए भी उपलब्ध है।
- आधार कार्ड भारत के किसी भी स्थान पर वैध और स्वीकार किया गया है।
- आधार कार्ड से बैंक खाता, मोबाइल, एलपीजी कनेक्शन, टिकट बुकिंग, नया पासपोर्ट बनवाने, पैन कार्ड, सब्सिडी जैसे अन्य किसी भी सेवा का लाभ उठा सकते हैं।
- आधार कार्ड कभी भी, कहीं भी, किसी भी तरह के प्रमाणीकरण को सक्षम कर सकता है।
- आधार कार्ड प्रवासियों की गतिशीलता को पहचान प्रदान करेगा।
- आधार कार्ड 12 अंकों का नंबर है इस नंबर में 12 अंक होने का कारण 100 अरब लोगों की जनसंख्या है, ताकि सभी को अलग-अलग आधार नम्बर मिल सके।
- आधार कार्ड नहीं अपितु आधार पर लिखा 12 अंक का नम्बर महत्वपूर्ण है। यदि आपके पास आधार कार्ड नहीं है और आपको अपना आधार नंबर याद है तो, आपको कार्ड की कोई आवश्यकता नहीं है, केवल आधार नम्बर ही पर्याप्त है।

सर्वोच्च न्यायालय के आदेश के अनुसार देश में सरकारी योजनाओं का लाभ उठाने के लिए आधार यद्यपि आवश्यक दस्तावेज नहीं है, परन्तु बैंक खाता खोलने, पैन कार्ड बनवाने व आयकर की रिटर्न भरने जैसे जरूरी कार्य ''आधार'' के बिना नहीं हो सकते। जम्मू कश्मीर, असम व मेघालय में यह नियम लागू करने की तिथि गृह मंत्रालय बाद में घोषित करेगा।

प्रश्न-10: भारत में केन्द्रीय अन्वेषण ब्यूरो (सी.बी.आई.) के गठन और कार्य का वर्णन कीजिए।

उत्तर: भ्रष्टाचारी आपराधिकता पर कार्यवाही करने का कार्य सीबीआई का है। यह एक केन्द्रीय पुलिस संगठन है और संविधान के अन्तर्गत पुलिस राज्य सूची का विषय होते हुए भी केन्द्रीय गृह मंत्रालय इस संगठन के माध्यम से कुछ-कुछ राष्ट्रीय पुलिस का जैसा कार्य करता है। कुछ लोग इसकी बढ़ती हुई भूमिका से चिन्तित होकर इसे एक राष्ट्रीय पुलिस थाना (National Police Station) भी कहते रहते हैं। कार्यक्षेत्र की दृष्टि से यह पूरे देश में पुलिस के कार्य करता है, पर अधिकतर इसमें वे ही मुकदमे जाते है जिन्हें राज्य भेजते हैं और इसकी छवि और विशेषज्ञता का लाभ उठा कर अपने राज्यों के पुलिस दलों की विश्वसनीयता को बढ़ाना चाहते हैं।

आजादी से पहले 1941 में भारत सरकार ने एस.पी.ई (Special Police Establishment) नामक पुलिस का गठन केवल रिश्वत और भ्रष्टाचार के मामलों में जांच के लिए किया था। सन् 1963 में यह गृह मंत्रालय के एक संलग्न कार्यालय के रूप में सीबीआई बना और वर्तमान में यह कार्मिक, जन अभियोग और पेंशन मंत्रालय का एक संलग्न कर्यालय है। दिल्ली स्थित इस संगठन में 11 कार्यकारी प्रभाग हैं जो इसके कार्य, प्रकृति और भूमिकाओं को स्पष्ट करते हैं। कानूनी रूप से सीबीआई पांच कार्य करती है। ये कार्य हैं-

1. सतर्कता और भ्रष्टाचार निरोध का एक व्यापक रोड मैप तैयार करना।
2. सभी सरकारी निकायों के सहयोग से सूचनाएं एकत्रित करना।
3. भ्रष्टाचार में लिप्त व्यक्तियों और संगठनों की सूचना तैयार करना।
4. इन सूचनाओं का क्षेत्र की गतिविधियों से मिलान कर कार्यवाही की तैयारी करना।
5. अपनी ओर से पहल कर कार्यवाही करते हुए, अपराधियों को पकड़ना और अदालतों में प्रस्तुत करना।

ये सभी कार्य गत दशकों में अधिक महत्वपूर्ण बने हैं। इनकी संवेदनशीलता ने सीबीआई की छवि को भी सुधारा है और जनता पुलिस की असफलता के मामलों में सीबीआई के सीधे हस्तक्षेप की मांग करती है।

केन्द्रीय अन्वेषण ब्यूरो सरकार का प्रमुख अन्वेषण अभिकरण है। प्रारम्भ में इसका प्रमुख उद्देश्य भ्रष्टाचार के मामलों की छानबीन करना मात्र था। अब इस संगठन द्वारा अन्वेषण किए जाने वाले मामलों का क्षेत्र बढ़ा दिया गया है, वर्तमान में यह अन्वेषण उन सभी मामलों में किया जा सकता है-

1. जिनमें केन्द्रीय संगठनों या प्रतिष्ठानों के अधिकारी सार्वजनिक हितों को वित्तीय हानि पहुंचाते हैं।
2. जिनमें केन्द्रीय कानून भंग होते हैं और धोखाधड़ी जनहित को नुकसान पहुंचाती है।
3. जिनमें संगठित गिरोहों के पेशेवर अपराधी अन्तर्राज्यीय और अन्तर्राष्ट्रीय स्तर पर घोटालों में लिप्त होने के कारण कानून की गिरफ्त में नहीं आ जाते हैं।
4. जिनमें राज्य की सुरक्षा और राष्ट्रीय महत्व के प्रश्न उलझे हुए होते हैं। ऐसे मुकदमे जो CBI को भेजे जाते हैं उनमें वह स्वयं भी अपनी ओर से साक्ष्य जुटा कर मुकदमे चला सकती है।

सामान्य अध्ययन
तृतीय प्रश्न-पत्र

सामान्य अध्ययन मुख्य परीक्षा
मॉडल अभ्यास तृतीय प्रश्न-पत्र 1

कुल अंक : 200 **समयावधि : 3 घण्टे**

खण्ड-1

निर्देश: *निम्नलिखित प्रत्येक प्रश्न का उत्तर 125 शब्दों से अधिक नहीं होना चाहिए। शब्द-विस्तार की अपेक्षा प्रश्नोत्तर की अन्तर्वस्तु अधिक महत्वपूर्ण है। सभी प्रश्नों के अंक समान हैं।*

Instruction: *Answer the following questions in not more than 125 words each. Content of the answers are more important than their length. All questions carry equal marks.* $10 \times 8 = 80$

प्रश्न-1 फेरा और फेमा में अन्तर को स्पष्ट करें।

उत्तर : फेरा और फेमा के अन्तर को निम्नलिखित आधार पर समझा जा सकता है-

फेरा	फेमा
• भारत में सभी लेन-देन, जिनमें विदेशी मुद्रा शामिल है, Foreign Exchange Regulation Act, 1973 द्वारा विनियमित किये जाते थे। FERA का मुख्य उद्देश्य देश के विदेशी मुद्रा संसाधनों का संरक्षण तथा उचित उपयोग करना था।	• आर्थिक सुधारों तथा उदारीकृत आर्थिक परिदृश्य के आलोक में FERA के स्थान पर Foreign Exchange Management Act, 1999 अपनाया गया।
• FERA, यह एक आपराधिक विधान था, इसके उल्लंघन के परिणामस्वरूप अर्थदण्ड तथा कारावास की सजा दी जाती थी साथ ही इसमें अनेक प्रतिबन्धात्मक (Restriction) खण्ड थे, जो विदेशी निवेशों पर रोक लगाते थे और जो विदेशी निवेश को हतोत्साहित करने में सहायक थे।	• यह एक सिविल विधान है, जिसका उल्लंघन करने पर केवल मौद्रिक कटौतियां तथा अर्थदण्ड के भुगतान का प्रावधान है। इसके तहत किसी व्यक्ति को सिविल कारावास या दण्ड तभी दिया जा सकता है, जब वह नोटिस की तिथि से 90 दिन के अन्दर निर्धारित अर्थदण्ड अदा न करें, किन्तु ऐसा भी "कारण बताओ नोटिस" तथा वैयक्तिक सुनवायी की औपचारिकताओं के पश्चात् ही किया जाता है।

FEMA का मुख्यालय प्रवर्तन निदेशालय (Enforcement Directorate) कहलाता है, जो नई दिल्ली में स्थित है, इसके अलावा इसे 5 जोनल आफिसों में भी बांटा गया है, जो दिल्ली, मुम्बई, कोलकाता, चेन्नई, जालंधर में स्थित हैं।

अत: विदेशी निवेश हेतु अनुकूल परिस्थितियों के निर्माण के तहत FERA 1973 के स्थान पर FEMA को अपनाया गया।

प्रश्न-2 भारत में आतंकवाद के कारणों की चर्चा करें।

उत्तर : आतंकवाद के निम्नलिखित कारण हैं:

1. **राजनीतिक कारण-** इसमें प्रमुख रूप से नागरिक अधिकारों की अवहेलना, राजनीतिक अपराधीकरण एवं भ्रष्ट व शोषणकारी प्रशासनिक तन्त्र को माना जाता है, जिससे पीड़ित व्यक्ति आतंकी संगठनों या ऐसी विचार धारा वाले संगठनों से जुड़ने का प्रयास करता है।

2. **आर्थिक कारण**- व्यापक स्तर पर फैली गरीबी, बेरोजगारी असमानता आदि के कारण युवा वर्ग में असंतोष की भावना का जन्म होता हैं, कुंठा एवं विद्रोह की भावना प्रबल होती हैं जिससे वे आतंकवाद की ओर उन्मुख होते हैं। कई डॉक्टर, इंजीनियर भी इसमें शामिल पाए गए।

3. **सामाजिक-सांस्कृतिक कारण**- इसमें मुख्य रूप से जातिगत भेदभाव, नस्लीय भेदभाव तथा अनुचित शिक्षा पद्धति ने आतंकवाद को बढ़ावा दिया हैं भारत और अमेरिका में कई नस्लीय हिंसा की घटनाएं वर्तमान में देखी गई हैं। कुछ समुदाय अपने मूल्यों की रक्षा के लिए संघर्ष का सहारा ले रहे है विश्व के कई अनेक भागों में नृजातीय संघर्ष चल रहे हैं।

4. **धार्मिक कारण**- धर्म की गलत व्याख्या भी आतंकवाद के उद्‌भव का एक कारण माना जाता है। इस्लाम धर्म की गलत व्याख्या के कारण इस्लामी आतंकवाद तथा हिन्दू धर्म की गलत व्याख्या के कारण भगवा आतंकवाद का जन्म हुआ। धार्मिक आतंकवाद के नव आतंकवाद या उत्तर आधुनिक आतंकवाद भी कहा जाता हैं।

5. **सापेक्षिक वंचना का सिद्धान्त**- इस सिद्धान्त के अनुसार जब किसी वर्ग विशेष द्वारा सुविधाओं एवं अधिकारों के संदर्भ में अन्य वर्गों के सापेक्ष स्वयं को वंचित महसूस किया जाता है तब वह आतंकवादी साधनों का सहारा लेता है।

6. **आधुनिकीकरण की धारणा**- विश्व के अधिकांश देश राजनीतिक-आर्थिक व सामाजिक परिवर्तन के दौर से गुजर रहे हैं। ऐसे देशों में एक ऐसा वर्ग भी होता है जो इन परिवर्तनों के बावजूद स्वयं को सुविधा से वंचित मानता हैं तथा इन परिवर्तन का विरोध करने हेतु आतंकवाद का सहारा लेता हैं।

प्रश्न 3 फूड फोर्टिफिकेशन क्या है? समझाइए।

उत्तर : फूड फोर्टीफिकेशन एक ऐसी प्रक्रिया है जिसके माध्यम से एक बड़े स्तर पर भोजन में उपयोग की जानी वाली खाद्य सामग्री में खनिज तत्वों (Minerals) और विटामिनों को एक निश्चित अनुपात में मिलाया जाता है। खाद्य सामग्री में खनिज तत्वों और विटामिनों के मिश्रण को किस अनुपात में मिलाना है यह इस बात पर निर्भर करता है कि किसी क्षेत्र विशेष में कुपोषण की शिकार जनसंख्या द्वारा उपभोग किये जाने वाले खाद्य पदार्थों में किस विटामिन एवं खनिज तत्व की प्रमुख कमी है। फूड फोर्टीफिकेशन की प्रक्रिया में इस बात का ध्यान भी रखना बहुत आवश्यक है कि इन पोषक तत्वों को लोगों तक पहुंचाने में कितनी लागत आयेगी और कौन से खाद्य पदार्थ को लोगों द्वारा स्वीकृत किया जायेगा। फूड फोर्टीफिकेशन की प्रक्रिया द्वारा खाद्य पदार्थ में विटामिन या खनिज की मात्रा मिलाने से खाद्य पदार्थों के रंग-रूप उसके स्वाद एवं उनकी संरचना आदि पर कोई असर नहीं पड़ना चाहिए।

फूड फोर्टीफिकेशन प्रक्रिया के दौरान खाद्य पदार्थों में जिन खनिज तत्वों को मिलाया जाता है उनमें आयोडीन, आयरन, कैल्शियम, जिंक, कॉपर आदि प्रमुख है और जिन विटामिनों को मिलाया जाता है उनमें विटामिन A, B_1, B_2, B_3, B_6, B_9 एवं B_{12} विटामिन C एवं विटामिन D हैं। फूड फोर्टीफिकेशन की प्रक्रिया से बने खाद्य पदार्थ उपयोग की दृष्टि से पूर्णतया सुरक्षित एवं लाभप्रद है क्योंकि किसी खाद्य पदार्थ में मिलाये जाने वाले विटामिन एवं मिनरल तत्वों की मात्रा व्यक्तियों की रोज की आवश्यकता के अनुसार निर्धारित की जाती है। इस प्रक्रिया को सख्त निगरानी में किया जाता है एवं विटामिन और खनिज तत्वों के मिश्रण के मापदंडों का कठोरता से पालन किया जाता है। सरकारी या निजी क्षेत्र की फूड फोर्टीफिकेशन करने वाली कम्पनियाँ यह सुनिश्चित करती हैं किसी भी विटामिन या मिनरल को निधरित मात्रा से अधिक न मिलाया गया हो।

कुपोषण की रोकथाम के लिए खाद्य पदार्थों के पोषण को संवर्धित कर विटामिन ए, आयरन एवं आयोडीन की कमी को पूरा किया जा सकता है। इन पोषक तत्वों को जन-जन तक पहुंचाने के लिए यह एक आसान और कम खर्च वाली असरदार तकनीक है। अमेरिका, एशिया एवं अफ्रीका में कुपोषण की रोकथाम के लिए फूड फोर्टीफिकेशन को अपनाया गया है। इसके सकारात्मक परिणाम देखने को मिले है।

प्रश्न-4 लिविंग लेजर क्या है? इसके अनुप्रयोगों पर चर्चा कीजिए।

उत्तर: लिविंग लेजर से तात्पर्य ऐसी लेजर से है, जिसका निर्माण मानव कोशिका एवं जेलीफिश प्रोटीन के द्वारा किया जाता है। वैज्ञानिकों ने मानवीय वृक्क की भ्रूणीय कोशिका से बनने वाले ग्रीन फ्लूओरेसेंट प्रोटीन पर नीली किरणों के प्रहार द्वारा ऐसी लेजर के निर्माण में सफलता पायी है, जिसे नग्न आँखों से देखा जा सकता है तथा उसे मनचाही दिशा में मोड़ा जा सकता है। इस प्रक्रिया में मानव कोशिका को कोई क्षति भी नहीं होती है। लिविंग लेजर के निर्माण में सबसे पहले सफलता हावर्ड के स्थोक ब्यून यून एवं माल्टे गैदर ने प्राप्त की। इन दोनों वैज्ञानिकों ने जेलीफिश प्रोटीन एवं मानव वृक्क की भ्रूण कोशिका के द्वारा लिविंग लेजर का निर्माण किया है।

लिविंग लेजर बीम की चौड़ाई कम तथा चमकीलापन भी अन्य लेजरों की तुलना में कम होता है। लिविंग लेजर की उपयोगिता चिकित्सा क्षेत्र में विशेष रूप से सिद्ध की जा सकती है। परम्परागत लेजर के द्वारा शरीर के भीतरी भागों की तस्वीर लेने एवं विभिन्न रोगों के उपचार में किया जा रहा है परंतु लिविंग लेजर प्रक्रिया के द्वारा मानव शरीर के अंदर ही लेजर का निर्माण करके जटिल रोगों का निदान किया जा सकता है तथा शरीर के अंदरूनी भागों में होने वाली विसंगतियों को देखा जा सकता है। लिविंग लेजर के द्वारा शरीर के क्षतिग्रस्त ऊतकों एवं कोशिकाओं की मरम्मत की जा सकती है। साथ ही लिविंग लेजर की सहायता से शरीर विज्ञान में नए अनुसंधानों को आगे बढ़ाया जा सकता है।

यद्यपि लिविंग लेजर की सहायता से चिकित्सा क्षेत्र में क्रांति आ सकती है परंतु अभी इस पर व्यापक अनुसंधान की जरूरत है ताकि इसके लाभकारी कार्यों के साथ-साथ इसके द्वारा होने वाली हानियों का भी पता लगाया जा सकते।

प्रश्न-5 ग्रेफीन एवं सिलीसीन क्या है? इलेक्ट्रॉनिक क्षेत्र में इनके योगदान पर प्रकाश डालिए।

उत्तर : ग्रेफीन कार्बन परमाणुओं के SP^3 बंध के एक परमाणु के बराबर पतली झिल्ली होती है, जिसकी संरचना मधुमक्खी के छत्ते के समान होती है। ग्रेफीन की संरचना 2डी क्रिस्टलीय है। ग्रेफीन में कार्बन के शुद्ध रूप से एक अणु कम होता है लेकिन यह स्टील से 100 गुना अधिक मजबूत तथा कॉपर से 10 गुना बेहतर तापीय सुचालक होता है। ग्रेफीन कमरे के तापमान पर भी पारदर्शक सुचालक का गुण प्रकट करता है।

सिलीसीन, सिलिकॉन से बनाया गया ग्रेफीन की तरह की एक पतली शीट है जो संरचना एवं इलेक्ट्रॉनिक गुणों में भी ग्रेफीन की तरह समान है एवं वैसी ही विशेषताएँ प्रकट करता है।

ग्रेफीन एवं सिलीसीन के प्रयोग से इलेक्ट्रॉनिक्स क्षेत्र में बहुआयामी परिवर्तन लाया जा सकता है। वर्तमान में इलेक्ट्रॉनिक्स के क्षेत्र में अर्द्धचालकों का आकार ग्रेफीन एवं सिलीसीन की अपेक्षा अधिक है तथा वे ग्रेफीन एवं सिलीसीन की अपेक्षा कम सुचालक है। वर्तमान में प्रयुक्त होने वाले अर्द्धचालकों की जगह ग्रेफीन एवं सिलीसीन के अर्द्धचालकों के प्रयोग से इलेक्ट्रॉनिक उपकरणों का आकार कम एवं क्षमता बढ़ाई जा सकती है। ग्रेफीन एवं सिलीसीन के द्वारा वाटर प्यूरीफायर, सुपर कंडक्टर एवं बैटरियों की क्षमता सुधारी जा सकती है। वर्तमान में ग्रेफीन का प्रयोग पारदर्शी टच स्क्रीनों के निर्माण, हल्के पैनल, सौर सेल आदि के निर्माण में किया जा रहा है परंतु सिलीसीन का प्रयोग अभी प्रारंभिक अवस्था है। निष्कर्षत: यह कहा जा सकता है कि ग्रेफीन एवं सिलीसीन पदार्थ इलेक्ट्रॉनिक क्षेत्र में क्रांति का सूत्रपात कर सकते हैं।

प्रश्न-6 भ्रष्टाचार कितने प्रकार का हैं, उल्लेख करें।

उत्तर : भ्रष्टाचार के अनेक रूप हैं, मात्र धन संबंधी दुरूपयोग ही भ्रष्टाचार नहीं है, बल्कि वे सभी कार्य जिसमें सार्वजनिक सत्ता का दुरूपयोग करते हुए व्यक्तिगत लाभ प्राप्त किया जाए या किसी अन्य व्यक्ति को अनुचित लाभ प्रदान किया जाए, भ्रष्टाचार कहलाता है। आचार्य कौटिल्य ने अपने ग्रंथ में 40 प्रकार के भ्रष्टाचारों का वर्णन किया है। 1962 में गठित संथानम समिति ने 27 प्रकारों के भ्रष्टाचार की पहचान की है। जिनमें प्रमुख हैं-

1. स्वयं या परिवार या संबधियों या मित्रों के लिए आर्थिक या अन्य लाभ प्राप्त करना,
2. स्पीड मनी-कार्यों में विलम्ब न करने के बदले ली जाने वाली रकम (रिश्वत)
3. रूपयों अथवा वस्तुओं के रूप में दान/चन्दा ग्रहण करना (लालच)

4. सार्वजनिक धन व भण्डार का दुरूपयोग करना (मुनाफाखोरी)
5. अपनी आय से अधिक वस्तुओं को रखना,
6. शासकीय पद या सत्ता का दुरूपयोग, भर्ती, नियुक्ति, स्थानान्तरण एवं पदोन्नति के संबंध में गैर कानूनी रूप से धन लेना।
7. आर्थिक लाभ के लिए आयकर, सम्पत्ति कर आदि का कम मूल्यांकन प्रस्तुत करना।
8. भर्ती प्रक्रिया में योग्यता के स्थान पर अपने संबंधियों व परिस्थितियों के अनुसार परिचितों को प्राथमिकता देना।
9. गलत यात्रा भत्ते, फर्जी बिल, फर्जी प्रमाण पत्र का उपयोग करना निजी कार्यों के लिए कार्यालय व अधिकारियों एवं सम्पत्ति की सेवा लेना।
10. मिलिभगत के आधार पर ठेकाओं का आवंटन, गलत क्षतिपूर्ति का मुआवजा दिखाकर, अनैतिक रूप से सरकारी धन का दुरूपयोग करना।

प्रश्न-7 नक्सलवाद समस्या के समाधान हेतु सुझाव दें।

उत्तर : नक्सलवाद समस्या के समाधान के निम्नलिखित सुझाव हैं:

1. नक्सलवादियों के लिए पुर्नवास कार्यक्रमों के प्रति जागरूकता फैलाने की आवश्यकता हैं।
2. उन्हें आत्मसमर्पण के लिए प्रेरित करना चाहिए।
3. इस समस्या से प्रभावित राज्यों तथा केन्द्र सरकार के सुरक्षा बलों को मिलाकर एक संयुक्त विंग की स्थापना की जाए।
4. सुरक्षा बलों को आधुनिक हथियार तथा कुशल प्रशिक्षण दिया जाए।
5. अधिक से अधिक विकासात्मक कार्य किये जाए।
6. मनोवृतित परिवर्तन के माध्यम से स्थानीय लोगों को नक्सलियों के विरूद्ध किया जाए।
7. वस्तुतः केन्द्र एवं राज्य सरकार को चार स्तर पर कार्य करना चाहिए।
    - सुरक्षात्मक कार्यवाही,
    - राजनीतिक पहल,
    - विकासात्मक कार्य,
    - उनका सफल क्रियान्वयन एवं आदिवासियों, जनजातियों के साथ न्याय एवं उनके अधिकारों की सुरक्षा करना प्राथमिक दायित्व हो।

प्रश्न-8 बौद्धिक सम्पदा का आशय क्या है तथा इसकी आवश्कता क्यों है?

उत्तर : बौद्धिक सम्पदा से आशय मस्तिष्क के सृजन से है जिसमें अन्वेषण, साहित्यिक व कलात्मक कार्य तथा प्रतीक, नाम, चित्त व वाणिज्यिक उद्देश्यों के लिए प्रयुक्त डिजाइन आते हैं। बौद्धिक संपदा दो वर्गों में विभाजित है– प्रथम, औद्योगिक जिसमें अन्वेषण (पेटेंट), ट्रेडमार्क, औद्योगिक डिजाइन व संसाधनों का भौगोलिक संकेत शामिल हैं तथा द्वितीय, कॉपीराइट जिसमें उपन्यास, नाटक, फिल्म, संगीत, पेंटिंग, फोटोग्राफ व वास्तुकला जैसे कलात्मक कार्य तथा वास्तुशास्त्रीय डिजाइन शामिल हैं। कॉपीराइट से जुड़े अधिकारों में कलाकारों द्वारा प्रदर्शन, निर्माताओं द्वारा फोटोग्राफ की उनकी रिकार्डिंग भी शामिल होती है।

बौद्धिक सम्पदा अधिकार सृजनकर्ता को पेटेंट, ट्रेडमार्क (किसी व्यक्ति या कंपनी द्वारा उत्पादित वस्तु या प्रदान की जाने वाली सेवा को पहचानने के लिए विशेष प्रतीक), कॉपीराइट (कानूनी लेखकों, आर्टिस्टों व अन्य सृजनकर्ताओं को उनके साहित्यिक व कलात्मक रचनाओं या उनके कार्य के प्रति सुरक्षा) के माध्यम से अपने द्वारा किए कार्यों अथवा कार्यों में निवेश के प्रति लाभ प्रदान करते हैं। ये अधिकार मानव अधिकारों को घोषणापत्र के अनुच्छेद 27 में रेखांकित किए गए हैं जिसके अनुसार सृजनकर्ता को वैज्ञानिक, साहित्यिक एवं कलात्मक रचनाओं के प्रति मालिकाना लाभ प्रदान होता है।

बौद्धिक सम्पदा अधिकार की आवश्यकता

बौद्धिक सम्पदा अधिकारों को प्रोत्साहन व संरक्षण प्रदान करने के प्रमुख कारण हैं- मानवता के विकास एवं अच्छे रहन-सहन हेतु तकनीक और संस्कृति के क्षेत्र में नित नई खोजों की आवश्यकता है। द्वितीय, नवीन निर्माणों को कानूनी सुरक्षा प्रदान करने और अधिक खोजों के लिए प्रोत्साहन प्रदान करने से अर्थव्यवस्था में वृद्धि होती है जिसके फलस्वरूप उद्योगों एवं नए रोजगारों का सृजन होता है जिससे अंततः जीवन की गुणवत्ता एवं आनन्द में वृद्धि होती है।

प्रश्न-9 देश के सबसे लम्बे रेलवे-सड़क पुल बोगीबील के महत्व को स्पष्ट करें।

उत्तरः प्रधानमंत्री श्री नरेन्द्र मोदी ने 25 दिसम्बर 2018 को असम में देश का सबसे लम्बा रेल-सड़क पुल बोगीबील सेतु राष्ट्र को समर्पित किया। यह पुल असम में ब्रह्मपुत्र नदी पर धामाजी और डिब्रुगढ़ जिले को जोड़ता है। इस पुल का महत्व निम्नलिखित बातों से स्पष्ट हो जाता है-

- इस पुल के निर्माण से अरूणाचल प्रदेश की राजधानी ईटानगर और असम के डिब्रूगढ़ के मध्य की दूरी सड़क से 150 किमी हो गयी जबकि रेल मार्ग से 705 किमी कम हो गयी। इससे असम से अरूणाचल प्रदेश पहुंचना आसान और शीघ्र हो गया। यह स्थिति भारतीय सेना को अरूणाचल प्रदेश से लगी चीन की सीमा पर शीघ्रता से पहुंचा सकेंगी।
- पूर्वोत्तर राज्यों के लाइफ लाइन कहे जाने वाले इस पुल के निर्माण से निर्बाध आवागमन संभव होगा जिससे राष्ट्रीय सुरक्षा को मजबूती मिलेगी।
- यूरोपीय वेल्डिंग मानकों के अनुरूप भारतीय रेलवे ने इस पुल को इस प्रकार से बनाया है कि आपात स्थिति में फाइटर प्लेन भी इस पर उड़ान व लैडिंग कर सकेंगे।
- यह पुल इतना मजबूत है कि रिक्टर स्केल पर 7 की तीव्रता का भूकंप भी झेल सकता है। इस पुल के 120 वर्षो तक सुरक्षित रहने का दावा किया है।
- इस पुल में दो रेल लाइन ट्रैक और तीन लेन की सड़क है।
- इस पुल का महत्व इस बात से लगाया जा सकता है कि यह डबल डेकर पुल देश का सबसे लम्बा तथा एशिया का दूसरा सबसे लम्बा पुल है।

प्रश्न-10 स्वदेशी एवं विदेशी तकनीक हस्तांतरण को समझाएं।

उत्तर : स्वदेशी तकनीकें जो सार्वजनिक धन से सार्वजनिक प्रतिष्ठानों द्वारा विकसित की गई है, उनका सामाजिक आर्थिक लाभ के लिए क्षेत्रीय (Field Level) स्तर पर हस्तांतरण किया जाना जैसे उदाहरण के लिए कृषि विज्ञान केन्द्रों द्वारा कृषि की नवीनतम शोध व तकनीक का किसानों को हस्तांतरण साथ ही इन तकनीकों का निवेशकों को पेटेंट के रूप में हस्तांतरण भी किया जाता है जिससे इन संस्थानों को वित्तीय लाभ भी प्राप्त हो रहा है। CAR (सेंटर फॉर ऑटोमोटिव रिसर्च) शोध संस्थान टीके, निदान किट और इसी तरह के अन्य अपने अनूठे उत्पादों का उत्पादन और मार्केटिंग पहले से ही शुरू कर चुके हैं और उन्होंने बाजार में अपने ब्रांडों की साख भी बना ली है। हाल ही में DRDO केन्द्र द्वारा लम्बे समय तक भोजन को सुरक्षित रखने की तकनीक का हस्तांतरण योग गुरू बाबा रामदेव के संस्थान को किया गया है। परमाणु ऊर्जा विभाग के शोध केन्द्रों में हुए अनुसंधान से जुड़ी कई परियोजनाओं को व्यावसायिक उत्पादन हेतु उद्योग जगत को हस्तांतरित कर दिया गया है। बार्क से हाल ही में उद्योगों को सौंपी गई प्रौद्योगिकी में आनलाइन जल शोधक, इलेक्ट्रोलाइजिंग ऑफ रिएक्टर चैनल सीलिंग प्लग जॉ, मेडिकल एनालाइजर और डिजिटल मेडिकल इमेजिंग सिस्टम आदि शामिल है। बार्क ने व्यावसायिक उत्पादन के लिए स्वदेश में विकसित कोबाल्ट-60 टेलीथिरेपी इकाई भी निजी उद्योगों को हस्तांतरित कर दी है।

वर्तमान समय बौद्धिक सम्पदा अधिकारों (IPR) का समय है। साथ ही वैश्वीकरण के कारण अर्थव्यवस्थाएं आपस में जुड़ गई हैं। भारत सहित सभी देश अपनी आवश्यकताओं की पूर्ति तकनीकी उत्पादों के आयात द्वारा करते हैं। अर्थात् अपनी आवश्यकताओं के लिए आपूर्तिकर्ता देश पर ही निर्भर रहना पड़ता है। जो कि राष्ट्रीय सुरक्षा और आत्मनिर्भरता के नजरिए से सही नही है।

भारत भी अपनी अधिकांश तकनीकी आवश्यकताएं अमेरिका और यूरोप के देशों से करता है। इन आयातों के बदले भारत को भारी मात्रा में विदेशी मुद्रा का प्रयोग भुगतान करने में व्यय करना पड़ता है। साथ ही उस तकनीक के आगे उपयोग के लिए रायल्टी भी अदा करनी पड़ती है। इस समस्या से आयातित तकनीक और भी ज्यादा महंगी हो जाती है। इसलिए यह आवश्यक है कि तकनीकी उत्पाद के आयात के साथ उससे संबंधित तकनीक का भी हस्तांतरण किया जाए। वर्तमान समय में भारत सरकार ऐसी ही खरीद की नीति पर कार्य कर रही है। यह भारत के ''मेक इन इंडिया'' कार्यक्रम की सफलता के लिए भी आवश्यक है।

खण्ड-2

निर्देश: *निम्नलिखित प्रत्येक प्रश्न का उत्तर 200 शब्दों से अधिक नहीं होना चाहिए। शब्द-विस्तार की अपेक्षा प्रश्नोत्तर की अन्तर्वस्तु अधिक महत्वपूर्ण है। सभी प्रश्नों के अंक समान हैं।*

Instruction: *Answer the following questions in not more than 200 words each. Content of the answers are more important than their length. All questions carry equal marks.* 10 + 12 = 120

प्रश्न-1 निर्धनता के दुष्चक्र से आप क्या समझते हैं। वर्तमान में निर्धनता उन्मूलन का पर्याय बने कौशल विकास कार्यक्रमों के बारे में बतायें।

उत्तर: गरीबी का अर्थ अवसरों एवं विकल्पों से वंचित रहना है। गरीबी के विभिन्न आयाम एक-दूसरे से अंतर्सबंधित (Interconnected) है, जिसे निर्धनता का दुष्चक्र कहा जाता है, जो निम्न प्रकार से स्पष्ट किया जा सकता है-

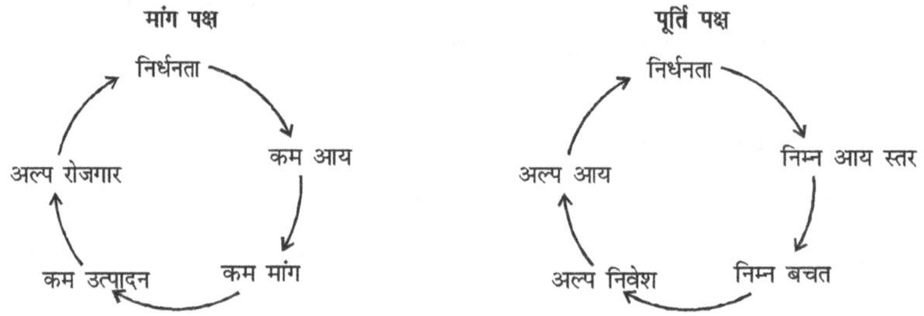

निर्धनता का दुश्चक्र

निर्धनता के दुष्चक्र को तोड़ने के उद्देश्य से प्रधानमंत्री नरेन्द्र मोदी ने 11 अक्टूबर, 2017 को नई दिल्ली स्थित भारतीय कृषि अनुसंधान परिषद, पूसा से ''गरीबी भारत छोड़ो'' अभियान की शुरूआत की। इस अवसर पर प्रधानमंत्री ने गरीबी मुक्त भारत बनाने के लिए देश के प्रत्येक नागरिक को कुशल व कार्य में दक्ष बना कर मानव पूंजी में परिवर्तित करने की राह दिखाई है। वर्तमान में निर्धनता उन्मूलन हेतु चलाये जा रहे प्रमुख कौशल विकास कार्यक्रम निम्नवत् है-

प्रधानमंत्री कौशल विकास योजना: इस योजना के अन्तर्गत 1,120 करोड़ व्यय करके 14 लाख युवाओं को प्रशिक्षण प्रदान करके उन्हें कुशल श्रमिक बनाया जायेगा। इस उद्देश्य को प्राप्त करने के लिए कौशल विकास और उद्यमिता मंत्रालय द्वारा ''राष्ट्रीय कौशल मिशन'' प्रारम्भ किया गया है।

राष्ट्रीय कौशल मिशन: यह मिशन विभिन्न मंत्रालयों द्वारा चलाये जा रहे कौशल सम्बन्धी पहलो को समन्वित कर 31 क्षेत्रों में कौशल विकास परिषदों की प्रक्रियाओं और परिणामों का मानकीकरण करेगा।

दीन दयाल उपाध्याय ग्रामीण कौशल योजना: 25 सितम्बर, 2014 को भारत सरकार द्वारा ग्रामीण क्षेत्रों के गरीब परिवारों के 15-35 आयु के युवाओं को कौशल विकास और उत्पादन क्षमता पर बल देने के लिए ''दीन दयाल उपाध्याय ग्रामीण कौशल'' योजना का प्रारम्भ किया। इस योजना का क्रियान्वयन ''ग्रामीण विकास मंत्रालय'' द्वारा इस उद्देश्य से किया जा रहा है कि कौशल विकास और अन्य उपायो के माध्यम से आजीविका के अवसरों में वृद्धि कर ग्रामीण युवाओं के जीवन स्तर में सुधार लाना और उनका समावेशी विकास करना है। यह योजना 576 घंटे (तीन माह) से

लेकर 2304 घंटे (बारह माह) की अवधि वाले प्रशिक्षण कार्यक्रमों के लिए वित्त उपलब्ध कराती है। इस योजना के माध्यम से खुदरा, अतिथ्य, स्वास्थ्य, निर्माण, स्वचालित, चमड़ा, बिजली, रत्न और आभूषण जैसे 250 से अधिक ट्रेडों में कौशल प्रशिक्षण कार्यक्रमों हेतु वित्त पोषण किया जा रहा है। इस योजना के अंतर्गत विकलांगों की प्रशिक्षण आवश्यकताओं का भी ध्यान रखा गया है।

दीन दयाल उपाध्याय अंत्योदय योजना: 25 सितम्बर, 2014 को भारत सरकार द्वारा शहरी गरीबों के कौशल विकास हेतु "दीन दयाल उपाध्याय अंत्योदय योजना" का प्रारम्भ किया गया। इस योजना का क्रियान्वयन "केन्द्रीय आवास एवं शहरी गरीबी उन्मूलन मंत्रालय" द्वारा इस उद्देश्य से किया जा रहा है कि कौशल विकास और अन्य उपायो के माध्यम से आजीविका के अवसरों में वृद्धि कर शहरी गरीबी को कम किया जा सके। इस योजना के अन्तर्गत प्रत्येक शहरी गरीब पर 15000 रूपये और पूर्वोत्तर व जम्मू-कश्मीर हेतु 18000 रूपये व्यय कर कुशल बनाया जायेगा।

उपरोक्त योजनाएं निर्धनता उन्मूलन के प्रयासों को अवश्य ही संभव बनायेगी क्योंकि कौशल विकास, स्वरोजगार की नींव है और स्वरोजगार, निर्धनता के दुष्चक्र को तोड़ने का रामबाण है।

प्रश्न-2 कृषि क्षेत्र संकट की स्थिति में है। क्या न्यूनतम समर्थन मूल्यों में वृद्धि इस संकट का समाधान कर पायेगी? यदि नहीं तो एमएसपी में सुधार हेतु सुझाव दीजिए।

उत्तर: यह सर्वविदित है कि देश में कृषि की मौजूदा स्थिति खस्ताहाल है और यह क्षेत्र निम्नलिखित संकटों से घिरा हुआ है:

- सार्वजनिक निवेश की कमी।
- भूमि के असमान वितरण।
- सीमान्त कृषकों की अधिकता।
- भू-सुधारों का प्रभावहीन कार्यान्वयन
- फसलों के विविधीकरण का अभाव।
- पर्याप्त साख की अनुपलब्धता।
- आधारभूत ढॉचे का पिछड़ापन।
- ऋणग्रस्तता।
- कृषि उपज का सही मूल्य न मिलना।
- मंडियों तक सीमित पहुंच।
- मंडियों में सुविधाओं का अभाव।
- कृषि आज भी मानसून का जुआ है।
- कृषि फसलों को सीमित बीमा कवरेज व प्रीमियम की समस्या।
- बिचौलियों द्वारा किसानों का शोषण व व्याप्त भ्रष्टाचार।

कृषि क्षेत्र में व्याप्त इन संकटों के बावजूद भी केन्द्र सरकार ने वर्ष 2022 तक किसानों की आय को दोगुना करने का लक्ष्य निर्धारित किया है। इस लक्ष्य को पूरा करने में न्यूनतम समर्थन मूल्यों में वृद्धि एक अल्पकालिक प्रयास हो सकता है, जबकि इस गहन संकट से उभरने के लिए समग्र, समावेशी व प्रभावकारी समाधान तलाशने की आवश्यकता है।

कृषि संकट से उबरने हेतु एमएसपी में सुधार हेतु सुझाव

- नीति आयोग के अनुसार कृषि लागत एवं मूल्य आयोग की जगह संविधान के अनुच्छेद 323बी के अन्तर्गत एक "कृषि अधिकरण" की स्थापना कर कृषि उत्पादों के मूल्य संबंधी समस्त दायित्व इस अधिकरण को सौंप दिया जाए।

- न्यूनतम समर्थन मूल्य के स्थान पर ''न्यूनतम रिजर्व मूल्य'' की व्यवस्था की जाए। यह रिजर्व मूल्य ही मंडियों में कृषि उत्पादों का प्रारंभिक विक्रय मूल्य होना चाहिए।
- फसलों के मूल्य निर्धारण की प्रक्रिया में तीन वर्ग बनाकर एमएसपी की घोषणा की जाये। पहले वर्ग में अधिशेष उत्पादन वाली फसलों को रखा जाए, दूसरे वर्ग में देश में कम उपलब्ध होने वाली परन्तु विश्व बाजार में उपलब्ध होने वाली फसलों को रखा जाए तथा तीसरे वर्ग में देश व विदेश दोनों में सीमित उपलब्धता वाली फसलों को रखा जाए।
- कृषि उत्पादों की खरीद में निजी क्षेत्र की भागीदारी को बढ़ाया जाये।
- किसानों को एसएसपी के प्रति जागरूकता बढ़ाने में ग्राम पंचायत व चौपालों को जिम्मेदारी सौंपी जाए।
- फसलों की एमएसपी की जानकारी किसान काल सेन्टर से टोल फ्री नम्बर के माध्यम से उपलब्ध कराने की व्यवस्था की जाए।
- सभी मंडियों में एक ऐसे डिजिटल पटल की व्यवस्था की जाए जहाँ सरकार द्वारा निर्धारित एमएसपी प्रदर्शित होती रहे।

उक्त सुझावों के माध्यम से न्यूनतम समर्थन मूल्य को व्यवहारिक व न्यायोचित बनाया जा सकता है।

प्रश्न-3 न्यूनतम समर्थन मूल्य (MSP) का अर्थ बताइये। इसका निर्धारण किन आधारों पर किया जाता है? एमएसपी में वृद्धि भारतीय किसानों के लिए कितनी कारगर है?

उत्तर: कृषि के क्षेत्र में एक विचित्र स्थिति तब उत्पन्न होती है, जब किसान अपनी भारी-पूरी फसल को देखकर प्रसन्न होने के स्थान पर दुखी हो जाते हैं क्योंकि फसल उत्पादों की अधिकता, उन्हें बाजार में कृषि उत्पादों का अच्छा मूल्य नहीं दिला पाती। किसानों को इस विषम स्थिति से बाहर निकालने के उद्देश्य से सरकार वर्ष में दो बार (रबी, खरीफ) फसल बोने से पूर्व 23 फसलों का मूल्य निर्धारित कर देती है, जिस पर सरकारी एजेंसियाँ किसानों की फसलों को खरीदती हैं। यह मूल्य ही ''न्यूनतम समर्थन मूल्य'' कहलाता है। अर्थात् सरकार किसानों को किसी भी कारणवश बाजार में कृषि उत्पादों के मूल्य में गिरावट की स्थिति से निश्चिन्त करने के लिए कृषि लागत और मूल्य आयोग (सीएसीपी 1985) द्वारा सिफारिश किये गये एमएसपी की घोषणा करती हैं।

एमएसपी के निर्धारण का आधार:

एमएसपी की सिफारिश करने वाला सीएसीपी खेती की लागत की गणना तीन आधार पर कर एमएसपी का निर्धारण करता है:

1. ए2, 2. ए2 + एफएल, 3. सी2

ए2 : इस आधार में फसल उत्पादन के लिए किसानों द्वारा किये गए सभी तरह के नगद खर्च जैसे-बीज, सिंचाई, खाद, कीटनाशक, ईंधन की लागत को शामिल किया जाता है।

ए2+एफएल: इस आधार में ए2 वर्ग के नगद खर्चों को शामिल करने के साथ-साथ फसल उत्पादन लागत में किसानों के परिवार की अनुमानित पारिश्रमिक को भी जोड़ा जाता है।

सी2: इस आधार में कृषि के व्यवसायिक मॉडल को अपनाया जाता है इसके अन्तर्गत कुल नगद लागत और किसान के पारिवारिक श्रमिक मूल्य के अलावा खेती की जमीन का किराया और कुल कृषि पूंजी पर लगने वाला ब्याज भी शामिल किया जाता है।

किसानों की आर्थिक स्थिति को सुधारने के लिए एम.एस. स्वामीनाथन आयोग (2006) ने सी2 को कृषि लागत का आधार बनाकर इस पर 50 प्रतिशत मुनाफा किसानों को देने की सिफारिश की थी, परन्तु सरकार ने ए2+एफएल को ही कृषि लागत के रूप में स्वीकार किया और इसी लागत को डेढ गुना बढ़ाकर, एमएसपी निर्धारण की घोषणा बजट 2018-19 में की गयी ताकि वर्ष 2022 में किसानों की आय को दोगुना करने का लक्ष्य प्राप्त किया जा सकें। परन्तु एमएसपी में वृद्धि मात्र से ही किसानों की स्थिति में सुझाव संभव नहीं, जिसके निम्न कारण है:-

- नीति आयोग के एक अध्ययन के अनुसार भारत में केवल 10 प्रतिशत किसानों को बुआई के समय से पहले एमएसपी की जानकारी होती है। साथ ही कुछ राज्यों में किसानों की अपनी उपज के एमएसपी के बारे में बिल्कुल भी जानकारी नहीं होती परिणामस्वरूप जानकारी के अभाव में किसानों को बढ़े हुए एमएसपी से कोई लाभ नही मिलेगा।
- पीक-सीजन के दौरान कृषि वस्तुओं के मूल्य निर्धारण में बाजार शक्तियों का हस्तक्षेप अधिक होता है और किसानों को मूल्य पर सौदेबाजी करने का अवसर नहीं मिलता, जिसके चलते उन्हें सस्ती कीमतों पर ही अपनी उपज बेचनी पड़ती है।
- देश में सीमान्त किसानों की संख्या अपेक्षाकृत अधिक है वे अपनी उपज को मण्डी में ले जाने के स्थान पर बिचौलियों को सस्ते दाम पर बेच देते है क्योंकि इस प्रक्रिया से उन्हें शीघ्र नगदी प्राप्त होती है, जबकि मण्डी की सुविधा सीमित होने के कारण परिवहन लागत और बाजार शक्तियों के शोषण के चलते किसान बिचौलियों को फसल बेचने का विकल्प चुनते हैं, जिसमें एमएसपी की कोई भूमिका नहीं है।
- एमएसपी की गणना के लिए जो प्रक्रिया (ए2 + एफएल) अपनायी जाती है, वह न्यायोचित नहीं है यदि पिछले 25 वर्षों में एमएसपी में हुई वृद्धि की तुलना सरकारी कर्मचारियों के वेतन में हुई वृद्धि से की जाये तो स्थिति स्वत: ही स्पष्ट हो जायेगी कि एमएसपी में वृद्धि की दर बहुत सीमित हैं।
- एमएसपी में वृद्धि एक ओर खाद्यान्न मुद्रास्फीति में वृद्धि करने में सहायक है, जिसके चलते सरकार को खाद्यान्न सब्सिडी में व्यय बढ़ाना पड़ता है। यह स्थिति सरकार के बजट घाटे को बढ़ाने में कारगर है।
- एमएसपी में वृद्धि, मौद्रिक नीति समिति को नीतिगत दरें बढ़ाने के लिए प्रेरित करती है। जो अर्थव्यवस्था की विकास दर के लिए नकारात्मक स्थिति उत्पन्न करेगी।
- एमएसपी अनाज, दाले व तिलहन जैसी फसलों के लिए घोषित किया जाता है, जबकि उच्च मूल्य वाली फसलें जैसे फल, सब्जियां, मसाले, औषधी व फूलों की खेती के लिए ऐसे किसी मूल्य की व्यवस्था नहीं है। इस स्थिति में किसान फसलों के विविधीकरण का लाभ नहीं उठा पाते। उनकी प्राथमिकता में एमएसपी वाली फसले ही रहती है, जिसके कारण वे अपनी आय बढ़ाने के लिए अन्य विकल्पों को स्वत: ही बन्द कर देते है।

उपरोक्त स्थितियों से प्रतीत होता है कि मात्र 23-24 फसलों की एमएसपी में वृद्धि मात्र से किसानों की आय व स्थिति में सुधार नहीं किया जा सकता। यदि वास्तवकिता में किसानों की आय व स्थिति में सुधार करना है तो डेयरी उद्योग, मत्स्य पालन, जीरो बजट नैचुरल फार्मिंग व कृषि कार्यों में नवीन तकनीक व प्रौद्योगिकी का प्रयोग करना होगा।

प्रश्न-4 अगली पीढ़ी के नेटवर्क (एनजीएन) भारत में मोबाइल संचार को किस प्रकार क्रांतिकारी बना सकते हैं? भारत में अगली पीढ़ी के नेटवर्क के भविष्य का आलोचनात्मक विश्लेषण कीजिए।

उत्तर: अगली पीढ़ी का नेटवर्क वायरलाइन एवं वायरलेस के कोर नेटवर्क में, सर्किट स्विचिंग से पॉकेट स्विचिंग में आधारभूत स्थानांतरण का प्रतिनिधित्व करता है। एन.जी.एन. आवाजों को मिलाता है एवं आँकड़ों की बहुसेवा प्रदायी नेटवर्क के एक बहुल व्यापारिक वातावरण में संचालित करता है। यह एक स्थापत्य है जो उच्च गति की पॉकेट नेटवर्क से परे नए एवं परम्परागत दोनों प्रकार की दूर संचार सेवाओं के निर्बाध एकीकरण को उपलब्ध कराता है। यह स्थापत्य प्राय: चार प्रमुख प्रौद्योगिकीय स्तर के इर्द-गिर्द संरचित है:

(i) **कोर कनेक्टीविटी स्तर**- इसमें रूटिंग एवं स्विचिंग, नेटवर्क एवं गेट-वे तक पहुंच शामिल है।

(ii) **पहुँच एवं ग्राहक परिसर उपकरण स्तर**-यह ग्राहकों या उपभोक्ताओं तक पहुँच के लिए विभिन्न प्रौद्योगिकियों का प्रयोग करता है।

(iii) **अनुप्रयोग सर्वर स्तर**- इसमें समृद्ध सेवाएँ एवं मूल्याधारित अनुप्रयोग शामिल है।

(iv) **प्रबंधन स्तर**- यह नेटवर्क सेवाएँ एवं व्यापार प्रबंधन प्रकार्यों को उपलब्ध कराता है।

इसमें प्रत्येक स्तर अनेक मानकों द्वारा समर्थित होता है जो एक एन.जी.एन. के सफल क्रियान्वयन के लिए कुंजी है।

एन.जी.एन. का स्थापत्य एवं क्रियान्वयन मुक्त, मानक-आधारित इन्टरफेस एवं प्रोटोकॉल्स पर आधारित है। यह बहु व्यावसायिक संगठनों के बीच इन्टरवर्किंग एवं नवोन्मेषों की दर को बढ़ाने के लिए आवश्यक है।

एन.जी.एन. वितरित स्थापत्य पर आधारित है जो क्रियान्वयन लागत को उस समय कम करने में अत्यधिक सहायता करता है, जब वास्तविक प्रयोग में लोचकता प्रदान की जाती है। यह उच्च स्तरीय अनुकूलन सेवाओं को सहारा देने में भी समर्थ है, जिसे आसानी से एवं तीव्रता से संपूर्ण नेटवर्क के मितव्ययी तैनाती के साथ-साथ निर्मित किया जाता है। इसका लक्ष्य विजातीय नेटवर्क संचार वातावरण में नए संचार की इन सभी विशेषताओं को पहुँचाना है। यहाँ सेवा प्रावधान के लिए विषम या भेदभावपूर्ण कारकों में मात्र प्रयोगकर्ता स्वंय, उसकी चयनित सेवा के प्रकार एवं सेवा की वांछित गुणवत्ता ही होगी।

यह प्रौद्योगिकी विभिन्न एकीकरण के नेटवर्कों के लिए एक एकल समाधान उपलब्ध कराती है तथा सभी संचार प्रौद्योगिकीयों (फिक्स्ड, मोबाइल, वायरलेस) को यह स्वंय में शामिल करती है तथा उपलब्ध कराई गई सेवाओं में विद्यमान समस्याओं को सम्बोधित करती है।

मूविंग, रोमिंग, हैंडओवर प्रयोग एवं सेवा की गुणवत्ता, विविध प्रकार की सेवा की गुणवत्ता के साथ विभिन्न प्रौद्योगिकी नेटवर्क के बीच गारंटी के लिए जीरो सर्विस व्यवधान जैसे मुद्दों को डील करने के अतिरिक्त निर्बाध कनेक्टीविटी को उपलब्ध कराती है।

भारत में एन.जी.एन. की निम्नलिखित विशेषताएँ मोबाइल संचार को क्रांतिकारी बना सकती हैं-

(i) आई.पी. पर विभिन्न डाटा संचार का अभिसरण या सम्मिलन जैसे- डाटा, मल्टीमीडिया, आवाज, विडियो आदि।

(ii) स्थिर, बेतार एवं मोबाइल नेटवर्क का सम्मिलन या अभिसरण।

(iii) सेवाओं के एक सामान्य समुच्चय तक पहुँच जिसे बहुल पहुँच नेटवर्क प्रकारों (वाई-फाई, वाई मैक्स आदि) पर प्रयोगकर्ता के हस्तांतरण एवं रोमिंग क्षमता जैसी विशेषताओं के साथ उपलब्ध किया जा सकता है।

(iv) आई.पी. आधारित कोर परिवहन नेटवर्क।

(v) किसी भी प्रकार के टर्मिनल का प्रयोग करने की संभावना (पी.सी., पी.डी.ए., मोबाइल टेलीफोन आदि)

(vi) निर्बाध टर्मिनल

(vii) प्रयोगकर्ता संचलित सेवा सृजन का वातावरण।

(viii) नेटवर्क के लिए प्रयोगकर्ता के संपर्क से परे संभावित नेटवर्क तक हमेशा पहुँच, प्रमाणीकरण, नीति में प्रवेश, सेवा का सामान्य समुच्चय आदि की सुविधा।

भारत में एन.जी.एन. के लाभों का विश्लेषण करने पर यह पाते है कि इसका सम्भावित भविष्य अत्यधिक चमकीला है तथा वर्तमान प्रौद्योगिकी क्रांति के युग में मोबाइल नेटवर्क की अत्यधिक आवश्यकता है। हालांकि इस स्थानांतरण की गति विश्वव्यापी स्वीकार्यता एवं प्रयोगकर्ताओं द्वारा नई सेवाओं के विनियोग तथा नये शामिल प्रौद्योगिकी की प्रौढ़ता पर निर्भर करेगा।

प्रश्न-5 इन विट्रो फर्टिलाइजेशन तकनीक का आलोचनात्मक विश्लेषण कीजिए।

उत्तर: इन विट्रो फर्टिलाइजेशन कृत्रिम गर्भाधान की एक तकनीक है। इस तकनीक में महिला के अंडाशय से अंडाणु को अलग करके उसका संपर्क द्रव माध्यम में शुक्राणुओं से कराया जाता है। अंडाणुओं का शुक्राणुओं से सम्पर्क मादा के शरीर से बाहर प्रयोगशाला के कृत्रिम वातावरण में किया जाता है। इसके बाद निषेचित अंडे को महिला के गर्भाशय में प्रतिस्थापित कर दिया जाता है। इस तकनीक के द्वारा महिलाओं में बाँझपन को दूर किया जा सकता है, साथ ही इस तकनीक की मदद से मनचाहे गुणों वाली संतान भी प्राप्त की जा सकती है। इस तकनीक की खोज सर्वप्रथम रॉबर्ट एडवर्डस एवं पैट्रिक स्टेपो ने की थी। भारत में इस तकनीक की खोज सर्वप्रथम डॉक्टर सुभाष मुखोपाध्याय ने की थी।

प्रारंभ में इस तकनीक का प्रयोग ऐसी महिलाओं पर किया जाता था, जिनकी फैलोपिन ट्यूब बंद होती थी और वे माँ बनने में असमर्थ थीं, परंतु वर्तमान में ऐसी तकनीकों को विकसित कर लिया गया है, जिनसे पुरूषों की नंपुसकता को भी दूर किया जा सकता है। वर्तमान में इन विट्रो फर्टिलाइजेशन की अनेक विधियाँ प्रचलित हैं, जिनमें से प्रमुख निम्नलिखित हैं :

ICSE विधि- इस विधि का प्रयोग तब किया जाता है, जब अंडाणुओं की संख्या कम होती है या फिर पुरूष के शुक्राणु अंडाणु से क्रिया करने की स्थिति में नहीं होते हैं। इस विधि में माइक्रोमेनीपुलेशन तकनीक द्वारा शुक्राणुओं को अंडाणुओं से सीधे इंजेक्ट कराया जाता है।

ZIFT विधि- इस विधि का प्रयोग ऐसी महिलाओं पर किया जाता है, जिनकी फैलोपियन ट्यूब बंद हो या फिर जिनकी रजोनिवृत्ति हो चुकी है। इस विधि में महिला के अंडाणुओं को निकालकर परखनली में उन्हें निषेचित करके महिला की फेलोपियन ट्यूब में स्थापित कर दिया जाता है। यह प्रक्रिया सुपरओब्यूलेशन, अंडे की पुनः प्राप्ति, निषेचन और भ्रूण स्थानांतरण के रूप में पूर्ण होती है।

इन विट्रो फर्टिलाइजेशन तकनीक के कई फायदे हैं। इस तकनीक के द्वारा निःसंतान दम्पत्तियों का इलाज किया जा सकता है तथा शिशुओं में होने वाली आनुवांशिक बीमारियों को भी रोका जा सकता है और मनचाहे गुणों से युक्त शिशु प्राप्त किए जा सकते हैं। इस तकनीक ने स्त्रियों के बाँझपन के साथ-साथ पुरूषों की नंपुसकता का भी बेहतर इलाज किया है।

यद्यपि इस तकनीक के कई फायदे हैं परंतु इसके प्रति समाजशास्त्रियों की कुछ आशकाएँ भी हैं। इस तकनीक की मदद से सामाजिक विसंगतियाँ उत्पन्न हो सकती हैं तथा समाज का लिंगानुपात भी असंतुलित हो सकता है। इस तकनीक में हुई गलतियों की वजह से आनुवांशिक बीमारियों के फैलने का डर भी हो सकता है। निष्कर्षतः यह कहा जा सकता है कि इस तकनीक का प्रयोग मानव जाति के हितों को देखते हुए किया जाना चाहिए।

प्रश्न-6 जीएम फसलें क्या हैं? समझाइए।

उत्तर : फसलों को कीटों, बीमारियों और खरपतवार आदि से बचाने के लिए उन पर कीटनाशकों और खरपतवारनाशकों का छिड़काव किया जाता है लेकिन इन छिड़कावों द्वारा मिट्टी, हवा, पानी के अलावा फसलों में भी रसायन अपना जहरीला असर छोड़ते हैं। कीटनाशकों आदि के अंधाधुंध प्रयोग के चलते आज हालत यह है कि न केवल सब्जियों और फलों में बल्कि अन्यान्य खाद्य पदार्थो मे भी कीटनाशकों के अवशेष देखने को मिलते हैं। यहां तक कि मां का दूध और शहद भी इनके असर से नहीं बच पाए हैं।

पौधो में कीटों व रोग प्रकोपों की रोकथाम के लिए प्रयुक्त होने वाले कीटनाशकों के प्रभावों को देखते हुए जैव प्रौद्योगिकीविदों ने आनुवंशिक इंजीनियरी (जैनेटिक इंजीनियरिंग) की तकनीकों का सहारा लेकर पराजीनी (ट्रांसजेनिक) फसलों को उगाने की दिशा मे पहल की। पौधों में पराए जीन डालकर पराजीवी फसलों को उगाने में उन्हें सफलता मिली। ये पराजीनी या जीनांतरित (जनेटिकली मॉडीफाइड : जीएम) फसलें बहुगुणी साबित हुई हैं। इनमें रोग और कीट प्रतिरोधक क्षमता तो होती ही है, अधिक उपज देने में भी ये सक्षम होती है।

पराजीनी फसलों के लाभों को देखते हुए विश्व के अनेक देशों जिनमें अमेरिका, कनाडा, ऑस्ट्रेलिया, मैक्सिको, दक्षिण अफ्रीका, फ्रांस और चीन आदि शामिल हैं, में इनको उगाया जा रहा है। हालांकि पराजीनी फसलों को उगाने को लेकर पर्यावरणविद और पर्यावरण संरक्षण आंदोलन से जुड़े लोग विरोध भी कर रहे है, जिसके पीछे तर्क यह है कि पराजीनी फसलों को विकसित करने में जो जीन पौधों में प्रविष्ट कराए जा रहे हैं उनमें कीटरोधी, रोगरोधी एवं खरपतवाररोधी जीन प्रमुख हैं।

ये जीन मानव स्वास्थ्य व पशु पक्षियों के लिए बड़ा खतरा बन सकते है। इसके अतिरिक्त अन्य जीनों को भी पौधों की रक्षा हेतु प्रयोग में लाया जा रहा है जैसे-कैलिफोर्निया स्थित 'डी एन ए प्लांट टेक्नोलॉजी' की एक प्रयोगशाला से जुड़े कुछ शोधकर्ताओं को मछली के जीन को टमाटर और तंबाकू के पौधों में डालने में सफलता मिली। मछली में स्थित यह जीन एक खास किस्म का प्रोटीन बनाता है जो हिम शीतल पानी में भी मछली को जमने से बचाए रखता है। अतः ये जीवांतरित टमाटर और तंबाकू की फसलें भीषण ठंड और पाले भरे मौसम को झेलने में भी सक्षम होती है।

जुगनू की चमक पैदा करने वाली जीन को भी तंबाकू और कुछ अन्य पौधों में डाला गया है। चीनी वैज्ञानिकों को तंबाकू के पौधों में एक खास जीन को प्रविष्ट कराने में सफलता मिली है। यह जीन 'टोबैको मोजैक वायरस' नामक विषाणु के आवरण प्रोटीन को नष्ट कर तंबाकू को इस विषाणु द्वारा पैदा किए जाने वाले रोग से बचाता है। खीरे और टमाटर में मोजेक वायरस तथा आलू के पतमोड़क विषाणु के विरूद्ध भी जीन आजमाए गए हैं।

प्रश्न-7 डिजिटल टीवी क्या है? इसके लाभों को समझाइए।

उत्तर : डिजिटल टीवी टेलीविजन व चित्र को द्वि-अंकीय संख्याओं की एक श्रृंखला के रूप में कूटबद्ध करता है और उसके बाद इसके संपीडन के लिये कम्प्यूटर प्रोसेसिंग का प्रयोग करता है ताकि यह बैण्डविड्थ के एक भिन्न या समतुल्यांक एनालॉग टीवी सिग्नल द्वारा ली गयी क्षमता में प्रसारित किया जा सके। डिजिटल पार्थिव टीवी, रेडियो स्पेक्ट्रम के यूएचएफ भाग में प्रसारित होता है। डिजिटल सेवाओं (एचडीटीवी सहित) की संख्या, जो कि एकमात्र फ्रिक्वंसी चैनल में संचारित हो सकती है, संपीडन तकनीक के सुधार के साथ-साथ तेजी से बढ़ रही है। फिर भी एक फ्रिक्वेंसी चैनल, एक दिशा-निर्देश के रूप में निम्नलिखित को प्रसारित कर सकता है- एकमात्र एनालॉग टीवी सेवा या, डिजिटल सेवाओं का एक मल्टीप्लेक्स, जिसमें डिजिटल रेडियो और पाठ्य-आधारित सेवाओं सहित 4 से लेकर 10 टीवी सेवाएँ शामिल होती हैं।

डीटीवी के लाभ

डीटीवी प्रसारण तकनीक, वर्तमान एनालॉग तकनीक की तुलना में अधिक लचीली और प्रभावी है। उदाहरण के लिये एक एनालॉग प्रोग्राम सिग्नल उपलब्ध कराने तक सीमित होने की तुलना में एक प्रसारणकर्ता एक ही समय में हाई डेफिनेशन (एचडीटीवी) प्रोग्राम या स्टैंडर्ड डेफिनेशन प्रोग्राम उपलब्ध करा सकता है। कई प्रोग्रामों को डिजिटल स्पेक्ट्रम का प्रयोग करते हुए उपलब्ध कराने की क्रिया बहुप्रसारण कहलाती है। एक स्टेशन द्वारा डिजिटल स्पेक्ट्रम का प्रयोग करते हुए संप्रेषित किये जाने वाले कार्यक्रमों की संख्या दृश्य विवरण के स्तर पर निर्भर करती है जो कि रिजॉल्यूशन के रूप में जानी जाती है और प्रत्येक प्रोग्रामिंग प्रवाह में अपेक्षित होता है। डीटीवी द्वारा पिक्चर रिजॉल्यूशन इंटर एक्टिव वीडियो और डाटा सर्विस उपलब्ध करायी जा सकती है जो कि एनालॉग तकनीक की क्षमताओं से परे हैं।

डीटीवी की ओर रूपान्तर, बहुमूल्य और सीमित प्रसारण स्पेक्ट्रम के भागों को भी अवमुक्त करेगा। स्पेक्ट्रम के ये भाग बाद में अन्य महत्वपूर्ण सेवाओं, जैसे कि सार्वजनिक और सुरक्षा सेवाओं (पुलिस और अग्निशमन विभाग, आपातकालीन बचाव) तथा उन्नत बेतार सेवाओं के लिये प्रयुक्त किये जा सकेंगे।

प्रश्न-8 ट्रिप्स क्या है? ट्रिप्स और डब्ल्यूटीओ में सम्बन्ध बताइए।

उत्तर: विश्व व्यापार संगठन के बौद्धिक सम्पदा अधिकार के व्यापार-संबंधी पहलू के अनुबंध को सामान्यतया ट्रिप्स अनुबंध या केवल ट्रिप्स के नाम से जाना जाता है। ट्रिप्स विश्व व्यपार संगठन (डब्ल्यूटीओ) समझौते के अन्तर्गत एक मुख्य अनुबंध है। यह अनुबंध गैट के अन्तर्गत 1986 से 1994 की अवधि में बहुपक्षीय व्यापार वार्ताओं के आठवें चक्र में सुनिश्चित हुआ, जो 1986 से 1994 की उरूग्वे वार्ता के रूप में ज्ञात है। उरूग्वे वार्ता ने बहुपक्षीय व्यापार प्रणाली में पहली बार बौद्धिक सम्पदा अधिकार को व्यापक विधाओं के समूह के रूप में शामिल किया।

ट्रिप्स अनुबंध उरूग्वे चक्र की वार्ताओं के फलस्वरूप एक प्रयास का हिस्सा है। तात्पर्य यह है कि ट्रिप्स अनुबंध सभी विश्व व्यापार संगठन सदस्य देशों पर अनिवार्यत: लागू होता है। यह भी अर्थ है कि अनुबंध के प्रावधान विश्व व्यापार संगठन के विवाद निपटारा प्रक्रिया के अधीन है, जो विवाद निपटारा सहमति (विवाद निपटारा सम्बन्धी नियमों एवं प्रक्रियाओं पर सहमति) में शामिल है। ट्रिप्स अनुबंध विश्व व्यापार संगठन के सर्वाधिक महत्वपूर्ण अनुबंधों में से एक है। डब्ल्यूटीओ से पूर्व गैट (प्रशुल्क एवं व्यापार सम्बन्धी सामान्य करार) द्वारा वस्तुओं के अन्तर्राष्ट्रीय व्यापार से सम्बन्धित मुद्दों को सुलझाया जाता था। गैट के कई वर्षों के क्रियान्वयन से अन्तर्राष्ट्रीय व्यापार में प्रशुल्कों में आम तौर पर कमी आई। परिणामत: व्यापारी देशों के ध्यान में संबंधित देशों की अन्य घरेलू नीतियां भी उत्तरोत्तर आने लगी। विकसित देशों को, जिनमें संयुक्त राज्य अमरीका भी शामिल है, एशिया के नव औद्योगिकीकृत देशों से तैयार माल के निर्यात से बढ़ी हुई प्रतिस्पर्धा का सामना करना पड़ा।

आमतौर पर बौद्धिक सम्पदा मामलों में, वार्ताकारों को गैट प्रावधानों को स्पष्ट करना, तथा उचित नए नियमों एवं विधाओं के रूप में सविस्तार बताना होता था ताकि अन्तर्राष्ट्रीय व्यापार की विकृतियां एवं बाधाएं कम हो सकें। जिस प्रकार वस्तुओं तथा उत्पादों की गुणवत्ता में बेहतर युक्ति एवं प्रारूप (बौद्धिक रचनात्मकता) के कारण तकनीक अधिक महत्वपूर्ण हो गया, उसी प्रकार अन्तर्राष्ट्रीय व्यापार में बौद्धिक सम्पदा अधिकार भी महत्वपूर्ण हो गया। फलस्वरूप, उरूग्वे चक्र की वार्ताओं में बौद्धिक सम्पदा अधिकार की चर्चा प्रमुख रही।

प्रश्न-9 टेली चिकित्सा क्या है? भारत में टेली चिकित्सा की स्थिति को समझाए।

उत्तर : दूर संचार एवं सूचना-प्रौद्योगिकी के क्षेत्र में पिछले कुछ वर्षों में अभूतपूर्व प्रगति हुई है। परिणामस्वरूप सूचना प्रौद्योगिकी का दायरा अब सिर्फ शैक्षणिक ज्ञान, सूचनाओं के आदान-प्रदान तथा मनोरंजन आदि तक सीमित न रह कर आदमी की रोजमर्रा की जरूरतों के साथ भी जुड़ गया है। इन्हीं जरूरतों में शामिल है आदमी की बीमारी की जाँच एवं उसका इलाज अब घर बैठे-बिठाये व्यक्ति आराम से न केवल अपनी बीमारी की जाँच बल्कि अपना इलाज भी करा सकता है। यहाँ तक कि हजारों किलोमीटर दूर बैठे डॉक्टर द्वारा व्यक्ति अपना ऑपरेशन भी करा सकता है। यह सब दूरस्थ चिकित्सा विधि या टेलीचिकित्सा (टेलीमेडिसिन) द्वारा संभव हुआ है।

टेलीचिकित्सा का अर्थ है- डॉक्टर और मरीज के बीच दूरस्थ संबंध। इस संबंध को स्थापित करने में दूर-संचार तथा सूचना प्रौद्योगिकी से जुड़े उपकरणों ने अहम भूमिका निभाई है। निःसंदेह, टेलीचिकित्सा तकनीक धीरे-धीरे उन्नति की ओर अग्रसर होती जा रही है। चिकित्सा विशेषज्ञों एवं शोधकर्ताओं ने अब इसे लैप्रोस्कोपिक कक्ष तक पहुँचा दिया है। टेलीचिकित्सा की इस उन्नत तकनीक में एक कैमरे को ऑपरेशन कक्ष में लगा दिया जाता है। सर्जन तथा शल्य क्रिया संबंधी मशविरा देने वाले सर्जिकल सलाहकार या विशेषज्ञ दोनों अपने-अपने हाथों में हैंडसेट रखते हैं जिनके द्वारा उनकी आपस में बातचीत होती है। ऑपरेशन के दौरान विशेषज्ञ या सलाहकारी डॉक्टर अपने मॉनीटर पर मरीजों का दृश्य प्रतिबिम्ब (वीडियो इमेज) देखता है। सलाहकार कम्प्यूटर के एक खास बटन का प्रयोग करके मरीज के वीडियो इमेज में किसी खास चीज को रेखांकित करने के लिये उस पर खास स्पेशल मार्किंग बना सकता है। इसके बाद ये वीडियो इमेज ऑपरेशन कक्ष को प्रेषित कर दिया जाता है। इन दृश्यों के प्रतिबिम्बों को देखकर सर्जन बड़ी कुशलता से किसी जटिल शल्य क्रिया को विशेषज्ञों के मशविरे द्वारा आसानी से सम्पन्न कर सकता है। अब तो दूरस्थ शल्य क्रिया (टेलीसर्जरी) में जीते जागते सर्जन की जगह सुदूर-नियंत्रित (रिमोट कंट्रोल) रोबोट का भी प्रयोग किया जा रहा है। शल्य चिकित्सक दूर बैठे ही इस रोबोट को नियंत्रित कर संचालित कर सकता है। इस विधि में सर्जन एक त्रिआयामी पर्दे पर शल्य चिकित्सा का पर्यवेक्षण करते हुये अपने हाथों को एक खास प्रकार की धातु निर्मित दस्तानों के अंदर डालता है। सर्जन द्वारा दिये गये निर्देशों को ये दस्ताने दूरस्थ रोबोट की कैमरायुक्त बाहों तक प्रेषित करते हैं। सर्जन के निर्देशों का पालन करते हुए रोबोट फिर शल्य-उपकरणों की मदद से ऑपरेशन करता है।

यूँ तो टेलीचिकित्सा के तहत चालीस विविध सेवायें ईजाद की जा चुकी हैं और करीब तीस तरह की क्लिनिकल सेवायें उनमें से कुछ प्रमुख सेवाएँ निम्न हैं- टेली कार्डियोलॉजी, टेली होमकेयर, टेली रेडियोलॉजी, टेली एमर्जेंसी केयर, टेली सर्जरी, टेली हर्मेटोलॉजी, टेली ऑन्कोलॉजी, टेली पैथोलॉजी, टेली ऑप्थैल्मोलॉजी, टेली ई.एन.टी., टेली नेफ्रोलॉजी, टेली फ्रीहॉस्पीटल केयर।

भारत में टेलीमेडिसिन के द्वारा ग्रामीण इलाकों में चिकित्सकीय सुविधायें उपलब्ध कराने की अच्छी संभावनायें हैं। इसके लिये सरकार जितनी उत्सुक है, उससे कहीं अधिक उत्साह निजी क्षेत्र में है। सूचना प्रौद्योगिकी के बारे में आम कहावत है कि यह क्षेत्र बिना सरकारी सहायता के अपने बलबूते पर आगे बढ़ा है। इसलिये माना जा रहा है कि देश में टेलीमेडिसिन की असली शुरूआत निजी क्षेत्र की ओर से ही होगी। फिलहाल एक टेलीसेंटर खोलने में करीब 45 लाख रूपये की लागत आती है। कहा जा रहा है कि एक बार का टैली कंसल्टेशन मात्र पचास रूपये में उपलब्ध कराया जा सकता है। यानि इतनी राशि में इतनी सुविधाएँ एवं जांच की जा सकती है जिसके लिये पुरानी पद्धति में 500 रूपये व्यय करने होते हैं।

इस क्षेत्र में सबसे बड़ी समस्या देश में दूरसंचार सुविधाओं एवं इंटरनेट कनेक्टिविटी की उपस्थिति न होने की है। टेलीमेडिसिन के लिए काफी अधिक बैंडविड्थ की जरूरत होती है। जिस देश में ग्रामीण इलाकों में टेलीफोन तक की सुविधा नहीं हो, वहाँ टेलीमेडिसिन की चर्चा करना हास्यास्पद हो सकता है। लेकिन जिस तरह तेजी से उपग्रह आधारित वायरलैस टेक्नोलॉजी से ब्रॉडबैंड सुलभ होने की संभावना बढ़ती जा रही है ये समस्याएँ हल होने के आसार हैं। लेकिन सब कुछ निर्भर है लोगों की मांग पर, उद्यमियों के उत्साह और उनकी कल्पना शक्ति पर कि वे आम भारतीयों की जरूरत के अनुसार सेवाएँ डिजाइन कर पाते हैं या नहीं।

प्रश्न-10 प्रधानमंत्री उज्ज्वला योजना का संक्षिप्त परिचय देते हुए हाल ही में आर्थिक मामलों की कैबिनेट समिति द्वारा इसके लक्ष्य में की गई वृद्धि पर प्रकाश डालिए।

उत्तर : प्रधानमंत्री उज्ज्वला योजना एनडीए सरकार द्वारा प्रारम्भ की गयी एक महत्वाकांक्षी योजना है। इस योजना की शुरूआत प्रधानमंत्री नरेन्द्र मोदी द्वारा 1 मई, 2016 को उत्तर प्रदेश के बलिया जिले में की गई। यह योजना भारत सरकार के पेट्रोलियम और प्राकृतिक गैस मंत्रालय के अन्तर्गत चलाई जा रही है। इस योजना के अन्तर्गत भारत सरकार एलपीजी कनेक्शन उपलब्ध कराएगी। योजना के तहत एलपीजी कनेक्शन केवल गरीबी रेखा के नीचे के परिवारों से सम्बन्धित महिलाओं को दिया जाएगा। योजना के जरिए लाभार्थियों को नकद सहायता दी जाती है ताकि वे बिना किसी जमानत राशि के नया कनेक्शन प्राप्त कर सके। इस योजना का मुख्य उद्देश्य संपूर्ण भारत में स्वच्छ ईंधन के उपयोग को बढ़ावा देना है जो कि मुफ्त में एलपीजी कनेक्शन वितरित करके पूरा किया जा सकता है। महिला सशक्तीकरण को बढ़ावा देना और महिलाओं के स्वास्थ्य की सुरक्षा करना भी इस योजना का उद्देश्य है। 3 वर्षों की अवधि के दौरान (2016-17 से 2017-18 व 2018-19) 8 करोड़ रूपये की राशि के आवंटन के साथ 5 करोड़ कनेक्शन देने का लक्ष्य रखा गया था।

प्रधानमंत्री की अध्यक्षता में आर्थिक मामलों की कैबिनेट समिति ने 7 फरवरी 2018 को प्रधानमंत्री उज्ज्वला योजना के लक्ष्य को 5 करोड़ से बढ़ाकर 8 करोड़ करने को मंजूरी प्रदान कर दी है। इसके लिए समिति ने 4,800 करोड़ रूपए का अतिरिक्त आवंटन किया है। यह निर्णय इस योजना को महिलाओं विशेषकर ग्रामीण क्षेत्रों में रहने वाली महिलाओं की ओर से मिले व्यापक समर्थन और अब तक एलपीजी कनेक्शन से वंचित घरों को इसके दायरे में लाने के उद्देश्य को ध्यान में रखते हुए यह निर्णय लिया गया है। लक्ष्य में बढ़ौत्तरी करते समय सरकार द्वारा इस योजना के क्रियान्वयन में आ रही व्यावहारिक कठिनाइयों को दूर करने का प्रयास किया गया है। इसके लिए सरकार ने सामाजिक, आर्थिक व जातिगत सर्वेक्षण (Social Economic and Caste Census-SECC) की सूची में शामिल न हो सके वास्तविक गरीब परिवारों को इसके दायरे में लाने पर अपना ध्यान केन्द्रित किया है। कैबिनेट ने एसईसीसी के तहत चिन्हित परिवारों के अतिरिक्त भी योजना का विस्तार करते हुए इसमें समस्त एससी/एसटी परिवारों, पीएमएवाई (ग्रामीण) एवं अन्त्योदय अन्य योजना के लाभार्थियों, वनवासियों, अति पिछड़ा वर्गों (एमबीसी), चाय बागानों से पूर्व में जुड़ी जनजातियों, द्वीपों एवं नदियों के समीप रहने वाले लोगों को भी इसके दायरे में लाने को मंजूरी प्रदान की है। प्रधानमंत्री उज्ज्वला योजना का संशोधित लक्ष्य वर्ष 2020 तक प्राप्त करने का तय किया गया है। विदित हो कि इस योजना के तहत मिले आवेदनों की संख्या का 5 करोड़ तक पहुँचना और विशेषकर ग्रामीण महिलाओं की ओर से मिले व्यापक समर्थन जैसे उत्साहजनक परिणामों को मद्देनजर रखते हुए ही यह निर्णय लिया गया है। इस योजना के तहत वित्त वर्ष 2017-18 के आखिर तक 3 करोड़ कनेक्शन जारी रखने का लक्ष्य निर्धारित किया गया था। योजना के प्रभावी क्रियान्वयन एवं निगरानी के चलते सभी राज्यों एवं केन्द्र शासित प्रदेशों में 3.35 करोड़ से भी अधिक कनेक्शन जारी किए जा चुके थे।

सामान्य अध्ययन मुख्य परीक्षा
मॉडल अभ्यास तृतीय प्रश्न-पत्र 2

कुल अंक : 200 **समयावधि : 3 घण्टे**

खण्ड-1

निर्देश: *निम्नलिखित प्रत्येक प्रश्न का उत्तर 125 शब्दों से अधिक नहीं होना चाहिए। शब्द-विस्तार की अपेक्षा प्रश्नोत्तर की अन्तर्वस्तु अधिक महत्वपूर्ण है। सभी प्रश्नों के अंक समान हैं।*

Instruction: *Answer the following questions in not more than 125 words each. Content of the answers are more important than their length. All questions carry equal marks.* $10 \times 8 = 80$

प्रश्न-1 विनिवेश क्या है? विनिवेश के प्रकार और विनिवेश के लिए बनाये गये विनिवेश कोष को समझाइए।

उत्तर : विनिवेश वह प्रक्रिया है जिसके तहत सार्वजनिक क्षेत्र के उद्यमों में सरकारी इक्विटी या हिस्सेदारी को बेचा जाता है। यह प्रक्रिया निवेश के विपरीत है। निवेश से आशय है किसी कारोबार, संस्था या परियोजना में धन लगाना है, जबकि विनिवेश का अर्थ धन को वापस निकालना है। भारत में विनिवेश की नीति को वर्ष 1991 से अपनाया गया। विनिवेश प्रक्रिया मुख्य रूप से दो प्रकार की होती है-

1. **सामान्य या सांकेतिक विनिवेश,** जिसके अन्तर्गत सरकार अधिकतम 49 प्रतिशत तक की अपनी हिस्सेदारी बेचती है और कंपनी पर अपना स्वामितत्व बनाये रखती है।
2. **सामरिक विनिवेश,** जिसके अन्तर्गत न्यूनतम 51 प्रतिशत शेयरों का विनिवेश होता है और सरकार का कंपनी पर स्वामित्व समाप्त हो जाता है।

विनिवेश का उद्देश्य, घाटे में चल रहे सार्वजनिक उद्यमों को बेचकर सरकार के वित्तीय बोझ को कम करना। लोक वित्त का सृजन करना ताकि देश के सामाजिक आर्थिक विकास में अधिक निवेश किया जा सकें। इसके अतिरिक्त सार्वजनिक क्षेत्र के उद्यमों में प्रतिस्पर्द्धा व बाजार अनुशासन विकसित करना तथा कंपनियों के स्वामित्व अधिकार के दायरे का विस्तार करना है। विनिवेश से प्राप्त राशि को **राष्ट्रीय निवेश कोष** में रखा जाता है जिसकी स्थापना वर्ष 2005 में की गयी थी। इस कोष में रखी गयी कुल धनराशि का 75 प्रतिशत उपयोग सामाजिक क्षेत्र की चुनिन्दा योजनाओं, जो शिक्षा, स्वास्थ्य और रोजगार को बढ़ावा दे में प्रयोग की जायेगी एवं शेष 25 प्रतिशत राशि का उपयोग लाभप्रद तथा पुनरूद्धार योग्य सरकारी क्षेत्र के उद्यमों में पूंजी निवेश के लिए किया जायेगा।

प्रश्न-2 राष्ट्रीय विकास परिषद (एनडीसी) क्या है?

उत्तर : 6 अगस्त, 1952 को मंत्रिमंडल सचिवालय के एक प्रस्ताव द्वारा गैर-संवैधानिक निकाय के रूप में ''राष्ट्रीय विकास परिषद'' (NDC) का गठन किया गया। इसके प्रमुख कार्यों में शामिल हैं- ऐसी सामाजिक व आर्थिक नीतियों की समीक्षा करना, जो राष्ट्रीय विकास को प्रभावित करती है। राष्ट्रीय योजना में निर्धारित लक्ष्यों की प्राप्ति के लिए सुझाव देना तथा राष्ट्रीय नियोजन में जन सहयोग प्राप्त करना एवं प्रशासनिक दक्षता को सुधारना। अल्प विकसित व पिछड़े वर्गो एवं क्षेत्रों के विकास के लिए आवश्यक परियोजना का सुझाव देना और राष्ट्रीय विकास के लिए संसाधनों का निर्माण करना है। योजना आयोग द्वारा तैयार की गई योजनाओ का अध्ययन करना तथा विचार विमर्श के पश्चात् उसे अन्तिम रूप प्रदान करना। अर्थात् राष्ट्रीय विकास परिषद् की स्वीकृति के बाद ही योजना आयोग द्वारा निर्मित कोई योजना का प्रारूप प्रकाशित होता है।

प्रश्न-3 फसल चक्र क्या है? इससे होने वाले लाभों को स्पष्ट करें।

उत्तर : किसी कृषि भूमि पर एक निश्चित अवधि के अंतराल में फसलों का इस प्रकार अदला-बदली करके बोना ताकि भूमि की उर्वरा शक्ति नष्ट न हो तथा अधिकतम उत्पादन प्राप्त हो, फसल चक्र कहलाता है। फसल चक्र अपनाने के पूर्व निम्न बातों का ध्यान रखना आवश्यक है। दलहनी फसलों के बाद अनाज वाली फसलों को बोना चाहिए। अधिक पानी चाहने वाली फसलों के बाद कम पानी चाहने वाली फसलों को उगाना चाहिए। झकड़ा जड़ों वाली फसलों के बाद मूसला जड़ों वाली फसलों को बोना चाहिए। अधिक खाद चाहने वाली फसलों के बाद कम खाद चाहने वाली फसलों को बोना चाहिए। एक ही कुल के पौधों को लगातार नहीं उगाना चाहिए। इस प्रक्रिया को अपनाने के कई लाभ है जो निम्नवत् है-

- मृदा की उर्वरक क्षमता बनी रहती है।
- उर्वरकों के प्रयोग में कमी आती है जिससे कृषि उत्पादन लागत कम होती है। परिणामत: किसानों के लाभ में वृद्धि होती है।
- फसलों में रोग व कीट का प्रभाव कम होती है।
- मृदा में व्याप्त नमी का उचित प्रयोग संभव होता है।
- उत्पादन और उत्पादकता दोनों में वृद्धि होती है।
- फसल चक्र पैटर्न कृषि करने की वैज्ञानिक तकनीक है।

प्रश्न-4 नम भूमि (आर्द्र भूमि) क्या है? इसकी उपयोग बताए।

उत्तर : नव भूमि (आर्द्र भूमि) से आशय उस क्षेत्र से है, जहां किसी विशेष मौसम अथवा अन्य समय में सदैव पानी का जमाव बना रहता है। नम भूमियां दलदली क्षेत्र, उथले पानी के क्षेत्र, बाढ़ के मैदान, नदियों के मैदान, मैंग्रोव (कच्छी क्षेत्र), झीलों, नहरों, तालाबों व उथले समुद्री क्षेत्र के रूप में पाई जाती हैं। रामसर कन्वेंशन के अनुसार- ''दलदली, ठहरे या लवणयुक्त जल के साथ 6 मीटर तक की लहरों वाला समुद्री क्षेत्र नम भूमि (आर्द्र भूमि) क्षेत्र के अंतर्गत आता है।'' नम भूमि का क्षेत्र स्थिर नहीं रहता है, क्योंकि बांधों, नहरों व कृत्रिम झीलें आदि बनाए जाने से नये नम भूमि क्षेत्र अस्तित्व में आ जाते हैं। वर्ष 1992 में उपग्रह सर्वेक्षण से प्राप्त आंकड़ों से पता चलता है कि भारत में नम भूमि का क्षेत्रफल लगभग 35 लाख हेक्टेयर है। वैश्विक संदर्भ में, 'इंटरनेशनल कंजर्वेशन मॉनीटरिंग सेंटर' के अनुसार- लगभग 57 करोड़ हेक्टेयर भूमि, **नम भूमि** के रूप में पाई जाती है, जो कि पृथ्वी के समस्त भू-भाग का लगभग 5-6 प्रतिशत है।

जैव-विविधता और पर्यावरण की दृष्टि से नम (आर्द्र) भूमियों की विशेष उपादेयता है। जैव विविधता को बनाये रखने में नम भूमियाँ विशेष रूप से सहायक होती हैं, क्योंकि ये जीव-जन्तुओं को पोषक व प्रजनन से जुड़ी अनुकूल परिस्थितियां तो प्रदान करती ही हैं, उन्हें सुरक्षित वासस्थल भी प्रदान करती हैं। नम (आर्द्र) भूमियां ऑक्सीजन की अच्छी स्रोत होती हैं तथा तापमान को भी संतुलित रखती हैं। इस प्रकार पर्यावरण संतुलन में ये सहायक होती हैं। नम भूमियां आंधी-अंधड़ को रोकती हैं तथा वायु और जल चक्र को बनाए रखती हैं। बाढ़ को रोकने में भी इनकी भूमिका महत्वपूर्ण होती है। नम भूमियां जल पक्षियों की न सिर्फ शरण स्थली होती हैं, बल्कि उन्हें विचरण का अनुकूल स्थान भी प्रदान करती हैं। नम भूमि क्षेत्र जीव-जन्तुओं के लिए पीने के पानी के महत्वपूर्ण क्षेत्र होते हैं। इनमें संचित जल, जीव-जन्तुओं के आहार के भी महत्वपूर्ण स्रोत होते हैं।

प्रश्न-5 भारतीय राष्ट्रीय उपग्रह प्रणाली क्या है? इसके सामाजिक और आर्थिक महत्व क्या है? तथा इनके अनुप्रयोग क्या है?

उत्तर: भारतीय राष्ट्रीय उपग्रह प्रणाली अर्थात् इनसेट प्रणाली एक बहुउद्देशीय कार्यरत उपग्रह प्रणाली है जो एशिया-प्रशांत क्षेत्र में सबसे बड़ी घरेलू संचार प्रणालियों में से एक है। यह प्रणाली अंतरिक्ष विभाग, दूरसंचार विभाग, भारतीय मौसम विभाग, आकाशवाणी और दूरदर्शन का संयुक्त उद्यम है। इसके अंतरिक्ष कार्यक्रमों की व्यवस्था, निगरानी एवं पूर्ण संचालन का दायित्व अंतरिक्ष विभाग को सौंपा गया है।

सामाजिक व्यवस्था के तहत इस प्रणाली द्वारा भारतीय नागरिकों को लम्बी दूरी की दूरसंचार सेवायें उपलब्ध करायी जाती हैं, आकाशवाणी एवं दूरदर्शन के माध्यम से राष्ट्रीय व अंतर्राष्ट्रीय समसामयिक मुद्दों से जोड़ा जाता है। इसके अतिरिक्त मौसम पुर्वानुमान व आपदा चेतावनी देना, दूरस्थ शिक्षा व टेलीमेडिसन द्वारा दूर-दराज के ग्रामीण क्षेत्रों को गुणवत्तपरक वातावरण उपलब्ध करना आदि शामिल है। आर्थिक दृष्टि से भी यह प्रणाली अत्यधिक महत्वपूर्ण है क्योंकि इसके माध्यम से भारत के सार्वजनिक एवं निजी क्षेत्रों को सेवाये देकर विदेशी मुद्रा की बचत करने के साथ ही अन्य देशों को सेवाये प्रदान करके विदेशी मुद्रा अर्जित की जाती है। भारतीय राष्ट्रीय उपग्रह प्रणाली के बहुउद्देशीय अनुप्रयोग है जैसे- दूरसंचार, रेडियो व टेलीविजन प्रसारण, मौसम पूर्वानुमान, आपदा चेतावनी, वैज्ञानिक अध्ययन हेतु भूसर्वेक्षण एवं आंकड़ों के संप्रेषण में, टेलीमेडिसन तथा टेलीएजुकेशन आदि क्षेत्र में उपयोगी है।

प्रश्न-6 क्रायोजेनिक तकनीक क्या है और इसके अनुप्रयोग क्या हैं?

उत्तर : वस्तुतः ग्रीक शब्द 'क्राओस' से बने क्रायोजेनिक से तात्पर्य है हिमशीत अर्थात् बर्फ की तरह ठंडा या निम्न ताप। वैज्ञानिक दृष्टिकोण से **0^0 सेल्सियस से -150^0 सेल्सियस** तापमान को क्रायोजेनिक तापमान कहते हैं तथा इस ताप का उपयोग करने वाली प्रक्रियाओं एवं उपायों का अध्ययन क्रायोजेनिक इंजीनियरिंग के तहत किया जाता है।

क्रायोजेनिक तकनीक का इस्तेमाल तरल प्राकृतिक गैस (LNG) के परिवहन एवं भण्डारण में किया जाता है। साथ ही इस तकनीक का इस्तेमाल करके अनुवांशिक पदार्थ, स्टेम कोशिकाओं, अण्डाणु, शुक्राणु, वीर्य आदि को परिरक्षित किया जाता है। इस तरह क्रायोजेनिक ताप पर परिरक्षित करने की क्रिया को 'क्रायोप्रिजर्वेशन्' कहते हैं। क्रायोजेनिक तकनीक में 'क्रायोस्कॅल्पेल्' का इस्तेमाल करके शल्य चिकित्सा में होने वाली रूधिरस्राव को रोकने में भी प्रयोग किया जाता है।

प्रश्न-7 पुनरूपयोगी प्रक्षेपण यान (RLV) क्या है?

उत्तर : पुनरूपयोगी शब्द से ही प्रतीत होता है कि यह ऐसा प्रक्षेपण यान है, जिसे कई बार उपयोग में लाया जा सके। पुनरूपयोगी प्रक्षेपण यान एक चरण वाला प्रक्षेपण यान है जो वायुयान एवं प्रक्षेपण यान का मिश्रण है क्योंकि इसमें वायुयान का स्क्रैमजेट इंजन तथा प्रक्षेपण यान का रॉकेट इंजन लगा है। इसके प्रणोदक में ऑक्सीकारक नहीं होता है क्योंकि यह वायुमंडल से ऑक्सीजन प्राप्त करता है। तथा कुछ संचित भी करता है जिसका उपयोग अंतरिक्ष में करता है। **RLV** उपग्रह को कक्षा में स्थापित करने के बाद ग्लाइडर की सहायता से वायुयान पट्टी पर उतर जाता है। जब यह विरल वायु से सघन वायु में प्रवेश करता है तो घर्षण द्वारा 5000^0C तापमान उत्पन्न होता है। यह तापीय ऊर्जा प्रक्षेपण यान में प्रवेश करना चाहती है जिसे प्रक्षेपण यान की बाह्य सतह पर लगे इन्स्यूलेटर अंदर प्रवेश करने से रोकते हैं तथा अंदर का तापमान बनाये रखते हैं। इन्स्यूलेटर लगाने की तकनीक को री-एन्ट्रि तकनीक कहते हैं। इस तकनीक में सिरेमिक टाइल या कार्बन कम्पोजिट् का प्रयोग किया जाता है। री-एन्ट्रि तकनीक का एक बहुत बड़ा परीक्षण इसी वर्ष किया जायेगा जिसका नाम 'स्पेट कैप्सूल रिकवरी एक्सपेरिमेंट' (SCRE) है। SCRE, RLV का मार्ग प्रशस्त करायेगा। प्रक्षेपण के दौरान 60% से 70% खर्चा प्रक्षेपण यान पर किया जाना है। इस दृष्टि से यह कम खर्चीला होगा क्योंकि प्रत्येक बार मशीन पर खर्च नहीं करना पड़ेगा। इसकी मदद से अंतरिक्ष परिवहन प्रणाली का विकास किया जा सकेगा। इस प्रकार यह आर्थिक रूप से लाभकारी सिद्ध होगा।

प्रश्न-8 ट्रेडमार्क चिन्ह क्या है तथा इसकी स्वीकृति के मापदण्ड कौन-कौन से हैं?

उत्तर : ट्रेडमार्क काई चिह्न या प्रतीक होता है, जो किसी उद्यम की वस्तुओं या सेवाओं को दूसरे उद्यम की वस्तुओं या सेवाओं से अलग करता है। यह कई विशिष्ट शब्द, अक्षर, संख्या, आरेख, चित्र, आकृति, रंग, ध्वनि, गंध, लोगों या इनका कोई संयोजन हो सकता है, जो किसी प्रदत्त व्यापार की वस्तुओं या सेवाओं को पृथक् दिखाने के लिए उपयोग किया जाता है। ट्रेडमार्क किसी उद्यम द्वारा उपभोक्ता तक पहुंचने के लिए व्यापक रूप से उपयोग किया जाता है ताकि उपभोक्ता उत्पाद को पहचान सके, एवं स्थिति बता सके। ट्रेडमार्क राष्ट्रीय कार्यालय द्वारा जारी किया जाता है तथा दस वर्षों की अवधि के लिए स्वीकृत होता है एवं इसका अनिश्चितकाल के लिए नवीनीकरण हो सकता है।

ट्रेडमार्क की स्वीकृति के लिए मापदण्ड हैं-

- चयनित प्रतीक पत्रात्मक रूप से सचित्र प्रदर्शन योग्य होना चाहिए।
- इसे किसी एक उद्यम की वस्तुओं या सेवाओं को दूसरे उद्यम की वस्तुओं या सेवाओं से अलग दिखाने में सक्षम होना चाहिए।
- इसे व्यापार के दौरान वस्तुओं या सेवाओं, तथा चिह्न के अधिकृत उपयोगकर्ता के बीच का संबंध दर्शने के लिए वस्तुओं या सेवाओं हेतु उपयोग में लाया जाता है अथवा प्रस्तावित होता है।

प्रश्न-9 केबल टीवी क्या है? इसके अभिलक्षणों की चर्चा करें।

उत्तर : घरों में केबल टीवी का संकेत (सिग्नल) ले जाने के लिये प्रायः समाक्षीय (Coaxial Cable) केबल का उपयोग किया जाता है। परम्परागत टीवी प्रसारण, हवा में विद्यमान टीवी सिग्नलों को टीवी ऐंटिना की सहायता से सीधे ग्रहण किया जाता है। इसके विपरीत केबल टीवी, टीवी के कार्यक्रम दिखाने का ऐसा तंत्र है जिसमें सबसे पहले दूरदर्शन के सिग्नलों को किसी केंद्रीय स्थान पर ग्रहण करके उसे समाक्षीय केबल या प्रकाशीय फाइबर की सहायता से ग्राहकों के टीवी से जोड़ दिया जाता है। केबल में सिग्नल डालने के पहले उसे निम्नलिखित प्रक्रियाओं से गुजरना पड़ता है।

- संकेत को बड़ी-बड़ी डिश एंटेना की सहायता से ग्रहण किया जाता है,
- परिवर्धित किया जाता है,
- डी-कोड किया जाता है,
- मिश्रित किया जाता है।

केबल टीवी को सामुदायिक टीवी (कम्युनिटी टीवी या ATV) नाम से भी जाना जाता है क्योंकि इसमें हर टीवी स्वतंत्र रूप से संकेत ग्रहण नहीं करता बल्कि यह एक सामुदायिक सेवा के रूप में किसी गाँव, कस्बे या एक बड़े शहर के बड़े भाग को सेवा देती है। केबल टीवी के साथ-साथ एफएम रेडियो, उच्चगति इंटरनेट, दूरभाष एवं अन्य गैर-दूरदर्शनीय सेवायें भी प्रदान की जा सकती है। केबल टीवी का प्रादुर्भाव अमेरिका में सन् 1948 में हुआ तब वहाँ ऊँची पहाड़ियों पर टीवी सिग्नल न मिलने के कारण लोग एक बड़ा डिश एंटेना लगाकर टीवी का आनंद उठाने लगे थे।

प्रश्न-10 स्वदेशी तकनीक के विकास की समस्याएं क्या हैं?

उत्तर : भारत में स्वदेशी तकनीक के संबंध में निम्नलिखित समस्याएँ देखी जा सकती हैं-

- प्राचीन और परम्परागत ज्ञान का लिखित रूप में न होना। इस वजह से कई प्राचीन और परंपरागत तकनीकें समय के साथ विलुप्त हो गयी।
- भारत में स्वदेशी तकनीक के विकास के लिए आधारभूत ढाँचे की कमी है।
- भारत की शिक्षा प्रणाली का अनुसंधान से जुड़ाव नहीं है।
- स्वदेशी तकनीकों के विकास में संलग्न लोगों को पर्याप्त वित्तीय प्रोत्साहन न दिया जाना।
- स्वदेशी आवश्यकताओं के अनुरूप तकनीकी विकास का न हो पाना।
- स्वदेशी तकनीक विकास के संबंध में पर्याप्त आवंटन न हो पाना।
- स्वदेशी तकनीक से संबंधित एकीकृत नीति का अभाव।

खण्ड-2

निर्देश: *निम्नलिखित प्रत्येक प्रश्न का उत्तर 200 शब्दों से अधिक नहीं होना चाहिए। शब्द-विस्तार की अपेक्षा प्रश्नोत्तर की अन्तर्वस्तु अधिक महत्वपूर्ण है। सभी प्रश्नों के अंक समान हैं।*

Instruction: *Answer the following questions in not more than 200 words each. Content of the answers are more important than their length. All questions carry equal marks.* 10 × 12 = 120

प्रश्न-1: सिंचाई का अर्थ व आवश्यकता के बारे में बताइए। सिंचाई के क्षेत्र में प्रधानमंत्री कृषि सिंचाई योजना के महत्व को समझाइए।

उत्तर: वर्षा के अभाव में खेतों को कृत्रिम ढंग से जल उपलब्ध कराने की क्रिया को सिंचाई कहा जाता है। कृषि प्रधान देश भारत में सिंचाई की आवश्यकता को इस तथ्य से समझा जा सकता है कि वर्ष में जून से सितम्बर माह में ही वर्षा होती है, जबकि शेष माह वर्षा विहीन है। अत: कृषि कार्यों को वर्ष भर सुचारू रूप से संपादित करने के लिए सिंचाई ही एक मात्र विकल्प बचता है। इसके अतिरिक्त उत्पादन में वृद्धि करने, वर्षा के असमान वितरण के दुष्प्रभाव से बचने के लिए, चारागाहों के विकास के लिए एवं अधिक जल की आवश्यकता वाली फसलों जैसे चावल, गन्ना, जूट आदि फसलों को नियमित रूप से जलआपूर्ति करने के उद्देश्य से ''सिंचाई'' की आवश्यकता पड़ती है।

सिंचाई की आवश्यकता एवं महत्व को केन्द्र में रखते हुए कृषि एवं किसान कल्याण मंत्रालय द्वारा वर्ष 2015 में प्रधाानमंत्री कृषि सिंचाई योजना का प्रारम्भ किया गया। इस योजना के मुख्य उद्देश्य निम्नवत् हैं:

- सिंचाई में निवेश में एकरूपता लाना।
- हर खेत को पानी, संकल्पना के तहत, कृषि योग्य सिंचित क्षेत्र का विस्तार करने के लिए खेतों में ही जल इस्तेमाल करने की दक्षता को बढ़ाना ताकि पानी के अपव्यय को कम किया जा सके।
- सिंचाई में निवेश को आकर्षित करने का प्रयास करना।
- हर बूंद अधिक फसल की संकल्पना के तहत सही सिंचाई और पानी को बचाने की तकनीक को अपनाना।

प्रधानमंत्री कृषि सिंचाई योजना के कार्यान्वियन एवं प्रगति पर निगरानी रखने के लिए तीन स्तरों पर समितियों का गठन किया गया है। राष्ट्रीय स्तर पर ''अंतर मंत्रालय राष्ट्रीय संचालन समिति'' का गठन राज्य स्तर पर ''राज्य स्तरीय मंजूरी देने वाली समिति'' का गठन तथा जिला स्तर पर जिला स्तरीय समिति का गठन ताकि यह योजना सिंचाई के क्षेत्र में कार्यकरने वाली सबसे अग्रणी योजना बन सके।

देश में कुल 14.2 करोड़ हेक्टेयर कृषि योग्य भूमि है, जिसमें से 65 प्रतिशत भूमि में सिंचाई की सुविधा उपलब्ध नहीं है। इस लिहाज से इस योजना का महत्व स्वत: ही बढ़ जाता है क्योंकि यह योजना, देश के हर खेत तक किसी न किसी माध्यम से सिंचाई सुविधा सुनिश्चित कर ''हर बूंद अधिक फसल'' के लक्ष्य को प्राप्त करने के लिए बनायी गयी है।

प्रश्न-2 उन कारणों की चर्चा करें, जिसने देश में खाद्य प्रसंस्करण उद्योग के विकास की संभावनाओं को दिशा दी?

उत्तर : देश में खाद्य प्रसंस्करण उद्योग के विकास की संभावनाओं को दिशा देने वाले कारक निम्नवत् हैं:-

- भारत कृषि प्रधान देश है। यहां की लगभग 65-70 प्रतिशत जनसंख्या कृषि अथवा कृषि आधारित उद्योगों पर आश्रित हैं। जिसके कारण कृषकों की आय में वृद्धि के लिए खाद्य प्रसंस्करण उद्योगों का महत्व बढ़ जाता है।
- भारतीय कृषि व्यवस्था मानसून-आधारित जुआ कहलाती है क्योंकि प्रकृति कभी-कभी किसानों का साथ देती है, तो कभी-कभी निराश कर देती है। जिस वर्ष प्रकृति मेहरबान होती है उस वर्ष कृषि उत्पाद की पैदावार तो बड़े पैमाने पर हो जाती है, परन्तु बाजार में मांग की तुलना में आपूर्ति अधिक होने के कारण कृषि उत्पादको को उत्पादन का समुचित मूल्य नहीं प्राप्त हो पाता। इसी प्रकार प्रकृति के कुपित होने वाले वर्ष में तो उत्पादन लागत भी नही

निकल पाती है। अतः बहुतायत उत्पादन की स्थिति में कृषि उत्पादों को संरक्षण और स्टोर करने के लिए खाद्य प्रसंस्करण उद्योग बेहतर विकल्प है ठीक उसी प्रकार प्राकृतिक विपत्ति के समय में खाद्य प्रसंस्करण उद्योग द्वारा संरक्षित कृषि उपजों को बाजार में पहुंचाकर खाद्य मुद्रास्फीति को नियंत्रित करने में सहायता मिल सकती है।

- देश में कृषि उत्पादों के रख-रखाव हेतु आधारभूत संरचना की अल्पविकसित स्थिति कृषि उत्पादों को उपभोक्ताओं तक पहुंचाने से पूर्व ही बड़ी मात्रा में नष्ट कर देती है, जो उत्पादकों के लिए संकट की स्थिति, उत्पन्न करती है, उत्पादकों को इस संकट से दूर करने के लिए खाद्य प्रसंस्करण उद्योग श्रेयस्कर है।
- किसानों की आय में वृद्धि के सरकारी प्रयासों के बावजूद भी इनकी आर्थिक स्थिति सुधरने के बजाय और खराब होती जा रही है। इनकी आर्थिक स्थिति सुधारने के लिए आवश्यक है कि अत्याधुनिक वैज्ञानिक तकनीक के प्रयोग द्वारा विपरीत एवं विषम परिस्थितियों में कृषि उत्पादन बढ़ाने के साथ ही साथ कृषि प्रसंस्करण विधा द्वारा कृषि उत्पाद को संरक्षित किया जाए।
- प्राकृतिक स्थलीय संरचना और जलवायु विभिन्नता के कारण एक ही समय पर देश के विभिन्न भागों में भिन्न-भिन्न प्रकार की मानसून परिस्थितियां विद्यमान होती है, जिसके कारण देश के विभन्न भागों में भिन्न-भिन्न प्रकार के कृषि उत्पादों का उत्पादन होता है। अतः उत्पादकों को उनके उत्पाद का समुचित मूल्य दिलाने और देश के अन्य भाग के उपभोक्ताओं को उचित कीमत पर पौष्टिक एवं संतुलित खाद्य पदार्थ मुहैया कराने के लिए विकसित खाद्य प्रसंस्करण उद्योगों की आवश्यकता है।

उक्त कारणों को केन्द्र में रखते हुए केन्द्रीय बजट 2017-18 में खाद्य प्रसंस्करण मंत्रालय के लिए 715 करोड़ की राशि के आवंटन को दोगुना करते हुए वर्ष 2018-19 में 1400 करोड़ कर दिया गया है।

प्रश्न-3 कृषि क्षेत्र का महत्व समझाएं और बताएं कि विज्ञान व प्रौद्योगिकी किस प्रकार इस क्षेत्र के विकास में योगदान दे सकती है?

उत्तर : भारत जैसे कृषि प्रधान देश में "कृषि के महत्व को" निम्न आधार पर समझा जा सकता है:-

- देश का सबसे बड़ा असंगठित क्षेत्र जो सर्वाधिक रोजगार उपलब्ध कराता है।
- उद्योगों के लिए कच्चे माल की आपूर्ति करता है।
- देश के कुल निर्यात में कृषि उत्पादों का हिस्सा 10 प्रतिशत है, जो विदेशी मुद्रा भण्डार के अर्जन में सहायक है।
- खाद्यान्न मुद्रास्फीति को नियंत्रित करने में सहायक है।

कृषि क्षेत्र में विज्ञान व प्रौद्योगिकी का योगदान

बीज में प्रौद्योगिकी का प्रयोग:

- पूर्वी भारत के बाढ़ग्रस्त क्षेत्रों में बाढ़ अवरोधी धान की नई किस्मों का प्रयोग किया जा रहा है, जिनमें प्रमुख हैं- सवर्णा सब 1, वैदेही, जललहरी, जल निधि, जल प्रिया, आईआर 64 सब 1
- बदलती जलवायु में दलहन उत्पादन में वृद्धि के लिए ऐसे जनन द्रव्यों का विकास किया जा रहा है, जो अधिक तापमान एवं सूखे के प्रति प्रतिरोधी साबित हो सकते हैं जैसे-उड़द के जनन द्रव्य है-आईपीयू 99-23 व मूंग का जनन द्रव्य है-आईपीयू 2-16
- जेनेटिकली मॉडिफाइड ऑर्गेनिज्म बीजों का विकास।
- पोषक तत्वों से भरपूर खाद्यान्न किस्में जैसे-गेहूँ की पहली जैव संपूरित किस्म डब्ल्यूबी-2, धान की पहली जिंक से समृद्ध बायो फोर्टिफाइड किस्म डीआआर धान-45, बाजार के लौह-तत्व और जस्ते की उच्च मात्रा से युक्त किस्म एचएचबी-299 उल्लेखनीय है।

मृदा में प्रौद्योगिकी का प्रयोगः

- मृदा स्वास्थ्य कार्ड स्कीम के तहत मृदा स्वास्थ्य के अनुरूप पोषक तत्वों का प्रबंधन।
- अंतर्राष्ट्रीय चावल अनुसंधान, मनीला (फिलीपींस) द्वारा खेतों में धान की फसल के रंग के आधार पर यूरिया के प्रयोग के लिए "लीफ कलर चार्ट" लांच किया है। जिससे यूरिया का प्रयोग वैज्ञानिक आधार पर हो सकेगा न कि पूर्वानुमान के आधार पर।
- पूसा हाइड्रोजैल व जलशक्ति मृदा अनुकूलक ऐसे पदार्थ हैं, जो मृदा में मिलाए जाने पर मृदा की जलधारण क्षमता व मृदा में पानी के प्रवेश की दर में वृद्धि करते हैं।

सिंचाई में प्रौद्योगिकी का प्रयोगः

- सिस्टम ऑफ राइस इटेसीफिकेशन (श्री) पद्धति द्वारा धान की खेती के लिए बहुत कम पानी तथा कम खर्च की आवश्यकता होती है और उपज भी बहुत अच्छी होती है।
- धान की श्री पद्धति की तरह गेहूँ के लिए भी सिस्टम ऑफ व्हीट इंटेंसीफिकेशन विधि का प्रयोग कर भारी मुनाफा कमाया जा सकता है।
- उर्वरक और पानी का घोल बनाकर संयुक्त रूप से पौधों की जड़ों तक पहुंचाने के लिए फर्टिगेशन नामक नई विधि को अपनाया जा रहा है।
- शुष्क क्षेत्रों में सब्जियां उगाने के लिए घड़ा सिंचाई प्रौद्योगिकी विकसित की गयी है।

फसलों की बुआई में प्रौद्योगिकी का प्रयोगः

- फसलों की बुआई से पूर्व जुताई अनिवार्य है, जिसके चलते कृषि लागत में वृद्धि होती है। जुताई रहित कृषि या कम से कम जुताई कर बीजों को सीड ड्रील की सहायता से बोने या फिर फसल के पौधों को शुरू से नर्सरी में उगाकर खेत में रोपाई की विधा को संरक्षण कृषि कहा जाता है। यह विधा लागत व समय दोनों की बचत करती है।

कीटों के दुष्प्रभावों को रोकने हेतु प्रौद्योगिकी का प्रयोगः

- सूक्ष्म जीवों द्वारा खरपतवार नियंत्रण।
- बैसिलस थुरिंजिनेसिस नामक बैक्टीरिया के वंशाणुओं की मदद से फसल में लगने वाले कीटों की समस्या से निजात पाया जा सकता है, जिसका उदाहरण बीटी धान है।

कृषि यंत्रों में प्रौद्योगिकी का प्रयोगः

- बिना जुताई तथा फसल अवशेषों के रहते हुए खेतों में बुआई के लिए टर्बो-सीडर, पी.सी.आर. प्लांटर एवं रोटरी डिस्क ड्रिल जैसे कृषि यंत्रों के प्रयोग से 8 से 10 टन / हेक्टेयर की दर से उपस्थित खड़े (एकड) और बिखरे (लूज) फसल अवशेषों वाले खेत में सही ढंग से बुआई करने के लिए उपयुक्त है।

कृषि क्षेत्र के प्रत्येक चरण (बुआई, बीज, मृदा, सिंचाई, कीट नाशक) में प्रौद्योगिकी का बढ़ता प्रयोग न केवल देश के किसानों की आर्थिक-सामाजिक स्थिति को सुधारने में कारगर सिद्ध होगा अपितु पश्चिमी देशों द्वारा विकसित तकनीक के प्रयोग के एकाधिकार को समाप्त कर भारत विकसित बनाम विकासशील देशों के मध्य की खाई को पाटने में भी सफल होगा।

प्रश्न-4 नक्सलवाद के उदय के कारणों की चर्चा करें।

उत्तर: नक्सलवाद के उदय सीधे तौर पर सामाजिक, आर्थिक, राजनीतिक एवं प्रशासनिक शोषण से जुड़ा हुआ हैं। क्षेत्रीयता, असन्तुलित विकास, बेरोजगारी एवं मानसिक पिछड़ापन भी एक बड़ा मुद्दा है। नक्सलवाद के उदय को निम्न बिन्दुओं के माध्यम से समझा जा सकता हैं।

1. **राजनीतिक व प्रशासनिक कारण-** इसमें मुख्य रूप से निम्न कारण शामिल किये जा सकते हैं-
   - स्थानीय स्वशासन में वास्तविक भागीदारी का आभाव।

- वर्गीय असमानता का व्याप्त होना और प्रशासन का इन वर्गों के मध्य किया जाने वाला विभेदात्मक व्यवहार जैसे भूस्वामियों तथा किसानों के मध्य विवाद में प्रशासन द्वारा भूस्वामियों का पक्ष लिया जाना।
- पुलिस व्यवस्था में आये भ्रष्टाचार ने मजदूरों और किसानों का उत्पीड़न किया जिससे नफरत और संघर्ष की भावना प्रबल हुई।
- भूमि सुधार कानूनों का लागू न किया जाना, जिससे भूमि हीनों से जमीन वितरण संबंधी अनेक अनियमिताएं हुई, कई बार जबरदस्ती कब्जा भी कर लिया गया।
- सरकारी योजनाओं का निष्फल होना, भ्रष्टाचार, लालफीताशाही।
- वन कानूनों का लागू न हो पाना।

2. **आर्थिक कारण**- इसमें मुख्यतः आर्थिक पिछड़ापन, निर्धनता, बेरोजगारी तथा अधो संरचना की कमी को देखा जा सकता हैं। इसके अलावा भू-स्वामियों तथा नियोक्ताओं द्वारा कम मजदूरी का भुगतान किया जाना।
3. **सामाजिक कारण**- जनजातियों का पिछड़ापन व उनकी एकातंता, जनजातीय संघर्ष, उनका शोषण, जातिप्रथा की शिकार जातियां, उच्च जातियों द्वारा उनके अधिकारों से वंचित किया जाना।
4. **धार्मिक कारण**- धर्मान्धिता, जबरन धर्मान्तरण, धर्म के माध्यम से मनोवैज्ञानिक डर पैदा करना आदि, रूढ़ीवादी सोच आदि।
5. **अन्य कारण**- इसमें नक्सली नेताओं की विचार धारा तथा कृत्य शामिल किये जाते हैं।
   - हत्या का डर दिखाकर आन्दोलन में ग्रामीण युवकों को शामिल करना तथा इसका विस्तार करना।
   - अधिकतर बच्चों को शामिल करके ये उनकी मानसिकता को परिवर्तित करते हैं।
   - दहशत फैलाकर, अनावश्यक हिंसा के माध्यम से चन्दा, हथियारों के लिए धन प्राप्त कर इसका विस्तार किया जा रहा है।
   - भारतीय न्याय प्रणाली में विलम्ब एवं खर्चीली प्रक्रिया।
   - कई विश्व विद्यालयों के प्रोफेसर तथा विद्वानों द्वारा इस विचार धारा को समर्थन प्राप्त है। तथा उनका इस आन्दोलन में शामिल होना नक्सलवाद के उदय तथा प्रसार के कारण हैं।

प्रश्न-5 आतंकवाद क्या है? आतंकवाद के प्रकार की चर्चा करें।

उत्तर : आतंकवाद का आशय ऐसी विचारधारा से हैं जो भय या डर (खौफ) पैदा करके अपने उद्देश्यों की प्राप्ति करें। आतंकवाद का अर्थ व्यापक हैं इसकी निश्चित परिभाषा नहीं दी जा सकती क्योंकि जहां एक पक्ष इसे स्वतन्त्रता की लड़ाई या जिहाद कहता है, तो वहीं दूसरा पक्ष इसे मानवता के विरूद्ध सबसे बड़ा अपराध मानता हैं। किसी राज्य के विरूद्ध किया गया कोई भी अपराधिक कार्य, जो आम लोगों या समूहों में आतंक या गम का वातावरण निर्मित करता हैं, आतंकवाद हैं इसमें किसी की मृत्यु-चोट, निजी या सार्वजनिक सम्पत्ति की हानि शामिल हैं।

आतंकवाद शब्द का सर्वप्रथम प्रयोग फ्रांसिसी क्रांति (1789-94) के दौर को माना जाता हैं। पहला आतंकी हमला जुलाई 1946 में जेरूसलेम में माना जाता है, जिसमें 100 से अधिक लोग मारे गए। पश्चिमी जर्मनी में रेड आर्मी फैक्शन की 1960 के दशक की गतिविधियों को प्रारंभिक अन्तर्राष्ट्रीय आंतकी गतिविधिया माना जाता हैं।

1. **एथनो-राष्ट्रवादी आतंकवाद**-एथनिक (प्रजातियता) मित्रताओं के कारण उत्पन्न यह पृथकतावादी आकांक्षाओ से प्रभावित आतंकवाद एथनो-राष्ट्रवादी आतंकवाद है। जैसे-उत्तर पूर्वी भारत में तथा श्रीलंका में लिट्टे का आन्दोलन इसके उदहारण हैं।
2. **धार्मिक आतंकवाद**- धार्मिक भावनाओं तथा स्वधर्म केन्द्रवाद एवं कट्टरवादी प्रवृत्तियों के परिणाम स्वरूप उत्पन्न आतंकवाद जैसे-इस्लामिक आंतकवाद (अलकायदा, तालिवान लश्कर-ए-तैय्यबा, सिमी) धार्मिक आतंकवाद का उदाहरण।

3. **वैचारिक आतंकवाद**- किसी विचारधारा से प्रेरित होकर हिंसक गतिविधियों को अपनाना ताकि उस विचारधारा को लागू कर यथास्थिति को बदलने का प्रयास, वैचारिक आतंकवाद की श्रेणी में आता है जैसे-भारत में वामपंथी विचारधारा से प्रेरित होने वाले आतंकवादी संगठन यथा स्थितिवाद के विरूद्ध तथा परिवर्तन के लिए अभियान चलाते हैं। जर्मनी का नाजीवाद, इटली का फॉसीवाद, अमेरिका का के.के.के. (कू, क्लु, क्लेन) एवं डेनमार्क का ग्रीन जैकेट्स वैचारिक आतंकवाद हैं।

4. **राज्य प्रायोजित आतंकवाद**- यह विदेश नीति एवं कूटनीति के उद्देश्यों को पूरा करने के लिए किये गए प्रयासों का परिणाम होता हैं।

5. **नारको आतंकवाद**- यह मादक पदार्थों की तस्करी के परिणामस्वरूप विकसित आतंकवाद का एक स्वरूप एवं आतंकवाद का एक साधन भी हैं। नारको आतंकवाद अवधारणा का प्रयोग पेरू के पूर्व राष्ट्रपति फर्नान्डो वेलार्दे टेरी ने 1983 में किया। मादक पदार्थों की तस्करी के दौरान एवं तस्करी के परिणाम स्वरूप घटित आतंकी घटनाएं इसमें शामिल की जाती हैं।

6. **पर्यावरण आतंकवाद**- पर्यावरण संरक्षण के लिए होने वाले आन्दोलन ईको-टेरेजिज्म कहलाते हैं। वहीं पर्यावरण को नुकसान पहुंचाने वाली घटनाएं पर्यावरण आतंकवाद कहलाती हैं। जैसे खाड़ी युद्ध के दौरान इराक व कुवैत के तेल कुओं में आग लगा दी गई थी, जिससे सम्पूर्ण खाड़ी क्षेत्र भंयकर प्रदूषण में डूब गया था।

7. **साइबर आतंकवाद**- कम्प्यूटर एवं इन्टरनेट के माध्यम से दहशत फैलाने और नुकसान करने की प्रघटनाओं को साइबर आतंकवाद कहते हैं। भारतीय सूचना प्रौद्योगिकी अधिनियम 2000 की धारा 66 F में साइबर आतंकवाद के लिए आजीवन कारावास तक के दण्ड का प्रावधान है।

8. **आत्मघाती आतंकवाद**- मानव बमों के माध्यम से हत्या एवं आतंक का ताडंव सूसाइड आतंकवाद कहलाता है। उदाहरण के लिए लिट्टे द्वारा राजीव गांधी एवं प्रेमदासा की हत्या में आत्मघाती आतंकवाद का उपयोग किया गया था। जेहादी आतंकवादियों द्वारा 1990 से कश्मीर के फिदायीन हमलों के रूप में आत्मघाती आतंकवाद का उपयोग किया जा रहा हैं।

9. **व्यक्ति परक आतंकवाद**- ऐसे लोग जो शत्रु के मुकाबले कमजोर होते हैं। अतः ऐसे लोग गुप्त रूप से घोषित या अघोषित आतंकवाद का सहारा लेते हैं।

10. **क्षेत्रीय आतंकवाद**- जहां एक राष्ट्र के अन्तर्गत क्षेत्रों या समुदायों की ओर से अपने स्वतंत्र भाषायी, साम्प्रदायिक, क्षेत्रीय स्वतन्त्रता की मांग को लेकर आंतकवाद का सहारा लिया जाता है। उदाहरण भारत के पंजाब में खालिस्तान कमाण्डो फोर्स, उत्तर पूर्वी भारत में नागा, मिजो व उल्फा विद्रोही तथा जम्मू कश्मीर में जे.के.एल.एफ., लश्कर-ए-तैय्यबा, जैश-ए-मुहम्मद, हिजबुल मुजाहिदीन आदि।

11. **राष्ट्रीय आतंकवाद**- राष्ट्रीय आतंकवाद अपनी भौगोलिक सीमाओं के अन्दर लड़ा जाता है। इसमें अपने नागरिकों में से ही आतंकवादी बनते हैं और इन्हें विदेशी सहायता (धन, हथियार, प्रशिक्षण आदि) मिलती है। उदाहरण भारत में जे.के.एल. एफ. को पाकिस्तान व अलकायदा से आर्थिक मदद मिलती है।

12. **अंतराष्ट्रीय आतंकवाद**- इसका अभिप्राय है- विभिन्न आतंकवादी संगठनों का आपस में जुड़ जाना। उदाहरण उल्फ़ा आतंकवादी श्रीलंका के लिट्टे आतंकवादियों से जुड़े हैं।

प्रश्न-6 जैवविविधता क्या है? इसके लाभों की चर्चा करें।

उत्तर : जैवविविधता का तात्पर्य जीवन के विविध रूपों अर्थात् विभिन्न प्रकार के पौधे, जीव-जंतु एवं सूक्ष्म जीव समूह से है जिसमें उनके जीन तथा वे पारिस्थितिक प्रणालियां विद्यमान रहती हैं जिनका वे निर्माण करते हैं। इसका संबंध उन गतिशील प्रक्रियाओं से है, जिनमें नवीन आनुवंशिक रूपांतरण के होने पर प्रजातियों की बढोत्तरी अथवा उनका विनाश हो जाता है। अतः जैवविविधता एक ऐसी अवधारणा है जिसमें सजीव जगत की परस्पर संबद्ध प्रकृति एवं प्रक्रियाओं पर बल दिया जाता है। जैवविविधता संरक्षण का अभिप्राय प्रकृति द्वारा निर्मित जीवन समर्थक प्रणालियों को सभी प्रकार

से बनाये रखना तथा पारिस्थितिकी विषयक स्वनिर्वाहित विकास के लिए अनिवार्य जीवन संसाधनों की रक्षा करना है। मिट्टी, जल एवं वायु जैसे प्राकृतिक संसाधनों के समान ही जैवविविधता भी एक प्रमुख प्राकृतिक संसाधन है।

जैवविविधता, मानव उपस्थिति का आधार है। इसकी क्षति को गंभीर सामाजिक एवं आर्थिक मूल्यों की क्षति माना जाता है। इसका उपयोग नैतिक तथा सौन्दर्यात्मक बोध के लिए किया जा सकता है। जैवविविधता की क्षति से स्थानीय एवं वैश्विक परिवर्तनों के अनुकूलन के सजीव ज्ञान भंडार जैसे जींस, जातियां, पारिस्थितिक तंत्र तथा मानव ज्ञान को क्षति पहुंच रही है। जैवविविधता के कारण ही हमें विभिन्न प्रकार के खाद्यान्नों जैसे गेहूं, धान, मक्का, बाजरा, दलहन, तिलहन, विभिन्न प्रकार की सब्जियों और फल, जलावनी लकड़ी, कपास, आवास तथा फर्नीचर के लिए लकड़ी, मसाले, औषधियाँ, दूध, घी, मक्खन, चमड़ा, मांस, अंडे इत्यादि प्राप्त होते हैं। सूक्ष्म जीव मिट्टी में उपस्थित जैविक अवशेषों का विखंडन करके उसे पोषक तत्वों में बदलते रहते हैं जिससे मिट्टी की उर्वरकता बनी रहती है। इसके अतिरिक्त जैवविविधता जीव जंतुओं द्वारा उत्सर्जित कार्बन डाइआक्साइड को प्रकाश संश्लेषण में उपयोग कर भोजन का निर्माण करते हैं जिसका उपयोग प्राणियों द्वारा किया जाता है। इस प्रकार वनस्पतियों एवं जंतुओं में सहजीविका का एक सुस्पष्ट संबंध दिखलायी पड़ता है। प्रकृति में जैवविविधता के किसी भी अंग का विनाश या उसमें मिलावट प्रकृति एवं पर्यावरण दोनों के लिए हानिप्रद सिद्ध हो सकता है।

हमारा देश भारत भी जैवविविधता की दृष्टि से असाधारण रूप से समृद्ध है तथा यह विश्व के बारह बड़े विविधता केंद्रों (Megacentres) में से एक है। यहां दस जैवभौगोलिक अंचल (Biogeographical Regions) तथा 25 जीवीय प्रांत है। यहाँ पौधों की 45,000 से अधिक प्रजातियां तथा जीव जंतुओं की 81,000 से अधिक प्रजातियां पायी जाती हैं, जो विश्व की वनस्पति प्रजातियों का 7% तथा जीव-जंतु प्रजातियों का साढे छः प्रतिशत है। भारत में पायी जाने वाली वनस्पतियों का 35% तथा जीव जंतुओं का 62% प्रजातियां स्थानिक हैं। जैवविविधता की दृष्टि से पूर्वी घाट, पश्चिमी घाट तथा पूर्वोत्तर पर्वतीय क्षेत्र मुख्य रूप से महत्वपूर्ण स्थान है। जैवविविधता संरक्षण का तात्पर्य समस्त प्रकार के खेती योग्य वनस्पतियों, वनों तथा पालतू व जंगली जीव-जंतुओं का संरक्षण करना और इन्हें विकास के दुष्प्रभावों से बचाना है।

यद्यपि 'जैवविविधता' (Biodiversity) की संकल्पना का जन्म बहुत पहले ही हो चुका था, परंतु इसका श्रेय **वाल्टर जी. रोजेन** को जाता है जिन्होंने सर्वप्रथम सन् 1985 में इसे प्रतिपादित किया था। जैवविविधता की समझदारी विभिन्न वर्गों, जैसे- जीव वैज्ञानिकों, समाज वैज्ञानिकों, अधिवक्ताओं, प्रकृति वैज्ञानिकों, संरक्षणकर्ताओं, मानवजाति इत्यादि में अलग-अलग होती है। इसलिए जैवविविधता की विभिन्न विधाओं को एकाकार करने का माध्यम बनाया जा सकता है। सन् 1992 में 'रियो डी जेनेरियो' में हुए पर्यावरण एवं विकास पर संयुक्त राष्ट्र संघ के सम्मेलन (United Nations Conference on Environment and Development : UNCED) के बाद विद्वानों ने जैवविविधता की क्षति को इस शताब्दी की सबसे महत्वपूर्ण समस्या के रूप में प्रस्तुत किया था।

जीवन की उत्पत्ति से लेकर आज तक जैवविविधता ने मानव जीवन के लिए आवश्यक वायु एवं जल के साथ-साथ भोजन (अनाज, फल-फूल, शाक-सब्जी, दूध, अंडा, मांस, मछली आदि), वस्त्र (कपास, ऊन, रेशम, खाल आदि), मकान (बांस, घास-फूस, इमारती लकड़ी आदि), औषधि (हरड़, बहेड़ा, आंवला, सर्पगंधा, नीम आदि), मनोरंजन के साधन (वन, पहाड़, झील, जल-प्रपात, वन्य जीव जंतु, जलीय जीव जंतु, पक्षी आदि) जैवविविधता के अनमोल उपहार हैं।

प्रश्न-7 पेटेंट क्या है? भारत में पेटेंट के नियमों की चर्चा करें।

उत्तर: पेटेंट किसी के आविष्कार को सुरक्षा प्रदान करने हेतु कुछ नियम पालन करने होते हैं जैसे उसे व्यावहारिक रूप से उपयोगी होना चाहिए, उसमें नवीनता का तत्व प्रदर्शित होना चाहिये, जिसे औसत ज्ञान वाले व्यक्ति द्वारा अनुमानित किया जा सके, उनकी विषय वस्तु को कानून के अधीन पेटेंट योग्य होना चाहिए।

भारत में यह नियम 1856 में आया था। स्वतंत्रता पश्चात् इंडियन पेटेंट अधिनियम 1970 आया जिसे TRIPS (Agreement on Trade Related Aspect of Intellectual property) समझौते के तहत् 1 जनवरी 1995 में परिवर्तित किया। इसके बाद 2000, 2002 व 2005 में परिवर्तन हुआ। पेटेंट अधिनियम 2005 के प्रावधान निम्न हैं-

1. संशोधित अधिनियम में 'आविष्कारक कदम' को पुन: परिभाषित कर कहा है कि आविष्कार तकनीकी रूप से इतना आगे हो, जिसकी तुलना पहले से विद्यमान ज्ञान के आर्थिक मूल्य की तुलना में निम्न हो तथा इसकी संभावना तकनीकी क्षेत्र में सिद्धहस्त व्यक्ति द्वारा की जा सके।

2. यह संशोधित अधिनियम आविष्कार हेतु संरक्षण प्रदान करता है। यह संरक्षण एक सीमित अवधि लगभग 20 वर्षों के लिए प्रदान किया जाता है।
3. पेटेंट एक व्यक्ति को उसकी रचना की पहचान बनाए रखने हेतु प्रेरणा प्रदान करता है, यह प्रेरणा नवाचार को प्रोत्साहित कर मानव जीवन की गुणवत्ता में वृद्धि करती है।
4. पेटेंट सुरक्षा के अन्तर्गत मालिक की अनुमति के बिना आविष्कार का व्यावसायिक रूप से निर्माण, उपयोग, वितरण तथा विक्रय नहीं किया जा सकता।
5. पेटेंट का उल्लंघन किए जाने पर पेटेंट अधिकार पर सामान्यतः न्यायालय में सुनवाई होती है। इसके विपरीत तीसरे पक्ष द्वारा चुनौती दिए जाने पर कोर्ट पेटेंट को अवैध घोषित कर सकती है।
6. पेटेंट दवाइयों के संदर्भ में आवश्यक लाइसेंस का प्रावधान है।
7. अधिनियम के अनुसार, सभी प्रकार के अविष्कार हेतु, पेटेंट फाइल करने से 20 वर्षों तक की अवधि तक पेटेंट सुरक्षा प्राप्त होती है।
8. किसी भी पेटेंट उत्पाद का आयात, विक्रय एवं पेटेंट प्रक्रिया द्वारा उस उत्पाद का निर्माण यदि पेटेंट मालिक की अनुमति के बगैर किया गया तो इसे पेटेंट का उल्लंघन माना जाएगा।
9. पेटेंट के अन्तर्गत दवाइयाँ, रसायन, कृषि, खाद्य एवं नवीन माइक्रो आर्गेनिज्म उत्पादों का पेटेंट संभव है जबकि गणितीय तरीके, व्यापार तरीके, कम्प्यूटर प्रोग्राम और गणित के सवालों को हल करने के नियमों की प्रणाली को पेटेंट नहीं किया जाता।
10. अधिनियम के अनुसार भारत में रहने वाले सभी भारतीय व गैर-भारतीय अविष्कारों को पेटेंट हेतु आवेदन विश्व में कहीं भी करने से पूर्व भारत में करना होगा।

पेटेंट आवेदन के समय को कम करके प्रथम जांच रिपोर्ट (FER-First Examine Report) की तिथि से लेकर 6 माह तक कर दिया है जिसमें 3 माह का अतिरिक्त विस्तार भी प्रदान किया जा सकता है। पूर्व में यह अवधि 12 माह थी।

प्रश्न-8 भारत में प्राकृतिक आपदाओं की समीक्षा करें।

उत्तर : भारत क्षेत्रफल की दृष्टि से विश्व के बड़े देशों में शुमार है, जिसके कारण भू-आकृतिक विभिन्नताएँ, वर्षा व तापमान में अन्तर यहां सामान्य बात है इसलिए प्राकृतिक आपदाओं के सभी प्रकार यहां देखने को मिलते हैं। जैसे-बाढ़, सूखा, चक्रवात, भूकंप व भूस्खलन।

1. **बाढ़ (Flood)** मानसून के चार महीनों (जून से सितंबर तक) में 75 प्रतिशत वर्षा होती है जिसके फलस्वरूप इस अवधि के दौरान प्रायः सभी नदियों में पानी का भारी बहाव होता है। अवसाद निक्षेपण, जल निकास संकुलन और नदी की बाढ़ों के समकालन की समस्याएँ तटीय मैदानों में समुद्र की ज्वारीय लहरों के साथ बाढ़ के खतरे को बढ़ा देती है। ब्रह्मपुत्र और गंगा बेसिन सर्वाधिक बाढ़ प्रवण क्षेत्र हैं। अन्य बाढ़ प्रवण क्षेत्र हैं : उत्तर पश्चिम के क्षेत्र में पश्चिम की ओर बहने वाली नदियाँ जैसे नर्मदा और ताप्ती और केंद्रीय भारत तथा दक्कन क्षेत्र में पूर्व की ओर बहने वाली प्रमुख नदियाँ जैसे महानदी, कृष्णा और कावेरी। यद्यपि बाढ़ ग्रस्त होने का प्रत्याशित क्षेत्र 4 करोड़ हेक्टेयर है परंतु वर्ष में बाढ़ से प्रभावित होने वाला क्षेत्र लगभग 80 लाख हेक्टेयर है।
2. **सूखा (Drought)** भारत में अधिकतर मानसून पर आश्रित सिंचाई नेटवर्क है। दोषपूर्ण पैटर्न, कम (750 मिमी से कम) और मध्यम (750-1125 मिमी) दोनों ही आवधिक सूखों के प्रति कुल क्षेत्र के 68 प्रतिशत को संवेदनशील बनाते हैं। 100 वर्ष के विश्लेषण से ज्ञात होता है कि शुष्क, अर्ध-शुष्क और उपआर्द्र क्षेत्रों में सामान्य से कम वर्षा होने की आवृत्ति 54-57 प्रतिशत है। शुष्क और अर्ध-शुष्क क्षेत्रों में गंभीर और असाधारण सूखा प्रत्येक 8-9 वर्षों में होता है। अर्ध शुष्क और शुष्क जलवायु वाले क्षेत्रों में लगभग 50 प्रतिशत तक गंभीर सूखा हो सकता है जिसमें साधारणतया 76 प्रतिशत क्षेत्र शामिल है। इस क्षेत्र में सबसे अधिक गंभीर प्रबलता के असाधारण सूखे औसत 32 वर्षों में एक बार हुए थे और प्रायः प्रति तीसरा वर्ष सूखा पीड़ित वर्ष था।

3. **चक्रवात (Cyclone)** भारत की तटरेखा लंबी है। यहाँ दो पृथक चक्रवात मौसम हैं- मानसून-पूर्व (मई-जून) और मानसून-पश्चात (अक्टूबर- नवंबर)। इन चक्रवातों का प्रभाव तटीय जिलों तक सीमित रहता है। चक्रवातों के केंद्र से 100 किमी. के अंदर तूफान के मार्ग के दोनों तरफ अधिकतम विनाश होता है। सबसे अधिक हताहत होने की घटनाएँ ज्वारीय लहरों, तूफानी लहरों तथा मूसलाधार वर्षा और तटीय बाढ़ों के कारण होती है।

4. **भूकंप (Earthquake)** हिमालय पर्वत श्रेणियों को विश्व की सबसे नीची पर्वतमालाएँ माना जाता है। अंत:भूमिक हिमालय भूवैज्ञानिक दृष्टि से बहुत सक्रिय है। 53 वर्षों की अवधि में रेक्टर स्केल अथवा पैमाने पर 8 मात्रा से अधिक तीव्रता के चार भूकंप इस क्षेत्र में आए हैं। भारत के प्रायद्वीपीय भाग में स्थिर महाद्वीपीय पर्पटी समाविष्ट है। यद्यपि इन क्षेत्रों को भूकंपीय दृष्टि से सबसे कम सक्रिय माना जाता था परंतु रेक्टर पैमाने पर 6.4 मात्रा वाले 30 सितंबर 1993 को महाराष्ट्र के लातूर में आए भूकंप से जीवन की भारी हानि हुई और आधारभूत संरचना को क्षति पहुँची।

5. **भूस्खलन और हिमस्खलन (Landslides and Avalanches)** हिमालय, उत्तर-पूर्वी पर्वत श्रेणियों और पश्चिमी घाटों में भिन्न-भिन्न तीव्रताओं वाले काफी भूस्खलन होते रहते हैं। नदियों का कटाव, भूकंपीय संचलन (हलचल) और भारी वर्षा से पर्याप्त गतिविधि उत्पन्न होती है। चक्रवातीय विक्षोभों (Cyclonic Disturbance) के साथ भारी मानसूनी वर्षा से अकसर पश्चिमी घाटों के ढलानों पर भूस्खलन की काफी घटनाएँ होती हैं।

   हिमालय के अधिक ऊँचे स्थानों में हिमघाव प्रमुख खतरा उत्पन्न करते हैं। हिमालय के भागों में वर्ष भर हिमपात होता है, और ऐसे स्थानों में साहसिक खेल प्रचुर मात्रा में होते रहते हैं। गंभीर हिमस्खलन जम्मू कश्मीर, हिमाचल प्रदेश और उत्तराखंड के पर्वतों में होते रहते हैं। नुब्रा (Nubra) और स्योक (Shyok) घाटियों में लगभग 20,000 की आबादी और पर्वतारोहियों तथा ट्रेकरों (Trekkers) को तीखे ढलानों के कारण हिमघावों के खतरे का सामना करना पड़ता है।

प्रश्न-9 आजादी के पहले भारत की भूधारण प्रणालियों की चर्चा करें।

उत्तर : आजादी से पहले भारत में तीन प्रकार की भूधारण प्रणालियां प्रचलित थीं-

(i) जमींदारी प्रणाली (ii) महालवाड़ी प्रणाली (iii) रैयतवाड़ी प्रणाली

(i) जमींदारी प्रणाली: इस प्रणाली को जागीरदारी, मालगुजारी व बीसवेदारी नाम से भी जाना जाता था। 1793 में **लार्ड कार्नवालिस** ने इस प्रणाली को बंगाल में प्रारंभ किया। इस भू-धारण प्रणाली में भूमि पर किसी एक व्यक्ति या कुछ व्यक्तियों का स्वामित्व होता था जो सरकार को लगान अदा करने के लिए उत्तरदायी होता था। लगान की दर बढ़ाने का अधिकार सरकार के पास नहीं था, परंतु जमींदार इसमें वृद्धि कर सकता था। जमींदार इस भूमि को बेच सकता था और रेहन व दान में दे सकता था। जमींदारी प्रणाली से एक महत्वपूर्ण बुराई 'अनुपस्थित भूस्वामित्व' की थी। जिसमें जमींदार अपने लगान एकत्रीकरण के अधिकार किसी अन्य व्यक्ति को सौंप सकते थे और बदले में लगान का एक हिस्सा ले लेते थे। यह उप जमींदार भी अपने लगान वसूली अधिकार किसी अन्य व्यक्ति को सौंप सकते थे। इस प्रकार सरकार एवं वास्तविक किसानों के बीच बिचौलियों का एक ऐसा वर्ग विकसित हो गया जो सिर्फ अधिक-से-अधिक लगान वसूल कर मुनाफा कमाने में लगा रहता था। इस प्रकार यह प्रणाली किसानों के लिए दमन और शोषण का प्रतीक बन गयी, जिससे कृषि के विकास में बाधा पहुंची।

(ii) महालवाड़ी प्रणाली: इस प्रणाली में भूमि का स्वामित्व सामूहिक रूप से ग्राम समुदाय का होता था तथा ग्राम समुदाय सामूहिक रूप से लगान अदा करने के लिए उत्तरदायी थे। सरकारी लगान को एकत्र करने के लिए पूरा महाल या क्षेत्र सामूहिक रूप से जिम्मेदार होता था। महाल के अंतर्गत छोटे या बड़े स्तर के सभी जमींदार आते थे।

(iii) रैयतवाड़ी प्रणाली: इस प्रणाली में भूमि पर अलग-अलग व्यक्तियों का स्वामित्व होता था तथा भू-राजस्व वसूल करने की जिम्मेदारी भू-धारियों पर सीधे और व्यक्तिक रूप से होती थी। इस व्यवस्था में किसान एवं सरकार के बीच कोई बिचौलिया नहीं होता था। रैयत को अपनी भूमि बेचने, किराये पर उठाने, हस्तांतरित करने, गिरवी रखने या किसी अन्य तरीके से दूसरे को प्रदान करने का अधिकार होता था। रैयतवाड़ी प्रणाली में बंदोबस्त स्थायी नहीं होता था और जब तक किसान लगान अदा करता रहता था, तब तक उसे भूमि से बेदखल नहीं किया जा सकता था किंतु लगान अदा न करने पर उसे भूमि से बेदखल किया जा सकता था।

प्रश्न-10 भारतीय अर्थव्यवस्था की आर्थिक वृद्धि दर में अप्रत्याशित कमी के कारण एवं स्थिति में सुधार के उपाय बताइये।

उत्तर : किसी भी देश की अर्थव्यवस्था के लिए ''उच्च आर्थिक वृद्धि दर'' को प्राप्त करना, सभी आर्थिक क्रियाओं को करने का मूल उद्देश्य है। यही कारण है कि अर्थशास्त्रियों, नीति नियंताओं तथा कार्पोरेट नेतृत्व की रूचि सदैव उच्च वृद्धि दर वाली अर्थव्यवस्थाओं में होती है तथा सभी इस विचार के समर्थक रहे हैं कि- ''उच्च वृद्धि दर सतत एवं समावेशी आर्थिक विकास के लिए आवश्यक पूर्व शर्त है।'' भारतीय अर्थव्यवस्था भी विश्व की उन गिनी चुनी अर्थव्यवस्थाओं में से एक है, जो उच्च वृद्धि दर को प्राप्त करने, उसे बनाये भी रखने के भरसक प्रयास कर रही है। परन्तु हाल ही में केन्द्रीय सांख्यिकी संगठन (CSO) ने वित्त वर्ष 2017-18 की पहली तिमाही में जीडीपी की वृद्धि के आकड़े जारी किये जो 5.7% की दर को दर्शाते हैं, जबकि इसी समयावधि में पिछले वित्तीय वर्ष की जीडीपी वृद्धि दर 7.9% थी। इस वित्तीय वर्ष की पहली तिमाही की वृद्धि (5.7%) पिछले तीन साल की पहली तिमाही की वृद्धि दर से निम्नतम रही है। इस निम्न वृद्धि दर के प्रमुख कारण बिन्दुवार निम्नवत् है:-

- जीडीपी में यह गिरावट विमुद्रीकरण के तात्कालिक प्रभाव के कारण मानी जा रही है, क्योंकि विमुद्रीकरण ने बाजार से तरलता को कम करके प्रत्यक्ष व अप्रत्यक्ष रूप से मांग में भारी गिरावट दर्ज की है। शुरूआती दौर में बाजार में आयी मांग की कमी लघुकालीन प्रतीत हो रही थी। परन्तु दो तिमाही (6 माह) बीतने के बाद यह मध्यकालीन व संरचनात्मक प्रतीत हो रही है, जिसके प्रमाण पिछले कुछ महीनों में विनिर्माण क्षेत्र में क्षमता उपयोग में आई गिरावट से स्पष्ट होते है एक रिपोर्ट के अनुसार वर्तमान में भारतीय फैक्ट्री अपनी क्षमता का मात्र 75 फीसदी उपयोग कर रही है, ऐसा सीधे निम्न स्तरीय मांग के चलते हुआ है।
- भारतीय अर्थव्यवस्था के वे क्षेत्र जो तरलता की कमी के चलते उच्च स्तरीय आर्थिक गतिविधिया सम्पन्न नहीं कर पा रहे, उनमें प्रमुख हैं- गैर संगठित क्षेत्र अर्थात् छोटे खुदरा व्यापारी, कृषि सहित सम्पूर्ण प्राथमिक क्षेत्र व लघु-कुटीर उद्योग। ये क्षेत्र तरलता की कमी से इसलिए जूझ रहे हैं क्योंकि इन क्षेत्रों की बैकिंग व्यवस्था पर निर्भरता कम है। ये क्षेत्र नकदी पर आधारित हैं और विमुद्रीकरण ने नकदी को अर्थव्यवस्था से बाहर करने का कार्य किया है। यहाँ एक अन्य बात और भी महत्वपूर्ण हो जाती है, चूंकि इन्ही क्षेत्रों पर भारतीय आबादी की एक तिहाई जनसंख्या आय के लिए आश्रित है, परिणामस्वरूप अर्थव्यवस्था से मांग का कम होना भी स्वभाविक हो जाता है।
- बैकिंग क्षेत्र में बढ़ते एनपीए की समस्या के कारण बैंक नये ऋण प्रस्तावों को लेकर अधिक जोखिम नही उठाना चाहते, जिसका निवेश वातावरण पर विपरीत असर पड़ रहा है। कम निवेश और रोजगार सृजन की धीमी रफ्तार का सीधा संबंध है।
- भारत का आउटसर्सोसिंग अर्थात् बीपीओ क्षेत्र भारत के निर्यात् में एक बड़ी हिस्सेदारी दर्ज करता है और साथ ही भारत का प्रमुख लाभकारी उद्योग रहा है परन्तु कुछ समय से नीतिगत कारणों से यह क्षेत्र समस्या ग्रस्त हो गया है। इस क्षेत्र के समस्याग्रस्त होने का प्रमुख कारण अमेरिका की आउट सोर्सिंग पॉलिसी का कठोर बनाना है, चूंकि अमेरिका अपने देश के नागरिको के रोजगार को ''सुरक्षित'' करने की नीति अपना रहा है इसलिये भारत के आउटसोर्सिंग क्षेत्र की रोजगार सृजित करने की गति धीमी पड़ती जा रही है, जो अर्थव्यवस्था से वस्तुओं की मांग को कम करने में सहयोग दे रहा है।
- हाल के वर्षो में विनिर्माण क्षेत्र में ''पूंजी गहन उत्पादन' (Capital Intensive Production) में बढ़ोत्तरी हुई, जिसके कारण रोजगार के अवसर कम हुए हैं। उदाहरण स्वरूप-आटोमोबाइल, फुटवियर तथा टेक्सटाइल में रोबोटिक्स और आटोमेशन के कारण इन उद्योगों की रोजगार सृजनता पर प्रतिकूल असर पड़ा है और ये सब भारत जैसी श्रम गहन अर्थव्यवस्था (Labour Intensive Economy) के लिए चिंताजनक हो सकता है, क्योंकि इससे प्रत्यक्ष रूप से मजदूर वर्ग की क्रय शक्ति कम होगी और अर्थव्यवस्था से ''मांग'' का समीकरण भी नकारात्मक रूप से प्रभावित होगा।

- भारतीय अर्थव्यवस्था में सर्वाधिक योगदान करने वाला क्षेत्र, सेवा क्षेत्र है। परन्तु जब बात रोजगार सृजित करने की हो तो यह क्षेत्र देश की कुल आबादी का मात्र 27 से 30 प्रतिशत आबादी को रोजगार उपलब्ध कराता है। भारतीय अर्थव्यवस्था की वृद्धि दर मुख्यतया सेवा क्षेत्र की तीव्र वृद्धि से पोषित होती रही है, परन्तु जब यह क्षेत्र रोजगार सृजनता के निम्नस्तरीय स्थिति में हो, उस स्थिति में रोजगार विहीन वृद्धि (Jobless Growth) की समस्या नीतिनिर्माताओं व अर्थशास्त्रियों के सामने एक बड़ी चुनौती उत्पन्न कर देती है।
- वैश्विक और घरेलू स्तर पर सूचना प्रौद्योगिकी आधारित डिजिटल क्रांति का दौर चल रहा है। आये दिन नए-नए आविष्कार हो रहे हैं, जिनका औद्योगिक अनुप्रयोग वृह्द स्तर पर होने से कई उद्योगो की रोजगारपरकता कम हो रही है, जिसके तात्कालिक प्रभाव चिंताजनक है। बढ़ते डिजिटलीकरण के कारण सेवा क्षेत्र में रोजगार के अवसर प्रति इकाई पूंजी निवेश के सापेक्ष कम हुए हैं।

स्थिति में सुधार के उपाय

- नियंत्रित मुद्रास्फीति की स्थिति को बनाये रखने का प्रयत्न किया जाये ताकि मौद्रिक नीति को उदार बनाकर अर्थव्यवस्था में तरलता बढ़ाकर मांग व पूर्ति पक्ष को बढ़ाया जा सके।
- सरकार राजकोषीय नीति विशेषकर करारोपण की दरों में कटौती कर आर्थिक सुस्ती को नियंत्रित कर सकती है।
- बैंकों की ब्याज दरों को कम कर अर्थव्यवस्था को मजबूत आधार दिया जा सकता है।
- विदेशी निवेश को आकर्षित करने के लिये भारतीय अर्थव्यवस्था को वैश्विक पटल पर अपनी स्थिति मजबूती से दर्ज कराने की आवश्यकता है, ऐसा तभी संभव है, जब देश की आधारभूत संरचना का स्तर, वैश्विक स्तर जैसा हो।
- आर्थिक प्रोत्साहन पैकेज उपलब्ध करा कर सरकार उन क्षेत्रों में नई ऊर्जा का संचार कर सकती है, जो क्षमतावान होने के साथ-साथ रोजगार सृजन के क्षेत्र में बड़ा उत्तरदायित्व निर्वहन कर सकते हैं।
- अर्थव्यवस्था में नई मांग सृजित करने के लिये नये रोजगार सृजन करने होंगे, इस ध्येय वाक्य पर सरकार की आर्थिक रणनीति को केंद्रित करने की आवश्यकता है।
- सरकार को सार्वजनिक निवेश (रेल, पुल, कारखाने, बन्दरगाह, सड़क निर्माण कार्य) में वृद्धि कर रोजगार सृजन में वृद्धि करने का प्रयास करना चाहिए।

उक्त प्रयासो के माध्यम से अर्थव्यवस्था में व्याप्त सुस्ती से निपटा जा सकता है और उच्च आर्थिक वृद्धि दर को हासिल किया जा सकता है।

सामान्य अध्ययन मुख्य परीक्षा
मॉडल अभ्यास तृतीय प्रश्न-पत्र 3

कुल अंक : 200 **समयावधि : 3 घण्टे**

खण्ड-1

निर्देश: *निम्नलिखित प्रत्येक प्रश्न का उत्तर 125 शब्दों से अधिक नहीं होना चाहिए। शब्द-विस्तार की अपेक्षा प्रश्नोत्तर की अन्तर्वस्तु अधिक महत्वपूर्ण है। सभी प्रश्नों के अंक समान हैं।*

Instruction: *Answer the following questions in not more than 125 words each. Content of the answers are more important than their length. All questions carry equal marks.* $10 \times 8 = 80$

प्रश्न-1 कृषि निर्यात नीति 2018 के प्रमुख बिन्दु बताइए।

उत्तर : वर्ष 2022 तक किसानों की आय को दो गुना करने के सरकार के प्रयासों की सहायता हेतु केन्द्रिय मंत्रिमंडल ने 6 दिसम्बर 2018 को कृषि निर्यात नीति 2018 को अपनी मंजूरी दी जिसके प्रमुख बिन्दु निम्नवत् हैं-

- कृषि निर्यात को मौजूदा 30 अरब डॉलर से बढ़ाकर 60 अरब डॉलर करना एवं टिकाऊ व्यापार नीति के माध्यम से अगले कुछ वर्षों में इसे 100 डॉलर तक पहुंचाना।
- चावल, मांस और समुद्री उत्पादों की कुल कृषि निर्यात में 50 प्रतिशत की हिस्सेदारी करना।
- निर्यात किये जाने वाले कृषि उत्पादों में विविधता लाना। साथ ही उनके लिए नये बाजार तलाशना।
- कृषि उत्पादों को प्रसंस्करण के माध्यम से मूल्यवर्द्धन कर विदेशी व्यापार बाजार में उपलब्ध कराने की व्यवस्था करना।
- स्वदेशी, नवीन, जैविक, स्थानीय प्रजाति, पारंपरिक और गैर-पारंपरिक उत्पादों के निर्यात को बढ़ावा देना।
- कृषि उत्पादों के वैश्विक व्यापार में भारत की हिस्सेदारी को बढ़ाकर दोगुना करना।
- घरेलू किसानों को वैश्विक बाजारों में निर्यात के अवसर उपलब्ध कराना।

प्रश्न-2 ऊतक संवर्धन किसे कहते हैं?

उत्तर : बहुकोशिकीय जीवों या पौधों की कोशिकाओं या ऊतक को कृत्रिम वातावरण अथवा नियंत्रित परिस्थितियों में विकसित करने की तकनीक को ऊतक संवर्धन कहते हैं। सामान्यत: बहुकोशिकीय जीवों के अधिकतर ऊतकों में एक निश्चित समय के बाद विकास रूक जाता है तथा उनकी संख्या में वृद्धि नहीं होती है। शरीर से बाहर निकाले जाने पर कोशिकाएं बहुत लम्बे समय तक जीवित नहीं रहती हैं। ऊतक संवर्धन इन कमियों को दूर करता है तथा इस तकनीक के द्वारा कोशिकाओं को टेस्ट् ट्यूब (परखनली) या फ्लास्क में विकसित किया जाता है। इन कोशिकाओं को जीवाणुहीन तरल में विकसित किया जाता है जिसमें सभी आवश्यक पोषक तथा कुछ हार्मोन होते हैं। इस तकनीक का प्रयोग कर जीव ऊतक, जैसे-मानव त्वचा कोशिकाएँ, स्नायु कोशिकाएँ, रक्त कोशिकाएँ तथा पौधों के ऊतकों को प्रयोगशाला में विकसित किया जाता है। ऊतक संवर्धन का प्रयोग बहुमूल्य पौधों की संख्या बढ़ाने के लिए रसायनों के परीक्षण के लिए, आनुवांशिक अभियंत्रणा के अध्ययन, इत्यादि के लिए किया जाता है। इस विधि से तम्बाकू, चावल, गाजर, आलू तथा बाँस की एक कोशिका से पूरा पौधा तैयार किया जा सकता है। इसका लाभ यह है कि इसमें कम से कम समय में अधिक से अधिक पौधे तैयार किए जा सकते हैं। कोशिका संवर्धन के अंतर्गत संवर्धन घोल में विद्यमान विभिन्न

कोशिकाओं में से केवल उन्हीं कोशिकाओं को विकसित होने दिया जाता है जो रोग मुक्त एवं रोगरोधी होते हैं। कोशिकाओं की दीवार को द्रवीभूत कर दिया जाता है। बचे हुए शेष पदार्थ को 'प्रोटोप्लास्ट' कहते हैं। प्रोटोप्लास्ट तेजी से बढ़ता है और अनेक कोशिकाओं को जन्म देता है जिन्हें 'कैलस' कहा जाता है। एक कैलस से संपूर्ण पौधें का निर्माण हो जाता है। कोशिका संर्वधन के अंतर्गत वांछित गुणों के लिए जीन स्थानांतरण भी किया जा सकता है और वांछित पौधे तैयार किए जाते हैं।

प्रश्न-3 क्लोनिंग की तकनीक की चर्चा करें।

उत्तर : क्लोनिंग का शाब्दिक अर्थ एकरूप प्रतिकृति है। क्लोन किसी प्रणाली अथवा प्राणियों के उस समूह को कहते हैं जो अलैंगिक तरीके (एक अकेले जनक/जननी) से उत्पन्न होते हैं तथा आनुवांशिक रूप से अपने जनक/ जननी का हूबहु नकल होते हैं। प्रजनन में नर और मादा से प्राप्त होने वाली विशिष्ट कोशिकाएँ, जिन्हें 'जननिक कोशिकाएँ' कहते हैं, भाग लेती हैं।

माता और पिता पक्ष की जब दो अर्द्धसूत्री जननिक कोशिकाएँ आपस में संयोजित होती है तो उनके मेल से बनने वाली नई कोशिका में दोनों के गुणसूत्र होते हैं। इस प्रक्रिया को निषेचन कहते हैं और जो रचना बनती है उसे युग्मनज। यही युग्मनज गर्भ में समय के साथ विभाजित और विकसित होते हुए अंततः नए जीव के रूप में जन्म लेता है। इस तरह से एक कोशिका से अरबों कोशिकाओं वाले मनुष्य शरीर का निर्माण होता है। इससे यह स्पष्ट है कि हर कोशिका में जीव के निर्माण के लिए सारी सूचनाएँ मौजूद रहती हैं। क्लोनिंग की परम्परागत तकनीक में भ्रूण क्लोनिंग का प्रयोग किया जाता था। 1997 में रोसलिन संस्था (एडिनबर्ग, स्काटलैंड) के डॉ. इयान विल्मुट तथा उनके सहयोगियों ने ''नाभिकीय स्थानांतरण'' तकनीक का प्रयोग करके भेड़ के क्लोन, 'डॉली' को तैयार किया। इस प्रक्रिया में मादा अंडाणु की मदद ली जाती है। उसके जीवन के आनुवांशिक गुण ले जाने वाले अवयव निकाल दिए जाते हैं। पुनः नर के शरीर से एक कोशिका ली जाती है और उसके डी.एन.ए. को निकाल कर डी.एन.ए. रहित अंडाणु में पहुँचा दिया जाता है। यह प्रक्रिया इतनी सहज नहीं है। इसके लिए बड़ी संख्या में अंडाणु लिए जाते हैं जिसमें से कई बेकार चले जाते हैं। एक 'डॉली' को बनाने में 277 केन्द्रकों को डी.एन.ए. रहित अंडाणु में पहुंचाया गया था जिसमें से केवल 29 अंडे ही भ्रूण बने। इनमें से केवल एक भ्रूण ही संतति (डॉली) को जन्म देने में सफल रहा।

प्रश्न-4 चन्द्रयान मिशन क्या है? इसके प्रमुख उद्देश्य बताएं।

उत्तर : चन्द्रयान परियोजना भारत की एक अति महत्त्वाकांक्षी परियोजना है जिसकी घोषणा तत्कालीन प्रधानमंत्री श्री अटल बिहारी वाजपेयी द्वारा 15 अगस्त 2003 को की गयी थी। इस परियोजना का मुख्य उद्देश्य चन्द्रमा के संबंध में वैज्ञानिक समझ का विस्तार करना व ग्रह संबंधी अनुसंधान में रूचि रखने वाले युवा वैज्ञानिकों के लिये आधार सुविधा की स्थापना करना है। इस परियोजना के तहत 5 वर्ष में 'डीप स्पेस नेटवर्क' की स्थापना करना भी शामिल है। उल्लेखनीय है कि इस परियोजना से भारत उन चुनिंदा राष्ट्रों में सम्मिलित हो जायेगा जिन्होंने ऐसे कार्यक्रम चलाये हैं।

चन्द्रयान परियोजना को तीन चरणों में पूरा किया जायेगा जिसमें प्रथम चरण में चन्द्रमा के चारों ओर घूमने वाला व कई तरह के प्रयोग करने वाला विशेष चन्द्र अंतरिक्ष आर्बिटर छोड़ा जायेगा जो चन्द्रमा के चारों ओर के पर्यावरणीय व गुरूत्वीय बल का अध्ययन करेगा। द्वितीय चरण में, चन्द्रमा की सतह पर बिना झटके उतरने वाला लैन्डर प्रक्षेपित किया जायेगा जो चन्द्रमा की सतह का मानचित्र प्रेषित करेगा जिससे वहां उपस्थित खनिज सम्पदा का सर्वेक्षण हो सकेगा। इस चरण का प्रमुख उद्देश्य चन्द्रमा की सतह पर उपस्थित हीलियम-3 को प्राप्त करना है जो वाष्पित अवस्था में रहता है। इसकी सहायता से कैंसर व अन्य खतरनाक बीमारियों का आसानी से पता लगाकर उपचार किया जा सकता है। साथ ही, परमाणु रिएक्टरों में यूरेनियम के स्थान पर हीलियम-3 व डयूटोरियम के प्रयोग से ऊर्जा उत्पन्न करने पर विकिरण का खतरा भी कम हो जायेगा। इसके अतिरिक्त, हीलियम-3 का प्रयोग वाहनों में ईंधन के रूप में व बिजली पैदा करने में किया जा सकता है। यह चरण 2012 तक पूरा होने की समय-सीमा निश्चित है।

इस परियोजना का तृतीय चरण 2020 में पूरा होगा जिसमें चन्द्रमा पर मानव को भेजा जायेगा जो सभी अभियानों में सबसे महत्त्वपूर्ण अभियान है। इस परियोजना को पूरा करने के लिए पी.एस.एल.वी. प्रक्षेपणयान का प्रयोग किया जायेगा जो उपग्रहों को पृथ्वी से 34,000 किमी. की जी.टी.ओ. कक्षा में स्थापित करेगा।

प्रश्न-5 एन्ट्रिक्स क्या है तथा इसके मुख्य कार्य क्या हैं?

उत्तर : एन्ट्रिक्स, इसरो की व्यावसायिक इकाई है, जो भारत की अंतरिक्ष क्षमताओं के विपणन के लिए केंद्रीय एजेंसी का काम करती है। अमेरिका की स्पेस इमेजिंग, जियोआई के साथ मिलकर यह आई.आर.एस. आंकड़ों को विश्व भर में उपलब्ध कराने में अहम भूमिका अदा करती है। एन्ट्रिक्स आई.आर.एस. से प्राप्त आंकड़ों के इस्तेमाल में उपयोगी उपकरण भी मुहैया कराती है। यह भारत के पी. एस. एल. वी. द्वारा प्रक्षेपण सुविधाएँ उपलब्ध कराती है। एन्ट्रिक्स के जरिए टेलीमेट्री, ट्रैकिंग और कमांड समर्थन भी उपलब्ध कराए जाते हैं। इसी प्रकार इनसेट प्रणाली से 11 ट्रांसपोंडर पहले ही पट्टे पर दिए जा चुके हैं। एन्ट्रिक्स द्वारा उपलब्ध कराए जाने वाले अंतरिक्ष यानों के हिस्से व पुर्जों के खरीदारों में दुनिया के जाने माने अंतरिक्षयान निर्माता शामिल हैं।

संचार बाजार के लिए 2000 किग्रा तथा 3000 किग्रा श्रेणी के उपग्रह प्लेटफार्मों के संयुक्त निर्माण के लिए ईएडीसी एस्ट्रियम, पेरिस के साथ एन्ट्रिक्स ने एक समझौता किया है। इसके अलावा, एन्ट्रिक्स ने अति-स्पर्धी अंतर्राष्ट्रीय बाजारों में प्रेक्षण सेवाओं के लिए यूरोप एवं एशिया से अनुबंध हासिल किया है। एन्ट्रिक्स ने एक निम्न लागत वाले स्वचालित मौसम केन्द्र (ए.डब्ल्यू.एस.) का विकास किया है, इस प्रौद्योगिकी को उद्योग में नियमित उत्पादन करने का लाइसेंस मिल गया है। देश में ही अंतरिक्षयान और प्रक्षेपणयान प्रौद्योगिकी विकसित करने के साथ-साथ भारत ने राष्ट्रीय अर्थव्यवस्था के लाभार्थ विकसित उपग्रह प्रौद्योगिकी के इस्तेमाल में भी सफलता प्राप्त की है। इसके साथ-साथ, भारत अंतर्राष्ट्रीय समुदाय के साथ अंतरिक्ष आधारित जानकारी बांट रहा है तथा विश्व को वाणिज्यिक अंतरिक्ष सेवाएँ प्रदान कर रहा है।

प्रश्न-6 ध्रुवीय उपग्रह प्रक्षेपण यान (PSLV) क्या है? हाल के वर्षों में इसकी उपलब्धियाँ क्या रही?

उत्तर : यह 1750 किग्रा. भार के उपग्रहों को 600 से 900 किलोमीटर की ऊँचाई पर ध्रुवीय सूर्य समकालिक कक्षा में स्थापित करने वाला प्रक्षेपण यान है। यह चार स्तर वाला प्रक्षेपण यान है, जिसके प्रथम और तृतीय स्तर में ठोस प्रणोदक (सॉलिड फ्यूल) तथा दूसरे और चौथे स्तर में द्रव्य प्रणोदक (लिक्विड फ्यूल) का प्रयोग होता है। पीएसएलवी से मुख्य रूप से रिमोट सेंसिग और अर्थ इमेजिंग से संबंधित उपग्रहों को प्रक्षेपित किया जाता हैं।

पीएसएलवी की हाल के वर्षों की उपलब्धियाँ

- 15 फरवरी, 2017 को PSLV-C-37 द्वारा 104 उपग्रहों (101 विदेशी और 3 भारत के) को एक साथ प्रक्षेपित कर रूस के 37 उपग्रह एक साथ प्रक्षेपित करने का विश्व रिकॉर्ड तोड़ कर नया रिकॉर्ड बनाया।
- 23 जून, 2017 को PSLV C-38 द्वारा कार्टे सेट-2 नामक उपग्रह को प्रक्षेपित करने में सफलता प्राप्त की। यह उपग्रह पल-पल के मौसम की जानकारी देने के साथ खोज और बचाव कार्य में सहयोग देंगे।
- 12 जनवरी, 2018 को PSLV C-41 के जरिए नौ वहन उपग्रह आईआरएनएसएस-II (IRNSS-II) को प्रक्षेपित किया गया।
- 16 सितम्बर, 2018 को PSLV C-42 के जरिए पूर्णतः व्यावसायिक उड़ान के तहत ब्रिटेन के दो उपग्रहों- नोवा एसएआर (NOVA SAR) व एस1-4 निर्धारित कक्षा में प्रक्षेपित किया गया।
- 29 नवम्बर, 2018 को PSLVC-43 के जरिए स्वदेशी हाइसिस उपग्रह और 30 अन्य छोटे विदेशी उपग्रहों (एक माइक्रो सैटे लाइट व 29 नैनो सैटेलाइट) को प्रक्षेपित किया गया। इन विदेशी उपग्रहों में 23 उपग्रह केवल अमेरिका के ही हैं। शेष 7 उपग्रह आस्ट्रेलिया, कनाडा, कोलम्बिया, फिनलैण्ड, मलेशिया, नीदरलैण्ड, व स्पेन के एक-एक हैं। स्वदेश निर्मित हाइसिस उपग्रह पृथ्वी से लगभग 630 किमी. उँचाई पर ध्रुवीय सन सिक्रोनस आर्बिट में रहते हुए कृषि, वानिकी मृदा व तटीय क्षेत्रों आदि के सम्बन्ध में आंकड़े उपलब्ध करायेगा तथा सेना की जरूरतों को भी पूरा करेगा।

ये सभी उपलब्धियां पीएसएलवी प्रक्षेपण यान की है। इस तथ्य पर भी प्रकाश डालने की आवश्यकता है, कि इस प्रक्षेपण यान ने 29 नवम्बर, 2018 को अपनी 45वीं उड़ान भरी थी।

प्रश्न-7 गगन यान क्या है?

उत्तर : इसरो का मानव अन्तरिक्ष यान ''गगन यान प्रोजेक्ट'' के तहत 3 सदस्यीय दल को कम से कम 7 दिनों के लिये अंतरिक्ष में भेजा जाएगा। इस प्रोजेक्ट के सफल होते ही भारत इंसान को अंतरिक्ष में भेजने वाला चौथा देश बन जाएगा। अब तक अमेरिका, रूस और चीन ने ही अंतरिक्ष में अपना मानवयुक्त यान भेजने में सफलता पाई है। गगनयान मिशन में भारतीय अंतरिक्ष यात्री पृथ्वी से 300-400 किमी. ऊँचाई पर 7 दिनों तक पृथ्वी का चक्कर लगाएंगे। उनकी यह अंतरिक्ष यात्रा 7000 किग्रा. वजनी क्रू कैप्सूल (crew capsule) के जरिये संपन्न की जाएगी। उन्नत लॉन्चर प्रौद्योगिकी के विशेषज्ञ **वीआर ललिथंबिका**, मानव अंतरिक्ष उड़ान परियोजना के निदेशक (Director) के रूप में इस परियोजना का संचालन करेंगी।

गगनयान के लिए इसरो के अत्याधुनिक जीएसएलवी एमके-III प्रक्षेपण यान का उपयोग होगा। इसरो ने लांच व्हकिल जीएसएलवी एमके-III का विकास कार्य पूरा कर लिया है। इसमें पृथ्वी केन्द्रित कक्षा में तीन सदस्य मॉड्यूल लांच करने की क्षमता है। इसके अतिरिक्त इसरो द्वारा मानव रहित अंतरिक्ष विमान के लिए आवश्यक प्रौद्योगिकी क्रू मॉड्यूल वायुमंडलीय पुनः प्रवेश प्रयोग (Crew Module Atmospheric Re-entry Experiment या CARE) का दिसम्बर, 2014 में परीक्षण कर लिया गया है।

प्रश्न-8 बौद्धिक सम्पदा अधिकार क्या है, और इसके अन्तर्गत क्या-क्या आता है?

उत्तर : बौद्धिक सम्पदा अधिकार या आईपीआरएस लोगों को मानसिक सृजन के लिए दिए गए अधिकार हैं। ये अधिकार समाज की ओर से राज्य द्वारा उन विचारों एवं उक्तियों के सृजन एवं प्रसार हेतु प्रोत्साहन के रूप में दिए जाते हैं, जिससे सम्पूर्ण समाज का भला होता है। आईपीआरएस किसी देश में विधायी प्राधिकरण द्वारा पारित वैधानिक अधिकार है। जिसके अन्तर्गत निम्न तत्वों को शामिल किया जाता है :

- कॉपीराइट (सर्वाधिकार) एवं संबंधित अधिकार।
- ट्रेडमार्क, जिनमें सेवा-चिन्ह शामिल है।
- भौगोलिक संकेतक, जिनमें उत्पत्ति-स्थल सूचक शामिल हैं।
- औद्योगिक प्रारूपण।
- पेटेंट, जिनमें वनस्पति के नये प्रजातियों की रक्षा शामिल है।
- एकीकृत परिपथ का नक्शा।
- गुप्त सूचना, जिनमें व्यापार-भेद एवं परीक्षण आँकड़े शामिल हैं।

प्रश्न-9 नक्सलवाद के उदय के क्या कारण है, समझाइए।

उत्तर : नक्सलवाद का नाम पश्चिम बंगाल के दार्जिलिंग (सिलिगुड़ी के समीप जिला) के एक गांव नक्सलबाड़ी के नाम से संबंधित है। 1967 में इस गांव में फसल लूट की घटना से यह आन्दोलन शुरू हुआ और नक्सलबाड़ी, खाराबाड़ी और फासी देवा गांव के लोगों ने (मूलतः आदिवासियों ने) भू स्वामियों के खिलाफ हथियार उठा लिये। प्रारंभ में इसका नेतृत्व चारू मजूमदार, कानू सन्याल तथा जगदल संथाल ने संभाला। इन्होंने मजदूर, खेतीहार, कास्तकार, आदिवासियों को संगठित कर हिंसात्मक कार्यवाही करना प्रारंभ कर दिया, जो आज भी जारी हैं। नक्सलवाद भारत की आंतरिक सामाजिक-आर्थिक समस्या है जो एक हिंसक आन्दोलन बन गया है। नक्सलवाद साम्यवादी विचारधारा का समर्थन करता है जो वर्तमान सत्ता को उखाड़ फेंकना चाहता हैं और बंदूक की नली या नोंक पर अचूक परिवर्तन की मांग करता है। यह आन्दोलन मार्क्सवाद, लेनिनवाद एवं माओवाद के वर्ग संघर्ष पर आधारित है, जिसके उद्देश्य इस प्रकार हैं-

- शोषित एवं उपेक्षित वर्गों को पूंजीपतियों, राजसत्ता पर काबिन लोगों, प्रशासन एवं सरकार के द्वारा किये जा रहे शोषण से मुक्ति दिलाना।
- कृषकों व जनजातियों का शोषण करने वाली सामंतवादी व भ्रष्ट प्रशासनिक व्यवस्था को हिंसा के माध्यम से बदलना।
- राजनैतिक-आर्थिक विषमता दूर करना।

प्रश्न-10 ऑक्सीटोसिन क्या है? इसके प्रभाव की चर्चा करें।

उत्तर : यह एक ऐसा केमिकल है, जो कृत्रिम रूप से ''हार्मोन'' को प्रभावित करता है अर्थात् ऑक्सीटोसिन का प्रयोग करके दूध देने वाले जानवरों की दूध उत्पादन क्षमता को बढ़ाया जाता है साथ ही इसका प्रयोग सब्जियों का आकार बड़ा करने के लिए भी किया जाता है। इस केमिकल के प्रभाव निम्नवत् हैं:

- पशु अधिकारों से जुड़े पक्षकारों का मानना है कि दुग्ध देने वाले पशुओं में आक्सीटोसिन का प्रयोग उनमें हार्मोन असंतुलन का कारण बनता है तथा यह उनके जीवनकाल को कम करता है।
- ऑक्सीटोसिन की पहुंच दूध व दूध से बने उत्पादों तक आसानी से पहुंच जाती है, इन उत्पादों के प्रयोग से मनुष्य के शरीर में ऑक्सीटोसिन की उपलब्धता बढ़ जाती है, जो मनुष्य के हार्मोन को भी कृत्रिम रूप से प्रभावित करता है।
- दूध का प्रयोग ज्यादातर बच्चों के उपभोग की वस्तु है, ऑक्सीटोसीन की मात्रा बच्चों की आयु के सापेक्ष उनके हार्मोन को ज्यादा तेजी से विकसित कर देती है, जिससे इन बच्चों में आपराधिक गतिवधियों में संलिप्तता की प्रवृत्ति तेजी से बढ़ती है, जो न केवल उनका वर्तमान बल्कि उनका भविष्य भी खराब करता है। इससे सामाजिक व्यवस्था भी प्रभावित होती है।

खण्ड-2

निर्देश: *निम्नलिखित प्रत्येक प्रश्न का उत्तर 200 शब्दों से अधिक नहीं होना चाहिए। शब्द-विस्तार की अपेक्षा प्रश्नोत्तर की अन्तर्वस्तु अधिक महत्वपूर्ण है। सभी प्रश्नों के अंक समान हैं।*

Instruction: *Answer the following questions in not more than 200 words each. Content of the answers are more important than their length. All questions carry equal marks.* $10 \times 12 = 120$

प्रश्न-1 बूंद-बूंद सिंचाई क्या है? इसके लाभ और हानि को समझाइए।

उत्तर : जल के निरन्तर बढ़ते उपयोग एवं घटती मात्रा में कारण जल संकट गहराता जा रहा है जहाँ एक ओर मनुष्य को पेयजल उपलब्ध नहीं हो पा रहा है, वहीं दूसरी ओर सिंचाई जल की भी कमी होती जा रही है। अत: परिस्थितियों के अनुसार हमें कम से कम पानी द्वारा अधिकतम सिंचाई प्रदान करनेवाली सिंचाई पद्धति अपनानी होगी। बून्द-बून्द सिंचाई विधि एक ऐसी ही आधुनिक सिंचाई पद्धति है, जिसे सर्वप्रथम 1959 में इजराइल में अपनाया गया एवं वर्तमान समय में यह विस्तृत रूप से प्रचलित है। इस विधि द्वारा पौधों को आवश्यकतानुसार जल की पूर्ति होती रहती है। परम्परागत सिंचाई में दो सिंचाई के मध्य अन्तराल के कारण पौधों में न तो वायु का संचार हो पाता है और न वे मृदा से आवश्यक पोषक तत्व ले पाते हैं। बूंद-बूंद सिंचाई प्रणाली की संरचना सात भागों में व्यवस्थित रहती है जैसे- 1. पानी का पम्प, 2. खाद देने के लिए उर्वरक टैंक, 3. मुख्य पी.वी.सी. पाइप लाइन, 4. मुख्य पाइप लाइन से जुड़ी विभागीय पाइप लाइन, 5. फिल्टर्स, 6. विभागीय पाइप लाइन से जुड़ी प्लास्टिक की नालियाँ एवं 7. इन प्लास्टिक नालियों से जुड़े पौधे के पास के ड्रीपर्स आदि।

बून्द-बून्द सिंचाई विधि के लाभ

- इस प्रणाली में पानी सीधे पौधों की जड़ों में पहुँचता है, जिससे पौधों को संतुलित मात्रा में जल मिलता है।
- बून्द-बून्द सिंचाई विधि में 30 से 70 प्रतिशत तक पानी की बचत होती है तथा इस बचत से तीन गुना अधिक क्षेत्र की सिंचाई संभव है।
- इस विधि में पानी सारे खेत में न फैलकर केवल पौधों के आस-पास ही पहुँचता है जिससे खरपतवार नहीं फैलती है।
- खाद एवं कीटनाशकों को घोल के रूप में पानी के साथ सीधे पौधों की जड़ों तक पहुँचाया जा सकता है, जिससे पानी की बचत के साथ-साथ 30 से 60 प्रतिशत रासायनिक खाद एवं 40 से 50 प्रतिशत कीटनाशकों की बचत सम्भव है।

- बूंद-बूंद सिंचाई विधि द्वारा असमतल भाग की भी सन्तुलित सिंचाई सम्भव है।
- इस विधि द्वारा क्षारीय एवं लवणीय भूमि में कृषि की जा सकती है।
- ड्रिप सिंचाई विधि द्वारा फसलों का उत्पादन 20 से 40 प्रतिशत अधिक होता है, क्योंकि पौधों को आवश्यक मात्रा में वायु एवं पानी मिल जाता है। जिससे फसलों का नियमित विकास होता है।
- सिंचाई कार्य में श्रमिकों की आवश्यकता कम पड़ती है।
- पौधों के समीप वातावरण शुष्क रहने से फसलों में रोग उत्पन्न करने वाले जीवाणुओं में वृद्धि नहीं होती है।

बूंद-बूंद सिंचाई विधि की हानियाँ

- बूंद-बूंद सिंचाई विधि खर्चीली है।
- इसके सफल क्रियान्वयन के लिए विशिष्ट तकनीकी ज्ञान की आवश्यकता होती है।
- भारी मात्रा में प्रवाह एवं जलावरोधन की समस्या उत्पन्न होती है।
- पौधा बहुत सीमित क्षेत्र से पोषक तत्व ले पाता है।
- प्रत्येक फसल के लिए उपयुक्त नहीं है।
- पानी के उत्सर्जन छिद्रों की अत्यधिक देखभाल करनी पड़ती है, क्योंकि कभी भी पानी के साथ मृदा आ जाती है तो उन छिद्रों से पानी रिस नहीं पाता है।
- इस प्रणाली में शाखा पाइपलाइन एवं ड्रीपर्स पाइपलाइन को जानवर नष्ट कर देते हैं।
- अधिकांश ड्रीपर्स दबाव पर काम करते हैं। यदि कहीं ढालू भूमि है तो चँचु (Nozle) पर दबाव 50 से 100 प्रतिशत बढ़ जाता है।

बूंद-बूंद सिंचाई प्रणाली के लाभ व हानि दोनों बिन्दुओं पर दृष्टिपात करने पर यह स्पष्ट हो जाता है कि देश में कृषि को सफल बनाने एवं पानी के अपव्यय को रोकने के लिए बूंद-बूंद सिंचाई प्रणाली की आवश्यकता को नकारा नहीं जा सकता। जहाँ तक बात खर्चीली पद्धति की है, तो इसे तकनीकी विकास व सरकारी वित्तीय सहयोग से दूर किया जा सकता है।

प्रश्न-2 खाद्य सुरक्षा की स्थिति को प्राप्त करने की क्या नीति होनी चाहिए? इसमें बफर भण्डार की भूमिका को स्पष्ट कीजिए।

उत्तर : खाद्य सुरक्षा हेतु सरकार के प्रयासों के अलावा आम जनता की भी कुछ जिम्मेदारियां बनती हैं। आज विभिन्न पार्टियों, सामूहिक भोजों के आयोजनों में भारी मात्रा में भोजन की बर्बादी होती है। खाद्य सुरक्षा की दृष्टि से यह प्रवृत्ति घातक है। हमें भोजन के प्रति अपनी सोच में बदलाव लाने की जरूरत है। देश के सम्पन्न व समृद्ध लोग कितना भी महंगा भोजन खरीद सकते हैं परन्तु दैनिक मजदूरी पर जीने वाले करोड़ों भारतीयों को दो जून की रोटी बमुश्किल मिल पाती है। इन वंचितों के प्रति हमारे समाज की भी कुछ जिम्मेदारी बनती है। सरकार भोजन बर्बाद करने की प्रवृत्ति पर अंकुश लगाने के लिए सशक्त कानून का सहारा ले सकती है, जिसके तहत भोजन बर्बाद करने को अपराध की श्रेणी में डाला जा सकता है। इसके अलावा खाद्य सुरक्षा के लिए सबसे अहम् है योजनाओं और कार्यक्रमों को सही तरीके से क्रियान्वयन करने के लिए तंत्र को सुदृढ़ बनाना। साथ ही जन-जागरूकता और खाद्यान्न उपलब्धता के साथ उनका सही प्रबंधन तथा कृषि क्षेत्र की गिरावट को रोकना आदि खाद्य सुरक्षा को प्राप्त करने की नीति होगी।

खाद्य सुरक्षा प्राप्ति में बफर भण्डार की भूमिका : देश में रिकॉर्ड फसल उत्पादन के पश्चात् कृषि उत्पाद को सुरक्षित रखना सर्वाधिक चुनौतिपूर्ण है और सरकारी आंकड़ों के अनुसार देश में प्रतिवर्ष 670 लाख टन खाद्यान्न नष्ट हो जाते हैं। भारत सरकार के सेन्ट्रल इंस्टीट्यूट ऑफ पोस्ट हार्वेस्ट इंजीनियरिंग एण्ड टेक्टनोलॉजी के अनुसार- उचित भंडारण की कमी के कारण देश में बड़े पैमाने पर खाद्य प्रदार्थों की बरबादी होती है जिससे लोगों की भोजन सम्बन्धी

आवश्यकताओं की पूर्ति हो सकती है। खाद्य पदार्थों की बर्बादी के कारण देश में भुखमरी और महंगाई में बढ़ोत्तरी हो रही है। भण्डारण की समुचित व्यवस्था से खाद्यान्न संरक्षण द्वारा किसानों की फसल को समुचित कीमत मिलने के साथ उपभोक्ता को सस्ते दर पर खाद्य पदार्थ मुहैया हो सकता है। देश में बड़े पैमाने पर प्याज, टमाटर, आलू इत्यादि खेत से उपभोक्ता तक पहुंचने से पहले ही नष्ट हो जाते है। अतः खाद्यान्न को चूहे और कॉकरोच, कीड़े-मकौड़े, नमी इत्यादि से बचाकर लम्बे समय के लिए संरक्षित करने के लिए नियंत्रित तापमान एवं आर्द्रता की आवश्यकता पड़ती है। जिसके लिए बफर भण्डार सर्वश्रेष्ठ विकल्प है जैसे-खाद्यान्नों का संरक्षण भण्डार गृह व गोदाम में और फल व सब्जियों का संरक्षण शीत गृह में किया जाता है। राज्य भण्डारण निगम **ब्लॉक स्तर** पर और भारतीय खाद्य निगम **जनपद स्तर** पर भण्डार गृहों की स्थापना करते है। खाद्यान्नों के भण्डारण हेतु बड़े पैमाने पर निजी भण्डार गृहों की स्थापना की जा रही है। सरकार निजी भण्डार गृह की स्थापना हेतु सहायता व अनुदान राशि देती है। देश में एफसीआई की कुल भण्डारण क्षमता 733 लाख टन अनाज रखने की है जिसे और विस्तार देने की आवश्यकता है। इस प्रकार यह स्पष्ट हो जाता है कि खाद्य सुरक्षा की स्थिति को प्राप्त करने के लिए सक्षम व वृहद भण्डार गृह/बफर भण्डार की भूमिका अहम है।

प्रश्न-3 सार्वजनिक वितरण प्रणाली में सुधार के लिए क्या नीति होनी चाहिए?

उत्तर : सार्वजनिक वितरण प्रणाली का सर्वोच्च लक्ष्य गरीबों तक मूलभूत सुविधाएं न्यूनतम मूल्य पर उपलब्ध करना है। इसके लिए गरीबों की पहचान बुनियादी समस्या है और इसके लिए ऐसी रणनीति तैयार की जानी चाहिए जो राजनीतिक-अर्थशास्त्र (**Political Economy**) की उपेक्षा किए बिना, सार्वजनिक वितरण प्रणाली के लाभों को निर्धनों तक पहुंचने की क्रिया के प्रभाव को अधिकतम बना सके। इसके लिए सार्वजनिक वितरण प्रणाली में सुधार के लिए निम्नलिखित सुझाव दिये जा सकते हैं:

- गरीबों की पहचान के कार्य को नौकरशाही की अपेक्षा पंचायती राज संस्थाओं को सौंप देना चाहिए। इस प्रश्न पर अर्थशास्त्रियों और समाज सेवकों मे ंएक मत प्राप्त हो चुका है।
- विस्तृत उपभोक्ता सर्वेक्षणों द्वारा ऐसी वस्तुओं की पहचान की जानी चाहिए जो सार्वजनिक वितरण में गरीबों को अधिक लाभ प्रदान करें।
- गरीबों को प्रभावी रूप से लाभ पहुंचाने के लिए अविकार्य वस्तुओं की जारी कीमत (Issue price) और बाजार कीमतों में काफी अन्तर होना चाहिए ताकि सार्वजनिक वितरण प्रणाली की वस्तुओं को खरीदने के लिए गरीब आकर्षित हो सकें।
- सार्वजनिक वितरण प्रणाली को रोजगार सृजित कार्यक्रमों जैसे-मनरेगा के माध्यम से लागू करना चाहिए क्योंकि इन प्रोग्रामों से गरीबों को दोहरे लाभ प्राप्त होते हैं। **प्रथम**, इनमें गैर-निर्धनों के समावेश की त्रुटि न्यूनतम हो जाती है क्योंकि ऐसा प्रायः देखा गया है कि गैर-निर्धन सामान्यतः इन रोजगार कार्यक्रमों का लाभ नहीं उठाते। **द्वितीय**, निर्धनता समाप्ति रोजगार सृजन कार्यक्रमों के द्वारा गरीबों को आय प्राप्त होगी, उसका प्रभाव यह होगा कि वे सार्वजनिक वितरण प्रणाली के माध्यम से उपलब्ध करायी जा रही वस्तुओं को खरीदने में सक्षम बनेंगे।
- पंचायती राज्य संस्थाओं को अपने लक्षित उद्देश्यों से विचलित होने से रोकने के लिए यह अच्छा होगा कि ऐसी गैर-सरकारी संस्थाओं को जिनका गरीबों की सहायता करने में रिकॉर्ड सिद्ध हो चुका हो, पंचायती राज संस्थाओं के निरीक्षण के साथ जोड़ा जाए।
- भारतीय खाद्य निगम गरीबों को खाद्य-सुरक्षा उपलब्ध कराने का सबसे उचित संस्थान नहीं है। यह कही बेहतर होगा यदि भारतीय खाद्य निगम के खाद्य-कीमतों को स्थिर करने की जिम्मेदारी दी जाए और पंचायती राज संस्थाओं को खाद्यान्न के आवंटन का कार्य सौंप दिया जाए।

गरीबों की पहचान के लिए ग्रामीण क्षेत्रों में निम्नलिखित कसौटियों का प्रयोग सहायक सिद्ध हो सकता है:

- सभी परिवार जो रोजगार कार्यक्रमों में भाग लेते हैं शामिल किए जाने चाहिए।
- बच्चों के साथ अकेली माताएं या बिना आलम्बन के विधवाएं इसमें शामिल की जानी चाहिए।
- सभी ऐसे परिवार जो आय-कर अदा नहीं करते या जिनके स्वामित्वाधीन सिंचाई-प्राप्त भूमि 5 एकड़ से कम है या सिंचाई-रहित भूमि 10 एकड़ से कम है, इसमें शामिल किये जाएं।
- सभी भूमिहीन कृषि श्रमिक, छोटे दस्तकार इसमें शामिल किये जाने चाहिए।

गरीबों की पहचान के लिए शहरी क्षेत्रों में निम्नलिखित कसौटियों का प्रयोग सहायक सिद्ध हो सकता है:

- क्षेत्रों का ध्यानपूर्वक चुनाव जैसे-गन्दी बस्तियां, ऐसे क्षेत्र जो प्रारम्भ से गरीब संम्प्रदायों के निवास है जैसे कुम्हार, मोची, सीमान्त मजदूर आदि।
- सभी आय-कर न अदा करने वाले परिवर शामिल करना चाहिए।
- ऐसे परिवार जिनके पास मंहगी चिरस्थायी उपभोक्ता वस्तुएं न हों जैसे रसोई-गैस, रेफ्रीजिरेटर, वाशिंग मशीन, टेलीफोन आदि को भी शामिल करना चाहिए।

निष्कर्ष के रूप में कहा जा सकता है कि सार्वजनिक वितरण प्रणाली का कार्यक्षेत्र विस्तृत है और इस कारण यह गरीब वर्ग के बड़े भाग को सहायता पहुंचा सकती है, यदि इसे उचित रूप में लक्षित किया जाए। फिर भी वास्तविक स्थिति यह है कि इसका लाभ गरीबों तक रक्त-संचरण (Blood transfusion) की भांति पहुंचता है, जिससे केवल अस्थायी राहत प्राप्त हो सकती है, न कि स्थायी। गरीबों को स्थायी खाद्य-सुरक्षा उपलब्ध कराने के लिए ऐसी रणनीतियों पर बल देना उचित होगा जो गरीबी को कम करें। इस संबंध में तीव्र आर्थिक विकास के साथ अधिक रोजगार सृजन का महत्व केन्द्रीय स्थान रखता है। इस बात को आश्वस्त करने के लिए कि गरीबों को आय के रूप में प्राप्त लाभ कहीं, कीमतों में वृद्धि के परिणामस्वरूप लोप न हो जाएं यह जरूरी है कि सरकार कीमत-स्थिरीकरण (Price stabilisaiton) रणनीतियों को अपनाए।

प्रश्न-4 भारत के प्रक्षेपण यान विकास कार्यक्रम पर प्रकाश डालिये। इसके आर्थिक और सामरिक महत्व पर चर्चा कीजिये।

उत्तर : फ्रांस, अमेरिका, रूस, चीन, जापान के बाद अंतरिक्ष कार्यक्रम शुरू करने वाला भारत विश्व का छठा देश है। देश के विकास में अंतरिक्ष कार्यक्रमों के महत्व के समझते हुए भारत ने इस क्षेत्र में द्विस्तरीय रणनीति को अपनाया है। **प्रथम,** उपग्रहों के सफल निर्माण की रणनीति तथा **दूसरा,** निर्मित उपग्रहों को अंतरिक्ष की कक्षा में स्थापित करने के लिए ''उपग्रह प्रक्षेपण यान प्रौद्योगिकी'' का विकास।

देश का उपग्रह प्रक्षेपण यान विकास कार्यक्रम निम्नलिखित स्तरों से होकर गुजरा है-

एसएलवी-3 : साधारण क्षमता वाला यह प्रक्षेपण यान 4 चरणों वाला प्रक्षेपण यान था, जिसमें केवल ठोस प्रणोदक का प्रयोग किया गया था। यह 40 किग्रा. भार वाले उपग्रह को पृथ्वी की निचली कक्षा में स्थापित करने में सक्षम था।

संवर्धित उपग्रह प्रक्षेपण यान : यह एसएलवी-3 प्रक्षेपण यान का संवर्धितरूप था, जो 5 स्तर वाला प्रक्षेपण यान था जो 100 से 150 किग्रा. भार वाले उपग्रहों को पृथ्वी की निचली कक्षा में स्थापित करने में सक्षम था। इसमें भी ठोस प्रणोदक का प्रयोग किया गया था।

पी.एस.एल.वी. : यह 1750 किग्रा. भार तक के उपग्रहों के 600 से 900 किमी. तक पृथ्वी की निचली कक्षा में स्थापित करने के लिए प्रयोग किया जाता है। यह पिछले 22 वर्षों से देश-विदेश के उपग्रहों का सफलतापूर्वक स्थापित कर चुका है। वर्ष 2008 में चन्द्रयान-। तथा वर्ष 2013 में मार्स आरबिट मिशन पीएसएलवी द्वारा प्रक्षेपित किये गये थे। यह चार स्तर वाला प्रक्षेपण यान है, जिसमें प्रथम और तृतीय स्तर में ठोस प्रणोदक तथा द्वितीय व चतुर्थ स्तर में द्रव्य प्रणोदक का प्रयोग किया जाता है। पीएसएलवी से मुख्य रूप से रिमोट सेनसिंग और अर्थ इमेजिंग से संबंधित उपग्रह प्रक्षेपित किये जाते हैं।

जीएसएलवी : यह 2500 किग्रा. भार तक के उपग्रहों को 36000 किमी. अर्थात पृथ्वी की हायर आरबिट तक भेजने के लिए विकसित किया गया है। यह तीन स्तरीय प्रक्षेपण यान है, जिसमें प्रथम स्तर में ठोस प्रणोदक, द्वितीय स्तर में द्रव्य प्रणोदक तथा तृतीय स्तर में क्रायोजेनिक इंजन का उपयोग किया जाता है। जीएसएलवी प्रक्षेपण यान से मुख्य रूप से टेलीकॉम सिगनल्स व रेडियों सिंगनल्स से संबंधित उपग्रह प्रक्षेपित किये जाते है।

आरएलवी : रीयूजेबल लांच वेहकिल का विकास अंतरिक्ष में बार-बार उपयोग हेतु किया जा रहा है ताकि उपग्रह प्रक्षेपण लागत को कम किय जा सके। वर्तमान में इसरो आरएलवी के दूसरे प्रारूप का परीक्षण करने जा रहा है, जिसमें प्रक्षेपण यान को जमीन पर हवाई पट्टी पर उतारा जायेगा, जबकि आरएलवी के प्रथम प्रारूप का सफल परीक्षण 23 जुलाई, 2016 को समुद्र में पानी की सतह पर उतार कर किया जा चुका है। आरएलवी का तीसरा परीक्षण कक्षीय होगा, जिसमें राकेट के माध्यम से आरएलवी को अन्तरिक्ष में भेजा जायेगा। जहॉं से यह पुनः धरती के एटमॉस्फीयर में प्रवेश करता हुआ जमीन पर उतरेगा।

स्पेस शटल : अंतरिक्ष में मानव को ले जाने के उद्देश्य से अंतरिक्षयान (स्पेस शटल) का विकास किया जा रहा है।

प्रक्षेपण यान विकास कार्यक्रम के आर्थिक और सामरिक महत्व

आर्थिक महत्व :

- विदेशी उपग्रहो को प्रक्षेपित कर विदेशी मुद्रा अर्जित करना।
- स्वदेशी उपग्रहों से प्राप्त आंकड़ों को अंतर्राष्ट्रीय बाजार में बेचकर विदेशी मुद्रा अर्जित करना।
- स्वदेशी उपग्रह प्रक्षेपण यान के चलते भारत को अपनी विदेशी मुद्रा का प्रयोग इन प्रयोजनों हेतु नहीं करना पड़ता जिससे विदेशी मुद्रा की बचत होती है।

सामरिक महत्वः

- कार्टोसेट-2 मानचित्रण उपग्रह है, जो जासूसी करने, खोज और बचाव कार्य में उपयोगी है।
- सी सैट-6। नामक उपग्रह सेना को मोबाइल कम्युनिकेशन में मद्द करेगा। इसे विशेष रूप से सेना के इस्तेमाल के हिसाब से तैयार किया गया है।
- गीएसएलवी C-41 भारत का नेविगेशनल ठगग्रह है, जो सामाजिक महत्व के लिए ठगयोगी है।
- जी सैट-7ए एक भूस्थैतिक संचार उपग्रह है, जो भारतीय वायुसेना को उपमहाद्वीप में संचार सेवाएं प्रदान करने के लिए बनाया गया है, जिससे वायुसेना की नेटवर्क आधारित युद्ध संबंधी क्षमताओं का विस्तार होगा।

उपग्रह प्रक्षेपण यान विकास कार्यक्रम के आर्थिक व सामरिक महत्व वैश्विक पटल पर भारत की साख को बुलेट ट्रेन की गति से आगे बढ़ा रहे हैं।

प्रश्न-5 खाद्य सुरक्षा का अर्थ व आवश्यकता को बताते हुए यह स्पष्ट करे कि खाद्य सुरक्षा अधिनियम 2013, देश में खाद्य सुरक्षा के लक्ष्य को प्राप्त करने में कहाँ तक सहायक है ?

उत्तर : वह स्थिति जब, सभी लोगों को सभी परिस्थितियों एवं काल में पर्याप्त मात्रा में खाद्यान्न (भोजन) उपलब्ध कराना ताकि वे सक्रिय व स्वस्थ जीवन व्यतीत कर सके, ''खाद्य सुरक्षा'' की कहलाती है।

खाद्य एवं कृषि संगठन के अनुसार भारत में करीब 30 करोड़ लोगों को एक वक्त भूखे पेट सोना पड़ता है तथा विश्व की 27% कुपोषित आबादी भारत में रहती है। 119 देशों वाले वैश्विक भुखमारी सूचकांक 2018 के अनुसार भारत दुनिया के सबसे कमजोर रैकिंग वाले देशों के बीच 103 वे स्थान पर है जबकि नेपाल, म्यांमार, बांग्लादेश, श्रीलंका व चीन जैसे देशों की रैंक, भारत से कही बेहतर है। उपरोक्त स्थितियाँ भारत में खाद्य सुरक्षा की जरूरते को अपरिहार्य बना देती है जिसके चलते ही वर्ष 2013 में खाद्य सुरक्षा अधिनियम 2013 को पारित किया गया। यह अधिनियम लक्षित सार्वजनिक वितरण के द्वारा देश की दो-तिहाई (लगभग 81 करोड़) आबादी को खाद्यान्न का अधिकार देती है। अधिनियम के अंतर्गत 75 प्रतिशत तक ग्रामीण जनता को तथा 50 प्रतिशत शहरी जनता को सब्सिडी के आधार पर मोटा अनाज, गेहूँ व चावल क्रमशः 1, 2 और 3 रूपये प्रतिमाह के हिसाब से 35 किलो अनाज अन्त्योदय योजना के

तहत और प्राथमिकता वाले परिवारों को प्रतिमाह प्रति व्यक्ति 5 किलो के हिसाब से अनाज उपलब्ध कराने का प्रावधान किया गया है। इस अधिनियम से गर्भवती महिलाओं को पोषक भोजन के अलावा 6000 रूपये का मातृत्व लाभ देने तथा 6 से 14 वर्ष आयु वर्ग के बच्चों को पोषक आहार दिये जाने की व्यवस्था की गयी है। 18 वर्ष से अधिक आयु की महिला को घर का मुखिया माना जायेगा।

वर्तमान में यह अधिनियम देश के 29 राज्यों और 7 केन्द्र शासित प्रदेशों के 80.54 करोड़ लोगों को खाद्य सुरक्षा उपलब्ध करा रहा है। चण्डीगढ़, पुडुचेरी एवं दादर नागर हवेली के शहरी क्षेत्रों में यह अधिनियम नकद हस्तांतरण प्रणाली के आधार पर लागू है जिसके अन्तर्गत लाभार्थियों को उनके बैंक खाते में खाद्य-सब्सिडी की राशि हस्तान्तरित की जाती है ताकि लाभार्थी अपनी इच्छा से उस राशि का प्रयोग खुले बाजार से अपनी उपयोगिता और आवश्यकता के आधार पर खाद्यान्न खरीद सके है। यह व्यवस्था अन्य राज्यों को प्रेरणा देने का कार्य कर रही है।

इस प्रकार खाद्य सुरक्षा अधिनियम देश के आर्थिक दृष्टि से कमजोर लोगों को खाद्यान की सुरक्षा प्रदान कर संविधान के अनुच्छेद 47 जिससे राज्यों को निर्देशक किया गया है कि वे पोषण के स्तर एवं जीवन को बढ़ाकर सार्वजनिक स्थिति में सुधार लायेगे, को समर्पित है।

प्रश्न-6 खाद्य प्रसंस्करण उद्योग क्या है ? इनके महत्व को स्पष्ट करने के साथ ही सरकार इस क्षेत्र के संवर्धन के लिये क्या प्रयास कर रही है? जानकारी दीजिए।

उत्तर : खाद्य प्रसंस्करण उद्योग उन उद्योगों को कहा जाता है जो मूल उत्पादो के रूप में परिवर्तन करने के साथ ही उनका जीवन काल में अभिवृद्धि कर उनकी उपयोगिता और मूल्य दोनो को ही बढ़ा देते है। खाद्य प्रसंस्करण उद्योग मूल उत्पादों से कई प्रकार के प्रसंस्कृत उत्पाद तैयार करते हैं जैसे- गेहूँ से आटा, मैदा, सूजी व दलिया बनाना, आटा, मैदा व सूजी का प्रयोग बेकरी उत्पाद बनाने, मिठाई व नमकीन उत्पाद बनाने में करना। सब्जियों और फलों से जूस, चटनी, सॉस, चिप्स, जैम, जेली आदि उत्पाद बनाना। दूध से पनीर, खोया, घी, मक्खन, दही, छांछ व स्किम्ड मिल्क बनाना आदि। यह उत्पाद दीर्घ काल के लिए उपयोगी व अपने मूल उत्पाद के सापेक्ष अधिक मूल्य के हैं। उल्लेखनीय है कि चूँकि खाद्य प्रसंस्करण उद्योग खाद्य उत्पादो के अपव्यय को रोकने, रोजगार सृजन करने, खाद्यान्न आपूर्ति को बनाने तथा निर्यात को बढ़ाकर विदेशी मुद्रा अर्जित करने के क्षेत्र में महत्वपूर्ण भूमिका निभाते है। इसलिए खाद्य प्रसंस्करण उद्योग के उक्त महत्व को ध्यान में रखते हुए केन्द्र सरकार ने अपनी प्रथामिकता सूची में इस उद्योग को विशेष स्थान दिया है और खाद्य प्रसंस्करण उद्योग के संवर्धन के लिए निम्न प्रयास कर रही है-

- सरकार "मेक इन इंडिया योजना" के अन्तर्गत मेगाफूड पार्क की स्थापना तथा शीत श्रृंखला (कोल्ड स्टोरेज) का निर्माण कर रही है।
- ग्रामीण क्षेत्र में खाद्य प्रसंस्करण तकनीकी के प्रति जागरूकता एवं प्रशिक्षण का व्यापक अभाव है अत: सरकार ने युवाओं, किसानों एवं स्वयं सहायता समूहों को प्रसंस्करण क्षेत्र में कैरियर बनाने के लिए प्रधानमंत्री कौशल विकास योजना का प्रारम्भ किया है ताकि कुशल मानव शक्ति द्वारा सुरक्षित खाद्य प्रसंस्करण संपादित किया जा सके।
- प्रधानमंत्री किसान संपदा योजना के अंतर्गत सरकार अनुदान उपलब्ध कराकर इस क्षेत्र के संवर्धन का प्रयास कर रही है।
- नाबार्ड और मुद्रा योजना के अन्तर्गत इस क्षेत्र में इच्छुक उद्यमियों की आसान शर्तों एवं सस्ते ब्याज दर पर ऋण उपलब्ध कराया जा रहा है।
- मेगा फूड पार्क स्कीम के अंतर्गत किसानों, प्रसंस्करण कर्ताओं और खुदरा व्यापारियों के एक स्थान पर साथ लाकर कृषि उत्पादन को बाजार तंत्र से जोड़ने की व्यवस्था की जा रही है।
- खाद्य प्रसंस्करण क्षेत्र के संवर्धन हेतु सरकार देश के विभिन्न विश्व विद्यालयों में खाद्य प्रसंस्करण से संबंधित अनेक पाठ्यक्रम संचालित कर रही है। उक्त प्रयासों के द्वारा कृषि उत्पाद की बर्बादी को न्यूनतम करने, किसानो की आय में वृद्धि करने, कृषि उत्पाद का मूल्यवर्धन करने, तथा ग्रामीण क्षेत्र में रोजगार के नये अवसर सृजित कर शहरो की ओर पलायन को रोकने एवं देश की जीडीपी में वृद्धि जैसे परिणाम अवश्य ही परिलक्षित होंगे।

प्रश्न-7 खाद्यान्न, फल व सब्जियों, डेयरी, मत्स्य व मांस एवं पोल्ट्री, उत्पादो का प्रसंस्करण एवं मूल्य संवर्धन किस प्रकार किया जाता है। विस्तारपूर्वक चर्चा करे।

उत्तर : खाद्य प्रसंस्करण उद्योगों की स्थापना कर उक्त सभी उत्पादों का प्रसंस्करण एवं मूल्य सवंर्धन किया जा सकता है जिसकी प्रक्रिया निम्न प्रकार से है-

खाद्यान्न प्रसंस्करण एवं मूल्य संवर्धन प्रक्रिया : खाद्यान्न जैसे- गेहूँ, चावल, चना, मटर, दाल, मक्का, और बाजरा इत्यादि दीर्घकालिक उत्पाद है अर्थात् गोदामों में इन्हे सामान्य वातावरणीय परिस्थितियों में लंबे समय तक संरक्षित किया जा सकता है परन्तु किसानो को इन कच्चे खाद्यान्न बेचकर कृषि लागत मूल्य भी निकाल पाना कठिन होता है इसलिए खाद्यान्न की भौतिक व रासायनिक अवसंरचना से परिवर्तन कर उत्पाद का मूल्यवर्धन कर किसानो को फसल का अधिक मूल्य प्राप्त हो सकता है। खाद्यान्न प्रसंस्करण कई चरणों में करके उत्पाद का मूल्य संवर्धन तेजी से किया जा सकता है उदाहरणार्थ :

मूल खाद्यान्न	**प्रथम चरण का प्रसंस्करण**	**द्वितीय चरण का प्रसंस्करण**
गेहूँ	आटा, मैदा, सूजी, दलिया	आटा व मैदा से बेकरी उत्पाद जैसे केक, बिस्कुट बनाना, नमकीन बनाना, सिवई, नूडल्स आदि उत्पाद बनाना।

उक्त उदाहरण से स्पष्ट है कि खाद्यान्न प्रसंस्करण द्वारा मूल खाद्यान्न का मूल्य संवर्धन करना संभव है। इसी प्रकार चावल, चना, मटर, दाल, मक्का, व बाजरा इत्यादि का भी कई चरणों में खाद्य प्रसंस्करण कर मूल्यवर्धन किया जाता है। इन मूल्यवर्धित उत्पादो की पैकिंग कर देश के साथ-साथ विदेशो में भी निर्यात किया जा सकता है ।

फल व सब्जियों का प्रसंस्करण एवं मूल्य संवर्धन प्रक्रिया : सामान्य तापक्रम पर सूक्ष्म जीवी कवक व जीवाणु द्वारा फल व सब्जियों की रासायनिक अवसंरचना में तीव्र परिवर्तन कर इन्हे शीघ्रता से नष्ट कर इनका जीवनकाल कम कर देते है। अतः फल व सब्जियों को दीर्घकालीन तक संरक्षित रखने के लिए निम्न विधियाँ अपनायी जाती है-

- स्वस्थ्य फल व सब्जियों की छटाई और सफाई करने के उपरांत विसंक्रमित कर शीतगृह में रखा जाता है।
- फल व सब्जियों को नियत तापक्रम पर गर्म कर लवणीय जल, नमक/मीठे पानी में प्रेशर कूकर के माध्यम से कैनिंग कर लंबे समय तक सामान्य तापक्रम पर संरक्षित किया जाता है।
- फल व सब्जियों को एसिड, पोटैशियम मेटाबाइ-सल्फाइड के साधारण घोल में रख कर भी परिलक्षित किया जाता है।

फल व सब्जियों के संरक्षित करने के पश्चात इनका प्रसंस्करण कर मूल्यवर्धन किया जाता है जैसे- गाजर, लौकी, लहसुन, मिर्च, अदरक, करेले, चुकंदर, आदि का पेस्ट/जूस/ अचार बनाकर निर्जीवीकरण कर वायुरूद्ध रूप से सील कर लंबे समय तक प्रयोग में लाया जाता है। और इनका मूल्य सापेक्षता मूल उत्पाद से अधिक होता है। इसी प्रकार टमाटर को प्रसंस्करण कर उसके गूदे की चटनी या सॉस बनाने के लिए गूदे में ग्लेशियल ऐसिटिक एसिड और सोडियम बेजोएट डालकर आग पर पकाकर परिरक्षित किया जाता है। ये रसायन गूदे को फफूँदी और जीवाणुओं से तो बचाते ही है साथ ही इनके स्वाद व पौष्टिकता को भी बनाए रखते हैं। टमाटर के इस प्रसंस्कृत उत्पाद का मूल्य स्वतः ही अधिक हो जाता है। जामुन, अंगूर व लीची जैसे फलों में औषधिय गुण होने तथा बड़े पैमाने पर विटामिन, कैल्शियम इत्यादि पौष्टिक गुण होने के कारण इनका रस निकाला जाता है। इन्हें दो तरीके से प्रसंस्कृत किया जाता हैं पहला- रस को सीधे-सीधे निकालकर परिरक्षक में मिलाकर सीलबंद कर बेचा जाता है। दूसरा, रस को जीवाणु से संक्रिय कराकर किण्वन द्वारा वसा के ऑक्सीकरण के फलस्वरूप मादक पेय उद्योग में उपयोग किया जाता है। इन उत्पादो का मूल्य अपने मूल उत्पाद से कही अधिक होता है। इसे ही प्रसंस्करण प्रक्रिया के माध्यम से मूल्य संवर्धन करने की विधा कहा जाता हैं आंवले को खाद्य प्रसंस्करण विधा द्वारा घरेलू-स्तर पर मुरब्बा बनाकर अचार बनाकर अथवा आँवले को सुखाकर उपयोग में लाया जाता है जबकि व्यावसायिक स्तर पर आंवले के विभिन्न उत्पाद जैसे आंवले का जूस, कैंडी, च्वनप्राश औषधि प्रयोग में उपयोग किया जाता है।

डेयरी प्रसंस्करण एवं मूल्य संवर्धन प्रक्रिया : दुग्ध उत्पादन में भारत का विश्व में प्रथम स्थान है। परन्तु अतीशीघ्र खराब होने वाले इस पेय पदार्थ की आयु में वृद्धि करने के लिये दूध का पाश्चुरीकरण किया जाता है जिसके अन्तर्गत दूध को 63 डिग्री सेंटीग्रेड पर 30 मिनट तक गर्म किया जाता है, जिसके पश्चात उसे अचानक तेजी से ठंडा कर दिया जाता है जिससे समस्त जीवाणु नष्ट हो जाते है। पाश्चुरीकृत दूध की औसत आयु में वृद्धि हो जाती है। इसे टेट्रा पैकिंग द्वारा महीनों तक सुरक्षित रखा जा सकता है। इसके अतिरिक्त दूध का वाष्पीककरण कर शुष्क रूप में स्किम्ड मिल्क पाउडर का निर्माण किया जाता है। स्किम्ड मिल्क पाउडर में गरम पानी मिलाकर पुनः दूध बनाया जा सकता है। प्रसंस्करण तकनीकी द्वारा दूध की अवस्था, स्वरूप एवं प्रकृति में परिवर्तन कर कई दुग्ध उत्पाद जैसे पनीर, खोया, दही, घी, मक्खन आदि का निर्माण कर मूल्यवर्धन किया जाता है।

मत्स्य प्रसंस्करण एवं मूल्य संवर्धन प्रक्रिया : जलीय जीव होने के कारण मछली पानी से बाहर निकलने ही मर जाती है तथा सामान्य तापक्रम पर सूक्ष्म जीवाणुओ द्वारा शीघ्रता से नष्ट कर दी जाती है। अतः मछली की शेल्फ लाइफ बढ़ाने के लिए निम्नविधि आपनायी जाती है जैसे- डीप फ्रजिंग विधि द्वारा, मछली को सुखाकर, नमक, लगाकर, धूम्र प्रसंस्करण, फ्रीज ड्राइंग, माइक्रोवेव हीटिंग, आयनिंग विकिरण, तथा आक्सीजन के अभाव से वैक्यूम पैकिंग द्वारा संरक्षित किया जाता है। इसके अतिरिक्त मछली की ताजगी बनाए रखने के लिए सर्वाधिक बेहतर तरीका बर्फ के साथ रखना है। मत्स्य उत्पादो को पाश्चुराइज्ड या स्टरलाइज्ड कर सूक्ष्मजीवों एवं जीवाणु को पूरी तरह निष्क्रिय कर कैनिंग द्वारा सुरक्षित रखा जा सकता है। प्रसंस्करण विधा द्वारा मछली का तेल निकालकर लंबे समय तक सुरक्षित रखा जा सकता है। मछली के तेल की उपयोगिता के चलते इसकी बाजार में अच्छी कीमत भी प्राप्त होती है।

मांस एवं पोल्ट्री उत्पाद का प्रसंस्करण एवं मूल्य संवर्धन प्रक्रिया : देश में मांस का उत्पादन बड़े पैमाने पर किया जाता है। मांस एवं मांस उत्पाद के संक्रमण और खराब होने का खतरा बहुत अधिक है। इसलिए इन्हे सुरक्षित रखने के लिए कई विधियाँ अपनायी जाती हैं, जैसे-पशुवध के उपरांत मांस को गर्म पानी से अच्छी तरह धुलाई एवं साफ सफाई के उपरांत डीप फ्रीजर में रखकर शीत श्रृंखला में परिवहन किया जाता है ताकि मांस को प्रसंस्करण स्थल से उपभोक्ता तक पहुँचने में सूक्ष्म जीवाणुओं के संक्रमण से सुरक्षित रखा जा सके और गुणवत्तायुक्त पौष्टिक मांस का सेवन संभव हो सके। इस मांस को कैनिंग और वैक्यूम पैकिंग कर निर्यात किया जाता हैं। इस प्रकार कहा जा सकता है खाद्य प्रसंस्करण उद्योग खाद्यान्न, फल व सब्जियों, डेयरी, मत्स्य व मास एवं पोल्ट्री उत्पादों को कई स्तर पर प्रसंस्कृत कर, उनके मूल्य वर्धन में सहायक है।

प्रश्न-8 भ्रष्टाचार क्या है तथा इसे किस प्रकार प्ररिभाषित किया जाता है?

उत्तर : भ्रष्ट आचरण अथवा भ्रष्ट व्यवहार करना/कदाचारपूर्ण, गैर कानूनी, अनैतिक और अनुचित व्यवहार "भ्रष्टाचार" कहलाता है। प्रशासन में भ्रष्टाचार से तात्पर्य किसी सरकारी (लोक सेवक) कर्मचारी द्वारा अपने सार्वजनिक पद, सत्ता या स्थिति का दुरूपयोग करते हुए आर्थिक या अन्य प्रकार का लाभ उठाने से है। संथानम समिति के अनुसार शक्तियों का स्वार्थ भरा उपयोग या किसी लोक कार्यालय से जुड़ी प्रतिष्ठा का उपयोग अपने लाभ हित में या गलत उपयोग करना भ्रष्टाचार है। भारतीय दण्ड संहिता की धारा-161 में भ्रष्टाचार वह है, जो व्यक्ति शासकीय सेवा में होने या होने की आशा से अपने या अन्य किसी व्यक्ति के लिए विधिक पारिश्रमिक से अधिक धन लेता है या स्वीकार करता है, प्रयास करता है, या तैयार होता है या किसी कार्य को करने न करने के लिए उपहार स्वरूप या अपने शासकीय कार्य करने में किसी व्यक्ति के प्रति पक्षपात या उपेक्षा या किसी व्यक्ति की कोई सेवा या कुसेवा का प्रयास केन्द्रीय या राज्य सरकार या संसद या विधानमण्डल या किसी लोक सेवक के संदर्भ में करता है, तो तीन वर्ष कारावास तथा जुर्माना या दोनों दण्ड का भागी होगा।

भ्रष्टाचार निरोधक अधिनियम 1947 में भ्रष्टाचार एक आपराधिक कार्य है, इस अधिनियम के अनुसार अपराधिक कदाचार के अंतर्गत निम्न पांच तरह के कार्य आते हैं।

1. उपहार या इनाम को स्वीकार करने की आदत,
2. मूल्यवान वस्तु को प्राप्त करना,

3. गबन,
4. आर्थिक लाभ के लिए पद का दुरूपयोग और,
5. ज्ञात आय स्त्रोत से अधिक सम्पत्तियों का स्वामी होना।

कदाचार से लिप्त लोकसेवकों को कम से कम एक वर्ष और अधिक से अधिक 7 (सात) वर्ष तथा जुर्माना दोनों हो सकती है। जन प्रतिनिधि अधिनियम (1950) के अर्न्तगत भ्रष्टाचार की परिभाषा में राजनीतिक कदाचारों को भी शामिल किया गया हैं। इसकी धारा 23 में निम्न आधारों को भ्रष्टाचार की श्रेणी में रखा गया है-

1. रिश्वत
2. अनुचित प्रभाव,
3. भाषा, समुदाय, जाति, वर्ग, धर्म के आधार पर मतदान करने, न करने की अपील करना तथा धार्मिक या राष्ट्रीय संकेतों, चिन्हों का मतदान में उपयोग करना।
4. दो या अधिक वर्गों में वैमन्यस्यता फैलाना।
5. मतदान केन्द्रों के वाहनों का निजी सेवा में उपयोग।
6. सरकारी कर्मचारियों की सहायता प्राप्त करना।

भारत में भ्रष्टाचार शासन में सत्यनिष्ठा के अभाव तथा ईमानदारी के आभाव को दर्शाता है। अतः भ्रष्टाचार निष्ठा के सामान्य मानंदण्डों में विलयन का एक रूप है। भ्रष्टाचार अपने व्यक्तिगत हितसाधन हेतु अपनी स्थिति पद या साधनों का जानबूझकर किया गया सोद्देश्य प्रत्यक्ष या अप्रत्यक्ष दुरूपयोग है, चाहे वह आर्थिक लाभ के लिए किया गया हो अथवा शक्ति, प्रतिष्ठा या प्रभाव की वृद्धि के लिए हो।

प्रश्न-9 'स्टेम सेल' (स्तम्भ कोशिकाएं) क्या होते हैं? इन कोशिकाओं के उपयोग की चर्चा करें।

उत्तर : 'स्टेम सैल' पूर्ण रूप से उर्वर कोशिकाएं होती हैं जिसका उपयोग शरीर के अंगों जैसे हड्डी, मांसपेशी, रक्त कोशिका तथा विभिन्न ऊतकों के निर्माण के लिए किया जा सकता है। भ्रूणीय स्टेम कोशिका को 4-7 दिन के निषेचित भ्रूण से अलग किया जाता है। महत्वपूर्ण शारीरिक अवयवों के पुनर्रूत्थान की क्षमता के कारण स्टेम कोशिकाओं का महत्व काफी बढ़ जाता है। 'स्टेम सैल' को 'मास्टर सैल' भी कहा जाता है। स्टेम कोशिका पर शोधरत वैज्ञानिकों ने वर्ष 2001 में पहली बार भ्रूण स्टेम कोशिका से मानव रक्त कोशिकाएं बनाने में सफलता हासिल की। इससे पार्किंसन रोग, मधुमेह व हृदय की बीमारियों के उपचार में बड़ी सफलता मिलने की आशा है। मानव स्टेम कोशिकाएं इंसुलिन का निर्माण कर सकती हैं। कई घातक बीमारियों के लिए स्टेम सैल कारगर साबित हुई हैं। स्टेम सैल जन्मगत दोषों, बांझपन, गर्भपात इत्यादि के उपचार, रोकथाम की चिकित्सीय संभावनाओं को बढ़ाती है।

स्टेम सैल निरतंर विवादों में घिरा रहा है। विवाद का मुख्य विषय यह भी है कि स्टेम कोशिकाएं अपनी प्रकृति में भ्रूणीय हैं या नहीं। इसके अतिरिक्त इस शोध के विरोधी नैतिकता की बात भी उठा रहे हैं। वे इस प्रकार के शोध को भ्रूण हत्या मानते हैं और इस शोध के विनाशकारी प्रभाव के बारे में सचेत करते हैं। दूसरी ओर इस शोध के समर्थकों का दावा है कि इन कोशिकाओं के उपयोग से गंभीर बीमारियों का उपचार किया जा सकता है। ऐसे विवादों के बीच भी ब्रिटेन ने स्टेम कोशिकाओं पर शोध जारी रखने का समर्थन किया है, जबकि अमेरिका की संघीय सरकार ने मानव भ्रूण से निकाली गयी स्टेम कोशिकाओं को सिर्फ चिकित्सीय अनुसंधानों में प्रयोग करने के लिए आर्थिक सहायता दी है। वैज्ञानिकों ने अब तक इस तकनीक का विकास कर लिया है जिसके द्वारा स्टेम सेल बगैर अंडाणु तथा भ्रूण के उपयोग के बनाए जा सकते हैं।

कई असाध्य रोगों में कोशिकीय प्रतिस्थापना और ऊतक इंजीनियरी के जरिए इलाज में स्टेम सेल प्रौद्योगिकी की क्षमता को व्यापक मान्यता मिली है। इस प्रौद्योगिकी के चिकित्सकीय महत्व को देखते हुए भारत में विभिन्न संस्थानों, अस्पतालों और उद्योगों में इस बारे में मूलभूत और प्रयोगात्मक शोध को बढ़ावा दिया जा रहा है। अब तक स्टेम सैल शोध के

अलग-अलग आयामों से संबंधित 55 कार्यक्रमों को चिन्हित कर उन्हें प्रोजेनिटर कोशिकाओं के इंसुलीन बनाने वाली कोशिकाओं में पृथकीकरण, केले के लिक्टिन का स्टेम सैल परीक्षण के लिए प्रयोग, हैप्लो आइडेटिकल एच एस सी ट्रांसप्लांटेशन के लिए हेमेटोपोईटिक स्टेम सैल, आंख की सतह संबंधी गड़बड़ियों के लिए हाथ-पांव के स्टेम सेल के प्रयोग मीसेनकाइमल और लीवर स्टेम सैल के पृथकीकरण और पहचान, मानव भ्रूणीय स्टेम सैल के टेस्ट ट्यूब में न्यूरल और नॉन न्यूरल, हृदय संबंधी स्टेम सैल और भ्रूणीय स्टेम सैल आदि में विभेदीकरण शामिल हैं।

प्रश्न-10 मानव जीनोम की विवेचना करें।

उत्तर : मानव जीनोम का संबंध मनुष्य के आनुवांशिक नक्शे से है। ऐसे जीन जिनके कारण विशेष मानव गुण उत्पन्न होते हैं, उनके विभिन्न रूप तथा विनियन्त्रक जीन जो अन्य जीनों के कार्यों को नियंत्रित करते हैं, को सम्मिलित रूप से मानव जीनोम कहते हैं। प्रत्येक मानव कोशिका में लगभग एक लाख जीन होते हैं।

26 जून, 2000 को 'बहुराष्ट्रीय मानव जीनोम परियोजना' से जुड़े वैज्ञानिकों ने लम्बे शोध और अनुसंधान के बाद मानव शरीर की रचना, प्रकृति व गुण दोषों को निर्धारित करने वाले जीन समूह का पूरा नक्शा तैयार करने में सफलता प्राप्त की। वैज्ञानिकों के अनुसार मानव के 97 प्रतिशत जीनोम का नक्शा तैयार कर लिया गया है तथा 85 प्रतिशत की पूर्णतः सटीक संरचना का भी पता लगा लिया गया है। यह सफलता ब्रिटेन के वैज्ञानिकों ने राष्ट्रीय स्वास्थ्य संस्थान के निदेशक डॉ0 फ्रांसिस कॉलिन्स के नेतृत्व में हासिल की। इस परियोजना में अमेरिकी संस्थान सेलेरा जेनोमिक्स कार्पोरेशन के डॉ. क्रेग वेन्टर और ब्रिटिश संस्थान सैगर सेन्टर के डॉ. जॉन सल्सटन का भी महत्वपूर्ण योगदान रहा है। इसके अलावा फ्रांस, जर्मनी, जापान और चीन के वैज्ञानिकों का भी इस परियोजना में महत्वपूर्ण योगदान है। वस्तुतः जीनोम एक जैविक निर्देशिका है। इसे 'बुक ऑफ लाइफ' भी कहा गया है। इससे किसी व्यक्ति के निर्माण की प्रक्रिया और उसके कोशिका के क्रिया संचालन का पता लगाया जा सकता है। इसी वजह से मनुष्य के सभी जीनों की संरचना को खोज लेने की आवश्यकता महसूस हुई। वैज्ञानिकों ने डी.एन.ए. में मौजूद न्यूक्लियोटाइडस A (एडीनीन), C (साइटोसीन), G (गुआनीन) तथा T (थाईमिन) युग्मों को क्रमबद्ध तो कर लिया किन्तु अभी भी यह पता लगाना बाकी है कि अक्षरों के क्रम का क्या अर्थ है और इस अर्थ के जरिए मिले संदेश से हमारे शरीर में कौन से क्रम का क्या अर्थ है और इस अर्थ के जरिए मिले संदेश से हमारे शरीर में कौन से रासायनिक क्रिया प्रारंभ हो जाती है, जिसकी वजह से प्रोटीन विशेष का निर्माण होता है। मानव जीनोम की संरचना की खोज को चिकित्सा के क्षेत्र में क्रांतिकारी पहलू माना जा रहा है। इस खोज की मदद से वंशागत रोगों की पहचान शुरूआती चरण में की जा सकेगी। कुछ वंशागत रोगों के उपचार में भी यह मदद करेगा। इस ज्ञान की मदद से मानव शरीर में त्रुटिपूर्ण जीन को प्रतिस्थापित किया जा सकता है। संभावना यह है कि अब आदमी बुढ़ापे एवं मृत्यु से लड़ सकेगा और माता पिता जीन विज्ञान के जरिए अपनी संतान के लिए अच्छी-अच्छी विशेषताओं एवं गुणों का निर्धारण कर सकेंगे।

सामान्य अध्ययन मुख्य परीक्षा
मॉडल अभ्यास तृतीय प्रश्न-पत्र 4

कुल अंक : 200 **समयावधि : 3 घण्टे**

खण्ड-1

निर्देश: *निम्नलिखित प्रत्येक प्रश्न का उत्तर 125 शब्दों से अधिक नहीं होना चाहिए। शब्द-विस्तार की अपेक्षा प्रश्नोत्तर की अन्तर्वस्तु अधिक महत्वपूर्ण है। सभी प्रश्नों के अंक समान हैं।*

Instruction: *Answer the following questions in not more than 125 words each. Content of the answers are more important than their length. All questions carry equal marks.* $10 \times 8 = 80$

प्रश्न-1 विमानपत्तन क्षेत्र में उड़ान योजना का महत्व स्पष्ट करें। यह किस प्रकार 'उड़े देश का आम नागरिक' की थीम को सार्थक कर पायेगा।

उत्तर : 21 अक्टूबर 2016 के केंद्रीय सिविल एविएशन मंत्री अशोक गजपति राजू द्वारा प्रारंभ की गयी उड़ान योजना (उड़े देश का आम नागरिक का संक्षित रूप) के दो मुख्य उद्देश्य हैं- पहला: बाजार आधारित व्यवस्था के माध्यम से क्षेत्रीय सम्पर्क को बढ़ावा देना और दूसरा: कम कीमत की हवाई यात्रा सेवा उपलब्ध कराना।

यह योजना पहले उद्देश्य 'क्षेत्रीय संपर्क' को साधने के लिए पहले चरण में 128 रूट्स के लिए 5 एयरलाइन्स ऑपरेटरों-एलांयस एयर, स्पाइस जेट, डार्बे मेधा, एयर ओडिशा एवं एयर डेक्कन को अधिकृत करती है जबकि योजना के दूसरे चरण जिसे उड़ान-2 का नाम दिया गया है, 325 रूटों को शामिल करती है। यह योजना जिन शहरों में हवाई सेवाएं उपलब्ध कराकर क्षेत्रीय संपर्क को मजबूत करेंगी, उनमें प्रमुख है-**अरूणाचल प्रदेश** का ईटा नगर, तेजू, पस्सी घाट, जीरो, **असम** का जोरहट, तेजपुर, **बिहार** का दरभंगा, **गुजरात** का कांडला, पोरबन्दर, **हरियाणा** का हिसार, **हिमाचल प्रदेश** का कसौली, मण्डी, शिमला, **जम्मू कश्मीर** का कारगिल, **उत्तर प्रदेश** का अलीगढ, इलाहाबाद, बरेली, चित्रकूट, झांसी, श्रावस्ती, **कनार्टक** का हुबली, **केरल** का कन्नूर, **महाराष्ट्र** का कोल्हापुर, शोलापुर, जलगांव, **राजस्थान** का बीकानेर व जयपुर आदि।

इस योजना के माध्यम से देश का आम नागरिक भी हवाई सेवा का प्रयोग कर सकता है, की थीम को व्यावहारिक रूप देने के लिए इन मार्गों पर आधी सीटे 2500 रूपये प्रति यात्री प्रति यात्रा के लिए आरक्षित होगी। अर्थात् 1 घटे तक की हवाई यात्रा का किराया 2500 रूपये होगा। प्रत्येक उड़ान में कम से कम 50 प्रतिशत सीटे इसी वर्ग के यात्रियों के लिए आरक्षित होगी। इस व्यवस्था को अपनाकर यह योजना उड़े देश का आम नागरिक (उड़ान) की संकल्पना को चरितार्थ करती प्रतीत होती है।

प्रश्न-2 पूर्व योजना आयोग के विकल्प के रूप में मोदी सरकार के 'नीति आयोग' को आप किस रूप में देखते हैं?

उत्तर : प्रधानमंत्री नरेन्द्र मोदी ने 15 अगस्त, 2014 को लाल किले की प्राचीर से अपने स्वतन्त्रता दिवस के सम्बोधन में योजना आयोग को समाप्त करने की घोषणा की थी। तब से इसके विकल्प को लेकर देश में व्यापक चर्चा हुई है। योजना आयोग की स्थापना भारत के प्रथम प्रधानमंत्री जवाहरलाल नेहरू ने 15 मार्च, 1950 को एक प्रस्ताव के जरिए की थी। लगभग 65 वर्ष बाद इसे समाप्त करके इसके स्थान पर नेशनल इंस्टीट्यूट फॉर ट्रांसफार्मिंग इंडिया (नीति आयोग) की स्थापना की गयी, जिसके लिए नया प्रस्ताव दिसम्बर 2014 के अन्त में कैबिनेट में लाया गया जिसमें नीति आयोग के ढांचे व कार्य का उल्लेख किया गया जो निम्नवत् है-

- **राज्यों की सक्रिय भागीदारी** के साथ राष्ट्रीय विकास प्राथमिकताओं, क्षेत्रों और रणनीतियों का एक साझा दृष्टिकोण विकसित करना।

- प्रधानमंत्री और मुख्यमंत्री को **राष्ट्रीय एजेंडा का प्रारूप** उपलब्ध कराना।
- **सहयोगपूर्ण संघवाद** को बढ़ावा देना।
- ग्राम स्तर पर विश्वसनीय योजना तैयार करने के लिए तंत्र विकसित करना।
- आर्थिक कार्यनीति में राष्ट्रीय सुरक्षा के हितों को शामिल करना।
- सामाज के उन वर्गों पर विशेष रूप से ध्यान देना जिन तक आर्थिक प्रगति से उचित प्रकार से लाभान्वित न हो पाने का जोखिम हो।
- रणनीतिक और दीर्घावधिक कार्यक्रम का ढ़ांचा तैयार करना।
- कार्यक्रमों और नीतियों के क्रियान्वयन के लिए प्रोद्योगिकी उन्नयन और क्षमता निर्माण पर बल देना।

नीति आयोग के कार्य यह स्पष्ट करते है कि देश की वर्तमान और भविष्य की चुनौतियों से निपटने, सहयोग पूर्ण संघवाद की स्थापना करने, देश के लिए प्राथमिकताएं तय करने एवं राष्ट्रीय हित को एक साथ साधने की पहल नीति आयोग में की गयी है।

प्रश्न-3 ''प्रधानमंत्री किसान संपदा योजना'' खाद्य प्रसंस्करण उद्योग व ग्रामीण विकास का सबसे कारगर योजना है।'' सिद्ध कीजिए।

उत्तर: कृषि का आधुनिकीकरण कर, कृषि उपज की बर्बादी को कम करने के लिए भारत सरकार ने 14वें वित्त आयोग के चक्र 2016-20 की अवधि के लिए 6000 करोड़ रूपये का आवंटन प्रधानमंत्री किसान संपदा योजना'' के लिए किया है। इस योजना का शुभारंभ प्रधानमंत्री मोदी ने 26 मई, 2017 को असम राज्य के धेमाजी जिले से किया। इस योजना का उद्देश्य खेत से लेकर खुदरा बिक्री केन्द्र तक दक्ष आपूर्ति श्रृंखला प्रबंधन के साथ आधुनिक अवसंरचना का सृजन करना है। इसके अंतर्गत कृषि न्यूनता पूर्ण करना, खाद्य प्रसंस्करण में वृद्धि करना, खाद्य प्रसंस्करण का आधुनिकीकरण करना, प्रसंस्कृत खाद्य पदार्थों का निर्यात बढ़ाना, किसानों को बेहतर मूल्य दिलाना, किसानों की आय दुगना करना, डेयरी व मत्स्य आदि कृषि उत्पादों का मूल्य संवर्धन करना, ग्रामीण क्षेत्र में रोजगार के अवसर का सृजन करना, उपभोक्ताओं को उचित मूल्य पर सुरक्षित और सुविधाजनक प्रसंस्कृत खाद्य उपलब्धता को सुनिश्चित करना, जैसे महत्वपूर्ण लक्ष्यों को साधने के लिए प्रारम्भ की गयी है।

यह योजना लगभग 20 लाख किसानों को लाभान्वित करेगी तथा 5-6 लाख प्रत्यक्ष व अप्रत्यक्ष रोजगार के अवसर सृजित करेगी। प्रधानमंत्री किसान संपदा योजना के अन्तग्रत मेगा फूड पार्क, शीत श्रृंखला, खाद्य प्रसंस्करण एवं परिरक्षण क्षमताओं का सृजन व विस्तार, कृषि प्रसंस्करण, क्लस्टर अवसंरचना, बैक वर्ड और फॉरवर्ड लिंकेज का सृजन, खाद्य संरक्षा एवं गुणवत्ता आश्वासन, अवसंरचना विकास तथा मानव संसाधन विकास योजना का क्रियान्वयन किया जायेगा। इस योजना के कार्यान्वयन के फलस्वरूप कुशल आपूर्ति श्रृंखला प्रबंधन से युक्त आधुनिक आधारभूत संरचना का विकास होगा, जिससे खेत का उत्पादन सीधे रिटेल आउटलेट तक पहुंच सकेगा।

इस प्रकार यह कहा जा सकता है कि खाद्य प्रसंस्करण उद्योग मंत्रालय द्वारा कार्यान्वित की जा रही प्रधानमंत्री किसान संपदा योजना खाद्य प्रसंस्करण उद्योग के संवर्धन के साथ-साथ ग्रामीण विकास के प्रत्येक पहलू में सुधार व बेहतरी लाने में कारगर सिद्ध होगी।

प्रश्न-4 मेगा फूड पार्क क्या होते हैं? खाद्य प्रसंस्करण उद्योग में इन पार्कों की क्या भूमिका है? सरकार मेगा फूड पार्कों की स्थापना हेतु क्या प्रयास कर रही है?

उत्तर : मेगा फूड पार्क एकत्रण/संग्रहण केन्द्र, प्राथमिक प्रसंस्करण केन्द्र, केन्द्रीय प्रसंस्करण केन्द्र, शीत श्रृंखला और लगभग 30-35 पूर्ण विकसित भूखंड होते हैं, जिसमें उद्यमी खाद्य प्रसंस्करण यूनिट की स्थापना कर सकते हैं। मेगा फूड पार्क में कृषि उत्पाद की सफाई, ग्रेडिंग, छंटाई तथा पैकिंग सुविधा, शुष्क माल गोदाम, प्री-शीतलन चैंबर, रीफर वाहन, परीक्षण प्रयोगशाला, विशेषीकृत भंडारण, भाप रोगाणु नाशक यूनिट, प्रेशर वेंटिलेटर, परिवर्ती आद्रता भंडार इत्यादि की सुविधा होती है।

खाद्य प्रसंस्करण उद्योग में मेगा फूड पार्कों के महत्व को इस बात से समझा जा सकता है कि ये मेगा फूड पार्क किसानों और खाद्य प्रसंस्करण उद्योगो से जुड़ी कम्पनियों के बीच कड़ी का कार्य करते हैं। अर्थात् मेगा फूड पार्क, किसानों द्वारा उत्पादित कृषि उत्पादों को भारी मात्रा में खरीद कर उन्हें तकनीक व भंडारण क्षमता व शीत श्रृंखला की मदद से दीर्घकाल तक उपयोगी बनाये रखने में सहायक है और इन संग्रहित कृषि उत्पादों को खाद्य प्रसंस्करण उद्योग से संबंधित कम्पनियों को उनकी आवश्यकतानुसार आपूर्ति करते है। इस प्रकार स्वतः ही खाद्य प्रसंस्करण उद्योगों के संर्वधन में मेगा फूड पार्क का महत्व स्पष्ट हो जाता है। इस महत्व से देश की सरकार भली-भाँति परिचित है इसलिए केन्द्र सरकार ने खाद्य प्रसंस्करण उद्योगों को विस्तार देने के उद्देश्य से मेगा फूड पार्क नामक योजना का प्रारम्भ किया है, जिसके अन्तग्रत सरकार परियोजना लागत का 50 प्रतिशत या अधिकतम 50 करोड़ रूपये तक एकमुश्त पूंजी का अनुदान करने की व्यवस्था करती है। साथ ही मेगा फूड पार्क और उसमें स्थित कृषि प्रसंस्करण इकाइयों को रियायती ब्याज दर पर ऋण उपलब्ध कराने के उद्देश्य से भारत सरकार ने नाबार्ड में दो हजार करोड़ रूपये का विशेष कोष स्थापित किया है। इसी क्रम में खाद्य प्रसंस्करण उद्योग मंत्रालय ने बागवानी एवं गैर-बागवानी उत्पाद की कटाई उपरांत होने वाली हानि को रोकने के लिए 42 मेगा फूड पार्क और 236 एकीकृत शीत श्रृंखला की स्थापना के प्रस्ताव को मंजूरी दी है।

प्रश्न-5 खाद्य प्रसंस्करण उद्योग मंत्रालय पर टिप्पणी लिखें।

उत्तर: प्रधानमंत्री मोदी ने वर्ष 2022 तक देश के किसानों की आय को दोगुना करने का लक्ष्य रखा है। इसके लिए कृषि लागत मूल्य को कम करना तथा कृषि प्रसंस्करण विधा द्वारा कृषि उत्पादों का मूल्यवर्धन करना आवश्यक है। अतः सरकार ने खाद्य प्रसंस्करण के महत्व को देखते हुए राष्ट्रीय स्तर पर पहली बार स्वतंत्र रूप से खाद्य प्रसंस्करण उद्योग मंत्रालय का गठन में किया। यह मंत्रालय निम्नलिखित दायित्वों का निर्वहन करता है-

- खाद्य प्रसंस्करण का विकास, विस्तार, और प्रचार-प्रसार करना।
- किसानों को स्थानीय जरूरतों के मुताबिक प्रशिक्षण एवं अनुदान की व्यवस्था करना।
- खाद्य प्रसंस्कृत उत्पाद के विपणन हेतु व्यापक बाजार व्यवस्था प्रदान करना।

उपरोक्त दायित्वों का निर्वहन कर खाद्य प्रसंस्करण उद्योग मंत्रालय ग्रामीण क्षेत्र में कौशल रोजगार का सृजन करने, किसानों की आय में वृद्धि करने तथा कृषि अपव्यय को सीमित करने के क्षेत्र में महत्वपूर्ण भूमिका अदा करता है।

प्रश्न-6 'ऐमीनोसेन्टेसिस' किसे कहते हैं, यह तकनीक चर्चा में क्यों है?

उत्तर : 'एमीनोसेन्टेसिस' एक नैदानिक तकनीक है, जिसके द्वारा जन्म से पहले बच्चों में आनुवांशिक असामान्यता की जाँच की जाती है। इस जाँच में ऐमीनिओटिक तरल का एक नमूना लिया जाता है, यह तरल गर्भ में बढ़ते बच्चे के चारों ओर होता है। यह जाँच प्रायः गर्भावस्था के 16वें सप्ताह में की जाती है क्योंकि इस समय तक गर्भ में ऐमीनिओटिक तरल की पर्याप्त मात्रा होती है जिससे यह जाँच सरल हो जाता है तथा यदि पेट में पल रहे बच्चे में किसी तरह की आनुवांशिक असामान्यता पाई गयी तो गर्भ का अवसान कर दिया जाता है। इस तरह बच्चे तथा परिवार जनों को बाद में होने वाले कष्ट से बचाया जा सकता है।

इस जाँच के नमूने को प्राप्त करने के लिए गर्भवती महिला के पेट में एक खोखली सुई को लोकल ऐनेस्थिसिया का इस्तेमाल करके डाला जाता है। इस सुई के द्वारा लगभग 20 मिलीलीटर ऐमीनिओटिक तरल गर्भ से निकाला जाता है। इस तरल में गर्भ में बढ़ रहे बच्चे की कोशिकाएँ होती हैं। इन कोशिकाओं के रासायनिक एवं अति सूक्ष्म परीक्षण से अमूल्य जानकारी मिलती है, इससे गर्भ में पल रहे बच्चे में आनुवांशिक असामान्यता के बारे में पता किया जा सकता है।

ऐमीनिओटिक तरल में पाए जाने वाले कोशिकाओं के क्रोमोसोम विश्लेषण से गर्भ में पल रहे बच्चे के लिंग के बारे में भी पता चल सकता है। यह नैदानिक तकनीक चर्चा में इसलिए है क्योंकि भारत में कई राज्यों में इस तकनीक का उपयोग कर गर्भ में पल रहे बच्चे के लिंग का पता किया जाता है। इस तकनीक को लड़कियों की भ्रूणहत्या के लिए जिम्मेदार माना जाता है। कई राज्य सरकारों ने भ्रूणहत्या के कारण इस तकनीक पर प्रतिबंध लगा दिया है।

प्रश्न-7 : एंजेल निवेशक क्या है समझाइए।

उत्तर : एंजेल इन्वेस्टर वे लोग होते हैं, जिनके पास एक निश्चित धनराशि होती है, जिसे वे किसी नए स्टार्ट-अप में निवेश करना चाहते हैं। वह कई तरह से समूहों में काम करते हैं, जिसमें निवेश करने से पहले वह अलग-अलग आवेदनों पर विचार करते हैं। पूंजी लगाने के अलावा वह स्टार्ट-अप में सलाह देने और मार्गदर्शन का कार्य भी करते हैं। एंजेल निवेशकों ने कई नामी कम्पनियों की शुरूआत में मद्द की है। इनमें गूगल, याहू, अलीबाबा जैसे नाम शामिल हैं। निवेश की यह वैकल्पिक व्यवस्था आमतौर पर कम्पनी की शुरूआती स्थिति में मद्द करती है। इसमें निवेशक 30 तक इक्विटी की उम्मीद करते हैं। वह अच्छे और ज्यादा से ज्यादा जोखिम लेने को तरजीह देते हैं। ये निवेशक तब साथ आते हैं जब आपके पास बस एक अच्छा बिजनेस प्लान होता है। ये शुरूआती पूंजी देते हैं और दिशा दिखाते हैं। ये किसी प्रकार के व्यापार में नहीं, बल्कि बिजनेस प्लान में निवेश करते हैं। एंजेल निवेशकों ने अनेक व्यापार में सहयोग किया है, चाहे मैन्युफैक्चरिंग हो, ई-कामर्स, खानपान या मार्केटिंग का काम हो। पिछले दो सालों में इनका काफी निवेश मूलभूत सुविधाओं जैसे-सौर ऊर्जा, खेती व खाद्य पदार्थों में बढ़ा है। इनके निवेश का दायरा 10 से 50 लाख तक होता है।

प्रश्न-8 गैर निष्पादित परिसम्पत्तियाँ क्या है?

उत्तर : एनपीए से आशय बैंकों द्वारा वृहद परियोजनाओं के लिए प्रदत्त उन ऋणों से है, जिन पर ब्याज और मूलधन की किस्त एक निश्चित समयावधि के पूर्ण होने के उपरान्त भी बैंकों को प्राप्त नहीं हो पाती। इन परिसम्पत्तियों को अनर्जक अस्तियाँ या तनावग्रस्त सम्पत्तियां (Stressed Assets) की संज्ञा दी जाती है।

एनपीए को 3 प्रकार की सम्पत्तियों में वर्गीकृत किया जाता है:-

1. घटिया परिसम्पत्तियाँ
2. संदेहात्मक परिसम्पत्तियाँ
3. हानि या क्षति परिसम्पत्तियाँ

1. **घटिया परिसम्पत्तियाँ :** जब बैंकों द्वारा वितरित ऋणों के मूलधन तथा उस पर देय ब्याज का पुनर्भुगतान 90 दिनों से अधिक किन्तु 12 माह से कम अवधि से बकाया पड़ा है, तो ऐसे ऋणों को घटिया परिसम्पत्तियों की श्रेणी में शामिल किया जाता है।
2. **संदेहात्मक परिसम्पत्तियाँ :** जब कोई ऋण हालांकि एक वर्ष तक घटिया परिसम्पत्तियों के रूप में सूचीबद्ध रहा हो, किन्तु उसके वसूल होने की संभावना है और उसे अभी तक हानि या क्षति परिसम्पत्तियों के रूप में सम्मिलित नहीं किया है, सन्देहात्मक परिसम्पत्तियों की श्रेणी में सम्मिलित किया जाता है। सन्देहात्मक परिसम्पत्तियों में अधिकांशतः उन बीमार या रूग्ण औद्योगिक इकाईयों द्वारा लिए गए ऋणों में सम्मिलित किया जाता है, जिनको Board For Industrial Finance & Reconstruction (BIFR) को सन्दर्भित कर दिया गया है और इस बोर्ड की ओर से इन इकाइयों को वित्तीय पैकेज प्राप्ति की पूर्ण सम्भावना है।
3. **हानि या क्षति परिसम्पत्तियाँ :** सन्देहात्मक परिसम्पत्तियाँ जिनके मिलने अर्थात् पुनर्भुगतान की सभी सम्भावनाएं समाप्त हो जाती हैं, हानि या क्षति परिसम्पत्तियाँ कहलाती हैं।

प्रश्न-9 भ्रष्टाचार को कम करने में समाज, परिवार तथा मीडिया की क्या भूमिका है? उल्लेख करें।

उत्तर : समाज व्यक्तियों का ऐसा समूह है जिससे मनुष्य एक दूसरे से संबंधित रहते हैं। विभिन्न रीतियों एवं परम्पराओं, मान्यताओं से लोग बंधे रहते हैं। यदि समाज में भ्रष्टाचार के खिलाफ सशक्त जनमत तैयार कर इसे एक बुराई के रूप में देखा जाए तो व्यक्ति की सामाजिकरण की प्रक्रिया 'भ्रष्टाचार' को नकारात्मक रूप से प्रभावित करेगी। वहीं परिवार जो व्यक्ति के विकास की मूलभूत इकाई है प्रथम पाठशाला है यहीं से उसमें नैतिक मूल्यों का विकास किया जाना चाहिए तथा ईमानदारी, सत्यनिष्ठा व कर्तव्यपरायणता के गुण विकसित कर भ्रष्टाचार को उत्पन्न होने से रोका जा सकता है। मीडिया भ्रष्टाचार के मामलों को लोगों तक पहुंचाकर एक प्रभावी जनमत तैयार करने में मददगार है। वह भ्रष्ट लोगों की छवि को समाज के सामने सार्वजनिक रूप से प्रस्तुत कर भ्रष्टाचार पर अंकुश लगाने में सहयोग करती है।

इस प्रकार समाज, परिवार व मीडिया देश को मजबूत और समृद्धशाली बनाने तथा भ्रष्टाचार को जड़ से नष्ट करने में अहम भूमिका अदा करते हैं।

प्रश्न-10 स्वदेशी तकनीक क्या है और इसके विकास की आवश्यकता क्यों है?

उत्तर: स्वदेशी तकनीक से आशय उन घरेलू तकनीकों से है जिनका प्रयोग लंबे समय से स्थानीय लोगों द्वारा किया जा रहा है साथ ही जिन तकनीकों का विकास घरेलू ज्ञान और आवश्यकता के अनुरूप किया गया है वे भी स्वदेशी तकनीक के अन्तर्गत आते हैं। उदाहरण के लिए भारत में तुलसी और नीम के पौधों का विभिन्न उद्देश्यों से उपयोग किया जाना तथा भारत का मिसाइल कार्यक्रम और अंतरिक्ष कार्यक्रम आदि। जैसे कि हम जानते हैं कि तकनीक, विकास का आधार है साथ ही निम्नलिखित बिन्दुओं में स्वदेशी तकनीक की आवश्यकता को देख सकते हैं-

1. तकनीकी आत्म निर्भरता प्राप्त करना।
2. सामाजिक-आर्थिक आवश्यताओं की पूर्ति करना।
3. तकनीकी उन्नयन से विदेशी पूँजी खर्च को बचाना।
4. विकसित तकनीकों के माध्यम से उद्योगों को सहायता प्रदान करना।
5. तकनीकी निर्यात से विदेशी पूँजी की प्राप्ति आदि।

खण्ड-2

निर्देश: *निम्नलिखित प्रत्येक प्रश्न का उत्तर 200 शब्दों से अधिक नहीं होना चाहिए। शब्द-विस्तार की अपेक्षा प्रश्नोत्तर की अन्तर्वस्तु अधिक महत्वपूर्ण है। सभी प्रश्नों के अंक समान हैं।*

Instruction: *Answer the following questions in not more than 200 words each. Content of the answers are more important than their length. All questions carry equal marks.* 10 × 12 = 120

प्रश्न-1 जीएसटी अपनाने के मुख्य कारणों की चर्चा करें।

उत्तर: अप्रत्यक्ष करों के स्थान पर जीएसटी को अपनाने के दो प्रमुख कारण हैं-

(i) आन्तरिक कारण (Internal Reason)

(ii) बाह्य कारण (External Reason)

(i) आन्तरिक कारण : यदि हम वर्तमान संदर्भ में देखे तो किसी वस्तु के उत्पादन से लेकर उपभोक्ताओं के पास पहुँचने से पहले तक आपूर्ति श्रृंखला (Supply Chain) के विभिन्न चरणों पर केन्द्र व राज्य सरकारों द्वारा अनेक प्रकार के कर लगाये जाते है। इसके अलावा केन्द्र सरकार विभिन्न सेवाओं पर सेवा कर भी लगाती है।

वर्तमान में प्रचलित उक्त कर प्रणाली में कई खामियाँ है- जैसे कि कर के ऊपर कर, जिसे कैस्कैडिंग इफैक्ट (Cascading Effect) भी कहा जाता है। ऐसा इसलिए होता है क्योंकि उत्पादन से लेकर उपभोक्ता तक पहुंचने की प्रक्रिया में कोई भी वस्तु विभिन्न चरणों से होकर गुजरती है। इस दौरान प्रत्येक चरणों पर उसके ऊपर अलग-अलग प्रकार के कर लगते है। फलस्वरूप होता ये है कि पहले दिये गये टैक्स कंपोनेट के ऊपर भी टैक्स लगता है। इस स्थिति को एक उदाहरण के माध्यम से समझा जा सकता है। **उदाहरण :** मान लीजिए कि किसी वस्तु का उत्पादन हुआ है और फैक्ट्री गेट से बाहर निकलते ही उस पर उत्पाद शुल्क (Excise Duty) लगा, फिर जब बिक्री हेतु बाजार में आयी तो उस पर बिक्री कर लगता है, परन्तु बिक्री कर जिस मूल्य पर लगता है उसमें उत्पाद शुल्क भी शामिल होता है। इस प्रकार कर के ऊपर कर की वजह से वस्तु का मूल्य बढ़ जाता है और उपभोक्ता पर अतिरिक्त बोझ पड़ता है। चूंकि अप्रत्यक्ष कर की अधिकता विशेषकर गरीब वर्गों को प्रभावित करती है। अतः अप्रत्यक्ष कर का न्यून होना आवश्यक है। साथ ही विभिन्न प्रकार के अप्रत्यक्ष कर होने के कारण अलग-अलग पंजीकरण, रिटर्न, भुगतान आदि की समस्या कहीं न कहीं इसके अनुपालन को कठिन बना देती है। अनुपालन में जटिलता एवं एकीकृत कर प्रणाली के आभाव में कर वंचन होना स्वाभाविक है। और यह प्रत्यक्ष रूप से सरकार के कर राजस्व को क्षति पहुंचाती है।

(ii) बाह्य कारण : 1991 में देश में आर्थिक उदारीकरण के दौर की शुरूआत हुई और भारत के विश्व व्यापार संगठन **(WTO)** का हिस्सा बन जाने के बाद से, विदेशी निवेशक भारत में निवेश करने के लिए आकर्षित हुए परन्तु भारतीय कर प्रणाली के जटिल ढांचे के चलते विदेशी निवेशक भारत में निवेश करने से बचते रहे। यही कारण है कि ईज ऑफ डूइंग बिजनेस इंडेक्स (विश्व बैंक द्वारा जारी सूचकांक) में भारत आज भी शीर्ष 50 देशों में अपना स्थान नहीं बना पाया है। इस स्थिति को समझने के लिए किसी विदेशी निवेशक या देश के निवेशकों को भारत में निवेश करने में कितनी जटिलता का सामना करना पड़ता है को उदाहरण के माध्यम से समझा जा सकता है। **उदाहरण** मान लीजिए यदि कोई निवेशक (विदेशी/देशी) तमिलनाडु में कारखाना स्थापित करता है तो उसे उस राज्य में प्रचलित कर की दरों के अनुरूप कर देना होगा और जब यही उत्पाद अन्य राज्यों में बिक्री के लिए जायेगा तब उस निवेशक को हर राज्य के अलग अलग वैट दरों, चुंगी कर, प्रवेश कर को चुकाना पड़ेगा जो कि एक जटिल प्रक्रिया है।

उपरोक्त कारणों के चलते जीएसटी उपभोक्ता, उत्पादक वर्ग, विदेशी निवेश, कर वंचन, कर राजस्व जैसे महत्वपूर्ण कारणों के चलते अनिवार्य हो जाता है।

प्रश्न-2 साइबर सुरक्षा का अर्थ व साइबर हमलों के प्रकार बताइए। वर्तमान परिदृश्य में इसकी आवश्यकता बढ़ती जा रही है। कारण सहित चर्चा करें।

उत्तर : इंटरनेट से जुड़े हुए सिस्टमों को सुरक्षित रखना **साइबर सुरक्षा** कहलाता है। इसके अंतर्गत हार्डवेयर, सॉफ्टवेयर और डॉटा को साइबर अपराधियों से बचाने का भी कार्य किया जाता है। साइबर अपराधी कई प्रकार से साइबर हमले करते है जिसमें काफी प्रचलित प्रकार है- रैनसमवेयर। यह एक तरह का वायरस होता है जो कि अपराधियों द्वारा कम्प्यूटर और सिस्टमों में हमला करने के लिए प्रयोग किया जाता है। यह कम्प्यूटर में पड़ी फाइलों को काफी नुकसान पहुचाता है। अपराधी ने जिस किसी के कम्प्यूटर में इस वायरस का प्रयोग कर खराब किया है उससे रिश्वत लेकर उसके सिस्टम को छोड़ता है। इसी प्रकार सोशल इंजीनियरिंग भी साइबर हमले का एक प्रकार है। इसमें अपराधी लोगों को बड़ी चालाकी से अपने बातों में फंसाकर उनसे उनके निजी डॉटा, पासवर्ड आदि को प्राप्त कर लोगों को नुकसान पहुंचाते है। फिशिंग, नामक साइबर हमला एक तरह का फ्रॉड है जिसमें फ्रॉड भरे ई-मेल लोगों को किये जाते है और इन मेल का मकसद जरूरी डाटा को चुराना होता है जैसे कि क्रेडिट कार्ड की जानकारी या फिर लॉग-इन जानकारी।

साइबर अपराधियों की उक्त गतिविधियों से सुरक्षा इस लिए जरूरी है क्योंकि सरकार, सेना, कॉरपोरेट, फाइनेन्शियल और मेडिकल संस्था काफी तरह के डॉटा को इकट्ठा करते है और उन डॉटा को अपने सिस्टम, कम्प्यूटर और अन्य उपकरणों में रखते है। इन डाटा के कुछ भाग काफी महत्वपूर्ण हो सकते है जिनके चोरी होने से आर्थिक क्षति के साथ-साथ निजी जिन्दगियों पर भी काफी गहरा प्रभाव पड़ सकता है या फिर संस्था और संगठनों की विश्वसनियता एवं साख पर बट्टा लग सकता है। इन स्थितियों से बचने के लिए साइबर सुरक्षा ही एक मात्र विकल्प है जिसकी मदद से हम साइबर हमले, डॉटा की चोरी और अपराधियों की धमकी भरे संदेशों से बच सकते है। यह सब काम साइबर सुरक्षा के उत्पादों और सर्विसों की मदद से मुमकिन हो पाते है। उदाहरण के लिए काफी तरह के एंटी वायरस हमारे सिस्टम को वायरस के हमले से बचाते है। इस प्रकार कहा जा सकता है कि जैसे-जैसे हम सूचना व प्रौद्योगिकी के प्रयोग को अपने जिन्दगी में महत्व देते जायेंगे वैसे-वैसे हमें अच्छे और प्रभावशाली साइबर सुरक्षा के उत्पादों और सर्विसों की जरूरत पड़ती रहेगी।

प्रश्न-3 दूर संवेदन किसे कहते हैं? भारतीय सुदूर संवेदी उपग्रह प्रणाली पर एक टिप्पणी लिखें?

उत्तर : दूर संवेदन एक ऐसा तकनीक है जिसके द्वारा दूर स्थित वस्तुओं तथा परिघटनाओं का अध्ययन किया जाता है तथा उनसे संबंधित आंकड़ों को एकत्र किया जाता है। साधारण फोटोग्राफी भी दूर संवेदन का ही एक रूप है। स्पष्ट शब्दों में दूर संवेदन का अर्थ है पृथ्वी की विभिन्न वस्तुओं द्वारा दृश्य अवरक्त, पराबैंगनी तथा सूक्ष्म तरंग-दैर्ध्य में परावर्तित, बिखरे तथा विकिरित विद्युत चुंबकीय विकिरण का अभिलेखन तथा आकलन। दूर संवेदन के उद्देश्य से भेजे गए उपग्रह में

विशेष कैमरा होता है जिसके द्वारा पृथ्वी का चित्र अनेक रंगों में खींचा जा सकता है। इस तकनीक की सहायता से भौगोलिक संरचनाओं, स्थलाकृति वनस्पति, जल भंडारों, खनिजों इत्यादि की सटीक जानकारी प्राप्त की जा सकती है। आज इस तकनीक का प्रयोग भूतल मानचित्रण, पर्यावरण, मौसम, जलवायु संबंधी अध्ययन, अभियांत्रिकी इत्यादि में बढ़-चढ़ कर हो रहा है। विभिन्न प्रकार के सैन्य अभियानों में भी इस तकनीक का प्रयोग किया जा रहा है।

भारत द्वारा सर्वाधिक संख्या में सुदूर संवेदी उपग्रह छोड़े गए हैं जो राष्ट्रीय एवं अंतर्राष्ट्रीय स्तर पर उपयोग किए जा रहे हैं। इन उपग्रहों से प्राप्त आंकड़ें 360 मीटर से 2.5 मीटर के बीच के स्थानिक विभेदन में होते हैं। इसके अलावा आई. आर. एस. के अंतरिक्ष यानों पर लगे अत्याधुनिक कैमरे विभिन्न स्पेक्ट्रल बैंडों में पृथ्वी के चित्र लेते रहते हैं। भविष्य में इसरो द्वारा ऐसे अंतरिक्षयान छोड़े जाएंगे जिनसे बेहतर रिजोल्यूशन के दिन और रात दोनों समय के चित्र प्राप्त होंगे। आई आर एस-1 डी, आई आर एस- पी 3ए, ओसीयन सेट-1, तकनीकी परीक्षण उपग्रह (टी ई एस), रिसोर्ससेट-1 तथा अभी हाल में छोड़ा गया कार्टोसेट-1 जो स्टीरियो तस्वीरें लेने में सक्षम हैं, वर्तमान में अपनी सेवाएं प्रदान कर रहे है। भविष्य में छोड़े जाने वाले सुदूरसंवेदी उपग्रह हैं- कार्टोसेट-2, आर आई सेट (राडार इमेजिंग सेटेलाइट) तथा ओसीयन सेट-2। आइ. आर. एस. उपग्रहों द्वारा प्रेषित चित्रों का भारत में कृषि उपज क्षेत्र तथा उनसे प्राप्त पैदावार के लिए कई तरह से उपयोग किया जाता है। इसके अतिरिक्त इन चित्रों का उपयोग जल के श्रेष्ठतम उपयोग हेतु, भूजल एवं सतह पर उपलब्ध जल के संचयन एवं तालाबों तथा सिंचाई कमान क्षेत्रों की निगरानी हेतु, भी किया जाता है। वन सर्वेक्षण, बंजर भूमि पहचान तथा उसे पुनः उपज योग्य बनाने का कार्य भी इन चित्रों के माध्यम से किया जाता है। इसके अतिरिक्त आइ.आर.एस. चित्रों का उपयोग खनिजों के अन्वेषण एवं संभावित मत्स्य क्षेत्रों की भविष्यवाणी हेतु भी किया जाता है। आई.आर.एस. से प्राप्त आंकड़ों का उपयोग शहरी आयोजना, बाढ़ प्रभावित क्षेत्रों की पहचान और इसके प्रभाव को कम करने के उपाय सुझाने के लिए भी किया जा रहा है। इन अनुभवों के आधार पर स्थायी विकास के लिए समन्वित मिशन की धारणा विकसित की गयी है जिसमें अंतरिक्षयान से प्राप्त चित्रों और आंकड़ों को परम्परागत स्रोतों से मिलने वाले सामाजिक-आर्थिक आंकड़ों के साथ समन्वित किया जाता है ताकि स्थायी विकास प्राप्त किया जा सके।

प्रश्न-4 ''ट्रांस फैट किसे कहते हैं तथा यह शरीर के लिए क्यों हानिकारक है?

उत्तर : 'ट्रांस फैट' एक विशेष प्रकार की वसा है, जो तब बनती है, जब तरल तेल को ठोस वसा में हाइड्रोजन मिलाकर (हाइड्रोजेनेशन द्वारा) परिवर्तित किया जाता है। यह उत्पाद के स्वाद को बढ़ा देता है तथा उत्पाद अधिक समय तक खराब नहीं होता है। संसाधित खाद्य पदार्थ (प्रोसेस्ड फूड) के उद्योग ट्रांस फैट का उपयोग करते हैं। संसाधित खाद्य पदार्थ, जैसे- फ्रेंच फ्राई, पिज्जा, वेफर, केक, कैन्डी, नूडल, ब्रेड, चिप्स, समोसा इत्यादि में ट्रांस फैट पाया जाता है।

वसा शरीर को शक्ति प्रदान करता है तथा विटामिन के अवशोषण में मदद करता है। कुछ वसायें, जैसे- मूँगफली का तेल अथवा सूर्यमुखी के तेल में पोलीसैचुरेटेड वसीय अम्ल की मात्रा अधिक होती है तथा ये खून में कोलेस्ट्रोल की मात्रा को अधिक नहीं बढ़ने देते हैं। कुछ अन्य वसायें, जैसे-मक्खन, घी तथा वनस्पति में संतृप्त (सैचुरेटेड) वसीय अम्ल की मात्रा अधिक होती है, जिससे खून में कोलेस्ट्रोल की मात्रा बढ़ती है। संतृप्त (सैचुरेटेड) वसा तथा ट्रांस फैट दोनों ही हानिकारक हैं। जहाँ एक ओर संतृप्त वसा खून में कलेस्ट्रोल की मात्रा को बढ़ाता है, वहीं ट्रांसफैट धमनियों को जाम करने वाले निम्न घनत्व के लिपोप्रोटीन की मात्रा को बढ़ाता है तथा हृदय की रक्षा करने वाले अधिक घनत्व के लिपोप्रोटीन (एच.डी.एल.) की मात्रा को घटा देता है। हृदय रोग के अलावा ट्रांसफैट के कारण मधुमेह भी होता है। एक अध्ययन के अनुसार, प्रोस्ट्रेट कैंसर तथा ट्रांस फैट में भी संबंध स्थापित किया गया है। ट्रांस फैट से वजन बढ़ता है, खासतौर पर उदरीय वसा में वृद्धि होती है। इसके कारण महिलाओं में अनुर्वरता देखी गयी है। इसके कारण महिलाओं के दूध में क्रीम की कमी हो सकती है।

विश्व स्वास्थ्य संगठन ने ट्रांस फैट के उपयोग को बंद करने की सिफारिश की है। डेनमार्क ने ट्रांस फैट के उपयोग पर 2004 में प्रतिबंध लगा दिया तथा 2 वर्षों के अंदर ही उस देश में हृदय रोग की संख्या में 20 प्रतिशत की कमी हुई है।

प्रश्न-5 किसानों की सहायता हेतु ई-तकनीक कहाॅ तक उपयोगी है, स्पष्ट करें।

उत्तर : वर्तमान सूचना एवं संचार प्रौद्योगिकी जीवन के प्रत्येक पहलू को प्रभावित कर रही है, इसका प्रत्यक्ष प्रमाण किसानों की सहायता हेतु विकसित की गई ई-तकनीके हैं। ये ई-तकनीके किसानों को किस प्रकार लाभान्वित कर रही है, यह जानने के लिए निम्न उदाहरण प्रस्तुत किये जा रहे हैं-

- पूसा कृषि एप किसानों को अपने क्षेत्रों की समस्याओं का आसानी से समाधान खोजने और मौसम के बारे में जानकारी देने, फसलों को बचाने एवं फसलों की नई किस्मों से संबंधित जानकारी उपलब्ध कराने का कार्य करता है।
- किसान सुविधा एप एक सर्वव्यापी मोबाइल एप है, जो किसानों को विभिन्न मौसमों, बाजार मूल्य, बीज, उवर्रक, कीटनाशकों, कृषि मशीनरी, डीलरों, कृषि सलाहकारों, पौध संरक्षण आदि विषयों पर जानकारी प्रदान करता है। इस एप का उद्देश्य किसानों को सशक्त बनाना है।
- ई-राष्ट्रीय कृषि बाजार किसानों को उनके उत्पादों का वाजिब मूल्य दिलवाने तथा बिचौलियों की भूमिका को समाप्त करने के उद्देश्य से विकसित एक इलेक्ट्रानिक कृषि बाजार है, जो देश की प्रमुख 585 मंडियों को नेट से जोड़कर उन्हें इस पोर्टल पर साथ लेकर आयेगी। ताकि देश के किसी भी हिस्से में रहने वाले किसान को अपने उत्पादों की बिक्री सही मूल्य पर करने में किसी प्रकार की परेशानी न हो।
- फसल बीमा मोबाइल ऐप एक ऐसा महत्वपूर्ण एप है जो किसानों को उनकी फसलों के बीमा प्रीमियम की गणना करने से सहायता करता है इसका इस्तेमाल किसी भी अधिसूचित क्षेत्र में फसल की सामान्य बीमा राशि, विस्तारित बीमा राशि, प्रीमियम विवरण और सब्सिडी की जानकारी उपलब्ध कराता है।
- एग्रीमार्केट एप का विकास किसानों को फसलों की कीमतों के बारे में निरंतर अवगत कराने के उद्देश्य से किया गया है। इस ऐप का प्रयोग कर किसान 50 किलोमीटर के दायरे से आने वाले बाजारों में फसलों की कीमतों से संबंधित जानकारी प्राप्त कर सकते है।
- ई-पशु हॉट नामक पोर्टल के द्वारा किसानों को पशुधन, फ्रोजन, और भ्रूणों की खरीद- फरोख्त आनलाइन करने की सुविधा उपल्बध करायी है। इस प्रकार ई-तकनीके किसानो की प्रत्येक स्तर की समस्याओं के समाधान का रामबाण तरीका है साथ ही डिजिटल भारत के स्वप्न को साकार करने में उपयोगी है।

प्रश्न-6 भारतीय बजट में व्याप्त घाटों के बारे में बताये तथा घाटे के वित्त पोषण के स्त्रोत कौन-कौन से है?

उत्तर : देश के बजट में यदि आय पक्ष के सापेक्ष व्यय पक्ष अधिक है तो इसे ही बजट में घाटे की स्थिति कहा जाता है। भारत की बजटीय व्यवस्था में व्याप्त प्रमुख घाटे निम्नवत है:

- राजस्व घाटा (Revenue Deficit)
- राजकोषीय घाटा (Fiscal Deficit)
- प्राथमिक घाटा (Primary Deficit)
- प्रभावी राजस्व घाटा (Primary Effective Deficit)

राजस्व घाटा : एक वित्तीय वर्ष में प्राप्त राजस्व प्राप्तियों के सापेक्ष राजस्व व्यय की अधिकता की स्थिति ''राजस्व घाटा'' कहलाती है।

राजस्व घाटा = राजस्व प्राप्तिया ↓ - राजस्व व्यय ↑

राजकोषीय घाटा : एक वित्तीय वर्ष में प्राप्त होने वाले सार्वजनिक व्यय (राजस्व व्यय + पूजीगत व्यय) में से राजस्व प्राप्तियों को घटाने पर जो कुछ शेष बचता है वह ''राजकोषीय घाटा'' कहलाता है। अर्थात उधार व अन्य देयताओं का कुल योग ही राजकोषीय घाटा है।

राजकोषीय घाटा = सार्वजनिक व्यय (राजस्व व्यय + पूंजीगत व्यय) - राजस्व प्राप्तियां

प्राथमिक घाटा : एक वित्तीय वर्ष में उत्पन्न राजकोषीय घाटे में से ब्याज भुगतान को घटाने पर जो कुछ शेष बचता है वह प्राथमिक घाटा कहलाता है।

प्राथमिक घाटा = राजकोषीय घाटा – ब्याज भुगतान

प्रभावी राजस्व घाटा : प्रभावी राजस्व घाटे की अवधारणा को वित्तीय वर्ष 2011–12 के केन्द्रीय बजट में अपनाया गया जिसके अन्तर्गत एक वित्तीय वर्ष के राजस्व व्यय में से उन व्ययो को घटा दिया जाता है जिनकी प्रकृति उत्पादक है अर्थात वह व्यय नहीं अपितु निवेश है जैसे केन्द्र सरकार द्वारा राज्य सरकारों को दिए गये अनुदान। यह अनुदान राज्यों की परिसंपत्तियों का सृजन करती है।

प्रभावी राजस्व घाटा = राजस्व व्यय – पूंजीगत परिसंपत्तियों के सृजन हेतु दिया गया अनुदान

बजट में व्याप्त प्रमुख घाटो की स्थिति जीडीपी के प्रतिशत के आधार पर निम्नवत् है:

वर्ष	राजस्व घाटा	राजकोषीय घाटा	प्राथमिक घाटा	प्रभावी राजस्व घाटा
2016-17	2.1	3.5	1.0	0.4
2017-18*	1.9	3.2	0.7	0.1
2017-18#	2.6	3.5	1.5	0.4
2018-19*	2.2	3.3	1.2	0.3

* बजट अनुमान # संशोधित अनुमान

घाटे के वित्त पोषण के स्त्रोत

बजट में व्याप्त घाटों के वित्त पोषण हेतु किसी एक स्त्रोत पर निर्भर नहीं किया जाता अपितु वित्त पोषण के लिए निम्नलिखित स्त्रोतो को अपनाया जाता है–

I. **विदेशी सहायता (External Aids) :** यह सबसे उचित साधन है जिसके द्वारा सरकारी घाटे की आवश्यकता को पूरा किया जा सकता है यदि यह निम्न ब्याज के साथ आता हो तो भी। यह सहायता बिना ब्याज के आता हो या बिना ब्याज के, इससे बेहतर और कुछ नहीं हो सकता।

II. **विदेशी अनुदान (External Grants) :** यह विदेशी सहायता से भी बेहतर साधन है क्योंकि न तो इस पर किसी किस्म का ब्याज होता है तथा न ही इसकी अदायगी जरूरी हैं, यह निःशुल्क होता है। इस तरह का अनुदान भारत को पोखरण परमाणु परीक्षण (सन् 1975) के बाद मिलना बंद हो गया। कई बार भारत ने इस तरह के अनुदान को नहीं स्वीकारा है, जैसे–सुनामी के उपरान्त भारत को दिया गया अनुदान क्योंकि इनमें शर्तें छुपी होती हैं जो देश की संप्रभुत्ता को प्रभावित कर सकती हैं।

III. **विदेशी ऋण (Foreign Debt) :** विदेशी ऋण वित्तीय घाटे को संभालने का दूसरा सबसे बेहतर तरीका है, बशर्ते कि वे तुलनात्मक रूप से सस्ते तथा लम्बी अवधि के हों। यद्यपि विदेशी ऋण को देश की संप्रभु निर्णय लेने की प्रक्रिया पर हस्तक्षेप माना जाता है लेकिन इसके अपने फायदे हैं तथा यह आंतरिक ऋण से दो कारणों से बेहतर माना जाता है:

(a) विदेशी ऋण विदेशी मुद्रा के रूप में आता है जिससे सरकार को अतिरिक्त फायदा होता है, सरकार चाहे तो इस ऋण का उपयोग देश के अन्दर अथवा आयात पर टिकी विकास की आवश्यकताओं के लिए कर सकती है।

(b) यह 'क्राउडिंग ऑउट' (Crowding out) प्रभाव को कम करने का बेहतर तरीका है क्योंकि सरकार यदि देश के बैंकों से ऋण लेगी तो अन्य लोग निवेश के लिए कहां से ऋण लेंगे?

IV. **आंतरिक ऋण (Internal Borrowings) :** आंतरिक ऋण वित्तीय घाटे को कम करने का तीसरा सबसे बेहतर तरीका है लेकिन यदि इस किस्म का ऋण अत्यधिक लिया गया तो जनता तथा निजी क्षेत्र के निवेश संभावनाओं पर प्रतिकूल प्रभाव पड़ता है। अर्थव्यवस्था पर दोहरा नकारात्मक प्रभाव पड़ता हैं- निम्न निवेश (जिसके कारण निम्न उत्पादन, निम्न सकल घरेलू उत्पाद तथा निम्न प्रति व्यक्ति आय, इत्यादि) व निम्न मांग (आम जनता तथा निजी क्षेत्र द्वारा) जिससे अर्थव्यवस्था की गति धीमी पड़ जाती हैं, जैसा कि 1960, 1970 तथा 1980 के दशकों में देखा गया।

V. **मुद्रा छापकर (Printing Currency) :** यह वित्तीय घाटे को कम करने का अंतिम हथियार है। लेकिन वित्त पोषण के इस साधन की कमी यह है कि सरकार इसके द्वारा वह व्यय नहीं कर सकती है जिसे विदेशी मुद्रा में किया जाना है। मुद्रा छापने के कारण अर्थव्यवस्था पर पड़ने वाले अन्य प्रतिकूल प्रभाव निम्नलिखित हैं:-

(a) यह आनुपातिक रूप में मुद्रास्फीति में वृद्धि करता है।

(b) यह सरकारी कर्मचारियों के वेतनमान में संशोधन करने के लिए सरकार को बाध्य करता है जिसके कारण सरकारी खर्च का भार अधिक हो जाता है।

सरकार इन सभी साधनों में से किसी भी साधन का चयन कर अपने वित्तीय घाटे को कम कर सकती है। सामान्यत: सरकारें वित्तीय प्रबन्धन के लिए इन सभी साधनों के संयोजन का प्रयोग करती हैं।

प्रश्न-7 योजना आयोग की प्रांसगिकता की किस आधार पर आलोचना की जा रही है, स्पष्ट करें?

उत्तर : 15 मार्च 1950 को गठित योजना आयोग एक संवैधानेत्तर निकाय था। इसका गठन भारत सरकार के एक मंत्रिमण्डलीय प्रस्ताव के जरिये किया गया था। इसे गैर संवैधानिक, सलाहकारी व परामर्शदात्री निकाय के रूप में देश में सामाजिक, आर्थिक विकास की रूपरेखा तैयार करने की जिम्मेदारी दी गयी तथा अपेक्षा की गयी कि यह समुदाय के भौतिक संसाधनों के स्वामित्व और नियंत्रण का बँटवारा ऐसे करेगा जिससे पुरूषों और महिलाओं को समान रूप से जीविका के पर्याप्त साधन प्राप्त हो सकेंगे तथा आर्थिक प्रणाली के संचालन में धन और उत्पाद के साधनों का संकेन्द्रण न हो। उक्त जिम्मेदारियों के साथ योजना आयोग ने 12 पंचवर्षीय योजना व पॉच वार्षिक योजना (1966-67, 1967-68, 1968-69 व 1990-91, 1991-92) बनायी जिसके चलते देश में विकेन्द्रीकरण, सहभागिता, जन-केन्द्रित नीतियां, लोकहित तथा समाज के सभी वर्गो के संतुलित विकास हेतु कार्य किये गये। बावजूद इसके, योजना आयोग की प्रासंगिकता पर निम्न आधार पर आलोचना की जा रही है:-

- योजना आयोग की वैधता पर इस आधार पर सवाल खड़े किये गये कि यह भारतीय संघवाद की मूल आत्मा पर चोट कर विकेन्द्रीयकरण के स्थान पर शक्तियों के केन्द्रीयकरण को बढ़ावा देता है।
- संविधान द्वारा सृजित एवं परिभाषित न होने के कारण योजना आयोग एक विशेषज्ञ राजनीतिक संस्था के रूप में सक्रिय है।
- योजना आयोग की संरचना पर ध्यान दें तो प्रधानमंत्री योजना आयोग का अध्यक्ष, एक उपाध्यक्ष, तीन पूर्णकालिक तथा तीन अंशकालिक सदस्यों के अलावा पदेन सदस्य जैसे वित्तमंत्री, विदेशमंत्री, कृषिमंत्री, स्वास्थ्यमंत्री, रासायनिक उर्वरक मंत्री आदि इसके सदस्य होते थे। उल्लेखनीय है कि योजना आयोग का गठन एक परामर्शकारी निकाय के रूप में किया गया था जबकि आयोग की संरचना इसे एक सर्वाधिकारवादी संस्था के रूप में परिवर्तित कर देता है जिसके कारण एक परामर्शदात्री निकाय सुपर कैबिनेट या मंत्रिमण्डलीय तानाशाही का अभिकरण बन गया।
- संविधान का अनुच्छेद 282 केन्द्र सरकार को अपने राजस्व से व्यय करने के सम्बन्ध में संवैधानिक शक्ति देता हैं यह शक्ति योजना आयोग को उसके गठन के समय से ही उसके अधिकार क्षेत्र में आ गयी। अर्थात मंत्रिमण्डलीय प्रस्ताव से निर्मित होने वाला योजना आयोग व्यावहारिक रूप में केन्द्र सरकार का प्रतिनिधि बनकर राज्यों को अनुदान देने, नीति-निर्माण आदि दृष्टियों से अनन्य शक्तियों का इस्तेमाल करने लगा।

- योजना आयोग द्वारा अनुचित व्यय एवं निर्धनता रेखा के निर्धारण सम्बन्धी जो ऑकड़े प्रस्तुत किये गये वे अवास्तविक प्रतीत होने के कारण बड़ी आलोचना के शिकार हुए। उल्लेखनीय है कि योजना आयोग ने दो ब्लाकों के शौचालयों के पुनर्नवीनीकृत करने में 58,000 अमेरिकी डॉलर के व्यय होने के ऑकड़े प्रस्तुत किये थे। साथ ही देश में शहरी निर्धनता का 859 रूपये प्रति माह प्रति व्यक्ति तथा ग्रामीण निर्धनता 672 रूपये प्रति माह प्रति व्यक्ति निर्धारित किया जिसे न केवल बुद्धिजीवी वर्ग ने नकारा बल्कि आम जनता ने भी इन आंकड़ों को भ्रामक करार दिया।
- योजना आयोग की इस आधार पर भी आलोचना की गयी कि इसमें विशेषज्ञता का अभाव है। अर्थात वित्तीय विशेषज्ञों की कमी के चलते आर्थिक चुनौतियों का निपटान पर भी राजनीतिक हितों से प्रेरित होकर किया जाता है।
- योजना आयोग पर यह भी आरोप लगाया गया कि जन भावनाओं, संवेदनाओं से परे यह आयोग मंत्रियों व उच्च अधिकारियों का क्लब बन गया था।

उक्त आधारों पर योजना आयोग की प्रासंगिकता पर प्रश्न चिन्ह उठाये गये।

प्रश्न-8 भारत के 66 वर्षों के नियोजन काल का आलोचनात्मक मूल्यांकन कीजिए?

उत्तर : 15 मार्च 1950 को नियोजन की रणनीति तैयार करने के उद्देश्य से गठित योजना आयोग द्वारा 1 अप्रैल 1951 से 31 मार्च 1956 की अवधि के लिए प्रथम पंचवर्षीय योजना प्रारम्भ की गयी जिसका केन्द्र बिन्दु कृषि विकास पर बल था। इस योजना का विकास लक्ष्य 2.1% था जबकि उपलब्धि 3.6% की रही। इस उपलब्धि ने स्वतंत्र भारत को नियोजन पथ पर आगे बढ़ने की प्रेरणा थी। दूसरी पंचवर्षीय योजना (1956-61) का केन्द्र बिन्दु ''आधारभूत एवं भारी उद्योगों का विकास'' करना था। इस योजना के दौरान राउरकेला, भिलाई तथा दुर्गापुर में लौह इस्पात संयंत्रों की स्थापना की गयी। साथ ही चितरंजन लोकोमोटिव्स, सिंदरी उर्वरक कारखाना, इंटिग्रल कोच फैक्टरी आदि की स्थापना की गयी। यह अवधि उद्योगों की स्थापना के लिए स्वर्णिम काल रहा। तीसरी पंचवर्षीय योजना (1961-66) का केन्द्र बिन्दु ''आत्मनिर्भरता को प्राप्त करना था परन्तु दो प्रमुख युद्धों (1962 भारत-चीन युद्ध व 1965 भारत-पाकिस्तान युद्ध) एवं 1965-66 में आए अकाल ने भारतीय अर्थव्यवस्था को इतना प्रभावित किया कि तीसरी पंचवर्षीय योजना देश की विफलतम पंचवर्षीय योजना बन गयी। इस योजना की समाप्ति के बाद देश में 3 वर्षों (1966-67, 1967-68, 1968-69) के लिए 1-1 वर्ष की वार्षिक योजनाएं बनायी गयी। इन समयावधियों में देश में हरित क्रान्ति, बैंकों का राष्ट्रीयकरण जैसे अहम् कार्य किये गये चौथी पंचवर्षीय योजना (1969-1974) का केन्द्र बिन्दु ''स्थिरता के साथ आर्थिक विकास और आत्म निर्भरता को प्राप्त करना था।'' इस समयावधि के लिए विकास लक्ष्य 5.7% निर्धारित किया गया था जबकि उपलब्धि महज 3.3% की रही जो स्पष्ट करता है कि युद्ध और सूखे का दुष्प्रभाव अर्थव्यवस्था के विकास में कितना बड़ा अवरोधक बना। पाँचवीं पंचवर्षीय योजना (1974-1979) देश की एकमात्र ऐसी पंचवर्षीय योजना रही जिसका कार्यकाल समाप्त होने से एक वर्ष पूर्व ही राजनैतिक परिवर्तन के कारण समाप्त कर दिया गया। नव गठित जनता सरकार ने गुरनार मिर्डल की संकल्पना ''अनवरत योजना'' को अपनाया गया। यह योजना अपना प्रभाव दिखाती उससे पूर्व ही जनता सरकार के स्थान पर कांग्रेस सरकार ने पुनः छठी पंचवर्षीय योजना (1980-1985) ''निर्धनता हटाओ'' को केन्द्र बिन्दु के साथ प्रस्तुत कर दी। छठी पंचवर्षीय योजना देश में नियोजन की संकल्पना को अपनाते हुए (1951-1981) 30 वर्षों की अवधि को पूरी कर चुकी थी। इन 30 वर्षों में भारत की औसत वृद्धि दर मात्र 3.50% रही, जो बेहद कम थी। इस वृद्धि दर को हिन्दू वृद्धि दर (Hindu Growth Rate) का नाम दिया गया। सातवीं पंचवर्षीय योजना (1985-1990) का केंद्र बिन्दु ''कृषि विकास व रोजगार सृजन'' निर्धारित किया गया। यह पंचवर्षीय योजना अर्थव्यवस्था को विकास के पथ की ओर अग्रसर कर ही रही थी कि देश में आर्थिक संकट की आहट तेज होने लगी। परिणामस्वरूप देश में भुगतान संतुलन के संकट के चलते वर्ष 1990-91, 1991-92 की अवधि वार्षिक आयोजन के साथ आर्थिक सुधारों (उदारीकरण, निजीकरण व वैश्विीकरण) की रही। आठवीं पंचवर्षीय योजना (1992-1997) लाइसेंसिंग राज पर नियंत्रण, आरक्षित सार्वजनिक क्षेत्रों में निजी क्षेत्र का प्रवेश तथा विदेशी निवेश व विदेशी तकनीक का रहा और इस प्रकार भारत की

आदेशात्मक नियोजन प्रणाली, निर्देशानात्मक नियोजन प्रणाली में परिवर्तित हो गयी। नवीं पंचवर्षीय योजना (1997-2002) का केन्द्रीय बिन्दु ''आर्थिक समृद्धि, उदारीकरण एवं मानव विकास'' रहा जिसके चलते न केवल आर्थिक सामाजिक परिवर्तन बल्कि मानव विकास को भी प्राथमिकता दी गयी। दसवीं पंचवर्षीय योजना (2002-2007) का केन्द्रीय विषय ''न्याय तथा समता के साथ आर्थिक विकास'' पर केन्द्रित था अर्थात् समाज में व्याप्त आर्थिक विषमता को न्याय के साथ समाप्त करने पर जोर दिया गया। यह वह समयावधि है जब शिक्षा का अधिकार, काम का अधिकार, सूचना का अधिकार जैसी अवधारणाओं को मौलिक अधिकार में जोड़ा गया। ग्यारहवीं पंचवर्षीय योजना (2007-2012) का केन्द्रीय विषय ''समावेशी विकास'' को प्राप्त करना था जिसके कारण पहली बार पंचवर्षीय योजना का विकास लक्ष्य 9% निर्धारित किया गया जबकि उपलब्धि 8.00% की रही जो अब तक प्राप्त लक्ष्यों के प्रतिशत से सर्वाधिक है। बारहवीं पंचवर्षीय योजना (2012-2017) का केन्द्र बिन्दु ''सतत व तीव्रतर समावेशी विकास'' के लक्ष्यों को प्राप्त करना था। सतत विकास के लक्ष्यों को यूएनओ द्वारा अपने 70वें सत्र में 25 सितम्बर 2015 को अपनाया गया जिसमें 17 सतत विकास लक्ष्यों के तहत 169 विभिन्न लक्ष्यों को 2030 तक सदस्य देशों (193) को पूरा करना है। इससे स्पष्ट होता है कि यूएनओ द्वारा सतत विकास को अपनाने से पूर्व भारत ने अपने केन्द्रीय विषय के रूप में इसे स्वीकार कर लिया था। इसे भारत के नियोजन प्रक्रिया की दूरदर्शिता कहना अतिशयोक्ति न होगी।

अतः जो देश पहली बार 1938 में प्लांड इकॉनामी आफ इंडिया नामक पुस्तक में ''नियोजन'' शब्द से अवगत हुआ था आज वही देश 12 सफल पंचवर्षीय योजना का साक्षी है। इन 66 वर्षों की नियोजन प्रक्रिया में कई उतार चढ़ाव आने के बावजूद भी वर्तमान में भारत विश्व की 6ठी सबसे बड़ी अर्थव्यवस्था, क्रय शक्ति समता के आधार पर तीसरी सबसे बड़ी अर्थव्यवस्था व ईज आफ डूइंग बिजनेस इण्डेक्स में 77वें स्थान पर पहुँच कर नए कीर्तिमान रच चुका है।

प्रश्न-9 ऊर्जा के महत्व को स्पष्ट करते हुए देश में नवीकरणीय ऊर्जा के क्षेत्र में हो रही उपलब्धियों के बारे में बताये।

उत्तर : वर्तमान में 'ऊर्जा' (बिजली), रोटी, कपड़ा और मकान के बाद चौथी सबसे बड़ी जरूरत बन गयी है, जिसके चलते दिन प्रति दिन ऊर्जा की मांग बढ़ रही है। ऊर्जा के परंपरागत स्त्रोत जैसे-कोयला एवं जीवाश्म ईंधन ऊर्जा की मांग को पूरा करने में अक्षम है। साथ ही ग्लोबल वार्मिंग जैसी समस्या के कारण भी है। परिणामस्वरूप ऊर्जा के वैकल्पिक एवं नवीनतम स्त्रोतो को तेजी से विकसित किया जा रहा है। इन स्त्रोतो में परमाणु ऊर्जा, सौर ऊर्जा और पवन ऊर्जा की महती भूमिका है। इन स्त्रोतों को गैर-परंपरागत ऊर्जा के स्त्रोत या नवीकरणीय ऊर्जा व अक्षम ऊर्जा के नाम से भी जाना है।

परमाणु ऊर्जा के क्षेत्र में भारत की उपलब्धियाँ

4 सितम्बर, 2018 को जारी विश्व परमाणु उद्योग स्थिति रिपोर्ट के अनुसार, भारत परमाणु रिएक्टरों की संख्या के मामले में विश्व में 13वें स्थान पर है। वर्तमान में भारत के 6 राज्यों- महाराष्ट्र, राजस्थान, तमिलनाडु, उत्तर प्रदेश, गुजरात व कर्नाटक में कुल 22 परमाणु रिएक्टर परिचालन में हैं, जिनमें प्रमुख हैं- तारापुर, रावतभाटा, कलपक्कम, नरौरा, काकरापारा, कैगा, कुडनकुलम, जिनकी कुल बिजली उत्पादन क्षमता 6780 मेगावाट है। जो भारत की कुल ऊर्जा उत्पादन का मात्र 2 प्रतिशत है। भारत का लक्ष्य 2032 तक अपनी परमाणु ऊर्जा क्षमता को 63 हजार मेगावाट तक बढ़ाने का है।

सौर ऊर्जा के क्षेत्र में भारत की उपलब्धियाँ

सूर्य से प्रचुर मात्रा में प्रकाश और ताप प्राप्त होता है, जिसे सौर ऊर्जा कहा जाता है। पूर्णतः नवीकरणीय, अजय, विश्वसनीय और प्रदूषण रहित होने के कारण आज इसका महत्व काफी बढ़ गया है। 21वीं शताब्दी की प्रमुख ऊर्जा सौर प्रौद्योगिकी ही होने वाली है। अतः सरकार द्वारा इस क्षेत्र में निम्न कार्य किये जा रहे हैं-

- कर्नाटक के तुमकुर जिले के पावागढ़ में 16,500 करोड़ रूपये के निवेश से विश्व का सबसे बड़ा सोलर पार्क स्थापित किया गया है। इस परियोजना की क्षमता 2 हजार मेगावाट है, जिसका नाम ''शक्ति स्थल'' रखा गया है।
- कुसुम योजना के तहत देश में सिंचाई के लिए इस्तेमाल होने वाले तीन करोड़ पम्पों को वर्ष 2022 तक बिजली या डीजल के स्थान पर सौर ऊर्जा से चलाये जाने का लक्ष्य रखा गया है। इस योजना का महत्व इस बात से लगाया जा सकता है यदि देश के सभी सिंचाई पम्पों में सौर ऊर्जा का इस्तेमाल होने लगे तो सिर्फ मौजूदा बिजली की

बचत ही नहीं होगी, बल्कि 28 हजार मेगावाट अतिरिक्त बिजली का उत्पादन भी सम्भव होगा। इस योजना के अगले चरण में सरकार किसानों को उनके खेतों के ऊपर या खेतों की मेड़ों पर सोलर पैनल लगाकर सौर ऊर्जा बनाने की छूट देगी।

- 12 मार्च, 2018 को प्रधानमंत्री मोदी तथा फ्रांस के राष्ट्रपति इमैनुएल मैक्रों द्वारा विजयपुर ग्राम, मिर्जापुर में उत्तर प्रदेश राज्य का सबसे बड़ा सौर ऊर्जा सयंत्र जिसकी क्षमता 75 मेगावाट है, की स्थापना की है।
- सौर ऊर्जा के क्षेत्र में अन्तर्राष्ट्रीय स्तर पर 'सौर ऊर्जा गठबन्धन' भारत व फ्रांस सरकार द्वारा प्रारम्भ किया गया एक महत्वपूर्ण कदम है, जिसकी रूपरेखा 6 दिसम्बर, 2017 को जारी की गयी।
- हाल ही में भारत सरकार ने **अत्याधुनिक सौर ऊर्जा उद्यानों** की स्थापना की योजना घोषित की है। इस योजना के अंतर्गत 500 मेगावाट के 25 सौर ऊर्जा उद्यान स्थापित किये जाएंगे ताकि 2018-19 तक 20 हजार मेगावाट की सौर बिजली प्राप्त हो सके। इस कार्यक्रम के तहत देश के दस राज्यों-मध्य प्रदेश, आंध्र प्रदेश, राजस्थान, उत्तर प्रदेश, गुजरात, तेलंगाना, कर्नाटक, मेघालय, जम्मू कश्मीर और पंजाब में आरंभिक तौर पर 10 बडे सोलर पार्क व अल्ट्रा मेगा सोलर पॉवर प्रोजेक्ट्स लगाने की प्रक्रिया प्रारम्भ की गयी है।
- हाल ही में सरकार ने "डेवलपमेंट ऑफ सोलर सिटीज प्रोगाम" लॉच किया है, जिसके तहत नवीन एवं नवीकरणीय ऊर्जा मंत्रालय द्वारा राष्ट्रीय राजधानी सहित देश के 50 शहरों को सौर शहरों के रूप में विकसित करने की मंजूरी दी है। इसके लिए शहरी क्षेत्रों में सौर ऊर्जा पर चलने वाले यंत्रों जैसे घरो, कार्यालयों और सड़कों पर प्रकाश, पानी गर्म करने के साधनों की उपलब्धता सुनिश्चित कराने के लिए उनके निर्माण, वितरण और विक्रय की कार्ययोजना तैयार की है।
- केन्द्रीय नवीन और नवीकरणीय ऊर्जा मंत्रालय ने शहरों की तर्ज पर गांव की सड़कों को सौर ऊर्जा से रौशन करने के उद्देश्य से "सौर ऊर्जाचलित स्ट्रीट लाइट योजना" प्रारम्भ की है। इस योजना की सबसे प्रमुख विशेषता है कि सौर ऊर्जा पैनल का रखरखाव ग्रामीणों द्वारा स्वत: किया जायेगा, जिसके लिए मंत्रालय की तकनीकी टीम ग्रामीणों को सौर पैनल के रखरखाव की ट्रेनिंग देगी।
- सौर ऊर्जा के उपयोग में देश के मंदिर भी अपनी भूमिका निभा रहे है। महाराष्ट्र का शिरडी मंदिर और आंध्र प्रदेश के तिरूमला मंदिर में खाना और प्रसाद बनाने के लिए सौर ऊर्जा पर आधारित तकनीक अपनाई जा रही है।

पवन ऊर्जा के क्षेत्र में भारत की उपलब्धियाँ

देश में पवन ऊर्जा भी पूरे वेग से बढ़ रही है। भारत वर्तमान में यूएसए, जर्मनी, स्पेन और चीन के बाद पवन ऊर्जा के क्षेत्र में पांचवा सबसे बड़ा उत्पादक देश है। मार्च, 2018 तक देश में पवन ऊर्जा की कुल संस्थापित क्षमता 45,403 मेगावाट पवन ऊर्जा उत्पादन में तमिलनाडु के बाद गुजरात व राजस्थान का स्थान आता है। वर्तमान में पवन ऊर्जा के क्षेत्र में अपनी संस्थापित क्षमता को बढ़ाने के लिए निम्न प्रयास किये जा रहे हैं-

- 16 दिसम्बर, 2017 को प्रधानमंत्री मोदी ने मिजोरम की राजधानी आइजोल में 60 मेगावाट की तुइरियल पन बिजली परियोजना का प्रारम्भ किया।
- भारत सरकार ने वर्ष 2015 में राष्ट्रीय अपतटीय पवन ऊर्जा नीति को मंजूरी दी, जिसका लक्ष्य देश की लगभग 7,600 किलोमीटर लंबी तट रेखा के किनारे पवन ऊर्जा उत्पादन को बढ़ावा देना है। इस फैसले से समुद्र तट की बेस लाइन से 200 समुद्री मील तक विस्तारित विशिष्ट आर्थिक क्षेत्र में अपतटीय पवन ऊर्जा की परियोजना और अनुसंधान तथा विकास को बल मिलेगा। इस लिहाज से यह कदम बेहद क्रांतिकारी है।

परमाणु ऊर्जा, सौर ऊर्जा व पवन ऊर्जा जैसे नवीकरणीय ऊर्जा के स्त्रोतो से विकसित ऊर्जा अंधेरे में रहने को अभिशप्त गांव-देहात को रोशन कर सकेगी साथ ही ग्लोबल वार्मिंग और जलवायु परिवर्तन जैसी समस्याओं से भी निजात दिलाने में अहम भूमिका अदा करेगी।

प्रश्न-10 भारत के समन्वित निदेशित प्रक्षेपास्त्र विकास कार्यक्रम पर एक टिप्पणी लिखें।

उत्तर : वर्ष 1958 में रक्षा विज्ञान संगठन तथा कई अन्य प्रौद्योगिकी विकास संगठनों को मिलाकर रक्षा अनुसंधान एवं विकास संगठन (डी.आर.डी.ओ.) की स्थापना की गई। वर्ष 1980 में पृथक रक्षा अनुसंधान एवं विकास विभाग का गठन किया गया। शुरू के वर्षों में डी.आर.डी.ओ. को अपेक्षित सफलताएँ नहीं मिली क्योंकि इसके पास संसाधनों एवं अनुभवों की कमी थी। प्रधानमंत्री इन्दिरा गाँधी भारत की सैन्य शक्ति को अभेद बनाने के लिए एक महत्वाकांक्षी योजना के प्रवर्तन हेतु इच्छुक थी। भारत सरकार ने तत्कालीन विज्ञान सलाहकार तथा परमाणु वैज्ञानिक राजा रमन्ना की सलाह पर 1983 में समन्वित निदेशित प्रक्षेपास्त्र विकास कार्यक्रम (Integrated Guided Missile Development Programme-IGMDP) की शुरूआत की तथा इसे रक्षा नीति का एक अंग बनाया। इस कार्यक्रम का मुख्य उद्देश्य भारत के लिए निदेशित प्रक्षेपास्त्र, अर्द्ध स्वचालित प्रक्षेपास्त्र, गति के आधार पर निदेशित होने वाले प्रक्षेपास्त्र, वायु में गति के आधार पर प्रयुक्त किए जाने वाले प्रक्षेपास्त्र के निर्माण की प्रौद्योगिकी का विकास एवं उनका निर्माण करना था। रक्षा अनुसंधान एवं विकास संगठन की हैदराबाद स्थित प्रयोगशाला में प्रारंभ किए गए इस कार्यक्रम की बागडोर भारत के प्रतिष्ठित उपग्रह प्रक्षेपण यान एस.एल.वी. 3 के सफल प्रक्षेपण के सूत्रधार (इसरो के तत्कालीन परियोजना निदेशक) डॉ. ए.पी.जे. अब्दुल कलाम को सौंपी गयी। इस कार्यक्रम के अंतर्गत पांच प्रक्षेपास्त्र- पृथ्वी, अग्नि, त्रिशूल, आकाश और नाग के विकास की परिकल्पना की गयी थी। पृथ्वी, सतह से सतह पर प्रहार करने वाला प्रक्षेपास्त्र है, जिसकी प्रहारक क्षमता 150 किमी. से 350 किमी. है। अग्नि, सतह से सतह पर मार करने वाला मध्यम दूरी का बैलिस्टिक प्रक्षेपास्त्र है जिसकी मारक क्षमता 700 से 3500 किमी. है। सतह से वायु में 9 किमी. तक मार करने एवं त्वरित कार्यवाही करने तथा नीची उड़ान भर रहे शत्रु विमान को मार गिराने के उद्देश्य से 'त्रिशूल' प्रक्षेपास्त्र का विकास किया गया है। 'आकाश' प्रक्षेपास्त्र अधिकतम 30 किमी. तक सतह से वायु में ध्वनि की गति से तेज उड़ रहे शत्रु विमान को मार गिराने में सक्षम है। 'नाग' तीसरी पीढ़ी का घातक टैंकरोधी निर्देशित प्रक्षेपास्त्र है जिसकी मारक क्षमता 4-7 किमी. है। भारत के समन्वित निदेशित प्रक्षेपास्त्र विकास कार्यक्रम के अंतर्गत मात्र 10 वर्षों में इन प्रक्षेपास्त्रों का विकास कर भारतीय वैज्ञानिकों ने अपनी प्रौद्योगिकी उत्कृष्टता साबित की है। विश्व के कई विकसित देशों ने भारत के इस कार्यक्रम का पुरजोर विरोध किया था तथा इसे दक्षिण एशिया में तनाव बढ़ने का कारण बताया गया था। प्रक्षेपास्त्र विकास के इस कार्यक्रम पर रोक लगाने के लिए समूह-7 के सदस्य राष्ट्रों ने प्रक्षेपास्त्र प्रौद्योगिकी नियंत्रण संधि नाम से एक नीति बनाई। इस नीति के हस्ताक्षरकर्ता देश समूह-7 के सदस्य ही थे किंतु इसे गैर सदस्य राष्ट्रों पर भी लागू किए जाने का प्रयास किया गया।

सामान्य अध्ययन
चतुर्थ प्रश्न-पत्र

सामान्य अध्ययन मुख्य परीक्षा
मॉडल अभ्यास चतुर्थ प्रश्न-पत्र 1

कुल अंक : 200 **समयावधि : 3 घण्टे**

खण्ड-1

निर्देश: *निम्नलिखित प्रत्येक प्रश्न का उत्तर 125 शब्दों से अधिक नहीं होना चाहिए। शब्द-विस्तार की अपेक्षा प्रश्नोत्तर की अन्तर्वस्तु अधिक महत्वपूर्ण है। सभी प्रश्नों के अंक समान हैं।*

Instruction: *Answer the following questions in not more than 125 words each. Content of the answers are more important than their length. All questions carry equal marks.* 10 × 8 = 80

प्रश्न-1 ''सर्वहित में ही हर व्यक्ति का हित निहित है।'' आप इस कथन से क्या समझते हैं? सार्वजनिक जीवन में इस सिद्धांत का कैसे पालन किया जा सकता है?

उत्तर : आत्म केंद्रित मानसिकता के इस चरम युग में भी यह एक आवश्यक सत्य है कि व्यक्ति का अस्तित्व समाज के बिना संभव नहीं है। यदि किसी भी समाज का बहुलांश इस धारणा में विश्वास करने लगे कि सर्वहित में ही हर व्यक्ति का हित निहित है तो इसमें कोई संशय नहीं है कि समाज में परोपकार सहानुभूति सहकारिता मृदुभाषिता व सहयोग जैसी भावनाओं का स्तर बढ़ जाएगा। इसका सीधा सा परिणाम यह होगा कि प्रत्येक व्यक्ति सार्वजनिक जीवन को व्यक्तिगत जीवन की तरह महत्व देगा। सार्वजनिक स्थलों, स्मारकों व संपत्तियों की सुरक्षा स्वत: ही व्यवस्थित हो जाएगी। यदि कोई व्यक्ति इस नियोजित व्यवस्था को भंग करने का प्रयास करेगा तो समाज के बहुलांश की प्रतिक्रिया ठीक वैसी ही होगी जैसी कि आज व्यक्तिगत जीवन के प्रति हमारी प्रतिक्रिया होती है।

प्रश्न-2 प्राय: यह कहा जाता है कि 'राजनीति' और 'नैतिकता' साथ साथ नहीं चल सकते। इस संबंध में आपका क्या मत है? उदाहरणों सहित अपने उत्तर का आधार बताइए।

उत्तर : राजनीति दो शब्दों 'राज' और 'नीति' से मिलाकर बना है इसलिए यह तो कहा ही नहीं जा सकता कि राजनीति और नैतिकता साथ-साथ नहीं चल सकते हैं। वस्तुत: यह कहा जाना चाहिए कि नैतिकता विहीन राजनीति नहीं चल सकती है क्योंकि-

1. जिस राजनीति में नैतिकता नहीं होती है उसमें मूल्य भी नहीं होते हैं।
2. मूल्यविहीन राजनीति सदैव आत्मघाती होती है और इसी वजह से अपने विनाश का कारण स्वयं बनती है।
3. यदि राजनीति नैतिकतापूर्ण है तो चुनौतियां कितनी भी हो, लेकिन जन समर्थन प्राप्त होता है।
4. नैतिकता युक्त राजनीति एक ऐसी अवधारणा है जो न केवल राष्ट्र का वरन स्वयं का भी विकास करने की क्षमता रखती है। यदि राजनीति नैतिकतापूर्ण होती है तो संसाधनों अधिकारो व कर्तव्यों का विभाजन न्यायपूर्ण तरीकों से होता है। इसका परिणाम यह होता है कि समाज शिक्षित सभ्य व स्वस्थ परंपराओं का निर्माण करता है। यही परंपराएं नैतिक मूल्यों की स्थापना व उनका संवर्धन करने के लिए बुनियादी आवश्यकताएं हैं।

प्रश्न-3 भ्रष्टाचार निवारण अधिनियम-1988 क्या है?

उत्तर : इस अधिनियम को संथानम समिति की सिफारिश पर 9 सितम्बर 1988 को पारित किया गया है। इसमें लोक सेवक की परिभाषा को परिभाषित किया गया तथा भ्रष्टाचार निवारण अधिनियम-1947 तथा दण्ड विधि संशोधन कानून-1952 व भारतीय दण्ड संहिता के उपबधों को समेकित किया गया। इसमें लोक कर्तव्य को भी परिभाषित किया गया है तथा मामले की सुनवाई विशेष न्यायाधीशों से द्वारा की जाएगी। इसमें ईमानदार लोक सेवक का विद्वेश पूर्ण और कष्टमय शिकायतों द्वारा उत्पीड़न से बचाव की सुनिश्चित किया गया हैं।

प्रश्न-4 मंत्री और सिविल सेवकों के बीच क्या सम्बन्ध होता है?

उत्तर : लोकतांत्रिक देशों में नौकरशाही व लोकतांत्रिक व्यवस्था के बीच सामंजस्यपूर्ण एवं समन्वयात्मक संबंधों की स्थापना हुई है। मंत्री मंत्रालय का राजनीतिक प्रधान होता है, जबकि सचिव मंत्रालय के प्रशासनिक कार्यों का सम्पादन करता है। सचिव के द्वारा मंत्रियों को प्रत्येक मुद्दे पर तटस्थ व निष्पक्ष सलाह दी जाती है। यह मंत्री का विवेकाधिकार है कि वह किस प्रकार की सलाह स्वीकार करें। मंत्री द्वारा निर्णय लिए जाने के बाद सिविल सेवक का यह कर्तव्य है कि उसे तत्काल निष्पक्षता से लागू करे, चाहे यह निर्णय उसकी राय के विरूद्ध ही क्यों न हो। मंत्री लोकतंत्र में जनभावनाओं का प्रतिनिधित्व करता है और लोक सेवक नीति विषयक मामलों का विशेषज्ञ होता है और यह उल्लेखनीय है कि मंत्रिमंडल उत्तरदायित्व के अन्तर्गत सिविल सेवकों द्वारा सम्पादित कार्य के लिए मंत्री ही उत्तरदायी होता है।

प्रश्न-5 लोक अधिकारियों से क्या समझते हैं?

उत्तर : सूचना का अधिकार निजी व्यक्ति या कम्पनी के विरूद्ध नहीं है। यद्यपि वर्ष 2006 में उच्चतम न्यायालय ने सरबजीत राय वाद में एक ऐतिहासिक निर्णय में कहा कि ऐसी निजी कम्पनियाँ, जो सार्वजनिक सुविधाएं प्रदान कर रही हैं, वे सूचना के अधिकार (RTI) के दायरे में आती हैं। सूचना अधिकार अधिनियम में संविधान में वर्णित शासन अथवा स्वशासन की निम्नलिखित संस्थाएं सम्मिलित हैं:-

- संसद द्वारा स्थापित संस्थाएं।
- ऐसी संस्था, जो राज्य विधायिका द्वारा निर्मित हो।
- ऐसी संस्थाएं जो सरकार के नियंत्रण में हो अथवा जिन्हें सरकारी वित्त की पर्याप्त सहायता प्राप्त होती है।
- ऐसे गैर सरकारी स्वैच्छिक संगठन, जिन्हें सरकार के द्वारा प्रत्यक्ष या परोक्ष रूप में वित्तीय सहायता प्राप्त हो रही हो।
- सूचना के अधिकार को क्रियान्वित करने के लिए प्रत्येक विभाग द्वारा सहायक जनसम्पर्क अधिकारी व जनसम्पर्क अधिकारी की नियुक्ति की जाएगी।
- सम्बन्धित संस्था या विभाग द्वारा 30 दिन की अवधि में सूचना प्रदान की जाएगी, यदि जीवन का अधिकार या स्वतंत्रता का मामला हो, तो यह सूचना 48 घण्टे में दी जाएगी।
- यदि सहायक सूचना अधिकारी से सूचना की मांग की गयी है, तो वह इसे 35 दिनों में उपलब्ध कराएगा। यदि सूचना किसी तीसरे पक्ष से सम्बन्धित हो, तो 40 दिन में प्रदान की जाएगी।
- सुरक्षा व मानवाधिकार हनन के सम्बन्ध में सूचना प्रदान करने की अवधि 45 दिन रखी गयी है।

प्रश्न-6 द्वितीय प्रशासनिक सुधार आयोग द्वारा नागरिक चार्टर के सम्बन्ध में की गयी अनुशंसाओं का उल्लेख करें।

उत्तर : द्वितीय प्रशासनिक सुधार आयोग द्वारा नागरिक चार्टर के सम्बन्ध में की गयी अनुशंसाएं हैं:

- चार्टर में यह स्पष्ट उल्लिखित होना चाहिए कि यदि नागरिकों को गुणवत्तापूर्ण सेवा प्राप्त नहीं हुई है, तो उस सम्बन्ध में किस प्रकार का उपचार, सेवा एवं दण्ड उपलब्ध है।
- आयोग ने यह कहा कि नागरिक चार्टर में उन्हीं सेवाओं का वादा किया जाए, जिन्हें व्यावहारिक रूप में पुरा किया जा सके। इसमें अतिव्यावहारिक वादों का उल्लेख नहीं होना चाहिए।
- नागरिक चार्टर का निर्माण करने से पूर्व विभाग को आंतरिक प्रक्रिया ठीक करनी चाहिए।
- नागरिक चार्टर का निर्माण जमीनी हकीकत के अनुसार होना चाहिए। इसलिए एक ही चार्टर सभी विभागों के लिए उपयुक्त नहीं है।
- सिटिजन चार्टर का निर्माण करते समय उससे सम्बन्धित सभी पक्षों से परामर्श लेना चाहिए।
- सिटिजन चार्टर में प्रतिबद्धताएं दृढ़ एवं स्पष्ट होनी चाहिए और शिकायत निवारण नागरिक केन्द्रित होना चाहिए।

प्रश्न-7 मुख्य सूचना आयुक्त और सूचना आयुक्त पद की क्या व्यवस्था है?

उत्तर : केन्द्र सरकार द्वारा एक अधिसूचना के द्वारा केन्द्रीय सूचना आयोग के गठन का प्रावधान किया गया है। केन्द्रीय सूचना आयोग में निम्नलिखित व्यक्ति होते हैं:-

1. मुख्य सूचना आयुक्त तथा 2. अन्य सूचना आयुक्त, जिनकी संख्या 10 से अधिक नहीं होगी।

मुख्य सूचना आयुक्त और अन्य सूचना आयुक्तों की नियुक्ति राष्ट्रपति द्वारा की जाती है। राष्ट्रपति को इन नामों की अनुशंसा एक समिति द्वारा की जाएगी, जिसका प्रमुख प्रधानमन्त्री होगा, इसके अतिरिक्त लोकसभा में विपक्ष की नेता, प्रधानमन्त्री द्वारा नामित एक केन्द्रीय मन्त्री इस समिति के सदस्य होंगे। मुख्य सूचना आयुक्त और अन्य सूचना आयुक्त विधि, विज्ञान और तकनीकी, समाज सेवा, प्रबन्धन, पत्रकारिता, मास मीडिया या पूर्व प्रशासनिक सेवा से सम्बद्ध अनुभवी व व्यापक ज्ञान से सम्बन्धित व्यक्ति होना चाहिए। मुख्य सूचना आयुक्त और अन्य सूचना आयुक्त संसद या किसी राज्य विधानसभा या किसी संघ शासित क्षेत्र की विधानसभा का सदस्य नहीं होना चाहिए। इसके अतिरिक्त किसी लाभ के पद पर आसीन न हो व किसी राजनीतिक पार्टी का सदस्य नहीं होना चाहिए।

प्रश्न-8 प्रतिबद्ध नौकरशाही को समझाइए।

उत्तर : 1970 के दशक में इन्दिरा गांधी ने प्रतिबद्ध नौकरशाही का नारा दिया। इसके अनुसार सिविल सेवकों को सरकार की नीतियों व विचारधारा के प्रतिबद्ध होना चाहिए। इन्दिरा गांधी ने यह भी कहा कि भारत में कल्याणकारी नीतियों के क्रियान्वयन व गरीबी हटाने में नौकरशाही बाधा बन रही है। आलोचकों ने प्रतिबद्ध नौकरशाही के विचार को लोकतंत्र और नौकरशाही के कार्यकरण के मूल मान्यताओं के प्रतिकूल माना क्योंकि सिविल सेवक विधि के शासन व संविधान के प्रति प्रतिबद्ध होते हैं और उनसे वस्तुनिष्ठा व निष्पक्षता की अपेक्षा की जाती है। राजनीतिक विचारधारा के पालन की अपेक्षा सिविल सेवकों से नहीं की जाती, क्योंकि लोकतंत्र में सरकारें परिवर्तित होती रहती हैं, संघ में एक दल की सरकार होती है। राज्यों में दूसरे दल की सरकार होती है। इसलिए प्रतिबद्ध नौकरशाही को आलोचकों ने नौकरशाही का राजनीतिकरण कहा। इंदिरा गांधी के कार्यकाल के दौरान प्रशासनिक अधिकारियों के भारी तबादले की प्रक्रिया शुरू हुई। तबादले को दण्ड के रूप में प्रयोग किया गया, ईमानदार व निष्पक्ष अधिकारियों की अवहेलना की गई तथा चाटुकार अधिकारियों को प्राथमिकता प्रदान की गई। अधिकारियों से वस्तुनिष्ठ व निष्पक्ष सलाह देने के बजाय जिससे प्रशासन की कुशलता की दक्षता गंभीर रूप से प्रभावित हुई। जनता पार्टी के शासन के द्वारा कहा गया कि नौकरशाही निष्पक्ष एवं तटस्थ नहीं है, बल्कि कांग्रेस के प्रति प्रतिबद्ध है।

प्रश्न-9 सिविल सेवकों के लिए आचार संहिता का क्या महत्व है?

उत्तर : भारत में कार्मिक शिकायत व पेंशन मंत्रालय द्वारा नैतिकता के कोड का प्रारूप तैयार किया गया है, जिसका समर्थन मुख्यमंत्रियों द्वारा किया गया, जिसके प्रावधान निम्नलिखित हैं-

- सिविल सेवकों की ईमानदारी व नैतिकता बनाए रखने के लिए उनसे यह अपेक्षा की जाती है कि वे नागरिकों को आसानी से उपलब्ध रहें।
- पूर्वाग्रह से मुक्त हों।
- सेवाओं का गुणवत्तापूर्ण एवं समयबद्ध उपलब्धता।
- सिविल सेवकों को संविधान के मूल्यों एवं विधि के शासन के प्रति प्रतिबद्धता रखनी चाहिए। अपने वरिष्ठ अधिकारियों के किसी अवैधानिक आदेश का पालन न करें।
- किसी राजनीतिक विचारधारा के प्रति उनका लगाव नहीं होना चाहिए।
- उनका दृष्टिकोण व्यावसायिक होना चाहिए तथा अपने कनिष्ठ अधिकारियों को भी अवैधानिक कार्यों के विरोध हेतु प्रोत्साहित करना चाहिए।
- अच्छे कार्य करने वाले अधिकारियों को किसी राजनीतिक दल से सम्बन्ध बनाने का प्रयत्न नहीं करना चाहिए।
- अपने पद का दुरूपयोग व्यक्तिगत लाभों के लिए नहीं होना चाहिए।

प्रश्न-10 हमें देश में महिलाओं के प्रति यौन-उत्पीड़न के बढ़ते हुए दृष्टांत दिखाई दे रहे हैं। इस कुकृत्य के विरूद्ध विद्यमान विधिक उपबन्धों के होते हुए भी, ऐसी घटनाओं की संख्या बढ़ रही है। इस संकट से निपटने के लिए कुछ नवाचारी उपाय सुझाइए।

उत्तर : मौजूदा कानूनी प्रावधानों के बावजूद हाल के वर्षों में महिलाओं के खिलाफ यौन हिंसा के मामलों की संख्या बढ़ी है। इसके अलावा यह भी देखा गया है कि यौन हिंसा के अधिकांश मामलों को रिपोर्ट नहीं किया जाता। प्रभावी रूप से इस मुद्दे का समाधान करने के लिए एक मजबूत कानूनी ढांचा पर्याप्त नहीं है। इसके अलावा कानून अनुपालन के लिए उचित कानून व्यवस्था का होना भी महत्वपूर्ण है। महिलाओं के खिलाफ हिंसा के मामले में अपराधियों के साथ शून्य सहिष्णुता बरतनी चाहिए। संक्रमण के दौर से गुजरते हुए भारतीय समाज में अराजकता की घटनाओं में वृद्धि होना स्वाभाविक है। भारतीय समाज तेजी से बदल रहा है। नए विचारों, शिक्षा, नए मानदंडों और आधुनिकता के मूल्यों के फैलने के साथ-साथ महिलाओं के खिलाफ होने वाली हिंसक घटनाओं के कम होने की उम्मीद है। शिक्षा और नए विचारों में तेजी लाने के लिए सरकार एक अहम भूमिका निभा सकती है। नए विचारों और शिक्षा के साथ-साथ महिलाओं के सशक्तिकरण के लिए उन्हें आत्मरक्षा को पाठ्यक्रम का एक अनिवार्य हिस्सा बनाना चाहिए। महिलाओं का खतरे के संकेत और लक्षण से अवगत करना चाहिए और उनसे निपटने के लिए आवश्यक तकनीकों का प्रशिक्षण देना चाहिए। ऐसा करने से कानूनी अनुपालन तंत्र भी मजबूत होगा। महिलाओं के साथ होने वाले सभी यौन अपराधों को फास्ट ट्रैक कोर्ट के हवाले करना चाहिए जिससे कि उनका समयबद्ध न्यायिक उपचार हो सके।

खण्ड-2

निर्देश: *निम्नलिखित प्रत्येक प्रश्न का उत्तर 200 शब्दों से अधिक नहीं होना चाहिए। शब्द-विस्तार की अपेक्षा प्रश्नोत्तर की अन्तर्वस्तु अधिक महत्वपूर्ण है। सभी प्रश्नों के अंक समान हैं।*

Instruction: *Answer the following questions in not more than 200 words each. Content of the answers are more important than their length. All questions carry equal marks.* $10 \times 12 = 120$

प्रश्न-1 मानवीय नीतिशास्त्र क्या है? यह व्यक्ति के सामाजिक व्यवहार में किस तरह उपयोगी है?

उत्तर : जब से मनुष्य ने दूसरों के साथ मिलकर समाज का निर्माण किया और उसी में रहकर अन्य व्यक्तियों के सहयोग से अपनी समस्याओं का समाधान खोजने लगा, तभी से उसे कुछ ऐसे नियमों की आवश्यकता पड़ी जो उसकी तथा दूसरे मनुष्यों की इच्छाओं, रूचियों, आकांक्षाओं, उद्देश्यों और स्वार्थों में होने वाले संघर्ष को कम या समाप्त कर सकें और जिनका पालन करके वह दूसरों के साथ सुखपूर्वक रहते हुए सामंजस्यपूर्ण सामाजिक जीवन व्यतीत कर सके। कालांतर में धीरे-धीरे इन्हीं नियमों ने सामाजिक परंपराओं या रीति-रिवाजों का रूप ग्रहण कर लिया, जिनका पालन करने से इन सामाजिक परंपराओं, रूढ़ियों या रीति-रिवाजों से ही उस शास्त्र या विज्ञान का विकास हुआ जिसे आज हम नीतिशास्त्र या नैतिक दर्शन कहते हैं।

मानवीय नीतिशास्त्र हमें यह बताता है कि मनुष्य के लिए स्वत: साध्य शुभ क्या है, उसके कौन से कर्म उचित हैं और कौन से अनुचित, अपने प्रति और दूसरों के प्रति उसका कर्तव्य क्या है, शुभ, अशुभ तथा उचित-अनुचित अथवा कर्तव्य का निर्धारण किन नैतिक सिद्धातों के आधार पर किया जा सकता है आदि। मानव जीवन के लिए परम शुभ तथा कर्तव्य के संबंध में सामान्य एवं सार्वभौमिक नैतिक सिद्धांतों का प्रतिपादन करना और समुचित तर्कों द्वारा इन सिद्धांतों को युक्तिसंगत सिद्ध करना मानवीय नीतिशास्त्र का उददेश्य है। मिसाल के तौर पर सुखवाद एक मानवीय नैतिक सिद्धांत है जो हमें बताता है कि सुख ही मनुष्य के लिए परम शुभ है, इस तरह सुख के आधार पर ही उसके कर्मों के औचित्य व कर्तव्य का निर्णय किया जा सकता है।

मानवीय नीतिशास्त्र हमें यह बताता है कि हमारे लिए शुभ क्या है और हमें क्या करना चाहिए, जबकि अधि-नीतिशास्त्र अमुक वस्तु हमारे लिए शुभ है तथा अमुक कर्म करना हमारा कर्तव्य है, इन नैतिक निर्णयों के अर्थ एवं स्वरूप का स्पष्टीकरण तथा विश्लेषण करता है। मानवीय नीतिशास्त्र मनुष्य का मार्गदर्शन करने के लिए प्रतिपादित नैतिक सिद्धांतों के समर्थन में तर्क प्रस्तुत करता है, जबकि अधि-नीतिशास्त्र इन तर्कों के स्वरूप तथा इनकी विधियों पर विचार करता

सामान्य अध्ययन मुख्य परीक्षा
मॉडल अभ्यास चतुर्थ प्रश्न-पत्र 1

कुल अंक : 200 **समयावधि : 3 घण्टे**

खण्ड-1

निर्देश: *निम्नलिखित प्रत्येक प्रश्न का उत्तर 125 शब्दों से अधिक नहीं होना चाहिए। शब्द-विस्तार की अपेक्षा प्रश्नोत्तर की अन्तर्वस्तु अधिक महत्वपूर्ण है। सभी प्रश्नों के अंक समान हैं।*

Instruction: *Answer the following questions in not more than 125 words each. Content of the answers are more important than their length. All questions carry equal marks.* $10 \times 8 = 80$

प्रश्न-1 ''सर्वहित में ही हर व्यक्ति का हित निहित है।'' आप इस कथन से क्या समझते हैं? सार्वजनिक जीवन में इस सिद्धांत का कैसे पालन किया जा सकता है?

उत्तर : आत्म केंद्रित मानसिकता के इस चरम युग में भी यह एक आवश्यक सत्य है कि व्यक्ति का अस्तित्व समाज के बिना संभव नहीं है। यदि किसी भी समाज का बहुलांश इस धारणा में विश्वास करने लगे कि सर्वहित में ही हर व्यक्ति का हित निहित है तो इसमें कोई संशय नहीं है कि समाज में परोपकार सहानुभूति सहकारिता मृदुभाषिता व सहयोग जैसी भावनाओं का स्तर बढ़ जाएगा। इसका सीधा सा परिणाम यह होगा कि प्रत्येक व्यक्ति सार्वजनिक जीवन को व्यक्तिगत जीवन की तरह महत्व देगा। सार्वजनिक स्थलों, स्मारकों व संपत्तियों की सुरक्षा स्वत: ही व्यवस्थित हो जाएगी। यदि कोई व्यक्ति इस नियोजित व्यवस्था को भंग करने का प्रयास करेगा तो समाज के बहुलांश की प्रतिक्रिया ठीक वैसी ही होगी जैसी कि आज व्यक्तिगत जीवन के प्रति हमारी प्रतिक्रिया होती है।

प्रश्न-2 प्राय: यह कहा जाता है कि 'राजनीति' और 'नैतिकता' साथ-साथ नहीं चल सकते। इस संबंध में आपका क्या मत है? उदाहरणों सहित अपने उत्तर का आधार बताइए।

उत्तर : राजनीति दो शब्दों 'राज' और 'नीति' से मिलाकर बना है इसलिए यह तो कहा ही नहीं जा सकता कि राजनीति और नैतिकता साथ-साथ नहीं चल सकते हैं। वस्तुत: यह कहा जाना चाहिए कि नैतिकता विहीन राजनीति नहीं चल सकती है क्योंकि-

1. जिस राजनीति में नैतिकता नहीं होती है उसमें मूल्य भी नहीं होते हैं।
2. मूल्यविहीन राजनीति सदैव आत्मघाती होती है और इसी वजह से अपने विनाश का कारण स्वयं बनती है।
3. यदि राजनीति नैतिकतापूर्ण है तो चुनौतियां कितनी भी हो, लेकिन जन समर्थन प्राप्त होता है।
4. नैतिकता युक्त राजनीति एक ऐसी अवधारणा है जो न केवल राष्ट्र का वरन स्वयं का भी विकास करने की क्षमता रखती है। यदि राजनीति नैतिकतापूर्ण होती है तो संसाधनों अधिकारो व कर्तव्यों का विभाजन न्यायपूर्ण तरीकों से होता है। इसका परिणाम यह होता है कि समाज शिक्षित सभ्य व स्वस्थ परंपराओं का निर्माण करता है। यही परंपराएं नैतिक मूल्यों की स्थापना व उनका संवर्धन करने के लिए बुनियादी आवश्यकताएं हैं।

प्रश्न-3 भ्रष्टाचार निवारण अधिनियम-1988 क्या है?

उत्तर : इस अधिनियम को संथानम समिति की सिफारिश पर 9 सितम्बर 1988 को पारित किया गया है। इसमें लोक सेवक की परिभाषा को परिभाषित किया गया तथा भ्रष्टाचार निवारण अधिनियम-1947 तथा दण्ड विधि संशोधन कानून-1952 व भारतीय दण्ड संहिता के उपबधों को समेकित किया गया। इसमें लोक कर्तव्य को भी परिभाषित किया गया है तथा मामले की सुनवाई विशेष न्यायाधीशों से द्वारा की जाएगी। इसमें ईमानदार लोक सेवक का विद्वेश पूर्ण और कष्टमय शिकायतों द्वारा उत्पीड़न से बचाव की सुनिश्चित किया गया हैं।

प्रश्न-4 मंत्री और सिविल सेवकों के बीच क्या सम्बन्ध होता है?

उत्तर : लोकतांत्रिक देशों में नौकरशाही व लोकतांत्रिक व्यवस्था के बीच सामंजस्यपूर्ण एवं समन्वयात्मक संबंधों की स्थापना हुई है। मंत्री मंत्रालय का राजनीतिक प्रधान होता है, जबकि सचिव मंत्रालय के प्रशासनिक कार्यों का सम्पादन करता है। सचिव के द्वारा मंत्रियों को प्रत्येक मुद्दे पर तटस्थ व निष्पक्ष सलाह दी जाती है। यह मंत्री का विवेकाधिकार है कि वह किस प्रकार की सलाह स्वीकार करें। मंत्री द्वारा निर्णय लिए जाने के बाद सिविल सेवक का यह कर्तव्य है कि उसे तत्काल निष्पक्षता से लागू करे, चाहे यह निर्णय उसकी राय के विरूद्ध ही क्यों न हो। मंत्री लोकतंत्र में जनभावनाओं का प्रतिनिधित्व करता है और लोक सेवक नीति विषयक मामलों का विशेषज्ञ होता है और यह उल्लेखनीय है कि मंत्रिमंडल उत्तरदायित्व के अन्तर्गत सिविल सेवकों द्वारा सम्पादित कार्य के लिए मंत्री ही उत्तरदायी होता है।

प्रश्न-5 लोक अधिकारियों से क्या समझते हैं?

उत्तर : सूचना का अधिकार निजी व्यक्ति या कम्पनी के विरूद्ध नहीं है। यद्यपि वर्ष 2006 में उच्चतम न्यायालय ने सरबजीत राय वाद में एक ऐतिहासिक निर्णय में कहा कि ऐसी निजी कम्पनियाँ, जो सार्वजनिक सुविधाएं प्रदान कर रही हैं, वे सूचना के अधिकार (RTI) के दायरे में आती हैं। सूचना अधिकार अधिनियम में संविधान में वर्णित शासन अथवा स्वशासन की निम्नलिखित संस्थाएं सम्मिलित हैं:-

- संसद द्वारा स्थापित संस्थाएं।
- ऐसी संस्था, जो राज्य विधायिका द्वारा निर्मित हो।
- ऐसी संस्थाएं जो सरकार के नियंत्रण में हो अथवा जिन्हें सरकारी वित्त की पर्याप्त सहायता प्राप्त होती है।
- ऐसे गैर सरकारी स्वैच्छिक संगठन, जिन्हें सरकार के द्वारा प्रत्यक्ष या परोक्ष रूप में वित्तीय सहायता प्राप्त हो रही हो।
- सूचना के अधिकार को क्रियान्वित करने के लिए प्रत्येक विभाग द्वारा सहायक जनसम्पर्क अधिकारी व जनसम्पर्क अधिकारी की नियुक्ति की जाएगी।
- सम्बन्धित संस्था या विभाग द्वारा 30 दिन की अवधि में सूचना प्रदान की जाएगी, यदि जीवन का अधिकार या स्वतंत्रता का मामला हो, तो यह सूचना 48 घण्टे में दी जाएगी।
- यदि सहायक सूचना अधिकारी से सूचना की मांग की गयी है, तो वह इसे 35 दिनों में उपलब्ध कराएगा। यदि सूचना किसी तीसरे पक्ष से सम्बन्धित हो, तो 40 दिन में प्रदान की जाएगी।
- सुरक्षा व मानवाधिकार हनन के सम्बन्ध में सूचना प्रदान करने की अवधि 45 दिन रखी गयी है।

प्रश्न-6 द्वितीय प्रशासनिक सुधार आयोग द्वारा नागरिक चार्टर के सम्बन्ध में की गयी अनुशंसाओं का उल्लेख करें।

उत्तर : द्वितीय प्रशासनिक सुधार आयोग द्वारा नागरिक चार्टर के सम्बन्ध में की गयी अनुशंसाएं हैं:

- चार्टर में यह स्पष्ट उल्लिखित होना चाहिए कि यदि नागरिकों को गुणवत्तापूर्ण सेवा प्राप्त नहीं हुई है, तो उस सम्बन्ध में किस प्रकार का उपचार, सेवा एवं दण्ड उपलब्ध है।
- आयोग ने यह कहा कि नागरिक चार्टर में उन्हीं सेवाओं का वादा किया जाए, जिन्हें व्यावहारिक रूप में पुरा किया जा सके। इसमें अतिव्यावहारिक वादों का उल्लेख नहीं होना चाहिए।
- नागरिक चार्टर का निर्माण करने से पूर्व विभाग को आंतरिक प्रक्रिया ठीक करनी चाहिए।
- नागरिक चार्टर का निर्माण जमीनी हकीकत के अनुसार होना चाहिए। इसलिए एक ही चार्टर सभी विभागों के लिए उपयुक्त नहीं है।
- सिटिजन चार्टर का निर्माण करते समय उससे सम्बन्धित सभी पक्षों से परामर्श लेना चाहिए।
- सिटिजन चार्टर में प्रतिबद्धताएं दृढ़ एवं स्पष्ट होनी चाहिए और शिकायत निवारण नागरिक केन्द्रित होना चाहिए।

प्रश्न-7 मुख्य सूचना आयुक्त और सूचना आयुक्त पद की क्या व्यवस्था है?

उत्तर : केन्द्र सरकार द्वारा एक अधिसूचना के द्वारा केन्द्रीय सूचना आयोग के गठन का प्रावधान किया गया है। केन्द्रीय सूचना आयोग में निम्नलिखित व्यक्ति होते हैं:-

1. मुख्य सूचना आयुक्त तथा 2. अन्य सूचना आयुक्त, जिनकी संख्या 10 से अधिक नहीं होगी।

मुख्य सूचना आयुक्त और अन्य सूचना आयुक्तों की नियुक्ति राष्ट्रपति द्वारा की जाती है। राष्ट्रपति को इन नामों की अनुशंसा एक समिति द्वारा की जाएगी, जिसका प्रमुख प्रधानमन्त्री होगा, इसके अतिरिक्त लोकसभा में विपक्ष की नेता, प्रधानमन्त्री द्वारा नामित एक केन्द्रीय मन्त्री इस समिति के सदस्य होंगे। मुख्य सूचना आयुक्त और अन्य सूचना आयुक्त विधि, विज्ञान और तकनीकी, समाज सेवा, प्रबन्धन, पत्रकारिता, मास मीडिया या पूर्व प्रशासनिक सेवा से सम्बद्ध अनुभवी व व्यापक ज्ञान से सम्बन्धित व्यक्ति होना चाहिए। मुख्य सूचना आयुक्त और अन्य सूचना आयुक्त संसद या किसी राज्य विधानसभा या किसी संघ शासित क्षेत्र की विधानसभा का सदस्य नहीं होना चाहिए। इसके अतिरिक्त किसी लाभ के पद पर आसीन न हो व किसी राजनीतिक पार्टी का सदस्य नहीं होना चाहिए।

प्रश्न-8 प्रतिबद्ध नौकरशाही को समझाइए।

उत्तर : 1970 के दशक में इन्दिरा गांधी ने प्रतिबद्ध नौकरशाही का नारा दिया। इसके अनुसार सिविल सेवकों को सरकार की नीतियों व विचारधारा के प्रतिबद्ध होना चाहिए। इन्दिरा गांधी ने यह भी कहा कि भारत में कल्याणकारी नीतियों के क्रियान्वयन व गरीबी हटाने में नौकरशाही बाधा बन रही है। आलोचकों ने प्रतिबद्ध नौकरशाही के विचार को लोकतंत्र और नौकरशाही के कार्यकरण के मूल मान्यताओं के प्रतिकूल माना क्योंकि सिविल सेवक विधि के शासन व संविधान के प्रति प्रतिबद्ध होते हैं और उनसे वस्तुनिष्ठा व निष्पक्षता की अपेक्षा की जाती है। राजनीतिक विचारधारा के पालन की अपेक्षा सिविल सेवकों से नहीं की जाती, क्योंकि लोकतंत्र में सरकारें परिवर्तित होती रहती हैं, संघ में एक दल की सरकार होती है। राज्यों में दूसरे दल की सरकार होती है। इसलिए प्रतिबद्ध नौकरशाही को आलोचकों ने नौकरशाही का राजनीतिकरण कहा। इंदिरा गांधी के कार्यकाल के दौरान प्रशासनिक अधिकारियों के भारी तबादले की प्रक्रिया शुरू हुई। तबादले को दण्ड के रूप में प्रयोग किया गया, ईमानदार व निष्पक्ष अधिकारियों की अवहेलना की गई तथा चाटुकार अधिकारियों को प्राथमिकता प्रदान की गई। अधिकारियों से वस्तुनिष्ठ व निष्पक्ष सलाह देने के बजाय जिससे प्रशासन की कुशलता की दक्षता गंभीर रूप से प्रभावित हुई। जनता पार्टी के शासन के द्वारा कहा गया कि नौकरशाही निष्पक्ष एवं तटस्थ नहीं है, बल्कि कांग्रेस के प्रति प्रतिबद्ध है।

प्रश्न-9 सिविल सेवकों के लिए आचार संहिता का क्या महत्व है?

उत्तर : भारत में कार्मिक शिकायत व पेंशन मंत्रालय द्वारा नैतिकता के कोड का प्रारूप तैयार किया गया है, जिसका समर्थन मुख्यमंत्रियों द्वारा किया गया, जिसके प्रावधान निम्नलिखित हैं-

- सिविल सेवकों की ईमानदारी व नैतिकता बनाए रखने के लिए उनसे यह अपेक्षा की जाती है कि वे नागरिकों को आसानी से उपलब्ध रहें।
- पूर्वाग्रह से मुक्त हों।
- सेवाओं का गुणवत्तापूर्ण एवं समयबद्ध उपलब्धता।
- सिविल सेवकों को संविधान के मूल्यों एवं विधि के शासन के प्रति प्रतिबद्धता रखनी चाहिए। अपने वरिष्ठ अधिकारियों के किसी अवैधानिक आदेश का पालन न करें।
- किसी राजनीतिक विचारधारा के प्रति उनका लगाव नहीं होना चाहिए।
- उनका दृष्टिकोण व्यावसायिक होना चाहिए तथा अपने कनिष्ठ अधिकारियों को भी अवैधानिक कार्यों के विरोध हेतु प्रोत्साहित करना चाहिए।
- अच्छे कार्य करने वाले अधिकारियों को किसी राजनीतिक दल से सम्बन्ध बनाने का प्रयत्न नहीं करना चाहिए।
- अपने पद का दुरूपयोग व्यक्तिगत लाभों के लिए नहीं होना चाहिए।

प्रश्न-10 हमें देश में महिलाओं के प्रति यौन-उत्पीड़न के बढ़ते हुए दृष्टांत दिखाई दे रहे हैं। इस कुकृत्य के विरूद्ध विद्यमान विधिक उपबन्धों के होते हुए भी, ऐसी घटनाओं की संख्या बढ़ रही है। इस संकट से निपटने के लिए कुछ नवाचारी उपाय सुझाइए।

उत्तर : मौजूदा कानूनी प्रावधानों के बावजूद हाल के वर्षों में महिलाओं के खिलाफ यौन हिंसा के मामलों की संख्या बढ़ी है। इसके अलावा यह भी देखा गया है कि यौन हिंसा के अधिकांश मामलों को रिपोर्ट नहीं किया जाता। प्रभावी रूप से इस मुद्दे का समाधान करने के लिए एक मजबूत कानूनी ढांचा पर्याप्त नहीं है। इसके अलावा कानून अनुपालन के लिए उचित कानून व्यवस्था का होना भी महत्वपूर्ण है। महिलाओं के खिलाफ हिंसा के मामले में अपराधियों के साथ शून्य सहिष्णुता बरतनी चाहिए। संक्रमण के दौर से गुजरते हुए भारतीय समाज में अराजकता की घटनाओं में वृद्धि होना स्वाभाविक है। भारतीय समाज तेजी से बदल रहा है। नए विचारों, शिक्षा, नए मानदंडों और आधुनिकता के मूल्यों के फैलने के साथ-साथ महिलाओं के खिलाफ होने वाली हिंसक घटनाओं के कम होने की उम्मीद है। शिक्षा और नए विचारों में तेजी लाने के लिए सरकार एक अहम भूमिका निभा सकती है। नए विचारों और शिक्षा के साथ-साथ महिलाओं के सशक्तिकरण के लिए उन्हें आत्मरक्षा को पाठ्यक्रम का एक अनिवार्य हिस्सा बनाना चाहिए। महिलाओं का खतरे के संकेत और लक्षण से अवगत करना चाहिए और उनसे निपटने के लिए आवश्यक तकनीकों का प्रशिक्षण देना चाहिए। ऐसा करने से कानूनी अनुपालन तंत्र भी मजबूत होगा। महिलाओं के साथ होने वाले सभी यौन अपराधों को फास्ट ट्रैक कोर्ट के हवाले करना चाहिए जिससे कि उनका समयबद्ध न्यायिक उपचार हो सके।

खण्ड-2

निर्देश: *निम्नलिखित प्रत्येक प्रश्न का उत्तर 200 शब्दों से अधिक नहीं होना चाहिए। शब्द-विस्तार की अपेक्षा प्रश्नोत्तर की अन्तर्वस्तु अधिक महत्वपूर्ण है। सभी प्रश्नों के अंक समान हैं।*

Instruction: *Answer the following questions in not more than 200 words each. Content of the answers are more important than their length. All questions carry equal marks.* 10 × 12 = 120

प्रश्न-1 मानवीय नीतिशास्त्र क्या है? यह व्यक्ति के सामाजिक व्यवहार में किस तरह उपयोगी है?

उत्तर : जब से मनुष्य ने दूसरों के साथ मिलकर समाज का निर्माण किया और उसी में रहकर अन्य व्यक्तियों के सहयोग से अपनी समस्याओं का समाधान खोजने लगा, तभी से उसे कुछ ऐसे नियमों की आवश्यकता पड़ी जो उसकी तथा दूसरे मनुष्यों की इच्छाओं, रूचियों, आकांक्षाओं, उद्देश्यों और स्वार्थों में होने वाले संघर्ष को कम या समाप्त कर सकें और जिनका पालन करके वह दूसरों के साथ सुखपूर्वक रहते हुए सामंजस्यपूर्ण सामाजिक जीवन व्यतीत कर सके। कालांतर में धीरे-धीरे इन्हीं नियमों ने सामाजिक परंपराओं या रीति-रिवाजों का रूप ग्रहण कर लिया, जिनका पालन करने से इन सामाजिक परंपराओं, रूढ़ियों या रीति-रिवाजों से ही उस शास्त्र या विज्ञान का विकास हुआ जिसे आज हम नीतिशास्त्र या नैतिक दर्शन कहते हैं।

मानवीय नीतिशास्त्र हमें यह बताता है कि मनुष्य के लिए स्वत: साध्य शुभ क्या है, उसके कौन से कर्म उचित हैं और कौन से अनुचित, अपने प्रति और दूसरों के प्रति उसका कर्तव्य क्या है, शुभ, अशुभ तथा उचित-अनुचित अथवा कर्तव्य का निर्धारण किन नैतिक सिद्धातों के आधार पर किया जा सकता है आदि। मानव जीवन के लिए परम शुभ तथा कर्तव्य के संबंध में सामान्य एवं सार्वभौमिक नैतिक सिद्धांतों का प्रतिपादन करना और समुचित तर्कों द्वारा इन सिद्धांतों को युक्तिसंगत सिद्ध करना मानवीय नीतिशास्त्र का उददेश्य है। मिसाल के तौर पर सुखवाद एक मानवीय नैतिक सिद्धांत है जो हमें बताता है कि सुख ही मनुष्य के लिए परम शुभ है, इस तरह सुख के आधार पर ही उसके कर्मों के औचित्य व कर्तव्य का निर्णय किया जा सकता है।

मानवीय नीतिशास्त्र हमें यह बताता है कि हमारे लिए शुभ क्या है और हमें क्या करना चाहिए, जबकि अधि-नीतिशास्त्र अमुक वस्तु हमारे लिए शुभ है तथा अमुक कर्म करना हमारा कर्तव्य है, इन नैतिक निर्णयों के अर्थ एवं स्वरूप का स्पष्टीकरण तथा विश्लेषण करता है। मानवीय नीतिशास्त्र मनुष्य का मार्गदर्शन करने के लिए प्रतिपादित नैतिक सिद्धांतों के समर्थन में तर्क प्रस्तुत करता है, जबकि अधि-नीतिशास्त्र इन तर्कों के स्वरूप तथा इनकी विधियों पर विचार करता

है और इन तर्कों की प्रमाणिकता की निष्पक्ष रूप से परीक्षा करता है। उपर्युक्त अंतर से नैतिक दर्शन की इन दोनों विधाओं का भिन्न स्वरूप तथा क्षेत्र भली भांति स्पष्ट हो जाता है। इससे यह भी स्पष्ट हो जाता है कि अधि नीतिशास्त्र वास्तव में मानवीय नीतिशास्त्र का पूरक है। अधि नीतिशास्त्र उन नैतिक निर्णयों के अर्थ और स्वरूप का स्पष्टीकरण तथा विश्लेषण करता है जो हम मानवीय नीतिशास्त्र के सिद्धांतों के अनुसार अपने व्यावहारिक जीवन में करते हैं। इसी प्रकार अधि नीतिशास्त्र उन तर्कों के स्वरूप को स्पष्ट करता है जो मानवीय नीतिशास्त्र अपने नैतिक सिद्धांतों की पुष्टि के लिए प्रस्तुत करता है। अधि नीतिशास्त्र वास्तव में मानवीय नीतिशास्त्र का सहायक अथवा पूरक है। मानवीय नीतिशास्त्र का ज्ञान बहुत जरूरी है। इस दृष्टि से मानवीय नीतिशास्त्र के पूरक के रूप में अधिनीतिशास्त्र का विशेष महत्व है।

केवल अधि नीतिशास्त्र को ही संपूर्ण नैतिक दर्शन मान लेना अनुचित और एकांगी दृष्टिकोण है जिसका कुछ समकालीन दार्शनिकों ने समर्थन किया है। मिसाल के तौर पर ए.जे. एयर अधि नीतिशास्त्र को ही नैतिक दर्शन मानते हैं, मानवीय नीतिशास्त्र को नहीं। वे पीएच नावलस्मिथ की पुस्तक ऐथिक्स के विषय में अपना मत व्यक्त करते हुए वे कहते हैं कि ''नीतिज्ञ तथा नैतिक दार्शनिक के कार्य में अंतर है जिसकी ओर पर्याप्त ध्यान नहीं दिया गया है। नीतिज्ञ नैतिक नियमों का प्रतिपादन करता है अथवा उनका पालन करने के लिए लोगों को प्रोत्साहित करता है अथवा उनका पालन करने के लिए लोगों को प्रोत्साहित करता है, परंतु नैतिक दार्शनिक का मुख्य कार्य नैतिक निर्णय देना नहीं, अपितु उनके स्वरूप का विश्लेषण करना है। अपने इसी मत को और अधिक स्पष्ट करते हुए एयर ने फिलॉसॉफिकल एसेज में लिखा है कि नैतिक दर्शन के लिए प्रश्न यह नहीं है कि कोई विशेष कर्म उचित या अनुचित है, अपितु प्रश्न यह है कि किसी कर्म को उचित अथवा अनुचित कहने का अर्थ क्या है।''

अधि नीतिशास्त्र वास्तव में मानवीय नीतिशास्त्र को समझने का एक महत्वपूर्ण साधन है। मानवीय नीतिशास्त्र के निर्णयों व सिद्धांतों के अभाव में अधि नीतिशास्त्र की कोई आवश्यकता ही नहीं रह जाती, इसलिए इस दृष्टि से वह अपने अस्तित्व और अपनी सार्थकता के लिए आखिरकार मानवीय नीतिशास्त्र पर ही निर्भर है। ऐसी स्थिति में अधि नीतिशास्त्र को ही अपने आप में साध्य और संपूर्ण नैतिक दर्शन की एक बहुत महत्वपूर्ण विधा है जिसकी मदद से हम नैतिक भाषा के अर्थ और स्वरूप को भली-भांति समझ सकते हैं।

प्रश्न-2 मनुष्य को नैतिक बने रहने के लिए किन आधारभूत सिद्धांतों और आदर्शों का पालन करना चाहिए?

उत्तर : नीतिशास्त्र कुछ ऐसे आधारभूत सिद्धांतों और आदर्शों की स्थापना करता है जिनके मुताबिक लगभग समान परिस्थितियों में सामान्य मनुष्यों के स्वयं अपने प्रति तथा दूसरों के प्रति मुख्य कर्तव्यों को निर्धारित किया जा सके। सामाजिक पृष्ठभूमि में ही नीतिशास्त्र मानव जीवन के मार्गदर्शन के लिए कुछ मूल सिद्धांतों अथवा आदर्शों की स्थापना का प्रयत्न करता है। नीतिशास्त्र के लिए यह बताना संभव नहीं है कि किस व्यक्ति को किस परिस्थिति में क्या करना चाहिए। क्योंकि मानव का कर्म क्षेत्र अत्यधिक विस्तृत है और सभी मनुष्यों की परिस्थितियां भी पूरी तरह समान नहीं होती। इस संबंध में कभी-कभी यह प्रश्न पूछा जाता है कि क्या किसी ऐसे मूल सिद्धांत या आदर्श की स्थापना संभव है जो सभी परिस्थितियों में सभी मनुष्यों के समस्त कर्तव्यों को निर्धारित कर सके।

मनुष्य का जीवन इतना जटिल और उसकी परिस्थितियां इतनी विविध हैं कि कोई भी एक सिद्धांत या आदर्श, औचित्य और कर्तव्य के संबंध में उसका सदैव ठीक-ठीक मार्गदर्शन नहीं कर सकता। लेकिन नीतिशास्त्र कुछ ऐसे आधारभूत नियम, आदर्श या सिद्धांत अवश्य प्रस्तुत कर सकता है जो सामान्यतः मनुष्यों को यह बता सकें कि उन्हें किन मूल कर्तव्यों का और क्यों पालन करना चाहिए? असल में कर्तव्य निर्धारण के संबंध में मनुष्य का समुचित मार्गदर्शन करने के लिए मूल आदर्शों या सिद्धांतों की स्थापना का प्रयास ही नीतिशास्त्र का प्रमुख ध्येय है।

यदि हम मनुष्य के व्यक्तिगत तथा सामाजिक जीवन से संबंधित कुछ निम्नलिखित महत्वपूर्ण प्रश्नों पर गंभीरतापूर्वक विचार करें और उनका उत्तर खोजने की कोशिश करें तो हमारे लिए नीतिशास्त्र की उपादेयता को समझना आसान हो जाएगा।

- जब व्यक्ति और समाज के हितों में संघर्ष होता है तो उसे किस उपाय अथवा विधि द्वारा कम या समाप्त किया जाना चाहिए?
- मनुष्य होने के नाते हमारे कर्तव्य क्या हैं और उनका निर्धारण किस आधार पर तथा किसके द्वारा किया जा सकता है?

- क्या मानव के जीवन का कोई परम लक्ष्य अथवा अंतिम साध्य है? यदि हां तो यह परम लक्ष्य क्या है और इसे कैसे प्राप्त किया जाना चाहिए?
- क्या दूसरों की चिंता किए बिना मनुष्य को जीवन के इस परम लक्ष्य को प्राप्त करने का प्रयास करना चाहिए?
- जब हम यह कहते हैं कि अमुक व्यक्ति अथवा उसका चरित्र अच्छा या बुरा है, अमुक कर्म उचित अथवा अनुचित है कुछ विशेष परिस्थितियों में कोई कर्म करना अथवा न करना ही हमारा कर्तव्य है तो आपके इन वाक्यों अथवा निर्णयों का वास्तविक अभिप्राय क्या होता है?
- क्या हम अपने इस प्रकार के निर्णयों को सत्य प्रमाणित करने के लिए तर्कसंगत कारण प्रस्तुत कर सकते हैं? यदि हां तो वे कौन से कारण हैं और उन कारणों को उचित अथवा तर्कसंगत क्यों माना जाना चाहिए?
- क्या मनुष्य को कुछ कर्म करने अथवा न करने की स्वतंत्रता है? क्या उसे अपने कुछ विशेष कर्मों के लिए उत्तरदायी माना जा सकता है? यदि हां तो उसे क्यों, कहां तक और अपने किन कर्मों के लिए उत्तरदायी मानना आवश्यक है?
- क्या हमारे समस्त कर्मों का उद्देश्य केवल अपना सुख और हित होना चाहिए अथवा हमें दूसरों के सुख तथा हित के लिए ही सब कुछ करना चाहिए?
- यदि अपने और दूसरे के सुख तथा हित में संतुलन बनाए रखना आवश्यक है तो इस संतुलन का आधार और उपाय क्या है?

चरित्र का अच्छा या बुरा होना उन नैतिक आधारों पर तय होता है जो हमारे समाज, संस्कृति और परिस्थितियों द्वारा निर्मित होकर समाज के अधिकांश हिस्से द्वारा स्वीकृत और मान्य हो जाते हैं। कर्म का उचित व अनुचित होना धार्मिक मान्यताओं और कानूनी प्रावधानों के आधार पर तय किया जा सकता है लेकिन इसमें भी यही तथ्य शामिल है कि ये नियम समाज में बहुलता से स्वीकार्य व मान्य होते हैं।

कारणों को उचित व तर्क संगत मानने के क्रम में हम निम्नवत् आधारों को प्रायः सही मानते हैं :

- जनहित को प्राथमिकता
- सदगुणों को प्राथमिकता
- वैज्ञानिक दृष्टिकोण को प्राथमिकता

उपर्युक्त आधार पर लिए गए निर्णय नैतिक कहलाते हैं। ऐसे प्रत्येक वाक्य को नैतिक निर्णय की संज्ञा दी जा सकती है जिसके द्वारा कर्तव्य का बोध कराया जाता है या व्यक्ति के आचरण व चरित्र या स्वयं व्यक्ति का ही मूल्यांकन किया जाता है। ऐसा हो सकता है कि कोई आचरण कानूनी दृष्टिकोण से अनुचित न हो पर नैतिक दृष्टिकोण से उसे अनुचित कहा जाए। उदाहरण के लिए यदि आपने किसी के बुरे दिनों में उसकी बड़ी सहायता की थी, लेकिन जब आपके बुरे दिन आते हैं तो वह आपकी सहायता नहीं करता तो नैतिक दृष्टि से हम इसे अनुचित कहेंगे, पर कानूनी दृष्टि से इसे अनुचित नहीं कहा जाएगा।

नैतिक कर्तव्यबोधक निर्णय वह है, जिनके द्वारा हम मनुष्य के किसी कर्म को उचित या अनुचित बताते हैं और यह कहते हैं कि हमें क्या करना चाहिए और क्या नहीं करना चाहिए। दूसरे शब्दों में ये निर्णय मानवीय कर्मों के औचित्य व मनुष्य के कर्तव्य का बोध कराते हैं। ये नैतिक कर्तव्य बोधक निर्णय दो प्रकार के हो सकते हैं-विशेष तथा सामान्य।

पहले प्रकार के निर्णय किसी विशेष कर्म के औचित्य या किसी विशेष व्यक्ति के कर्तव्य तक ही सीमित रहते हैं और दूसरे प्रकार के निर्णय भी दो प्रकार के हो सकते हैं-विशेष और सामान्य। पहले प्रकार के निर्णय किसी विशेष व्यक्ति, उसके किसी विशेष अभिप्राय या प्रयोजन का मूल्यांकन करते हैं और दूसरे प्रकार के निर्णयों का उद्देश्य बहुत से व्यक्तियों, उनके प्रयोजनों या अभिप्रायों आदि का मूल्यांकन करना ही होता है।

उचित, कर्तव्य आदि नैतिक शब्दों की भांति सद्गुण शब्द का भी मानवीय आचरण और चरित्र के मूल्यांकन की दृष्टि से बहुत महत्व है। नैतिक संदर्भ में सदगुण मनुष्य की वह श्रेष्ठ स्थायी मनोवृत्ति है, जिसका विकास करने के लिए उसे स्वयं निरंतर प्रयास करना पड़ता है और जो सदैव उसके आचरण में अभिव्यक्त होती है। सदगुण से प्रेरित कार्य कभी-कभी नहीं, अपितु बार-बार किया जाता है। सदगुण मनुष्य की जन्मजात प्रवृत्तियों- भूख, प्यास, कामवासना, भय, क्रोध, प्रेम आदि से बहुत भिन्न हैं, क्योंकि इसका विकास करने के लिए उसे निरंतर प्रयास और अभ्यास करना पड़ता है।

प्रश्न-3 कार्य स्थल पर नीतिपरक व्यवहार से क्या अभिप्राय है? कार्यस्थल पर यह क्यों आवश्यक है।

उत्तर : किसी भी कार्यस्थल पर अनेक गतिविधियां संपन्न होती हैं, जिनमें वहां कार्य करने वाले कर्मचारी, श्रमिक, प्रशासक आदि भाग लेते हैं। कार्यस्थलीय नीति परक व्यवहारों से तात्पर्य उन क्रियाओं, गतिविधियों, परस्पर व्यवहारों या अन्य किसी के प्रति किए गए व्यवहारों को मूल्यों के आधार पर निष्पादित करना होता है। नीतिपरक व्यवहार इनके आपसी रिश्तों को सौहार्दपूर्ण रखने, किसी का शोषण न करने, कार्य के दौरान किसी पर निरर्थक दबाव न डालने, जैसे नकारात्मक व्यवहार करने से मना करता है और रिश्तों को आत्मीय बनाने पर जोर देता है।

नीतिपरक व्यवहार संबंधी महात्मा गांधी के वक्तव्य द्वारा हम इस बात को सही ढंग से समझ सकते हैं। उनके अनुसार "कार्य ही महत्वपूर्ण है उसका प्रतिफल इतना महत्वपूर्ण नहीं है। आपको सही कार्य करना है यह संभव है कि उसका प्रतिफल आपको प्राप्त न हो लेकिन इसका अर्थ यह नहीं कि आप अच्छे या सही कार्य करना बंद कर दें। यह संभव है कि आप इस बात को कभी न जान सकें कि आपकी क्रिया का क्या परिणाम होगा, लेकिन यदि आप कुछ भी नहीं करते हैं तो उसका कोई परिणाम नहीं होगा।

इसी तरह गांधीजी का खादी का विचार स्वदेशी से जुड़ा हुआ था। उनके अनुसार खादी घरेलू उद्योग का एक विशिष्ट रूप था जिसका उद्देश्य पूंजीवाद के साम्राज्यवादी स्वरूप में अंतर्निहित शोषणकारी उद्देश्यों से लड़ना था। वर्तमान समय में औद्योगिकरण एक ऐसा सत्य है जिससे वापस नहीं मुड़ा जा सकता है लेकिन इस संदर्भ में जहां पर हम चर्चा कर रहे हैं खादी को मनुष्य और उसके कार्य के बीच एक अंतरंग रिश्ते के रूप में व्यक्त किया जा सकता है, जिसको वह अपने मेहनत के प्रतिफल के रूप में प्राप्त करता है।

दूसरे शब्दों में हम कह सकते हैं कि गांधीजी का विचार था किसी भी व्यक्ति का न तो शोषण होना चाहिए और न ही उसको उसके काम से विलग करना चाहिए।

सार्वजनिक सेवाओं में जनता से संबंधित नैतिक व्यवहारों के अंतर्गत धोखा, गबन करना, रिश्वत स्वीकार करना या झूठ बोलना जैसे अनैतिक मुद्दे आते हैं। अनैतिक घटनाएं जो अब तक प्रकाश में आई हैं उनमें वित्तीय घोटालों से लेकर भाई-भतीजावाद अनुचित प्रतिस्पर्धी स्थितियों को देखते हुए जनता के अंदर कार्य से संबंधी नैतिकताओं में सुधार करने की भावना को बल मिला है। ये अच्छे प्रशासन के अभिन्न अंग माने जाते हैं। किसी भी संस्थान में कार्यस्थलीय नैतिकता को किस प्रकार लागू किया जाता है यह कार्यस्थल पर सही और गलत क्रियाओं पर सीधा प्रभाव डालता है। इस प्रकार के नैतिक मानदंड बहुधा व्यक्तियों के व्यक्तिगत मानक बन जाते हैं और वह अपने कार्यों को इसी व्यावहारिकता के आलोक में संपन्न करते हैं।

किसी भी संगठन के लिए कुछ निश्चित नैतिक मानदंडों का पालन करना अत्यंत आवश्यक होता है क्योंकि बिना किसी नैतिक आधार के संगठन का संचालन करना असंभव है। इस तरह नैतिकता ही वह आधार होती है जिस पर संपूर्ण संगठनात्मक ढांचा आधारित होता है और संगठन को निरंतर विस्तार और प्राणवायु प्रदान करता रहता है। संसार का कोई भी संगठन चाहे वह निजी हो अथवा सरकारी, व्यावसायिक हो अथवा गैर व्यावसायिक, सबसे पहले वह एक मानवीय समाज होता है। इसलिए प्रत्येक संगठन में कार्यस्थल अथवा इस प्रकार का वातावरण बनाए रखने की जरूरत होती है जिससे सभी कर्मचारी लिंग, जाति, नस्ल, धर्म या अन्य किसी प्रकार के भेदभाव से रहित होकर अपने-अपने कार्य संपन्न कर सकें। यदि किसी संगठन में नियोक्ता कार्यस्थल पर कार्य वातावरण को समुचित बनाए रखने में सक्षम नहीं होता है तो ऐसे संगठन के समक्ष कार्यस्थल पर अनुशासन और कार्यवातावरण की नीतिगत समस्याएं उत्पन्न होती हैं। इस प्रकाार के कार्यस्थल पर काम करने वाले व्यक्ति स्वच्छंद हो जाते हैं और वे क्या सही व क्या गलत है, के संदर्भ में खुद के मानदंड गढ़ लेते हैं जो उनके हितों और स्वार्थ की पूर्ति करते हैं। नीतिगत व्यवहार के तहत सभी प्रकार के नियमों, मानदंडों का उल्लघंन होने लगता है जिसके कारण निम्नलिखित स्थितियां उत्पन्न होने की संभावना बढ़ जाती है।

- समाज और उद्योग क्षेत्र में संगठन की साख और महत्ता में कमी आने लगती है।
- संगठन की कार्यक्षमताओं की स्थितियों की संभावनाओं में कमी आने लगती है।
- कर्मचारियों में उल्लघंन के प्रति बाह्य प्राधिकार में शिकायत करने की प्रवृत्ति बढ़ जाती है क्योंकि उनको कोई आंतरिक फोरम उपलब्ध नहीं होता।

- प्रबंधकीय आदर्शों के पालन में देरी होने लगती है या लापरवाही बरती जाने लगती है।
- कर्मचारियों द्वारा अनैतिक निर्णय लेने का जोखिम बढ़ जाता है।
- इस प्रकार के संगठनों में उच्च कुशलता वाले व्यक्तियों की भर्ती और उनका संगठन में टिकना जैसी असमर्थताएं उत्पन्न होती है।

प्रश्न-4 नैतिक प्रगति क्या है? किसी व्यक्ति में नैतिक गुणों के संवर्द्धन को किन आधारभूत गुणों से निर्धारित किया जा सकता है?

उत्तर : 'प्रगति' और 'नैतिक' इन दोनों शब्दों के उपर्युक्त अर्थ से यह स्पष्ट है कि नैतिक प्रगति का संबंध मनुष्य के समस्त सदगुणों के विकास से ही है। जब व्यक्ति इन सद्गुणों के स्वरूप का ज्ञान प्राप्त करके अपने व्यावहारिक जीवन में इन्हीं के अनुसार आचरण करने लगता है तभी यह कहा जा सकता है कि उसने नैतिक प्रगति की है। जिस व्यक्ति अथवा समुदाय में संयम, न्याय, ईमानदारी, कर्तव्यनिष्ठा, उदारता आदि सद्गुणों का जितना अधिक विकास हुआ है और जो अपने दैनिक जीवन में इनके अनुरूप जितनी अधिक निष्ठा से आचरण करता है उसे नैतिक दृष्टि से उतना ही अधिक उन्नत या प्रगतिशील माना जा सकता है। यदि कोई व्यक्ति न्यायशील, संयमी, ईमानदार, कर्तव्यनिष्ठ, सहनशील, दयालु और उदार है तो यह निश्चयपूर्वक कहा जा सकता है कि वह नैतिक दृष्टि से बहुत उन्नत अथवा प्रगतिशील है। किसी समुदाय अथवा संपूर्ण मानव समाज की नैतिक प्रगति का निर्णय भी इसी आधार पर किया जा सकता है। इस प्रकार मनुष्य में सदगुणों का विकास होना तथा अपने व्यावहारिक जीवन में सदैव उन्हें कार्यान्वित करना ही नैतिक प्रगति है।

यदि नैतिक प्रगति का उपर्युक्त अर्थ स्वीकार किया जाए तो यह कहना अनुचित न होगा कि मनुष्य की नैतिक प्रगति उसकी भौतिक समृद्धि अथवा उन्नति पर अनिवार्यत: निर्भर नहीं है। भौतिक प्रगति का लक्ष्य सुख सुविधा के साधनों का अधिकाधिक उत्पादन तथा एकत्रीकरण है। इसी तथ्य को ध्यान में रखकर हम यह कहते हैं कि जिस व्यक्ति या राष्ट्र के पास ये भौतिक साधन जितनी अधिक मात्रा में हैं वह उतना ही संपन्न एवं समृद्ध है। अर्थात उसने उतनी ही अधिक भौतिक प्रगति की है। आज विकासशील तथा विकसित राष्ट्रों में जो अंतर दिखाई पड़ रहा है उसका मूल कारण यह है कि विकसित राष्ट्रों ने पर्याप्त भौतिक प्रगति कर ली है जबकि विकासशील राष्ट्र अभी इस भौतिक प्रगति के लिए प्रयास कर रहे हैं। परंतु किसी व्यक्ति अथवा राष्ट्र की भौतिक प्रगति के आधार पर निष्कर्ष निकालना उचित नहीं होगा कि वह नैतिक दृष्टि से भी उन्नत एवं उत्कृष्ट है।

मनुष्य की नैतिक प्रगति के लिए जहां तक व्यापक नैतिक आदर्शों की स्थापना का सवाल है, यूनानी दार्शनिकों से भी बहुत पहले भारतीय मनीषियों ने ऐसे अनेक व्यापक नैतिक सिद्धांतों का प्रतिपादन किया था जो आज भी कर्तव्य निध रिण के संबंध में मनुष्य का पर्याप्त मार्गदर्शन कर सकते हैं। अहिंसा, सत्य, अस्तेय, अपरिग्रह तथा ब्रह्मचर्य ऐसे ही मूल नैतिक नियम हैं जो किसी देश काल विशेष तक सीमित न होकर किसी न किसी रूप में सदैव सभी मनुष्यों पर लागू होते हैं। प्राचीनकाल में ही भारतीय दार्शनिकों ने ऐसे महान नैतिक आदर्शों की स्थापना की थी जिनके अनुरूप आचरण करके मनुष्य नैतिक प्रगति के पथ पर अग्रसर हो सकता है। इस प्रकार यदि यूनानी और भारतीय दार्शनिकों द्वारा प्रतिपादित व्यापक एवं सार्वभौमिक नैतिक सिद्धांतों को ध्यान में रखा जाए तो यह कहना न्यायसंगत प्रतीत नहीं होता कि प्राचीनकाल में मनुष्य ने वर्तमान युग के मनुष्य की अपेक्षा कम नैतिक प्रगति की थी।

यहां एक प्रश्न भी विचारणीय है कि क्या आधुनिक मनुष्य प्राचीन युग के मनुष्य की अपेक्षा वास्तव में नैतिक दृष्टि से अधिक उन्नत है- अर्थात क्या वह अधिक ईमानदार, संयमी, न्यायशील, कर्तव्यनिष्ठ, सत्यवादी, सहनशील, दयालु तथा उदार है। यदि तथ्यों के आधार पर आधुनिक मनुष्य के पारिवारिक सामाजिक, राष्ट्रीय तथा अंतरराष्ट्रीय जीवन के संदर्भ में उसके समग्र आचरण पर गंभीरतापूर्वक विचार किया जाए तो शायद उस प्रश्न का नकारात्मक उत्तर ही देना पड़ेगा। इस तथ्य को अस्वीकार नहीं किया जा सकता कि आज शोषण, अन्याय, भ्रष्टाचार, स्वार्थपरायणता, घोर आर्थिक, विषमता, भयंकर बर्बरता एवं निर्दयता, अपने कर्तव्य के प्रति उपेक्षा आदि दुर्गुण मानव जीवन के सभी क्षेत्रों में विद्यमान है। यह कहना बहुत कठिन है कि कोई भी व्यक्ति इन सभी बुराइयों से पूर्णतया मुक्त और अप्रभावित है। सिद्धांत इन दुर्गुणों की निंदा करते हुए भी अधिकतर व्यक्ति किसी न किसी रूप में कभी न कभी इनमें लिप्त होकर इनके अनुसार

आचरण करते हैं। वे स्वतंत्रता, समानता, भ्रातृत्व, न्याय, संयम, कर्तव्यनिष्ठा, निःस्वार्थ सेवा आदि महान नैतिक आदर्शों तथा सद्गुणों का सैद्धांतिक समर्थन अवश्य करते हैं, लेकिन अपने व्यावहारिक जीवन में इन्हें कार्यान्वित नहीं करते। इस प्रवंचना से आज मनुष्य का जीवन इतना अधिक ग्रस्त हो गया है कि वह इससे मुक्त होने के स्थान पर इसे आवश्यक तथा वांछनीय मानने लगा है। छल, कपट तथा विशुद्ध स्वार्थ पर आधारित वर्तमान अंतराष्ट्रीय राजनीति आधुनिक मनुष्य की इस प्रवंचना का साक्षात् एवं ज्वलंत प्रमाण है। तथाकथित सभ्य एवं विकसित राष्ट्रों के नेता विश्व शांति, सभी मनुष्यों के भ्रातृत्व, न्याय, स्वतंत्रता, सभी व्यक्तियों के समान मूल अधिकारों की आवश्यकता आदि नैतिक स्वार्थों पर लंबे-लंबे भाषण देते हुए भी प्रायः इन आदर्शों के विपरीत ही आचरण करते हैं। अपने संकुचित राजनीतिक उद्देश्यों की पूर्ति के लिए वे लाखों निर्दोष मनुष्यों का निर्दयतापूर्वक संहार करने में जरा भी संकोच नहीं करते। विश्व के शक्तिशाली देशों के पारंपरिक वैमनस्य के कारण पिछले कुछ वर्षों में लाओस, कंबोडिया, वियतनाम तथा बंग्लादेश में क्रूरतापूर्ण नर संहार हुआ है। यह इस बात का स्पष्ट प्रमाण है कि इन देशों के राजनीतिज्ञों और सैनिक नेताओं के लिए नैतिक आदर्श खोखले पर निरर्थक नारों के अलावा और कुछ नहीं है। यह कहना बहुत मुश्किल है कि आधुनिक मनुष्य वास्तव में नैतिक दृष्टि से उन्नत एवं उत्कृष्ट है। जहां तक मौजूदा युग में कुछ थोड़े से व्यक्तियों के नैतिक दृष्टि से उन्नत तथा प्रगतिशील होने का प्रश्न है, ऐसे व्यक्ति सभी युगों में रहे हैं और संभवतः रहेंगे। वस्तुतः इन महान व्यक्तियों के उत्कृष्ट चरित्र और श्रेष्ठ मार्गदर्शन पर ही मानव जाति की नैतिक प्रगति की आशा आधारित है।

प्रश्न-5 आचरण में सुधार के लिए संकल्प स्वातंत्र्य और अस्तित्ववाद कैसे उपयोगी है? विवेचना करें।

उत्तर : 'इच्छा संघर्ष' एक स्वाभाविक मानवीय प्रवृत्ति है। जब भी किसी व्यक्ति के सामने दो या अधिक विकल्प उपस्थित होते हैं, वह अधिकतम लाभ लेने के लिए अपनी ही इच्छा के साथ संघर्षरत हो जाता है। सामान्य भाषा में इसे ही 'दुविधा' कहा गया है। मनुष्य के ऐच्छिक कर्मों को ही नीतिशास्त्र का विषय माना गया है। ऐच्छिक कर्म संकल्प स्वातंत्र्य के बिना संभव नहीं है। एक दुविधाग्रस्त व्यक्ति कभी भी स्वतंत्र संकल्प नहीं ले सकता और इसी वजह से कुंठा व अवसाद से ग्रस्त हो सकता है। जीवन से बेहतर अवसरों की तलाश में व्यक्ति अपने मूल व्यक्तित्व से दूर होता चला जाता है और आखिरकार भौतिक प्रयोजनों में सफल होने के बावजूद भी उसे आत्मिक संतोष नहीं मिल पाता। निरर्थक प्रतिस्पर्धा व अंतहीन भौतिकता से सराबोर व्यक्ति स्वयं अपने अस्तित्व के साथ ही संघर्ष करने लगता है।

प्रश्न यह उठता है कि क्या व्यक्ति अपने संकल्पों को स्वतंत्रतापूर्वक संपन्न कर सकता है अथवा नहीं? यदि नियतिवादियों की राय मानी जाए तो संकल्प स्वातंत्र्य जैसी कोई अवधारणा है ही नहीं। इनके अनुसार सब कुछ पूर्व निश्चित है और व्यक्ति अपनी इच्छा से कुछ भी नहीं कर सकता है। जबकि नीतिशास्त्रियों का मानना है कि व्यक्ति को संकल्प स्वातंत्र्य से युक्त होना चाहिए। तभी उसके कृत्यों को नीति सम्मत या नीति विरूद्ध कहा जा सकता है। प्रसिद्ध विद्वान डी. आर्की के अनुसार- ''नैतिकता कभी अनिवार्यता के सिद्धांत को स्वीकार नहीं करती क्योंकि वह सिद्धांत उत्तरदायित्व का नाश कर देती है। यदि सभी कर्मों में व्यक्ति बाहर से नियंत्रित हो तो प्रशंसा और कलंक, मान्यता और अमान्यता, पुरस्कार व दंड का कोई तार्किक आधार नहीं रह जाएगा।

वास्तव में इच्छा स्वातंत्र्य या संकल्प स्वातंत्र्य को स्वीकार किए बिना मनुष्य के आचरण में सुधार की बात करना अव्यावहारिक है। सुधार की संभावना, प्रगतिशीलता का द्योतक है इसलिए संकल्प स्वातंत्र्य की आवश्यकता और अनिवार्यता एक प्रगतिशील मत है। स्पष्ट है कि संकल्प स्वातंत्र्य के बिना व्यक्तित्व का विकास संभव नहीं है।

मान लीजिए 'क' और 'ख' दो समान आयु, समान लिंग, समान परिवेश और समान परिस्थितियों वाले दो व्यक्ति हैं। दोनों के समक्ष एक समान परिस्थिति के लिए दो विकल्प 'अ' और 'ब' उपलब्ध हैं। किसी भी परिस्थिति को उत्कृष्ट या निकृष्ट घोषित नहीं किया जा सकता है। दोनों ही परिस्थितियों के अपने-अपने सकारात्मक व नकारात्मक पहलू हैं। व्यक्ति क ने संकल्प स्वातंत्र्य का प्रयोग करते हुए विकल्प अ को चुना और व्यक्ति ख किसी दबाव में आकर विकल्प अ चुनना चाहता था। बल्कि इसका अर्थ है कि उसने दबाव में आकर अपनी संकल्प स्वातंत्र्य चेतना का प्रयोग नहीं किया। अपने-अपने चुनाव के तुरंत बाद दोनों को यह विश्वास हुआ कि उनका चुनाव उनके लिए सही है, लेकिन जैसे-जैसे समय बीतता गया उन्हें अपने चुनाव पर अफसोस होने लगा और एक दूसरे का चुनाव ज्यादा अच्छा लगने लगा। क्या यह एक स्वाभाविक मानवीय प्रक्रिया है जो हम में से लगभग प्रत्येक के साथ घट रही है। यदि हां तो ऐसा क्यों है?

दरअसल इसी समस्या को अस्तित्ववाद की समस्या कहा गया है जिसमें व्यक्ति के समक्ष जब भी एक से अधिक विकल्प उपस्थित होते हैं तो उसे किसी एक विकल्प को चुनना होता है। प्रत्येक विकल्प की अच्छाइयां व बुराइयां एक साथ जुड़ी हुई हैं। नकारात्मक पक्ष भी हमारे चुनाव का विषय बन जाते हैं, जबकि छोड़ा गया विकल्प अपने सकारात्मक पक्षों के साथ हमसे दूर चला गया होता है। समय के साथ-साथ हम चुने गए विकल्प के सकारात्मक पक्षों के प्रति अभ्यस्त होकर उन्हें भूल जाते हैं और उसकी कमियां हमें साफ-साफ दिखाई पड़ने लगती हैं जबकि छोड़े गए विकल्प की अच्छाइयां ही याद रहती हैं और तुलना करने पर हमें अपने निर्णय पर अफसोस होता है। इस स्वाभाविक मानवीय प्रक्रिया को समझने मात्र से इससे समस्या का समाधान आसानी से हो जाता है।

प्रश्न-6 नैतिकतापूर्ण जीवनशैली केवल उचित है बल्कि अनैतिक जीवनशैली की अपेक्षा लाभप्रद भी। संक्षिप्त टिप्पणी करें।

उत्तर : यह एक बेहद मौलिक और जरूरी प्रश्न है कि किसी भी समाज को नैतिक नियमों की आवश्यकता क्यों पड़ती है। इस प्रश्न पर विचार किया जाना इसलिए भी आवश्यक है क्योंकि प्रत्येक समाज में नैतिक व अनैतिक तत्व एक साथ उपस्थित रहे हैं। अनैतिक तत्वों की उपस्थिति के बिना नैतिक तत्वों के महत्व को रेखांकित कर पाना लगभग असंभव व अर्थहीन होता। वास्तव में समाज एक ऐसी व्यवस्था है जिसको चलाने के लिए निश्चित नियमों की आवश्यकता होती है। यदि समाज के सभी सदस्य इन नियमों का पालन करें तो यह एक आदर्श सामाजिक व्यवस्था होगी, लेकिन व्यवहार में ऐसा संभव नहीं है। यदि समाज के अधिकांश लोग इन नियमों का पालन करते हैं तो यह एक विकसित व्यवस्था कहलाएगी। यदि समाज के कुछ ही लोग इन नियमों का पालन करें तो यह एक संक्रमणकारी स्थिति होगी और धीरे-धीरे इन नियमों की स्वीकार्यता समाप्त करते हुए अन्य नियम इसका स्थान ले सकेंगे। समाज का विकास क्रम ऐसे ही चलता रहता है और समय के साथ नया, पुराने को प्रतिस्थापित करता जाता है। समाज अपना ही सुरक्षा व बेहतर संचालन के लिए नैतिक नियमों का सृजन करता है।

अक्सर यह देखा गया है कि जो लोग तुलनात्मक रूप से बेहतर नैतिकतापूर्ण जीवन जीते हैं, उनमें एक प्रकार का अहंभाव विकसित हो जाता है। उन्हें ऐसा लगता है कि नैतिकतापूर्ण जीवन वे अपने लिए नहीं बल्कि समाज की बेहतरी के लिए जी रहे हैं। वास्तव में यह एक भ्रम मात्र है। नैतिकतापूर्ण जीवनशैली न केवल उचित है बल्कि लाभप्रद भी है। यदि कोई व्यक्ति क्षणिक लाभ के लिए अनैतिक मार्ग अपनाता है तो यही लाभ अंतिम रूप से उसके लिए हानि ही साबित होता है।

इस केस स्टडी के जरिये इस बात को और बेहतर ढंग से समझा जा सकता है।

एक व्यक्ति जो पेशे से शल्य चिकित्सक है और उसे अपने क्षेत्र में पर्याप्त ख्याति व संपन्नता हासिल है, वह अपने दोनों जुड़वां पुत्रों को भी शल्य चिकित्सक बनाना चाहता है। मेडिकल की प्रवेश परीक्षा की तैयारी करते हुए दोनों पुत्रों को ऐसा लगा कि वे यह परीक्षा पास नहीं कर पाएंगे। पिता को इस बात की जानकारी मिलने पर पिता ने आश्वस्त किया कि परीक्षा कक्ष में बैठना एक औपचारिकता मात्र है जबकि इन दोनों के चयन की व्यवस्था उनके पिता ने पहले ही कर ली है। यह सुनकर दोनों पुत्रों ने तैयारी करनी छोड़ दी और परीक्षा तथा उसके बाद परिणाम की प्रतीक्षा करने लगे। सब कुछ पूर्व नियोजित था। इसलिए दोनों पुत्र चयनित हो गए। एक पुत्र ने पिता की इच्छा का आदेश मानते हुए शल्य चिकित्सक बनने का मन बना लिया जबकि दूसरे ने अपने मनपसंद क्षेत्र में व्यापार करने का फैसला किया। इस केस स्टडी में कुछ तथ्य जो बिलकुल स्पष्ट तौर पर सामने आए हैं उन्हें चिहिन्त करते हुए यह तय किया जा सकता है कि पिता द्वारा लिया गया अनैतिक निर्णय लाभप्रद है या हानिकारक-

1. क्या इस व्यक्ति के चिकित्सक पुत्र से अनैतिक कृत्यों की अपेक्षा की जा सकती है?
2. क्या शल्य चिकित्सा की पढ़ाई करने वाला पुत्र इस योग्य है कि वह अपनी पढ़ाई कुशलतापूर्वक पूरी तरह ले?
3. यदि अनैतिक साधनों का सहारा लेकर चिकित्सा की पढ़ाई पूरी कर भी ली तो क्या यह व्यक्ति एक कुशल चिकित्सक बन सकता है?
4. क्या अकुशल चिकित्सक समाज के लिए एक खतरा नहीं है?
5. क्या दोनों पुत्रों में अनैतिकता के प्रतिकार की समान क्षमता है?

प्रश्न-7 यह व्यक्ति का नैतिक दायित्व है कि वह स्वार्थमूलक सुखवाद की अपेक्षा वसुधैव कुटुंबकम के दर्शन को स्वीकार करें। मौजूदा वैश्विक परिप्रेक्ष्य में यह कैसे प्रासंगिक है?

उत्तर : नैतिक सुखवादी सुख को एकमात्र अनिवार्य मानदंड मानते हैं। इस मान्यता के अनुसार प्रत्येक वह वस्तु या विचार शुभ है जो आपको सुख दे जबकि प्रत्येक वह वस्तु या विचार अशुभ है जो आपको दुख दे। सुख की प्राप्ति ही जीवन का परम लक्ष्य माना गया है इसलिए नैतिक सुखवादी जीवन के बाद की किसी मान्यता के कुछ रोचक पहलू इस प्रकार है।

- प्रत्येक दुखद अनुभव स्वयं में अशुभ है।
- दो अनुभवों में से अधिक वांछनीय वह है जो अधिक शुभ है।
- तुलनात्मक रूप से अधिक दुखद अनुभव अधिक अवांछनीय है।
- सुखवाद मूलत: दो प्रकार का होता है- स्वार्थमूलक व सेवार्थमूलक।

चार्वाक संप्रदाय : चार्वाक संप्रदाय मूलत: स्वार्थमूलक नैतिक सुखवाद का समर्थक है जो अपनी निंदा के कारण ही चर्चा में रहा है। चार्वाकों का मानना है कि स्वयं के लिए सुख की प्राप्ति ही जीवन का एकमात्र लक्ष्य है। कल मिलने वाले मोर की बजाय आज मिलने वाले कबूतर का भोग करना (न श्वो मयूर: वरमद्य कपोत:) इस दर्शन का मूलमंत्र है। ''ऋणं कृत्वा घृतम् पिवेत'' इनकी जीवनशैली रही है।

सामान्यत: सुख शुभ व वांछनीय है। हम सामान्य परिस्थितियों में बिलकुल ऐसा ही सोचते और करते हैं लेकिन प्रश्न यह उठता है कि क्या यही जीवन दर्शन का मानक बनने योग्य है? संभवत: इसे मुक्त हृदय से स्वीकार्यता मिल पाना संभव नहीं है। वसुधैव कुटुबंकम की सदियों पुरानी विचारधारा और वर्तमान वैश्वीकरण की विचारधारा में काफी समानता है। इसी समानता और उत्तरदायित्व की व्यापकता के कारण ही नैतिक सुखवाद की स्वार्थमूलक विचारधारा को समर्थन देना संभव नहीं है। जिस जीवन दर्शन में विश्व की वर्तमान व भविष्य की जिम्मेदारियों को पूरा कर पाने की क्षमता नहीं है, उसे औचित्यपूर्ण नहीं ठहराया जा सकता है।

सुखवाद बनाम वैश्विक पर्यावरण : आज संपूर्ण विश्व एक गंभीर पर्यावरणीय संकट से जूझ रहा है। ग्लोबल वार्मिंग से होने वाले खतरों के प्रति लगातार पूरा विश्व एकजूट हो रहा है, इसलिए हमें ऐसे दर्शन की आवश्यकता है जो सामूहिक हितों का ध्यान रखे, जबकि सुखवाद नितांत वैयक्तिक विषय है।

सुखवाद बनाम आतंकवाद : स्वार्थमूलक सुखवाद आतंकवाद को एक साधन के रूप में गलत नहीं मानता जबकि आतंकवाद का दंश झेल रहा वर्तमान विश्व इससे निजात पाने का हर संभव प्रयास कर रहा है, इस तरह इस नजरिये से स्वार्थमूलक सुखवाद एक औचित्य हीन दर्शन है।

सुखवाद बनाम आर्थिक असमानता : आर्थिक आधार पर आज संपूर्ण विश्व दो हिस्सों में बंटा हुआ है। आर्थिक रूप से संपन्न देश तथा आर्थिक रूप से विपन्न देश। हमें वैश्विक स्तर पर ऐसे प्रयासों की आवश्यकता है जो संपन्नता और विपन्नता के बीच की खाई को पाट सकें। स्वार्थमूलक सुखवाद इस समस्या का हल नहीं बल्कि इसका कारण है, इसलिए यह संपूर्ण विश्व के लिए अस्वीकार्य है।

सुखवाद बनाम वैश्विक भुखमरी : आज विश्व के कई देश खाद्यान्न की कमी के गंभीर संकट से जूझ रहे हैं। हमें राष्ट्रीय और अंतर्राष्ट्रीय स्तर पर ऐसी नीतियां बनाने की आवश्यकता है जो अधिशेष खाद्यान्न का समायोजित कर इस समस्या का समाधान कर सकें। इसके लिए भविष्य को ध्यान में रखते हुए, वर्तमान आवश्यकताओं की पूर्ति अपेक्षित है। स्वार्थमूलक सुखवाद क्षणिकवाद में विश्वास रखता है। स्वार्थमूलक सुखवाद और वर्तमान विश्व की आवश्यकताओं में एक स्पष्ट विरोधाभास है। इसलिए इस जीवन दर्शन को स्वीकार किया जाना न तो संभव है और न ही औचित्यपूर्ण। दर्शन और नीतियों का विश्वास समय की जरूरतों के साथ ही होता है। आज संपूर्ण विश्व एक इकाई के रूप में दिखता है। इसलिए क्षेत्रीय हित अलग होते हुए भी वैश्विक स्तर पर सामूहिक लक्ष्यों को बनाया जाना समय की आवश्यकता है। नीतिशास्त्र का यह दायित्व है कि समय की मांग के अनुसार ऐसी नीतियों व दर्शन का विकास करें जो वसुधैव कुटुंबकम के महान भारतीय दर्शन को साकार रूप दें।

प्रश्न-8 परिणाम चाहे कैसे भी हो, व्यक्ति को कर्म के प्रति निष्ठावान होना चाहिए। टिप्पणी करें।

उत्तर : श्रीमद्भगवतगीता श्रद्धा के उच्चतम सोपान पर स्थापित होने के कारण बहुत से घरों और मंदिरों में आसानी से देखी जा सकती है लेकिन व्यवहार के निम्नतम सोपान पर होने के कारण व्यक्तिगत जीवन में कम ही देखने को मिलती है, अध्याय 2 का सूक्त 46 इतना ज्यादा लोकप्रिय है कि प्रायः लोग हिंदी और संस्कृत में इसका प्रयोग एक सरल मुहावरे की तरह करते हैं। पूरा श्लोक इस प्रकार है-

''कर्मण्येवाधिकारस्ते मा फलेषु कदाचन

मा कर्मफल हेतुर्भूर मा तेसंगोस्त्व कर्मणि''

कुछ लोगों ने इसका अनुवाद इस प्रकार किया- कर्म करो, फल की इच्छा मत करो। लेकिन वास्तव में इच्छा शब्द या इसके पर्यायवाची का कहीं प्रयोग ही नहीं हुआ है। आइए हम इस श्लोक के पहले अंश को देखते हैं- कर्मण्येव (कर्म पर ही) अधिकारस्ते (अधिकार) मा (नहीं) फलेषु (फल पर) कदाचन (कदापि) समग्रता में देखने पर हम पाते हैं कि''कर्म पर ही आपका अधिकार है उसके फल पर कदापि नहीं'', यहां पर हमें बहुत आसानी से इस बात को समझना होगा कि फल पर हमारा अधिकार न होने के बावजूद भी पूरी निष्ठा के साथ कर्म क्यों आवश्यक है? क्या फल पर अधिकार न होने के बावजूद उसी निष्ठा से कर्म किया जा सकता है।

आपके जीवन में भी कुछ ऐसी घटनाएं जरूरी घटी होंगी जिन्होंने आपको सोचने पर मजबूर कर दिया होगा। सोचने पर मजबूर कर देने वाला यही शक्तिशाली क्षण आपको अंदर से बदलने की क्षमता रखता है। आध्यात्मिक स्तर पर इसी क्रिया को चिंतन नाम दिया जाता है। कर्मण्येवाधिकारस्ते एक नितांत चिंतनीय सत है जो वास्तव में आपको अंदर से बदलने की क्षमता रखता है।

अपने द्वारा किए गए सभी प्रयासों में शत-प्रतिशत सफलता का दावा तो अत्याधुनिक प्रौद्योगिकी भी नहीं करती तो मनुष्य के लिए ऐसा न कर पाना बिल्कुल स्वाभाविक है। यह भी बेहद स्वाभाविक है कि यदि हम किसी प्रयोजन के लिए प्रयास करते हैं तो उसके पूरा न होने पर अपेक्षित परिणाम न मिलने पर निराशा और कुंठा जैसे नकारात्मक भाव आ जाते हैं। कर्मण्येवाधिकारस्ते के चिंतन में वह चमत्कारी शक्ति है जो किसी परिणाम से पूर्णतः निरपेक्ष है। सुख और दुख दोनों स्थितियों में समभाव रखना किसी योगी के लिए सामान्य बात हो सकती है लेकिन एक सामान्य व्यक्ति के लिए दुष्कर योग है। जब तक हमारा चिंतन हमें ऐसा करने के लिए स्वानुकूलित नहीं कर लेता तब तक ऐसा करने की सलाह देना मात्र एक कोरा उपदेश है।

सवाल यह पैदा होता है कि 'कर्मण्येवाधिकारस्ते' के चिंतन की आवश्यकता क्या है और इसका प्रयोग कैसे किया जाना चाहिए? जहां तक इसकी आवश्यकता का प्रश्न है तो यह निश्चित है कि इसकी आवश्यकता प्रत्येक उस व्यक्ति को है जो अपेक्षित परिणाम न मिलने पर निराश या कुंठित नहीं होना चाहता। इसकी प्रयोग करने की विधि के दो क्रमिक चरण हैं पहला इसके मूल व वास्तविक अर्थ को समझकर आत्मसात करना और दूसरा इसकी लगातार मानसिक पुनरावृत्ति करना। कुछ लोगों का मानना है कि इस दर्शन के चिंतन से अकर्मण्यता बढ़ने का खतरा है। जरा सोचिए, संपूर्ण विश्व में कर्मयोग के शिखर पर आसीन श्रीमद्भगवद्गीता का यह प्राण सूक्त अकर्मण्यता को बढ़ावा कैसे दे सकता है? यदि इसका प्रयोग विधिवत ढंग से किया जाए तो आश्चर्यजनक परिणाम सामने आ सकते हैं।

पहला चरण (इसके मूल व वास्तविक अर्थ को समझना) : जैसा कि पहले भी चर्चा की गई है कि इसका अर्थ कर्म करो, फल की इच्छा मत करो न होकर कर्म पर आपका अधिकार है, फल पर नहीं है दोनों वाक्यों में कुछ मूलभूत अंतर है।

1. फल की इच्छा मत करो में उपदेश का भाव है जबकि ''फल पर आपका अधिकार नहीं है'' में चेतना जाग्रत करने का भाव है।

2. कर्म करो एक आदेशात्मक वाक्य है जबकि कर्म पर आपका अधिकार में चेतना स्वातंत्र्य व मानवीय गरिमा की वरीयता का भाव है।

दूसरा चरण (इस भाव की लगातार मानसिक पुनरावृत्ति) : यदि एक बार अपने इसके वास्तविक अर्थ को समझकर आत्मसात कर लिया तो इसकी पुनरावृत्ति के अभ्यास को अपनी आदत बना लीजिए। धीरे-धीरे आप पाएंगे कि असफलता से उपजने वाले भावों पर आपका अधिकार हो गया है और किसी भी परिणाम के प्रत्युत्तर में आप पुनः कर्म करने के लिए दोगुनी ऊर्जा के साथ खड़े हैं।

प्रश्न-9 **आप किसी संस्था में प्रबंधक हैं। आपके स्टाफ में एक महिला कर्मचारी है। उसको अपनी मां की देखभाल के लिए लंबी छुट्टियां लेनी पड़ती है। वित्तीय कारणों से वह नौकरी भी नहीं छोड़ सकती है। मां की देखभाल के लिए ली गई छुट्टियों के दौरान वह कई जरूरी मीटिंग और प्रशिक्षण सत्रों में शामिल नहीं हो सकी थी। उसको अब भी मां की देखभाल और घर की व्यवस्था बनाने के लिए अक्सर आफिस से जल्दी निकलना होता है जिसकी वजह से वह रणनीतिक वार्तालापों में भागीदारी नहीं कर पाती है। हालांकि वह अपने कार्य में कुशल और सटीक है लेकिन पारिवारिक परिस्थितियों की वजह से बहुत तनाव और दबाव में है। उसकी वजह से उसके सहकर्मियों पर भी काम का बोझ पड़ रहा है। आपको भी यह पता है कि इस तरह की परिस्थिति की वजह से कार्यालय के कामकाज का ढर्रा बिगड़ रहा है। महिला कर्मचारी के साथी पुरूषों में से एक ने यह कहना शुरू कर दिया है कि महिलाओं की जगह घर में होती है इस तरह की बातों से वह उस महिला को हर जगह मौका पड़ते ही नीचा दिखाने की कोशिश करता है। इससे महिला कर्मचारी और अधिक तनाव में आ जाती है।**

(A) आप प्रबंधक हैं, ऐसे में आफिस का कामकाज भी प्रभावित नहीं हो और उस महिला का मनोबल भी नहीं गिरे इसके लिए आप क्या करेंगे?

(B) इस प्रकरण से जुड़े नैतिक विषय व मानवीय पहलुओं को स्पष्ट कीजिए व उनकी व्याख्या कीजिए।

उत्तर : (A) प्रकरण के व्याख्यान से शुरूआती तौर पर इसमें लैंगिक आधार पर उत्पीड़न का मामला जुड़ा है। पुरूष साथी द्वारा महिला कर्मचारी पर लैंगिक आधार पर की गई टिप्पणी एक आपराधिक कृत्य है। सबसे पहले इस प्रकरण में कार्यालय में इस तरह की छींटाकशी करने वाले पुरूष कर्मचारियों पर अनुशासनात्मक कार्रवाई करने की जरूरत है। चूंकि यह मामला महिला के आत्मसम्मान से जुड़ा है, इसलिए शुरूआती दौर में टीका टिप्पणी करने वाले कर्मचारी से व्यक्तिगत तौर पर अनुरोध करूंगा कि वह ऐसा नहीं करे। यदि महिला कर्मचारी द्वारा सहकर्मी द्वारा की जा रही टीका-टिप्पणियों के बारे में लिखित शिकायत दर्ज कराई जाती है तो प्रबंधक होने के नाते सबसे पहले मैं इस मामले की विभागीय जांच के आदेश दूंगा।

(B) इस प्रकरण में नैतिकता और मानवीयता के विशिष्ट पहलु जुड़े हैं। चूंकि महिला कर्मचारी मेरी अधीनस्थ है, ऐसे में मैं यह मेरा दायित्व है कि मैं उससे संरक्षक और मार्गदर्शक के तौर पर पेश आऊं। सबसे पहले में महिला की पूरी समस्या जानूंगा। व्यक्तिगत स्तर पर मैं उसकी जो भी मदद होगी करूंगा। कर्तव्यनिष्ठा के सिद्धांतों और आदर्शों के मुताबिक उस महिला कर्मचारी को अपने दायित्वों के निर्वहन में कोई कमी नहीं करनी चाहिए। इसके लिए मैं उसे प्रेरित करूंगा कि वह कार्यालय में किसी भी तरह से कमजोर साबित न हो। चूंकि मै जानता हूं कि वह प्रतिभावान और कार्यकुशल है तो उसको व्यक्तिगत और पेशेवर जिंदगी में तालमेल बिठाने के लिए प्रोत्साहित करूंगा। इसके अलावा अन्य सहकर्मियों से मानवीयता के नाते उसकी मदद के लिए अनुरोध करूंगा। पूरे स्टाफ की एक साथ बैठक कर कार्य का बंटवारा इस तरह से किया जाएगा कि कार्य संचालन बाधि त नहीं हो।

प्रश्न-10 आप एक प्रशिक्षु कार्मिक हैं। आपसे वरिष्ठ कार्मिक किन्हीं अपरिहार्य कारणों से अवकाश पर हैं। आपको भी अध्ययन अवकाश पर जाना है। प्रबंधक ने आपको आदेश दिया है कि अध्ययन अवकाश पर जाने से पहले नियत अवधि में आपको किसी जटिल कार्य को पूरा करना है। प्रबंधक द्वारा कार्य को समाप्त करने का अंतिम समय कार्य की जटिलता को देखते हुए यथार्थवादी नहीं लगता है। आपको लगता है कि आप दिए गए कार्य के लिए इतने अनुभव नहीं है कि अकेले संपन्न कर सकें। कार्य को तय मानकों के मुताबिक संपन्न करने के लिए आपको अतिरिक्त देखरेख की जरूरत है। जबकि प्रबंधक द्वारा जरूरी सहयोग देने से मना कर दिया गया है। यदि आप कार्य को तय समय सीमा में करने की कोशिश करते हैं तो उसे अपेक्षित गुणवत्ता के साथ नहीं कर पाएंगे और अवकाश से लौटने के बाद आप पर अनुशासनात्मक कार्रवाई हो सकती है। प्रबंधक द्वारा अभित्रस्त होने से आप दबाव में भी आ जाते हैं। नीचे सुझावों के विकल्प दिए गए हैं। सभी विकल्पों का गुण दोष के आधार पर मूल्यांकन कीजिए।

(A) आप प्रबंधक को अपनी क्षमताओं और सीमाओं के बारे में स्पष्ट बताते हुए पूरी ईमानदारी से काम करेंगे व कार्य के परिणाम को सभी दायित्व निभाएंगे।

(B) आप कार्य करने से मना कर देंगे क्योंकि आप एक प्रशिक्षु हैं और तकनीकी रूप से दिया गया कार्य आपके दायित्वों में नहीं है।

(C) आप प्रबंधक से काम को करने की समय सीमा को बढ़ाने का अनुरोध करेंगे और काम को पूरी जवाबदेही के साथ संपन्न करेंगे।

उत्तर : (A) इस विकल्प में नैतिकता का एक गुण ईमानदारी से जुड़ा है। मैं अपनी क्षमताओं और सीमाओं के बारे में स्पष्ट तौर पर प्रबंधक को बता दूंगा। यदि ऐसा करने के बाद भी प्रबंधक चाहेगा तो मैं दिए गए काम को पूर्ण निष्ठा और ईमानदारी से करूंगा। हालांकि मुझे पता है कि मैं दिए गए कार्य को अकेले तय समय सीमा में आवश्यक गुणवत्ता के साथ करने में मैं सक्षम नहीं हूं। लेकिन मैं इसे चुनौती के रूप में स्वीकार करूंगा और अपनी क्षमताओं का पूर्ण उपयोग करते हुए अपेक्षित परिणाम देने के प्रयास करूंगा क्योंकि चुनौतियों का सामना करने से ही व्यक्तित्व के सभी आयामों का विकास होता है। इस विकल्प में कुछ दोष भी हैं। प्रकरण में स्पष्ट बताया गया है कि मैं दिए गए कार्य के लिए पर्याप्त क्षमतावान नहीं हूं और दूसरे काम की गुणवत्ता में कमी रहने पर मेरे खिलाफ अनुशासनात्मक कार्रवाई भी की जा सकती है। कार्यस्थल के नैतिक आदर्शों के मुताबिक यह कार्य मुझे नहीं करना है। यदि मैं इस कार्य को करता हूं तो निश्चित ही मैं अपने पैरों पर कुल्हाड़ी मारने वाला काम करूंगा।

(B) तकनीकी रूप से मैं न तो इस कार्य को करने के लिए जवाबदेह हूं और न ही सक्षम। ऐसे में इस कार्य को करना मेरे लिए बड़ी समस्या बन सकता है। मैं कंपनी के कार्यकारी नियमों व नीतियों का अध्ययन करूंगा। यदि कंपनी के नियमों व नीतियों के मुताबिक दिया गया कार्य मेरे दायित्वों में नहीं आता है तो मैं विनम्रता से यह कार्य करने से मना कर दूंगा। ऐसा करने से मैं अनावश्यक तनाव में आने से बचूंगा व अनपेक्षित स्तर पर कार्य करने पर होने वाली कार्रवाई से बच जाउंगा। इस विकल्प का दोष यह है कि इसमें प्रबंधक पर दबाव होगा। एक वरिष्ठ कार्मिक अवकाश पर हैं और दिया गया कार्य बहुत महत्व का होगा इसीलिए प्रबंधक उसे जल्द से जल्द करवाना चाहता है, ऐसे में मैं यदि काम को करने से मना करता हूं तो इससे मेरी कर्तव्यनिष्ठा और पेशेवर सक्षमता पर सवाल खड़ा होगा।

(C) मैं प्रबंधक से समय सीमा के बारे में पुनर्विचार के लिए अनुरोध करूंगा और जानना चाहूंगा कि यदि इस दौरान कोई जवाबदेह व्यक्ति मेरी मदद और काम की देख-रेख के लिए मौजूद रहेगा तो काम अधिक गुणवत्ता के साथ हो सकेगा। इस विकल्प से मेरी कर्तव्यनिष्ठा और चुनौतियों को स्वीकारने की क्षमता सामने आएगी और मेरे ओहदे के मुताबिक मैं काम के परिणाम के लिए भी जवाबदेह नहीं रहूंगा। यदि काम बेहतर होगा तो मुझे प्रोत्साहन मिलेगा और यदि काम को अपेक्षित गुणवत्ता के मुताबिक पूरा नहीं किया जा सकेगा तो मैं अनावश्यक कार्रवाई से बच जाउंगा। तीनों विकल्पों में यह सर्वश्रेष्ठ है।

सामान्य अध्ययन मुख्य परीक्षा
मॉडल अभ्यास चतुर्थ प्रश्न-पत्र 2

कुल अंक : 200 **समयावधि : 3 घण्टे**

खण्ड-1

निर्देश: *निम्नलिखित प्रत्येक प्रश्न का उत्तर 125 शब्दों से अधिक नहीं होना चाहिए। शब्द-विस्तार की अपेक्षा प्रश्नोत्तर की अन्तर्वस्तु अधिक महत्वपूर्ण है। सभी प्रश्नों के अंक समान हैं।*

Instruction: *Answer the following questions in not more than 125 words each. Content of the answers are more important than their length. All questions carry equal marks.* 10 × 8 = 80

प्रश्न-1 सामाजिक समस्याओं के प्रति व्यक्ति की अभिवृत्ति (ऐटिट्यूड) के निर्माण में कौन-से कारक प्रभाव डालते हैं? हमारे समाज में अनेक सामाजिक समस्याओं के प्रति विषम अभिवृत्तियां व्याप्त हैं। हमारे समाज में जाति प्रथा के बारे में क्या-क्या विषम अभिवृत्तियां आपको दिखाई देती हैं? इन विषम अभिवृत्तियों के अस्तित्व को आप किस प्रकार स्पष्ट करते हैं?

उत्तर : मनोवृत्ति एक मानसिक स्थिति हैं, जो विचारों के प्रति विश्वास को दर्शाती है। दूसरे शब्दों में यह एक व्यक्ति का दुनिया के विभिन्न पहलुओं का मूल्यांकन है। सामाजिक समस्याओं के प्रति व्यक्ति के दृष्टिकोण के गठन में पारिवारिक मूल्यों, स्कूल और समाज से प्राप्त ज्ञान और मास मीडिया अहम भूमिका निभाते हैं। समाज में विभिन्न प्रकार की मनोवृत्ति पायी जाती है जिसका कारण है असामान्य मात्रा में विभिन्न कारकों का व्यक्ति पर असर होना। इसके साथ यह भी पाया गया है कि समाज में शिक्षा का स्तर असामान्य तरीके से बंटा हुआ है। उदाहरण के लिए, जाति व्यवस्था के मामले में दो परस्पर विरोधी नजरिए देखे जा सकते हैं। कट्टरपंथी और पारंपरिक शिक्षा के क्षेत्र में प्रेरित लोगों को फायदा हुआ है वे इसका समर्थन करते हैं जबकि जाति ने जिन्हें नुकसान पहुंचाया है उनका जाति व्यवस्था के प्रति नकारात्मक रवैया है।

प्रश्न-2 लोक-सेवा के सन्दर्भ में 'जवाबदेही' का क्या अर्थ है? लोक-सेवकों की व्यक्तिगत और सामूहिक जवाबदेही को सुनिश्चित करने के लिए क्या उपाय अपनाए जा सकते हैं?

उत्तर : जवाबदेही सार्वजनिक सेवा का एक अभिन्न अंग हैं, जिसका अर्थ अपनी जिम्मेदारियों को स्वीकारना और उन्हें पारदर्शी ढंग से निभाना है। इस प्रकार सार्वजनिक सेवा कार्यालय से जुड़े अधिकारी अपने पद से जुड़े दायित्व को सही ठहरा सकते हैं। इनमें जनता के धन और अन्य संपत्तियों की जिम्मेदारियां भी शामिल हैं जो अधिकारियों को सौंपी गई हैं। सरकारी कर्मचारियों का व्यक्तिगत और सामूहिक जवाबदेही सुनिश्चित करने के लिए कई कदम उठाये जा सकते हैं। सार्वजनिक व्यय के तरीके तथा अन्य निर्णय लेते वक्त यह जरूरी है कि सरकारी अधिकारी कानून के शासन के अंतर्गत काम करे। कानूनी काम अनुपालन सुनिश्चित करने के लिए पुरस्कार और दण्ड के आवश्यक प्रावधान स्थापित किए जाने चाहिए। एक सार्वजनिक वेबसाईट पर हर वित्तीय वर्ष के अंत में उनके व्यक्तिगत आय का खुलासा करना चाहिए। उनके द्वारा लिए गए निर्णयों को भी सार्वजनिक रूप से अधिसूचित किया जाना चाहिए। इसी तरह विभिन्न कार्यों के लिए आवंटित निधि किसी एकल प्रशासक की सहमति से नहीं बल्कि एक समिति की सहमति के साथ जारी किया जाना चाहिए जिसमें न्यूनतम तीन या उससे अधिक सदस्य हों।

प्रश्न-3 केन्द्रीय सतर्कता आयोग क्या है?

उत्तर : सन्थानम समिति के सुझाव पर सन् 1964 में गठित किया गया यह आयोग भ्रष्टाचार निवारक अधिनियम 1988 (Prevention of Corruption Act, 1988) तथा अन्य सी.पी.सी. (CPC) के अन्तर्गत आने वाले मुकदमों पर सतर्कता का कार्य करता है। केन्द्रीय सरकार के विभिन्न मंत्रालयों और निकायों में कार्यरत लाखों कर्मचारियों की प्रशासनिक गतिविधियों पर यह आयोग अपनी निगरानी रखता है और अलग-अलग स्तरों पर कार्यवाहियों की सिफारिशें भी करता रहता है। इसे स्वतंत्र और निष्पक्ष बनाये रखने के लिए इसे कार्यकारिणी के सीधे नियंत्रण से मुक्त रखने की व्यवस्था की गई है। सदस्य तथा मुख्य सतर्कता आयुक्त की नियुक्ति में विपक्ष के नेता को इसीलिए सम्मिलित किया गया है कि वह अपने अर्द्ध न्यायिक कार्य को तटस्थता के साथ कर सके।

प्रश्न-4 केन्द्रीय अन्वेषण ब्यूरो क्या है?

उत्तर : भ्रष्टाचारी आपराधिकता पर कार्यवाही करने का कार्य केंद्रीय अन्वेषण ब्यूरो (CBI) का है। यह एक केन्द्रीय पुलिस संगठन है और संविधान के अन्तर्गत पुलिस राज्य सूची का विषय होते हुए भी केन्द्रीय गृह मंत्रालय इस संगठन के माध्यम से कुछ-कुछ राष्ट्रीय पुलिस का जैसा कार्य करता है। कुछ लोग इसकी बढ़ती हुई भूमिका से चिन्तित होकर इसे एक राष्ट्रीय पुलिस थाना (National Police Station) भी कहते रहते हैं। कार्यक्षेत्र की दृष्टि से यह पूरे देश में पुलिस के कार्य करता है, पर अधिकतर इसमें वे ही मुकदमे जाते हैं जिन्हें राज्य भेजते हैं और इसकी छवि और विशेषज्ञता का लाभ उठा कर अपने राज्यों के पुलिस दलों की विश्वसनीयता को बढ़ाना चाहते हैं।

प्रश्न-5 भ्रष्टाचार निवारण के क्या उपाय हैं?

उत्तर : भ्रष्टाचार 21वीं शताब्दी में सभी समाजों का एक अनिवार्य अंग बन चुका है, क्योंकि इसका समाजीकरण हो गया है। अत: इसका सम्पूर्ण उन्मूलन तो सम्भव नहीं है फिर भी कुछ सुधारकों ने इसके निवारण के लिए कुछ उपाय बताए हैं, जो इस प्रकार हैं-

- भ्रष्टाचार के विरोध में एक जबरदस्त लोकमत जगाया जाना चाहिए, जिससे भ्रष्टाचारियों के अपराधों को उजागर किया जा सके।
- चुनाव सुधार किये जाने चाहिए, जिससे चुनाव लड़ने में बहुत धनराशि व्यय न करनी पड़े।
- भ्रष्टाचार के मामलों पर कार्यपालिका के प्रभाव से सर्वथा मुक्त निष्पक्ष न्यायाधीशों द्वारा विचार करने और अपराधियों को कठोर दण्ड देने की व्यवस्था होनी चाहिए।
- मंत्रियों एवं सरकार प्रशासकों के लिए निश्चित आचार-संहिता का निर्माण और उसका पूरी कठोरता से पालन किया जाना आवश्यक है।
- सरकारी कर्मचारियों को उनके काम के अनुसार पूरा वेतन देने और उनकी नियुक्ति केवल योग्यता के आधार पर करने की व्यवस्था होनी चाहिए।

प्रश्न-6 सिविल सेवा मूल्य और नीतिशास्त्र में क्या सम्बन्ध है?

उत्तर : आज का राज्य कल्याणकारी राज्य है, जिसमें सिविल सेवकों से यह अपेक्षा की जाती है कि वह मानवता को स्थापित करने वाले मूल्यों के प्रति संवेदनशील रहे। आज प्रशासक को व्यावहारिक और नैतिक बुद्धिमता के बीच सामंजस्य की आवश्यकता है, ताकि वह अपने कर्त्तव्यों का निर्वाह भलीभांति कर सके। जनसेवा में मूल्यों का होना एक अनिवार्य तत्व है। क्योंकि मूल्य मानव व्यवहार के पीछे प्रचालन शक्ति है। मनुष्य जो कुछ करता है वह उसकी मूल्य संरचना के सन्दर्भ में समझा जा सकता है। मूल्य ही मनुष्य के नियम, मानक तथा लक्ष्य निर्धारित करते हैं। लक्ष्यों को प्राप्त करने या किसी कार्य के उद्देश्यों को पूरा करने के लिए साधनों के चयन में भी मूल्य मनुष्य की सहायता करते हैं। सामान्यतया प्रत्येक व्यक्ति सांस्कृतिक प्रभावों, विज्ञान तथा नवीनताओं, धर्म तथा जातीय प्रभाव और जीवन के अनुभव के आधार पर अपनी मूल्य व्यवस्था निर्मित करता है। पीटर ड्रकर के अनुसार संस्थात्मक तथा व्यक्तिगत मूल्यों का संगम ही प्रशासन का सर्वोत्कृष्ट सिद्धांत बन जाता है। दरअसल प्रशासन जो जनोन्मुख निर्णय में सहायक हो तथा न्यायसम्मत, निष्पक्ष और नैतिक मूल्यों से परिपूर्ण हो।

प्रश्न-7 नैतिक मूल्य से क्या समझते हैं?

उत्तर : विकास के कारण जब समाज, राज्य और सरकारों द्वारा संचालित होने लगे थे, तो नैतिकता के नियमों को कानूनों की संहिताओं में बांधा गया। सजा की दृष्टि से इन कानूनों का उल्लंघन अपराध कहलाया और नैतिकता की दृष्टि से इसे आज भी दोष (Offence) तथा क्राइम का संज्ञेय और असंज्ञेय अपराध (Cognizable and Noncognizable Crime) कहा जाता है। अनैतिकता एक अवांछनीयता (Undesirability) है और समाज के लिए इसके हानिकारक प्रभावों को अपराध मानकर दण्डनीय माना जाता है। सभ्यता का यह नैतिक मूल्य सुखी जीवन की न्यूनतम स्थिति है। शासन और प्रशासन को सत्ता में बने रहने का अधिकार तभी तक दिया जा सकता है, जब तक वे सभ्य जीवन के इन नैतिक मूल्यों की रक्षा करते हैं। लोकतंत्र में ये नैतिक मूल्य कानून की रक्षा से सुदृढ़ बनते हैं। इसी कानून के शासन से प्रशासन चलता है और किसी भी व्यक्ति को नैतिकता की मनमानी व्याख्या करने का अधिकार नहीं दिया जा सकता। जनता यदि कानून तोड़ती है, तो उसे आपराधिकता या अनैतिकता के लिए सजा दी जाती है। इसी प्रकार यदि शासक प्रशासक भी नियम विरूद्ध अनैतिक आचरण करते हैं, तो उन्हें भी कानून के कठघरे में खड़ा किया जाता है। न्यायिक प्रक्रियाओं के माध्यम से उन्हें नाना प्रकार के दण्ड भोगने पड़ते हैं। समाज की दृष्टि से भी सभी अनैतिक कार्य निन्दनीय हैं और जो अनैतिकता गैर कानूनी बन चुकी है, उसके लिए शासन, प्रशासन तथा जनता तीनों को ही सजा देकर नैतिकता की रक्षा करना एक आवश्यकता है।

प्रश्न-8 उत्तरदायित्व और नैतिकता क्या है?

उत्तर : लोकतंत्र में नागरिक लोक सेवकों से अपनी मांगों के प्रति उत्तरदायी होने की आशा करते हैं। उत्तरदायित्व अच्छी सरकार के लिए प्रक्रियात्मक आवश्यकता है। लोक सेवकों से यह उम्मीद की जाती है कि व उचित प्रशासन और नीति के प्रत्यक्ष और परोक्ष मूल्यों का आदर करेंगे।

सकारात्मक प्रशासनिक नैतिकता का दूसरा क्षेत्र अब उत्तरदायित्व की नैतिकता कहा जाने लगा है। इसका सीधा-सीधा अर्थ यह है कि प्रशासक अपने सीनियरों के साथ-साथ देश की जनता के प्रति उत्तरदायी हों। एकाउण्ट फॉर (Account For) शब्द का अभिप्राय ही यह है कि जवाब दीजिए और दायित्व लीजिए। अंग्रेजी शासन में प्रशासक जनता के प्रति जवाबदेह ही नहीं थे। वे वरिष्ठों के माध्यम से ब्रिटिश क्राउन को जवाब दिया करते थे। इसीलिए उन्हें अपने आप को जनता से दूर कर अपनी श्रेष्ठ वर्ग की नैतिकता रखनी पड़ती थी, जिसे वे स्टेटस सिस्टम या प्रोटोकॉल कहा करते थे। इस अभिजनवादी नैतिकता के बहुत से लक्षण आज भी देखे जा सकते हैं। ये वरिष्ठ अधिकारी साइकिल रिक्शाओं में नहीं बैठते। गलियों पर चाय नहीं पीते और सरकारी वाहनों के दुरूपयोग को अपने पद की शान समझते हैं। 'साहब संस्कृति' का यह कानूनी भ्रष्टाचार भारतीय जनता को भी युगों से मान्य लगता रहा है, जिसके कारण विक्टोरियन नैतिकता सरकारी पदों के साथ जुड़ती चली गई और सरकारी अधिकारियों के कार्यों को नियमों के अनुसार होने पर अनैतिक नहीं माना गया। नियमों की इस नैतिकता को निरपेक्ष नौकरशाही ने पदों के दुरूपयोग को प्रोटोकॉल और विशेषाधिकार (Protocol and Privileges) बतला कर भ्रष्टाचार को बढ़ावा दिया है। कहने का आश्रय यह है कि एक उत्तरदायी प्रशासन में सृजनात्मक मूल्यों का समावेश और नागरिकों के प्रति मित्रतापूर्ण व्यवहार ही एक अच्छे अभिशासन की स्थापना में सहायक हो सकता है।

प्रश्न-9 नागरिक अधिकार पत्र क्या है? इसके वैश्विक परिदृष्य पर प्रकाश डालें।

उत्तर : जनता को जगाने और सहभागी बनाने का यह अभियान अब भी जारी है। सूचना के अधिकार (RTI) की तरह इसने नागरिकों को एक सिटीजन चार्टर मांगने का अधिकार भी दिया है। ब्रिटेन के पैटर्न पर प्रशासन के सभी क्षेत्रीय कार्यालय नागरिकों को मांगने पर सूचना तो देते ही हैं, पर अब वे यह और बतलाने लगे हैं कि उन्हें प्रशासन से कौन-कौन सी सूचनाएं और सुविधाएं मांगने का हक है। नागरिकों का यह अधिकार पत्र एक प्रकार का जन प्रशिक्षण है और कोई भी नागरिक इस अधिकार पत्र को पढ़कर थाने में बैठा हुआ भी यह जान सकेगा कि अपने बैठने के लिए एक कुर्सी मांगना, पीने के लिए पानी के एक गिलास की प्रार्थना करना तथा अखबार पढ़ने और पैसे देकर फोन करने की मूल सुविधा प्राप्त करना एक सभ्य समाज में नागरिक का मूल अधिकार है। प्रशासन, अनुशासन, रौब या सरकार की प्रभावशीलता के नाम पर कोई भी प्रशासक एक नागरिक का अपमान नहीं कर सकता। यही तो उस व्यक्ति की गरिमा (Dignity of the Individual) का प्रशासनिक अर्थ है, जिसकी भारतीय संविधान गारन्टी अपनी भूमिका में ही देता है।

वर्ष 1991 में ब्रिटेन में नागरिक घोषणा के लागू होने के पश्चात भारत सहित अनेक देशों में इसे लागू किया गया। नागरिक घोषणा-पत्र अलग-अलग देशों में अलग-अलग रूप में है, लेकिन सभी का उद्देश्य सेवाओं को नागरिक केन्द्रित, गुणवत्तापूर्ण व मानकों के अनुरूप बनाना है इसके अन्तर्गत नागरिकों की समस्याओं का जल्दी समाधान करना भी है। विभिन्न देशों में अलग-अलग नामों से नागरिक घोषणा-पत्र को लागू किया गया है, जैसे- बेल्जियम में (पब्लिक सर्विस यूजर्स चार्टर, 1992) कनाडा में (सर्विस स्टैण्डर्ड इनिशिएटिव, 1994) मलेशिया (क्लाइट चार्टर, 1993), फ्रांस में (सर्विस चार्टर, 1992), भारत में (सिटीजन चार्टर, 1997), जमैका में (सिटीजन चार्टर, 1994), पुर्तगाल में (द क्वालिटी चार्टर, इन पब्लिक सर्विसेज, 1993) और स्पेन में (द क्वालिटी ऑब्जर्वेटरी, 1992) इत्यादि।

प्रश्न-10 सतर्कता व्यवस्था क्या है?

उत्तर : सन्थानम रिपोर्ट ने नेहरू युग के भ्रष्टाचार पर अपने प्रतिवेदन में कई दर्जन जो कारण गिनाए हैं, वे पुलिस, न्यायपालिका, सतर्कता और अन्वेषण प्रशासन को मजबूत करने के लिए ही दिए गए हैं। बाद में वोहरा समिति प्रतिवेदन ने समानान्तर काले धन की व्यवस्था पर प्रहार करते हुए विशेष दण्डनीय व्यवस्थाओं और सेवाओं की सिफारिशें की थीं। नैतिकता चाहे भय से न आती हो, पर अनैतिकता के लिए कठोर सजा के भय भ्रष्ट आचरण को घटाता अवश्य है। इस प्रस्थापना को ध्यान में रख कर केन्द्रीय और राज्य सरकारों ने कुछ पुलिस अभिकरण और अर्द्ध न्यायिक संस्थाएं खड़ी की हैं, जिनमें निम्नलिखित प्रमुख हैं-

1. राष्ट्रीय अन्वेषण एजेन्सी (National Investigation Agency)
2. केन्द्रीय सतर्कता आयोग (Central Vigilance Commission)
3. केन्द्रीय अन्वेषण ब्यूरो (Central Bureau of Investigation)
4. भ्रष्टाचार निरोधक विभाग (राज्यों में) (Anti Corruption Department)

नेशनल इन्वेस्टीगेशन एजेन्सी (NIA) अन्तर्राष्ट्रीय स्तर पर मनी लॉन्ड्रिंग, (Money Laundering) हवाला कारोबार, विदेशों में काला धन, आतंकियों द्वारा धन संग्रह आदि की भ्रष्ट गतिविधियों में लिप्त व्यक्तियों पर आपराधिक कार्यवाही के लिए गठित की गई है। इस प्रकार के भ्रष्टाचार की खोजबीन और साक्ष्य जुटाना एक जटिल कार्य है। न्यायालय ऐसे मुकदमों में जो प्रमाण चाहते हैं, उन्हें अन्तर्राष्ट्रीय कानून के तहत राष्ट्रीय सरकारों से सजा दिलवाने में जो अड़चनें आती हैं, उनको सुलझाने और उनसे निपटने के लिए एन.आई.ए. (NIA) एक उपयोगी कार्य कर रही है। इसका गोपनीय कार्य प्रशासन की शुद्धता के लिए अनिवार्य है। बहुत थोड़े समय में इस एजेन्सी की उपलब्धियां संतोषजनक मानी जा सकती हैं।

खण्ड-2

निर्देश: *निम्नलिखित प्रत्येक प्रश्न का उत्तर 200 शब्दों से अधिक नहीं होना चाहिए। शब्द-विस्तार की अपेक्षा प्रश्नोत्तर की अन्तर्वस्तु अधिक महत्वपूर्ण है। सभी प्रश्नों के अंक समान हैं।*

Instruction: *Answer the following questions in not more than 200 words each. Content of the answers are more important than their length. All questions carry equal marks.* 10 × 12 = 120

प्रश्न-1 कुछ लोगों का मानना है कि मूल्य समय और परिस्थिति के साथ बदलते रहते हैं, जबकि अन्य दृढ़ता से मानते हैं कि कुछ मानवीय मूल्य सर्वव्यापक व शाश्वत हैं। इस संबंध में अपनी धारणा तर्क देकर बताइए।

इस सवाल को देखने पर पहली नजर में लगता है कि यह एक विवाद का विषय है लेकिन बारीकी से देखें तो इसका उत्तर इसी प्रश्न में ही मिल जाएगा।

इस प्रश्न से दो तथ्य स्पष्ट रूप से निगमित हो रहे हैं :

- **कुछ मूल्य परिवर्तनशील होते हैं जो समय और परिस्थिति के अनुसार बदलते रहते हैं।**

- **कुछ मूल्य शाश्वत व सर्वव्यापक होते हैं जो समय और परिस्थिति के अनुसार नहीं बदलते हैं।**

प्रश्न को उपर्युक्त नजरिये से देखने पर इसमें कोई मतभेद नहीं दिखता क्योंकि सभी मूल्य न तो नश्वर कहे जा सकते हैं और न ही सार्वकालिक।

उत्तर: सभी मूल्य न तो नश्वर कहे जा सकते हैं और न ही सार्वकालिक। संस्कृति, विश्वासों और रीति-रिवाज से जुड़ नैतिक मूल्य समय और क्षेत्र के परिप्रेक्ष्य में ही अस्तित्व में रहते हैं लेकिन जैसे ही समय या क्षेत्र या दोनों बदलते हैं, इनकी प्रासंगिकता समाप्त हो जाती है। मिसाल के तौर पर मसाई जनजाति में एक सामान्य परंपरा है कि अतिथि के स्वागत में लोग उस पर थूक कर सम्मान प्रकट करते हैं और बदले में अतिथि भी कृतज्ञतावश उन पर थूक कर आभार प्रकट करता है। यदि मसाई जनजाति का कोई व्यक्ति अपने अतिथि के साथ इस तरह से पेश नहीं आता है तो उसे अभद्र तथा अनैतिक माना जाएगा।

स्पष्ट करने की आवश्यकता है कि संस्कृति से जुड़ा यही नैतिक कर्म अन्य समाजों के लिए न केवल अस्तित्वहीन है बल्कि एक सीमा तक अनैतिक भी। यहां पर ध्यान देने वाली बात यह है कि अतिथि सत्कार के तरीके बेहद भिन्न होने के बावजूद आतिथ्य का जो नैतिक मूल्य है वह दोनों ही संस्कृतियों में बरकरार है। इस प्रकार आतिथ्य सत्कार एक ऐसा मूल्य है जो सार्वकालिक और सार्वदेशिक है जबकि आतिथ्य का तरीका समय और परिस्थितियों के अनुसार बदल सकता है। आधुनिक समाज में अन्य उदाहरण से इस बात को समझें तो देश के कुछ हिस्सों में विवाह परिवार की प्रतिष्ठा व मान मर्यादा का विषय माना जाता है और इसी मान्यता के कारण वर-वधू की इच्छा शून्य करते हुए अभिभावकों की इच्छा से विवाह करा दिया जाता है। अभिभावकों के इस विशेषाधिकार के उल्लंघन का परिणाम ऑनर किलिंग जैसी घटनाओं के रूप में सामने आता है।

विचारणीय बात यह है कि 'ऑनर किलिंग' का समर्थन करने वाले व्यक्ति भी स्वयं को पूरी तरह नैतिक मानते हैं बल्कि उनका तर्क यह होता है कि नैतिकता की रक्षा के लिए उन्हें ऐसा करना पड़ता है। दूसरी ओर अभिभावकों की इच्छा के विरूद्ध और अपनी इच्छा से विवाह करने वाले युगल स्वयं को इसलिए नैतिक मानते हैं क्योंकि उन्होंने अनैतिक व रूढ़िवादी मूल्यों का विरोध किया है।

दरअसल यहां पर कुछ निश्चित मानदंड ही तय कर सकते हैं कि कौन सा कृत्य नैतिक है और कौन सा अनैतिक। विवाह की वैधानिक उम्र, व्यस्क विवेक शक्ति, हत्या जैसा जघन्य अपराध, अभिभावकों की परामर्श शक्ति, पारिवारिक दायित्व व व्यक्तिगत स्वतंत्रता जैसे कई आधार हैं जिनको सामने रखकर निर्णय लिया जा सकता है।

इसमें कोई संदेह नहीं कि कुछ मूल्य जो क्षेत्रीय या अंशकालिक प्रवृत्ति के होते हैं वे समय और परिस्थिति के साथ बदलते रहते हैं जबकि मानवीय गरिमा से जुड़े मूल्य शाश्वत व सर्वव्यापक होते हैं।

प्रश्न-2 भावात्मक बुद्धिलब्धि क्या है और यह लोगों में किस प्रकार विकसित की जा सकती है? किसी व्यक्ति विशेष को नैतिक निर्णय लेने में यह कैसे सहायक होता है?

उत्तर : भावनात्मक बुद्धिमत्ता, स्वयं की भावनाओं को समझते हुए अपने समूह की भावनाओं को भी समझना और संगठनात्मक लक्ष्य की प्राप्ति के लिए भावनाओं का विनियमन, नियंत्रण एवं संतुलन स्थापित करने की क्षमता है। भावनात्मक बुद्धिमत्ता जीवन में सफल होने के लिए बहुत महत्वपूर्ण होती है, विशेष रूप से किसी प्रशासक को परियोजना संचालन के चरण में कई अधीनस्थों व सहकर्मी अधिकारियों पर परस्पर भावनात्मक प्रभाव डाला जाए, ताकि किसी संगठनात्मक लक्ष्य की प्राप्ति के लिए इन सभी का सहयोग प्राप्त किया ज सके। कोई प्रशासक कितना भी बेहतर नियोजन करता हो, अधीनस्थों की व्यवस्था करता हो, बेहतर तरीके से अधीनस्थों के कर्तव्यों एवं उत्तरदायित्वों का बंटवारा और समन्वय करता हो तो भी वह पूरे तरीके से संगठनात्मक लक्ष्य की प्राप्ति में सफल हो जाएगा ऐसा पूर्वानुमान नहीं किया जा सकता है। यदि ऐसा प्रशासक बेहतर आईक्यू रखता हो, यानी आईक्यू का स्तर 100 या उससे ज्यादा हो और उसमें बेहतर स्मरण शक्ति, सीखने की क्षमता तथा बेहतर तार्किक क्षमता एवं किसी भी संकल्पना को सीखकर बेहतर तरीके से प्रस्तुत करने की क्षमता हो, इसके बावजूद यह पूर्णतः पूर्वानुमान नहीं किया जा सकता है कि ऐसा प्रशासक अपने लक्ष्य की प्राप्ति में सफल हो जाएगा और कार्यों का संचालन कुशलतापूर्वक करेगा।

भावनात्मक बुद्धिमत्ता, स्वयं की भावनाओं को समझते हुए अपने समूह की भावनाओं को भी समझना और संगठनात्मक लक्ष्य की प्राप्ति के लिए भावनाओं का विनियमन, नियंत्रण एवं संतुलन स्थापित करने की क्षमता है जिसका परस्पर सकारात्मक प्रभाव पड़ता है और कोई प्रबंधक किसी संगठनात्मक कार्य के लिए भावनात्मक रूप से अपने अधीनस्थों, सहकर्मियों का सहयोग प्राप्त करने में सफल हो जाता है। इसी वजह से भावनात्मक बुद्धिमत्ता संगठनात्मक कार्य के संचालन के लिए प्रासंगिक है।

बुद्धिलब्धि (IQ) : इसमें किसी व्यक्ति में स्मरण शक्ति, तार्किकता, प्रस्तुतीकरण की क्षमता को देखा जाता है। इसे 1912 में अल्फ्रेड बिनेट ने विकसित किया था। उन्होंने हर्बर्ट साइमन के साथ मिलकर सामान्य बुद्धिमत्ता परीक्षण विकसित किया जिसमें आईक्यू का मान 100 किसी व्यक्ति में औसत बुद्धिमत्ता को प्रदर्शित करता है। इसमें मानसिक आयु और वास्तविक आयु बराबर होनी चाहिए।

सामाजिक और प्रशासनिक बुद्धिमत्ता (Social intelligence and administrative intelligence) : 20वीं सदी की शुरूआत में एल.एल. थ्रस्टोन ने सामाजिक बोध एवं प्रशासनिक बोध का विचार दिया जिसमें यह विचार प्रस्तुत किया गया कि एक व्यक्ति कैसे सामाजिक बोध प्राप्त कर सकता है एवं उसका सहारा लेकर बेहतर अंतरवैयक्तिक प्रभाव डालते हुए सफल प्रशासक हो सकता है। गार्डनर द्वारा बाहुल्य बुद्धिमत्ता की विचारधारा प्रस्तुत की गई जिसमें आपसी बुद्धिमत्ता, शारीरिक क्षमता, प्रकृति एवं सुरों से संबंधित बुद्धिमत्ता, गणितीय ज्ञान व तार्किक बुद्धिमत्ता, भौगोलिक क्षेत्रीय क्षमता और अंतरवैयक्तिक क्षमता आदि आठ क्षमताओं के बारे में विचार प्रस्तुत किया गया।

अंतरवैयक्तिक कौशल किसी प्रशासक में ऐसी क्षमता होती है जो स्वयं की भावनाओं एवं समूह की भावनाओं को नियंत्रित करते हुए संगठनात्मक लक्ष्य की प्राप्ति के लिए लोगों को भावनात्मक रूप से जोड़ने में काम आती है। भावनात्मक बुद्धिमत्ता की विकास यात्रा में कई दार्शनिकों, समाजशास्त्रियों, मनोवैज्ञानिकों, प्रशासनिक चिंतकों की भूमिका देखने को मिलती है। सुकरात के दिनों से इस संकल्पना के बारे में आंशिक समझ विकसित होती है। सुकरात के विचारों में खुद को जानने के अनुसार उनके बारे में जानो जिनका नेतृत्व संभालने जा रहे हो, ऐसी विचारधारा किसी प्रशासक को यह शिक्षा देती है कि वह भविष्य में जहां कार्यभार लेने जा रहा है वहां की समस्याओं चिंताओं और चुनौतियों को जानने के साथ-साथ वहां के नागरिकों एवं प्रशासनिक संगठन के कर्मचारियों की भावनाओं के बारे में जानने का प्रयास करे ताकि अंतरवैयक्तिक प्रभाव बेहतर तरीके से स्थापित कर सके और प्रशासनिक संगठन के लक्ष्य को प्राप्त कर सके। डार्विन द्वारा अनुकूलता एवं उत्तरजीविता की विचारधारा में आंशिक रूप से निहित विचार में यह प्रस्तुत किया था कि भावनाओं की अभिव्यक्ति किसी जीव के लिए अनुकूलन से संबंधित होती है। मनुष्य एवं पशुओं में भावनात्मक अभिव्यक्ति ही अनुकूलन को बढ़ावा देती है जो भावनाओं की अभिव्यक्तियों से संचालित होता है। मनुष्य गलती करके सीखता है। गलती करके अपनी भावनाओं पर नियंत्रण करना सीख लेता है जबकि पशुओं में यह ज्ञान नहीं होता है। यही मनुष्य को सतत जीवन प्रदान करता है।

19वीं सदी में हीगल जैसे दार्शनिक बुद्धिवाद को अधिक पसंद करते हैं, इनके विरूद्ध कीर्कगार्द जैसे दार्शनिक के द्वारा विचार प्रस्तुत किया गया कि बुद्धि से ज्यादा महत्वपूर्ण भावनाएं होती हैं जिनके संतुलन को सीखते हुए व्यक्ति सफल हो सकता है। 20वीं सदी के दूसरे दशक में ही एल्टन मायो जैसे मनोवैज्ञानिक ने संगठन में मानवीय संबंधों के महत्व एवं संगठनात्मक लक्ष्य प्राप्ति में अंतरवैयक्तिक प्रभाव के महत्व को बताया जो भावनात्मक क्षमता की संकल्पना को मजबूती प्रदान करता है।

इसके अलावा डेविड वेस्टर जैसे मनोवैज्ञानिकों ने यह प्रस्ताव रखा कि किसी काम को सफलतापूर्वक संचालित करने में बुद्धि की तुलना में भावनाओं के संतुलन का बड़ा योगदान होता है। इसी क्रम में एडवर्ड थोरमेडी ने यह प्रस्ताव रखा कि सामाजिक संबंधों में अपनी भावनाओं को ध्यान में रखते हुए निर्णय लेना चाहिए क्योंकि बाहरी प्रभाव में किए गए निर्णयन से लक्ष्य प्राप्ति नहीं होती। यह भी भावनात्मक संतुलन की ओर निर्देशित विचारधारा है।

हरबर्ट साइमन जैसे मनोवैज्ञानिक एवं प्रशासनिक चिंतकों द्वारा निर्णय निर्माण के प्रक्रम में भावनात्मक संतुलन की विचारधारा पर प्रस्तुतीकरण किया गया है जो प्रशासनिक अधिकारी की भावनात्मक क्षमता को विकसित करने के लिए अपरिहार्य है।

प्रश्न-3 (a) 'अंत:करण की आवाज' से आप क्या समझते हैं? आप स्वयं को अंत:करण की आवाज पर ध्यान देने के लिए कैसे तैयार करते हैं?

(b) 'विवेक का संकट' से क्या अभिप्राय है? अपने जीवन की एक घटना बताइए जब आपका ऐसे संकट से सामना हुआ और आपने उसका समाधान कैसे किया?

उत्तर : (a) जब आप किसी दुविधापूर्ण परिस्थिति में होते हैं तो आपके अंदर ही आपका मित्र आपको तटस्थ और निष्पक्ष राय देता है। यही आपका अंत:मित्र ही आपका अंत:करण है और उसकी आवाज जो हमेशा तटस्थ और निष्पक्ष रहती है, अंत:करण की आवाज है। सामान्य तौर पर हम सभी ने कभी न कभी इस शब्दावली (अंत:करण की आवाज) का प्रयोग किया या सुना तो अवश्य होगा लेकिन असली सवाल है कि अंत:करण की आवाज है क्या और इसे कैसे पहचानेंगे? जब हम कहते हैं कि हमें अपने दिल की बात सुननी चाहिए और वही करना चाहिए जो दिल कहे, तो दरअसल हम इसी शब्दावली (उपर्युक्त) का भ्रमपूर्ण प्रयोग कर रहे होते हैं।

अंत:करण की आवाज को पहचानने के लिए आपको 'खुद को खुद से अलग करने की प्रक्रिया' को समझना होगा। मान लीजिए कि आप किसी दुविधापूर्ण स्थिति में हैं और उपलब्ध विकल्पों में से किसी भी विकल्प को स्पष्ट तौर पर नहीं चुन पा रहे हैं तो आप अपने किसी मित्र की राय लेते हैं और विचार विमर्श के बाद मित्र द्वारा दिए गए सुझाव को मान लेते हैं जो वास्तव में आपको भी एक सही निर्णय लगता है। इस तरह आप दुविधापूर्ण स्थिति से बाहर निकल आते हैं। इस घटना के कुछ दिनों बाद ही आपका मित्र आपके पास आता है और कहता है कि वह एक दुविधा से ग्रस्त है और तय नहीं कर पा रहा है कि क्या करे। आप उसकी पूरी बात को समझकर सभी पहलुओं पर विचार करते हैं और उसे अपनी राय देने के साथ-साथ राय के चुने जाने का स्पष्टीकरण भी दे देते हैं। आपका मित्र आपकी दी गई राय के अनुसार ही कार्य करता है और संतुष्टिपूर्वक आपको धन्यवाद भी देता है।

क्या उपर्युक्त घटना से निम्नलिखित निष्कर्ष निकाले जा सकते हैं?

1. आपका मित्र आपकी तुलना में अधिक विवेकशील है क्योंकि उसने उन परिस्थितियों में भी एक संतुलित निर्णय लिया जिन परिस्थितियों में आप निर्णय ले पा रहे थे।
2. आप अपने मित्र से अधिक विवेकशील हैं क्योंकि आपने उसकी दुविधापूर्ण परिस्थितियों में एक संतुलित निर्णय लिया। स्पष्ट है कि उपर्युक्त दोनों ही निष्कर्ष अर्थहीन हैं बल्कि आप निर्णय इसलिए ले पाए क्योंकि आप उन परिस्थितियों से दूर थे और निष्पक्ष थे और आपका मित्र इसलिए निर्णय ले पाया क्योंकि वह आपकी दुविधापूर्ण परिस्थितियों से तटस्थ था। जब आप किसी दुविधापूर्ण परिस्थिति में होते हैं तो आपके अंदर ही आपका मित्र आपको तटस्थ और निष्पक्ष राय देता है। आपका यही अंत:मित्र ही आपका अंत:करण है और उसकी आवाज जो हमेशा तटस्थ और निष्पक्ष रहती है, अंत:करण की आवाज है।

अंत:करण की आवाज पर ध्यान देने के लिए खुद को तैयार करना होगा।

- कभी आप किसी दुविधापूर्ण स्थिति में हो तो मन में उठ रहे द्वंद्वों को बारीकी से देखें।
- आपके पास जो भी विकल्प उपलब्ध हों तो मन में उठ रहे द्वंद्वों को बारीकी से देखें।
- खुद को यह भरोसा दिलाएं कि ये परिस्थितियां आपसे संबंधित नहीं है और आप निष्पक्ष निर्णय देने के लिए तैयार हैं।
- अपने अंत:मित्र (अंत:करण) की आवाज को किसी तर्क से दबाएं नहीं बल्कि ईमानदारी से उसे बाहर आने दें।
- खुद की परिस्थितियों से खुद को अलग करते हुए लाभ-हानि, व्यक्तिगत रूचि व सुविधा जैसे अवयवों से तटस्थ रहकर विचार करें।

यदि आप उपर्युक्त विधि का पालन करते हैं तो आपका अंत:करण आपसे सीधा और स्पष्ट संवाद स्थापित कर पाएगा और जब आप अंत:करण की आवाज को सुनकर उसका पालन करेंगे तो अपने निर्णय व कार्य में अभूतपूर्व संतुष्टि महसूस करेंगे।

(b) एक ऐसा कृत्य जिसके लिए किसी व्यक्ति का विवेक ही उसे नैतिक दृष्टि से दोषी ठहराए; विवेक का संकट कहलाता है। जिस कृत्य के लिए व्यक्ति स्वयं को जिम्मेदार ठहराता है उस कृत्य के मूल में विवेक का अभाव या संकट ही होता है।

विवेक का संकट, एक स्थिति : अपने स्कूल के दिनों में मुझे काफी समय तक साइकिल नहीं मिली और छुट्टी होने के बाद स्कूल से रिक्शा करके घर तक आना पड़ता था। हर शाम को रिक्शे से आते समय मेरे पास 15 रू. रहते थे। 10 रू. रिक्शा का किराया और 5 रू. मेरी आइसक्रीम के लिए। एक दिन मेरा परिचित रिक्शे वाला नहीं आया तो मैंने एक दूसरे रिक्शे वाले से घर तक चलने के लिए कहा। वह तैयार तो हो गया पर उसे दूरी का अंदाजा नहीं था इसीलिए उसने केवल 5 रू. ही मांगे। मैं तो खुशी-खुशी आइसक्रीम का स्वाद लेते हुए उसे अपने घर का रास्ता बता रहा था। थोड़ी देर चलने के बाद रिक्शे वाले को इस बात का अहसास तो हो गया था कि उसने पैसे कम मांगे हैं लेकिन वह मुझसे कह नहीं पा रहा था क्योंकि पैसे तो खुद उसी ने तय किए थे। घर के ठीक सामने पहुंचने पर जब मैंने उसके हाथ में 5 रू. रखे तो पसीने में तर बतर उसका चेहरा बिल्कुल मायूस हो रहा था। उसने मुझसे पीने का पानी मांगा तो मैंने साफ मना कर दिया। मुझे डर था कि कहीं वह और पैसे न मांगने लगे।

मैंने जैसे ही घर के अंदर कदम रखा मुझे एक ग्लानि का अनुभव हुआ और मुझे अहसास हुआ कि मुझसे गलती हो गई है। मैं वापस भागकर गेट पर पहुंचा तो वह रिक्शावाला वापस जाने की तैयारी में था। मैंने उसे रोका, पानी पिलाया और उसे अतिरिक्त 5 रू. भी दिए। मैं भाग्यशाली था कि अपने विवेक के संकट से तुरंत मुक्ति पा गया अन्यथा संभव है मेरा यहीं कृत्य मुझे आज तक परेशान करता रहता।

प्रश्न-4 तीन महान नैतिक विचारकों व दार्शनिकों के अवतरण नीचे दिए गए हैं। आपके लिए प्रत्येक अवतरण का वर्तमान संदर्भ में क्या महत्व है? स्पष्ट कीजिए-

(a) ''पृथ्वी पर हर एक की आवश्यकतापूर्ति के लिए काफी है पर किसी के लालच के लिए कुछ नहीं।''-महात्मा गांधी

(b) ''लगभग सभी लोग विपत्ति का सामना कर सकते हैं पर यदि किसी के चरित्र का परीक्षण करना है तो उसे शक्ति या अधिकार दे दो।''- अब्राहम लिंकन

(c) ''शत्रुओं पर विजय पाने वाले की अपेक्षा मैं अपनी इच्छाओं का दमन करने वाले को अधिक साहसी मानता हूं।''- अरस्तू

उत्तर : (a) महात्मा गांधी का यह कथन नीतिशास्त्रीय दृष्टिकोण से पर्याप्त महत्व का कथन है। वर्तमान संदर्भ में इस कथन को निम्नलिखित बिंदुओं के अंतर्गत देखा जा सकता है-

1. आवश्यकता की पूर्ति संभव है किंतु लालच की पूर्ति संभव नहीं है।
2. पृथ्वी विविध संसाधनों व संभावनाओं से युक्त है।
3. वर्तमान समय की उपभोक्तावादी मानसिकता ने लोगों के जीवन में अभाव बोध पैदा किया है।
4. प्राकृतिक संसाधनों के दोहन के कारण भावी पीढ़ियों का भविष्य खतरे में है।
5. लालच की प्रवृत्ति बढ़ने के कारण नैतिक मूल्यों के क्षरण की समस्या पैदा हो रही है।

किसी भी मनुष्य के लिए यदि आवश्यकता की पूर्ति के प्रयास करना वांछनीय है तो लालच की प्रवृत्ति से बचना उसका नैतिक दायित्व है। महात्मा गांधी का यह कथन वर्तमान युग में सर्वथा समीचीन प्रतीत होता है कि ''पृथ्वी पर हर एक की आवश्यकता पूर्ति के लिए काफी है पर किसी के लालच के लिए कुछ भी नहीं।''

(b) जीवन सकारात्मक व नकारात्मक, वांछनीय व अवांछनीय, शुभ व अशुभ घटनाओं की अपरिहार्य यात्रा है, इसलिए प्रत्येक व्यक्ति के जीवन में विपत्ति का आना और चले जाना इस जीवन का नैसर्गिक सत्य है। विपत्ति के क्षणों में सामान्यतः हमारे सामने निम्नलिखित विकल्प उपलब्ध होते हैं :

1. अपने चरित्र की दृढ़ता बनाए रखते हुए विपत्ति का सामना करना।
2. पलायन कर जाना।

इस संबंध में अब्राहम लिंकन का मानना है कि प्रत्येक व्यक्ति विपत्तियों का सामना करने की क्षमता रखता है लेकिन शक्ति संपन्न/अधिकार संपन्न व्यक्ति के सामने उपर्युक्त दो विकल्पों के अतिरिक्त एक और विकल्प भी उपलब्ध होता है और वह है–अपनी शक्ति/अधिकार का दुरूपयोग करके विपत्ति से बच जाना– यही प्रवृत्ति व्यक्ति के नैतिक क्षरण की परिचायक है। इसी को लक्षित करते हुए अब्राहम लिंकन ने कहा कि व्यक्ति के चरित्र परीक्षण में शक्ति/अधिकार की निर्णायक भूमिका है।

(c) स्वयं की इच्छाओं या इंद्रियों पर वश कर पाना एक कठिन योग है। भारतीय दर्शन परंपरा में इस उपधारणा को बहुत सम्माननीय स्थान प्राप्त है। यही कारण है कि भारतीय पौराणिक चरित्रों में जितेंद्रिय की अवधारणा का जन्म हुआ है। जितेंद्रिय, बुद्धिमत्ता, वरिष्ठतम आदि।

अरस्तू का मानना है कि शत्रुओं पर विजय पाना उतने साहस का काम नहीं है जितना कि स्वयं की इच्छाओं पर विजय पाना। वास्तव में अनंत इच्छाएं और उनकी पूर्ति के लिए अथक प्रयास मानव जीवन का सबसे बड़ा द्वंद्व है। यही द्वंद्व व्यक्ति को शांति व सृजन से दूर रखता है। यदि कोई व्यक्ति निरंतर अभ्यास करते हुए अपनी इच्छाओं को वश में कर सके तो सही अर्थों में वही सबसे बड़ा साहसी है। अपनी इच्छाओं पर विजय पाते ही वैयक्तिकता व्यष्टि से समष्टि में परिवर्तित हो जाती है और एक शांत व सृजनशील व्यक्ति स्वयं के लिए ही नहीं बल्कि समाज के लिए भी एक संपत्ति बन जाता है।

प्रश्न–5 **एक जन सूचना अधिकारी (PIO) को सूचना का अधिकार (RTI) अधिनियम के तहत एक आवेदन मिलता है। सूचना एकत्र करने के बाद उसे पता चलता है कि वह सूचना स्वयं उसी के द्वारा लिए गए कुछ निर्णयों से संबंधित है, जो पूर्णरूप से सही नहीं थे। इन निर्णयों में अन्य कर्मचारी भी सहभागी थे। सूचना प्रकट होने पर स्वयं उसके तथा उसके अन्य मित्रों के विरूद्ध अनुशासनिक कार्यवाही हो सकती है, जिसमें दंड भी संभावित है। सूचना प्रकट न करने या आंशिक या छद्मावरित सूचना उपलब्ध कराने पर कम दंड या दंड मुक्ति भी मिल सकती है।**

पीआईओ अन्यथा एक ईमानदार व कर्तव्यनिष्ठ व्यक्ति है, लेकिन यह विशिष्ट निर्णय, जिसके संबंध में आरटीआई आवेदन दिया गया है, गलत निकला। वह अधिकारी आपके पास सलाह के लिए आया है।

नीचे सुझावों के कुछ विकल्प दिए गए हैं। प्रत्येक विकल्प का गुण-दोष के आधार पर मूल्यांकन कीजिए:

(i) पीआईओ इस मामले को अपने ज्येष्ठ अधिकारी को उसकी सलाह के लिए संदर्भित करें और कड़ाई से उसी के अनुसार कार्यवाही करे चाहे वह स्वयं उस सलाह से पूर्णतया सहमत न हो।

(ii) पीआईओ छुटटी पर चला जाए और मामले को अपने उत्तराधिकारी (कार्यकाल में) पर छोड़ दे या सूचना आवेदन की किसी अन्य पीआईओ को स्थानांतरण का निवेदन करें।

(iii) पीआईओ सच्चाई के साथ सूचना प्रकट करने व अपनी जीविका पर उसके प्रभाव पर मनन करके इस भांति उत्तर दे जिससे वह या उसकी जीविका पर जोखिम न आए पर साथ ही सूचना की अंतर्वस्तु पर कुछ समझौता किया जा सकता है।

(iv) पीआईओ उन सहयोगियों, जो इस निर्णय को लेने में सहभागी थे, से परामर्श करे और उनकी सलाह के अनुरूप कार्यवाही करे। अनिवार्य रूप से केवल उपर्युक्त विकल्पों तक सीमित न रखते हुए आप अपनी सलाह दीजिए और उसके उचित कारण भी बताइए।

उत्तर : (i) पीआईओ को इस मामले में किसी प्रकार की लापरवाही बरते बिना अपने ज्येष्ठ अधिकारी को उसकी सलाह के लिए संदर्भित करना ही चाहिए। ज्येष्ठ अधिकारी के आदेशानुसार उसे कार्य करना चाहिए। पीआईओ स्वयं इस मामले से जुड़ा है, इसलिए उसकी राय का महत्व स्वत: ही समाप्त हो जाता है।

(ii) इस प्रकार का पलायनवादी नजरिया ही लालफीताशाही को बढ़ावा देता है इसलिए किसी भी स्थिति में ऐसा नहीं किया जाना चाहिए।

(iii) पीआईओ द्वारा सूचना की अंतर्वस्तु के साथ समझौता करना ही एक प्रकार की अनैतिकता है, इसलिए इस विकल्प को हतोत्साहित किया जाना चाहिए।

(iv) पीआईओ द्वारा सहयोगियों से राय-मशविरा करने पर मतभिन्नता की स्थिति पैदा होगी और कहीं न कहीं सत्यनिष्ठा के प्रभावित होने का खतरा बढ़ जाएगा, इसलिए यह विकल्प भी स्वीकार करने योग्य नहीं है।

प्रश्न-6 आप नगरपालिका परिषद के निर्माण विभाग में अधिशासी अभियंता पद पर तैनात हैं और वर्तमान में एक ऊपरगामी पुल के निर्माण कार्य के प्रभारी हैं। आपके अधीन दो कनिष्ठ अभियंता हैं, जो प्रतिदिन निर्माण स्थल के निरीक्षण के उत्तरदायी हैं तथा आपको वितरण देते हैं और आप विभाग के अध्यक्ष, मुख्य अभियंता को रिपोर्ट देते हैं। निर्माण कार्य पूर्ण होने को है और कनिष्ठ अभियंता नियमित रूप से यह सूचित करते रहे हैं कि निर्माण कार्य परिकल्पना के विनिर्देशों के अनुरूप हो रहा है। लेकिन आपने अपने आकस्मिक निरीक्षण में कुछ गंभीर असामान्यताएं व कमियां पाई हैं, जो आपके विवेकानुसार पुल की सुरक्षा को प्रभावित कर सकती है। इस स्तर पर इन कमियों को दूर करने में काफी निर्माण कार्य को गिराना और दोबारा बनाना होगा जिससे ठेकेदार को निश्चित हानि होगी और कार्य समाप्ति में विलंब भी होगा। क्षेत्र में भारी ट्रैफिक जाम के कारण परिषद पर निर्माण शीघ्र पूरा करने के लिए जनता का बड़ा दबाव है। जब आप स्थिति मुख्य अभियंता के संज्ञान में लाए, तो उन्होंने अपने विवेकानुसार इसको बड़ा गंभीर दोष न मानकर इसे उपेक्षित करने की सलाह दी। उन्होंने परियोजना को समय से पूरा करने हेतु कार्य को आगे बढ़ाने के लिए कहा। लेकिन आप आश्वस्त हैं कि यह गंभीर प्रकरण है जिससे जनता की सुरक्षा प्रभावित हो सकती है और इसको बिना ठीक कराए नहीं छोड़ा जा सकता।

ऐसी स्थिति में आपके करने के लिए कुछ विकल्प निम्नलिखित हैं। इनमें से प्रत्येक विकल्प का गुण दोष के आधार पर मूल्यांकन कर अंतत: सुझाव दीजिए कि आप क्या कार्यवाही करना चाहेंगे और क्यों?

(i) मुख्य अभियंता की सलाह मानकर आगे बढ़ जाएं।

(ii) सभी तथ्यों व विश्लेषण को दिखाते हुए स्थिति की विस्तृत रिपोर्ट बनाकर अपना दृष्टिकोण स्पष्ट करते हुए मुख्य अभियंता से लिखित आदेश का निवेदन करें।

(iii) कनिष्ठ अभियंताओं से स्पष्टीकरण मांगे और ठेकेदार को निश्चित अवधि में दोष निवारण के लिए आदेश दें।

(iv) इस विषय को बलपूर्वक उठाएं ताकि यह मुख्य अभियंता के वरिष्ठ जनों तक पहुंच सके।

(v) मुख्य अभियंता के अनम्य विचार को ध्यान में रखते हुए इस परियोजना से अपने स्थानांतरण के लिए आवेदन करें या बीमारी की छुट्टी पर चले जाएं।

उत्तर : (i) मुख्य अभियंता की सलाह मानकर आगे बढ़ जाना सही कदम नहीं होगा क्योंकि भविष्य में इस कमजोर पुल से आम जनता को काफी नुकसान हो सकता है। कारण कोई भी हो लेकिन इस प्रकार की लापरवाही कर्तव्यनिष्ठा की कमी दर्शाती है, इसलिए यह विकल्प स्वीकार करने योग्य नहीं है।

(ii) यह विकल्प एक ठोस व सकारात्मक कार्यवाही का परिचायक है। मुख्य अभियंता से लिखित आदेश का निवेदन उसे इस बात के लिए बाध्य कर देगा कि वह विधि सम्मत प्रक्रिया का ही पालन करे।

(iii) इस परियोजना की कमियों के लिए कनिष्ठ अभियंता और ठेकेदार दोनों ही उत्तरदायी है, इसलिए उनसे स्पष्टीकरण मांगा जाना आवश्यक है। कनिष्ठ अभियंताओं से स्पष्टीकरण मांगे जाने पर उन्हें अपनी जिम्मेदारी का अहसास होगा और संभव है कि वे अपनी गलतियों को सुधारने का एक मौका मांगे।

(iv) मुख्य अभियंता के वरिष्ठ जनों तक इस बात को पहुंचाने का अभी कोई औचित्य नहीं है लेकिन यदि मुख्य अभियंता लिखित आदेश देने से मना करे या अपने पद का दुरूपयोग करने का प्रयास करे तो ऐसा किया जा सकता है।

(v) यह एक पलायनवादी नजरिया है, इसलिए इस विकल्प को स्वीकार नहीं किया जाना चाहिए।

अन्य विकल्प : उपर्युक्त समस्या के समाधान के लिए विकल्प-II और विकल्प-III का सम्मिलित रूप से प्रयोग किया जाना चाहिए।

प्रन-7 तमिलनाडु में शिवकासी पटाखा और दियासलाई निर्माताओं के समूहों के लिए प्रसिद्ध है। यहां की स्थानीय अर्थव्यवस्था अधिकांशतः पटाखा उद्योग पर निर्भर है। इसी से इस क्षेत्र का आर्थिक विकास हुआ है और रहन-सहन का स्तर भी सुधरा है। जहां तक पटाखा उद्योग जैसे खतरनाक उद्योगों के लिए बाल श्रमिक नियमों का प्रश्न है, अंतरराष्ट्रीय श्रम संगठन (ILO) ने श्रम हेतु न्यूनतम आयु सीमा 18 वर्ष निर्धारित की है। जबकि भारत में यह आयु सीमा 14 वर्ष है।

पटाखों के औद्योगिक क्षेत्र की इकाइयों को पंजीकृत तथा अपंजीकृत दो श्रेणियों में वर्गीकृत किया जा सकता है। घरों पर पंजीकृत/अपंजीकृत इकाइयों में बाल श्रमिक रोजगार के विषय में कानून स्पष्ट है, घरों पर आधारित कार्य उसके अंतर्गत नहीं आते। ऐसी इकाइयों में माना जाता है कि बालक अपने माता-पिता व संबंधियों की देख-रेख में कार्य कर रहे हैं। बाल श्रमिक मानकों से बचने के लिए अनेक इकाइयां अपने को घरों पर आधारित कार्य बताती हैं और बाहरी बालकों को रोजगार देती हैं। यह कहने की आवश्यकता नहीं कि बालकों की भर्ती से इन इकाइयों की लागत बचती है जिससे उनके मालिकों को अधिक लाभ मिलता है।

आपने शिवकासी मे एक इकाई का दौरा किया, जिसमें 14 वर्ष से कम आयु के लगभग 10-15 बालक काम करते हैं। उसका मालिक आपको इकाई परिसर में घुमाता है। मालिक आपको बताता है कि घर आधारित इकाई में वे बालक उसके संबंधी हैं। आप देखते हैं कि जब मालिक यह बता रहा है, तो कई बालक खीस निपोरते हैं। गहन पूछताछ में आप जान जाते हैं कि मालिक और बालक परस्पर कोई संबंध संतोषजनक रूप से सिद्ध नहीं कर पाए।

(a) इस प्रकरण में विषय स्पष्ट कीजिए और उनकी व्याख्या कीजिए।

(b) इस दौरे के बाद आपकी क्या प्रतिक्रिया होगी?

उत्तर : (a) इस प्रकरण में सबसे बड़ा नैतिक विषय यह है कि जिन बच्चों को इस उद्योग में नियोजित किया गया है, निश्चित तौर पर उनके भविष्य व स्वास्थ्य के साथ खिलवाड़ किया जा रहा है। जो बच्चे 14 वर्ष से कम आयु के हैं उन्हें तो वैसे ही उनके मूल अधिकारों से वंचित किया जा रहा है, लेकिन 14 वर्ष से अधिक आयु के बच्चों के स्वास्थ्य व भविष्य की रक्षा करना सबसे बड़ा नैतिक विषय है।

उपर्युक्त केस अध्ययन की सबसे बड़ी समस्या यह है कि घर आधारित उद्योगों को पंजीकृत या अपंजीकृत इकाइयों के रूप में चिहिन्त नहीं किया जा सकता है, इसलिए इस संबंध में एक प्रशासनिक अधिकारी के अधिकार काफी हद तक सीमित हो जाते हैं। सीमित अधिकारों के बावजूद स्थायी समाधान खोजना इस केस की चुनौती है।

(b) इस दौरे के बाद की प्रतिक्रिया इस प्रकार होगी-

1. घरेलू पटाखा इकाइयों के मालिकों को एक नोटिस दिया जाएगा जिसमें स्पष्ट आदेश होगा कि एक सीमित अवधि के अंदर उन्हें अपने उद्योग में नियोजित सभी व्यक्तियों व बच्चों का विवरण (आयु प्रमाण पत्र, फोटो, फोटो पहचान पत्र, राशन कार्ड इत्यादि) देना होगा।
2. दिए गए विवरण की प्रतिपुष्टि कराई जाएगी।
3. विसंगति पाए जाने पर यथोचित कार्यवाही की जाएगी।

उपर्युक्त प्रयासों के अलावा इस केस अध्ययन को आधार बनाकर वरिष्ठ अधिकारियों के माध्यम से इस बात को शासन तक पहुंचाया जाना चाहिए। इसका सबसे बड़ा लाभ यह होगा कि कानून की कमजोरियों का फायदा उठाकर बालश्रम कराने की प्रवृत्ति पर अंकुश लगेगा।

प्रश्न-8 आप देश के एक प्रमुख तकनीकी संस्थान के अध्यक्ष हैं। संस्थान, प्रोफेसरों के पद के चयन के लिए आपकी अध्यक्षता में साक्षात्कार पैनल का आयोजन शीघ्र ही करने वाला है। साक्षात्कार से कुछ दिन पहले आपके पास एक ज्येष्ठ शासकीय अधिकारी के निजी सचिव का फोन आता है जिसमें आपसे उक्त पद के लिए उस अधिकारी के एक निजी संबंधी के पक्ष में चयन करने की अपेक्षा की जाती है। निजी सचिव यह भी बताते हैं कि आपके संस्थान के आधुनिकीकरण के लिए बहुत समय से लंबित महत्वपूर्ण वित्तीय अनुदान के प्रस्तावों का उन्हें ज्ञान है जिनकी अधिकारी द्वारा स्वीकृति की जानी है। वे आपको उन प्रस्तावों को अनुमोदन कराने का आश्वासन देते हैं।

(a) आपके पास क्या-क्या विकल्प उपलब्ध हैं?

(b) प्रत्येक विकल्प का मूल्यांकन कीजिए और बताइए कि आप कौन-सा विकल्प चुनेंगे और क्यों?

उत्तर : (a) इस संबंध में उपलब्ध विकल्पों की बात करें तो निम्नलिखित संभावनाएं बन सकती हैं :

1. सचिव महोदय को स्पष्ट तौर पर मना कर दूं कि आप किसी भी स्तर पर पक्षपात का समर्थन नहीं कर सकते हैं।
2. यदि ज्येष्ठ शासकीय अधिकारी इस कार्य को विधि सम्मत मानते हैं तो उनसे लिखित सिफारिश पत्र की मांग की जा सकती है।
3. सचिव महोदय की इस मंशा की शिकायत उच्चाधिकारियों से की जा सकती है।

(b) प्रत्येक विकल्प का मूल्यांकन इस प्रकार है :

1. उपलब्ध विकल्पों में यह सर्वश्रेष्ठ विकल्प है। ऐसा करने से आपकी कर्तव्यनिष्ठ छवि के कारण दोबारा ऐसा प्रस्ताव आने की संभावना कम हो जाएगी। यह स्पष्ट संदेश प्रेषित होना अति आवश्यक है कि आप एक कर्तव्यनिष्ठ अधिकारी हैं और इस प्रकार के भ्रष्ट आचरण के खिलाफ हैं।
2. विनम्र निवेदन के साथ सचिव के माध्यम से यह बात संबंधित अधिकारी तक पहुंचाई जा सकती है। इसका सीधा व स्पष्ट संदेश यही है कि यदि यह कार्य नैतिक व विधिसम्मत है तो ज्येष्ठ अधिकारी को लिखित सिफारिश करने में कोई समस्या ही नहीं आएगी, लेकिन यदि यह काम विधिसम्मत नहीं है तो वह किसी ऐसे काम की अपेक्षा किसी अन्य व्यक्ति से कैसे कर सकते हैं जो वह खुद नहीं कर सकते हैं।
3. यद्यपि इस विकल्प की अभी कोई आवश्यकता नहीं है तथापि सचिव द्वारा दबाव बनाए जाने की स्थिति में सावधानीपूर्वक और पर्याप्त प्रमाण सहित इस विकल्प का प्रयोग किया जा सकता है। स्पष्ट है कि विकल्प 1 ही श्रेष्ठतम विकल्प है।

केस स्टडी-1

प्रश्न-9 वित्त मंत्रालय में एक वरीय अधिकारी होने के नाते, सरकार द्वारा घोषित किए जाने वाले कुछ नीतिगत निर्णयों की गोपनीय एवं महत्वपूर्ण सूचना की आपको जानकारी मिलती है। इन निर्णयों के भवन एवं निर्माण उद्योग पर दूरगामी प्रभाव पड़ सकते हैं। यदि भवन निर्माताओं को पहले ही यह जानकारी मिल जाती है, तो वे उससे बड़े लाभ उठा सकते हैं। निर्माताओं में से एक ऐसा है जिसने सरकार के लिए अच्छी गुणवत्ता का काफी काम किया है और वह आपके आसन्न वरिष्ठ अधिकारी का घनिष्ठ है जिन्होने आपको उक्त सूचना का उस निर्माता को अनावृत करने के लिए संकेत भी दिया है।

(a) आपके पास क्या-क्या विकल्प उपलब्ध हैं?

(b) प्रत्येक विकल्प का मूल्यांकन करके बताइए कि आप कौन-सा विकल्प चुनेंगे। उसके कारण भी बताइए।

उत्तर : (a) इस संबंध में निम्नलिखित विकल्प उपलब्ध हैं-

1. अपने वरिष्ठ अधिकारी से इस मामले में राय लें कि वह क्या चाहते हैं?
2. जिस भवन निर्माता ने पहले भी गुणवतापूर्ण कार्य किया है उसके बारे में अपने वरिष्ठ अधिकारी से स्पष्ट निर्देश प्राप्त करें।
3. अपने अधिकारों व पद की गरिमा बनाए रखते हुए किसी भी स्थिति में गोपनीयता भंग न करें।
4. किसी बड़े निर्माता से मिलकर गोपनीय सूचना के बदले में सौदेबाजी कर लें।

विकल्प 1 : इस विकल्प का कोई औचित्य ही नहीं है क्योंकि आपको अपने पद व दायित्वों के अनुरूप ही कार्य करना चाहिए न कि अधिकारी की इच्छा के अनुरूप।

विकल्प 2 : यह विकल्प भी एक कमजोर विकल्प है जिसका न तो कोई औचित्य है न ही कोई आवश्यकता, इसलिए इसे भी स्वीकार नहीं किया जा सकता है।

विकल्प 3 : यह उपलब्ध विकल्पों में श्रेष्ठतम विकल्प है क्योंकि यह आपकी कर्तव्यनिष्ठा का परिचायक है। प्रश्न में दी गई स्थिति में स्पष्ट किया गया कि सरकार की नीतिगत निर्णयों की गोपनीय सूचना आपको मिली है, जिसका सीधा सा अर्थ यह है कि गोपनीयता बनाए रखना आपकी नैतिक जिम्मेदारी है।

विकल्प 4 : यह साफ तौर पर एक अनैतिक व दंडनीय अपराध है। इस विकल्प को किसी भी स्तर पर स्वीकार नहीं किया जा सकता है।

स्पष्ट है कि विकल्प-3 ही श्रेष्ठतम विकल्प है जो न केवल आपकी कर्तव्यष्ठिता का द्योतक है बल्कि दूसरों के लिए भी एक सकारात्मक संदेश है।

केस स्टडी-2

प्रश्न-10 आपको देश के एक प्रतिष्ठित सार्वजनिक उपक्रम का मुख्य कार्यपालक नियुक्त किया गया है। आप कार्यालय सहायक से जरूरी दस्तावेजों की फाइल मंगवाते हैं। जब आप फाइल खोलते हैं तो उसमें कंपनी के पिछले कार्यपालक जो कि आपके मित्र हैं के नाम से एक गोपनीय लिफाफा होता है। आप एक ईमानदार और आदर्शवादी व्यक्ति हैं इसलिए उस लिफाफे को खोलकर नहीं देखते हैं। लेकिन दस्तावेजों को व्यवस्थित क्रम में लगाने के दौरान वह लिफाफा गिर जाता है और उसमें रखे दस्तावेज बाहर निकल आते हैं। नहीं चाहते हुए भी आपकी नजर उन दस्तावेजों पर पड़ जाती है और आपको पता चलता है कि आपसे पहले कार्यरत कार्यपालक के कार्यकाल के दौरान कंपनी में बहुत बड़ा घोटाला हुआ है जिससे देश को बहुत बड़ा नुकसान होने लगता है। कंपनी के पिछले कार्यपालक से आपके संबंध बहुत अच्छे हैं। आपको लगता है कि इस मामले

में आपके मित्र को फंसाया जा रहा है। जबकि आपके हाथ लगे दस्तावेजों के मुताबिक आपके मित्र व अन्य कई लोगों को सजा होगी और साथ ही कंपनी को भी भारी नुकसान होगा जिसके चलते बहुत से निर्दोष लोगों को भी नुकसान झेलना पड़ सकता है। ऐसे हालात में आप क्या करेंगे? नीचे दिए गए विकल्पों के आधार पर अपनी प्रतिक्रिया चुनें व उसके औचित्य को समझाएं।

विकल्प (A) : आप इस मामले को तुरंत सबके सामने ले आएंगे फिर चाहे उसका कुछ भी अंजाम हो।

विकल्प (B) : आप इस संबंध में सरकार को सूचित करते हुए मामले की गुप्त तहकीकत करवाने की मांग करेंगे।

विकल्प (C) : आप पहले अपने स्तर पर मामले की पुष्टि करने की कोशिश करेंगे और यदि ठोस प्रमाण मिलते हैं तो विधिवत कार्रवाई के लिए मामले को अदालत में ले जाएंगे।

उत्तर : **विकल्प (A)** उचित नहीं है, क्योंकि इस तरह के संवेदनशील मामलों में प्रतिक्रियावादी होने से कई बार निर्दोष व्यक्ति भी फंस सकता है और इसके अलावा बिना सोचे विचारे कोई कदम उठाने से किसी भी तरह की अपूरणीय क्षति होने की संभावना भी रहती है। हो सकता है मेरे मित्र को इस मामले में साजिश के तहत फंसाया जा रहा हो। यदि ऐसे में मैं कोई भी कदम जल्दबाजी में उठाता हूं तो उससे निर्दोष को सजा दिलाने के पाप का भागीदार बनूंगा।

विकल्प (B) में भी कुछ जटिताएं हैं जिनसे यह मामला ज्यादा उलझ सकता है। यदि मैं इस संबंध में सरकार को सूचित करता हूं और सरकार इस मामले में गुप्त तहकीकात कराने की अपेक्षा त्वरित कार्रवाई का निर्णय लेती है तो इस विकल्प के तहत भी उसी तरह की मानवीय संवेदनाओं और नैतिकता संबंधित समस्याएं आंएगी जो विकल्प एक में है। यदि सरकार गुप्त तहकीकात के अनुरोध को मान भी लेती है तो भी इस मामले की गोपनीयता भंग होने की संभावनाएं बनी रहेंगी।

विकल्प (C) सर्वश्रेष्ठ विकल्प है। मैं सबसे पहले अपने स्तर पर मामले की पुष्टि करने की कोशिश करूंगा यदि कोई भी ठोस तथ्य या सबूत इस तरह के मिलते हैं कि इसमें मेरा मित्र भी संलग्न है तो मैं बिना हिचके कानूनी कार्रवाई के लिए मामले को अदालत में ले जाऊंगा। इस विकल्प के माध्यम से मैं मानवीयता, नैतिकता और कर्तव्यनिष्ठा जैसे सभी पहलुओं पर सटीक साबित हो सकता हूं। मैंने भावावेश में आकर कोई भी कदम जल्दबाजी में उठाने की अपेक्षा पहले अपने स्तर पर मामले की पुष्टि करने की कोशिश की है, इस तरह यदि मेरे मित्र को इस मामले में किसी साजिश के तहत फंसाया जा रहा है तो मैं कार्रवाई इस तरह से आयोजित करने की कोशिश करूंगा ताकि मेरा मित्र निर्दोष साबित हो जाए और जो वास्तविक आरोपी है वह पकड़ा जाए व उसके खिलाफ कार्रवाई हो।

सामान्य अध्ययन मुख्य परीक्षा
मॉडल अभ्यास चतुर्थ प्रश्न-पत्र 3

कुल अंक : 200 **समयावधि : 3 घण्टे**

खण्ड-1

निर्देश: *निम्नलिखित प्रत्येक प्रश्न का उत्तर 125 शब्दों से अधिक नहीं होना चाहिए। शब्द-विस्तार की अपेक्षा प्रश्नोत्तर की अन्तर्वस्तु अधिक महत्वपूर्ण है। सभी प्रश्नों के अंक समान हैं।*

Instruction: *Answer the following questions in not more than 125 words each. Content of the answers are more important than their length. All questions carry equal marks.* 10 × 8 = 80

प्रश्न-1 'मूल्यों' व ''नैतिकताओं'' से आप क्या समझते हैं? व्यावसायिक सक्षमता के साथ नैतिक भी होना किस प्रकार महत्त्वपूर्ण है?

उत्तर : 'मूल्य' जीवन के वे तत्त्व हैं जिन्हें मनुष्य सबसे महत्त्वपूर्ण मानता है। मूल्यों की सहायता से ही मनुष्य अपने जीवन में कुछ ऐसे निर्णय ले पाता है, जो उसके लिए बहुत अहम होते हैं। कुछ विशेष परिस्थितियों के आधार पर मूल्यों को उच्चतम या निम्नतम माना जाता है, किंतु प्रत्येक परिस्थिति में मूल्य किसी भी क्रियाकलाप के लिए व्यापक दिशा-निर्देशों का निर्धारण करते हैं। दूसरी ओर 'नैतिकता', आचरण का एक मानक है, जो यह बताता है कि किसी मनुष्य के जीवन में किसी विशेष परिस्थिति के अनुसार कौन-से कार्य सही हैं और कौन-से गलत हैं। अत: नैतिकता सामान्य तौर पर एक ऐसा विज्ञान है, जो स्पष्ट रूप से मानकों के निर्धारण से जुड़ी हुई है।

व्यावसायिक मनोवृत्ति में भी नैतिकता की एक महत्त्वपूर्ण भूमिका होती है। यह सम्भव नहीं है कि आप किसी भी क्षेत्र में बिना नैतिक रूप से मजबूत हुए सक्षम हो सकें। यह अलग बात है कि कुछ परिणामों के माध्यम से यह देखने को मिलता है कि अनैतिक क्रियाकलापों द्वारा भी इच्छित परिणामों की प्राप्ति हुई है, परंतु दीर्घकालीन सन्दर्भ में इस प्रकार के क्रियाकलापों से न सिर्फ संस्था, बल्कि अकेला व्यक्ति भी नकारात्मक रूप से प्रभावित होता है अत: ऐसी स्थिति में इस तरह के क्रियाकलापों को किसी भी प्रकार से समर्थ या सक्षम नहीं ठहराया जा सकता।

प्रश्न-2 (a) लोक सेवा के संदर्भ में निम्न शब्दों से आप क्या समझते हैं?

(i) सत्यनिष्ठा (ii) अध्यवसाय (iii) सेवा-भाव (iv) प्रतिबद्धता (v) साहसपूर्ण दृढ़ता

(b) दो ऐसे अन्य गुण बताइए जिन्हें आप लोक सेवा के लिए महत्त्वपूर्ण समझते हैं। अपने उत्तर का औचित्य समझाइए।

उत्तर : (a) (i) सत्यनिष्ठा- किसी की अपने कार्य के प्रति ईमानदारी व सत्यवादिता सत्यनिष्ठा (Integrity) कहलाती है। इसका प्रमुख पहलू किसी विशेष व्यक्ति या समूह की अनुचित अपेक्षाओं की अनदेखी करना।

(ii) अध्यवसाय- अध्यवसाय (Preseverance), प्रतिबद्धता, कड़ी मेहनत, धैर्य व सहनशीलता है। यह व्यक्ति को कठिनाइयों का दृढ़तापूर्वक सामना करने योग्य बनाता है।

(iii) सेवा-भाव- एक अधिकारी या कर्मचारी के रूप में अपने कर्त्तव्यों का निष्ठापूर्वक निवर्हन सेवा भाव (Spirit of service) कहलाता है। सेवा भाव के लिए अपने कर्त्तव्यों को परिश्रम पूर्वक पालन ही काफी नहीं है। इस के लिए प्रेम, सहानुभूति, निष्पक्षता, करूणा व क्षमा जैसे गुणों का होना आवश्यक है।

(iv) **प्रतिबद्धता**- प्रत्येक परिस्थिति में अपने उत्तरदायित्वों को पूरा करने के लिए दृढ़ प्रतिज्ञ रहना प्रतिबद्धता (Commitment) है। लोक सेवकों को संविधान द्वारा निर्धारित किये गये लक्ष्यों को प्राप्त करने के प्रति प्रतिबद्ध होना चाहिए।

(v) **साहसपूर्ण दृढ़ता**- लक्ष्यों की प्राप्ति हेतु साहसपूर्ण दृढ़ता (Courage of conviction) आवश्यक है। यदि किसी के पास साहसपूर्ण दृढ़ता नहीं है तो वह कभी भी लक्ष्यों को प्राप्त नहीं कर सकेगा।

(b) **निष्पक्षता**- लोक सेवा के लिए एक प्रमुख गुण निष्पक्षता है। लोक सेवक के लिए आवश्यक है कि उसके निर्णय वस्तुनिष्ठ होने चाहिए और वस्तुनिष्ठता के लिए निष्पक्ष होना जरूरी है।

सहानुभूति व करूणा- करूणा दूसरों के प्रति सहानुभूति की भावना है। करूणा एक भावना है जो दूसरों के दुःख की प्रतिक्रिया में उनकी सहायता करने हेतु प्रेरित करती है। सहानुभूति व करूणा का गुण विकासशील देशों के लोकसेवकों के लिए अति-आवश्यक है। क्योंकि यहां गरीबी व सामाजिक असमानताएं अत्यधिक हैं।

प्रश्न-3 कुछ लोगों का मानना है कि मूल्य समय और परिस्थिति के साथ बदलते रहते हैं, जबकि अन्य दृढ़ता से मानते हैं कि कुछ मानवीय मूल्य सर्वव्यापक व शाश्वत हैं। इस सम्बन्ध में आप अपनी धारणा तर्क देकर बताइए।

उत्तर : हमारे मूल्य समय के साथ बदल जाते हैं। बाल्यावस्था से वयस्क होने पर हमारे मूल्य बदल जाते हैं। हमारे कार्य भी हमारे मूल्यों को प्रभावित करते हैं। हालांकि कोहेलबर्ग के अनुसार हम अपने जीवन में नैतिक विकास के कई चरणों से गुजरते हैं।

1. छोटे बच्चों की पंसद या ना पंसद का आधार उनके द्वारा लिये गये तत्काल निर्णय होते हैं। जबकि वयस्कों के पंसद व नापंसद का आधार नैतिक विकल्प होते हैं, यदि यह तत्काल उनके हित में हैं तो।
2. नैतिक विकास के अगले चरण में व्यक्ति की पंसद या नापंसद का आधार औपचारिक नियम और सामाजिक अनौपचारिक मानदण्ड होते हैं। इस स्तर पर व्यक्ति व्यक्तिगत हितों को त्यागकर, नैतिक विकल्पों को चुनेगा।
3. नैतिक विकास के उच्चतम स्तर पर कुछ प्रतिशत लोग ही पहुंचते हैं और उनके चुनाव (पंसद व नापंसद) का आधार, मानवाधिकार, निष्पक्षता व न्याय होता है। ऐसे लोग अपने हितों को और यहां तक कि सामाजिक नियमों को त्यागकर, अपने सिद्धांतों के अनुसार कार्य करते हैं। इससे स्पष्ट है कि हमारे दो प्रकार के मूल्य होते हैं- व्यक्तिगत व बुनियादी। व्यक्तिगत मूल्य वे होते हैं, जो जीवन के अनुभवों द्वारा सीखे जाते हैं। बुनियादी मूल्य वे होते हैं जो हमारी प्रारंभिक शिक्षा-दीक्षा के दौरान प्राप्त किये जाते हैं। बुनियादी मूल्यों से ही हमें पता चलता है कि हम कौन हैं, ओर एक मनुष्य के रूप में हमारे लिए क्या सबसे महत्वपूर्ण है। व्यक्तिगत मूल्य आसानी से परिवर्तित हो सकते हैं, परंतु बुनियादी मूल्यों में परिवर्तन आपेक्षिक रूप से कठिन होता है।

जीवन की परिस्थितियों के अनुसार लोग मूल्यों को अपनाते हैं। दृढ़ अनुनय भी मूल्यों को बदल सकते हैं, जैसे यदि एक नौकरशाह जो शुरूआत में ईमानदार रहा लेकिन अपने परिवार व साथियों के दबाव के तहत भ्रष्ट हो जाये। कभी-कभी विवशता भी मूल्यों को बदल देती है। मैं व्यवस्था को बदल नहीं सकता, इसलिए मैं इसे अपना लूंगा।

व्यक्तिगत मूल्यों में हुए परिवर्तन से व्यक्ति इतना परेशान नहीं होता है लेकिन बुनियादी मूल्यों में हुए परिवर्तन से व्यक्ति भारी मानसिक दबाव से गुजरता है।

प्रश्न-4 'भावनात्मक प्रज्ञता' क्या होता है और यह लोगों में किस प्रकार विकसित किया जा सकता है? किसी व्यक्ति विशेष को नैतिक निर्णय लेने में यह कैसे सहायक होता हैं?

उत्तर : दूसरों की भावनाओं को समझना तथा संबंधों का प्रभावी प्रबंधन भावनात्मक प्रज्ञता कहलाता है। भावनात्मक प्रज्ञ व्यक्ति सामान्यतः आम जागरूक होते हैं। वे अपनी भावनाओं को समझते हैं इसलिए वे अपनी भावनाओं को अपने पर हावी नहीं होने देते। जो व्यक्ति आत्म नियंत्रित होते हैं वे न तो अधिक गुस्सा होते हैं और न ही जल्दबाजी में कोई निर्णय लेते हैं। वे कुछ भी करने से पहले सोचते हैं। भावनात्मक प्रज्ञ व्यक्ति सामान्यतः प्रोत्साहित रहते हैं। वे उच्च उत्पादक, चुनौती स्वीकार करने वाले होते हैं। वे भावनात्मक प्रज्ञ व्यक्ति संवेदनशील होते हैं। संवेदनशील व्यक्ति दूसरों की भावनाओं को अच्छे से समझता है। इसलिए संवेदनशील व्यक्ति संबंधों के प्रबंधन में सामान्यतः उत्कृष्ट होते हैं।

प्रश्न-5 (a) अन्तःकरण की आवाज' से आप क्या समझते हैं? आप स्वयं को अंतःकरण की आवाज पर ध्यान देने के लिए कैसे तैयार करते हैं?

(b) 'विवेक का संकट' से क्या अभिप्राय है? अपने जीवन की एक घटना बताइए जब आपका ऐसे संकट से सामना हुआ और आपने उसका समाधान कैसे किया?

उत्तर : **(a)** अंतःकरण सही व गलत में विभेद करने की एक योग्यता, अंतर्ज्ञान व निर्णय है। नैतिक निर्णय मूल्यों/मानदण्डों से प्राप्त कर सकते हैं। अंतःकरण स्वयं की आवाज होती है, जो कि नैतिक संघर्ष के समय मार्गदर्शन करती है।

अंतःकरण, सत्य का एक प्रकार है। यह एक सिंद्धात है जिसके द्वारा हम सही व गलत व विभेद करते हैं। यह मार्गदर्शक अंतः आवाज है, कर्तव्य की भावना अंतःकरण है। अंतःकरण एक मूक शिक्षक है।

साफ अंतःकरण वाला व्यक्ति, खुशहाल होता है। दोषी अंतःकरण वाला व्यक्ति निराश व उदास होता है। अच्छा अन्तःकरण स्थिरता, आनन्द व प्रसन्नता प्रदान करता है। यह आपदाओं, परेशानियों वेदना और दुख से बचाता है। साफ अंतःकरण वाला व्यक्ति निर्भीक होता है, उसे मृत्यु का भी भय नहीं होता है। जैसे शरीर के लिए अच्छा स्वास्थ्य आवश्यक है, वैसे ही आत्मा के लिए अच्छा अंतःकरण आवश्यक होता है।

(b) विवेक द्वारा हम सही गलत में विभेद करते हैं। जब कोई व्यक्ति गलत काम करता है, तो उसका विवेक उसे ऐसा करने से मना करता है और बुद्धिमान व्यक्ति अपने विवेक की बात मान लेता है। विवेक व्यक्ति को एक शिक्षक व एक मित्र की तरह मार्गदर्शन प्रदान करता है। विवेक, व्यक्ति को सही कार्य करने का संकेत देता है।

यदि आपने गलत कार्य किया है तो आप अवसाद ग्रस्त व चिड़-चिड़े हो जाते हैं। जबकि अच्छा कार्य करने पर आप खुश रहते हैं व आनन्द का अनुभव करते हैं। सत्य, धर्म और पुण्य का पालन करके विवेक उज्जवल रहता है।

प्रश्न-6 तीन महान नैतिक विचारकों/दार्शनिकों के अवतरण नीचे दिए गए हैं। आपके लिए प्रत्येक अवतरण का वर्तमान संदर्भ में क्या महत्त्व है? स्पष्ट कीजिए :

(a) ''पृथ्वी पर हर एक की आवश्यकता-पूर्ति के लिए काफी है पर किसी के लालच के लिए कुछ नहीं।'' - महात्मा गांधी

(b) ''लगभग सभी लोग विपत्ति का सामना कर सकते हैं पर यदि किसी के चरित्र का परीक्षण करना है, तो उसे शक्ति/अधिकार दे दो। - अब्राहम लिंकन

(c) ''शत्रुओं पर विजय पाने वाले की अपेक्षा मैं अपनी इच्छाओं का दमन करने वाले को अधिक साहसी मानता हूं।'' -अरस्तु

उत्तर : **(a)** प्रकृति इस तरह बनी है कि पारिस्थितिक तंत्र में एक संतुलन बना रहता है। प्रकृति सभी की आवश्यकताओं की पूर्ति करने में सक्षम है। दुर्भाग्यवश मनुष्य अपने लालच के लिए प्रकृति का अपनी आवश्यकताओं से अधिक दोहन कर रहा है। इस कारण पर्यावरण का क्षरण होता जा रहा है। वैश्वीकरण व उपभोक्तावाद ने इस क्षरण को और तीव्र कर दिया है। पूंजीवाद, भ्रष्टाचार और प्राकृतिक संसाधनों का अत्यधिक दोहन, मनुष्य के लालच के कुछ उदाहरण हैं। इस सब के कारण समाज और विश्व में असतानताएं और बढ़ी हैं। उदाहरण के लिए- भारत जैसे विकासशील देशों में ऊंची आर्थिक वृद्धि के बावजूद ग्रामीण व शहरी व अमीर की खाई और बढ़ गई है।

(b) सभी व्यक्ति एक हद तक कठिनाइयों से लड़ सकते हैं। यह जीवन का एक हिस्सा है। विपरीत पारिस्थितियां हमारी शक्ति, सहनशीलता व जीवन के प्रति हमारे नजरिये की परीक्षा लेती है। व्यक्ति सत्ता को कैसे संभालते हैं इससे उसके चरित्र का परीक्षण किया जाता है। एक चरित्रवान व्यक्ति सत्ता का दुरूपयोग नहीं करेगा, जबकि खराब चरित्र का व्यक्ति सत्ता का उपयोग अपने स्वयं के हितों को पूरा करने के लिए करेगा। कोई व्यक्ति कठिनाइयों का सामना करने में सक्षम हो सकता है। परंतु इसका मतलब यह नहीं है कि वह दूसरों के लिए अच्छा या निष्पक्ष हो। सत्ता व्यक्ति के कार्यों को प्रभावित कर सकती है।

(c) यह मानवता के शाश्वत आंतरिक संघर्ष का विषय है। अपनी इच्छाओं पर विजय पाना एक शत्रु पर विजय पाने से मुश्किल होता है। बाह्य संघर्ष की स्थिति में आप आंतरिक संघर्ष को अनदेखा कर सकते हैं। आत्मसंघर्ष की स्थिति में ईमानदारी व सत्यनिष्ठा को एक स्तर पर आना पड़ता है जो कि बहुत सराहनीय तथा मुश्किल होता है। अपनी प्रेरणा व इच्छाओं को समझने के लिए आत्मज्ञान होना आवश्यक है। इच्छाओं को विजित करने के लिए आत्मज्ञान होना चाहिए, तब ही आत्मसंयम आयेगा। आत्मसंयम द्वारा इच्छाओं पर विजय पाई जा सकेगी।

प्रश्न-7 ''सर्वहित में ही हर व्यक्ति का हित निहित है।'' आप इस कथन से क्या समझते हैं? सार्वजनिक जीवन में इस सिद्धान्त का कैसे पालन किया जा सकता है?

उत्तर : यह सिद्धांत गांधीजी द्वारा 'सर्वोदय' के रूप में प्रतिपादित किया गया था, जिसका तात्पर्य है सभी लोगों की भलाई। गांधीजी ने एक वर्ग-विहीन समाज की परिकल्पना की जिसमें सभी लोगों-गरीब, दुर्बल, पिछड़े, शोषित तथा हाशिये पर खड़े सभी का कल्याण हो। उनका सर्वोदय सभी के आर्थिक अभाव की समाप्ति, सामाजिक समानता तथा नैतिक उत्पादन पर बल देता है। गांधीजी का सर्वोदय सिद्धांत भारत की आरंभिक सांस्कृतिक विरासत से भी प्रेरणा ग्रहण करता है जिसमें आरंभिक उक्ति के रूप में सभी के कल्याण की बात कही गई है। यहां तक की कौटिल्य का अर्थशास्त्र भी यह कहता है कि शासक को निष्पक्ष तथा अच्छा होना चाहिए तथा इसका सर्वोच्च बल लोक कल्याण होना चाहिए। प्रजा की भलाई में उसकी भलाई निहित है तथा उनके कल्याण में उसका कल्याण। उसे उस वस्तु को उत्तम नहीं समझना चाहिए जो उसे प्रिय लगे, अपितु उस वस्तु को उत्तम समझना चाहिए जो उसकी प्रजा को उचित व प्रिय लगे।

भगवद्गीता में भी सार्वभौमिक कल्याण अथवा सबके कल्याण की प्रतिध्वनी दिखायी पड़ती है। हिंदू शास्त्रों के अतिरिक्त जैन तथा बौद्ध धर्म के साहित्य में भी सबों के कल्याण पर समान रूप से बल दिया गया है। सार्वभौमिक प्रेम तथा सार्वभौमिक कल्याण बौद्ध दर्शनशास्त्र के केंद्र बिंदु हैं। जैन भी इसी प्रकार सर्व कल्याण को समान रूप से अपना आदर्श मानते हैं।

समकालीन खाद्य सुरक्षा बिल सर्वोदय सिद्धांत पर आधारित है क्योंकि इसमें मानवीय जीवन चक्र दृष्टिकोण पर बल रखते हुए रियायती दर पर खाद्यान्न, मोटे अनाज, सार्वजनिक वितरण प्रणाली, परिवार में महिला को प्रमुख के रूप में मान्यता आदि पर बल देते हुए स्वच्छता, पेयजल तथा भोजन को समन्वित दृष्टि से प्रदान किया गया है।

प्रश्न-8 प्रायः यह कहा जाता है कि 'राजनीति' और 'नैतिकता' साथ-साथ नहीं चल सकते। इस सम्बन्ध में आपका क्या मत है? अपने उत्तर का, उदाहरणों सहित, आधार बताइए।

उत्तर : राजनीति एक आवश्यक मानवीय गतिविधि है। साथ ही यह जटिल व क्लिष्ट है। यह नागरिकों, राजनीतिक दलों, सांसदों कार्यकारी अधिकारियों, न्यायालयों, मीडिया, व्यापारिक संगठनों, गैर-सरकारी संगठन, धार्मिक व शैक्षिक संगठनों से उच्च स्तर के उत्तरदायित्व और प्रतिबद्धता की अपेक्षा रखती है। राजनेता प्रायः स्वार्थी व भ्रष्टाचारी होते हैं। ''राजनीति में नैतिकता'' कई मामलों में एक विरोधाभास लगती है। कई नेता एक देश के सामान्य हितों व अंतर्राष्ट्रीय समुदाय के लिए अपना सर्वश्रेष्ठ देने की कोशिश करते हैं। विशेष रूप से लोकतांत्रिक समुदायों व समाजों में राजनीति व नेताओं के प्रति सम्मान व विश्वास महत्वपूर्ण होता है। कई समस्याएं एक दूसरे पर परस्पर निर्भर करती हैं। उनके लिए कोई भी स्थानीय व क्षेत्रीय समाधान पर्याप्त नहीं होगा। आर्थिक वृद्धि, व्यापार संबंधित मामले व चुनौतियां, वित्तीय तंत्र, मानवाधिकार के प्रवासी मुद्दे, भ्रष्टाचार और सुरक्षा संबंधी मुद्दे, वर्तमान में चुनौतियां हैं। ये चुनौतियां प्रणालीगत हैं। इस कारकों के कारण राजनीति में नैतिकता आवश्यक है। वर्तमान-पारिस्थितियों को देखते हुए राजनीतिक प्रतिमानों में बदलाव की आवश्यकता है।

प्रश्न-5 (a) अन्तःकरण की आवाज' से आप क्या समझते हैं? आप स्वयं को अंतःकरण की आवाज पर ध्यान देने के लिए कैसे तैयार करते हैं?

(b) 'विवेक का संकट' से क्या अभिप्राय है? अपने जीवन की एक घटना बताइए जब आपका ऐसे संकट से सामना हुआ और आपने उसका समाधान कैसे किया?

उत्तर : (a) अंतःकरण सही व गलत में विभेद करने की एक योग्यता, अंतर्ज्ञान व निर्णय है। नैतिक निर्णय मूल्यों/मानदण्डों से प्राप्त कर सकते हैं। अंतःकरण स्वयं की आवाज होती है, जो कि नैतिक संघर्ष के समय मार्गदर्शन करती है।

अंतःकरण, सत्य का एक प्रकार है। यह एक सिंद्धात है जिसके द्वारा हम सही व गलत व विभेद करते हैं। यह मार्गदर्शक अंतः आवाज है, कर्तव्य की भावना अंतःकरण है। अंतःकरण एक मूक शिक्षक है।

साफ अंतःकरण वाला व्यक्ति, खुशहाल होता है। दोषी अंतःकरण वाला व्यक्ति निराश व उदास होता है। अच्छा अन्तःकरण स्थिरता, आनन्द व प्रसन्नता प्रदान करता है। यह आपदाओं, परेशानियों वेदना और दुख से बचाता है। साफ अंतःकरण वाला व्यक्ति निर्भीक होता है, उसे मृत्यु का भी भय नहीं होता है। जैसे शरीर के लिए अच्छा स्वास्थ्य आवश्यक है, वैसे ही आत्मा के लिए अच्छा अंतःकरण आवश्यक होता है।

(b) विवेक द्वारा हम सही गलत में विभेद करते हैं। जब कोई व्यक्ति गलत काम करता है, तो उसका विवेक उसे ऐसा करने से मना करता है और बुद्धिमान व्यक्ति अपने विवेक की बात मान लेता है। विवेक व्यक्ति को एक शिक्षक व एक मित्र की तरह मार्गदर्शन प्रदान करता है। विवेक, व्यक्ति को सही कार्य करने का संकेत देता है।

यदि आपने गलत कार्य किया है तो आप अवसाद ग्रस्त व चिड़-चिड़े हो जाते हैं। जबकि अच्छा कार्य करने पर आप खुश रहते हैं व आनन्द का अनुभव करते हैं। सत्य, धर्म और पुण्य का पालन करके विवेक उज्जवल रहता है।

प्रश्न-6 तीन महान नैतिक विचारकों/दार्शनिकों के अवतरण नीचे दिए गए हैं। आपके लिए प्रत्येक अवतरण का वर्तमान संदर्भ में क्या महत्त्व है? स्पष्ट कीजिए :

(a) ''पृथ्वी पर हर एक की आवश्यकता-पूर्ति के लिए काफी है पर किसी के लालच के लिए कुछ नहीं।'' - महात्मा गांधी

(b) ''लगभग सभी लोग विपत्ति का सामना कर सकते हैं पर यदि किसी के चरित्र का परीक्षण करना है, तो उसे शक्ति/अधिकार दे दो। - अब्राहम लिंकन

(c) ''शत्रुओं पर विजय पाने वाले की अपेक्षा मैं अपनी इच्छाओं का दमन करने वाले को अधिक साहसी मानता हूं।'' -अरस्तु

उत्तर : (a) प्रकृति इस तरह बनी है कि पारिस्थितिक तंत्र में एक संतुलन बना रहता है। प्रकृति सभी की आवश्यकताओं की पूर्ति करने में सक्षम है। दुर्भाग्यवश मनुष्य अपने लालच के लिए प्रकृति का अपनी आवश्यकताओं से अधिक दोहन कर रहा है। इस कारण पर्यावरण का क्षरण होता जा रहा है। वैश्वीकरण व उपभोक्तावाद ने इस क्षरण को और तीव्र कर दिया है। पूंजीवाद, भ्रष्टाचार और प्राकृतिक संसाधनों का अत्यधिक दोहन, मनुष्य के लालच के कुछ उदाहरण हैं। इस सब के कारण समाज और विश्व में असतानताएं और बढ़ी हैं। उदाहरण के लिए- भारत जैसे विकासशील देशों में ऊंची आर्थिक वृद्धि के बावजूद ग्रामीण व शहरी व अमीर की खाई और बढ़ गई है।

(b) सभी व्यक्ति एक हद तक कठिनाइयों से लड़ सकते हैं। यह जीवन का एक हिस्सा है। विपरीत पारिस्थितियां हमारी शक्ति, सहनशीलता व जीवन के प्रति हमारे नजरिये की परीक्षा लेती है। व्यक्ति सत्ता को कैसे संभालते हैं इससे उसके चरित्र का परीक्षण किया जाता है। एक चरित्रवान व्यक्ति सत्ता का दुरूपयोग नहीं करेगा, जबकि खराब चरित्र का व्यक्ति सत्ता का उपयोग अपने स्वयं के हितों को पूरा करने के लिए करेगा। कोई व्यक्ति कठिनाइयों का सामना करने में सक्षम हो सकता है। परंतु इसका मतलब यह नहीं है कि वह दूसरों के लिए अच्छा या निष्पक्ष हो। सत्ता व्यक्ति के कार्यों को प्रभावित कर सकती है।

(c) यह मानवता के शाश्वत आंतरिक संघर्ष का विषय है। अपनी इच्छाओं पर विजय पाना एक शत्रु पर विजय पाने से मुश्किल होता है। बाह्य संघर्ष की स्थिति में आप आंतरिक संघर्ष को अनदेखा कर सकते हैं। आत्मसंघर्ष की स्थिति में ईमानदारी व सत्यनिष्ठा को एक स्तर पर आना पड़ता है जो कि बहुत सराहनीय तथा मुश्किल होता है। अपनी प्रेरणा व इच्छाओं को समझने के लिए आत्मज्ञान होना आवश्यक है। इच्छाओं को विजित करने के लिए आत्मज्ञान होना चाहिए, तब ही आत्मसंयम आयेगा। आत्मसंयम द्वारा इच्छाओं पर विजय पाई जा सकेगी।

प्रश्न–7 ''सर्वहित में ही हर व्यक्ति का हित निहित है।'' आप इस कथन से क्या समझते हैं? सार्वजनिक जीवन में इस सिद्धान्त का कैसे पालन किया जा सकता है?

उत्तर : यह सिद्धांत गांधीजी द्वारा 'सर्वोदय' के रूप में प्रतिपादित किया गया था, जिसका तात्पर्य है सभी लोगों की भलाई। गांधीजी ने एक वर्ग-विहीन समाज की परिकल्पना की जिसमें सभी लोगों-गरीब, दुर्बल, पिछड़े, शोषित तथा हाशिये पर खड़े सभी का कल्याण हो। उनका सर्वोदय सभी के आर्थिक अभाव की समाप्ति, सामाजिक समानता तथा नैतिक उत्पादन पर बल देता है। गांधीजी का सर्वोदय सिद्धांत भारत की आरंभिक सांस्कृतिक विरासत से भी प्रेरणा ग्रहण करता है जिसमें आरंभिक उक्ति के रूप में सभी के कल्याण की बात कही गई है। यहां तक की कौटिल्य का अर्थशास्त्र भी यह कहता है कि शासक को निष्पक्ष तथा अच्छा होना चाहिए तथा इसका सर्वोच्च बल लोक कल्याण होना चाहिए। प्रजा की भलाई में उसकी भलाई निहित है तथा उनके कल्याण में उसका कल्याण। उसे उस वस्तु को उत्तम नहीं समझना चाहिए जो उसे प्रिय लगे, अपितु उस वस्तु को उत्तम समझना चाहिए जो उसकी प्रजा को उचित व प्रिय लगे।

भगवद्गीता में भी सार्वभौमिक कल्याण अथवा सबके कल्याण की प्रतिध्वनी दिखायी पड़ती है। हिंदू शास्त्रों के अतिरिक्त जैन तथा बौद्ध धर्म के साहित्य में भी सबों के कल्याण पर समान रूप से बल दिया गया है। सार्वभौमिक प्रेम तथा सार्वभौमिक कल्याण बौद्ध दर्शनशास्त्र के केंद्र बिंदु हैं। जैन भी इसी प्रकार सर्व कल्याण को समान रूप से अपना आदर्श मानते हैं।

समकालीन खाद्य सुरक्षा बिल सर्वोदय सिद्धांत पर आधारित है क्योंकि इसमें मानवीय जीवन चक्र दृष्टिकोण पर बल रखते हुए रियायती दर पर खाद्यान्न, मोटे अनाज, सार्वजनिक वितरण प्रणाली, परिवार में महिला को प्रमुख के रूप में मान्यता आदि पर बल देते हुए स्वच्छता, पेयजल तथा भोजन को समन्वित दृष्टि से प्रदान किया गया है।

प्रश्न–8 प्रायः यह कहा जाता है कि 'राजनीति' और 'नैतिकता' साथ-साथ नहीं चल सकते। इस सम्बन्ध में आपका क्या मत है? अपने उत्तर का, उदाहरणों सहित, आधार बताइए।

उत्तर : राजनीति एक आवश्यक मानवीय गतिविधि है। साथ ही यह जटिल व क्लिष्ट है। यह नागरिकों, राजनीतिक दलों, सांसदों कार्यकारी अधिकारियों, न्यायालयों, मीडिया, व्यापारिक संगठनों, गैर-सरकारी संगठन, धार्मिक व शैक्षिक संगठनों से उच्च स्तर के उत्तरदायित्व और प्रतिबद्धता की अपेक्षा रखती है। राजनेता प्रायः स्वार्थी व भ्रष्टाचारी होते हैं। ''राजनीति में नैतिकता'' कई मामलों में एक विरोधाभास लगती है। कई नेता एक देश के सामान्य हितों व अंतर्राष्ट्रीय समुदाय के लिए अपना सर्वश्रेष्ठ देने की कोशिश करते हैं। विशेष रूप से लोकतांत्रिक समुदायों व समाजों में राजनीति व नेताओं के प्रति सम्मान व विश्वास महत्वपूर्ण होता है। कई समस्याएं एक दूसरे पर परस्पर निर्भर करती हैं। उनके लिए कोई भी स्थानीय व क्षेत्रीय समाधान पर्याप्त नहीं होगा। आर्थिक वृद्धि, व्यापार संबंधित मामले व चुनौतियां, वित्तीय तंत्र, मानवाधिकार के प्रवासी मुद्दे, भ्रष्टाचार और सुरक्षा संबंधी मुद्दे, वर्तमान में चुनौतियां हैं। ये चुनौतियां प्रणालीगत हैं। इस कारकों के कारण राजनीति में नैतिकता आवश्यक है। वर्तमान-पारिस्थितियों को देखते हुए राजनीतिक प्रतिमानों में बदलाव की आवश्यकता है।

प्रश्न-9 नौकरशाही में अभिवृत्ति की चर्चा करें।

उत्तर : किसी भी राष्ट्र की नौकरशाही उस राष्ट्र की शासन व्यवस्था का केन्द्र बिन्दु होती है। नौकरशाही एक कार्यकुशल, प्रशिक्षित तथा कर्तव्यपरायण सरकारी कर्मचारियों का विशिष्ट संगठन होता है, जिसमें पदसोपान तथा आज्ञा की एकता के सिद्धान्त का कड़ाई से पालन किया जाता है। भारत जैसे लोकतान्त्रिक देश में सामाजिक-आर्थिक विकास के जो लक्ष्य निर्धारित किए जाते हैं, उन्हें वास्तव में नौकरशाही द्वारा ही क्रियान्वित किया जाता है।

प्रश्न-10 अभिक्षमता और योग्यता में क्या अन्तर है?

उत्तर : अभिक्षमता का मापन अभिक्षमता परीक्षाओं के द्वारा होता है जबकि योग्यता का मापन योग्यता परीक्षाओं द्वारा होता है। अतः अभिक्षमता और योग्यता के प्रत्यय अलग-अलग है। अभिलक्षण का सम्बन्ध व्यक्ति के भावी ज्ञान और कौशल आदि के पूर्व कथन से होता है, जबकि योग्यता को सम्बन्ध वर्तमान योग्यताओं के ज्ञान से होता है। यांत्रिकी, चिकित्सा और संगीत आदि में सफलता प्राप्त करने की सम्भावना से अभिक्षमता सम्बन्धित होती है जबकि योग्यता में बुद्धि, तर्क, स्मृति और सृजनात्मकता जैसी योग्यताएं सम्बन्धित होती हैं, अतः अभिक्षमता और योग्यता प्रत्यय एक-दूसरे से अलग-अलग हैं। अभिक्षमता भावी संभावनाओं से सम्बन्धित होती है जबकि योग्यता का सम्बन्ध वर्तमान योग्यताओं से होता है।

खण्ड-2

निर्देश: *निम्नलिखित प्रत्येक प्रश्न का उत्तर 200 शब्दों से अधिक नहीं होना चाहिए। शब्द-विस्तार की अपेक्षा प्रश्नोत्तर की अन्तर्वस्तु अधिक महत्वपूर्ण है। सभी प्रश्नों के अंक समान हैं।*

Instruction: *Answer the following questions in not more than 200 words each. Content of the answers are more important than their length. All questions carry equal marks.* $10 \times 12 = 120$

प्रश्न-1 वर्तमान परिप्रेक्ष्य में कार्य संस्कृति की अवधारणा को समझाइए।

उत्तर : प्रत्येक संगठन में किए जाने वाले कार्यों को करने का एक उद्देश्य, नियम तथा व्यवहार होता है तथा संगठन के उद्देश्यों की पूर्ति, नियमों का प्रगतिशील संचालन तथा एक सामंजस्यपूर्ण व्यवहार की स्थापना के लिए यह आवश्यक है कि संगठन में कार्यरत लोगों के बीच एक ऐसा वातावरण विकसित किया जाए, जिससे कि संगठन के विभिन्न उद्देश्यों और लक्ष्यों की प्राप्ति की जा सके। अतः वह वातावरण जो कि किसी संगठन में कार्यों के अनुकूल, कर्मचारियों की मनोवृत्तियों को निर्धारित करता है, कार्य संस्कृति (Work Culture) कहलाता है। वास्तव में कार्य संस्कृति एक व्यवस्था है, जो किसी संगठन के सदस्यों को एक मंच पर लाकर प्रेरित करके उन्हें उनके उद्देश्यों की प्राप्ति में सहायता प्रदान करती हैं। इसी व्यवस्था के अन्तर्गत रहते हुए संगठन के कर्मचारी अपने लक्ष्यों के सर्वोत्तम परिणाम प्रदान करते हैं। कार्य संस्कृति को हम सकारात्मक और नकारात्मक दोनों रूपों में समझ सकते हैं।

सकारात्मक रूप में कार्य संस्कृति से तात्पर्य किसी संगठन के कर्मचारियों द्वारा संगठन के उद्देश्यों को ध्यान में रखते हुए, पारस्परिक सहयोग से एक ऐसे वातावरण के निर्माण से है, जिससे निर्धारित लक्ष्यों की प्राप्ति की जा सके और साथ ही संगठन के लोगों में परस्पर सहयोग और समरसता की भावना का विकास हो। यह संस्कृति परिणाम उन्मुख, लोक उन्मुख, दायित्व बोध देने वाली तथा सामूहिक एकता का विकास करने वाली होनी चाहिए। उस माहौल में कार्य करने वाले अधिकारी अपनी राज्य सेवा में गुणवत्ता ला सकते हैं।

अच्छी सेवा प्रदान करने के लिए लोक सेवाओं को परिभाषित करना और ग्राहकों को पहचानकर सेवा प्रदान करना भी आवश्यक है। इसके लिए पहले निर्धारित मानकों, नियमों और मानदण्डों को तय करना होगा। इन लोक सेवाओं को प्रदान करने वाले मानकों और मानदण्डों को विकसित कर लोक सेवाओं को प्रभावी रूप से निष्पादित किया जा सकता है। लोक सेवाओं की निगरानी और प्रभावी मूल्यांकन करना और उसके आधार पर एक स्वतंत्र निष्पक्ष और

प्रभावी कार्य तंत्र का निर्माण करना और उसके आधार पर एक स्वतंत्र निष्पक्ष और प्रभावी कार्य तंत्र का निर्माण करना सेवाओं की एक आवश्यकता है, इन सुधारों के द्वारा इन सेवाओं पर हुए प्रभाव मूल्यांकन चाहते हैं। 'अच्छी सेवा' की प्राप्ति के लिए जब तक सेवा प्रदाता और उपभोक्ता परस्पर सहयोग कर अपने-अपने कर्तव्यों का कियान्वयन नहीं करेंगे, तब तक 'अच्छी सेवा' प्राप्त करने के लक्ष्य तक नहीं पहुंचा जा सकता। अतः आवश्यक है कि-

1. पारस्परिक सम्बन्धों की पहचान की जाए,
2. विरोध करने का अधिकार दिया जाए,
3. अधिकतम सेवाओं की प्राप्य स्थिति संभव बनाई जाए
4. सूचना तकनीक का प्रभावी उपयोग हो,
5. सिटीजन चार्टर की व्यवस्था प्रभावी हो,
6. निजी क्षेत्र को सहभागी बनाया जाए,
7. शासन के आदर्शों का पालन किया जाए।

प्रश्न-2 आचरण का अभिवृत्ति पर क्या प्रभाव पड़ता है?

उत्तर : प्रत्येक वस्तु के दो पहलू होते हैं, ऐसा ही अभिवृत्ति पर आचरण के प्रभाव के बारे में भी कहा जा सकता है। ये दो पहलू सकारात्मक एवं नकारात्मक दोनों प्रकार के हो सकते हैं। यदि एक व्यक्ति किसी काम के प्रति ईमानदार है तो उसका आचरण भी अच्छा होगा, किन्तु यदि वह ईमानदार नहीं है तो उसका आचरण भी अच्छा नहीं होगा, इसे इस प्रकार समझ सकते हैं।

देवेन्द्र सिंह एक सरकारी कार्यालय में निरीक्षक के पद पर कार्यरत हैं। उन्हें पिछले कुछ समय से यह सूचना मिल रही है कि उनका अधीनस्थ किसी काम के एवज में आगन्तुकों से रूपयों की मांग करता है। आगन्तुक भी अपने कार्य को जल्द करवाने की इच्छा में उसकी इस मांग की पूर्ति करते हैं, किन्तु एक आगन्तुक ने उसे रूपये देने से इंकार कर दिया एवं इस सम्बन्ध में अधीक्षक नरेन्द्र सिंह से शिकायत की कि नरेन्द्र सिंह ने आगन्तुक की शिकायत पर जल्द कार्रवाई करने का आश्वासन तो दिया, किंतु कोई कदम नहीं उठाया, बल्कि रूपये लेकर काम करवाने के लोभ में वह भी पड़ गए। यह देवेन्द्र सिंह के भ्रष्ट आचरण को प्रदर्शित करता है। ऐसे में भ्रष्ट आचरण से अभिवृत्ति पर भी नकारात्मक प्रभाव पड़ता है।

आप क्षेत्रीय पासपोर्ट कार्यालय में अधीक्षक हैं। आपके पास ऐसी शिकायतों का अम्बार लगा हुआ है, जिसमें कहा गया है कि सभी कागजात पूरे होने के बाद भी उन्हें पासपोर्ट जारी नहीं किया जा रहा है। आपने इस सम्बन्ध में गहनता से जांच की और पाया गया कि लोगों की शिकायतें सही हैं। आपको जांच के द्वारा यह पता चला कि जिन लोगों के पासपोर्ट देने में देरी की जा रही है, वो ऐसे लोग थे, जिन्होंने बिना किसी बिचौलिए के आवेदन किया था। अब कार्यालय के कुछ लोग उन्हें उनके पासपोर्ट देने के लिए कुछ रूपये की मांग कर रहे हैं। आप रिश्वत लेकर काम कराने के घोर विरोधी हैं। आपने इस सम्बन्ध में तुरन्त कार्रवाई करते हुए सम्बन्धित लोगों को ऐसे किसी काम को न करने की चेतावनी दी, जिससे उनके कार्यालय की छवि खराब हो तथा ग्राहकों में गलत संदेश जाए। आपने अच्छे आचरण का प्रदर्शन करते हुए सभी लोगों के पासपोर्ट जारी करने का निर्देश दिया तथा भविष्य में इस तरह की लेट लतीफी न करने की हिदायत भी दी। आपकी इस तरह की अभिवृत्ति बनी आपके अच्छे आचरण से। यदि आप भी देवेन्द्र सिंह की तरह गलत आचरण के होते तो, भ्रष्टाचार में लिप्त रहते, किन्तु आपने ऐसा नहीं किया। एक प्रशासन को ऐसा ही आचरण अपनाने की कोशिश करनी चाहिए।

प्रश्न-3 भावनाओं के प्रबन्धन की चर्चा करें।

उत्तर : भावनात्मक बुद्धि व समझ रखने वाले प्रशासक में एक सामर्थ्य होती है कि वह विवादों का रचनात्मक ढंग से समाधान कर सके। दूसरों के संवेगों और उनकी अभिव्यक्तियों (क्रोध आदि) को व्यक्तिगत स्तर पर न ले तथा अपने व्यवहार को नियंत्रित कर सके। किसी भी प्रकार की अनिश्चितता अथवा परिवर्तन के साथ अपनी समझ बना सके, निर्णयों को प्रभावित करने वाले नैतिक मूल्यों व विश्वासों को समझ सके अर्थात् उनकी पहचान कर सके। दूसरे व्यक्तियों के विभिन्न संवेगों और परिस्थितियों को समझे और उनसे सहानुभूति प्रकट कर सके। डेनियल गोलमैन का कहना है कि संवेगात्मक बुद्धि का तात्पर्य उस कौशल से है जिससे हम अपने आंतरिक जीवन का प्रबंध या संचालन करते हैं और लोगों के साथ तालमेल बिठाकर चलते हैं। इस अवधारणा में अपने संवेगों की सही जानकारी रखना संवेगात्मक (भावनात्मक) बुद्धि का आधार है। अगर हम अपने मनोभावों को सही ढंग से जानते समझते हैं तो इन्हें काबू में रख पाएंगे। इससे हमें अपनी प्रतिक्रियाओं एवं व्यवहार को संयत बनाने में मदद मिलेगी। जो व्यक्ति अपने मनोभावों की पहचान नहीं कर पाते, उनका भावनात्मक सम्बन्ध दूसरों की दया पर निर्भर करता है।

भावनात्मक बुद्धि कौशल की रिसर्च इस न्यूनतम आरम्भिक ज्ञान में 'भावनाओं' को विलीन करने की क्षमता और जोड़ना चाहती है। इस शोध ने यह पाया है कि न्यूनतम बौद्धिक कौशल (IQ) उम्र के साथ नहीं बढ़ता, बल्कि उम्र के साथ उसके घटने की सम्भावनाएं और बढ़ जाती हैं। 25 साल की उम्र में IQ की सहायता से जो सवाल सुलझाए जाते हैं वे 50 साल की उम्र में संभव नहीं रहते। अनुभव से एक-दूसरे प्रकार की क्षमता आती है, जो युवाओं में कम होती है। अत: प्रशासन में जिसे वरिष्ठता (Seniority) कहा जाता है, उससे भावनात्मक बौद्धिकता (EI) बढ़ती है और आत्म बोध (Self Awareness) का स्तर दूसरों के परार्थ बोध (Others Awareness) से जोड़ा जा सकता है। वरिष्ठ प्रशासकों का 'मैरिट बौद्धिक ज्ञान' न होकर भावनात्मक ज्ञान अधिक होता है। इसीलिए वार्षिक गोपनीय प्रतिवेदन (Annual Confidential Report - ACR) द्वारा ढूंढ़ी जाने वाली यह योग्यता उच्च प्रशासकों में निर्णायक होती है। ये (Annual Confidential Report – ACR) कैसे लिखी जाए और इस मूल्यांकन में कौन-कौन से तत्वों पर जोर (Weightage) दिया जाए ये भावनात्मक कौशल (Emotional Intelligence - EI) के प्रश्न हैं। यहां भावनात्मक बुद्धि कौशल का प्रयोग पदोन्नति भर्ती में सहायक हो सकता है। 50 साल से अधिक के प्रशासक विवेक की दृष्टि से बायोलॉजिकली कमजोर होते हैं। उनके जूनियरों का बेबेरियन IQ उनसे अधिक होता है, क्योंकि दिमाग का दायां लोब वृद्धावस्था में अधिक आगे नहीं बढ़ता। स्मरण शक्ति क्षीण हो सकती है। विश्लेषण करते समय भावनाएं व्यवधान उपस्थित करती हैं और डेटा इन्टरप्रिटेशन आत्मपरक (Subjective) बन सकता है। जो व्यक्ति रोज अपने सीनियर्स के पास बैठता है, उसे वे ईमानदारी से जज कर ही नहीं सकते। उनमें सामान्य मानसिक क्षमता अधिक हो सकती है, किन्तु लॉजिकल रीजनिंग की निष्पक्षता, भावनाओं और पूर्वाग्रहों (Prejudices) में कैद हो जाती है। गोलमैन शोध यह संकेत देती है कि जूनियर का 'रैशनल माइन्ड'' और सीनियर का 'इमोशनल माइन्ड' अलग-अलग निष्कर्ष निकाल सकते हैं। ये दोनों ही योग्यताएं हैं। पर सीनियर के बाएं लोब की यह क्षमता उसके अनुभव से आई है और हो सकता है, वह बहुत कम हो। ऐसी स्थिति में योग्यता मापन या मूल्यांकन वरिष्ठ, कनिष्ठ विरोध (Senior Subordinate Conflicts) पैदा करता है। सीनियर का IQ घटने और EI बढ़ने से उस पर पक्षपात के आरोप लगते हैं और उसे अनुशासन के नाम पर उन लोगों के विरूद्ध कठोर निर्णय करने पड़ते हैं, जो भावनात्मक दृष्टि से उससे जुड़े हुए होते हैं।

प्रश्न-4 एक जन सूचना अधिकारी (PIO) को सूचना का अधिकार (RTI) अधिनियम के अंतर्गत एक आवेदन मिलता है। सूचना एकत्र करने के बाद उसे पता चलता है कि वह सूचना स्वयं उसी के द्वारा लिए गए कुछ निर्णयों से सम्बन्धित है, जो पूर्णरूप से सही नहीं थे। इन निर्णयों में अन्य कर्मचारी भी सहभागी थे। सूचना प्रकट होने पर स्वयं उसके तथा उसके अन्य मित्रों के विरूद्ध अनुशासनिक कार्यवाही हो सकती है, जिसमें दंड भी संभावित है। सूचना प्रकट न करने या आंशिक या छद्मावरित सूचना उपलब्ध कराने पर कम दंड या दंड-मुक्ति भी मिल सकती है।

PIO अन्यथा एक ईमानदार व कर्तव्यनिष्ठ व्यक्ति है पर यह विशिष्ट निर्णय, जिसके सम्बन्ध में RTI आवेदन दिया गया है, गलत निकला। वह अधिकारी आपके पास सलाह के लिए आया है।

नीचे सुझावों के कुछ विकल्प दिए गए हैं। प्रत्येक विकल्प का गुण-दोष के आधार पर मूल्यांकन कीजिए:

(i) PIO इस मामले को अपने ज्येष्ठ अधिकारी को उसकी सलाह के लिए संदर्थित करे और कड़ाई से उसी के अनुसार कार्यवाही करे चाहे वह स्वयं उस सलाह के पूर्णतया सहमत न हो।

(ii) PIO छुट्टी पर चला जाए और मामले को अपने उत्तराधिकारी (कार्यालय में) पर छोड़ दे या सूचना आवेदन को किसी अन्य PIO को स्थानान्तरण का निवेदन करे।

(iii) PIO सच्चाई के साथ सूचना प्रकट करने व अपनी जीविका पर उसके प्रभाव पर मनन करके इस भांति उत्तर दे जिससे वह या उसकी जीविका पर जोखिम न आए पर साथ ही सूचना की अन्तर्वस्तु पर कुछ समझौता किया जा सकता है।

(iv) PIO उन सहयोगियों, जो इस निर्णय को लेने में सहभागी थे, से परामर्श करे और उनकी सलाह के अनुरूप कार्यवाही करे।

अनिवार्य रूप से केवल उपरोक्त विकल्पों तक सीमित न रखते हुए अपनी सलाह दीजिए और उसके उचित कारण भी बताइए।

उत्तर : **(i)** सेवा शर्तों के अनुसार प्रत्येक सरकारी कर्मचारी ईमानदार व कर्तव्यनिष्ठ होगा, जब सरकारी कर्मचारी ऐसा नहीं करते तो यह अशोभनीय होता है। उपरोक्त विकल्प सही है उसे अपने वरिष्ठ अधिकारी को बात बताकर उसकी सलाह के अनुसार कार्य करना चाहिए।

(ii) यह परिस्थिति से निपटने का गलत तरीका है जो उसकी अक्षमता को प्रदर्शित करेगा साथ ही उसके सिद्धांतों के विपरीत भी होगा। मामलों को किसी दूसरे PIO को हस्तांतरित करना एक अच्छा कदम है। इससे न्याय में पारदर्शिता आयेगी जो कि न्याय के प्राकृतिक सिद्धांत के अनुसार भी होगा।

(iii) PIO इस प्रकार जवाब दे कि उसे और उसकी जीविका को खतरा न हो, लेकिन वह सूचना की अंतर्वस्तु के साथ समझौता किये बिना अपने वरिष्ठ अधिकारी की सलाह के अनुसार जवाब दे सकता है।

(iv) सरकारी निर्णय सदस्यों के समूह द्वारा लिये जाते हैं। PIO उन सहयोगियों से जो इस निर्णय को लेने में सहभागी थे, से सलाह ले सकता है। लेकिन ऐसा निर्णय कार्यालय मानदण्डों के अनुरूप हो भी सकता है और नहीं भी हो सकता है।

सलाह-PIO को अपने वरिष्ठ अधिकारियों व सहकर्मियों से सलाह करनी चाहिए और वरिष्ठ अधिकारी को क्षमायाचना पत्र भेज देना चाहिए तथा मामले को उसके विवेक पर छोड़ देना चाहिए। यह निर्णय PIO को उसकी सत्यनिष्ठा बनाए रखने में सहायक होगा।

लेकिन उसे सूचनायाची को सूचना अधिकार अधिनियम के तहत सही सूचना प्रदान करनी चाहिए।

प्रश्न-5 आप नगरपालिका परिषद् के निर्माण विभाग में अधिशासी अभियंता पद पर तैनात हैं और वर्तमान में एक ऊपरगामी पुल (flyover) के निर्माण-कार्य के प्रभारी हैं। आपके अधीन दो कनिष्ठ अभियंता हैं, जो प्रतिदिन निर्माण-स्थल के निरीक्षण के उत्तरदायी हैं तथा आपको विवरण देते हैं और आप विभाग के अध्यक्ष, मुख्य अभियंता को रिपोर्ट देते हैं। निर्माण-कार्य पूर्ण होने को है और कनिष्ठ नियमित रूप से यह सूचित करते रहे हैं कि निर्माण-कार्य परिकल्पना के विनिर्देशों के अनुरूप हो रहा है। लेकिन आपने अपने आकस्मिक निरीक्षण में कुछ गंभीर विसामान्यताएं व कमियां पाई, जो आपके विवेकानुसार पुल की सुरक्षा को प्रभावित कर सकती हैं। इस स्तर पर इन कमियों को दूर करने में काफी निर्माण-कार्य को गिराना और दोबारा बनाना

होगा जिससे ठेकेदार को निश्चित हानि होगी और कार्य-समाप्ति में विलम्ब भी होगा। क्षेत्र में भारी ट्रैफिक जैम के कारण परिषद पर निर्माण शीघ्र पूरा करने के लिए जनता का बड़ा दबाव है। जब आप स्थिति मुख्य अभियंता के संज्ञान में लाए, तो उन्होंने अपने विवेकानुसार इसको बड़ा गम्भीर दोष न मानकर इसे उपेक्षित करने की सलाह दी। उन्होंने परियोजना को समय से पूरा करने हेतु कार्य को आगे बढ़ाने के लिए कहा। परन्तु आप आश्वस्त हैं कि यह गम्भीर प्रकरण है जिससे जनता की सुरक्षा प्रभावित हो सकती है और इसको बिना ठीक कराए नहीं छोड़ा जा सकता।

ऐसी स्थिति में आपके करने के लिए कुछ विकल्प निम्नलिखित हैं। इनमें से प्रत्येक विकल्प का गुण-दोष के आधार पर मूल्यांकन कर अन्ततः सुझाव दीजिए कि आप क्या कार्यवाही करना चाहेंगे और क्यों।

(i) मुख्य अभियंता की सलाह मानकर आगे बढ़ जाएं।

(ii) सभी तथ्यों व विश्लेषण को दिखाते हुए स्थिति की विस्तृत रिपोर्ट बनाकर अपना दृष्टिकोण स्पष्ट करते हुए मुख्य अभियंता से लिखित आदेश का निवेदन करें।

(iii) कनिष्ठ अभियंताओं से स्पष्टीकरण मांगे और ठेकेदार को निश्चित अवधि में दोष निवारण के लिए आदेश दें।

(iv) मुख्य अभियंता के अनम्य विचार को ध्यान में रखते हुए इस परियोजना से अपने स्थानान्तरण के लिए आवेदन करें या बीमारी की छुट्टी पर चले जाएं।

उत्तर : **(i)** सेवा शर्तों के अनुसार, एक अधीनस्थ होने के रूप में यह विकल्प सही है, कि वरिष्ठ अधिकारी के आदेश का पालन किया जाये, लेकिन यदि यह लिखित रूप में हो तो। यदि व्यक्ति अपने विवेक से कार्य नहीं कर सकता इस स्थिति में जबकि जनता की सुरक्षा दांव पर है खामियों की अनदेखी करना समाधान नहीं है।

(ii) यह विकल्प सही है। मुख्य अभियन्ता निर्माण संबंधी खामियों को सही करने का विकल्प खोज सकेगा और इस तरह मुख्य अभियन्ता भविष्य में आने वाली सभी परिस्थितियों के लिए जिम्मेदार होगा।

(iii) कनिष्ठ अभियन्ताओं से स्पष्टीकरण मांगना और ठेकेदारों को निश्चित अवधि में दोष निवारण हेतु आदेश सही कदम है यदि ठेकेदार दोषी पाया जाता है, तो अधिशासी अभियन्ता ठेकेदार को प्रतिबन्धित कर सकता है और प्रोजेक्ट को पूरा करने के लिए नये टेन्डर आमंत्रित कर सकता है।

(iv) यह एक अनौपचारिक तरीका है।

(v) यह एक गलत कदम होगा। इससे अधिशासी अभियन्ता की अयोग्यता प्रदर्शित होगी।

सही कदम-सभी तथ्यों व विश्लेषण को दिखाते हुए स्थिति की विस्तृत रिपोर्ट तैयार करें। कनिष्ठ अभियन्ताओं को उनके कार्यों के लिए उत्तरदायी बनाना जाना चाहिए व उनके खिलाफ सरकारी कार्यवाही शुरू की जानी चाहिए। उसके पश्चात निर्माण लागत को कम करने तथा समय से प्रोजेक्ट को पूरा करने के लिए कदम उठाये जाने चाहिए।

केस स्टडी-1

प्रश्न-6. तमिलनाडु में शिवकासी पटाखा और दियासलाई निर्माताओं के समूहों के लिए प्रसिद्ध है। यहां की स्थानीय अर्थव्यवस्था अधिकांशतः पटाखा उद्योग पर निर्भर है। इसी से इस क्षेत्र का आर्थिक विकास हुआ है और रहन-सहन का स्तर भी सुधरा है। जहां तक पटाखा उद्योग जैसे खतरनाक उद्योगों के लिए बाल श्रमिक नियमों का प्रश्न है, अंतरराष्ट्रीय श्रम संगठन (ILO) ने श्रम हेतु न्यूनतम आयु सीमा 18 वर्ष निर्धारित की है। जबकि भारत में यह आयु सीमा 14 वर्ष है।

पटाखों के औद्योगिक क्षेत्र की इकाइयों को पंजीकृत तथा अपंजीकृत दो श्रेणियों में वर्गीकृत किया जा सकता है। घरों पर पंजीकृत/अपंजीकृत इकाइयों में बाल श्रमिक रोजगार के विषय में कानून स्पष्ट है, घरों पर आधारित कार्य उसके अंतर्गत नहीं आते। ऐसी इकाइयों में माना जाता है कि बालक अपने माता-पिता व संबंधियों की देख-रेख में कार्य कर रहे हैं। बाल श्रमिक मानकों से बचने के लिए अनेक इकाइयां अपने को घरों पर आधारित कार्य बताती हैं और बाहरी बालकों को रोजगार देती हैं। यह कहने की आवश्यकता नहीं कि बालकों की भर्ती से इन इकाइयों की लागत बचती है जिससे उनके मालिकों को अधिक लाभ मिलता है।

आपने शिवकासी में एक इकाई का दौरा किया, जिसमें १४ वर्ष से कम आयु के लगभग १०-१५ बालक काम करते हैं। उसका मालिक आपको इकाई परिसर में घुमाता है। मालिक आपको बताता है कि घर आधारित इकाई में वे बालक उसके संबंधी हैं। आप देखते हैं कि जब मालिक यह बता रहा है, तो कई बालक खीस निपोरते हैं। गहन पूछताछ में आप जान जाते हैं कि मालिक और बालक परस्पर कोई संबंध संतोषजनक रूप से सिद्ध नहीं कर पाए।

(a) इस प्रकरण में विषय स्पष्ट कीजिए और उनकी व्याख्या कीजिए।

(b) इस दौरे के बाद आपकी क्या प्रतिक्रिया होगी?

उत्तर : (a) इस प्रकरण में सबसे बड़ा नैतिक विषय यह है कि जिन बच्चों को इस उद्योग में नियोजित किया गया है, निश्चित तौर पर उनके भविष्य व स्वास्थ्य के साथ खिलवाड़ किया जा रहा है। जो बच्चे 14 वर्ष से कम आयु के हैं उन्हें तो वैसे ही उनके मूल अधिकारों से वंचित किया जा रहा है लेकिन 14 वर्ष से अधिक आयु के बच्चों के स्वास्थ्य व भविष्य की रक्षा करना सबसे बड़ा नैतिक विषय है।

उपर्युक्त केस अध्ययन की सबसे बड़ी समस्या यह है कि घर आधारित उद्योगों को पंजीकृत या अपंजीकृत इकाइयों के रूप में चिहिन्त नहीं किया जा सकता है, इसलिए इस संबंध में एक प्रशासनिक अधिकारी के अधिकार काफी हद तक सीमित हो जाते हैं। सीमित अधिकारों के बावजूद स्थायी समाधान खोजना इस केस की चुनौती है।

(b) इस दौरे के बाद की प्रतिक्रिया इस प्रकार होगी-

1. घरेलू पटाखा इकाइयों के मालिकों को एक नोटिस दिया जाएगा जिसमें स्पष्ट आदेश होगा कि एक सीमित अवधि के अंदर उन्हें अपने उद्योग में नियोजित सभी व्यक्तियों व बच्चों का विवरण (आयु प्रमाण पत्र, फोटो, फोटो पहचान पत्र, राशन कार्ड इत्यादि) देना होगा।
2. दिए गए विवरण की प्रतिपुष्टि कराई जाएगी।
3. विसंगति पाए जाने पर यथोचित कार्यवाही की जाएगी।

उपर्युक्त प्रयासों के अलावा इस केस अध्ययन को आधार बनाकर वरिष्ठ अधिकारियों के माध्यम से इस बात को शासन तक पहुंचाया जाना चाहिए। इसका सबसे बड़ा लाभ यह होगा कि कानून की कमजोरियों का फायदा उठाकर बालश्रम कराने की प्रवृत्ति पर अंकुश लगेगा।

केस स्टडी-2

प्रश्न-7. **आप देश के एक प्रमुख तकनीकी संस्थान के अध्यक्ष हैं। संस्थान, प्रोफेसरों के पद के चयन के लिए आपकी अध्यक्षता में साक्षात्कार पैनल का आयोजन शीघ्र ही करने वाला है। साक्षात्कार से कुछ दिन पहले आपके पास एक ज्येष्ठ शासकीय अधिकारी के निजी सचिव का फोन आता है जिसमें आपसे उक्त पद के लिए उस अधिकारी के एक निजी संबंधी के पक्ष में चयन करने की अपेक्षा की जाती है। निजी सचिव यह भी बताते हैं कि आपके संस्थान के आधुनिकीकरण के लिए बहुत समय से लंबित महत्वपूर्ण वित्तीय अनुदान के प्रस्तावों का उन्हें ज्ञान है जिनकी अधिकारी द्वारा स्वीकृति की जानी है। वे आपको उन प्रस्तावों को अनुमोदन कराने का आश्वासन देते हैं।**

(a) आपके पास क्या-क्या विकल्प उपलब्ध हैं?

(b) प्रत्येक विकल्प का मूल्यांकन कीजिए और बताइए कि आप कौन-सा विकल्प चुनेंगे और क्यों?

उत्तर : (a) इस संबंध में उपलब्ध विकल्पों की बात करें तो निम्नलिखित संभावनाएं बन सकती हैं :

1. सचिव महोदय को स्पष्ट तौर पर मना कर दूं कि आप किसी भी स्तर पर पक्षपात का समर्थन नहीं कर सकते हैं।
2. यदि ज्येष्ठ शासकीय अधिकारी इस कार्य को विधि सम्मत मानते हैं तो उनसे लिखित सिफारिश पत्र की मांग की जा सकती है।
3. सचिव महोदय की इस मंशा की शिकायत उच्चाधिकारियों से की जा सकती है।

प्रत्येक विकल्प का मूल्यांकन इस प्रकार है :

1. उपलब्ध विकल्पों में यह सर्वश्रेष्ठ विकल्प है। ऐसा करने से आपकी कर्तव्यनिष्ठ छवि के कारण दोबारा ऐसा प्रस्ताव आने की संभावना कम हो जाएगी। यह स्पष्ट संदेश प्रेषित होना अति आवश्यक है कि आप एक कर्तव्यनिष्ठ अधिकारी हैं और इस प्रकार के भ्रष्ट आचरण के खिलाफ हैं।
2. विनम्र निवेदन के साथ सचिव के माध्यम से यह बात संबंधित अधिकारी तक पहुंचाई जा सकती है। इसका सीधा व स्पष्ट संदेश यही है कि यदि यह कार्य नैतिक व विधि सम्मत है तो ज्येष्ठ अधिकारी को लिखित सिफारिश करने में कोई समस्या ही नहीं आएगी, लेकिन यदि यह काम विधि सम्मत नहीं है तो वह किसी ऐसे काम की अपेक्षा किसी अन्य व्यक्ति से कैसे कर सकते हैं जो वह खुद नहीं कर सकते हैं।
3. यद्यपि इस विकल्प की अभी कोई आवश्यकता नहीं है, तथापि सचिव द्वारा दबाव बनाए जाने की स्थिति में सावधानीपूर्वक और पर्याप्त प्रमाण सहित इस विकल्प का प्रयोग किया जा सकता है। स्पष्ट है कि विकल्प 1 ही श्रेष्ठतम विकल्प है।

केस स्टडी-1

प्रश्न-8. आप एक प्रशिक्षु कार्मिक हैं। आपसे वरिष्ठ कार्मिक किन्हीं अपरिहार्य कारणों से अवकाश पर है। आपको भी अध्ययन अवकाश पर जाना है। प्रबंधक ने आपको आदेश दिया है कि अध्ययन अवकाश पर जाने से पहले नियत अवधि में आपको किसी जटिल कार्य को पूरा करना है। प्रबंधक द्वारा कार्य को समाप्त करने का अंतिम समय कार्य की जटिलता को देखते हुए यथार्थवादी नहीं लगता है। आपको लगता है कि आप दिए गए कार्य के लिए इतने अनुभवी नहीं है कि अकेले संपन्न कर सकें। कार्य को तय मानकों के मुताबिक संपन्न करने के लिए आपको अतिरिक्त देखरेख की जरूरत है। जबकि प्रबंधक द्वारा जरूरी सहयोग देने से मना कर दिया है। यदि आप कार्य को तय समय सीमा में करने की कोशिश करते हैं तो उसे अपेक्षित गुणवत्ता के साथ नहीं कर पाएंगे और अवकाश से लौटने के बाद आप पर अनुशासनात्मक कार्रवाई हो सकती है। प्रबंधक द्वारा अभित्रस्त होने से आप दबाव में भी आ जाते हैं। नीचे सुझावों के विकल्प दिए गए हैं। सभी विकल्पों का गुण दोष के आधार पर मूल्यांकन कीजिए।

(A) आप प्रबंधक को अपनी क्षमताओं और सीमाओं के बारे में स्पष्ट बताते हुए पूरी ईमानदारी से काम करेंगे व कार्य के परिणाम को सभी दायित्व निभाएंगे।

(B) आप कार्य करने से मना कर देंगे क्योंकि आप एक प्रशिक्षु हैं और तकनीकी रूप से दिया गया कार्य आपके दायित्वों में नहीं है।

(C) आप प्रबंधक से काम को करनेकी समय सीमा को बढ़ाने का अनुरोध करेंगे और काम को पूरी जवाबदेही के साथ संपन्न करेंगे।

उत्तर : (A) इस विकल्प में नैतिकता का एक गुण ईमानदारी से जुड़ा है। मैं अपनी क्षमताओं और सीमाओं के बारे में स्पष्ट तौर पर प्रबंधक को बता दूंगा। यदि ऐसा करने के बाद भी प्रबंधक चाहेगा तो मैं दिए गए काम को पूर्ण निष्ठा और ईमानदारी से करूंगा। हालांकि मुझे पता है कि मैं दिए गए कार्य को अकेले तय समय सीमा में आवश्यक गुणवत्ता के साथ करने में सक्षम नहीं हूं। लेकिन मैं इसे चुनौती के रूप में स्वीकार करूंगा और अपनी क्षमताओं का पूर्ण उपयोग करते हुए अपेक्षित परिणाम देने के प्रयास करूंगा क्योंकि चुनौतियों का सामना करने से ही व्यक्तित्व के सभी आयामों का विकास होता है। इस विकल्प में कुछ दोष भी हैं। प्रकरण में स्पष्ट बताया गया है कि मैं दिए गए कार्य के लिए पर्याप्त क्षमतावान नहीं हूं और दूसरे काम की गुणवत्ता में कमी रहने पर मेरे खिलाफ अनुशासनात्मक कार्रवाई भी का जा सकती है। कार्यस्थल के नैतिक आदर्शों के मुताबिक यह कार्य मुझे नहीं करना है। यदि मैं इस कार्य को करता हूं तो निश्चित ही मैं अपने पैरों पर कुल्हाड़ी मारने वाला काम करूंगा।

(B) तकनीकी रूप से मैं न तो इस कार्य को करने के लिए जवाबदेह हूं और न ही सक्षम। ऐसे में इस कार्य को करना मेरे लिए बड़ी समस्या बन सकती है। मैं कंपनी के कार्यकारी नियमों व नीतियों का अध्ययन करूंगा। यदि कंपनी के नियमों व नीतियों के मुताबिक दिया गया कार्य मेरे दायित्वों में नहीं आता है तो मैं विनम्रता से यह कार्य करने से मना कर दूंगा। ऐसा करने से मैं अनावश्यक तनाव में आने से बचूंगा व अनपेक्षित स्तर पर कार्य करने पर होने वाली कार्रवाई से बच जाउंगा। इस विकल्प का दोष यह है कि इसमें प्रबंधक पर दबाव होगा। एक वरिष्ठ कार्मिक अवकाश पर है और दिया गया कार्य बहुत महत्व का होगा इसीलिए प्रबंधक उसे जल्द से जल्द करवाना चाहता है। ऐसे में मैं यदि काम को करने से मना करता हूं तो इससे मेरी कर्तव्यनिष्ठा और पेशेवर सक्षमता पर सवाल खड़ा होगा।

(C) मैं प्रबंधक से समय सीमा के बारे में पुनर्विचार के लिए अनुरोध करूंगा और जानना चाहूंगा कि यदि इस दौरान कोई जवाबदेह व्यक्ति यदि मेरी मदद और काम की देख-रेख के लिए मौजूद रहेगा तो काम अधिक गुणवत्ता के साथ हो सकेगा। इस विकल्प से मेरी कर्तव्यनिष्ठा और चुनौतियों को स्वीकारने की क्षमता सामने आएगी और मेरे ओहदे के मुताबिक मैं काम के परिणाम के लिए भी जवाबदेह नहीं रहूंगा। यदि काम बेहतर होगा तो मुझे प्रोत्साहन मिलेगा और यदि काम को अपेक्षित गुणवत्ता के मुताबिक पूरा नहीं किया जा सकेगा तो मैं अनावश्यक कार्रवाई से बच जाउंगा। तीनों विकल्पों में यह सर्वश्रेष्ठ है।

केस स्टडी-2

प्रश्न-9. आप नगरपालिका परिषद के निर्माण विभाग में अधिशासी अभियंता पद पर तैनात हैं और वर्तमान में एक ऊपरगामी पुल के निर्माण कार्य के प्रभारी हैं। आपके अधीन दो कनिष्ठ अभियंता हैं, जो प्रतिदिन निर्माण स्थल के निरीक्षण के उत्तरदायी हैं तथा आपको विवरण देते हैं और आप विभाग के अध्यक्ष, मुख्य अभियंता को रिपोर्ट देते हैं। निर्माण कार्य पूर्ण होने को है और कनिष्ठ अभियंता नियमित रूप से यह सूचित करते रहे हैं कि निर्माण कार्य परिकल्पना के विनिर्देशों के अनुरूप हो रहा है। लेकिन आपने अपने आकस्मिक निरीक्षण में कुछ गंभीर असामान्यताएं व कमियां पाई हैं, जो आपके विवेकानुसार पुल की सुरक्षा को प्रभावित कर सकती है। इस स्तर पर इन कमियों को दूर करने में काफी निर्माण कार्य को गिराना और दोबारा बनाना होगा जिससे ठेकेदार को निश्चित हानि होगी और कार्य समाप्ति में विलंब भी होगा। क्षेत्र में भारी ट्रैफिक जाम के कारण परिषद पर निर्माण शीघ्र पूरा करने के लिए जनता का बड़ा दबाव है। जब आप स्थिति मुख्य अभियंता के संज्ञान में लाए, तो उन्होंने अपने विवेकानुसार इसको बड़ा गंभीर दोष न मानकर इसे उपेक्षित करने की सलाह दी। उन्होंने परियोजना को समय से पूरा करने हेतु कार्य को आगे बढ़ाने के लिए कहा। लेकिन आप आश्वस्त हैं कि यह गंभीर प्रकरण है जिससे जनता की सुरक्षा प्रभावित हो सकती है और इसको बिना ठीक कराए नहीं छोड़ा जा सकता।

ऐसी स्थिति में आपके करने के लिए कुछ विकल्प निम्नलिखित हैं। इनमें से प्रत्येक विकल्प का गुण दोष के आधार पर मूल्यांकन कर अंततः सुझाव दीजिए कि आप क्या कार्यवाही करना चाहेंगे और क्यों?

(i) मुख्य अभियंता की सलाह मानकर आगे बढ़ जाएं।

(ii) सभी तथ्यों व विश्लेषण को दिखाते हुए स्थिति की विस्तृत रिपोर्ट बनाकर अपना दृष्टिकोण स्पष्ट करते हुए मुख्य अभियंता से लिखित आदेश का निवेदन करें।

(iii) कनिष्ठ अभियंताओं से स्पष्टीकरण मांगे और ठेकेदार को निश्चित अवधि में दोष निवारण के लिए आदेश दें।

(iv) इस विषय को बलपूर्वक उठाएं ताकि यह मुख्य अभियंता के वरिष्ठ जनों तक पहुंच सके।

(v) मुख्य अभियंता के अनम्य विचार को ध्यान में रखते हुए इस परियोजना से अपने स्थानांतरण के लिए आवेदन करें या बीमारी की छुट्टी पर चले जाएं।

उत्तर : (i) मुख्य अभियंता की सलाह मानकर आगे बढ़ जाना सही कदम नहीं होगा क्योंकि भविष्य में इस कमजोर पुल से आम जनता को काफी नुकसान हो सकता है। कारण कोई भी हो लेकिन इस प्रकार की लापरवाही कर्तव्यनिष्ठा की कमी दर्शाती है, इसलिए यह विकल्प स्वीकार करने योग्य नहीं है।

(ii) यह विकल्प एक ठोस व सकारात्मक कार्यवाही का परिचायक है। मुख्य अभियंता से लिखित आदेश का निवेदन उसे इस बात के लिए बाध्य कर देगा कि वह विधि सम्मत प्रक्रिया का ही पालन करे।

(iii) इस परियोजना की कमियों के लिए कनिष्ठ अभियंता और ठेकेदार दोनों ही उत्तरदायी है, इसलिए उनसे स्पष्टीकरण मांगा जाना आवश्यक है। कनिष्ठ अभियंताओं से स्पष्टीकरण मांगे जाने पर उन्हें अपनी जिम्मेदारी का अहसास होगा और संभव है कि वे अपनी गलतियों को सुधारने का एक मौका मांगे।

(iv) मुख्य अभियंता के वरिष्ठ जनों तक इस बात को पहुंचाने का अभी कोई औचित्य नहीं है लेकिन यदि मुख्य अभियंता लिखित आदेश देने से मना करे या अपने पद का दुरूपयोग करने का प्रयास करे तो ऐसा किया जा सकता है।

(v) यह एक पलायनवादी नजरिया है, इसलिए इस विकल्प को स्वीकार नहीं किया जाना चाहिए।

अन्य विकल्प : उपर्युक्त समस्या के समाधान के लिए विकल्प-II और विकल्प-III का सम्मिलित रूप से प्रयोग किया जाना चाहिए।

प्रश्न-10 मर्यादित विवेक के बारे में समझाइए।

उत्तर : मैक्स वेबर के इस 'राइट ब्रेन मैनेजमेंट' के विवेकी मॉडल पर वर्तमान में भारी तर्क-कुतर्क हुए हैं। व्यवहारवादी रिसर्च ने इसे वैचारिक प्रस्थापना (Normative Preposition) को अपने अनुभववादी तर्कों से अपूर्ण, अपर्याप्त और गलत सिद्ध किया है। चैस्टर बरनार्ड, मिस फॉलेट, हरबर्ट साइमन आदि विचारक तो विवेक के लचीलेपन (Flexibility of Rationality) के अपने सिद्धांत से मर्यादित विवेक (Bounded Rationality) का एक नया सिद्धांत (Doctrine) प्रस्तुत करते हैं। वेबर की जड़ और अंतिम विवेकशीलता (Fixed and Final Rationality) की अवधारणा को भी एक सिद्धान्त के रूप में अशुद्ध माना जा रहा है। साइमन के अनुसार, विवेकशील व्यवहार भी छः प्रकार के होते हैं-

1. आत्मपरक विवेक (Subjectively Rational)
2. वस्तुपरक विवेक (Objectively Rational)
3. व्यक्तिगत विवेक (Individually Rational)
4. संगठनात्मक विवेक (Organisationally Rational)
5. सोचा-समझा विवेक (Deliberately Rational)
6. सावचेत विवेक (Consciously Rational)

'विवेक' (Rationality) का यह बहुलवादी (Pluralist) विश्लेषण शक्ति प्रयोग में आने वाली उन मनोदशाओं को उजागर करता है, तो वेबर के विवेकवादी सिद्धान्त में या तो छूट गई थी या गौण मान ली गई। साइमन कहता है कि - ब्यूरोक्रेसी स्वयं एक श्रेष्ठी वर्ग समूह (Elite Class Group) है और फिर उसमें अनेक छोटे-छोटे समूह वर्ग होते हैं, जो अपने-अपने हितों को विवेक की लड़ाई बतलाकर आपस में लड़ते रहते हैं। ये सारे संघर्ष केवल विवेक सम्मत (Rational) ही हों, यह आवश्यक नहीं है। आलोचकों का कहना है कि वेबेरियन सिविल सेवक वस्तुपरक और विवेकी (Objectively Rational) नहीं होते और फिर एक बार विवेकपूर्ण सिद्ध हो जाने वाला व्यक्ति सदा-सदा विवेकी ही रहे यह भी जरूरी नहीं है। बुद्धि पर एकाधिकार रखने वाले बुद्धिमान लोग उम्र के ढलान पर महान मूर्ख और बेईमान भी हो सकते हैं। विवेक का पाया जाना केवल तर्क शक्ति की विद्यमता मात्र नहीं है। अतः आईक्यू (IQ) की सारी खोज मानव व्यक्तित्व का एक छोटा सा पहलू मात्र प्रदर्शित करती है। जिसे योग्यता या प्रतिभा कहा जाता है (या माना जाना चाहिए)। उसमें मस्तिष्क की उन अन्य क्षमताओं और सीमाओं को डाल कर भी यह देखा जाना आवश्यक है कि प्रशासन में किसी प्रकार की योग्यता कब तक योग्यता बनी रह सकती है। यह समग्रता की दृष्टि (Holistic View) वेबर के दर्शन में केवल संशोधन ही नहीं वरन आमूलचूल परिमार्जपन भी ला रही है। 'ब्रेन के अन्दर "विवेक" के अलावा और कौन-कौन से दबाव हैं और वे विवेक से किस प्रकार लड़ते हैं और इन द्वन्द्वों से सही विवेक किस तरह घायल होता है, यह जानना विवेक (Rationality) को व्यावहारिक बनाता है। विवेक की बुद्धि "अनुचित" और "अनैतिक" को पहचान तो सकती है पर इन अनैतिक कार्यों से लड़ कर उन्हें रोकना या हराना अकेले विवेक के बूते के बाहर है।" (गोलमैन)

सामान्य अध्ययन मुख्य परीक्षा
मॉडल अभ्यास चतुर्थ प्रश्न-पत्र 4

कुल अंक : 200 **समयावधि : 3 घण्टे**

खण्ड-1

निर्देश: *निम्नलिखित प्रत्येक प्रश्न का उत्तर 125 शब्दों से अधिक नहीं होना चाहिए। शब्द-विस्तार की अपेक्षा प्रश्नोत्तर की अन्तर्वस्तु अधिक महत्वपूर्ण है। सभी प्रश्नों के अंक समान हैं।*

Instruction: *Answer the following questions in not more than 125 words each. Content of the answers are more important than their length. All questions carry equal marks.* $10 \times 8 = 80$

प्रश्न-1 अभिवृत्ति क्या है?

उत्तर : व्यवहार, व्यक्ति की सोच, अभिरूचि समेकित रूप से अभिवृत्ति को प्रदर्भित करती है। अभिवृत्ति अपने वातावरण में किसी भी वस्तु, विचार, गतिविधि घटना या लोगों का सकारात्मक अथवा नकारात्मक मूल्यांकन करती है। यह एक मानसिक स्थिति के रूप में भी समझी जा सकती है, अर्थात् यह वह मानसिक अवस्था है, जिसमें विचारों को परखा जाता है। सभी लोगों की अभिवृत्तियां एक समान नहीं होती हैं। अभिवृत्ति से किसी भी व्यक्ति के व्यक्तित्व का सहज अनुमान लगाया जा सकता है। इसकी संरचना में अनेक तत्त्वों का योगदान होता है, जिनमें से संज्ञान, भाव व व्यवहार को मुख्य माना जाता है। इसकी अनेक विशेषताएं होती हैं, जिनसे यह किसी भी व्यक्ति को अन्य से अलग करती है। यह सभी परिस्थितियों में समान नहीं रहती हैं, इन कारकों में सामाजिक परिवेश एवं निजी अनुभव निर्णायक होते हैं।

प्रश्न-2 अभिवृत्ति और विचार में क्या सम्बन्ध है?

उत्तर : विचार व्यक्ति के संज्ञान का मूल तत्व है, इसके द्वारा किसी विषय-वस्तु अथवा व्यक्ति को जाना एवं समझा जाता है। विचार समझने और विश्लेषण करने के साथ-साथ नई सोच को जन्म देते हैं। विचार कई रूपों में सामने आते हैं। इन्हीं में से एक 'तटस्थ विचार' भी होता है। इसे इस प्रकार समझा जा सकता है कि 'सरकार किसी की भी बने हमें क्या फर्क पड़ता है', इस तरह का विचार यह प्रदर्शित करता है कि अमुक व्यक्ति पूरी तरह से तटस्थ है तथा उसे इसमें कुछ लेना देना नहीं, वह स्वयं में मस्त है, जबकि एक अन्य प्रकार का विचार 'राय' होता है। जैसे यह मेरा विचार (राय) है, पर हो सकता है भविष्य में मेरी यह राय बदल जाए। इसी तरह एक अन्य विचार का रूप विश्वास है जो कि पक्की राय को प्रदर्शित करता है, जैसे 'मेरी नजर में यह बिल्कुल सही है तथा दूसरे के विचारों से मैं पूर्ण असहमत हूँ। विचार का एक अन्य रूप दृढता है जो कि दृढ़ विश्वास को प्रदर्शित करता है। यह दृढ़ विश्वास अन्धविश्वास एवं दुराग्रह (हठ अथवा अनुचित जिद) से भी ग्रसित हो सकता है।

प्रश्न-3 राजनैतिक अभिवृत्ति की क्या विशेषताएं है?

उत्तर : राजनैतिक अभिवृत्ति में केवल राजनीति के प्रति मनोवृत्तियाँ, राजनैनिक मूल्य, विचारधाराएँ, सांस्कृतिक लोकाचार ही सम्मिलित नहीं रहते वरन् राजनैतिक व्यवहार कार्य करने का ढंग भी सम्मिलित रहते है। राजनैतिक अभिवृत्ति राजनैतिक व्यवस्था का महत्वपूर्ण निर्णायक भाग होती है तथा अभिव्यक्ति राजनैतिक क्रिया एवं गतिविधि के आधार पर देखी जाती है। सामाजीकरण की प्रक्रिया से व्यक्ति राजनैतिक अभिवृत्ति ग्रहण करता है, राजनैतिक अभिवृत्ति

सामान्य अभिवृत्ति से अधिक प्रगतिशील एवं तथ्यात्मक होती है, राजनैतिक अभिवृत्ति सामान्य अभिवृत्ति की तुलना में अधिक एक निश्चित और सीमित अवधारणा है। राजनैतिक अभिवृत्ति सम्पूर्ण राजनैतिक व्यवस्था के लिए मूल्यों एवं आदर्शों की संरचना निर्मित करती है, राजनैतिक अभिवृत्ति शासक और शासित में परस्पर सम्बन्धों को व्यक्त करती है, जिससे उसे पहचाना जाता है एवं राजनैतिक अभिवृत्ति राजनैतिक समाज में क्या होना चाहिए, का आदर्श भी प्रस्तुत करती है।

प्रयन-4 (a) सभी मानव सुख की आकांक्षा करते हैं। क्या आप सहमत हैं? आपके लिए सुख का क्या अर्थ है? उदाहरण प्रस्तुत करते हुए स्पष्ट कीजिए।

(b) मानव जीवन में नैतिकता किस बात की प्रोन्नति करने की चेष्टा करती है? लोक-प्रशासन में यह और भी अधिक महत्त्वपूर्ण क्यों है?

उत्तर : (a) ''प्रत्येक व्यक्ति दर्द और तकलीफों से आजादी और सुख की कामना करता है'' इसी तथ्य पर उपयोगितावाद का नैतिक सिद्धांत आधारित है। तथापि यह एक सच्चाई है कि हर मनुष्य के अंदर जीवन में सुख पाने और गरीबी, भुखमरी और लाचारी से मुक्ति पाने की कामना होती है, परन्तु इस सुख का हर मनुष्य के लिए समान अर्थ नहीं होता। उपयोगितावाद नैतिकता के अनुसार ''एक असंतुष्ट सुकरात एक संतुष्ट सुअर की तुलना में बेहतर है।'' दूसरे शब्दों में कहा जाए तो कुछ मनुष्य अपनी इंद्रियों द्वारा आभास की जाने वाली खुशियों से संतुष्ट है, तो कुछ मनुष्यों को भौतिक गतिविधियों से संतुष्टि मिलती है। यद्यपि सभी मनुष्य अपनी खुशी के लिए कामना करते हैं परंतु इस खुशी का अर्थ हर मनुष्य के लिए अलग होता है। जो वस्तु एक व्यक्ति को खुशी देती है, वही दूसरे के लिए अत्यधिक दर्द का कारण बन सकती है। किसी को धनवान व्यक्ति का जीवन जीने में खुशी मिलती है तो कोई एक मामूली जीवन यापन करके संतुष्ट है।

(b) नैतिकता का अध्ययन मानव जीवन और मानवीय आचरण में सुधार के लिए महत्वपूर्ण है और नैतिकता के मूल्यों का प्रमुख लक्ष्य मनुष्य के स्वभाव का विश्लेषण करना है। अरस्तु, प्लेटो की तरह न्याय, साहस, संयम जैसे सामाजिक और नैतिक गुणों का विश्लेषण करता है, जो एक आदर्श नागरिक में होना चाहिए। अधिकांश नैतिक विचारक नैतिकता को एक सैद्धांतिक ज्ञात के बजाए व्यवहारिक विज्ञान होने पर विचार कर रहे हैं। नैतिकता लोक प्रशासन में महत्वपूर्ण है क्योंकि सार्वजनिक व्यवस्थापक एक सरकारी नौकर है और उसे अपने सेवाकाल के दौरान लिए गए निर्णयों और कार्रवाई को नैतिकता के आधार पर उचित साबित करना होता है। अंततः एक सार्वजनिक व्यवस्थापक लोगों के प्रति जबावदेह है, इसलिए उसका लिया गया निर्णय नैतिक सिद्धांतों पर आधारित होना चाहिए और जनता की दृष्टि से सही साबित होना चाहिए।

प्रश्न-5 (a) रक्षा सेवाओं के सन्दर्भ में, 'देशभक्ति' राष्ट्र की रक्षा करने में अपना जीवन उत्सर्ग करने तक की तत्परता की अपेक्षा करती है। आपके अनुसार, दैनिक असैनिक जीवन में देशभक्ति का क्या तात्पर्य है? उदाहरण प्रस्तुत करते हुए इसको स्पष्ट कीजिए और अपने उत्तर के पक्ष में तर्क दीजिए।

(b) लोक-जीवन में 'सत्यनिष्ठा' से आप क्या अर्थ ग्रहण करते हैं? आधुनिक काल में इसके अनुसार चलने में क्या कठिनाइयाँ हैं? इन कठिनाइयों पर किस प्रकार विजय प्राप्त कर सकते हैं?

उत्तर : (a) देशभक्ति का अर्थ देश के प्रति प्यार, समर्थन, देश की रक्षा के लिए समर्पण, और राष्ट्र के प्रति सच्ची निष्ठा है। राष्ट्र की रक्षा के लिए अपनी जान-न्यौछावर करने वाला सैनिक देशभक्त है। हालांकि ऐसे व्यवसाय हैं जिन्हें देशभक्ति का प्रतिबिम्ब माना जाता है। रोजमर्रा की जिदंगी में देशभक्ति का अर्थ देश के लिए राष्ट्रवाद और प्रेम है। उदाहरण के लिए, एक भ्रष्ट कार्यालय व उससे जुड़े अधिकारियों के खिलाफ आरटीआई फाईल करने वाला आम नागरिक एक सच्चा देशभक्त है, जो अपने देश को भ्रष्टाचार मुक्त बनाना चाहता है। अपने रोजमर्रा के कामों में कर्त्तव्यनिष्ठा दिखाने वाला हर आम नागरिक देशभक्त है क्योंकि वह देश की आर्थिक उन्नति के लिए अपना

ऐसी स्थिति में आपके करने के लिए कुछ विकल्प निम्नलिखित हैं। इनमें से प्रत्येक विकल्प का गुण दोष के आधार पर मूल्यांकन कर अंततः सुझाव दीजिए कि आप क्या कार्यवाही करना चाहेंगे और क्यों?

(i) मुख्य अभियंता की सलाह मानकर आगे बढ़ जाएं।

(ii) सभी तथ्यों व विश्लेषण को दिखाते हुए स्थिति की विस्तृत रिपोर्ट बनाकर अपना दृष्टिकोण स्पष्ट करते हुए मुख्य अभियंता से लिखित आदेश का निवेदन करें।

(iii) कनिष्ठ अभियंताओं से स्पष्टीकरण मांगे और ठेकेदार को निश्चित अवधि में दोष निवारण के लिए आदेश दें।

(iv) इस विषय को बलपूर्वक उठाएं ताकि यह मुख्य अभियंता के वरिष्ठ जनों तक पहुंच सके।

(v) मुख्य अभियंता के अनम्य विचार को ध्यान में रखते हुए इस परियोजना से अपने स्थानांतरण के लिए आवेदन करें या बीमारी की छुट्टी पर चले जाएं।

उत्तर : (i) मुख्य अभियंता की सलाह मानकर आगे बढ़ जाना सही कदम नहीं होगा क्योंकि भविष्य में इस कमजोर पुल से आम जनता को काफी नुकसान हो सकता है। कारण कोई भी हो लेकिन इस प्रकार की लापरवाही कर्तव्यनिष्ठा की कमी दर्शाती है, इसलिए यह विकल्प स्वीकार करने योग्य नहीं है।

(ii) यह विकल्प एक ठोस व सकारात्मक कार्यवाही का परिचायक है। मुख्य अभियंता से लिखित आदेश का निवेदन उसे इस बात के लिए बाध्य कर देगा कि वह विधि सम्मत प्रक्रिया का ही पालन करे।

(iii) इस परियोजना की कमियों के लिए कनिष्ठ अभियंता और ठेकेदार दोनों ही उत्तरदायी है, इसलिए उनसे स्पष्टीकरण मांगा जाना आवश्यक है। कनिष्ठ अभियंताओं से स्पष्टीकरण मांगे जाने पर उन्हें अपनी जिम्मेदारी का अहसास होगा और संभव है कि वे अपनी गलतियों को सुधारने का एक मौका मांगे।

(iv) मुख्य अभियंता के वरिष्ठ जनों तक इस बात को पहुंचाने का अभी कोई औचित्य नहीं है लेकिन यदि मुख्य अभियंता लिखित आदेश देने से मना करे या अपने पद का दुरूपयोग करने का प्रयास करे तो ऐसा किया जा सकता है।

(v) यह एक पलायनवादी नजरिया है, इसलिए इस विकल्प को स्वीकार नहीं किया जाना चाहिए।

अन्य विकल्प : उपर्युक्त समस्या के समाधान के लिए विकल्प-II और विकल्प-III का सम्मिलित रूप से प्रयोग किया जाना चाहिए।

प्रश्न-10 मर्यादित विवेक के बारे में समझाइए।

उत्तर : मैक्स वेबर के इस 'राइट ब्रेन मैनेजमेंट' के विवेकी मॉडल पर वर्तमान में भारी तर्क-कुतर्क हुए हैं। व्यवहारवादी रिसर्च ने इसे वैचारिक प्रस्थापना (Normative Preposition) को अपने अनुभववादी तर्कों से अपूर्ण, अपर्याप्त और गलत सिद्ध किया है। चैस्टर बरनार्ड, मिस फॉलेट, हरबर्ट साइमन आदि विचारक तो विवेक के लचीलेपन (Flexibility of Rationality) के अपने सिद्धांत से मर्यादित विवेक (Bounded Rationality) का एक नया सिद्धांत (Doctrine) प्रस्तुत करते हैं। वेबर की जड़ और अंतिम विवेकशीलता (Fixed and Final Rationality) की अवधारणा को भी एक सिद्धान्त के रूप में अशुद्ध माना जा रहा है। साइमन के अनुसार, विवेकशील व्यवहार भी छः प्रकार के होते हैं-

1. आत्मपरक विवेक (Subjectively Rational)
2. वस्तुपरक विवेक (Objectively Rational)
3. व्यक्तिगत विवेक (Individually Rational)
4. संगठनात्मक विवेक (Organisationally Rational)
5. सोचा-समझा विवेक (Deliberately Rational)
6. सावचेत विवेक (Consciously Rational)

'विवेक' (Rationality) का यह बहुलवादी (Pluralist) विश्लेषण शक्ति प्रयोग में आने वाली उन मनोदशाओं को उजागर करता है, तो वेबर के विवेकवादी सिद्धान्त में या तो छूट गई थी या गौण मान ली गई। साइमन कहता है कि - ब्यूरोक्रेसी स्वयं एक श्रेष्ठी वर्ग समूह (Elite Class Group) है और फिर उसमें अनेक छोटे-छोटे समूह वर्ग होते हैं, जो अपने-अपने हितों को विवेक की लड़ाई बतलाकर आपस में लड़ते रहते हैं। ये सारे संघर्ष केवल विवेक सम्मत (Rational) ही हों, यह आवश्यक नहीं है। आलोचकों का कहना है कि वेबेरियन सिविल सेवक वस्तुपरक और विवेकी (Objectively Rational) नहीं होते और फिर एक बार विवेकपूर्ण सिद्ध हो जाने वाला व्यक्ति सदा-सदा विवेकी ही रहे यह भी जरूरी नहीं है। बुद्धि पर एकाधिकार रखने वाले बुद्धिमान लोग उम्र के ढलान पर महान मूर्ख और बेईमान भी हो सकते हैं। विवेक का पाया जाना केवल तर्क शक्ति की विद्यमता मात्र नहीं है। अतः आईक्यू (IQ) की सारी खोज मानव व्यक्तित्व का एक छोटा सा पहलू मात्र प्रदर्शित करती है। जिसे योग्यता या प्रतिभा कहा जाता है (या माना जाना चाहिए)। उसमें मस्तिष्क की उन अन्य क्षमताओं और सीमाओं को डाल कर भी यह देखा जाना आवश्यक है कि प्रशासन में किसी प्रकार की योग्यता कब तक योग्यता बनी रह सकती है। यह समग्रता की दृष्टि (Holistic View) वेबर के दर्शन में केवल संशोधन ही नहीं वरन आमूलचूल परिमार्जपन भी ला रही है। 'ब्रेन के अन्दर ''विवेक'' के अलावा और कौन-कौन से दबाव हैं और वे विवेक से किस प्रकार लड़ते हैं और इन द्वन्द्वों से सही विवेक किस तरह घायल होता है, यह जानना विवेक (Rationality) को व्यावहारिक बनाता है। विवेक की बुद्धि ''अनुचित'' और ''अनैतिक'' को पहचान तो सकती है पर इन अनैतिक कार्यों से लड़ कर उन्हें रोकना या हराना अकेले विवेक के बूते के बाहर है।'' (गोलमैन)

सामान्य अध्ययन मुख्य परीक्षा
मॉडल अभ्यास चतुर्थ प्रश्न-पत्र 4

कुल अंक : 200 **समयावधि : 3 घण्टे**

खण्ड-1

निर्देश: *निम्नलिखित प्रत्येक प्रश्न का उत्तर 125 शब्दों से अधिक नहीं होना चाहिए। शब्द-विस्तार की अपेक्षा प्रश्नोत्तर की अन्तर्वस्तु अधिक महत्वपूर्ण है। सभी प्रश्नों के अंक समान हैं।*

Instruction: *Answer the following questions in not more than 125 words each. Content of the answers are more important than their length. All questions carry equal marks.* 10 × 8 = 80

प्रश्न-1 अभिवृत्ति क्या है?

उत्तर : व्यवहार, व्यक्ति की सोच, अभिरूचि समेकित रूप से अभिवृत्ति को प्रदर्भित करती है। अभिवृत्ति अपने वातावरण में किसी भी वस्तु, विचार, गतिविधि घटना या लोगों का सकारात्मक अथवा नकारात्मक मूल्यांकन करती है। यह एक मानसिक स्थिति के रूप में भी समझी जा सकती है, अर्थात् यह वह मानसिक अवस्था है, जिसमें विचारों को परखा जाता है। सभी लोगों की अभिवृत्तियां एक समान नहीं होती हैं। अभिवृत्ति से किसी भी व्यक्ति के व्यक्तित्व का सहज अनुमान लगाया जा सकता है। इसकी संरचना में अनेक तत्त्वों का योगदान होता है, जिनमें से संज्ञान, भाव व व्यवहार को मुख्य माना जाता है। इसकी अनेक विशेषताएं होती हैं, जिनसे यह किसी भी व्यक्ति को अन्य से अलग करती है। यह सभी परिस्थितियों में समान नहीं रहती हैं, इन कारकों में सामाजिक परिवेश एवं निजी अनुभव निर्णायक होते हैं।

प्रश्न-2 अभिवृत्ति और विचार में क्या सम्बन्ध है?

उत्तर : विचार व्यक्ति के संज्ञान का मूल तत्व है, इसके द्वारा किसी विषय-वस्तु अथवा व्यक्ति को जाना एवं समझा जाता है। विचार समझने और विश्लेषण करने के साथ-साथ नई सोच को जन्म देते हैं। विचार कई रूपों में सामने आते हैं। इन्हीं में से एक 'तटस्थ विचार' भी होता है। इसे इस प्रकार समझा जा सकता है कि 'सरकार किसी की भी बने हमें क्या फर्क पड़ता है', इस तरह का विचार यह प्रदर्शित करता है कि अमुक व्यक्ति पूरी तरह से तटस्थ है तथा उसे इसमें कुछ लेना देना नहीं, वह स्वयं में मस्त है, जबकि एक अन्य प्रकार का विचार 'राय' होता है। जैसे यह मेरा विचार (राय) है, पर हो सकता है भविष्य में मेरी यह राय बदल जाए। इसी तरह एक अन्य विचार का रूप विश्वास है जो कि पक्की राय को प्रदर्शित करता है, जैसे 'मेरी नजर में यह बिल्कुल सही है तथा दूसरे के विचारों से मैं पूर्ण असहमत हूँ। विचार का एक अन्य रूप दृढता है जो कि दृढ़ विश्वास को प्रदर्शित करता है। यह दृढ़ विश्वास अन्धविश्वास एवं दुराग्रह (हठ अथवा अनुचित जिद) से भी ग्रसित हो सकता है।

प्रश्न-3 राजनैतिक अभिवृत्ति की क्या विशेषताएं है?

उत्तर : राजनैतिक अभिवृत्ति में केवल राजनीति के प्रति मनोवृत्तियाँ, राजनैनिक मूल्य, विचारधाराएँ, सांस्कृतिक लोकाचार ही सम्मिलित नहीं रहते वरन् राजनैतिक व्यवहार कार्य करने का ढंग भी सम्मिलित रहते है। राजनैतिक अभिवृत्ति राजनैतिक व्यवस्था का महत्वपूर्ण निर्णायक भाग होती है तथा अभिव्यक्ति राजनैतिक क्रिया एवं गतिविधि के आधार पर देखी जाती है। सामाजीकरण की प्रक्रिया से व्यक्ति राजनैतिक अभिवृत्ति ग्रहण करता है, राजनैतिक अभिवृत्ति

सामान्य अभिवृत्ति से अधिक प्रगतिशील एवं तथ्यात्मक होती है, राजनैतिक अभिवृत्ति सामान्य अभिवृत्ति की तुलना में अधिक एक निश्चित और सीमित अवधारणा है। राजनैतिक अभिवृत्ति सम्पूर्ण राजनैतिक व्यवस्था के लिए मूल्यों एवं आदर्शों की संरचना निर्मित करती है, राजनैतिक अभिवृत्ति शासक और शासित में परस्पर सम्बन्धों को व्यक्त करती है, जिससे उसे पहचाना जाता है एवं राजनैतिक अभिवृत्ति राजनैतिक समाज में क्या होना चाहिए, का आदर्श भी प्रस्तुत करती है।

प्रयन-4 **(a) सभी मानव सुख की आकांक्षा करते हैं। क्या आप सहमत हैं? आपके लिए सुख का क्या अर्थ है? उदाहरण प्रस्तुत करते हुए स्पष्ट कीजिए।**

(b) मानव जीवन में नैतिकता किस बात की प्रोन्नति करने की चेष्टा करती है? लोक-प्रशासन में यह और भी अधिक महत्त्वपूर्ण क्यों है?

उत्तर : **(a)** ''प्रत्येक व्यक्ति दर्द और तकलीफों से आजादी और सुख की कामना करता है'' इसी तथ्य पर उपयोगितावाद का नैतिक सिद्धांत आधारित है। तथापि यह एक सच्चाई है कि हर मनुष्य के अंदर जीवन में सुख पाने और गरीबी, भुखमरी और लाचारी से मुक्ति पाने की कामना होती है, परन्तु इस सुख का हर मनुष्य के लिए समान अर्थ नहीं होता। उपयोगितावाद नैतिकता के अनुसार ''एक असंतुष्ट सुकरात एक संतुष्ट सुअर की तुलना में बेहतर है।'' दूसरे शब्दों में कहा जाए तो कुछ मनुष्य अपनी इंद्रियों द्वारा आभास की जाने वाली खुशियों से संतुष्ट है, तो कुछ मनुष्यों को भौतिक गतिविधियों से संतुष्टि मिलती है। यद्यपि सभी मनुष्य अपनी खुशी के लिए कामना करते हैं परंतु इस खुशी का अर्थ हर मनुष्य के लिए अलग होता है। जो वस्तु एक व्यक्ति को खुशी देती है, वही दूसरे के लिए अत्यधिक दर्द का कारण बन सकती है। किसी को धनवान व्यक्ति का जीवन जीने में खुशी मिलती है तो कोई एक मामूली जीवन यापन करके संतुष्ट है।

(b) नैतिकता का अध्ययन मानव जीवन और मानवीय आचरण में सुधार के लिए महत्वपूर्ण है और नैतिकता के मूल्यों का प्रमुख लक्ष्य मनुष्य के स्वभाव का विश्लेषण करना है। अरस्तु, प्लेटो की तरह न्याय, साहस, संयम जैसे सामाजिक और नैतिक गुणों का विश्लेषण करता है, जो एक आदर्श नागरिक में होना चाहिए। अधिकांश नैतिक विचारक नैतिकता को एक सैद्धांतिक ज्ञात के बजाए व्यवहारिक विज्ञान होने पर विचार कर रहे हैं। नैतिकता लोक प्रशासन में महत्वपूर्ण है क्योंकि सार्वजनिक व्यवस्थापक एक सरकारी नौकर है और उसे अपने सेवाकाल के दौरान लिए गए निर्णयों और कार्रवाई को नैतिकता के आधार पर उचित साबित करना होता है। अंतत: एक सार्वजनिक व्यवस्थापक लोगों के प्रति जबावदेह है, इसलिए उसका लिया गया निर्णय नैतिक सिद्धांतों पर आधारित होना चाहिए और जनता की दृष्टि से सही साबित होना चाहिए।

प्रश्न-5 **(a) रक्षा सेवाओं के सन्दर्भ में, 'देशभक्ति' राष्ट्र की रक्षा करने में अपना जीवन उत्सर्ग करने तक की तत्परता की अपेक्षा करती है। आपके अनुसार, दैनिक असैनिक जीवन में देशभक्ति का क्या तात्पर्य है? उदाहरण प्रस्तुत करते हुए इसको स्पष्ट कीजिए और अपने उत्तर के पक्ष में तर्क दीजिए।**

(b) लोक-जीवन में 'सत्यनिष्ठा' से आप क्या अर्थ ग्रहण करते हैं? आधुनिक काल में इसके अनुसार चलने में क्या कठिनाइयॉं हैं? इन कठिनाइयों पर किस प्रकार विजय प्राप्त कर सकते हैं?

उत्तर : **(a)** देशभक्ति का अर्थ देश के प्रति प्यार, समर्थन, देश की रक्षा के लिए समर्पण, और राष्ट्र के प्रति सच्ची निष्ठा है। राष्ट्र की रक्षा के लिए अपनी जान-न्यौछावर करने वाला सैनिक देशभक्त है। हालांकि ऐसे व्यवसाय हैं जिन्हें देशभक्ति का प्रतिबिम्ब माना जाता है। रोजमर्रा की जिदंगी में देशभक्ति का अर्थ देश के लिए राष्ट्रवाद और प्रेम है। उदाहरण के लिए, एक भ्रष्ट कार्यालय व उससे जुड़े अधिकारियों के खिलाफ आरटीआई फाईल करने वाला आम नागरिक एक सच्चा देशभक्त है, जो अपने देश को भ्रष्टाचार मुक्त बनाना चाहता है। अपने रोजमर्रा के कामों में कर्त्तव्यनिष्ठा दिखाने वाला हर आम नागरिक देशभक्त है क्योंकि वह देश की आर्थिक उन्नति के लिए अपना

योगदान दे रहा है। नौकरी करने वाले व्यस्कों की तरह विद्यार्थियों के जीवन में भी देशभक्ति का बड़ा महत्व है। चाहे तो ओलम्पीयाड में अपने देश के लिए मेडल जीतने वाला छात्र हो या अपने राष्ट्रीय गान, राष्ट्रीय ध्वज एवं अन्य राष्ट्रीय प्रतीकों का सम्मान करने वाले छात्र हो, इन सभी में देश भक्ति विभिन्न रूपों में पायी जा सकती है।

(b) निर्वाचित या नियुक्ति द्वारा सार्वजनिक पदों पर बैठे अधिकारियों का यह कर्त्तव्य है कि वह सार्वजनिक मामलों के संचालन में ईमानदारी और निष्ठा के उच्चतम मानकों को बनाए रखें और उन्हें सौंपी गई जिम्मेदारियों को पूर्ण निष्ठा से निभाएं। भ्रष्ट नेताओं और सरकारी अधिकारियों को जनता के संसाधनों पर मिली अप्रतिबंधित पहुंच पर इन मानकों की मदद से अंकुश लगाया जा सकता है, किन्तु इन मानकों को वर्तमान समय में अभ्यास में लाने के सामने कई बाधाएं हैं, जैसे कि नैतिकता में कमी, नियमों के पालन में की जाने वाली ढिलाई, अपर्याप्त कानूनी प्रावधानों के चलते ईमानदार अधिकारियों को भ्रष्ट अधिकारियों पर दबाव न डाल पाने की विषमता। भ्रष्टाचार को केवल विधानों के बल पर जड़ से उखाड़ा नहीं जा सकता। सत्यनिष्ठा को एक राष्ट्रीय उद्देश्य बनाया जाना चाहिए जिसे पूर्ण करने में नागरिकों, संस्थाओं और एजेंसियों की महत्वपूर्ण भूमिका होनी चाहिए। इसके लिए यह आवश्यक है कि देश के धार्मिक नेता, नागरिक समाज, निजी क्षेत्र, विभिन्न राजनीतिक दल, सरकार और खास तौर पर मीडिया को अपने-अपने क्षेत्र में पारदर्शिता, और जवाबदेही के उच्चतम मानकों का प्रदर्शन करना होगा। इसके साथ सरकार को भ्रष्टाचार के खिलाफ शून्य सहिष्णुता (zero tolerance) अपनानी चाहिए।

प्रश्न-6 लोकसेवकों के लिए अभिवृत्ति का क्या महत्त्व है?

उत्तर : अभिवृत्ति व्यक्ति की व्यावहारिक प्रतिक्रिया को प्रभावित करती है, क्योंकि इनका कार्य जनसेवा से जुड़ा होता है। अतः यह आवश्यक है कि लोकसेवक वंश, जाति, समुदाय या किसी विशेष वर्ग के प्रति भेदभाव से ऊपर उठकर कार्य करें। अभिवृत्ति एक सीखने योग्य धारणा है, अतः लोकसेवकों को स्वयं में निरन्तर सीखने की अभिवृत्ति विकसित करनी चाहिए। लोकसेवकों को इस बात का विशेष ध्यान रखना चाहिए कि उनके द्वारा लिए गए निर्णय उसके अधीनस्थों को सर्वाधिक प्रभावित करते हैं। अतः इन्हें ऐसे जिम्मेदारी पूर्ण निर्णय लेने चाहिए, जिससे इनके अधीनस्थों में सकारात्मक अभिवृत्ति का विकास हो। आपकी नियुक्ति राजस्थान के एक जिले में एसडीएम के रूप में हुई है। पदभार, सम्भालने के दूसरे ही दिन एक स्थानीय दबंग आपसे आकर मिलता है और कहता है कि क्षेत्र में उसकी घी एवं तेल की कई दुकानें हैं, जहां नकली सामान बनता है। वह कहता है कि आप उसके विरूद्ध कोई कार्रवाई न करें, इसके बदले में वह आपको एक मोटी रकम देने की पेशकश करता है। वह आपसे यह भी कहता है कि उसके अधीनस्थ कर्मचारियों को इस बात की जानकारी है तथा आपसे पहले यहां जो एसडीएम था, वह भी इस बात को जानता था। ऐसी स्थिति में आपको अपनी सकारात्मक अभिवृत्ति का परिचय देते हुए, उस दंबग व्यक्ति के खिलाफ कानूनी कार्रवाई तो करनी ही चाहिए, साथ ही उसकी नकली सामान बनाने वाली दुकानों को भी सील कर देना चाहिए, इससे आपके अधीनस्थों में भी सकारात्मक अभिवृत्ति का निर्माण होगा तथा वह भी सत्यनिष्ठा और ईमानदारी का परिचय देंगे।

प्रश्न-7 (a) "ज्ञान के बिना ईमानदारी कमजोर और व्यर्थ है, परन्तु ईमानदारी के बिना ज्ञान खतरनाक और भयानक होता है।" इस कथन से आप क्या समझते हैं? आधुनिक सन्दर्भ से उदाहरण लेते हुए अपने अभिमत को स्पष्ट कीजिए।

(b) "मनुष्यों के साथ सदैव उनको, अपने-आप में 'लक्ष्य' मानकर व्यवहार करना चाहिए, कभी भी उनको केवल 'साधन' नहीं मानना चाहिए।" आधुनिक तकनीकी-आर्थिक समाज में इस कथन के निहितार्थों का उल्लेख करते हुए इसका अर्थ और महत्त्व स्पष्ट कीजिए।

उत्तर : (a) "ज्ञान के बिना ईमानदारी कमजोर और व्यर्थ है, परन्तु ईमानदारी के बिना ज्ञान खतरनाक और भयानक होता है", यह सैम्युल जॉनसन का एक प्रसिद्ध उद्धरण है। इस उद्धरण में लेखन शिक्षा के पर्याय में बात कर रहा है। यदि हम ज्ञानी, परन्तु अनैतिक और दूसरी ओर अज्ञानी परंतु नैतिक व्यक्तियों की तुलना करें, तो पहली श्रेणी के लोग ज्यादा हानिकारक सिद्ध होंगे, हालांकि दोनों ही श्रेणी के लोग समाज के लिए खतरा हैं। अन्य शब्दों में कहा जाए तो नैतिकता का पालन न करने वाला अज्ञानी समाज को उतनी हानि नहीं पहुंचा सकता, जितना कि एक अनैतिक ज्ञानी पहुंचा सकता है। राष्ट्रपति रूजवेल्ट ने अपने उल्लेखनीय शब्दों में कहा है "किसी व्यक्ति को नैतिकता के अधीन केवल खोखला ज्ञान देना समाज के लिए एक गम्भीर खतरा पैदा करने के बराबर है।" आधुनिक संदर्भ में देखा गया है कि हालांकि आम आदमी ईमानदार है परंतु उनके पास भ्रष्ट राजनेताओं और सरकारी अधिकारियों के खिलाफ एकजुट आवाज उठाने के लिए आवश्यक ज्ञान की कमी है।

(b) यह वाक्य कांट द्वारा दिया गया एक प्रसिद्ध नैतिक उद्धरण अथवा निर्णयात्मक अनिवार्य है। कांट ने निम्नलिखित शब्दों में अपना दूसरा अनिवार्य प्रस्तुत किया है "इस प्रकार के कर्म कीजिए कि जिनका लक्ष्य मनुष्य का इस्तेमाल करने के बजाए मानवता का हित हो, फिर चाहे वह काम आप खुद करें या किसी और से करवाएं"। अन्य शब्दों में कहा जाए तो बंधनकारक नैतिकता प्रत्येक मनुष्य के मूल्य को समझती है। उदाहरण के लिए कई आतंकवादी गुट मानव बमों के रूप में मनुष्य का एक साधन के रूप में इस्तेमाल करते हैं। समाज में बाजार की बढ़ती मांगों को पूरा करने के लिए बड़े पैमाने पर उत्पाद का दौर चल रहा है जिसके अंतर्गत कारखानों में मजदूरों को अमानवीय व शोषक परिस्थितियों में काम करवाया जाता है। यह मनुष्य का साधन के रूप में उपयोग किए जाने का ज्वलंत उदाहरण है।

प्रश्न-8 (a) जीवन में नैतिक आचरण के सन्दर्भ में आपको किस विख्यात व्यक्तित्व ने सर्वाधिक प्रेरणा दी है? उसकी शिक्षाओं का सार प्रस्तुत कीजिए। विशिष्ट उदाहरण देते हुए वर्णन कीजिए कि आप अपने नैतिक विकास के लिए उन शिक्षाओं को किस प्रकार लागू कर पाए हैं?

(b) लोक-सेवकों पर भारी नैतिक उत्तरदायित्व होता है, क्योंकि वे सत्ता के पदों पर आसीन होते हैं, लोक-निधियों की विशाल राशियों पर कार्रवाई करते हैं, और उनके निर्णयों का समाज और पर्यावरण पर व्यापक प्रभाव पड़ता है। ऐसे उत्तरदायित्व को निभाने के लिए, अपनी नैतिक सक्षमता पुष्ट करने हेतु आपने क्या कदम उठाए हैं?

उत्तर : (a) हालांकि मैं प्लेटो, कांट, स्वामी विवेकानंद और बुद्ध की तरह कई हस्तियों से प्रेरित हूं, किन्तु गौतम बुद्ध ने नैतिक आचरण के संदर्भ में मुझे सबसे अधिक प्रेरित किया है। उन्होंने विश्व को चार नोबल ट्रुथ दिए हैं, जो आठ गुना पथ पर ध्यान केन्द्रित करना सिखाते हैं। जिनमें सही भाषण, सही कार्रवाई, आजीविका का अधिकार, सही आचरण, सही ध्यान, सावधानी इत्यादि सम्मिलित हैं। अन्य शब्दों में कहा जाए तो बुद्ध हमें दैनिक जीवन में चोरी, यौन दुराचार तथा लालच से दूर रहकर एक आदर्श जीवन व्यतीत करने के तरीके पर आधारित एक पूरी नैतिक प्रणाली प्रदान करते हैं। मैं कई आयनों में बुद्ध द्वारा दी गई इन शिक्षाओं को लागू करने में सक्षम रहा हूं। उदाहरण के तौर पर मैं अपनी जरूरत से ज्यादा जमा करके नहीं रखता, दूसरों की वस्तुओं का लोभ नहीं रखता और झूठ नहीं बोलता। मै बुद्ध द्वारा सिखाए गए आठ गुना पथ के सिद्धांतों की मदद से एक नैतिक जीवन जीने का प्रयास करता हूं।

(b) मुझे इस बात का भली भाँति ज्ञान है कि मै जनता की पूंजी के इस्तेमाल के लिए जिम्मेदार हूं और इस धन का उपयोग मुझे सदैव जनहित में करना है। जब भी मैं कोई निर्णय लूंगा तो मैं खुद से अवश्य पूछूंगा कि क्या यह निर्णय जनता के हित में है और क्या इस निर्णय में सुधार हो सकता है? निर्णय लेते समय मैं "अधिकतम लोगों

को अधिकतम खुशी'' का उपयोगितावादी मापदंड प्रयोग में लाऊंगा। ऐसा करते समय मुझे इस बात का आभास रहेगा कि मैं अपने द्वारा लिए गए निर्णयों के लिए जनता के समक्ष जवाबदेह हूं। अक्सर ऐसी परिस्थितियां आएगीं जिनमें निर्णय लेते वक्त मुझे सामाजिक और पर्यावरण संबंधी मुद्दों को सर्वोपरि रखना होगा। इन परिस्थितियों में मैं जल्दबाजी में निर्णय ना लेकर इन मुद्दों पर जानकारों के साथ मिलकर उचित विकल्प का प्रयत्न करूंगा।

प्रश्न-9 (a) वर्तमान समाज व्यापक विश्वास-न्यूनता से ग्रसित है। इस स्थिति के व्यक्तिगत कल्याण और सामाजिक कल्याण के सन्दर्भ में क्या परिणाम हैं? आप अपने को विश्वसनीय बनाने के लिए व्यक्तिगत स्तर पर क्या कर सकते हैं?

(b) अक्सर कहा जाता है कि निर्धनता भ्रष्टाचार की ओर प्रवृत्त करती है। परन्तु, ऐसे भी उदाहरणों की कोई कमी नहीं हैं जहां सम्पन्न एवं शक्तिशाली लोग बड़ी मात्रा में भ्रष्टाचार में लिप्त हो जाते हैं। लोगों में व्याप्त भ्रष्टाचार के आधारभूत कारण क्या हैं? उदाहरणों के द्वारा अपने उत्तर को सम्पुष्ट कीजिए।

उत्तर- (a) लोक सेवा में जनता का विश्वास एक महत्वपूर्ण अंग होता है। जनता सरकारी कर्मचारियों से आशा रखती है कि वह ईमानदारी और निष्पक्षता से काम करें और सार्वजनिक संसाधनों का सही इस्तेमाल करें। निष्पक्ष और भरोसेमंद लोक सेवा व्यापार के लिए अच्छा वातावरण बनाती है जिससे बाजार और उद्योग जगत को बढ़ावा मिलता है। इसके विपरीत लोक सेवा से जुड़े मुद्दों में अविश्वास के चलते प्रशासनिक कार्यों में अड़चन पैदा होती है। यह एक अराजकता का वातावरण पैदा करती है जहां लोग प्रशासकों में विश्वास खो देते हैं। हर व्यवस्थापक को खुद को भरोसेमंद बनाने पर ध्यान देना चाहिए। मैं अपनी व्यक्तिगत क्षमा में निष्पक्षता और पारदर्शिता लाने की कोशिश करूंगा। इसके साथ मैं खुद को जनता के लिए मिलनसार बनाकर रखूंगा।

(b) भ्रष्टाचार एक अनैतिक कृत है जिसका गरीबी से कोई संबंध नहीं है। समाज में कई गरीब व्यक्ति हैं, जो ईमानदार हैं और कई समृद्ध और शक्तिशाली लोग हैं, जो भ्रष्टाचार में संलग्न हैं। कुछ समाज या देशों में भ्रष्टाचार भारी मात्रा में फैला है। इसका कारण यह है कि इन समाज में नैतिकता और मूल्यों का स्तर आम नागरिकों में गिरता जा रहा है। दूसरी ओर कुछ ऐसे समाज हैं जो चरित्र निर्माण और इन मूल्यों पर विशेष ध्यान देते हैं। कुछ संस्थाएं भारत में भ्रष्टाचार के लिए बदनाम हैं, जैसे कस्टम, आरटीओ इत्यादि। इन संस्थाओं का भ्रष्टाचार का वातावरण कर्मचारियों पर अपना शिंकजा कसता है। कर्मचारी चाहे अमीर हों या गरीब भ्रष्टाचार की बीमारी उसे अपने शिंकजे में ले लेती है। कभी-कभी ईमानदार व्यक्ति भी भ्रष्टाचारियों के समूह के बीच खुद को बेबस पाता है और भ्रष्टाचार के खिलाफ लड़ना उसके लिए मुश्किल हो जाता है।

प्रश्न-10 वेबर की विवेकशीलता के सिद्धांत की संकल्पना को समझाइए।

उत्तर : रैशनलिटी शब्द के हिन्दी रूपान्तरण इस संकल्पना के अर्थ न होकर इसकी व्यख्याओं में उलझ जाते हैं। प्रशासन में रैशनलिटी से अभिप्राय 'बुद्धि कौशल' जैसा लगता है। वैसे इसे प्रकारान्तर से अन्य अर्थों में भी समझा जा सकता है जैसे –

1. योग्यता (Merit)
2. प्रतिभा (Talent)
3. सम्भावित क्षमता (Promise)
4. तार्किकता (Logical)
5. विवेक आधारितता इत्यादि (Based on Reason)

ये सब मानसिक स्थितियां हैं, जिनके अध्ययन विश्व युद्धों के बीच के वर्षों में अनेक परिवर्तनों से गुजरे हैं। पहले ये दर्शन (Philosophy) के अध्ययन माने जाते थे। फिर बाद में फ्रायड और जंग के हाथों में ये मनोविज्ञान (Psychology) के अध्ययन बने। प्रथम विश्व युद्ध के बाद इस ज्ञान की शाखा में मनोचिकित्सा (Psychiatry) ने अपन निष्कर्ष जोड़े। अब दूसरे विश्वयुद्ध के बाद यह एक न्यूरल सांइस या न्यूरोलोजी (Neurology) बन चुकी है जो विवेक में भावना को भी जोड़कर देखती है। मस्तिष्क की शोध शरीर के शोध से अधिक जटिल और कम प्रयोगात्मक लगती है, पर वैज्ञानिक इन रहस्यों को जानने में लगे हुए हैं। मस्तिष्क की यह बुद्धि (Intelligence) अब विवेक (Rational) से आगे भावनात्मक (Emotional) भी मानी जाने लगी है और इसे भी योग्यता, प्रतिभा और क्षमता आदि कहा जा रहा हे। यह बुद्धि सदाचार और दुराचारों को किस तरह प्रभावित करता है, यह अब समझ में आ सकता है। डॉ. एल्डर ने इंग्लैण्ड के शीर्ष प्रबंधन पर अपने अध्ययनों से यह सिद्ध किया कि वे योग्य अधिकारी अपने मस्तिष्क के 'दाएं भाग' (Right Lobe) का अधिक प्रयोग करते हैं। गर्थ मोर्गन तो इसे दाएं मस्तिष्क का प्रबन्धन (Right Brain Management) ही कहता है, क्योंकि सृजनशीलता का विवेक (Rationality) मस्तिष्क के दाएं भाग में अधिक पाया जाता है।

योग्यता और प्रतिभा को ब्रेन के दांये लोब (Right Lobe) में ढूंढने से योग्यता क्षमता (Intelligence Quotient - IQ) का जो सिद्धान्त ढूंढा गया उसमें मस्तिष्क की तीन विशेषताएं केन्द्रीकृत लगती हैं –

1. स्मरण शक्ति (Memory),
2. कल्पनाशीलता (Imagination) और
3. समझ (Comprehension)

खण्ड-2

निर्देश: *निम्नलिखित प्रत्येक प्रश्न का उत्तर 200 शब्दों से अधिक नहीं होना चाहिए। शब्द-विस्तार की अपेक्षा प्रश्नोत्तर की अन्तर्वस्तु अधिक महत्वपूर्ण है। सभी प्रश्नों के अंक समान हैं।*

Instruction: *Answer the following questions in not more than 200 words each. Content of the answers are more important than their length. All questions carry equal marks.* $10 \times 12 = 120$

प्रश्न-1 सैलोवे एवं मेयर के भावनात्मक समझ की प्रक्रिया को समझाइए।

उत्तर : सैलोवे एवं मेयर के अनुसार-भावनात्मक समझ के चार कारक या प्रक्रियाएं बतलाई हैं। ये हैं –

1. भावनाओं को अनुभव या पहचान (Perceiving Emotions) – यह पहला चरण है जिसके तहत सही तरीके से भावनाओं के अनुभव को पहचाना जाता है।
2. भावनाओं के साथ तर्क (Reasoning With Emotions) – इस चरण के तहत भावनाओं का प्रयोग चिंतन या संज्ञानात्मक गतिविधियों को बढ़ावा देने के लिए किया जाता है।
3. भावनाओं के समझना (Understanding Emotions) – जिन भावनाओं को हम अनुभव करते हैं, वे अपने साथ व्यापक अर्थ लिए होती हैं। यदि कोई क्रोध का इजहार कर रहा है, तो उस क्रोध के पीछे के कारणों को जानना भी जरूरी है और उसका मतलब क्या है, यह भी जानना आवश्यक है।
4. भावनाओं का प्रबंधन (Managing Emotions) – यह भावनात्मक समझ का मुख्य भाग है। भावनाओं का विनिमयन, उचित तरीके से प्रतिक्रिया देना तथा अन्य की भावनाओं को प्रतिक्रिया देना इसके अन्तर्गत आता है।

भावनात्मक समझ व्यक्ति को अर्थपूर्ण जिंदगी, संतोषप्रद-सम्बन्ध और गुणात्मक कार्य के प्रति निष्ठा प्रदान करती है। इससे स्व-निर्भरता , सृजनात्मकता, विचारशीलता व प्रभावी निर्णय लेने की क्षमता और सफल मित्रों से सीखना संभव बन पाता है। अपनी सफलता के रहस्यों को दूसरों को बताने की उत्सुकता तथा सकारात्मक होना एवं विचारों का आदान-प्रदान करना भी भावनात्मक बुद्धि की देन माने जा सकते हैं।

मनोचिकित्सा (साइक्रेट्री) के अध्ययनों ने यह प्रमाणित कर दिया है कि मनुष्य का यह इमोशनल ब्रेन उसके न्यूरल आर्कीटेक्चर में सुरक्षित रह कर कार्य करता है। वैसे तो सभी जीवधारियों में एक कार्टेक्स (Cortex) नामक एक ग्रन्थि होती है, पर मनुष्य में यह नियो कार्टेक्स (New Cortex) और जीवों से थोड़ा बड़ा होता है, जो उसे विवेकी और भावना प्रधान दोनों बनाता है। इस नियो कोरटेक्स में समझ और भावनाओं के अनेक केन्द्र हैं जो विचारों और कल्पनाओं को प्रक्रियाओं में डाल कर स्मरण शक्ति और अन्य आचरणों से जोड़ते रहते हैं।

गोलमैन लिखता है–

''भावनात्मक संकट लिम्बिक व्यवस्था के निर्णयों को टाल सकते हैं। भावना के क्षेत्र नियो-कोर्टेक्स के सभी अंगों के सर्किटों से नाना प्रकार से जुड़े हुए हैं। इससे उन्हें भावनाओं को शेष मस्तिष्क (ब्रेन) पर प्रभाव डालने की शक्ति मिलती है और विचार के केन्द्र भी हिल सकते हैं।''

भावनाएं नियंत्रित तो की जा सकती हैं पर किस समय कितनी भावना समुचित (Appropriate) रहेंगी यह एक बौद्धिक कौशल चाहता है, जो केवल विवेक का विषय नहीं है।

प्रश्न-2 भ्रष्टाचार क्या है? भ्रष्टाचार की चुनौतियों की चर्चा करें।

उत्तर : भ्रष्ट आचरण अथवा भ्रष्ट व्यवहार करना/कदाचारपूर्ण, गैर कानूनी, अनैतिक और अनुचित व्यवहार को भ्रष्टाचार कहते हैं। प्रशासन में भ्रष्टाचार से तात्पर्य किसी सरकारी (लोक सेवक) कर्मचारी द्वारा अपने सार्वजनिक पद, सत्ता या स्थिति का दुरूपयोग करते हुए आर्थिक या अन्य प्रकार का लाभ उठाने से है। संथानम समिति के अनुसार भ्रष्टाचारी शक्तियों का स्वार्थ भरा उपयोग या किसी लोक कार्यालय से जुड़ी प्रतिष्ठा का उपयोग अपने लाभ हित में या गलत उपगोग करना है।

भारतीय दण्ड संहिता की धारा-161 में भ्रष्टाचार वह है, जो व्यक्ति शासकीय सेवा में होते या होने की आशा से अपने या अन्य किसी व्यक्ति के लिए विधिक पारिश्रमिक से अधिक धन लेता है या स्वीकार करता है, प्रयास करता है, या तैयार होता है, या किसी कार्य को करने न करने के लिए उपहार स्वरूप या अपने शासकीय कार्य करने में किसी व्यक्ति के प्रति पक्षपात या उपेक्षा या किसी व्यक्ति की कोई सेवा या कुसेवा का प्रयास केन्द्रीय या राज्य सरकार या संसद या विधानमण्डल या किसी लोक सेवक के संदर्भ में करता है, तो तीन वर्ष कारावास तथा जुर्माना, दोनों दण्ड का भागी होगा।

भ्रष्टाचार निरोधक अधिनियम 1947 में भ्रष्टाचार एक आपराधिक कार्य है, इस अधिनियम के अनुसार अपराधिक कदाचार के अंतर्गत निम्न पांच तरह के कार्य आते हैं।

1. उपहार या इनाम को स्वीकार करने की आदत,
2. मूल्यवान वस्तु को प्राप्त करना,
3. गबन,
4. आर्थिक लाभ के लिए पद का दुरूपयोग और,
5. ज्ञात आय स्त्रोत से अधिक सम्पत्तियों का स्वामी होना।

कदाचार से लिप्त लोकसेवकों को कम से कम एक वर्ष और अधिक से अधिक 7 (सात) वर्ष तथा जुर्माना दोनों हो सकती है।

जन प्रतिनिधि अधिनियम (1950) के अन्तर्गत भ्रष्टाचार की परिभाषा से राजनीतिक कदाचारों को भी शमिल किया गया हैं। इसकी धारा 23 में निम्न आधारों को भ्रष्टाचार की श्रेणी में रखा गया है-

1. रिश्वत
2. अनुचित प्रभाव,
3. भाषा, समुदाय, जाति, वर्ग, धर्म के आधार पर मतदान करने, न करने की अपील करना तथा धार्मिक या राष्ट्रीय संकेतों, चिन्हों का मतदान में उपयोग करना।
4. दो या अधिक वर्गों में वैमन्यस्यता फैलाना।
5. मतदान केन्द्रों के वाहनों का निजी सेवा में उपयोग।
6. सरकारी कर्मचारियों की सहायता प्राप्त करना आदी।

भारत में भ्रष्टाचार शासन में सत्यनिष्ठा के अभाव तथा ईमानदारी के अभाव को दर्शाता है। अत: भ्रष्टाचार निष्ठा के सामान्य मानदण्डों में विलयन का एक रूप है। भ्रष्टाचार अपने व्यक्तिगत हितसाधन हेतु अपनी स्थिति पद या साध नों का जानबूझकर किया गया सोद्देश्य प्रत्यक्ष या अप्रत्यक्ष दुरूपयोग है, चाहे वह आर्थिक लाभ के लिए किया गया हो अथवा शक्ति, प्रतिष्ठा या प्रभाव की वृद्धि के लिए हो।

यह दुरूपयोग न्याय संगत तथा सामान्यता स्वीकृत प्रतिमानों से अधिक और अन्य व्यक्तियों के अथवा पूरे समाज के हितों के लिए हानिकारक होता है।

प्रश्न-3 नौकरशाही की क्या विशेषताएँ हैं? इसके कमियों की चर्चा करें।

उत्तर : नौकरशाही की निम्नलिखित विशेषताएँ हैं:

1. **निष्पक्षता :** सिविल सेवकों की अपनी व्यक्तिगत मान्यताएं व विश्वास, समुदाय के लिए कार्य करने में बाधा उत्पन्न न करें।
2. **कुशलता व प्रभावकारिता :** सिविल सेवकों का यह दायित्व है कि वे समाज के संसाधनों का कुशल व प्रभावी उपयोग करे, कार्य के दौरान उच्च व्यावसायिकता व पारदर्शिता का परिचय दे।
3. **प्रक्रियात्मक निष्पक्षता :**सिविल सेवकों द्वारा अपनायी गयी प्रक्रियाएं, उचित पारदर्शी व न्यायपूर्ण होनी चाहिए। निर्णय किन कारणों से लिया गया, इसकी भी व्याख्या होनी चाहिए।
4. **हितों के संघर्ष को बचाना :** सिविल सेवकों के द्वारा समुदाय की सेवा के लिए निष्पक्ष प्रभावी व उचित तरीके अपनाने चाहिए, जिसमें सिविल सेवकों के अपने व्यक्तिगत हित व वित्तीय हित की बाधा नहीं होनी चाहिए।
5. **उत्तरदायित्व :** सिविल सेवक मंत्री के प्रति उत्तरदायी होता है, वहीं मंत्री आम जनता के प्रति उत्तरदायी होता है। सिविल सेवकों का यह दायित्व है कि विधि व्यवस्था बनाये रखे, नीति निर्माण करें, साथ ही साथ उनका प्रभावी क्रियान्वयन करें।
6. **अनुक्रियाशीलता :** समुदाय के कार्यों के निष्पक्ष रूप में संपादित करने के लिए और सरकारी सुविधाओं के समुचित वितरण के दौरान उनका व्यवहार अनुक्रियाशील होना चाहिए। यह उल्लेखनीय है कि नीति निर्माण व नीति क्रियान्वयन के मुद्दे पर सिविल सेवक सदैव मंत्री के निर्देश का पालन करेगा, परन्तु इसका यह अभिप्राय नहीं है कि सिविल सेवकों के स्थानांतरण व प्रोन्नति में मंत्रियों को खुली छूट दे दी जाए।

नौकरशाही की निम्नलिखित कमियाँ हैं:

i. लॉर्ड हेवर्ट ने प्रदत्त विधि निर्माण तथा प्रशासनिक अधिनिर्णय के कार्यों को लोक सेवक द्वारा लिए जाने की आलोचना की है। इस घटना को उन्होंने 'नई तानाशाही' की संज्ञा दी।

ii. आलोचकों के अनुसार, 'प्रदत्त विधि निर्माण में वृद्धि का वर्णन उन्होंने 'नौकरशाही की जीत' के रूप में किया।'

iii. आलोचकों ने कहा 'नौकरशाही की शक्ति आम नागरिकों की स्वतंत्रताओं को खतरा पैदा कर देती है।'

iv. रेम्जेम्योर की पुस्तक-**'हाऊ ब्रिटेन इज गवर्नर्ड'** में उन्होंने लोक सेवकों की बढ़ती हुई ताकत पर हमला किया है। जनतंत्र के आवरण में यह फ्रेंकेंस्टीन के दैत्य की तरह पली और बढ़ी है, जो कभी-कभी अपने जन्मदाता को ही नष्ट करती प्रतीत होती है।

v. विदेशी विद्वान ने नौकरशाही की खामियों को चित्रित करते हुए कहा कि, 'लोक सेवा के विस्तार को 'नौकरशाही का ऊंचा पिरामिड' कहते हैं। नौकरशाही में अपने काम को बढ़ाने और अपने लिए रोजगार पैदा करने की प्रवृत्ति होती है।'

प्रश्न-4 सुशासन क्या है? इसके विभिन्न आयामों की चर्चा करें।

उत्तर : सुशासन का शाब्दिक अर्थ एक विशेषण के रूप में अच्छा, उत्तम, भला, सच्चा मित्र और संज्ञा के रूप में कल्याण, हित, लाभ, मलाई इत्यादि है। अत: सामान्य अर्थों में वह शासन जो उत्तम हो और जनहित भलाई का कार्य करें, सुशासन कहलाता है।

वर्तमान में शासन को सुशासन के रूप में परिवर्तित करने पर बल दिया जा रहा है। सुशासन शब्द का प्रयोग विश्व बैंक के द्वारा लोकप्रिय बनाया गयाा है। सुशासन को निम्नलिखित रूप में व्यक्त किया जा सकता है।

सुशासन के निम्नलिखित आयाम हैं- जैसे-प्रशासनिक क्षेत्र में-शासन उत्तरदायी होना चाहिए, पारदर्शी, अनुक्रियाशीलता, सहभागिता, न्यायपूर्ण (त्वरित न्याय), कुशल, आम सहमति पर आधारित,विधि का शासन, त्वरित व प्रभावी शासन स्थापित हो तथा आर्थिक क्षेत्र में-निजीकरण को बेहतर रूप में आगे ले जाया जाए। कॉरपोरेट घरानों के ऊपर नियंत्रण हेतु कानून होना आवश्यक है, साथ ही उनका सामाजिक उत्तरदायित्व भी निर्धारित होना चाहिए। सरकार एवं निजी उद्यमों की भागीदारी को बेहतर बनाना चाहिए और उद्योगों के बीच बेहतर प्रतिस्पर्धा का वातावरण होना चाहिए। कॉरपोरेट घरानों के द्वारा समाज से जो लाभ प्राप्त किया जा रहा है, उसका एक अंश समाज की भलाई के लिए भी प्रयुक्त होना चाहिए। सुशासन का सामाजिक क्षेत्र में का अभिप्राय केवल प्रशासनिक कुशलता एवं दक्षता का ही निर्माण नहीं है, बल्कि इसका सामाजिक पहलू भी अत्यधिक महत्वपूर्ण है। किसी अभावग्रस्त समाज में सुशासन की कल्पना सम्भव नहीं है। व्यक्तियों को मूलभूत सुविधाएं प्राप्त होनी चाहिए और गरीबी, विषमता व कुपोषण को समाप्त करने के लिए प्रयत्न करना चाहिए।

सुशासन को बेहतर बनाने का दायित्व नागरिक समाज का भी है। नागरिक समाज, समाज का दूसरा रूप है। नागरिक समाज का अभिप्राय समाज में शामिल वे व्यक्ति हैं जो समाज की भलाई के लिए कार्य कर रहे हैं और वे सरकार के सदस्य नहीं है और न ही वाणिज्यिक संगठनों में शामिल हैं। नागरिक समाज में छात्र मीडियाकर्मी, फिल्मकार तथा गैर-सरकारी स्वच्छिक संगठनों में शामिल लोग हैं। नागरिक समाज का प्रभावशाली रूप शासन पर नियंत्रण बनाये रखता है तथा सुशासन को बढ़ावा देता है, क्योंकि लोकतांत्रिक शासन में आम जनता को ही शासन का मूल आधार माना जाता है। सुशासन का मूल आधार आम जनता की शासन में ज्यादा से ज्यादा सहभागिता है, चुनाव के द्वारा केवल सीमित सहभागिता सुनिश्चित होती है, इसलिए नागरिक समाज की नित्य प्रतिदिन की भागीदारी आवश्यक है। भ्रष्टाचार के विरोध में चलाये गये आन्दोलन के परिणाम स्वरूप भारत में 40 वर्षों बाद लोकपाल विधेयक का निर्माण हुआ। नागरिक समाज के आन्दोलन के कारण भारत में सूचना का अधिकार प्राप्त हुआ जिससे भारत में पारदर्शी शासन की शुरूआत हुई।

जब राजनीतिक दल जनता की इच्छा की अवहेलना करे व दबाव समूह केवल प्रभावशाली लोगों के हितों का साधन बन जाए तो नागरिक समाज के आन्दोलन का विकल्प बचता है। नागरिक समाज द्वारा समाज में हाशिए पर रहने वाले लोगों की मांग को उठाया गया, क्योंकि सुशासन में सर्वसमावेशी विकास अंतर्निहित है।

इसके विपरीत कुछ लोगों का मानना है कि नागरिक समाज शासन के लिए अनेक समस्याएँ उत्पन्न करता है। आलोचकों के अनुसार नागरिक समाज द्वारा बार-बार होने वाले आन्दोलन प्रशासनिक दक्षता को कुप्रभावित करते हैं और भीड़ संस्कृति को आगे बढ़ाते हैं। नागरिक समाज द्वारा सरकार पर अनावश्यक दबाव का प्रयोग किया जाता है और समाज में लोगों के हित अलग-अलग व विभाजित हैं। इसलिए नागरिक समाज जैसा कोई विचार ही नहीं है। नागरिक समाज के दबाव में आकर सरकार द्वारा लोक लुभावन नीतियों का निर्माण किया जाता है, जो सुशासन के विरूद्ध है। लोगों को असंतोष व्यक्त करने के कई माध्यम हैं, जैसे सूचना का अधिकार, न्यायालय एवं राजनीतिक दल का निर्माण करना। इसलिए बार-बार होने वाले ये आन्दोलन, प्रशासन के निर्णय को प्रभावित करते हैं। सरकार व प्रशासन नागरिक समाज का होता है, एक सतत जागरूक नागरिक समाज सुशासन की आवश्यक शर्त है, इसलिए यह सुशासन को बेहतर करने में सहायक है।

प्रश्न-5 आजकल समस्त विश्व में आर्थिक विकास पर अधिक जोर दिया जा रहा है। इसके साथ ही साथ, विकास के कारण पैदा होने वाले पर्यावरणीय क्षरण के सम्बन्ध में चिन्ता भी बढ़ रही है। अनेकों बार, हमारे सामने विकासिक कार्यकलापों और पर्यावरणीय गुणता के बीच सीधा विरोध दिखाई पड़ता है। विकासिक प्रक्रम को रोक देना या उसमें काट-छांट कर देना भी साध्य नहीं है, और ना ही पर्यावरण के क्षरण को बढ़ने देना उचित है, क्योंकि यह तो हमारे सबके जीवन के लिए ही खतरा है।

ऐसी कुछ साध्य रणनीतियों पर चर्चा कीजिए, जिनको इस द्वन्द्व का शमन करने के लिए अपनाया जा सकता हो और जो हमें धारणीय (सस्टेनेबल) विकास की ओर ले जा सकती हों

उत्तर : किसी विकास कार्य को शुरू करने से पहले हमें यह प्रश्न उठाना चाहिए कि विकास की क्या कीमत हमें चुकानी पड़ सकती है? विकास की कीमत को केवल परियोजना लागत की नहीं बल्कि पर्यावरण और मानव जीवन पर पड़ने वाले असर के संदर्भ में आंकना जरूरी है। हर परियोजना के अल्पकालिक एवं दीर्घकालिक असर का उचित आकलन करना जरूरी है। किसी भी विकास की लागत अगर लाभ की तुलना में अधिक है तो विकास का कोई फायदा नहीं है।

आदर्श रूप में ऐसी परियोजनाओं को टालना चाहिए जिनमें से गांवों के डूबने का खतरा हो, जमीन की गुणवता पर असर पड़े अथवा बड़े पैमानों पर जंगल काटने पड़े। इसके बजाय लघु परियोजनाओं को शुरू किया जा सकता है जिनसे पर्यावरण को कम से कम नुकसान पहुंचे। इसके अलावा पर्यावरणीय विश्लेषण सभी परियोजनाओं का एक विभिन्न हिस्सा होना चाहिए, जिनका गैर-अनुपालन करने से बिल्डरों को रोकने के लिए कड़े दण्डात्मक प्रावधान होने चाहिए। देश की भीतर विभिन्न निर्धारित इकोसिस्टम के अंतर्गत आने वाले जोनों में विकास परियोजनाओं के निर्माण सहित किसी भी अन्य प्रयोजन के लिए प्रतिबंधित किया जाना चाहिए। हमें यह भी समझना जरूरी है कि विकास का मतलब पर्यावरण का विनाश नहीं है। विकास परियोजनाओं को पर्यावरणविदों के एक बोर्ड या समिति द्वारा अनुमोदित किया जाना चाहिए जिसमें स्थानीय अभ्यावेदन भी होना चाहिए और इस परियोजना पर शुरू से अंत तक नजर रखी जानी चाहिए। किसी भी परियोजना में नियोजन के समय ही यह सुनिश्चित करना जरूरी है कि किसी भी कारणवश स्थानीय वनस्पतियों, जीव और पर्यावरण को हानि न पहुंचें। इसके अलावा, ग्रामीण और आदिवासी क्षेत्रों में विकास का वैकल्पिक मॉडल होना चाहिए। उदाहरण के लिए पर्यावरण की दृष्टि से संवेदनशील क्षेत्रों में मेगा थर्मल या पनबिजली परियोजनाओं के निर्माण के बजाए सौर या पवन ऊर्जा आधारित परियोजनाओं की संभावनाओं का पता लगाया जाना चाहिए।

प्रश्न-6 मान लीजिए कि आपके निकट मित्रों में से एक, जो स्वयं सिविल सेवा में जाने के लिए प्रयत्नशील है, वह लोक-सेवा में नैतिक आचरण से सम्बन्धित कुछ मुद्दों पर चर्चा करने के लिए आपके पास आता है। वह निम्नलिखित बिन्दुओं को उठाता है:

(i) आज के समय में, जब अनैतिक वातावरण काफी फैला हुआ है, नैतिक सिद्धान्तों से चिपके रहने का व्यक्तिगत प्रयास, व्यक्ति के कैरियर में अनेक समस्याएं पैदा कर सकते हैं। ये परिवार के सदस्यों को कष्ट पैदा करने और साथ ही साथ स्वयं के जीवन पर जोखिम का कारण भी बन सकते हैं। हम क्यों न व्यावहारिक बनें और न्यूनतम प्रतिरोध के रास्ते का अनुसरण करें, और जितना अच्छा हम कर सकें, उसे ही करके प्रसन्न रहें?

(ii) जब इतने अधिक लोग गलत साधनों को अपना रहे हैं और तंत्र को भारी नुकसान पहुंचा रहे हैं, तब क्या फर्क पड़ेगा यदि केवल कुछ-एक लोग ही नैतिकता की चेष्टा करें? वे अप्रभावी ही रहेंगे और निश्चित रूप से अन्ततः निराश हो जाऐंगे।

(iii) यदि हम नैतिक सोच-विचार के बारे में अधिक बंतगड़ बनाऐंगे, तो क्या इससे देश की आर्थिक उन्नति में रूकावट नहीं आएगी? असलियत में, उच्च प्रतिस्पर्धा के वर्तमान युग में, हम विकास की दौड़ में पीछे छूट जाने को सहन नहीं कर सकते।

(iv) यह तो समझ आता है कि भारी अनैतिक तौर-तरीकों में हमें फँसना नहीं चाहिए, लेकिन छोटे-मोटे उपहारों को स्वीकार करना और छोटी-मोटी तरफदारियाँ करना सभी के अभिप्रेरण में वृद्धि कर देता है। यह तंत्र को और भी अधिक सुचारू बना देता है। ऐसे तौर-तरीकों को अपनाने में गलत क्या है?

उपरोक्त दृष्टिकोणों को समालोचनात्मक विश्लेषण कीजिए। इस विश्लेषण के आधार पर अपने मित्र को आपकी क्या सलाह रहेगी?

उत्तर : **(i)** जीवन में कम से कम प्रतिरोध के मार्ग का अनुसरण करना व्यावहारिक हो सकता है लेकिन यह समाज और राष्ट्र के लिए घातक है। जीवन में नैतिकता का मतलब केवल नैतिकता के पथ पर चलना ही नहीं बल्कि अनैतिक प्रभावों का विरोध करने की क्षमता रखना भी इसमें सम्मिलित है। प्रतिरोध का नैतिक मार्ग सरकारी कर्मचारियों और उनके परिवारों के जीवन के लिए खतरे का कारण भी बन सकता है। हालांकि, जिस व्यक्ति में अनैतिक प्रभावों का विरोध करने की क्षमता नहीं वह सिविल सेवाओं में शामिल होने के लायक नहीं हैं।

(ii) यह प्रश्न केवल अल्पसंख्यक और बहुसंख्यक के नैतिकता का पालन करने का नहीं परन्तु सही और गलत का भी है। हमें यह निर्णय लेना होगा कि हम नैतिकता के पथ का चयन अपने व्यक्तिगत नैतिकता का मान रखने के लिए करें या दूसरों के ईमानदार या बेईमान होने पर अपने आचरण का चयन करें। यदि केवल एक व्यक्ति बेईमान लोगों के समूह में ईमानदारी रखेगा तो वह अकेला अपने क्षेत्राधिकारी के अंतर्गत बेईमान गठजोड़ तोड़ने की क्षमता रखता है।

(iii) यदि हम प्रारंभ से नैतिक आधार पर चलें तो आर्थिक प्रगति और तेजी से हो सकती है। उदाहरण के लिए यदि घटिया सामग्री का इस्तेमाल हो रहा है तो किसी भी परियोजना को नैतिक आधार पर बनाया जाए तो ऐसा कोई कारण नहीं हो सकता जिसके लिए इस कार्य को रोकना पड़ जाए। प्रतिस्पर्धा के दौर में कोई पीछे नहीं छूटना चहेगा। नैतिकता में बाधा उत्पन्न करने के बजाए उसे योग्य रूप देती है।

(iv) छोटे-छोटे इनाम और एहसान ईमानदार अधिकारियों के लिए कभी प्रेरणास्रोत नहीं होते। हालांकि अधिकारियों को प्रेरित करने के लिए उचित इनाम और सजा की प्रणाली नौकरशाही में होनी चाहिए। कुछ सरकारी कामों में बड़े स्तर पर पैसों का लेन-देन होता है, जिनमें सरकारी अफसरों के लिए कुछ प्रतिशत राशि फिक्स रखी जानी चाहिए। कानून की प्रक्रिया के अंतर्गत अन्य सरकारी कामों में भी एक फिक्स धनराशि रखी जानी चाहिए।

प्रश्न-7 आदर्श आचार-संहिता के निर्धारक तत्त्वों को समझाइए।

उत्तर : भारत में एक प्राचीन कहावत है कि 'यथा राजा तथा प्रजा' अर्थात् जनता राजा के आचरण का अनुसरण करती है। अर्थात् जैसे शासक होते हैं, वैसी जनता होती है। भारत जैसे विविधतापूर्ण देश में यह आवश्यक है कि मन्त्रियों, सांसदों, विधायकों तथा सरकारी कर्मचारियों के लिए एक आदर्श आचार-संहिता में निम्नलिखित तत्त्व हों

1. **ईमानदारी** किसी लोक सेवक के लिए यह आवश्यक है कि वह अपने कर्त्तव्यों के पालन में ईमानदार हो।
2. **पारदर्शिता** लोक सेवकों को अपने कार्य तथा निर्णय में पारदर्शिता लानी चाहिए।
3. **सत्यनिष्ठा** सरकारी नीतियों को लागू करने वाले लोकसेवकों में सत्यनिष्ठता होनी चाहिए।
4. **तटस्थता** एक लोक सेवक को अपने परिवार के किसी सदस्य को या किसी निकट सहयोगी को किसी प्रकार का अवांछित लाभ नहीं पहुंचना चाहिए तथा तटस्थ भाव से अपना कार्य करना चाहिए।
5. **मूल्य** यदि लोक सेवक में मूल्य का अभाव होगा तो वह अपने उत्तरदायित्व को सही ढंग से निष्पादित नहीं कर पाएगा, इसलिए लोकसेवकों में मूल्यों का होना अनिवार्य तत्त्व है।
6. **लक्ष्य आधारित दृष्टिकोण** लोकसेवकों के लिए आवश्यक है कि उनका दृष्टिकोण लक्ष्य आधारित हो, इससे लोकसेवक कार्य पर केन्द्रित होंगे तथा किसी कार्य को समय पर कार्य करने में सफल होंगे।
7. **उत्कृष्ट सेवा** जनता के लिए लोकसेवकों में उत्कृष्ट सेवा की भावना होनी चाहिए।
8. **मितव्ययिता** मितव्ययिता आज की आवश्यकता है, जिससे सरकारी खर्चे में कमी लाई जा सकती है।
9. **कमजोर वर्गों के लिए सहानुभूति** एक लोकसेवक के लिए आवश्यक है कि जाति, लिंग, धर्म और स्थान के भेदभाव के बिना समाज के सभी कमजोर वर्गों के लिए सहानुभूति रखे।

प्रश्न-8 नैतिक संहिता एवं आचार-संहिता में अन्तर

उत्तर : नैतिक संहिता तथा आचार-संहिता का सम्बन्ध प्रशासन प्रबन्धन में नैतिकता की स्थापना से है। इन दोनों को व्यावहारिक रूप से पूर्णतः अलग नहीं किया जा सकता है, लेकिन सैद्धान्तिक रूप से इनमें अन्तर हैं।

1. नैतिक संहिता में नैतिक मूल्यों को शामिल किया जाता है, जबकि आचार-संहिता नैतिक संहिता पर आधारित दस्तावेज होता है, जो निश्चित कार्यों तथा आचरणों के बारे में स्पष्ट करता है कि एक लोकसेवक को क्या करना चाहिए और क्या नहीं करना चाहिए?
2. नैतिक संहिता सामान्य एवं अमूर्त होती है, जबकि आचार-संहिता विशिष्ट एवं मूर्त होती है।
3. नैतिक संहिता के अन्तर्गत सद्व्यवहार तथा शासन के मुख्य मार्गदर्शी सिद्धान्त को रखा जाता है, जबकि आचार-संहिता में स्वीकृत तथा अस्वीकृत व्यवहारों की सूचना और कार्यवाही को रखा जाता है।
4. नैतिक संहिता मूल्यों की अभिव्यक्ति है, दूसरी ओर आचार-संहिता क्या करना चाहिए और क्या नहीं करना चाहिए, की अभिव्यक्ति है।
5. हो सकता है कि विभिन्न विभागों के लिए नैतिक संहिता एक ही तरह की हो, लेकिन आचार-संहिता अलग-अलग होगी। इसका मुख्य कारण है कि आचरणगत मूल्य विभिन्न विभागों में अलग-अलग रूपों से व्यक्त होते हैं; जैसे-एक पुलिस अधिकारी के लिए आचार-संहिता अलग होगी, जबकि एक शिक्षक के लिए अलग।
6. नैतिक संहिता स्थायी होती है, जबकि आचार-संहिता परिवर्तनशील होती है, जिसमें समय के साथ परिवर्तन होते हैं; जैसे-ईमानदारी नैतिक संहिता का एक पक्ष है, जो हर समय यथावत् रहता है, लेकिन आचार-संहिता में परिवर्तन आवश्यक है, क्योंकि समय के साथ भ्रष्टाचार और अपराध के नए रूप सामने आते हैं।

प्रश्न-9 लोकसेवकों के लिए द्वितीय प्रशासनिक सुधार आयोग द्वारा सुझाये गये नैतिक सिद्धान्तों की चर्चा करें।

उत्तर : द्वितीय प्रशासनिक सुधार आयोग ने लोकसेवकों के लिए निम्नलिखित नैतिक सिद्धान्तों को अपनाये जाने का सुझाव दिया है

- **सत्यनिष्ठा :** लोकसेवकों को निर्णय निर्माण में केवल सार्वजनिक हितों का ध्यान रखना चाहिए। अपने परिवार के सदस्य या मित्रों के लिए आर्थिक लाभ या किसी प्रकार के व्यक्तिगत वित्तीय लाभ से निर्णय प्रभावित नहीं होना चाहिए।
- **निष्पक्षता :** अपने आधिकारिक कार्य के निष्पादन में गुण तथा अवगुणों के आधार पर निर्णय लेना चाहिए।
- **सार्वजनिक सेवा के प्रति वचनबद्धता :** लोकसेवकों को उचित, प्रभावी, निष्पक्ष तथा विनम्रतापूर्वक ढंग से सेवाएं प्रदान करनी चाहिए।
- **उच्च व्यवहार :** लोकसेवकों को सभी लोगों के साथ सम्मान तथा विनम्रता के साथ व्यवहार करना चाहिए, जिनसे सिविल सेवाओं की समृद्ध परम्पराएं स्थापित रहें।
- **कर्त्तव्य के प्रति लगन :** एक लोकसेवक को हमेशा अपने कर्त्तव्यों तथा जिम्मेदारियों के प्रति पूर्ण लगन बनाए रखनी चाहिए।
- **जवाबदेही :** एक लोकसेवक को अपने निर्णय तथा कार्यों के लिए जवाबदेही होना चाहिए तथा प्रयोजनार्थ उपयुक्त जांच पड़ताल के लिए खुद को प्रस्तुत करना चाहिए।

लोक सेवकों द्वारा आचार संहिता पालन के मार्ग में आने वाली बाधाएं- लोक सेवकों द्वारा प्रशासनिक आचार संहिता पालन में निम्नलिखित बाधाएं उपस्थित होती हैं:-

- घूसखोरी
- पक्षपातपूर्ण रवैया
- भाई-भतीजावाद
- राजनीतिक प्रभाव
- बाहरी दबाव
- उदासीनता
- अफसरशाही
- अराजकता
- भ्रष्ट आचरण

प्रश्न-10 भारतीय नीतिशास्त्र में गुण की अवधारणा को स्पष्ट करें।

उत्तर : गुण का संबंध व्यक्तित्व के तीन प्रकारों से है जो हमारी गतिविधियों, व्यवहार और मनोभाव से प्रभावित होता है।

सात्विक गुण : गीता के अध्याय 17 में कहा गया है अच्छी या सात्विक भेंट वह है जो ईमानदारी या धर्मपरायणता के कारण दी गई हो, जिसके बदले में किसी प्रकार की अपेक्षा नहीं की जाए और इसे उचित समय व जगह पर सुपात्र व्यक्ति को दी जाए। वह दान जो किसी जरूरतमंद को, किसी महत्वाकांक्षा या अपेक्षा या क्षतिपूर्ण की आशा किये बिना दिया जाये वह ही सात्विक गुण है। जो व्यक्ति 'बिना कोई लालसा' के जरूरतमंद को देता है उसका मन शुद्ध होता है। उदाहरणस्वरूप :

'हम अस्पताल को चेक के द्वारा दान देते हैं, बदले में न तो संगमरमर पत्र की मांग करते हैं और न ही समाचारपत्र या रेडियो में अपना नाम घोषणा की इच्छा रखते हैं तब वह सात्विक दान है। कर्ज चुकाते वक्त नम्रता का परिचय देते हैं, कर्जदार कर्ज की वापसी के समय बदले में कृतज्ञता की आशा नहीं करता।'

रजस गुण : गीता के अध्याय 17.21 में उस भेंट के रजस भेंट माना गया है जिसे अनिच्छुक रूप से अथवा कुछ रिर्टन की लालसा में प्रदान किया जाता है। भविष्य में लाभ की इच्छा में अथवा ईश्वर से पुरस्कार की अपेक्षा में कोई व्यक्ति धन देता है या अपना ज्ञान बांटता है तो उसमें भौतिक लालसा इच्छा जुड़ी होती है।

'मान लीजिए कि हम सब सहायक प्रोफेसर हैं। हम सब आलेख लिखते हैं और उ14से पुस्तकीय रूप में अपने संस्थान के प्राचार्य को समर्पित करते हैं। हम इस तथ्य से अवगत हैं कि अगले कुछ महीनों में प्रोफेसर पद के लिए पदोन्नति का मामला निर्धारित होना है। वह पुस्तक जो कि प्राचार्य को समर्पित है, सही समय पर सही कदम है ताकि उनके दिमाग में वह दबाव बना सके, या उनके स्मरण में रहे। यह 'रजस' भेंट है।'

तमो गुण : तामसिक भेंट वह भेंट है जो गलत समय व जगह पर गैर जरूरतमंद को नफरत से या सदभावना रहित होकर प्रदान किया जाता है। इस प्रकार की भेंट देने वाले एवं प्राप्त करने वाले दोनों को हानि होती है। एक बिगड़ैल बच्चे को जब उसके माता पिता कोई भी भेंट मोहवश प्रदान करते हैं तो बच्चा और बिगड़ जाता है, और यह तामसिक भेंट है। ऐसे बच्चे माता-पिता के लिए और दुख का कारण बनते हैं। किसी धनी या प्रभावशाली व्यक्ति को कोई भेंट मित्रतावश न देकर, वरन फायदा या पक्षपात के लिए दिया जाता है तो वह भी नुकसानदेह कार्रवाई है।

'बॉस या शक्ति केंद्र के रूप में जब हम किसी उद्यम या संगठन में सर्वोच्च पद, अपने किसी आश्रित या जान पहचान वाले व्यक्ति को उसकी योग्यता, सत्यनिष्ठा व स्वीकार्यता की उपेक्षा करते हुए, प्रदान करते हैं तो यह 'तमो' देयता है। ऐसा 'पद' गलत आदमी को देना है।'

जब हम, अधीनस्थ के रूप में, चाटुकारिता में लिप्त रहते हैं और हमारे वरिष्ठ अधिकारी या सहकर्मी इस खेल को अच्छी तरह समझते हैं और वे इसके प्रति प्रतिकारक एहसास रखते हैं तो इसे भी तामसिक देय ही कहेंगे क्योंकि सही व्यक्ति के लिए यह तरीका नहीं है, भले ही इसके बदले में कुछ प्रत्याशा किया जाये। जब हम अपने कनिष्ठ को अनियमित कार्य या मंद कार्य के लिए डांटते हैं तो फिर भी उसके विकास व बढ़ोतरी के लिए सकारात्मक सोच रखते हैं और अंदर ही अंदर प्रार्थना करते हैं तो वह सात्विक देय है, हालांकि रजस भावना से मुक्त है।'

भाग–3 :
सामान्य अध्ययन मुख्य परीक्षा
2018-2021

सामान्य अध्ययन मुख्य परीक्षा - 2018

हल प्रश्न-पत्र 1

कुल अंक : 200 **समयावधि : 3 घण्टे**

लघुउत्तरीय प्रश्न खण्ड-अ/Section-A

प्रश्न-1. सरदार वल्लभभाई पटेल की भारतीय रियासतों के विलयीकरण में भूमिका को स्पष्ट कीजिए।

उत्तर : स्वतंत्रता के पश्चात् भारत में कुल 562 रियासतें थी। इन पर देशी राजाओं एंव महाराजाओं का शासन था। ये छोटी एवं बड़ी दोनों थी। सितंबर 1946 में बनी अंतरिम सरकार में सरदार पटेल जी को रियासत विभाग सौंपा गया और उनके सलाहकार वी.पी. मेनन थे।

इन रियासतों के एकीकरण हेतु 3 नीतियां अपनायी गयी-

1. अनुनय-विनय नीति के अंतर्गत कहा कि राष्ट्रभक्ति दर्शायें एवं जनता की इच्छा का सम्मान करें।
2. लालच की नीति के तहत व्यक्तिगत सम्पत्ति धारण की नीति, संवैधानिक छूट एवं राज्यपाल का पद देना शामिल था।
3. भय एवं दबाव की नीति के अंतर्गत कहा कि यदि 15 अगस्त, 1947 तक विलय पत्र पर हस्ताक्षर नहीं किया तो जनता को नियंत्रित करने में कोई सहयोग नहीं दिया जायेगा एवं उनके विरुद्ध शस्त्र का भी प्रयोग किया जा सकता है।

उपरोक्त नीति से करीब 500 रियासतों का भारत में विलय हो गया। 3 रियासतें, जैसे-1. हैदराबाद का पुलिस कार्यवाही द्वारा, 2. जूनागढ़ को जनमत संग्रह द्वारा और 3. कश्मीर को वहां के राजा हरि सिंह द्वारा भारत में विलय पत्र के माध्यम से विलय कर लिया गया।

सरदार पटेल की दूरदर्शिता एवं बुद्धिमत्ता के फलस्वरूप ही देशी रियासतों का एकीकरण सम्भव हो पाया।

प्रश्न-2. विश्व शांति स्थापना में बौद्ध साहित्य की भूमिका का वर्णन कीजिए।

उत्तर: बौद्ध धर्म की स्थापना, अंधविश्वास एवं हिंसा के वातावरण को समाप्त करके शांति एवं सद्भाव को स्थापित करने के लिए की गई थी। इसका प्रमाण हमें बौद्ध साहित्य के माध्यम से होता है, जिसमें त्रिपिटक, जातक कथाएं बुद्ध चरित्र, मिलिन्दपन्हो, द्विव्यावदान, अगुत्तर निकाय महावंश एवं ललित विस्तार प्रमुख है।

त्रिपिटकों में से एक विनय पिटक में संघ के नियमों एवं भिक्षुओं की जीवन शैली का वर्णन है-

- अभिधम्म पिटक में बुद्ध का दार्शनिक विवेचन है।
- जातक कथाओं में बुद्ध के पूर्वजन्मों का वर्णन है।
- मिलिन्दपन्हो में नागसेन (बौद्ध भिक्षु) राजा मिनांडर के प्रश्नों का जवाब दिया गया है।

बौद्ध साहित्य में वर्णित बुद्ध के प्रमुख सिद्धान्तों में अष्टांगिक मार्ग का वर्णन है, जिसके अनुपालन से व्यक्ति का जीवन शांतिमय एवं सहज हो जाता है।

बुद्ध चरित्र में बुद्ध के जीवन का वर्णन है। ये सब साहित्य हमें दृष्टिगत करते हैं कि मनुष्य कैसे अपने जीवन को शांतिमय बना सकता है। वस्तुतत: बुद्ध का जीवन एवं बौद्ध साहित्य व्यक्ति को इकाई मानकर समाज तथा इससे आगे जगत में शांति एवं सद्भाव स्थापना की कामना करता है।

प्रश्न-3. महात्मा गाँधी भारतीय राजनीति के मध्यम-मार्गी दृष्टिकोण का प्रतिनिधित्व करते हैं। तर्क पूर्ण व्याख्या कीजिए।

उत्तर: गांधी जी ने जिस समय भारत आगमन किया, उस समय यहां राजनीतिक शून्यता की स्थिति उत्पन्न थी। कांग्रेस का उदारवादी कार्यक्रम जैसे प्रार्थना, याचना प्रतिवेदन प्रस्तुतिकरण अपना विश्वास खो चुका था और उग्रवादी जन आंदोलन लाने में विफल रहा तथा क्रांतिकारियों का भी दमन कर दिया गया था।

गांधीजी का प्रथम जन आंदोलन चम्पारण शांतिपूर्ण तरीके से किया गया, जिसमें गांधीजी तिनकठिया पद्धति को समाप्त कराने तथा बागान मालिकों से अवैध वसूली का 25% किसानों को वापस कराने में सफल रहे। यद्यपि यह किसानों की दृष्टि से नगण्य था, फिर भी अंग्रेज झुके। यही काफी था, जो कि गांधीवादी मध्यम मार्गी रणनीति का ही हिस्सा था।

क्रमशः दूसरे जन आंदोलन असहयोग आंदोलन में सरकार की नीतियों का असहयोग करना था, लेकिन इस आंदोलन में गांधीवादी रणनीति अहिंसा एवं सत्याग्रह का उल्लंघन व्यापक स्तर पर चौरी-चौरा की घटना के रूप में आया, जिससे द्रवित होकर गांधीजी ने इस आंदोलन को बारदोली प्रस्ताव से वापस ले लिया, जोकि उनके सिद्धांतों पर उनकी अडिग इच्छाशक्ति को दर्शाता है।

इसी प्रकार सविनय अवज्ञा एवं व्यक्तिगत सत्याग्रह में भी मध्यम मार्ग का अनुसरण किया गया।

प्रश्न-4. ''साम्प्रदायिक हिंसा धार्मिक कट्टरपंथियों द्वारा भड़कायी जाती है, असामाजिक तत्वों द्वारा प्रारम्भ की जाती है, राजनैतिक कार्यकर्ताओं द्वारा प्रोत्साहित की जाती है, निहित स्वार्थों द्वारा वित्तपोषित होती है।'' टिप्पणी कीजिए।

उत्तर: साम्प्रदायिकता का अंग्रेजी रूपान्तरण कम्यूनलिज्म है जिसके मूल रूप से दो अर्थ हैं।

1. सामुदायिकता की भावना एवं
2. कम्यून (इकाई) प्रणाली।

कम्यूनलिज्म मूलतः कम्यून से बना है जिसका अर्थ है सहयोगात्मक भावना के साथ रहने वाला समूह। लेकिन समाज विज्ञान में बीसवीं शताब्दी में अंग्रेजी भाषा के इस शब्द को नकारात्मक विचारधारा के रूप में प्रयुक्त किया जाने लगा। इस प्रकार कम्यूनलिज्म एक ही राज्य क्षेत्र में निवास करने वाली विभिन्न जातियों, सम्प्रदायों के बीच संघर्ष या तनाव की स्थिति का द्योतक हो गया। भारत में कम्यूनलिज्म का प्रयोग मुख्य रूप से सामाजिक, धार्मिक समूहों के बीच वैमनस्यता एवं शत्रुता की भावना को व्यक्त करने के लिए किया जा रहा है।

इस प्रकार साम्प्रदायिकता या सम्प्रदायवाद दो समुदायों में विद्यमान विद्वेष तनाव, संदेह या संघर्ष के भाव को व्यक्त करता है। यह तनाव सामान्यतः धर्म या पंथ, सम्प्रदाय, भाषा, प्रजाति या नृजाति के तत्वों पर आधारित होता है। अतः सम्प्रदायवाद का आशय किसी धर्म या सम्प्रदाय विशेष के हितों पर बल देने वाली विचारधारा से है। यह संकीर्ण मनोवृत्ति नस्लवाद, विरोधवाद एवं फासीवाद से मेल खाती है।

विसेंट स्मिथ के अनुसार साम्प्रदायिकता की विचारधारा में व्यक्ति या समूह प्रत्येक धार्मिक समूह को एक पृथक सामाजिक-राजनीतिक ईकाई मानता है। जिसके हित अन्य समूहों के हितों से अलग एवं विरोधी होते है। इस प्रकार सम्प्रदायवाद के लिए निम्न मनोवृत्ति उत्तरदायी है। देश में सम्प्रदायवाद को बढ़ावा देने के अनेक कारण हैं, जैसे-

1. **ऐतिहासिक कारक**-भारतीय इतिहास के प्राचीन काल से लेकर आधुनिक काल तक की साम्प्रदायिक घटनाएं वर्तमान में 'सम्प्रदायवाद' को प्रोत्साहित करने का कार्य करती है जैसे-मध्यकाल में कुछ सल्तनतकालीन आक्रमणकारी तथा मुगलकाल में कुछ शासकों द्वारा दूसरे अन्य धर्मों के प्रति द्वेष की भावना जो आज के लोग किसी न किसी तर्क के माध्यम से जाग्रत करते हैं। ब्रिटिश शासन काल के दौरान फूट डालो शासन करो की नीति, 1905 का बंगाल विभाजन, 1909 का मार्ले-मिंटो सुधार, 1916 का लखनऊ पैक्ट साम्प्रदायिकता के प्रमुख कारक रहे हैं।

2. **सांस्कृतिक भिन्नता**-भारत विविधता वाला देश है यहाँ प्रत्येक मील पर बदलती हुई संस्कृति तथा सभ्यता पाई जाती है। एवं इस संस्कृति के प्रति लगाव की भावना तथा अपनी संस्कृति को अन्य की संस्कृति से श्रेष्ठ समझने की भावना प्रबल होती है। भारत में विश्व के लगभग सभी धर्मों का उदय एवं विकास हुआ है। आपसी द्वेष भावना ने भी सम्प्रदायवाद को बढ़ावा दिया है।

3. **धार्मिक असहिष्णुता**-भारत में हिन्दू, मुस्लिम, सिख, ईसाई, जैन, बौद्ध, एवं पारसी समुदाय के विभिन्न संस्कृतियों वाले लोग रहते हैं। धर्म गुरूओं तथा मठाधीशों द्वारा अपने धर्म की रक्षा के संदर्भ में दिए गए बयान भी धार्मिक असहिष्णुता पैदा करते हैं, जो भारतीय जनता को धर्म, जाति और भाषा इत्यादि के आधार पर बांटने का कार्य करते हैं। भारत में धर्म का उपयोग इस प्रकार से किया गया कि आज धर्म के कारण भारत दो भागों में बंटा हुआ है। भारत और पाकिस्तान।

4. **भौगोलिक कारक**-भारत की भौगोलिक एवं प्राकृतिक संरचना में व्याप्त विविधता यहाँ रह रहे लोगों की धर्म, संस्कृति तथा रंग रूप एवं प्रजाति को प्रभावित करती है। यही विविधता कभी-कभी संघर्ष का रूप धारण कर लेती है। जैसे भारत में इण्डो आर्य द्रविडियन, सीयो द्रविड़ियन, तुर्की, ईरानियों की प्रजाति पाई जाती है। एक प्रजाति के लोग दूसरे प्रजाति के लोगों को तुच्छ एवं कमजोर समझते हैं, जो सम्प्रदायवाद को बढ़ावा देती है।

5. **मनोवैज्ञानिक कारक**- ऐतिहासिक रूप से पनपी अलगाववाद की भावना हिन्दू-मुस्लिम दंगे, भारत विभाजन के दौरान हुए दंगे तथा स्वतन्त्रता पश्चात् भारत में हुए दंगों के आधार पर व्यक्तियों में यह मनोवृत्ति घर कर गई है कि मुस्लिम या हिन्दू दोनों आपस में एक दूसरे का अहित देखते हैं तथा जिस कारण व्यक्ति छोटे से छोटे घटना क्रम को धर्म या सम्प्रदाय विशेष से जोड़ने का प्रयास करता है। यही मनोवृत्ति भारत में साम्प्रदायिक दंगों का मूल कारण मानी जाती है।

6. **साम्प्रदायिक संगठन**-भारत में संघ बनाने की स्वतन्त्रता का सबसे नकारात्मक परिणाम यही रहा कि धर्म के आधार पर पूरे देश में लगभग 11000 से अधिक संगठनों का निर्माण हो चुका है। जो धर्म के स्थान पर धर्मान्धता, धर्म निरपेक्षता के स्थान पर रूढ़िवादिता तथा शिक्षा के स्थान पर तुष्टिकरण को बढ़ावा देते है। मुस्लिम, हिन्दू तथा सिक्ख धर्म के संगठन सर्वाधिक मात्रा में है। ये संगठन राजनैतिक दलों के साथ प्रत्यक्ष एवं अप्रत्यक्ष रूप से मिलकर साम्प्रदायिकता को बढ़ावा देते हैं।

7. **राजनीतिक स्वार्थ**-सम्प्रदायवाद राजनीतिक स्वार्थ सिद्धि का मूल बन चुका हैं। इसने राजनीति में इस सीमा तक प्रभाव डाला है कि सम्पूर्ण समाज अल्पसंख्यक और बहुसंख्यक समुदायों में विभाजित ही नहीं हैं अपितु अल्पसंख्यकों के साथ बहुसंख्यक भी स्वयं को असुरक्षित महसूस करने लगे हैं। पंजाब की समस्या, अयोध्या विवाद, गुजरात दंगे, मुस्लिम कट्टरवाद, मज़हबी आतंकवाद और हिन्दुत्व का पुनः जागरण साम्प्रदायिक राजनीति की ही उपज है।

8. **सामाजिक कारण**-साम्प्रदायिकता को बढ़ावा देने में समाज विरोधी तत्वों एवं निहित स्वार्थ साधकों का भी हाथ होता है समाज के कुछ ऐसे लोग जो तनाव एवं संघर्ष की स्थिति पैदा करते हैं, जिसमें उन्हें लूटपाट करने एवं यौन-व्याभिचार करने का अवसर प्राप्त हो तथा वे अपने व्यक्तिगत झगड़ों का बदला ले सकें।

प्रश्न-5. भारत में स्त्रियों की बदलती प्रास्थिति का मूल्यांकन कीजिए।

उत्तर : समाज की स्थिरता एवं स्थायित्व, उस समाज में महिलाओं की स्थिति से जाना जा सकता है। सामाजिक, आर्थिक, राजनैतिक, प्रशासनिक एवं शैक्षणिक अधिकारों की प्राप्ति के बाद भारत में महिलाओं की निम्न भूमिका परिलक्षित हो रही है:-

सामाजिक : बोलने की स्वतंत्रता।

निर्णय लेने में सहभागी।

अपने कैरियर का निर्धारण।

बदलावों के प्रति प्रगतिशील नजरिया।

राजनैतिक : पंचायत स्तर से लेकर केन्द्रीय राजनीति में महत्वपूर्ण भूमिका का निर्वहन।

पंचायतों में 33% आरक्षण के साथ लगभग 50% महिला सरपंच की स्थिति।

राष्ट्रपति पद, रक्षा एवं वित्त मंत्रालय जैसे पदों पर पहुंचना महिलाओं की वर्तमान परिस्थिति को संदर्भित करता है।

शैक्षणिक : वर्तमान में महिला साक्षरता वृद्धि दर में वृद्धि देखने को मिल रही है। उच्चतर शिक्षा मेंवर्तमान में महिला नामांकन दर 15% के आस-पास है, जो 2001 में 8% के आस-पास हुआ करती थी।

वर्तमान में महिलाओं की भूमिका पर्यावरण संरक्षण, खेल, विज्ञान एवं प्रौद्योगिकी, चिकित्सा इत्यादि क्षेत्रों में प्रदर्शित हो रही है। महिलाओं की शोध एवं अनुसंधान के साथ-साथ राष्ट्र चेतना निर्माण में भी महत्वपूर्ण भूमिका परिलक्षित हो रही है। वर्तमान में महिला रूढ़ियों, बंधनों एवं आडम्बरों को तोड़कर आत्मनिर्भरता एवं स्वजागरूकता की तरफ तेजी से अग्रसर है।

प्रश्न-6. शहरी समस्याओं के समाधान की विवेचना कीजिए।

उत्तर : यूएनओ के विश्व शहरीकरण रिपोर्ट, 2018 में भारत में शहरीकरण 34% बताया गया है, जिसके 2030 में 38% तथा 2050 में 50% पहुंचने की सम्भावना है। इससे निम्न चुनौतियाँ उत्पन्न हुई हैं-

- शहरी संसाधनों पर दबाव में वृद्धि।
- मूलभूत सुविधाओं की उपलब्धता की चुनौती।
  जैसे- स्वच्छ पेयजल, विद्युत, कूड़ा निस्तारण इत्यादि।
- सुगम्य परिवहन की समस्या।

इनका समाधान निम्न रूपों में सम्भव है:-

- ग्रामीण पलायन को रोकना
- कृषि क्षेत्र में सुधार
- स्थानीय स्तर पर रोजगार की उपलब्धता
- अनियंत्रित शहरी बसाव का नियोजन
- अतिक्रमण पर रोक
- शहरी भूमि का उचित नियोजन
- झुग्गी-झोपड़ियों का उचित नियोजन
- दक्ष प्रशासनिक व्यवस्था
- आइटी कनेक्टिविटी से त्वरित समस्या का समाधान इत्यादि।

सरकार द्वारा प्रयासः इस दिशा में सरकार ने निम्न पहलें की हैं:-

- स्मार्ट सिटी मिशन
- संवर्द्धन योजना
- प्रधानमंत्री शहरी आवास योजना इत्यादि।

इस तरह नियोजित शहरीकरण एवं सुशासन तथा दक्ष प्रबंधन के बल पर शहरीकरण की समस्या का समाधान सम्भव है।

प्रश्न-7. उत्तर प्रदेश में पाये जाने वाले खनिजों का विवरण दीजिए।

उत्तर : उत्तर प्रदेश कृषि प्रधान राज्य के साथ ही साथ खनिज संपदा का भी धनी राज्य है। वितरण की दृष्टि से दक्षिण के पठारी क्षेत्रों में तथा विन्ध्य पर्वतशृंखला में प्रमुख रूप से खनिज पाये जाते हैं।

महत्वपूर्ण खनिज तथा उनके क्षेत्र-

- **रॉक फास्फेट** के भंडार ललितपुर एवं बांदा जिले में पाये जाते हैं एवं इसका उपयोग उर्वरक निर्माण में होता है।
- **सोना** की प्राप्ति शारदा एवं रामगंगा नदियों की रेत से होती है। ललितपुर में धसान नदी तट पर सोने और प्लेटिनम के निक्षेप प्राप्त हुए हैं।
- कोयले की प्राप्ति सोनभद्र जिले से होती है। उ. प्र. के कुल खनिज उत्पादन मूल्य का लगभग 35% हिस्सा कोयले का है।
- **कांच** बनाने योग्य बालू की प्राप्ति गंगा एवं यमुना नदियों से होती है। इसके उत्पादन में उत्तर प्रदेश का देश में प्रथम स्थान है।
- **बॉक्साइट** वाराणसी, ललितपुर एवं बांदा जिलों से प्राप्त होती है।
- **मैग्नेसाइट** बांदा एवं वाराणसी जिले से प्राप्त होती है। सहताप ईंटों के निर्माण में इसका प्रयोग होता है।
- **तांबा** एवं **यूरेनियम** उ.प्र. के ललितपुर जिले में प्रचुरता से पाये जाते हैं।

प्रश्न-8. स्मार्ट सिटी विकास हेतु मूल अधोसंरचनात्मक तत्व बताइए।

उत्तर : स्मार्ट सिटी मिशन की संचालकीयता को आगे बढ़ाने वाली बुनियादी महत्ताओं की आलोचना लगभग असम्भव है। विगत दो दशकों से विशेष रूप से बड़े शहरों की आधारभूत व उत्कृष्ट सेवाओं के निष्पादन में कमी, खराब प्रशासन एवं अपर्याप्त फण्ड के प्रति गम्भीर चिन्ताएं व्यक्त की गई हैं। इस पर आम राय रही है कि जहां तक शहरी क्षेत्रों का संबंध है कुछ बड़ा, कुछ विशाल किए जाने की जरूरत है। यही कारण है कि आज प्रशासकों, नीति निर्माताओं एवं शोध कर्ताओं की बड़ी संख्या स्मार्ट मिशन के समर्थन में दिख रहे हैं, यह जाने बिना कि वास्तविक विशेषताएँ क्या हैं और इसकी रूपरेखा क्या है। स्मार्ट सिटी मिशन का व्यापक समर्थन एवं स्वागत योग्य तजरिये के पीछे प्रमुख कारण हमारी शहर प्रणाली में निहित गम्भीर त्रुटियाँ हैं। स्पष्ट है कि इस मिशन से विभिन्न तरह की बड़ी आशाएं जुड़ी हुई हैं।

आबादी के विभिन्न हिस्से, जो कि इससे जुड़े हुए हैं और इस मिशन से प्रभावित होंगे, का स्मार्ट सिटी के प्रति नजरिया अलग-अलग है। प्रौद्योगिकीविद् एवं इंजीनियर्स की राय है कि स्मार्ट सिटी अनिवार्य तौर पर प्रौद्योगिकीय परिघटना है। हम अपनी कारों को हवाई अड्डों तक चलाकर ले जाएंगे और कार को वहीं छोड़ देंगे। कार फिर अपने आप पार्किंग की जगह पर चली जाएगी। हमारे पास जल की आपूर्ति, सीवेज एवं स्वच्छता प्रणाली डिजिटल माध्यम से कुशलता पूर्वक प्रबंधित होगी। यह मिशन शहरों में परिवहन का सुचारू संचालन सुनिश्चित करेगा। वहीं दूसरी ओर व्यवसायी वर्ग स्मार्ट मिशन को पूर्णतः निवेश के नजरिए से देख रहे हैं। इन शहरों में व्यापक निवेश की सम्भावना बनती है और भारत सहित विश्व के विभिन्न हिस्सों से बड़ी कम्पनियों ने भारत की स्मार्ट सिटी परियोजना में हिस्सा लेने व निवेश में रूचि दिखाई है। इससे उनके लाभ में बढ़ोत्तरी हो सकती है जो अमेरिकी व यूरो जोन संकट के कारण कम हो गई है। प्रशासन इसलिए स्मार्ट सिटी का स्वागत कर रही है क्योंकि ई-गवर्नेंस सेवाएं आसानी से मिल सकेंगी, कुशल निगरानी व शिकायत निवारण तंत्र विकसित हो सकेगा। पर्यावरणविदों का मानना है कि स्मार्ट सिटी लचीला हो। अर्थात अनुकूलित उपायों से निर्मित प्रणाली इसमें होगी। अंत में, मध्यम वर्ग यह सोचता है कि बुनियादी सुविधाओं के अभाव से उत्पन्न चुनौतियों का समाधान स्मार्ट सिटी में सम्भव हो सकेगा।

यदि शहर की सभी वांछनीय विशिष्टताओं को स्मार्ट सिटी में समाहित कर दिया जाए तो स्मार्ट सिटी अत्यंत दर्शनीय हो जायेगा। यह एक स्वप्न होगा, हस्तक्षेप का उपकरण नहीं।

यह न तो नीति क्रियान्वयन के लिए तंत्रों का प्रस्ताव करता है जिसे संचालित किया जा सके, न ही भावी कार्रवाई के लिए खाका तैयार करता है। मूल समस्या यही है। रूपरेखा तैयार करने के लिए स्मार्ट सिटी की संचालकीय रणनीति

को स्पष्ट करना चाहिए कि इससे अ, ब, स हासिल होगा, लेकिन क, ख, ग नहीं। दुर्भाग्यवश यह कोई स्पष्ट नहीं करता। मिशन की एक पंक्ति की आलोचना इसकी विशेषता 'स्मार्टनेस' पर केन्द्रित है जो कि शहरों से जुड़ी हुई है। स्मार्टनेस से तात्पर्य है सेवा के स्तर एवं गुणवत्ता में सुधार तथा सेवा प्रदान करने में कुशलता। उल्लेखनीय है कि स्मार्ट सिटी, मैक्सिमम सिटी या ग्लोबल सिटी अधिकांशतया नागरिक सुविधाओं एवं बुनियादी शहरी सेवाओं पर बल देती हैं। आलोचक तर्क देते हैं कि यह मिशन नागरिकों के मुद्दे को संबोधित नहीं करता या नागरिकों की अपेक्षाओं पर खरा नहीं उतरता, विशेषकर उन लोगों की जो आर्थिक एवं सामाजिक विकास के निम्न पायदान पर हैं और यह सभी लोगों की नागरिकता वाले शहर की अवधारणा को खारिज करता है।

स्मार्ट सिटी की स्मार्ट परिभाषा प्रधानमंत्री के उस भाषण से स्पष्ट होती है जिसे उन्होंने 25 जून, 2014 को इस मिशन की शुरूआत पर दिया था। वे उच्च प्रौद्योगिकी के आयात, विशाल विदेशी सहायता या ई-गवर्नेन्स की बात नहीं करते न ही वे बड़ी कम्पनियों के आमंत्रण की या विभिन्न शहरों को विकास के दृष्टिकोण से विभिन्न देशों को सौंपने की बात करते हैं। उनका मुख्य बल शहरों में रहने वालों की मुख्य चिन्ताओं व मुख्य समस्याओं के समाधान पर था। उन्होंने ग्राम-शहर असमानता, गरीब प्रवासियों एवं बुनियादी सेवाओं तक उनकी पहुँच, जल आपूर्ति, सीवेज व स्वच्छता पर बल दिया। ये मूल उद्देश्य हैं और स्मार्ट सिटी को इन उद्देश्यों की पूर्ति के लिए रणनीति पर काम करना चाहिए। उन्होंने स्मार्ट सिटी की रूपरेखा के संचालन के लिए राज्य एवं स्थानीय स्तर पर आम नागरिकों को शामिल करते हुए भागीदारी की डिजाइन बनाने की राय दी थी।

प्रश्न-9. भूमण्डलीय ऊष्मन पर टिप्पणी लिखिए।

उत्तर औद्योगीकरण की बढ़ती प्रक्रिया के कारण वायुमंडल में CO_2 की मात्रा बढ़ने से धरती की सतह से परावर्तित किरणों द्वारा उत्सर्जित होने वाली तापीय ऊर्जा को वायुमण्डल से बाहर जाने से रोकती है। इस तरह तापीय ऊर्जा के वायुमण्डल में सान्द्रण से धरती के औसत तापमान में वृद्धि होती है, जिसे विश्वव्यापी तापक्रम वृद्धि (Global Warming) कहते हैं।

वैज्ञानिकों का मानना है कि विश्व तापमान में वृद्धि के कहर से पृथ्वी की जलवायु परिवर्त्तित होगी, जिसके तहत वर्षा में कमी आयेगी। वर्षा की कमी का प्रत्यक्ष प्रभाव कृषि पर पड़ेगा तथा सूखे की स्थिति उत्पन्न होगी। तापमान वृद्धि एवं वर्षा की कमी के कारण वन क्षेत्र तेजी से घटेगा, जिससे जैव विविधता का भी ह्रास होगा। तापमान वृद्धि के लिए CO_2 के अलावा मेथेन, क्लोरोफ्लोरो कार्बन (CFC), यौगिक तथा नाइट्रस ऑक्साइड भी उत्तरदायी हैं। भू-मण्डल के गरमाने से नजदीकी और दूरगामी, दोनों प्रभाव मानव स्वास्थ्य एवं पर्यावरण के लिए घातक सिद्ध होंगे। नजदीकी प्रभावों में तापीय वृद्धि के कारण मृत्यु, सूखा, तूफान, बाढ़ एवं पर्यावरण अवनयन मुख्य हैं। दूरगामी प्रभावों में संक्रमण एवं संबंधित रोग, खाद्य समस्या, अकाल एवं जैव विविधता का खतरा पैदा होगा। इनके अतिरिक्त ताप वृद्धि से ध्रुवीय एवं उच्च पर्वतीय बर्फ पिघलने से समुद्री किनारों पर स्थित अनेक शहर डूब सकते हैं।

मौसम वैज्ञानिकों के अनुसार पिछली सदी में 0.3 से 0.6 डिग्री सेल्सियस तापमान बढ़ा है। विश्व जलवायु परिवर्तन के अंतर्राष्ट्रीय पेनल (International Panel on Climate Change-IPCC) के वैज्ञानिकों ने जनसंख्या, आर्थिक व तकनीकी विकास को ध्यान में रखते हुए हरित गृह-प्रभाव की तीव्रता का आकलन करके बताया कि अगली सदी के मध्य में वातावरण में कार्बन डाई ऑक्साइड की मात्रा औद्योगिक युग से पूर्व की तुलना में दुगुनी हो जायेगी, जिसके फलस्वरूप पृथ्वी का औसत तापमान 2025 तक 1^0C तथा 2100 में 2^0C बढ़ जायेगा। वातावरण के तापमान में 0.3^0 से 0.6^0 डिग्री सेल्सियस की वृद्धि मात्र से ही महासागरों का जलस्तर 10.25 सेमी ऊँचा हो गया। इसी आधार पर वैज्ञानिकों ने पूर्वानुमान लगाया है कि अगली सदी के दौरान महासागरों का जलस्तर 15 से 95 सेमी तक ऊँचा हो सकता है। महासागरों का जल स्तर ऊपर उठने से हिन्द महासागर, भूमध्यसागर, अफ्रीकी अटलांटिक महासागर और कैरीबियन सागर के तट पर बसे अनेक नगर व महानगर सागर में समा सकते हैं। प्रतिष्ठित पत्रिका 'टाइम्स' के अनुसार सागर का जलस्तर एक मीटर ऊपर उठने से मिस्र, बांग्लादेश, चीन, नाइजीरिया के लगभग 9.40 करोड़ लोगों का जीवन संकट में पड़ जाएगा। अकेले मिस्र की भूमध्यसागरीय तटीय 15 प्रतिशत कृषि भूमि नष्ट हो जाएगी। इसी प्रकार बांग्लादेश का विश्वप्रसिद्ध 'सुन्दरबन' भी सागर में विलीन हो जाएगा, जिससे पारिस्थितिकी दलदली तंत्र नष्ट हो जाएगा। प्रायद्वीपीय भारत को भी इससे खतरा उत्पन्न हो सकता है। जलवायु प्राकृतिक तत्व के रूप में एक जटिल संरचना रखती है, जो वायुमण्डल के साथ ही महासागर, हिम, भूमि, नदियों, झीलों तथा पर्वत आदि से अंत: संबंधित है। इसी अंत: क्रिया

से उत्पन्न जलवायु परिवर्तन अकाल के रूप में भी परिलक्षित होती है। अमेरिकी पर्यावरण सुरक्षा एजेंसी के एक अध्ययन के अनुसार सन् 2060 तक दुनिया का चावल, गेहूँ तथा अन्य खाद्यान्नों का उत्पादन 1.2 से 7.6 प्रतिशत कम हो जाएगा। तापमान वृद्धि से विश्व जल संकट को भी गति मिलेगी।

ग्लोबल वार्मिंग से हिमालय के हिमनद (Glaciers) हिम झीलों में परिवर्तित हो रहे हैं। ये झीलें प्रतिदिन चौड़ी होती जा रही हैं। अंतर्राष्ट्रीय विज्ञान पत्रिका 'न्यू साइंटिस्ट' के अनुसार सन् 2025 तक हिमालय के सभी हिमनद नष्ट हो जायेंगे, जिसके दौरान विकराल बाढ़ की स्थिति भी उत्पन्न हो सकती है, जिसका प्रभाव घाटी के आसपास पहाड़ी क्षेत्रों में रहने वाले लोगों पर पड़ेगा। नई खोजों से पता चला है कि पृथ्वी के गर्म होने के साथ-साथ उत्तर की ओर ग्रीनलैण्ड के हिमनद बड़ी भयावह गति से पिघल रहे हैं। अंटार्कटिका में 'रोस सागर' (Ross Sea) के विशाल हिमखण्डों के अपने मूल स्थानों से अलग हो जाने के कारण हजारों पैंग्विन भूख और थकान से मर रहे हैं।

वर्ष 1992 में रियो शहर में पृथ्वी सम्मेलन में 160 देशों ने विश्व के जलवायु परिवर्तन से संबंधित समझौते पर हस्ताक्षर किए तथा दिसम्बर, 1997 में जापान में हुए क्योटो सम्मेलन में विश्व के कई देश कार्बन डाईऑक्साइड के स्तर को कम करने के लिए सहमत हुए। इसमें 160 देशों के अलावा 300 गैर-सरकारी संगठनों ने भी भाग लिया था। सन् 2002 में जोहान्सबर्ग में भी इन पूर्व के समझौतों की पुनरावृत्ति मात्र की गई, जबकि इस दिशा में कोई प्रभावी निर्णय नहीं लिया गया।

प्रश्न-10. बुन्देलखण्ड का एक सांस्कृतिक क्षेत्र के रूप में भौगोलिक विवरण के प्रस्तुत कीजिए।

उत्तरः बुन्देलखण्ड वर्तमान समय में मध्यप्रदेश एवं उत्तरप्रदेश के मध्य का भाग है जो कि अपनी ऐतिहासिक, सांस्कृतिक एवं भौगोलिक विविधता के कारण सुप्रसिद्ध है। यह क्षेत्र विशेषतः चित्रकूट, बांदा, झांसी, जालौन, हमीरपुर, महोबा और ललितपुर जो कि उत्तरप्रदेश के जिले है तथा अन्य छः जिले जो कि मध्यप्रदेश के अन्तर्गत आते है इनमें छतरपुर, टीकमगढ़, दमोह, सागर, दतिया और पन्ना के क्षेत्र को ही बुन्देलखण्ड के नाम से जाना जाता है। इस क्षेत्र की अपनी भाषा तथा लोक संस्कृति सर्वत्र प्रतिष्ठित रूप से जानी व समझी जाती है एवं आल्हा-ऊदल, जो कि दो वीर योद्धाओं की वीरता का बखान करती है। ये दोनों ही वीर भीम-युधिष्ठिर का अवतार माने जाते हैं।

बुंदेलखंड की शान खजुराहो, जिला छतरपुर में बुंदेला शासकों द्वारा निर्मित मंदिर विश्व प्रसिद्ध हैं। ये हिंदू व जैन धर्म के लिये विशेष महत्व रखते हैं। कुंडलपुर जैन धर्म का महत्वपूर्ण स्थल है। मैहर में मां शारदा का मंदिर 52 शक्ति पीठों में एक है। झांसी का किला जो लक्ष्मीबाई की वीरता की झलक दिखाता है। ओरछा प्रसिद्ध हिंदू तीर्थों में एक है। चित्रकूट का मंदिर परिक्षेत्र बेहद सुंदर है। सोनागिरि प्रसिद्ध जैन तीर्थ है।

शौर्य, साहस और श्रृंगार के लिए सबसे अधिक प्रसिद्ध कोई अंचल है तो वह बुन्देलखण्ड है। भारत के मध्य भाग में होने के कारण यहाँ की भूमि पर अनेक जातियों- जनजातियों का आवागमन हमेशा से रहा है। यहाँ अनेक संस्कृतियों की आवाजाही हुई, इसके कारण बुन्देलखण्ड की संस्कृति में कई जातियों की संस्कृति के बहुत से तत्व मिलते चले गये, जिनमे योद्धा जातियों- जनजातियों के लोगों की संस्कृतियों का आवागमन अधिक हुआ। इसके कारण यहाँ के लोगों में शौर्य और साहस जैसी प्रवृत्तियों का विकास हुआ। अनेक इतिहास पुरूषों और आल्हा की बावन लड़ाईयां इसका प्रमाण हैं। यहाँ के वीर योद्धा बुन्देला कहलाए, यहाँ की सांस्कृतिक, सामाजिक और राजनीतिक चेतना की बोली बुन्देली रही है। बुन्देली बोली बोलने के कारण ही यहाँ के लोग बुन्देला कहलाए। महाराजा छत्रसाल के महत्वपूर्ण स्थान जेजाकभुक्ति से बुन्देलखण्ड के रुपायन का गहरा सम्बन्ध है।

खजुराहो के कला मन्दिर बुन्देलखण्ड की ही नहीं, विश्व की अप्रतिम धरोहर हैं। खजुराहो के मन्दिर में एक तरफ नृत्य, संगीत और उत्सव आयोजन के दृश्य उत्कीर्ण किये गए हैं तो दूसरी तरफ आखेट, हस्ति युद्ध आदि के। राजशेखर ने काव्य मीमांसा में बुन्देलखण्ड के नर्तक, गायक, वादक, चारण, चितेरे, विट, वेश्या, इन्द्रजालिक के अतिरिक्त हाथ के तालों पर नाचनेवाले, तैराक, रस्सों पर नाचनेवाले, दांतों से खेल दिखानेवाले, पहलवान, पटेबाज और मदारियों का उल्लेख किया है। समस्त बुन्देलखण्ड में उत्सव-महोत्सव मनाने की परिपाटी रही है। इसका उल्लेख अलबरुनी ने इस तरह किया है- ''चैत्र की एकादशी को झूले का दिन, पूर्णिमा को वसन्तोत्सव, आश्विन पूर्णिमा को पशुओं का त्यौहार और कुश्तियों का आयोजन, कार्तिक प्रतिपदा को दीपावली का उत्सव तथा फाल्गुन पूर्णिमा में स्त्रियों का दीपोत्सव एवं होली, आदि।'' यह सब बुन्देलखण्ड की भूमि पर आज भी सहज उपलब्ध है।

दीर्घउत्तरीय प्रश्न खण्ड-ब/Section-B

प्रश्न-11. 200 वर्षों के ब्रिटिश शासन ने भारतीय अर्थव्यवस्था के मेरूदण्ड को क्षतिग्रस्त कर दिया था। व्याख्या कीजिए।

उत्तरः सन् 1857 के पहले ही यूरोप में औद्योगिक क्रांति हो चुकी थी। इस क्रांति में इंग्लैंड सबका अगुआ था, क्योंकि उसको बहुत-सी ऐसी सुविधाएं थीं जो अन्य देशों को प्राप्त नहीं थी। इंग्लैंड ने ही वाष्प यंत्र का आविष्कार किया। भारत के व्यापार से इंग्लैंड की पूंजी बहुत बढ़ गई थी। उसके पास लोहे और कोयले की पर्याप्तता थी। कुशल कारीगरों की भी कमी न थी। इन नानाविधि कारणों से इंग्लैंड इस क्रांति में अग्रणी बना। इंग्लैंड के उत्तरी हिस्से में जहां लोहा तथा कोयला निकलता था वहाँ कल-कारखाने स्थापित होने लगे। कारखानों के पास शहर बसने लगे। इंग्लैंड के घरेलू उद्योग-धंधे नष्ट हो गए। मशीनों से बड़े पैमाने पर माल तैयार होने लगा। इस माल की खपत यूरोप के अन्य देशों में होने लगी। देखा-देखी यूरोप के अन्य देशों में भी मशीन के युग का आरंभ हुआ। ज्यों-ज्यों यूरोप के अन्य देशों में नई प्रथा के अनुसार उद्योग व्यवसाय की वृद्धि होने लगी, त्यों-त्यों इंग्लैंड को अपने माल के लिए यूरोप के बाहर बाजार तलाश करने की आवश्यकता प्रतीत होने लगी। भारतवर्ष इंग्लैंड के अधीन था, इसिलए राजनीतिक शक्ति के सहारे भारत वर्ष को सुगमता के साथ अंग्रेजी माल का एक अच्छा-खासा बाजार बना दिया गया। अंग्रेजी शिक्षा के कारण धीरे-धीरे लोगों की अभिरूचि बदल रही थी। यूरोपीय वेशभूषा और यूरोपीय रहन-सहन अंग्रेजी शिक्षित वर्ग को प्रलोभित करने लगा। भारत एक सभ्य देश था, इसलिए यहाँ अंग्रेजी माल की खपत में वह कठिनाई नहीं प्रतीत हुई जो अफ्रीका के असभ्य या अर्द्धसभ्य प्रदेशों में अनुभूत हुई थी। सबसे पहले इस नवीन नीति का प्रभाव भारत के वस्त्र व्यापार पर पड़ा। मशीन से तैयार किए हुए माल का मुकाबला करना करघों पर तैयार किए हुए माल के लिए असंभव था। धीरे-धीरे भारत की विविध कलाएं और उद्योग नष्ट होने लगे। भारत के भीतरी प्रदेशों में दूर-दूर माल पहुंचाने के लिए जगह-जगह रेल की सड़कें निकाली गईं। भारत के प्रधान बंदरगाह कलकत्ता, बंबई और मद्रास भारत के बड़े-बड़े नगरों से संबद्ध कर दिए गए। व्यापार की सुविधा की दृष्टि से डलहौजी के समय में पहली रेललाइन बनी थीं। इंग्लैंड को भारत के कच्चे माल की आवश्यकता थी। जो कच्चा माल इन बंदरगाहों को रवाना किया जाता था, उस पर रेल का महसूल रियायती था। आंतरिक व्यापार की वृद्धि की सर्वथा उपेक्षा की जाती थी।

इस नीति के अनुसार इंग्लैंड को यह अभीष्ट न था कि नए-नए आविष्कारों से लाभ उठाकर भारतवर्ष के उद्योग व्यवसाय का नवीन पद्धति से पुनः संगठन किया जाए। वह भारत को कृषि प्रधान देश ही बनाए रखना चाहता था, जिसमें भारत से उसे हर तरह का कच्चा माल मिले और उसका तैयार किया माल भारत खरीदे। जब कभी भारत सरकार ने देशी व्यवसाय को प्रोत्साहन देने का निश्चय किया, तब तब इंग्लैंड की सरकार ने उसके इस निश्चय का विरोध किया और उसको हर प्रकार से निरूत्साहित किया। जब भारत में कपड़े की मिलें खुलने लगीं और भारत सरकार को इंग्लैंड से आनेवाले कपड़े पर चुंगी लगाने की आवश्यकता हुई, तब इस चुंगी का लंकाशायर ने घोर विरोध किया और जब उन्होंने यह देखा कि हमारी वह बात मानी न जाएगी तो उन्होंने भारत सरकार को इस बात पर विवश किया कि भारतीय मिल में तैयार हुए कपड़े पर भी चुंगी लगाई जाए, जिसमें देशी मिलों के लिए प्रतिस्पर्द्धा करना संभव न हो। इससे भारतीय अर्थव्यवस्था के मेरूदंड कुटीर उद्योग एवं कृषक बुरी तरह से प्रभावित हुए।

प्रश्न-12. द्वितीय विश्व युद्ध को अवश्यम्भावी बनाने में हिटलर की भूमिका की विवेचना कीजिए।

उत्तरः 1981 ई. में उन्होंने नाजी दल की स्थापना की। इसका उद्देश्य साम्यवादियों और यहूदियों से सब अधिकार छीनना था। इसके सदस्यों में देशप्रेम कूट-कूटकर भरा था। इस दल ने यहूदियों को प्रथम विश्व युद्ध की हार के लिए दोषी ठहराया। आर्थिक स्थिति खराब होने के कारण जब नाजी दल के नेता हिटलर ने अपने ओजस्वी भाषणों में उसे ठीक करने का आश्वासन दिया तो अनेक जर्मन इस दल के सदस्य हो गए। हिटलर ने भूमि सुधार करने, वर्साई संधि को समाप्त करने और एक विशाल जर्मन साम्राज्य की स्थापना का लक्ष्य जनता के सामने रखा जिससे जर्मन लोग सुख से रह सकें। इस प्रकार 1922 ई. में हिटलर एक प्रभावशाली व्यक्ति हो गए। उन्होंने स्वस्तिक को अपने दल का चिह्न बनाया जो कि हिन्दुओं का शुभ चिह्न है। समाचार पत्रों के द्वारा हिटलर ने अपने दल के सिद्धांतों का प्रचार जनता में किया। भूरे रंग की पोशाक पहने सैनिकों की टुकड़ी तैयार की गई। 1923 ई. में हिटलर ने जर्मन सरकार को उखाड़ फेंकने का प्रयत्न किया। इसमें वे असफल रहे और जेलखाने में डाल दिए गए। वहीं उन्होंनं मीन कैम्फ **(मेरा संघर्ष)** नामक

अपनी आत्मकथा लिखी। इसमें नाजी दल के सिद्धांतों का विवेचन किया। उन्होंने लिखा कि आर्य जाति सभी जातियों से श्रेष्ठ है और जर्मन आर्य हैं। उन्हें विश्व का नेतृत्व करना चाहिए। यहूदी सदा से संस्कृति में रोड़ा अटकाते आए हैं। जर्मन लोगों को साम्राज्यविस्तार का पूर्ण अधिकार है। फ्रांस और रूस से लड़कर उन्हें जीवित रहने के लिए भूमि प्राप्ति करनी चाहिए।

1930-32 में जर्मनी में बेरोजगारी बहुत बढ़ गई। संसद में नाजी दल के सदस्यों की संख्या 230 हो गई। 1932 के चुनाव में हिटलर को राष्ट्रपति के चुनाव में सफलता नहीं मिली। जर्मनी की आर्थिक दशा बिगड़ती गई। 1933 में चांसलर बनते ही हिटलर ने जर्मन संसद को भंग कर दिया, साम्यवादी दल को गैरकानूनी घोषित कर दिया और राष्ट्र को स्वावलंबी बनने के लिए ललकारा। हिटलर ने डॉ. जोज़ेफ गोयबल्स को अपना प्रचारमंत्री नियुक्त किया। नाजी दल के विरोधी व्यक्तियों को जेलखानों में डाल दिया गया। कार्यकारिणी और कानून बनाने की सारी शक्तियाँ हिटलर ने अपने हाथों में ले ली। 1934 में उन्होंने अपने को सर्वोच्च न्यायाधीश घोषित कर दिया। उसी वर्ष हिंडनबर्ग की मृत्यु के पश्चात् वे राष्ट्रपति भी बन बैठे। नाजी दल का आतंक जनजीवन के प्रत्येक क्षेत्र में छा गया। 1933 से 1938 तक लाखों यहुदियों की हत्या कर दी गई। नवयुवकों में राष्ट्रपति के आदेशों का पूर्ण रूप से पालन करने की भावना भर दी गई और जर्मन जाति का भाग्य सुधारने के लिए सारी शक्ति हिटलर ने अपने हाथ में ले ली। हिटलर ने 1933 में राष्ट्रसंघ को छोड़ दिया और भावी युद्ध को ध्यान में रखकर जर्मनी की सैन्य शक्ति बढ़ाना प्रारंभ कर दिया। प्राय: सारी जर्मन जाति को सैनिक प्रशिक्षण दिया गया।

1934 में जर्मनी और पोलैंड के बीच एक-दूसरे पर आक्रमण न करने की संधि हुई। उसी वर्ष आस्ट्रिया के नाजी दल ने वहाँ के चांसलर डॉलफस का वध कर दिया। जर्मनी की इस आक्रामक नीति से डरकर रूस, फ्रांस, चेकोस्लोवाकिया, इटली आदि देशों ने अपनी सुरक्षा के लिए पारस्परिक संधियाँ कीं।

हिटलर ने वर्साइ की संधि को भंग करके अपनी सेनाएँ फ्रांस से पूर्व में राइन नदी के प्रदेश पर अधिकार करने के लिए भेज दीं। 1937 में जर्मनी ने इटली से संधि की और उसी वर्ष आस्ट्रिया पर अधिकार कर लिया। हिटलर ने फिर चेकोस्लोवाकिया के उन प्रदेशों को लेने की इच्छा की जिनके अधिकतर निवासी जर्मन थे। ब्रिटेन, फ्रांस और इटली ने हिटलर को संतुष्ट करने के लिए म्यूनिख के समझौते से चेकोस्लोवाकिया को इन प्रदेशों को हिटलर को देने के लिए विवश किया। 1939 में हिटलर ने चेकोस्लोवाकिया के शेष भाग पर भी अधिकार कर लिया। फिर हिटलर ने रूस से संधि करके पोलैंड का पूर्वी भाग उसे दे दिया और पोलैंड के पश्चिमी भाग पर उसकी सेनाओं ने अधिकार कर लिया। ब्रिटेन ने पोलैंड की रक्षा के लिए अपनी सेनाएँ भेजीं। इस प्रकार द्वितीय विश्व युद्ध प्रारंभ हुआ। फ्रांस की पराजय के पश्चात् हिटलर ने मुसोलिनी से संधि करके भूमध्य सागर पर अपना अधिपत्य स्थापित करने का विचार किया। इसके पश्चात् जर्मनी ने रूस पर आक्रमण किया।

प्रश्न-13. 1857 का विद्रोह भारतीय इतिहास में एक निर्णायक मोड़ था। विश्लेषण कीजिए।

उत्तर: 1857 का विद्रोह भारतीय इतिहास में एक निर्णायक मोड़ था क्योंकि अंग्रेजी शासन के स्थापना वर्ष 1757 के ठीक सौ वर्ष बाद 1857 में उत्तरी भारत की जनता ने विदेशी शासन के विरूद्ध एक महान विद्रोह किया। इस विद्रोह का प्रारम्भ ब्रिटिश ईस्ट इण्डिया कम्पनी के भारतीय सैनिकों के गदर से हुआ। 1857 में प्लासी के युद्ध के 100 वर्ष पूर्ण होने थे। इस अवसर पर ब्रिटिश राज को समाप्त कर देने की छिटपुट योजनायें बनने लगी थीं। परन्तु कोई संगठित योजना अभी तक नहीं बन सकी थी। पिछले कुछ वर्षों से यह आम धारणा बनने लगी थी कि कम्पनी सरकार हिन्दू और मुसलमान दोनों को ईसाई बनाना चाहती थी। इसके कारण सैनिकों में एक आक्रोश व्याप्त था। इसी मध्य अंग्रेजों ने नये-नये आविष्कार, एनफिल्ड राईफलों के लिए एक नये प्रकार का कारतूस प्रयोग करना आरम्भ किया। चूँकि प्रयोग करते समय इसे मुँह से खोलना पड़ता था, इसलिए इसने हिन्दू और मुस्लिम दोनों धर्मों के सैनिकों के आक्रोश को विस्फोट में बदल दिया। 26 फरवरी, 1857 को कलकत्ता से 120 मील दूर स्थित बेरहामपुर की 19 वीं देशी सैनिक टुकड़ी ने दगाऊ टोपी पहनकर परेड में जाने से मना कर दिया। उनके विरूद्ध कड़ी कार्रवाई की गयी। इसके तत्काल बाद कलकत्ता के निकट स्थित बैरकपुर के 34वीं देशी सैनिक छावनी के सैनिक मंगल पाण्डे ने 21 मार्च को खुला विद्रोह कर दिया। उत्तर प्रदेश के निवासी मंगल पाण्डे ने उस दिन अपने एडजुटेंट लेफ्टिनेण्ट हेनरी बाग पर गोली चला

दी तथा उस पर तलवार से भी वार किया। 7 अप्रैल को ही उन्हें बैरकपुर में फांसी दे दी गयी। मंगल पाण्डे की शहादत ने उत्तर भारत के समस्त सैनिक छावनियों में विद्रोह की आग भड़का दी। इससे पहले से भारतीय जनता में ब्रिटिश शासकों की लूट, अत्याचार, हत्या, देशी उद्योगों को नेस्तनाबूद करने के कारनामों, अकाल, भूख, किसानों-मजदूरों पर बेइंतहा जुल्म आदि को लेकर विरोध व प्रतिरोध का लावा उबल रहा था। मंगल पाण्डे की फांसी ने इसमें घी का काम किया और व्यापक जनविद्रोह उमड़ पड़ा। सैनिकों के विद्रोह के साथ जन-विद्रोह भी शामिल हो गया जिसने देश की स्वाधीनता के पहले विद्रोह, मुक्ति की लड़ाई का स्वरूप लिया।

उत्तरी भारत के दोआब क्षेत्र ने भी इस विद्रोह में सक्रिय योगदान दिया। इन्होंने अलीगढ़, बरेली, लखनऊ, कानपुर तथा इलाहाबाद को स्वतंत्र कराने के बाद वहाँ अपनी सरकारें स्थापित कर ली थीं। बरेली का प्रशासन 'खान बहादुर खान' नामक रोहिल्ला सैनिक अधिकारी ने अपने हाथ में ले किया था। कानपुर के प्रशासन पर पेशवा बाजीराव द्वितीय के दत्तक पुत्र 'वहाबी' विद्रोही का अधिकार था। पटना में विद्रोह का नेतृत्व पीर अली नामक एक पुस्तक विक्रेता कर रहे थे। इन नगरों के साथ इटावा, मैनपुरी, रूड़की, एटा, मथुरा, शाहजहाँपुर, बदायूँ, आजमगढ़, सीतापुर, बाराबंकी, वाराणसी, झाँसी, फतेहपुर तथा हाथरस जैसे अपेक्षाकृत छोटे-छोटे शहरों में भी विद्रोह का विस्तार हो चुका था।

इस बीच दिल्ली में कानून और व्यवस्था की समस्या खड़ी हो चुकी थी। विद्रोही सैनिकों में इस समय जिस अनुशासनिक भावना की आवश्यकता थी उसको उत्पन्न करने में तत्कालीन विद्रोही नेता असफल रहे। बिना किसी पूर्व तैयारी, सैद्धान्तिक पृष्ठभूमि तथा निश्चित नेतृत्व के ही विद्रोह प्रारम्भ हो जाने के कारण दिल्ली में एक ऐसी अराजक स्थिति उत्पन्न हो गयी जिसमें किसी को भी यह नहीं पता था कि आगे क्या करना है। अनुशासन की यही समस्या कानपुर में भी खड़ी हुई। यहाँ नाना साहब ने विद्रोह का नेतृत्व सम्भाल रखा था। इस समय नगर में लगभग 10,000 सैनिक तथा कृषक अंग्रेजों के विरूद्ध संघर्षरत थे। कानपुर के निकट लखनऊ में भी विद्रोह प्रारम्भ हो चुका था। लगभग 50,000 नागरिक इसमें हिस्सा ले रहे थे। इनका नेतृत्व बेगम हज़रत महल कर रही थीं। यहाँ पर विद्रोहियों ने रेजीडेन्सी का घेरा डाल रखा था, जिसमे अंग्रेज सैनिकों, अधिकारियों तथा उनके परिवारों ने शरण ले रखी थी। कानपुर तथा लखनऊ में ब्रिटिश सेना अधिकारी कैम्पबेल, जनरल हैवलाक तथा विन्ढम ने अपनी समस्त सैनिक योग्यता तथा नेतृत्व के बल पर विद्रोह को कुचलने का प्रयास एक लम्बे समय तक जारी रखा। इन सभी के विरूद्ध विद्रोहियों के पक्ष में केवल एक तात्या टोपे ही योग्य सेनापति थे। 6 माह के लगातार प्रयासों तथा एक माह के लम्बे युद्ध के बाद अंग्रेज अन्त में लखनऊ पर पुनः अधिकार करने में सफल हो गये। कानपुर तथा लखनऊ के बाद अंग्रेजों ने मई में बरेली पर भी अधिकार कर लिया। इसके बाद वे जनरल ह्यूरोज़ के नेतृत्व में झाँसी की ओर बढ़े। यहाँ पर उन्हें झाँसी की युवा रानी लक्ष्मीबाई का सामना करना पड़ा जो अब वीरतापूर्वक विद्रोह का नेतृत्व कर रही थीं। झाँसी की पराजय के बाद लक्ष्मीबाई ने तात्या टोपे की सहायता से ग्वालियर पर अधिकार कर लिया। ग्वालियर के युद्ध में रानी लक्ष्मीबाई अपने समस्त पराक्रम के बाद भी पराजित हुईं और इस युद्ध में उन्होंने वीरगति पायी। इसके पश्चात अप्रैल 1859 में तात्या टोपे भी पकड़ लिये गये और उन्हें फांसी दे दी गयी।

इसी दौरान ब्रिटेन की रानी विक्टोरिया ने 1 नवम्बर, 1858 को अपने घोषणा पत्र में ब्रिटिश ईस्ट इण्डिया कम्पनी के हाथों से समस्त अधिकार ले लिये। इस घोषणा में साम्राज्ञी ने विद्रोह से हाथ खींच लेने वाले रजवाड़ों, सामन्तों तथा जमींदारों को आम माफीनामा देने का आश्वासन भी दे दिया। परिणामस्वरूप, जो थोड़े बहुत जमींदार और सामन्त अभी भी विद्रोह से जुड़े हुए थे, उन्होंने तत्काल विद्रोहियों का साथ छोड़ दिया। अपने अन्तिम दौर में विद्रोह पूरी तरह से नेतृत्व विहीन हो चुका था। अतः इसको दबा देना अंग्रेजों के लिए कोई बहुत बड़ा काम नहीं था।

प्रश्न-14. ''धर्मनिरपेक्षवाद अभिमुखन व व्यवहार के एक समुच्चय के रूप में उदारवादी लोकतांत्रिक भारत के भविष्य के लिए अपरिहार्य है।'' विवेचन कीजिए।

उत्तर: धर्मनिरपेक्षता एक जीवन मूल्य एवं जीवन शैली है, जो धार्मिक सहिष्णुता, पारस्परिकता, धार्मिक सौहार्द्र एवं सहअस्तित्व की भावना पर आधारित होती है। यहां धार्मिक सहिष्णुता का आशय अन्य व्यक्तियों के विचारों का सम्मान करने एवं बंधुत्व की भावना को स्वीकार करने से है। इस सन्दर्भ में धर्मनिरपेक्षतावाद उस सामाजिक विचार के रूप में समझा जा सकता है; जिसके अंतर्गत तार्किकता व व्यवहारिकता को लाने का प्रयास किया जाता है।

उदारवादी लोकतान्त्रिक भारत में उद्देशिका एवं मौलिक अधिकारों में धर्म निरपेक्षवाद का जिक्र किया गया है, जिसमें यह उल्लेखित है कि राज्य का कोई धर्म नहीं होगा। किन्तु पिछले दिनों उदारवादी लोकतांत्रिक भारत के भविष्य पर प्रश्नचिह्न उठा है; जैसे समान नागरिक संहिता की समस्या सांस्कृतिक प्रतीकों का दुरुपयोग, दोषपूर्ण शिक्षा प्रणाली धर्मान्तरण का मुद्दा, राजनीति एवं धर्म इत्यादि।

भारतीय संविधान के अनुच्छेद 44 में यह प्रावधान किया गया है, जो धर्मनिरेक्ष प्रकृति को दर्शाता है, परन्तु नीति निर्देशक वैधानिक दृष्टि से लागू नहीं किये जा सकते। ऐसे में समान नागरिक संहिता का विकास नहीं किया जा पाना, एक सबसे बड़ी चुनौती है।

इसके अलावा धर्मान्तरण, जो कि पद, प्रतिष्ठा एवं धन के आधार पर होता है, जिससे समय-समय पर विवाद उत्पन्न होता है।

अत: आवश्यकता है सर्वधर्म समभाव की भावना को विकसित किये जाने का, ऐसे निष्पक्ष रहकर साम्प्रदायिक सद्भाव को बढ़ाये। आर्थिक प्रगति एवं आर्थिक न्याय सुनिश्चित किया जाए, जिससे लोगों के आत्मविश्वास में वृद्धि हो सके।

इसके अलावा आधुनिक शिक्षा का प्रचार किया जाए, जिससे लोगों में वैज्ञानिक तार्किक सोच को बढ़ावा मिले।

प्रश्न-15. भारतीय महिलाओं पर भूमण्डलीयकरण के प्रभावों की विवेचना उपयुक्त उदाहरणों की सहायता से कीजिए।

उत्तर: भारतीय महिलाओं पर भूमण्डलीकरण के प्रभाव की विवेचना उपयुक्त उदाहरण की सहायता से ''वैश्वीकरण'' यूँ तो विश्व के देशों की आर्थिक स्थिति को सुधारने हेतु किए सर्वोत्तम प्रयासों में से एक है तथापि इसका प्रभाव मात्र आर्थिक ही नहीं सामाजिक व राजनैतिक रूप से भी दृष्टिपात होता है। भारतीय अर्थव्यवस्था में वैश्वीकरण का स्वागत सन् 1991 में किया गया, जिसके द्वारा भारत ने निश्चित ही आर्थिक विकास का पथ अपनाया किन्तु इस आर्थिक विकास के क्रम में समाज पर भी इसका प्रभाव जो कि एक महत्वपूर्ण योगदान के रूप में सामने आया वह था ''महिलाओं की स्थिति'', भारत सहित सम्पूर्ण विश्व में महिलाओं को पुरूषों की अपेक्षा कम ही स्वतंत्रता, अधिकार एवं सम्मान प्राप्त है, किन्तु भारत की स्थिति इससे भी विकट समझी जा सकती है। इसका आधार है कि यहाँ कुछ मान्यताएं जो कि शादी को धार्मिक विश्वासों जैसे- ''यत्र नार्यस्तु पूज्यन्ते रमन्ते तत्र देवता:'' एवं नवदुर्गा के रूप में देवी- 'पूजन किया जाता है, किन्तु इन्हीं धार्मिक ग्रन्थों के आधार पर ही शादी को पितृसत्तात्मक व्यवस्था के अधीन रहने को निर्देशित भी किया जाता है,

जैसे- ''पिता रक्षति कौमारे,
पति: रक्षति यौवने,
पुत्रौ रक्षति वार्धक्ये,
न स्त्री स्वातंत्र्यम् अर्हति''

इस विपरीत सामाजिक परिस्थितियों में वैश्वीकरण ने महिलाओं को निश्चित रूप से ही उनके स्वाभिमान को जागृत कर समाज में नवीन पहचान दी है। वर्तमान भारत 21वीं सदी की महिलाओं को उनकी बौद्धिक प्रतिभा के आधार पर स्वीकार करता है। इस क्रम में हम युवा उद्यमशील संस्थापिका महिलाओं में जैसे- शुची मुखर्जी ''लाइमरोड की संस्थापिका'', मीना विंद्रा ''बीबी ऐथनिक वियर'' की संस्थापिका, एकता कपूर ''बाला जी टेलीफिल्म्स'' की संस्थापिका, नम्रता शर्मा, थ्री डी ऐनिमेशन की संस्थापिका आदि इस प्रकार ये युवा महिलाएं समाज को एक नवीन विचारधारा के प्रतिबिम्ब प्रेरणा के रूप में देती हैं। इसी प्रकार विज्ञान, फिल्म जगत एवं अन्य चुनौतीपूर्ण तथा जोखिम भरे कार्यों में भी महिलाओं की भूमिका को देखा जा सकता है। इस प्रकार हम यह कह सकते हैं कि समाज में वैश्वीकरण का बहुत ही सकारात्मक प्रभाव पड़ा, जिसमें खास तौर से महिलाओं ने अपनी भूमिका ''बेटी, बीवी और बहू के साथ-साथ बौद्धिक स्तर पर बहुमुखी प्रतिभा के आधार पर बहुतेरे'' उदाहरणों में स्थापित की है।

प्रश्न-16. वैश्वीकरण क्या है? भारतीय सामाजिक संरचना पर इसके प्रभावों की विवेचना कीजिए।

उत्तर : मोटे तौर पर कहें तो वैश्वीकरण पूंजी, श्रम, प्रौद्योगिकी वस्तुओं और ज्ञान का राष्ट्रीय सीमाओं के आर-पार निर्बाध संचरण है। यह आर्थिक संवृद्धि के उद्देश्य से दुनिया के देशों और व्यक्तियों के मध्य एकीकरण और अन्तर्क्रिया की प्रक्रिया है। वैश्वीकरण की प्रक्रिया को उच्च क्षमता वाली संचार प्रौद्योगिकी; जैसे –टेलीफोन, कम्प्यूटर तथा इंटरनेट ने सुगम बनाया है। एक तरह से देखा जाए तो यह अंतर्राष्ट्रीय सम्बन्धों की एक प्रक्रिया है जिसमें सीमा सम्बन्धी बहुत सारी औपचारिकताएं और आपत्तियां नहीं होती हैं।

भारत के सामाजिक संरचना पर वैश्वीकरण ने निम्नलिखित प्रभाव डाले:-

1. **जीवन की गुणवत्ता** – अब इस बात के काफी प्रमाण उपलब्ध हैं कि आर्थिक क्षेत्र में वैश्वीकरण और उदारीकरण के कारण तीव्र विकास हो रहा है और इसका प्रभाव गरीबी उन्मूलन पर भी पड़ा है। परन्तु विकास के कुछ ऐसे पहलू भी सामने आ रहे हैं जो क्षेत्र विस्थापन कर सकते हैं और श्रम की स्थिति को कमजोर बना सकते हैं। इसका मुख्य कारण भौतिक संसाधनों, मानवीय पूंजी और सूचना के रूप में असमानता का मौजूद होना है, जिसमें समाज के सबसे निचले स्तर के लोग विशेष तौर पर श्रमिक, स्त्रियां और अन्य सामाजिक व आर्थिक दृष्टि से उपेक्षित वर्गों; जैसे- अनुसूचित जातियों, अल्पसंख्यकों, अन्य पिछड़े वर्गों, विकलांगों आदि को उपलब्ध आर्थिक अवसरों का लाभ उठाने से वंचित रहना पड़ता है। इसलिए जीवन की गुणवत्ता को उन्नत स्तर पर लाने में सफलता नहीं मिल रही है।

2. **शिक्षा में गुणात्मक व तकनीकी सुधार** – तकनीकी शिक्षा में वैश्वीकरण का महत्वपूर्ण प्रभाव पड़ा है। परिवहन एवं संचार के माध्यम से विभिन्न देशों की दूरियों को बहुत कम कर दिया गया है। आज किसी भी देश में शिक्षा एवं तकनीकी शिक्षा में जो सुधार हो रहे हैं वह बहुत कम समय में दुनिया के अधिकांश देशों तक पहुंचाए जा रहे हैं। जैसे कम्प्यूटर का प्रयोग अब अधिकांश लोगों द्वारा होने लगा है।

3. **महिला सशक्तिकरण** – वैश्वीकरण के इस दौर में आज महिलाएं अपने अधिकारों के प्रति सचेत हो गई हैं। परिवहन एवं संचार माध्यमों के तीव्र विकास से भी महिलाओं में ज्यादा जागरूकता आई है। आज महिलाएं हर क्षेत्र में पुरूषों के साथ-साथ काम कर रही हैं। भारतीय महिलाओं ने भी विश्व में अपनी अलग पहचान बनाई है।

4. **वर्गों के रूप में परिवर्तन** – वैश्वीकरण ने वर्गों के रूप में भी परिवर्तन कर दिया है। 20वीं सदी तक जहां प्रमुख तीन वर्ग थे, उच्च वर्ग, मध्यम वर्ग और निम्न वर्ग, लेकिन आज वर्गों की संख्या बहुत अधिक हो गई है। हर वर्ग के अनेक उपवर्ग हो गए हैं; जैसे – कृषक वर्ग, मजदूर वर्ग, शिक्षक वर्ग आदि। आय के आधार पर अन्य नए भिन्न वर्गों का उदय हो रहा है।

5. **वैश्वीकरण-स्थानीय सम्बन्ध** – वैश्वीय संस्कृति सामान्तया पश्चिमी संस्कृति है। आधुनिकीकरण ने विश्व भर की संस्कृतियों को मिश्रित करने का प्रयास किया है। फिर भी इस मिश्रण में पश्चिमी और अमेरिकी संस्कृतियों की प्रधानता होती है। ऐसी अवस्था में वैश्वीय संस्कृति की वैधता को पाने के लिए स्थानीय संस्कृति के साथ अनुकूलन अवश्य करना पड़ता है। **सांस्कृतिक वैश्वीकरण** के सन्दर्भ में मुख्य मुद्दा वैश्वीय-स्थानीय संस्कृति का है। वैश्वीकरण अपनी बुनियाद में बहुलवादी है। अब स्थानीय स्तर की समस्याओं को वैश्विक स्तर पर देखा जाने लगा है। लोग स्थानीय अर्थव्यवस्था और स्थानीय आर्थिक रणनीति को बनाने लगे हैं। वैश्वीकरण लचीली अर्थव्यवस्था का प्रतीक है और इसका परिणाम हमें स्थानीय अर्थव्यवस्था में देखने को मिलता है।

6. **उपभोक्ता की प्रधानता** – वैश्वीकरण की प्रकृति सजातीयता या एकरूपता करने की है। विश्व भर के लोग विभिन्नता के होते हुए भी एक जैसे सांचे में ढल जाते हैं, और इस वैश्वीयता की एक और बड़ी तारीफ यह है कि यह विभिन्नता का भी समावेश कर लेती है। यह प्रक्रिया जिस संस्कृति को विश्व भर में समान रूप देती है वह एक जैसी जीवन पद्धति है। वैश्वीकरण ने विश्व भर में उपभोग करने की बनावटी आवश्यकता को पैदा किया है और इस कारण आज जिस नए समाज का उदगम हो रहा है वह वस्तुतः उपभोग समाज है। इस समाज में धीरे-धीरे एक लोकप्रिय या पोपुलर संस्कृति पनप रही है। यह संस्कृति नई जनसंस्कृति के रूप में सम्पूर्ण समाज में सजातीयता ला रही है। इसी संस्कृति ने अंतर्राष्ट्रीय और घरेलू पर्यटन को बढ़ावा दिया है। घरेलू पर्यटन भी हाल में उपभोग का एक अंग बन गया है। कुल मिलाकर वस्तुओं एवं सेवाओं का वास्तविक उपयोग कम एवं प्रतीकात्मक उपयोग अधिक होने लगा है।

प्रश्न-17. उत्तरप्रदेश की पर्यटन नीति (2018) के प्राथमिक लक्ष्यों का विवरण दीजिए।

उत्तर उत्तर प्रदेश की घोषित पर्यटन नीति 2018 के अनुसार निम्नलिखित प्राथमिक लक्ष्यों को समाहित किया गया, जो निम्न हैं:-

1. इस नीति का विजन उत्तरप्रदेश को भारत में पसंदीदा पर्यटन स्थल के रूप में स्थापित करना है। साथ ही देश में सर्वाधिक पर्यटक आगमन एवं पर्यटन आय प्राप्त करना, रोजगारों का सृजन करना और सर्वोत्तम पर्यटक अनुभव सुनिश्चित करना।
2. वर्ष 2023 तक देश का सर्वाधिक पसंदीदा पर्यटन स्थल बनाना।
3. प्रतिवर्ष 5 हजार करोड़ रूपये का लक्षित निवेश प्राप्त करना।
4. आगामी 5 वर्षों में निरंतर 15 प्रतिशत घरेलू पर्यटक आगमन एवं 10 प्रतिशत विदेशी पर्यटक आगमन की वार्षिक वृद्धि प्राप्त करना।
5. प्रतिवर्ष लगभग 5 लाख लागों को रोजगार उपलब्ध कराना।
6. आगामी पांच वर्षों में दस हजार पर्यटन सेवा प्रदाताओं को प्रशिक्षण प्रदान करना।
7. प्रतिवर्ष 10 विरासत भवनों को विरासत होटलों में परिवर्तित करना।
8. प्रतिवर्ष उत्तर प्रदेश के राष्ट्रीय उद्यानों और वन्यजीव अभयारण्यों में 1 लाख पर्यटकों को आकर्षित करना।
9. सड़क, रेल एवं वायु के माध्यम से प्रदेश के सभी धार्मिक तथा सांस्कृतिक स्थलों के क्षेत्रीय संपर्क में सुधार करना।
10. राज्य भर में सार्वजनिक सेवा सुविधाओं के मानक को उन्नत करना और उच्च गुणवत्ता को पर्यटक अनुभव उपलब्ध कराना।
11. दीपोत्सव, अंतर्राष्ट्रीय साहित्य महोत्सव, गीता, महोत्सव, गंगा महोत्सव, लखनऊ महोत्सव आदि जैसे पर्यटन समारोह एवं उत्सवों के कार्यान्वयन के माध्यम से स्थानीय उद्यमिता में सुधार करना।

प्रश्न-18. वायु राशि क्या है? इसकी प्रमुख विशेषताओं का उल्लेख कीजिए।

उत्तरः वायुपुंज का ऐसा समुच्चय जिसमें विभिन्न ऊँचाईयों पर क्षैतिज रूप में तापमान एवं आर्द्रता की समानता मिलती है, वायुराशि कहलाती है। जैसे-उष्णकटिबंधीय महासागरीय एवं महाद्वीपीय वायु राशि ध्रुवीय महासागरीय एवं महाद्वीपीय वायु राशि।

विशेषताएँ: वायु राशियों में निम्न विशेषताएँ पायी जाती हैं:-

- उत्पत्ति के बाद ये अपने स्थान पर स्थिर नहीं रहती।
- ये सदैव गतिशील होती हैं।
- इनकी उत्पत्ति समांग संरचना वाले क्षेत्रों में विशेष रूप से होता है।
- ये जिस क्षेत्र में घाटी हैं, उसके ताप एवं आर्द्रता में व्यापक परिवर्तन ला देती हैं।
- इस परिवर्तन में उनके स्वयं के तापमान एवं आर्द्रता में भी परिवर्तन आता है।
- वायुराशियों से वाताग्र का जनन होता है।
- वायुराशियाँ शीतोष्ण कटिबंधीय चक्रवातों की उत्पत्ति सहयोगी होती हैं।
- वायुराशियों से किसी क्षेत्र की जलवायु एवं मौसम का निर्धारण होता है। जैसे-पश्चिमी यूरोपीय तुल्य जलवायु।

प्रश्न-19. ज्वालामुखी, भूकम्प और सुनामी आपस में कैसे सम्बन्धित है। ज्वालामुखी उद्गार के सम्भावित सभी कारकों पर प्रकाश डालिए।

उत्तरः ज्वालामुखी, भूकंप, सुनामी प्लेट विवर्तनिक क्षेत्रों में पाया जाता है। ये क्षेत्र निम्न हैं-परि प्रशान्त मेखला, मध्य महाद्वीपीय पेटी तथा मध्य अटलांटिक मेखला या महासागरीय घटक हैं।

ज्वालामुखी मुख्यतः भ्रंशों एवं प्लेटों के सहारे पर पाये जाते हैं, और 80% ज्वालामुखी विनाशात्मक प्लेटों के सहारे और 15% ज्वालामुखी रचनात्मक प्लेटों के सहारे पाये जाते हैं।

विनाशात्मक प्लेटों के सहारे पाये जाने वाले ज्वालामुखी मुख्यतः 2/3 भाग प्रशान्त महासागर के दोनों तटों के सहारे पाये जाते हैं।

इसी तरफ यूरेशियन प्लेट, अफ्रीकन प्लेट एवं इंडियन प्लेट के अभिसरण स्थानों पर ज्वालामुखी पाये जाते हैं। ये ज्वालामुखी भू-भ्रंश घाटियों के सहारे पाये जाते हैं।

इसी प्रकार रचनात्मक प्लेटों के किनारों के सहारे मुख्यत: मध्य अटलांटिक मेखला में पाये जाते हैं, जहां पर दो प्लेटों के अपसरण के कारण भ्रंश का निर्माण होता है, जिससे क्रस्ट के नीचे मैग्मा का निर्माण होता है।

इसी तरह अंतरा प्लेटीय, ज्वालामुखी वहां पाये जाते हैं, जहाँ महासागरीय एवं महाद्वीपीय प्लेटें एक-दूसरे से क्रियाएं करती हैं। चूँकि तीनों ही क्रियाएं प्लेट विवर्तनिक के किनारों से सम्बन्धित हैं, अत: तीनों ही आपस में सम्बन्ध रखते हैं।

ज्वालामुखी उद्‌गार के कारणों में महत्वपूर्ण कारण

1. प्लेट विवर्तनिक सिद्धान्त है।
2. पृथ्वी के कोर में हॉट ब्लूम उत्पन्न होते हैं, जिससे प्लेटों में घर्षण के कारण ये ऊपर की ओर आते हैं और ज्वालामुखी उद्‌गार होता है।

प्रश्न-20. महासागरीय धाराओं की उत्पत्ति के लिए उत्तरदायी कारकों का उल्लेख कीजिए और अन्य महासागर की जल धाराओं का नाम बताइए।

उत्तर : एक निश्चित दिशा में महासागरीय जल के प्रवाहित होने की गति को धारा कहते हैं।

महासागरीय धााराएं दो प्रकार की हैं–

1. विषुवत् रेखा से ध्रुवों की ओर प्रवाहित होने वाली धाराएं गर्म होती हैं।
2. ध्रुवों से विषुवत रेखा की ओर बहने वाली धाारा ठंडी होती है।

उत्पत्ति के कारक

1. पृथ्वी के परिभ्रमण से संबंधित कारक

- पृथ्वी अपने अक्ष पर सदा पश्चिम से पूर्व दिशा की ओर घूमती रहती है; जिसके कारण जलीय भाग स्थलीय भाग का साथ नहीं दे पाता; जिस कारण वह पीछे छूट जाता है और जल में पूर्व से पश्चिम दिशा की ओर गति उत्पन्न हो जाती है। इस तरह से विषुवत रेखीय धाराओं की उत्पत्ति होती है।
- कभी-कभी जल पृथ्वी के परिभ्रमण दिशा की ओर अग्रसर हो जाता है। इसके कारण प्रति विषुवतीय जलधारा का जन्म होता है।
- पृथ्वी की परिक्रमा का भी धाराओं की दिशा पर असर पड़ता है। धाराएं कोरिओलिस बल के प्रभावाधीन उत्तरी गोलार्द्ध में विषुवत रेखा के ऊपर दाईं ओर तथा दक्षिण गोलार्द्ध में बाईं ओर मुड़ जाती हैं।

2. सागर से संबंधित कारक

- सागर जल के तापमान, लवणता, घनत्व इत्यादि में स्थानीय कारकों के फलस्वरूप परिवर्तन होते रहते हैं, जिनके प्रभाव से धाराओं की उत्पत्ति होती है।
- **तापमान :** पृथ्वी पर सूर्य के वितरण में असमानता पायी जाती है। विषुवत रेखीय भागों में सूर्य की लम्बवत किरणों के कारण तथा जल का ताप अधिक होने के कारण जल का घनत्व कम होता है; जबकि ध्रुवीय क्षेत्रों में तापमान कम होने के कारण जल का घनत्व अधिक होते हैं।

3. बाह्‌य सागरीय कारक

- वायुदाब, हवाएं, वर्षा, वाष्पीकरण।

अंध महासागर की जल धाराओं के नाम

- **गर्म जलधारा :** 1. गल्फस्ट्रीम या खाड़ी की धारा-उष्ण जल धारा 2. नार्वे की धारा-उष्ण जलधारा। 3. फ्लोरिडा की धारा। 4. ऐटीकीज जलधारा।
- **ठंडी जलधारा :** 1. लैब्राडोर की धारा, 2. पूर्वी ग्रीनलैंड धारा, 3. कनारी धारा, 4. बेंगुएला धारा।

सामान्य अध्ययन मुख्य परीक्षा - 2018
हल प्रश्न-पत्र 2

कुल अंक : 200 **समयावधि : 3 घण्टे**

लघुउत्तरीय प्रश्न खण्ड-अ/Section-A

प्रश्न-1: कश्मीर मामले में भारत मध्यस्थता का विरोध क्यों करता है?

उत्तर-: आजादी के समय से ही भारत और पाकिस्तान के बीच कश्मीर को लेकर हमेशा विवाद बना है। पाकिस्तान हमेशा इस मुद्दे का अंतर्राष्ट्रीयकरण करना चाहता है तथा भारत और पाकिस्तान के बीच कश्मीर विवाद को तीसरे पक्ष की मध्यस्थता के साथ सुलझाना चाहता है, जबकि भारत हमेशा इसका विरोध करता रहा है जिसके कारण–

1. कश्मीर भारत का आंतरिक मुद्दा है। कश्मीर का भारत में विलय वहाँ के राजा द्वारा विलय पत्र पर हस्ताक्षर से किया गया है। कानूनी रूप से यह भारत का अभिन्न हिस्सा है। अक्साई चीन और पाक अधिकृत कश्मीर भारत का अभिन्न हिस्सा है जिसे भारत द्विपक्षीय वार्ता के द्वारा सुलझा सकता है।
2. ताशकंद और शिमला समझौते में भारत और पाकिस्तान ने कश्मीर को द्विपक्षीय मुद्दा माना है और इसीलिए भारत कश्मीर मामले में किसी मध्यस्थ को निरंतर मना करता आया है।
3. भारतीय विदेश नीति हमेशा से विवादित मुद्दों के समाधान में द्विपक्षीय वार्ता को महत्व देती है। उदाहरण के लिए श्रीलंका के साथ कच्चा दीव विवाद, बांग्लादेश के साथ विवाद का समाधान।
4. कश्मीर में आतंकवाद वहाँ की सबसे बड़ी समस्या है जो कि पाकिस्तान प्रायोजित है और भारत इसे द्विपक्षीय बातचीत के द्वारा सुलझाने का प्रयास निरंतर करता रहा है।
5. उफा सम्मेलन में भी प्रधानमंत्री मनमोहन सिंह और नवाज शरीफ के बीच द्विपक्षीय वार्ता के द्वारा कश्मीर मसले को सुलझाने की बात पर जोर दिया गया।

वर्तमान समय में संघर्ष समाधान की सबसे विश्वसनीय और लोकप्रिय तकनीकी द्विपक्षीय वार्ता और ट्रैक थ्री व टू डिप्लोमेसी है, ऐसे ही प्रयासों से कश्मीर मुद्दे का द्विपक्षीय समाधान निकाला जा सकेगा।

प्रश्न-2: अन्तर्राष्ट्रीय न्यायालय के अधिकार क्षेत्र का आलोचनात्मक परीक्षण कीजिए।

उत्तर-: अन्तर्राष्ट्रीय न्यायालय की स्थापना 1945 में संयुक्त राष्ट्र के चार्टर द्वारा की गई। यह संयुक्त राष्ट्र का प्रमुख न्यायिक अंग है, जो हेग (नीदरलैंड्स) में पीस पैलेस में स्थित है। यह सदस्य राष्ट्र के बीच कानूनी विवादों को सुलझाता है और अधिकृत संयुक्त राष्ट्र के अंगों और विशेष एजेंसियों द्वारा निर्दिष्ट कानूनी सवालों पर अन्तर्राष्ट्रीय कानून के अनुसार सलाहकारी राय देता है। इसके अधिकार क्षेत्र इस प्रकार हैं–

- इसमें केवल वे राष्ट्र जो संयुक्त राष्ट्र के सदस्य हैं और जो न्यायालय के कानून के पक्षकार हैं या जिन्होंने कुछ शर्तों के तहत अपने अधिकार क्षेत्र को स्वीकार किया है, वे विवादास्पद मामलों के पक्षकार होते हैं। इसमें राष्ट्रों का अपना कोई स्थायी प्रतिनिधि नहीं होता जिसे ICJ द्वारा मान्यता प्राप्त है। वे आमतौर पर विदेश मामलों के मंत्री या नीदरलैंड में मान्यता प्राप्त उनके राजदूत के माध्यम से रजिस्ट्रार के साथ संवाद करते हैं।
- इसके निर्णय अंतिम होते है। वाद से संबंधित पार्टियों पर बाध्यकारी होते हैं। न्यायालय के चार्टर पर हस्ताक्षर करके, संयुक्त राष्ट्र का एक सदस्य राज्य किसी भी मामले में न्यायालय के निर्णय का पालन कर सकता है जिसमें वह एक पक्ष है। एक पूर्ण अदालत के रूप में अपने कर्तव्यों का निर्वहन करता है लेकिन, पार्टियों के अनुरोध पर, यह विशिष्ट मामलों की जांच करने के लिए तदर्थ कोर्ट भी स्थापित कर सकता है।

- न्यायालय की सलाहकार कार्यवाही संयुक्त राष्ट्र के केवल पांच अंगों और संयुक्त राष्ट्र की 16 विशिष्ट एजेंसियों या संबद्ध संगठनों के लिए खुली है। सलाहकार कार्यवाही में न्यायालय द्वारा प्रदान की गई राय अनिवार्य रूप से सलाहकारी हैं और बाध्यकारी नहीं हैं।
- अन्तर्राष्ट्रीय न्यायालय के अधिकार के क्षेत्र की कुछ सीमाएं भी है जैसे की युद्ध अपराधों या मानवता के खिलाफ अपराधों के आरोपी व्यक्तियों के खिलाफ इसका कोई अधिकार क्षेत्र नहीं है। चूँकि यह एक आपराधिक अदालत नहीं है, इसलिए इसमें अभियोजक कार्यवाही शुरू करने में सक्षम नहीं है।
- न्यायालय केवल एक या अधिक राज्यों द्वारा ऐसा करने का अनुरोध करने पर विवाद सुन सकता है। यह अपनी पहल पर विवादों का निपटारा नहीं कर सकता। इसका केवल सहमति के आधार पर अधिकार क्षेत्र है, अनिवार्य क्षेत्राधिकार नहीं।
- इसे अपने निर्णयों को लागू कराने के लिए UNSC की शक्तियों पर आश्रित रहना पड़ता है इसके पास अपने निर्णय लागू कराने के लिए कोई इकाई (स्वयं की) नहीं है।

प्रश्न-3: उत्तर प्रदेश में किसान और कृषि के क्षेत्र की समस्याओं एवं चुनौतियों पर प्रकाश डालिए। इनके सुधार के लिए सुझाव दीजिए।

उत्तर-: उत्तर प्रदेश की अर्थव्यवस्था का मूल आधार कृषि है तथा लगभग 65 प्रतिशत जनसंख्या कृषि पर आधारित है।

प्रमुख समस्याएँ और चुनौतियाँ–

1. भूमि का असमान वितरण और भूमि का छोटे-छोटे टुकड़ों में विभाजित होना। उत्तर प्रदेश में कुल जोतों में से 1 हेक्टेयर से कम आकार वाली जोतों का प्रतिशत 78 है।
2. आधारभूत ढांचे का पिछड़ापन और जल संसाधनों के प्रबंधन की कमी।
3. ऊर्जा, परिवहन, भंडारण और वितरण की समस्या।
4. कृषि साख की समस्या, सरकार की तमाम कोशिशों के बावजूद आज भी एक तिहाई से अधिक किसान अपनी साख संबंधी जरूरतों के लिए असंगठित क्षेत्र पर निर्भर हैं जहाँ आरबीआई की एक रिपोर्ट के अनुसार ब्याज की दर 60 से 150% तक है।
5. किसानों की बाजार तक पहुंच नहीं।
6. किसानों द्वारा परंपरागत पद्धति पर आधारित खेती किया जाना।
7. तकनीकी पिछड़ापन एवं नवीन तकनीकी अपनाने में किसान कम रुचि रखते हैं, क्योंकि उनकी आर्थिक व शैक्षणिक स्थिति काफी कमजोर है।
8. उत्तर प्रदेश में कृषि क्षेत्र की निम्न उत्पादकता।
9. मृदा की गुणवत्ता में कमी और मृदा प्रदूषण।
10. उत्तर प्रदेश में कृषि का मानसूनी वर्षा पर आधारित होना तथा किसानों की फसल का आपदा की स्थिति में नष्ट होना।

इन समस्याओं और चुनौतियों से निपटने के लिए निम्नलिखित उपाय हो सकते हैं–

1. कृषि क्षेत्र का विविधीकरण किया जाए जिससे किसानों को लाभकारी फसलों को ऊगाने में सहायता मिले।
2. कृषि क्षेत्र से संबंधित उद्योगों को बढ़ावा दिया जाए जिससे कृषि क्षेत्र में लगे हुए लोगों को पूर्णकालिक रोजगार मिले और उनकी आय में वृद्धि की जा सके।
3. संविदा आधारित कृषि और सहकारी कृषि को प्रोत्साहन दिया जा सकता है जिससे कृषि भूमि का आकार बड़ा हो जाए जिससे कृषि निवेश और उत्पादकता में भी वृद्धि हो।

4. किसानों की बाजार तक पहुंच को सुनिश्चित किया जाए तथा उनको अपने कृषि उत्पादों को बेचने के लिए मंडी और अन्य ऑनलाइन प्लेटफॉर्म ऊपर उपयुक्त सहायता मिले।
5. कृषि में नवीन तकनीकी के प्रयोग के प्रोत्साहित किया जाए तथा उपकरणों पर सरकार द्वारा सब्सिडी दी जाए।
6. आपदाओं से होने वाली क्षति की स्थिति में किसानों को बीमा सुरक्षा मुहैया कराई जाए।
7. किसानों की बैंकों तक पहुंच को आसान किया जाए तथा कृषि क्षेत्र में वित्तीय समावेशन का विस्तार किया जाए।

प्रश्न-4: चुनावी बॉन्ड क्या है? क्या यह राजनीतिक वित्त पोषण प्रणाली में पारदर्शिता लाने में सक्षम है?

उत्तर-: एक इलेक्टोरल बॉन्ड को प्रॉमिसरी नोट की तरह एक बियरर इंस्ट्रूमेंट के रूप में डिजाइन किया गया है। वास्तव में यह एक बैंक नोट के समान होगा जो कि मांग पर बिना ब्याज के देय होता है। इसे भारत के किसी भी नागरिक या भारत में निगमित निकाय द्वारा खरीदा जा सकता है। भारत में सरकार द्वारा जनवरी 2018 में चुनावी बॉन्ड योजना को अधिसूचित किया। चुनावी बॉन्ड 1 हजार, 10 हजार, 1 लाख, 10 लाख और 1 करोड़ रुपये के मूल्य में उपलब्ध हैं।

दलों को दिए जाने वाले चन्दे मनी लॉड्रिंग का माध्यम बन गए थे परन्तु अब यह संभव नहीं होगा क्योंकि अब कैश में ट्रांजेक्शन न होकर बांड खरीदे जायेंगे। पार्टी को बांड देने वालों की पहचान बैंक के पास होगी।

बोगस पार्टियाँ अनुचित रूप से धन की व्यवस्था करके चुनाव लड़ती हैं। इस पर अब रोक लग सकेगी क्योंकि उन्हें पार्टी फण्ड के रूप में बांड तभी दिए जा सकेंगे जब तक उनको पिछले चुनाव में कम-से-कम 1% मत मिले हों। बांड दानकर्ताओं को आयकर में छूट का प्रावधान किया गया हैं। ये उन्हें राजनीतिक दान प्रदान करने के लिए एक आकर्षक मार्ग बनाते हैं।

उपर्युक्त लाभ के अतिरिक्त चुनावी बांड की कुछ कमियां भी हैं।

चुनावी बांड अभी भी पूर्णतया पारदर्शी नहीं है। इनके जरिये काला धन का उपयोग राजनीतिक पार्टियों के लिए किया जा सकता है। इनका लॉबिंग, विदेशी फंडिंग, राउंड ट्रिपिंग के माध्यम से काला धन के उपयोग में किया जा सकता है जो राजनीतिक की सुचिता को प्रभावित कर सकती है साथ ही सत्ताधारी दल दानकर्त्ता की जानकारी का उपयोग अपने हित में कर सकता है।

चुनावी बाड चुनावी प्रक्रिया मे पारदर्शिता तभी ला सकता है जब इसकी कमियों को दूर करके उन्हें सही तरीकों से लागू किया जाये।

प्रश्न-5: भारतीय ग्रामीण जीवन पर स्वयं सहायता समूहों का क्या प्रभाव पड़ा है? वर्णन कीजिए।

उत्तर-: स्वयं सहायता समूह एक जैसे सामाजिक आर्थिक पृष्ठभूमि वाले लोगों के स्वैच्छिक संगठन होते हैं जिनमें साझा उद्देश्यों की पूर्ति हेतु सामूहिक रूप से कार्य करने की भावना निहित होती है। भारत में स्वयं सहायता समूह ने ग्रामीण भारत के सशक्तिकरण में अति महत्वपूर्ण भूमिका निभाई है, जो निम्नलिखित हैं–

स्वयं सहायता समूहों ने ग्रामीण लोगों को उनके अधिकारों और कर्ज तक पहुंच लेने के लिए एक मंच प्रदान किया है। इससे ग्रामीण लोगों और विशेषकर महिलाओं को सामूहिक सौदेबाजी की क्षमता का संवर्धन हुआ है। स्वयं सहायता समूह ग्रामीण जनता को आवश्यक ज्ञान, वित्त, शक्ति, प्रशिक्षण और अवसर प्रदान करते हैं जिनसे उनका जीवन सशक्त होता है।

स्वयं सहायता समूह ने गरीबों को संगठित कर उनकी उत्पादकता एवं क्षमता में वृद्धि करने का प्रयास किया है और व्यापक स्तर पर सफल हुए हैं।

जिन ग्रामीणों का बैंक में खाता नहीं था उनके लिए स्वयं सहायता समूह ने वित्तीय मध्यस्थ के रूप में कार्य कर वित्त तक उनकी पहुंच को सुनिश्चित किया है।

इन समूहों ने ग्रामीणों को निधि, संसाधन और तकनीकी सहायता उपलब्ध कराकर उनके सामुदायिक विकास को बढ़ाया दिया है।

स्वयं सहायता समूह महिलाओं की स्थिति को सशक्त करने में महत्वपूर्ण भूमिका निभा रहे हैं। पिछड़े और अति पिछड़े इलाकों में कुपोषण की समस्या, स्वास्थ्य देखभाल, मातृ और नवजात शिशु देखभाल और स्वच्छता आदि के विषय में जागरुकता एवं प्रशिक्षण प्रदान कर ग्रामीणों को सशक्त बनाने में प्रमुख भूमिका निभा रहे हैं।

ग्रामीण बेरोजगारों को कौशल विकास के माध्यम से रोजगार प्रदान करने में इन सहायता समूह की महत्वपूर्ण भूमिका रही है।

ग्रामीण भारत के लिए स्वयं सहायता समूह अत्यंत लाभदायक सिद्ध हुए हैं। ग्रामीणों को वित्तीय, राजनीतिक, आर्थिक, सामाजिक रूप से सशक्त करने में इनकी महत्वपूर्ण भूमिका रही है।

प्रश्न-6: प्रवासी भारतीयों का भारत के आर्थिक व्यवस्था में योगदान पर एक संक्षिप्त टिप्पणी लिखिये।

उत्तर-: भारत से बाहर स्थायी/अस्थायी रूप से रह रहे भारतीयों को प्रवासी भारतीय कहा जाता है। इनका भारतीय अर्थव्यवस्था में निम्न योगदान रहा है:-

निवेश: इनके द्वारा विभिन्न भारतीय कम्पनियों एवं उद्योगों में वृहद निवेश किया जाता रहा है।

निजीधन प्रेषण: भारत विश्व का सर्वाधिक प्राइवेट रेमिटेंस प्राप्त करने वाला देश है।

- तकनीकी प्राप्ति।
- प्रबंधकीय क्षमता की प्राप्ति।
- भारतीय उत्पादों की विदेशों में मांग में वृद्धि।
- कुटीर एवं जनजातीय उत्पादों को वैश्विक पहचान प्राप्त, इत्यादि।

वर्तमान में UN की विश्व प्रवासी रिपोर्ट के अनुसार भारत की 1 करोड़ 64 लाख आबादी प्रवासी है, जिसका भारतीय अर्थव्यवस्था में महत्वपूर्ण योगदान परिलक्षित होता है।

प्रश्न-7: भारत की संघीय व्यवस्था किस प्रकार से अमरीकी (यू.एस.ए.) संघीय व्यवस्था से भिन्न है ? व्याख्या करें।

उत्तर-: भारत और अमेरिका दोनों देशों में संघीय सरकार है। भारत की संघीय व्यवस्था सहयोगात्मक संघीय व्यवस्था है वही दूसरी तरह अमेरिकी संघीय व्यवस्था पूर्ण रूप से संघीय है। भारत जहाँ विनाशी राज्यों का अविनाशी संघ है वहीं अमेरिका अविनाशी राज्यों का विनाशी संघ है। दोनों देशों को संघीय व्यवस्था में निम्नलिखित भिन्नताएँ हैं–

अमेरिकी संघ–

1. अमेरिकी संघ राज्यों के आपसी समझौते का परिणाम है। अमेरिका में संघ का निर्माण राज्यों के द्वारा किया गया इसलिए अमेरिकी संघ के राज्य अधिक शक्तिशाली हैं।
2. अमेरिकी संघ में संविधान अधिक कठोर और संक्षिप्त है। अमेरिका में प्रत्येक राज्य का अपना स्वयं का संविधान होता है।
3. प्रत्येक राज्य का गवर्नर राज्य की आम जनता द्वारा निर्वाचित होता है।
4. राज्यों की सहमति के बिना राज्यों का नाम आकार तथा भू-भाग में कोई परिवर्तन नहीं हो सकता।
5. अमेरिका में संघ और राज्य के बीच शक्तियों का प्रत्येक स्तर पर विभाजन पाया जाता है, जैसे–संघीय न्यायपालिका और राज्य की न्यायपालिका अलग-अलग है।
6. अमेरिका में दोहरी नागरिकता है, संघ राज्य की अलग-अलग है।
7. अमेरिकी संविधाान में अवशिष्ट शक्तियां राज्य के पास हैं।

भारत की संघीय व्यवस्था की विशेषताएँ–

1. भारतीय संघ राज्यों का एक संघ है जिसका निर्माण राज्यों की आपसी सहमति के आधाार पर नहीं किया गया है। भारतीय संघ में राज्यों को संघ से अलग होने का कोई अधिकार नहीं है।

2. भारत में संविधान न तो अधिक कठोर है और न ही अत्यंत लचीला। भारतीय संविधान बहुत विस्तृत संविधान है। भारत में एक ही संविधाान है जो पूरे देश में लागू होता है।
3. भारतीय संविधान में संघ सरकार शक्तिशाली है तथा संघ को राज्यों का नाम तथा उनकी सीमा में परिवर्तन का अधिकार प्राप्त है।
4. भारत में राज्यों का राज्यपाल केंद्र द्वारा नियुक्त किया जाता है।
5. राज्यसभा में राज्यों का प्रतिनिधित्व एक समान नहीं होता है।
6. भारत में न्यायपालिका एकीकृत है।
7. भारत में सभी के लिए एकल नागरिकता का प्रावधान है।

प्रश्न-8: राज्यसभा की उन विशिष्ट शक्तियों का वर्णन कीजिए, जो कि भारतीय संविधान के अन्तर्गत लोकसभा को प्राप्त नहीं हैं।

उत्तर-: राज्यसभा के बारे में भारतीय संविधान के अनुच्छेद-80 में उल्लेख मिलता है। यह उच्च सदन के रूप में ज्ञापित है, जिसकी कुछ शक्तियाँ लोकसभा पर वरीय हैं, जैसे-

- **अनुच्छेद-312:** इसमें राज्य सभा को यह शक्ति प्राप्त है कि वह सम्पूर्ण भारत के लिए एक नवी अखिल भारतीय सेवा का प्रावधान कर सकती है।
- **अनुच्छेद-249:** इसके तहत राज्य सभा अपने दो तिहाई बहुमत से प्रस्ताव पारित कर राज्य सूची के विषय पर भी संसद को कानून बनाने की अनुमति प्रदान कर सकती है।
- उपराष्ट्रपति को हटाये जाने की प्रक्रिया भी राज्यसभा में ही प्रारम्भ की जाती है।

उपर्युक्त दो मामलों में लोकसभा पर राज्य सभा की शक्ति वरीय है।

प्रश्न-9: भारत के आम चुनाव में मतदाता निरीक्षण पेपर ऑडिट ट्रायल (VVPAT) के प्रयोग का मूल्यांकन कीजिए।

उत्तर-: मतदाता निरीक्षण पेपर ऑडिट ट्रायल (वीवीपीएटी) एक ईवीएम से जुड़ी एक स्वतंत्र प्रणाली है जो मतदाताओं को यह सत्यापित करने की अनुमति देती है कि उनके द्वारा डाला गया वोट सही पार्टी या उम्मीदवार को प्राप्त हुआ है। जब कोई वोट डाला जाता है, तो VVPAT प्रिंटर पर एक पर्ची प्रिंट की जाती है, जिसमें उम्मीदवार के वोट का क्रम संख्या, नाम और प्रतीक होता है। यह प्रक्रिया केवल सात सेकण्ड के लिए एक पारदर्शी खिड़की के माध्यम से वोटर को प्रदर्शित की जाती है।

पिछले कई वर्षों से विभिन्न राजनीतिक पार्टियों द्वारा चुनाव में वोटिंग मशीन के दुरुपयोग द्वारा चुनाव को प्रभावित करने की आशंका जाहिर की जाती रही है ऐसे में चुनाव आयोग ने मतदान प्रक्रिया को और भी अधिक पारदर्शी बनाने के लिए इसका उपयोग किया है। प्रत्येक वोट का अपना महत्व होता है और EVM और VVPAT यह सुनिश्चित करते हैं कि बड़े पैमाने पर चुनाव प्रक्रिया में नवीनतम तकनीकी के साथ चुनाव को बेहतर और पारदर्शी बनाया जाये।

VVPAT इलेक्ट्रॉनिक वोटिंग मशीन में संभावित चुनावी धोखाधड़ी या खराबी का पता लगाने में मदद करता है। यह संग्रहीत इलेक्ट्रॉनिक परिणामों के ऑडिट के लिए एक साधान प्रदान करता है। यह वोटों को बाद में बदलने या उनको किसी प्रकार से नष्ट करने की इजाजत नहीं देता।

VVPAT प्रणाली वाले ईवीएम पूरी पारदर्शिता के साथ मतदान प्रणाली की सटीकता सुनिश्चित करते हैं और मतदाताओं के विश्वास को चुनाव प्रणाली में बहाल करते हैं। ईवीएम और वीवीपीएटी भी चुनाव प्रक्रिया को गति देते हैं क्योंकि ईवीएम पर वोटों की गिनती पेपर बैलटों की गिनती की तुलना में बहुत समय में पूरी हो जाती है।

भारत के चुनाव आयोग द्वारा लाई गई वीवीपैट प्रणाली चुनावी पारदर्शिता के लिए अत्यंत महत्वपूर्ण है।

प्रश्न-10: भारत के नियंत्रक एवं महालेखा परीक्षक की संवैधानिक स्थिति का परीक्षण कीजिए।

उत्तर-: भारतीय संविधान के अनुच्छेद-148 से 151 तक में लेखा परीक्षक से संबंधित उपबन्ध दिया गया है। हमारे संसदीय लोकतंत्र में बजट पास करने का काम विधायिका द्वारा किया जाता है। कार्यपालिका अर्थात् सरकार विधायिका द्वारा पास किये गये बजट से सीएजी अर्थात् नियंत्रक महालेखा परीक्षक जुड़ता है। जो आडिट करके सुनिश्चित करता है कि जितना बजट जिस मद में दिया गया है, उसी मद में उतना पैसा खर्च किया गया है कि नहीं। आडिट के पश्चात् सीएजी अपनी रिपोर्ट राष्ट्रपति को सौंपता है। राष्ट्रपति रिपोर्ट को संसद के पटल पर रखवाता है, जिसे संसद लोक लेखा समिति को सौंपती है। लोक लेखा समिति सीएजी की रिपोर्ट की छानबीन करने के पश्चात् सुनिश्चित करती है कि संसद ने बजट या अन्य माध्यों से जितना पैसा कार्यपालिका को दिया है उतना पैसा गुणवत्ता पूर्वक खर्च किया गया है कि नहीं। सीएजी अपने कर्तव्यों का निर्वहन बिना किसी दबाव के कर सके इसीलिए उसे उच्चतम न्यायालय के न्यायाधीशों के समान संसद से दो तिहाई बहुमत से प्रस्ताव पास करके राष्ट्रपति द्वारा हटाया जा सकता है।

लघुउत्तरीय प्रश्न खण्ड-ब/Section-B

प्रश्न-11: अफगानिस्तान से अमेरिका की सैन्य वापसी भारत को किस प्रकार प्रभावित करेगी? टिप्पणी कीजिए।

उत्तर: हाल ही में अमेरिका ने अफगानिस्तान से अपनी सेना वापस बुलाने की घोषणा की है। इससे भारत निम्न रूप में प्रभावित होगा:-

- अमेरिकी सेना वापसी से पाकिस्तान की भूमिका अफगानिस्तान में बढ़ने की सम्भावना बन जायेगी जो भारत के लिए सामरिक दृष्टि से सही नहीं होगा।
- इससे पाकिस्तान अमेरिका के केन्द्र बिंदु में आ जायेगा तथा अमेरिका द्वारा पाकिस्तान को अधिक वरीयता प्रदान की जायेगी।
- पाकिस्तान की भू सामरिक रणनीति अफगानिस्तान के बहाने भारत को अस्थिर करने की होगी।

इसके अतिरिक्त निम्न सम्भावनाएं भी हो सकती हैं, जो भारत के पक्ष में होंगी:-

- भारत की स्थिर राजनैतिक व्यवस्था अफगानिस्तान में शांति लाने में विशेष सहयोगी हो सकती है।
- भारत की विकसित अंतरिक्ष एवं तकनीकी प्रौद्योगिकी अफगानिस्तान की शांति स्थापना में विशेष भूमिका निभा सकती है।
- भारत एवं अफगानिस्तान के राजनैतिक समन्वय बेहतर है जो अफगानिस्तान में शांति स्थापना में विशेष भूमिका निभा सकता है।

अत: यदि अमेरिका द्वारा भारत को विशेष महत्व प्रदान किया जाता है तो यह भारत के लिए एक अवसर होगा, जो भारत को मध्य एशिया एवं पश्चिमी एशिया में अपनी शक्ति स्थापित करने में सहयोग करेगा।

प्रश्न-12: OBOR के आलोक में भारत-चीन सम्बन्धों की प्रकृति की विवेचना कीजिए।

उत्तर: OBOR वन-बेल्ट वन-रूट चीन की एक अति महत्वाकांक्षी परियोजना है, जिसे न्यू सिल्क रोड भी कहा जाता है। यह एशिया एवं अफ्रीका तथा हिन्दमहासागर को जोड़ने की एक परियोजना है। OBOR से भारत-चीन सम्बन्धों की निम्न प्रकृति उभरी है-

- OBOR भारत के सामरिक, आर्थिक सुरक्षा इत्यादि की दृष्टि से चिन्ताजनक है। यह भारत की सम्प्रभुता को चुनौती देने वाली परियोजना है।
- यह भारत के हिस्से जिसे चीन द्वारा अनाधिकृत रूप से कब्जे में लिया गया है, से होकर गुजरेगी।
- यह भारत के POK से होकर भी गुजरेगी जो पाकिस्तान द्वारा चीन को हस्तांतरित किया है, जो अनुमन्य नही है।
- इससे (OBOR) चीन-पाकिस्तान द्वारा निर्मित आर्थिक कॉरिडोर को जोड़ने की योजना जिससे मध्य एशिया एवं पश्चिमी एशिया में भारत के आर्थिक हितों को नुकसान होगा।

- उक्त परियोजना से चीन भारत को अपने स्ट्रिंग आफ पर्ल की नीति के तहत घेरने में कामयाब होना चाहता है।
- इससे चीन अपने पुराने सिल्क रूट को पुर्नजीवित कर पश्चिमी एवं मध्य एशिया में आर्थिक बढ़त बनाना चाहता है।

भारत ने चीन की इस रणनीति को समझते हुए OBOR का हिस्सा बनने से मना कर दिया। साथ ही भारत ने SCO सम्मेलन में इसका जोरदार विरोध किया। इसको भारत की सम्प्रभुता के लिए चुनौती मानते हुए सरकार ने वैश्विक मंच पर इसके विरोध में स्वर मुखर किए हैं।

प्रश्न-13: धारा 370 पर भारत सरकार की कार्यवाही ने जम्मू-कश्मीर की यथास्थिति को परिवर्तित कर दिया है। यह इस क्षेत्र के विकास को किस प्रकार से प्रभावित कर सकता हैं? चर्चा कीजिए।

उत्तर: भारत सरकार ने 5 अगस्त, 2019 को अनुच्छेद-370 समाप्त कर दिया जो जम्मू एवं कश्मीर को विशेष राज्य का दर्जा प्रदान करता था। इससे इस क्षेत्र के विकास को निम्न रूप में गति मिल सकेगी:-

- अब इस क्षेत्र में भारत सरकार की सभी योजनाएँ यथारूप में लागू हो सकेंगीं, जो क्षेत्र के विकास में मील का पत्थर साबित होगा।
- इससे राज्य में अवसंरचना, निर्माण इत्यादि को बढ़ावा मिलेगा।
- इस क्षेत्र में उद्योग स्थापना, निवेश इत्यादि में विशेषतौर पर बढ़ोत्तरी होगी जिससे वृहद रोजगार की प्राप्ति होगी।
- इस क्षेत्र में भूमि से सम्बन्धित खरीद फरोख्त भारतीय कानून के अनुरूप होगा, जो राज्य में निवेश बढ़ाने में सहयोग होगा।
- अब यहाँ भारत सरकार के सभी कानून लागू होंगे जैसे-आरटीआई, जन लोकपाल इत्यादि। जिससे राज्य में भ्रष्टाचार को कम किया जा सकेगा, जो राज्य की विकास में बढ़ाने में सहयोग करेगा।
- इससे महिला सशक्तीकरण को बल मिलेगा (अनुच्छेद-35ए समाप्ति से) जिससे इनकी भूमिका राज्य की अर्थव्यवस्था में बढ़ेगी, जो समावेशी विकास को प्रोत्साहित करेगा।
- इससे राज्य में कर प्रणाली, कानून इत्यादि में समन्वय आयेगा जो आर्थिक विकास को प्रोत्साहित करेगा।

इस तरह अनुच्छेद-370 के हटने से क्षेत्र के विकास को चहुमुखी विकास का बेहतर अक्सर प्राप्त होगा।

प्रश्न-14: नीति आयोग के गठन के कारण, उद्देश्य एवं कार्यों का उल्लेख करते हुए हाल ही में पुनर्गठित नीति आयोग का विवरण दीजिए।

उत्तर: योजना आयोग के स्थान पर 1 जनवरी-2015 को नीति आयोग का गठन किया गया। इसके गठन के निम्न कारण थे-

- योजना आयोग केन्द्रीयकृत संस्था बन गयी थी। अत: विकेन्द्रीकरण हेतु इसे लाया गया।
- सहाकरी संघवाद को बढ़ावा देने हेतु इसे लाया गया।
- इसे सरकार के थिंकटैक के रूप में कार्य करने हेतु गठित किया गया।

उक्त कारण को ध्यान में रखते हुए इसने निम्न उद्देश्य निर्धारित किये है-

लक्ष्य निर्धारण

- 3 वर्षीय रणनीति
- 5 वर्षीय योजना
- 7 वर्षीय दृष्टिकोण
- 15 विजन

लक्ष्य प्राप्ति हेतु प्रयास

- विभिन्न कार्यों के मूल्यांकन पर सूचकांक जारी करना।
- साथ कार्यक्रम

- डिजिटल इकोनॉमी को प्रोत्साहन इत्यादि।

कार्यों में निम्न कार्य प्रमुख है-

- लोगों में वैज्ञानिक सोच विकसित करना। इस हेतु अटल टिकरिंग लैब तथा इंक्रेडेबल इंडिया जैसे पहलों पर विशेष तौर पर कार्य।
- शिक्षा गुणवत्ता, जल गुणवत्ता, मानव जीवन गुणवत्ता जैसे मुद्दों पर राज्यों की रैकिंग जारी कर उन्हें प्रोत्साहित करना।
- चुनौतियों के समाधान हेतु स्थानीय स्तर पर योजनाओं के निर्माण की प्रोत्साहन इत्यादि।

इस तरह नीति आयोग भारत सरकार को थिंक टैंक के रूप में कार्य करते हुए सहकारी संघवाद को प्रोत्साहित करने में महती भूमिका निभा रही है।

प्रश्न-15: गरीबी एवं भुखमरी से सम्बन्धित मुख्य मुद्दे क्या हैं?

उत्तर: गरीबी एवं भुखमरी एक-दूसरे से संबंधित है, जिनके प्रमुख मुद्दे निम्नलिखित हैं-

भारत में गरीबी एवं भुखमरी के संबंधन में निर्धनता रेखा के निर्धारण पर विवाद। राष्ट्रीय और अंतर्राष्ट्रीय स्तर पर इसके निर्धारण के तरीके को लेकर हमेशा से विवाद रहा है। परिणाम स्वरूप योजनाओं को लक्षित वर्ग तक पहुँचाने में हमेशा कठिनाई आती रही है।

कुपोषण की निरंतरता गरीबी और भुखमरी को और जटिल बना देता है। इसके चलते एक बहुत बड़ी जनसंख्या भुखमरी और गरीबी के जाल में फंसती चली जाती है।

उदारीकरण की नीतियों ने भी गरीबी और भुखमरी को बढ़ाया है। इनके परिणाम स्वरूप असमानता के स्तर में अत्यधिक बढ़ोत्तरी हुई है जिसने गरीबी और भुखमरी को जन्म दिया है। समस्या यह है कि इसे कैसे नियंत्रित किया जाए तथा आर्थिक विकास को किस प्रकार से गति प्रदान कर संसाधनों का सही तरीके से वितरण किया जाए।

योजनाओं का सही तरीके से क्रियान्वयन ना हो पाना भी इसकी एक प्रमुख समस्या है।

गरीबी एवं भुखमरी से संबंधित प्रमुख विवाद इस बात को लेकर है कि यह आर्थिक गतिविधियों का परिणाम है या सामाजिक एवं सांस्कृतिक स्वरूप इसके लिए जिम्मेवार है या अशिक्षा एवं गरीबी ही भुखमरी का प्रमुख कारण है या कई अन्य कारणों का सम्मिलित परिणाम है।

सरकार, प्रशासन एवं समाज में व्याप्त भ्रष्टाचार और अकर्मव्यता गरीबी और भुखमरी को बढ़ाने में प्रमुख भूमिका है।

प्रश्न-16: ई-गवर्नेन्स को स्पष्ट कीजिए। ई-गवर्नेन्स की विशेषताएं एवं लाभ का उल्लेख कीजिए। इसके सम्मुख मुख्य चुनौतियाँ क्या है?

उत्तर: सरकार की आम नागरिकों के लिए उपलब्ध सुविधाओं को इंटरनेट के माध्यम से उपलब्ध कराना ई-गवर्नेंस या ई-शासन कहलाता है। इस प्रकार की सूचना प्रदाता साधन, सूचना-प्रौद्योगिकी (Information Technology-IT) के रूप में जानी जाती हैं। सूचना-प्रौद्योगिकी के प्रयोग से सरकार को जनता एवं अन्य अभिकरणों को सूचनाओं के प्रसार हेतु प्रक्रिया को दक्ष, त्वरित एवं पारदर्शी बनाने तथा प्रशासनिक गतिविधियों के निष्पादन में सुविधा रहती है। इसके अंतर्गत शासकीय सेवाएं और सूचनाएं ऑनलाइन उपलब्ध होती हैं। यदि संकीर्ण अर्थ में देखा जाए तो इलेक्ट्रॉनिक कम्प्यूटर एवं सूचना विज्ञान के क्षेत्र में विकसित हुई युक्तियों का प्रशासन में प्रयोग करना ही ई-गवर्नेंस है।

ई-गवर्नेंस की निम्नलिखित विशेषताएँ है-

- इसमें प्रशासनिक नेतृत्व एवं प्रौद्योगिकी का एकीकरण हो जाता है।
- सरकारी विभागों या अभिकरणों से संबंधित सूचनाएँ एवं सेवाएँ इंट्रानेट एवं इंटरनेट पर उपलब्ध होना एवं स्वयं सरकार द्वारा सूचना प्रौद्योगिकी की आधुनिक तकनीकों का प्रशासनिक कार्यों में प्रयोग करना, ई-गवर्नेंस का व्यावहारिक स्वरूप है।

- ई-शासन के कारण नौकरशाही का आकार छोटा होता है, काम-काज में पारदर्शिता और विश्वसनीयता आती है।
- इस व्यवस्था से अनावश्यक कागजी कार्यवाही में कमी आती है तथा जानबूझ कर की गई देरी पर रोक लगती है।
- ई-गवर्नेंस द्वारा टेलीकॉफ्रेंसिंग संभव हुआ है और अब मिनटों में अधिकारी एक-दूसरे से या काम से संबंधित व्यक्ति से संपर्क स्थापित कर काम के संबंध में उचित निर्णय ले सकते हैं। इस सुविधा से प्रशासन में दक्षता आई है।
- इसमें एक ही कार्य की पुनरावृत्ति नहीं होती और निर्धारित इलेक्ट्रॉनिक कार्यक्रमों के रूप में प्रोग्राम विकसित कर दिया जाता है।
- ई-गवर्नेंस, लोक प्रशासन में स्वचालन की अवधारणा तथा प्रयासों की परिष्कृत एवं विस्तार स्वरूप है।

ई-गवर्नेंस के निम्नलिखित लाभ हैं-

- ई-गवर्नेंस नागरिकों एवं व्यवसाय के लिए सुगम एवं कम खर्चीला है।
- इसके माध्यम से बिना समय, ऊर्जा एवं पैसा गँवाए नवीनतम सूचना प्राप्त हो जाती है और ये भी पता चल जाता है कि कार्य किस चरण में है।
- ई-शासन के लाभों में शामिल है। पारदर्शिता, उत्तरदायित्व एवं जवाबदेही।

ई-गवर्नेंस के समक्ष निम्नलिखित चुनौतियाँ है-

अत्यधिक निगरानी, लागत, सभी की पहुंच में न होना, तकनीकी उपकरणों की मुश्किल प्राप्ति, तकनीकी उपकरणों का रख-रखाव, पारदर्शिता एवं जवाबदेही को तय करना, ई-गवर्नेंस, नीति-निर्माण एवं सार्वजनिक तंत्र, शिक्षा का स्तर।

प्रश्न-17: 2019 के मानसून सत्र में संसद ने आतंक विरोधी कानून और सूचना के अधिकार में संशोधन किया है। इन संशोधनों के फलस्वरूप क्या महत्वपूर्ण बदलाव लाए गए हैं ? विश्लेषण करें।

उत्तर: संशोधित कानून के तहत संगठनों के साथ-साथ व्यक्तियों को भी आतंकी घोषित किया जा सकेगा। संशोधित कानून के तहत केन्द्र सरकार ऐसे संगठनों या व्यक्तियों को आतंकी संगठन या आतंकी घोषित कर सकती है, जो आतंकी कृत्य को अंजाम दिये हो या उनमें शामिल हो, आतंकवाद को तैयार कर रहे हो, आतंकवाद को बढ़ावा दे रहे हो और आतंकवाद में किसी भी तरह से शामिल रहे हो।

संशोधित कानून के तहत आतंकी संगठनों या आतंकियों की सम्पत्तियाँ जब्त भी हो सकेंगी। इसके लिए जांच अधिकारी को संबंधित राज्य के डीजीपी की पूर्व अनुमति की जरूरत होगी। अगर मामले की जांच एनआईए को कोई अफसर कर रहा हो तो संबंधित संपत्ति को जब्त करने के लिए संबंधित राज्य के डीजीपी की मंजूरी की जरूरत नहीं होगी। इसके लिए बस एनआईए के महानिदेशक की मंजूरी काफी होगी।

संशोधन के प्रमुख बिन्दु:

- सूचना का अधिकार अधिनियम, 2005 के अनुसार मुख्य सूचना आयुक्त (Chief Information Commissioner) और सूचना आयुक्तों का कार्यकाल 5 वर्षों का होता है, परन्तु संशोधन के तहत इसे परिवर्तित करने का प्रावधान किया गया है। प्रस्तावित संशोधन के अनुसार मुख्य सूचना आयुक्त और सूचना आयुक्तों का कार्यकाल केन्द्र सरकार द्वारा निर्धारित किया जायेगा।
- नये विधेयक के तहत केन्द्र और राज्य स्तर पर मुख्य सूचना आयुक्त एवं सूचना आयुक्तों के वेतन, भत्ते तथा अन्य रोजगार की शर्ते भी केन्द्र सरकार द्वारा ही तय की जायेगी।
- सूचना का अधिकार अधिनियम, 2005 यह प्रावधान करता है कि यदि मुख्य सूचना आयुक्त और सूचना आयुक्त पद पर नियुक्त होते समय उम्मीदवार किसी अन्य सरकारी नौकरी की पेंशन या अन्य सेवानिवृत्ति लाभ प्राप्त करता है तो उस विधेयक में इस प्रावधान को समाप्त कर दिया गया है।

प्रश्न-18: भारत के संविधान में समानता के मूलाधिकार की समीक्षा कीजिए।

उत्तर : भारतीय संविधान में अनुच्छेद 14 से लेकर 18 तक समानता के अधिकार की चर्चा की गयी हैं, जिसमें अनुच्छेद-14 में 'कानून के शासन' को परिभाषित किया गया है। अनुच्छेद-14 में यह उपबन्धित किया गया है कि ''भारत राज्य क्षेत्र में किसी व्यक्ति को विधि के समक्ष समता से अथवा विधियों के समान संरक्षण से राज्य द्वारा वंचित नहीं किया जाएगा''।अनुच्छेद-14 में दो शब्दों का प्रयोग किया गया है- विधि के समक्ष समता तथा विधियों के समान संरक्षण। विधि के समक्ष समता का तात्पर्य है कि किसी भी व्यक्ति को विशेषाधिकार प्रदान नहीं किया जाएगा, सभी व्यक्ति कानून की नजर में समान होंगे अर्थात् कानून सभी व्यक्तियों पर समान रूप से लागू होगा। विधि का समान संरक्षण का तात्पर्य है कि समान परिस्थिति वाले प्रत्येक व्यक्तियों के साथ समान व्यवहार करना। असमान परिस्थिति में असमान व्यवहार किया जा सकता है।

अनुच्छेद-15 : अनुच्छेद 15(1) के तहत राज्य किसी नागरिक के विरूद्ध केवल धर्म, मूलवंश, जाति, लिंग या जन्मस्थान या इनमें से किसी के आधार पर कोई विभेद नहीं करेगा। अनुच्छेद 15(2) के तहत कोई नागरिक केवल धर्म, मूलवंश जाति, लिंग, जन्मस्थान या इनमें से किसी के आधार पर- 1. दुकानों, सार्वजनिक भोजनालयों, होटलों और सार्वजनिक मनोरंजन के स्थानों में प्रवेश या 2.पूर्णतः या भागतः राज्यनिधि से पोषित या साधारण जनता के प्रयोग के लिए समर्पित कुओं, तालाबों, स्नानघरों, सड़कों और सार्वजनिक समागम के स्थानों के उपयोग के सम्बन्ध में किसी भी निर्भिकता, दायित्व, निर्बन्धन, या शत्रु के अधीन नहीं होगा। अनुच्छेद 15(3) के तहत राज्य स्त्रियों और बालकों के लिए कोई विशेष उपबन्ध करने से निवारित (न रोकना) नहीं करेगा। अनुच्छेद 15(4) को प्रथम संविधान संशोधन द्वारा 1951 में जोड़ा गया, इसके तहत इस अनुच्छेद या अनुच्छेद 29 के खण्ड (2) की कोई बात राज्य को सामाजिक और शैक्षिक दृष्टि से पिछड़े हुए नागरिकों के किन्हीं वर्गों की उन्नति के लिए या अनुसूचित जातियों और अनुसूचित जनजातियों के लिए कोई विशेष उपबन्ध करने से निवारित नहीं करेगी।

अनुच्छेद : 16- अनुच्छेद 16 के तहत लोक नियोजन के विषय में अवसर की समता- इस अनुच्छेद में उपबन्ध किया गया है कि राज्य के तहत किसी पद पर नियोजन या नियुक्ति के संदर्भ में सभी नागरिकों को समान अवसर दिया जायेगा तथा इनको धर्म, मूलवंश, लिंग, जन्मस्थान, निवास या इसमें से अन्य किसी आधार पर न तो किसी नागरिक को अयोग्य समझा जाएगा और न ही उनमें विभेद किया जाएगा।

अनुच्छेदः 17 : अस्पृश्यता का उन्मूलन किया जा चुका है और उसका किसी भी रूप में आचरण निषिद्ध है। राज्य तथा व्यक्ति दोनों किसी भी रूप में अस्पृश्यता नहीं करेंगे। 'अस्पृश्यता' से उपजी किसी भी अयोग्यता को लागू करना अपराध होगा, जो विधि के अनुसार दण्डनीय होगा। इस अनुच्छेद के तहत संविधान स्वयं किसी दण्ड का विधान नहीं करता है। बल्कि संसद/राज्य विधान मण्डल विधि बनाकर इसे लागू करेगी। संसद ने 'अस्पृश्यता (अपराध) अधिनियम, 1955' क्रियान्वित किया, जो अस्पृश्यता के आचरण के लिए दण्ड का विधान करता है। अस्पृश्यता कानून को अधिक कठोर बनाने के लिए इस अधिनियम को 'अस्पृश्यता (अपराध) संशोधन अधिनियम, 1976' के द्वारा संशोधित कर दिया गया। मूल अधिनियम का नाम बदलकर 'नागरिक अधिकार (संरक्षण) अधिनियम, 1976' रखा गया। संविधान में अस्पृश्यता को परिभाषित नहीं किया गया है बल्कि उच्चतम न्यायालय ने देवराजी बनाम पदमन्ना (1958) वाद में इसे परिभाषित किया है।

उपाधियों का उन्मूलन (अनुच्छेद-18) : भारतीय संविधान का अनुच्छेद 18 उपाधियों और उपहारों के उन्मूलन को उपबन्धित करता है। इस अनुच्छेद के अनुसार-1. सेना या विद्या सम्बन्धी उपाधि के सिवाय, अन्य कोई भी उपाधि राज्य द्वारा प्रदान नहीं की जाएगी। 2. भारत का कोई भी नागरिक किसी विदेशी राज्य से कोई उपाधि स्वीकार नहीं करेगा। 3. कोई भी व्यक्ति, जो भारत का नागरिक नहीं है, राज्य के अधीन लाभ या विश्वास के किसी पद को धारण करते हुए किसी विदेशी राज्य से कोई उपाधि, राष्ट्रपति की सम्मति के बिना स्वीकार नहीं करेगा। 4. राज्य के अधीन लाभ या विश्वास का कोई पद धारण करते हुए कोई भी व्यक्ति राष्ट्रपति की सम्मति के बिना, विदेशी राज्य से या उसके अधीन किसी भी रूप में कोई भेंट, उपलब्धि, या पद स्वीकार नहीं करेगा।

प्रश्न-19: भारत में वैकल्पिक विवाद निवारण तंत्रों उदय एवं प्रयोग पर एक संक्षिप्त टिप्पणी लिखिये।

उत्तर: कानून और कानूनी मामलों की बढ़ती संख्या को देखते हुए अदालतों पर अतिरिक्त दबाव पड़ रहा है। अदालती समय की बढ़ती मांग को देखते हुए यह प्रयास किया जाना चाहिए कि अदालत में पहुंचने से पहले ही कुछ मामलों को वैकल्पिक तरीकों से सुलझा लिया जाए।

पंचाट, मध्यस्थता और समाधान ऐसे उपाय हैं जो वैकल्पिक क्षतिपूर्ति प्रणाली के मुख्य स्तंभ हैं।

पंचाट

पंचाट वह प्रक्रिया है जहां निष्पक्ष तीसरा पक्ष मामले की विशेषता देखकर निर्णय दे। भारतीय संदर्भ में पंचाट प्रक्रिया के नियमों के दायरे को पंचाट और समाधान अधिनियम 1998 के प्रावधानों द्वारा व्यापक स्तर पर बनाया गया था और इस संविधि में जो मामले नहीं शामिल किए गए हैं, उनमें सभी पक्षों को इस बात की स्वतंत्रता है के वे उपयुक्त और विवादों के संदर्भ में प्रासंगिक पंचाट प्रक्रिया को निर्धारित करें।

मध्यस्थता

मध्यस्थता प्रक्रिया का उद्देश्य विवादित पक्षों द्वारा सहमतिजन्य समाधान को सुसाध्य बनाना है। इस मध्यस्थता प्रक्रिया को गैर समर्थक- तीसरा पक्ष- मध्यस्थ देखता है। वादी-प्रतिवादी पक्षों द्वारा मध्यस्थ को यह अधिकार दिया जाता है कि वह उनके बीच समझौता कराए।

समाधान

यह वह प्रक्रिया है जिसमें विवादों को किसी सुलह या स्वैच्छिक समझौते के माध्यम से सुलझाया जाता है। पंचाट के विपरीत, समाधान कराने वाले व्यक्ति के साथ कोई बाध्यकारी परिणाम प्रदान करने की आवश्यकता नहीं होती। वादी-प्रतिवादी समाधानकर्ता की सिफारिश को मंजूर या नामंजूर करने के लिए स्वतंत्र होते हैं। भारतीय संदर्भ में, समाधानकर्ता अक्सर सरकारी अधिकारी होता है जिसकी रिपोर्ट में सिफारिशें दर्ज होती हैं। जहां तक कानूनी मामलों के विभाग का प्रश्न है, यह विभाग राष्ट्रीय कानूनी सेवा प्राधिकरण (नालसा) को वार्षिक आवर्ती अनुदान प्रदान करता है। नालसा एक सांविधिक निकाय है। वित्तीय वर्ष 2008-09 के दौरान, विभाग ने 18 करोड़, 82 लाख, उनहत्तर हजार रुपए का अनुदान जारी किया है। इसमें से 3 करोड़ रुपए नालसा को मध्यस्थता और समाधान परियोजना समिति की गतिविधियों के लिए जारी किए गए हैं।

विवादों को सुलझाने के वैकल्पिक तरीकों के संदर्भ में, कानूनी मामलों के विभाग द्वारा अंतर्राष्ट्रीय वैकल्पिक विवाद प्रस्ताव केंद्र (आईसीएडीआर) का गठन किया गया। यह सोसायटी रजिस्ट्रेशन एक्ट, 1860 के तहत पंजीकृत एक स्वायत्त निकाय है। आईसीएडीआर का मुख्य उद्देश्य विवादों को जल्द सुलझाने के लिए वैकल्पिक विवाद समाधानों को लोकप्रिय बनाना है जिससे अदालतों पर दबाव को कम किया जा सके।

प्रश्न-20: भारत में केन्द्रीय अन्वेषण ब्यूरो (सी.बी.आई.) के गठन और कार्य का वर्णन कीजिए।

उत्तर: भ्रष्टाचारी आपराधिकता पर कार्यवाही करने का कार्य सीबीआई का है। यह एक केन्द्रीय पुलिस संगठन है और संविधान के अन्तर्गत पुलिस राज्य सूची का विषय होते हुए भी केन्द्रीय गृह मंत्रालय इस संगठन के माध्यम से कुछ-कुछ राष्ट्रीय पुलिस के जैसा कार्य करता है। कुछ लोग इसकी बढ़ती हुई भूमिका से चिन्तित होकर इसे एक राष्ट्रीय पुलिस थाना (National Police Station) भी कहते रहते हैं। कार्यक्षेत्र की दृष्टि से यह पूरे देश में पुलिस के कार्य करता है, पर अधिकतर इसमें वे ही मुकदमे जाते है जिन्हें राज्य भेजते हैं और इसकी छवि और विशेषज्ञता का लाभ उठा कर अपने राज्यों के पुलिस दलों की विश्वसनीयता को बढ़ाना चाहते हैं।

आजादी से पहले 1941 में भारत सरकार ने एस.पी.ई (Special Police Establishment) नामक पुलिस का गठन केवल रिश्वत और भ्रष्टाचार के मामलों में जांच के लिए किया था। सन् 1963 में यह गृह मंत्रालय के एक संलग्न कार्यालय के रूप में सीबीआई बना और वर्तमान में यह कार्मिक, जन अभियोग और पेंशन मंत्रालय का एक संलग्न कार्यालय है। दिल्ली स्थित इस संगठन में 11 कार्यकारी प्रभाग हैं जो इसके कार्य, प्रकृति और भूमिकाओं को स्पष्ट करते हैं।

कानूनी रूप से सीबीआई पांच कार्य करती है। ये कार्य हैं-

1. सतर्कता और भ्रष्टाचार निरोध का एक व्यापक रोड मैप तैयार करना।
2. सभी सरकारी निकायों के सहयोग से सूचनाएं एकत्रित करना।
3. भ्रष्टाचार में लिप्त व्यक्तियों और संगठनों की सूचना तैयार करना।
4. इन सूचनाओं का क्षेत्र की गतिविधियों से मिलान कर कार्यवाही की तैयारी करना।
5. अपनी ओर से पहल कर कार्यवाही करते हुए, अपराधियों को पकड़ना और अदालतों में प्रस्तुत करना।

ये सभी कार्य गत दशकों में अधिक महत्वपूर्ण बने हैं। इनकी संवेदनशीलता ने सीबीआई की छवि को भी सुधारा है और जनता पुलिस की असफलता के मामलों में सीबीआई के सीधे हस्तक्षेप की मांग करती है।

केन्द्रीय अन्वेषण ब्यूरो सरकार का प्रमुख अन्वेषण अभिकरण है। प्रारम्भ में इसका प्रमुख उद्देश्य भ्रष्टाचार के मामलों की छानबीन करना मात्र था। अब इस संगठन द्वारा अन्वेषण किए जाने वाले मामलों का क्षेत्र बढ़ा दिया गया है, वर्तमान में यह अन्वेषण उन सभी मामलों में किया जा सकता है-

1. जिनमें केन्द्रीय संगठनों या प्रतिष्ठानों के अधिकारी सार्वजनिक हितों को वित्तीय हानि पहुंचाते हैं।
2. जिनमें केन्द्रीय कानून भंग होते हैं और धोखाधड़ी जनहित को नुकसान पहुंचाती है।
3. जिनमें संगठित गिरोहों के पेशेवर अपराधी अन्तर्राज्यीय और अन्तर्राष्ट्रीय स्तर पर घोटालों में लिप्त होने के कारण कानून की गिरफ्त में नहीं आ जाते हैं।
4. जिनमें राज्य की सुरक्षा और राष्ट्रीय महत्व के प्रश्न उलझे हुए होते हैं। ऐसे मुकदमे जो CBI को भेजे जाते हैं उनमें वह स्वयं भी अपनी ओर से साक्ष्य जुटा कर मुकदमे चला सकती है।

सामान्य अध्ययन मुख्य परीक्षा - 2018
हल प्रश्न-पत्र 3

कुल अंक : 200 **समयावधि : 3 घण्टे**

लघुउत्तरीय प्रश्न खण्ड-अ/Section-A

प्रश्न-1 वैश्वीकरण के कारण भारत में औद्योगिक विकास पर पड़ने वाले प्रभावों का मूल्यांकन कीजिए।

उत्तर: वैश्वीकरण का तात्पर्य विश्व के सभी देशों के आर्थिक सामाजिक, राजनीतिक तथा सांस्कृतिक एकीकरण से हैं। इसमें देशों की सामाजिक, आर्थिक एवं सांस्कृतिक संरचना में अनेक परिवर्तन होते हैं। भारत में औद्योगिक विकास भी इससे अछूता नहीं रहा है तथा वैश्वीकरण से सकारात्मक और नकारात्मक रूप में प्रभावित हुआ है।

वैश्वीकरण के सकारात्मक प्रभाव–

1. वैश्वीकरण से देशों के मध्य व्यापार में वृद्धि हुई है, जिससे वस्तुओं की उपलब्धता में वृद्धि हुई है।
2. भारत का विश्व निर्यात में योगदान बढ़ा है। 1990 में 0.5% से बढ़कर यह 2014 में 1.7% हो गया है।
3. वैश्वीकरण से बचत और निवेश का स्तर बढ़ा है। 1990 में 22% से बढ़कर 2018 में यह 30.5% हो गई।

वैश्वीकरण के नकारात्मक प्रभाव–

1. वैश्वीकरण से भारतीय तथा विदेशी कंपनियों के मध्य प्रतिस्पर्धा में वृद्धि हुई है। परिणामस्वरूप कुछ क्षेत्रों जैसे कि फार्मास्युटिकल्स उत्पाद, रसायनिक उत्पाद आदि में विदेशी कंपनियों को ज्यादा लाभ हुआ है।
2. वैश्वीकरण से औद्योगिक क्षेत्र में तकनीकी के समावेश से श्रमिकों की मांग में कमी हुई है। फलतः बेरोजगारी में वृद्धि हुई है।
3. एफडीआई का कुछ बड़े शहरों जैसे कि दिल्ली, मुंबई, चेन्नई, बेंगलुरु में ही आगमन हुआ है। परिणाम स्वरूप औद्योगिक विकास में क्षेत्रीय असमानता में वृद्धि हुई है।

वैश्वीकरण का औद्योगिक विकास पर सकारात्मक और नकारात्मक दोनों प्रभाव हुआ है। नकारात्मक प्रभावों को रक्षा विनिर्माण इकाइयों की स्थापना के माध्यम से तथा भारत सरकार की विभिन्न पहलों मेक इन इण्डिया, स्टार्ट-अप इंडिया तथा स्टैण्ड-अप इण्डिया से नकारात्मक प्रभावों को कम किया जा सकता है।

प्रश्न-2 नीति आयोग द्वारा तैयार की गई राष्ट्रीय ऊर्जा नीति 2017 के परिप्रेक्ष्य में, नवीकरणीय ऊर्जा स्त्रोतों द्वारा ऊर्जा उत्पादन के लक्ष्यों का वर्णन कीजिए।

उत्तर: नीति आयोग द्वारा तैयार की गई राष्ट्रीय ऊर्जा नीति 2017 में इस बात का अनुमान व्यक्त किया गया है कि 2017 से लेकर 2040 के बीच अक्षय ऊर्जा के संबंध में तेजी से वृद्धि होने की संभावना है। इससे जीवाश्म ईंधन ऊर्जा की तीव्रता में भारी कमी आने की संभावना है। ऐसी अवस्था में देश की आर्थिक एवं बढ़ती जनसंख्या की ऊर्जा आवश्यकता की पूर्ति के लिए राष्ट्रीय ऊर्जा नीति 2017 में नवीकरणीय ऊर्जा स्त्रोतों द्वारा ऊर्जा उत्पादन के लक्ष्य निर्धारित किए गए हैं, जो इस प्रकार हैं–

1. वर्ष 2022 तक कुल नवीकरणीय ऊर्जा क्षमता को 175 गीगावॉट तक किया जाएगा।
2. नवीकरणीय ऊर्जा में सौर ऊर्जा से 100 गीगावाट, वन ऊर्जा से 60 गीगावाट, बायोमास से 10 गीगावाट और छोटे जल विद्युत से 5 गीगावाट का लक्ष्य रखा गया है।

इसे हासिल करने के लिए भारत सरकार द्वारा सोलर पार्क, सोलर रूफटॉप योजना पवन चक्की पार्क, बायोबास संयंत्र और सूक्ष्म जल विद्युत परियोजनाओं आदि को बढ़ावा दिया गया है।

प्रश्न-3 'भारत में सतत विकास लक्ष्यों के प्रयास' पर प्रकाश डालिए।

उत्तर: भारत सरकार, सतत् विकास लक्ष्य सहित 2030 के एजेंडा के प्रति दृढ़ता से समर्पित है। इसका प्रमाण राष्ट्रीय और अंतर्राष्ट्रीय बैठकों में प्रधानमंत्री और सरकार के वरिष्ठ मंत्रियों के वक्तव्यों से मिलता है। भारत के राष्ट्रीय विकास लक्ष्य और समावेशी विकास के लिए 'सबका साथ सबका विकास' नीतिगत पहल, सतत् विकास लक्ष्यों के अनुरूप है, और भारत दुनिया भर में सतत् विकास लक्ष्यों को हासिल करने में सफलता निर्धारित करने में अग्रणी भूमिका निभाएगा। स्वयं प्रधानमंत्री नरेन्द्र मोदी ने कहा है, 'इन लक्ष्यों से हमारे जीवन को निर्धारित करने वाले सामाजिक, आर्थिक और पर्यावरणीय पहलुओं के बारे में हमारी विकसित होती समझ की झलक मिलती है।'

सतत् विकास लक्ष्यों के बारे में तालमेल का काम भारत सरकार के नीति आयोग को सौंपा गया है। नीति आयोग ने सतत् विकास लक्ष्यों और उनके उद्देश्यों से जुड़ी योजनाओं की पहचान शुरु की है, और हर उद्देश्य लिएअग्रणीएवं सहायक मंत्रालयों की भी पहचान कर ली है। उन्होंने समूचे सरकारी तंत्र में सतत् विकास से जुड़ा दृष्टिकोण अपनाया है और इस बात पर जोर दिया है कि सतत् विकास लक्ष्य, सामाजिक, आर्थिक और पर्यावरणीय पहलुओं में परस्पर जुड़े हुए हैं। राज्यों को सलाह दी गई है कि वे भी केन्द्र प्रायोजित योजनाओं के साथ-साथ अपनी योजनाओं की भी इसी तरह पहचान करें।

इसके अलावा, साँख्यिकी एवं कार्यक्रम क्रियान्वयन मंत्रालय सतत् विकास लक्ष्यों के राष्ट्रीय संकेतक विकसित करने के लिए चर्चाओं की अगुवाई कर रहा है। सतत् विकास एजेंडा के मामले में भारत की प्रगति की कुंजी राज्य सरकारों के पास है और उनमें से अनेक ने इन लक्ष्यों पर अमल के लिए कार्रवाई शुरु कर दी है।

सतत् विकास लक्ष्यों की दिशा में प्रगति की कुंजी राज्य सरकारों के हाथ में है क्योंकि वही जनहित को प्राथमिकता देने और यह सुनिश्चित करने में सबसे अधिक समर्थ हैं कि कोई पीछे न छूटे। सरकार के अनेक प्रमुख कार्यक्रम, जैसे, स्वच्छ भारत, मेक इन इंडिया, स्किल इंडिया और डिजिटल इंडिया, सतत् विकास लक्ष्यों के मूल में हैं। राज्य और स्थानीय सरकारें इनमें से अनेक कार्यक्रमों में मुख्य भूमिका निभाती हैं। स्थानीय सरकारों की भूमिका भी उतनी ही महत्वपूर्ण है- 17 में से 15 सतत् विकास लक्ष्यों का सीधा संबंध देश में स्थानीय सरकारों की गतिविधियों से है। राज्य सरकारें सतत् विकास लक्ष्यों पर अमल और उनकी निगरानी के लिए संकल्पना, नियोजन, बजट निर्धारण और विकास में गहरी रुचि ले रही हैं।

प्रश्न-4 प्रधानमंत्री किसान सम्पदा (SAMPADA) योजना क्या है? इसके उद्देश्यों एवं प्रावधानों का उल्लेख कीजिए।

उत्तर: कृषि का आधुनिकीकरण कर, कृषि उपज की बर्बादी को कम करने के लिए भारत सरकार ने 14वें वित्त आयोग के चक्र 2016-20 की अवधि के लिए 6,000 करोड़ रूपये का आवंटन प्रधानमंत्री किसान संपदा योजना'' के लिए किया है। इस योजना का शुभारंभ प्रधानमंत्री मोदी ने 26 मई, 2017 को असम राज्य के धेमाजी जिले से किया। इस योजना का उद्देश्य खेत से लेकर खुदरा बिक्री केन्द्र तक दक्ष आपूर्ति श्रृंखला प्रबंधन के साथ आधुनिक अवसरंचना का सृजन करना है। इसके अंतर्गत कृषि न्यूनता पूर्ण करना, खाद्य प्रसंस्करण में वृद्धि करना, खाद्य प्रसंस्करण का आधुनिकीकरण करना, प्रसंस्कृत खाद्य पदार्थों का निर्यात बढ़ाना, किसानों को बेहतर मूल्य दिलाना, किसानों की आय दुगना करना, डेयरी व मत्स्य आदि कृषि उत्पादों का मूल्य संवर्धन करना, ग्रामीण क्षेत्र में रोजगार के अवसर का सृजन करना, उपभोक्ताओं को उचित मूल्य पर सुरक्षित और सुविधाजनक प्रसंस्कृत खाद्य उपलब्धता को सुनिश्चित करना, जैसे महत्वपूर्ण लक्ष्यों को साधना है।

यह योजना लगभग 20 लाख किसानों को लाभान्वित करेगी तथा 5-6 लाख प्रत्यक्ष व अप्रत्यक्ष रोजगार के अवसर सृजित करेगी। प्रधानमंत्री किसान संपदा योजना के अन्तर्गत मेगा फूड पार्क, शीत श्रृंखला, खाद्य प्रसंस्करण एवं परिरक्षण क्षमताओं का सृजन व विस्तार, कृषि प्रसंस्करण, क्लस्टर अवसंरचना, बैकवर्ड और फॉरवर्ड लिंकेज का सृजन, खाद्य संरक्षा एवं गुणवत्ता आश्वासन, अवसंरचना विकास तथा मानव संसाधन विकास योजना का क्रियान्वयन किया जायेगा। इस योजना के कार्यान्वयन के फलस्वरूप कुशल आपूर्ति श्रृंखला प्रबंधन से युक्त आधुनिक आधारभूत संरचना का विकास होगा, जिससे खेत का उत्पादन सीधे रिटेल आउटलेट तक पहुंच सकेगा।

इस प्रकार यह कहा जा सकता है कि खाद्य प्रसंस्करण उद्योग मंत्रालय द्वारा कार्यान्वित की जा रही प्रधानमंत्री किसान संपदा योजना खाद्य प्रसंस्करण उद्योग के संवर्धन के साथ-साथ ग्रामीण विकास के प्रत्येक पहलू में सुधार व बेहतरी लाने में कारगर सिद्ध होगी।

प्रश्न-5 भारतीय कृषि में 'तकनीकी मिशन' का तात्पर्य क्या है? इसके उद्देश्यों की विवेचना करें।

उत्तर : भारतीय कृषि में 'तकनीक मिशन' और उसके उद्देश्य को निम्नलिखित प्रकार से समझा जा सकता है:-

- पूर्वी भारत के बाढ़ग्रस्त क्षेत्रों में बाढ़ अवरोधी धान की नई किस्मों का प्रयोग किया जा रहा है, जिनमें प्रमुख हैं- सवर्णा सब 1, वैदेही, जललहरी, जल निधि, जल प्रिया, आईआर 64 सब 1
- बदलती जलवायु में दलहन उत्पादन में वृद्धि के लिए ऐसे जनन द्रव्यों का विकास किया जा रहा है, जो अधिक तापमान एवं सूखे के प्रति प्रतिरोधी साबित हो सकते हैं जैसे-उड़द के जनन द्रव्य हैं-आईपीयू 99-23 व मूंग का जनन द्रव्य है-आईपीयू 2-16
- जेनेटिकली मॉडिफाइड ऑर्गेनिज्म बीजों का विकास।
- पोषक तत्वों से भरपूर खाद्यान्न किस्में जैसे-गेहूँ की पहली जैव संपूरित किस्म डब्ल्यूबी-2, धान की पहली जिंक से समृद्ध बायो फोर्टिफाइड किस्म डीआआर धान-45, बाजार के लौह-तत्व और जस्ते की उच्च मात्रा से युक्त किस्म एचएचबी-299 उल्लेखनीय है।

मृदा में प्रौद्योगिकी का प्रयोग

- मृदा स्वास्थ्य कार्ड स्कीम के तहत मृदा स्वास्थ्य के अनुरूप पोषक तत्वों का प्रबंधन।
- अंतर्राष्ट्रीय चावल अनुसंधान, मनीला (फिलीपींस) द्वारा खेतों में धान की फसल के रंग के आधार पर यूरिया के प्रयोग के लिए "लीफ कलर चार्ट" लांच किया है। जिससे यूरिया का प्रयोग वैज्ञानिक आधार पर हो सकेगा न कि पूर्वानुमान के आधार पर।
- पूसा हाइड्रोजैल व जलशक्ति, मृदा अनुकूलक ऐसे पदार्थ हैं, जो मृदा में मिलाए जाने पर मृदा की जलधारण क्षमता व मृदा में पानी के प्रवेश की दर में वृद्धि करते हैं।

सिंचाई में प्रौद्योगिकी का प्रयोग:

- सिस्टम ऑफ राइस इंटेंसीफिकेशन (एस आर आई) पद्धति द्वारा धान की खेती के लिए बहुत कम पानी तथा कम खर्च की आवश्यकता होती है और उपज भी बहुत अच्छी होती है।
- धान की (एस आर आई) पद्धति की तरह गेहूँ के लिए भी सिस्टम ऑफ व्हीट इंटेंसीफिकेशन (एसडब्ल्यूआई) विधि का प्रयोग कर भारी मुनाफा कमाया जा सकता है।
- उर्वरक और पानी का घोल बनाकर संयुक्त रूप से पौधों की जड़ों तक पहुंचाने के लिए फर्टिगेशन नामक नई विधि को अपनाया जा रहा है।
- शुष्क क्षेत्रों में सब्जियां उगाने के लिए घड़ा सिंचाई प्रौद्योगिकी विकसित की गयी है।

फसलों की बुआई में प्रौद्योगिकी का प्रयोग:

- फसलों की बुआई से पूर्व जुताई अनिवार्य है, जिसके चलते कृषि लागत में वृद्धि होती है। जुताई रहित कृषि या कम से कम जुताई कर बीजों को सीड ड्रील की सहायता से बोने या फिर फसल के पौधों को शुरू से नर्सरी में उगाकर खेत में रोपाई की विधा को संरक्षण कृषि कहा जाता है। यह विधा लागत व समय दोनों की बचत करती है।

कीटों के दुष्प्रभावों को रोकने हेतु प्रौद्योगिकी का प्रयोग:

- सूक्ष्म जीवों द्वारा खरपतवार नियंत्रण।
- बैसिलस थुरिंजिनेसिस नामक बैक्टीरिया के वंशाणुओं की मदद से फसल में लगने वाले कीटों की समस्या से निजात पाया जा सकता है, जिसका उदाहरण बीटी धान है।

कृषि यंत्रों में प्रौद्योगिकी का प्रयोगः

- बिना जुताई तथा फसल अवशेषों के रहते हुए खेतों में बुआई के लिए टर्बो-सीडर, पी.सी.आर. प्लांटर एवं रोटरी डिस्क ड्रिल जैसे कृषि यंत्रों के प्रयोग से 8 से 10 टन / हेक्टेयर की दर से उपस्थित खड़े और बिखरे फसल अवशेषों वाले खेत में सही ढंग से बुआई करने के लिए उपयुक्त है। कृषि क्षेत्र के प्रत्येक चरण (बुआई, बीज, मृदा, सिंचाई, कीट नाशक) में प्रौद्योगिकी का बढ़ता प्रयोग न केवल देश के किसानों की आर्थिक-सामाजिक स्थिति को सुधारने में कारगर सिद्ध होगा, अपितु पश्चिमी देशों द्वारा विकसित तकनीक के प्रयोग के एकाधिकार को समाप्त कर भारत विकसित बनाम विकासशील देशों के मध्य की खाई को पाटने में भी सफल होगा।

प्रश्न-6 साइबर सुरक्षा विज्ञान क्या है? इसका महत्व बताएं।

उत्तर : इंटरनेट से जुड़े हुए सिस्टमों को सुरक्षित रखना साइबर सुरक्षा कहलाता है। इसके अंतर्गत हार्डवेयर, सॉफ्टवेयर और डॉटा को साइबर अपराधियों से बचाने का भी कार्य किया जाता है। साइबर अपराधी कई प्रकार से साइबर हमले करते है जिसमें काफी प्रचलित प्रकार है- रैनसमवेयर। यह एक तरह का वायरस होता है जो कि अपराधियों द्वारा कम्प्यूटर और सिस्टमों में हमला करने के लिए प्रयोग किया जाता है। यह कम्प्यूटर में पड़ी फाइलों को काफी नुकसान पहुंचाता है। अपराधी ने जिस किसी के कम्प्यूटर में इस वायरस का प्रयोग कर खराब किया है उससे रिश्वत लेकर उसके सिस्टम को छोड़ता है। इसी प्रकार सोशल इंजीनियरिंग भी साइबर हमले का एक प्रकार है। इसमें अपराधी लोगों को बड़ी चालाकी से अपने बातों में फंसाकर उनसे उनके निजी डॉटा, पासवर्ड आदि को प्राप्त कर लोगों को नुकसान पहुंचाते हैं। फिशिंग, नामक साइबर हमला एक तरह का फ्रॉड है जिसमें फ्रॉड भरे ई-मेल लोगों को किये जाते हैं और इन मेल का मकसद जरूरी डाटा को चुराना होता है, जैसे कि क्रेडिट कार्ड की जानकारी या फिर लॉग-इन जानकारी।

साइबर अपराधियों की उक्त गतिविधियों से सुरक्षा इस लिए जरूरी है क्योंकि सरकार, सेना, कॉरपोरेट, फाइनेन्शियल और मेडिकल संस्था काफी तरह के डॉटा को इकट्ठा करते हैं और उन डॉटा को अपने सिस्टम, कम्प्यूटर और अन्य उपकरणों में रखते हैं। इन डाटा के कुछ भाग काफी महत्वपूर्ण हो सकते हैं, जिनके चोरी होने से आर्थिक क्षति के साथ-साथ निजी जिन्दगियों पर भी काफी गहरा प्रभाव पड़ सकता है या फिर संस्था और संगठनों की विश्वसनीयता एवं साख पर बट्टा लग सकता है। इन स्थितियों से बचने के लिए साइबर सुरक्षा ही एक मात्र विकल्प है जिसकी मदद से हम साइबर हमले, डॉटा की चोरी और अपराधियों की धमकी भरे संदेशों से बच सकते हैं। यह सब काम साइबर सुरक्षा के उत्पादों और सर्विसों की मदद से मुमकिन हो पाते हैं। उदाहरण के लिए काफी तरह के एंटी वायरस हमारे सिस्टम को वायरस के हमले से बचाते हैं। इस प्रकार कहा जा सकता है कि जैसे-जैसे हम सूचना व प्रौद्योगिकी के प्रयोग को अपने जिन्दगी में महत्व देते जायेंगे वैसे-वैसे हमें अच्छे और प्रभावशाली साइबर सुरक्षा के उत्पादों और सर्विसों की जरूरत पड़ती रहेगी।

प्रश्न-7 जैव प्रौद्योगिकी के अनुप्रयोग जिन क्षेत्रों में हो रहे हैं, उनकी चर्चा कीजिए।

उत्तरः जैव-प्रौद्योगिकी का चिकित्सा-क्षेत्र में व्यापक उपयोग किया जा रहा है। जैसे-उन्नत एवं सस्ती औषधियों का निर्माण, वृद्धि हार्मोन्स एवं एन्जाइमों का निर्माण, संक्रामक रोगों से रोकथाम हेतु विशिष्ट प्रतिरोधी औषधियों एवं टीके का निर्माण, कैंसर की वैक्सीन का निर्माण, डीएनए तकनीक द्वारा अच्छी प्रोटीन का उत्पादन, उत्तम जनन, प्रतिरोध क्षमता, परखनली तथा आनुवांशिक रूप से पैदा होने वाली बीमारियों की रोकथाम आदि।

जैव-प्रौद्योगिकी की ही एक महत्वपूर्ण तकनीक, जीन अभियांत्रिकी (Genetic Engineering) के द्वारा जीवों के जेनेटिक आधार में परिवर्तन या संशोधन कर उनके आकार एवं गुणों को बदल कर पूर्णतः नवीन प्रकार के जीवों का निर्माण किया जा सकता है। भारत में जीन अभियांत्रिकी का उपयोग मुख्यतः एड्स, हृदय रोग, हीमोफीलिया, मलेरिया आदि के टीके बनाने में किया जा रहा है। दोषपूर्ण जीन (Defective Gene) के कारण ही विभिन्न प्रकार की बीमारियां होती हैं। जीन उपचार (Gene Terapy) से दोषपूर्ण जीन की पहचान करके उनके स्थान पर दोषमुक्त जीन की स्थापना की जाती है। यह तकनीक उपयोगी है एवं विभिन्न बीमारियों के संबंध में इस पर अनुसंधान-कार्य चल रहा है। विश्व के कई देशों के वैज्ञानिक मानव के जीनोम विश्लेषण कार्य में लगे हुए हैं तथा इसमें कुछ सफलता भी मिली है। भारत सरकार भी मानव जीनोम पर अध्ययन करने के लिए देश भर में उन्नत अनुसंधान केन्द्रों की स्थापना करने पर कार्य

कर रही है। ऐसा पहला केन्द्र बंगलुरू में 'मानव आनुवांशिकी अनुसंधान केन्द्र' नाम से स्थापित किया गया है। यदि इसमें अपेक्षित सफलता मिलती है तो जीन में मौजूद कमी या दोष को दूर करना संभव होगा। कैंसर, एड्स, मधुमेह, हृदय रोग आदि रोगों पर नियंत्रण स्थापित किया जा सकता है। जैव-प्रौद्योगिकी की सहायता से क्लोनिंग (Cloning) तकनीक का विकास किया जा रहा है, जो चिकित्सा के क्षेत्र में महत्वपूर्ण साबित होगा। उसी प्रकार स्टेम सेल (Stem Cell) संबंधी अनुसंधान भी चिकित्सा क्षेत्र में विकास के लिए महत्वपूर्ण है।

प्रश्न-8 वामपंथी उग्रवादी विचारधारा से प्रभावित नागरिकों को सामाजिक और आर्थिक संवृद्धि की मुख्यधारा में आने की सुधारक रणनीतियों पर चर्चा करें।

उत्तर: वामपंथी उग्रवादी विचारधारा का सिद्धांत मौजूदा सामाजिक, आर्थिक और राजनीतिक संरचनाओं को समाप्त करने के लिए प्राथमिक साधन के रूप में हिंसा का प्रयोग है। पिछले कुछ दशकों से वामपंथी उग्रवाद भारत की आंतरिक सुरक्षा के लिए प्रमुख खतरे के रूप में सामने आया है तथा यह देश की सामाजिक, आर्थिक एवं राजनीतिक प्रगति में बाधा पहुँचा रहा है।

विचारधारा से प्रभावित नागरिकों को मुख्यधारा में लाने के लिए निम्न उपाय किए जा सकते हैं–

1. क्षेत्र और संरचनात्मक विकास को बढ़ावा देना।
2. वामपंथी उग्रवादी विचारधारा से प्रभावित क्षेत्रों में नीति-निर्माण, समावेशी विकास के दृष्टिकोण पर आधारित हो, जिसमें वहां के लोगों का भी योगदान हो।
3. प्रभावित क्षेत्र की समस्याओं को भावनात्मक मनोवैज्ञानिक तरीके से समझने का प्रयास किया जाना चाहिए।
4. क्षेत्रीय पुलिस और केंद्रीय सुरक्षा बलों को उग्रवादियों के विरुद्ध कार्यवाही के संदर्भ में सूचना साझा करने का प्रयास होना चाहिए।
5. प्रभावित क्षेत्रों में गरीबी, शिक्षा, स्वास्थ्य और भुखमरी संबंधी समस्याओं से निपटने के लिए तीव्र एवं लक्षित प्रयास किए जाने चाहिए।

इस प्रकार उपयुक्त उपायों के माध्यम से उग्रवादी विचारधारा से प्रभावित नागरिकों को मुख्यधारा में लाया जा सकता है।

प्रश्न-9 भारत की 'राष्ट्रीय रक्षा परिषद्' पर प्रकाश डालें।

उत्तर: 1998 में स्थापित भारत की राष्ट्रीय रक्षा परिषद एक कार्यकारी सरकारी एजेंसी है। इसे राष्ट्रीय सुरक्षा और रणनीतिक हित के मामले पर प्रधानमंत्री कार्यालय को सलाह देने का कार्य सौंपा गया है।

प्रधानमंत्री इसके मुखिया होते हैं तथा राष्ट्रीय सुरक्षा सलाहकार मुख्य कार्यकारी होता है।। इसके अलावा उप राष्ट्रीय सुरक्षा सलाहकार, रक्षा मंत्री, विदेश मंत्री, गृह मंत्री आदि इसके सदस्य होते हैं, जिन्हें इसकी मौखिक बैठकों में भाग लेने के लिए आमंत्रित किया जा सकता है।

1. **सामरिक नीति समूह :** यह राष्ट्रीय सुरक्षा परिषद का पहला स्तर है। यह निर्णय लेने वाला मुख्य समूह है। इसके अध्यक्ष राष्ट्रीय सुरक्षा सलाहकार हैं।
2. **राष्ट्रीय सुरक्षा सलाहकार बोर्ड :** यह सरकार के बाहर प्रख्यात राष्ट्रीय सुरक्षा विशेषज्ञों का एक समूह होता है। इसमें वरिष्ठ सेवानिवृत्त अधिकारी और शिक्षाविद होते हैं; जो आंतरिक व बाह्य सुरक्षा, विदेशी मामलों, रक्षा विज्ञान और प्रौद्योगिकी के मामलों में विशेषज्ञता रखते हैं। बोर्ड महीने में कम से कम एक बार बैठक करता है। इसका मुख्य कार्य लंबी अवधि के पूर्वानुमान और विश्लेषण प्रदान करना तथा राष्ट्रीय सुरक्षा केलिए संदर्भित समाधान और नीतिगत मुद्दों की सिफारिश करना है।
3. **संयुक्त खुफिया समिति :** समिति इंटेलिजेंस ब्यूरो, रिसर्च एंड एनालिसिस विंग और थल सेना, नौसेना व वायु सेना के खुफिया निदेशालय के खुफिया आंकड़ों का विश्लेषण करती है।

उपरोक्त प्रमुख कार्यों के कारण राष्ट्रीय रक्षा परिषद देश के आंतरिक व बाह्य सुरक्षा में योगदान दे पाती हैं और देश की अखंडता और एकता को अक्षुण्ण रखने में महत्वपूर्ण भूमिका निभाती है।

प्रश्न-10 रक्षा क्षेत्र में पी.पी.पी. माडल क्या है?

उत्तर: सार्वजनिक निजी भागीदारी ऐसी व्यवस्था है जिसके तहत निजी क्षेत्र उन वस्तुओं और सेवाओं की आपूर्ति करता है जो परंपरागत रूप से सरकार द्वारा प्रदान की जाती है। इस प्रक्रिया में सरकार सुविधा प्रदाता की भूमिका निभाती है। इसे रक्षा क्षेत्र में प्रयोग करने के कई लाभ हो सकते हैं-

1. रक्षा क्षेत्र में विश्वस्तरीय तकनीक का समावेश होगा जिससे आधुनिक रक्षा उपकरणों का निर्माण संभव हो सकेगा।
2. निजी क्षेत्र के धन का उपयोग होगा जिससे सरकार के संसाधनों का उपयोग अन्य कल्याणकारी कार्यों के लिए किया जा सकेगा।
3. वर्तमान में भारत विश्व का दूसरा सबसे बड़ा हथियार आयातक देश है। इस मॉडल से भारत हथियार उत्पादक देश बन सकेगा तथा आयातक से निर्यातक की भूमिका में आ सकेगा।
4. इससे अधिक मात्रा में रोजगार सृजन होगा।
5. रक्षा क्षेत्र में विकास से क्षेत्रीय असमानता में कमी आएगी।

भारत सरकार द्वारा देश की सुरक्षा, रोजगार की मांग, उद्योगों को बढ़ावा देना, व्यापार संतुलन आदि को ध्यान में रखते हुए रक्षा क्षेत्र में पीपीपी मॉडल को अनुमति प्रदान की गई है। मेक इन इंडिया, स्किल इंडिया जैसे महत्वपूर्ण कार्यक्रम अपना योगदान दे सकेंगे।

लघुउत्तरीय प्रश्न खण्ड-ब/Section-B

प्रश्न-11 उत्तर प्रदेश कौशल विकास मिशन के प्रमुख प्रावधानों का परीक्षण कीजिए। इसके क्रियान्वयन की प्रस्थिति का उल्लेख करें।

उत्तर: उत्तर प्रदेश कौशल विकास मिशन (UPSDM) का मुख्य उद्देश्य युवक-युवतियों को रोजगार के लिए प्रशिक्षण प्रदान करना ताकि वह प्रशिक्षित होकर आत्मनिर्भर हो सके।

मिशन में महिलाओं सहित वंचितों के लिए समान पहुंच सुनिश्चित करते हुए; और राज्य के आर्थिक विकास में योगदान करने के लिए उन्हें सक्षम वेतन और स्वरोजगार में प्रशिक्षित युवाओं के अधिमानत: कम से कम 70% के स्वरोजगार के लिए प्रयास का प्रावधान है।

मिशन का उद्देश्य 14-35 आयु वर्ग के सभी योग्य युवाओं को उनकी पसंद के ट्रेडों में प्रशिक्षित करना है। साथ ही अकुशल और अर्ध कुशल कार्यबल के कौशल उन्नयन का भी प्रावधाान है। मिशन में कमजोर वर्ग को सक्षम बनाने का भी प्रावधान है जैसे 30% महिलाओं, 20% अल्पसंख्यकों को NSQF (नेशनल स्किल्स क्वालिफिकेशन फ्रेमवर्क) के अनुरूप पाठ्यक्रम में प्रशिक्षण प्रदान किया जायेगा।

UPSDM ने 53 क्षेत्रों के 654 ट्रेडों में प्रशिक्षण देने के लिए सरकारी और निजी क्षेत्र दोनों के साथ भागीदारी की है। प्रशिक्षण की गुणवत्ता में सुधाार करने और प्रशिक्षुओं को नए अवसरों में निपुणता बढ़ाने के लिए रेमंड्स, कैफे कॉफी डे, एलएंडटी, कर्वी और मारुति उद्योग लिमिटेड, लावा, इंटेक्स मोबाइल आदि कंपनियों के साथ समझौता किया गया है।

मिशन ने अपने शुरुआत के 4 वर्षों में लगभग 4 लाख युवाओं को प्रशिक्षित किया है। इसने वित्तीय वर्ष 2017-2018 में 3 लाख से अधिक युवाओं को विभिन्न व्यावसायिक पाठ्यक्रमों में प्रशिक्षित करने का लक्ष्य रखा गया था। इस मिशन को अपने सराहनीय प्रदर्शन के लिए भारत सरकार के माननीय कौशल विकास और उद्यमिता मंत्रालय द्वारा वर्ष 2015-16 में एसोचैम द्वारा आयोजित एक सम्मेलन कौशल के लिए सर्वश्रेष्ठ राज्य पुरस्कार से सम्मनित किया।

प्रश्न-12 ''आर्थिक विकास और कार्बन उत्सर्जन के बीच सन्तुलन की समस्या'' पर टिप्पणी लिखिए।

उत्तर: औद्योगिक क्रांति और मानवीय गतिविधियों के प्रभाव से जलवायु एवं पर्यावरण पर काफी दुष्प्रभाव हुआ है, जिसका कारण है औद्योगिक विकास व कार्बन उत्सर्जन (कार्बन फुट प्रिंट) का एक दूसरे से प्रयुक्त तकनीकी के माध्यम से जुड़ा होता है।

चीन और अमेरिका के बाद भारत ग्रीनहाउस गैस (GHGs) का उत्सर्जन करने वाला विश्व का तीसरा सबसे बड़ा देश है। कोयले आधारित संयंत्र, धान की खेती और पशु इस उत्सर्जन के सबसे बड़े कारक हैं और इसमें तेजी से बढ़ोत्तरी जारी है। गौरतलब है कि बावजूद इसके अगर विश्व के औसत से तुलना की जाए तो भारत का प्रति व्यक्ति कार्बन उत्सर्जन औसत काफी कम है। आर्थिक विकास की होड़ में लगे देश निरंतर अंधाधुंध तरीके से संसाधनों का उपयोग करते जा रहे हैं तथा कार्बन उत्सर्जन बढ़ता जा रहा है। ऐसे में जरूरी है इन दोनों के बीच संतुलन बनाया जाये कि सतत विकास हो और कार्बन उत्सर्जन में कमी की जा सके।

जलवायु परिवर्तन पर संयुक्त राष्ट्र के पेरिस ससझौते के तहत हर देश को राष्ट्रीय स्तर पर निर्धारित योगदान के तहत सम्मिलित प्रयास द्वारा पृथ्वी के बढ़ते तापमान को 1.5 डिग्री सेल्सियस तक सीमित करना होगा। यहीं नहीं कार्बन फुटप्रिंट और औद्योगिक विकास को हरित प्रौद्योगिकी के प्रयोग व विकास के माध्यम से एक-दूसरे का विरोधी बनाना होगा। उदाहरण के तौर पर इस दिशा में भारत ने बहुत महत्वाकांक्षी प्रतिबद्धता जताई है प्रथम इसके दो बुनियादी तत्व हैं। भारत ने राष्ट्रीय निर्धारित योगदान के तहत वर्ष 2030 तक उत्सर्जन की तीव्रता को 33 से 35 प्रतिशत घटाने का लक्ष्य तय किया है। भारत ने उत्सर्जन में कमी का यह लक्ष्य वर्ष 2005 के उत्सर्जन के आधार पर किया है। द्वितीय भारत गैर-जीवाश्म ईंधन ऊर्जा की खपत में वृद्धि करेगा। वर्ष 2030 तक भारत में स्थापित ऊर्जा उत्पादन क्षमता का 40 प्रतिशत हिस्सा गैर-जीवाश्म ईंधन से आएगा।

अंततः यह जरूरी है कि इस मामले में सभी देश एक साथ आये और सतत वह संवहनीय विकास के मॉडल को अपनायें।

प्रश्न-13 राष्ट्रीय खाद्य सुरक्षा अधिनियम, 2013 के प्रावधानों का उल्लेख करें। खाद्य सुरक्षा को सुदृढ़ करने हेतु किन सुधारों की आवश्यकता है, समझाइए।

उत्तर : वह स्थिति जब, सभी लोगों को सभी परिस्थितियों एवं काल में पर्याप्त मात्रा में खाद्यान्न (भोजन) उपलब्ध कराना ताकि वे सक्रिय व स्वस्थ जीवन व्यतीत कर सकें, ''खाद्य सुरक्षा'' की स्थिति कहलाती है। खाद्य एवं कृषि संगठन के अनुसार भारत में करीब 30 करोड़ लोगों को एक वक्त भूखे पेट सोना पड़ता है तथा विश्व की 27% कुपोषित आबादी भारत में रहती है। 119 देशों वाले वैश्विक भुखमरी सूचकांक, 2018 के अनुसार भारत दुनिया के सबसे कमजोर रैकिंग वाले देशों के बीच 103वें स्थान पर है जबकि नेपाल, म्यांमार, बांग्लादेश, श्रीलंका व चीन जैसे देशों की रैंक, भारत से कहीं बेहतर है। उपरोक्त स्थितियाँ भारत में खाद्य सुरक्षा की जरूरतों को अपरिहार्य बना देती है जिसके चलते ही वर्ष 2013 में खाद्य सुरक्षा अधिनियम 2013 को पारित किया गया। यह अधिनियम लक्षित सार्वजनिक वितरण के द्वारा देश की दो-तिहाई (लगभग 81 करोड़) आबादी को खाद्यान्न का अधिकार देती है। अधिनियम के अंतर्गत 75 प्रतिशत तक ग्रामीण जनता को तथा 50 प्रतिशत शहरी जनता को सब्सिडी के आधार पर मोटा अनाज, गेहूँ व चावल क्रमशः 1, 2 और 3 रूपये प्रतिमाह के हिसाब से 35 किलो अनाज अन्त्योदय योजना के तहत और प्राथमिकता वाले परिवारों को प्रतिमाह प्रति व्यक्ति 5 किलो के हिसाब से अनाज उपलब्ध कराने का प्रावधान किया गया है। इस अधिनियम से गर्भवती महिलाओं को पोषक भोजन के अलावा 6000 रूपये का मातृत्व लाभ देने तथा 6 से 14 वर्ष आयु वर्ग के बच्चों को पोषक आहार दिये जाने की व्यवस्था की गयी है। 18 वर्ष से अधिक आयु की महिला को घर का मुखिया माना जायेगा।

वर्तमान में यह अधिनियम देश के 29 राज्यों और 7 केन्द्र शासित प्रदेशों के 80.54 करोड़ लोगों को खाद्य सुरक्षा उपलब्ध करा रहा है। चण्डीगढ़, पुदुचेरी एवं दादर नागर हवेली के शहरी क्षेत्रों में यह अधिनियम नकद हस्तांतरण प्रणाली के आधार पर लागू है, जिसके अन्तर्गत लाभार्थियों को उनके बैंक खाते में खाद्य-सब्सिडी की राशि हस्तान्तरित की जाती

है ताकि लाभार्थी अपनी इच्छा से उस राशि का प्रयोग खुले बाजार से अपनी उपयोगिता और आवश्यकता के आधार पर खाद्यान्न खरीदने में कर सकें। यह व्यवस्था अन्य राज्यों को प्रेरणा देने का कार्य कर रही है।

इस प्रकार खाद्य सुरक्षा अधिनियम देश के आर्थिक दृष्टि से कमजोर लोगों को खाद्यान की सुरक्षा प्रदान कर संविधान के अनुच्छेद 47 जिसमें राज्यों को निर्देशित किया गया है कि वे पोषण के स्तर एवं जीवन को बढ़ाकर सार्वजनिक स्थिति में सुधार लाएंगे, को समर्पित है।

प्रश्न-14 ''सूक्ष्म, लघु तथा मध्यम उपक्रम भारत में आर्थिक संवृद्धि तथा रोजगार संवर्धन के वाहक है'' इस कथन का परीक्षण कीजिए।

उत्तर: देश में तीव्र आर्थिक विकास के लिए यह जरूरी है की सरकार सक्रिय रूप से व्यावसायिक उद्यमों को बढ़ावा दे तथा इन व्यावसायिक उद्यमों में, सूक्ष्म, लघु और मध्यम उद्यम विशेष ध्यान देने योग्य हैं। एमएसएमई सेक्टर का भारत की जीडीपी में 28% से भी अधिक का योगदान है। इसके अलावा सूक्ष्म, लघु और मध्यम उद्यम उत्पादन (विनिर्माण उत्पादन का लगभग 45%), निर्यात (कुल निर्यात का लगभग 40%) और रोजगार (देश भर में 29 मिलियन से अधिक इकाइयों में लगभग 111 मिलियन रोजगार) के आधार पर रणनीतिक महत्व रखता है।

भारत में, पूंजी दुर्लभ है और श्रम प्रचुर मात्रा में है। MSME को बड़े पैमाने के उद्योगों की तुलना में कम पूंजी-उत्पादन और कम पूंजी;-श्रम अनुपात वाला माना जाता है, और इसलिए यह क्षेत्र विकास और रोजगार के उद्देश्यों को बेहतर ढंग से पूरा करता है। MSMEs न केवल प्रति व्यक्ति निवेश में सबसे अधिक रोजगार उत्पन्न करते हैं, बल्कि वे रोजगार का स्थायी स्रोत प्रदान करके ग्रामीण-शहरी व आंतरिक प्रवासन को रोकने में मदद करते हैं।

इसके अलावा, MSMEs बड़े उद्योगों के लिए पूरक उद्योगों के रूप में कार्य करते हैं, जो उन्हें कच्चे माल, महत्वपूर्ण घटक और लिंकेज प्रदान करते हैं।

MSMEs समावेशी विकास के प्रमुख साधन भी हैं, जो सबसे कमजोर और हाशिए पर खड़े कुशल व अकुशल लोगों के जीवन को प्रभावित करते हैं।

एमएसएमई क्षेत्र के लिए मंत्रालय की पहल-

1. MSME क्षेत्र को अभिनव बनाना, प्रौद्योगिकी में सुधार करना।
2. वित्तीय संस्थानों द्वारा पर्याप्त क्रेडिट सुविधा।
3. आधुनिक परीक्षण सुविधा और गुणवत्ता प्रमाणीकरण।
4. बेहतर प्रबंधन प्रक्रियाएं उपलब्ध करना।

इस प्रकार अगर देखा जाये तो यह क्षेत्र रोजगार सृजन, निर्यात और आय के माध्यम से आर्थिक संवृद्धि का प्रमुख वाहक है।

प्रश्न-15 उत्तर प्रदेश के आर्थिक विकास में अन्तर-क्षेत्रीय असमानताओं को स्पष्ट कीजिए तथा पिछड़े क्षेत्रों के विकास में बाधक कारकों का उल्लेख करें।

उत्तर: सामान्य तौर पर उ.प्र. को चार भागों में बांटा जाता है, जैसे-बुंदेलखण्ड, हरित प्रदेश, पूर्वांचल एवं अवध प्रान्त। उ.प्र. की भौगोलिक दशाओं के आधार पर आर्थिक विकास में स्थानीय स्तर पर क्षेत्रीय असमानता स्पष्ट रूप से दिखायी देती है। जहां हरित प्रदेश अथवा उ.प्र. का पश्चिमी भाग कृषि के साथ-साथ आर्थिक विकास के दौर में सबसे आगे है। क्योंकि उद्योगों की स्थापना के लिए निर्धारित मानक जैसे-विद्युत, सड़क, कच्चा माल, और कौशल विकास की स्थिति बेहतर है। वहीं बुंदेलखण्ड का क्षेत्र आधारभूत ढांचों के विकास के अभाव में औद्योगिक रूप से काफी पिछड़ा है, क्योंकि यहां की भौगोलिक बनावट काफी विषम है, और परिवहन, जल, कच्चामाल के साथ-साथ कौशल विकास की स्थिति बेहद खराब है। वहीं पूर्वांचल की औद्योगिक विकास का स्तर काफी नीचे है, क्योंकि यहां पर विद्युत, परिवहन का अभाव है। यहां पर ज्यादातर उद्योग कृषि आधारित हैं, जबकि उ.प्र. का मध्य भाग जिसे अवध प्रान्त कहते हैं, यहां

की औद्योगिक विकास सामान्य स्तर की कही जा सकती है। चूंकि यह क्षेत्र उ.प्र. की राजधानी लखनऊ के इर्द-गिर्द आता है इसलिए आधारभूत ढांचों की स्थिति बेहतर होने के साथ-साथ कौशल विकास की स्थिति बेहतर मानी जाती है। लेकिन उ.प्र. के औद्योगिक विकास में निम्नलिखित कारण उसे बाधा पहुंचाते हैं, जो निम्न हैं:-

1. उद्योग आधारित कच्चा माल की उपलब्धता न होना।
2. नियमित विद्युत आपूर्ति का न होना।
3. परिवहन के संसाधनों का अभाव और इसका मुख्य मार्ग से जुड़ा न होना।
4. यहां की आबादी कौशल विकास आधारित नहीं है।
5. औद्योगिक विकास के लिए सरकारी नीतियों का सरलीकरण न होना।
6. सार्वजनिक निजी क्षेत्र की सहभागिता का अभाव है।
7. उ.प्र. में निवेश की कमी।

प्रश्न-16 प्रौद्योगिकी सूचना पूर्वानुमान और मूल्यांकन परिषद् (TIFAC) क्या है, इसका जनादेश बतायें। आई.टी. क्षेत्र में 2020 तक भारत में आनेवाली प्रौद्योगिकियों को सूचीबद्ध करें।

उत्तर: प्रौद्योगिकी सूचना, पूर्वानुमान एवं मूल्यांकन परिषद (Technology Information Forecasting and Assessment Council - TIFAC) एक स्वायत्त संगठन है, जिसे प्रौद्योगिकी क्षेत्र को आगे बढ़ाने, प्रौद्योगिकी कार्यों का आंकलन करने और राष्ट्रीय महत्व के चुनिंदा क्षेत्रों में नेटवर्क द्वारा नवाचार को बढ़ावा देने के लिए 1988 में स्थापित किया गया।

TIFAC ने विभिन्न उभरते प्रौद्योगिकी क्षेत्रों में देश के लिए प्रौद्योगिकी विजन तैयार करने के प्रमुख रूप से कार्य किया है। TIFAC के तत्कालीन अध्यक्ष डॉ. एपीजे अब्दुल कलाम के नेतृत्व में, टेक्नोलॉजी विजन 2020 लाया गया था। इसमें 17 दस्तावेजों के सेट का वर्णन है, जिसमें सोलह प्रौद्योगिकी क्षेत्र और एक सेवा क्षेत्र शामिल है। राष्ट्र को अपनी सेवा के 30 से अधिक वर्षों में, इसने प्रौद्योगिकी मूल्यांकन और दूरदर्शिता रिपोर्ट के माध्यम से काफी योगदान दिया है।

इसका जनादेश–

1. आने वाले 10 और 25 साल की समय सीमा में अर्थव्यवस्था के विभिन्न क्षेत्रों में माल और सेवाओं संबंधि संभावना की प्रकृति और मात्रा का अनुमान लगाने के लिए 'मानक' और 'खोजपूर्ण' दृष्टिकोण को अपनाते हुए और देश के मौजूदा संसाधन आधार के आलोक में इन मांगों को पूरा करने के लिए आवश्यक तकनीकी परिवर्तनों हेतु दिशा-निर्देश प्रदान करना।
2. भविष्य के मौजूदा परिदृश्यों के माध्यम से, भविष्योन्मुख परिदृश्यों को इंगित करते हुए, समाज पर मौजूदा और नई उभरती प्रौद्योगिकियों के वांछनीय और अवांछनीय दोनों, संभावित निहितार्थों और परिणामों को उजागर करने की दृष्टि से प्रौद्योगिकी प्रभाव संबंधी विवरण तैयार करना।
3. देश की भावी जरूरत के लिए प्रासंगिक व आवश्यक प्रौद्योगिकियों की समय पर उपलब्धता सुनिश्चित करना और नई प्रौद्योगिकियों के विकास और उनके उपयोग के बीच समय-अंतराल को कम करना।

भारत में आई टी क्षेत्र में 2020 तक आने वाली प्रौद्योगिकी में बिग डेटा, इंटरनेट ऑफ थिंग्स, जैवे प्रौद्योगिकी, क्वांटम कम्प्यूटिंग, नैनो तकनीकी, ऊतक संर्वधन, क्लाउड कम्प्यूटिंग, कृत्रिम बुद्धिमत्ता आदि प्रमुख है।

प्रश्न-17 प्रौद्योगिकी विजन दस्तावेज 2035 के चिह्नित क्षेत्र, लक्ष्य एवं भारतीय नागरिकों को उपलब्ध विशेषाधिकारों का उल्लेख कीजिए।

उत्तर: 3 जनवरी, 2016 को 103वीं भारतीय विज्ञान कांग्रेस का उद्घाटन करते हुए भारतीय प्रधानमंत्री ने प्रौद्योगिकी विजन दस्तावेज 2035 का अनावरण किया। दस्तावेज में 2035 के भारतीय नागरिकों का उल्लेख करते हुए उनकी आवश्यकताओं को पूरा करने के लिए आवश्यक प्रौद्योगिकियों का विवरण दिया गया है।

विजन दस्तावेज में 12 क्षेत्रों को चिन्हित किया गया है। जो इस प्रकार हैं-शिक्षा, चिकित्सा विज्ञान एवं स्वास्थ्य सेवा, खाद्य एवं कृषि, जल, ऊर्जा, पर्यावरण, आवास, यातायात, बुनियादी ढांचा, निर्माण, सामग्री और सूचना और संचार प्रौद्योगिकी है।

विजन 2035 का लक्ष्य सुरक्षा, समृद्धि में बढ़ोत्तरी और प्रत्येक भारतीय की अस्मिता को सुनिश्चत करना है। इसका उल्लेख संविधान की आठवीं अनुसूची में उल्लिखित सभी भाषाओं के संबंध में दस्तावेज में 'हमारी आकांक्षा' या 'विजन वक्तव्य' के रूप में प्रस्तुत किया गया है। विजन दस्तावेज में 12 विशेष अधिकारों का उल्लेख किया गया है भारतीय नागरिकों को उपलब्ध होंगे। ये इस प्रकार हैं–

वैश्वीकरण ने राष्ट्रीय राज्यों की सम्प्रभुता को चुनौती दी है, जिसके कारण राष्ट्रीय राज्यों की सुरक्षा को खतरा उत्पन्न हो गया है। उदाहरण के तौर पर सीरिया और इराक का घटनाक्रम इस समस्या को उजागर करता है।

व्यक्तिगत विशेषाधिकार–

1. स्वच्छ वायु और पेयजल
2. खाद्य एवं पोषण सुरक्षा
3. सार्वभौमिक स्वास्थ्य सुविधा और सार्वजनिक स्वच्छता
4. 24 घंटे बिजली
5. बेहतर आवास
6. बेहतर शिक्षा, आजीविका और सृजनात्मक अवसर

सामूहिक विशेषाधिकार–

1. सुरक्षित और तीव्र परिवहन सुविधा आवागमन
2. सार्वजनिक सुरक्षा और राष्ट्रीय रक्षा।
3. सांस्कृतिक विविधता और जीवंतता।
4. पारदर्शी और प्रभावशाली शासन
5. आपदा एवं जलवायु लोचनीयता (Resilience)
6. प्राकृतिक संसाधनों का पारिस्थितिकी अनुकूल संरक्षण।

प्रश्न-18 वैश्वीकरण के युग में राष्ट्रीय सुरक्षा की चुनौतियों की विवेचना कीजिए।

उत्तर: वैश्वीकरण के युग में राष्ट्रीय सुरक्षा की अनेक प्रकार की चुनौतियाँ हैं, चाहे वह बाह्य मामले हों अथवा आन्तरिक। वैश्वीकरण के दौर में सूचना संचार आधारित तकनीकी का तेजी से विकास हुआ है, जिससे राष्ट्रीय सुरक्षा के लिए संचार आधारित उपकरण यंत्र आयुध ने राष्ट्रीय सुरक्षा की चिन्ता को बढ़ाया और देश में साइबर समस्या निरंतर बढ़ रही है।

देश की गैर परम्परागत राष्ट्रीय सुरक्षा चुनौतियां प्रमुख रूप से आतंकवाद, नक्सलवाद, अवैध घुसपैठ, साइबर सुरक्षा एवं मानव सुरक्षा से संबंधित है। सभी प्रकार की राष्ट्रीय सुरक्षा चुनौतियों के समाधान के लिए तेज आर्थिक विकास की आवश्यकता है। आर्थिक विकास या उन्नति से देश के आंतरिक मामलों से संबंधि त विभिन्न चुनौतियों एवं समस्याओं का समाधान संभव हो पाता है। देश अधिक धन तथा संसाधन सशस्त्र बलों के विकास, विस्तार तथा तकनीकी आधुनिकीकरण पर व्यय कर पाता है। अच्छे संस्थानों तथा सामाजिक ढांचागत विकास से किसी भी आपदा के समय प्रबंधन कार्यों में आसानी तथा गुणवत्ता आती है। अमेरिका को इसके उदाहरण के बतौर देखा जा सकता है।

लगातार बिगड़ते पर्यावरण, रोग प्रतिरोधी क्षमताओं में क्षरण और स्वास्थ्य प्रतिरक्षण ढांचे की खराबी, साइबर सुरक्षा का लगभग अ-रक्षित (अनगार्डेड) मोर्चा, आर्थिक अपराधों और बैंक फ्राड्स की घटनाओं में बढ़ोत्तरी या फिर गैस पाइप लाइनों, सड़कों, राष्ट्रीय महत्व के भवनों जैसे महत्वपूर्ण आधारभूत उपक्रमों और ढांचों की सुरक्षा जैसे नए किस्म के खतरे ज्यादा मुसीबत पैदा करते हैं। देश की विशाल जनसंख्या के चलते इन खतरों का आकार भी बड़ा है और इनसे निपटने की तैयारी अपर्याप्त है। सबसे नयी चुनौती अपने नागरिकों का मन पढ़ने की है। तेजी से उभरती व्यग्र जनाकांक्षाओं, आक्रोशों, असहमतियों और अलगावोन्मुख प्रवृत्तियों में बढ़ोत्तरी पर ध्यान देना ज्यादा अहम है क्योंकि यह उन सुप्त ज्वालामुखियों की तरह है, जिसका लावा कभी भी फूट जाता है और उस पर तुरंत नियंत्रण आसान नहीं होता।

फिलहाल देश के सामने सीमा पार से प्रायोजित जेहादी आतंकवाद, पाकिस्तान और चीन की दुरभिसंधि तथा चीन द्वारा दूरगामी लक्ष्यों को लेकर भारत की आर्थिक नाकेबंदी भारत के सामने महत्वपूर्ण बाह्य चुनौतियां हैं, तो देश के अंदर राजनीतिक पार्टियों द्वारा प्रायोजित जातिवाद, सम्प्रदायवाद, भ्रष्टाचार तथा अशिक्षा, गरीबी और बेरोजगारी देश के लिए गंभीर खतरे हैं। राष्ट्रीय सुरक्षा को आमजन सीमाओं पर संपन्न हो रही सैन्य कार्यवाहियों के परिप्रेक्ष्य में ही लेता है, जबकि सुरक्षा आज जन-जन का विषय हो गया है। राष्ट्रीय सुरक्षा को मजबूत करना है तो हमें देश के बहुमुखी विकास के साथ-साथ शासन और प्रशासन तंत्र में प्रत्येक स्तर पर जवाबदेही सुनिश्चित करने की व्यवस्था लानी होगी।

प्रश्न-19 भारत में केन्द्र, राज्य तथा जनपद स्तरों पर आपदा प्रबन्धन की विवेचना कीजिए।

उत्तर : आपदाएं चाहे प्राकृतिक हों या मानवीय दोनों ही स्थितियों में मानवीय, आर्थिक व सामुदायिक क्षति को न्यून करने के उद्देश्य से निम्न सामान्य निर्देशों का अनुसरण करने की आवश्यकता है: अफरा-तफरी न मचाएं, शान्त रहें, अधिकारियों/प्राधिकृत स्रोतों के निर्देशों का पालन करें, अफवाहों पर ध्यान न दें। परिवार के लिए पहले से ही एक आपातकालीन योजना बनाएं और यह भी सुनिश्चित करें कि परिवार के हर सदस्य को इसकी जानकारी हो। घर से निकलने के दो रास्ते बनाएं एवं यह तय कर रखें की अगर परिवार के लोग बिछड़ गये तो कहां मिलेंगे। एक समान संपर्क व्यक्ति या परिवार का नाम तय कर लें। सुनिश्चित करें कि परिवार का हर सदस्य आपातकालीन संपर्क नम्बर-जैसे पुलिस, अस्पताल, एम्बुलेंस, अग्निशमन सेवा, आतंक विरोधी दस्ते आदि के बारे में जाने और उसे यह भी मालूम हो कि इन्हें मदद के लिए कैसे बुलाया जाता है।

उक्त सामान्य निर्देश का पालन करने से आपदा की स्थिति में न्यून क्षति होगी, परन्तु बाढ़, आग व रासायनिक आपदाओं जैसी आपदाओं का सामना करने के लिए विशेष रणनीति अपनाने की आवश्यकता है, जैसे बाढ़ की स्थिति में ऊंची जगहों की पहचान करें, जहां बाढ़ के समय पनाह ली जा सकती है। जब तक बहुत जरूरी न हो बाढ़ के पानी में प्रवेश न करें। पानी की गहराई का पता करें और किसी लाठी से जमीन की मजबूती मालूम करें। जहां बिजली के तार गिरे हों, उधर कभी मत जाएं साथ ही गैस और बिजली की सप्लाई को बंद कर दें व बिजली के उपकरणें के स्विच बंद कर दें। बाढ़ के बाद अक्सर जलजनित रोग फैलते हैं, उनसे बचने के विशेष उपाय करें। इसी प्रकार आग की स्थिति में विशेष रणनीति अपनाने की आवश्यकता है, जैसे-घर में अग्निशामक यंत्र अवश्य रखें और वे चलते हाल में अवश्य हों। पड़ोस में न तो रिसने वाली गैस पाइप हो और न ही चटकी हुई बिजली की तारें हों। आग लगने पर अपने मुंह को भीग तौलिये से ढकें ताकि धुंए का असर कम हो, साथ ही अगर कपड़ों में आग लग जाये तो भागें नहीं बल्कि आग बुझाने के लिए जमीन पर लुढ़कें। इसी प्रकार रासायनिक आपदा की स्थिति में भी विशेष रणनीति अपनाने की आवश्यकता है, जैसे-अपने क्षेत्र की सूचना व्यवस्था के जरिये सभी जानकारी प्राप्त करते रहें। सायरन का ध्यान रखें। सूचना निर्देशों के लिए रेडियो/टीवी देखें और सुनें। यदि कहा जाये तो फौरन घर खाली कर दें। अगर बाहर हों तो घटना स्थल से दूर चले जायें। यदि घर के अंदर हों तो खिड़की दरवाजे बंद कर लें और सुराखों को टेप या प्लास्टिक से बंद कर दें। ऐसे कमरे में शरण लें जिसमें कम से कम सुराख हों। एयर कण्डीशनर को बंद कर दें और शरीर को ढक कर रहें। उक्त रणनीतियों को क्रियान्वित कर आपदाओं से होने वाली क्षति को न्यून किया जा सकता है।

प्रश्न-20 वर्तमान समय में उत्तर प्रदेश में कानून और व्यवस्था के लिए चुनौतियाँ तथा उनके समाधान पर टिप्पणी कीजिए।

उत्तर: जनसंख्या की दृष्टि से उत्तर प्रदेश भारत का सबसे बड़ा राज्य है। यहाँ सामाजिक, आर्थिक, धार्मिक, सांस्कृतिक और राजनीतिक रूप से अनेक विविधतायें पाई जाती हैं। ऐसे में राज्य में कानून व्यवस्था के समक्ष अनेक चुनौतियाँ उत्पन्न हो जाती हैं जिनको निम्नलिखित बिंदुओं में समझा जा सकता है–

1. संगठित अपराध, और आतंकवाद प्रदेश में कानून व्यवस्था के लिए प्रमुख चुनौती है।
2. धार्मिक कट्टरता और सांप्रदायिक दंगे उत्तर प्रदेश में कानून और व्यवस्था के लिए प्रमुख चुनौती हैं। इनके परिणाम स्वरूप निरंतर राज्य को जन-धन की हानि होती है।
3. मानव अंगों की तस्करी तथा नशीली दवाओं की तस्करी भी उत्तर प्रदेश में कानून व्यवस्था के समक्ष एक चुनौती है।
4. महिलाओं, बच्चों, बुजुर्गों और निःशक्तजनों के खिलाफ होने वाले अपराध की मात्रा में निरंतर वृद्धि कानून व्यवस्था के समक्ष एक प्रमुख चुनौती है।
5. लूटपाट, हत्या और प्रशासन में व्याप्त भ्रष्टाचार कानून व्यवस्था के समक्ष प्रमुख चुनौती है।

उत्तर प्रदेश में चुनौतियों से निपटने के लिए सरकार द्वारा निरंतर अनेक प्रयास किए जा रहे हैं तथा चुनौतियों से निपटने के लिए निम्नलिखित उपाय समाधाान के रूप में अपनाये जा सकते हैं–

1. सुप्रीम कोर्ट के आदेश के अनुसार पुलिस सुधार को लागू कर, नए कर्मियों की भर्ती की जाए तथा महिला कर्मियों की कानून व्यवस्था में भागीदारी सुनिश्चित की जाये।
2. पुराने कानूनों को संशोधित कर नई जरूरतों के अनुसार नए कानून लाया जाए तथा उनका कड़ाई से पालन किया जाए।
3. कानून व्यवस्था को पारदर्शी और जन सुलभ बनाया जाए, ताकि लोगों का विश्वास राज्य की कानून व्यवस्था पर बनाए रखा जा सके।
4. प्रदेश में पुलिस प्रशासन में व्याप्त भ्रष्टाचार को दूर करने के लिए वांछित उपाय किए जाए।
5. तकनीकी रूप से पुलिस प्रशासन को, और कानून व्यवस्था से जुड़े संस्थाओं को सक्षम बनाया जाए।
6. कानून व्यवस्था से जुड़ी संस्थाओं के बीच सूचनाओं के आदान-प्रदान में समन्वय स्थापित किया जाए।

इसके अलावा आम जनता को जागरुक और सशक्त बनाकर उनकी सक्रिय भागीदारी के माध्यम से राज्य में कानून व्यवस्था को मजबूत बनाने का प्रयास किया जाए।

लगातार बिगड़ते पर्यावरण, रोग प्रतिरोधी क्षमताओं में क्षरण और स्वास्थ्य प्रतिरक्षण ढांचे की खराबी, साइबर सुरक्षा का लगभग अ-रक्षित (अनगार्डेड) मोर्चा, आर्थिक अपराधों और बैंक फ्राड्स की घटनाओं में बढ़ोत्तरी या फिर गैस पाइप लाइनों, सड़कों, राष्ट्रीय महत्व के भवनों जैसे महत्वपूर्ण आधारभूत उपक्रमों और ढांचों की सुरक्षा जैसे नए किस्म के खतरे ज्यादा मुसीबत पैदा करते हैं। देश की विशाल जनसंख्या के चलते इन खतरों का आकार भी बड़ा है और इनसे निपटने की तैयारी अपर्याप्त है। सबसे नयी चुनौती अपने नागरिकों का मन पढ़ने की है। तेजी से उभरती व्यग्र जनाकांक्षाओं, आक्रोशों, असहमतियों और अलगावोन्मुख प्रवृत्तियों में बढ़ोत्तरी पर ध्यान देना ज्यादा अहम है क्योंकि यह उन सुप्त ज्वालामुखियों की तरह है, जिसका लावा कभी भी फूट जाता है और उस पर तुरंत नियंत्रण आसान नहीं होता।

फिलहाल देश के सामने सीमा पार से प्रायोजित जेहादी आतंकवाद, पाकिस्तान और चीन की दुरभिसंधि तथा चीन द्वारा दूरगामी लक्ष्यों को लेकर भारत की आर्थिक नाकेबंदी भारत के सामने महत्वपूर्ण बाह्य चुनौतियां हैं, तो देश के अंदर राजनीतिक पार्टियों द्वारा प्रायोजित जातिवाद, सम्प्रदायवाद, भ्रष्टाचार तथा अशिक्षा, गरीबी और बेरोजगारी देश के लिए गंभीर खतरे हैं। राष्ट्रीय सुरक्षा को आमजन सीमाओं पर संपन्न हो रही सैन्य कार्यवाहियों के परिप्रेक्ष्य में ही लेता है, जबकि सुरक्षा आज जन-जन का विषय हो गया है। राष्ट्रीय सुरक्षा को मजबूत करना है तो हमें देश के बहुमुखी विकास के साथ-साथ शासन और प्रशासन तंत्र में प्रत्येक स्तर पर जवाबदेही सुनिश्चित करने की व्यवस्था लानी होगी।

प्रश्न-19 भारत में केन्द्र, राज्य तथा जनपद स्तरों पर आपदा प्रबन्धन की विवेचना कीजिए।

उत्तर : आपदाएं चाहे प्राकृतिक हों या मानवीय दोनों ही स्थितियों में मानवीय, आर्थिक व सामुदायिक क्षति को न्यून करने के उद्देश्य से निम्न सामान्य निर्देशों का अनुसरण करने की आवश्यकता है: अफरा-तफरी न मचाएं, शान्त रहें, अधिकारियों/प्राधिकृत स्रोतों के निर्देशों का पालन करें, अफवाहों पर ध्यान न दें। परिवार के लिए पहले से ही एक आपातकालीन योजना बनाएं और यह भी सुनिश्चित करें कि परिवार के हर सदस्य को इसकी जानकारी हो। घर से निकलने के दो रास्ते बनाएं एवं यह तय कर रखें की अगर परिवार के लोग बिछड़ गये तो कहां मिलेंगे। एक समान संपर्क व्यक्ति या परिवार का नाम तय कर लें। सुनिश्चित करें कि परिवार का हर सदस्य आपातकालीन संपर्क नम्बर-जैसे पुलिस, अस्पताल, एम्बुलेंस, अग्निशमन सेवा, आतंक विरोधी दस्ते आदि के बारे में जाने और उसे यह भी मालूम हो कि इन्हें मदद के लिए कैसे बुलाया जाता है।

उक्त सामान्य निर्देश का पालन करने से आपदा की स्थिति में न्यून क्षति होगी, परन्तु बाढ़, आग व रासायनिक आपदाओं जैसी आपदाओं का सामना करने के लिए विशेष रणनीति अपनाने की आवश्यकता है, जैसे बाढ़ की स्थिति में ऊंची जगहों की पहचान करें, जहां बाढ़ के समय पनाह ली जा सकती है। जब तक बहुत जरूरी न हो बाढ़ के पानी में प्रवेश न करें। पानी की गहराई का पता करें और किसी लाठी से जमीन की मजबूती मालूम करें। जहां बिजली के तार गिरे हों, उधर कभी मत जाएं साथ ही गैस और बिजली की सप्लाई को बंद कर दें व बिजली के उपकरणों के स्विच बंद कर दें। बाढ़ के बाद अक्सर जलजनित रोग फैलते हैं, उनसे बचने के विशेष उपाय करें। इसी प्रकार आग की स्थिति में विशेष रणनीति अपनाने की आवश्यकता है, जैसे-घर में अग्निशामक यंत्र अवश्य रखें और वे चलते हाल में अवश्य हों। पड़ोस में न तो रिसने वाली गैस पाइप हो और न ही चटकी हुई बिजली की तारें हों। आग लगने पर अपने मुंह को भीग तौलिये से ढकें ताकि धुंए का असर कम हो, साथ ही अगर कपड़ों में आग लग जाये तो भागें नहीं बल्कि आग बुझाने के लिए जमीन पर लुढ़कें। इसी प्रकार रासायनिक आपदा की स्थिति में भी विशेष रणनीति अपनाने की आवश्यकता है, जैसे-अपने क्षेत्र की सूचना व्यवस्था के जरिये सभी जानकारी प्राप्त करते रहें। सायरन का ध्यान रखें। सूचना निर्देशों के लिए रेडियो/टीवी देखें और सुनें। यदि कहा जाये तो फौरन घर खाली कर दें। अगर बाहर हों तो घटना स्थल से दूर चले जायें। यदि घर के अंदर हों तो खिड़की दरवाजे बंद कर लें और सुराखों को टेप या प्लास्टिक से बंद कर दें। ऐसे कमरे में शरण लें जिसमें कम से कम सुराख हों। एयर कण्डीशनर को बंद कर दें और शरीर को ढक कर रहें। उक्त रणनीतियों को क्रियान्वित कर आपदाओं से होने वाली क्षति को न्यून किया जा सकता है।

प्रश्न-20 वर्तमान समय में उत्तर प्रदेश में कानून और व्यवस्था के लिए चुनौतियाँ तथा उनके समाधान पर टिप्पणी कीजिए।

उत्तरः जनसंख्या की दृष्टि से उत्तर प्रदेश भारत का सबसे बड़ा राज्य है। यहाँ सामाजिक, आर्थिक, धार्मिक, सांस्कृतिक और राजनीतिक रूप से अनेक विविधतायें पाई जाती हैं। ऐसे में राज्य में कानून व्यवस्था के समक्ष अनेक चुनौतियाँ उत्पन्न हो जाती हैं जिनको निम्नलिखित बिंदुओं में समझा जा सकता है–

1. संगठित अपराध, और आतंकवाद प्रदेश में कानून व्यवस्था के लिए प्रमुख चुनौती है।
2. धार्मिक कट्टरता और सांप्रदायिक दंगे उत्तर प्रदेश में कानून और व्यवस्था के लिए प्रमुख चुनौती हैं। इनके परिणाम स्वरूप निरंतर राज्य को जन-धन की हानि होती है।
3. मानव अंगों की तस्करी तथा नशीली दवाओं की तस्करी भी उत्तर प्रदेश में कानून व्यवस्था के समक्ष एक चुनौती है।
4. महिलाओं, बच्चों, बुजुर्गों और निःशक्तजनों के खिलाफ होने वाले अपराध की मात्रा में निरंतर वृद्धि कानून व्यवस्था के समक्ष एक प्रमुख चुनौती है।
5. लूटपाट, हत्या और प्रशासन में व्याप्त भ्रष्टाचार कानून व्यवस्था के समक्ष प्रमुख चुनौती है।

उत्तर प्रदेश में चुनौतियों से निपटने के लिए सरकार द्वारा निरंतर अनेक प्रयास किए जा रहे हैं तथा चुनौतियों से निपटने के लिए निम्नलिखित उपाय समाधाान के रूप में अपनाये जा सकते हैं–

1. सुप्रीम कोर्ट के आदेश के अनुसार पुलिस सुधार को लागू कर, नए कर्मियों की भर्ती की जाए तथा महिला कर्मियों की कानून व्यवस्था में भागीदारी सुनिश्चित की जाये।
2. पुराने कानूनों को संशोधित कर नई जरूरतों के अनुसार नए कानून लाया जाए तथा उनका कड़ाई से पालन किया जाए।
3. कानून व्यवस्था को पारदर्शी और जन सुलभ बनाया जाए, ताकि लोगों का विश्वास राज्य की कानून व्यवस्था पर बनाए रखा जा सके।
4. प्रदेश में पुलिस प्रशासन में व्याप्त भ्रष्टाचार को दूर करने के लिए वांछित उपाय किए जाए।
5. तकनीकी रूप से पुलिस प्रशासन को, और कानून व्यवस्था से जुड़े संस्थाओं को सक्षम बनाया जाए।
6. कानून व्यवस्था से जुड़ी संस्थाओं के बीच सूचनाओं के आदान-प्रदान में समन्वय स्थापित किया जाए।

इसके अलावा आम जनता को जागरुक और सशक्त बनाकर उनकी सक्रिय भागीदारी के माध्यम से राज्य में कानून व्यवस्था को मजबूत बनाने का प्रयास किया जाए।

सामान्य अध्ययन मुख्य परीक्षा - 2018
हल प्रश्न-पत्र 4

कुल अंक : 200 **समयावधि : 3 घण्टे**

लघुउत्तरीय प्रश्न खण्ड-अ/Section-A

प्रश्न-1: मूल्य क्या हैं ? इनके केन्द्रीय तत्वों पर प्रकाश डालिए।

उत्तर: मनुष्य के वह गुण जो विचार, विश्वास, आचरण को निर्देशित एवं नियंत्रित करते हैं, जिनको आधाार बनाकर हम उचित जीवन-यापन कर सकते हैं तथा सही और गलत को परखते हैं।

मूल्यों के केन्द्रीय तत्व निम्न हैं–

मूल्य यह निर्धाारित करता है कि जीवन यापन के लिए कौन से कार्य श्रेष्ठ हैं और कौन से निम्न हैं।

मूल्य जन्मजात नहीं होते। यह समाजीकरण की प्रक्रिया से अर्जित किये जाते हैं। अत: मूल्य का विकास लम्बे समय की प्रक्रिया में होता है और धीरे-धीरे ये स्थिर हो जाते हैं; अर्थात् ये परिवर्तनीय नहीं हैं। जैसे-शांति, अहिंसा, सत्य, प्रेम, ईमानदारी इत्यादि।

मूल्य आदर्श परक होते हैं, अत: पूर्ण रूप से इन्हें लागू तो नहीं किया जा सकता, किन्तु मूल्य आधाारित व्यवहार से समृद्ध समाज की स्थापना की जा सकती है।

कुल मिलाकर मूल्य अमूर्त होते हैं, जिनके बारे में विचार और विश्वास किया जाता है।

प्रश्न-2: सरकारी एवं निजी संस्थाओं में नैतिक सरोकारों को परिभाषित कीजिये।

उत्तर: सरकारी संस्थाओं का नैतिक सरोकार कल्याणात्मक प्रशासन की स्थापना करना, जिनका आधार, भारतीय संविधान के मूल्यों को स्थापित करना है, जिससे सामाजिक, आर्थिक न्याय हो सकें।

वहीं निजी संस्थाओं के नैतिक सरोकारों में शेयर होल्डर्स के अधिकारों को ध्यान में रखते हुए अधिकतम प्रकटीकरण, ताकि अधिकतम लाभ कमाया जा सके।

उदारीकरण, निजीकरण एवं वैश्वीकरण के क्रम में सरकारी एवं निजी संस्थाओं के नैतिक सरोकार धीरे-धीरे एकीकृत हुए। जैसे निजी संस्थान **सामाजिक उत्तरदायित्व** अधिनियम के तहत आज कई ऐसे कल्याणात्मक कार्य कर रही हैं, जो सार्वजनिक उद्देश्य के लिए है। इसके अलावा कार्पोरेट गवर्नेंस के तहत उत्तरदायित्व, जवाबदेयता एवं पारदर्शिता के गुण भी आ गए हैं।

इस तरह सरकारी नैतिक सरोकार जहाँ सत्यनिष्ठा, प्रतिबद्धता, वस्तुनिष्ठा है, वहीं निजी नैतिक सरोकार अपने उपभोक्ता के प्रति उचित नैतिक व्यवहार एवं प्रकटीकरण है।

प्रश्न-3: प्रशासन में सत्यनिष्ठा का दार्शनिक आधार क्या है ? आलोचनात्मक विवेचना कीजिये।

उत्तर: सत्यनिष्ठा का दार्शनिक आधार, मनसा, वाचा, कर्मणा है, अर्थात् मन, वचन, कर्म में सुसंगतता होना ही सत्यनिष्ठा है। सत्यनिष्ठा के दार्शनिक आधारों में गांधी जी का मानना था कि 'सत्य ईश्वर से भी ऊँचा है'।

भारतीय प्राचीन ग्रंथों में उल्लेखित है कि मोक्ष की प्राप्ति के लिए सत्यनिष्ठा आवश्यक है। इसी प्रकार प्लेटो ने व्यक्ति के चार सद्गुणों में सत्यनिष्ठा को सर्वोच्च सद्गुण माना।

इसी तरह अरस्तु का मानना था कि राज्य नैतिक सिद्धांतों पर आधारित कल्याणकारी संस्था है और यह सत्यनिष्ठा से ही संभव है।

इसी तरह भारतीय प्रशासन में सत्यनिष्ठा का आधार संविधानवाद है, जिसमें कानून के शासन को प्रशासन लागू करवायेगा। इसके अतिरिक्त भारतीय संविधान के उद्देशिका के मूल्य जैसे स्वतंत्रता, समानता, बंधुत्व को सत्यनिष्ठा में क्रियान्वित कराये और किसी के मानवाधिकारों का हनन न हो।

प्रशासन में सत्यनिष्ठा को दार्शनिक आधारों में द्वितीय प्रशासनिक सुधार आयोग का मानना था कि लोक प्रशासक, सार्वजनिक हित को ध्यान में रखकर प्रशासन को संचालित करें।

प्रश्न-4: गाँधी के नैतिक एवं सामाजिक विचारों का परीक्षण कीजिये।

उत्तर: गांधी जी के नैतिक विचारों में सत्य, अहिंसा, अस्तेय, अपरिग्रह एवं ब्रह्मचर्य है। वहीं सामाजिक विचारों में सामाजिक, आर्थिक, समानता एवं न्याय की स्थापना है।

गांधी जी का सत्य के सन्दर्भ में मानना था कि 'सत्य ही ईश्वर है'; अर्थात् इससे विकृतियां दूर होती हैं और व्यक्ति में अनुशासन आता है।

इसी तरह उन्होंने अहिंसा के सन्दर्भ में बताया कि इससे व्यक्ति ईमानदारी तथा विनम्रता को अपनाता है और प्रेम एवं उदारता पर आधारित समाज का विकास होता है।

अस्तेय के सन्दर्भ में गांधी जी का मानना था कि किसी के सार्वजनिक वस्तु या व्यक्तिगत वस्तु को अपना नहीं मानना और चोरी नहीं करना चाहिए। अपरिग्रह के सन्दर्भ में उन्होंने बताया कि अनावश्यक वस्तुओं का संग्रह न करें।

इसी तरह सामाजिक विचारों के अंतर्गत गांधी जी जाति, लिंग-भेद इत्यादि को नकारते हैं, जिससे कि सामाजिक समानता स्थापित हो पाये। इसी तरह आर्थिक समानता के लिए ट्रस्टीशिप का विचार देते हैं और व्यावसायिक शिक्षा एवं कुटीर उद्योगों से हर हाथ को काम देकर सामाजिक-आर्थिक न्याय की समानता की बात करते हैं।

प्रश्न-5: सिविल सेवा के संदर्भ में निम्नलिखित की प्रासंगिकता का मूल्यांकन कीजिये।

(अ) अंतरात्मा

(ब) सेवा भाव

(स) अनुशासन

उत्तर: **(अ) अंतरात्मा:** अंतरात्मा मानवीय कार्यों के पूर्व प्रेषित एक ऐसा अज्ञात संकेत होता है, जिसको मानने पर व्यक्ति उन्नति के मार्ग पर अग्रसर होता है। एक लोक सेवक में यह अपने पद का दुरपयोग करने से रोकना, आचरण में शुद्धता, कार्य के प्रति समर्पण जैसे भावों को उद्दीप्त करता है। अंतरात्मा सिविल सेवा का वह गुण है, जिसके माध्यम से सिविल सेवक सही एवं गलत का निर्णय कर सकता है; अर्थात् 'अंतरात्मा' से लिया गया निर्णय सार्वजनिक हित में होगा। गरीब, असहाय का कल्याण निहित होगा। सिविल सेवक वहां अंतरात्मा से निर्णय लेता है जहां विधि, नियम, कानून, विनियम न हो।

(ब) सेवा भाव: जब एक लोक सेवक अपने कार्यों के प्रति पूर्ण प्रतिबद्धता दिखाता है, तो वह स्थिति सेवा-भाव की होती है। इसमें एक लोक सेवक चुनौतियों को ग्रहण करने हेतु तत्पर रहता है तथा उसका कार्य सदैव अधिकतम कल्याण की होती है। सेवा भाव का तात्पर्य अपनी शक्तियों का प्रयोग जनकल्याण के लिए करना। इसके अतिरिक्त सिविल सेवक कमजोर, असहाय, गरीब के प्रति समानुभूति रखें और उन्हें उत्कृष्ट सेवा दें तथा उनके जीवन में परिवर्तन लाने का प्रयास करें।

(स) अनुशासन: सिविल सेवकों को कार्य, विधि के शासन के अंतर्गत कार्य करना होता है तथा अपने उच्चस्थ एवं लोकतंत्र के प्रतिनिधि के प्रति उत्तरदायित्व एवं जवाबदेहिता होनी चाहिए और सिविल सेवक नियम कानूनों को व्यावसायिक मानदण्डों के अनुरूप लागू करें।

प्रश्न-6: ''लोक सेवा की पहचान समाज के कमजोर वर्गों के प्रति सहिष्णुता एवं करूणा पर आधारित होती है।''

उत्तर: लोक सेवक यदि कमजोर वर्गों के प्रति सहिष्णु होगा तो वह उनकी आवश्यकताओं को समझ सकेगा और उनके विचारों, भावनाओं को समझ कर उसके अनुरूप नीतियों में सेवा भाव विकसित करेगा।

इसी तरह करूणा से लोक सेवक कमजोरों की स्थिति समझेगा और उनके प्रति सहानुभूति रखेगा।

लोक सेवकों को सहिष्णुता इसलिए भी आवश्यक है कि इससे कमजोरों के प्रति चिंतन और उनके अभिव्यक्ति की स्वतंत्रता को बढ़ावा मिलेगा। इससे सजगता और मजबूत लोकतंत्र स्थापित होगा, साथ ही समावेशी विकास होगा।

वहीं करूणा से कमजोरों की दशा सुधारने के प्रति प्रतिबद्ध होगा, क्योंकि करूणा का भाव व्यक्ति के आवश्यकता की समझ को बढ़ाता है।

प्रश्न-7: अभिवृत्ति के प्रकार्यों की विवेचना कीजिये।

उत्तर: किसी देश, स्थान, समाज, धर्म, लिंग इत्यादि के प्रति सकारात्मक या नकारात्मक दृष्टिकोण ही अभिवृत्ति कहलाती है जैसे-धारा-370 को कुछ लोगों द्वारा सही मानना, तो कुछ लोगों द्वारा सर्वोच्च न्यायालय के फैसले पर पुर्नविचार का भाव रखना।

अभिवृत्ति के प्रकार्यों में संज्ञानात्मक, भावनात्मक एवं व्यवहारात्मक प्रकार होते है।

संज्ञानात्मक अभिवृत्ति के अंतर्गत व्यक्ति के अन्दर किसी वस्तु के प्रति विचार एवं विश्वास होता है, जिससे व्यक्ति को उस विषय के प्रति संज्ञान होता है।

वहीं भावनात्मक पक्षों में किसी वस्तु को देखकर, सोचकर उसके प्रति भावनाएं उठती हैं। यह संज्ञानात्मक पक्ष से अधिक तार्किक होती है।

इसी तरह व्यवहारात्मक पक्षों में किसी वस्तु या व्यक्ति के प्रति व्यवहार का प्रदर्शन करते हैं और यह अभिव्यक्ति अपनी पूर्ण अवस्था में व्यक्त होती है।

उपर्युक्त तीनों प्रकार्यों में व्यक्ति जिस वस्तु या व्यक्ति के प्रति सकारात्मक अभिवृत्ति बना लेता है, उसे सकारात्मक अभिवृत्ति तथा जिस वस्तु या व्यक्ति के प्रति नकारात्मक अनुभूति होती है तो उसे नकारात्मक अभिवृत्ति कहा जाता है; जिससे व्यक्ति की मूल्यांकन क्षमता का विकास होता है।

प्रश्न-8: निम्नलिखित में विभेद कीजिये:

(अ) अभिवृत्ति एवं मूल्य।

(ब) अभिवृत्ति एवं मत।

उत्तर: (अ) **अभिवृत्ति एवं मूल्य:** मूल्य अभिवृत्ति का निर्धारक होता है क्योंकि अभिवृत्ति का विकास मूल्यों से होता है। यदि मूल्य सकारात्मक होगा तो अभिवृत्ति भी सकारात्मक होगी, इसी तरह यदि मूल्य नकारात्मक है तो अभिवृत्ति भी नकारात्मक होती है।

(ब) **अभिवृत्ति एवं मत:** अभिवृत्ति में कोई व्यक्ति, किसी वस्तु या व्यक्ति का मूल्यांकन व्यक्तिगत मूल्यों के आधार पर करता है, जो सकारात्मक एवं नकारात्मक हो सकता है।

वहीं मत व्यक्ति का किसी घटना या वस्तु के प्रति जो उसका व्यक्तिगत दृष्टिकोण होता है, जिसमें सार्वजनिक मूल्यों को तरजीह दे भी सकता है और नहीं भी दे सकता, वह उसके व्यक्तिगत मूल्य पर निर्भर होता है।

प्रश्न-9: ''प्रभावी प्रशासन के लिये लोक सेवा के प्रति समर्पण आवश्यक होता है।'' व्याख्या कीजिये।

उत्तर: प्रभावी प्रशासन के लिए लोक सेवा के प्रति समर्पण होता है, क्योंकि सेवा समर्पण का आशय व्यक्ति अपने स्वार्थों से ऊपर उठकर समाज कल्याण के लिए कार्य करे।

प्रशासन में लोक सेवा समर्पण का अर्थ है कि व्यक्ति व्यक्तिगत मूल्यों को त्याग कर सार्वजनिक हित या कल्याण के लिए कार्य करे, जिसमें व्यक्ति अपने कार्य के प्रति आत्म-त्याग की भावना रखे, अर्थात् सिविल सेवक अपनी सेवा सदैव निर्व्यक्तिक मानदंडों एवं विधि के शासन के अनुरूप देंगे।

सिविल सेवक यदि अपने सेवा के प्रति समर्पित रहेगा तो संविधान के उद्देश्यों को पूरा करने में सहायक होगा, जैसे समता, न्याय, समानता जैसे मूल्य प्रभावी प्रशासन से ही प्राप्त होंगे।

इसके अलावा प्रभावी प्रशासन से सिविल सेवक मितव्यय कल्याणकारी, लक्ष्य, मितव्ययिता, दक्षता, प्रभावशीलता से प्राप्त कर सकेगा और सुशासन स्थापित होगा।

प्रश्न-10: अभी हाल ही में आपने एक सरकारी संगठन के अध्यक्ष के रूप में कार्यभार ग्रहण किया है। अपने कार्यालय में पहले ही दिन आप पाते हैं कि संगठन में कई अनियमिततायें विद्यमान हैं, जैसे:

(i) स्टाफ समय का पाबंद नहीं है।

(ii) स्टाफ व्यर्थ बातचीत में अपना समय नष्ट करता है।

(iii) जन शिकायतों पर कोई त्वरित कार्रवाई नहीं होती है।

(iv) संगठन में सभी स्तरों पर भ्रष्टाचार व्याप्त है।

(v) संगठन द्वारा प्रदान की जाने वाली सेवाओं की गुणवत्ता निम्न स्तर की है।

आप अपने स्टाफ को किस प्रकार से प्रेरित करेंगे जिससे संगठन की उपर्युक्त कमियों का निदान हो जाय? विवेचना कीजिये।

उत्तर- **(i):** एक सरकारी संगठन के अध्यक्ष के रूप में मैं देखता हूं कि स्टाफ समय का पाबंद नहीं है तो मैं स्टाफ के सदस्यों को समझाऊंगा कि यह कार्यालय कार्यसंहिता के विरूद्ध है। यदि आप समय से नहीं आते हैं तो कार्यालय के नियमों के अनुसार कार्यवाही की जाएगी।

(ii) एक सरकारी संगठन के अध्यक्ष के रूप में मैं देखता हूँ कि स्टाफ व्यर्थ बातचीत में अपना समय नष्ट करता है, जिससे कार्यालय का कार्य प्रभावित हो रहा है। मैं स्टाफ के सदस्यों को बताऊंगा कि आपके व्यर्थ बातचीत से कार्यालय की कार्यसंहिता एवं सरकारी राजकोष पर व्यय बढ़ता है; क्योंकि कार्य निष्पादन नहीं हो रहा, अत: आप कार्य पर ध्यान दें, नहीं तो कार्यालय नियमों के अनुसार कार्यवाही की जाएगी।

(iii) एक सरकारी संगठन के अध्यक्ष के नाते जन शिकायतों पर त्वरित कार्यवाही करने के लिए मैं कार्यालय में सभी अधिकारियों की जिम्मेदारी तय करूंगा, विशेषकर जन शिकायत विभाग तथा कार्यालय में नागरिक अधिकार लागू करवाऊंगा।

(iv) संगठन में अध्यक्ष होने के नाते मैं भ्रष्टाचार को दूर करने के लिए कार्यालय के सभी कर्मचारियों को बताऊंगा कि सरकार आपको कार्य के लिए सरकार उपयुक्त वेतन देती है, यदि आप अपनी सेवा के बदले अतिरिक्त राशि लेते हैं तो आपको सस्पेन्ड किया जा सकता है। इसके अतिरिक्त कार्यालय में एक निगरानी टीम बनाऊंगा, जो औचक निरीक्षण करेगी।

(v) संगठन के अध्यक्ष होने के नाते मैं सेवा के उच्च गुणवत्ता के लिए संगठन में नागरिक अधिकार पत्र लाऊंगा, जिसमें स्पष्ट उल्लेखित होगा कि किस सेवा के लिए कौन कर्मचारी जिम्मेदार होगा तथा उस सेवा की गुणवत्ता का भी स्पष्ट उल्लेख होगा।

लघुउत्तरीय प्रश्न खण्ड-ब/Section-B

प्रश्न-11: नीतिशास्त्र एवं नैतिकता में विभेद कीजिये तथा नीतिशास्त्रीय कार्यों के निर्धारक तत्वों की व्याख्या कीजिये।

उत्तर: समाज को सुचारूरूप से चलाने हेतु निर्मित नियमों एवं मानकों का समुच्चय ही नीतिशास्त्र कहलाता है। इन्हीं नियमों एवं मानकों के आधार पर जब व्यक्ति के कार्यों का परीक्षण उचित-अनुचित के परिप्रेक्ष्य में किया जाता है, तो वह नैतिकता कहलाती है। इनके विकास में मूल्य की महत्वपूर्ण भूमिका होती है। मूल्य जब समाज हेतु मानक निर्धारित करता है तो वह नीतिशास्त्र का विकास करता है। इसी तरह यदि व्यक्तिगत आचरण निर्धारण से नैतिकता का विकास होता है।

वहीं नैतिकता किसी व्यक्ति के क्रियाकलाप का मूल्यांकन करती है कि वह कार्य उचित है या अनुचित, सही है या गलत है और यह मूल्यांकन मूल्यों के समुच्चय के माध्यम से होता है।

अर्थात् जहां नीति शास्त्र एक सामाजिक अवधारणा है, वहीं नैतिकता व्यक्तिगत अवधारणा है। नीति शास्त्र को दो तरीके से निर्धारित किया जाता है- आंतरिक एवं बाह्य कारक।

आन्तरिक निर्धारक कारकों में सामाजिक, सांस्कृतिक एवं मनोवैज्ञानिक कारक हैं।

नीति शास्त्र के सामाजिक निर्धारक कारकों में परिवार, मित्र, सगे-संबंधियों से रीति-रिवाज, प्रथा परम्परा को सीखते हैं, जो अच्छे-बुरे कार्यों के लिए मानदण्ड प्रस्तुत करते हैं।

वहीं सांस्कृतिक निर्धारक कारक भारत जैसे देशों में नीति निर्धारक में अहम भूमिका निभाते हैं, जैसे-परोपकारिता, मानव सेवा के मूल्य प्रत्येक व्यक्ति में निहित हैं; जबकि पाश्चात्य संस्कृति में व्यक्तिवादी मूल्य पाया जाता है।

इसी तरह धार्मिक कारक भी नीति निर्धारण में अहम भूमिका निभाते हैं, जैसे जैन धर्म के त्रिरत्न एवं बौद्ध धर्म के अष्टांगिक मार्ग।

इसी प्रकार बाह्य निर्धारक कारक में मुख्यत: नियम कानून, न्यायिक संस्था, प्रशासन इत्यादि हैं।

नियम कानून किसी देश के नैतिकता के निर्धारित कारकों में अहम भूमिका निभाते हैं, जैसे विधायिका के माध्यम से विभिन्न आधार-संहिताओं को लागू करने का प्रयास किया जाता है। इसी तरह प्रशासन एवं न्यायिक संस्था भी नैतिकता को निर्धारित करती है, जैसे प्रशासन विभिन्न कानूनों को लागू करने के प्रति जवाबदेह होता है तथा न्याय पालिका द्वारा समय-समय पर अनुच्छेद-21 को परिभाषित कर नागरिकों के अधिकारों की रक्षा की जाती है।

प्रश्न-12: ''काण्ट का नीतिशास्त्र आकारवादी एवं कठोरतावादी है।'' इस मत का आलोचनात्मक परीक्षण कीजिये तथा नैतिक जीवन में काण्ट के नैतिक सिद्धान्त के महत्व का मूल्यांकन कीजिये।

उत्तर: काण्ट के अनुसार नैतिक नियमों के प्रति श्रद्धा की भावना से प्रेरित होकर नियमों के अनुकूल कर्म की अनिवार्यता ही कर्तव्य है। काण्ट का नीतिशास्त्र आकारवादी एवं कठोरतावादी इसलिए है, क्योंकि यह कर्तव्य के लिए कर्तव्य का आदेश देता है; जो आन्तरिक एवं बाह्य दबावों से मुक्त होता है।

काण्ट के अनुसार, कर्तव्य का पालन प्राप्ति नहीं, बल्कि आदर्श है। काण्ट आगे बताते हैं कि नैतिकता ईश्वर व भावना दोनों से मुक्त स्वतंत्र बौद्धिक या निरपेक्ष नियम है। काण्ट की आलोचना इस बात के लिए की जाती है कि सच बोलना यदि हमारा नैतिक कर्तव्य है तो काण्ट से पूछा जा सकता है कि सच बोलने से यदि किसी की जान चली जाये तो क्या करना चाहिए।

दूसरे, इस बात की भी आलोचना की जाती है कि यह सिद्धान्त भावना एवं परिणाम को महत्व न देने से कठोरतावाद की ओर जाता है। इसी प्रकार काण्ट के नैतिक सिद्धांत के महत्व का मूल्यांकन करें, तो काण्ट ने बताया कि इस प्रकार कार्य करो कि स्वयं तुममें तथा दूसरे में निहित मनुष्यता साधन मात्र न रहकर सदैव अपने आप में साध्य बन जाये, जो दूसरे की स्वतंत्रता एवं प्रतिष्ठा का पूर्ण सम्मान करती है। दूसरे व्यक्ति भय या प्रलोभन से न कार्य करें, क्योंकि ऐसा करने से नैतिकता शून्य हो जाती है।

प्रश्न-13: लोक सेवकों द्वारा सामना की जाने वाली नैतिक दुविधाओं की व्याख्या कीजिये। क्या अंतरात्मा उनके समाधान में सहायक होगी ? विवेचना कीजिये।

उत्तर: जब एक लोक सेवक के जीवन में एक तरफ मूल्य तथा दूसरी तरफ नियमबद्धता होती है तथा उन्हें इनमें से किसी एक को चुनना अनिवार्य होता है, तो वहाँ एक लोक सेवक के जीवन में नैतिक दुविधा उत्पन्न हो जाती है। इसी तरह विभिन्न नैतिक मूल्यों के बीच संघर्ष जैसे कर्तव्यनिष्ठा और करूणा के बीच टकराव, किसी गरीब भ्रष्ट अधिकारी को सस्पेंड किया जाये कि उसके परिवार को देखते हुए माफ किया जाये। इसके अतिरिक्त कर्मचारियों के हितों को प्राथमिकता दी जाये या व्यापक सामाजिक हितों को। कार्यालय की सम्पत्ति का व्यक्तिगत हित के लिए उपयोग करूं की न करूं। वहीं अंतरात्मा वह आन्तरिक शक्ति है, जिसमें व्यक्ति उचित और अनुचित मूल्यों का निर्णय करता है।

प्रशासकों को अंतरात्मा की आवाज से वहां कार्य करना चाहिए, जहां कानून नियम, विनियम में अस्पष्टता हो और उनकी एक से अधिक व्याख्या हो, तो वहां अंतरात्मा का प्रयोग करें। इसके अतिरिक्त सिविल सेवकों को नैतिकता दुविधा का समाधान, संविधान या कानून के अनुरूप निर्णय लेना या सामाजिक दुविधा का समाधान, संविधान या कानून के अनुरूप निर्णय लेना या सामाजिक सांस्कृतिक मूल्यों और सुधारकों, विचारकों को संज्ञान में रखकर निर्णय लेना तथा अपने सीनियर से मार्गदर्शन प्राप्त करना।

ये सभी विकल्प न होने पर अंतरात्मा की आवाज से निर्णय लें, जैसे-जहां अधिकारी के पास स्पष्ट रूप से विवेकाधीन शक्तियां हो, वहां अंतरात्मा का प्रयोग किया जा सकता है। जैसे- उग्र भीड़ पर गोली चलवाने या न चलवाने का निर्णय। अंतरात्मा एक लोक सेवक को सार्वभौमिक कल्याण के उद्देश्य से कार्य करने हेतु प्रेरित करती है। ऐसे में नैतिक दुविधा में अंतरात्मा की आवाज को वरीयता प्रदान करते हुए अधिकतम कल्याण की भावना वाले कदम उठाने चाहिए।

प्रश्न-14: भ्रष्टाचार की चुनौतियाँ क्या हैं ? समाज में उन्हें रोकने के लिए आपके अनुसार क्या कदम उठाने चाहिये ? व्याख्या कीजिये।

उत्तर : भ्रष्ट आचरण अथवा भ्रष्ट व्यवहार करना/कदाचारपूर्ण, गैर कानूनी, अनैतिक और अनुचित व्यवहार को भ्रष्टाचार कहते हैं। प्रशासन में भ्रष्टाचार से तात्पर्य किसी सरकारी (लोक सेवक) कर्मचारी द्वारा अपने सार्वजनिक पद, सत्ता या स्थिति का दुरूपयोग करते हुए आर्थिक या अन्य प्रकार का लाभ उठाने से है। संथानम समिति के अनुसार, शक्तियों का स्वार्थ भरा उपयोग या किसी लोक कार्यालय से जुड़ी प्रतिष्ठा का उपयोग अपने लाभ हित में या गलत उपयोग करना भ्रष्टाचार है।

भारतीय दण्ड संहिता की धारा-161 में भ्रष्टाचारी वह है, जो व्यक्ति शासकीय सेवा में होते या होने की आशा से अपने या अन्य किसी व्यक्ति के लिए विधिक पारिश्रमिक से अधिक धन लेता है या स्वीकार करता है, प्रयास करता है, या तैयार होता है, या किसी कार्य को करने न करने के लिए उपहार स्वरूप या अपने शासकीय कार्य करने में किसी व्यक्ति के प्रति पक्षपात या उपेक्षा या किसी व्यक्ति की कोई सेवा या कुसेवा का प्रयास केन्द्रीय या राज्य सरकार या संसद या विधानमण्डल या किसी लोक सेवक के संदर्भ में करता है, तो वह तीन वर्ष कारावास तथा जुर्माना, दोनों दण्ड का भागी होगा।

भ्रष्टाचार निरोधक अधिनियम, 1947 में भ्रष्टाचार एक आपराधिक कार्य है, इस अधिनियम के अनुसार आपराधिक कदाचार के अंतर्गत निम्न पांच तरह के कार्य आते हैं।

1. उपहार या इनाम को स्वीकार करने की आदत,
2. मूल्यवान वस्तु को प्राप्त करना,
3. गबन,
4. आर्थिक लाभ के लिए पद का दुरूपयोग और,
5. ज्ञात आय स्त्रोत से अधिक सम्पत्तियों का स्वामी होना।

कदाचार से लिप्त लोकसेवकों को कम से कम एक वर्ष और अधिक से अधिक 7 (सात) वर्ष तथा जुर्माना दोनों हो सकती है।

जन प्रतिनिधि अधिनियम (1950) के अर्न्तगत भ्रष्टाचार की परिभाषा में राजनीतिक कदाचारों को भी शामिल किया गया है। इसकी धारा 23 में निम्न आधारों को भ्रष्टाचार की श्रेणी में रखा गया है-

1. रिश्वत
2. अनुचित प्रभाव,
3. भाषा, समुदाय, जाति, वर्ग, धर्म के आधार पर मतदान करने, न करने की अपील करना तथा धार्मिक या राष्ट्रीय संकेतों, चिन्हों का मतदान में उपयोग करना।
4. दो या अधिक वर्गों में वैमन्यस्यता फैलाना।
5. मतदान केन्द्रों के वाहनों का निजी सेवा में उपयोग।
6. सरकारी कर्मचारियों की सहायता प्राप्त करना आदि।

भारत में भ्रष्टाचार शासन में सत्यनिष्ठा के अभाव तथा ईमानदारी के अभाव को दर्शाता है। अतः भ्रष्टाचार निष्ठा के सामान्य मानदण्डों में विलयन का एक रूप है। भ्रष्टाचार अपने व्यक्तिगत हितसाधन हेतु अपनी स्थिति पद या साधनों का जानबूझकर किया गया सोद्देश्य प्रत्यक्ष या अप्रत्यक्ष दुरूपयोग है, चाहे वह आर्थिक लाभ के लिए किया गया हो अथवा शक्ति, प्रतिष्ठा या प्रभाव की वृद्धि के लिए हो।

यह दुरूपयोग न्याय संगत तथा सामान्यता स्वीकृत प्रतिमानों से अधिक और अन्य व्यक्तियों के अथवा पूरे समाज के हितों के लिए हानिकारक होता है।

प्रश्न-15: प्रकरणः निशांत सामाजिक रूप से संवेदनशील, समाजवादी विचार के बुद्धिजीवी एवं प्रोफेसर हैं। वे अपने लेखों, भाषणों और मीडिया के माध्यम से मजदूरों, अल्पसंख्यकों, दलितों, महिलाओं एवं जनजातियों के स्वर को मुखरित करते हैं। एक पार्टी भी उन्हें अपने थिंक टैंक में रखे हुये है। इसी क्रम में वे आह्वान करते हैं कि सम्मानित जनों, प्रबुद्धों, राजनीतिज्ञों एवं अधिकारियों को अपने बच्चों को सरकारी स्कूलों में प्रवेश दिलाना चाहिये। प्रवेश के महीनों में अभिजात्य स्कूलों के मापदण्डों पर बहस होती है और उसकी शिक्षा के हित में आलोचना भी होती है, जिसमें निशांत भी सम्मिलित रहते हैं; किन्तु पता चलता है कि वे स्वयं अपने बच्चे को एक अभिजात्य स्कूल में प्रवेश दिलाने हेतु प्रयासरत हैं। अतः उनके इस कृत्य को आलोचना भी होती है। कहा जाता है कि वे 'करते कुछ हैं और कहते कुछ हैं।' अतः प्रश्न हैः

1. **क्या निशांत को भी अपने बच्चे को सरकारी स्कूल में प्रवेश दिला देना चाहिये?**
2. **क्या निशांत को बौद्धिक विमर्श त्याग देना चाहिये?**
3. **क्या उन्हें अपने पार्टी के लोगों को अपने समर्थन में खड़ा करना चाहिये?**
4. **या अपने बच्चे का प्रवेश अभिजात्य स्कूल में करा देना चाहिये। विवेचना कीजिये।**

उत्तरः इस प्रश्न में निशान्त के सिद्धांत एवं व्यवहार में टकराव है, क्योंकि निशान्त एक समाजवादी विचारक एवं बुद्धिजीवी प्रोफेसर हैं और दलित महिलाओं के मुद्‌दों को विभिन्न मंचों पर उठाते रहे हैं। निशान्त सरकारी स्कूलों में सरकारी अधिकारियों एवं राजनीतिज्ञों के बच्चों के प्रवेश के लिए आन्दोलन भी संचालित करते रहे हैं। उपर्युक्त प्रश्न में यह स्पष्ट नहीं है कि क्यों निशान्त अपने बच्चे को एक अभिजात्य स्कूल में प्रवेश दिलाना चाहते हैं, जब कि वे स्वयं सरकारी स्कूलों में प्रवेश को लेकर आन्दोलन करते रहे हैं। इस परिस्थिति में दो विकल्प बनते हैं:- (i) क्या अभिजात्य स्कूलों में बच्चे के एडमिशन के पीछे उनका स्वार्थ छिपा है। (ii) या किसी मजबूरी में अभिजात्य स्कूल में बच्चे के प्रवेश दिलाने हेतु मजबूर हैं।

1. इस क्रम में प्रथम प्रश्न के उत्तर के सन्दर्भ में निशान्त को अपने बच्चे को सरकारी स्कूल में प्रवेश दिला देना चाहिए, क्योंकि निशान्त संवेदनशील, बुद्धिजीवी प्रोफेसर हैं और वे लोगों से आह्वान करते हैं कि सभी प्रबुद्धजनों, सरकारी अधिकारियों एवं राजनीतिज्ञों को सरकारी स्कूल में प्रवेश दिलाना चाहिए। इससे निशान्त के कदमों से और लोग प्रभावित होकर, अपने बच्चों को सरकारी स्कूल में प्रवेश दिलायेंगे।
2. यदि निशान्त अपने बौद्धिक विमर्श को त्यागें तो समाज में गलत संदेश जायेगा, जिससे उनकी छवि को धक्का लगेगा। दूसरे अन्य बौद्धिक लोग भी सामाजिक दायित्वों से पीछे हटेंगे। अतः निशान्त को अपने सिद्धान्तों से पीछे नहीं हटना चाहिए।7
3. यदि निशान्त अपने पार्टी के लोगों को अपने समर्थन में खड़ा करते हैं तो पार्टी के अन्दर और बाहर गलत संदेश जायेगा, जिससे उनकी समाजवादी छवि प्रभावित होगी। दूसरे यदि पार्टी के लोगों को उनके सिद्धांत एवं व्यवहार की कमजोरियों का पता चलेगा, तो खुद ब खुद पार्टी के सदस्य उनसे दूरियां बना लेंगे।
4. निशान्त यदि अपने बच्चे का प्रवेश आभिजात्य स्कूल में कराते हैं तो लोगों में उनकी समाजवादी, संवेदनशील, बुद्धजीवी छवि को धक्का लगेगा और लोग मानेंगे कि यह सिद्धान्त में कुछ और स्वीकार करते हैं और व्यवहार में कुछ और हैं। यह निशान्त के सामाजिक दायित्वों से पीछे हटना प्रदर्शित करता है, जिससे समाज में गलत संदेश जायेगा।

अतः निशान्त को अपने बच्चों का प्रवेश सरकारी स्कूल में कराना चाहिए। इस तरह निशान्त के इस कदम से लोग प्रभावित होंगे और प्रबुद्ध लोग उनके कदमों पर चलेंगे।

प्रश्न-16: जनसमूह की अभिवृत्ति परिवर्तन में विश्वासोत्पादक संवाद के महत्व की विवेचना कीजिये।

उत्तरः विश्वासोत्पादक संवाद द्वारा जनसमूह की अभिवृत्ति में परिवर्तन एक अच्छा नेतृत्व कर सकता है, जिसमें नेतृत्व अपने अभिवृत्ति कौशल से दूसरे को प्रभावित कर सकता है और जनसमूह का मार्गदर्शन कर उनकी अभिवृत्ति को परिवर्तित कर सकता है।

अभिवृत्ति परिवर्तन संवादकर्ता निम्न माध्यम से कर सकता है- जैसे जनसमूह की भाषा की उचित पकड़ और प्रभावी संचार के माध्यम से उनकी समस्याओं को समझ कर और उनकी आवश्यकता को ध्यान में रखकर, जनसमूह में सकारात्मक अभिवृत्ति का विकास कर सकता है।

इसके अतिरिक्त, विश्वासोत्पादक संवाद में नेतृत्वकर्ता, सांस्कृतिक मूल्यों एवं रूचि के अनुरूप जनसमूह की अभिवृत्ति में सकरात्मक मूल्यों का विकास का सकता है।

इसके साथ ही एक अच्छा संवाद जनसमूह की अभिवृत्ति में इस तरीके से परिवर्तन कर सकता है, क्योंकि अच्छा नेतृत्व संवादकर्ता अभिवृत्तियों के माध्यम से सामाजिक जगत की समझ और उनके निरूपण करने तथा समाज की विभिन्न रूढ़ि या पराम्परा के प्रति असंतोष को दूर करने में मदद करता है।

विश्वासोत्पादक संवाद द्वारा ही किसी जनसमूह में किसी आचरण के सम्बन्ध में सहमति पैदा करना और व्यक्ति या समाज के भीतर सकारात्मक अभिवृत्ति का विकास किया जा सकता है।

इसके अलावा जनसमूह में सामाजिक स्वीकृति के अनुरूप व्यवहार कौशल, आत्म-संतोष की भावना के द्वारा व्यक्ति के अहम् को दूर करने का कार्य किया जा सकता है।

प्रश्न-17: ''भावनात्मक बुद्धि तत्वतः एक सैद्धान्तिक सम्प्रत्यय नहीं है, किन्तु बहुआयामी सामाजिक कौशल है।'' इस कथन के परिप्रेक्ष्य में भावनात्मक बुद्धि की अवधारणा तथा आयामों की व्याख्या कीजिये।

उत्तरः स्वयं विचारों मनोभावों एवं संवेगों तथा दूसरों के विचारों, मनोभावों एवं संवेगों को समझने उन्हें प्रबंधित करने तथा अच्छी तरह व्यक्त करने की क्षमता भावनात्मक बुद्धिमत्ता कहलाती है।

दूसरे प्रशासनिक आयोग ने अपनी चौथी रिपोर्ट 'एथिक्स इन गवर्नेन्स' में लिखा है कि 'सुशासन का आधार नैतिक गुण होते हैं और यह कार्यों को सही ढंग से करने और सही परिणाम तक ले जाने का दूसरा नाम है।' प्रशासन में यह सही शब्द उन मूल्यों की व्याख्या है जो संविधान में समाहित हैं। कानून की सारी प्रक्रियाएं और संहिताएं इन्हीं मूल्यों से जन्म लेती हैं और सिविल सेवकों को इन्हीं विधि सम्मत प्रक्रियाओं के अनुसार अपना काम करना पड़ता है। मैक्स वेबर का आदर्शवादी दर्शन यह मानता है कि, नौकरशाही कानूनों के माध्यम से विवेकपूर्ण कार्य करने (Legal Rational) का तरीका है और यह विवेक ही वास्तविकता है। हीगल का मत था कि – 'Real is Rational and Rational alone is Real' एक सिविल सेवक अपने विवेक के द्वारा ही अपने आप को अपनी निजता से पृथक कर सकता है और यह अव्यक्तीकरण (Depersonalisation) ही उसे ईमानदार और वस्तुपरक (Objective) बनाता है। जर्मनी के पर्सिया राज्य में उत्पन्न होने वाली यह वैबेरियन ब्यूरोक्रेसी पूरे प्रशासन को कानूनी विवेक की दृष्टि (Legal Rational) से देखती है। इसके अनुसार विवेक ही एक ऐसी मानव क्षमता है जिससे जनहित के अर्थ (Public Good) को एक प्रशासक के मस्तिष्क में संकल्पित किया जा सकता है और फिर इन कार्यो को सत्यनिष्ठा, अनुशासन तथा स्वच्छता के साथ वास्तविक जीवन में कानूनी अंजाम भी दिया जा सकता है। सभी योग्यता तंत्र (Meritocracies) वेबर की इस विवेकशीलता के आधार पर एक ऐसा प्रशासन तन्त्र खड़ा करना चाहते हैं जो नैतिक, कानूनी और बुद्धिसम्मत हो। नैतिक, कानूनी और विवेक सम्मत (Moral, Legal and Rational) को समानार्थी और अन्योन्याश्रित मानने वाला वेबर ब्यूराक्रेसी को एक आदर्श मानसिक संकल्पना (Ideal Mental Construct) मान कर चलता है। यह आदर्श स्थिति विवेकपूर्ण होने के कारण नैतिक और कानूनी भी मानी जा सकती है। इसलिए प्रशासन में नैतिकता का समावेश तभी सम्भव हो सकता है, जब सिविल सेवक कानून की कठोरता से अनुपालना करे और कानून केवल वही माना जाए जो 'विवेक' के शब्दों को वाणी दे सके।

प्रश्न-18: सिविल सेवा के सन्दर्भ में निम्नलिखित की प्रासंगिकता की विवेचना एवं मूल्यांकन कीजियेः

(अ) सत्यनिष्ठा

(ब) निष्पक्षता

(स) वस्तुनिष्ठता

(द) गैर-तरफदारी

उत्तरः (अ) सत्यनिष्ठा- व्यक्ति का यह आचरण जो प्रत्येक स्थिति एवं परिस्थिति में नैतिक सिद्धांतों के अनुरूप हो, सत्यनिष्ठा कहलाता है। सत्यनिष्ठा में सिविल सेवकों से अपेक्षा की जाती है कि वे व्यक्तिगत, सामाजिक, पेशेवर रूप से सत्यनिष्ठ हो। जब व्यक्ति विपरीत परिस्थितियों में भी अपने मूल्यों, सिद्धान्तों एवं विश्वास को बनाए रखता है तो वह स्थिति सत्यनिष्ठा कहलाती है।

सिविल सेवकों में सत्यनिष्ठा की प्रासंगिकता

1. सिविल सेवा पर लोगों का विश्वास एवं भरोसा बढ़ेगा।
2. संगठन में अनुशासन एवं न्याय का वातावरण बना रहेगा।
3. सिविल सेवा के उच्च अधिकारी सत्यनिष्ठता का आचरण करते हैं तो अधीनस्थ कर्मचारी भी सत्यनिष्ठा के मूल्य को सीखने का प्रयास करेंगे।

सिविल सेवा में सत्यनिष्ठा लाने के लिए संगठन के मूल्यों एवं आचरण संहिता का सदैव पालन करें। सिविल सेवक सदैव एक नेतृत्वकर्ता होने के नाते सफलता-असफलता की जिम्मेदारी स्वयं लें।

(ब) निष्पक्षता- किसी पूर्वाग्रह, धारणा या मान्यता से जुड़े बिना वस्तुनिष्ठ आधार पर निर्णय करना ही निष्पक्षता कहलाती है। यह अपने निर्णय में तथ्य, साक्ष्य एवं आँकड़ों को महत्व प्रदान करता है।

निष्पक्षता की प्रासंगिकता

1. निष्पक्षता से किसी धर्म, समुदाय, संस्था, जाति, राजनीति के प्रति तटस्थ बना जा सकता है।
2. सिविल सेवक निर्णय लेते समय खुले व्यवहार से आन्तरिक, बाह्य दोनों पक्षों में समरूपता बनाये रखने की कोशिश करता है। अतः सिविल सेवक निष्पक्ष बने रहने के लिए Code of Conduct के आधार पर निर्णय करे।

जातिगत, धार्मिक पूर्वाग्रह से तटस्थ रहे। सिविल सेवक सदैव संविधान के मूल्यों के प्रति तटस्थ रहे।

(स) वस्तुनिष्ठता- वस्तुनिष्ठता में सिविल सेवकों से अपेक्षा की जाती है कि राग, द्वेष, प्रेम, घृणा से परे होकर बिना पूर्वाग्रह के आचरण करे।

प्रासंगिकता

1. इससे सिविल सेवक बोर्ड कोई भी निर्णय प्रामणिक तथ्यों के आधार पर निर्णय लेगा। सिविल सेवक निर्णय में सदैव नियम कानून के दायरे में करना चाहिए।

सिविल सेवक यदि निष्पक्ष होगा, तो निर्णय वस्तुनिष्ठ तरीके से कर पायेगा।

अतः सिविल सेवक से अपेक्षा की जाती है कि निर्णय, नियम, कानून, विवियमन के आधार पर होना चाहिए न कि सुनी सुनायी बातों के आधार पर निर्णय लेना चाहिए। इसके अतिरिक्त अपने कर्तव्यों के निर्वहन के दौरान गोपनीयता बरतें।

(द) गैर-तरफदारी- सिविल सेवकों से अपेक्षा की जाती है कि वह विधि के अनुरूप कार्य करे, जिससे सिविल सेवक व्यक्ति विशेष को जानबूझकर लाभ न पहुंचाएं, न ही हानि पहुंचाए तथा निर्णय योग्यता एवं खुलापन के आधार पर करें।

प्रासंगिकता

1. सिविल सेवक बिना किसी विचारधारा तथा पूर्वाग्रह से ग्रसित होते हुए विभिन्न मानदण्डों के अनुरूप निर्णय लेगा।
2. सिविल सेवक किसी राजनीतिक दबाव या मानसिकता से प्रभावित नहीं होगा।
3. सिविल सेवक किसी व्यक्ति, समुदाय या संस्था के साथ अधिगामी बर्ताव नहीं करेगा या निजी हित नहीं देखेगा।

अतः सिविल सेवक न किसी राजनीतिक गतिविधि में भाग लेगा और न ही संलग्न होगा। सिविल सेवक नियमों का पालन करेगा और वह सदा कोड ऑफ कंडक्ट के आधार पर आचरण करेगा तथा संवैधानिक मूल्यों को तरजीह देगा।

प्रश्न-19: ''अभिवृत्तियाँ हमारे अनुभवों का परिणाम है।'' इस कथन के सन्दर्भ में अभिवृत्ति निर्माण हेतु उत्तरदायी कारकों की व्याख्या एवं मूल्यांकन कीजिये।

उत्तर: अभिवृत्ति, अनुभव का परिणाम इस संदर्भ में है कि अभिवृत्ति का परीक्षण व्यक्तित्व के परीक्षण से सम्बन्धित है और व्यक्तित्व का प्रकटीकरण मनोवृत्ति के माध्यम से होता है। अतः मनोवृत्ति को समझने के लिए व्यक्तित्व को समझना जरूरी है।

अधिकांश अभिवृत्ति का निर्माण सामाजिक व्यवहार द्वारा सीखी जाती है। केवल 2 से 3 प्रतिशत अभिवृत्ति ही जन्मजात होती है।

सामान्यत: अभिवृत्ति आंतरिक मूल्य, बाह्य व्यवहार से मिलकर बनी होती है और यह जन्मजात नहीं होती है। इसलिए अभिवृत्ति में परिवर्तन हो सकता है, किन्तु जन्मजात अभिवृत्ति स्थायी होती है और उसमें परिवर्तन सम्भव नहीं है। इसी क्रम में अभिवृत्ति निर्माण के सामाजिक व्यावहारिक कारकों को देखें तो निम्न तरीके ज्ञात होता है।

1. यदि किसी व्यक्ति या वस्तु से, अन्य व्यक्ति की आवश्यकताओं की पूर्ति हो रही हो तो उसके मन में उस व्यक्ति या वस्तु के प्रति सकारात्मकता का निर्माण होगा। यदि नहीं तो नकारात्मक अभिवृत्ति का निर्माण होगा।
2. इसी तरह सांस्कृतिक कारक भी अभिवृत्ति के निर्माण में सहायक हैं; जैसे जो सांस्कृतिक मूल्य उचित या शुभ माने जाते हैं, उनसे सकारात्मक सांस्कृतिक अभिवृत्ति का निर्माण होगा।
3. अभिवृत्ति के निर्माण में सामूहिक संबंध भी महत्वपूर्ण भूमिका निभाते हैं, जैसे परिवार से प्राथमिक अभिवृत्ति का निर्माण। वहीं, मित्र मण्डली एवं सामाजिक संस्थाों से द्वितीयक अभिवृत्ति का निर्माण होता है।
4. इसी प्रकार सामाजिक मनोविज्ञान में माना जाता है कि अधिकांश अभिवृत्ति सामाजिक अधिगम से बनती है। जैसे कोई दैनिक क्रिया बार-बार करने से वह क्रिया हमारी आदत बन जाती है और उसे न करने पर व्यक्ति अधूरा-अधूरा महसूस करता है।

प्रश्न-20: एक जन सूचना अधिकारी को 'सूचना का अधिकार अधिनियम' के अन्तर्गत एक आवेदन मिलता हैं। वांछित सूचना एकत्र करने के बाद उसे पता चलता है कि वह सूचना स्वयं उसी के द्वारा लिये गये कुछ निर्णयों से सम्बन्धित है, जो पूर्ण रूप से सही नहीं थे। इन निर्णयों में अन्य कर्मचारी भी सहभागी थे। सूचना प्रकट होने पर स्वयं उसके तथा अन्य सहयोगियों के विरूद्ध अनुशासनात्मक कार्रवाई हो सकती है, जिसमें दण्ड भी सम्भावित है। सूचना प्रकट न करने पर या आंशिक सूचना उपलब्ध कराने पर कम दण्ड या दण्ड मुक्ति भी मिल सकती है।

जन सूचना अधिकारी एक ईमानदार एवं कर्त्तव्यनिष्ठ व्यक्ति हैं, परन्तु जिस विशिष्ट निर्णय, जिसके सम्बन्ध में आर.टी.आई. में आवेदन किया गया है, वह गलत निर्णय है।

वह अधिकारी आपके पास सलाह के लिए आता है। ऐसी स्थिति में आप उसे क्या सलाह देंगे? तर्कपूर्ण ढंग से व्याख्या कीजिये।

उत्तर: ऐसी स्थिति में निम्नलिखित सलाह देंगे-

1. पीआईओ को इस मामले में किसी प्रकार की लापरवाही बरते बिना अपने ज्येष्ठ अधिकारी को उसकी सलाह के लिए संदर्भित करना ही चाहिए। ज्येष्ठ अधिकारी के आदेशानुसार उसे कार्य करना चाहिए। पीआईओ स्वयं इस मामले से जुड़ा है, इसलिए उसकी राय का महत्व स्वत: ही समाप्त हो जाता है।
2. इस प्रकार का पलायनवादी नजरिया ही लालफीताशाही को बढ़ावा देता है इसलिए किसी भी स्थिति में ऐसा नहीं किया जाना चाहिए।
3. पीआईओ द्वारा सूचना की अंतर्वस्तु के साथ समझौता करना ही एक प्रकार की अनैतिकता है, इसलिए इस विकल्प को हतोत्साहित किया जाना चाहिए।
4. पीआईओ द्वारा सहयोगियों से राय-मशविरा करने पर मतभिन्नता की स्थिति पैदा होगी और कहीं न कहीं सत्यनिष्ठा के प्रभावित होने का खतरा बढ़ जाएगा, इसलिए यह विकल्प भी स्वीकार करने योग्य नहीं है।

सामान्य अध्ययन मुख्य परीक्षा - 2019
हल प्रश्न-पत्र 1

कुल अंक : 200 **समयावधि : 3 घण्टे**

लघुउत्तरीय प्रश्न खण्ड-अ/Section-A

प्रश्न-1: प्राचीन भारत में 'प्रयागराज' के सांस्कृतिक महत्व का वर्णन कीजिये।

उत्तर: प्राचीन काल से ही उत्तर प्रदेश को संस्कृति की नई-नई धाराएं सींचती आई है, जिसके काशी, अयोध्या, मथुरा तथा प्रयाग प्रमुख केन्द्र रहे हैं, इनमें से प्रयाग का अपना विशेष महत्व रहा है, जो निम्नलिखित हैं:-

- यहां प्रति 12 वर्ष में लगने वाला कुम्भ मेला जहां देश के कोने-कोने से लोग आते थे। संस्कृति एवं सभ्यता का अनुपम संगम है।
- पुराणों में ऐसी मान्यता है कि भगवान राम ने राजा दशरथ का पीण्डदान यही संगम के किनारे स्थित कल्पवृक्ष के नीचे किया था।
- यहां गंगा, यमुना एवं सरस्वती के संगम पर प्रतिवर्ष लगने वाले माघ मेला प्राचीन काल से आस्था का केन्द्र रहा है, जहां एक महीने के कल्पवास में भारतीय धार्मिक संस्कृति के भव्य दर्शन होते हैं। तीर्थराज के नाम से विभूषित प्रयाग का भारतीय प्राचीन संस्कृति में अद्वितीय स्थान है, जो यहां स्थित अशोक के स्तम्भ लेख एवं ऋषि भारद्वाज के आश्रम में देखने को मिलता है।

प्रश्न-2: 600-300 ईसा पूर्व में मानव के सामाजिक-आर्थिक विकास में लौह खनिज की भूमिका का वर्णन कीजिए?

उत्तर: 600-300 ईसा पूर्व में लौह खनिज का विकास हो जाने से मानव के सामाजिक-आर्थिक विकास पर निम्नलिखित प्रभाव दृष्टिगत होते हैं:-

''लोहे की कुल्हाड़ी से जंगल साफ करना आसान हो गया। जंगल साफ करना आसान हो गया। साथ ही लोहे के फाल से गहरी जुताई के कारण अधिक उपज होना स्वाभाविक था, जो कि बड़े नगरों के प्रादुर्भाव में अत्यंत सहायक सिद्ध हुआ।

शिल्पकर्मियों की महत्ता बढ़ी व्यापार में वैश्यवर्ग संलग्न हुआ तो कृषि कार्यों से शूद्रों की महत्ता बढ़ी, इनकी सामाजिक स्थिति में परिवर्तन आया वैदिक काल की तुलना में इनकी स्थिति में अपेक्षित सुधार हुआ।''

प्रश्न-3: ब्रिटेन की औद्योगिक क्रांति का भारत के आर्थिक जीवन पर पड़ने वाले प्रभावों का आलोचनात्मक परीक्षण कीजिये।

उत्तर: ब्रिटेन में औद्योगिक क्रांति होने के बाद वहां तीव्र मशीनीकरण के कारण उत्पादन में तीव्र वृद्धि हुई, जिसका भारत पर निम्नलिखित प्रभाव पड़ा:-

- भारत ब्रिटिश उत्पादों के लिये एक बड़ा बाजार बनकर उभरा, जिसके कारण यहां के उत्पादों की मांग एवं संरक्षण न होने के कारण उद्योग नष्ट हो गये। साथ ही ब्रिटिश समान यहां की अपेक्षा ज्यादा सस्ते एवं गुणवत्ता युक्त थे।
- भारत अब सिर्फ ब्रिटिश उत्पादों के लिये कच्चा माल उत्पन्न करने तक सीमित हो गया, जिसके कारण न सिर्फ यहां के उद्योग खत्म हुये बल्कि यहां के कुशल कारीगर बेरोजगार हो गये, जिससे कृषि पर बोझ बढ़ा एवं गरीबी तथा भुखमरी बहुत बढ़ गई।
- कृषि में भी वही फसल उगाई जाने लगी, जिसकी मांग ब्रिटेन द्वारा की जाती थी, जिसके कारण भारत में खाद्य पदार्थों का संकट उत्पन्न हो गया।

भारत का सम्पूर्ण आर्थिक जीवन भारत में ब्रिटिश साम्राज्य की स्थापना एवं औद्योगिक क्रांति से नष्ट हो गया एवं भारतीय लोग अंग्रेजों की दया पे जीने वाले तुच्छ प्राणी बन गये और जो उद्योग अंग्रेजों के उत्पादों से मुकाबला कर सकते थे उनमें अधिकतम कर लगाकर उन्हें समाप्त कर दिया गया।

प्रश्न-4: मलिन बस्तियों में मूलभूत नागरिक सुविधाओं के विकास हेतु नगर नियोजन की भूमिका पर टिप्पणी लिखिये।

उत्तर: नगर नियोजन का तात्पर्य नगरों में सुव्यवस्थित आधारभूत ढांचे का निर्माण करके नगर निवासियों को मूलभूत सुविधायें उपलब्ध कराना है। मलिन बस्तियां शहरों से लगी हुई ऐसी अव्यवस्थित एवं अनियोजित बस्तियां होती है, जहां मूलभूत आवश्यकताओं का अभाव होता है या नाममात्र की होती है। नगर नियोजन की प्रक्रिया से न सिर्फ मलिन बस्तियों में आधारभूत ढांचे का सृजन जैसे- पानी सप्लाई की व्यवस्था, सड़क निर्माण, स्वच्छता आदि के माध्यम से मूलभूत सुविधाओं को सुधारा जा सकता है। साथ ही इन्हें भी नगरीय विकास कार्यक्रमों से जोड़कर इनका विकास सुनिश्चित किया जा सकता है।

मलिन बस्तियों में मूलभूत सुविधाओं के अभाव के कारण जीवनस्तर बहुत ही दयनीय है। इसमें सुधार तभी संभव है जब इनको वैधानिक दर्जा देकर इनका सुनियोजित एवं क्रमबद्ध विकास किया जाये तथा यहां रहने वाले लोगों के जीवन को गुणवत्तापूर्ण बनाया जाये, जो सिर्फ नगरीय नियोजन की प्रक्रिया से ही संभव है, क्योंकि इसके माध्यम से इन क्षेत्रों का त्वरित एवं दीर्घकालिक विकास होना सुनिश्चित किया जा सकता है।

प्रश्न-5: उत्तर प्रदेश में जनसंख्या वृद्धि प्रतिरूप तथा इसे रोकने में महिलाओं की भूमिका का आकलन कीजिये।

उत्तर: उत्तर प्रदेश की जनसंख्या वृद्धि में सामाजिक, सांस्कृतिक, धार्मिक एवं आर्थिक कारकों का व्यापक प्रभाव रहा है। लेकिन जैसे-जैसे आर्थिक विकास में गति आई तथा औद्योगीकरण व नगरीकरण बढ़ा, वैसे जनसंख्या की वृद्धि में आर्थिक कारकों का स्थान बढ़ता चला गया। वर्तमान में उत्तर प्रदेश में भारत की सबसे ज्यादा जनसंख्या निवास करती है। इसका एक बड़ा कारण गरीबी को माना जाता है, जिसके कारण लोग अपनी कार्य क्षमता बढ़ाने के लिये संतान पैदा करते हैं।

जनसंख्या वृद्धि को रोकना इस समय प्रदेश सरकार का मुख्य लक्ष्य है। इसे रोकने में महिलाओं की भूमिका महत्वपूर्ण साबित हो सकती है, क्योंकि अगर महिलाएं परिवार नियोजन को अपनाएं एवं आर्थिक रूप से सशक्त होकर परिवार के निर्णयों में अपना योगदान करें तो निश्चित रूप से प्रजनन दर पर इसका प्रभाव पड़ेगा। लेकिन इसके लिए जरूरी है कि महिलाओं को आर्थिक एवं सामाजिक रूप से सशक्त करने के साथ ही सामाजिक तथा पारिवारिक निर्णय निर्माण में इन्हें सहभागी बनाया जाये तथा परिवार नियोजन के कार्यक्रमों एवं जनसंख्या वृद्धि की हानियों के प्रति इन्हें जागरूक किया जाये। इसके लिए महिला साक्षरता में वृद्धि आवश्यक पहलू है।

प्रश्न-6: भारत में जनजातियों के सशक्तिकरण में मूल बाधाओं का परीक्षण कीजिये।

उत्तर: भारत में जनजातियों के सशक्तिकरण में निम्नलिखित मूल बाधायें हैं:-

- जनजाति समुदाय अभी भी समाज की मुख्यधारा में नहीं जुड़ पाया है, जिसका कारण अपेक्षित विकास न हो पाना है।
- जनजाति लोगों की अपनी सामाजिक एवं सांस्कृतिक मान्यताएं होती हैं, जिसके कारण ये लोग बाकी समाज को इन्हें खत्म करने वालों के रूप में देखते हैं, जो इन्हें मुख्यधारा में आने से रोकती है।
- जनजाति लोगों में शिक्षा एवं जागरूकता का अभाव इनके विकास में बाधा उत्पन्न करता है।
- इन लोगों की सार्वजनिक संसाधनों एवं योजनाओं तक पहुंच बहुत ही सीमित है, जिससे इनका सशक्तिकरण में बाधा उत्पन्न होती है।

जल, जंगल एवं जमीन पर निर्भर जनजाति समुदाय इन्हीं को अपना सर्वस्व समझते हैं, जिसके कारण ये लोग आर्थिक विकास के क्रम में पीछे रह गये एवं इनको मूलभूत सुविधाएं नहीं मिल पाई, जिसके कारण न तो ये आर्थिक रूप से सशक्त हो सके और न ही समाज में अपेक्षित स्थान प्राप्त कर सके। हालांकि सरकार ने इन्हें मुख्यधारा में लाने के प्रयास किये हैं एवं इनके अधिकारों को संरक्षण प्रदान किया है, लेकिन इनमें जागरूकता की कमी तथा इनके विकास हेतु बनायी गयी योजनाओं/ कार्यक्रमों का सफल रूप से क्रियान्वयन न हो सका।

प्रश्न-7: हेरिटेज आर्क क्या है? पर्यटन संभावनाओं की दृष्टि से उत्तर प्रदेश में इसके महत्व को रेखांकित कीजिये।

उत्तर: हेरिटेज आर्क उत्तर प्रदेश सरकार द्वारा प्रायोजित पर्यटन योजना है, जिसमें आगरा, लखनऊ एवं वाराणसी के पास स्थित सारे पर्यटन केन्द्रों को शामिल करते हुये, विश्व भर के सैलानियों को उत्तर प्रदेश के पर्यटन के प्रति आकर्षित करने के लिये इस आर्क का निर्माण किया गया, जिसे आगरा-लखनऊ-वाराणसी हेरिटेज आर्क कहते हैं।

प्रदेश में हेरिटेज आर्क के माध्यम से न सिर्फ सैलानियों को आकर्षित करने में सहायता मिलेगी बल्कि प्रदेश में पर्यटन उद्योग का विस्तार होगा, जिससे न सिर्फ रोजगार सृजन होगा बल्कि इन क्षेत्रों का विकास होने के साथ ही प्रदेश की अर्थव्यवस्था में पर्यटन क्षेत्र का योगदान भी बढ़ेगा, साथ ही प्रदेश के ऐतिहासिक एवं सांस्कृतिक धरोहरों के संरक्षण में भी मदद मिलेगी एवं प्रदेश, देश का प्रमुख गंतव्य स्थल बन सकेगा।

हेरिटेज आर्क हमारी समृद्ध विरासत के सांस्कृतिक, ऐतिहासिक एवं प्राकृतिक पहलुओं से लोगों को परिचित कराने के साथ ही यहां के हैण्डलूम एवं कारीगरी जैसे लघु एवं सूक्ष्म उद्योगों के लिये एक बाजार का निर्माण करने में सहायता करेगा।

प्रश्न-8: उन भौगोलिक कारकों की व्याख्या कीजिये, जिन्होंने शरणार्थियों को उत्तर प्रदेश के विभिन्न भागों में बसने के लिये आकर्षित किया।

उत्तर: उत्तर प्रदेश एक भौगोलिक विविधता वाला प्रदेश है, जिसने निम्न कारकों के कारण शरणार्थियों को आकर्षित किया-

- यहां की समतल एवं उपजाऊ भूमि है, जिसमें खेती करने में सरलता होती है।
- गंगा-यमुना का दोआब क्षेत्र जो उपजाऊ होने के साथ-साथ खेती के लिये जलोढ़ एवं सिंचाई के लिये जल प्रदान करती है।
- यहां की जलवायु, जो जीवन के लिये सुलभ है एवं मानसून से प्राप्त होने वाली वर्षा यहां के कृषि में सहायक है, जिससे लोगों के स्थाई आवास में सहायता की।
- विभाजन के समय अन्य प्रदेशों की तुलना में सिन्धी व सिक्ख शरणार्थियों को उ.प्र. में ही शरण मिली।

यद्यपि उत्तर प्रदेश अपनी प्राकृतिक स्थिति के कारण लोगों को आकर्षित करता है, लेकिन यह कुछ ही क्षेत्र तक सीमित है, जैसे पश्चिमी उत्तर प्रदेश, पूर्वांचल एवं अवध क्षेत्र क्योंकि यहां संसाधनों के साथ ही रोजगार के भी अवसर है, जो शरणार्थियों को अपनी ओर आकर्षित करते हैं।

प्रश्न-9: ''उष्ण कटिबंधीय चक्रवातों की उत्पत्ति सागरीय भागों पर होती है एवं स्थलीय भागों पर आते ही ये तूफान क्षीण होकर खत्म हो जाते हैं'' कारण सहित स्पष्ट करें।

उत्तर: कर्क एवं मकर रेखा के मध्य बनने वाले उष्णकटिबंधीय चक्रवातों की उत्पत्ति का मुख्य कारण इन क्षेत्रों के सागरीय भागों में बनने वाला निम्न वायुदाब क्षेत्र है, जिसके कारण गर्म हवाएं तेजी से ऊपर उठती है एवं ठंडी धाराएं इसके तरफ तीव्र गति से आकर्षित होती है, जिसके कारण गर्म एवं ठंडी हवायें जब संवहनीय प्रक्रिया से ऊपर उठती है, तो तीव्र वर्षा होती है।

अपनी प्रकृति के कारण ये चक्रवात समुद्र में बने निम्न दाब से स्थल भाग के उच्च दाब की तरफ तीव्र गति से आकर्षित होते हैं एवं जैसे ही स्थलीय भागों में पहुंचते हैं, तो इनकी तीव्रता क्षीण हो जाती है, क्योंकि इनकी नम हवाएं वर्षा होने के बाद उष्ण होकर ऊपर उठने लगती हैं एवं स्थल भाग का उच्च वायुदाब इन्हें समायोजित कर लेती है, जिसके कारण चक्रवात का निम्न वायुदाब क्षेत्र, जो हवाओं को आकर्षित कर रहा होता है, समाप्त हो जाता है एवं चक्रवात सागर तट से कुछ ही स्थलीय दूरी पर पहुंचते ही क्षीण होकर खत्म हो जाता है।

प्रश्न-10: उत्तर प्रदेश की लघु सिंचाई परियोजनाओं का सोदाहरण सहित विवरण दें।

उत्तर: 2000 हेक्टेयर से कम क्षेत्र की सिंचाई करने वाले साधन लघु सिंचाई परियोजनाओं के अन्तर्गत आते हैं। इसके अन्तर्गत कुआं, नलकूप, डीजल पम्पसेट, तालाब, ड्रिप सिंचाई, स्प्रिकल एवं एनीकट आदि शामिल किये जाते हैं।

उत्तर प्रदेश में सबसे ज्यादा सिंचाई लघु सिंचाई साधनों से की जाती है, जिसमें नलकूप प्रमुख है। इसके लिये सरकार विद्युत सब्सिडी देती, वही तालाब एवं छोटे बांध भी सिंचाई के महत्वपूर्ण साधन है, जिसके लिये सरकार मनरेगा के माध्यम से नये तालाबों का निर्माण एवं पुराने तालाबों का पुनः उद्धार कार्यक्रम चला रही है, वही सरकार वर्षा जल के संरक्षण के लिये छोटे-छोटे बांधों का भी निर्माण कर रही है। इसके अलावा कुओं का नवीनीकरण एवं ड्रिप सिंचाई की तकनीक को बढ़ावा दे रही है।

हालांकि लघु सिंचाई से बड़ी मात्रा में सिंचाई की जाती है, लेकिन सरकार नहरों का जल भी बिछा रही है, जिसमें ऊपरी गंगा नहर, शारदा नहर, आगरा नहर, पूर्वी यमुना नहर, बेतवा नहर, बेलन नहर, गोकुल बैराज, लवकुश बैराज आदि प्रमुख है।

दीर्घउत्तरीय प्रश्न खण्ड-ब/Section-B

प्रश्न-11: वैदिक शिक्षा व्यवस्था की प्रमुख विशेषताओं का वर्णन कीजिये एवं वर्तमान में इसकी सार्थकता की समीक्षा कीजिए?

उत्तर: वैदिक काल में शिक्षा प्राप्ति के लिये छात्रों को गुरू के आश्रम भेजा जाता था, जहां शिष्य मौखिक रूप से शिक्षा ग्रहण करता था। इस काल में शिक्षा व्यवस्था की निम्नलिखित विशेषताएं थी:-

- यहां शिक्षा का उद्देश्य आत्म-साक्षात्कार था।
- वैदिक शिक्षा स्वस्थ्य काया का विकास करती थी, क्योंकि एक स्वास्थ्य छात्र ही अपनी इन्द्रियों को नियंत्रित कर सकता था।
- चरित्र निर्माण इस शिक्षा का प्रमुख उद्देश्य था, क्यों कि छात्र का जीवन तपस्या एवं ध्यान का जीवन माना जाता था। इससे छात्र में नैतिकता, न्याय, सरलता, ईमानदारी, कर्तव्यपरायणता जैसे गुणों के विकास पर विशेष जोर दिया जाता था।
- शिक्षा सामाजिक उद्देश्य को पूरा करने के लिये दी जाती थी, ताकि छात्र अपने सामाजिक दायित्व का निर्वहन कर सके।
- वैदिक शिक्षा में सहयोग पर विशेष महत्व दिया जाता था तथा छात्र में शुरू से ही सहकारिता की भावना बढ़ाने पर ध्यान दिया जाता था। वैदिक शिक्षा में विद्यमान आत्मासातीकरण की प्रक्रिया, योग-साधना, उच्च नैतिकता का पाठ, गुरू-शिष्य के मध्य संबंध वर्तमान में छात्र जीवन हेतु अति प्रासंगिक है, क्योंकि छात्रों से समाज और समाज से राष्ट्र निर्माण होता है।
- शिक्षा में सैद्धांतिक ज्ञान की अपेक्षा व्यवहारिक ज्ञान को अधिक महत्व दिया जाता था तथा सभी प्रकार की शिक्षा का माध्यम मातृभाषा ही थी।

वर्तमान समय में शिक्षा का उद्देश्य व्यक्ति के चारित्र निर्माण में सहयोग के स्थान पर व्यक्ति को व्यवसायिक रूप से मजबूत करके आर्थिक रूप से समृद्ध बना कर व्यक्ति के भौतिक विकास को सर्वोच्च प्राथमिकता देना है, जबकि वैदिक युग में आध्यात्मिक विकास पर विशेष बल दिया जाता था। साथ ही शिक्षा व्यवहारिक ज्ञान की अपेक्षा सैद्धांतिक ज्ञान न देकर व्यवहारिक ज्ञान की ओर आकर्षित करेगी तथा छात्रों को ज्ञान का भंडार न बना कर उन्हें एक सफल एवं चरित्रवान मनुष्य बनाने में सहायता करेगी तथा मनुष्य में मनुष्यता के मूलगुण को पुनः उजागर करने के साथ ही इन्हें मशीनी मानव बनने से रोकेगी तथा लोगों में व्याप्त कर्त्तव्य विमुखता की भावना को कम करने के साथ ही लोगों को अपने सामाजिक एवं सांस्कृतिक दावों के प्रति और सशक्त करने के साथ ही अपने मातृभाषा के प्रति व्याप्त उपेक्षा के भाव को कम करेगी एवं मनुष्य के नैतिक विकास का मार्ग प्रशस्त करेगी।

प्रश्न-12: भारत के स्वतंत्रता आंदोलन में भारत छोड़ो आंदोलन के योगदान का परीक्षण कीजिये।

उत्तर: ब्रिटिश उपनिवेशवाद से भारत को मुक्ति दिलाने हेतु वर्ष 1942 में शुरू भारत छोड़ो आंदोलन एक मील का पत्थर साबित हुआ। इसने भारतीय जनता के बीच न केवल विश्वास पैदा किया, अपितु उनमें स्वतंत्रता प्राप्ति के लिये त्याग एवं बलिदान की भावना को जागृत किया।

इस आंदोलन में किसान, श्रमिक, वकील, छात्र, सैनिक, शिक्षक एवं व्यापारियों की बड़ी संख्या में भागीदारी रही, कुल मिलकाकर इसने सम्पूर्ण भारत के लोगों को अपनी ओर आकर्षित किया। इसमें पुरूषों के साथ महिलाओं ने भी कंधे से कंधा मिलाकर भाग लिया एवं भूमिगत रेडियो जैसे कार्यक्रमों का संचालन किया। साथ ही इसने ब्रिटिश सरकार को यह अनुभूति करायी कि बिना भारतीय सहयोग के न तो वे द्वितीय विश्व युद्ध जीत सकते हैं और न ही भारत में आगे अपने शासन का संचालन कर सकते हैं।

भारत छोड़ो आंदोलन की शुरूआत तो गांधी जी ने की थी लेकिन इसमें कोई विशेष नेतृत्वकर्ता नहीं था एवं सभी को आंदोलन में अपने तरीकों से भाग लेने एवं आंदोलन के संचालन का अधिकार था। इस रूप में यह आंदोलन स्वत: स्फूर्त था।

गांधीजी ने स्वयं 'करो या मरो' का नारा देकर इसके उद्देश्य को स्पष्ट कर दिया था। यह आंदोलन भारतीय जनमानस को न सिर्फ अपने अधिकारों के प्रति जागरूक करता है बल्कि लोगों को इसमें बराबर का भागीदार भी बनाता है।

भारत छोड़ो आंदोलन से यह साबित हो गया कि अंग्रेज अब ज्यादा दिन तक भारत में अपना शासन नहीं कर पायेंगे, क्योंकि अब जनता इनके शासन को सहन करने को तैयार नहीं थी साथ ही द्वितीय विश्व युद्ध के बाद ब्रिटेन पर भारत को स्वतंत्रता देने का दबाव बढ़ गया, जिसके कारण अन्तत: 1947 में अंग्रेजों को भारत छोड़ना पड़ा, लेकिन इसकी शुरूआत 1942 के भारत छोड़ों आंदोलन से ही हो गई थी।

प्रश्न-13: द्वितीय विश्व युद्ध के बाद वैश्विक स्तर पर विश्व शांति के लिये किये ये प्रयासों का वर्णन कीजिये।

उत्तर: द्वितीय विश्व युद्ध की भयाभयता को देखकर सम्पूर्ण विश्व व्यापक रूप से प्रभावित हुआ तथा शांति एवं समृद्धि कीओर सम्पूर्ण विश्व का रूझान बढ़ा। जिसके बाद वैश्विक स्तर पर शांति स्थापना के लिये निम्नलिखित प्रयास किये गये:-

- द्वितीय विश्व युद्ध के बाद राष्ट्र संघ की विफलता को देखते हुये, इसके स्थान पर संयुक्त राष्ट्र संघ की स्थापना की गई, जिसे वैश्विक शांति की स्थापना एवं विवादों के समाधान के लिये उत्तरदायी बनाया गया।
- राष्ट्रों के मध्य विवाद को खत्म करने के लिये तथा आर्थिक जुड़ाव एवं व्यापार को बढ़ाने के लिये गेट (GATT) की स्थापना की गई। साथ ही वर्ल्ड बैंक व आई.एम.एफ. की स्थापना हुई।
- यूनेस्को एवं यूनिसेफ जैसे संगठनों की स्थापना की गई, जिन्हें विश्व में भुखमरी कम करने, अशिक्षा खत्म करने एवं सांस्कृतिक संवर्द्धन के लिये उत्तरदायी बनाया गया।
- शस्त्रों की दौड़ कम करने एवं निस्त्रीकरण को बढ़ावा देने के लिये NPT, CTBT, NSG जैसे समूहों की स्थापना की गई।
- तृतीय विश्व के देशों ने अपनी समस्याओं को संगठित रूप से उठाने के लिये गुटनिरपेक्ष आंदोलन की शुरूआत की, जिसका लक्ष्य गुटों से अलग वैश्विक शांति के लिये कार्य करना।
- UNSC को शक्तियां देकर युद्ध रोकने एवं शांति स्थापना हेतु अधिकृत करना, इसके लिये UN द्वारा शांति सेना के माध्यम से युद्धरत् राष्ट्र में शांति स्थापना की कोशिस करना।

यद्यपि द्वितीय विश्व युद्ध के बाद वैश्विक स्तर पर शांति स्थापना के व्यापक प्रयास किये गये। लेकिन ये सारे प्रयास सैद्धांतिक ही ज्यादा थे, क्योंकि ऐसे प्रयासों को लागू कराने की शक्ति न तो संयुक्त राष्ट्र में थीऔर न ही अन्य देश इन्हें अपनी सुविधा के अनुसार स्वीकार कर रहे थे। इसी का परिणाम शीत युद्ध था, जहां नाटो एवं वारसा पैक्ट जैसे सैन्य समूहों का निर्माण हुआ एवं क्यूबा, वियतनाम आदि देशों में भीषण नरसंहार हुये। लेकिन फिर भी इससे एक भय की शांति जरूर स्थापित हुई एवं कोई भी युद्ध वैश्विक रूप नहीं ले पाया एवं परमाणु हथियारों का प्रयोग नहीं हुआ।

प्रश्न-14: 'भारतीय संस्कृति विविधता में एकता का प्रतीक है' उपयुक्त उदाहरण देते हुए इस कथन का तार्किक विश्लेषण कीजिये।

उत्तर: भारत अपनी सभ्यता के शुरूआत से ही बहुभाषी, बहुवर्गी, बहुजाति एवं भिन्न-भिन्न संस्कृतियों वाला देश रहा है। यही कारण है कि यहां बहुत सी संस्कृतियां न सिर्फ पैदा हुई, बल्कि इनका व्यापक विस्तार भी हुआ। जैसे-बौद्ध संस्कृति, जैन संस्कृति आदि एवं साथ ही बाहर से बहुत से लोग अपनी संस्कृति के साथ भारत आये तथा यहां की संस्कृति को आत्मसात्य करने के साथ ही अपने पुराने मूल्यों को भी बचाये रखा। जैसे-अरब संस्कृति, पारसी संस्कृति, ईसाई संस्कृति आदि।

भारत में एक कहावत है, 'चार कोश में पानी बदले, तीन कोश में वाणी' यह एक तरफ से भारतीय संस्कृति की विविधता को ही प्रदर्शित करता है, जहां स्थान बदलने के साथ ही संस्कृति भी बदल जाती है। वर्तमान में हम भारत की विविधता को देख सकते हैं, जहां प्रत्येक राज्य सांस्कृतिक रूप से दूसरे से बिल्कुल भिन्न है, जैसे बंगाल की संस्कृति एवं केरल की संस्कृति का आपस में कोई मेल नहीं है। वहीं मणिपुर की संस्कृति एवं उत्तर प्रदेश की संस्कृति आपस में बिल्कुल अलग है, तो कश्मीर एवं आंध्र प्रदेश में सांस्कृतिक रूप से कोई समानता नहीं है। फिर भी ये सभी राज्य भारतीयता की संस्कृति में बंधे होने के कारण एकता को प्रदर्शित करते हैं।

वास्तव में भारतीय विविधता ही भारत की मूल पहचान है, जहां सभी भाषा बोलने वाले, सभी समुदाय एवं विभिन्न वर्ग एवं जातियां तथा धर्मों को मानने वाले लोग एक साथ शांति एवं सद्भाव के साथ रहते हैं, इसका सबसे बड़ा कारण हमारी सहिष्णुता एवं सार्वभौतिक कल्याण की नीति है, जिसके कारण बाह्य आक्रान्ता भी यहां की संस्कृति से जुड़ कर यही के हो गये। यही हमारी विविधता की एकता को प्रदर्शित करती है, जो शायद ही दुनिया में कही और देखने को मिले।

प्रश्न-15: ''धर्म तथा नृजातीय हिंसा की राजनीति मूलतः धर्मनिरपेक्षवाद तथा धर्मनिरपेक्षीकरण की राजनीति है।'' कथन का समालोचनात्मक विश्लेषण कीजिये।

उत्तर: धर्म की राजनीति मूलतः अपने धर्म को सर्वश्रेष्ठ एवं दूसरे धर्मों को निम्न बताने की राजनीति है, वहीं नृजातीय हिंसा जातीय सर्वश्रेष्ठता पर आधारित होती है। वहीं धर्मनिरपेक्षवाद धर्म विहीन राजनीति अर्थात धर्म को राजनीति से अलग मानने वाली विचार धारा है एवं इसकी विचारधारा को जब व्यवहारिक रूप प्रदान किया जाता है तो वह धर्मनिरपेक्षीकरण कहलाती है।

धर्म एवं राजनीति का संबंध सदैव से एक विवादस्पद विषय रहा है। कुछ विचारकों का मानना है कि धर्म एक व्यक्तिगत मामला है। इस कारण धर्म को राजनीति जैसे सार्वजनिक विषय से पूर्णतः अलग रखना चाहिए। वहीं कुछ अन्य का मानना है कि राजनीति व्यक्ति के सम्पूर्ण जीवन को प्रभावित करती है, ऐसी स्थिति में धर्म को इससे अलग कैसे रखा जा सकता है। वैसे यदि वर्तमान समय में देखा जाये तो यह मानना पड़ेगा कि राष्ट्र सैद्धांतिक स्तर पर तो धर्मनिरपेक्षता को अपनाते हैं विशेषकर लोकतांत्रिक राष्ट्र, लेकिन व्यवहार में इनकी नीतियां धर्म से प्रभावित होती है तथा यही उनकी राजनीति का माध्यम होता है।

वर्तमान वोट बैंक की राजनीति में धर्म एवं जाति जैसे व्यक्तिगत पहचान के तत्वों को उभार कर वोट अर्जित किये जाते हैं, ऐसे में धर्मनिरपेक्षता वाद एवं धर्मनिरपेक्षीकरण की राजनीति है, लेकिन व्यवहार में इसका कोई संबंध नहीं है। साथ ही जब कट्टरता एवं असहिष्णुता का समाज में बोलबाला हो, तो ऐसे शब्दों का सिर्फ संकेतिक महत्व ही रह जाता है, लेकिन नृजातीय हिंसा किसी न किसी जातीय सर्वश्रेष्ठ से प्रभावित होती है, जिसमें राजनीति उत्प्रेरक का कार्य करती है।

प्रश्न-16: नगरीकरण को परिभाषित कीजिये। बढ़ते नगरीकरण से उत्पन्न समस्याओं की विवेचना कीजिये।

उत्तर: नगरीकरण एक ऐसी प्रक्रिया है, जिसमें लोगों का प्रवासीय झुकाव गांव की अपेक्षा शहर की ओर अधिक होता है एवं शहरों में जनसंख्या बढ़ने लगती है तथा लोग गांवों से शहरों की ओर तीव्र गति से पहलायन करते हैं। नगरीकरण के कारण निम्नलिखित समस्याएं उत्पन्न होती हैं:-

- नगरीकरण बढ़ने से नगरों पर जनसंख्या का बोझ बढ़ता है एवं नगरों के सीमित संसाधनों पर दबाव बढ़ने लगता है, जो यहां निवास करने वाले लोगों के जीवन की गुणवत्ता को नकारात्मक रूप से प्रभावित करता है।
- नगरीकरण से पर्यावरण पर नकारात्मक प्रभाव पड़ता है एवं जंगलों को काटने से न सिर्फ यहां के जीवन जन्तु खत्म होते हैं, बल्कि वातावरण भी प्रभावित होता है।
- नगरीकरण के कारण जहां मलिन बस्तियों एवं अनियोजित बस्तियां बढ़ती है, वहीं लोगों को स्वास्थ्य, शिक्षा, रोजगार एवं बेहतर वातावरण तक पहुंच सीमित हो जाती है एवं नगरीय जीवन का आकर्षण खत्म होने लगता है।
- नगरों में साफ-सफाई, परिवहन आदि जैसी सेवाएं न सिर्फ चरमराती है बल्कि इनपर जनसंख्या का बोझ बढ़ता है।
- नगरों में भीड़ बढ़ने से अपराधिक घटनाएं बढ़ने के साथ ही लोगों के लिए सुरक्षित बाहर निकलना खतरे का विषय बन जाता है।

उपरोक्त कारणों के अलावा नगरीकरण बढ़ने से शहरों में न सिर्फ प्रदूषण बढ़ता है बल्कि बुजुर्गों और बच्चों के विकास के अवसर बहुत सीमित हो जाते हैं, जिसके कारण वृद्धाश्रम एवं आवासीय स्कूलों का चलन बढ़ता है एवं बच्चों में माता-पिता से मिलने वाला नैतिक ज्ञान बाधित होता है तथा सामाजिक एवं नैतिक विकास के स्थान पर आर्थिक विकास को सर्वोच्च प्राथमिकता मिलने लगती है।

प्रश्न-17: गंगा के मैदान में ग्रामीण अधिवासों के प्रकारों का क्षेत्रीय वितरण की विवेचना कीजिए।

उत्तर: गंगा का मैदान प्राचीन काल से ही सभ्यताओं का निवास स्थान रहा है, लेकिन वर्तमान में इसका क्षेत्रीय विवरण बहुत ही विविधता एवं भिन्नताओं से युक्त है, जहां ऊपरी गंगा का मैदान में लगभग 55% आबादी मध्यम आकार के गांवों में रहती है, वहीं रोहेलखंड के तराई क्षेत्रों में वनों के उच्च प्रतिशत, दलदली भूमि और मौसमी बाढ़ के कारण बस्तियों का असमान वितरण पाया जाता है। यहां के गांव ज्यादातर नदी के तट पर स्थित है। धर क्षेत्र में बसावट स्थल, जल निकासी लाइनों और ढलान की प्रकृति का अनुसरण करते हैं। पुराने जलोढ़ क्षेत्र में बस्तियां काम्पैक्ट और बारीकी से भरी हुई है।

मध्य गंगा के मैदान पर ग्रामीण बस्तियों के वितरण एवं पैटर्न बड़े पैमाने पर जलोढ़ आकृति से प्रभावित है। पूर्वी उत्तर प्रदेश एवं पश्चिमी बिहार के क्षेत्र छोटे आकार, लेकिन निकट-निकट गांवों के रूप में बसा हुआ है, वहीं मिथिला के मैदान में बनावट प्रकृति के अनुसार व्यापक भिन्नता है, दक्षिण बिहार के मैदान में ऊपर की अपेक्षा अधिक संघन एवं बड़े ग्रामीण बस्तियां देखने को मिलती है, लेकिन गंगा एवं बूढ़ी गंगा के दोआब में बिखरी बस्तियां देखने को मिलती है।

निचली गंगा के मैदानों में बस्तियों के प्रकार और पैटर्न निर्धारित करने में यहां के हाइड्रोलॉजिकल विशेषताओं की प्रमुख भूमिका है, यहां बिखरे हुये गांव, बड़े मैदान, जंगलों की अधिकता सुन्दरवन में बहुत आम है। साथ ही दामोदर एवं हुगली नदी वाले क्षेत्रों में ग्रामीण बस्तियां बहुत ही सघन रूप से बसी है।

इस प्रकार गंगा के मैदानी क्षेत्र में क्षेत्रीय भिन्नता के साथ ही ग्रामीण अधिवासों का प्रारूप भी बदल जाता है। इसका कारण लोगों की जरूरतें एवं सुरक्षा है।

प्रश्न-18: वायु की अपरदनात्मक एवं निक्षेपात्मक क्रिया द्वारा निर्मित भू-आकृतियों का वर्णन कीजिये।

उत्तर: शुष्क व अर्द्धशुष्क क्षेत्रों में वायु की अपरदन का सबसे शक्तिशाली साधन है, क्योंकि यहां आर्द्रता एवं वनस्पति के अभाव के कारण मिट्टी के कण ढीले रहते हैं, जिससे वायु द्वारा इनका विघटन होता है, जिसके कारण निम्नलिखित आकृतियां बनती है-

- **अपवाह बेसिनः** वायु के अपवहन कार्य द्वारा मरूस्थली क्षेत्रों में धरातल पर बिछी रेत की उड़ाये जाने के कारण छोटे-छोटे गर्तो का निर्माण होता है, जो धीरे-धीरे बढ़ कर बड़ा आकार ग्रहण कर लेते हैं, जिसे अपवाह बेसिन या बात गर्त कहते हैं।
- **छत्तक शैलः** यह वायु के अपघर्षण से बनी स्थलाकृति है, जो मशरूम जैसी लगती है। चट्टानों के चिले भागों के अधिक कटाव से इनका निर्माण होता है।
- **ज्यूगेनः** यह दावातनुमा आकृति है, जिसका निर्माण वहां होता है, जहां मुलायम एवं कड़ी चट्टानों की परते क्षैतिज अवस्था में होती है, जिसमें कटाव के कारण कठोर चट्टानी भाग टोपी की भांति नजर आता है, इसे न्यूगेन कहते हैं।
- **यारडांगः** कड़ी एवं मुलायम चट्टानें जब वायु के प्रवाह की दिशा में आती है, तो मुलायम चट्टाने कट जाते हैं, जिससे चट्टानों में नालीनुमा गढ्ढे बन जाते हैं, जिसे यारडांग कहते हैं।
- **इंसेल वर्गः** वायु के प्रभावकारी अपरदन से जब चट्टानी भाग कट-छट कर समतल हो जाता है, तो कहीं-कहीं कठोर चट्टान टीले के रूप में उभरे रह जाते हैं, इसे इंसेल वर्ग कहते हैं।
- **लोएसः** मरूस्थलीय क्षेत्रों के बाहर पवन द्वारा उड़ाकर लाये गये महीन बालूका कणों के वृहत निक्षेप को लोएस कहते हैं।

इनके अतिरिक्त ड्राइकांटर, जालीदार शिला, बालू का स्तूप, पेडीमेंट, प्लाया, बजादा आदि भी वायु के अपरदन एवं निक्षेपण से निर्मित आकृतियां हैं।

प्रश्न-19: उत्तरी आंध्र महासागर की जल धाराओं पर उनके उत्पत्ति के कारण सहित एक क्रमबद्ध लेख लिखियें।

उत्तर: उत्तरी आंध्र महासागर में जल धाराओं की उत्पत्ति मुख्यतः तेज गति से चलने वाली पवनों, पृथ्वी की गुरूत्वाकर्षण शक्ति, पृथ्वी के परिभ्रमण, सागर जल के तापमान में अन्तर, घनत्व में अन्तर, जलीय लवणता में अन्तर, वायुदाब, वर्षण आदि के सम्मिलित प्रभाव, से होता है।

जहां उत्तर अटलांटिक महासागर की धारा उत्तरी अटलांटिक प्रवाह का जन्म सागरीय सतह के जल के पवन के वेग से प्रेरित होकर आगे की ओर अग्रसर होने से होता है।

वहीं गल्फ स्ट्रीम, फ्लोरिडा आदि धाराओं की उत्पत्ति महासागरीय तापमान में अन्तर के कारण होती है, तो लैब्राडोर धारा एवं कनारी धारा की उत्पत्ति आर्कटिक से आने वाली ठंण्डी पवनों के प्रभाव से होती है, जो तापमान में अन्तर के कारण ऊपर से नीचे की ओर आकर्षित होती है तथा उत्तरी विषुवतीय धारा विषुवत रेखा में बने उच्चदाब के कारण उत्तर की तरफ बने निम्दाब की ओर आकर्षित होती है। साथ ही पूर्वी ग्रीनलैंड धारा, दूरभिंगर धारा, एंटीलीज धारा आदि की भी उत्पत्ति का कारण सागरीय ताप में अन्तर एवं पवनों का सापेक्षिक प्रवाह हैं, जिसके कारण इनकी उत्पत्ति एवं इनका फैलाव सुनिश्चित होता है।

वस्तुतः उत्तर अटलांटिक महासागर अपनी स्थिति एवं तापान्तर के कारण विभिन्न जलधाराओं की उत्पत्ति का कारण बनता है। साथ ही इसमें स्थलीय वायुदाब में अन्तर, स्थलीय पवने एवं महासागरीय दाब सबसे महत्वपूर्ण भूमिका अदा करता है, जिसमें तापान्तर के कारण सारगैसों जैसे सागर भी बनता है, जो यहां उत्पन्न पवनों द्वारा निर्मित होता है।

प्रश्न-20: महासागरों में ऊर्जा संसाधन तथा भारत के तटीय क्षेत्र में उनकी संभावनाओं की समीक्षात्मक व्याख्या कीजिये।

उत्तर: महासागरीय ऊर्जा सागर की लहरों, ज्वार, लवणता और समुद्र के तापमान के अन्तर द्वारा उत्पन्न की गई ऊर्जा को सन्दर्भित करती है। महासागर से दो प्रकार की ऊर्जा उत्पन्न होती है, पहली सूरज की गर्मी से थर्मल, दूसरा समुद्री लहरों से उत्पन्न यांत्रिक ऊर्जा।

चूंकि भारत की एक लम्बी तट रेखा समुद्र से लगी हुई है, ऐसी स्थिति में भारत के पास महासागरीय ऊर्जा के दोहन के पर्याप्त अवसर हैं, जो निम्नलिखित प्रकार से प्राप्त किये जा सकते हैं-

- **महासागरीय थर्मल एनर्जीः** समुद्री के सतह के तापमान में अन्तर से इस ऊर्जा को प्राप्त किया जा सकता है। भारत के तमिलनाडु तट एवं बंगाल की खाड़ी में इसकी व्यापक संभावनाएं हैं।
- **ज्वारीय ऊर्जाः** ज्वार की तरंगों के माध्यम से टरबाइनों को चलाकर इनसे ऊर्जा प्राप्त की जा सकती है। भारत के खंभात की खाड़ी में इसका पहला प्लांट लगाया गया है।
- **पवन ऊर्जाः** समुद्री पवनों के माध्यम से पवन चक्की का संचालन करके इससे विद्युत प्राप्त की जा सकती है। भारत के तमिलनाडु तथा गुजरात के तटीय क्षेत्र में इसकी व्यापक संभावनाएं हैं।
- **ओस्मेटिक एनर्जीः** यह खारे पानी के लवणता से ऊर्जा प्राप्त करने का साधन है। भारत के सम्पूर्ण तटीय क्षेत्र में इसकी संभावनाएं हैं।
- **तरंग ऊर्जाः** समुद्री तरंगों के माध्यम से ऊर्जा प्राप्त करने में यह सहायक है। अरब सागर एवं बंगाल की खाड़ी में इसकी संभावनाएं हैं।
- **मिथेन हाइड्रेटः** समुद्र के नीचे फंसी मिथेन हाइड्रेट ऊर्जा प्राप्ति का एक महत्वपूर्ण साधन हो सकता है। बंगाल की खाड़ी एवं हिन्द महासागर में इसकी व्यापक संभावनाएं हैं।

भारत के पास महासागरीय ऊर्जा प्राप्त करने के बहुत सारे अवसर उपलब्ध है, लेकिन पूंजी एवं अपेक्षित तकनीक की कमी के कारण भारत इनका दोहन करने में अभी भी सक्षम नहीं हो पाया है, जिसके लिये नवाचार बढ़ाने के साथ ही निवेश बढ़ाने की आवश्यकता है।

सामान्य अध्ययन मुख्य परीक्षा - 2019
हल प्रश्न-पत्र 2

कुल अंक : 200 **समयावधि : 3 घण्टे**

लघुउत्तरीय प्रश्न खण्ड-अ/Section-A

प्रश्न-1: अटल भू-जल योजना के उद्देश्य व प्रभाव का वर्णन करें?

उत्तर: भारत में भू-जल भंडार के लगातार कम होने की चिंताओं को दूर करने एवं भू-जल स्तर को सुधारने के उद्देश्य से भारत सरकार द्वारा विश्व बैंक के सहयोग से अटल भू-जल योजना की शुरूआत की गई।

यह योजना 2018-19 से 2022-23 तक 5 वर्ष के लिये लागू होगी, जिसका उद्देश्य प्राथमिकता वाले राज्यों गुजरात, हरियाणा, कर्नाटक, मध्य प्रदेश, महाराष्ट्र, राजस्थान व उत्तर प्रदेश, जो भू-जल दोहन का 25% उपयोग करते हैं, में भू-जल स्तर को बढ़ाना एवं भू-जल प्रबंधन की समुचित व्यवस्था करना है, ताकि भविष्य में भू-जल की समस्या उत्पन्न न हो। इस योजना से इन राज्यों में हो रहे जल के अत्यधिक दोहन पर नियंत्रण होगा तथा समुचित जल प्रबंधन की योजना बनेगी, क्योंकि ये राज्य कृषि प्रधान है एवं यहां कृषि के लिये जल सबसे महत्वपूर्ण कारक है, ऐसी स्थिति में यहां जल की कमी सम्पूर्ण भारत की खाद्यसुरक्षा के समझ संकट उत्पन्न कर सकती है। अत: यह योजना भू-जल के सतत एवं समावेशी भंडारण एवं उपयोग को बढ़ावा देगी।

प्रश्न-2: संक्षेप में भारत में राष्ट्रीय मानवाधिकार आयोग की भूमिका बताइये?

उत्तर: मानवाधिकार संरक्षण अधिनियम, 1993 के तहत गठित इस आयोग की भूमिका निम्नलिखित हैं:-

- यह उन संस्थागत व्यवस्थाओं को मजबूत करता है, जिनके द्वारा मानवाधिकार के मुद्दों का पूर्णरूप से समाधान किया जा सके।
- अधिकारों के अतिक्रमण होने पर सरकार का ध्यान इसके द्वारा मानवाधिकारों की रक्षा की प्रतिबद्धता पर केन्द्रित कराना।
- लोगों के बीच मानवाधिकारों की जानकारी फैलाना व उनकी सुरक्षा के लिये उपलब्ध उपायों के लिए जागरूक करना।

आयोग का कार्य वस्तुत: सलाहकारी प्रकृति का होता है, यह किसी दोषी को दण्ड देने का अधिकार नहीं रखता, फिर भी आयोग की सिफारिश पर की गई कार्यवाही के लिये संबंधित सरकार या अधिकारी को 1 महीने के भीतर आयोग को सूचित करना होता है। इस रूप में सरकारें आयोग द्वारा दी गई सलाह पर विचार करती है, साथ ही इसके द्वारा प्रस्तुत रिपोर्ट को संसद में रखा जाता है, जिसमें किसी सिफारिस के न मानने का उल्लेख भी होता है।

प्रश्न-3: 'लोक सेवा का परम्परागत गुण तटस्थता रहा है' व्याख्या करें?

उत्तर: लोक सेवा का मुख्य कार्य नीति निर्माण में सहयोग एवं नीतियों का क्रियान्वयन होता है, ऐसी स्थिति में यदि लोक सेवक किसी पूर्वाग्रह एवं पक्षपात से युक्त है, तो वह न तो सार्वजनिक हित की नीतियों का निर्माण कर सकता है और न ही क्रियान्वयन सही तरीके से कर सकता है। इस लिये शुरूआत से ही लोक सेवकों को तटस्थ एवं निष्पक्ष बनाने की कोशिश की गई।

वर्तमान कल्याणकारी राज्यों में लोग सेवा का तटस्थ होना इसलिये भी जरूरी है, क्योंकि सरकारी योजनाओं का वितरण इन्हीं के द्वारा किया जाना है। ऐसी स्थिति में तटस्थता न होना लोक व्यवस्था को घाटा पहुंचा सकती है। चाणक्य ने भी कहा है, शासक का कोई धर्म नहीं होता यदि शासक धर्म से प्रभावित होकर शासन करेगा, तो वह जनता के प्रति तटस्थ नहीं रहेगा।

इस रूप में लोक सेवा में तटस्थता का होना सामाजिक एवं आर्थिक व्यवस्था के सुचारू एवं निष्पक्ष रूप से संचालन को सुनिश्चित करता है, अन्यथा एक विभेदयुक्त व्यवस्था का निर्माण होता है, विशेष कर लोकतांत्रिक राष्ट्रों में।

प्रश्न-4: भारत-नेपाल द्विपक्षीय संबंधों के मुख्य तनाव के बिन्दु कौन-कौन से हैं?

उत्तर: भारत-नेपाल द्विपक्षीय संबंधों में तनाव के मुख्य बिन्दु निम्नलिखित है:-

- सीमा का औपचारिक तौर पर निर्धारित न होना।
- नेपाल की अंदरूनी राजनीति में माओवादियों के वर्चस्व में वृद्धि के कारण भारतीय हितों को नुकसान।
- नेपालन में चीन की बढ़ता प्रभाव।
- नेपाल की विदेश नीति संबंधी सोच में परिवर्तनवादी दृष्टिकोण।
- 1950 की संधि में नेपाल द्वारा संशोधन की मांग।
- मधेसी बहुल इलाकों में कानून व्यवस्था का संकट।
- नेपाल में भारत विरोधी बातों का प्रचार-प्रसार।
- नेपाल संविधान के कुछ विबादित प्रावधान, विशेषकर नागरिकता एवं मधेसी प्रतिनिधित्व से संबंधित।

भारत को नेपाल के साथ तनाव को कम करने एवं नेपाल में भारतीय हितों की सुरक्षा के लिये नेपाल के साथ समानता के संबंध स्थापित करने चाहिये, जिसमें वरीयता, छूट एवं अनुदान को शामिल करते हुय नेपाल को स्वतंत्र विदेश नीति संचालन में सहयोग करना चाहिये, जिससे आपसी संबंधों में गर्माहट पुनः वापस आ सके।

प्रश्न-5: सिटिजन चार्टर पर एक टिप्पणी लिखिये?

उत्तर: सिटिजन चार्टर किसी प्रशासनिक संगठन एवं इस संगठन से प्रशासनिक सेवाओं को प्राप्त करने वाले व्यक्तियों के बीच एक सामाजिक समझौता है।

यह चार्टर जहां एक ओर नागरिक को उसके अधिकारों के प्रति सजग करता है, वहीं दूसरी ओर अधिकारियों को उनके कर्त्तव्यों को दर्शाता है। इस रूप में यह प्रशासन को जनता के प्रति उत्तरदायी बनाने का माध्यम है।

सिटिजन चार्टर गुणवत्ता, पसन्द, मानक, मूल्य, जवाबदेही, पारदर्शिता एवं सहभागिता पर आधारित होता है। इसकी शुरूआत 1991 में जॉनमेजर सरकार द्वारा ब्रिटेन में की गई, भारत में 1996 के मुख्य सचिवों के सम्मेलन में इस पर कार्य करना शुरू हुआ।

सिटिजन चार्टर जहां जनता को दी जाने वाली सेवाओं के संदर्भ में गुणात्मक स्तर को प्राप्त किया जाता है, वहीं प्रशासन में जनसहभागिता को प्रोत्साहित करने की दिशा में इसका विशेष महत्व है, साथ ही साथ इसके माध्यम से प्रशासन में खुलापन एवं एक समुचित शिकायत निवारण प्रणाली के सृजन में सहायता मिलती है।

प्रश्न-6: उत्तर प्रदेश सरकार की गिद्ध संरक्षण परियोजना का वर्णन करें।

उत्तर: उत्तर प्रदेश सरकार द्वारा गिद्धों के संरक्षण के लिये महाराजगंज जिले की फरेंदा तहसील के भर्रीबसी गांव में 5 हेक्टेयर भूमि पर गिद्ध संरक्षण केंद्र बनाया जायेगा। इसके लिये तकनीकी मदद बाम्बे नेचुरल हिस्ट्र सोसाइटी से ली जायेगी तथा इसकी लैब, आश्रय एवं डॉक्टरों के आवास केन्द्र में ही बनाये जायेंगे। इसके लिये राज्य सरकार ने 82 लाख के बजट की मंजूरी दी है।

इसके पहले चरण में बुनियादी ढांचे का निर्माण किया जायेगा, जबकि दूसरे चरण में गिद्धों के संरक्षण के लिये काम किया जायेगा और अन्त में प्रजनन चरण शुरू किया जायेगा, ताकि गिद्धों को एक निश्चित संख्या में जंगलों में छोड़ा जा सके।

एक अनुमान के अनुसार पिछले एक दशक में लगभग 80 मिलियन गिद्धों की मौत हो चुकी है, जिसका एक बड़ा कारण डाइक्लोफेनिक नामक दवा है, जिसके कारण गिद्धों की प्रजाति ही संकटग्रस्त हो गई है, ऐी स्थिति में संरक्षण केन्द्रों की स्थापना एक अच्छा कदम है, जो भविष्य में इनके अस्तित्व को बनाये रखेगा।

सामान्य अध्ययन मुख्य परीक्षा - 2019
हल प्रश्न-पत्र 2

कुल अंक : 200 **समयावधि : 3 घण्टे**

लघुउत्तरीय प्रश्न खण्ड-अ/Section-A

प्रश्न-1: अटल भू-जल योजना के उद्देश्य व प्रभाव का वर्णन करें?

उत्तर: भारत में भू-जल भंडार के लगातार कम होने की चिंताओं को दूर करने एवं भू-जल स्तर को सुधारने के उद्देश्य से भारत सरकार द्वारा विश्व बैंक के सहयोग से अटल भू-जल योजना की शुरूआत की गई।

यह योजना 2018-19 से 2022-23 तक 5 वर्ष के लिये लागू होगी, जिसका उद्देश्य प्राथमिकता वाले राज्यों गुजरात, हरियाणा, कर्नाटक, मध्य प्रदेश, महाराष्ट्र, राजस्थान व उत्तर प्रदेश, जो भू-जल दोहन का 25% उपयोग करते हैं, में भू-जल स्तर को बढ़ाना एवं भू-जल प्रबंधन की समुचित व्यवस्था करना है, ताकि भविष्य में भू-जल की समस्या उत्पन्न न हो। इस योजना से इन राज्यों में हो रहे जल के अत्यधिक दोहन पर नियंत्रण होगा तथा समुचित जल प्रबंधन की योजना बनेगी, क्योंकि ये राज्य कृषि प्रधान है एवं यहां कृषि के लिये जल सबसे महत्वपूर्ण कारक है, ऐसी स्थिति में यहां जल की कमी सम्पूर्ण भारत की खाद्यसुरक्षा के समझ संकट उत्पन्न कर सकती है। अतः यह योजना भू-जल के सतत एवं समावेशी भंडारण एवं उपयोग को बढ़ावा देगी।

प्रश्न-2: संक्षेप में भारत में राष्ट्रीय मानवाधिकार आयोग की भूमिका बताइये?

उत्तर: मानवाधिकार संरक्षण अधिनियम, 1993 के तहत गठित इस आयोग की भूमिका निम्नलिखित हैं:-

- यह उन संस्थागत व्यवस्थाओं को मजबूत करता है, जिनके द्वारा मानवाधिकार के मुद्दों का पूर्णरूप से समाधान किया जा सके।
- अधिकारों के अतिक्रमण होने पर सरकार का ध्यान इसके द्वारा मानवाधिकारों की रक्षा की प्रतिबद्धता पर केन्द्रित कराना।
- लोगों के बीच मानवाधिकारों की जानकारी फैलाना व उनकी सुरक्षा के लिये उपलब्ध उपायों के लिए जागरूक करना।

आयोग का कार्य वस्तुतः सलाहकारी प्रकृति का होता है, यह किसी दोषी को दण्ड देने का अधिकार नहीं रखता, फिर भी आयोग की सिफारिश पर की गई कार्यवाही के लिये संबंधित सरकार या अधिकारी को 1 महीने के भीतर आयोग को सूचित करना होता है। इस रूप में सरकारें आयोग द्वारा दी गई सलाह पर विचार करती है, साथ ही इसके द्वारा प्रस्तुत रिपोर्ट को संसद में रखा जाता है, जिसमें किसी सिफारिस के न मानने का उल्लेख भी होता है।

प्रश्न-3: 'लोक सेवा का परम्परागत गुण तटस्थता रहा है' व्याख्या करें?

उत्तर: लोक सेवा का मुख्य कार्य नीति निर्माण में सहयोग एवं नीतियों का क्रियान्वयन होता है, ऐसी स्थिति में यदि लोक सेवक किसी पूर्वाग्रह एवं पक्षपात से युक्त है, तो वह न तो सार्वजनिक हित की नीतियों का निर्माण कर सकता है और न ही क्रियान्वयन सही तरीके से कर सकता है। इस लिये शुरूआत से ही लोक सेवकों को तटस्थ एवं निष्पक्ष बनाने की कोशिश की गई।

वर्तमान कल्याणकारी राज्यों में लोग सेवा का तटस्थ होना इसलिये भी जरूरी है, क्योंकि सरकारी योजनाओं का वितरण इन्हीं के द्वारा किया जाना है। ऐसी स्थिति में तटस्थता न होना लोक व्यवस्था को घाटा पहुंचा सकती है। चाणक्य ने भी कहा है, शासक का कोई धर्म नहीं होता यदि शासक धर्म से प्रभावित होकर शासन करेगा, तो वह जनता के प्रति तटस्थ नहीं रहेगा।

इस रूप में लोक सेवा में तटस्थता का होना सामाजिक एवं आर्थिक व्यवस्था के सुचारू एवं निष्पक्ष रूप से संचालन को सुनिश्चित करता है, अन्यथा एक विभेदयुक्त व्यवस्था का निर्माण होता है, विशेष कर लोकतांत्रिक राष्ट्रों में।

प्रश्न-4: भारत-नेपाल द्विपक्षीय संबंधों के मुख्य तनाव के बिन्दु कौन-कौन से हैं?

उत्तर: भारत-नेपाल द्विपक्षीय संबंधों में तनाव के मुख्य बिन्दु निम्नलिखित है:-

- सीमा का औपचारिक तौर पर निर्धारित न होना।
- नेपाल की अंदरूनी राजनीति में माओवादियों के वर्चस्व में वृद्धि के कारण भारतीय हितों को नुकसान।
- नेपालन में चीन की बढ़ता प्रभाव।
- नेपाल की विदेश नीति संबंधी सोच में परिवर्तनवादी दृष्टिकोण।
- 1950 की संधि में नेपाल द्वारा संशोधन की मांग।
- मधेसी बहुल इलाकों में कानून व्यवस्था का संकट।
- नेपाल में भारत विरोधी बातों का प्रचार-प्रसार।
- नेपाल संविधान के कुछ विबादित प्रावधान, विशेषकर नागरिकता एवं मधेसी प्रतिनिधित्व से संबंधित।

भारत को नेपाल के साथ तनाव को कम करने एवं नेपाल में भारतीय हितों की सुरक्षा के लिये नेपाल के साथ समानता के संबंध स्थापित करने चाहिये, जिसमें वरीयता, छूट एवं अनुदान को शामिल करते हुय नेपाल को स्वतंत्र विदेश नीति संचालन में सहयोग करना चाहिये, जिससे आपसी संबंधों में गर्माहट पुनः वापस आ सके।

प्रश्न-5: सिटिजन चार्टर पर एक टिप्पणी लिखिये?

उत्तर: सिटिजन चार्टर किसी प्रशासनिक संगठन एवं इस संगठन से प्रशासनिक सेवाओं को प्राप्त करने वाले व्यक्तियों के बीच एक सामाजिक समझौता है।

यह चार्टर जहां एक ओर नागरिक को उसके अधिकारों के प्रति सजग करता है, वहीं दूसरी ओर अधिकारियों को उनके कर्त्तव्यों को दर्शाता है। इस रूप में यह प्रशासन को जनता के प्रति उत्तरदायी बनाने का माध्यम है।

सिटिजन चार्टर गुणवत्ता, पसन्द, मानक, मूल्य, जवाबदेही, पारदर्शिता एवं सहभागिता पर आधारित होता है। इसकी शुरूआत 1991 में जॉनमेजर सरकार द्वारा ब्रिटेन में की गई, भारत में 1996 के मुख्य सचिवों के सम्मेलन में इस पर कार्य करना शुरू हुआ।

सिटिजन चार्टर जहां जनता को दी जाने वाली सेवाओं के संदर्भ में गुणात्मक स्तर को प्राप्त किया जाता है, वहीं प्रशासन में जनसहभागिता को प्रोत्साहित करने की दिशा में इसका विशेष महत्व है, साथ ही साथ इसके माध्यम से प्रशासन में खुलापन एवं एक समुचित शिकायत निवारण प्रणाली के सृजन में सहायता मिलती है।

प्रश्न-6: उत्तर प्रदेश सरकार की गिद्ध संरक्षण परियोजना का वर्णन करें।

उत्तर: उत्तर प्रदेश सरकार द्वारा गिद्धों के संरक्षण के लिये महाराजगंज जिले की फरेंदा तहसील के भरींबसी गांव में 5 हेक्टेयर भूमि पर गिद्ध संरक्षण केंद्र बनाया जायेगा। इसके लिये तकनीकी मदद बाम्बे नेचुरल हिस्ट्र सोसाइटी से ली जायेगी तथा इसकी लैब, आश्रय एवं डॉक्टरों के आवास केन्द्र में ही बनाये जायेंगे। इसके लिये राज्य सरकार ने 82 लाख के बजट की मंजूरी दी है।

इसके पहले चरण में बुनियादी ढांचे का निर्माण किया जायेगा, जबकि दूसरे चरण में गिद्धों के संरक्षण के लिये काम किया जायेगा और अन्त में प्रजनन चरण शुरू किया जायेगा, ताकि गिद्धों को एक निश्चित संख्या में जंगलों में छोड़ा जा सके।

एक अनुमान के अनुसार पिछले एक दशक में लगभग 80 मिलियन गिद्धों की मौत हो चुकी है, जिसका एक बड़ा कारण डाइक्लोफेनिक नामक दवा है, जिसके कारण गिद्धों की प्रजाति ही संकटग्रस्त हो गई है, ऐी स्थिति में संरक्षण केन्द्रों की स्थापना एक अच्छा कदम है, जो भविष्य में इनके अस्तित्व को बनाये रखेगा।

प्रश्न-7: भारतीय लोकतंत्र का दर्शन भारत वर्ष के संविधान की प्रस्तावना में सन्निहित है। व्याख्या करें?

उत्तर: संविधान के प्रस्तावना को उसका दर्शन कहा जाता है। इसका मुख्य कारण यह है कि प्रस्तावना में न केवल राष्ट्र का दर्शन बल्कि सम्पूर्ण शासन व्यवस्था को मार्गदर्शन दिया जाता है।

भारत के संविधान के प्रस्तावना में कल्याणवाद का अमूर्त दर्शन अन्तर्निहित है। इसे लोकतांत्रिक समाजवाद के रूप में अभिव्यक्त किया गया है, जिससे भारत की शासन व्यवस्था का लक्ष्य लोकतांत्रिक मूल्यों की रक्षा एवं समाजवादी लक्ष्यों की प्राप्ति के लिये समानता, स्वतंत्रा, न्याय एवं बन्धुत्व सुनिश्चित करना है, जिसके लिये राज्य को मार्गदर्शन दिये गये हैं। भारतीय संविधान के प्रस्तावना की शुरूआत 'हम भारत के लोग' से होती है, जिसका तात्पर्य है भारत के संविधान का निर्माण भारत के लोगों द्वारा किया गया है, जो इस बात का प्रमाण है कि भारतीय शासन व्यवस्था भारत के लोगों के हितों के अनुसार संचालित होगी। इस रूप में भारत के लोकतंत्र का सम्पूर्ण दर्शन इसकी प्रस्तावना में निहित है, जिसका निर्माण यहां के लोगों की इच्छा से हुआ है।

प्रश्न-8: जनप्रतिनिधित्व कानून के मुख्य, तत्वों का आलोचनात्मक परीक्षण कीजिये।

उत्तर: भारतीय संविधान के अनुच्छेद-379 के तहत संसद द्वारा जनप्रतिनिधित्व अधिनियम, 1951 पारित किया गया, जिसके मुख्य तत्व निम्नलिखित हैं:-

- संसद एवं राज्य विधायिका के निर्वाचन संबंधी नियम।
- सदस्यों की अयोग्यता संबंधी विषय।
- चुनाव में भ्रष्टाचार एवं अन्य अपराधों पर अंकुश।
- निर्वाचन से संबंधित विवादों का समाधान।
- राजनीतिक दलों का पंजीकरण एवं अनुदान प्राप्त करने संबंधी नियम।
- निर्वाचन के लिये पर्यवेक्षकों की नियुक्ति का प्रावधान।

जनप्रतिनिधित्व अधिनियम में स्वतंत्र एवं निष्पक्ष चुनाव संचालन के लिये नियम बनाये गये थे, लेकिन इनका समग्र परीक्षण किया जाये तो यह भारतीय राजनीति में अपराधियों के प्रवेश एवं चुनाव में भ्रष्टाचार एवं दलबंदल को रोकने में पूर्णतः सफल नहीं हुये हैं। फिर भी भारत का निर्वाचन आयोग अपने कार्यों का संचालन कुशलता पूर्वक इन्हीं नियमों के कारण कर पा रहा है, साथ ही सर्वोच्च न्यायालय भी समय-समय पर निष्पक्ष एवं अपराध मुक्त चुनाव करने के लिये अपने निर्णयों से सहायता करता रहा है। चुनावी बाण्ड चुनाव एवं राजनीतिक दलों में व्याप्त भ्रष्टाचार रोकने में सहायक साबित हो रहा है।

प्रश्न-9: राज्यों में विधान परिषद के सृजन व उन्मूलन की प्रक्रिया का वर्णन करे। आन्ध्र प्रदेश विधान सभा द्वारा राज्य के विधान परिषद को समाप्त करने के प्रस्ताव लाने के क्या कारण हैं, संक्षेप में बताये?

उत्तर: किसी भी राज्य में विधान परिषद का सृजन व उन्मूलन संविधान के अनुच्छेद-169 के तहत किया जाता है, इसके लिये सर्वप्रथम राज्य विधानसभा द्वारा 2/3 बहुमत से एक प्रस्ताव पारित किया जाता है, जिसका अनुमोदन संसद द्वारा यदि साधारण बहुमत से पारित प्रस्ताव द्वारा कर दिया जाता है, तो विधान परिषद का सृजन अथवा उन्मूलन किया जा सकता है।

हाल ही में आन्ध्र प्रदेश विनसभा द्वारा अपनी विधान परिषद के उन्मूलन का प्रस्ताव पास किया गया, इसको लाने का मुख्य कारण यह था कि विधान सभा द्वारा पारित कानूनों का विधान परिषद द्वारा अनावश्यक रूप से रोका जा रहा था, जिसके कारण शासन संचालन के लिये महत्वपूर्ण कानून समय पर नहीं बन पा रहे थे, साथ ही इसके कारण आन्ध्र प्रदेश के बजट में अतिरिक्त भार पड़ रहा था, जिसको कम करने के लिये सरकार ने यह कदम उठाया।

वर्तमान में आन्ध्र प्रदेश विधान सभा का यह प्रस्ताव संसद में लंबित है, जिसके कारण अभी भी विधान परिषद अस्तित्व में है।

प्रश्न-10: नागरिकता संशोधन अधिनियम, 2019 के मुख्य प्रावधानों का वर्णन कीजिये।

उत्तर: नागरिकता संशोधन अधिनियम, 2019 के मुख्य प्रावधान निम्नलिखित हैं:-

- इस अधिनियम के माध्यम से बांग्लादेश, पाकिस्तान एवं अफगानिस्तान से 31 दिसंबर, 2014 तक भारत में आये हिन्दू, सिख, बौद्ध, जैन, पारसी एवं ईसाई समुदाय के लोगों को अवैध प्रवासी न मानकर भारत की नागरिकता दी जायेगी।
- इसके तहत देशीयकरण के माध्यम से नागरिकता प्रदान करने की समयावधि को 11 वर्ष से घटाकर 5 वर्ष कर दिया गया।
- नये संशोधन में सरकार किसी भी प्रकार के उल्लंघन की स्थिति में OCI कार्ड रद्द कर सकती है।
- इसके प्रावधान छठी अनुसूची एवं इनर लाइन परमिट व्यवस्था वाले राज्यों में लागू नहीं होंगे।

इस कानून के पारित होने के बाद सम्पूर्ण भारत में विरोध प्रदर्शन चाले हो गये, जिसमें लोगों की कानून से अपनी नाराजगी थी। लेकिन यह कानून नागरिकता कानून का विस्तार है, जिसमें विरोध का कारण एक धर्म विशेष के लोगों को शामिल न करना है, जिसके पीछे सरकार के अपने तर्क हैं।

दीर्घउत्तरीय प्रश्न खण्ड-ब/Section-B

प्रश्न-11: डिजिटल भारत का क्या अर्थ है? इसके विविध स्तम्भों एवं चुनौतियों की विवेचना कीजिये।

उत्तर: भारत सरकार ने वर्ष 2015 में भारत को डिजिटल रूप से सशक्त समाज व ज्ञान आधारित अर्थव्यवस्था में परिवर्तित करने के उद्देश्य से डिजिटल इंडिया कार्यक्रम शुरू किया, यह एक विस्तृत एवं समग्र कार्यक्रम है, जिसका उद्देश्य-

- नागरिकों की सुविधा के लिये बुनियादी ढांचा का निर्माण।
- गवर्नेंस व मांग आधारित सेवायें प्रदान करना।
- नागरिकों को डिजिटल रूप से सशक्त बनाना।

डिजिटल भारत के निम्नलिखित स्तम्भ हैं, जो इसकी आवश्यकताओं की पूर्ति करते हैं।

- ब्रॉडबैंड हाइवेज का निर्माण।
- मोबाइल कनेक्टिविटी तक सर्वव्यापी पहुंच।
- सबके लिए सूचना की समान उपलब्धता।
- ई-क्रांति सेवाओं की इलेक्ट्रॉनिक आपूर्ति सूनिश्चित करना।
- पब्लिक इंटरनेट सम्पर्क कार्यक्रम को मजबूत बनाना।
- रोजगार सृजन के लिये सूचना प्रौद्योगिकी का इस्तेमाल।
- ई-गवर्नेंस तकनीक के माध्यम से सरकारी सुधार।
- अर्ली हार्वेस्ट प्रोग्राम।
- इलेक्ट्रॉनिक उत्पादन में सरल शून्य आयात का लक्ष्य।

  इसका मूल आधार संचार उद्योग को सशक्त करके लोगों को रोजगार प्रदान करने के साथ ही अर्थव्यवस्था को मजबूती प्रदान करना है, लेकिन इसके समक्ष निम्नलिखित चुनौतियां भी हैं-

- आवश्यक आधारभूत संरचना का अभाव है, जिसके कारण सभी लोग इससे नहीं जुड़ पाये हैं।
- गांव और शहरों के बीच डिजिटल गैप है, जिसके कारण सुदूर गांव के लोग इससे नहीं जुड़ पाते।
- वाई-फाई हाटस्पाटों की कमी।
- भारत में इंटरनेट की स्लो स्पीड इसके मार्ग में बाधा है।

- डेटा सुरक्षा का मुद्दा, इसके कारण लोग इसे शंका की दृष्टि से देखते हैं।
- साइबर सुरक्षा की पर्याप्त व्यवस्था का न होना, इसके प्रयोग को संवेदनशील बनाता है।
- डिजिटल साक्षरता की कमी।

इसका लक्ष्य भारत को डिजिटल रूप से अधिकार सम्पन्न समाज बनाने एवं नये भारत के विकास के इंजन के रूप में सूचना प्रौद्योगिकी का लाभ उठाकर भारत को ज्ञान आधारित अर्थव्यवस्था में रूपान्तरित करना एवं सेवाओं तक आम लोगों की पहुंच सुनिश्चित करके सार्वजनिक जवाबदेही को सुनिश्चित करना है।

प्रश्न-12: राष्ट्रीय जैव विविधता प्राधिकरण का वर्णन कीजिये?

उत्तर: जैवविविधता अधिनियम, 2002 के तहत भारत में 2003 में राष्ट्रीय जैवविविधता प्राधिकरण की स्थापना की गई, जिसका मुख्यालय चेन्नई में है। यह एक स्वायत्त वैधानिक निकाय है, जो भारत में जैवविविधता के संरक्षण, जैविक संसाधनों के सतत उपयोग एवं इनके उपयोग से उत्पन्न होने वाले लाभों के न्यायसंगत बंटवारे के मुद्दों के लिये सुविधाजनक, विनियामक एवं सलाहकार का कार्य करता है। इसके कार्य निम्नलिखित है:-

- यह कृषि पादपों के अनुवांशिक संशोधन पर चल रहे वैज्ञानिक अनुसंधान को मॉनिटर करता है, तथा इसकी अनुमति के बिना जैविक संसाधनों से संबंधित बौद्धिक सम्पदा अधिकार के लिये आवेदन नहीं किया जा सकता।
- यह स्थानीय लोगों को जैवविविधता संबंधी ज्ञान को संरक्षित करने का कार्य करता है।
- यह राज्य सरकारों को जैवविविधता के क्षेत्रों के चयन, उनका विरासत स्थल के रूप में महत्व एवं ऐसे विरासत स्थलों के प्रबंधन के उपाय संबंधी सलाह देता है।
- यह किसी भी जैविक संसाधन के वाणिज्यिक उपयोग या जैव सर्वेक्षण और जैव उपयोगों के अनुमोदन या अन्यथा अनुरोधों को मंजूरी देकर विनियमित करते हैं। इसके तहत स्थानीय स्तर की जैवविविधता प्रबंधन समितियां जीवों के संरक्षण, लोक किस्मों, कृषकों के संरक्षण, पशुओं के सूक्ष्मजीवों के घरेलू स्टॉक और नस्लों के संरक्षण के नियम बनाये तथा उनका परीक्षण किया जाता है।

इस प्रकार राष्ट्रीय जैव विविधता प्राधिकरण, जहां एक ओर विकेन्द्रीकृत माध्यम से देश के समस्त जैव संसाधनों के संरक्षण एवं उपयोग को विनियमित करता है, वहीं जैवविविधता से संबंधित मामलों को देखने के साथ ही जैवविविधता के क्षेत्र में अनुसंधान को बढ़ावा देता है तथा इसके संरक्षण के लिये सरकार को नियमित रूप से सलाह देता है तथा जैवविविधता के प्रति सरकार को जवाबदेह बनाने का कार्य करता है।

प्रश्न-13: सुगम्य भारत अभियान की भूमिका एवं महत्व पर टिप्पणी कीजिये?

उत्तर: एक समावेशी समाज में विकलांग व्यक्तियों की समान अवसर तक पहुंच सुनिश्चित करने और आत्मनिर्भर पूर्वक रहने और जीवन के सभी क्षेत्रों में पूर्णरूप से भाग लेने में उन्हें सक्षम बनाने के उद्देश्य से विकलांगजन सशक्तिकरण विभाग ने द्विव्यांग व्यक्तियों हेतु सार्वभौमिक सुगम्यता प्राप्त करने के लिए एक राष्ट्रव्यापी फ्लैगशिप अभियान 'सुगम्य भारत अभिया' की शुरूआत की, जो समावेशी समाज में द्विव्यांग व्यक्तियों को समान अवसर तथा स्वतंत्र जीवन यापन और जीवन के सभी क्षेत्रों में भागीदारी करने के लिए सक्षम बनाने में मदद करेगा।

इसके द्वारा निम्नलिखित रूप से दिव्यांग व्यक्ति को महत्व प्रदान किया जायेगा-

- अभियान के अन्तर्गत राष्ट्रीय राजधानियाँ तथा राज्यों की राजधानियों के सभी सरकारी भवनों के 50% को जुलाई, 2018 तक नि:शक्तजनों के लिये सुगम बनाया है।
- देश के अन्तर्राष्ट्रीय हवाई अड्डों एवं रेलवे स्टेशनों को जुलाई, 2016 तक नि:शक्त जनों के लिये सुगम्य बनाना।
- मार्च, 2018 देश के सरकारी क्षेत्र के वाहनों को नि:शक्त जनों के लिये सुगम्य बनाना।
- यह सुनिश्चित करना कि केन्द्र तथा राज्य सरकार द्वारा जारी किये जाने वाले सार्वजनिक दस्तावेजों का कम से कम 50% हिस्सा नि:शक्तजनों के लिये पहुंच मानकों को पूरा करें।

- इसके न सिर्फ दिव्यांग व्यक्तियों को बराबर के अवसर मिलेगी बल्कि भविष्य में आने वाली चुनौतियों के लिये तैयार हो सकेगी, साथ ही उन्हें समाज में गरिमामय जीवन जीने के लिये बल मिलेगा तथा उनकी नि:शक्तता उनके मनोबल पर हावी नहीं हो पायेगी।

इस रूप में सुगम्य भारत अभियान एक समावेशी समाज के निर्माण में सहायक होने के साथ ही नि:शक्त जनों के जीवन को उत्पादक, सुरक्षित एवं प्रतिष्ठित बनाने के साथ ही उनकी प्रगति एवं विकास हेतु समान अवसर एवं पहुंच मुहैया कराने में सहायक होगा।

प्रश्न-14: क्या भारत सुरक्षा परिषद की स्थाई सदस्यता का प्रबल दावेदार है? इस संबंध में तार्किक उत्तर दीजिये।

उत्तर: वर्ष 1945 में संयुक्त राष्ट्रसंघ की स्थापना के साथ ही सुरक्षा परिषद का गठन इसके एक अंग के रूप में किया गया, जिसका उद्देश्य विश्व में शांति की स्थापना करना था। वर्तमान में विश्व के समक्ष नई चुनौतियां उत्पन्न हो गई है। ऐसी स्थिति में सुरक्षा परिषद में सुधार सबसे ज्यादा जरूरी है तथा भारत जैसे देश को इसकी स्थाई सदस्यता देकर इसके महत्व को बढ़ाया जा सकता है।

भारत विश्व का सबसे बड़ा लोकतंत्र एवं क्रय शक्ति क्षमता के आधार पर विश्व की तीसरी सबसे बड़ी अर्थव्यवस्था है। इस रूप में भारत इसका एक स्वभाविक दावेदार है। इसके अलावा भारत संयुक्त राष्ट्र के सैन्य मिशनों में सबसे सैनिकों का योगदान देने के साथ ही शांति व्यवस्था की स्थापना के लिये सदैव तत्पर रहने के साथ ही मानवाधिकारों के पक्ष में बोलने वाले प्रमुख देशों में है तथा नैतिक स्तर पर भारत का शयद ही कोई विरोध करने वाला हो।

लेकिन भारत की स्थाई सदस्यता प्राप्त करने के समक्ष सबसे प्रमुख बाधा चीन द्वारा अपनी वीटो शक्ति का प्रयोग तथा भारत के अलावा जर्मनी, जापान तथा ब्राजील द्वारा भी इसके लिये प्रयास करना, जिसके कारण भारत को वीटो रहित सदस्यता देने की बात भी होती है। इसके अलावा पाकिस्तान एवं इटली जैसे देशों का मुखर विरोध सर्वसम्मति बनने में बाधा उत्पन्न करता है।

इन सब समस्याओं के बावजूद भारत द्वारा स्थाई सदस्यता के लिये निरंतर प्रयास किये जा रहे हैं। वास्तव में दुनिया की दूसरी सबसे बड़ी आबादी का इसमें प्रतिनिधित्व न होना इसके स्वयं के अस्तित्व पर प्रश्नचिन्ह लगाता है, इसके अलावा भारत इसमें तीसरी दुनिया के प्रतिनिधि के रूप में शामिल होगा, जिससे सुरक्षा परिषद न सिर्फ लोकतांत्रिक बनेगा बल्कि इसमें सम्पूर्ण विश्व के लोगों का प्रतिनिधित्व भी सुनिश्चित होगा।

प्रश्न-15: जलवायु परिवर्तन का विकासशील देशों पर पड़ने वाले प्रभावों की विवेचना कीजिए।

उत्तर: जलवायु परिवर्तन के कारण सम्पूर्ण विश्व के समक्ष संकट उत्पन्न हुये हैं, लेकिन विकासशील के ऊपर इसके विशेष प्रभाव पड़े, जो निम्नलिखित हैं:-

- विकसित देशों की अपेक्षा विकासशील देश अपना औद्योगिक विकास उस स्तर तक नहीं कर पाए हैं, जितनी उनकी आवश्यकता है, क्योंकि जहां एक तरफ वैश्विक संधियां उन्हें रोकती हैं, तो वहीं दूसरी ओर जलवायु परिवर्तन के कारण संसाधन कम होते जा रहे हैं।
- विकासशील गरीब देश गरीब के चक्र से शायद ही कभी निकल पायेंगे, क्योंकि जलवायु परिवर्तन के कारण खाद्यान्न उत्पादन पर नकारात्मक प्रभाव पड़ेगा, जिससे भूखमरी बढ़ेगी एवं कभी न खत्म होने वाले गरीबी के चक्र का निर्माण होगा।
- बाढ़, सूखा, भूस्खलन, अतिवृद्धि जैसी प्राकृतिक आपदायें बढ़ेंगी, जिसके कारण विकासशील देश इन समस्याओं से हमेशा घीरे रहेंगे एवं इनके कारण न सिर्फ इनके जानमाल की हानि होगी, बल्कि इनके समस्त व्यवस्था को नकारात्मक रूप से प्रभावित करेगी।
- जलवायु परिवर्तन के कारण मानवीय बीमारियां बढ़ेगी, जिनका सामना विकासशील देश अपने सीमित संसाधनों से करने में शायद ही सक्षम हो पायें।
- समुद्र का जल स्तर बढ़ेगा एवं आर्कटिक एवं आंटर्कटिक की बर्फ पिघलेगी, जिससे कृषि पैटर्न एवं मानसून में बदलाव होने के साथ ही समुद्र तटवर्ती राष्ट्र के सक्षम अपने अस्तित्व को बचाये रखने का संकट उत्पन्न हो जायेगा। जैसे-मालदीव

- जलवायु परिवर्तन से उत्पन्न संकट का सामना करने के लिए विकासशील देश तकनीक के लिये सदैव विकसित राष्ट्रों के ऊपर निर्भर बने रहेंगे, क्योंकि यह तकनीक विकास के साधन अर्जित ही नहीं कर पायेंगे।

इस रूप में जलवायु परिवर्तन विकासशील देशों को अधिक प्रभावित करेगा, क्योंकि ये राष्ट्र न तो औद्योगिकृत है और न ही पूंजी से सक्षम है, अतः इन्हें अपने विकास के लिये समुचित संसाधन जलवायु परिवर्तन के कारण शायद ही मिल पाये।

प्रश्न-16: संयुक्त राज्य अमेरिका एवं ईरान के मध्य हालिया तनाव के क्या कारण हैं? इस तनाव का भारत के राष्ट्रीय हितों पर क्या प्रभाव पड़ेगा? भारत को इस परिस्थिति से कैसे निपटना चाहिये? विवेचना कीजिये।

उत्तर: हाल ही में अमेरिका का ईरान के साथ हुये समझौते से बाहर होने के कारण एवं ईरान द्वारा अमेरिकी जासूसी ड्रोन को मार गिराने के कारण अमेरिका एवं ईरान के बीच तनाव पुनः बढ़ गया, जिसमें अमेरिका द्वारा ईरान पर आर्थिक प्रतिबंध बढ़ाने के कार्य ने आग में घी का कार्य किया। दोनों देशों के बढ़ते तनाव के कारण भारत के राष्ट्रीय हितों पर निम्नलिखित प्रभाव पड़ेंगे-

- भारत की ऊर्जा आवश्यकताओं की पूर्ति में ईरान एक प्रमुख भागीदार है। यदि अमेरिकी प्रतिबंध लागू हुये तो ईरान से तेल आयात रूक जायेगा, जिसका प्रभाव घरेलू तेल की कीमतों पर पड़ेगा।
- भारत ईरान में अनेक परियोजनाएं क्रियान्वित कर रहा है, इसके कारण अमेरिकी प्रतिबंधों से भारतीय कंपनियों को आर्थिक क्षति होगी।
- सामरिक रूप से ईरान भारत एवं मध्य एशिया के बीच एक जुड़ाव को कड़ी है, जिसके लिये भारत चाबहार बंदरगाह को विकसित कर रहा है। यदि प्रतिबंध लागू होते हैं, तो भारत-ईरान संबंध प्रभावित होंगे।
- ईरान भारतीय उत्पादों का एक प्रमुख आयातक है। प्रतिबंधों के कारण इनमें प्रतिकूल प्रभाव पड़ेगा एवं भारत का भुगतान सन्तुजन नकारात्मक रूप से प्रभावित होगा।

इस परिस्थिति से निपटने के लिये भारत को अपनी विदेश नीति का संचालन स्वतंत्र रूप से करना चाहिये, क्योंकि भारत एक सम्प्रभु राष्ट्र है, जो अपनी राष्ट्रीय जरूरतों के अनुरूप निर्णय लेने के लिये पूर्णतः स्वतंत्र है, साथ ही भारत अमेरिका दोनों के मध्य मध्यस्था की भूमिका भी निभा सकता है। सफल मध्यस्थता से न सिर्फ भारत के कद में वृद्धि होगी, बल्कि भारत के शांति एवं अहिंसा के दर्शन की भी मूर्तरूप में प्राप्ति हो सकेगी।

प्रश्न-17: बोडो समस्या से आप क्या समझते हैं? क्या बोडो शांति समझौता 2020 असम के विकास एवं शांति को सुनिश्चित करेगा? मूल्यांकन करें।

उत्तर: बोडो असम का एक भाषाई एवं जातीय समूह है, जिन्हें असम के शुरूआती निवासियों में से एक माना जाता है, बोडो अपनी भाषा, संस्कृति एवं जातीय पहचान के नुकसान अपने अस्तित्व के लिये सबसे बड़ा खतरा मानते हैं। इसलिए बोडो लोग स्वतंत्रता पूर्व से ही अपने लिये एक अलग राज्य की मांग करते रहे हैं, यही से बोडो समस्या उत्पन्न होती है एवं अपनी मांगों को लेकर ये लोग संगठित आन्दोलन करते हैं, जो आगे हिंसक हो जाता है, जिसके कारण बोडो लोग अथियारों से लैश एक आतंकवादी गुट का निर्माण करते हैं एवं यह गुट असम में भषण रक्त पात करता है। 1980 के दशक में भारत सरकार ने इनसे बातचीत प्रारम्भ की, जिसके परिणामस्वरूप 1993 में पहला बोडो समझौता हुआ, जिसके तहत एक स्वतंत्र बोडोलैंड स्वयत्त परिषद की स्थापना हुई, वहीं दूसरा बोडो समझौता 2003 में हुई, जिसमें 6ठी अनुसूची के तहत बीटीसी का गठन हुआ।

तीसरा बोडो समझौता 2020 में हुआ, जिसके तहत एक फ्रेंमवर्क प्रमुख हितधारकों को साथ लायेगा एवं सशक्त समूहों से जुड़े लोगों का मुख्यधारा में प्रवेश करेंगे एवं बोडों लोगों की अनूठी संस्कृति को और अधिक संरक्षित एवं लोकप्रिय करेगा। इसके तहत बोडो क्षेत्रों के विकास के लिये 1500 करोड़ का आर्थिक पैकेज दिया जायेगा एवं बीटीआर का विस्तार करके इसके बीटीएडी किया जायेगा तथा इसे नागरिकता संशोधन अधिनियम, 2019 से छूट दी जायेगी।

इस रूप में नया बोडो समझौता सम्पूर्ण बोडो समस्याओं को ध्यान में रख कर एक व्यापक रूप में किया गया है, अब इसका सुचारू रूप से लागू होना, असम की बोडो समस्या को हल करने में कहां तक सक्षम होता है और साथ ही शांति एवं विकास को कहां तक प्राप्त किया जायेगा। यह इसके लागू होने के बाद ही पता चलेगा।

प्रश्न-18: आधारभूत ढांचे के सिद्धांत से आप क्या समझते हैं? भारतीय संविधान के लिये इसके महत्व का विश्लेषण कीजिये।

उत्तर: आधारभूत ढांचे का सिद्धांत सर्वोच्च न्यायालय द्वारा केशवानन्द भारती मामले के बाद बना, जिसके तहत संसद संविधान में उसी सीमा तक संशोधन कर सकती है, जहां तक इसके आधारभूत ढांचे को क्षति न पहुंचे, साथ ही संसद द्वारा किया गया कोई भी संशोधन यदि मूल अधिकारों को सीमित करते हैं, तो वह संशोधन उस सीमा तक अवैध होगा, जहां तक वह मूल अधिकार को सीमित करता है।

भारत में लोकतांत्रिक मूल्यों को रक्षा का विषय आरंभ से ही महत्वपूर्ण रहा है। इस कारण न्यायालय ने सदैव इनके संरक्षण का प्रयास किया इसी क्रम में संसद की संशोधन की शक्ति इनके संरक्षण में बाधा उत्पन्न करती थी। संसद की इसी शक्ति के विस्तार एवं प्रभाव को कई बार न्यायालय में चुनौती दी गई, जिसके बाद आधारभूत संरचना का सिद्धांत बना, जिसने भारतीय संविधान को निम्न रूप से महत्व प्रदान किया:-

- भारत में संवैधानिक नियंत्रण वाली शासन व्यवस्था का निर्माण।
- शक्ति पृथक्कीकरण के सिद्धांत की सुदृढ़ता में वृद्धि, जिसका उद्देश्य न्यायालय की स्वतंत्रता सुनिश्चित करना था, जो लोकतंत्र का मूल आधार है।
- संवैधानिक एवं विधायी शक्तियों की व्याख्या ताकि सक्षम प्राधिकारियों को पहचान की जा सके।
- एक सहिष्णु एवं न्यायोचित समाज के लिये मूल अधिकारों की रक्षा।

इस रूप में संविधान के आधारभूत ढांचे के सिद्धांत ने जहां एक ओर संसद को निरंकुश होने से रोका है, वहीं सर्वोच्च न्यायालय को सशक्त किया है तथा भारत में संविधानवाद के प्रचलन की पुष्टि की है, जिससे भारत में कोई भी प्राधि कारी निरंकुश होने से रोका है, वही सर्वोच्च न्यायालय को सशक्त किया है तथा भारत में संविधानवाद के प्रचलन की पुष्टि की है, जिससे भारत में कोई भी प्राधिकारी निरंकुश नहीं होगा तथा सभी पर संवैधानिक नियंत्रण बना रहेगा। यह भारत की सम्प्रभुता का जनता में निहित होने और संविधान की सर्वोच्चता का प्रमाण है।

प्रश्न-19: भारत में प्रधानमंत्री की उभरती भूमिका का वर्णन कीजिये।

उत्तर: भारतीय संविधान के अनुच्छेद 74 (2) के तहत राष्ट्रपति लोकसभा में बहुमत प्राप्त दल के नेता को प्रधानमंत्री नियुक्त करता है तथा इसकी सलाह से अन्य मंत्रियों की नियुक्ति करता है, जिसे सामूहिक रूप से मंत्रिपरिषद कहा जाता है। संघीय मंत्रिपरिषद के पदसोपानीक्रम में पीएम को समकक्षों में प्रथम एवं टीम के कप्तान की संज्ञा दी जाती है। लेकिन वास्तविकता इससे अधिक है, क्योंकि प्रधानमंत्री को ऐसी विशेष शक्तियां प्रदान की गई है, जिसके कारण सम्पूर्ण मंत्रिपरिषद में उसका बर्चस्व दिखाई देता है।

वर्तमान समय में प्रधानमंत्री की भूमिका का व्यापक प्रसार हुआ, विशेषकर जबसे दलीय राजनीति के स्थान पर व्यक्तिवादी राजनीति का चलन बढ़ा है। इस प्रकार देखा जाये तो-

- वर्तमान में आम जनता प्रधानमंत्री के नाम के आधार पर अपना वोट देती है, न कि अपने स्थानीय उम्मीदवार के नाम पर, विशेषकर पिछले दो चुनावों में।
- पार्टी के अन्दर भी जो दर्जा प्रधानमंत्री को प्राप्त होता है, वह किसी अन्य मंत्री को नहीं, इस रूप में पीएम पार्टी का अघोषित मुखिया ही होता है।
- मंत्रिपरिषद के सभी निर्णय सामान्यत: प्रधानमंत्री की इच्छा पर निर्भर करते हैं, जिस पर व्यवहारिक रूप में शायद ही कोई मंत्री आपत्ति करता है।
- नीति आयोग के गठन जिसका अध्यक्ष प्रधानमंत्री होता है, के बाद प्रधानमंत्री राज्यों के लिये अनुदान आदि का निर्णय भी स्वयं करने लगा है।

संसदीय शायन प्रणाली पर आधारित प्रधानमंत्री सरकार की जो संकल्पना की गई है, उसमें प्रधानमंत्री की शक्तियों में इतना व्यापक वृद्धि हुइ है कि अधिकांश महत्वपूर्ण निर्णय प्रधानमंत्री के द्वारा ही लिये जाने लगे हैं न कि कैबिनेट के द्वारा। कभी-कभी प्रधानमंत्री द्वारा कैबिनेट की इच्छा के विरूद्ध भी निर्णय लिये गये, विशेषकर इंदिरा गांधी के सरकार के दौरान, हालांकि संसदीय व्यवस्था में जब किसी व्यक्ति के नाम से आधार पर चुनाव में बहुमत मिलता है, तो ऐसी सरकारों के कामकाज में कैबिनेट के स्थान पर उसके खुद के विचारों एवं निर्णयों को अधिक महत्व मिलता है। वर्तमान में प्रधानमंत्री पद के साथ वही प्रवृत्तियां सामने आ रही है।

प्रश्न-20: भारत के संविधान में 'जीवन का अधिकार' की समीक्षा कीजियेद्य

उत्तर: भारतीय संविधान के अनुच्छेद-21 में प्राण एवं दैहिक स्वतंत्रता के अधिकार का उल्लेख है, जिसे कार्यपालिका के अधिकार से बाहर रखा गया है। भारत में जीवन के अधिकार के तहत निम्न अधिकारों को सर्वोच्च न्यायालय द्वारा शामिल किया गया है-

- भोजन का अधिकार
- आजीविका का अधिकार
- पुनर्वास का अधिकार
- सतत विकास का अधिकार
- स्वच्छ पेयजल का अधिकार
- विविध सहायता प्राप्त करने का अधिकार
- त्वरित न्याय प्राप्ति का अधिकार आदि।

भारत में जीवन के अधिकार से संबंधित राज्य की आवश्यकता का सिद्धांत प्रचलित नहीं है। न्यायालय ने ऐसे निर्णयों से भारत में संविधान एवं विधि की सर्वोच्चता प्रमाणित होती है, साथ ही यह आधारभूत ढांचे का भाग है, जिसमें संशोधन नहीं हो सकता और न ही इसे कम किया जा सकता है।

न्यायालय ने यह भी कहा है कि अनुच्छेद 21 की व्याख्या अन्तर्राष्ट्रीय विधियों के सापेक्ष में की जानी चाहिये, क्योंकि भारत UNDHR, ICCPR जैसे दस्तावेजों का हस्ताक्षरकर्ता राष्ट्र है, इसी संबंध में न्यायालय ने यह भी कहा है कि इन दस्तावेजों को संविधान के अनुच्छेद 21, 38, 39, 46 को साथ पढ़े जाने से जीवन के विकास के अधिकार की उत्पत्ति होती है। मेनका गांधी मामले में न्यायालय ने इसी आधार पर अनुच्छेद 21 के अर्थ में विस्तार किया।

इस रूप में भारत में जीवन का अधिकार को व्यापक रूप से स्वीकार किया गया है, इसी को ध्यान में रखकर शिक्षा का अधिकार अधिनियम, 2002, खाद्य सुरक्षा अधिनियम, 2013, सूचना का अधिकार अधिनियम, 2005 आदि पारित करके जीवन को और गरिमामय बनाने की कोशिश की गई।

सामान्य अध्ययन मुख्य परीक्षा - 2019
हल प्रश्न-पत्र 3

कुल अंक : 200 **समयावधि : 3 घण्टे**

लघुउत्तरीय प्रश्न खण्ड-अ/Section-A

प्रश्न-1: राष्ट्रीय शक्ति की वृद्धि में विज्ञान एवं प्रौद्योगिकी की भूमिका उदाहरण सहित समझाइये।

उत्तर: वर्तमान में बाह्य एवं आन्तरिक दोनों ही कारक राष्ट्रीय सुरक्षा के संकट हैं। इनका कुशलतापूर्वक सामना तभी किया जा सकता है, जब राष्ट्रीय शक्ति उच्चस्तर की हों। इसको बढ़ाने में विज्ञान एवं प्रौद्योगिकी की भूमिका निम्नलिखित हैं-

- विज्ञान एवं प्रौद्योगिकी के माध्यम से ही हम कुशल एवं सटीक मारक क्षमता वाले हथियार प्राप्त करके राष्ट्रीय शक्ति को मजबूत कर सकते हैं। जैसे-ड्रोन, मिसाइल आदि।
- खाद्य संकट की समस्या को उन्नत किस्म के बीजों की उत्पादकता बढ़ा कर सिर्फ विज्ञान एवं प्रौद्योगिकी से ही दूर किया जा सकता है।
- डाटा एवं साइबर क्राइम को, साइबर सुरक्षा के माध्यम से दूर कर सकते हैं। यह विज्ञान एवं प्रौद्योगिकी के प्रयोग से ही संभव है।
- बीमारियों से निपटने के लिये दवाओं की खोज इसी से संभव है।
- वर्तमान में आपदाओं से वही देश कुशलतापूर्वक निपट सकता है, जो विज्ञान एवं तकनीक से सम्पन्न है।

वस्तुत: अगर वर्तमान में किसी देश को अपनी शक्ति बढ़ानी है, तो उसे अपने तकनीक को बेहतर करने के साथ ही अंतरिक्ष से अपनी निगरानी प्रणाली को मजबूत करके विज्ञान एवं प्रौद्योगिकी का बेहतर इस्तेमाल सुनिश्चित करना होगा।

प्रश्न-2: आन्तरिक सुरक्षा के प्रति खतरे के रूप में भ्रष्टाचार की विवेचना कीजिये।

उत्तर: भ्रष्टाचार वर्तमान में आन्तरिक सुरक्षा के समक्ष सबसे बड़ा संकट है, क्योंकि यह न सिर्फ देश की जड़ों को खोखला करता है, बल्कि जनता के आक्रोश को बढ़ाता है एवं शासन की विश्वसनीयता को कम करता है, जिसके कारण कानून एवं संविधान के मूलभूत लक्ष्य प्राप्त नहीं हो पाते एवं गैर कानूनी तथा अपराध को बढ़ावा मिलता है।

वर्तमान कल्याणकारी राज्यों का मुख्य कर संसाधनों के समतामूलक वितरण के माध्यम से समाज को गरीबी एवं असमानता के चक्र से बाहर निकाल कर राष्ट्र को आन्तरिक रूप से सशक्त करना है। लेकिन भ्रष्टाचार के कारण संसाधन सही लोगों तक नहीं या बिल्कुल कम पहुंच पाते हैं, जिसके कारण मानव तस्करी, वैश्यावृत्ति, नशे का व्यापार, हथियारों की तस्करी, नक्सलवाद, अलगाववाद जैसे तत्वों को बढ़ावा मिलता है एवं आन्तरिक सुरक्षा का संकट उत्पन्न होता है।

भ्रष्टाचार को खत्म करने के लिये पारदर्शिता जनभागीदारी, सिटीजन चार्टर जैसे माध्यमों को बढ़ावा एवं लोकपाल जैसे कानूनों को कठोरता से लागू करके आन्तरिक सुरक्षा को मजबूत बनाने में सहयोग दिया जा सकता है।

प्रश्न-3: भारतीय संसद के 'सशस्त्र सेना विशेषाधिकार कानून' की आलोचना राज्यों द्वारा इसकी कठोरता एवं कभी-कभी असंवैधानिकता के लिये की जाती है? विवेचना कीजिये।

उत्तर: सशस्त्र सेना विशेषाधिकार कानून, 1958 उन क्षेत्रों में लगाया जाता है, जिसे केन्द्र सरकार अशांत क्षेत्र घोषित कर देती है। यह कानून सेना को किसी व्यक्ति को बिना वारंट के हिरासत में लेने, किसी भी वाहन की जांच करने एवं उग्रवादियों के ठिकाने का पता लगारक उन्हें नष्ट करने का अधिकार देता है।

इसकी कठोरता एवं असंवैधानिकता को राज्यों एवं मानवाधिकार संगठनों के द्वारा आलोचना की जाती है, क्योंकि इस कानून से प्रभावित लोगों के मौलिक अधिकारों का हनन होता है, साथ ही इनका मानना है कि इसकी कठोरता से तंग आकर लोगों का झुकाव अलगाववादियों की ओर बढ़ता है एवं सैन्य बलों द्वारा लोगों को अनावश्यक प्रताड़ित किया जाता है, संघवाद के विचारों के अनुकूल नहीं है।

हालांकि यह कानून कठोर है, लेकिन सर्वोच्च न्यायालय ने इसके लिये कुछ प्रावधान बनाये हैं, जैसे-इसके तहत तैनात सैनिक 'क्या करें' एवं 'क्या न करें' तथा सैन्य बलों द्वारा गठित मानवाधिकार प्रकोष्ठ इनके द्वारा अधिकारों के हनन की निगरानी करते हैं।

प्रश्न-4: समावेशी विकास से आप क्या समझते हैं? भारत में असमानताओं एवं गरीबी को कम करने में समावेशी विकास किस प्रकार सहायक है। समझाइये।

उत्तर: समावेशी विकास ऐसा आर्थिक विकास है, जो पूरे समाज में संसाधनों का समान वितरण सुनिश्चित करने के साथ ही सभी के लिये समान अवसर पैदा करता है।

भारत में गरीबी एवं असमानता का सबसे बड़ा कारण सभी लोगों तक संसाधनों का समान वितरण सुनिश्चित करने के साथ ही सभी के लिये समान अवसर पैदा करता है।

भारत में गरीबी एवं असमानता का सबसे बड़ा कारण सभी लोगों तक संसाधनों की पहुंच न होना एवं शिक्षा, स्वास्थ्य एवं कौशल का असमान वितरण है, जिससे जिन लोगों की संसाधनों तक पहुंच है वे हैं, जिससे असमानता बढ़ती है। सरकार ने समावेशी विकास सुनिश्चित करने के लिये मनरेगा, आयुष्मान भारत, कौशल भारत, जन-धन योजना, मुद्रा योजना, स्टार्टअप इंडिया, सर्वशिक्षा अभियान, स्वच्छ भारत मिशन जैसी योजनाएं शुरू की हैं। समावेशी विकास की मूल भावना सभी लोगों की विकास की मुख्य धारा में लाकर सभी का समान विकास सुनिश्चित करना है एवं गरीबी बेरोजगारी एवं असमानता जैसी बुराईयों को खत्म करके मनुष्य के जीवन को गरिमामय बनाना है।

प्रश्न-5: लघु एवं सीमान्त किसानों पर हरित क्रांति के प्रभावों की व्याख्या करें।

उत्तर: 1960 के दशक में शुरू हुये हरित क्रांति का लक्ष्य खाद्यान्न उत्पादन में भारत को आत्मनिर्भर बनाना था, जिसका प्रभाव बड़ा व्यापक था। लघु सीमान्त किसानों पर इसके निम्नलिखित प्रभाव पड़े-

- इसके कारण लघु एवं सीमान्त किसानों की उत्पादकता बढ़ी, लेकिन जितना लाभ बड़े किसानों को हुआ उतना इन्हें नहीं।
- कृषि ऋण तक इनकी पहुंच, बढ़ी लेकिन इसके कारण कृषि में सुधार तो हुआ, साथ ही ये ऋण जाल में फंस गये, जिसके कारण किसानों की आत्महत्या बढ़ी है।
- ये लोग संकर बीजों एवं रासायनिक उर्वरकों पर निर्भर हो गये, जिसके कारण परम्परागत बीज प्रणाली एवं कृषि प्रणाली लुप्त हो गई।
- इसके कारण किसान गेहूँ, चावल जैसी कुछ फसलों तक सीमित हो गये, जिससे फसल बहुलता को नुकसान हुआ।

हरित क्रांति का ज्यादा फायदा बड़े किसानों को हुआ, लेकिन छोटे किसान भी इसके लाभान्वित हुये एवं सिंचाई तथा फसल बीमा तक इनकी पहुंच बनी, लेकिन जितने लाभ अपेक्षित थे वे नहीं हो पाये।

प्रश्न-6: भारत में निर्धनता की माप कैसे की जाती है? भारत में ग्रामीण निर्धनता दूर करने के लिये उठाये गये कदमों का वर्णन करें।

उत्तर: 'न्यूनम मूल उपभोग' का स्तर जो कि जीवित रहने के लिये आवश्यक है के आधार पर निर्धनता परिभाषित होती है। भारत में निर्धनता को कैलोरी ग्रहण की क्षमता से परिभाषित किया जाता है जिसमें अत्यन्त निर्धनता वह स्थिति है, जिसमें ग्रामीण एवं शहरी क्षेत्रों में क्रमशः 2400 एवं 2100 कैलोरी प्राप्त नहीं हो पाती है।

भारत में ग्रामीण निर्धनता को दूर करने के लिये सरकारों द्वारा निम्न कदम उठाये गये हैं-

- भारत निर्माण कार्यक्रम समग्र ग्रामीण विका सके लिये।
- राष्ट्रीय ग्रामीण स्वास्थ्य मिशन।
- मनरेगा।
- अन्नपूर्णा योजना
- स्वर्ण जयन्ती ग्रामीण स्वरोजगार योजना।
- आयुष्मान भारत।
- सार्वभौमिक स्वास्थ्य बीमा योजना।
- खाद्य सुरक्षा मिशन।

प्रश्न-7: भारत में औद्योगिक रूग्णता के क्या कारण है? इस समस्या को दूर करने के लिये उचित सुझाव दीजिये।

उत्तर: भारत में औद्योगिक रूग्णता के निम्नलिखित कारण है:-

1. भूमि अधिग्रहण के जटिल कानून एवं निर्माण कार्यों में देरी।
2. साव्रजनिक वित्तीय सस्थाओं से समय पर वित्तीय सहायता न मिलना।
3. तकनीकी की कमी एवं कुशल प्रबंधन का अभाव।
4. लाइसेंस, परमिट आदि प्राप्त करने की जटिल प्रक्रिया।
5. भ्रष्टाचार एवं लालफीता शाही के कारण अनावश्यक खर्च एवं विलम्ब होता है।
6. माल के आवागमन के लिये कुशल एवं सुचारू परिवहन प्रणाली का अभाव।
7. श्रम कानून की तटस्थ प्रकृति।

उपरोक्त कारणों से भारत का तीव्र औद्योगिक विकास नहीं हो पाया है। इसे दूर करने के लिये औद्योगिक परमिट तथा लोन की समस्त प्रक्रिया ऑनलाइन करने के साथ ही एकल विंडों क्लीयरेंस की कठोरता से लागू करने के साथ ही आधारभूत संरचना में सरकार निजी भागीदारी को बढ़ावा एवं निवेश आकर्षित करने के लिये प्रयास करने के साथ ही श्रम कानून को सरल करके श्रमिकों का कौशल विकास सुनिश्चित किया जाना चाहिए।

प्रश्न-8: भारत में ऊर्जा संकट के कारणों की विवेचना कीजिये।

उत्तर: भारत में ऊर्जा संकट के निम्नलिखित कारण हैं:-

1. भारत अपनी लगभग 80% ऊर्जा आवश्यकताओं की पूर्ति के लिये आयात पर निर्भर है।
2. भारत में ऊर्जा संसाधनों की विविधता का न होना तथा आपूर्ति के लिये कुछ ही संसाधनों पर पूर्ण निर्भरता जैसे- कोयला, पेट्रोल आदि।
3. ऊर्जा के क्षेत्र में नवाचार एवं निवेश की कमी, जिसके कारण नये ऊर्जा संसाधनों का विकास नहीं हो पाया।
4. भारत में विद्युत परिवहन में लगभग 30% विद्युत अपव्यय हो जाती है।
5. पवन ऊर्जा, सौर ऊर्जा, शेल गैस, भूतापीय ऊर्जा आदि का समुचित विकास न हो पाना।

भारत में ऊर्जा संकट का बड़ा कारण दूसरों पर निर्भरता एवं अपनी तकनीक एवं संसाधनों का समुचित दोहन का न होना है। हालांकि सरकार सौर ऊर्जा एवं परमाणु ऊर्जा का विकास करके इसे खत्म करने की कोशिश कर रही है, लेकिन पर्याप्त निवेश एवं उच्च तकनीक न होने के कारण समुचित सफलता प्राप्त नहीं हो रही है।

प्रश्न-9: जैव विविधता को परिभाषित कीजिये। उष्ण जलवायु देश जैव विविधता समृद्ध क्यों होते हैं? समझाइये।

उत्तर: जैव विविधता जीवों के बीच पाई जाने वाली विभिन्नता है, जो प्रजातियों में प्रजातियों के बीच तथा उनकी जटिल पारिस्थितिक तंत्रों की विविधता को भी सम्मिलित करती है।

उष्ण जलवायु देश जैव विविधता समृद्ध होते हैं तथा सबसे ज्यादा जैव विविधता भी उष्ण कटिबंधीय क्षेत्रों में ही मिलती है। इसके कारण से इन क्षेत्रों में सालभर सूर्य की भरपूर ऊर्जा मिलती है एवं यहां वर्ष भर वर्षा का एक निश्चित पैटर्न होता है, जिसके कारण जानवरों के लिये खाद्य पदार्थों की वर्ष भर उपलब्धता एवं पौधों के लिए वर्षभर सूर्य की रोशनी एवं जल प्राप्त होता है, जो इनकी वृद्धि में सहायक होता है। साथ ही इन क्षेत्रों में मानवीय अतिक्रमण सबसे कम है, जो इनके निर्बाध विकास में सहायता करता है।

वस्तुत: जैव विविधता की समृद्धि उस क्षेत्र के प्राकृतिक कारकों एवं लोगों के न्यूनतम अतिक्रमण पर निर्भर करती है, लेकिन जलवायु परिवर्तन जैसे कारकों ने जैवे विविधता को बहुत-बुरी तरह प्रभावित किया है। इसकी दीर्घजीविता के लिये ऐसे संकट से निपटना बहुत जरूरी है।

प्रश्न-10: डिजिटल अधिकार क्या होते हैं? इनके उद्देश्यों की विवेचना कीजिये।

उत्तर: डिजिटल अधिकार समान मानवाधिकार ही है, जो इंटरनेट के युग में प्रदान किये जाते हैं, जैसे- ऑनलाइन निजता, अभिव्यक्ति की स्वतंत्रता आदि। इनके निम्नलिखित उद्देश्य हैं:-

1. इंटरनेट तक सभी की पहुंच सुनिश्चित करना।
2. आंकड़ों (DATA) की सुरक्षा।
3. इंटरनेट का निर्बाध संचालन।
4. साइबर सुरक्षा।
5. इंटरनेट के रेगुलेशन पर रोक एवं सूचनाओं तक निर्बाध पहुंच।

आधुनिक डिजिटल युग जहां लगभग सभी कार्य इंटरनेट के माध्यम से संचालित होने लगे हैं, ऐसे में डिजिटल अधिकार महत्वपूर्ण हो जाते हैं, क्योंकि ये न सिर्फ लोगों की पहुंच को बढ़ाते हैं, बल्कि सोशल मीडिया के माध्यम से लोगों की आवाज बनने में सहायता करते हैं। इस रूप में इनका निर्बाध संचालन लोगों की निजता एवं अभिव्यक्ति के लिये जरूरी होने के साथ ही सभी तक इनकी पहुंच का होना सुनिश्चित करता है।

दीर्घउत्तरीय प्रश्न खण्ड-ब/Section-B

प्रश्न-11: ''अंतर्राष्ट्रीय आतंकवाद से विश्वशांति को गंभीर खतरा पैदा हो गया है। इससे निपटने के लिये प्रत्येक राष्ट्र को वैश्विक स्तर पर एक साथ मिलकर लड़ना होगा।''

उत्तर: पिछले दो दशकों में आतंकवाद का सबसे भयानक रूप देखने को मिला है फिर चाहे वो 9/11 की घटना हो या 26/11 का मुम्बई हमला, चाहे वह इस्लामिक स्टेट जैसे आतंकवादी समूह द्वारा मध्यपूर्व में भीषण नरसंहार हो या पेरिस हमला हो। इन सब में बस एक बात कॉमन है। इनका संबंध किसी न किसी आतंकवादी गुट से है। लेकिन अभी तक वैश्विक स्तर पर कोई ऐसी सुदृढ़ रणनीति नहीं बनी है, जो इससे लड़ने में सहायक हो।

आतंकवाद को लेकर संयुक्त राष्ट्र की स्थिति ऐसी है, कि अभी तक आतंकवाद की कोई एक निर्धारित परिभाषा नहीं बन पाई है। साथ ही विश्व के सभी देश आतंकवाद को अपनी सुविधा के अनुसार व्याख्या करते हैं। आतंकवाद ने आज वैश्विक रूप धारण कर लिया है, अलकायदा एवं ISIS जैसे संगठन इसका उदाहरण है, जिनकी पहुंच से विश्व का कोई भी देश अछूता नहीं है।

अब संपूर्ण विश्व अगर इसके खिलाफ एकजुट होकर इसे खत्म करने की कोशि नहीं करेगा, तो इसको समाप्त करना शायद ही संभव हो। भारत ने 1986 में ही इसके लिए एक समझौता संयुक्त राष्ट्र में प्रस्तावित किया था, लेनिक विश्व ने इस ओर ध्यान नहीं दिया, क्योंकि तब अन्य देशों को लगता था कि यह एक देश विशेष की समस्या है लेकिन आज सभी देश इससे पीड़ित हैं।

अगर वर्तमान में विश्व शांति स्थापित करनी है तो सभी देशों को इसके खिलाफ एकसाथ लड़ना पड़ेगा एवं इसका समर्थन करने वाले देशों का सामूहिक बहिष्कार करना होगा।

अगर ऐसा नहीं किया गया तो इसके आने वाले परिणाम और भी भयानक होंगे, जो संपूर्ण मानवता को संकट में डाल देंगे। संयुक्त राष्ट्र को इसके खिलाफ अंतर्राष्ट्रीय गठबंधन बनाने के लिए आगे आना चाहिए, साथ ही इसके धन प्राप्ति के स्रोतों पर पूर्ण रोक लगाने के साथ ही इसके खिलाफ एक वैश्विक जंग की शुरूआत करनी चाहिए, ताकि मानवता को बचा कर वैश्विक शांति स्थापित की जा सके।

प्रश्न-12: ''नाभिकीय भयादोहन (परमाणु निरोध) भीषण नरसंहार वाले आणविक हथियारों के प्रतिकार का एक मात्र कारगर उपाय है।'' इस कथन की व्याख्या कीजिये।

उत्तर: नाभिकीय हथियारों की भयावहता के कारण इसका प्रयोग न होना तथा दो परमाणु सम्पन्न राष्ट्रों के मध्य शांति की स्थिति का होना नाभिकीय भयादोहन कहलाता है। वस्तुतः भयादोहन से तात्पर्य अपनी शक्ति के बल पर किसी देश से अपने हितों की पूर्ति करना है, जिसमें युद्ध न होकर दबाव होता है।

आज 75 साल के किसी भ देश ने नाभिकीय हथियार को प्रयोग नहीं किया है, इसका सबसे बड़ा कारण इन हथियारों की विनाशकता ही है, जिसे कोई भी देश सहन करने में सक्षम नहीं है, साथ ही इसके कारण आतंक की शांति की स्थापना हो गई है। यद्यपि यह शांति भय के कारण है, लेकिन परमाणु युग में इसका कोई विकल्प भी तो नहीं है, साथ ही कोई भी देश इनके पूर्ण निस्त्रीकरण को तैयार नहीं है और इनका विस्तार भी हो रहा है, क्योंकि सभी देश इसे अपनी शक्ति एवं शान का विषय मानते हैं।

ऐसी स्थिति में इनके प्रसार को रोका नहीं जा रहा है। हालांकि इसके प्रसार को रोकने के लिए NPT, CTBI जैसी संधियां अस्तित्व में हैं, लेकिन इनका प्रसार नही रूका। वही पहले से परमाणु सम्पन्न राष्ट्र इन हथियारों को खत्म करने के स्थान पर बढ़ा रहे हैं, जो इनके महत्व को भी बढ़ाता है।

वर्तमान स्थिति में संपूर्ण विश्व में नाभिकीय भयादोहन की स्थिति बन चुकी है। क्योंकि कोई भी देश इसका हमला झेलने की तातक नहीं रखता, वो भी जब जापान में इसका प्रयोग देखा जा चुका हो। ऐसी स्थिति में सिर्फ इनके प्रतिकार का एकमात्र विकल्प नाभिकीय भयादोहन ही है। यह एक प्रकार से बारूद का ढेर है, जिसमें बैठकर संपूर्ण विश्व शांति की कामना कर रहा है, अब देखना यह है कि यह स्थिति कब तक बनी रहती है।

प्रश्न-13: सोशल मीडिया को राष्ट्रीय सुरक्षा संवर्द्धन के एक महत्वपूर्ण साधन के रूप में किस तरह प्रयोग में लाया जा सकता है समझाइये?

उत्तर: वर्तमान समय में सोशल मीडिया एक ऐसा प्लेटफार्म प्रदान करता है, जिसके माध्यम से न सिर्फ लोगों को आपस में जोड़ा जा सकता है, बल्कि सूचनाओं के त्वरित विस्तार का माध्यम भी बन गया है। इसके फायदे तथा नुकसान दोनों हैं। लेकिन वर्तमान में यह राष्ट्रीय सुरक्षा के संवर्द्धन में निम्नलिखित प्रकार से उपयोग में लाया जा सकता है।

- सोशल मीडिया की पहुंच समाज के सबसे निचले स्तर तक निर्बाध रूप से है, ऐसे में गरीबी उन्मूलन की योजनायें तथा उनके वितरण की संपूर्ण जानकारी लोगों तक पहुंचाकर योजनाओं के कुशल क्रियान्वयन को सुनिश्चित करके भ्रष्टाचार को कम करने के साथ ही लोगों को इसके संपूर्ण लाभ प्रदान करने में सहायक है।
- आपदा के समय इसके माध्यम से लोगों तक त्वरित सूचना एवं मदद पहुंचाने में सहायता मिलती है।
- इसके माध्यम से लोग प्रशासन को अपनी शिकायतें घर बैठे बता सकते हैं एवं प्रशासन उनका त्वरित समाधान भी कर सकता है, जिससे प्रशासन पर जनता का विश्वास बढ़ेगा एवं सरकार तथा जनता के बीच की दूरी कम होने के साथ-साथ राष्ट्रीय सुरक्षा मजबूत होगी।
- सोशल मीडिया के माध्यम से राष्ट्रीय मामलों में जनमत निर्माण किया जा सकता है एवं सरकार के निर्णयों को जनता तक पहुंचा कर उन्हें जागरूक किया जा सकता है, जिससे निर्णय निर्माण में जनता की भागेदारी बढ़ेगी एवं राष्ट्रीय समस्याओं के खिलाफ संपूर्ण राष्ट्र एकजुट होकर कार्य करेगा।

- इसके माध्यम से सही सूचनाएं एवं वास्तविक तथ्यों का प्रसार करके मार्ग से भटक चुके होगों को पुनः सही मार्ग में जाने में सहायता मिल सकती है, जिससे नक्सलवाद, आतंकवाद एवं अलगाववाद जैसे मुद्दों से लड़ने में मदद मिल सकती है।
- सोशल मीडिया वर्तमान में लोगों के जीवन का एक महत्वपूर्ण अंग बन गया है, ऐसी स्थिति में यह राष्ट्रीय सुरक्षा में महत्वपूर्ण भूमिका निभा सकता है, लेकिन फेक न्यूज एवं भ्रामक तथ्यों के कारण इसका समाज में नकारात्मक प्रभाव पड़ता है। फिर भी शिक्षा, स्वास्थ्य, राजनीति, किसानों आदि के क्षेत्रों में व्यापक जानकारी एवं पहुंच प्रदान करके यह राष्ट्रीय सुरक्षा के संवर्द्धन में महत्वपूर्ण भूमिका निभाती है।

प्रश्न-14: नयी औद्योगिक नीति में नया क्या है? इस सन्दर्भ में नई औद्योगिक नीति की विशेषताओं का उल्लेख कीजिए और औद्योगिक विकास पर इसके प्रभावों की व्याख्या कीजिए?

उत्तर: 1991 की नई औद्योगिक नीति को भारत में आर्थिक सुधारों की जननी कहा जाता है, यद्यपि सुधार के कदम पहले से उठाये गये थे। नई नीति में इन बदलावों को स्पष्ट रूप से मुखरित किया गया। इसके तहत लाइसेंस राज, नौकरशाही का नियंत्रण औद्योगिक क्षेत्र से विशेषकर निजी क्षेत्र से समाप्त कर दिया गया एवं LPG की नीति अपनाई गई।

इसकी विशेषताओं में निम्नलिखित शामिल हैं:-

- मूल्य नियमन की व्यवस्था समाप्त कर बाजार द्वारा मूल्य निर्धारण की व्यवस्था शुरू की गई।
- व्यवसाय करने की छूट दी गई एवं सार्वजनिक दायरे को कम करने के साथ ही निजी क्षेत्र को बढ़ावा दिया गया।
- इसके तहत MRTP, FERA जैसे कानूनों एवं कंपनियों की पहचान समाप्त की गई।
- इसमें प्रतियोगिता को बढ़ावा एवं सभी के लिए समान अवसर उपलब्ध कराने की व्यवस्था की गई।
- उद्योगों से सरकारी नियंत्रण समाप्त करने के साथ ही उन्हें प्रबंधन एवं स्वतंत्रता प्रदान की गई।

इन सब के बाद भारत में तीव्र औद्योगिक विकास की शुरूआत हुई एवं भारत दुनिया में सेवा क्षेत्र के हब के रूप में उभरा, साथ ही भारत जी.डी.पी. वृद्धि दर में अप्रत्याशित वृद्धि हुई तथा औद्योगिक विकास के क्षेत्र में इसके निम्नलिखित प्रभाव पड़े।

- इसके कारण भारतीय कंपनियों के उत्पादन में तीव्र वृद्धि के साथ ही उत्पादों की गुणवत्ता में अप्रत्याशित सुधार हुए।
- निजी क्षेत्र की कंपनियों की स्थापना हुई एवं रोजगार के अवसर बढ़े।
- बहुराष्ट्रीय कंपनियों के प्रवेश से भारत में विदेशी निवेश बढ़ा एवं ग्राहकों के सामने विकल्पों में वृद्धि हुई।

नई औद्योगिक नीति ने संपूर्ण भारत के औद्योगिक क्षेत्र को बदल दिया, साथ ही भारत के बाजारों में विदेशी कंपनियों की पहुंच सुनिश्चित होने के साथ ही भारतीय कंपनियां भी विदेशों में अपना प्रसार करने लगी एव भारत की अर्थव्यवस्था अब कृषि से औद्योगिक एवं ज्ञान आधारित अर्थव्यवस्था में परिवर्तित होने लगी।

प्रश्न-15: विवेचना करें कि भारत में समानता के साथ आर्थिक संवृद्धि एवं न्यायपूर्ण वितरण की नीति समावेशी विकास के लक्ष्यों को पूरा करने में किस हद तक सहायक रही है?

उत्तर: भारत के कल्याणकारी राज्य होने के कारण शुरूआत से ही इसका उद्देश्य संसाधनों का समतामूलक वितरण सुनिश्चित करके एक न्यायपूर्ण समाज की स्थापना रहा है। इसके लिए भारतीय संविधान में नीति निदेशक तत्वों के माध्यम से सामाजिक न्याय को सुनिश्चित करने की कोशिश की गई। इसके लिए भारत सरकार ने औद्योगिक क्षेत्र में निस्वंह्न सिद्धान्त (Filteration Theory) एवं सामाजिक क्षेत्र में समानता लाने के लिए आरक्षण जैसे माध्यमों का सहारा लिया, साथ ही सभी को समान अवसर प्रदान करने वाली संवैधानिक संस्थाओं का निर्माण किया।

भारत में स्वतंत्रता के बाद से ही सरकार का मुख्य उद्देश्य समावेशी विकास रहा है, जिसके लिए गरीबी संतुलन जैसी योजनाएं चलाई गई एवं जनता तक सीधे लाभ पहुंचाने के लिए PDS प्रणाली की शुरूआत की गई, लेकिन 1990 के दशक में सरकार ने समावेशी विकास को अपना मुख्य लक्ष्य घोषित किया एवं पंचवर्षीय योजनायें इसी ध्येय के

साथ निर्मित की जाने लगी, जिसमें सरकार ने समतामूलक एवं न्यायपूर्ण संसाधनों के वितरण को सर्वोच्च प्राथमिकता दी, साथ ही सभी सरकारी योजनाओं का लक्ष्य मुख्यधारा से बाहर के लोगों को मुख्यधारा में लाकर उनका अपेक्षित विकास सुनिश्चित करना हो गया, जिसका परिणाम हुआ कि एक बड़ी जनसंख्या गरीबी रेखा से बाहर हो सकी।

वस्तुतः समावेशी विकास का उद्देश्य ही सभी लोगों की संसाधनों तक पहुंच सुनिश्चित करके उन्हें समाज की मुख्यधारा से जोड़ना है, ताकि सभी लोगों द्वारा अवसर की समानता का लाभ लिया जा सके। इसमें समानता के साथ आर्थिक संवृद्धि एवं न्यायपूर्ण वितरण की नीति महत्वपूर्ण साबित हुई है।

प्रश्न-16: उत्तर प्रदेश में शिक्षित बेरोजगारी के मुद्दे की आलोचनात्मक व्याख्या कीजिए?

उत्तर: शिक्षित बेरोजगारी का तात्पर्य ऐसी बेरोजगारी से है, जिसमें किसी शिक्षित व्यक्ति को उसकी शिक्षा के आधार पर रोजगार नहीं मिलता हो एवं वह अपनी शिक्षा से निम्नस्तर का कार्य करने को विवश हो।

उत्तर प्रदेश में शिक्षित बेरोजगार वर्तमान में सबसे बड़ा मुद्दा है, जहां एक चपरासी जैसी नौकरी के लिए भी पी.एच.डी. धारक एवं बी.टेक डिग्री वाले लोग आवेदन करते हैं। उत्तर प्रदेश में बढ़ती शिक्षित बेरोजगारी के निम्नलिखित महत्वपूर्ण कारक हैं:-

- प्रदेश में शिक्षा का स्तर बढ़ने के साथ ही उसके अनुकूल रोजगार के अवसरों का न बढ़ना।
- प्रदेश में, उद्योग जो व्यापक रोजगार सृजित करते हैं कि कमी, जिसके कारण शिक्षित लोगों के समक्ष सरकारी नौकरी का ही एकमात्र विकल्प बचता है।
- शिक्षा व्यवस्था सिर्फ डिग्री प्रदान करने वाली बन गई है। इसके साथ अपेक्षित कौशल नहीं मिलता, जिसके कारण शिक्षित होकर भी कौशलविहीन होने के कारण कोई रोजगार पाने से वंचित रह जाते हैं। परम्परागत उद्योगों को बढ़ावा न मिलना एवं MSME सेक्टर का विकास न होने के कारण रोजगार के सीमित अवसर।
- समाज में सरकारी नौकरी वाले व्यक्ति को विशेष सम्मान मिलने के कारण सभी लोगों का झुकाव इसकी तरफ होने के कारण शिक्षित बेरोजगारी की स्थिति बढ़ती है।

वस्तुतः प्रदेश में शिक्षित बेरोजगारी एक विकराल समस्या बन गई है, इससे तभी निपटा जा सकता है, जब MSME क्षेत्र का तीव्र विकास एवं प्रदेश का व्यापक औद्योगीकरण किया जाये तथा लोगों को स्वरोजगार की ओर प्रेरित करने के साथ ही रोजगार प्रदाता बनाया जाये। इसके लिए सरकार ने निवेश समिट का भी आयोजन किया है तथा कारोबार शुरू करने के लिए विशेष सुविधाएं प्रदान करने के साथ ही लोन प्रदान करने की व्यवस्था का सरलीकरण किया है, जिससे उत्साहजनक परिणाम अपेक्षित है।

प्रश्न-17: भारत में खाद्य सुरक्षा की चुनौतियों की व्याख्या कीजिए? उन्हें कैसे दूर किया जा सकता है। समझाइए?

उत्तर: भारत में खाद्य सुरक्षा के समक्ष निम्नलिखित चुनौतियाँ हैं:-

- खाद्यान्न वितरण में पारदर्शिता का अभाव एवं भ्रष्टाचार।
- खाद्यान्न पदार्थों के भण्डार की समुचित व्यवस्था न हो पाने के कारण अनाजों की एक बड़ी मात्रा नष्ट हो जाती है।
- भारत में खाद्य प्रसंस्करण उद्योग का विकास उस स्तर पर न होना, जिसके कारण खाद्य पदार्थों का समुचित उपयोग नहीं हो पाता।
- सभी लाभार्थी तक इसका लाभ न पहुंच पाना तथा ज्यादातर राशन कार्डों का अनुचित वितरण।

इन सब समस्याओं को दूर करने के लिए सरकार को व्यापक तथा दीर्घकालिक नीति पर कार्य करना होगा, जिसमें भण्डारण की समुचित व्यवस्था करने के साथ ही खाद्य पदार्थों का अधिकतम उपयोग करने के साथ ही कोल्ड स्टोरों की चैन का निर्माण करना होगा। वही परिवहन व्यवस्था को दुरूस्त करके फलों एवं सब्जियों को खराब होने से पहले एक स्थान से दूसरे स्थान पर पहुंचाकर इनको खराब होने से बचाया जा सकता है। वितरण के स्तर पर व्याप्त भ्रष्टाचार को समाप्त करने के लिए DBT प्रणाली एवं आधार को प्रयोग करने के साथ ही सभी लाभार्थियों की पहचान के लिए सामाजिक-आर्थिक जनगणना का सहारा लिया जा सकता है।

इस प्रकार खाद्य सुरक्षा के समक्ष व्याप्त चुनौतियों को खत्म करके इसकी सार्वभौतिक पहुंच सुनिश्चित करके भारत में व्याप्त गरीबी, भूखमरी एवं कुपोषण की समस्या से निजात पाया जा सकता है एवं खाद्य पदार्थों को खराब होने से बचाकर खाद्यान्न की कमी का सामना किया जा सकता है तथा इस क्षेत्र में व्याप्त भ्रष्टाचार को खत्म करके इसकी कुशलता को बढ़ाया जा सकता है।

प्रश्न-18: भारत में कृषि विपणन सुधारों का संक्षिप्त मूल्यांकन कीजिए। क्या वे समुचित हैं?

उत्तर: ICAR के अनुसार कृषि विपणन प्रणाली एक विक्रय योग्य कृषि वस्तु के उत्पादन के निर्णय से शुरू होती है एवं बाजार संरचना के सभी संस्थागत एवं क्रियात्मक पहलुओं को सम्मिलित करती है। भारत में कृषि विपणन में निम्नलिखित सुधार किये गय हैं:-

- APMC कानून का नियमन, जिसके तहत कृषि विपणन को विनियमित किया जाता है।
- MSP का निर्धारण जिससे किसानों को उनकी फसलों का अधिकतम मूल्य मिल सके।
- स्थानीय स्तर पर मंडियों की स्थापना जहां किसान अपनी फसल बेच सके एवं इनका विनियमन।
- e-NAM प्रणाली का सृजन, जिससे किसानों की पहुंच में विस्तार हुआ है।
- अनुबंध कृषि को बढ़ावा, जिससे किसानों को अपनी फसल पूर्व ही अच्छी कीमत मिल सके।

इन सब के बावजूद अभी भी कृषि विपणन में बहुत सी कमियां जैसे बिचौलियों को उपस्थिति, MSP के रेट पर सरकार द्वारा सीमित खरीद, खाद्य पदार्थों के भण्डारण की समस्या, APMC के तहत लाइसेंस की जटिल प्रक्रिया, खाद्य प्रसंस्करण उद्योग का अभाव, ठेके की खेती में किसी फसल विशेष की खेती को बढ़ावा, कृषि विपणन में साख सुविधाओं का अभाव, नियमित बाजारों में आढ़त, ढुलाई, गरदा आदि के नाम पर किसानों का शोषण तथा परिवहन की व्यवस्था न होने के कारण किसान अपनी फसल को बाजार तक लाने में सक्षम नहीं होता, जिससे उसे उसके फसल का सही दाम मिलने में बाधा उत्पन्न होती है।

हालांकि भारत में कृषि विपणन के क्षेत्र में सुधार हुए हैं, लेकिन इनका समुचित लाभ सभी किसानों को नहीं मिल पाया है साथ ही यह एक क्षेत्र विशेष तक सीमित है एवं छोटे किसान इससे कम ही लाभान्वित हो पाये हैं। इसमें सुधार करने के साथ ही एक सार्वभौमिक कृषि विपणन प्रणाली बनाई जानी चाहिए, जिसमें किसानों की भी बराबर की भागीदारी हो।

प्रश्न-19: क्लाउड कम्प्यूटिंग से क्या अभिप्राय है? क्लाउड कंप्यूटिंग द्वारा प्रदान की जाने वाली सेवाओं पर प्रकाश डालिये।

उत्तर: क्लाउड कम्प्यूटिंग इंटरनेट के माध्यम से विभिन्न सेवाओं का वितरण है, इसके माध्यम से एक स्वामित्व हाई ड्राइव या स्थानीय संग्रहण डिवाइस पर फाइलें रखने के बजाय उन्हें क्लाउड आधारित संग्रहण डेटोबेस में सहेजना संभव बनाता है, इसके माध्यम से जब तक किसी इलेक्ट्रानिक उपकरण की इंटरनेट तक पहुंच होती है तब तक इसे चलाने के लिए डेटा एवं साफ्टवेयर तक पहुंच बनी रहती है।

यह लागत प्रभावी, उच्च उत्पादकता युक्त एवं तीव्र गति एवं उच्च दक्षता के साथ प्रदर्शन एवं सुरक्षा के कारण लोगों में लोकप्रिय सेवा प्रदान करते हैं। क्लाउड कम्प्यूटिंग कंपनियों के प्रौद्योगिकी खर्च में कमी लाती है। क्योंकि इससे संबंधित एप्लीकेशन सदस्यता शुल्क चुका कर ऑनलाइन के जरिये किराए पर लिया जा सकता है, जिसके कारण टाटा भण्डारण में सुगमता, आधारभूत संरचना लागत में कमी होती है।

क्लाउड कप्यूटिंग के माध्यम से वेब सुविधाओं को किराए पर लिया जा सकता है, इसके अतिरिक्त स्थानीय साफ्टवेयर, एमएफपी ब्राउजर के अलावा उपयोगकर्ता को सीधे बादल के जरिये पेपर दस्तावेज हस्तान्तरण कर सकते हैं, जिससे भौतिक भण्डार एवं सुरक्षा की लागत कम होती है।

यद्यपि क्लाउड कम्प्यूटिंग से बहुत सारी सुविधाएं प्राप्त होती है लेकिन साइबर सुरक्षा, डेटा सुरक्षा, कम स्पीड इन्टरनेट आदि इसके मार्ग में प्रमुख बाधा उत्पन्न करते हैं। इसके अलावा यह सर्वसुलभ नहीं है, जिसके कारण इसके लाभ एवं सेवाएं बस कुछ लोकगों तक सीमित है।

प्रश्न-20: प्रौद्योगिकी स्थानान्तरण से आप क्या समझते हैं? यह जटिल प्रौद्योगिकी के प्रसार में किस प्रकार से सहायक हो सकती है?

उत्तर: किसी वैज्ञानिक अनुसंधान का कोई व्यवहारि उपयोग सोचना और उस उपयोग को साकार करने के लिए आवश्यक सारी जानकारी किसी दूसरे व्यक्ति या संस्था को मुहैया कराना प्रौद्योगिकी हस्तान्तरण कहलाता है। तकनीक हस्तान्तरण का उद्देश्य सामान्यत: इसका विस्तार एवं व्यवसायिक उत्पादन बढ़ा कर लाभ अर्जित करना होता है।

वर्तमान समय में प्रौद्योगिकी पर बस कुछ देशों एवं संस्थाओं का विशेषाधिकार है, विशेषकर विकसित देशा। इसका सबसे बड़ा कारण अनुसंधान एवं तकनीक पर इनके द्वारा सबसे ज्यादा पूंजी लगाना है, जबकि विकासशील देशों में पूंजी की कमी के कारण अनुसंधान कार्य उतनी मात्रा में नहीं हो पाते, जिसके कारण ये देश तकनीक के लिए सदैव विकसित देशों का मुंह देखते हैं, जो इन्हें प्रौद्योगिकी हस्तान्तरण के माध्यम से ही प्राप्त हो सकती है।

विशेषकर जटिल तकनीक जैसे किसी बीमारी की दवा, आधुनिक हथियारों के निर्माण, परमाणु ऊर्जा के उत्पादन की तकनीक, जलवायु परिवर्तन एवं आपदा प्रबंधन की तकनीक, उन्नत बीज निर्मित करने की तकनीक आदि का यदि हस्तान्तरण होता है, तो इससे सभी लोग लाभान्वित होते हैं साथ ही इन तकनीकों से बने उत्पादों का व्यापक उत्पादन होने से इनकी कीमत भी कम होती है एवं इनके लिए अन्य देशों द्वारा किए जाने वाले रिसर्च का पैसा भी बचताहै, जिसका प्रयोग कहीं और किया जा सकता है।

वस्तुत: प्रौद्योगिकी हस्तान्तरण न सिर्फ तकनीक को सर्वसुलभ बनाती है, बल्कि इसके माध्यम से विश्व के पिछड़े एवं अल्पविकसित तथा विकासशील देशों को मुख्यधारा में लाने में सहायता मिलती है तथा विश्व के सभी लोग तकनीक का फायदा उठाकर अपने समक्ष आने वाली चुनौतियों का सामना करने के लिए स्वयं को तैयार कर सकते हैं।

सामान्य अध्ययन मुख्य परीक्षा - 2019
हल प्रश्न-पत्र 4

कुल अंक : 200 **समयावधि : 3 घण्टे**

लघुउत्तरीय प्रश्न खण्ड-अ/Section-A

प्रश्न-1: नीतिशास्त्र क्या है? मानव जीवन में इसकी भूमिका की विवेचना कीजिए?

उत्तर: नीतिशास्त्र एक मानवीय सामाजिक सैद्धान्तिक व व्यवहारपरक विज्ञान है, जिसके अन्तर्गत समाज में रहने वाले सामान्य मनुष्यों के आचरण का मूल्यांकन अथवा अध्ययन किया जाता है।

यह संपूर्ण मानव जीवन के संचालन का एक नैतिक मार्ग प्रदान करती है, जिसमें यह बताया जाता है कि क्या किया जाना चाहिए और क्या नहीं। इसके अलावा यह मनुष्य के नैतिक उद्देश्यों एवं आदर्श समाज के निर्माण के लिए पथ प्रदान करती है। नीतिशास्त्र मानव जीवन में आंतरिक प्रेरणा व दबाव के रूप में परिलक्षित होता है। यह दबाव आन्तरिक या बाहरी कुछ भी हो सकता है। यदि किसी की अन्तरात्मा किसी कार्य को करने की इजाजत नहीं देती तो यह आन्तरिक दबाव हो और यदि वह कार्य समाज के लिए अनुकूल नहीं है तो बाहरी दबाव है, लेकिन मानव जीवन नीतिशास्त्र के नियम से ही संचालित होगा, क्योंकि यह सारे दबाव नैतिक हैं।

इस रूप में नीतिशास्त्र मानव जीवन को प्रभावित करके मानव को एक सामाजिक एक नैतिक प्रणी बनाने के साथ ही सामाजिक व्यवस्था के निर्माण एवं संचालन को सुचारू मार्ग प्रशस्त करता है।

प्रश्न-2: नैतिक मूल्यों के सुदृढ़ीकरण की क्या प्रक्रिया है? क्या नैतिक मूल्यों के सुदृढ़ीकरण से चरित्र निर्माण में सहायता प्राप्त होती है? विवेचना करें?

उत्तर: सामाजिक मानकों एवं आकांक्षाओं के अनुरूप किसी व्यक्ति के व्यवहार एवं आचरणों के प्रतिरूप को मूल्य कहते हैं। मूल्य प्रक्रिया द्वारा सीखता है। इनके सुदृढ़ीकरण के लिए व्यक्ति की मूल्यों में आस्था एवं वह समाज, जिसमें वह निवास करता है कि स्थिति पर निर्भर करता है। जैसे वर्तमान समाज में न्याय, शांति, सहिष्णुता आदि नैतिक मूल्य सबसे प्रथम हैं, जबकि आदिम समाजों में ये निम्न थे।

जहां मूल्य सुदृढ़ रूप से माने जाते हैं, वहां के लोगों का चरित्र भी उच्च कोटि का होता है जैसे यूरोपीय देशों में समानता एवं स्वतंत्रता जैसे मूल्यों को विशेष महत्व है। इस कारण वहां के लोगों का चरित्र भी इसी के अनुकूल बन जाता है, यही कारण है कि समानता सूचकांक में नार्वे, स्वीडन जैसे देश सदैव ऊपर रहते हैं।

अत: नैतिक मूल्य न सिर्फ व्यक्ति के चरित्र को सुदृढ़ बनाते हैं, बल्कि उसके आचरण को नैतिक बनाते हैं, जिससे समाज में मूल्यों से युक्त व्यवहार होता है एवं ऐसा समाज न्याययुक्त एवं दीर्घजीवी होता है।

प्रश्न-3: संक्षिप्त टिप्पणियां लिखिए?

(अ) लोक सेवक की नैतिक जिम्मेदारियां।

(ब) लोकहित एवं सूचना का अधिकार

उत्तर:(अ) लोक सेवक की नैतिक जिम्मेदारियां: लोक सेवकों की मुख्य नैतिक जिम्मेदायियां यह है कि इन्हें अपने कार्य को स्वधर्म समझना चाहिए न कि व्यवसाय। स्वधर्म का अर्थ है कि कार्य को रूचि व गहरी प्रतिबद्धता के साथ करना। इन्हें वंचित वर्गों के प्रति परोपकार तथा सहानुभूति की भावना से युक्त होना चाहिए तथा स्वयं को जनता का स्वामी न समझकर सेवा प्रदाता के रूप में कार्य करते हुए संसाधनों के समावेशी एवं भ्रष्टाचार मुक्त वितरण सुनिश्चित करना चाहिए।

(ब) लोकहित एवं सूचना का अधिकार: लोकहित का तात्पर्य जनता के सामान्य हितों से है, जो उनके जीवन को गुणवत्तायुक्त एवं गरिमामय बनाते हैं तथा जनता के जीवन से अकाट्य रूप से जुड़े होते हैं। ऐसी स्थिति में इन हितों को लेकर, होने वाले निर्णय तक जनता की निर्बाध पहुंच होनी चाहिए। इसलिए सूचना का अधिकार जनता के लिए मूलभूत है क्योंकि यह शासन एवं प्रशासन के कार्यों तक लोगों की निर्बाध पहुंच सुनिश्चित करता है साथ ही निर्णय लेने की प्रक्रिया को पारदर्शी बनाकर शासन में व्याप्त लालफीताशाही एवं भ्रष्टाचार को खत्म करता है, जिससे लोकहितों की व्यापक रूप से पूर्ति करने में सहायता मिलती है।

प्रश्न-4: सार्वभौम धर्म क्या है? इसके प्रमुख तत्वों की विवेचना करें?

उत्तर: सार्वभौम धर्म का तात्पर्य एक ऐसी व्यवस्था से है, जो सभी लोगों को स्वीकार हो एवं इसका लक्ष्य संपूर्ण विश्व का कल्याण हो एवं इसमें किसी प्रकार का विभेद एवं संघर्ष का स्थान न हो। हालांकि ऐसा कोई धर्म अभी बना नहीं है लेकिन मानववाद, मानवतावाद एवं प्रकृतिवाद जैसे विचार ऐसी ही व्यवस्था का समर्थन करते हैं।

शांति, अहिंसा, समानता, नय, स्वतंत्रता, बन्धुत्व आदि सभी नैतिक आदर्श सार्वभौम धर्म के प्रमुख तत्व हैं। जिनका लक्ष्य मानव का कल्याण सुनिश्चित करते हुए एक ऐसी शांतिपूर्ण एवं आदर्श सामाजिक व्यवस्था का सृजन करना है, जो हिंसा एवं अशांति से मुक्त हो। वर्तमान में व्याप्त सभी धर्मों का आदर्श भी यही है लेकिन एक-दूसरे से विभेद एवं अपने धर्म को सर्वोच्च मानने के कारण ये धर्म अपने लक्ष्य की प्राप्ति में पूर्णतः सक्षम नहीं हो पाये हैं।

वस्तुतः सार्वभौम धर्म एक सार्वभौमिक एवं विभेदरहित व्यवस्था का सूचक है जहां सभी के अधिकार सुरक्षित रहें एवं सभी लोग अपने कर्त्तव्य का सही तरीके से पालन करें।

प्रश्न-5: गांधी के असहयोग आन्दोलन पर दार्शनिक दृष्टि से विचार करें?

उत्तर: अहिंसा के मूल सिद्धांत पर आधारित गांधी का असहयोग आन्दोलन एक शक्तिशाली सत्ता के सामने भारतीय विरोध को रखने का एक रचनात्मक तरीका था, जिससे शासक को शासित के अधिकारों के प्रति जागरूक करने के साथ ही शासक के व्यवहार में परिवर्तन का उद्देश्य निहित था।

असहयोग आन्दोलन ने जहां एक ओर भारतीयों की स्थिति को नैतिक रूप से मजबूत किया एवं अपने आक्रोश को भी प्रदर्शित किया, वहीं ब्रिटिश शासन को यह सन्देश भी दिया कि यदि भविष्य में भारतीयों के साथ समानता का व्यवहार न किया गया एवं शासन को अन्यायपूर्ण ढंग से संचालित किया गया तो भारत में शासन करना मुश्किल होगा। इसके साथ ही बिना भारतीय लोगों के भारत में शासन करना संभव नहीं होगा।

असहयोग आन्दोलन ने न सिर्फ निर्बल लोगों को शक्तिशाली सत्ता के खिलाफ लड़ने के लिए सत्याग्रह, भूख हड़ताल, शासन संचालन में सहयोग न करना जैसे हथियार दिये बल्कि आवाजहीन लोगों को आवाज तथा एक लक्ष्य की प्राप्ति के लिए नये मार्ग व सतत चलने वाली प्रक्रिया दी जो मनुष्य को नैतिक एवं आदर्श बनाने के साथ ही साध्य एवं साधन दोनों की पवित्रता पर केन्द्रित थी।

प्रश्न-6: लोक सेवकों की लोकतंत्रीय अभिवृत्ति एवं अधिकारी तंत्रीय अभिवृत्ति में विभेद कीजिए?

उत्तर: अभिवृत्ति किसी व्यक्ति की ऐसी मानसिक दशा है जिसके आधार पर व्यक्ति के पसंद नापसंद का समझा जा सकता है। लेकिन एक लोकसेवक की अभिवृत्ति उसके कर्त्तव्यों एवं दायित्वों से निर्धारित होती है।

लोकसेवक की लोकतांत्रिक अभिवृत्ति ऐसी होनी चाहिए जिसमें उसके कार्य जनता के हितों के अनुकूल एवं उसकी जवाबदेही जनता के प्रति सुनिश्चित हो साथ ही उसके व्यक्तिगत राजनीतिक विचारों का उसके सार्वजनिक कार्यों में दखल न हो तथा वह सार्वजनिक हितों को ध्यान में रख कर निर्णय लेने वाले हो।

वहीं एक लोकसेवक की अधिकारी तंत्रीय अभिवृत्ति उसे अपने वरिष्ठों के प्रति जवाबदेह एवं अपने कार्यों के लिए उत्तरदायी बनाने के साथ ही प्रशासनिक नियमों के प्रति ईमानदार एवं शासकीय नियमों को लागू करने के प्रति वफादार बनाती है।

ऐसी स्थिति में एक लोकसेवक के लिए विकट स्थिति उत्पन्न हो जाती है कि वह किन अभिवृत्तियों को वरीयता दे। क्योंकि जब तक वह एक लोकसेवक है तब तक उसे पूर्ण लोकतांत्रिक अधिकार प्राप्त नहीं होते हैं साथ ही उसकी जवाबदेही सदैव शासन के प्रति होती है एवं उसी को लागू करना उसका कर्त्तव्य होता है, लेकिन नीतियों के निर्माण के समय वह अपनी अभिवृत्तियों के स्थान पर सार्वजनिक हितों को ध्यान में रखकर निर्णय करता है।

प्रश्न-7: जनता के विरोध के संबंध में अनुनय के गुणों एवं अवगुणों की व्याख्या करें?

उत्तरः मनुष्य एक ऐसी मनोवैज्ञानिक प्रक्रिया है जिसके माध्यम से किसी व्यक्ति या समूह की मनोवृत्ति में परिवर्तन किया जा सकता है। जनता के विरोध के संबंध में इसे गुण एवं अवगुण निम्नलिखित है-

गुणः

- अनुनय के माध्यम से विरोध कर रही जनता के मनोविज्ञान को बदल कर विरोध शांति किया जा सकता है।
- अनुनय जनता की भावनाओं को समझने एवं उसके अनुकूल उसमें संवाद करने में सहायता करता है।
- अनुनय के माध्यम से जनता की आकांक्षाओं को पूर्ण करने में सहायता मिलती है।

अवगुणः

- यदि विरोध करने वाली जनता पहले से पूर्वाग्रह से ग्रसित है तो अनुनय काम नहीं करता।
- अनुनय के समय यदि संचारकर्ता की शारीरिक भाव-भंगिभा मेल नहीं खाते तो यह प्रभावी नहीं होता।
- लोग इसका इसलिए विरोध कर सकते हैं कि इसे मानने से उनकी स्वतंत्रता बाधित होती है।

वस्तुतः अनुनय सिर्फ एक प्रक्रिया है, जो तभी प्रभावी हो सकती है जब सामने वाला ऐसी स्थिति का इच्छुक हो। यदि विरोध कर रही जनता सिर्फ विरोध के लिए विरोध कर रही है तो उस पर अनुनय का प्रभाव नहीं पड़ेगा। लेकिन यदि जनता समझौता चाहती है तो इसका असर प्रभावी होगा।

प्रश्न-8: सिविल सेवा के संदर्भ में निम्नलिखित की प्रासंगिकता का परीक्षण कीजिए।

(अ) पारदर्शिता

(ब) जवाबदेही

(स) दृढ़ विश्वास का साहस

उत्तरः(अ) पारदर्शकताः सिविल सेवा में पारदर्शिता का अपना विशेष महत्व है। इससे न सिर्फ प्रशासनिक कार्यों तक जनता की पहुंच सुनिश्चित होती है, बल्कि जनता का प्रशासन के प्रति विश्वास भी बढ़ता है एवं शासन व्यवस्था लोकतांत्रिक होने के साथ-साथ भ्रष्टाचार की भी कमी होती है और जनता एवं प्रशासन के मध्य की दूरी कम होती है।

(ब) जवाबदेहीः सिविल सेवा में इससे प्रशासन में न सिर्फ निर्णय संविधान एवं कानूनों के अनुसार होते हैं बल्कि शासन में तार्किकता एवं पारदर्शिता के साथ ही साथ समस्त नियमों का पालन समय एवं सुचारू रूप से किया जाता है। इससे अधिकारी निरंकुश नहीं होता एवं लालफीताशाही व्यवस्था पर लगाम लगती है।

(स) दृढ़ विश्वास का साहसः सिविल सेवा में इससे दूरगामी तथा कठिन उद्देश्यों की प्राप्ति होने तक धैर्य तथा आन्तरिक प्रेरणा बनाये रखने में मदद मिलती है तथा बीच-बीच में आने वाली चुनौतियों तथा बाधाओं से हतोत्साहित करने वाली परिस्थितियों में आशावादी मानसिकता के साथ संघर्ष करने में सहायता मिलती है।

प्रश्न-9: हमें देश में महिलाओं के प्रति यौन उत्पीड़न के बढ़ते हुए दृष्टान्त दिखाई दे रहे हैं। इस कुकृत्य के विरूद्ध विद्यमान विधिक उपबन्धों के होते हुए भी ऐसी घटनाओं की संख्या बढ़ रही है। इस संकट से निपटने के लिए कुछ नवाचारी उपाय सुझाइए?

उत्तरः हमारे देश में महिला सुरक्षा हेतु बहुत सारे कानून एवं विधिक उपबंध मौजूद है, लेकिन इसके बावजूद यह देखा जाता है कि महिलाओं के प्रति यौन उत्पीड़न के मामले बढ़ते जा रहे हैं। NCB के आकड़ों से इसका पता चलता है। इन्हें रोकने के कुछ नवाचारी उपाय निम्नलिखित हैं:-

- महिला सुरक्षा संबंधी कानूनों को सख्ती से लागू करना एवं इनमें संबंधी मामलों की सुनवाई के लिए स्पेशल कोर्ट गठित करके त्वरित सुनवाई सुनिश्चित करना।
- यौन शिक्षा को अनिवार्य करना तथा लोगों में महिलाओं के प्रति होने वाले अत्याचारों के लिए जागरूक बनाना।
- महिला अधिकारों को वरीयता देना एवं महिलाओं का वस्तुकरण रोकने के लिए इन्हें समान अवसर प्रदान करने के साथ ही इनकी सुरक्षा के लिए विशेष सुरक्षा दस्ते का निर्माण तथा आनलाइन शिकायत प्रणाली का निर्माण करने के साथ ही शिकायत के 24 घण्टे के अन्दर कार्यवाही सुनिश्चित करना।
- महिला सुरक्षा एक स्वस्थ्य समाज के निर्माण के लिए सबसे जरूरी आवश्यकता है, जो महिलाओं को गरिमामय जीवन प्रदान करने में सहायक होगा।

प्रश्न-10: आप एक ईमानदार तथा उत्तरदायी सिविल सेवक हैं, आप प्रायः निम्नलिखित को प्रेक्षित करते हैं-

(अ) एक सामान्य धारणा है कि नैतिक आचरण का पालन करने से स्वयं को भी कठिनाई का सामना करना पड़ता है और परिवार के लिए भी समस्या पैदा हो सकती है जबकि अनुचित आचरण जीविका लक्ष्यों तक पहुंचने में सहायक हो सकता है।

(ब) जब अनुचित साधनों को अपनाने वालों की संख्या बढ़ी होती है तो नैतिक साधन अपनाने वाले अल्पसंख्यक लोगों से कोई फर्क नहीं पड़ता।

उपर्युक्त कथनों की गुण दोष सहित जांच करें-

उत्तर: पहले कथन में सामान्यतः यह देखा जाता है कि नैतिक आचरण वाले लोग कठिनाई का सामना करते हैं एवं गलत लोग उनके परिवार को भी निशाना बनाते हैं। ऐसे लोग भौतिक रूप से भले ही सुखी न हों लेकिन ये लोग समाज में सम्मान पाते हैं एवं समाज का मार्गदर्शन करते हैं। वहीं गलत आचरण वाला व्यक्ति चाहे जितना सम्पन्न हो जाये समाज उसे उस रूप में नहीं स्वीकार करता साथ ही ऐसे लोग समाज के लिए उदाहरण नहीं बनते बल्कि स्वयं के बनाये जाल एवं गलत लोगों के हाथ की कठपुतली मात्र होते हैं।

दूसरे कथन में आज के समाज में यह देखा जाता है कि अनुचित आचरण को अपनाने वाले लोगों की संख्या इतनी बढ़ी है कि नैतिक लोग अल्पसंख्यक हो गये हैं तथा इनका महत्व कम हो गया है। लेकिन ऐसा नहीं है कि नैतिक लोगों की नैतिकता का महत्व नहीं है। अगर ऐसा होता तो लोगों का आदर्श अब्दुल कलाम नहीं होते साथ ही समाज का प्रत्येक व्यक्ति नैतिक समाज की कामना नहीं करता एवं रामराज्य जैसी संकल्पना का महत्व नहीं होता। लेकिन ऐसा नहीं है। समाज एवं लोग आज भी नैतिक आदर्शों पर ही जीना चाहते हैं भले ही उनका आचरण इससे अलग हो।

दीर्घउत्तरीय प्रश्न खण्ड-ब/Section-B

प्रश्न-11: ''धार्मिक कट्टरता किसी भी लोकतांत्रिक देश की उन्नति में बाधक रही है।'' विवेचना कीजिए?

उत्तर: धार्मिक कट्टरता से आशय किसी धर्म द्वारा अपने धर्म के आदर्शों को एकमात्र सत्य मानकर दूसरे धर्मों के प्रति असहिष्णुता का भाव प्रदर्शित करना है। ऐसी स्थिति में सामान्यतः धार्मिक हिंसा को बढ़ावा मिलता है एवं समाज में अशांति फैलती है। वहीं लोकतंत्र सभी लोगों को समान अधिकार प्रदान कराने वाली ऐसी शासन प्रणाली है जहां लोगों के मध्य जाति, धर्म एवं नस्ल के आधार पर किसी प्रकार का भेदभाव स्वीकार नहीं किया जाता है।

चूंकि लोकतंत्र समानता एवं स्वतंत्रता की भावना से युक्त होता है। अगर ऐसे देश में धार्मिक कट्टरता पैदा हो जाती है, तो यहां न सिर्फ अल्पसंख्यकों के अधिकारों का हनन होगा बल्कि ऐसे देशों की विविधता भी खत्म होगी क्योंकि धार्मिक कट्टरता का लक्ष्य ही अपने धर्म की श्रेष्ठता स्थापित करना होता है। ऐसे देशों में विकास के मुद्दे गौण होते जाते हैं एवं स्वार्थी नेताओं द्वारा चुनाव में धार्मिक भावनाओं उन्माद फैला कर वोट हासिल किये जाते हैं एवं ऐसे चुने गए लोगों का लक्ष्य देश का विकास करना न होकर एक समुदाय विशेष की भावनाओं को सन्तुष्ट करना होता है।

धार्मिक कट्टरता जहां एक ओर देश की शांति को भंग करती है वहीं दूसरी ओर अपनी रूढ़िवादी संकीर्ण धार्मिक विचारों में फांसे रखती है, जिससे समाज में शिक्षा, स्वास्थ्य, रोजगार एवं महिला अधिकारों का हनन होता है एवं लोकतंत्र में प्राप्त अधिकारों का प्रयोग करने में सक्षम नहीं होते, जिससे समाज में जड़ता बढ़ती जाती है एवं उन्नति नष्ट होती जाती है। वस्तुतः धार्मिक कट्टरता से युक्त देश में लोकतांत्रिक मूल्यों को प्राप्त करना संभव नहीं होता, क्योंकि लोकतंत्र समानता एवं बंधुत्व की बात करता है, वहीं कट्टरता एकरूपता एवं धर्मविशेष के लोगों के महत्व की बात करती है, जिससे देश की उन्नति में सभी की भागेदारी सुनिश्चित नहीं हो पाती है एवं इससे देश की शांति एवं उन्नति प्रभावित होती है।

प्रश्न-12: कार्ल मार्क्स के सामाजिक एवं राजनीतिक विचारों की समकालीन लोकसेवा में भूमिका का परीक्षण कीजिए?

उत्तर: कार्ल मार्क्स अपने सामाजिक विचारों में जहां शोषणमुक्त एवं समतामूलक सामाजिक व्यवस्था की स्थापना की कामना करते हैं जहां किसी भी स्तर पर किसी भी प्रकार का विभेद न हो एवं सभी लोगों के साथ समानता का व्यवहार हो एवं लोगों को उनकी रूचि के अनुसार कार्य एवं आवश्यकता के अनुसार भुगतान की आजादी हो। वहीं मार्क्स राजनीतिक रूप से साम्यवादी व्यवस्था का समर्थक है, जहां किसी प्रकार का शासक वर्ग नहीं हो एवं सर्वहारा का शासन होगा। समकालीन लोकसेवा में मार्क्स के सामाजिक एवं राजनीतिक विचार इसलिए महत्वपूर्ण है क्यों कि लोकसेवा का भी अन्तिम लक्ष्य संसाधनों का समतामूलक वितरण है एवं शासन के स्तर पर सभी प्रकार के विभेदों को खत्म करना है ताकि लोगों के मध्य किसी प्रकार का विभेद न हो। आज के कल्याणकारी राष्ट्र में लोकसेवा कल्याण को सुनिश्चित करने का सबसे सशक्त माध्यम है। साथ ही कल्याण तभी होगा जब विभेद खत्म हो एवं समानता की स्थिति हो।

वहीं लोगतांत्रिक देशों में जहां शासन जनता के द्वारा प्रत्यक्ष या अप्रत्यक्ष रूप से चुने गए प्रतिनिधियों के द्वारा किया जाता है वहां लोकसेवक भी जनता के सेवक ही होते हैं एवं उनका कर्त्तव्य जनता की आवश्यकताओं की पूर्ति हेतु नीति बनाकर एवं उन्हें कुशलता पूर्वक लागू करना होता है। इस आधार पर लोकसेवा का भी उद्देश्य शासन को जनता के लिए अनुकूल बनाना एवं शासन तथा जनता के बीच की दूरी को कम करना है।

समकालीन लोक सेवा अपने लक्ष्यों की दृष्टि से काफी हद तक मार्क्स के सामाजिक एवं राजनीतिक विचारों से संगत है अंतर सिर्फ साधन का है। लोकसेवा समतामूलक संसाधनों के वितरण से समानता लाना चाहती है। वहीं मार्क्स की समानता लाने का एकमात्र साधन क्रांति है।

प्रश्न-13: अवसाद एवं आत्महत्या की बढ़ती घटनाओं को रोकने में गीता का निष्काम कर्मयोग किस प्रकार सहायक हो सकता है? विवेचना कीजिए।

उत्तर: गीता का निष्काम कर्मयोग कहता है कि व्यक्ति अपना कर्म बिना किसी फल की इच्छा से ग्रसित हुए करना चाहिए अर्थात् कर्म को कर्म के लिए करना चाहिए न कि फल प्राप्त करने की इच्छा से। अगर व्यक्ति इस प्रकार कर्म करेगा तो उसमें अपने कर्म के प्रति न तो उपेक्षा का भाव पैदा होगा और न ही व्यक्ति अपने कर्म से विमुख होगा।

वर्तमान में बढ़ती हुई अवसाद एवं आत्महत्या की घटनाओं के पीछे की सबसे बड़ी वजह यही है कि व्यक्ति पहले से यह मानकर चलात है कि उसे अमुख कर्म करने से अमुख फल प्राप्त होगा और अगर ऐसा नहीं होता तो व्यक्ति अवसाद में चला जाता है जो इस अवसाद को संभाल नहीं पाता। वह आत्महत्या जैसे कदम उठाता है। इन सब का कारण वर्तमान के भौतिकतावादी युग में अधिक से अधिक संसाधन प्राप्त करने की चाहत एवं दिखवे की संस्कृति का समाज में अप्रत्याशित से बढ़ना एवं संसाधनविहीन या कम संसाधन वाले व्यक्ति को समाज में वो सम्मान न मिलना जिसकी वह चाहत रखता है।

संसाधनों पर कब्जा करने की इसी अंधी दौड़ ने आज लोगों को मानसिक बीमार बना दिया है। ब्राण्ड कल्चर ने लोगों के मध्य इतना असमानता एवं हेय भावना पैदा कर दी है कि लोग इसी को अपने जीवन का लक्ष्य समझने लगे हैं जबकि गीता के अनुसार जीवन का लक्ष्य भौतिक नहीं आध्यात्मिक उन्नति है। इस कारण भौतिक उन्नति में असफल व्यक्ति अवसाद एवं आत्महत्या जैसे कदम उठाता है।

इस प्रकार अगर व्यक्ति निष्काम होकर कर्म करेगा तो वह फल के प्रति उसका संवेदनात्मक जुड़ाव नहीं होगा तो फल का उसके मानसिक स्थ्िति पर फर्क भी नहीं पड़ेगा। ऐसा व्यक्ति अपने कार्य को कुशलतापूर्वक करेगा एवं अपने जीवन को सन्तोषपूर्वक जीयेगा तथा किसी कर्म के फल को जीवन से बड़ा न समझ कर जीवन के वास्तविक मूल्यों को समझेगा तथा अवसाद एवं आत्महत्या जैसी मानसिक स्थितियों से बचा रहेगा।

प्रश्न-14: सार्वजनिक जीवन के सात सिद्धांत क्या है? क्या वे सिविल सेवकों के लिए आचार संहिता है? मूल्यांकन कीजिए।

उत्तर: सार्वजनिक जीवन के सात सिद्धांत निम्नलिखित हैं:-

1. निःस्वार्थता 2. सत्यनिष्ठा 3. वस्तुनिष्ठता 4. जबाबदेहिता 5. पारदर्शिता
6. ईमानदारी 7. नेतृत्वक्षमता

एक सिविल सेवक का कार्य शासन को नीतियों के निर्माण में सहयोग एवं उन्हीं नीतियों का कुशलता पूर्वक क्रियान्वयन होता है। ऐसी स्थिति में सिविल सेवकों को सार्वजनिक जीवन के मूल्यों को मानना पड़ता है क्योंकि सिविल सेवक के व्यक्तिगत मूल्य इससे अलग हो सकते हैं ऐसे में सार्वजनिक मूल्यों को मानने से सिविल सेवक के कार्यों में न सिर्फ वस्तुनिष्ठता आएगी, बल्कि वह अपने कार्य को बिना किसी भेदभाव के करने में सक्षम होगा।

वैसे भी एक सिविल सेवक से अपेक्षा की जाती है कि वह एक कुशल नेतृत्वकर्ता की तरह कार्य करने के साथ ही अपने कार्य के प्रति सत्यनिष्ठ रहे एवं अपने वरिष्ठों के प्रति जवाबदेह होने के साथ ही अपने कार्यों में पारदर्शिता बनाये रखें तथा बिना किसी स्वार्थ के नीतियों को लागू करते समय सत्यनिष्ठा को ध्यान में रखकर निर्णय ले और अपने कार्यों को पूर्ण ईमानदारी के साथ करें।

इस रूप में सार्वजनिक जीवन के ये 7 सिद्धांत एक सिविल सेवक के लिए आचार संहिता की तरह है क्योंकि इनका भी लक्ष्य सुचारू सार्वजनिक व्यवस्था की स्थापना है और एक सिविल सेवक सार्वजनिक व्यवस्था बनाने में सहायता करता है। इस कारण ये सिद्धांत न सिर्फ सार्वजनिक व्यक्तियों के लिए बल्कि सिविल सेवकों के लिए भी आचार संहिता की तरह ही है।

प्रश्न-15: आप एक पी.सी.एस. अधिकारी बनने की कोशिश कर रहे हैं और विभिन्न चरणों को पार व्यक्ति साक्षात्कार हेतु अर्ह हो गये हैं। साक्षात्कार हेतु जाते समय रास्ते में आपने देखा की एक बुजुर्ग व्यक्ति अपनी पोती के साथ कहीं जा रहा है। अचानक उसे आपके सामने दिल का दौरा पड़ता है और बुजुर्ग की पोती आपसे सहायता की पुकार करती है। ऐसी दशा में आप क्या करेंगे? विस्तृत चर्चा करें?

उत्तर: उपरोक्त स्थिति में व्यक्ति के व्यक्तिगत हित एवं सार्वजनिक मूल्यों के चुनाव का छन्द है ऐसी स्थिति में मेरे पास निम्नलिखित विकल्प हैं:-

1. बुजुर्ग व्यक्ति को उसकी स्थिति में छोड़कर साक्षात्कार देने चला जाऊं।
2. साक्षात्कार को छोड़कर बुजुर्ग व्यक्ति को लेकर अस्पताल जाऊं।
3. बुजुर्ग व्यक्ति को अस्पातल ले जाने की व्यवस्था करके साक्षात्कार देने जाऊं।

इन तीनों स्थितियों में पहला विकल्प व्यक्तिगत स्वार्थ की दृष्टि से तो सही होगा, लेकिन इस विकल्प के कारण बुजुर्ग की जान भी जा सकती है, जो नैतिक रूप से सही नहीं है अतः इस विकल्प का चयन सामाजिक दृष्टि से सही नहीं होगा, क्योंकि यदि लोकसेवा में जाने से पहले व्यक्ति में लोगों के प्रति संवेदना नहीं है तो सेवा के चयन के बाद कैसे होगी। अतः यह विकल्प किसी भी दृष्टि से सही नहीं है।

दूसरा विकल्प नैतिक दृष्टि से तो उचित हो सकता है लेकिन इसमें व्यक्तिगत हानि ज्यादा है क्योंकि अगर मैं साक्षात्कार छोड़ता हूं तो चयन से बाहर हो जाऊंगा, जिसका प्रभाव न सिर्फ मेरे ऊपर अपितु मेरे परिवार के ऊपर भी पड़ेगा, जो मेरे लिए हमेशा उपस्थित थे। अतः यह विकल्प भी उचित नहीं होगा।

तीसरा विकल्प सर्वोत्तम है क्योंकि मैं फोन करके एम्बुलेंस से बुजुर्ग एवं उसकी पोती को अस्पताल भेज सकता हूँ एवं अपना साक्षात्कार भी दे सकता हूँ साथ ही साक्षात्कार के बाद उनकी मदद भी कर सकता हूँ। तत्कालिक मदद के लिए उनकी पोती तो उनके साथ ही है, जो उन्हें अस्पताल ले जा सकती है बस उन्हें कोई साधन मिल जाये।

इस प्रकार मेरा चयन तीसरे विकल्प का होगा जो भौतिक एवं व्यक्तिगत हित दोनों ही दृष्टि से सही है साथ ही यह विकल्प भविष्य में और लोगों के सहयोग में मुझे चयन के बाद मजबूत भी बना सकता है।

प्रश्न-16: अक्सर कहा जाता है कि निर्धनता भ्रष्टाचार की ओर प्रवृत्त करती है। परंतु ऐसे भी उदाहरणों की कमी नहीं है जहां सम्पन्न एवं शक्तिशाली लोग बड़ी मात्रा में भ्रष्टाचार में लिप्त हो जाते हैं। लोगों में व्याप्त भ्रष्टाचार के आधारभूत कारण क्या हैं? उदाहरणों द्वारा अपने उत्तर को पुष्ट करें?

उत्तर: लोगों में व्याप्त भ्रष्टाचार के आधारभूत कारण निम्नलिखित हैं:-

- भारत की पारिवारिक व्यवस्था ऐसी है, जिसमें आर्थिक रूप से सक्रिय लोग कम होते हैं एवं उनपर निर्भर अधिक लोग होते हैं।
- भौतिक सुखों को चरम लालसा एवं लालच, लोभ, मोह आदि के कारण भ्रष्टाचार को बढ़ावा मिलता है।
- दिखावे की संस्कृति एवं अधिक संसाधन तथा जल्दी अमीर बनने की प्रवृत्ति इसे बढ़ाती है।
- दिखावे की संस्कृति एवं अधिक संसाधन तथा जल्दी अमीर बनने की प्रवृत्ति इसे बढ़ाती है।
- मध्यम वर्ग द्वारा सैद्धांतिक रूप से भ्रष्टाचार की आलोचना एवं व्यवहारिक रूप से ऐसे व्यक्तियों को धन के कारण सम्मान इसे बढ़ाता है।
- भ्रष्टाचार को अधिक लाभ एवं कम हानि का सौदा समझा जाता है क्योंकि इसे रोकने के लिए प्रभावी एवं कठोर कानून का अभाव है, जिसे व्यक्ति भ्रष्टाचार करने के बाद भी आसानी से छूट जाता है।

सिर्फ ऐसा मानना कि निर्धनता ही भ्रष्टाचार की ओर प्रवृत्त करती है बिल्कुल गलत है। निर्धनता भ्रष्टाचार का एक कारण हो सकती है लेकिन एकमात्र कारण नहीं। हमने वर्तमान समय में देखा है कि 2 जी घोटाले व राष्ट्रमण्डल घोटाले दोनों में ही सम्पन्न लोग शामिल थे, जिनका निर्धनता से कोई संबंध नहीं था फिर भी उन्होंने भ्रष्टाचार किया।

वर्तमान समय जहां व्यक्ति की योग्यता का आकलन एवं समाज में सम्मान उसके धन के आधार पर होता है वहां भ्रष्टाचार को बढ़ावा मिलता है। जैसे कोई भी पिता अपनी बेटी का विवाह किसी निर्धन या आर्थिक रूप से कम सम्पन्न व्यक्ति से नहीं करना चाहता, जबकि सम्पन्न व्यक्ति के साथ दहेज देकर विवाह करता है। यह स्थिति भ्रष्टाचार को बढ़ाने के साथ ही इसे संस्थागत रूप प्रदान करती है।

वस्तुतः भ्रष्टाचार का संबंध व्यक्ति के लालच एवं अधिक संसाधन संग्रहित करने की लालसा से है, जो उसे समाज में स्थान दिलाने के साथ ही उसकी आर्थिक स्थिति के कारण प्रतिष्ठा प्रदान करता है जिसके कारण भ्रष्टाचार बढ़ता है। क्योंकि यही धन अर्जन का सबसे सरल एवं तीव्र माध्यम बन जाता है।

प्रश्न-17: क्या सार्वजनिक सेवाओं में समानुभूति की कोई भूमिका है? उपयुक्त उदाहरण के साथ अपनी बात समझाइए।

उत्तर: समानुभूति से तात्पर्य है दूसरों की अनुभूतियों एवं भावनाओं को सटीक रूप से समझना एवं इन्हीं भावनाओं के माध्यम से सही निर्णय लेकर अपने व्यवहार को उन्हीं के अनुकूल प्रदर्शित करना। जैसे पिता का मूड सही देखकर उपहारों की मांग या धरना कर रहे लोगों को उनकी भावनाओं के अनुकूल जवाब देकर उनसे धरना खत्म करवाना है। सिविल सेवा में सहानुभूति की भूमिका निम्नलिखित रूप में है:-

1. प्रशासन की जटिल परिस्थितियों में वही व्यक्ति सफल हो पायेगा, जो समानुभूति से युक्त हो क्योंकि यहां दिन-प्रतिदिन नई समस्याएं आती हैं, जिन्हें सिर्फ तर्क एवं प्रबंधन से हल नहीं किया जा सकता। जैसे किसी व्यक्ति की हत्या होने पर आक्रोशित लोगों को सिर्फ पुलिस के बल पर शांत नहीं किया जा सकता बल्कि इसके लिए उनकी भावनाओं को समझना भी जरूरी होता है।

2. सिविल सेवक को प्रायः ऐसे लोगों के साथ कार्य करना पड़ता है, जिनके चयन में उसका कोई योगदान नहीं होता है। ऐसी स्थिति में उनसे अपेक्षित कार्य तभी लिया जा सकता है जब उनकी संवेदना को सही तरीके से समझकर व्यवहार किया जाये, जो समानुभूति के माध्यम से ही संभव है।

3. शासन के प्रति आक्रोशित जनता को शांत तभी किया जा सकता है जब उनकी भावनाओं की सही समझ हो एवं उसी के अनुकूल आचरण हो जैसे आन्दोलन कर रहे किसानों को प्रशासन की भाषा शायद समझ में न आये ऐसी स्थिति उनके आक्रोश को शांत करने के लिए उनके मामलों को हल करने का आश्वासन उन्हीं की भाषा में देना एवं अपने को उनके हितैषी के रूप में पेश करना समानुभूति से ही संभव है।

इस प्रकार समानुभूति सार्वजनिक सेवाओं को जहां कुशल बनाती है वहीं शासन एवं जनता के मध्य की दूरी को कम करने के साथ ही लोकसेवकों को लोकप्रिय एवं नीतियों के सफल क्रियान्वयन को सुनिश्चित करती है।

प्रश्न-18: प्रशासन में भावनात्मक बुद्धि की उपादेयता की विवेचना कीजिए?

उत्तर: अपनी तथा दूसरों की भावनाओं को समझने तथा उनका समुचित प्रबंध करने की क्षमता को भावनात्मक बुद्धिमत्ता कहते हैं। प्रशासन में इसकी निम्नलिखित उपदेयता है-

- प्रशासन में व्याप्त तनाव को वही व्यक्ति संभाल सकता है, जिसमें तनाव प्रबंधन एवं अपनी तथा दूसरों की भावनाओं के प्रबंधन की क्षमता हो। सिविल की व्यापकता तथा नित्य नई समस्याओं को वही प्रशासक हल कर सकता है, जो इनकी समझ रखने के साथ ही अपनी भावनाओं को सही प्रबंधन करने में सक्षम हो। यह भावनात्मक बुद्धि से ही संभव है।
- प्रशासन में ऐसे लोगों के साथ काम करना पड़ता है, जिनके चयन में सिविल सेवकों की कोई भूमिका नहीं होती है। ऐसे लोगों की क्षमताओं एवं रूचिओं की ठीक से पहचान करके उनका प्रशासन में समुचित उपयोग भावनात्मक बुद्धि से ही संभव है अन्यथा प्रशासन की कुशलता एवं गुणवत्ता सही नहीं होगी।
- सामाजिक व्यवस्थाओं जैसे रूढ़ि एवं अंधविश्वास आदि में बदलाव तभी संभव है जब इन्हें मानने वाले लोगों की भावनाओं को सही तरीके से समझकर उसके अनुकूल इनमें सुधार किया जाए।
- किसी कानून को लागू करने से पहले लोगों की भावनाओं का उसके प्रति जानता आवश्यक है अन्यथा लोग इसका अनावश्यक विरोध कर सकते हैं साथ ही कानून को एक साथ लागू किया जाये या धीरे-धीरे यह सिर्फ लोगों कीभावनात्मक बुद्धि की समझ पर ही निर्भर करेगा।
- जातिगत व संप्रदायिक तनाव मिटाने एवं लोगों को शांत करने में भावनात्मक बुद्धि महत्वपूर्ण रोल निभाती है क्योंकि इससे लोगों की भावनाओं को समझने की दृष्टि मिलती है।

इस प्रकार भावनात्मक बुद्धिमत्ता प्रशासन के कुशल एवं सुचारू संचालन का मार्ग बनाने के साथ ही प्रशासन की उत्पादकता में भी वृद्धि करती है।

प्रश्न-19: सामाजिक समस्याओं के प्रति व्यक्ति की अभिवृत्ति के निर्माण में कौन से कारक प्रभाव डालते हैं। उदाहरणों के द्वारा अपने उत्तर को सम्पुष्ट कीजिए।

उत्तर: अभिवृत्ति किसी व्यक्ति की ऐसी मानसिक दशा होती है, जिसके आधार पर उसके पसंद, नापसंद आदि को समझा जाता है। इसके मुख्यतः तीन पक्ष होते हैं- भावनात्मक, व्यवहारात्मक एवं संज्ञानात्मक। इस आधार पर व्यक्ति की सामाजिक समस्याओं के अभिवृत्ति निर्माण को निम्न कारक प्रभावित करते हैं:-

- **सांस्कृतिक कारकः** संस्कृति में जिन मूल्यों को उचित माना जाता है उनके प्रति सकारात्मक अभिवृत्ति पैदा होती है लेकिन यदि कोई समस्या भी संस्कृति से समर्थित है तो व्यक्ति की अभिवृत्ति उसके प्रति तीव्र रूप से नहीं बदलती। जैसे-जातिप्रथा, पर्दाप्रथा आदि।

- **प्रदत्त सूचना संबंधी कारक:** व्यक्ति को मिलने वाली सूचना उसकी अभिवृत्ति को प्रभावित करते हैं जैसे यदि किसी सामाजिक समस्या के प्रति सकारात्मक सूचना मिलती है तो व्यक्ति उसे सही मानने लगता है और यदि नकारात्मक सूचना मिलती है तो व्यक्ति गलत मानता है। यह कारक अभिवृत्ति के निर्माण को तथ्यात्मक आधार प्रदान करता है।
- **सामाजिक स्वीकारिता से संबंधित कारक:** यदि किसी समाज में कोई रूढ़ि सार्वजनिक रूप से स्वीकार होती है तो लोगों की अभिवृत्ति भी उसके प्रति सकारात्मक होती है। ऐसी रूढ़ियों के प्रति समाज की अभिवृत्ति बदलने में समय लगता है। जैसे-विधवा विवाह को समाज ने आज भी पूर्णरूप से स्वीकार नहीं किया एवं तीन तलाक की प्रथा आज भी प्रचलन में है। इन सब का कारण इनके प्रति सकारात्मक अभिवृत्ति का होना ही है।

  वस्तुत: अभिवृत्ति में परिवर्तन तीव्र रूप से न होकर धीरे-धीरे होता है। विशेषकर जब समस्याएं सामाजिक हो तो इनमें परिवर्तन ज्यादा तीव्र नहीं होता क्योंकि समाज के सभी लोगों की अभिवृत्ति में एक साथ तीव्र परिवर्तन संभव नहीं है।

प्रश्न-20: मीनू सदैव अपनी सहेलियों को यह बताती रहती है कि उसे समाजसेवा से बहुत लगाव है। उसकी सहेलियों ने पाया कि वह किसी समाज कल्याण क्रियाकलाप में सहभागिता नहीं करती। उसकी एक सहेली के पिता एक NGO से संबद्ध हैं तथा वह समाज के गरीब वर्गों के लिए निरंतर समाज कल्याण क्रियाकलाप जैसे मुफ्त कपड़े एवं दवाइयों का वितरण आयोजित करते रहते हैं। मीनू की सहेली ने कई बार उसे NGO के लिए समय देने के लिए कहा पर मीनू ने इसमें कोई रूचि नहीं दिखाई। मीनू के व्यवहार के लिए क्या संभावित स्पष्टीकरण दिये जा सकते हैं? मनोवैज्ञानिक तौर पर औचित्य सिद्ध कीजिए?

उत्तर: यहां मीनू के साथ व्यवहार एवं सिद्धान्त को मानने की समस्या है। जहां एक ओर मीनू सैद्धान्तिक रूप से यह मानती है कि समाज कल्याण के कार्य नैतिक कार्य हैं वहीं दूसरी ओर वह व्यवहार में खुद उन्हें नहीं करती। इसके पीछे निम्नलिखित संभावित कारण हो सकते हैं।

- हमें सिद्धान्त में बहुत से कार्य बड़े आकर्षक एवं नैतिक लगते हैं एवं हम उन्हें करने की इच्छा भी रखते हैं, लेकिन व्यवहार में उन कार्यों को करने में जो संघर्ष एवं पीड़ा सहन करनी पड़ती है, उसके लिए शायद ही हम तैयार होते हैं। जैसे गांधी एवं भगत सिंह बनने की इच्छा तो सभी लोग रखते हैं, लेकिन क्या कोई गांधी एवं भगत सिंह जैसे मार्ग पर चलने के लिए तैयार है।
- हो सकता है कि मीनू किसी बड़े समाज सेवी के कार्यों को पढ़कर उससे प्रभावित हो, लेकिन वह व्यवहार में जब उसे लागू करने की बात आती है तो मानसिक रूप से तैयार न हो।
- हो सकता है कि मीनू समाज कल्याण के कार्य करने की इच्छा रखती हो लेकिन उसकी आर्थिक या पारिवारिक स्थिति उसे ऐसा करने से रोकती है।

  मनुष्य एक सामाजिक प्राणी है। ऐसी स्थिति में उसका नैतिक एवं समाज कल्याण के कार्यों के प्रति मनोवैज्ञानिक रूप से आकर्षित होना स्वभाविक है, लेनिक जब बात व्यवहार में ऐसा करने की आती है तो बहुत कम लोग इसके लिए आगे आते हैं। इसका सबसे बड़ा कारण है कि इससे जो पीड़ा एवं सच्चाई सामने आती है उसका सामना करने के लिए बहुत ही कम लोग मनोवैज्ञानिक रूप से तैयार होते हैं। जैसे हम सामान्य जीवन में देख सकते हैं। किसी सड़क दुर्घटना में घायल पड़े व्यक्ति के सहयोग के लिए कितने लोग आगे आते हैं। लोग तो उस स्थान पर रूकना भी नहीं पसंद करते।

सामान्य अध्ययन मुख्य परीक्षा - 2020
हल प्रश्न-पत्र 1

कुल अंक : 200 **समयावधि : 3 घण्टे**

लघुउत्तरीय प्रश्न खण्ड-अ/Section-A

प्रश्न-1: हड़प्पा सभ्यता काल में शहरी नियोजन पर टिप्पणी लिखिए। **(125 शब्द) 8 अंक**

उत्तरः हड़प्पा सभ्यता की सबसे उल्लेखनीय विशेषताओं में से एक इसकी शहरी नियोजन है। इसे काफी एकरूपता के रूप में चिन्हित किया गया है, हालांकि कुछ क्षेत्रीय बदलावों को भी देखा जा सकता है। कस्बों, सड़कों, संरचनाओं, ईंटों के आकार, नालियों आदि के विन्यास में एकरूपता देखी जाती है। लगभग सभी प्रमुख स्थलों (हड़प्पा, मोहनजोदड़ो, कालीबंगन और अन्य) को दो भागों में विभाजित किया जाता है- उच्च टीले पर एक गढ़ पश्चिमी तरु और बस्ती के पूर्वी तरु एक निचला शहर। गढ़ में बड़ी संरचनाएं हैं जो प्रशासनिक या अनुष्ठान केंद्र के रूप में कार्य कर करतीं थीं। आवासीय भवन निचले शहर में बने हैं। सड़कें क्राइस-क्रॉस पैटर्न में एक-दूसरे को समकोण पर काटती हैं। यह शहर को कई आवासीय ब्लॉकों में विभाजित करता है। मुख्य सड़क संकरी गलियों से जुड़ी हुई है। इन गलियों में घरों के दरवाजे खुलते थे, मुख्य सड़कों पर नहीं।

प्रश्न-2: वर्ण व्यवस्था पर गांधी के विचारों का मूल्यांकन कीजिये। **(125 शब्द) 8 अंक**

उत्तर : गांधी वर्ण व्यवस्था के प्रस्तावक थे और वर्ण-आश्रम वयवस्था में विश्वास गांधी के अनुसार हिंदू होने के लिए एक प्रमुख योग्यता थी। हालाँकि, गांधी की वर्ण व्यवस्था में आंतरिक लचीलापन था और वर्ण हिंदू समाज में परस्पर परंपरागत थे। गांधी की वर्ण व्यवस्था में, शूद्र को अपना वंशानुगत कर्त्तव्य निभाना चाहिए और यदि वह पुरोहित कर्त्तव्यों का पालन करने में सक्षम है, तो उसे अपने पुश्तैनी कर्त्तव्यों का त्याग किए बिना उन्हें प्रदर्शन करना होगा। यह लचीलापन गांधी की वर्णाश्रम प्रणाली की सभी योजनाओं के लिए सही है। गांधी के लिए, 'वर्ण' प्रणाली पदानुक्रमित नहीं थी। सभी चार वर्ण समाज में स्थिति और कार्यात्मकता में बराबर थे। चार वर्णों को क्षैतिज और परस्पर बदले जाने योग्य रखा गया था। गांधी के लिए, कठोर वर्ण प्रणाली और मनुस्मृति द्वारा लगाए गए सामाजिक और धार्मिक विकलांग स्वीकार्य नहीं थे।

प्रश्न-3: इटली में फासीवाद के नेता मुसोलिनी की विदेश नीति पर समीक्षात्मक टिप्पणी लिखिए।

(125 शब्द) 8 अंक

उत्तर : मुसोलिनी की विदेश्ठा नीति, जब वह मार्च 1922 में सत्ता में आया, तब से लेकर सितंबर 1939 तक तीन मुख्य पहलुओं से प्रेरित थी। पहला, 1934 और 1936 में आसान जीत के बाद विदेशी विस्तार के लिए उसका अहंकारी रवैया था। उसने यह स्वीकार करने से इनकार कर दिया कि इटली में अत्यधिक विदेशी विस्तार की शक्ति नहीं है और यह मानने से इनकार कर दिया कि इटली एक तीसरी यूरोपीय शक्ति थी। दूसरा, नाजी जर्मनी से आगे निकलने के उसके जुनून के कारण वह अपने आप को एक नई फासीवादी सत्ता द्वारा छेड़े जाने की अनुमति नहीं दे सकता था, जिससे ऐसा न हो कि यह उस पर बुरी तरह प्रतिबिंबित हो। तीसरा, यह था कि मुसोलिनी को फासीवाद की किलताओं से इतालवी लोगों को विचलित करने की आवश्यकता थी। 1920 और 30 के दशक में द्वितीय विश्व युद्ध की शुरूआत तक, यही उसकी विदेश नीति थी जो उपलब्धियों और किलताओं से प्रेरित थी।

प्रश्न-4: भारत को एक सम्मिश्रित सांस्कृतिक समाज होन के लाभों का वर्णन कीजिये। (125 शब्द) 8 अंक

उत्तर : समग्र संस्कृति एक ही क्षेत्र में कई संस्कृतियों की बैठक और सह-अस्तित्व का एक विषम मिश्रण है। भारत एक दर्जन धर्मों की जनम-भूमि रहा है। प्रत्येक धर्म की शिक्षाएं धर्म (नैतिक कर्त्तव्य) और कर्म (क्रिया) की अवधारणा पर आधारित हैं। धर्म भारतीय मूल्य प्रणाली का एक हिस्सा है जो जीवन जीने के तरीके को दिशा प्रदान करता है। भारत अपने नागरिकों को धर्म का चयन करने का अधिकार प्रदान करता है, जो उस समय में खुद को अनुकूल वाले अन्य धर्मों का पालन करना और बदलना चाहता है। समाज की यह सामान्य सहिष्णु प्रकृति जो धर्मनिरपेक्षता की अवधारणा में अपनी जड़ें पाती है, एक-दूसरे के धर्म को स्वीकार करना और शांति और स्थिरता में रहना आसान बनाता है। अभी भी प्रचलित संयुक्त परिवार संरचना और त्योहारों, कपड़ों, व्यंजनों, बोलियों, परंपराओं, रीति-रिवाजों, संगीत और नृत्य रूपों में विविधता ने भारतीय समग्र संस्कृति को और भी समृद्ध बना दिया है।

प्रश्न-5: समकालीन भारत में प्रमुख महिला संगठनों के योगदानों का आलोचनात्मक परीक्षण कीजिये।

(125 शब्द) 8 अंक

उत्तर : भारत में समकालीन महिला आंदोलन (1975-वर्तमान) ने लैंगिक मुददों को विकास की योजना में सबसे आगे लाने और नारीवादी राजनीति को परिभाषित करने में महत्वपूर्ण भूमिका निभाई है। वर्ग आधारित राजनीतिक दलों और जन संगठनों से जुडें महिला समूह कुछ अलग तस्वीर पेश करते हैं जो अविभाजित महिलाओं के आंदोलन के लिए स्वायत्तता की लहर द्वारा प्रस्तुत की जाती है।

मध्य से 1980 के दशक के अंत तक महिलाओं के समूहों ने व्यक्तिगत महिलाओं को सेवाएं प्रदान करने पर ध्यान केंद्रित किया, ताकि वे पहले से ही कानून में दिए गए लाभ हासिल कर सकें।

महिलाओं के आंदोलन और राज्य में सहयोग और संघर्ष दोनों के क्षेत्र रहे हैं। कानूनी सुधारों, लैंगिक बजट और हिंसा से बचे महिलाओं को संस्थागत सहायता प्रदान करने के संबंध में, महिलाओं के आंदोलन ने राज्य (विशेष रूप से आपराधिक न्याय प्रणाली) के साथ काम किया है।

प्रश्न-6: समालोचनात्मक परीक्षण कीजिये कि क्या 'भारत में गरीबी का मुख्य कारण बढ़ती हुई जनसंख्या है या जनसंख्या वृद्धि का मुख्य कारण गरीबी है'। (125 शब्द) 8 अंक

उत्तर: गरीबी, जनसंख्या की गतिशीलता, जनसंख्या वृद्धि, आयु संरचना और ग्रामीण-शहरी वितरण से प्रभावित है। यह सब देश के विकास और गरीबों के लिए जीवन-स्तर को बढ़ाने की संभावनाओं पर महत्वपूर्ण प्रभाव डालता है। बेहतर स्वास्थ्य में निवेश व्यक्तिगत सुरक्षा ओर मृत्यु दर और रूग्णता को कम करने के लिए आवश्यक है, जो बदले में देश की उत्पादकता और विकास की संभावनाओं को बेहतर बनाते हैं।

गरीबी और जनसंख्या दो कारक हैं जो राज्यों और राष्ट्रों के विकास पर एक-दूसरे के विकास में पारस्परिक रूप से एक-दूसरे के पूरक हैं, जो गंभीर नतीजों का कारण बनते हैं। जनसंख्या की तीव्र वृद्धि लोगों की गरीबी को बढ़ाती है। जनसंख्या वृद्धि न केवल गरीबी को दूर करने में मुश्किलें पैदा करती है, बल्कि प्रति व्यक्ति आय को भी कम करती है, जो गरीबी को बढ़ाती है। तेज दर से जनसंख्या वृद्धि से श्रम की आपूर्ति बढ़ जाती है जो मजदूरी दर को कम करती है।

प्रश्न-7: उत्तर प्रदेश को प्रमुख भौतिक प्रदेशों में विभाजित करते हुये इसके भाबर और तराई क्षेत्रों की भौगोलिक विशेषताओं का वर्णन कीजिये। (125 शब्द) 8 अंक

उत्तर : उत्तर प्रदेश को तीन अलग-अलग भौतिक क्षेत्रों में विभाजित किया जा सकता है: 1. भाबर तराई बेल्ट 2. गंगा का मैदान 3. रेत का पठार।

उप-हिमालयी तराई क्षेत्र के साथ चलने वाली संक्रमणकालीन बेल्ट को तराई और भाबर बेल्ट कहा जाता है। यह क्षेत्र पश्चिम में सहारनपुर के जिलों को पूर्व में देवरिया तक आवरणित करता है।

भाबर क्षेत्रः उत्तर प्रदेश का उत्तरी भाग है। यह क्षेत्र सहारनपुर से कुशीनगर (पडरौना) तक विस्तारित है। यह पश्चिमी भाग में लगभग 34-35 किमी चौड़ा है और पूर्व की ओर संकरा हो जाता है। इस क्षेत्र में सहारनपुर, बिजनौर, शाहजहांपुर, लखीमपुर-खीरी और पीलीभीत जिले शामिल हैं।

तराई क्षेत्र: उत्तर-पश्चिम में सहारनपुर से पूर्व में देवरिया तक विस्तारित है। यह पूर्वी उत्तर प्रदेश में लगभग 80-90 किमी चौड़ा है और पश्चिम की ओर संकरा हो गया है। तराई क्षेत्र में सहारनपुर, बिजनौर, रामपुर, बरेली, पीलीभीत, लखीमपुर-खीरी, बहराइच, गोंडा, बस्ती, गोरखपुर और देवरिया जिले के कुछ हिस्से शामिल हैं।

प्रश्न-8: स्मार्ट सिटी मिशन क्या है? पूर्वी उत्तर प्रदेश में इस योजना हेतु चुने गए नगरों की प्रमुख विशेषताओं की विवेचना कीजिये। (125 शब्द) 8 अंक

उत्तर: स्मार्ट सिटीज मिशन भारम सरकार द्वारा 25 जून, 2015 को शुरू की गई एक अभिनव और नई पहल है, जो आर्थिक विकास को बढ़ावा देने और नागरिकों के लिए स्मार्ट परिणाम बनाने के रूप में स्थानीय विकास और प्रौद्योगिकी का उपयोग करके लोगों के जीवन की गुणवत्ता में सुधाार लाने के लिए है।

केंद्र की 'स्मार्ट सिटी' योजना के तहत, उत्तर प्रदेश अपने 13 शहरों को स्मार्ट शहरों के रूप में विकसित करने के लिए प्रयासरत है, जिसमें चार शहर इलाहाबाद, वाराणसी, गोरखपुर और अयोध्या उत्तर प्रदेश के पूर्वी भाग में आते हैं।

इस क्षेत्र की अर्थव्यवस्था की विशेषता है- लोगों का मुख्य व्यवसाय कृषि। इस प्रकार, शहरीकरण की प्रक्रिया बहुत धीमी रही है। यहाँ 1951 के बाद जनसंख्या तेजी से बढ़ी है। शहरीकरण 2001-11 के दौरान 24.46 प्रतिशत बढ़ा, जो पहले के दशक से थोड़ा कम है। औद्योगिकीकरण, व्यावसायीकरण, व्यापार, परिवहन और सेवाओं जैसे आर्थिक संपर्कों ने अभी उड़ान नहीं भरी है।

प्रश्न-9: उत्तर प्रदेश के बुंदेलखंड पर्यटन सर्किट के प्रमुख पर्यटन स्थलों की अवस्थिति का वर्णन कीजिये। (125 शब्द) 8 अंक

उत्तर : बुंदेलखंड मध्य भारत में स्थित एक पर्वत श्रृंखला है। बुंदेलखंड सर्किट के रूप में लोकप्रिय इस क्षेत्र को मध्य प्रदेश और उत्तर प्रदेश के कुछ हिस्सों के बीच विभाजित किया गया है। बुंदेलखंड सर्किट में स्मारकों की भरमार है जो महान राजाओं और योद्धाओं, नदियों, राजसी किलों, पवित्र मंदिरों, तीर्थ स्थलों और कई अन्य ऐतिहासिक स्थानों और मूर्तियों की कहानियों को इंगित कराते हैं। सर्किट में पांच प्रमुख शहर हैं- बिठूर, चित्रकूट, झांसी, कालिंजर और महोबा। बुंदेलखंड क्षेत्र झाँसी किले और आसपास के कई स्मारकों और मंदिरों का स्थल रहा है, जिसमें बाँदा में कालिंजर किला प्राचीन और मध्ययुगीन वास्तुकला, महोबा में कालपी में सूर्य मंदिर, ललितपुर जिले में देवगढ़ किला और अन्य मंदिर भी शामिल हैं। इस सर्किट में गुप्त काल के मंदिह, जैन मंदिर और चित्रकूट के किले भी शामिल हैं। साथ ही यह क्षेत्र स्वतंत्रता संघर्ष से भी जुड़ा है।

प्रश्न-10: भारत के विशेष संदर्भ में सीमांत और सीमा (बाउंडरी) का अंतर स्पष्ट कीजिये। (125 शब्द) 8 अंक

उत्तर : सीमांत भूमि का एक विस्तृत पथ है जो अपनी असभ्यता या अन्य कठिनाई के आधार पर, दो राज्यों के बीच बफर के रूप में कार्य करता है। एक सीमा स्पष्ट रूप से परिभाषित रेखा है जिसे या तो मौखिक विवरण (सीमांकित) के रूप में, या भौतिक अंकों की एक श्रृंखला के रूप में जमीन पर व्यक्त किया गया है। सीमाओं के अस्तित्व से पता चलता है कि एक राजनीतिक समुदाय परिपक्वता, क्रमबद्धता और कानून का पालन करने के सापेक्ष एक हद तक पहुंच गया है। सीमा और सीमाएं सामाजिक-राजनीतिक ताकतों के उत्पाद हैं और इस प्रकार, व्यक्तिपरक और उद्देश्यपूर्ण नहीं हैं। तिब्बत के साथ वास्तविक नियंत्रण रेखा और जम्मू और कश्मीर में पाकिस्तान के साथ नियंत्रण रेखा सीमा के उत्कृष्ट उदाहरण हैं, हालांकि यह बाद में विभाजन और तीन युद्धों के परिणामस्वरूप बनाया गया था।

दीर्घउत्तरीय प्रश्न खण्ड-ब/Section-B

प्रश्न-11: भारतीय शिक्षा के क्षेत्र में पाश्चात्य प्रभावों का आलोचनात्मक परीक्षण कीजिये। (200 शब्द) 12 अंक

उत्तर: इसमें कोई संदेह नहीं है कि नई शिक्षा ने ज्ञान के क्षितिज को व्यापक बनाया। विशेष रूप से प्रिंटिंग प्रेस की स्थापना ओर पुस्तकों की आसान उपलब्धता ने पारंपरिक बाधाओं को दूर किया और शिक्षा को और अधिक लोगों तक पहुँचाया। पश्चिमी विचारकों के विचारों ने स्वदेशी समाज की युवा पीढ़ी को प्रभावित किया और वे मौजूदा पारंपरिक मूल्यों पर सवाल उठाने लगे। बुद्धिवाद की एक नई भावना विकसित हुई। अंगेजी शिक्षा प्रणाली ने सामूहिक शिक्षा के महत्व को

पूरी तरह से नजरअंदाज कर दिया। स्वदेशी प्रणाली में प्राथमिक स्कूलों ने समाज के एक व्यापक हिस्से को बुनियादी शिक्षा प्रदान की, लेकिन नई शिक्षा में एक चयनित कर कुछ को शिक्षित करने पर जोर दिया गया था। शिवाविदों ने संभ्रांत लोगों से शिक्षा को फिल्टर करने का विचार व्यवहार में नहीं लाया। इस प्रणाली ने सभी को शिक्षा तक समान पहुँच प्रदान नहीं की, इसके कारण सामाजिक रूप से पिछड़ी जातियों और समुदायों के पिछड़ेपन की स्थिति पैदा हो गई। समाज में विद्यमान विभाजन व्यापक हुए। दूसरे, पश्चिमी विज्ञान और प्रौद्योगिकी की वकालत के बावजूद, स्कूलों के पाठयक्रम में आरोप लगाया कि पश्चिमी साहित्य, दर्शन और मानविकी पर जोर दिया गया था। प्रौद्योगिकी और प्राकृतिक विज्ञान की उपेक्षा की गई और इस तरह के ज्ञान के बिना बौद्धिक उन्नति के साथ-साथ किसी देश का आर्थिक विकास बाधित हुआ।

प्रश्न-12: भारत में गर्वनर जनरल लॉर्ड वेलेजली के काल में ब्रिटिश शासन के प्रसार की विवेचना कीजिये।

(200 शब्द) 12 अंक

उत्तर: भारत में ब्रिटिया ष्टासन का बड़े पैमाने पर विस्तार लॉर्ड वेलेजली की गवर्नर जनरशनशिप के दौरान हुआ, जो 1798 में उस समय भारत आया था, जब पूरी दुनिया में फ्रांस के साथ अंग्रेजों के जीवन और मृत्यु संघर्ष में अंग्रेज त्रस्त हो गए थे। उस समय तक, अंग्रेजों ने भारत में अपने लाभ और संसाधनों को मजबूत करने और क्षेत्रीय लाभ हासिल करने की नीति का पालन किया था, जब यह प्रमुख भारतीय शक्तियों का विरोध किए बिना सुरक्षित रूप से किया जा सकता था। लॉर्ड वेलेजली ने ब्रिटिश नियंत्रण के तहत अधिक-से-अधिक भारतीय राज्यों को लाया, जिसके लिए अनुकूल समय था। 1797 तक, दो सबसे मजबूत भारतीय शक्तियां-मैसूर और मराठा, शक्ति में गिरावट आई थी। भारत में राजनैतिक परिस्थितियाँ विस्तार की नीति के लिए अनुकूल थीं आक्रमकता आसान होने के साथ-साथ लाभदायक भी थी। इसके अलावा, ब्रिटेन के व्यापरिक और औद्योगिक वर्गों ने भारत में और विस्तार करना चाहा।

अपने राजनीतिक उदेश्यों को प्राप्त करने के लिए वेलेजली तीन तरीकों पर निर्भर था: सहायक गठबंधन की प्रणाली, एकमुश्त युद्ध और पहले से 'अधीनस्थ शासकों के क्षेत्रों को अधीन करना। एक ब्रिटिश शासक के साथ एक भारतीय शासक की मदद करने की प्रथा काफी पुरानी थी, इसे वेलेजली ने एक निश्चित आकार दिया, जिसने इसका इस्तेमाल भारतीय राज्यों को कंपनी के सर्वोपरि अधिकार के अधीन करने के लिए किया।

प्रश्न-13: जैकोबिन्स कौन थे? फ्रांसीसी क्रांति में उनकी क्या भूमिका थी? (200 शब्द) 12 अंक

उत्तर : फ्रांसीसी क्रांति के दौरान जैकोबिन एक प्रभावशाली राजनीतिक क्लब के सदस्य थे। राजनीतिक क्लब का आधिकारिक नाम फ्रेंड्स ऑफ सोसाइटी था। क्लब को जैकोबिन मठ के बाद ''जैकोबिन क्लब'' उपनाम से जाना जाता है, जो पैरिस में था। 1789 में फ्रांसीसी क्रांति की शुरूआत में, जैकोबिन्स काफी छोटा क्लब था। सदस्य नेशनल असेंबली के समान विचारधारा वाले थे। हालांकि, जैसे ही फ्रांसीसी क्रांति आगे बढ़ी, क्लब तेजी से विकसित हुआ। उनकी शक्ति ऊंचाई पर थी, पूरे फ्रांस में हजारों जैकबिन क्लब और लगभग 500.000 सदस्य थे।

जैकेबिन्स के सबसे शक्तिशाली सदस्यों में से एक मैक्सिमिलियन रॉबस्पिएरे थे। फ्रांस की नई क्रांतिकारी सरकार में उठने के लिए रोबेस्पिएरे ने जैकोबिन्स के प्रभाव का इस्तेमाल किया। 1793 में, नई फ्रांसीसी सरकार आंतरिक गृह युद्ध का सामना कर रही थी और विदेशों द्वारा हमला किया जा रहा था। जैकोबिन्स को डर था कि क्रांति किल हो जाएगी। राबेस्पिएरे के नेतृत्त के पीछे, जैकोबिन्स ने ''आतंक'' की स्थिति स्थापित की। कानून के नए नियम के तहत, देशद्रोह के संदेह में किसी को भी गिर"तार किया जा सकता था। हजारों लोगों को मार दिया गया और सैकड़ों हजारों को गिर"तार कर लिया गया। आखिरकार, लोंगों को एहसास हुआ कि आतंक की स्थिति जारी नहीं रह सकती। उन्होंनें रोबेस्पिएरे को उखाड़ ऻेंका और उसे मार डाला। जैकबिन क्लब को प्रतिबंधित कर दिया गया और इसके कई नेताओं को मार दिया गया या जेल में डाल दिया गया।

प्रश्न-14: सांप्रदायिकता के संदर्भ में राष्ट्र और नागरिकता के प्रत्यय का समालोचनात्मक परीक्षण कीजिये।

(200 शब्द) 12 अंक

उत्तर : सबसे सरल स्तर पर, एक राष्ट्र बड़े पैमाने पर समुदाय का एक प्रकार है - यह समुदायों का एक समुदाय है। नागरिकता एक राजनैतिक समुदाय के पूर्ण और समान सदस्यों को संदर्भित करती है। नागरिक अपने देश और उनकी अन्य सांस्कृतिक पहचानों के साथ, आम संस्थाओं में अपना विश्वास बनाने और लोकतांत्रिक राजनीति में भाग लेने और समर्थन करने के लिए संस्थागत और राजनीतिक स्थान पर सकते हैं। ये सभी लोकतंत्रों को मजबूत करने और ''राज्य राष्ट्रों'' के निर्माण में महत्वपूर्ण कारक हैं। एक राष्ट्रके सदस्य समान राजनीतिक सामूहिकता का हिस्सा बनने की इच्छा रखते हैं। राजनीतिक एकता की यह इच्छा आमतौर पर खुद को राज्य बनाने की आकांक्षा के रूप में व्यक्त करती है।

किसी भी विशिष्ट समुदाय और राज्य के आधुनिक रूप के बीच कोई आवश्यक संबंध नहीं है। सामुदायिक पहचना के कई आधारों में से कोई भी (जैस भाषा, धर्म, जातीयता इत्यादि) राष्ट्र निर्माण का करण हो सकता है या नहीं भी हो सकता है - इसकी कोई गारंटी नहीं है। लेकिन, क्योंकि समुदाय की पहचान राष्ट्र-निर्माण के आधार के रूप में कोई कार्य कर सकती है, पहले से मौजूद राज्य सामुदायिक पहचान के सभी रूपों को खतरनाक प्रतिद्वंद्वियों के रूप में देखते हैं। यही कारण है कि नियंत्रित करने और प्रबंधित करने में सक्षम होने की उम्मीद में राज्य आम तौर पर एक एकल, समरूप राष्ट्रीय पहचान के पक्ष में होते हैं।

प्रश्न-15: उदारीकरण क्या है? उदारीकरण ने भारतीय सामजिक संरचना को किस प्रकार प्रभावित किया है?

(200 शब्द) 12 अंक

उत्तर: उदारीकरण एक ऐसी विधिा है, जिसमें एक राज्य कुछ निजी व्यक्तिगत उद्यमों पर सीमाएं बढ़ाता है। उदारीकरण का उद्देश्य व्यवसाय में सरकारी हस्तक्षेप को कम करने लाइसेंस-परमिट राज को समाप्त करना था, जिससे सुधारों के माध्यम से आर्थिक विकास को बढ़ावा मिला। नीति ने देश को वैश्विक अर्थव्यवस्था के लिए खोल दिया। इसने सार्वजनिक क्षेत्र के एकाधिकार को हतोत्साहित किया और बाजार में प्रतिस्पर्धा का मार्ग प्रशस्त किया। भारत ने 1991 में आर्थिक उदारीकरण की प्रक्रिया शुरू की। भारत में जीवन के सभी क्षेत्रों पर इसके दूरगामी प्रभाव थे। उदारीकरण प्रक्रिया ने दोनों-बड़े और छोटे, जैसे कि मजदूरी, श्रम कल्याण, व्यापार संघवाद, सामाजिक सुरक्षा, रोजगार, श्रम उपयोग, नौकरी सुरक्षा, श्रम लचीलापन जैसे कारकों के संबंध में भारतीय श्रम की स्थितियों को प्रभावित किया है।

उदारीकरण ने शहरी क्षेत्रों में पलायन को गति दी। बदले में इसने शहरीकरण से जुड़ी सामाजिक समस्याओं की एक सारणी बनाई। इसने बुनियादी रूप से इंडियन सोसाइटी के पैटर्न को बदल दिया। सामाजिक मोर्चे पर, भारत काह प्रदर्शन पूरी दुनिया में विस्थापित है और यह संभवतः सभी महत्वपूर्ण विकासशील अर्थव्यवस्थाओं से पीछे है। भारतीय संदर्भ से देखें तो कुछ अध्ययनों ने कहा है कि 1990 के दशक की शुरूआत में जो संकट हुआ था, वह मूल रूप से भारतीय समाज में गहरी जड़े वाली असमानताओं और सरकार द्वारा संकट के जवाब के रूप में शुरू की गई आर्थिक सुधार नीतियों का परिणाम था।

प्रश्न-16: उत्तर प्रदेश में सिंचाई के साधनों में क्रमशः हो रहे परिवर्तनों को रेखांकित कीजिये। (200 शब्द) 12 अंक

उत्तर: यह देखा गया है कि अधिकतम फसली क्षेत्र को टयूबवेल और कुओं द्वारा सिंचित किया जाता है और आगे के वर्षों में टयूबवेल और कुओं का उपयोग बढ़ा है। नहरों का उपयोग दूसरी जगह सिंचाई के लिए किया जाता है और राज्य में इसमें गिरावट देखी गई है। इसके बाद उत्तर प्रदेश में टैंक और झीलें सिंचाई के मुख्य स्रोत हैं। वर्तमान में लगभग 80 प्रतिशत सिंचाई का काम नलकूपों और कुओं द्वारा और 19 प्रतिशत नहरों द्वारा किया जा रहा है और शेष 1 प्रतिशत उत्तर प्रदेश राज्य में टैंकों, झीलों और अन्य स्रोतों द्वारा किया जाता है।

उत्तर प्रदेश के दोनों क्षेत्रों में सामाजिक समूहों के बीच सिंचाई की लागत में असमानताएं हैं। बुंदेलखंड क्षेत्र के किसान सिंचाई के लिए तालाब के पानी का उपयोग कर रहे हैं, जबकि पश्चिमी क्षेत्र के किसान राज्य में सिंचाई के लिए टयूबवेल का उपयोग कर रहे हैं। दूसरी ओर, बुंदेलखंड क्षेत्र की तुलना में पश्चिमी क्षेत्र की सिंचाई सुविधाएं अत्यधिक विकसित हैं। गरीब वर्ग के किसान दोनों क्षेत्रों में अपनी सिंचाई की उपलब्धता की कमी से पीड़ित हैं। किसान सिंचाई सुविध ा की कमी, सिंचाई आदानों की कमी और सिंचाई के पानी की नियमित आपूर्ति की कमी, सिंचाई लागत में वर्षा और खराब प्रौद्योगिकी से पीड़ित हैं। सरकार को सिंचाई इनपुट की दक्षता में सुधार करना, कम लागत वाली सिंचाई इनपुट प्रदान करना, वर्षा के पानी का अधिकतम उपयोग को बढ़ावा देना और कुशल सिंचाई तकनीक विकसित करना चाहिए।

प्रश्न-17: ज्वालामुखी के उद्गार के कारणों की विवेचना कीजिये तथा उसके लावा के निक्षेपण से बने स्थल रूपों का वर्णन कीजिये। (200 शब्द) 12 अंक

उत्तर: ज्वालामुखी का निर्माण लावा और राख के विस्फोट से होता है, जब मैग्मा पृथ्वी के धरातल पर दरारें या कमजोर स्थानों के माध्यम से आता है। प्लेट विचलन जैसी चीजों द्वारा पृथ्वी में दबाव का एक निर्माण होता है, जो पिघली हुई चटटान को हवा में विस्फोट करने के लिए मजबूर करता है, जिससे ज्वालामुखी विस्फोट होता है।

लावा से लैंडफॉर्मः बाहरी आग्नेय चटटानें सतह पर ठंडी होती है। ज्वालामुखी एक प्रकार की विशेषता है जो अतिरिक्त चटटानों से बनती है। आग्नेय चटटानें सतह से नीचे शांत होती हैं। पपड़ी में बनने वाली चटटानें तब उजागर होती हैं जब चटटान और तलछट जो उन्हें ढँक देती हैं।

ज्वालामुखी और वेन्ट्सः लावा द्वारा निर्मित सबसे स्पष्ट लैंडफॉर्म है-ज्वालामुखी। ये ज्यादातर सिंडर शंकु, मिश्रित ज्वालामुखी और ढाल ज्वालामुखी हैं। विस्फोट भी अन्य प्रकार के वेंट के माध्यम से होते हैं, आमतौर पर फिशर से।

लावा डोमः जब लावा गाढ़ा होता है, तो यह धीरे-धीरे बहता है। यह अक्सर एक ज्वालामुखी के कृषि पर एक गडडा के बीच में रहता है। यहां लावा एक बड़े, गोल लावा गुंबद का निर्माण करता है। ज्वालामुखी के कृषि पर लावा प्रवाह अक्सर क्रेटर के बीच में टीले को सही बनाता है।

लावा पठारः एक लावा पठार बड़ी मात्र में द्रव लावा से बना होता है। लावा एक बड़े क्षेत्र पर बहता है और ठंडा होता है। यह आग्नेय चटटान की एक बड़ी, सपाट सतह बनाता है। कोलंबिया पठार 161,000 वर्ग किलोमीटर 63,000 वर्ग मील में फैला है। यह वाशिंगटन, ओरेगन और इडाहो राज्यों के कुछ हिस्सों को बनाता है।

प्रश्न-18: हिन्द महासागर के संसाधनों के शोषण और उपयोग से जुड़ी विभिन्न परिस्थितिकीय समस्याओं पर प्रकाश डालिए। (200 शब्द) 12 अंक

उत्तर: हिंद महासागर क्षेत्र (IOR) सदियों से संसाधनों के लिए एक अद्वितीय पारिस्थितिकी तंत्र और संपर्क मार्ग उपलब्ध कराता रहा है। हिंद महासागर की सीमा से लगे लगभग सभी देश विकासशील देश हैं। उनके राजस्व के प्रमुख स्रोत कृषि, उद्योग ओर कुछ देशों में खनन भी हैं। समुद्री वातावरण में प्रदूषण के प्रभावों को हाल ही में महसूस किया जाने लगा था, हालाँकि ये गतिविधियाँ लंबे समय से जारी हैं।

हिंद महासागर के आसपास बंदरगाहों, जलीय कृषि, सड़कों, इमारतों और शहरी बुनियादी ढांचे के लिए तटीय विकास के कारण मैंग्रोव, वेटलैंड्स और अन्य आवासों को नष्ट या कम किया जा रहा है। प्रदूषण, विनाशकारी मछली पकड़ने की प्रथाएं, जैसे कि डायनामाइट और जहर का उपयोग, निर्माण सामग्री के लिए प्रवाल खनन और हिंद महासागर के 12,070 किमी में 2 प्रवाल भित्तियां खतरे में हैं। एक अनुमान के अनुसार, लगभग 40-ट्रिलियन लीटर सीवेज और 4-ट्रिलयन लीटर औद्योगिक अपशिष्ट इस क्षेत्र के तटीय जल में हर साल प्रवेश करते हैं। कृषि अपवाह और घरेलू और औद्योगिक अपशिष्टों को समुद्र में फेंकने से यूट्रोफिकेशन "लोटोप्लांकटन के खिलने के कारण अपशिष्ट पदार्थों में अतिरिक्त पोषक तत्व और अंटेंडेंट हाइपोक्सिया पानी में ऑक्सीजन की कमी हो सकता है, या विषाक्त पदार्थों के रूप में कार्य कर सकता है, जिससे स्थानीय वनस्पतियों और जीवों की मृत्यु हो सकती है। यूट्रोफिकेशन और हाइपोक्सिया तटीय क्षेत्रों में प्रभावी मृत क्षेत्रों को बढ़ा सकते हैं। ऐसे आठ जोन अब हिंद महासागर को जोखिम में डाल रहे हैं।

प्रश्न-19: 'विपरीत प्रवास' क्या है? कोविड-19 लॉकडाउन के दौरान उत्तर प्रदेश की अर्थव्यवस्था और सामाजिक व्यवस्था पर इसका क्या प्रभाव पड़ा? (200 शब्द) 12 अंक

उत्तर: 'विपरीत प्रवास' उस स्थिति को संदर्भित करता है जब मजदूर, श्रमिक और लोग आजीविका और नौकरी के अवसरों की अनुपलब्धता की पृष्ठभूमि में अपने मूल स्थान पर वापस जाने लगते हैं। कोरोना वायरस महामारी ने देश के बड़े हिस्सों में ''गंतव्य'' से ''स्रोत'' तक बड़े पैमाने पर 'विपरीत प्रवास' शुरू किया। 25 मार्च, 2020 को राष्ट्रव्यापी तालाबंदी लागू होने के बाद से उत्तर प्रदेश में 1.2 मिलियन से अधिक प्रवासियों की वापसी हुई। नोबल कोरोना वायरस रोग (COVID-19) महामारी की पृष्ठभूमि में अपने गृह राज्यों में प्रवासी श्रमिकों की वापसी ने राज्य सरकारों के लिए चुनौतियां बढ़ा दी है। इस रिवर्स माइग्रेशन का दबाव कृषि और संबद्ध गतिविधियों के क्षेत्र में महसूस किया जाएगा और यह एक प्रणाली पर काफी दबाव डालेगा।

उत्तर प्रदेश- देश में सबसे अधिक आबादी वाला राज्य, जो प्रवासी कार्यबल का अधिकतम पलायन देखता है-दो बड़ी चुनौतियों से जुझ रहा है। प्रवासियों को आजीविका प्रदान करना और कोरोना वायरस के लिए सकारात्मक मामलों में अचानक तेजी से निपटना।

जनसांख्यिकीय रूप से संख्या में इस अल्पकालिक बदलाव से ग्रामीण क्षेत्रों में कई संभावित परिणाम सामने आ सकते हैं। ग्रामीण क्षेत्रों में हर घर में कुछ अतिरिक्त सदस्य होने की संभावना होगी, जिन्हें खाना खिलाया जाएगा और उनकी देखभाल की जाएगी। प्रेषण अर्थव्यवस्था कुछ समय के लिए उदास रहने की संभावना है, क्योंकि नौकरी छूट गई है और प्रेषण धन के लिए जिम्मेदार व्यक्ति जल्द ही काम पर नहीं लौट सकते हैं।

प्रश्न-20: उच्च पर्वतीय क्षेत्रों में स्थल रूपों को आकार प्रदान करने में हिमनदों की भूमिका का वर्णन कीजिये। (200 शब्द) 12 अंक

उत्तर: ग्लेशियर ठोस बर्फ होते हैं जो भूमि की सतह के साथ बेहद धीमी गति से चलते हैं। वे अंतर्निहित चट्टानों को मिटाते हैं और आकार देते हैं। ग्लेशियर भी तलछट को विशिष्ट भू-आकृतियों में जमा करते हैं। हिमनद दो प्रकार के होते है: महाद्वीपीय और अल्पाइन। महाद्वीपीय हिमनद बड़ी बर्फ की चादरें होती हैं जो अपेक्षाकृत समतल जमीन को कवर करती हैं। ये ग्लेशियर बाहर की ओर बहते हैं जहां से सबसे बड़ी मात्रा में बर्फ जमा होती है। मौजूदा घाटियों के साथ पहाड़ों के माध्यम से अल्पाइन या घाटी के ग्लेशियर बहते हैं।

ग्लेशियर घर्षण और प्लकिंग द्वारा अंतर्निहित चटटान को नष्ट कर देते हैं। ग्लेशियरों के प्रवाह के रूप में, घाटी की दावारों पर यांत्रिक अपक्ष्य शिथिलता वाली चटटान ग्लेशियर पर मलबे के रूप में गिरती है। ग्लेशियर किसी भी आकार की चटटानें ले जा सकते हैं, विशालकाय बोल्डर से लेकर गाद तक इन चटटानों को कई वर्षों ओर दशकों में कई मील तक ले जाया जा सकता है। ये चटटानें, जो आस-पास के आधार के प्रकार या उत्पत्ति में भिन्न हैं, ग्लेशियर इरेटिक्स हैं। पिघलने वाले ग्लेशियर चटटानी सामग्री के सभी बड़े और छोटे टुकड़ों को जमा करते हैं जो वे ढेर में ले जाते हैं। चटटान के इन अनसुलझे भंडार को हिमनदी कहा जाता है।

सामान्य अध्ययन मुख्य परीक्षा - 2020

हल प्रश्न-पत्र 2

कुल अंक : 200 **समयावधि : 3 घण्टे**

लघुउत्तरीय प्रश्न खण्ड-अ/Section-A

प्रश्न-1: न्यायिक सक्रियतावाद की व्याख्या कीजिये तथा भारत में कार्यपालिका एवं न्यायपालिका के पारस्परिक सम्बन्धों पर इसके प्रभाव का मूल्यांकन कीजिये। (125 शब्द) 8 अंक

उत्तर: न्यायिक सक्रियतावाद को एक न्यायिक दर्शन के रूप में परिभाषित किया गया है, जो न्यायाधीशों को प्रगतिशील और नई सामाजिक नीतियों के पक्ष में पारंपरिक उदाहरण से हटने के लिए प्रेरित करता है। न्याययिक सक्रियतावाद विभिन्न तरीकों से हो सकती है, जैसे:

- विधायिका द्वारा अधिनियमित कानून की न्यायिक समीक्षा।
- जनहित याचिका के रूप में।
- संविधान में विभिन्न कानूनों की न्यायिक व्याख्या।

न्यायिक सक्रियता के संदर्भ में, कार्यपालिका और न्यायपालिका के संबंध को अक्सर "न्यायिक अतिशयता" के संदर्भ में समझाया जाता है। भारत के संविधान ने न्यायपालिका और कार्यपालिका के बीच शक्तियों के पृथक्करण को स्पष्ट रूप से परिभाषित और सीमांकित किया है। हालाँकि, न्यायपालिका की अक्सर कार्यपालिका की शक्तियों को रोकने और कार्रवाई के क्षेत्र में हस्तक्षेप करने के लिए आलोचना की जाती है।

उदाहरण के लिए, श्रम नीति से संबंधित मामलों में, पर्यावरणीय और पारिस्थितिक मुद्दे न्यायपालिका अक्सर कार्यपालिका को निर्धारित करने के लिए अपने क्षेत्र से आगे निकल जाती है।

विशेष टिप्पणी: न्यायिक सक्रियता के उदाहरण:

1. गोलकनाथ वाद 1967 में, सुप्रीम कोर्ट ने कहा कि अनुच्छेद 368 संविधान में संशोधन करने की प्रक्रिया प्रस्तुत करता है, लेकिन संसद को संविधान में संशोधन करने की शक्ति प्रदान नहीं करता है।
2. केशवानंद भारतीय मामले में सुप्रीम कोर्ट ने संविधान की मूल संरचना को परिभाषित किया और यह माना कि किसी भी संशोधन के माध्यम से मूल संरचना में बदलाव नहीं किया जा सकता है।
3. 2जी घोटाले में, एस.सी. ने 8 दूरसंचार कंपनियों को आवंटित किए गए 122 टेलीकॉम लाईसेंस और स्पेक्ट्रम इस आधार पर रद्द कर दिया कि आवंटन की प्रक्रिया त्रुटिपूर्ण थी।

न्यायिक अतिशयता का एक उदाहरण मिलता है जब सुप्रीम कोर्ट ने न्यायाधीशों के चयन में भारत के राष्ट्रपति में संवैधानिक रूप से निहित शक्ति को समाप्त कर दिया। "न्यायिक सक्रियता" और "न्यायिक अतिशयता" के बीच अंतर की स्वीकृति एक संवैधानिक लोकतंत्र के सुचारू कामकाज के लिए महत्वपूर्ण है, क्योंकि इसकी मूल विशेषताओं के रूप में शक्तियों का पृथक्करण होता है।

प्रश्न-2: "भारत का राष्ट्रपति तानाशाह नहीं बन सकता।" समझाइये। (125 शब्द) 8 अंक

उत्तर: भारतीय संवैधानिक ढांचे में राष्ट्रपति राज्य का प्रमुख होता है, जबकि प्रधानमंत्री सरकार का प्रमुख होता है।

सर्वोच्च न्यायालय का यह सुसंगत विचार है कि संविधान के तहत राष्ट्रपति का पद ब्रिटिश संसदीय प्रणाली के तहत क्राउन (ब्रिटिश राजशाही) की स्थिति के समान है। अनुच्छेद 74(1) प्रावधान प्रस्तुत करता है कि प्रधानमंत्री के साथ उनके कार्यों के निष्पादन में सहायता और सलाह के लिए प्रधानमंत्री के साथ एक परिषद होगी।

इसलिए भारतीय राष्ट्रपति एक औपचारिक प्रमुख है जो मंत्रिपरिषद की सलाह के विपरीत कुछ नहीं कर सकता है और न ही उसकी सलाह के बिना कुछ कर सकता है।

दूसरे, सत्ता के किसी भी दुरूपयोग के मामले में, राष्ट्रपति को महाभियोग के माध्यम से संसद द्वारा पद से हटाया जा सकता है।

भारतीय राष्ट्रपति राष्ट्र का प्रमुख होता है, लेकिन कार्यपालिका का नहीं। वह राष्ट्र का प्रतिनिधित्व करता हे लेकिन राष्ट्र पर शासन नहीं करता है।

विशेष टिप्पणी: भारतीय लोकतंत्र में राष्ट्रपति की एक महत्वपूर्ण भूमिका है। निष्पक्ष और दलगत राजनीति से ऊपर होने के कारण, वह प्रधानमंत्री के फैसलों पर अपना प्रभाव डालता है। इसके अलावा राष्ट्रपति के पास कई विधायी, कार्यकारी और न्यायिक शक्तियां हैं, जो उसके लिए विशिष्ट हैं। इसलिए राष्ट्रपति का पद भारतीय लोकतांत्रिक व्यवस्था में एक महत्वपूर्ण स्तंभ है, हालांकि किसी भी मामले में भारतीय राष्ट्रपति एक तानाशाह के रूप में नहीं उभर सकता है क्योंकि उसकी शक्तियों को पर्याप्त नियंत्रण और संतुलन मिला हुआ है।

प्रश्न-3: भारत में सहकारी संघवाद को बढ़ावा देने में अन्तर-राज्यीय परिषद की भूमिका का आलोचनात्मक विश्लेषण कीजिये। (125 शब्द) 8 अंक

उत्तर: भारतीय संविधान शासन को एक संरचना प्रदान करता है, जो मूल रूप से प्रकृति में संघीय है। एक संघीय प्रणाली को सरकार के विभिन्न स्तरों के बीच अन्त:सम्बन्ध की आवश्यकता होती है।

संविधान के अनुच्छेछ-263 में अंतर-राज्यीय परिषद (ISC) की स्थापना का प्रावधान है। इसलिए ISC का गठन 1990 में सरकारिया आयोग की सिफारिश पर किया गया था।

अंतर-राज्यीय परिषद, केन्द्र-राज्य के बेहतर सहयोग को सुनिश्चित करने और केन्द्र-राज्य या अंतर-राज्य के मुद्दों को हल करने के लिए अनिवार्य है। अंतर-राज्यीय परिषद, केन्द्र और राज्यों के बीच मतभेदों को सुलझाने में एक सुरक्षा वाल्व के रूप में कार्य करता है। इसके अलावा या राज्यों के लिए सौदेबाजी मंच के रूप में भी कार्य करता है।

हालाँकि, इसका बड़े पैमाने पर कम उपयोग किया गया है। यह तर्क दिया जाता है कि अंतर-राज्यीय परिषद एक सक्रिय अंतर-सरकारी मंच के रूप में उभरने में काफी हद तक विफल रही है।

विशेष टिप्पणी: जिस ISC को एक वर्ष्र में तीन बार बैठक करने का प्रस्ताव था, वह 28 वर्षों में केवल 12 बार ही बैठक आयोजित किया है। ISC को पुंछी आयोग की सिफरिशों को लागू करने के लिए कार्यकारी पर नैतिक दबाव डालने की जरूरत है। एक अन्य महत्वपूर्ण मुद्दा जीएसटी के कार्यान्वयन के बाद कर विचलन है।

बहुदलीय गठबंधन की राजनीति में ISC के महत्व को और कम कर दिया गया क्योंकि केन्द्रीय मंत्रिमंडल स्वयं एक प्रकार का अंतर-सरकारी मंच बन गया है। 2014 में केन्द्र में एकदलीय बहुमत वाली सरकार की वापसी ने संघीय ढांचे के सामंजस्यपूर्ण काम के लिए अंतर-सरकारी तंत्र को मजबूत करने की आवश्यकता को व्यक्त किया है।

प्रश्न-4: 'अनुच्छेद-32 भारत के संविधान की आत्मा है।' संक्षेप में व्याख्या कीजिये। (125 शब्द) 8 अंक

उत्तर: अनुच्छेद-32, संविधान के भाग-।।। के अंतर्गत आता है, जिसमें नागरिक मौलिक अधिकार शामिल हैं। अनुच्छेद-32 एक पीड़ित नागरिक के मौलिक अधिकारों के प्रवर्तन के लिए उपाय करने का अधिकार देता है।

यह एक व्यक्ति को सर्वोच्च न्यायालय से संपर्क करने की अनुमति देता है, यदि वह मानता है कि उसे या उसके मौलिक अधिकारों का उल्लंघन किया गया है या उन्हें लागू करने की आवश्यकता है।

डॉ. अंबेडकर ने अनुच्छेद-32 को संविधान का सबसे महत्वपूर्ण अनुच्छेद कहा है। उनके अनुसार ''यह संविधान की आत्मा है और इसका हृदय है।''

सर्वोच्च न्यायालय ने माना है कि अनुच्छेद-32 संविधान की एक मूल विशेषता है। इसलिए इसे संविधान में संशोधन के माध्यम से निरस्त या दूर नहीं किया जा सकता है। अनुच्छे-32 मौलिक अधिकारों के प्रवर्तन के लिए निर्देश, आदेश या रिट जारी करने के लिए सर्वोच्च न्यायालय को शक्ति देता है।

विशेष टिप्पणी: अनुच्छेद-32 के तहत सुप्रीम कोर्ट बंदी प्रत्यक्षीकरण, परमादेश, उत्प्रेषण-लेख, निषेध और अधिकार-पुच्छा के रिट जारी कर सकता है। अनुच्छेद-226 बंदी प्रत्यक्षीकरण, परमादेश, उत्प्रेषण-लेख, निषेध और अधिकार-पृच्छा के लिए एक उच्च न्यायालय को अधिकार देता है।

प्रश्न-5: उत्तर प्रदेश में ग्रामीण विकास हेतु गैर-सरकारी संगठनों (NGOs) की भूमिका का परीक्षण कीजिए।

(125 शब्द) 8 अंक

उत्तर: गैर सरकारी संगठन (NGO) उत्तर प्रदेश में सामाजिक विकास और कल्याणकारी योजनाओं का एक अभिन्न अंग है। ग्रामीण क्षेत्रों के समग्र विकास के लिए कई गैर-सरकारी संगठन सूक्ष्म वित्त, बीमा और सूक्ष्म उद्यमिता गतिविधियों में शामिल हैं।

चूंकि गैर;-सरकारी संगठन अपना वित्त उत्पन्न करते हैं, इसलिए उनके पास ग्रामीण क्षेत्रों में बेहतर विश्वसनीयता और पहुंच है। इसके अलावा गैर-सरकारी संगठन कई सामुदायिक विकास कार्यक्रमों में शामिल हैं।

एनजीओ वस्तु विपणन के लिए गांवों और सरकार के बीच सीधे संपर्क के रूप में काम करते हैं। एनजीओ सरकार की नीति नियोजन में भी भाग लेते हैं क्योंकि वे ग्रामीण विकास की वास्तविक बाधाओं के बारे में बेहतर जानते हैं।

इसलिए गैर-सरकारी संगठन उत्तर प्रदेश के ग्रामीण विकास में एक विविध भूमिका निभा रहे हैं और उन्हें सरकार और नागरिक समाज द्वारा बेहतर सहयोग की आवश्यकता है।

विशेष टिप्पणी: उत्तर प्रदेश में देश में सबसे ज्यादा गैर-सरकारी संगठन (5.5 लाख से अधिक) हैं। गैर-सरकारी संगठन वंचित और शोषित लोगों की आवाज़ के रूप में काम करते हैं, और न्याय तक पहुंचने में मदद करते हैं। एनजीओ आम कार्यक्रमों को बढ़ावा देकर ग्रामीण क्षेत्रों में जाति विभाजन की खाई को पाटता है।

प्रश्न-6: सरकारी नीतियों के सन्दर्भ में सूचना एवं संचार प्रौद्योगिकी की भूमिका का मूल्यांकन कीजिये।

(125 शब्द) 8 अंक

उत्तर: शासन में सूचना और संचार प्रौद्योगिकी (ICT) के अनुप्रयोग को आमतौर पर ई-गवर्नेस के रूप में जाना जाता है। ICT स्मार्ट प्रशासन को सरल, नैतिक, जवाबदेह, उत्तरदायी और पारदर्शी शासन द्वारा सक्षम बनाता है। सरकारी नीतियों में सूचना और संचार प्रौद्योगिकी का उपयोग निम्न के लिए होता है:-

- सरकारी नीतियों का कुशल प्रबंधन।
- लागत में कमी और राजस्व वृद्धि।
- सरकारी सेवाओं की बेहतर उपलब्धता और दक्षता।
- प्रशासन में कम भ्रष्टाचार।
- प्रशासन में कम पदानुक्रम।
- सूचना प्रसार के माध्यम से नागरिकों का सशक्तिकरण।
- नागरिकों की समस्याओं और सुझावों के लिए सरकार की प्रभावी जवाबदेही का आश्वासन देते हुए पारदर्शिता और जवाबदेही।
- सरकारी नीतियों का त्वरित निष्पादन और कार्यान्वयन।

वैश्विक महामारी (कोविड-19) के मद्देनजर, यह ICT संचालित समाधान ही था, जो सरकार के सुचारू कामकाज और सरकारी नीतियों को लागू करने में मदद करता था।

विशेष टिप्पणी: ICT के बेहतर उपयोग के लिए इक्कीसवीं सदी में एक प्रभावी और अच्छी तरह से शासित देश के रूप में उभरने के लिए सूचना प्रौद्योगिकी के निम्न 6C पर ध्यान देने की आवश्यकता है:

1. कम्प्यूटर सघनता (Computer density)
2. संचार (Communication)
3. कनेक्टिविटी (Connectivity)
4. साइबर कानून (Cyber laws)
5. लागत (Cost)
6. सामान्य समझ (Common sense)

प्रश्न-7: भारत में मानव संसाधन प्रबन्धन से सम्बन्धित पहलुओं का विश्लेषण कीजिये। (125 शब्द) 8 अंक

उत्तर: भारत में मानव संसाधन की भूमिका व्यवसाय की वृद्धि में रणनीतिक भागीदार के लिए वेतन भुगतान और जनशक्ति के प्रबंधन की भूमिका से विकसित हुई है।

मानव संसाधन प्रबन्धन ने विकास पहलुओं पर अधिक ध्यान केन्द्रित करना शुरू कर दिया है। इसका उद्देश्य कर्मचारी मांगों और संगठनात्मक आवश्यकताओं के बीच सामंजस्यपूर्ण संतुलन बनाना है।

मानव संसाधनों के प्रबंधन में विभिन्न पहलू शामिल हैं:-

- प्रतिभा में निवेश
- कर्मचारी विकास पर अधिक जोर
- कार्यबल को प्रेरित करना
- कमानव संसाधन में प्रौद्योगिकी का उपयोग
- प्रतिस्पर्धात्मक विकास
- कार्य संतुलन
- मांग-आपूर्ति की खाई को पाटना आदि।

विभिन्न गरीबी उन्मूलन, शहरी मलीन बस्ती विकास और ग्रामीण विकास कार्यक्रमों आदि के माध्यम से लोगों के सामाजिक-आर्थिक उत्थान ने मानव संसाधनों में सुधार के लिए योगदान दिया है, जैसे-स्टार्टअप इंडिया, स्टैंडअप इंडिया, दीन दयाल उपाध्याय स्वरोजगार योजना इत्यादि।

प्रश्न-8: महामारी के दौरान श्रम प्रवास के परिप्रेक्ष्य में अपनी अर्थव्यवस्था को गति देने के उद्देश्य से बहुराष्ट्रीय कम्पनियों को आकर्षित करने में उत्तर प्रदेश के प्रयासों का परीक्षण कीजिए। (125 शब्द) 8 अंक

उत्तर: महामारी और अमेरिका-चीन व्यापार युद्ध के मद्देनजर कई वैश्विक कंपनियां चीन से अपनी सोर्सिंग की समीक्षा कर रही हैं। लॉकडाउन के बाद, लगभग 3.8 मिलियन प्रवासी मजदूर और श्रमिक अन्य राज्यों से उत्तर प्रदेश लौट आए हैं। इस पृष्ठभूमि में उत्तर प्रदेश सरकार ने चीन से बाहर निकलने वाली वैश्विक फर्मों को आकर्षित करने के लिए कई उपाय किया है।

भारत के ''आत्मनिर्भर भारत'' आह्वान के साथ, उत्तर प्रदेश सरकार ने उद्योगों को लाने के उद्देश्य से एक नई निवेश नीति को मंजूरी दी।

उत्तर प्रदेश सरकार ने निवेश को आकर्षित करने के लिए एक आर्थिक टास्क फोर्स का गठन किया है और आगे बढ़ने वाली कंपनियों के लिए आर्थिक पैकेजों की भी घोषणा की है। यह राज्य वस्तु एवं सेवा कर (SGST) को 200-300 प्रतिशत पूंजी निवेश से प्रतिपूर्ति करने का वादा करता है।

सरकार की क्षेत्र विशिष्टि नीतियां सकारात्मक परिणाम दे रही हैं और सबसे चुनौतीपूर्ण अवधि के दौरान भी उत्तर प्रदेश 50,000 करोड़ रूपये से अधिक का निवेश आकर्षित किया है।

विशेष टिप्पणी: पिछड़े पूर्वी उत्तर प्रदेश और बुंदेलखंड क्षेत्र सरकार की नई नीति के मूल क्षेत्र हैं। उत्तर प्रदेश में 90 लाख से अधिक MSME हैं और बहु-राष्ट्रीय कंपनियों के निवेश से राज्य से पलायन करने वाले श्रमिकों के लिए रोजगार के अवसर उपलब्ध हो सकते हैं।

एफडीआई को आकर्षित करने के लिए उत्तर प्रदेश के प्रयास को सकारात्मक प्रतिक्रिया देने वाली फर्मों में लॉकहीड मार्टिन, एडोब इंक, हनीवेल, बोस्टन साइंटिफिक, सिस्को सिस्टम, फेडएक्स आदि शामिल हैं।

कनाडा ने जेवर हवाई अड्डे के आसपास 1000 करोड़ रूपये से अधिक के निवेश का प्रस्ताव दिया है।

जर्मन फुटवियर ब्रांड वॉन वेलक्स, जो चीन से बाहर स्थानांतरित हो गया है, ने आगरा में फुटवियर इकाई स्थापित करने का फैसला किया है।

प्रश्न-9: भारत की प्रवासी-नीति क्या है? वर्तमान में भारतीय प्रवासियों के समक्ष क्या चुनौतियाँ हैं?

(125 शब्द) 8 अंक

उत्तर: भारत की प्रवासी नीति राजीव गांधी के शासन के दौरान अस्तित्व में आई थी, जो राष्ट्र निर्माण में भाग लेने के लिए विदेशों से भारतीयों को आमंत्रित किया है। इसके बाद PIO कार्ड, OCI कार्ड, प्रवासी भारतीय दिवस और विदेशों से भारतीय नागरिकों के लिए मतदान के अधिकार दिए गए। वर्तमान सरकार ने 2016 में प्रवासी भारतीयों के लिए ''भारत को जानिए कार्यक्रम'' शुरू किया है।

भारतीय प्रवासियों के समक्ष प्रमुख चुनौतियां:

- **नागरिकता:** अधिकांश भारतीय प्रवासी अपनी भारतीय नागरिकता को बरकरार रखना चाहते हैं।
- **कांसुलर मुद्दे:** सीमा शुल्क और आव्रजन अधिकारियों द्वारा अवैध संतुष्टि की मांग और गलत आचरण।
- **सांस्कृतिक खतरा:** भारतीय प्रवासी अपनी समृद्ध सांस्कृतिक विरासत सांस्कृतिक पहचान को बनाए रखने के लिए इच्छुक हैं।
- **निताकत कानून:** इसका उद्देश्य सऊदी अरब में स्थानीय लोगों द्वारा विदेशी श्रमिकों के एक बड़े हिस्से को प्रतिस्थापित करना है।
- **नस्ली हमले:** ऑस्ट्रेलिया और यूरोप में नस्ली हिंसा की हालिया घटनाएं एक बड़ी चिंता है।

विशेष टिप्पणी: भारत के पास दुनिया का दूसरा सबसे बड़ा प्रवासी नागरिक हैं। ग्लोबल माइग्रेशन रिपोर्ट 2020 के अनुसार, भारत दुनिया भर में 17.5 मिलियन प्रवासियों के साथ अंतरराष्ट्रीय प्रवासियों की उत्पत्ति का सबसे बड़ा देश बना हुआ है। भारत को इसके सकल घरेलू उत्पाद का 3.4% तक 78.6 बिलियन डॉलर का उच्चतम प्रेषण (भेजी हुई राशि) प्राप्त हुआ।

प्रश्न-10: भारत-अमेरिका ''2 + 2 मंत्रीस्तरीय संवाद'' पर टिप्पणी कीजिये। (125 शब्द) 8 अंक

उत्तर: 2 + 2 मंत्रिस्तरीय संवाद भारत और अमेरिका के बीच उच्चतम स्तर का संस्थागत प्रणाली है। दोनों देशों के रक्षा मंत्री और विदेश मंत्री/सचिव बातचीत में भाग लेते हैं। तृतीय भारत-अमेरिका 2 + 2 मंत्रिस्तरीय संवाद हाल ही में नई दिल्ली में आयोजित किया गया था। वार्ता के प्रमुख परिणाम निम्न हैं:

- LAC में चल रहे गतिरोध की पृष्ठभूमि में, अमेरिका ने अपनी क्षेत्रीय संप्रभुता का बचाव करते हुए भारत को अपना समर्थन दोहराया।
- संवाद में भारत-प्रशांत क्षेत्र और कोविड-19 महामारी में चीन द्वारा उत्पन्न खतरों को भी संबोधित किया गया।
- भारत ने संयुक्त राज्य अमेरिका के साथ बुनियादी विनिमय और सहयोग समझौते (BECA) पर हस्ताक्षर किए।
- अफगानिस्तान की स्थिति पर उसकी शांति प्रक्रिया के लिए समर्थन दोहराया गया।
- पारंपरिक भारतीय दवाओं में सहयोग के बारे में आशय पत्र पर हस्ताक्षर किए गए हैं।
- सीमा शुल्क डेटा के इलेक्ट्रॉनिक विनिमय पर समझौता।

विशेष टिप्पणी: भारत द्वारा यूएस, जापान और ऑस्ट्रेलिया के साथ US 2 + 2 मंत्रिस्तरीय संवाद अलग-अलग किया जाता है। यह व्यवस्था द्विपक्षीय, क्षेत्रीय और वैश्विक मुद्दों पर उच्च-स्तरीय सम्बन्ध बढ़ाने के लिए है। यह दोनों देशों के बीच रणनीतिक, रक्षा और सुरक्षा संबंधों को सबसे आगे रखता है।

BECA दोनों देशों के बीच भू-स्थानिक डेटा और सूचनाओं के आदान-प्रदान को सक्षम करेगा। इससे सटीक प्रहारों में भारत की मिसाइलों की परिशुद्धता में सुधार होगा।

दीर्घउत्तरीय प्रश्न खण्ड-ब/Section-B

प्रश्न-11: ''लोकहित का प्रत्येक मामला, लोकहित वाद का मामला नहीं होता।'' मूल्यांकन कीजिये।

(200 शब्द) 12 अंक

उत्तर: लोकहित वाद (PIL) समाज के उपेक्षित, अलग-थलग और वंचित वर्गों की समस्याओं के निवारण के लिए एक मूल्यवान प्रणाली है। लोकहित वाद का मुख्य उद्देश्य ऐसे लोगों के मौलिक अधिकारों की रक्षा करना है, जो अदालत का दरवाजा नहीं खटखटा सकते हैं। हालाँकि हाल के समय में सर्वोच्च न्यायालय ने यह पाया कि निजी हित साधने या प्रतिद्वंद्वी उद्योगपति को नुकासान पहुंचाने के उद्देश्य से लोकहित वाद का अंधाधुंध इस्तेमाल किया गया है।

भारत के पूर्व मुख्य न्यायाधीश टी.एस. ठाकुर ने कॉरपोरेट प्रतिद्वंद्वियों के साथ स्कोर का निपटारा करने के लिए और व्यक्तिगत प्रतिशोध के लिए पीआईएल के दुरूपयोग के बारे में चिंता व्यक्त की।

अनुच्छेद-32 के तहत सर्वोच्च न्यायालय का अधिकार क्षेत्र सभी समस्याओं के लिए रामबाण नहीं है, बल्कि मौलिक अधिकारों के उल्लंघन का एक उपाय है।

पीआईएल का दुरूपयोग काफी उग्र हो गया है और वास्तविक कारणों की पृष्ठभूमि में पुनरावृत्ति हुई है।

वर्तमान में पीआईएल के दायरे में राज्य की लगभग हर गतिविधि शामिल है। इसलिए, न्यायालयों को पीआईएल के निवारण के समय न्याय वितरण और कार्यपालिका और विधायिका डोमेन पर संभावित अतिक्रमण के बीच सूक्ष्म रेखा से अवगत होना चाहिए। इसलिए भारत के पूर्व अटॉर्नी-जनरल, सोली सोराबजी ने ठीक ही कहा है कि ''लोकहित का हर मामला लोकहित वाद का मामला नहीं हो सकता है''।

प्रश्न-12: एक संस्था के रूप में चुनाव आयोग द्वारा वर्तमान में किन-किन समस्याओं का सामना किया जा रहा है? इसके समाधान का भी उल्लेख कीजिये। **(200 शब्द) 12 अंक**

उत्तर: वर्तमान समय में एक संस्था के रूप में चुनाव आयोग के समक्ष निम्न समस्याएँ हैं:

- अक्सर ही चुनाव प्रचार के दौरान अभद्र भाषा का बढ़ना।
- चुनाव आयोग पर सत्ता पक्ष के प्रति नरमी बरतने का आरोप, जैसे-2019 लोकसभा चुनाव के दौरान NAMO TV की शुरूआतए ASAT मिशन का शुभारंभ।
- आदर्श आचार संहिता के उल्लंघन के आरोप सदा ही लगते रहे हैं।
- ईवीएम और वीवीपीएटी को लगातार विभिन्न दलों द्वारा जांच के दायरे में रखा गया है।
- चुनावों में धन और बाहुबल का उपयोग कम नहीं हुआ है।
- चुनाव आयोग को हटाने के लिए महाभियोग की आवश्यकता नहीं है। उन्हें सरकार द्वारा सामान्य ढंग से हटाया जा सकता है, जिससे स्वतंत्र रूप से कार्य करने की उनकी क्षमता प्रभावित होती है।
- चुनाव, आयोग पर राजनीतिकरण का आरोप लगता है।

कुछ संभावित समाधान हो सकते हैं, जैसे:

- जनप्रतिनिधित्व अधिनियम-1951 की धारा 126 को प्रिंट मीडिया पर लागू किया जाना चाहिए।
- चुनाव आयोग को भारतीय संविधान के तहत दी गई अपनी शक्तियों को लगातार मजबूत करना चाहिए।

- EC को MCC के निरादर की जाँच करने के लिए अभियान में विविधता लाने चाहिए।
- MCC के उल्लंघन की जाँच के लिए मतदाता जागरूकता बढ़ाना।

इसलिए यह उचित है कि ईसीआई और भारतीय संसद दोनों ही चुनाव आयोग का पुनः अनुसंधान करें, ताकि लोकतंत्र की आधारशिला अपनी नींव से हिल न सके।

विशेष टिप्पणीः भारत निर्वाचन आयोग (ईसीआई) एक महत्वपूर्ण संस्थान है, जो दुनिया के सबसे बड़े लोकतंत्र को कार्यात्मक रखने में कामयाब रहा है। यह तर्क दिया जाता है कि आयोग संविधान द्वारा प्रभावी रूप से उस पर दी गई शक्तियों का उपयोग नहीं किया जा रहा है। महामारी के बीच चुनाव का आयोजन चुनाव आयोग के द्वार पर नई चुनौतियां लेकर आया है।

प्रश्न-13: वित्त आयोग के क्या कार्य हैं? राजकोषीय संघवाद में इसकी उभरतीय भूमिका की समीक्षा कीजिए।

(200 शब्द) 12 अंक

उत्तरः संविधान का अनुच्छेद-280 राष्ट्रपति को प्रत्येक पांचवें वर्ष में एक वित्त आयोग का गठन करने का अधिकार देता है। यह मुख्य रूप से केन्द्र और राज्यों के बीच वित्तीय संबंधों को संबोधित करने के लिए स्थापित एक संवैधानिक और अर्ध-न्यायिक निकाय है।

वित्त आयोग का मुख्य कार्य भारत के राष्ट्रपति को निम्न बिंदुओं पर सिफारिश प्रस्तुत करना है:

- केन्द्र और राज्यों के बीच साझा किए जाने वाले करों की शुद्ध आय का वितरण करना।
- भारत के समेकित कोष से राज्यों को सहयोग अनुदान को नियंत्रित किया जाना।
- स्थानीय निकायों के संसाधनों को पूरक के लिए एक राज्य के समेकित कोष को बढ़ाने के लिए आवश्यक उपाय किया जाना।
- स्वस्थ वित्त के हित में राष्ट्रपति द्वारा संदर्भित किसी अन्य मामले को संदर्भित किया जाना।

राजकोषीय संघवाद में वित्त आयोग की उभरती भूमिकाः

हाल के वर्षों में वित्त आयोग की प्रमुख सरोकारों को संबोधित किया गया है:

1. केन्द्र और राज्यों के बीच राजस्व के वितरण में उच्च असंतुलन।
2. राज्यों के बीच क्षैतिज असंतुलन जो विकास के विभिन्न चरणों में थे।

   वित्त आयोग का प्रयास राज्यों के बीच विकास के अंतर को कम करना है।

   कर आया के वितरण का पैमाना केन्द्र की 1950 में केन्द्र की कुल कर प्राप्तियों के 10% से बदलकर चौदहवें वित्त आयोग की सिफारिशों के बाद 42% हो गया है। यह राजकोषीय संघवाद में वित्त आयोग की उभरती भूमिका और सहकारी संघवाद की भावना को बढ़ावा देने के प्रति इसकी गंभीरता को दर्शाता है।

विशेष टिप्पणीः वित्त आयोग द्वारा की गई सिफारिशें केवल सलाहकार प्रकृति की हैं, इसलिए सरकार के लिए बाध्यकारी नहीं हैं। हालाँकि वित्त आयोग की अधिकांश सिफारिशें सरकार द्वारा स्वीकार की जाती हैं क्योंकि यह एक संवैधानिक संस्था है।

प्रश्न-14: भारतीय राजनीति में प्रमुख दबाव समूहों की पहचान कीजिये और भारत की राजनीति में उनकी भूमिका का परीक्षण कीजिए।

(200 शब्द) 12 अंक

उत्तरः दबाव समूह एक हित समूह होता है, जो सरकार या निर्णय लेने वालों पर अपने हितों की पूर्ति के लिए दबाव डालता है। भारत में विभिन्न प्रकार के दबाव समूह चल रहे हैं, जैसे-

- **पारंपरिक सामाजिक संरचना पर आधारित दबाव समूहः** संथान धर्म सभा, पारसी अंजुमन, एंग्लो-इंडियन क्रिसचन एसोसिएशन आदि।

- **जाति समूहः** ब्रह्मण सभा, नायर समाज।
- **भाषा समूहः** तमिल संघ, अंजुमन-ए-टेराकी-ए-उर्दू।
- **श्रमिक या किसान समूहः** अखिल भारतीय ट्रेड यूनियन कांग्रेस, भारतीय मजदूर संघ, किसान सभा।
- **संस्थागत समूहः** सिविल सेवा संघ।
- **वाणिज्यिक समूहः** FICCI, ASSOCHAM

सरकार को प्रभावित करने के लिए दबाव समूह कई तरह के हथकंडे अपनाते हैं। ये मुख्य रूप से संवैधानिक और शांतिपूर्ण होते हैं, जैसे-सत्याग्रह, प्रदर्शन, धरना, हड़ताल, सार्वजनिक सभाओं का आयोजन, मीडिया का उपयोग और जनमत का निर्माण।

भारतीय राजनीति में उनकी भूमिका अप्रत्यक्ष रूप से बहुत महत्वपूर्ण है, जैसे:

- वे प्रमुख सार्वजनिक मुद्दों पर जनता की राय को बढ़ावा देते हैं, चर्चा व बहस करते हैं और समर्थन जुटाते हैं।
- वे मुख्य रूप से रूचि व्यक्त करने में महत्वपूर्ण भूमिका निभाते हैं।
- दबाव समूह राजनीतिक समाजीकरण के एजेंट के रूप में कार्य करते हैं अर्थात् वे राजनीतिक प्रक्रिया के प्रति लोगों के झुकाव को प्रभावित करते हैं।
- दबाव समूह विधायी प्रक्रिया में महत्वपूर्ण भूमिका निभाते हैं।
- वे लॉबिंग के माध्यम से प्रशासन से सक्रिय रूप से जुड़े होते हैं।
- दबाव समूह परामर्श के साथ, शासन की गुणवत्ता में सुधार करने में मदद करते हैं।

प्रश्न-15: ई-शासन ने प्रशासनिक तंत्र को किस सीमा तक अधिक नागरिक-केन्द्रित बनाया है? क्या ई-शासन प्रणाली को और अधिक सहभागी बनाया जा सकता है? (200 शब्द) 12 अंक

उत्तरः नागरिक केन्द्रत शासन सभी सेवा वितरण को नागरिकों की दृष्टि से देखने के बारे में है। नागरिक-केन्द्रित दृष्टिकोण सरकार को सेवा वितरण में सुधार करके नागरिक संतुष्टि में सुधार करने में सक्षम बनाता है।

ई-शासन ने प्रशासनिक प्रणाली को निम्न के द्वारा नागरिक केन्द्रिंत बनाया है:

- नागरिकों के दृष्टिकोण पर ध्यान केन्द्रित करना।
- अधिकांश सेवाओं को नागरिक पोर्टल पर उपलब्ध कराना।
- सेवाओं का विश्वसनीय और तेज वितरण।
- सही संचार चैनलों तक पहुंच प्रदान करना।
- आईटी के बुनियादी ढांचे को और मजबूत बनाना।
- सहभागी प्रबंधन की प्रणाली को बढ़ावा देना।

अपनी सभी उपलब्धियों के बावजूद, ई-गवर्नेंस को अभी भ्ज्ञी प्रशासन को अधिक नागरिक केन्द्रित बनाने के लिए एक लंबा रास्ता तय करना है। ई-गवर्नेंस को पूर्ण रूप से साकार करने में कई बाधाएँ हैं, जिन्हें और अधिक सहभागी बनाने के लिए इसे दूर करने की आवश्यकता है, जैसे-

- कम साक्षरता दर लोगों को शासन में भागीदारी कठिन बनाती है।
- डिजिटल डिवाइड ई-गवर्नेस की राह में एक और बाधा है।
- संचार के साधनों तक पहुंच और इसकी सामर्थ्य एक अन्य कारक है।
- सेवाओं को ऑनलाइन एक्सेस करने की प्रक्रिया को और अधिक सरल और नागरिक अनुकूल बनाया जा सकता है।

- शिकायत निवारण तंत्र को मजबूत किया जाना चाहिए।

फिर भी डिजिटल साक्षरता और जागरूकता स्तर में धीरे-धीरे वृद्धि के साथ, ई-गवर्नेंस निकट भविष्य में और अधिक सहभागी बनने के लिए बाध्य है।

प्रश्न-16: ''सूचना अधिकार अधिनियम ने लोकसेवकों को स्टी-फ्रेम के बाहर आकर निष्ठापूर्वक जनता की सेवा करने के लिये बाध्य किया है।'' व्याख्या करें। (200 शब्द) 12 अंक

उत्तर: सूचना का अधिकार अधिनियम 2005 आम नागरिकों को सरकार और उसके कामकाज पर सवाल उठाने का अधिकार देता है। 2005 तक, नागरिकों के पास किसी भी जानकारी तक पहुंच नहीं थी, जिसे एक सार्वजनिक प्राधि करण द्वारा निपटा दिया गया था।

RTI अधिनियम 2005 ने कानून को लागू करने के लिए एक नई नौकरशाही व्यवस्था नहीं बनाई। इसके बजाय, इसने प्रत्येक कार्यालय में अधिकारियों और शासनादेशों को साझा करने और खुलेपन की गोपनीयता में से अपने दृष्टिकोण और कर्त्तव्य को बदलने का काम सौंपा है।

सूचना अधिकार अधिनियम ने नौकरशाहों के काम को सार्वजनिक स्कैनर के तहत ला दिया, क्योंकि यह आम जनता को सक्षम बनाता है, जैसे:

- कार्य, दस्तावेजों और रिकॉर्ड का निरीक्षण करना।
- दस्तावेज, निर्णय या प्रमाणित प्रतियों की प्राप्ति।
- विषय-वस्तु के प्रमाणित नमूने लेना।
- प्रिंट या इलेक्ट्रॉनिक मोड में जानकारी प्राप्त करना।

अपने अधिनियमन के बाद से आरटीआई अधिनियम का व्यापक रूप से नागरिकों और मीडिया द्वारा भ्रष्टाचार, सरकारी कार्यों में प्रगति, खर्च संबंधी जानकारी आदि को उजागर करने के लिए उपयोग किया जाता है। आरटीआई अधिनियम के कानूनी समर्थन से कोई भी व्यक्ति एक सार्वजनिक प्राधिकरण के कामकाज पर सवाल उठा सकता है। इसलिए यह टिप्पणी करना सही होगा कि सूचना का अधिकार अधिनियम ने सिविल सेवकों को स्टील फ्रेम से बाहर आने और लोगों की ईमानदारी से सेवा करने के लिए मजबूर किया है।

प्रश्न-17: उत्तर प्रदेश सरकार द्वारा अनुसूचित जातियों एवं अनुसूचित जनजातियों के कल्याण हेतु क्रियान्वित की जाने वाली योजनाओं के प्रभाव का मूल्यांकन कीजिये। (200 शब्द) 12 अंक

उत्तर: 2001 की जनगणना के अनुसार, उत्तर प्रदेश की अनुसूचित जनजाति की आबादी केवल एक लाख के आसपास है, जो कुल आबादी का 0.1 प्रतिशत है। उत्तर प्रदेश में रहने वाली मुख्य जनजातियाँ- थारू, बुक्का, भोटिया, जौनसारी और राजी हैं। दूसरी ओर, 2001 की जनगणना में उत्तर प्रदेश की अनुसूचित जाति की आबादी लगभग 3.5 करोड़ है, जिसमें कुल जनसंख्या का 21.1 प्रतिशत है।

उत्तर प्रदेश सरकार द्वारा शुरू की गई योजनाओं का राज्य में एस.सी./एस.टी. आबादी के कल्याण पर महत्वपूर्ण असर पड़ा है:

- SC/ST आबादी के युवाओं को 'कौशल सतरंग योजना' के तहत कौशल प्रशिक्षण दिया जा रहा है।
- युवा हब योजना हजारों कुशल युवाओं को रोजगार प्रदान कर रही है।
- SC/ST की युवा आबादी को CM शिक्षुता योजना के तहत 2500 रूपये का वजीफा मिल रहा है।
- रानी लक्ष्मी बाई महिला सम्मान कोष, महिलाओं और लड़कियों की जरूरतों का निवारण कर रहा है, जो जघन्य अपराधों के शिकार हैं।
- भाग्य लक्ष्मी योजना के तहत गरीब SC/ST परिवारों में पैदा होने वाली सभी लड़कियां रू. 50,000/- की हकदार हैं।

- कोविड-19 महामारी के बीच उत्तर प्रदेश सरकार ने अनुसूचित जातियों के सर्वांगीण विकास के लिए नवीन रोजगार योजना शुरू की है।
- उत्तर प्रदेश सरकार ने हाल ही में दुनिया भर में थारू जनजाति की अनुठी संस्कृति को प्रसारित करने के लिए एक योजना शुरू की है।

विशेष टिप्पणी: संपूर्ण जनजातीय आबादी की साक्षरता दर कम है और राष्ट्रीय स्तर पर सभी एस.टी. की तुलना में कार्य सहभागिता दर भी कम है। कुल आदिवासी श्रमिकों के बीच कृषकों का अनुपात सबसे अधिक (44.6 प्रतिशत) है।

उत्तर प्रदेश में अनुसूचित जाति की आबादी मुख्य रूप से ग्रामीण है। उत्तर प्रदेश की एस.सी. आबादी की कार्य सहभागिता दर राष्ट्रीय स्तर पर सभी एस.सी. की तुलना में कम है।

हाल ही में उत्तर प्रदेश सरकार ने 17 ओ.बी.सी. सूची को अनुसूचित जाति में स्थानांतरित करने का निर्णय लिया है। ताकि ओ.बी.सी. की तुलना में एस.सी. समूह छोटा होने के कारण उन्हें प्रतिस्पर्धा में कम सुभेद्य बनाया जा सके।

प्रश्न-18: प्रधानमंत्री मोदी एवं चीनी राष्ट्रपति के बीच सौहार्दपूर्ण मामल्लपुरम शिखर बैठक के बावजूद, कई वर्षों के अन्तराल के बाद फिर वास्तविक नियंत्रण रेखा पर विवाद गहरा गया है। आपके अनुसार इसके पीछे क्या कारण हैं? (200 शब्द) 12 अंक

उत्तर: प्रधानमंत्री नरेंद्र मोदी और चीनी राष्ट्रपति शी जिनपिंग ने 2019 में दूसरे भारत-चीन अनौपचारिक शिखर सम्मेलन में मामल्लपुरम में बैठक की थी। दोनों नेताओं ने वैश्विक और क्षेत्रीय महत्व के अतिव्यापी, दीर्घकालिक और रणनीतिक मुद्दों पर विचारों का गहन आदान-प्रदान किया।

हालांकि अगले कुछ महीनों में पूर्वी लद्दाख में भारत-चीन सीमा पर सबसे लंबे समय तक सीमावर्ती गतिरोध शुरू हुआ, जिसके पीछे कई कारण हैं:

- LAC के साथ विवाद के क्षेत्रों में दोनों देशों के लिए रणनीतिक प्रासंगिकता का एक उच्च स्तर है। DBO एलएपी के करीब एकमात्र ऑपरेशन एयरफील्ड है। चुशूल घाटी के अलावा 13,000 फीट से अधिक की ऊँचाई पर एक महत्वपूर्ण हवाई पट्टी है।
- सीमा के साथ भारत के बुनियादी ढांचे के विकास की गति से चीन चिढ गया है। भारत में एक उच्च ऊँचाई वाले डीबीओ हवाई अड्डे के लिए एक नई सड़क का निर्माण गालवान में हाल ही में हुई झड़पों के पीछे मुख्य ट्रिगर के रूप में देखा जा रहा है।
- चीन को भारत की अपने बेल्ट एवं रोड प्रोजेक्ट के निकट मजबूत उपस्थिति के बारे में संदेह है, जो पाकिस्तान के कब्जे वाले कश्मीर से होकर गुजरात है।
- चीन के दृष्टिकोण से सीमा पर संघर्ष भारत को अपनी भूमि-आधारित क्षमताओं के निर्माण की दिशा में सागरीय इंडों पैसिफिक रणनीति से अपने संसाधनों को हटाने के लिए मजबूर कर सकता है।

विशेष टिप्पणी: 1996 के एक समझौते ने भारत-चीन सीमा के पास बंदूकों और विस्फोटकों के उपयोग को प्रतिबंधित कर दिया। इसने LAC पर चीनी सैनिकों द्वारा लगातार घुसपैठ को सक्षम बना दिया है।

- लद्दाख में वास्तविक नियंत्रण रेखा (LAC) के साथ नौ महीने के सैन्य गतिरोध के बाद दोनों पक्षों ने आपसी तालमेल और सुव्यवस्थित विस्थापन पर सहमति जताई है।

प्रश्न-19: 'चतुर्भुज सुरक्षा संवाद' (क्वाड) के बारे में आप क्या जानते हैं? क्या मालाबार सैन्य अभ्यास विश्व राजनीति में चीन के बढ़ते प्रभाव को रोकने में सफल होगा? (200 शब्द) 12 अंक

उत्तर: चतुर्भुज सुरक्षा संवाद (QSD) संयुक्त राज्य अमेरिका, जापान, ऑस्ट्रेलिया और भारत के बीच एक अनौपचारिक सुरक्षा मंच हे। QUAD के विचार को 2007 में जापानी प्रधानमंत्री शिंजो आबे द्वारा प्रस्तुत किया गया था। चतुर्भुज सुरक्षा संवाद के मार्गदर्शक सिद्धांत के अनुसार, एक नियम आधारित वैश्विक व्यवस्था, उदार व्यापार प्रणाली और इंडो-पैसिफिक क्षेत्र में नेविगेशन की स्वतंत्रता को सुरक्षित करना है।

QUAD की स्थापना की आवश्यकता दक्षिण चीन सागर में बढ़ती चीनी मुखरता की पृष्ठभूमि में है। QUAD भारत को पूर्वी एशिया में अपने हितों को आगे बढ़ाने, शक्तिशाली सहयोगियों के साथ रणनीतियों का समन्वय करने और अपने अधिनियम पूर्व पहल में क्षमता वृद्धि के लिए एक शक्तिशाली मंच देता है।

मालाबार सैन्य अभ्यास 1992 से संयुक्त राज्य अमेरिका, जापान और भारत के बीच होने वाला वार्षिक त्रिपक्षीय युद्ध अभ्यास हे। इसमें दक्षिण और पूर्वी चीन सागर में चीन की बढ़ती मुखरता और चीन द्वारा वियतनाम, फिलीपींस आदि जैसे छोटे दक्षिण-पूर्व एशियाई देशों के साथ लगातार दुर्व्यवहार शामिल है। हिमालयी सीमाओं में लंबे समय तक गतिरोध के कारण 2020 में मालाबार सैन्य अभ्यास में ऑस्ट्रेलिया को शामिल किया गया। इसने मालाबार के सामरिक महत्व को बढ़ा दिया है क्योंकि भारत और ऑस्ट्रेलिया दोनों का वर्तमान समय में चीन के साथ संबंध तनावपूर्ण है।

मालाबार सैन्य अभ्यास 2020 चीन को एक महत्वपूर्ण संदेश देगा क्योंकि यह QUAD समूह का एक वास्तविक सैन्य सरेखण बन गया है।

मालाबार में ऑस्ट्रेलिया को शामिल करना सही दिशा में सही कदम है। इंडो-पैसिफिक क्षेत्र में चीन का नियंत्रण केवल नई दिल्ली के रणनीतिक हितों को आगे बढ़ाएगा।

प्रश्न-20: कोरोना काल (कोविड-19) में विश्व स्वास्थ्य संगठन की भूमिका का विवेचन कीजिये।

(200 शब्द) 12 अंक

उत्तर: महामारी के दौरान WHO एक केंद्रीय समन्वय निकाय के रूप में सेवा करने, मार्गदर्शन करने, आपात स्थिति की घोषणा तथा देशों के साथ सूचना साझा करने की सिफारिशें करता है, जिससे वैज्ञानिकों को प्रकोप को दूर करने में मदद मिल सके।

हालाँकि अमेरिकी राष्ट्रपति कोविड-19 महामारी को ठीक से न संभालने के लिए विश्व स्वास्थ्य संगठन की आलोचना कर चुके हैं। आरोपों के बावजूद कोविड-19 के खिलाफ लड़ाई में WHO की कार्रवाई की अनदेखी नहीं की जा सकती है।

दिसंबर 2019 में चीन ने वुहान शहर में सामूहिक न्यूमोनिया मामलों के बारे में WHO को सूचना दी थी। इसके साथ ही WHO ने सभी देशों को संभावित मामलों का पता लगाने, परीक्षण और प्रबंधन करने के लिए तकनीकी मार्गदर्शन भेजा।

शुरूआत में WHO के विशेषज्ञ वायरस के खतरे की धारणा के बारे में एकमत नहीं थे। फिर भी WHO ने कोविड-19 को जनवरी, 2020 में ''अंतरराष्ट्रीय चिंता का एक सार्वजनिक स्वास्थ्य आपातकाल'' घोषित कर दिया। उसी महीने में WHO ने दुनिया को चेतावनी दी कि इस वायरस में में वैश्विक स्तर पर व्यापक बनने की क्षमता है।

एक बार यह स्पष्ट हो गया कि कोविड-19 एक वैश्विक खतरा बन गया है, WHO ने महामारी से निपटने के सभी प्रयासों को समेटने में एक केन्द्रीय भूमिका निभाई जैसे लॉकडाउन और सामाजिक दूरी या उपचारात्मक उपाय, जैसे-दवाओं और टीके के लिए प्रयास करना।

यह ध्यान में रखना चाहिए कि WHO सदस्य राज्यों द्वारा प्रदान किए गए और फिल्टर किए गए डेटा पर बहुत निर्भर है।

सामान्य अध्ययन मुख्य परीक्षा - 2020
हल प्रश्न-पत्र 3

कुल अंक : 200 **समयावधि : 3 घण्टे**

लघुउत्तरीय प्रश्न खण्ड-अ/Section-A

प्रश्न-1: सतत विकास लक्ष्यों के सन्दर्भ ''किसी को पीछे न छोड़ना'' से आप क्या समझते हैं? (125 शब्द) 8 अंक

उत्तर: सतत विकास और सतत विकास लक्ष्यों (एसडीजी) के लिए 2030 एजेंडा का केन्द्रीय विषय ''कोई पीछे नहीं'' है। यह संयुक्त राष्ट्र के सतत विकास सहयोग ढांचे के छह मार्गदर्शक सिद्धांतों में से एक है। किसी को पीछे छोड़ने का मतलब न केवल गरीब से गरीब व्यक्ति तक पहुंचना है, बल्कि इसके भीतर और देशों के बीच भेदभाव और बढ़ती असमानताओं का मुकाबला करना है। लोगों को पीछे छोड़ दिया जाने का एक प्रमुख कारण लैंगिक भेदभाव सहित लगातार भेदभाव है, जो व्यक्तियों और परिवारों को हाशिए पर छोड़ देता है। किसी को पीछे छोड़कर हमें भेदभाव और असमानताओं पर धयान केन्द्रित करने के लिए मजबूत करता है जो लोगों की एजेंसी को अधिकारों के धारक के रूप में कमजोर करते हैं। नीति आयोग विजन 2030 दस्तावेज़ तैयार कर रहा है। यह दस्तावेज़ संयुक्त राष्ट्र के 2030 सतत विकास लक्ष्यों (एसडीजी) के समानान्तर है।

प्रश्न-2: नीति आयोग के क्या लक्ष्य हैं? इसके तीन वर्षीय कार्य योजना को समझाइए। (125 शब्द) 8 अंक

उत्तर: नीति आयोग के लक्ष्य:

- राज्यों की सक्रिय भागीदारी के साथ राष्ट्रीय विकास प्राथमिकताओं, क्षेत्रों और रणनीतियों की साझा दृष्टि विकसित करना।
- राज्यों के साथ संरचित सहायता पहल और तंत्र के माध्यम से सहकारी संघवाद को बढ़ावा देना।
- ग्रामीण स्तर पर विश्वसनीय योजनाओं को तैयार करने के लिए तंत्र विकसित करना।
- हमारे समाज के कमजोर और बहिष्कृत वर्गों पर विशेष ध्यान देना।
- रणनीतिक और दीर्घकालिक नीतियों को डिजाइन करना और उनकी प्रगति की निगरानी करना।
- एक अत्याधुनिक संसाधन केन्द्र बनाए रखना।

तीन साल की कार्ययोजना में कुछ 300 विशिष्ट कार्य बिंदु शामिल हैं। तीन वर्षीय कार्य योजना की मुख्य विषेशताएं निम्न हैं:

- तीन वर्षीय राजस्व और रूपरेखा।
- 2022 तक किसानों की आय दोगुनी करना।
- उद्योग और सेवाओं का नौकरी सृजन।
- किफायती आवास के साथ शहरी विकास।
- परिवहन और डिजिटल कनेक्टिविटी।
- शिक्षा और कौशल विकास।

प्रश्न-3: ''भारत खाद्य प्रसंस्करण उद्योग विकसित देशों की गति के साथ नहीं बढ़ा है।'' (125 शब्द) 8 अंक

उत्तर: 2014-15 में वैश्विक खाद्य व्यापार में भारत का हिस्सा सिर्फ 2.5% था। सरकार की उदासीनता और आयात पर अत्यधिक निर्भरता के साथ युग्मित कई घरेलू घटनाएं इस क्षेत्र की कम-संभावित विकास के लिए महत्वपूर्ण कारक हैं। घरेलू खाद्य उद्योग अपनी वास्तविक क्षमता से पीछे है।

खाद्य प्रसंस्करण उद्योग कुल खाद्य निर्यात में 32% का भारी योगदान देता है। एसोचैम के अनुसार, भारतीय खाद्य प्रसंस्करण क्षेत्र में FDI में 2024 तक $ 33 बिलियन तक पहुंचने की क्षमता है। सरकार ने इस क्षेत्र में विदेशी निवेश मानदंडों में ढील दी थी, जिससे देश के विशाल खाद्य क्षेत्र को प्रोत्साहित करने के उद्देश्य से स्वचालित मार्गों से 100% FDI की अनुमति दी गई।

हालाँकि, भारतीय कृषि क्षेत्र अभी भी व्यापक समस्याओं का सामना कर रहा है, जिसे भारत में खाद्य प्रसंस्करण उद्योग की पूरी क्षमता का पता लगाने के लिए संबोधित किया जाना है।

प्रश्न-4: उत्तर प्रदेश के लघु उद्योगों को समझाइए तथा प्रदेश की अर्थव्यवस्था में इसके योगदान को रेखांकित कीजिये।
(125 शब्द) 8 अंक

उत्तरः उत्तर प्रदेश में लंबे-चौड़े लघु उद्योगों की एक विस्तृत श्रृंखला पनपती है। उत्तर प्रदेश के लगभग हर जिले ने एक विशेष उत्पाद बनाने में दक्षता हासिल की है। उत्तर प्रदेश में उल्लेखनीय लघु उद्योग हैं:

- बरेली, आगरा, मिर्जापुर में कालीन निर्माण।
- मोदीनगर, आगरा और अलीगढ़ में बिस्कुट उद्योग।
- कन्नौज, गाजीपुर, जौनपुर में इत्र और सुगंधित तेल।
- आगरा में मिट्टी के खिलौने का निर्माण।
- बरेली, सहारनपुर, इलाहाबाद में माचिस उद्योग।
- हाथरस, सहारनपुर में फर्नीचर उद्योग।
- मेरठ, देवबंद और टांडा में हथकरघा और सूती वस्त्र।
- कानपुर, झांसी में औषधि निर्माण।

लघु उद्योग उत्तर प्रदेश की अर्थव्यवस्था में प्रमुख भूमिका निभाते हैं। वे विशेष रूप से अशिक्षित और अर्द्ध-कुशल बल के लिए रोजगार के अवसरों की एक विविध श्रृंखला प्रदान करते हैं। इसके अलावा यह विभिन्न प्रकार के तैयार माल का उत्पादन करके स्थानीय अर्थव्यवस्था में महत्वपूर्ण योगदान देते हैं।

प्रश्न-5: भारत में कृषि उत्पादकता में कमी के क्या कारण हैं? (125 शब्द) 8 अंक

उत्तरः भारत में कृषि में कम उत्पादकता के लिए जिम्मेदार प्रमुख कारक निम्नलिखित हैं:-

छोटे भूखण्डः खेत का छोटा आकार किसानों को लाभदायक रोजगार देने में विफल रहता है। गरीब का दुश्चक्र कृषि के खराब प्रदर्शन के लिए भी जिम्मेदार है।

ऋणग्रस्तताः अनुत्पादक उधारी, किसान की आय को नहीं जोड़ती है और वह हमेशा कर्ज में डूबा रहता है।

उपर्याप्त सिंचाई सुविधाओं के कारण, एक किसान सिंचाई के लिए जलवायु परिस्थितियों पर निर्भर है। वह अनियमित मानसून संकट से जूझता है। भारतीय कृषि के मामले में वित्त की आपूर्ति अपर्याप्त है। दोषपूर्ण विपणन प्रणाली भी किसानों के लिए मुश्किलें खड़ी करती है। खेती की आज्ञानता और रूढ़िवादी विधि भी कृषि के खराब प्रदर्शन का परिणाम है। कृषि क्षेत्र में उत्पादक निवेश का अभाव है।

प्रश्न-6: 'एस. सी. एन. जी.' क्या है? इसका विभिन्न उपयोग बताइये। (125 शब्द) 8 अंक

उत्तरः सीएनजी को मूल निर्माता द्वारा या कार्यशाला द्वारा वाहन में फिर किया जा सकता है। इंडियन मार्केट में, कंपनी फिटेड CNG केवल मारूति सुजुकी में आती है जिसे SCNG कहा जाता है। एसएीएनजी के कई फायदे हैं।

SCNG तकनीक कम उत्सर्जन सुनिश्चित करते हुए प्रदर्शन, ईंधन दक्षता, सुविधा और सुरक्षा मोर्चों पर काम करती है। एससीएनजी तकनीक इंजन के अधिकतम जीवनकाल को सुनिश्चित करती है। एससीएनजी वाहनों में ईंधन अनुपात के लिए एक इष्टतम वायु है, जो उच्च ईंधन दक्षता और प्रति किलोमीटर लागत के साथ निरंतर प्रदर्शन प्रदान करता है।

एससीएनजी वाहन एक विशेष नोजल के साथ आते हैं, जो सुरक्षित और तेजी से सीएनजी ईंधन प्रदान करते हैं। यह अधिक सुरक्षा देता है क्योंकि कारों के पूरे ढांचे का वजन सीएनजी वाहन की अवधारणा के तहत बनाया गया है। कंपनी फिटेड सीएनजी कारें दोहरे ईसीएम के साथ आती हैं, जो पेट्रोल और दूसरा सीएनजी के लिए है।

प्रश्न-7: वन जीवों के संरक्षण की चुनौतियों का आलोचनात्मक मूल्यांकन कीजिये। (125 शब्द) 8 अंक

उत्तर: 1970 से वैश्विक वन्यजीव आबादी में 58% की गिरावट आई है, अगर यह प्रवृत्ति जारी रहती है, तो 2020 तक दो-तिहाई जंगली जानवर विलुप्त होने के अनुमान लगाए गए थे। वन्यजीवों के सुरंक्षण में प्रमुख चुनौतियां हैं:

- नए राजमार्गों, खानों, बांधों के रूप में गैर-जिम्मेदारी भरा विकास।
- तथाकथित इकोटूरिज्म वन्यजीवों के आवास के लिए एक बड़े अप्रत्यक्ष खतरे के रूप में उभरा है।
- वन्यजीव संरक्षण के लिए सबसे जरूरी चुनौती अवैध शिकार या अवैध शिकार से होने वाले खतरे हैं।
- रात के समय भारी वाहनों का अनियंत्रित मार्ग।
- मानव-पशु संघर्ष वन्यजीवों की बढ़ती मौतों का कारण बनता है।
- इनवेसिव प्रजातियाँ, जैसे जल जलकुंभी, मिमोसा, लैंटाना कैमरा आदि देशी जैव विविधता के लिए एक गंभीर खतरा है।
- जलवायु परिवर्तन और ग्लोबल वार्मिंग।
- प्राकृतिक आपदाएँ और बाढ़, जंगल की आग और सूखे जैसी अनिश्चितता।

प्रश्न-8: 'नार्को आतंकवाद' भारत की आंतरिक सुरक्षा के लिए खतरा है। इसकी विवेचना कीजिये।

(125 शब्द) 8 अंक

उत्तर: भारत के पास खेती के तहत बड़े पैमाने पर अवैध अफीम है, जबकि अफगानिस्तान और दक्षिण-पूर्व एशिया के स्वर्ण त्रिभुज के तस्करों के लिए एक लक्ष्य है। भारत दुनिया का एकमात्र देश है, जो निर्यात और घरेलू चिकित्सा उपयोग के लिए कानूनी अफीम का उत्पादन करता है। भूमिगत व्यापार फंडिंग उग्रवादी विद्रोहियों और आतंकवादियों के साथ, भारत मादक द्रव्य का दुनिया का सबसे बड़ा उपभोक्ता भी है।

माओवादी विद्रोहियों ने अपनी गतिविधियों के लिए धन जुटाने के लिए ओडिशा, झारखंड और बिहार के क्षेत्रों में अफीम और मारिजुआना की खेती का इस्तेमाल किया। इसलिए नशीली दवाओं के व्यापार के लिए तैयार मांग, भरपूर आपूर्ति और आंतरिक और बाहरी दुश्मनों का एक नेटवर्क भारत की राष्ट्रीय सुरक्षा को कमजोर कर रहा है। अवैध ड्रग्स एक राष्ट्रीय सुरक्षा मुद्दा बन गया है जो प्रतिभूतिकरण की मांग करता है।

प्रश्न-9: 'मनी लांड्रिग' एवं 'मानव-तस्करी' की गैर-परंपरागत सुरक्षा चुनौतियों के रूप में समीक्षा कीजिये।

(125 शब्द) 8 अंक

उत्तर: गैर-पारंपरिक सुरक्षा चुनौतियां वे खतरे हैं, जो गैर-राज्य लोगों या समूहों द्वारा उत्पन्न हैं। गैर-पारंपरिक सुरक्षा चुनौतियां प्रकृति में गैर-सैन्य हैं और वैश्वीकरण के कारण तेजी से प्रसारित होती हैं। मनी लॉन्ड्रिंग अवैध रूप से प्राप्त आय की पहचान को छुपा रहा है ताकि वे वैध स्रोतों से उत्पन्न हुए दिखाई दें।

मनी लॉन्ड्रिंग अक्सर मादक पदार्थों की तस्करी, अवैध हथियारों के व्यापार, मानव तस्करी और आतंकवादी धन के साथ होती है। इसलिए यह आंतरिक सुरक्षा के लिए एक गंभीर खतरा है। मानव तस्करी न केवल मानवाधिकारों और गरिमा के लिए एक संघर्ष है, बल्कि इसमें सुरक्षा संबंधी गंभीर चिंताएं भी हैं।

मानव तस्करी सशस्त्र और चरमपंथी समूहों को आय बढ़ाने और उनकी शक्ति और सैन्य क्षमताओं का विस्तार करने के लिए सक्षम करके संघर्ष को बढ़ावा दे सकती है। मानव तस्करी से विस्थापन भी हो सकता है और समुदायों को अस्थिर किया जा सकता है, जिससे संघर्ष और विकास कम हो जाता है।

प्रश्न-10: भारत के सुरक्षा परिदृश्य में 'रिवोलुशन इन मिलिट्री अफेयर्स' क्या है? (125 शब्द) 8 अंक

उत्तरः जब नई तकनीकों का अनुप्रयोग नवीन परिचालन अवधारणाओं और संगठनात्मक अनुकूलन के साथ एक तरह से जुड़ जाता है, जो मौलिक रूप से संघर्ष के चरित्र को बदल देता है, उसे आरएमए कहा जाता है। भारत की तात्कालिक और सामरिक सुरक्षा चिंताओं की विशेषता है-

- पारंपरिक विरोधियों के खिलाफ पारंपरिक संघर्ष और सीमा युद्ध।
- जातीय और सांप्रदायिक हिंसा।
- विद्रोह, नशीले पदार्थ/ड्रग युद्ध।
- अवैध आव्रजन, धार्मिक कट्टरवाद, आतंकवाद।

हाल के दिनों में भारत ने कई मील के पत्थर हासिल किए हैं, जो संभावित रूप से भारत के सुरक्षा के नजरिए से सैन्य मामलों में क्रांति ला सकते हैं:-

- ब्रह्मोस प्रक्षेपास्त्र प्रणाली की तरह सटीक निर्देशित गाइडेंस।
- अपने लड़ाकू विमान, पनडुब्बी, कोरवेट और विध्वंसक प्रौद्योगिकी।

इसके अलावा भारत ने उत्तम नाम से अपन AESA रडार विकसित किया है, जिसे LCA तेजस, MklA में एकीकृत किया जाना है। भारत के पास अब एंटी-सैटेलाइट क्षमता है जो, युद्ध की प्रकृति को बदल सकती है।

दीर्घउत्तरीय प्रश्न खण्ड-ब/Section-B

प्रश्न-11: व्यापार, रोजगार, विशेषकर महिला रोजगार, आय और संपत्ति वितरण की समानता आदि पर वैश्वीकरण के प्रभाव की विवेचना कीजिये। (200 शब्द) 12 अंक

उत्तरः वैश्वीकरण ने दुनिया भर के बाजारों में परस्पर जुड़ाव बढ़ाया है। व्यापार के अवसरों के बढ़ते संचार और जागरूकता के साथ, व्यापार का दायरा और विविधता बढ़ी है। हालाँकि, इसने घरेलू फर्मों को विदेशी कंपनियों के साथ कड़ी प्रतिस्पर्धा में ला दिया है। वैश्वीकरण ने आईसीटी, चिकित्सा, मीडिया, जैव-प्रौद्योगिकी, बीपीओ आदि जैसे नए रोजगार के रास्ते खोले हैं, जबकि वैश्वीकरण कई पारंपरिक व्यवसायों को खत्म करने के लिए भी जिम्मेदार है और लाखों लोगों को अन्य नौकरियों में स्थानांतरित करने के लिए मजबूर किया है।

वैश्वीकरण का महिलाओं के जीवन पर व्यापक प्रभाव पड़ा है। इसने श्रम मांग पैटर्न बनाया है जो स्वाभाविक रूप से अल्पकालिक, अस्थायी रोजगार का पक्ष लूता है। ऐसी नौकरियों के लिए महिलाएं सबसे उपयुक्त हैं। इसके अलावा, वैश्वीकरण ने शिक्षा और व्यावसायिक प्रशिक्षण तक पहुंच को आसान कर दिया है, जिसने महिलाओं को सशक्त बनाया है।

पिछले दो दशकों में, वैश्वीकरण ने संक्रमण के साथ देशों में आर्थिक और सामाजिक पतन के साथ मिलकर, देशों के भीतर असमानता को व्यापक बनाने में योगदान दिया है। इसने उपभोक्तावाद को बढ़ा दिया है। इसने प्राथमिक क्षेत्र की लागत पर सेवा क्षेत्र की तेजी से वृद्धि की है और इस प्रकार शिक्षा के निम्न स्तर वाले व्यक्तियों के लिए समस्याएँ पैदा हुई हैं। इसने आय वितरण की खाई को चौड़ा कर दिया है क्योंकि अधिकांश उद्योग और रोजगार कुछ ही जेबों में केन्द्रित हैं। उदाहरण के लिए, मात्र दस प्रतिशत जनसंख्या भारत में दो-तिहाई धन को नियंत्रित करती है।

प्रश्न-12: उत्तर प्रदेश सरकार के कल्याणकारी योजनाओं एवं उसकी भूमिका को समझाइए। (200 शब्द) 12 अंक

उत्तरः उत्तर प्रदेश समाज के विभिन्न वर्गों को लक्षित करते हुए सावधानीपूर्वक तैयार की गई कल्याणकारी योजनाओं की एक वृस्तृत श्रृंखला को लागू कर रहा है। मुख्यमंत्री प्रवासी श्रमिक विकास योजना में प्रवासी श्रमिकों को रोजगार और स्वरोजगार की व्यवस्था है।

मुख्यमंत्री अभ्युदय योजना प्रतियोगी परीक्षाओं के लिए और अन्य 12 जिलों में मॉडल कैरियर केन्द्र स्थापित करने के लिए मुफ्त कोचिंग प्रदान करती है। बाल श्रमिक विद्या योजना के तहत, मजदूरों के बच्चों को बाल श्रमिकों के रूप में काम करने से रोकने के लिए उन्हें मासिक आर्थिक सहायता दी जाती है और इसके बजाय वे पढ़ाई पर ध्यान केन्द्रित करते हैं।

उत्तर प्रदेश सरकार ने हाल ही में घोषित किया है कि वह राज्य से प्रवासी श्रमिकों की ''सुरक्षा और कल्याण'' सुनिश्चित करने के लिए दिल्ली, कोलकाता और मुंबई जैसे शहरों में अधिकारियों की नियुक्ति करेगी। उत्तर प्रदेश ने किसानों के परिवार के कमाऊ सदस्यों के लिए मुख्यमंत्री कृषक दुर्जन कल्याण योजना (एक बीमा योजना) का दायरा बढ़ाया है।

उत्तर प्रदेश सुशासन के लक्ष्य को प्राप्त करने के लिए उत्तर प्रदेश में शिकायत निवारण के लिए एक एकीकृत प्रणाली है। 'महिला एवं बाल सम्मान कोष' हिंसा और पीड़ित महिलाओं के लिए पुनर्निर्माण सर्जरी सहित मौद्रिक और चिकित्सा राहत सुनिश्चित करता है। इसके अलावा उत्तर प्रदेश सरकार ने सरकारी स्वास्थ्य योजनाओं के बारे में लोगों को सूचित करने के लिए सभी प्राथमिक स्वास्थ्य केन्द्रों में ''आरोग्य मित्र'' की प्रतिनियुक्ति करने की भी घोषणा की।

प्रश्न-13: भारत में गरीबी और असमानता को कम करने में प्रमुख चुनौतियाँ क्या हैं? (200 शब्द) 12 अंक

उत्तर: दुनिया में तीसरी सबसे बड़ी अर्थव्यवस्था होने के बावजूद, भारत में दुनिया के गरीब लोगों की सबसे बड़ी संख्या है। इसके अलावा, लोगों में व्यापक सामाजिक-आर्थिक असमानता है। विश्व बैंक के अनुसार, बाद के आर्थिक सुधार (1990 के दशक) की अवधि में, भारत में गरीबी में तेजी से गिरावट आई है। हालाँकि, अभी भी, भारत में अधिकांश लोग गरीबी की चपेट में हैं।

भारत दुनिया के सबसे कुपोषित देशों में से एक है। 200 मिलियन से अधिक लोगों के पास पर्याप्त भोजन तक पहुंच नहीं है। बाल श्रम को प्रतिबंधित करने वाले कानून होने के बावजूद, 12 मिलियन से अधिक बच्चे खतरनाक परिस्थितियों में काम कर रहे हैं। यूनिसेफ के अनुसार, भारत में 25% बच्चों की औपचारिक शिक्षा तक पहुंच नहीं है। शिक्षा का अभाव उन्हें अच्छी नौकरियों से वंचित करता है जो आगू मौजूदा गरीबी को जोड़ती है।

22 मिलियन से अधिक भारतीय टीबी जैसी अन्य गंभीर बीमारियों से संक्रमित हैं। मलेरिया जैसे घातक संचारी रोगों के अलावा, डेंगू आर्थिक बोझ बनाता है। असमानता बढ़ती गरीबी में उत्प्रेरक का काम करती है। भारत में आय का एक बड़ा अंतर है। अकुशल और अर्ध-कुशल श्रम की औसत आय न्यूनतम जरूरतों के लिए अपर्याप्त है गरीबी उन्मूलन के लिए सरकारी खर्च को अक्सर सिस्टम में और भ्रष्टाचार के कारण बंद कर दिया जाता है।

इसके अलावा, महिलाओं के बहिष्कार, जातिगत कारक, अंतर-क्षेत्रीय असमानताएं, कृषि, स्थिर कृषि, आदि जैसे कई अन्य कारक हैं।

प्रश्न-14: 'गरीबी रेखा' से क्या अभिप्राय है? भारत में गरीबी निवारण के लिए चालू किए गए कार्यक्रम समझाइए। (200 शब्द) 12 अंक

उत्तर: 'गरीबी रेखा' एक व्यक्ति को उसकी बुनियादी जरूरतों को पूरा करने के लिए आवश्यक धनराशि है। गरीबी रेखा की विधि विभिन्न देशों में अलग-अलग होती है। गरीबी रेखा एक विशेष समाज में कल्याण मानक द्वारा निर्धारित की जाती है। विकसित देशों में गरीबी रेखा उच्च है क्योंकि जीवन के मूल मानक में कई वस्तुओं और सेवाओं तक पहुंच शामिल है।

स्वतंत्रता के बाद से भारत ने गरीबी उन्मूलन के लिए कई कार्यक्रमों की शुरूआत की है, जिसमें असफलताओं और सफलता का मिश्रण है। प्रमुख गरीबी उन्मूलन कार्यक्रम:

- एकीकृत ग्रामीण विकास कार्यक्रम (IRDP), 1978
- प्रधानमंत्री ग्रामीण आवास योजना, 1985
- राष्ट्रीय पारिवारिक लाभ योजना, 1995
- अन्नपूर्णा स्कीम 1999 और फूड फॉर वर्क प्रोग्राम, 2000
- महात्मा गांधी राष्ट्रीय ग्रामीण रोजगार गारंटी अधिनियम, 2005
- राष्ट्रीय खाद्य सुरक्षा मिशन, 2007
- राष्ट्रीय ग्रामीण आजीविका मिशन, 2011

- राष्ट्रीय शहरी आजीविका मिशन, 2013
- प्रधानमंत्री जन धन योजना, 2014
- प्रधानमंत्री कौशल विकास योजना, 2015
- राष्ट्रीय मातृत्व लाभ योजना, 2016
- प्रधान मंत्री गरीब कल्याण योजना, 2016
- प्रधान मंत्री उज्ज्वला योजना, 2016
- पोषण अभियान, 2018 और पीएम स्व-निधि, 2020

हालाँकि, यह आरोप लगाया जाता है कि भारत से गरीबी उन्मूलन कार्यक्रम काफी हद तक अप्रभावी रहे हैं। सरकार को दीर्घकालिक विकास के दृष्टिकोण के साथ समावेशी विकास और वितरणात्मक न्याय में और अधिक प्रयास करने की आवश्यकता है।

प्रश्न-15: राष्ट्रीय विनिर्माण नीति के क्या उद्देश्य हैं? 'मेक इन इंडिया' तथा 'स्टार्ट अप इंडिया' का आलोचनात्मक मूल्यांकन कीजिये। (200 शब्द) 12 अंक

उत्तर: भारत सरकार ने 2011 में एक दशक के भीतर जीडीपी में विनिर्माण की हिस्सेदारी को 25% तक बढ़ाने और 100 मिलियन नौकरियां पैदा करने के उद्देश्य से एक राष्ट्रीय विनिर्माण नीति की घोषणा की। यह ग्रामीण युवाओं को रोजगारपरक बनाने के लिए आवश्यक कौशल सेट प्रदान करके उन्हें सशक्त बनाना चाहता है। यह नीति निम्न क्षेत्रों में विशिष्ट हस्तक्षेप की परिकल्पना करती है:-

- औद्योगिक अवसंरचना विकास।
- व्यावसायिक विनियमों के युक्तिकरण/सरलीकरण के माध्यम से कारोबारी माहौल में सुधार।
- सतत विकास के लिए उपयुक्त प्रौद्योगिकियों विशेषकर हरित प्रौद्योगिकियों का विकास।
- युवा आबादी का कौशल विकास।
- श्रम और पर्यावरण कानूनों का अनुपालन सुनिश्चित करना।

'स्टार्टअप इंडिया' योजना 2016 में विनिर्माण, सेवाओं और व्यापारिक क्षेत्रों में ग्रीनफील्ड उद्यमों को स्थापित करने के लिए एससी/एसटी और महिला उधारकर्ताओं को 10 लाख से 1 करोड़ के बैंक ऋण की सुविधा के लिए शुरू की गई थी। हालांकि, छह राज्यों को 'स्टार्टअप इंडिया योजना' के तहत स्वीकृत ऋण राशि का 50% प्राप्त हुआ है, जो निधि आवंटन में सकल असंतुलन को दर्शाता है। 2014 में प्रधानमंत्री द्वारा शुरू की गई मेक इन इंडिया योजना अभी भी भारत की जीडीपी में विनिर्माण का हिस्सा बढ़ाने के लिए प्रयासरत है। मोबाइल, दूरसंचार और इलेक्ट्रॉनिक्स उपकरण निर्माण जैसी मेक इन इंडिया योजनाओं के तहत प्रमुख फोकस उद्योग अभी भी काफी हद तक नॉक डाउन किट के संयोजन तक सीमित हैं।

हाल ही में एक आर्थिक सर्वेक्षण ने सुझाव दिया कि मेक इन इंडिया को विश्व गहन योजना के लिए एकीकृत किया जाना चाहिए, जो पूंजी गहन निर्यात पर अधिक ध्यान केन्द्रित करेगा।

प्रश्न-16: विज्ञान, प्रौद्योगिकी एवं नवाचार नीति-2020 की व्याख्या कीजिये। (200 शब्द) 12 अंक

उत्तर: विज्ञान, प्रौद्योगिकी और नवाचार नीति (एसटीपी) 2020 का उद्देश्य देश की सामाजिक-आर्थिक विकास को उत्प्रेरित करने के लिए भारतीय विज्ञान, प्रौद्योगिकी और नवाचार पारिस्थितिकी तंत्र की शक्तियों और कमजोरियों की पहचान करना और उनका पता लगाना है और साथ ही विश्व स्तर पर भारतीय एसटीआई पारिस्थितिक तंत्र को प्रतिस्पर्धा बनाना है।

पिछली विज्ञान, प्रौद्योगिकी और नवाचार नीतियां बड़े पैमाने पर तैयार की गई थीं, हालांकि, एसटीआईपी 2020 एक विकेन्द्रीकृत, साक्ष्य-सूचित, विशेषज्ञों द्वारा संचालित और समावेशी दृष्टिकोण का अनुसरण करता है। एसटीपी एक राष्ट्रीय एसटीआई वेधशाला की स्थापना का नेतृत्व करेगा जो एसटीआई पारिस्थितिकी तंत्र से संबंधित और उत्पन्न सभी प्रकार के डेटा के लिए केन्द्रीय भंडार के रूप में कार्य करेगा।

नीति में ओपन साइंस फ्रेमवर्क की परिकल्पना अनुसंधान आउटपुट तक पहुंच बढ़ाएगी और अनुसंधान में अधिक पारदर्शिता और जवाबदेही सुनिश्चित करेगी। इसके अलावा, यह अनुसंधान उत्पादन और बुनियादी ढांचे के पुन: उपयोग पर न्यूनतम प्रतिबंधों के माध्यम से बेहतर संसाधन उपयोग में मदद करेगा। एसटीआईपी सभी निर्णय लेने वाली संस्थाओं में महिलाओं के लिए कम-से-कम 30 प्रतिशत प्रतिनिधित्व सुनिश्चित करने का प्रस्ताव करता है। साथ ही, यह संबंधित मंत्रालयों में वैज्ञानिकों के 25 प्रतिशत तक के पार्श्व प्रवेश का प्रस्ताव करता है।

विकसित देशों की तुलना में भारत का सकल घरेलू उत्पाद 0.6% कम है। अपर्याप्त निजी क्षेत्र का निवेश अनुसंधान एवं विकास पर कम खर्च के पीछे महत्वपूर्ण कारक है। एसटीआईपी आरएंडडी में बढ़ा हुआ निजी निवेश भी आकर्षित करेगा। यह नीति निकट भविष्य में शीर्ष तीन वैज्ञानिक महाशक्तियों के बीच भारत की स्थिति की दृष्टि से निर्देशित होगी।

प्रश्न-17: भारत में नक्सलवाद का सामना करने के लिए सरकार द्वारा उठाए गए कदमों को समझाइए।

(200 शब्द) 12 अंक

उत्तर: भारत के कई हिस्से वामपंथी उग्रवाद के खतरे से बुरी तरह प्रभावित हैं। छत्तीसगढ़, झारखंड, बिहार और ओडिशा सबसे अधिक प्रभावित हैं। जबकि महाराष्ट्र और पश्चिम बंगाल आंशिक रूप से प्रभावित हैं। भारत के 26 जिले कुल LWE हिंसा का लगभग 80% हिस्सा है।

वामपंथी उग्रवाद को नियंत्रित करने के लिए केन्द्र सरकार ने कई उपाय किए हैं, जिनमें शामिल हैं:-

- केन्द्रीय सशस्त्र पुलिस बलों की ताकत बढ़ाना।
- चेन्नई, कोलकाता, हैदराबाद और मुंबई में राष्ट्रीय सुरक्षा गार्ड (एनएसजी) की स्थापना।
- 24x7 आधार पर कार्य करने के लिए इसे सक्षम करने के लिए मल्टी-एजेंसी सेंटर का सुदृढ़ीकरण और पुन: आयोजन।
- नई विशिष्ट भारत रिजर्व बटालियन की स्वीकृति।
- बिहार, छत्तीसगढ़, झारखंड और ओडिशा में विशेष कार्य बल का गठन किया जाना।

दंडात्मक उपायों को मजबूत करने के लिए गैरकानूनी गतिविधियां (रोकथाम) अधिनियम, 1967 में संशोधन किया गया है। राज्य में आत्मसमर्पण करने वालों के लिए विभिन्न राज्य सरकारें विभिन्न पुनर्वास कार्यक्रम चला रही हैं। पुलिसिंग के अलावा सरकार नक्सल प्रभावित क्षेत्रों के सामाजिक-आर्थिक विकास के लिए बहुत अधिक धनराशि दे रही है। सरकार की पहल ने उत्साहजनक परिणाम दिखाए हैं और नक्सलियों की बढ़ती संख्या ने आत्मसमर्पण कर दिया है ताकि हिंसा को रोका जा सके और मुख्यधारा में शामिल हो सके।

प्रश्न-18: नाभिकीय प्रसार के मुद्दों एवं विद्यमान नियंत्रण तंत्र का विस्तारपूर्वक वर्णन कीजिये। (200 शब्द) 12 अंक

उत्तर: परमाणु प्रसार, परमाणु हथियार, विखंडनीय सामग्री और हथियार-प्रयुक्त परमाणु तकनीक का प्रसार है। गैर परमाणु राष्ट्रों ने परमाणु हथियार प्राप्त किए हैं या क्षमता विकसित की है। वे राष्ट्र जिनके पास परमाणु हथियार हैं वे अपने भंडार में वृद्धि कर रहे हैं, या तकनीकी रूप से सुधार कर रहे हैं।

परमाणु प्रसार विश्व शांति के लिए एक गंभीर खतरा है। गैर-राज्य संगठनों, जैसे आतंकवादी समूहों या गैर-जिम्मेदार/असफल राज्यों जैसे सीरिया, लेबनान आदि द्वारा परमाणु हथियानों तक पहुंच दुनिया भर में बड़े पैमाने पर विनाश का कारण बन सकती है। परमाणु प्रसार को रोकने के लिए विभिन्न नियंत्रण तंत्र हैं।

परमाणु अप्रसार संधि या एनपीटी, 1970 एक अंतर्राष्ट्रीय संधि है, जिसका उद्देश्य परमाणु निरस्त्रीकरण को प्राप्त करने के लक्ष्य को आगे बढ़ाने के लिए परमाणु हथियारों और हथियारों की तकनीक के प्रसार को रोकना है। निस्त्रीकरण (सीडी) सम्मेलन 1979 में हथियार नियंत्रण और निरस्त्रीकरण समझौतों पर बातचीत करने के लिए एक बहुपक्षीय निरस्त्रीकरण मंच है।

व्यापक परमाणु-परीक्षण प्रतिबंध संधि (CTBT) 1996 एक बहुपक्षीय संधि है जो सभी परमाणु परीक्षणों को सभी वातावरणों में नागरिक और सैन्य उद्देश्यों के लिए प्रतिबंधित करती है। न्यूक्लियर वेपन प्रोहिबिशन ट्रीटी, 2017 प्रतिबंधित करता है और परमाणु हथियार रखने, उपयोग करने, उत्पादन, स्थानांतरण, अधिग्रहण, भंडार करने या तैनात करने के लिए इसे अवैध बनाता है। हालाँकि, अतीत में इराक की परमाणु खोज और वर्तमान समय में ईरान, उत्तर कोरिया अंतर्राष्ट्रीय सुरक्षा उपायों की ताकत और कमजोरियों दोनों का वर्णन करता है।

प्रश्न-19: भारत के उच्चतर रक्षा संगठन को समझाइए। **(200 शब्द) 12 अंक**

उत्तर: रक्षा मंत्रालय में चार विभाग होते हैं यानी रक्षा विभाग, रक्षा उत्पादन विभाग, रक्षा अनुसंधान एवं विकास विभाग और भूतपूर्व सैनिक कल्याण विभाग। वर्तमान में बाहरी और आंतरिक खतरों के खिलाफ योजना का संकलन है। यह परिचालन स्तरों पर खंडित निष्पादन की ओर जाता है, जिससे युद्धपोत के भीतर तालमेल की कमी होती है।

राजनीतिक, सैन्य और नौकरशाही के एक मजबूत त्रय के लिए रणनीतिक सैन्य नियोजन के साथ-साथ बल आधुनिकीकरण के लिए एक समग्र दृष्टिकोण के लिए तालमेल हासिल करने की आवश्यकता है। जैसा कि भारत धीरे-धीरे शक्तिशाली राष्ट्रों के कुलीन वर्ग में बढ़ रहा है, उच्च रक्षा संगठन में प्रासंगिक परिवर्तनों के साथ रक्षा मंत्रालय का पुनर्गठन समय की आवश्यकता है। उच्च रक्षा संगठन में हाल के सुधारों में शामिल हैं:-

- रक्षा कर्मचारियों की नियुक्ति (सीडीएस)।
- सैन्य मामलों के विभाग (डीएमए) का निर्माण।
- एक एकीकृत थिएटर कमांड का निर्माण।

कारगिल समीक्षा समिति की सिफारिश के आधार पर (1999) भारत सरकार ने हाल ही में सरकार के लिए एकल-बिंदु सैन्य सलाहकार के रूप में चीफ ऑफ डिफेंस स्टाफ (सीडीएस) का पद सृजित किया। डिफेंस चीफ ऑफ डिफेंस स्टाफ (सीडीएस) के नेतृत्व वाला डीएमए सैनय से संबंधित मामलों के लिए विशेष रूप से जिम्मेदार है। इंटीग्रेटेड थिएटर कमांड्स युद्ध और शांति के दौरान तीनों सेवाओं की क्षमताओं और युद्ध क्षमता का समन्वय करेंगे।

प्रश्न-20: वर्तमान उभरतीय सुरक्षा चुनौतियों में नाभिकीय हथियार भारत की सुरक्षा प्रबंधन में किस प्रकार लाभदायक हो सकता है? इसको समझाइए। (200 शब्द) 12 अंक

उत्तर: परमाणु हथियारों और प्रमुख शक्ति स्थिति के बीच घनिष्ठ सह-संबंध मौजूद है। भारत द्वारा परमाणु अथियार हासिल करने के लिए सुरक्षा संबंधी चिंताएं प्रमुख कारण थीं और परमाणु हथियारों ने भारत को उसके प्रतिद्वंद्वियों के खिलाफ एक विश्वसनीय प्रतिरोध प्रदान किया।

भारत के परमाणु हथियारों की खोज उसके दो पड़ोसी राज्यों चीन और पाकिस्तान की परमाणु क्षमताओं से प्रेरित थी, जिनके साथ भारत के क्षेत्रीय संघर्ष हैं। परमाणु हथियारों ने भारत को इस अर्थ में अधिक सुरक्षा प्रदान की है कि वे वास्तव में न तो भौतिक रूप से उपयोग किए गए हैं, और न ही मनौवैज्ञानिक रूप से रणनीतिक स्तर की गिरावट और स्थिरता के लिए अग्रणी हैं।

इसके विपरीत, इसने भारत को कम सुरक्षित बना दिया है, क्योंकि पाकिस्तान अपने परमाणु हथियारों की वजह से भारत के खिलाफ आतंकवादी गतिविधियों से दूर हो सकता है, भारत के लिए सामरिक स्तर पर परमाणु निरोध की सीमाएं लागू कर सकता है।

पाकिस्तान की वायु सेना द्वारा भारतीय वायु अंतरिक्ष की हालिया घुसपैठ और लद्दाख में चीन के साथ संघर्ष से पता चला है कि दो सामने युद्ध का परिदृश्य दिखाई देने की तुलना में अधिक गंभीर है। मध्यम और लंबी अवधि में चीन, भारत के लिए प्राथमिक सुरक्षा चुनौती बने रहने की संभावना है। मिसाइल क्षमताओं में वृद्धि और पाकिस्तान को रक्षा प्रौद्योगिकियों में इसकी भारी मदद भारत के लिए गंभीर सुरक्षा चिंताएं हैं।

सामान्य अध्ययन मुख्य परीक्षा - 2020
हल प्रश्न-पत्र 4

कुल अंक : 200 **समयावधि : 3 घण्टे**

लघुउत्तरीय प्रश्न खण्ड-अ/Section-A

प्रश्न-1: मूल्य सृजन में परिवार, समाज और शिक्षण संस्थाओं की भूमिका की विवेचना कीजिए।

(200 शब्द) 12 अंक

उत्तरः मूल्यों को जीवन भर परिवार, समाज और शैक्षणिक संस्थानों से सीखा जाता है। परिवार वह पहला संस्थान है जिसमें हम पैदा हुए हैं। हम अपने परिवार में बुनियादी मूल्यों को सीखते हैं। हम अच्छी आदतों को शामिल करते हैं और परिवार में बुरी आदतों से बचने के तरीकों के बारे में सीखते हैं। एक बच्चा परिवर में बुनियादी नैतिकता सीखता है। बच्चा उन मूल्यों को ग्रहण करता है जो उसे समाज और शैक्षणिक संस्थान में अंत:क्रिया के क्रियान्वयन में मदद करते हैं।

विशेष टिप्पणीः शैक्षणिक संस्थान न केवल पाठ्यक्रम और पाठ्यचर्या सिखाता है, बल्कि प्रत्यक्ष या परोक्ष रूप से भी मूल्य प्रदान करता है। स्कूल में, बच्चे एक छोटे समाज के साथ होते हैं जो उनके नैतिक विकास पर बहुत प्रभाव डालते हैं। शिक्षक स्कूल में छात्रों के लिए रोल मॉडल के रूप में काम करते हैं। वे नैतिक व्यवहार को बढ़ाने में एक प्रमुख भूमिका निभाते हैं।

समाज को मानव समूह के सामाजिक और नैतिक जीवन का आधार माना जा सकता है। इसके अलावा, सामाजिक मूल्य कुछ गुण और धारणा हैं जो एक विशिष्ट संस्कृति या लोगों के समूह के भीतर साझा किए जाते हैं। ये लक्षण धार्मिक, आर्थिक, राजनीतिक, शैक्षणिक और ऐतिहासिक आदि हो सकते हैं।

प्रश्न-2: शासन में पारदर्शिता के लिए 'सूचना के अधिकार की भूमिका' की विवेचना कीजिए।

(200 शब्द) 12 अंक

उत्तरः **सरकार में पारदर्शिता के लिए सूचना के अधिकार की भूमिका**

सूचना का अधिकार (RTI) किसी देश के संवृद्धि और विकास को मापने के लिए एक सूचकांक है। भारत में, 2005 तक, नागरिकों की सार्वजनिक प्राधिकरण से समबंधित किसी भी जानकारी तक पहु नहीं थी। जनहित को प्रभावित करने वाले मामलों तक आम आदमी का पहुंच पाना आसान नहीं था। सूचना का अधिकार अधिनियम (2005)के उद्घोषणा ने सरकार और उसकी विभिन्न एजेंसियों के कामकाज में पारदर्शिता के लिए मंच तैयार किया। इस अधिनियम के तहत, एक सार्वजनिक एजेंसी से संबंधित सूचना तक पहुंच हर नागरिक का वैधानिक अधिकार बन गया है। इसके अधिनियमन में, यह तर्क दिया गया था कि भारत में सरकार की प्रणाली इतनी अपारदर्शी है कि आम नागरिकों को इस बारे में अधिाक जानकारी नहीं है कि निर्णय कैसे किए जाते हैं और सार्वजनिक संसाधनों का उपयोग कैसे किया जाता है। वास्तव में, आरटीआई अधिनियम सार्वजनिक एजेंसियों के कामकाज के तरीके के बारे में अधिक पारदर्शिता के लिए एक वाहन है। जानकारी के प्रकटीकरण में कुछ प्रमुख लाभ हुए हैं, जैसा कि समय-समय पर मीडिया और अनुसंधान में बताया गया है।

प्रश्न-3: ''बेईमान अधिकारियों के अभियोजन के लिए सरकार की स्वीकृति की आवश्यकता, भ्रष्टाचार के लिए एक सुरक्षा की ढाल है।'' इस कथन का परीक्षण कीजिये। **(125 शब्द) 8 अंक**

उत्तरः अगर किसी बेईमान अधिकारी पर मुकदमा चलाया जाना है, तो सरकार से अनुमति लेनी होगी इसका मतलब है कि सरकार की अनुमति अपने आप में एक ढाल है। यदि सरकार अनुमति नहीं देती है तो यह बेईमान अधिकारी मुक्त हो जाता है क्योंकि वह सरकार द्वारा संरक्षित है।

इस कथन का दूसरा निहितार्थ यह है कि अगर भ्रष्ट सरकार के तहत व्यवस्था भ्रष्ट है, तो बेईमानी हावी होगी और ईमानदार अधिकारी हशिए पर चले जाएंगे। हालाँकि, सिक्के का दूसरा पहलू भी है। एक बेईमान अधिकारी के खिलाफ मुकदमा चलाने के लिए सरकार की मंजूरी की जरूरत ईमानदार अधिकारियों को एक तरह की सुरक्षा प्रदान करती है। एक ईमानदार अधिकारी को गलत तरीके से फंसाने की बहुत संभावना है। इन ईमानदार अधिकारियों की सुरक्षा के लिए, सरकार की मंजूरी की आवश्यकता ईमानदार अधिकारियों को सुरक्षा देगी।

इसलिए, जरूरत यह है कि लोकपाल जैसी व्यवस्था बनाई जाए जो बेईमान अधिकारियों को दंडित करते समय ईमानदार अधिकारियों को नुकसान न पहुंचाए।

प्रश्न-4: सिविल सेवा के सन्दर्भ में निम्नलिखित की विवेचना कीजिए। (125 शब्द) 8 अंक

(अ) निष्पक्षता (ब) प्रतिबद्धता

उत्तरः **(अ) निष्पक्षता:** विशेष रूप से राजनीतिक या धार्मिक आक्षेपों में, निष्पक्षता का अर्थ है, सहिष्णुता और संयम। एक लोक सेवक सरकार का एजेंट होता है और अंततः संविधान के आदर्शों और आकाक्षांओं को पूरा करने के लिए काम करता है। एक सार्वजनिक सेवक के पास सार्वजनिक संसाधनों पर नियंत्रण होता है और पक्षपात या पूर्वाग्रह का एक कार्य किसी व्यक्ति/संस्था और यहां तक कि भ्रष्टाचार को अनुचित लाभ पहुंचा सकता है, निष्पक्षता व्यक्तिगत प्राथमिकताओं और पूर्वाग्रह के ऊपर निष्पक्षता रखती है और सार्वजनिक सेवा वितरण की दक्षता में सुधार करती है।

(ब) प्रतिबद्धता: प्रतिबद्धता एक विशेष कार्य के प्रति समर्पण और जुनून है। यह लक्ष्यों को प्राप्त करने में मदद करता है न कि भटकाव। एक सरकारी कर्मचारी या निर्वाचित अधिकारी के रूप में, आपकी प्रतिबद्धता दूसरों की सेवा कने की है- अर्थात् ''सार्वजनिक हित''। आपकी भूमिका, कई बार, एक नेता की होती है। कर्तव्य पालन के लिए, आपके पास कुछ खास शक्तियां होती हैं। एकल व्यक्ति में निवेशित शक्ति वास्तव में कई लोगों के जीवन में अंतर ला सकती है।

प्रश्न-5: एक कर्मचारी अपने कार्यालय में रिश्वत ले रहा था। उसके अधिकारी ने उसे रंगे-हाथों पकड़ लिया। अधिकारी जानता है कि यदि उसे नौकरी से बर्खास्त कर दिया जाता है, तो उसके वृद्ध माता-पिता बेघर व बेसहारा हो जायेंगे। इसलिए अधिकारी ने उसे चेतावनी देकर छोड़ दिया। कल्पना कीजिए कि आप वहीं अधिकारी हैं। इन स्थितियों में आप क्या करेंगे? विस्तृत चर्चा करिये। (125 शब्द) 8 अंक

उत्तरः कर्मचारी द्वारा रिश्वत लेने के कई कारण हो सकते हैं। मैं कर्मचारी की पृष्ठभूमि की जांच करूंगा। अगर उसका पिछला रिकॉर्ड साफ है और अगर वह लगन से काम कर रहा है, तो वह वफादारी का हकदार है।

मैं उस कर्मचारी से बात करूंगा कि वह उन बाधाओं का पता लगाए, जिसके तहत उसने बेईमानी से काम किया। यह काफी संभावना है कि वह अपने सहयोगियों या कार्यालय में दूसरों से प्रभावित हो रहा हो। यह भी संभावना है कि उसके कंधे पर बंदूक रखकर चलाने वाला कोई और हो। इस कर्मचारी को चेतावनी के साथ छोड़ दिया जाना चाहिए या नहीं, यह उसके पिछले रिकॉर्ड के कई कारकों पर निर्भर करेगा, जैसे दूसरों के साथ उसका संबंध जिस समूह से संबधित रहा है, वह पीड़ित था या दूसरों को पीड़ित करने वाले समूह का सदस्य था, कितने समय से वह बेईमानी से काम करता रहा है। बहरहाल, अगर यह कर्मचारी पीड़ित है या अड़चनों और मजबूरियों के तहत काम किया है और यदि यह उसका पहला अपराध है, तो उसे चेतावनी के साथ छोड़ दिया जाएगा।

प्रश्न-6: आप प्रशासनिक कार्यों में संवेगात्क बुद्धि को कैसे लागू करेंगे? (125 शब्द) 8 अंक

उत्तरः मैं प्रशासनिक कार्यों में और संगठन के बाहर और सभी हितधारकों के साथ व्यवहार में संवेगात्मक बुद्धि को लागू करूंगा। मैं मदद और सहारा मांगने वालों के लिए समानुभूति रखूंगा। मैं संवेगात्मक बुद्धि को निम्न तरीके से लागू करूँगा।

संगठन के भीतर: मैं अपने कर्मचारियों के प्रति सम्मानजनक रहूंगा और ऊपर से कोई आदेश लागू करने से पहले उनकी बातों को समझने की कोशिश करूंगा। किसी भी विवाद के मामले में, मैं विवाद को निष्पक्ष रूप से हल करूंगा। मैं स्वयं को कनिष्ठ और वरिष्ठ दोनों के लिए उपलब्ध रखूंगा ताकि कोई गलतफहमी न हो।

संगठन के बाहरः मैं मुश्किल मामलों को व्यक्तिगत रूप से संभालूंगा और समस्या को हल करने का प्रयास करूंगा। यदि अनुचित मांग है, तो मैं मांग बिंदु को हटाने के बजाय विकल्पों की सिफारिश करने की कोशिश करूंगा। अगर मुझे उत्तेजित लोगों के समूह या भीड़ का प्रबंधन करना है, तो मैं धैर्य से उनकी बात सुनूंगा और कभी भी नेताओं या कुछ लोगों से बात करने के लिए तैयार रहूंगा।

प्रश्न-7: 'लोक सेवक' शब्द से आप क्या समझते हैं? लोक सेवा के लिए आवश्यक रूप से किस प्रकार की अभिक्षमता का होना विचारणीय है? विवेचना कीजिए। (125 शब्द) 8 अंक

उत्तरः लोक सेवक को उस व्यक्ति के रूप में वर्णित किया जा सकता है, जो राज्य के लिए काम करता है और जिसका मुख्य कर्तव्य जनता और समाज के कल्याण से जुड़ा है। एक लोक सेवक अपने व्यक्तिगत हितों पर जनता का भला करता है। लोक सेवक जनता से संवाद, परामर्श और जुड़ाव को बढ़ावा देने के लिए प्रतिबद्ध रहता है। लोक सेवक जनता के हित को समझने के लिए प्रतिबद्ध होता है जो कि समय के साथ व्यक्त किया जाता है। लोक सेवक निर्वाचित सरकार के लिए अपनी सेवा द्वारा जनहित कार्य को पूरा करता है।

अभिक्षमता विशेषताओं का एक सहज समुच्चय है, जिसे पर्याप्त प्रशिक्षण, कुछ ज्ञान, कौशल समुच्चय, जैसे संगीत में निपुणता की क्षमता, या प्रशसानिक कार्यों को करने की क्षमता आदि। उपलब्धि के विपरीत, अभिक्षमता का सहज स्वभाव यह है कि यह ऐसा ज्ञान या क्षमता है जिसे सीखकर प्राप्त किया जाता है।

प्रश्न-8: निम्नलिखित में विभेव कीजिए। (125 शब्द) 8 अंक

(अ) सहिष्णुता और सहानुभूति (ब) अभिवृत्ति और अभिक्षमता

उत्तरः(अ) सहिष्णुता और सहानुभूति के बीच अंतरः आइए पहले हम प्रत्येक शब्द की सही परिभाषाओं के साथ शुरूआत करें।

सहिष्णुताः किसी चीज को सहन करने की क्षमता या इच्छा, विशेष रूप से मत या व्यवहार के अस्तित्व से सम्बन्धित जिसके साथ सहमत होना जरूरी नहीं है।

सहानुभूतिः करूणात्मक दया और दूसरों के कष्टों या दुर्भाग्य के लिए चिंता करना। एक व्यक्ति सहिष्णु और दयालु दोनों हो सकता है। उदाहरण के लिए, महात्मा गांधी सहिष्णु और दयालु दोनों थे। बुद्ध दयालु थे और माता टेरेसा भी। एक सिविल सेवक के रूप में, एक व्यक्ति को दूसरों के विचारों के प्रति सहिष्णु होने की अपेक्षा की जाती है, जो सरकार के विचारों से अलग हैं और सिविल सेवकों को उन लोगों के प्रति भी दयालु होना चाहिए, जो विशेष रूप से गरीब और असहाय लोगों की सेवा करते हैं, जो राज्य की मदद पर निर्भर होते हैं।

(ब) अभिवृत्ति और अभिक्षमता में अंतरः

अभिवृत्ति कुछ धारणाओं के साथ मौजूदा क्षमताओं और कौाल से संबंधित है। कोई व्यक्ति किसी चीज को कैसे ग्रहण करता है यह उसकी अभिवृत्ति पर निर्भर है। अभिक्षमता योग्यता कौशल, क्षमता और ज्ञान प्राप्त करने की संभावित क्षमता है। यह अधिकतर किसी समस्या या स्थिति के प्रबंधन के बारे में है।

अभिवृत्ति एक व्यक्ति, वस्तु, घटना या विचार के प्रति एक सकारात्मक या नकारात्मक या उदासीन भावना है। अभिक्षमता एक सक्षमता (क्षमता) है कि वह कुछ खास तरह के काम कर सके।

अभिवृत्ति चरित्र या गुणों से जुड़ी होती है। इसका अर्थ है कि अभिवृत्ति अंतर्निहित मूल्यों पर निर्भर करता है। अभिक्षमता कौशल वृद्धि, सीखने और प्रशिक्षण से जुड़ी है। अभिवृत्ति एक मानसिक और मनोवैज्ञानिक प्रक्रिया है। इसका मतलब है कि किसी व्यक्ति की अभिवृत्ति आंतरिक होती है और वह उसके विचारों से आकार तेला है। अभिक्षमता मानसिक और शारीरिक दोनों है। अभिक्षमता विकसित करने के लिए दोनों भौतिक साधनोंः दृश्य साधन और मानसिक प्रक्रियाएँ महत्वपूर्ण होती हैं।

प्रश्न-9: कमजोर वर्गों के प्रति सहिष्णुता एवं करूणा के मूल्य लोक सेवा में किस प्रकार अभिव्यक्त होते हैं? उपयुक्त उदाहरणों के साथ व्याख्या कीजिए। (125 शब्द) 8 अंक

उत्तर: भारत एक बहु-धार्मिक, बहु-क्षेत्रीय, बहु-भाषाई समाज है। सिविल सेवकों से राष्ट्र के भीतर या बाहर कहीं भी सेवा करने की अपेक्षा की जाती है। विविधता के प्रति असहिष्णु व्यक्ति एक सफल सिविल सेवक नहीं बन सकता है। एक सिविल सेवक विविध हित धारकों के साथ अंतःक्रिया और व्यवहार करता है। सिविल सेवक को उनकी संस्कृति, उनकी भाषा की सराहना करनी चाहिए और उनकी विविधता के प्रति सहिष्णु होना चाहिए, भले ही वह सिविल सेवक के व्यक्तिगत मूल्यों के विपरीत हों। मिसाल के तौर पर, हिन्दू धर्म का दृढ़ आस्थावान सिविल सेवक, जो मुस्लिम समुदाय में बीफ खाने को बर्दाश्त नहीं करता है, अगर मुस्लिम क्षेत्र में नियुक्त किया जाता है, तो वह उन्हें सफलतापूर्वक नहीं संभाल पाएगा और उनके प्रति सहिष्णु नहीं रह पाएगा। एक दृढ़ आस्थावान मुस्लिम सिविल सेवक के साथ भी यही सच है जिसे हिंदू बहुल क्षेत्रों में सेवा देनी पड़ सकती है। ये बातें संस्कृति के अन्य पहलुओं के बारे में भी सच है। सिविल सेवकों को अत्यंत दया के साथ सेवा के दृष्टिकोण को बनाए रखना होता है। वे ऐसे सेवक हैं, जिनका कर्तव्य उन लोगों की सेवा करना है, जिनके पास गरीबी और अशिक्षा जैसी चुनौतियाँ हो सकती हैं। एक सिविल सेवक जिसके पास करूणा की कमी है, इन लोगों को महत्व नहीं देगा।

प्रश्न-10: मनोवृत्ति परिवर्तन में विश्वासोत्पादक के महत्व की व्याख्या कीजिए। (125 शब्द) 8 अंक

उत्तर: मनोवृत्ति परिवर्तन में विश्वास उत्पादक संचार का महत्वः

मनोवृत्ति और मनोवृत्ति परिवर्तन में, मनोवैज्ञानिकों ने दूसरों को सहमत करने में संप्रेषण की भूमिका की पहचान की है। कुछ तकनीकें हैं, जो संप्रेषकों द्वारा अन्य लोगों को मनाने के लिए उपयोग की जाती हैं। ये तकनीकें निम्न हैं:-

प्रभाव प्रबंधन सिद्धांतः इसके अनुसार हम वास्तव में अपने दृष्टिकोण को नहीं बदलते हैं, लेकिन पता चलता है कि हमारे व्यवहार हमारे दृष्टिकोण के अनुरूप हैं।

पद-द्वार तकनीकः प्रेरक तकनीक जिसमें एक बड़ा करने से पहले एक छोटी पहल करना शामिल है।

सम्मुख-द्वार तकनीकः प्रेरक तकनीक जिसमें छोटे अनुरोध करने से पहले अनुचित रूप से बड़े अनुरोध करना शामिल हैं।

निम्न-कंदुक तकनीकः अनुनय तकनीक, जिसमें किसी उत्पाद का विक्रेता कम बिक्री की कीमतों का हवाला देता है और ग्राहक द्वारा उत्पाद खरीदने के लिए सहमति देने के बाद सभी 'सम्मिलित' लागतों का उल्लेख करता है।

इन तरीकों में से कई, परिधीय अनुनय मार्ग के माध्यम से संचालित होते हैं, विशेष रूप से, सफल व्यवसायी लोगों ने दशकों तक ऐसे प्रेरक संप्रेषण का उपयोग किया है। संचार दर्शकों को उनके मनोवृत्ति को बदलने के उद्देश्य के लिए राजी करता है और इनमें अधिनायकवाद/हठधर्मिता शामिल है, और इसे बंद करने की आवश्यकता है।

दीर्घउत्तरीय प्रश्न खण्ड-ब/Section-B

प्रश्न-11: ईमानदारी क्या है? शासन में ईमानदारी के दार्शनिक आधार की स्पष्ट व्याख्या कीजिये।

(200 शब्द) 12 अंक

उत्तर: ईमानदारी भ्रष्ट या बेईमान आचरण से बचने के बजाय उच्चतम सिद्धांतों और आदर्शों (ईमानदारी, इच्छा चरित्र, ईमानदारी, शालीनता) के सख्त पालन का कार्य है। यह व्यक्तियों के स्वार्थ के खिलाफ समुदाय के लिए सेवा को संतुलित करता है। इसके अलावा, ईमानदारी को एक जोखिम प्रबंधन दृष्टिकोण के रूप में वर्णित किया गया है, जो प्रक्रियात्मक सत्यनिष्ठा को सुनिश्चित करता है।

द्वितीय प्रशासनिक सुधार आयोग के अनुसार, पारंपरिक सिविल सेवा मूल्यों के अलावा, सिविल सेवकों को सार्वजनिक जीवन में नैतिकता सहित नीति शास्त्रीय और नैतिक मूल्यों को अंतर्विष्ट और अपनाना होगा।

नागरिक सेवाओं में ईमानदारी का महत्व: कदाचार, धोखाधड़ी, पक्षपात, शासन के अपराधीकरण, स्व-केन्द्रित कार्यकारियों और शासन में भ्रष्टाचार जैसी अनैतिक प्रथाओं को रोकने के लिए संभावना महत्वपूर्ण है। यह सहभागी शासन के लिए शासन में जनहित और सहयोग सुनिश्चित करता है।

ईमानदारी एक ऐसा गुण है, जो समावेशी विकास को प्राप्त करने के लिए समाज के सभी वर्गों की जरूरतों को पूरा कर सकता है। यह सुशासन (जवाबदेही, पारदर्शिता, अखंडता, गोपनीयता आदि) में लाता है और संसाधनों के न्यायसंगत वितरण को सुनिश्चित करता है। यह कानून, प्रक्रियाओं और संहिता के साथ सिविल सेवकों से अनुपालन भी करवाता है।

ईमानदारी सामाजिक मूल्यों से निकटता से जुड़ी हुई है। ईमानदारी यह सुनिश्चित करती है कि एक लोक सेवक सामाजिक मूल्यों से प्रभावित न हो जो अनैतिक हों। ईमानदार सिविल सेवक भ्रष्ट या बेईमान आचरण के बचता है, क्योंकि इसमें निष्पक्षता, जवाबदेही और पारदर्शिता जैसे मूल्यों को लागू करना शामिल है।

प्रश्न-12: आचार-सिद्धान्त के किन पाँच सिद्धान्तों को आप प्राथमिकता प्रदान करेंगे और क्यों? विवेचना कीजिये।

(200 शब्द) 12 अंक

उत्तर: नीतिशास्त्रीय संहिता संगठन के नैतिक दिशानिर्देशों और ईमानदारी, अखंडता और व्यावसायिकता के लिए सर्वोत्तम नियमों का पालन करता है। सिविल सेवकों सहित संगठन में काम करने वाले पेशेवर के लिए निम्नलिखित पाँच आचार संहिताएँ महत्वपूर्ण हैं, ये निम्न हैं:-

- सत्यनिष्ठा
- निष्पक्षता
- पेशेवर क्षमता
- गोपनीयता
- पेशेवर व्यवहार

इन पाँच संहिताओं में, मैं पेशेवर व्यवहार को अधिकतम प्राथमिकता दूंगा। पेशेवर व्यवहार एक व्यापक शब्द है जिसमें वह सब कुछ शामिल है जो एक पेशेवर को आदर्श रूप से करना चाहिए या नहीं करना चाहिए। इसीलिए मैंने इसे अधिकतम प्राथमिकता दी है। वास्तव में, चार अन्य कोड पहले से ही इस कोड में निहित हैं। ईमानदारी एक पेशेवर की पहचान है। ऐसा पेशेवर ईमानदार, पारदर्शी होता है और अपने कर्तव्यों के पालन में नैतिक सिद्धांतों का पालन करता है।

मेरा प्रयास यह होगा कि अपनी छवि को एक आदर्श पेशेवर के रूप में में पेश करूँ जो मुझसे अपेक्षित हैं। मैं अपनी सोच और आचरण में निष्पक्ष रहूँगा। मैं अपने कर्तव्य के पालन में दूसरे के प्रति एक व्यक्ति/समूह का पक्ष नहीं लूंगा। निष्पक्षता भय और पक्षपात के बिना मेरे निर्णयों को मजबूती प्रदान करेगी।

मेरा अनुभव, शिक्षा और पेशेवर व्यवहार मुझे एक अधिकारी के रूप में सक्षम बनाता है। एक सक्षम अधिकारी के रूप में, मैं न्यूनतम गललियाँ करूंगा। गलती करना मानवीय है लेकिन एक सक्षम पेशेवर को निर्णयों में त्रुटियों को कम करना चाहिए। इन कारणों से, मैं पेशेवर क्षमता को अधिकतम प्राथमिकता दूंगा।

प्रश्न-13: गीता का 'अनासक्त योग' क्या है? सिविल सेवकों के लिए यह क्या संदेश देता है? व्याख्या कीजिये।

(200 शब्द) 12 अंक

उत्तर: **गीता का अनासक्त योग और सिविल सेवकों के लिए इसकी प्रासंगिकता:**

सिविल सेवक कर्म या कर्तव्य की उच्चतम गुणवत्ता प्रदान करने के लिए गीता से प्रेरणा ले सकते हैं। कर्म शब्द संस्कृत शब्द-कृ, से लिया गया है, जिसका अर्थ है 'करना'। अपने सबसे बुनियादी अर्थ में कर्म का अर्थ है कार्य, और योग का अर्थ है-मिलन। इस प्रकार कर्म योग वस्तुत: कार्य के माध्यम से मिलने का मार्ग है। अनासक्त योग या अनासक्त कर्म योग का अर्थ है आसक्ति के बिना काम या क्रिया।

हालाँकि, वेदान्त दर्शन में कर्म शब्द का अर्थ है- क्रिया और क्रिया का प्रभाव। कर्मयोग को व्यक्तिगत स्वार्थपरक इच्छाओं, पसंदों या नापसंदों पर विचार किए बिना एक व्यक्ति द्वारा कर्तव्य (धर्म) के अनुसार कर्म करने के रूप में वर्णित किया जाता है, जिससे एक व्यक्ति आत्मानुभूति की ओर जाता है। व्यक्ति फल रहित इच्छा से कर्म करता है।

श्रीकृष्ण का कथन है कि निष्काम भाव से किया गया कर्म मन को शुद्ध करता है और धीरे-धीरे कारण मूल्य को देखने के लिए व्यक्ति को सक्षम बनाता है। वे कहते हैं कि आध्यात्मिक जीवन यापन के लिए बाहरी एकांत में रहना या क्रिया रहित रहना आवश्यक नहीं है, क्योंकि मन में क्रिया या निष्क्रियता मुख्य रूप से निर्धारित होती है। एक सिविल सेवक जो अपने कर्म को फल से रहित कर देता है, पूरी तरह से काम करेगा। दूसरे शब्दों में, सिविल सेवक सिर्फ एक सेवक है, जिसे अपना कर्तव्य निभाने की उम्मीद की जाती है। उसके पास संसाधनों या साधनों पर कोई स्वामित्व या अधिकार नहीं होता है, जिसके माध्यम से वह अपना कर्तव्य निभाता है।

प्रश्न-14: काण्ट का 'कर्तव्य के लिए कर्तव्य' का सिद्धान्त क्या है? सिविल सेवा में इस सिद्धांत की क्या भूमिका है?
(200 शब्द) 12 अंक

उत्तर: कांट का 'कर्तव्य के लिए कर्तव्य का सिद्धांत' और नागरिक सेवाओं में इस सिद्धांत की भूमिका:

कांट के लिए, नैतिक रूप से महत्वपूर्ण चीज परिणाम नहीं है, बल्कि वह महत्वपूर्ण है जिस तरीके से चयनकर्ता विकल्प का चयन करता है। कांट का कहना है कि केवल एक चीज स्वाभाविक रूप से अच्छी है, और वह है शुभ इच्छा। शुभ इच्छा कैसे कार्य करती है? इच्छा तभी शुभ होती है जब वह कर्तव्य से हटकर होती है, न कि प्रवृत्ति से हटकर। प्रवृत्ति से हटने का आशय क्या है? कुछ करने पर अच्छा लगना या इससे कुछ हासिल करने की उम्मीद करना।

कर्तव्य रहित करने का क्या आशय है? कांट कहते हैं कि इसका मतलब है कि हमें नैतिक नियम के लिए सम्मान से काम करना चाहिए।

उपरोक्त तथ्य से यह स्पष्ट है कि कांट के लिए 'कर्तव्य के लिए कर्तव्य' एक नैतिक सिद्धांत है, जिसमें शुभ इच्छा एक तत्व है। यह परिणामों पर नहीं बल्कि अकेले साधनों पर ध्यान केन्द्रित करता है। इसलिए, सिविल सेवाओं के संदर्भ में, कांट का यह नैतिक सिद्धांत अत्यधिक प्रासंगिक है।

एक सिविल सेवक को अकेले कर्तव्य के लिए अपने कर्तव्य को निभाना चाहिए या करना चाहिए। सिविल सेवक को परिणामों के बारे में नहीं सोचना चाहिए। दूसरे शब्दों में, सिविल सेवक को कोई कार्य इसलिए नहीं करना चाहिए क्योंकि यह अच्छा परिणाम लाएगा। सिविल सेवाओं के संदर्भ में कांट-नैतिकता का अन्य निहितार्थ यह है कि सिविल सेवक को अपना कर्तव्य पूरा करना चाहिए, भले ही यह बुरे परिणाम लाए, बशर्ते कि कर्तव्य को पूरा करने के लिए उपयोग किए जाने वाले साधन निष्पक्ष और नैतिक हों।

प्रश्न-15: देवानन्द पेंशन विभाग में अनुसचिव के रूप में कार्य करते हैं। एक दिन उसके मित्र गुरूदत्त जो स्टेट बैंक ऑफ इण्डिया में एक पी.ओ. हैं, निम्न घटना का जिक्र करते हैं।

1. **पिछले दो वर्षों से सेवानिवृत्त सरकारी कर्मचारी श्री अशोक कुमार अपनी मासिक पेंशन का 30% श्रीमती बिन्दू चोपड़ा को चेक के माध्यम से हर महीने भुगतान कर रहे हैं।**
2. **मैंने पाया कि श्रीमती चोपड़ा पेंशन कार्यालय में आपके अधीन कार्य कर रहे अनुभाग अधिकारी श्री प्रेम चोपड़ा की पत्नी हैं।**
3. **मुझे इससे संशय लग रहा है कि हो सकता है, यह घूस सम्बन्धी घोटाला हो, जिसमें एक वरिष्ठ नागरिक को प्रेम चोपड़ा से पेंशन सम्बन्धी फाइल का निपटारा करने के लिए घूस देने के लिए बाध्य किया जा रहा हो और पत्नी के खाते में घूस जमा करने को विवश किया जा रहा हो।**

देवानन्द, श्री अशोक कुमार के घर जाते हैं और पाते हैं कि वे अल्जाइमर के रोग से ग्रस्त हैं और सुसंगत उत्तर देने में अक्षम हैं। निराश देवानन्द सीधे प्रेम चोपड़ा से ही पूछताछ करने लगते हैं। प्रेम चोपड़ा बताते

हैं, ''श्री अशोक कुमार उसके पिता के मित्र हैं। उनकी न तो कोई संतान है और न ही रिश्तेदार, मेरी पत्नी बिन्दू लम्बे समय से उनकी देखभाल पुत्री की तरह कर रही हैं। इसलिए श्री अशोक कुमार शुभेच्छा से हमें धन प्रदान कर रहे हैं, जिससे कि हम अपने पुत्र को कोटा (राजस्थान) में आई.आई.टी. की महंगी कोंचिग करा रहे हैं। यह वैयक्तिक पारिवारिक मामला है और इससे आपका (देवानन्द) कोई लेना देना नहीं हैं''।

आप क्या सोचते हैं कि देवानन्द ने भयंकर गलती की या वे नैतिक कर्तव्य का निर्वहन कर रहे हैं? तर्कपूर्ण उत्तर दीजिए। (200 शब्द) 12 अंक

उत्तरः देवानन्द ने कोई बड़ी भूल नहीं की है। इस मामले में सच्चाई केवल एक जांच-पड़ताल के बाद ही उपलब्ध हो सकती है।

इस मामले में, दोनों संभावनाएं खुली हैं। यह बहुत संभव है कि श्री अशोक कुमार अपनी पत्नी के खाते के माध्यम से श्री चोपड़ा को रिश्वत दे रहे हों। दूसरी संभावना यह है कि श्री चोपड़ा निर्दोष हों। इसलिए, श्री देवानंद को किसी भी निष्कर्ष पर आने से पहले एक जांच करने की आवश्यकता है।

यह सत्यापित करना मुश्किल नहीं है कि अशोक कुमार के परिवार के सदस्य और रिश्तेदार हैं या नहीं। बहरहाल, यह बहुत कम संभावना है कि अल्जाइमर से पीड़ित श्री अशोक कुमार को याद होगा कि उनसे रिश्वत मांगी गई थी या उन्हें रिश्वत देनी पड़ी थी।

फिर भी, सिर्फ इसलिए कि अशोक कुमार अल्जाइमर से पीड़ित हैं या क्योंकि उनके पास देखभाल के लिए परिवार का कोई सदस्य नहीं है, हमें कोई निश्चित निष्कर्ष नहीं देता है। यह काफी संभव है कि उन्हें उनकी जानकारी के बिना धोखा दिया जा रहा हो। इसलिए, पूरी जांच की जानी चाहिए।

जैसा श्री देवानंद ने किया है, कोई भूल नहीं की है। वह केवल अपना कर्तव्य निभा रहे हैं। लेकिन अगर वह अपनी जांच रोक देते हैं और श्री चोपड़ा की बातों पर विश्वास करते हैं, तो वे अपने कर्तव्य में विफल हो जायेंगे। यदि वे जांच करते हैं और स्पष्ट साक्ष्य के साथ निश्चित निष्कर्ष पर पहुँचते हैं तो उनका आचरण अधिक नैतिक होगा।

प्रश्न-16: क्रोध एक हानिकारक नकारात्मक संवेग है, यह व्यक्तिगत जीवन एवं कार्य जीवन दोनों के लिए हानिकारक है। इसे कैसे नियंत्रित किया जा सकता है? व्याख्या कीजिये। (200 शब्द) 12 अंक

उत्तरः बुद्ध ने कहा है, ''क्रोध को प्रेम से जीतो। अच्छाई से बुराई पर विजय प्राप्त करो। उदारता द्वारा दुःख पर विजय प्राप्त करो। सत्य को असत्य से जीतो।''(धम्मपद, v. 233)।

क्रोध बौद्ध मत में बड़ी बाधाओं में से एक है- और दैनिक जीवन में भी। क्रोध की तीव्रता हमारे मन को धूमिल कर देती है- और न केवल हमारे मन को, बल्कि हम जिनसेः फेसबुक या ट्विटर पर ऑनलाइन संपर्क में होते हैं और कार्यालय या घर पर हमारे संबंधों को प्रभावित करता है। क्रोध संक्रामक और खतरनाक होता है।

बौद्ध शिक्षा में, क्रोध को अक्सर ''जंगल की अनियंत्रित आग'' या ''उग्र हाथी'' से तुलना के रूप में देखा जाता है।

सूत्र विस्तार से क्रोध के समाधान पर चर्चा करते हैं, बुद्ध की अनुशंसा को क्रोध-प्रबंधन समाधान के रूप में माना जा सकता हैः

वर्तमान क्षण में ध्यानपूर्वक सचेत रहें, क्रोध का अवलोकन करें लेकिन उसमें भाग न लें (यहां तक कि मनोचिकित्सक भी रोगियों को क्रोध में मदद करने के लिए सचेतन अवस्था, होशपूर्ण होने का उपयोग करते हैं।)

दूसरों की दयालुता के प्रति सचेत रहें, और उनकी निर्दयता को अनदेखा करें।

सभी प्राणियों के लिए दया और करूणा का भाव रखें, अपने शत्रुओं को पहले अपने ध्यान में रखें।

ज्ञान का उपयोग करें (धैर्य, ज्ञान का एक रूप है) :क्रोध का धध्यानपूर्वक विश्लेषण करें, इसके कारण और प्रभाव को समझें, धैर्य के साथ समस्याओं को सामना करें- समय के साथ, क्रोध फीका पड़ता जाता है।

प्रतिस्थापन विधिः नकारातमक के लिए कुछ सकारात्मकता विकल्प का चयन करें। दूसरे शब्दों में, यदि किसी व्यक्ति के कार्य से आप को गुस्सा आता है, तो उस व्यक्ति में सकारात्मकता पाने के लिए उसका विश्लेषण करें, जिस पर आप ध्यान केंद्रित कर सकते हैं।

प्रश्न-17: ''ऐसा कहा जाता है कि सरकारी अफसर घूस इसलिए लेते हैं क्योंकि लोग उनको घूस देते हैं। यदि लोग घूस देना बंद कर दें, तो घूस की समस्या समाप्त हो जायेगी।'' इस कथन के बारे में आपका क्या विचार है? आलाचनात्मक परीक्षण कीजिये। (200 शब्द) 12 अंक

उत्तर: ऐसा कहा जाता है कि सरकारी अधिकारी रिश्वत लेते हैं क्योंकि लोग उन्हें रिश्वत देते हैं। अगर लोग रिश्वत देना बंद कर देंगे तो रिश्वत की समस्या समाप्त हो जाएगी। उपरोक्त कथन पूरी तरह से सही नहीं है। इसे दूसरे तरीके से कहा जा सकता है कि यदि वे रिश्वत लेना बंद कर देते हैं, तो रिश्वत की समस्या बंद हो जाएगी। सरकारी अधिकारियों का कर्तव्य और जिम्मेदारी है कि वे रिश्वत न लें। साथ ही रिश्वत देना और लेना अपराध है। रिश्वत लेने वाला और देने वाला दोनों ही अपराधी हैं। चूंकि दोनों समान रूप से उत्तरदायी हैं, इसलिए यह स्पष्ट है कि रिश्वत की प्रणाली को रोकने की जिम्मेदारी दोनों पक्षों पर है।

सवाल यह है कि, क्या लोग रिश्वत देना बंद कर देंगे? इसका जवाब है-नहीं, क्योंकि लोगों को सरकारी सेवा की जरूरत है। कुछ ऐसा हो सकता है जो उनके लिए जरूरी और आवश्यक हो। इसलिए वे आसानी से अपना काम करवाने के लिए रिश्वत देने के विचार के आगे झुक जाएँ।

सरकार से अपेक्षा की जाती है कि वह कुछ मामलों में सेवाओं को निःशुल्क या मामूली लागत पर उपलब्ध कराये। इसलिए, समयबद्ध तरीके से लोगों के कल्याण की दिशा में काम करना सरकारी अधिकारियों का कर्तव्य और जिम्मेदारी है।

प्रश्न-18: लोक सेवकों के लिए आवश्क बुनियादी मूल्यों को संक्षेप में प्रस्तुत कीजिए। (200 शब्द) 12 अंक

उत्तर: सिविल सेवाओं के मूलभूत मूल्य

द्वितीय एआरसी रिपोर्ट के अनुसार सिविल सेवाओं के मूलभूत मूल्यों में शामिल हैं:

सत्यनिष्ठा

निष्पक्षता

जन सेवा के प्रति समर्पण

समानुभूति

निष्पक्षता और पक्षपात रहित

कमजोर वर्ग के प्रति करूणा और सहिष्णुता

इन मूल्यों का आशय है, सही कार्य करना। सिविल सेवकों को सामाजिकम रूप से सचेत रहने की और व्यक्तिगत और पेशेवर रूप दोनों जिम्मेदारी को अपनाने की आवश्यकता होती है। इसके मूल्य हमें अपने सभी व्यवहारों में ईमानदार होने के लिए प्रोत्साहित करते हैं और सत्य और न्याय के लिए एक आजीवन खोज के लिए प्रतिबद्ध करते हैं।

एक सिविल सेवक में सत्यनिष्ठा के लिए ईमानदारी, समानुभूति, सहानुभूति, करूणा, निष्पक्षता, आत्म-नियंत्रण और कर्तव्य के मूल्यों को शामिल करने की आवश्यकता होती है ताकि एक सिविल सेवक सभी परिस्थितियों में उच्च्च व्यक्तिगत और पेशेवर मानकों को बनाए रखने में सक्षम हो। ईमानदारी के लिए सत्यता, कपट और धोखाधड़ी आचरण से मुक्ति, निष्पक्ष और सीधा व्यवहार की आवश्यकता होती है। सहानुभूति एक व्यक्ति का दूसरों की अच्छाई से प्रभावित होने और उनके कल्याण के लिए चिंतित होने, यह उनके दुख की कल्पना करने और दूसरों के अनुभव को ग्रहण करने के लिए, विशेष रूप से ऐसे लोग जिन्हें सहायता की आवश्यकता हो, में सक्षम बनाती है। यह आध्यात्मिकता का एक रूप है, जो जीवन जीने का एक तरीका है, यही जीवन का मार्ग है।

'सिविल सर्विस कंडक्ट रूल्स' में सिविल सेवकों के लिए ईमानदारी, निष्पक्षता और पक्षपात रहित होने की सिफारिश की गई है, इसके आलवा, प्रत्येक सिविल सेवक को अपने अधीनस्थ सभी सरकारी सेवकों की सत्यनिष्ठा सुनिश्चित करने के लिए सभी संभव कदम उठाना चाहिए।

दायित्व के उल्लंघन को ईमानदारी की कमी करार दिया जाता है और शीर्ष अदालत का निर्णय है कि ऐसे मामले में सिविल सेवक को सेवा से हटा दिया जाना चाहिए।

प्रश्न-19: सामाजिक प्रभाव और अनुनय ने भारत में कोरोना वायरस के प्रसार को नियंत्रित करने में योगदान दिया है। विवेचना कीजिए। **(200 शब्द) 12 अंक**

उत्तरः सामाजिक प्रभाव और अनुनय ने भारत में कोरोना वायरस के प्रसार को नियंत्रित करने में योगदान दिया है।

दिसंबर 2019 में, वुहान, चीन में केंद्रित मानवों में तीव्र श्वसन सिंड्रोम की एक महामारी फैलाने वाले एक नया कारोना वायरस का प्रादुर्भाव हुआ। तीन महीने के भीतर, वायरस 118,000 से अधिक मामलों में फैल गया और 114 देशों में 4,291 मौतें हुई, जिससे विश्व स्वास्थ्य संगठन ने वैश्विक महामारी घोषित की।

के लिए दवा मध्वर्तन विकसित करने के प्रयास चल रहे थे, सामाजिक और व्यवहार विज्ञान महामारी और इसके प्रभावों के प्रबंधन के लिए बहुमूल्य अंतर्दृष्टि प्रदान करते हैं।

प्रधानमंत्री मोदी ने लॉक डाउन लागू होने से पहले ही भारत के लोगों को सामाजिक दूरी बनाए रखने का आह्वान किया। भारत के लोगों ने प्रारंभिक चरण में प्रतिक्रिया दी जिसके परिणामस्वरूप वायरस के प्रसार में रूकावट आई।

महामारी के दौरान केंद्रीय भावनात्मक प्रतिक्रियाओं में से एक है-डर। अन्य जीवों की तरह मनुष्य में भी पारिस्थितिक खतरों का मुकाबला करने के लिए रक्षात्मक प्रणालियों का एक सेट होता है। मीडिया में सकारात्मक संदेश के प्रसार ने लोगों को महामारी से लड़ने की ताकत दी।

भारत में शहरी केंद्रों से बड़े पैमाने पर श्रमिक वर्ग का विस्थापन हुआ। स्थिति नियंत्रण से बाहर हो सकती थी यदि नेताओं ने अपील न की होती और लोगों को संयम दिखाने के लिए राजी किया क्योंकि उन्हें सहायता व मदद प्रदान किया गया था।

प्रश्न-20: आप एक लोक सेवक हैं, जो ऐसे प्रदेश में तैनात हैं जहाँ अभी-अभी चुनाव सम्पन्न हुए हैं। नवनिर्वाचित मुख्यमंत्री के चुनाव घोषणा-पत्र में शराब-बंदी प्रमुख वादा था। इस वादे को पूरा करने के लिए मुख्यमंत्री ने प्रदेश में शराब की खरीद एवं बिक्री पर पूर्णतः प्रतिबंध लगा दिया। क्या सरकार को इस मामले में दखल देना चाहिए जो ज्यादातर के द्वारा व्यक्तिगत पसंद/इच्छा का मामला माना जाता हो? तर्कसंगत रूप से समीक्षा कीजिए। **(200 शब्द) 12 अंक**

उत्तरः यहां पूछा जा रहा सवाल यह है कि क्या शराब की बिक्री पर प्रतिबंध एक नैतिक कार्रवाई है जो इस तथ्य को देखते हुए है कि एक व्यक्ति अपने निजी जीवन के साथ जो करता है वह उसका निजी सरोकार है। लोकतंत्र में सरकार को लोगों के व्यक्तिगत मामलों में हस्तक्षेप करने का कोई अधिकार नहीं है। हालाँकि, यह तर्क अमान्य है जब हम इस मुद्दे की बारीकी से जांच करना शुरू करते हैं।

सरकार राज्य चलाने और लोगों के हित में प्रशासन करने के लिए आदेशित है। दूसरे शब्दों में, सरकार लोगों के लिए है और इसका काम लोगों का कल्याण सुनिश्चित करना है। हालाँकि, कल्याण का तथ्य बहस का विषय हो सकता है, कोई यह तर्क दे सकता है कि लोगों के स्वास्थ्य को खतरे में डालने वाली कोई भी चीज हानिकारक होती है। सरकार को लोगों के स्वास्थ्य के लिए जोखिम को खत्म करने का प्रयास करना चाहिए, भले ही वह लोगों की निजी पसंद की चिंता करता हो।

उदाहरण के लिए, सरकार को मिलावटी खाद्य पदार्थ और दवा पर प्रतिबंध लगाने और अपराधियों को दंडित करने के लिए जाना जाता है क्योंकि ये चीजें लोगों को नुकसान पहुंचाती हैं।

इसलिए, सरकार शराब पर प्रतिबंध लगाकर नैतिक और गांधीवादी सिद्धांतों के अनुसार काम कर रही है। लेकिन फिर सवाल उठता है कि अगर शराब एक राज्य का विषय है और व्यक्तिगत राज्य सरकारें शराब पर प्रतिबंध लगाने के लिए स्वतंत्र हैं। हालांकि, यह अधिकांश सरकारों के लिए राजस्व का एक आकर्षक स्रोत है, इसलिए उनमें से अधिकांश इसे प्रतिबंधित करने में संकोच करते हैं।

सामान्य अध्ययन मुख्य परीक्षा - 2021
हल प्रश्न-पत्र 1

कुल अंक : 200 **समयावधि : 3 घण्टे**

लघुउत्तरीय प्रश्न खण्ड-अ/Section-A

प्रश्न-1: बौद्धिक साहित्य में वर्णित भारत की भौगोलिक विशेषताओं का वर्णन कीजिए। (125 शब्द) 8 अंक

उत्तर: बौद्धिक साहित्य में, विभिन्न भौगोलिक प्रेक्षण किए गए, हैं। आर्यों ने सप्त सैंधव शब्द का इस्तेमाल उस क्षेत्र के रूप में किया जहाँ वे बस गए थे।

ऋग्वैदिक काल का सप्त सैंधव देश पूर्व में हिमालय और तिब्बत, उत्तर में तुर्कमेनिस्तान, पश्चिम में अफगानिस्तान और दक्षिण में अरावली से घिरा हुआ था। इन दिनों गंगा और विंध्य पर्वत के बाधाओं को पार करना आसान नहीं था। जिन पहाड़ियों का उल्लेख किया गया है उनमें अर्जिका, मुजावंत, ससलाबंत (सुलेमान श्रृंखला), आदि सभी हिमालय की पर्वत श्रेणियां थीं।

ऋग्वेद के नदी-सूक्त में 21 नदियों का उल्लेख है, जिनमें पूर्व में गंगा और पश्चिम में कुभा (काबुल) शामिल हैं। सिंधु नदी के संबंध में समुद्र का उल्लेख मिलता है और सरस्वती नदी समुद्र में गिरती थी

प्रश्न-2: भारतीय स्वतंत्रता संघर्ष में उत्तर प्रदेश के क्रांतिकारियों के योगदानों का मूल्यांकन कीजिए।

(125 शब्द) 8 अंक

उत्तर: भारतीय स्वतंत्रता संघर्ष में उत्तर प्रदेश के क्राँतिकारियों का योगदान महत्वपूर्ण रहा है। हिंदुस्तान रिपब्लिक एसोसिएशन (HRA) की स्थापना अक्टूबर 1924 में कानपुर उत्तर प्रदेश में राम प्रसाद बिस्मिल, चंद्रशेखर आजाद और सचिन्द्र नाथ सान्याल जैसे क्रांतिकारियों ने की थी। इसका उद्देश्य औपनिवेशिक शासन को समाप्त करने और भारत के संयुक्त राज्य को संघीय गणराज्य की स्थापना के लिए, एक सशस्त्र क्रांति का आयोजन करना था। राम प्रसाद बिस्मिल एक भारतीय क्रांतिकारी थे, जिन्होंने 1918 की मैनपुरी षडयंत्र और 1925 की काकोरी षडयंत्र में भाग लिया था। राम प्रसाद बिस्मिल, चंद्रशेखर आजाद और हजारों अन्य क्रांतिकारियों ने अपने नेक और साहसिक बलिदानों के परिणामस्वरूप लोगों के बीच अत्यधिक प्रतिष्ठा हासिल की। हालाँकि कुछ लोग राष्ट्रीय स्वतन्त्रता प्राप्त करने के उनके तरीकों की आलोचना कर सकते हैं, लेकिन कोई भी उनके लक्ष्यों पर सवाल नहीं उठा सकता है या आलोचना नहीं कर सकता है।

प्रश्न-3: ''औद्योगिक क्रांति न केवल एक तकनीकी क्रांति अपितु सामाजिक आर्थिक क्रांति भी थी जिसने लोगों के जीने का ढंग परिवर्तित कर दिया।'' टिप्पणी करें। (125 शब्द) 8 अंक

उत्तर: औद्योगिक क्रांति, जो 18वीं से 19वीं शताब्दी तक हुई, एक ऐसी अवधि थी जिसके दौरान यूरोप और अमेरिका में मुख्य रूप से कृषि प्रधान, ग्रामीण समाज औद्योगिक और शहरी बन गए।

औद्योगिक क्रांति के दौरान, तकनीकी नवाचार की प्रक्रियाओं में तेजी ने नये उपकरणों और मशीनों की एक श्रृंखला को जन्म दिया। 19वीं शताब्दी के दौरान भाप इंजन और रेलवे औद्योगिक क्रांति की महत्वपूर्ण विशेषताएं बन गए।

औद्योगिक क्रांति के दौरान बहुत-से सामाजिक-आर्थिक परिवर्तन हुए। इसने पूरी दुनिया में लोगों के चरित्र और संस्कृति को परिवर्तित कर दिया। बैंकिंग और वित्त प्रणाली का विकास, महिलाओं की स्थिति, मध्यम वर्ग का उदय, शहरीकरण और संसाधनों का उपभोग सभी औद्योगिक क्रांति के परिणाम हैं।

औद्योगिक क्रांति एक क्रांतिकारी अनुभव था। इसमे भौतिक सम्पदा, विस्तारित जीवन में भी वृद्धि की और सामाजिक परिवर्तन के लिए एक प्रबल शक्ति थी।

प्रश्न-4: भारतीय सांस्कृतिक विरासत के वैज्ञानिक पहलुओं की विवेचना कीजिए। (125 शब्द) 8 अंक

उत्तर: विज्ञान और प्रौद्योगिकी भारतीय संस्कृति और परंपरा का अभिन्न अंग रहा है। संहिता और अथर्ववेद, चिकित्सा और गणित पर महत्वपूर्ण ग्रंथों के भंडार हैं।

प्राचीन भारत शून्य के उपयोग, ग्रहों की शुद्ध गणना, परमाणु अवधारणा, जटिल शल्य चिकित्सा से संबन्धित शुश्रुत संहिता और चरक में स्पष्ट रूप से बीमारियों, उनके कारणों व उपचार के तरीकों का वर्णन करने वाले समृद्ध वैज्ञानिक योगदान के लिए प्रसिद्ध था।

गणित, खगोल विज्ञान, ज्यामिति, बीजगणित और संख्याओं के मूल तत्व हजारों साल पहले भारतीय जीवन का एक आंतरिक हिस्सा थे। इन क्षेत्रों में सबसे बुनियादी खोजों में से कुछ औषधि, शल्य चिकित्सा, धातु विज्ञान और जहाज निर्माण के क्षेत्र में किए गए थे।

विज्ञान और प्रौद्योगिकी में इतनी विविध और विशिष्ट पृष्ठभूमि के साथ, भारत ने अतीत में बहुत ही प्रतिष्ठा प्राप्त की।

प्रश्न-5: क्या आप सहमत हैं कि शहरीकरण और मलिन बस्तियां अपृथककरणीय अविभाज्य हैं? व्याख्या कीजिए। (125 शब्द) 8 अंक

उत्तर: पिछले दशक में दुनिया भर में लाखों झुग्गी-झोपडियों में रहने वालों के लिए उल्लेखनीय सुधार के बावजूद, शहरी गंदगी में रहने वाले लोगों की संख्या अभी भी बढ़ रही है और इसे वैश्विक क्रियान्वयन के माध्यम से हल किया जाना चाहिए।

तेजी से शहरीकरण के साथ मलिन बस्तियों का निर्माण अपरिहार्य नहीं है। साक्ष्यों से पता चलता है कि तीन शहरी विकास का सामना कर रहे नगर प्राधिकरण में आर्थिक और सामाजिक आवश्यकताओं को पूरा करने के लिए ढांचागत प्रावधान की विविध मांगों का सामना करने की क्षमता का अभाव है। तेजी से शहरीकरण के प्रबंधन के लिए न केवल रणनीतिक योजना और हस्तक्षेप प्रमुख मुद्दे हैं, बल्कि नगर प्रशासन शहरी विकास के लिए आर्थिक विकास प्रक्षेपवक्र को प्रभावी ढंग से नहीं जोड़ रही हैं और इसलिए, आवास निर्माण की जरूरत है।

सरकारों को पहले आर्थिक विकास, शहरी विकास और आवास निर्माण के बीच महत्वपूर्ण कड़ी को स्थापित करने के लिए पहचानना और फिर कार्य करना होगा।

प्रश्न-6: परीक्षण करें कि क्षेत्रवाद राष्ट्रीय एकीकरण को कैसे प्रभावित करता है? (125 शब्द) 8 अंक

उत्तर: राष्ट्रीय एकता भारतीय समाज के विभिन्न वर्गों के बीच संरचनात्मक, सांस्कृतिक और वैचारिक एकरूपता और सद्भाव पर निर्भर है। क्षेत्रवाद का अर्थ है लोगों की उस स्थानीय क्षेत्र के प्रति प्रबल भावना जिसमें वे रहते हैं।

- क्षेत्रवाद एक विशेष क्षेत्रीय पहचान पर अतिरिक्त जोर देता है, जो राष्ट्रीय एकता के रास्ते में बाधा उत्पन्न कर सकता है।
- क्षेत्रीयतावादी प्रवृत्तियां अक्सर इसके अधिप्लावन प्रभाव के रूप में अंतर्राज्यीय शत्रुता को भड़काती हैं।
- क्षेत्रीय आंदोलनों के परिणामस्वरूप अकसर हिंसक आंदोलन होंते हैं, जो न केवल कानून और व्यवस्था की स्थिति को बिगाड़ते हैं, बल्कि राज्य को साथ-साथ राष्ट्र की अर्थव्यवस्था पर भी नकारात्मक प्रभाव डालते हैं।
- आंतरिक सुरक्षा के लिए खतरा पैदा करने के लिए क्षेत्रवाद आतंकवाद, उग्रवाद के लिए ढाल बन सकता है। कश्मीर में आतंकवाद, इस प्रकार के क्षेत्रवाद का एक उदाहरण है।

इस प्रकार, विविधतापूर्ण आबादी की विभिन्न आकांक्षाओं का सामंजस्य आवश्यक है।

प्रश्न-7: उत्तर प्रदेश के मुख्य उद्योगों और प्रमुख औद्योगिक केंद्रों का वर्णन करें। (125 शब्द) 8 अंक

उत्तर: 1991 के आर्थिक उदारीकरण के बाद उत्तर प्रदेश में औद्योगिकरण का तेजी से विकास हुआ है। उत्तर प्रदेश के उद्योग कृषि, वन और खनिजों पर आधारित हैं। हथकरघा उद्योग राज्य के सबसे बडे उद्योगों में से एक है।

राज्य में कई उद्योग विकसित हुए हैं; जैसे मिर्जापुर में सीमेंट संयंत्र, बांदा और सोनभद्र क्षेत्रों में बॉक्साइड आधारित एल्यूमीनियम संयंत्र, राज्य के कई क्षेत्रों में गन्ना और हथकरघा उद्योग।

उत्तर प्रदेश में मेरठ में खेल के सामान, मुरादाबाद में पीतल के बर्तन, कन्नौज में इत्र, कानपुर में चमड़ा, आगरा में जूते, वाराणसी में कढ़ाई वाली साड़ियाँ, भदोही में कालीन, लखनऊ में चिकन का काम आदि जैसे कई स्थानीय रूप से विशिष्ट व्यावसायिक समूह हैं।

इस प्रकार उत्तर प्रदेश में कई उद्योग हैं जो देश के विकास में योगदान दे रहे है।

प्रश्न-8: उत्तर प्रदेश के वन्यजीव-पारिस्थितिकी पर्यटन सर्किट की प्रमुख विशेषताओं का वर्णन करें।

(125 शब्द) 8 अंक

उत्तर: उत्तर प्रदेश में पर्यटन उद्योग का राज्य के आर्थिक विकास में महत्वपूर्ण योगदान है। उत्तर प्रदेश में ईकोट्यूरिज्म (Ecotourism) स्पॉट.को 9 सर्किट में बांटा गया है।

पूर्वी वन्यजीव सर्किट में सुहेलवा वन्यजीव अभयारण्य, काशी वन्यजीव प्रभाग और पार्वती अरगा पक्षी अभयारण्य के भ्रमण शामिल हैं, जबकि पश्चिमी सर्किट में अमनगढ़ (बिजनौर), शिवालिक (सहारनपुर) और हस्तिनापुर वन्यजीव अभयारण्य शामिल हैं, जो पर्यटकों को पहाड़ियों में यात्रा करने, जंगल सफारी करने की अनुमति देते हैं। बाघ, हाथी, सुस्त भालू और जंगली सूअर के साथ-साथ पक्षियों की लगभग 300 प्रजातियों को देखते हुए सवारी, और प्रकृति की सैर की जा सकती है। तराई टाइगर सर्किट में चुका टाइगर रिजर्व (पीलीभीत), किशनपुर वन्यजीव अभयारण्य, दुध वा राष्ट्रीय उद्यान और कतर्नियाघाट वन्यजीव अभयारण्य शामिल हैं। विंध्य पर्वत सर्किट कैमूर वन्यजीव अभयारण्य में जीवाश्म पार्क, प्राचीन गुफा चित्रों आदि के भ्रमण को कवर करता है।

प्रश्न-9: जल संकट क्या है? जल संसाधन प्रबंधन के लिए उपयुक्त उपाय सुझाएं। (125 शब्द) 8 अंक

उत्तर: जल संकट मानक जल की जरूरत को पूरा करने के लिए ताजे जल के संसाधनों की कमी है। पानी की कमी के दो प्रकार परिभाषित किए गए हैं: भौतिक या आर्थिक जल का अभाव। भौतिक जल की कमी वह है, जहाँ सभी मांगों को पूरा करने के लिए पर्याप्त पानी नहीं है। दूसरी ओर, नदियों, जलभूतों या अन्य जल स्रोतों से पानी प्राप्त करने के लिए बुनियादी ढांचे या प्रौद्योगिकी में निवेश की कमी के कारण आर्थिक जल की कमी होती है।

जल संसाधन प्रबंधन के उपाय :

- जल संरक्षण और वर्षा जल संचयन
- पारंपरिक और अन्य जल निकायों का नवीनीकरण
- जल संभर (वाटरशेड) विकास
- गहन वनरोपण
- प्रखंड एवं जिला जल संरक्षण योजनाएं
- सिंचाई के लिए कुशल जल उपयोग को बढ़ावा देना

जहाँ भी संभव हो, जल संरक्षण, स्रोत स्थिरता, भंडारण और पुन; उपयोग पर मुख्य ध्यान देने के साथ विकेन्द्रीकृत दृष्टिकोण को अपनाना होगा। जल प्रशासन में एक सहभागी आवश्यकता है।

प्रश्न-10: गंगा के मैदान में ग्रामीण अधिवासों के प्रतिरूपों की विवेचना कीजिए । (125 शब्द) 8 अंक

उत्तर: विशेष रूप से उत्तरी मैदानों में, भारत में कुछ सौ घरों का सघन या समूहबद्ध गाँव एक सार्वभौमिक विशेषता है। गंगा के ऊपरी मैदान में लगभग 55 प्रतिशत आबादी मध्यम आकार के गांवों में रहती है। रोहिलखंड तराई क्षेत्रों में, वनों, दलदली भूमि और मौसमी बाढ़ के उच्च प्रतिशत के कारण बस्तियों का असमान रूप से वितरण है। यहाँ के गाँव ज्यादातर नदी के किनारे और नदी के तटबंधों पर स्थित हैं।

मध्य गंगा को मैदान में, ग्रामीण बस्तियों का वितरण और पैटर्न काफी हद तक जलोढ आकारिकी से प्रभावित है। पूर्वी उत्तर प्रदेश और पश्चिम बिहार के क्षेत्र छोटे आकार के लेकिन निकट दूरी वाले गांवों द्वारा चिह्नित हैं। गंगा-घाघरा दोआब में छोटे-छोटे पूरवों की बस्तियां पायी जाती हैं। निचले गंगा के मैदानों में, राहर के मैदान, दुआर और सुंदरबन में बिखरे हुए गाँव बहुत सामान्य हैं।

दीर्घउत्तरीय प्रश्न खण्ड-ब/Section-B

प्रश्न-11: गुप्त काल में विज्ञान और प्रौद्योगिकी के विकास पर प्रकाश डालिए। (200 शब्द) 12 अंक

उत्तर: गुप्त काल में, विज्ञान और प्रौद्योगिकी की विभिन्न शाखाओं में उल्लेखनीय प्रगति देखी गई। गणित, खगोल विज्ञान, रसायन विज्ञान, भौतिकी, आयुर्वेद, शल्य चिकित्सा आदि ने प्रमुख रूप से प्रगति की।

- आर्यभट्ट गुप्त काल के महान गणितज्ञ थे। उन्होंने 23 साल की उम्र में आर्यभट्टीय और बाद में आर्य-सिद्धांत की रचना की। उन्होंने पाई (π) के सन्निकट मान 3.1416 को प्राप्त किया। उन्होंने सौर मंडल की गतियों पर भी काम किया और सौर वर्ष की अवधि 365.8586805 दिनों की गणना की। आर्यभट्ट ने ज्यामिति के विभिन्न सिद्धांतों, त्रिभुज का क्षेत्रफल, वृत्त का क्षेत्रफल और आयतों से संबंधित प्रमेय की व्याख्या की।
- भास्कर प्रथम ने महाभास्करीय और आर्यभट्ट के दशगीतिका सूत्रों और आर्यभटीयभाष्य पर टीकाएँ, लिखीं।
- वाराहमिहिर उज्जैन में रहते थे और चन्द्रगुप्त द्वितीय के दरबार के नवरत्नों में से एक थे। उन्होंने पंचसिद्धान्तिका (ज्योतिष के सत्र में), भाष्कराचार्य ने खगोल विज्ञान के क्षेत्र में पांच ग्रंथ लिखे।
- ब्रह्मगुप्त ने ब्राह्मस्फुटसिद्धांत, खंड खाद्यक आदि लिखा और गुरुत्वाकर्षण के सिद्धांत को भी प्रतिपादित किया। उन्होंने खगोलीय समस्याओं के लिए बीजगणित अनुप्रयोग शुरू किया।
- कणाद ऋषि ने गुप्त काल में वैशेषिक दर्शन और परमाणु सिद्धांत को प्रतिपादित किया। नागार्जुन रसायन विज्ञान और धातु विज्ञान के विद्वान थे। उत्कर्ष कहा जा सकता है। मेहरौली का लौह स्तम्भ का अद्भुत/उत्कृष्ट नमूना है, जो आज भी जंग रहित है।

गुप्त काल को भारत में विज्ञान के स्वर्ण युग का उत्कर्ष कहा जा सकता है।

प्रश्न-12: 19 वीं सदी के भारतीय पुनरुद्धार आंदोलन ने भारत के विकास में किस प्रकार सहयोग दिया? वर्णन कीजिए। (200 शब्द) 12 अंक

उत्तर: आधुनिकता की शुरुआत सामाजिक और धार्मिक सुधारों के प्रारम्भ से हुई थी,-जिसे लोकप्रिय रूप से यूरोपीय अनुभव के बाद पुनर्जागरण कहा जाता है। इसकी शुरुआत बंगाल में राजा राममोहन राय के नारी जीवन की स्थितियों को सुधारने और धार्मिक प्रथाओं में सुधार के प्रयासों से हुई है।

- समाज के रूढ़िवादी वर्गों के विरोध के बावजूद, इन आंदोलनों ने लोगों को पुजारियों के शोषण से मुक्त कराने में योगदान दिया।

- आंदोलन ने आगामी मध्यवर्गीय संस्कृति को मजबूती दी और ब्रिटिश शक्तियों द्वारा सदा किए गए अपमान की भावना को कम किया।
- सती प्रथा का उन्मूलन और विधवा-विवाह का वैधीकरण उन्नीसवीं सदी के दौरान हासिल किया गया, जिसने भारत में महिलाओं को सशक्त बनाया।
- आधुनिक युग की आवश्यकता को महसूस करते हुए आधुनिक, तर्कसंगत, धर्मनिरपेक्ष और वैज्ञानिक दृष्टिकोण को बढ़ावा दिया गया। भारत के सांस्कृतिक और बौद्धिक अलगाव को दुनिया से खत्म करने के लिए एक अनुकूल सामाजिक माहौल का निर्माण हुआ।
- बुद्धिजीवियों के विचार और गतिविधियाँ प्रत्यक्ष या अप्रत्यक्ष रूप से राष्ट्र-निर्माण और राष्ट्रीय पुनर्निर्माण के कार्य से संबंधित थीं। समाज सुधार आंदोलन एक अलग घटना नहीं थी; यह व्यापक राष्ट्रीय राजनीतिक और आर्थिक विचारों से संबद्ध था। एक प्रकार से समाज सुधार आन्दोलन राष्ट्रवाद की शुरूआत थी।

प्रश्न-13: बाल्कन क्षेत्र से आप क्या समझते हैं? प्रथम विश्व युद्ध में इसकी क्या भूमिका थी?

(200 शब्द) 12 अंक

उत्तर: बाल्कन क्षेत्र में रोमानिया, बुल्गारिया, ग्रीस, अल्बानिया, मैसेडोनिया, क्रोएशिया, बोस्निया-हजेगोविना, स्लोबेनियां, सर्बिया और मोर्टेनेग्रों जैसे आधुनिक देश शामिल हैं। बाल्कन युद्धों में 1912 और 1973 में बाल्कन राज्यों में हुए दो संघर्ष शामिल थे। चार बाल्कन राज्यों ने प्रथम बाल्कन युद्ध में ओटोमन साम्राज्य को हराया। दूसरे बाल्कन युद्ध में, बुल्गारिया ने पहले युद्ध के सभी चार मूल विरोधियों के खिलाफ लड़ाई लड़ी। इसे उत्तर से रोमानिया के हमले का भी सामना करना पड़ा। तुर्क साम्राज्य ने यूरोप में अपने अधिकांश क्षेत्र को खो दिया। हालांकि एक प्रतिद्वंदी के रूप में शामिल नहीं. होने के बावजूद, ऑस्ट्रिया-हंगरी अपेक्षाकृत कमजोर हो गया क्योंकि सर्बिया ने दक्षिण स्लाव लोगों के गुट के लिए बहुत बड़ा बल प्रदान किया।

अधिकांश बाल्कन भाग तुर्क साम्राज्य के नियंत्रण में थे। बाल्कन में, स्लाव राष्ट्रीयता अपनी पहचान की तलाश में थी और स्वतंत्रता ने स्थिति को और खराब कर दिया। बाल्कन राज्य किसी भी तरह से अधिक क्षेत्रों पर कब्जा करना चाहते थे; इसने बाल्कन को एक बड़ी प्रतिद्वंद्वी शक्ति बना दिया। इस समय के दौरान, यूरोपीय शक्तियों ने व्यापार, - उपनिवेश, नौसेना और स्लेना के प्रति संघर्ष किया। यूरोपीय शक्तियों का विरोध हुआ क्योंकि इंग्लैंड, रूस, जर्मनी और ऑस्ट्रो-हंगरी जैसे अन्य देश बाल्कन पर कब्जा करना चाहते थे। ये सभी एक ऐसे उदाहरण थे जिन्होंने प्रथम विश्व युद्ध के लिए बाल्कन मुद्दों को प्रमुख कारक के रूप में जिम्मेदार बनाया।

प्रश्न-14: समावेशी विकास के लिए महिलाओं का सामाजिक सशक्तिकरण क्यों आवश्यक है? विस्तारपूर्वक वर्णन कीजिये।

(200 शब्द) 12 अंक

उत्तर: पिछले कुछ दशकों में, हम भारत के विकास मॉडल को एक कार्य प्रगति के रूप में देख सकते हैं। धीरे-धीरे हमने समावेशी विकास के कुछ मानकों में सुधार किया है। हालाँकि, गहरी जड़ें वाली प्रणालीगद चुनौतियाँ अमसुलझी हैं। समावेशी और समान विकास अभी भी हमसे दूर है। महिला सशक्तिकरण अभी भी एक चुनौतीपूर्ण मुद्दा है और समावेशी विकास के लिए आवश्यक है।

महिलाएं निस्संदेह समाज की मूल इकाई- परिवार की नींव हैं। पारंपरिक भूमिकाओं में भी, वे कड़ी मेहनत और प्रतिबद्धता के अलावा अपार नवीनता, कौशल और बुद्धिमत्ता का प्रदर्शन करती हैं। इन विशेषताओं का उपयोग करते हुए, भारत समावेशी और समान विकास के एक अच्छे चक्र को प्रभावी ढंग से शुरू कर सकता है।

जब हम एक महिला को शिक्षित और सशक्त बनाते हैं, तो हम एक श्रृंखला अभिक्रिया शुरू करते हैं, जो उसके परिवार और उस समुदाय के जीवन को बदल देती है जिसमें वह रहती है। एक अनुकरणीय मॉडल राष्ट्रीय ग्रामीण स्वास्थ्य-मिशन के तहत बनाएं गए आशा कार्यकर्ताओं का नेटवर्क है। प्रशिक्षित महिला सामुदायिक स्वास्थ्य कार्यकर्ताओं के रूप में, जो ग्रामीणों के साथ जुड़ती है, उन्होंने पूरे भारत में महिलाओं और बच्चों के स्वास्थ्य को बेहतर बनाने में महत्वपूर्ण भूमिका निभाई हैं।

समावेशी विकास के लक्ष्य में महिलाओं का स्वास्थ्य, शिक्षा और सशक्तिकरण शामिल होना चाहिए, जो भारतीय आबादी का लगभग 50 प्रतिशत हैं। महिलाओं के विकास की उपेक्षा कर हम देश के भविष्य से समझौता करेंगे।

प्रश्न-15: वैश्वीकरण को परिभाषित कीजिए। भारत में ग्रामीण सामाजिक संरचना पर इसके प्रभावों का मूल्यांकन कीजिए। **(200 शब्द) 12 अंक**

उत्तर: वैश्वीकरण विभिन्न देशों के लोगों, कंपनियों और सरकारों के बीच अंत:क्रिया और एकीकरण की एक प्रक्रिया है, जो अंतर्राष्ट्रीय व्यापार और निवेश द्वार संचालित और सूचना प्रौद्योगिकी द्वारा सहायता प्राप्त प्रक्रिया है।

भारत में ग्रामीण सामाजिक संरचना पर वैश्वीकरण के प्रभाव:

- प्राचीन काल से, संयुक्त परिवार व्यवस्था सामान्य रूप से भारतीय सामाजिक व्यवस्था और विशेष रूप से आदिवासी सामाजिक संरचना की प्रमुख विशेषताओं में से एक रही है। हाल ही में पूरे भारत में संयुक्त परिवार पैटर्न में गिरावट की प्रवृत्ति दिखाई दे रही है।
- वैश्वीकरण ने बड़े पैमाने पर प्रवासन और शहरीकरण को जन्म दिया है क्योंकि जीवन की उच्च लागत के कारण संयुक्त परिवार प्रणाली को बनाए रखना मुश्किल हो जाता है।
- रोजगार की तलाश में ग्रामीण क्षेत्रों से शहरों में श्रमिकों का पलायन एक सामान्य घटना है।
- वैश्वीकरण ने संस्कृतियों को आपस में मिला दिया है। यद्यपि इसने मनुष्यों की संकीर्ण मानसिकता को कम किया है, इसने सांस्कृतिक गिरावट को भी जन्म दिया है।
- आदिवासियों को समाज में जबरदस्ती एकीकृत किया जा रहा है, जिससे वे अपनी अनूठी सांस्कृतिक विशेषताओं को खो रहे हैं और उनके आवास को खतरा है।
- ग्रामीण क्षेत्रों में जाति के प्रति जागरूक नए आर्थिक अवसरों के कारण पिछले कुछ वर्षों में गिरावट आई है।

इस प्रकार, वैश्वीकरण, जनसंचार माध्यमों और शिक्षा का प्रभाव प्रत्यक्ष या अप्रत्यक्ष रूप से वर्तमान पीढ़ी को पारंपरिक सामाजिक रूढ़िवादी मानदंडों और वर्जनाओं को छोड़ने के लिए प्रोत्साहित करता है। इस प्रकार सामाजिक स्तरीकरण प्रभावित हो रहा है।

प्रश्न-16: भारत की जनसंख्या नीति (2000) की मुख्य विशेषताओं पर प्रकाश डालें। जनसंख्या स्थिरीकरण के लिए कुछ उपाय सुझाइए। **(200 शब्द) 12 अंक**

उत्तर: राष्ट्रीय जनसंख्या नीति (एनपीपी), 2000 गर्भनिरोधक, स्वास्थ्य सेवा के- बुनियादी ढांचे और स्वास्थ्य कर्मियों की अध ूरी जरूरतों को पूरा करने और बुनियादी प्रजनन और बाल स्वास्थ्य देखभाल के लिए एकीकृत सेवा वितरण प्रदान करने के अपने तात्कालिक उद्देश्य को व्यक्त करती है।

राष्ट्रीय जनसंख्या नीति की कुछ विशेषताएं:

- 14 साल की उम्र तक स्कूली शिक्षा को मुफ्त और अनिवार्य बनाना और लड़कों और लड़कियों दोनों की स्कूल छोड़ने की दर को कम करना।

- देश में शिशु मृत्यु दर (आईएमआर) को घटाकर प्रति 1000 जीवित जन्मों पर 30 से कम करना।
- मातृ मृत्यु दर (एमएमआर) को प्रति 1 लाख जीवित जन्मों पर 100 से कम करना।
- सभी बच्चों के लिए सार्वजनिक टीकाकरण करना।
- लड़कियों के लिए विलंबित विवाह को प्रोत्साहित करना।

जनसंख्या स्थिरीकरण के कुछ उपाय:

- राज्य को एक महिला-केंद्रित दृष्टिकोण की आवश्यकता है, जिसमें वे विलम्बित विवाह और बच्चे के जन्म को प्रोत्साहित करें, महिलाओं के लिए गर्भनिरोधक को आसान बनाएं और महिलाओं की श्रम शक्ति भागीदारी को बढ़ावा दिया जाए।
- 5 दक्षिणी राज्यों में प्रजनन क्षमता में गिरावट इसलिए हासिल हुई क्योंकि दक्षिण सरकारों ने परिवारों से केवल दो बच्चे पैदा करने का आग्रह किया, उसके तुरंत बाद उनकी नसबंदी कर दी गई। उत्तरी राज्यों को इस दृष्टिकोण को अपनाने की जरूरत है।
- गर्भनिरोधक के पारंपरिक तरीकों पर अत्यधिक निर्भरता को तेजी से विश्वसनीय और आसान विकल्पों के साथ बदलने की जरूरत है। सतत विकास को बढ़ावा देने के लिए स्थिर आवश्यकता है।

प्रश्न-17: भारत में नगरीकरण की प्रकृति का परीक्षण कीजिए और तीव्र गति से बढ़ते नगरीकरण से उत्पन्न सामाजिक परिणामों की व्याख्या कीजिए। (200 शब्द) 12 अंक

उत्तर: भारत में नगरीकरण तेजी से हो रहा है, भारत की वर्तमान जनसंख्या का 34% से अधिक शहरी क्षेत्रों में रह रहा है। भारतीय शहरीकरण आर्थिक परिवर्तन के एक हिस्से और उत्पाद के रूप में दुनिया में कहीं और आगे बढ़ा है। कृषि से शहर-आधारित उद्योग और सेवाओं में व्यावसायिक बदलाव परिवर्तन-का एक हिस्सा है। साथ ही, कृषि कार्य में वृद्धि ने शहरीकरण को भी बढ़ावा दिया है। नए औद्योगिक निवेश और नए स्थान पर सेवा उद्योग का विस्तार भी एक कारक है।

वर्तमान में, भारत की जनसंख्या 31.1% के शहरीकरण स्तर के साथ 2011 में 201 मिलियन थी। विश्व शहरीकरण आकलन 2048 (World Urbanization Prospects) के अनुसार, 2050 तक, यह अनुमान है कि भारत में 416 मिलियन शहरी निवासी जुड़ जाएंगे।

शहरीकरण के सामाजिक परिणाम :

- साफ जल, सार्वजनिक परिवहन, मलजल शोधन और आवास जैसी बुनियादी सेवाओं की मांग का बढ़ना।
- शहरी गरीबी, असमानता और बेरोजगारी में वृद्धि।
- मानव तस्करी, यौन उत्पीड़न, बाल श्रम आदि जैसे प्रमुख शहरी अपराध संबंधी समस्याएं।
- नीति, योजना और नियामक कमियों के कारण मलिन बस्तियों का प्रसार।
- शहरों से भारी मात्रा में कचरा पैदा होता है, जो स्वास्थ्य के लिए, एक गंभीर समस्या है।

शहरी नियोजन और प्रभावी शासन के लिए नए दृष्टिकोण, समय की आवश्यकता है। टिकाऊ, मजबूत और समावेशी बुनियादी ढांचे के निर्माण के लिए आवश्यक कदम उठाने हैं।

प्रश्न-18: चक्रवात क्या है? शीतोष्ण कटिबंधीय चक्रवातों के उत्पत्ति के कारणों की व्याख्या कीजिए।

(200 शब्द) 12 अंक

उत्तर: चक्रवात एक प्रकार की पवन प्रणाली है जो कम वायुमंडलीय दबाव के केंद्र में भूमध्य रेखा के उत्तर में बामावर्त दिशा में और दक्षिण में दक्षिणावर्त दिशा में घूमती है। चक्रवात आमतौर पर विनाशकारी तूफान और खराब मौसम से संबन्धित होते हैं। इसके दो मुख्य प्रकार हैं: उष्णकटिबंधीय चक्रवात और अतिरिक्त उष्णकटिबंधीय चक्रवात (जिसे शीतोष्ण चक्रवात भी कहा जाता है)। उष्ण कटिबंध से परे, मध्य और उच्च अक्षांशों में अतिरिक्त उष्णकटिबंधीय चक्रवात विकसित होते हैं। उष्ण कटिबंधीय चक्रवात गरम उष्ण कटिबंधीय महासागरों के ऊपर उत्पन्न होते हैं और तीव्र होते हैं।

शीतोष्ण कटिबंधीय चक्रवातों का निर्माण:

अतिरिक्त-उष्णकटिबंधीय चक्रवात उष्णकटिबंधीय से दूर मध्य और उच्च अक्षांशों में उत्पन्न तूफान प्रणाली हैं। ध्रुवीय सम्मुख सिद्धांत के अनुसार; उष्ण कटिबंध से उष्ण-आई वायुराशियाँ ध्रुवों से शुष्क-ठंडी वायुराशियों से मिलती हैं और इस प्रकार एक ध्रुवीय सम्मुख बनता है। ठंडी हवा का द्रव्यमान सघन और भारी होता है और इस प्रकार, गर्म पवन का द्रव्यमान ऊपर की ओर अग्रेषित हो जाता है। ठंडी और गर्म हवा के द्रव्यमान की यह अंत: क्रिया अस्थिरता पैदा करती है और अंत: क्रिया के केंद्र में कम दबाव पैदा होता है। इसके परिणामस्वरूप, दबाव कम होने के कारण एक शून्य पैदा होता है। इस शून्य को पूरित करने के लिए आसपास की हवा गतिमान हो जाती है और पृथ्वी के घूर्णन के साथ मिलकर एक चक्रवात बनता है। वे भूमि और समुद्र के ऊपर उत्पन्न हो सकते हैं और एक बड़े क्षेत्र को कवर कर सकते हैं।

प्रश्न-19: उत्तर प्रदेश के मृदा अपरदन से प्रभावित क्षेत्रों का वर्णन कीजिए तथा इसके लिए उत्तरदायी कारकों की भी पहचान कीजिए। **(200 शब्द) 12 अंक**

उत्तर: मृदा अपरदन जल और वायु की ताकतों द्वारा मिट्टी के क्षरण को दर्शाता है। पेड़ों की अंधाधुंध कटाई, अत्यधिक चराई, संरक्षण उपायों को अपनाए बिना खेती आदि के माध्यम से मानवीय हस्तक्षेप के कारण यह बढ़ गया है। उत्तर प्रदेश का 5.3 प्रतिशत क्षेत्र गंभीर से अति गंभीर अपरदन की समस्याओं से प्रभावित है जबकि 33.4 प्रतिशत क्षेत्र लघु से मध्यम मृदा अपरदन है।

आगरा, इटावा, कानपुर और फतेहपुर आदि जिलों में होने वाली यमुना, चंबल, सेंगर, कुवारी नदियों के किनारे मृदा अपरदन की गंभीरता चरम पर पाई जाती है, जहाँ इलाके पूरी तरह से खड्डों में बदल गए हैं। इस प्रकार का क्षरण वनों की कटाई के साथ-साथ ढाल परिदृश्य और अतिवृष्टि के कारण होता है।

राजस्थान की सीमा से लगे आगरा और मथुरा जिलों के दक्षिण-पश्चिमी हिस्सों में वायु प्रदूषण समस्या पैदा करता है। इन क्षेत्रों में, गर्मी के मौसम में रेत का उडना सामान्य बात है जिसके कारण उपजाऊ भूमि रेत से ढक जाती है जिससे मिट्टी की उत्पादकता कम हो जाती है।

मृदा अपरदन पर्यावरण क्षरण का एक महत्वपूर्ण घटक बन जाता है, जिससे राज्य में आर्थिक विकास के लिए एक गंभीर खतरा पैदा हो जाता है। समृद्धि के लिए एक बेहतर विरासत छोड़ने के दायित्वों को पूरा करने के लिए अधिक खाद्यान्न का उत्पादन करना संभव नहीं है। कार्यान्वियन योग्य स्तर पर एक सुपरिभाषित एकीकृत भूमि उपयोग विकसित की जानी चाहिए।

प्रश्न-20: उत्तर प्रदेश में सिंचाई के कौन-कौन साधन हैं? कृषि विकास में सिंचाई की भूमिका की विवेचना कीजिए।
(200 शब्द) 12 अंक

उत्तर: कृषि उत्पादन बढ़ाने में सिंचाई सबसे महत्वपूर्ण कारकों में से एक रही है, क्योंकि हरित क्रांति प्रौद्योगिकी का प्रसार पूरी तरह से इस पर निर्भर था।

- नहरें उत्तर प्रदेश राज्य में. सिंचाई का एक महत्वपूर्ण स्रोत हैं। कुछ महत्वपूर्ण नहरें हैं, ऊपरी गंगा नहर, निचली गंगा नहर, शारदा नहर, पूर्वी यमुना नहर, आगरा नहर, बेतवा नहर।
- नलकूप सिंचाई का सबसे महत्वपूर्ण स्रोत है।
- जहाँ नहरें और नलकूप सिंचाई का स्रोत नहीं हैं वहां फसल की खेती में अन्य स्त्रोतों से सिंचाई की जाती है। अन्य स्रोत जो सिंचाई प्रदान करते हैं, वे हैं - जलाशय, झीलें, तालाब और कूएँ इत्यादि ।

कृषि विकास में सिंचाई की भूमिका:

- सिंचाई सुविधा किसानों को बेहतर किस्मों और अन्य जैव रासायनिक तकनीकों का उपयोग करने के लिए प्रोत्साहित करती हैं, जिससे उत्पादकता में वृद्धि होती है।
- सिंचाई सुविधा किसानों को उच्च स्तर की फसल गहनता के साथ पूरे वर्ष भूमि का अधिक गहन उपयोग करने की सुविधा देती है, जो कि असिंचित भूमि के तहत संभव नहीं है।
- असिंचित भूमि में कमी के कारण खेती की गई फसलों से सुनिश्चित उत्पादन प्राप्त करने का जोखिम बहुत अधिक होता है जबकि सिंचित भूमि में यह बहुत कम होता है।

सरकार को उत्तर प्रदेश के पिछड़े जिलों में जल संसाधनों के उचित प्रबंधन व संरक्षण के लिए कुछ नीतियां व कार्यक्रम प्रस्तुत करना चाहिए।

सामान्य अध्ययन मुख्य परीक्षा - 2021
हल प्रश्न-पत्र 2

कुल अंक : 200 **समयावधि : 3 घण्टे**

लघुउत्तरीय प्रश्न खण्ड-अ/Section-A

प्रश्न-1: नीति निर्माण प्रक्रिया में गैर-सरकारी संगठनों की भूमिका की विवेचना कीजिये। (125 शब्द) 8 अंक

उत्तर: गैर-सरकारी संगठनों से नीति कार्यान्वयन में महत्वपूर्ण भूमिका निभाने की अपेक्षा की जाती है। प्रथम पंचवर्षीय योजना दस्तावेज में सार्वजनिक कार्यक्रम के कार्यान्वयन में स्वैच्छिक संगठनों के महत्व पर बल दिया गया। तथापि, केवल सातवीं योजना के दस्तावेज में ग्रामीण विकास में स्वैच्छिक एजेंसियों की भूमिका के बारे में विस्तृत चर्चा है। उल्लिखित भूमिका में शामिल है।

- सरकारी कार्यक्रम को पूरक बनाना- ग्रामीण गरीबों को उनके जीवन की गुणवत्ता में सुधार करने के लिए विकल्प प्रदान करना;
- ग्रामीणों की आंख और कान बनकर सेवा करना;
- सहभागी प्रकार की सरल, नवोन्मेषी, लचीली और सस्ती रणनीतियों और परियोजनाओं को तैयार करना;
- गरीब से गरीब व्यक्ति की महसूस की गई जरूरतों को पूरा करने के लिए वितरण प्रणाली की प्रतिक्रिया को सक्रिय और सुधारना;

सातवीं योजना के दस्तावेज ने भी विकास में लोगों की भागीदारी के महत्व पर जोर दिया। नौकरशाही पर बहुत अधिक निर्भरता होने पर विकास के लक्ष्य पूरी तरह से प्राप्त नहीं हो सकते हैं। योजना दस्तावेज ने ग्रामीण क्षेत्रों में स्वैच्छिक संगठनों की भागीदारी के लिए निम्नलिखित क्षेत्रों की पहचान की:

पर्यावरण संरक्षण, गरीबों को कानूनी सहायता, उपभोक्ता संरक्षण, मानवाधिकार संरक्षण, हरिजन और आदिवासी विकास, बाल कल्याण आदि जैसे समकालीन सामाजिक मुद्दों में स्वैच्छिक संगठन सक्रिय रूप से शामिल हैं। चिपको आंदोलन ने पर्यावरणीय समस्याओं पर सामाजिक जागरूकता पैदा की।

प्रश्न-2: भारत में नागरिक अधिकार पत्र प्रभावी नहीं बन सके हैं, इन्हें प्रभावी एवं अर्थपूर्ण बनाने की आवश्यकता है। मूल्यांकन कीजिये। (125 शब्द) 8 अंक

उत्तर: भारत में नागरिक चार्टर पहल 1997 में शुरू हुई थी, किन्तु तैयार किए गए चार्टर कार्यान्वयन के प्रारंभिक चरण में हैं। किसी भी संगठन में एक नए विचार का कार्यान्वयन हमेशा कठिन होता है। भारत सरकार में नागरिक चार्टर की अवधारणा का परिचय और कार्यान्वयन पुराने नौकरशाही ढांचे/प्रक्रियाओं और कार्यबल के कठोर रवैये के कारण बहुत अधिक जटिल था।

इसके पहल में आने वाली प्रमुख बाधाएं थीं:

1. नागरिक चार्टर बनाने वाले संगठनों की सामान्य धारणा यह थी कि निर्देशानुसार इसे अभ्यास में लाया जाएगा। परामर्श प्रक्रिया न्यूनतम या काफी हद तक अनुपस्थित थी। इस प्रकार यह संगठन की नियमित गतिविधियों में से एक बन गया और इसका कोई ध्यान नहीं दिया गया।

2. किसी भी चार्टर को फलने-फूलने और इसके कार्यान्वयन के लिए जिम्मेदार कर्मियों के पास उचित प्रशिक्षण और अभिविन्यास होना चाहिए, क्योंकि चार्टर की प्रतिबद्धताओं को ऐसे कार्यबल द्वारा वितरित किए जाने की उम्मीद नहीं की जा सकती है जो चार्टर की भावना और सामग्री से अनजान हैं। कई मामलों में, संबंधित कर्मचारियों को पर्याप्त रूप से प्रशिक्षित और संवेदनशील नहीं बनाया गया था।

संक्षेप में, एक नागरिक चार्टर सेवा वितरण के मानक, गुणवत्ता और समय सीमा, शिकायत निवारण तंत्र, स्पष्टता और जबवाबदेही के प्रति एक संगठन के वादे को दर्शाता है। जनता की आकांक्षाओं के आधार पर, नागरिक चार्टर तैयार किए जाने की आवश्यकता है।

प्रश्न-3: निर्धनता और भूख से जुड़े मुद्दे भारत की चुनावी राजनीति को किस प्रकार प्रभावित करते हैं?

(125 शब्द) 8 अंक

उत्तर: भारत में, गरीब और वंचित जातियां अमीर और उच्च जातियों की तुलना में आनुपातिक रूप से अधिक और अवसर विकसित लोकतंत्रों की तुलना में अधिक मतदान करती हैं। इसी तरह, शहरों की तुलना में ग्रामीण क्षेत्रों में आम तौर पर मतदान प्रतिशत अधिक होता है। सभी निर्वाचित राज्य सरकारों की गरीब समर्थक नीतियां नहीं होती हैं, लेकिन गरीबों को अमीरों की तुलना में राज्य से अधिक उम्मीदें होती हैं। लोकतांत्रिक प्रक्रिया में भारत के गरीबों और हाशिए के लोगों का यह विश्वास राज्य की उनकी अपेक्षाओं से उपजा है, जो कानून द्वारा प्रत्येक नागरिक को जाति, पंथ, धर्म और आर्थिक स्थिति के बावजूद उचित अवसर प्रदान करने और इन्हें खत्म करने के लिए सक्रिय रूप से काम करने के लिए आवश्यक है।

भारत में राजनीति की प्रकृति का अर्थ है कि गरीबी उन्मूलन केवल एक आर्थिक अनिवार्यता नहीं है बल्कि निर्वाचित राजनेताओं के लिए एक राजनीतिक आवश्यकता है।

प्रश्न-4: संविधान की उद्देशिका संविधान के आधारभूत लक्षण एवं मानव गरिमा की वृद्धि का प्रतिज्ञान करती है। स्पष्ट कीजिये।

(125 शब्द) 8 अंक

उत्तर: संविधान की प्रस्तावना किसी पुस्तक के परिचय या प्रस्तावना की तरह है। यह संविधान का हिस्सा नहीं है, लेकिन यह उन उद्देश्यों की व्याख्या करता है जिसके लिए संविधान लिखा गया है। इस प्रकार 'प्रस्तावना' संविधान की गाइड लाइन प्रदान करती है। प्रस्तावना, संक्षेप में, संविधान के उद्देश्यों की दो तरह से व्याख्या करती है- **एक**, शासन की संरचना के बारे में और **दूसरा**, स्वतंत्र भारत में प्राप्त किए जाने वाले आदेशों के बारे में। यही कारण है कि प्रस्तावना को संविधान की कुंजी माना जाता है। उद्देश्य, जो प्रस्तावना में निर्धारित किए गए हैं, वे हैं;

1. संप्रभु, समाजवादी, धर्मनिरपेक्ष, लोकतांत्रिक गणराज्य के रूप में भारतीय राज्य का विवरण। (समाजवादी, धर्मनिरपेक्ष 42वें संशोधन, 1976 द्वारा जोड़ा गया)।
2. भारत के सभी नागरिकों के लिए प्रावधान; अर्थात,
   - सामाजिक, आर्थिक और राजनीतिक न्याय
   - विचार, अभिव्यक्ति, विश्वास, आस्था/धर्म, उपासना और पूजा की स्वतंत्रता
   - स्थिति और अवसर की समानता

प्रस्तावना ने एक मानवीय दृष्टि प्रदान की है जो लोकतांत्रिक, धर्मनिरपेक्ष और इसलिए समतावादी है। इसलिए, संविधान का हिस्सा न होने के बावजूद, संविधान की व्याख्या करते समय प्रस्तावना को हमेशा अदालतों द्वारा उचित सम्मान दिया गया है।

प्रश्न-5: भारत में केंद्र और राज्यों के वित्तीय सम्बन्धों का वर्णन कीजिये। (125 शब्द) 8 अंक

उत्तर: भारत एक संघीय ढांचे का अनुसरण करता है जहाँ केंद्र और राज्य दोनों के बीच शक्तियां साझा की जाती हैं। हालाँकि, इन शक्तियों का वितरण समान नहीं है, और राज्य सभी मामलों के लिए केंद्र सरकार पर अपनी अत्यधिक निर्भरता के बारे में लगातार चिंता जताते हैं, इस प्रकार उनकी शक्तियों और स्वायत्तता को सीमित करते हैं।

भारतीय संविधान के अनुच्छेद 268 से 281 में विस्तृत प्रावधान किए गए हैं जो राज्यों . के बीच वित्तीय संसाधनों के वितरण से संबंधित केंद्र को निर्देश प्रदान करते हैं।

1. संघ द्वारा लगाए गए लेकिन राज्यों द्वारा एकत्र और रखे गए कर (अनुच्छेद 268)।
2. संघ द्वारा लगाए और एकत्र किए गए लेकिन राज्यों को सौंपे गए कर (अनुच्छेद 269)।
3. संघ और राज्यों के बीच लगाए और वितरित किए गए कर (अनुच्छेद 270)।
4. केंद्र से राज्यों को सहायता अनुदान (अनुच्छेद 273, अनुच्छेद 275 और अनुच्छेद 282)
5. अन्य करों से आय का बंटवारा।

केंद्र और राज्य के बीच धन के वितरण के संबंध में सिफारिशें देने में. अनुच्छेद 280 के तहत उल्लिखित महत्वपूर्ण भूमिका निभाता है।

प्रश्न-6: भारतीय राजनीतिक व्यवस्था में राजनीतिक दलों के प्रभाव और भूमिका का समालोचनात्मक परीक्षण कीजिये। (125 शब्द) 8 अंक

उत्तर: भारत एक ऐसा राष्ट्र है जो अपने बहु-धार्मिक, बहु-जातीय, बहु -भाषाई और संबंधित विविध समाजों और समूहों के लिए जाना जाता है। स्वतंत्रता के बाद 1967 तक, भारतीय राष्ट्रीय कांग्रेस पार्टी ने भारतीय राजनीति में सत्ता का एकाधिकार बनाए रखा। एकदलीय नेतृत्व के अत्यधिक वर्चस्व के कारण क्षेत्रीय दल अस्तित्व में आए।

विश्व में सबसे बड़ा लोकतंत्र होने के नाते, भारत में बहुदलीय प्रणाली की एक महत्वपूर्ण विशेषता है, जिसे राष्ट्रीय, राज्य और जिला स्तर की पार्टियों के रूप में मान्यता प्राप्त है। ये सकारात्मक क्षेत्रवाद, भौगोलिक और सांस्कृतिक विशेषताओं से विभाजित लोगों को मजबूत और एकजुट करने का कार्य करती हैं। भारत में क्षेत्रीय दलों का विकास अभी भी गति में है। इसके पीछे कुछ प्रमुख कारण निम्नलिखित हैं;

- विभिन क्षेत्रों के लोग अपनी विशिष्ट सांस्कृतिक पहचान के महत्व के बारे जागरूक हो रहे हैं। अपने जातीय हितों को अपनाने और बढ़ावा देने की दृष्टि से, क्षेत्रीय दल महत्व प्राप्त कर रहे हैं। ये पार्टियां केंद्र सरकार द्वारा क्षेत्रीय असंतुलन और अपने क्षेत्रों की उपेक्षा को उजागर करती हैं।
- स्वशासन के सिद्धांत और संघवाद की विशेषताओं का दोहन करने की इच्छा ने भी क्षेत्रवाद को बढ़ावा दिया है। इन उप-सांस्कृतिक विभागों ने क्षेत्रों के लिए भी सुनिश्चित की है।

प्रश्न-7: भारतीय संसद की कार्य प्रणाली में संसदीय समितियों की भूमिका का वर्णन करें। (125 शब्द) 8 अंक

उत्तर: संसदीय समितियों की स्थापना विभिन्न मामलों का अध्ययन करने और उनसे निपटने के लिए की जाती है, जिन्हें विधायिका द्वारा सीधे तौर पर नियंत्रित नहीं किया जा सकता है। वे कार्यकारी शाखा के कामकाज की निगरानी करती हैं और विधायिका को विभिन्न नीतिगत इनपुट प्रदान करते हैं, जो भारतीय लोकतंत्र में महत्वपूर्ण भूमिका निभाती हैं।

भारतीय लोकतंत्र में संसदीय समितियों की भूमिका और महत्वः

1. कानून बनानाः

- विधयिका के पास कार्य की अधिकता के कारण, संसद में सभी विधेयकों पर विस्तार से चर्चा संभव नहीं है।
- समितियाँ प्रस्तावित कानून पर विस्तृत चर्चा और विश्लेषण करती हैं, इस प्रकार यह सक्षम करती हैं कि प्रत्येक कानून नागरिकों के लाभ के लिए है।

2. कार्यकारी जवाबदेही:

- संसदीय समितियां सार्वजनिक खर्च और विभिन्न कानूनों की जांच के माध्यम से कार्यकारी जवाबदेही सुनिश्चित करती हैं।
- लोक लेखा समिति सार्वजनिक निधियों को खर्च करने के तरीके और परिणामों से संबंधित है। यह भारत के नियंत्रक-महालेखापरीक्षक के खातों और रिपोर्ट की जांच करती है, जिससे किसी भी गलत खर्च की जवाबदेही सुनिश्चित होती है।

यद्यपि संसदीय और कैबिनेट समितियां संविधान का हिस्सा नहीं हैं, वे जांच और बेहतर नीतियों के माध्यम से स्वस्थ लोकतंत्र और शासन सुनिश्चित करती हैं।

प्रश्न-8: जी 20 शिखर सम्मेलन 2021 (रोम) के प्रमुख विषय के बारे में टिप्पणी कीजिये। (125 शब्द) 8 अंक

उत्तर: वर्ष 202। में इस सम्मेलन में इतालवी राष्ट्रपति पद के व्यापक थीम में तीन स्तंभ- लोग, ग्रह, समृद्धि" शामिल थे। यह विषय रोम शिखर सम्मेलन में तीन- कार्य सत्रों में परिलक्षित होता है।

शिखर सम्मेलन की चर्चा तीन मुख्य कार्य सत्रों और दो नेताओं के पक्ष कार्यक्रमों में आयोजित की गई थी।

कार्य सत्र-

सत्र 1: वैश्विक अर्थव्यवस्था और वैश्विक स्वास्थ्य!

सत्र 2: जलवायु परिवर्तन और पर्यावरण!

सत्र 3: सतत विकास!

जी-20 नेताओं ने अंतर्राष्ट्रीय मुद्रा कोष (IMF) से एक नया लचीलापन और स्थिरता ट्रस्ट (RST) स्थापित करने का आह्वान किया, ताकि अफ्रीकी महाद्वीप, छोटे द्वीप, विकासशील राज्यों और कमजोर मध्य सहित कम आय वाले देशों के लिए सस्ती दीर्घकालिक वित्तपोषण प्रदान किया जा सके।

प्रश्न-9: भारत एवं नेपाल के मध्य तनावंपूर्ण सम्बन्धों के पीछे चीनी कारक की भूमिका की विवेचना कीजिये। (125 शब्द) 8 अंक

उत्तर: नेपाल में चीन की व्यस्तता कोई नई बात नहीं है। इससे भी महत्वपूर्ण बात यह है कि नेपाल में इसे जिस तरह से चित्रित किया जाता है, उसके विपरीत- यह पूरी तरह से सकारात्मक नहीं है। हालाँकि चीन की नई आर्थिक शक्ति अभी तक बेजोड़ है, इसलिए यह नेपाल में भारत की विशेषाधिकार प्राप्त स्थिति को चुनौती देता है। भारतीय प्रधानमंत्री नरेंद्र मोदी ने विभिन्न पहलें की हैं और संकेत दिया है कि भारत नेपाल की चिंताओं को दूर करने का इरादा रखता है। चीन के साथ जुड़ने की नेपाल की उत्सुकता पर्यवेक्षकों के लिए रुचिकर रही है और इसे प्रधानमंत्री ओली की भारत से और अधिक हासिल करने की रणनीति के रूप में गलत तरीके से व्याख्या किया गया है। हालाँकि, वर्तमान दृष्टिकोण नेपाल की एक विविध विदेश नीति और भागीदारें को आगे बढ़ाने की लंबी परंपरा में पूरी तरह से फिट बैठता है और चीन इसकी प्रमुख भू रणनीतिक स्थिति का लाभ उठाता है। इस रूख के आलोक में, नेपाल की नीतिगत प्रेरणा को समझना महत्वपूर्ण है।

प्रश्न-10: उत्तर प्रदेश की राजस्व व्यवस्था के समक्ष मुख्य चुनौतियाँ क्या हैं? (125 शब्द) 8 अंक

उत्तर: राजस्व में संभावित कमी (लक्ष्यों के विरुद्ध) के संकेतों के बीच, यूपी सरकार, लोकलुभावन योजनाओं को समायोजित करने के एक कठिन कार्य का सामना करते हुए, 2018-2019 के लिए राज्य के वार्षिक बजट को अंतिम रूप देने में व्यस्त थी।

- 31 दिसंबर, 2017 तक राज्य सरकार की राजस्व प्राप्तियों की बारीकी से जांच करने से संकेत मिलता है कि इसके प्रमुख विभाग लक्ष्यों को पूरा करने में सक्षम नहीं हैं। राज्य सरकार 31 दिसंबर, 2017 को 44,700 करोड़ रुपये के लक्ष्य के मुकाबले 41,700 करोड़ रुपये का राजस्व अर्जित करने में सफल रही है।
- इसमें 13,455 करोड़ रुपये के लक्ष्य के मुकाबले 11,322 करोड़ रुपये का उत्पाद राजस्व और 13,000 करोड़ रुपये के लक्ष्य के मुकाबले 9,700 करोड़ रुपये का स्टांप शुल्क शामिल है।
- लगभग 36,000 करोड़ रुपये के व्यय वाली फसल ऋण माफी योजना और अपने कर्मचारियों और शिक्षकों के लिए सातवें वेतन आयोग की सिफारिशों को लागू करने के कारण बढ़ते वेतन ने राज्य के संसाधनों पर अतिरिक्त दबाव डाला है।
- राज्य सरकार ने 2015-2016 में वेतन, पेंशन और ब्याज के भुगतान पर 19,193 करोड़ रुपये की राशि खर्च की थी। इस मद में इसका खर्च 2017-2018 में बढ़कर 1,64,181.67 करोड़ रुपये होने की उम्मीद है।

दीर्घउत्तरीय प्रश्न खण्ड-ब/Section-B

प्रश्न-11: एक जनतांत्रिक व्यवस्था में लोक-सेवाओं की भूमिका का भारत के विशेष संदर्भ में विवेचना कीजिये।

(200 शब्द) 12 अंक

उत्तरः भारत एक लोकतांत्रिक देश है और इस व्यवस्था में सत्ता लोगों को मिलती है। शक्ति का प्रयोग उसके नामित प्रतिनिधियों के माध्यम से किया जाता है। अपने ज्ञान, अनुभव और सार्वजनिक मामलों की समझ की गुणवत्ता से सिविल सेवा प्रभावी नीति बनाने को लिए चुने हुए प्रतिनिधियों का समर्थन करती हैं और समाज के कल्याण और राष्ट्र की वृद्धि के लिए इन नीतियों को लागू करने की बड़ी जिम्मेदारी है। संसदीय लोकतंत्रों को आम तौर पर एक स्थायी सिविल सेवा द्वारा चलाया जाता है जो राजनीतिक नीति निर्माताओं और राजनीतिक अधिकारियों की मदद करता है। प्रशासनिक प्रणाली में सिविल सेवा प्रणाली का अत्यधिक महत्व है जो भारत के शासन के लिए सबसे महत्वपूर्ण उपकरण के रूप में कार्य करता है। स्वतंत्रता के बाद, भारत सिविल सेवा को पुनर्गठित किया गया था। प्रशासन के तीन स्तर हैं जिनमें संघ/केंद्र सरकार, राज्य सरकार और स्थानीय सरकार शामिल हैं। केंद्रीय स्तर पर, सिविल सेवा में अखिल भारतीय सेवाएं, अर्थात् भारतीय प्रशासनिक सेवा (IAS), भारतीय वन सेवा (IFS), और भारतीय पुलिस सेवा (IPS) शामिल हैं। इनके अलावा, केंद्रीय स्तर पर अन्य केंद्रीय सेवाएं जैसे भारतीय राजस्व सेवा, भारतीय रेल सेवा आदि हैं।

राज्य सरकारों के पास राज्य सिविल सेवा जैसी सेवाओं का अपना समूह है। धीरे-धीरे, समय के साथ, सिविल सेवाओं की भूमिका बदल गई है जो उस विशिष्ट अवधि के शासन की समय-सारणी पर निर्भर करती है।

प्रश्न-12: केन्द्रीय सतर्कता आयोग के गठन व कार्यों का वर्णन करते हुये इसकी सीमाओं का विश्लेषण कीजिये।

(200 शब्द) 12 अंक

उत्तरः **सीवीसी की संरचना (गठन) के. संथानम समिति की सिफारिश पर 1964 में हुई थी।**

बहु-सदस्यीय आयोग में एक केंद्रीय सतर्कता आयुक्त (अध्यक्ष) होता है और इसके अतिरिक्त दो से अधिक सतर्कता आयुक्त (सदस्य) नहीं होते हैं।

केंद्रीय सतर्कता आयुक्त और सतर्कता आयुक्तों की नियुक्ति राष्ट्रपति द्वारा प्रधानमंत्री (अध्यक्ष), गृह मंत्री (सदस्य) और लोक सभा में विपक्ष के नेता (सदस्य) की एक समिति की सिफारिशों पर की जाती है।

केंद्रीय आयुक्त और सतर्कता आयुक्तों का कार्यकाल उनके कार्यालय में प्रवेश करने की तारीख से चार वर्ष या 65 वर्ष की आयु प्राप्त करने तक, जो भी पहले हो होता है।

सीबीसी के कार्य

सीबीसी को भ्रष्टाचार या कार्यालय के दुरुपयोग और उचित कार्रवाई की सिफारिश करने की शिकायतें प्राप्त होती हैं। निम्नलिखित संस्थान, निकाय या व्यक्ति CVC से संपर्क कर सकते हैं;

- केन्द्रीय सरकार
- लोकपाल
- व्हिसल ब्लोअर

आयोग निम्नलिखित मामलों में की जाने वाली कार्रवाई के बारे में सलाह देता है: (i) सीबीआई द्वारा जांच की रिपोर्ट जिसमें विभागीय कार्रवाई या अभियोजन शामिल है (ii) आयोग द्वारा संदर्भित मामलों. में अनुशासनात्मक कार्रवाई से संबंधित मंत्रालय या विभाग द्वारा जांच की रिपोर्ट या अन्यथा (iii) सार्वजनिक क्षेत्र के उपक्रमों और सांविधिक नियमों से सीधे प्राप्त मामले हैं।

सीबीसी की सीमाएं

सीबीसी को अक्सर एक शक्तिहीन एजेंसी माना जाता है क्योंकि इसे केवल एक सलाहकार निकाय के रूप में माना जाता है जिसके पास सरकारी अधिकारियों के खिलाफ आपराधिक मामला दर्ज करने या संयुक्त सचिव और उससे ऊपर के स्तर के किसी भी अधिकारी के खिलाफ जांच शुरू करने के लिए सीबीआई को निर्देश देने की शक्ति नहीं है। हालांकि सीबीसी अपने कामकाज में श्श अपेक्षाकृत स्वतंत्र है, किन्तु इसके पास न तो संसाधन हैं और न ही भ्रष्टाचार की शिकायतों पर कार्रवाई करने की शक्ति है।

प्रश्न-13: महात्मा गांधी राष्ट्रीय ग्रामीण रोजगार गारंटी अधिनियम ग्रामीण गरीबों की गरीबी कम करने का अधिकार देता है, टिप्पणी करें। **(200 शब्द) 12 अंक**

उत्तर: महात्मा गांधी राष्ट्रीय ग्रामीण रोजगार गारंटी अधिनियम (मनरेगा) को भारत सरकार द्वारा प्रति वर्ष 100 दिनों के गारंटीकृत रोजगार के माध्यम से ग्रामीण गरीबी को कम करने के लिए विकसित किया गया था।

- मनरेगा ने हाशिए के समूहों के लिए कुछ बुनियादी रोजगार की पेशकश की, इसने सबसे कमजोर लोगों को पर्याप्त मदद नहीं दी। हालाँकि, श्रम संबंधों में छोटे लेकिन महत्वपूर्ण बदलावों के कुछ प्रमाण थे।
- इस रोजगार योजना में यह गारंटी शामिल है कि यदि सरकार आवेदन जमा करने के 15 दिनों के भीतर योग्य आवेदक को नौकरी प्रदान करने में असमर्थ है, तो आवेदक को बेरोजगारी बीमा प्राप्त होगा।
- इस नीति के घोषित लक्ष्य हैं; 1) सामाजिक सुरक्षा; 2) श्रमिकों द्वारा संचालित शारीरिक श्रम के माध्यम से टिकाऊ संपत्ति (जैसे जल सुरक्षा, मिट्टी संरक्षण, उच्च भूमि उत्पादकता) का निर्माण; 3) वंचित श्रमिकों जैसे महिलाओं, अनुसूचित जाति और अनुसूचित जनजाति के रोजगार; और 4) आजीविका सुरक्षा और लोकतांत्रिक सशक्तिकरण पर नीति के प्रभाव के माध्यम से ग्रामीण भारत में समावेशी विकास।

ग्रामीण भारत में लगातार गरीबी और असमानता के जवाब में विकसित कई सरकारी रोजगार कार्यक्रमों के बाद मनरेगा कार्यक्रम लागू किया गया था। मनरेगा दुनिया की सबसे बड़ी ग्रामीण रोजगार योजना है। ग्रामीण परिवारों को पूरक रोजगार प्रदान करने के अलावा, मनरेगा वित्तीय समावेशन और स्वतंत्रता के माध्यम से महिलाओं के सशक्तिकरण को प्रोत्साहित करने और सुविधा प्रदान करने, नागरिक भागीदारी को मजबूत करने के साथ-साथ ग्रामीण परिदृश्य में सुधार करने का भी प्रयास करता है।

प्रश्न-14: भारतीय संविधान का ढांचा संघात्मक है, परंतु उसकी आत्मा एकात्मक है। स्पष्ट कीजिये।

(200 शब्द) 12 अंक

उत्तर: डी.डी. बसु के अनुसार, भारत का संविधान न तो विशुद्ध रूप से संघीय है और न ही विशुद्ध रूप से एकात्मक है बल्कि यह दोनों का संयोजन है।

भारतीय संविधान की संघीय विशेषताएं:

1. **लिखित और कठोर संविधान:** भारत का संविधान लिखित और कठोर है। केंद्र सरकार और राज्य सरकारों को शक्तियाँ, मौलिक अधिकार और राज्य के नीति निर्देशक सिद्धांतों को संविधान में स्पष्ट रूप से परिभाषित किया गया है, जिससे संघर्ष की बहुत कम संभावना है।
2. **संविधान की सर्वोच्चता:** भारतीय संविधान देश का सर्वोच्च कानून है। कोई भी व्यक्ति, संस्था, सरकार या सरकार का पदाधिकारी संविधान के प्रावधानों के खिलाफ काम नहीं कर सकता है। यदि संसद या कोई राज्य विधानमंडल संविधान के प्रावधानों के खिलाफ कोई कानून पारित करता है तो सर्वोच्च न्यायालय द्वारा असंवैधानिक घोषित किया जा सकता है।
3. **शक्तियों का विभाजन:** भारत का संविधान केंद्र सरकार और राज्यों की सरकारों के बीच शक्तियों.का विभाजन प्रदान करता है। शक्तियों को तीन सूचियों में बांटा गया है-

(i) संघ सूची, (ii) राज्य सूची, और (iii) समवर्ती सूची। अवशिष्ट शक्तियाँ केंद्र के पास हैं।

भारतीय संविधान की एकात्मक विशेषताएं:

4. केंद्र के पक्ष में शक्तियों का विभाजन: भारतीय संविधान ने केंद्र और राज्यों के बीच शक्तियों को इस तरह वितरित किया है कि केंद्र राज्यों की तुलना में अधिक मजबूत हो गया है। लगभग सभी महत्वपूर्ण विषयों को संघ सूची में शामिल किया गया है। समवर्ती सूची के किसी विषय को लेकर केंद्र और राज्य के बीच टकराव होने पर केंद्र की इच्छा ही मान्य होगी।
5. राज्यों की सीमाओं में परिवर्तन: भारत का संविधान संसद को राष्ट्रपति की सिफारिश पर मौजूदा राज्यों की सीमाओं को बदलने या नए राज्य बनाने या राज्यों के नाम बदलने का अधिकार देता है।
6. राज्यों को अपने स्वयं के संविधान बनाने का कोई अधिकार नहीं है; कुछ संघीय राज्यों में, जैसे संयुक्त राज्य अमेरिका, संघ (राज्यों) की इकाइयों को कुछ प्रतिबंधों के अधीन अपने स्वयं के अलग संविधान बनाने की शक्ति प्राप्त है। लेकिन, भारत में, राज्यों को ऐसी शक्ति प्राप्त नहीं है।
7. भारत में, प्रत्येक नागरिक को केवल एक ही नागरिकता प्राप्त है, अर्थात भारत की नागरिकता।

प्रश्न-15: उन मुख्य उपायों की विवेचना कीजिये जिनके द्वारा भारतीय संसद कार्यपालिका पर नियंत्रण रखती है।

(200 शब्द) 12 अंक

उत्तर: संसद, कार्यपालिका की गतिघिधियों पर दिन-प्रतिदिन नजर रखती है। चूंकि भारत में संसदीय प्रणाली है, इसलिए कार्यपालिका सभी प्रकार की गलतियों के लिए संसद के प्रति उत्तरदायी है। संसद अविश्वास प्रस्ताव द्वारा मंत्रिमंडल को सत्ता से हट सकती है तथा मंत्रिमंडल के किसी विधेयक या बजट प्रस्ताव को अस्वीकार कर सकती है।

केंद्रीय संसद निम्नलिखित तरीके से कार्यपालिका पर नियंत्रण रखती है:

1. **प्रश्नकाल (अंत:क्षेपण) :** यह दोनों सदनों का सबसे महत्वपूर्ण समय होता है। यहाँ, दोनों सदनों में बैठने का पहला घंटा प्रश्न पूछने और प्रश्नों के उत्तर देने के लिए आवंटित किया जाता है। यह सार्वजनिक महत्व के मामलों की जानकारी प्राप्त करने के लिए किया जाता है।
2. **स्थगन प्रस्ताव :** इस प्रस्ताव का उद्देश्य मंत्रियों की चूक और आयोग के कृत्यों की निंदा करना है। उदाहरण के लिए अतीत में निम्नलिखित विषयों के लिए प्रस्ताव की अनुमति दी गई थी: - एक सरकारी विधेयक की अस्वीकृति, सरकार की इच्छा के विरुद्ध एक निजी सदस्य के विधेयक को पारित करना, बिना लाइसेंस के शराब के सेवन से कई व्यक्तियों की मृत्यु।
3. **अविश्वास प्रस्ताव:** यदि कोई सरकार संवैधानिक प्रावधानों के खिलाफ कार्य करती है, तो उसे अविश्वास प्रस्ताव पारित करके पद से हटाया जा सकता है। ऐसे में पूरे मंत्रालय को पद से इस्तीफा देना पड़ता है।

4. **निंदा प्रस्ताव:** यह प्रस्ताव मंत्रियों के एक समूह या एक व्यक्तिगत मंत्री के खिलाफ पेश किया जाता है जो उनकी नीतियों या किसी प्रकार के काम के खिलाफ अस्वीकृति व्यक्त करता है।
5. **मौद्रिक नियंत्रण:** बजट सत्र के दौरान कटौती प्रस्ताव पेश किया जा सकता है। लोक लेखा संबंधी संसदीय समिति यह सुनिश्चित करती है कि जनता का पैसा संसद के निर्णय के अनुसार खर्च किया जाए। यह भारत के नियंत्रक और महालेखा परीक्षक की रिपोर्ट की जांच करता है।

प्रश्न-16: भारत में पंचायती राज व्यवस्था की सफलताओं को सीमित करने वाली समस्याओं का विश्लेषण कीजिये। इन समस्याओं का सामना करने में 73वां संवैधानिक संशोधन कितना सफल रहा है?

(200 शब्द) 12 अंक

उत्तर: 1959 से पंचायती राज संस्थाओं के कामकाज को कुछ राज्यों में सफलता और अधिकांश राज्यों में विफलता के रूप में देखा गया है। इसका मतलब है कि सिस्टम उतार-चढ़ाव का अनुभव कर रहा है।

पंचायती राज संस्थाओं द्वारा सामना की जाने वाली समस्याएं:

वैचारिक भ्रम: पहली बार में, पंचायती राज की अवधारणा बहुत संकीर्ण है क्योंकि इसे संस्थागत ढांचे के रूप में नहीं देखा गया था जो ग्रामीण जनता के समग्र विकास में महत्वपूर्ण भूमिका निभा सके। वर्तमान अवधारणा में पंचायती राज संस्थाओं की एक भी इकाई को नियोजन के साथ-साथ विभिन्न ग्रामीण विकास कार्यक्रमों को कार्यान्वयन एजेंसी के रूप में परिकल्पित नहीं किया गया है। पंचायती राज संस्थाओं के बे में भी स्पष्टता का अभाव है, हालांकि ये एजेंसियां नियमित प्रशासन, बुनियादी ढांचे का प्रबंध कर सकती हैं और ग्रामीण आबादी का सामाजिक आर्थिक कल्याण कर सकती हैं। ग्रामीण परिदृश्य में कई एजेंसियां हैं, जिन पर विकासात्मक गतिविधियों की अधिकता को चलाने की जिम्मेदारी है।

73वें संशोधन अधिनियम, 1992 ने भारत में पंचायत राज संस्थाओं (पीआरआई) के प्रभावी और कुशल कामकाज के लिए केवल सामान्य मार्गदर्शन प्रदान किया है। इसने त्रि-स्तरीय प्रणाली को एक स्थायी विशेषता बनाकर पंचायती राज संस्थाओं को संवैधानिक दर्जा और एक प्रकार की एकरूपता प्रदान की है। इसने पंचायती राज संस्थाओं के लिए हर पांच साल में चुनाव को अनिवार्य बनाकर और चुनाव के संचालन और पर्यवेक्षण के लिए राज्य चुनाव आयोग का प्रावधान करके; इसके प्रमुख योगदानों की रूपरेखा तैयार करने के लिए राज्य वित्त आयोग के गठन के साथ अधिक वित्तीय स्वायत्तता प्रदोन कर सफलता की ओर अग्रसर किया है।

हाल तक सबसे चर्चित समस्या पंचायती राज संस्थाओं को संवैधानिक मान्यता देना थी। विद्वानों द्वार अक्सर यह देखा गया है कि संविधान के संस्थापकों ने राज्य के नीति निदेशक सिद्धांतों (भाग-IV) में संविधान के अनुच्छेद-40 में इसका उल्लेख करके लोकतांत्रिक विकेंद्रीकरण को केवल मौखिक मान्यता दी थी। लेकिन, 73वें संविधान संशोधन को संवैधानिक वैधता मिल गई-है।

प्रश्न-17: सार्वजनिक धन के संरक्षक के रूप में, भारत के नियंत्रक एवं महालेखा परीक्षक की भूमिका का परीक्षण कीजिये। **(200 शब्द) 12 अंक**

उत्तर: CAG भारत के संविधान के तहत एक स्वतंत्र प्राधिकरण है। वह भारतीय लेखा परीक्षा और लेखा विभाग के प्रमुख और सार्वजनिक धन का मुख्य संरक्षक है।

सीएजी के कार्य और भूमिका

- सीएजी को विभिन्न स्रोतों जैसे- संविधान (अनुच्छेद 148 से 151), नियंत्रक और महालेखापरीक्षक (कर्तव्य, शक्तियां और सेवा की शर्तें) अधिनियम, 1971, भारत सरकार के निर्देश, लेखा परीक्षा और लेखा पर विनियम-2007 जैसे विभिन्न स्रोतों से अपना ऑडिट जनादेश प्राप्त होता है।
- CAG भारत की संचित निधि, प्रत्येक राज्य की संचित निधि और विधान सभा वाले केंद्र शासित प्रदेशों से सभी व्यय से संबंधित खातों का ऑडिट करता है।

- वह भारत की आकस्मिकता निधि और भारत के लोक लेखा के साथ-साथ प्रत्येक राज्य के आकस्मिक निधि और लोक लेखा से सभी व्ययों की लेखा परीक्षा करता है।
- वह केंद्र सरकार और राज्य सरकारों के किसी भी विभाग द्वारा रखे गए सभी व्यापार, निर्माण, लाभ और हानि खातों, बैलेंस शीट और अन्य सहायक खातों का ऑडिट करता है।
- राष्ट्रपति या राज्यपाल द्वारा अनुरोध किए जाने पर वह किसी अन्य प्राधिकरण के खातों की लेखा परीक्षा करता है; जैसे- स्थानीय निकाय।
- वह केंद्र के खातों से संबंधित अपनी लेखा परीक्षा रिपोर्ट राष्ट्रपति को प्रस्तुत करता है, जो बदले में उन्हें संसद को दोनों सदनों के समक्ष रखेगा।
- वह राज्य के खातों से संबंधित अपनी लेखा परीक्षा रिपोर्ट राज्यपाल को प्रस्तुत करता है, जो बदले में, उन्हें राज्य विधायिका के समक्ष रखेगा।
- सीएजी संसद की लोक लेखा समिति के मार्गदर्शक, मित्र और दार्शनिक के रूप में भी कार्य करता है।

प्रश्न-18: आर्कटिक परिषद की संरचना एवं कार्य-कारण पर एक संक्षिप्त टिप्पणी लिखिए।

(200 शब्द) 12 अंक

उत्तरः **आर्कटिक परिषद का गठन**

- आर्कटिक परिषद् एक उच्च-स्तरीय अंतर-सरकारी निकाय है, जिसकी स्थापना 1996 में ओटावा घोषणा द्वारा स्वदेशी समुदायों और अन्य आर्कीटिक निवासियों के साथ आर्कटिक राज्यों के बीच सहयोग, समन्वय और बातचीत को बढ़ावा देने के लिए की गई थी। परिषद में सदस्य, तदर्थ पर्यवेक्षक देश और "स्थायी प्रतिभागी हैं।
- **आर्कटिक परिषद के सदस्यः** ओटावा घोषणा कनाडा, डेनमार्क, फिनलैंड, आइसलैंड, नॉवें, रूसी संघ, स्वीडन और संयुक्त राज्य अमेरिका को आर्कटिक परिषद के सदस्य के रूप में घोषित करती है।
- **स्थायी प्रतिभागीः** 1998 में, एल्यूट इंटरनेशनल एसोसिएशन (एआईए) और फिर 2000 में आर्कटिक अथाबास्कन काउंसिल (एएसी) और गिविन कार्उसिल इंटरनेशनल के रूप में, स्थायी प्रतिभागियों की संख्या दोगुनी हो गई। GGI को स्थायी प्रतिभागी नियुक्त किया गया।

परिषद के कार्य

- आर्कटिक परिषद के आकलन और सिफारिशें कार्य समूहों द्वारा किए गए विश्लेषण और प्रयासों का परिणाम हैं। आर्कटिक परिषद के निर्णय आठ आर्कीटिक परिषद् राज्यों के बीच सर्वसम्मति से पूर्ण परामर्श और स्थायी प्रतिभागियों की भागीदारी के साथ लिए जाते हैं।
- आर्कटिक परिषद की अध्यक्षता आर्कटिक राज्यों के बीच हर दो साल में होती है। आर्कटिक परिषद की अध्यक्षता करने वाला पहला देश कनाडा (1996-1998) था।

आर्कटिक परिषद् आर्कटिक में संसाधनों के वाणिज्यिक दोहन पर रोक नहीं लगाती है। यह केवल यह सुनिश्चित करने का प्रयास करती है कि यह स्थानीय आबादी के हितों को नुकसान पहुंचाए बिना और स्थानीय पर्यावरण के अनुरूप स्थायी तरीके से किया जाए। इसलिए, आर्कटिक क्षेत्र में प्रासंगिक बने रहने के लिए, भारत को पर्यवेक्षक की स्थिति का लाभ उठाना चाहिए।

प्रश्न-19: अफगानिस्तान में भारत के "साफ्ट पावर'' राजनीतिक कारणों का मूल्यांकन कीजिये।

(200 शब्द) 12 अंक

उत्तरः अफगानिस्तान में भारत की नीति ज्यादातर सॉफ्ट पावर को लेकर थी। संसद और बांध के साथ, कई सामुदायिक परियोजनाओं और स्कूलों की स्थापना की गई।

भारत की सॉफ्ट पावर कूटनीति में, विशेष रूप से अफगानिस्तान में "दिल और दिमाग" जीतना और राष्ट्र निर्माण और राजनीतिक स्थिरता के विचारों के साथ अफगानिस्तान के साथ अपने सांस्कृतिक और राजनीतिक संबंधों को मजबूत करना शामिल है। हालांकि कोई कह सकता है कि भारत का मकसद क्षेत्रीय वर्चस्व हासिल करना या वैश्विक शक्ति बनना है, इस बात से इनकार नहीं किया जा सकता है कि सॉफ्ट पावर के तरीकों पर ध्यान केंद्रित करने से अफगानिस्तान में भारत को फायदा हुआ है और यह देश में विश्वास और समर्थन बनाने में मदद कर रहा है।

भारत अफगानिस्तान में शैक्षिक विकास में शामिल रहा है और उसने बड़े पैमाने पर योगदान दिया है। अफगानिस्तान में शिक्षा क्षेत्र में उचित बुनियादी ढांचे का अभाव है, एक बड़ी लैंगिक असमानता और प्रशिक्षित शिक्षकों की कमी है। भारत ने भारत में अध्ययन कर रहे हजारों अफगान नागरिकों के साथ अफगान छात्रों को कई छात्रवृत्तियां प्रदान की हैं। अफगान महिलाओं और युवाओं को व्यावसायिक प्रशिक्षण और कौशल विकास कक्षाएं भी प्रदान की जाती हैं। भारत वर्तमान में हबीबिया हाई स्कूल का निर्माण और उन्नयन कर रहा है। शैक्षिक विकास के माध्यम से, भारत ने अफगानिस्तान के जातीय समुदायों, विशेष रूप से पश्तून समुदाय के साथ संबंध बनाने की कोशिश की है जो अफगानिस्तान-पाकिस्तान सीमा पर मौजूद है और पाकिस्तान और भारत के बीच एक बफर के रूप में कार्य करता है। एक सॉफ्ट पावर के रूप में शिक्षा ने अफगानिस्तान के लोगों के बीच विश्वास और प्रभाव बनाने के संबंध में भारत के पक्ष में काम किया है।

प्रश्न-20: अब्राहम समझौता पश्चिम एशिया की. राजनीति में एक नई शुरुआत है। व्याख्या कीजिये।

(200 शब्द) 12 अंक

उत्तर: अब्राहम समझौता 13 अगस्त, 2020 को इजरायल, संयुक्त राज्य अमेरिका और संयुक्त अरब अमीरात के बीच दिया गया एक संयुक्त बयान है। यह तीनों के बीच संबंधों को सामान्य करने के लिए इजरायल, बहरीन और यूएई के बीच हुए समझौते को भी संदर्भित करता है।

- मूल अब्राहम समझौते पर 15 सितंबर, 2020 को यूएई के विदेश मंत्री अब्दुल्ला बिन जायद अल नाहयान, बहरीन के विदेश मंत्री अब्दुल्लातिफ बिन राशिद अल जायानी और इजरायल के प्रधानमंत्री बेंजामिन नेतन्याहू द्वारा हस्ताक्षर किए गए थे।
- अब्राहम समझौते ने निर्धारित किया कि यूएई और बहरीन इजरायल में अपने-अपने दूतावास स्थापित करेंगे और पर्यटन, व्यापार और सुरक्षा सहित कई क्षेत्रों में इजरायल के साथ मिलकर काम करेंगे।
- धार्मिक महत्व यह है कि यह मुसलमानों को इस्लाम के सबसे पवित्र स्थलों में से एक, जेरूसलेम में अल-अक्सा मस्जिद की अनुमति देगा।
- समझौते पर हस्ताक्षर के बाद, सूडान और मोरक्को ने भी उसी वर्ष इजरायल के साथ संबंधों को सामान्य कर दिया। यह अनुमान लगाया गया है कि और भी देश इसका अनुसरण करेंगे, लेकिन मध्य-पूर्वी राजनीति की तथ्यात्मक प्रकृति को देखते हुए कम से कम अल्पावधि में इसकी संभावना बहुत कम है।
- विदेशी संबंध विशेषज्ञों की राय है कि इस क्षेत्र में ईशान के दबदबे ने समझौतों परे हस्ताक्षर करने में महत्वपूर्ण भूमिका निभाई है।

भारत के लिए, अब्राहम समझौता एक स्वागत योग्य कदम है जो मध्य पूर्व में शांति के एक नए युग की शुरुआत कर सकता है। चूंकि यह समझौते के सभी हस्ताक्षरकर्ताओं के साथ सौहार्दपूर्ण संबंध साझा करता है, इसलिए भारत को इसके परिणामस्वरूप अभूतपूर्व लाभ प्राप्त होगा।

सामान्य अध्ययन मुख्य परीक्षा - 2021
हल प्रश्न-पत्र 3

कुल अंक : 200 **समयावधि : 3 घण्टे**

लघुउत्तरीय प्रश्न खण्ड-अ/Section-A

प्रश्न-1: भारत के डिजिटल इंडिया कार्यक्रम की व्याख्या कीजिये। (125 शब्द) 8 अंक

उत्तर: डिजिटल इंडिया भारत को डिजिटल सशक्त समाज और ज्ञान अर्थव्यवस्था में बदलने का एक कार्यक्रम है।

प्रत्येक नागरिकों के लिए उपयोगिता के रूप में डिजिटल इन्फ्रास्ट्रक्चर

- नागरिकों को सेवाएं प्रदान करने के लिए मुख्य उपयोगिता के रूप में हाई स्पीड इंटरनेट की उपलब्धता।
- मोबाइल फोन और बैंक खाता डिजिटल और वित्तीय क्षेत्र में नागरिकों की भागीदारी को सक्षम बनाता है।
- कॉमन सर्विस सेंटर तक आसान पहुंचा।
- सार्वजनिक क्लाउड पर साझा करने योग्य निजी स्थान।
- सुरक्षित और सुरक्षित साइबर स्पेस।

मांग पर शासन और सेवाएं

- विभागों या क्षेत्राधिकारों में निर्बाध रूप से एकीकरण।
- ऑनलाइन और मोबाइल प्लेटफॉर्म से वास्तविक समय में सेवाओं की उपलब्धता।
- आसान पहुंच सुनिश्चित करने के लिए सभी नागरिक अधिकार क्लाउड पर उपलब्ध होंगे।
- व्यवसाय करते में सुगमता में सुधार के लिए सरकारी सेवाओं को डिजिटल रूप से रूपांतरित किया गया।
- वित्तीय लेनदेन को एक सीमा से ऊपर, इलेक्ट्रॉनिक और कैशलेस बनाना।
- निर्णय समर्थन प्रणालियों और विकास के लिए जीआईएस का लाभ उठाना

प्रश्न-2: भारत के औपचारिक क्षेत्र में रोजगार पर वैश्वीकरण के प्रभाव की समीक्षा करें। (125 शब्द) 8 अंक

उत्तर: वैश्वीकरण ने राष्ट्रों में उत्पादन और बाजारों के वैश्विक एकीकरण को सक्षम बनाया। अनौपचारिकीकरण ने कई लोगों को आजीविका प्रदान की है, लेकिन इसने उम्मीद के मुताबिक जीवन स्तर नहीं बढ़ाया है।

1. **सार्वजनिक रोजगार में गिरावट:** औपचारिक रोजगार का सबसे स्थिर स्रोत सार्वजनिक क्षेत्र रहा है क्योंकि उदारीकरण का मुख्य फोकस सार्वजनिक क्षेत्र के आकार में कमी है। औपचारिक रूप से नियोजित श्रमिकों का अनुपात गिर जाता है जब तक कि सरकारें अपने कार्यबल में कटौती नहीं करती हैं।
2. **प्रतिबंधात्मक श्रम कानून:** उदारीकरण के बाद प्रतिबंधात्मक श्रम कानूनों और श्रम सुधारों की कमी के कारण, उद्योग अनुबंध पर काम पर रखने लगे। इससे औपचारिक नौकरियों में कमी, आई और अल्पकालिक प्रकृति की अधिक संविदात्मक नौकरियां शुरू हुई।

अनौपचारिक नौकरियों में अक्सर कम उत्पादकता और कम सामान्य गुणवत्ता होती है। अनौपचारिक श्रमिकों के पास उचित वेतन की कमी होती है और उनकी मजदूरी भी कम होती है। कम मजदूरी से असमानता बढ़ती है, जो समावेशी विकास के लिए. हानिकारक है।

यह निष्कर्ष निकाला जा सकता है कि अनौपचारिक रोजगार हालांकि गरीबों के लिए बुरी तरह से आवश्यक नौकरियां प्रदान करता है, लेकिन यह श्रमिकों की सुरक्षा को नुकसान पहुंचाता है।

प्रश्न-3: समवेशी विकास की रणनीति किस प्रकार समवेशी एवं धारणीयता के उद्देश्यों को एक साथ पूरा करने का प्रयोजन रखती है? समझाये। **(125 शब्द) 8 अंक**

उत्तर: विश्व बैंक के अनुसार, समावेशी विकास (GI-Inclusive Growth) व्यापक-आधारित, "साझा'' और "गरीब-समर्थक विकास'' को संदर्भित करता है। इसमें विकास को गति और पैटर्न दोनों शामिल हैं, जिसे आपस में जुड़ा हुआ माना जाता है और इसलिए इसे एक साथ संबोधित करने की आवश्यकता है। दूसरी ओर, समावेशिता एक अवधारणा है जिसमें इक्विटी, अवसर की समानता और बाजार तथा रोजगार संक्रमण में सुरक्षा शामिल है और इसलिए यह किसी भी सफल विकास रणनीति का एक अनिवार्य घटक है।

विकास की तीव्र गति निर्विवाद रूप से पर्याप्त गरीबी में कमी के लिए आवश्यक है, लेकिन इस विकास को लंबे समय तक बनाए रखने के लिए, यह सभी क्षेत्रों में व्यापक आधारित होना चाहिए, और देश की श्रम शक्ति के बड़े हिस्से को शामिल करना चाहिए।

इस प्रकार, GI बहिष्कृत समूहों के लिए आय बढ़ाने के साधन के रूप में आय पुनर्वितरण के बजाय उत्पादक रोजगार पर ध्यान केंद्रित करता है। इसके अलावा, न केवल वृद्धिशील उत्पादक रोजगार वृद्धि पर, बल्कि उत्पादकता वृद्धि पर भी ध्यान केंद्रित किया गया है।

समावेशी विकास दृष्टिकोण एक दीर्घकालिक परिप्रेक्ष्य लेता है, जहाँ सुधारों और परिणामों के बीच समय अंतराल को पहचानना महत्वपूर्ण है। समावेशी विकास विश्लेषण उन नीतियों के बारे में है, जिन्हें अल्पावधि में लागू किया जाना चाहिए, लेकिन भविष्य में स्थायी, समावेशी विकास के लिए।

प्रश्न-4: सतत विकास लक्ष्य-2030 क्या है? इससे संबन्धित विभिन्न कार्यसूची की प्रासंगिकता की विवेचना कीजिये। **(125 शब्द) 8 अंक**

उत्तर: 2030 एजेंडा सार्वभौमिक, परिवर्तनकारी और अधिकार-आधारित है। यह देशों, संयुक्त राष्ट्र प्रणाली और अन्य सभी कर्मियों के लिए कार्य की एक महत्वाकांक्षी योजना है।

एजेंडा को रेखांकित करने वाले मूल सिद्धांत

2030 एजेंडा निम्नलिखित मूल सिद्धांतों का प्रतीक है:

सार्वभौमिकता 2030 का एजेंडा सार्वभौमिक है और सभी देशों को, उनकी आय के स्तर और विकास की स्थिति के बावजूद, सतत विकास की दिशा में एक व्यापक प्रयास में योगदान करने के लिए प्रतिबद्ध करता है।

2030 एजेंडा सभी लोगों को लाभान्वित करने का प्रयास करता है और सभी लोगों की जरूरत और वंचितों तक लाभ पहुँचने के लिए तथा किसी को भी पीछे नहीं छोड़ने के लिए प्रतिबद्ध है।

2030 एजेंडा के केंद्र में पांच महत्वपूर्ण आयाम हैं; लोग, समृद्धि, ग्रह, साझेदारी और शांति, जिसे 5पी के रूप में भी जाना जाता है। परंपरागत रूप से तीन मुख्य तत्वों को देखा जाता है- सामाजिक समावेश, आर्थिक विकास और पर्यावरण संरक्षण। टिकाऊ विकास की अवधारणा ने 2030 एजेंडा को अपनाने के साथ एक समृद्धि अर्थ प्राप्त किया है, जो दो महत्वपूर्ण घटकों को जोड़कर इस पारंपरिक दृष्टिकोण पर आधारित है : साझेदारी और शांति। वास्तविक स्थिरता इन पांच आयामों के मूल में है।

प्रश्न-5: कृषि में प्रौद्योगिकी मिशन क्या है? इसकी उपयोगिता बताइये। (125 शब्द) 8 अंक

उत्तर: भारत में तकनीकी मिशन 1987 में राजीव गांधी के नेतृत्व वाली कांग्रेस सरकार द्वारा शुरू किया गया था। मिशन में पांच महत्वपूर्ण क्षेत्रों को कवर करने का कार्य था, जिन्हें भारतीय अर्थव्यवस्था और समाज के विकास के लिए बहुत महत्वपूर्ण माना जाता था।

पेयजल मिशन ने 1,00,000 समस्या वाले गांवों की पहचान की। भूजल विज्ञान मानचित्रण का उपयोग करके अनुसंधान किया गया था, यह निर्धारित करने के लिए कि नए कुओं को कहाँ ड्रिल किया जाए, जल स्रोतों को बढाया जाए।

- कृषि और बागवानी में प्रौद्योगिकी मिशन।
- बागवानी के एकीकृत विकास के लिए राष्ट्रीय मिशन।
- पूर्वोत्तर और हिमालयी राज्यों के लिए बागवानी मिशन।
- राष्ट्रीय बागवानी मिशन।
- तिलहन और ताड़ के तेल पर राष्ट्रीय मिशन।
- नारियल पर प्रौद्योगिकी मिशन।

मिशन को नारियल की खेती को प्रतिस्पर्धी बनाने और उचित रिटर्न सुनिश्चित करने के लिए पर्याप्त, उचित, समय पर और समवर्ती कार्रवाई सुनिश्चित करने के लिए मिशन मोड में उपयुक्त कार्यक्रमों के माध्यम से मौजूदा कार्यक्रमों के एकीकरण और समस्याओं को दूर करने और अंतराल को पाटने के लिए सभी प्रयासों को एकजुट करने और तालमेल बिठाने के लिए शुरू किया गया था।

प्रश्न-6: उत्तर प्रदेश में बुनियादी ढांचागत परियोजनाओं के विकास में कौन- सी बाधाएँ हैं? इन बाधाओं के निवारण हेतु राज्य सरकार द्वारा उठाए गए प्रयासों का वर्णन कीजिये। (125 शब्द) 8 अंक

उत्तर: प्रक्रियात्मक देरी और निवेश की लंबी अवधि के बाद अपेक्षित रिटर्न के साथ इंफ्रास्ट्रक्चर प्रोविजमिंग के लिए बड़े पैमाने पर निवेश की आवश्यकता होती है। नतीजवन, उच्च वित्तीय आवश्यकताओं को देखते हुए, विशेष रूप से बड़े पैमाने पर बुनियादी ढांचा विकास परियोजनाओं के लिए, अकेले सार्वजनिक निवेश उत्तर प्रदेश में बुनियादी ढांचे के विकास के लिए पर्याप्त नही हो सकता है।

सरकार की बजटीय बाधाओं को देखते हुए, पीपीपी के माध्यम से बुनियादी ढांचे के प्रावधान के लिए निजी वित्तपोषण अनिवार्य हो गया है। अंतर्राष्ट्रीय अनुभव से पता चलता है कि पीपीपी से अधिकतम लाभ प्राप्त करनें के लिए, उन्हें निम्नलिखित वातावरण में क्रियान्विंत किया जाना चाहिए: निवेशकों के लिए मजबूत कानूनी सुरक्षा के साथ एक स्पष्ट और स्थिर नीति और नियामक ढांचा; एक कुशल निरीक्षण और विवाद समाधान तंत्र; किसी विशेष परियोजना के लिए उपयुक्त पीपीपी व्यवस्था का आवंटन और अंत में, सार्वजनिक और निजी क्षेत्र के बीच पर्याप्त जोखिम-साझाकरण।

राज्य गरीबी और भेद्यता को दूर करने के लिए कौशल प्रशिक्षण और उद्यमिता के माध्यम से लोगों, विशेष रूप से महिलाओं और युवाओं के लिए स्वरोजगार के अवसरों का विस्तार करना चाहता है। राज्य सरकार प्रौद्योगिकी, अनुसंधान और नवाचार का समर्थन करने के लिए प्रतिबद्ध है और औद्योगिक विविधीकरण और विकास के लिए अनुकूल नीति वातावरण तैयार करेगी।

प्रश्न-7: उत्तर प्रदेश का देश में खाद्यान फसलों प्रमुख स्थान है। इस कथन का मूल्यांकन कीजिये। (125 शब्द) 8 अंक

उत्तर: उत्तर प्रदेश एक कृषि प्रधान अर्थव्यवस्था हैं, जहाँ की 47% आबादी अपनी आजीविका के लिए सीधे कृषि पर निर्भर है। भलें ही समग्र जीएसडीपी में कृषि का हिस्सा गिरकर केवल 12% रह गया हो, कृषि अभी भी एक महत्वपूर्ण क्षेत्र बना हुआ है क्योंकि कार्यबल के एक बड़े हिस्से की आय अभी भी इस क्षेत्र से आती है।

यूपी को उपजाऊ भारत-गंगा के मैदानों का आशीर्वाद प्राप्त है और, राज्य के भौगोलिक क्षेत्र के आकार को देखते हुए, यह राष्ट्र की खाद्य सुरक्षा में एक महत्वपूर्ण योगदानकर्ता है। भारत का लगभग 28% गेहूं और 2% चावल राज्य द्वारा उत्पादित किया जाता है। गन्ने का उत्पादन भी बड़ी मात्रा में होता है, जो देश के कुल उत्पादन का 44% है। राज्य के विशाल आकार को देखते हुए, इसके चार क्षेत्र हैं- पश्चिमी क्षेत्र, पूर्वी क्षेत्र, मध्य क्षेत्र और बुंदेलखंड। पश्चिमी-उत्तर प्रदेश कृषि और संबद्ध गतिविधियों से उत्पादन के मूल्य में योगदान के मामले में सबसे प्रगतिशील क्षेत्र है जबकि बुंदेलखंड बहुत पीछे है।

दूध यूपी के कृषि विकास में महत्वपूर्ण योगदान देने वाला सबसे महत्वपूर्ण क्षेत्र है और इसमें भविष्य में किसानों की आय बढ़ाने की क्षमता है।

प्रश्न-8: आपदा प्रबंधन के विभिन्न प्रकारों एवं कार्यों का उल्लेख कीजिये। (125 शब्द) 8 अंक

उत्तर: आपदा प्रबंधन (या आपातकालीन प्रबंधन) जोखिमों से निपटने और उनसे बचने का अनुशासन है। इस प्रबंधन को तीन चरणों में वर्गीकृत किया जा सकता है:

(1) **आपदा पूर्व प्रबंधन** : यह किसी भी संभावित आपदा के आने से पहले ही बचाव से संबंधित है। इसका सबसे महत्वपूर्ण उद्देश्य मानव हानि को कम करना है। इससें सूचना प्रौद्योगिकी प्रणाली का विकास भी शामिल है; आवश्यक कार्रवाई के लिए संसाधन जुटाना, आपदा का आकलन करना और चेतावनी जारी करंना और मीडिया, रेडियो आदि के माध्यम से लोगों को आपदा की स्थिति में सुरक्षित स्थान पर पहुंचाना आदि प्रमुख कार्य हैं।

(2) **आपदाओं के दौरान प्रबंधन** : यह उन महत्वपूर्ण चरणों में. से एक है, जो आपदा पूर्व प्रबंधन चरण -के स्तर पर निर्भर करता, है। त्वरित कार्रवाई की प्रक्रिया और आपदा प्रभावित क्षेत्रों के पीड़ितों की मदद उन्हे सुरक्षित क्षेत्रों में पहुंचाना इसका आधार है। इसमें लोगों को खाना, कपड़ा और स्वास्थ्य सुविधाएं भी मुहैया कराई जाती हैं।

(3) **आपदा के बाद प्रबंधन** : इस विशेष चरण में प्रभावित क्षेत्रों का पुनर्विकास और पुनर्निर्माण किया जाता है। साथ ही प्रशासन प्रभावित लोगों को रोजगार या मुआवजा देकर उनकी मदद करने के लिए बाध्य है।

प्रश्न-9: विद्रोह (विप्लब) से क्या तात्पर्य है? व्याख्या कीजिये। (125 शब्द) 8 अंक

उत्तर: विद्रोह कमजोरों के संघर्ष का प्रतिनिधित्व करता है। आंतरिक संघर्ष की विषम प्रकृति विद्रोही आंदोलन को-शक्ति संतुलन को अपने पक्ष में बदलने के लिए सभी उपलब्ध साधनों का उपयोग करने के लिए मजबूर करती है।

यह आम तौर पर गुरिल्ला युद्ध के एक लंबे अभियान का सहारा लेता है, जिनमें से कुछ शुरुआती उदाहरण कांस्य युग के दौरान निकट पूर्व में पाए जा सकते हैं। पहलेयहूदी विद्रोह (66-73 ईसा पूर्व) और अरब विद्रोह (1916-18) में युद्ध का एक ही पूर्व-ऐतिहासिक रूप दिखाई देता है, यद्यपि एक अधिक स्पष्ट वैचारिक तत्व के साथ विद्रोह कोई समकालीन घटना नहीं है, बल्कि मानव इतिहास की एक निरंतर विशेषता है। हजारों वर्षों से, राजनीतिक शिकायतों और आदर्शों के इर्द-गिर्द एकजुट हुए समूह स्थापित शासन व्यवस्था को चुनौती देने के लिए उभरे हैं। राजनीतिक आंदोलनों ने न केवल राज्य पर कब्जा करने के उद्देश्य से, बल्कि कुछ मामलों में आमूल-चूल सामाजिक परिवर्तन के उद्देश्य से बहिष्कार, भेदभाव और असुरक्षा की भावनाओं का दोहन किया है।

प्रश्न-10: आंतरिक सुरक्षा में मीडिया तथा सोशल नेटवर्किंग की भूमिका महत्वपूर्ण है। विश्लेषण कीजिये। (125 शब्द) 8 अंक

उत्तर: सोशल मीडिया का हाल के दिनों में हमारे समाज में महत्वपूर्ण स्थान हो गया है।

- सोशल मीडिया के फायदे बहुत हैं, लेकिन वे साइबर आतंकवाद, धोखाधड़ी अपराध, हिंसा फैलाने आदि जैसे विभिन्न रूपों में आंतरिक सुरक्षा के लिए खतरा पैदा कर रहे हैं।
- सिस्को 2013 की वार्षिक सुरक्षा रिपोर्ट के अनुसार, ऑनलाइन सुरक्षा खतरों का उच्चतम संकेंद्रण सोशल मीडिया सहित बड़े पैमाने पर दर्शकों की साइटों पर है।

- सोशल मीडिया के माध्यम से झूठी सूचनाओं का तेजी से प्रसार, विश्व आर्थिक मंच द्वारा अपनी वैश्विक जोखिम 2013 रिपोर्ट में पहचाने गए उभरते जोखिमों में से एक है।
- शांति और सद्भाव बनाए रखने के लिए किसी भी राष्ट्र के लिए राष्ट्रीय सुरक्षा सबसे महत्वपूर्ण है। राष्ट्र कई आंतरिक सुरक्षा चुनौतियों का सामना करते हैं और सोशल मीडिंया उसके लिए मंच के रूप में कार्य करता है। सोशल मीडिया अपने आप में सुरक्षा के लिए खतरा नहीं है, लेकिन इन सेवाओं के उपयोगकर्ता अपने असामाजिक प्रयासों से खतरा पैदा कर सकते हैं।

एक वैश्वीकृत समाज में, मीडिया दुश्मन और जनता के खिलाफ भी एक घातक हथियार बन जाता है। सोशल मीडिया का विवेकपूर्ण उपयोग होना चाहिए।

दीर्घउत्तरीय प्रश्न खण्ड-ब/Section-B

प्रश्न-11: कृत्रिम बुद्धि के संदर्भ में भारत में राष्ट्रीय नीति क्या है? विस्तारपूर्वक समझाये। (200 शब्द) 12 अंक

उत्तर: 2020 में, भारत सरकार ने AI, loT बिग डेटा, साइबर सिक्योरिटी, मशीन लर्निंग और रोबोटिक्स को बढ़ावा देने के लिए डिजिटल इंडिया के लिए परिव्यय को बढ़ाकर $477 मिलियन कर दिया। 2019 के केंद्रीय बजट में, वित्त मंत्री निर्मला सीतारमण ने कहा कि सरकार एआई, बिग डेटा और रोबोटिक्स जैसी तकनीकों में भारत में 10 मिलियन युवाओं के लिए उद्योग-प्रासंगिक कौशल प्रशिक्षण की पेशकश करेगी।

एमसीए 3.0 पोर्टल : कॉर्पोरेट मामलों के मंत्रालय (एमसीए) ने हाल ही में अपने पोर्टल का एक नया संस्करण, संस्करण 3.0, एमसीए 21 लॉन्च किया, जो कपनियों के लिए नियामक फाइलिंग को आसान बनाने के लिए डेटा एनालिटिक्स, एआई और एमएल का लाभ उठाएगा। सुधार के पीछे का विचार व्यापार करने में आसानी और अनुपालन निगरानी को बढ़ावा देना है।

एआई पोर्टल : जून 2020 में MeitY और BASSCIN द्वारा संयुक्त रूप से विकसित, भारत सरकार ने एक समर्पित कृत्रिम बुद्धिमत्ता (AI) पोर्टल लॉन्च किया, भारत AI हर चीज के लिए एक केन्द्रीय केन्द्र के रूप में स्लेटेड है। पोर्टल भारत में सभी एआई-संबंधित विकास और पहल के लिए वन-स्टॉप-शॉप के रूप में कार्य करेगा।

राष्ट्रीय अनुसंधान फाउंडेशन : एनआरएफ, नई राष्ट्रीय शिक्षा नीति (एनईपी) 2020 के तहत एक स्वायत्त निकाय, एआई सहित सभी क्षेत्रों में अनुसंधान को बढ़ावा देने के लिए स्थापित किया गया है। यह अनुसंधान से संबंधित संस्थानों की शासन संरचना को मजबूत करेगा और अनुसंधान एवं विकास, शिक्षा और उद्योग के बीच संबंधों में सुधार करेगा।

इसके अतिरिक्त, इलेक्ट्रॉनिक्स और सूचना प्रौद्योगिकी मंत्रालय (MeitY) द्वारा नीति-स्तरीय पहल और NASSCOM और रक्षा अनुसंधान एवं विकास संगठन (DRDO) द्वारा के आसपास के कार्यक्रमों ने भविष्य में व्यवधान के लिए आधार तैयार किया है और भारत में AI के लिए एक रोडमैप तैयार किया गया है।

प्रश्न-12: विभिन्न प्रकार के साइबर अपराधों के बारे बताइये। आप अपने को साइबर अपराधों से कैसे सुरक्षित रख सकते हैं? (200 शब्द) 12 अंक

उत्तर: साइबर अपराध को ''किसी भी गैरकानूनी कार्य के रूप में परिभाषित किया जा सकता है, जहाँ कंप्यूटर या संचार उपकरण या कंप्यूटर नेटवर्क का उपयोग किसी अपराध को करने या उसे सुविधाजनक बनाने के लिए किया जाता है।''

अधिकांश साइबर अपराध दो मुख्य श्रेणियों में आते हैं:

- आपराधिक गतिविधि जो कंप्यूटर को लक्षित करती है।
- आपराधिक गतिविधि जो कंप्यूटर का उपयोग करती है।

कंप्यूटर को लक्षित करने वाले साइबर अपराध में अक्सर वायरस जैसे मैलवेयर शामिल होते हैं।

साइबर अपराध जो अन्य अपराध करने के लिए कंप्यूटर का उपयोग करता है, उसमें मैलवेयर, अवैध जानकारी या अवैध छवियों को फैलाने के लिए कंप्यूटर का उपयोग करना शामिल हो सकता है। साइबर अपराधों में मौद्रिक अपराध के साथ-साथ गैर-मौद्रिक अपराध भी शामिल हैं। अपराधों के परिणामस्वरूप व्यक्तियों, कंप्यूटरों या सरकारों को नुकसान होता है।

1. **साइबर बुलिंग**- कंप्यूटर, मोबाइल फोन, लैपटॉप आदि जैसे इलेक्ट्रॉनिक या संचार उपकरणों के उपयोग के माध्यम से उत्पीड़न या धमकाने का एक रूप।
2. **साइबर ग्रूमिंग**- साइबर ग्रूमिंग तब होती है जब कोई व्यक्ति किसी युवा व्यक्ति के साथ ऑनलाइन संबंध बनाता है और उस पर यौन क्रिया करने के लिए छल करता है या दबाव डालता है।
3. **ऑनलाइन जॉब फ्रॉड**- ऑनलाइन जॉब फ्रॉड उन लोगों को धोखा देने का एक प्रयास है, जिन्हें रोजगार की जरूरत है, उन्हें झूठी उम्मीद/उच्च मजदूरी के साथ बेहतर रोजगार का वादा देकर धोखा दिया जाता है।

भारत के राष्ट्रीय अपराध रिपोर्टिंग-पोर्टल का उपयोग करके साइबर अपराध की शिकायत दर्ज की जा सकती है।

यह पोर्टल पीडितों/ शिकायतकर्ताओं को साइबर अपराध को शिकायतों को ऑनलाइन रिपोर्ट करने की सुविधा प्रदान करने के लिए भारत सरकार की एक पहल है।

- ऑनलाइन चाइल्ड पोनोंग्राफी (सीपी)
- बाल यौन शोषण सामग्री. (सीएसएएम)
- यौन रूप से स्पष्ट सामग्री जैसे बलात्कार/सामूहिक बलात्कार (सीपी/आरजीआर) सामग्री इत्यादि।

प्रश्न-13: क्या आप इस कथन से सहमत हैं कि "मेक इन इंडिया" कार्यक्रम की सफलता, स्किल इंडिया कार्यक्रम की सफलता एवं मौलिक श्रम सुधारों पर निर्भर है? तार्किक तर्कों के साथ विवेचनाः कीजिये।

(200 शब्द) 12 अंक

उत्तरः मेक इन इंडिया पहल 2014 में भारत को वैश्विक विनिर्माण केंद्र बनाने के प्राथमिक लक्ष्य के साथ शुरू की गई थी, जिसमें बहुराष्ट्रीय और घरेलू कंपनियों दोनों को देश के भीतर अपने उत्पादों का निर्माण करने के लिए प्रोत्साहित किया गया था। यह रोजगार सृजन को बढ़ावा देने, नवाचार को बढ़ावा देने, कौशल विकास को बढ़ाने और बौद्धिक संपदा की रक्षा करने का भी प्रयास करता है।

मेक इन इंडिया को साकार करने से जुड़ी चुनौतियाँ

- भारत ने विनिर्माण क्षेत्र को दरकिनार करते हुए अपने कार्यबल को कृषि से सेवाओं में स्थानांतरित होते देखा है। साथ ही, रोजगार में कृषि का हिस्सा अभी भी कुल रोजगार का लगभग 50% है जो सकल घरेलू उत्पाद में केवल 17-18% का योगदान देता है।
- विनिर्माण और कृषि से सेवाओं की ओर श्रम की आवाजाही भारत के लिए सकारात्मक प्रवृत्ति नहीं हो सकती है। उदाहरण के लिए, कम-कौशल और कम-आय वाली सेवाओं जैसे सुरक्षा गार्ड और स्थानीय डिलीवरी कर्मियों आदि के लिए आंदोलन से भारत को लंबे समय में कुल स्वर पर आय स्तर और श्रम उत्पादकता बढ़ाने में कोई लाभ नहीं होगा।

स्किल इंडिया के साथ मेक इन इंडिया के एकीकरण में समाधान निहित है

- फिक्की की एक रिपोर्ट के अनुसार, भारत में व्यावसायिक पाठययक्रमों में लगभग 5.5 मिलियन लोग नामांकित हैं, जबकि चीन में यह. संख्या 90 मिलियन है, जो स्पष्ट रूप से आसानी से रोजगार पाने योग्य कार्यबल की उपलब्धता में भारी अंतर को दर्शाता है। इसलिए भारत को चीन की तरह मैन्युफैक्चरिंग हब बनने के लिए अकुशल श्रम बाजार का लाभ उठाना होगा। इसलिए, भारत को वैश्विक विनिर्माण केंद्र कें रूप में विकसित करने के लिए, यह महत्वपूर्ण है कि सरकार न केवल भारत को एक आकर्षक व्यावसायिक गंतव्य के रूंप में विकसित करने पर ध्यान केंद्रित करे, बल्कि कुशल कार्यबल के वैश्विक पावरहाउस के रूप में भी विकसित करे।

प्रश्न-14: उत्तर प्रदेश राज्य सरकार के 2021-22 बजट में शुरू की गई योजनाओं के राज्य की सामाजिक- आर्थिक व्यवस्था पर पड़ने प्रभावों की समीक्षा कीजिये। (200 शब्द) 12 अंक

उत्तर: उत्तर प्रदेश सरकार ने वर्ष 2021-22 के लिए 550270.8 करोड रुपये का बजट पेश किया।

- राज्य के बजट में 27598.4 करोड़ रुपये की नई योजनाओं को शामिल किया गया है। राज्य सरकार ने अयोध्या के समग्र विकास के लिए 40 करोड़ रुपये और शहर में हवाई अड्डे के लिए 101 करोड़ रुपये आवंटित किए हैं।
- सरकार ने जेवर, चित्रकूट और सोनभद्र में नए हवाई अड्डों के लिए 2000 करोड़ रुपये आवंटित किए हैं। मुख्यमंत्री कन्या सुमंगल योजना के तहत, सरकार ने छात्राओं को टैबलेट देने के लिए 1,200 करोड़ रुपये आवंटित किए। गोरखपुर एक्सप्रेस-वे के लिए बजट में 750 करोड रुपये आवंटित किए गए हैं।
- पूर्वांचल एक्सप्रेसवे और बुंदेलखंड एक्सप्रेसवे के लिए सरकार ने क्रमशः 1,107 करोड़ रुपये और 1,492 करोड़ रुपये आवंटित किए। गंगा एक्सप्रेस-वे के भूमि अधिग्रहण के लिए 7200 करोड़ रुपये आवंटित किए गए।
- परियोजना एवं निर्माण कार्य के लिए 489 करोड़ रू. वर्ष 2022 तक किसानों की आय दोगुनी करने के लिए 100 करोड़ रुपये का परिव्यय प्रस्तावित है।

राज्य के बजट में अन्य राज्यों से आने-वाले: प्रवासी श्रमिकों को रोजगार और स्वरोजगार प्रदान करने के उद्देश्य से 100 करोड़ रुपये की एक नई योजना 'मुख्यमंत्री प्रवासी श्रमिक विकास योजनो' का भी प्रस्ताव किया गया है। बजट में कोविड-19 की रोकथाम के लिए टीकाकरण योजना के लिए 50 करोड, प्राथमिक स्वास्थ्य देखभाल सुविधाओं के लिए नैदानिक बुनियादी ढांचे के निर्माण के लिए 1073 करोड रुपये, शहरी स्वास्थ्य और आरोग्य केंद्रों के लिए 425 करोड़ रुपये की घोषणा भी की गई है। बजट में राष्ट्रीय डिजिटल स्वास्थ्य मिशन के लिए 23 करोड रुपये का भी प्रस्ताव किया गया है। इन योजनाओं से अन्य निश्चित ही सामाजिक-आर्थिक रूप से सुदृढ़ होगा।

प्रश्न-15: बेरोजगारी के विभिन्न प्रकार क्या हैं? भारत में बेरोजगारी को दूर करने के लिए सरकार द्वारा किए गए विभिन्न प्रयासों का उल्लेख कीजिये। (200 शब्द) 12 अंक

उत्तर: ऐसी स्थिति जहाँ कोई व्यक्ति सक्रिय रूप से नौकरी की तलाश में है, लेकिन उसे प्राप्त करने में असमर्थ है, वह बेरोजगारी है। यह अर्थव्यवस्था के वृद्धि और विकास को मापने का एक प्रमुख मानदंड है।

भारत में बेरोजगारी के प्रकार

प्रच्छन्न बेरोजगारी- यह स्थिति तब होती है जब नियोजित व्यक्तियों की संख्या आवश्यकता से अधिक होती है।

मौसमी बेरोजगारी- इस प्रकार की बेरोजगारी वर्ष के विभिन्न मौसमों के अनुसार होती है; जैसे- केवल फसल के मौसम में काम करने वाले किसान।

संरचनात्मक बेरोजगारी- यह एक ऐसी स्थिति है जो तब उत्पन्न होती है जब उपलब्ध रोजगार के अवसर किसी व्यक्ति के कौशल से मेल नहीं खाते। यह भारत में शिक्षा या प्रशिक्षण की कमी के कारण हो सकता है।

अक्रीय बेरोजगारी- यह पूंजीवादी अर्थव्यवस्था में आम है और इसलिए भारत में ऐसा नहीं है। इस अवस्था में मंदी में रोजगार बढ़ता है और अर्थव्यवस्था के विकास के दौरान गिरता है।

रोजगार दर बढ़ाने के लिए सरकार द्वारा उठाए गए कदम

सरकार देश में रोजगार दर को बढ़ावा देने के लिए कई योजनाएं लेकर आई है। उनमें से कुछ हैं -

1. एकीकृत ग्रामीण विकास कार्यक्रम, ग्रामीण क्षेत्रों में रोजगार के अवसर पैदा करने की एक पहल। यह पूर्ण रोजगार प्रदान करने के इरादे से 1980 में आधिकारिक हो गया।

2. स्वरोजगार के लिए ग्रामीण, युवाओं का प्रशिक्षण युवाओं पर केंद्रित एक और प्रशिक्षण था। इसका उद्देश्य 18 वर्ष से 35 वर्ष की आयु के बेरोजगार ग्रामीण युवाओं को स्वरोजगार के अवसरों के लिए कौशल अपनाने में मदद करना था।
3. महात्मा गांधी राष्ट्रीय ग्रामीण रोजगार गारंटी अधिनियम 2005 में रोजगार सृजन की योजना है। यह योजना अकुशल श्रम प्रधान कार्य करने के इच्छुक परिवारों के व्यक्तियों को 100 दिनों का सवैतनिक रोजगार प्रदान करना सुनिश्चित करती हैं।

प्रश्न-16: उत्तर प्रदेश के प्रमुख उद्योगों के विकास की चर्चा कीजिये तथा इसकी विभिन्न चुनौतियों पर प्रकाश डालिए। (200 शब्द) 12 अंक

उत्तर: उत्तर प्रदेश, जिसे भारत के गढ़ के रूप में वर्णित किया गया है, भारत के पहले दो समर्पित माल गलियारों के प्रभाव क्षेत्र में आता है- दिल्ली और मुंबई के बीच चलने वाला पश्चिमी गलियारा और लुधियाना और कोलकाता के बीच चलने वाला पूर्वी गलियारा, जो इसे देश के दूरदराज के हिस्सों से जोड़ता है। उत्तर प्रदेश में मेरठ में खेल के सामान, मुरादाबाद में पीतल के बर्तन, कन्नौज में इत्र, कानपुर में चमड़ा, आगरा में जूते, वाराणसी में कढ़ाई वाली साड़ियाँ, भदोही में कालीन, लखनऊ में चिकन का काम आदि जैसे कई स्थानीय रूप से विशिष्ट व्यावसायिक समूह हैं।

ताजमहल, बौद्ध तीर्थस्थल- जैसे सारनाथ और कुशीनगर; और प्रयागराज और वाराणसी जैसे प्रमुख हिंदू दीर्थ स्थानों की उपस्थिति के साथ राज्य भारत में सबसे लोकप्रिय पर्यटन स्थलों में से एक है।

- 2017-18 में, उत्तर प्रदेश में 8.99 मिलियन (देश में 4.20%) अनुमानित MSMEs की संख्या थी। MSMEs क्षेत्र के भीतर, भारत से कुल निर्यात में राज्य का योगदान हस्तशिल्प में 44%, 39% कालीनों में, और चमड़े के सामान में ..... है। इनमें से कई MSMEs समूहों को तेजी से वैश्वीकृत अर्थव्यवस्था में प्रतिस्पर्धा बने रहने में गंभीर चुनौतियों का सामना करना पड़ता है।
- उन्हें न केवल बुनियादी ढांचे के उन्नयन के उद्देश्य से बल्कि आधुनिक तकनीक, बाजार, वित्त और कौशल तक पहुंच के मामले में भी रणनीतिक हस्तक्षेप की आवश्यकता है। जबकि राष्ट्रीय और राज्य दोनों सरकारों ने MSMEs को लाभ पहुंचाने के लिए कई योजनाओं की घोषणा की है, हितधारकों के परामर्श से पता चला है कि लगभग 30% MSMEs इकाइयां सीमित पहुंच या ऐसी योजनाओं के में जागरूकता की कमी के कारण इन लाभों का लाभ उठाने में विफल रही हैं।

प्रश्न-17: भारतीय अर्थव्यवस्था पर लॉकडाउन के प्रयासों पर चर्चा कीजिए तथा इस अवधि के दौरान अर्थव्यवस्था में सुस्ती की प्रवृतियों से निपटने हेतु बजटीय रणनीति की समीक्षा कीजिये। (200 शब्द) 12 अंक

उत्तर: दुनिया भर की अर्थव्यवस्थाएं 2020 की अप्रैल-जून तिमाही में गहरे संकुचन में गिर गई। भारत के लिए, तिमाही में वास्तविक जीडीपी (सकल घरेलू उत्पाद) में गिरावट, भारतीय रिजर्व बैंक (RBI) के साथ रिकॉर्ड सबसे कम 23.9 प्रतिशत थी।

- कोविड-19 महामारी एक बाहरी आघात है। भारत के लिए, हालांकि, महामारी के कारण बड़े पैमाने पर आर्थिक गिरावट आने से पहले ही नीचे की ओर गिरावट शुरू हो गई थी। 2019-20 की अंतिम तिमाही में 3.1 प्रतिशत की वृद्धि दर देखी गई, जो 2002-03 की पिछली तिमाही के 4.3 प्रतिशत से कम है।

मंदी की प्रवृत्ति से निपटने के लिए निम्नलिखित महत्वपूर्ण घोषणाएं की गई:

- बैकवर्ड और फॉरवर्ड लिंकेज और विकास पर गुणक प्रभाव दोनों के साथ विशिष्ट क्षेत्रों में गतिविधियों को पुनर्जीवित करने के लिए, RBI ने INR तक की कुल राशि के लिए तीन साल तक के कार्यकाल के साथ ऑन-टैप लक्षित दीर्घकालिक रेपो संचालन (TLTRO) शुरू किया। पॉलिसी रेपो रेट से जुड़ी फ्लोटिंग रेट पर 1 लाख करोड़ रुपये जारी किए गए। इस योजना के तहत बैंकों द्वारा प्राप्त तरलता को विकासोन्मुख क्षेत्रों में संस्थाओं द्वारा जाये कॉरपोरेट बॉन्ड, वाणिज्यिक पत्र और गैर-परिवर्तनीय डिबेंचर में तैनात किया जाना चाहिए।

- इन टीएलटीआरओ द्वारा प्राप्त तरलता का उपयोग विकासोन्मुख क्षेत्रों को बैंक ऋण देने के लिए भी किया जा सकता है। जिन बैंकों ने पहले टीएलटीआरओ के तहत धन जुटाया है, उन्हें परिपक्वता से पहले इन लेन-देन-को वापस करने का विकल्प दिया जाएगा। यह बैंकों द्वारा सुचारू और निर्बाध ऋण संचालन सुनिश्चित करने के लिए किया जाता है।

प्रश्न-18: आतंकवाद और भ्रष्टाचार किसी देश की आंतरिक सुरक्षा को बाधित करते हैं। समीक्षा कीजिये।

(200 शब्द) 12 अंक

उत्तर: भारत लंबे समय से आतंकवाद कीं चपेट में रहा है; जैसे- 1993 के बॉम्बे विस्फोट, 2011 में संसद पर हमला, 26/11 मुंबई हमले, पठानकोट हमले आदि। इसके लिए निम्नलिखित कदम उठाएं जा सकते हैं:

आतंकी गतिविधियों की घुसपैठ को रोकने के लिए खुफिया और सुरक्षा एजेंसियों के बीच समन्वय सुनिश्चित करना।

नागरिक समाज और स्थानीय समुदायों को. सशक्त बनाने और उनके साथ जुड़ने से कट्टरपंथ का मुकाबला करने और हिंसक उग्रवाद के प्रसार को रोकने में मदद मिल सकती है।

अहिंसा, शांतिपूर्ण सह-अस्तित्व और सहिष्णुता के मूल्यों को बढ़ावा देने में शैक्षिक प्रततिष्ठानों की महत्वपूर्ण भूमिका को देखते हुए, शिक्षा को कट्टरता विरोधी कार्यक्रमों में प्रमुखता से शामिल किया जाना चाहिए।

गंभीर भ्रष्टाचार के सुरक्षा निहितार्थ

- तीव्र भ्रष्टाचार को सरकार की विफलता या विकृति के रूप में नहीं समझा जानाचाहिए, बल्कि एक कार्य प्रणाली के रूप में समझा जाना चाहिए, जिसमें सत्तारूढ़ नेटवर्क विशिष्ट राजस्व धाराओं पर कब्जा करने के लिए सत्ता के चयनित साधन का उपयोग करते हैं। यह प्रयास अक्सर राज्य चलाने. से जुड़ी गतिविधियों पर भारी पड़ जाता है।
- इस तरह का व्यवस्थित भ्रष्टाचार आबादी में आक्रोश पैदा करता है, जिससे यह सामाजिक अशांति और विद्रोह का कारक, बन जाता है।
- यह अन्य अंतर्राष्ट्रीय सुरक्षा खतरों में योगदान देता है; जैसे- राज्यों और अंतरराष्ट्रीय संगठित अपराध नेटवर्क के बीच सहजीवी संबंध आतंकवादी संगठनों के लिए सुविधा, पारगम्य अंतरराष्ट्रीय सुरक्षा व्यवस्था और तीव्र आर्थिक व्यवधान।
- भ्रष्टाचार अकेले इन खतरों को बढ़ावा नहीं देता है। यह सुरक्षा चुनौती की संभावना को बढ़ने के लिए अन्य जोखिम कारकों के साथ जोड़ता है, जैसे- जनसंख्या में जातीय, धार्मिक या भाषाई बदलाव या गंभीर आर्थिक असमानताएं।

प्रश्न-19: नागरिक सुरक्षा के प्रकार एवं कार्यों की विवेचना कीजिये। उत्तर प्रदेश में यह कितना प्रभावी है? उल्लेख कीजिये।

(200 शब्द) 12 अंक

उत्तर: नागरिक सुरक्षा का उद्देश्य जीवन को बचाना, संपत्ति की क्षति को कम करना और शतुत्रापूर्ण हमले की स्थिति में औद्योगिक उत्पादन की निरंतरता बनाए रखना है।

नागरिक सुरक्षा के प्रमुख कार्य

1. यह सुनिश्चित करने के लिए कि जनता को खतरे से आगाह किया जाता है और खतरों से बचने के निर्देश दिए जाते हैं।
2. लोगों को सलाह दें कि वे या तो क्षेत्र को खाली कर दें या शरण लें।
3. बचे लोगों के लिए तत्काल राहत की व्यवस्था करना।
4. आपातकालीन सेवाओं का समर्थन करना- बचाव कार्य, अग्निशमन, कानून प्रवर्तन, चिकित्सा, देखभाल, सार्वजनिक कार्यों की मरम्मत, स्वैच्छिक भोजन, आश्रय और वस्त्र का प्रावधान।
5. वसूली कार्यों में सहायता करना- मलबे की निकासी, उपयोगिता सेवाओं को बहाल करना, स्थानांतरण केंद्रों का प्रबंधन!

वर्तमान में, यूपी के 15 जिलों में नागरिक सुरक्षा इकाइयाँ हैं, नौ और जिलों में नई इकाइयों के जुड़ने से राज्य के सभी संभागीय मुख्यालय और नगर निगम शामिल होंगे।

स्वयंसेवकों को लोगों को हैंडआउट्स वितरित करके नागरिकता (संशोधन) अधिनियम पर सही जानकारी प्रसारित करने की जिम्मेदारी दी गई। नागरिक सुरक्षा स्वयंसेवकों की भूमिका "बहुत महत्वपूर्ण'' है, क्योंकि जब भी कोई दुर्घटना या आपदा होती है तो उन्हें आम तौर पर पहली जानकारी मिलती है।

किसी भी सार्वजनिक स्वास्थ्य पहल में स्वयंसेवकों को भागीदारी महत्वपूर्ण भूमिका निभाती है। वे न केवल प्रशासन को कार्यों की एक विस्तृत श्रृंखला में मदद करते है, बल्कि लोगों की धारणा को बदलने के लिए भी बेहतर करते हैं, जिसकी बहुत आवश्यकता है।

प्रश्न-20: साइबर डोम परियोजना क्या है? भारत में इंटरनेट अपराध रोकने में यह कैसे उपयोगी है? व्याख्या कीजिये।

(200 शब्द) 12 अंक

उत्तर: साइबर डोम परियोजना केरल पुलिस विभाग का एक तकनीकी अनुसंधान और विकास केंद्र है, जिसकी कल्पना साइबर सुरक्षा में उत्कृष्टता के साइबर केंद्र के साथ-साथ प्रभावी पुलिसिंग के लिए प्रौद्योगिकी वृद्धि के रूप में की गई है।

साइबर डोम परियोजना भारत में इन इंटरनेट अपराधों को नियंत्रित करने में उपयोगी हो सकती है-

यह परियोजना साइबर हमलों के बढ़ते खतरे से बचाव के लिए देश में साइबर खतरे के प्रति संवेदनशील पारिस्थितिकी तंत्र के विकास के माध्यम से साइबर अपराधों को रोकने में मदद कर सकती है।

साइबर डोम एक ऑनलाइन पुलिस गश्ती दल के रूप में कार्य करेगा। अपने एंटी-साइबर टेरर सेल और एक साइबर सुरक्षा प्रशिक्षण इकाई के माध्यम से, इसके अधिकारी लगभग वास्तविक समय में विभिन्न साइबर खतरों पर खुफिया जानकारी उत्पन्न करेंगे और सोशल नेटवर्किंग साइटों सहित उनकी ऑनलाइन गतिविधियों की निगरानी करके भगोड़ों को ऑनलाइन ट्रैक करेंगे।

साइबर डोम आरबीआई, बैंकों, पेमेंट गेटवे और अन्य वॉलेट समूहों केश सहयोग से वित्तीय धोखाधड़ी से निपट सकता है।

रैंसमवेयर से निपटने के लिए मानक संचालन प्रक्रियाएं बना सकता है, रैंसमबेयर और इसके एहतियाती कदमों के बारे में जनता के साथ-साथ सरकारी विभागों में जागरूकता पैदा कर सकता है।

साइबर डोम से सूचना प्रौद्योगिकी के क्षेत्र में प्रगति का उपयोग करते हुए साइबर से संबंधित अपराधों के मामलों में महत्वपूर्ण सुराग प्राप्त करने में सक्षम होने की उम्मीद है।

साइबर डोम ने ब्लू व्हेल जैसे ऑनलाइन गेम के खिलाफ सफल प्रचार युद्ध किया है। हाल ही में, साइबर्डोम ने चाइल्ड पोनोग्राफी पर नकेल कसने के लिए एक गुप्त साइबर-निगरानी और घुसपैठ कार्यक्रम शुरू किया है। इस प्रकार, साइबरडोम परियोजना में इंटरनेट अपराधों को नियंत्रित करने की काफी संभावनाएं हैं और इसे राष्ट्रीय स्तर पर दोहराया जाना चाहिए।

सामान्य अध्ययन मुख्य परीक्षा - 2021
हल प्रश्न-पत्र 4

कुल अंक : 200 **समयावधि : 3 घण्टे**

लघुउत्तरीय प्रश्न खण्ड-अ/Section-A

प्रश्न-1: क्या वैयक्तिक नैतिकता का प्रभाव लोक जीवन के निर्णयों पर पड़ता है? (125 शब्द) 8 अंक

उत्तर: व्यक्तिगत नैतिकता का अर्थ है, वह नैतिकता जो व्यक्ति व्यक्तिगत जीवन में व्यवहार करता है। इस नैतिकता के स्रोत परिवार, समाज, स्कूल और संगठन हैं। यह कहा जाना चाहिए कि अक्सर व्यक्तिगत नैतिकता सार्वजनिक नैतिकता से अलग नहीं होती है। व्यक्तिगत नैतिकता और सार्वजनिक नैतिकता के बीच ज्यादातर मामलों में एकमात्र अंतर यह है कि व्यक्तिगत जीवन में नैतिकता का स्तर बड़े पैमाने पर लोगों द्वारा सार्वजनिक जीवन में अभ्यास करने वालों की तुलना में अधिक हो सकता है।

बहरहाल, व्यक्तिगत जीवन में व्यक्तिगत नैतिकता सार्वजनिक जीवन में नैतिकता को महत्वपूर्ण रूप से प्रभावित करती है। एक अधिकारी जो सच्चा और ईमानदार, दयालु और निजी जीवन में पारदर्शी और निष्पक्ष है, वह अपने सार्वजनिक व्यवहार में इन गुणों को लाएगा।

प्रश्न-2: महात्मा गांधी के मत के अनुसार वे कौन-से आवश्यक सद्‌गुण है जो एक आदर्श मानवीय नैतिक व्यवहार हेतु उत्तरदायी होते है? विवेचना कीजिए। (125 शब्द) 8 अंक

उत्तर: गांधी का मानना था कि मनुष्य के रूप में, पुरुष कभी भी दैवीय गुणों की पूर्णता तक नहीं पहुंच सकते। फिर भी उन्हें सत्य, प्रेम, अहिंसा, सहिष्णुता, निर्भयता, दान और मानव सेवा के गुणों का पालन करने के लिए अपनी पूरी ताकत से प्रयास करना चाहिए।

गांधी ने ईश्वर को सत्य के समान बताया और अपने धर्म को सत्य के धर्म को रूप में नामित किया। वह कहते थे कि ईश्वर सत्य है, जिसे बाद में उन्होंने "सत्य ही ईश्वर" में बदल दिया। उनका मानना था कि "ईश्वर को देखने का एकमात्र तरीका उन्हें उनकी रचनाओं के माध्यम से देखना और स्वयं को इसके साथ पहचानना है।" यह मानवता की सेवा से ही संभव है।

गांधी ने आंतरिक (मानसिक) और बाहरी (शारीरिक) स्वच्छता पर जोर दिया। उन्होंने कहा "स्वच्छता ईश्वरत्व के बगल में है।" उन्होंने नैतिक आंत्म-शुद्धि की वकालत की। गांधी का मानना था कि महान उद्देश्यों को प्राप्त करने के लिए पुरुषों को केवल अच्छे साधनों को अपनाना चाहिए। उनके अनुसार "कोई भी अच्छे बुरे कामों का अनुसरण नहीं कर सकता, भले ही वे नेक इरादे से क्यों न हों।" गांधी की अहिंसा न केवल हत्या से परहेज कर रही थी, बल्कि पूरी मानव जाति और सभी जीवित प्राणियों के लिए प्यार भी दिखाती थी।

प्रश्न-3: भ्रष्टाचार सरकारी राजकोष का दुरुपयोग, प्रशासन की अक्षमता एवं राष्ट्रीय विकास में बाधा उत्पन्न करने का कारण है। इस कथन के परिप्रेक्ष्य में सार्वजनिक जीवन में भ्रष्टाचार रोकने के उपाय बताइएं।

(125 शब्द) 8 अंक

उत्तर: ज्यादातर मामलों में भ्रष्टाचार सार्वजनिक धन सरकारी खजाने के दुरुपयोग के परिणामस्वरूप या यहाँ तक कि प्रशासनिक अक्षमता के कारण होता है। भ्रष्टाचार कुशासन, विकास की कमी, अराजकता, उदासीनता और जनता को असंतोष को जन्म देता है।

महान विद्वान कौटिल्य ने अपने अर्थशास्त्र में भ्रष्यचार के मुद्दे पर विस्तार से चर्चा की है कि इसे कैसे रोका जाए। कौटिल्य नौकरशाही एक उच्च केंद्रीकृत योग्यता आधारित प्रणाली थी, जिसे राजस्व मूल्यांकन और संग्रह की जिम्मेदारी सहित महत्वपूर्ण कार्यों के साथ सौंपा गया था।

भ्रष्टाचार को दीर्घकालिक और अल्पकालिक दोनों उपायों से रोका जा सकता है। सार्वजनिक नैतिकता का विकास दीर्घावधि में भ्रष्टाचार का मुकाबला करने की आधारशिला हैं, जबकि भ्रष्टाचार के खिलाफ जीरो टॉलरेंस, सार्वजनिक धन के उपयोग में नियंत्रण और संतुलन की व्यवस्था, और गाजर एवं छड़ी की सख्त नीति भ्रष्टाचार को कम करने में एक लंबा रास्ता तय कर सकती है।

भ्रष्टाचार के खिलाफ कड़े नियंत्रण से एक नैतिक और समृद्ध समाज का निर्माण संभव है।

प्रश्न-4: लोक सेवा के संदर्भ में निम्नलिखित की प्रासंगिकता का निरूपण कीजिए: (125 शब्द) 8 अंक

(अ) नैतिक शासन (ब) लोक जीवन में सत्यनिष्ठा

उत्तर: **(अ) नैतिक शासन:** "शासन" की अवधारणा निर्णय लेने की वह प्रक्रिया है, जिसके द्वारा निर्णयों को लागू किया जाता है (या लागू नहीं किया जाता है)। भैतिक शासन 8 प्रमुख मूल्यों की विशेषता है। यह सहभागी, सर्वसम्मति उन्मुख, जवाबदेह, पारदर्शी, उत्तरदायी, प्रभावी, और कुशल; न्यायसंगत और समावेशी है और कानून के शासन का पालन करता है।

ये विशिष्ट विशेषताएं समाज को प्रगतिशील, नैतिक, समृद्ध, मूल्य-उन्मुख, कुशल और परिणामोन्मुख बनाती हैं।

(ब) लोक जीवन में सत्यनिष्ठा: सार्वजनिक जीवन में सत्यनिष्ठा ऐसे मानक हैं, जिनकी समाज अपेक्षा करता है कि जो लोग चुने गए या सार्वजनिक पद पर नियुक्त हुए हैं, वे सार्वजनिक मामलों के संचालन में पालन करें और बनाए रखें, जिन्हें उन्हें सौंपा गया है। ये मानक राष्ट्र को राजनेताओं और सार्वजनिक अधिकारियों द्वारा भ्रष्टाचार से बचाते हैं, जिन्हें सार्वजनिक संसाधनों तक लगभग अप्रतिबंधित पहुंच प्रदान की गई है, साथ ही सभी के जीवन पर प्रभाव डालने वाले निर्णय लेने की शक्ति भी दी गई है।

प्रश्न-5: दुग्ध व्यवसायियों के संगठन द्वारा एक शांतिपूर्ण धरना दिया जा रहा था। पुलिस अधीक्षक पुलिस कर्मियों को निर्देशित करते हैं कि संगठन को किसी प्रकार की हिंसा न करने दें। पुनः वे कहते है कि यदि आवश्यकता हो, तो उन्हें पाठ पढ़ा दें। एक तैनात पुलिस कर्मी धारणा देने वाले एक व्यक्ति से बहस करता है और पिटाई कर देता है। कारण पूछे जाने पर वह कहता है कि पुलिस अधीक्षक ने पाठ पढ़ाने के लिए कहा था। उपर्युक्त प्रकरण के परिप्रेक्ष्य में पुलिस अधीक्षक तथा कर्मी के नैतिक आचरण पर टिप्पणी लिखिए।

(125 शब्द) 8 अंक

उत्तर: यह एक शांतिपूर्ण विरोध के खिलाफ बल के असंगत उपयोग का एक स्पष्ट मामला है। पुलिस अधीक्षक का निर्देश निंदनीय है। ऐसा लगता है कि विरोध हिंसक नहीं हुआ है, जबकि अहिंसक प्रदर्शनकारी की पिटाई स्पष्ट रूप से गलत है। वास्तव में यदि पुलिस द्वारा पिटाई के परिणामस्वरूप उत्पात होता है, तो पुलिस अधीक्षक जिम्मेदार होगा। पुलिसकर्मी अति उत्साही हो गया क्योंकि उसके अधिकारी ने उसे सबक सिखाने का निर्देश दिया था।

यह पुलिस अधिकारी और पुलिसकर्मी की ओर से अनैतिक था। लोक सेवकों से नेतृत्व सेवक के रूप में काम करने की अपेक्षा की जाती है। निर्दोष प्रदर्शनकारियों पर बल या हिंसा का प्रयोग अनैतिक है और मूल निवासियों से निपटने के औपनिवेशिक तरीके की याद दिलाता है। पुलिस को नेतृत्व सेवक के रूप में कानून और व्यवस्था बनाए रखने पर ध्यान केंद्रित करने के लिए एक नैतिक बल के रूप में कार्य करना चाहिए, न कि हिंसा को भड़काने वाले के रूप में।

प्रश्न-6: मनोवृत्ति को परिभाषित कीजिये तथा मनोवृत्ति एवं अभिक्षमता के ऐतिहासिक परिप्रेक्ष्य सम्बन्धों की विवेचना कीजिए। (125 शब्द) 8 अंक

उत्तर: मनोवृत्ति किसी चीज के बारे में किसी की राय या दृष्टिकोण है। इसे किसी विशेष वस्तु, व्यक्ति, चीज या घटना के प्रति भावनाओं, विश्वासों और व्यवहारों का एक समूह के रूप में वर्णित किया जा सकता है। मनोवृत्ति व्यक्ति के अनुभवों, मूल्यों, विश्वासों और भावनाओं पर आधारित होते हैं। इसलिए, वे व्यक्तिगत पसंद के अनुसार निर्धारित व्यक्तिगत प्रतिक्रियाएँ हैं।

अभिक्षमता किसी व्यक्ति की एक नया कौशल या क्षमता हासिल करने की क्षमता को मापती है। यह बुद्धि से संबंधित एक उपाय है। दूसरी ओर, अभिक्षमता किसी विशेष मुद्दे या व्यक्ति के बारे में किसी का मानसिक दृष्टिकोण है। अभिक्षमता और मनोवृत्ति के बीच मुख्य अंतर यह है कि अभिक्षमता किसी व्यक्ति की कुछ सीखने की स्वाभाविक क्षमता है, जबकि मनोवृत्ति किसी व्यक्ति की भावनाओं, विचारों या किसी चीज के बारे दृष्टिकोण है।

प्रश्न-7: सहानुभूति को परिभाषित कीजिए और कमजोर वर्ग की समस्याओं के समाधान में सहानुभूति की भूमिका की विवेचना कीजिये। (125 शब्द) 8 अंक

उत्तर: सहानुभूति अन्य लोगों की भावनाओं को समझने की क्षमता है, साथ ही यह कल्पना करने की क्षमता है कि कोई और क्या सोच रहा है या महसूस कर रहा है। सहानुभूति लोगों को दूसरों के साथ सामाजिक संबंध बनाने की अनुमति देती है। लोग क्या सोच रहे हैं और क्या महसूस कर रहे हैं, यह समझकर लोग सामाजिक परिस्थितियों में उचित प्रतिक्रिया देने में सक्षम होते हैं।

सामान्य अर्थ में कमजोर वर्ग! शब्द का अर्थ जनसंख्या के उस वर्ग से है जो जनसंख्या को अन्य वर्गों की तुलना में सामाजिक, आर्थिक, राजनीतिक और शैक्षिक रूप से पिछड़े हुए हैं और अपने पिछड़ेपन के कारण विभिन्न प्रकार की अक्षमताओं से पीड़ित हैं।

कमजोर वर्गों की समस्या को हल करने के लिए सहानुभूति एक महत्वपूर्ण विशेषता है। सहानुभूति उन्हें बेहतर ढंग से समझने और कमजोर वर्ग के दर्द और पीड़ा को महसूस बनाती है कि उनकी समस्या उचित महत्व की है।

प्रश्न-8: संवेगात्मक बुद्धि प्रभावशाली कार्यप्रणालियों में बहुत आवश्यक है- इस कथन पर प्रकाश डालिए। (125 शब्द) 8 अंक

उत्तर: संवेगात्मक बुद्धिमत्ता को आपकी अपनी भावनाओं को समझने और प्रबंधित करने की क्षमता के साथ-साथ अपने आसपास के लोगों की भावनाओं को पहचानने और प्रभावित करने की क्षमता के रूप में परिभाषित किया गया है। यह शब्द पहली बार 1990 में शोधकर्ता जॉन मेयर और पीटर सालोवी द्वार गढ़ा गया था, लेकिन बाद में मनोवैज्ञानिक डैनियल गोलेमैन द्वारा इसे लोकप्रिय बनाया गया।

प्रशासनिक प्रक्रिया में संवेगात्मक बुद्धिमत्ता बहुत प्रभावी है। नेताओं ने अपने संगठन का स्वर सेट किया। यदि उनमें संवेगात्मक बुद्धिमत्ता की कमी है, तो इसके अधिक दूरगामी परिणाम हो सकते हैं, जिसके परिणामस्वरूप कर्मचारी से कम जुड़ाव हो सकता है। एक व्यवस्थापक को कई प्रशासनिक कार्य निष्पादित करने होते हैं। प्रशासकों को विभिन्न स्तरों पर आम आदमी से लेकर राजनीतिक नेताओं तक कई हितधारकों के साथ जुड़ना पड़ता है। संवेगात्मक बुद्धिमता दूसरों की समस्याओं को समझने में मदद करती है और समस्याओं का सामना किये बिना कार्यों को सफलतापूर्वक निर्देशित करती है।

प्रश्न-9: लोक सेवकों के अंदर सहनशीलता तथा करुणा को कैसे पोषित किया जा सकता है? अपना सुझाव दीजिये।

(125 शब्द) 8 अंक

उत्तर: सिविल सेवकों का कार्य कमजोर वर्गों का विकास करना है, जिसके लिए करुणा और सहिष्णुता आवश्यक गुण हैं। चूंकि वे भारत जैसे बहुल लोकतंत्र में काम कर रहे हैं, इसलिए उन्हें संस्कृति, धर्मों और जीवन शैली की विविधता के प्रति सहिष्णु होना चाहिए। उनके लिए प्रत्येक व्यक्ति समान होना चाहिए और उनके साथ सहिष्णुता और करुणा के साथ व्यवहार करना उनकी जिम्मेदारी है। हालांकि कमजोर वर्गों की आवाज कुछ देर के लिए खो जाती है। ये लोग अपनी शिकायत को लिए निकटतम प्राधिकारी की ओर देखते हैं। कार्यपालिका का स्थायी हाथ होने और जमीनी स्तर पर निकटता से शामिल होने के कारण एक सिविल सेवक के लिए उनके उत्थान के लिए काम करना अनिवार्य है।

उनमें सहिष्णुता और करुणा को बढ़ावा देने के लिए जरूरी है कि वे जमीनी स्तर पर काम करें। उन्हें समाज के अंतरिम व्यक्ति को सीधे संभालने और बातचीत करने के लिए बनाया जाना चाहिए। उन्हें उनकी समस्याओं को सहानुभूतिपूर्वक सुनना चाहिए और उनकी समस्याओं को हल करने के लिए काम करना चाहिए।

प्रश्न-10: विभेद कीजिये: **(125 शब्द) 8 अंक**

उत्तर: (1) **बस्तुनिष्ठता और निष्ठा में :** वस्तुनिष्ठता पूर्वाग्रह और व्यक्तिपरकता से मुक्त होने का गुण है। आपको अपने मूल्यों, भावनाओं पर निर्णय नहीं लेना चाहिए। नीति आधारित / नियम आधारित निर्णय वस्तुनिष्ठ निर्णय के उदाहरण हैं क्योंकि आप उन्हें निर्धारित नीति / नियम के अनुसार कर रहे हैं। सार्वजनिक सेवा के प्रति निष्ठा का अर्थ है कि व्यक्ति में आंतरिक प्रेरणा या जुनून होना चाहिए। व्यापक जनहित में काम कर रहे हैं। यह जुनून के साथ प्रतिबद्धता है और उस आग्रह को लागू करने के लिए किसी बाहरी औपचारिक साधन के बिना कुछ करने की व्यक्तिगत इच्छा है।

(2) **अभिवृति की संरचना एवं प्रकार्यों में :** एक अभिवृत्ति चार परस्पर जुड़े घटकों से बना होता है: अनुभूति, मूल्यांकन प्रतिक्रियाएं, व्यवहार संबंधी इरादे और व्यवहार। एक अभिवृति संरचना में इन परस्पर जुड़े घटकों का समावेश होता है।

ऊंचाई कई महत्वपूर्ण कार्य करती है। यह एक सामने का बयान देता है जिसके बारे में हम वास्तव में हैं या चाहते हैं कि दूसरे सोचें कि हम कौन हैं। अभिवृति हमारी भविष्य की भावनाओं और विचारों को उन भावनाओं और विचारों की वस्तुओं के बारे में निर्देशित करती है। अभिवृति संज्ञानात्मक सम्भावनाएं हैं जो धारणा को निर्देशित करती हैं और जानकारी की कमी होने पर अंतराल को भरने में हमारी सहायता करती है।

दीर्घउत्तरीय प्रश्न खण्ड-ब/Section-B

प्रश्न-11: भारतीय समाज में परंपरागत मूल्य क्या हैं? आधुनिक मूल्यों से इसकी क्या भिन्नता है? व्याख्या कीजिए।

(200 शब्द) 12 अंक

उत्तर: पारंपरिक भारतीय मूल्य हमारे पूर्वजों द्वारा पोषित और हमारे धार्मिक ग्रंथों में निहित मूल्य हैं। ये मूल्य हमारे सामाजिक और आर्थिक जीवन के सभी पहलुओं को शामिल करते हैं। इन मूल्यों के कुछ उदाहरण संयुक्त परिवार के मानदंड, शिक्षा का महत्व, बड़ों का सम्मान, धार्मिक सहिष्णुता, भारतीय विश्वास प्रणाली, महिलाओं का महत्व, जाति व्यवस्था और कई अन्य हैं। हालाँकि, पारंपरिक भारतीय मूल्य प्रणाली अपने मूल या भावना को संरक्षित करते हुए आधुनिक मूल्यों के प्रभाव में बदल गई है। आधुनिक मूल्य वे मूल्य हैं जो वैज्ञानिक सोच और आधुनिकता की अन्य ताकतों के प्रभाव में प्राप्त हुए हैं।

आधुनिक मूल्यों के उदाहरण हैं एकल परिवार या एकल माता-पिता परिवार, धर्मनिरपेक्ष और वैज्ञानिक शिक्षा का महत्व, विज्ञान में विश्वास, जीवन के सभी पहलुओं में समानता, धर्मनिरपेक्ष पेशे और नौकरियां, भूमिकाओं का पदानुक्रम, आधुनिक शासन और लोकतांत्रिक राजनीति।

भारतीय मूल्य प्रणाली ने मूल या भावना से विचलित हुए बिना आधुनिक मूल्यों को अनुकूलित और आत्मसात किया है। भारतीय धर्मनिरपेक्ष शिक्षा को महत्व देते हैं; लेकिन धार्मिक ग्रंथ भी महत्वपूर्ण हैं। परिवार एकाकी हो गया है, लेकिन आत्मा में एकता भी देखने को मिलती है। जाति व्यवस्था, अस्पृश्यता और असमानता जैसे कुछ बेकार मूल्य धीरे-धीरे कम हो रहे हैं। जैसा कि गांधी ने कहा, "मैं नहीं चाहता कि मेरा घर चारों तरफ से दीवारों से घिरा हों और मेरी खिड़कियां बंद हों। मैं चाहता हूं कि सभी देशों की संस्कृति को मेरे घर के चारों ओर यथासंभव स्वतंत्र रूप से प्रसारित किया जाए।" महात्मा गांधी, यंग इंडिया, 1 जून, 1921

प्रश्न-12: निजी क्षेत्र की नैतिक विकृतियाँ क्या हैं? नैतिक जीवन के तीन विकल्पों का वर्णन कीजिये।

(200 शब्द) 12 अंक

उत्तर: **(1) लाभ पर ध्यान :** निजी कंपनी का एकमात्र उद्देश्य लाभ कमाना है। जितना अधिक लाभ, उतनी ही अच्छी कंपनी। लाभ की प्रधानता कंपनी को शोषक और भ्रष्ट बना सकती है।

(2) निचले पदाधिकारियों और उच्च पदाधिकारियों के वेतन में बड़ा अंतर : नीचे और शीर्ष के बीच वेतन अंतर अक्सर 00 गुना से अधिक होता है। यह नैतिक रूप से अनुचित-हो सकता है।

(3) मानव शोषण : अफ्रीका, एशिया और लैटिन अमेरिका में बाल श्रम काफी आम है। ये बाल मजदूर अक्सर अपतटीय बहुराष्ट्रीय कंपनियों के लिए काम करते हैं। यह अनैतिक है।

नैतिक जीवन के तीन विकल्प

नैतिकता के लिए आम दौर पर तीन दार्शनिक दृष्टिकोण होते हैं, जिसके परिणामस्वरूप नैतिक जीवन के तीन विकल्प होते हैं-

1. उपयोगितावादी नैतिकता
2. धर्मशास्त्रीय नैतिकता
3. सदाचार नैतिकता

इन तीन दृष्टिकोणों के आधार पर तीन विकल्प यूटिलिटेरियन या सबसे बड़ी संख्या का सबसे बड़ा अच्छा, इस विचार पर आधारित है कि लोगों को सम्मान के साथ व्यवहार किया जाना चाहिए। तीसरा विकल्प नैतिक जीवन को प्रासंगिक बनाने वाले सद्गुणों पर आधारित सदाचार पर आधारित जीवन व्यतीत करना है।

प्रश्न-13: वर्तमान प्रशासनिक संरचना में गुणात्मक सेवा प्रदान करने के लिए क्या कार्य-संस्कृति में बदलाव आवश्यक है? तर्क सहित उत्तर दीजिये। **(200 शब्द) 12 अंक**

उत्तर: **कार्य**- संस्कृति किसी भी संगठन का एक महत्वपूर्ण हिस्सा है, खासकर जब उसे आम जनता को नागरिक केंद्रित सेवा प्रदान करनी होती है। हाल ही में सरकार ने सेवा के वितरण में देरी से लेकर बढ़ती जन शिकायतों को दूर करने के लिए विफल तंत्र तक विभिन्न मुद्दों के कारण कार्य- संस्कृति को फिर से शुरू करने की आवश्यकता पर ध्यान दिया है और सभी सरकारी कार्यालयों में कार्य-संस्कृति में सुधार पर विशेष जोर दिया है।

प्रशासनिक संरचना की वर्तमान कार्य- संस्कृति नकारात्मक सांस्कृतिक पहलुओं से ग्रस्त है; जैसे- सभी स्तरों पर अनुशासन की कमी, अधिकार का बुनियादी अविश्वास, खराब वरिष्ठ-अधीनस्थ संबंध। वर्तमान कठोर पदानुक्रमित संरचना वर्तमान संदर्भ में टीमवर्क को प्रभावी ढंग से नियंत्रित करती है, जहाँ एक अंत:विषय दृष्टिकोण अक्सर समय की आवश्यकता होती है। भारत सरकार के पास एक विस्तारित ऊर्ध्वाधर संरचना है जो कई स्तरों पर मुद्दों की जांच की ओर ले जाती है जिससे एक तरफ निर्णय लेने में देरी होती है और दूसरी ओर जवाबदेही की कमी होती है। प्रचालनात्मक स्तरों पर प्राधिकार, जनशक्ति और संसाधन जिनका नागरिकों के जीवन पर सीधा प्रभाव पड़ता है। इसलिए संस्कृति में बदलाव जरूरी है। स्थिरता और सद्भाव सुनिश्चित करने वाले नैतिक गुणों पर सुशासन की स्थापना की जानी चाहिए। कन्फ्यूशियस ने धार्मिकता को सुशासन और शांति की नींव बताया। सुशासन की कला बस चीजों को ठीक करने और उन्हें सही जगह पर रखने में निहित है।

प्रश्न-14: क्या लोक प्रशासन पर न्यायिक नियंत्रण आवश्यक है? लोक प्रशासन पर संभावित न्यायिक नियंत्रण के विभिन्न रूपों की व्याख्या कीजिये। (200 शब्द) 12 अंक

उत्तर: न्यायिक नियंत्रण कई सार्वजनिक प्रशासन में हमेशा आवश्यक नहीं होते हैं, लेकिन जब असाधारण परिस्थितियां होती हैं तब न्यायिक नियंत्रण जांच और संतुलन के रूप में आवश्यक हो सकता है। शक्तियों के पृथक्करण के सिद्धांत का तात्पर्य है कि लोकतंत्र के प्रत्येक स्तंभ - कार्यपालिका, विधायिका और न्यायपालिका - अलग-अलग कार्य करते हैं और अलग-अलग संस्थाओं के रूप में कार्य करते हैं।

कुछ मामले ऐसे भी आए हैं, जिनमें न्यायालयों ने अपने निर्णयों के माध्यम से कानून और नीति संबंधी आदेश जारी किए हैं। इनमें विशाखा मामला जहाँ सुप्रीम कोर्ट ने यौन उत्पीड़न पर दिशा-निर्देश जारी किए थे, कोर्ट का आदेश केंद्र को खाद्यान्न वितरित करने का निर्देश (2010) और कद द्वारा स्थापित उच्च स्तरीय समिति को बदलने के लिए विशेष जांच दल की नियुक्ति शामिल है। स्विस बैंकों में जमा काले धन की जांच के लिए 1983 में जब न्यायमूर्ति भगवती ने भारत में जनहित याचिका पेश की, तो न्यायमूर्ति पाठक ने उसी फैसले में क्षेत्र में पार करने के प्रलोभन के खिलाफ चेतावनी दी जो कि विधानमंडल या कार्यकारी सरकार से उचित रूप से संबंधित है!

प्रशासन पर न्यायालयों द्वारा प्रयोग किए जाने वाले नियंत्रण को न्यायिक नियंत्रण कहा जाता है, अर्थात प्रशासनिक कृत्यों को कानून की सीमा के भीतर रखने की न्यायालय की शक्ति। इसका तात्पर्य एक व्यथित नागरिक के प्रशासन के गलत कार्य को कानून की अदालत में चुनौती देने के अधिकार से भी है। प्रशासन पंर न्यायिक नियंत्रण के कुछ महत्वपूर्ण रूप यहाँ दिए गए हैं: कानून का शासन, कानून के समक्ष समानता, संविधान की स्वोच्चता, न्यायिक हस्तक्षेप, न्यायिक समीक्षा, वैधानिक अपील, सार्वजनिक अधिकारियों के खिलाफ दीवानी और आपराधिक मुकदमे, कई अन्य के बीच संवैधानिक रिट।

प्रश्न-15: राम मूर्ति एक सरकारी कर्मचारी हैं तथा अपने वृद्ध माता-पिता के साथ इंदौर में रहते हैं। एक दिन भ्रमण के दौरान 11 वर्ष के एक अनाथ बच्चे से उनकी मुलाकात हो जाती है। वह दयनीय स्थिति में एक बेघर बालक था, जिसकी देख भाल करने वाला कोई नहीं था। राम मूर्ति उस बालक को अपने घर ले आते हैं और प्रस्ताव रखते हैं कि यदि वह राम मूर्ति के वृद्ध माता-पिता की देखभाल करेगा, तो वे उसकी आवश्यकतानुसार नैनिक मजदूरी देंगे तथा शिक्षा की भी व्यवस्था करेंगे। नैतिक दृष्टिकोण से राममूर्ति के आचरण का मूल्यांकन कीजिए! (200 शब्द) 12 अंक

उत्तर: नैतिक दृष्टिकोण से राम मूर्ति का आचरण संदिग्ध है। उसने एक अनाथ लड़के का फायदा उठाया है। हालांकि कई लोग उसके आचरण को नैतिक मानेंगे, लेकिन शुद्ध नैतिक दृष्टिकोण से ऐसा नहीं है। धर्मशास्त्रीय नैतिकता के सन्दर्भ से उन्होंने अनाथ बालक को अपने लिए साधन के रूप में प्रयोग किया है। भारत का संविधान एक बच्चे को मुफ्त शिक्षा का वादा करता है। यह शिक्षा के अधिकार के तहत गारंटीकृत अधिकार है। यदि उसे राम मूर्ति के वृद्ध माता-पिता की देखभाल करनी है, तो उसे कक्षा में उपस्थित होने और स्वाध्याय के लिए समय कब मिलेगा? राम मूर्ति का मकसद शुद्ध और नैतिक प्रतीत नहीं होता है। इसके अलावा, यह तथ्य कि उसने अनाथ लड़के की मदद करने के लिए शर्तें संलग्न की हैं, अपने आप में पर्याप्त प्रमाण है कि उसकी सेवा नि:वार्थ या नैतिक नहीं है।

राम मूर्ति ने अनाथ बालक को दैनिक मजदूरी देने का भी वादा किया है। दैनिक मजदूरी किसी न किसी प्रकार के काम के खिलाफ है जो अपने आप में अनैतिक है क्योंकि साल की उम्र में बच्चे को बढ़ने और विकसित होने के लिए शिक्षा और वातावरण की आवश्यकता होती है। आदर्श रूप से, राम मूर्ति को बिना शर्त बच्चे की मदद करनी चाहिए थी। उसे उन एजेंसियों या गैर सरकारी संगठनों से संपर्क करना चाहिए था जहाँ बच्चे की जरूरतों का ध्यान रखा जा सकता था। अंतत: उनका कार्य अनैतिक है।

प्रश्न-16: मानव के नैतिक एवं राजनैतिक अभिवृति से आप क्या समझते हैं? आप इन्हें वर्तमान राजनैतिक परिदृश्य में किस प्रकार उचित सिद्ध करेंगे? (200 शब्द) 12 अंक

उत्तर: नैतिक दृष्टिकोण नैतिक मुद्दों के प्रति व्यक्तियों का दृष्टिकोण है, जबकि राजनीतिक दृष्टिकोण राजनीतिक मुद्दों के प्रति व्यक्तियों का दृष्टिकोण है। नैतिक दृष्टिकोण 'सही' और 'गलत' कार्रवाई के नैतिक विश्वासों पर आधारित है। नैतिक दृष्टिकोण नैतिक सिद्धांतों से अधिक मजबूत होते हैं। यह अच्छी तरह से प्रलेखित किया गया है कि नैतिक मूल्य सभी प्रकार के प्राकृतिक मूल्यों में सर्वोच्च हैं।

नैतिक और राजनीतिक दृष्टिकोण के उदाहरण: इच्छामृत्यु के प्रति रवैया (दया हत्या)? क्या आप इसे सही मानते हैं? यह नैतिक दृष्टिकोण का एक उदाहरण है। आरक्षण के बारे में आपका क्या विचार है? अब समय आ गया है कि भारत को आरक्षण देना बंद कर देना चाहिए? आरक्षण के प्रति आपका रवैया एक राजनीतिक रवैया है।

हमारे दृष्टिकोण समाज में प्रचलित वर्तमान नैतिक और राजनीतिक बहसों की पृष्ठभूमि में बनते हैं। उदाहरण के लिए, वर्तमान में चल रही कुछ बहसें हैं, क्या आपको साम्यवाद की विचारधारा पसंद है? क्या आप नो-स्टेट और मार्केट कंट्रोल की अवधारणा को पसंद, करते हैं? या आप एक मुक्त बाजार पसंद करते हैं?

देशभक्ति, लोकतंत्र, जनमत संग्रह, महिलाओं के लिए आरक्षण, किन्नरों, समानता, धर्मनिरपेक्षता, समाजवाद, साम्यवाद, अनुसूचित जाति और राजनीति में अन्य अल्पसंख्यकों के प्रति दृष्टिकोण, सांप्रदायिकता, पारदर्शिता और जवाबदेही के आदर्श, भ्रष्टाचार, मतदान, राजनीतिक दल आदि व्यापक रूप से आते हैं। इसी तरह, हम वर्तमान में समाज में चल रही कई नैतिक बहसों के बारे में सोच सकते हैं; जैसे- प्रजनन क्लोनिंग, सरोगेट मातृत्व, गर्भपात, लिंग चयन, अश्लील साहित्य, वेश्यावृत्ति, डांस बार, इच्छामृत्यु, मृत्युदंड, समलैंगिकता, लिव-इन रिलेशनशिप, अनाचार, तलाक , ऑनर किलिंग उपभोक्तावाद, निजी हथियार रखने, जुआ, शराबबंदी आदि उनमें से कुछ हैं। इन मुद्दों के प्रति आपका दृष्टिकोण नैतिक दृष्टिकोण की व्यापक श्रेणी के अंतर्गत आता है।

प्रश्न-17: लिंग संबंधी नकारात्मक अभिवृति के मूल कारणों की विवेचना कीजिये। यह इतनी दृढ़ क्यों है?

(200 शब्द) 12 अंक

उत्तर: लिंग संबंधी नकारात्मक रवैये का मूल कारण पितृसत्ता है। पितृसत्ता की धारणा उन समाजों पर लागू होती है जो पुरुष प्रभुत्व और महिलाओं की अधीनता को महत्व देते हैं। पुरुष केंद्रित समाज और संस्कृति पुरुष के महत्व पर बहुत अधिक

जोर देती है जबकि महिलाओं की अधीनता सामान्य देखी जाती है। इसलिए, पुरुषों के लिए काम करना और पैसा कमाना सामान्य है जबकि महिलाओं का घर में रहना और घर का काम करना। पितृसत्ता प्रत्येक लिंग की भूमिकाओं और अपेक्षाओं को परिभाषित करती है और उनके उल्लंघन का विरोध किया जाता है और उस पर सवाल उठाया जाता है। अक्सर, प्रतिरोध हिंसक रूप ले सकता है, जेसे- दहेज हत्या, ऑनर किलिंग, कन्या भ्रूण हत्या आदि।

यह सर्वविदित है कि लिंग संबंधी नकारात्मक दृष्टिकोण कठोर होता है। यह कठोर है क्योंकि मनोवृत्ति अल्प अवधि में या फैशन या सनक के रूप में नहीं बनती है। वास्तव में, दृष्टिकोण मानव मानस में गहराई से निहित है जो लंबे समय से अभ्यास के रूप में विरासत में मिला है। इसलिए, अल्पावधि में इस रवैये को तोड़ना असंभव है। चूँकि समग्र रूप से समाज इस रवैये को विरासत में लेता है और बनाए रखता है, इसलिए दृष्टिकोण में बदलाव से आता है।

प्रश्न-18: सामाजिक समस्या के प्रति व्यक्ति की मनोवृति निर्माण को प्रभावित करने वाले कारकों की उपयुक्त उदाहरणों की सहायता से विवेचना कीजिये। **(200 शब्द) 12 अंक**

उत्तर: किसी का पालन-पोषण, उसके परिवार और करीबी लोगों की मान्यताएँ और प्रथाएँ, समाज में व्यापक रूप से प्रचलित प्रथाएँ आदि सभी सामाजिक समस्याओं के प्रति व्यक्ति के दृष्टिकोण के निर्माण को प्रभावित करती हैं। कभी-कभी, अगर हम पहली बार किसी की सामाजिक समस्याओं को देखते हैं या किसी ऐसे व्यक्ति को जानते हैं जो ऐसी समस्याओं से गुजरा है, तो यह हमें सामाजिक समस्या की प्रकृति के बारे में गहरी समझ विकसित करने और सहानुभूति देने मदद करता है।

यहाँ कुछ उदाहरण दिए गए हैं: किसान आत्महत्या जैसी सामाजिक समस्या के प्रति हमारा नजरिया तब विकसित होता है जब हम समाचार रिपोर्ट पढ़ते हैं, टीवी देखते हैं और क्लास रूम और सेमिनार रूम में किसान की आत्महत्या पर चर्चा और बहस करते हैं। कुछ मामलों में, जो ग्रामीण पृष्ठभूमि के संपर्क में हैं, उन्होंने किसान की आत्महत्या के मामलों को देखा होगा। ये कारक मिलकर हमें इस सामाजिक समस्या के प्रति अपना दृष्टिकोण विकसित करने में मदद करते हैं।

एक अन्य उदाहरण जाति व्यवस्था की सामाजिक समस्या है। चूँकि अधिकांश भारतीय किसी न किसी जाति से संबंध रखते हैं, इसलिए वे जाति व्यवस्था का प्रत्यक्ष अनुभव करते हैं। समय के साथ, शिक्षा प्रणाली के प्रभाव में हम में से कुछ जाति व्यवस्था के प्रति अपना दृष्टिकोण बदल सकते हैं क्योंकि हम जाति पदानुक्रम और अस्पृश्यता जैसी बुराइयों के बारे में पढ़ते हैं। फिर भी कुछ ऐसे भी हैं जो जाति के प्रति पारंपरिक दृष्टिकोण बनाए रखते हैं क्योंकि वे आधुनिक शिक्षा के संपर्क में नहीं आए हैं। इसलिए, एक ही सामाजिक समस्या पर हमारा विविध या विपरीत दृष्टिकोण हो सकता है।

प्रश्न-19: आज लोक सेवाओं में वस्तुनिष्ठता एवं निष्ठा समय की मांग है। कथन को सिद्ध कीजिये।

(200 शब्द) 12 अंक

उत्तर: समर्पण स्वयं के सामने सेवा की भावना में प्रतिबद्धता का गुण है। भारत को बदलने का कार्य इतना बड़ा है कि उसे उच्च गुणवत्ता वाले प्रशासकों की आवश्यकता है जो कार्य के प्रति समर्पित हों। लोगों की पूरी निस्वार्थता और निष्पक्षता से सेवा करने का समर्पण होना चाहिए। किसी कर्तव्य या उद्देश्य/विचार या क्रिया के प्रति समर्पित या निष्ठावान होना लोगों की श्रेष्ठता है। समर्पण व्यक्ति का महत्वपूर्ण व्यक्तित्व गुण है।

संगठनात्मक ढांचे में, वफादार कर्मचारी संगठनात्मक लक्ष्यों को प्राप्त करने की दिशा में काम करते हैं। समर्पण प्रेरणा की कमी के माध्यम से व्यक्ति को आगे ले जाएगा। प्रेरणा की कमी होने पर अभिनय जारी रखने की उनकी क्षमता है। कुछ व्यवसाय ऐसे हैं, जिनमें कर्मचारी अपना जीवन सार्वजनिक सेवा के लिए समर्पित कर देते हैं, यहाँ तक कि अपने निजी जीवन और आराम का त्याग भी करते हैं।

तटस्थता, वस्तुनिष्ठता का गुण है। विज्ञान में और निर्णय लेने की प्रक्रियाओं में एक वस्तुनिष्ठ दृष्टिकोण विशेष रूप से महत्वपूर्ण है जो बड़ी संख्या में लोगों (जैसे राजनीति, नेक्रोक्रेसी) को प्रभावित करता है। कुछ परिस्थितियों में, एक वस्तुनिष्ठ दृष्टिकोण अप्रबंधनीय होता है क्योंकि लोग स्वाभाविक रूप से एक पक्षपाती, स्वार्थी दृष्टिकोण अपनाएंगे। यानी वे उन विचारों और तथ्यों का चयन करेंगे जो उनके अपने विचारों और तथ्यों से सहमत हों।

सार्वजनिक सेवाओं में निष्पक्षता बनाए रखने के "लिए, प्रशासकों को साक्ष्य के आधार पर मंत्रियों को सलाह सहित सूचना और सलाह प्रदान करनी चाहिए और विकल्पों और तथ्यों को सटीक रूप से प्रस्तुत करना चाहिए। उन्हें मामले के गुण-दोष के आधार पर निर्णय लेना चाहिए। जहाँ भी जरूरत हो, उन्हें विशेषज्ञ और पेशेवर सलाह का ध्यान रखना चाहिए।

प्रश्न-20: राजीव एक प्रवासी श्रमिक था। एक दिन जब वह साइकिल से रोड-पर जा रहा था, तो एक कार ने उसकी साइकिल को धक्का मार दिया। राजीव ने कार चालक को कार से बाहर खींचकर निकाला तथा उसे गालियाँ देने लगा। कार चालक ने एक छुरा निकाला तथा छुरे से उस पर तीन-चार बार वार (घोंप) कर वहाँ से भाग गया। तमाशबीनों ने राजीव को अस्पताल पहुँचाने में देर करने तथा अत्यधिक रक्तस्राव के कारण उसकी मृत्यु हो गई। यदि राजीव के स्थान पर आप होते, तो कार चालक की इस गैर-जिम्मेदार ड्राइविंग के प्रति आप क्या करते? इस प्रकार की सड़क दुर्घटनाओं तथा दुर्घटना पीड़ितों के प्रति लोग बहुधा उदासीन या निष्क्रिय अभिवृति का प्रदर्शन करते हैं। इसके कारणों की विवेचना कीजिए तथा इसके निवारण हेतु उपायों को सुझाइए। (200 शब्द) 12 अंक

उत्तर: अगर मैं राजीव की जगह होता तो पूरी स्थिति को समझने की कोशिश करता कि कार ने मेरी साइकिल को क्यों और कैसे धक्का दिया? क्या ड्राइवर ने जान-बूझकर मुझे धक्का दिया या यह दुर्घटनावश हुआ? यह तथ्य कि ड्राइवर ने मुझे धक्का देकर रोका, यह दर्शाता है कि शायद उसने गलती से ऐसा किया था। ड्राइवर द्वारा गलतियाँ करने के कई कारण हो सकते हैं; जैसे- खराब गुणवत्ता वाली सड़क, संकरी सड़क, कार में कुछ यांत्रिक खरबी, ड्राइवर का थका हुआ और नींद में होना। मैं इनमें से किसी भी संभावना से इंकार नहीं कर सकता था।

अगर ड्राइवर ने मुझे गलत नियत से मारा होता तो वह मुझे गाली-गलौज और मारपीट तक का मौका नहीं देता। वह आसानी से भाग सकता था और मैं उसका नंबर नोट करने के अलावा कुछ नहीं कर सकता था। इसके अलावा, अगर डॉइवर की नियत गलत होती तो वह मुझे इतना जोर से मारता कि मुझे गाली देने का भी मौका नहीं मिलता।

ऊपर बताए गए इन सभी कारणों से मैंने ड्राइवर को अपनी लापरवाही और लापरवाही से गाड़ी चलाने के बारे में समझाने का मौका दिया होता। यह काफी संभव है कि ड्राइवर ने मुझे इसका कारण समझाया होता और मैंने भविष्य में और अधिक सावधान रहने की विनम्र चेतावनी के साथ उसके कारण की सराहना की होती।

www.ingramcontent.com/pod-product-compliance
Lightning Source LLC
LaVergne TN
LVHW080431061026
849532LV00015B/3604